中国近代商会史料丛刊

汉口商会史料汇编

①

郑成林
刘望云　主编

华中师范大学中国近代史研究所
武汉市档案馆

国家出版基金项目
NATIONAL PUBLICATION FOUNDATION

中原出版传媒集团
中原传媒股份公司
大象出版社
·郑州·

图书在版编目（CIP）数据

汉口商会史料汇编. 1 / 郑成林, 刘望云主编.— 郑州 : 大象出版社, 2020. 3
ISBN 978-7-5711-0182-4

Ⅰ. ①汉… Ⅱ. ①郑… ②刘… Ⅲ. ①商会-商业史-史料-汉口 Ⅳ. ①F729

中国版本图书馆 CIP 数据核字（2019）第 086733 号

汉口商会史料汇编 1
HANKOU SHANGHUI SHILIAO HUIBIAN 1
郑成林　刘望云　主编

出 版 人　王刘纯
责任编辑　王军敏
责任校对　安德华　毛　路　李婧慧　牛志远
装帧设计　付锬锬

出版发行　大象出版社（郑州市郑东新区祥盛街 27 号　邮政编码 450016）
　　　　　发行科　0371-63863551　总编室　0371-65597936
网　　址　www.daxiang.cn
印　　刷　洛阳和众印刷有限公司
经　　销　各地新华书店经销
开　　本　787 mm×1092 mm　1/16
印　　张　61.5
字　　数　1494 千字
版　　次　2020 年 3 月第 1 版　2020 年 3 月第 1 次印刷
定　　价　1450.00 元（全 5 卷）
若发现印、装质量问题，影响阅读，请与承印厂联系调换。
印厂地址　洛阳市高新区丰华路三号
邮政编码　471003　　　　电话　0379-64606268

《汉口商会史料汇编》编纂委员会

『中国近代商会史料丛刊』编纂委员会

（按姓氏笔画排序）

前　言

中国近代商会,产生于20世纪初期,发展迅速。不到十年的时间,中国近代商会几乎遍布中国各地,并逐渐成为当地最有力量、最具影响的社团之一。因此,自产生之日起,它们就为国内社会各界所瞩目,还引起外国尤其是日本在华势力和机构的关注,日本在华势力和机构进而对其展开了较为系统的调查。在这些调查的基础上,欧、美、日学者对中国近代商会展开了初步分析。改革开放后,中国近代商会的研究更是受到学术界的高度重视,很快成为中国近现代史学科的一个热点领域,进而一定程度上推进了中国经济史、社会史、城市史等研究领域的发展,乃至体现了中国近现代史研究范式的转换。

中国近代商会史研究能够取得突破性进展,与各地商会档案的相继整理和出版密不可分。20世纪80年代初期,早期中国商会史学者就十分重视商会档案的开发和利用。在他们的努力下,天津、苏州和厦门等地商会的档案陆续得以编纂和出版。进入21世纪后,上海、下关和绍兴等地商会资料也相继出版。其中,天津商会档案整理最为系统,出版也较快。自1989年开始,迄1998年,《天津商会档案汇编》(5辑10册)全部出版发行。由于各种原因,苏州商会档案最初仅整理出版了晚清部分,下关和绍兴两地商会档案只是选编部分出版。上海商会档案因缺失严重,主要影印出版了《上海总商会议事录》和编纂了部分组织史料。这些资料的出版为商会史研究的发展和深入奠定了坚实基础,也因内容丰富,广泛涉及近代中国经济、社会、政治、教育和文化等领域,引起学术界的高度关注。

在近代中国，商会遍及主要商埠和城镇，大多留有原始档案，主要收藏于各地档案馆或图书馆。与此相比，上述出版的史料只是近代商会档案的冰山一角。这也成为制约中国商会史研究进一步拓展的重要因素，尤其是由于各地商会档案未能得到系统整理和充分挖掘，商会区域性和复杂性的特征也为学者所忽视。换言之，如何结合当前日益兴盛的区域史研究和全球史研究，探寻中国近代商会的异质性，从不同的视角和维度去认识历史与理解历史，是一个重要的命题。因政治、经济、教育和文化发展程度不一，各地商会的性质、运行、活动及角色功能势必不尽相同，希冀以对一地商会的剖析来窥视中国近代商会的整体概貌是相当危险的，容易陷入"总体论"的误区。

基于这种认知，在学术界朋友的帮助和相关机构的支持下，我们于 2004 年着手筹划"中国近代商会史料丛刊"的编纂工作。根据规划，这项工作拟首先编纂出版汉口、南昌、无锡、长沙等长江中下游重要城市商会档案资料，然后拓展至广州、厦门、汕头、泉州和湛江等闽粤地区商会，再延伸到昆明、贵阳、成都和重庆等西南地区商会，以及大连、沈阳和哈尔滨等东北地区商会和港澳台地区商会。待时机成熟时，再编纂出版活跃于国外的华人商会史料。当然，在正式启动这项工作之前，我们认为应该着力完成民国时期苏州商会档案的整理和出版。在苏州市档案馆的大力支持和密切配合下，我们用了近十年的时间完成了民国时期苏州商会及晚清苏州商会档案的增补工作，于 2012 年合编为《苏州商会档案丛编》，共 6 辑 12 册。未几，我们又联合出版了《苏州商会档案续编》（第一辑），主要辑录新中国成立初期苏州工商业联合会自筹组到成立这一历史时期的原始档案，这也是首次较为全面和系统地刊布新中国成立后的商会档案。

在完成这些工作后，我们才得以将精力集中转向汉口、南昌、无锡和长沙等地商会资料的搜集和整理。也正是这个时候，武汉市档案馆有意与我们合作，拟联合整理和出版汉口商会档案。在该馆主要领导的支持下，双方很快就档案编纂体例、编选范围、起止时间、经费筹措和任务分工等达成一致意见，书名暂定《汉口商会档案汇编》，并联合组建了编纂委员会。鉴于汉口商会档案缺损严重，不如天津和苏州两地商会档案完整系统，最初计划出版 3 册。可是在初步调研后，情形比预想的还糟糕，汉口商会档案全宗中收录的资料集中于 20 世纪 40 年代，而且主要是各业同业公会的档案，与商会组织和活动直接相关的资料既不系统也不全面，几乎不见全面抗战爆发前的商会档案,更遑论清末民初的商会档案。

为了较为全面和系统地呈现近代汉口商会的整体概貌,在经多次认真讨论后,我们决定调整编纂方案,在以武汉市档案馆典藏的汉口商会档案全宗为主要史料的同时,补充搜集该馆所藏民国时期汉口中南银行、上海银行和钱业公会等相关档案全宗中关于汉口商会的资料,以及湖北其他地区的报刊资料,乃至全国主要报刊上关于汉口商会的记述。

早在清朝初年,汉口已发展成为全国著名的商业与交通枢纽,与河南朱仙镇、江西景德镇、广东佛山镇合称天下四大镇。第二次鸦片战争之后,汉口正式对外开埠通商。在此后的数十年间,汉口不仅在城市近代化方面取得了显著进步,而且商贸总量飞速增长,由天下四聚之一演变成仅次于上海的国际性商业大都市,以“东方芝加哥”享誉世界。正是因为如此,汉口商会的成立、组织演进及各类活动,均成为时人谈论、报道和记述的重要对象。除了湖北的《汉口中西报》《大楚报》和《武汉报》,以及汉口商人创办的《银行杂志》和《汉口商业月刊》等主要报刊,汉口商会的组织和活动还常见于上海的《申报》和《新闻报》、天津的《益世报》和《大公报》,以及北京的《晨报》和《银行月刊》等中国近代主要报刊。尽管这些记录因报道者和编者的观感、视角与经历不同而略有差异,甚至带有各自的局限性,难以完全真实、客观和全方位地再现商会的情况,但这些不正是研究者认识和理解研究对象及问题的基础吗?不仅如此,这些史料还可作为原始档案的补充,或者相互参照,乃至矫正档案记载的不实之处。当然,这也提醒我们在学术研究时对史料——哪怕是原始档案——也应进行甄别和精耕。

因补充了大量报刊资料,书名也调整为《汉口商会史料汇编》。同时,本书的编纂体例也略有调整,不再延续已出版商会档案书籍按照组织沿革、振兴实业、调解商事和社会公益的专题形式,而是依文献产生的时间为序进行辑录,大致分为汉口早期商人团体、汉口商务总会、汉口总商会、抗日战争爆发前汉口市商会、沦陷时期汉口市商会、抗战胜利后汉口市商会等六个历史时期。此外,本书还收录了武昌、汉阳两地商会及湖北省商会联合会的部分资料,力争全面地展示近代武汉地区商人的组织和活动。因此,本书涉及的范围包括清季民国湖北经济、政治与社会等领域,以汉口为视角展现了1899年至1949年中国历史的重要图景,希冀能对推进近代商会、武汉城市史、近代湖北地方经济社会发展,以及中国近代社会转型和变迁的研究提供些许帮助。

本书编纂过程中得到华中师范大学中国近代史研究所和武汉市档案馆主要领导的关心和大力支持，尤其是项目启动之初，时任武汉市档案馆副馆长的张嵩先生付出了诸多心血。除了编纂委员会成员，武汉市档案馆负责编研等工作的其他同志，以及华中师范大学中国近代史研究所的张世慧、赵善庆、陈春兰、史慧佳、杨武、梁坤、李尧、张可欣、陈智理、干宁、杨洵奕、张茜茜、付佳幸和刘大淼等硕博研究生也参与了资料的搜集、录入和编校等工作。在此，谨向他们表示衷心的感谢！

本书的面世离不开大象出版社领导的全程协调、具体配合，以及各位编辑兢兢业业的编校工作。其间，还获得张芳霖教授主持的国家社会科学基金重大项目(17ZDA199)的资助。

本书的出版是学术机构和档案馆藏部门密切合作的又一次成功尝试，也是在前辈学者开辟的道路上前进的一小步。不过，由于资料来源复杂，涉及范围广，难免取舍不当、鉴别不精，存在这样或那样的不足，有待相关专家的批评指正。

凡　例

1.本辑是基础文献资料的汇编,为保持文献的完整性和原始性,除明显的字词讹误外,原则上不做现代汉语规范。

2.文件标题除部分报刊资料照原文录用,大多数文件标题由编者按发文者、内容、受文者、文件类型四方面拟定。

3.原件大多无标点,由编者统一校点。

4.文件原注和说明,一律用“( )”标出,置于文内。编者注用数码①②③等标示,置于页末。

5.凡能辨明的错字、别字径改之。

6.凡残缺或难以辨认的文字,均以“□”代替。

7.文件时间一律使用公历,用阿拉伯数字标示,置于标题之下。其中,报刊资料标注的是见刊时间。

目　　录

1899 年

1 月

2 月

3月

4月

5月

6 月

9 月

10 月

11 月

3 月

4 月

5 月

6月

7月

8 月

9 月

1901 年

2 月

3 月

4 月

5 月

6 月

7 月

8 月

9 月

10 月

11 月

12 月

1902 年

1 月

2 月

3 月

4 月

5 月

10 月

11 月

12 月

1903 年

1 月

2 月

3 月

4 月

5 月

6 月

7 月

8 月

9 月

10 月

6 月

7 月

8 月

9 月

10 月

11 月

12 月

1905年

1月

2月

3月

4 月

5 月

6月

7月

8月

9 月

10 月

11 月

12 月

1906 年

1 月

2 月

3 月

4 月

5 月

6 月

7 月

8 月

9 月

10 月

11 月

12 月

1907 年

1 月

2 月

3月

4月

5月

6月

7月

8月

9月

10月

11 月

12 月

1908 年

1 月

2 月

3 月

4 月

5月

6 月

7 月

8月

9 月

10 月

11 月

12 月

1909 年

1 月

2月

3 月

4 月

5 月

6月

7月

8 月

9 月

10月

11 月

12 月

1910 年

1 月

2 月

3月

4月

5月

6 月

7 月

8月

9月

10 月

11 月

12 月

1911 年

1 月

2 月

3 月

4 月

5 月

6 月

7月

8月

9 月

10 月

1912 年

1 月

2 月

3 月

4 月

5 月

6 月

7 月

8 月

9 月

10 月

11 月

12 月

1913 年

1 月

2 月

3 月

4 月

5 月

9月

10月

11 月

12 月

1914 年

1 月

2 月

3 月

4 月

5 月

6 月

7 月

8 月

11 月

12 月

1915 年

1 月

2 月

3 月

4 月

5 月

6月

7月

8 月

9 月

10 月

11 月

12 月

1899 年

1 月

1.商务先声

（1899 年 1 月 8 日）

中国筹办商务，前奉上谕，着两江总督刘岘庄制军、湖广总督张香涛制军，先就上海、汉口等处妥为开办。现在本埠业已设局，以期当次第振兴。兹将其咨文及章程、照会照录后方，以供众览。奏派总理上海商务，经理通海一带商务，翰林院修撰张　为咨呈事　光绪二十四年七月二十三日，承准照会开准军机大臣字寄，六月初七日奉上谕：振兴商务为目前切要之图。叠经谕令各省认真整顿，而办理尚无头绪。泰西各国首重商学，是以商务勃兴，称雄海外。中国地大物博，百货浩穰，果能就地取材，讲求制造，自可以暗塞漏卮，不致利归外溢。着刘坤一、张之洞拣派通达商务、明白公正之员绅，试办商务局事宜。先就沿江、沿海，如上海、汉口一带，查明各该省所出物产，设厂兴工，果使制造精良，自能销路畅旺，日起有功。应如何设立商学、商报、商会各端暨某省所出之物产，某货所宜之制造，并着饬令切实讲求，务使利源日辟，不令货弃于地，以期逐渐推广，驯致富强。事属创办，总以得人为先，该督等慎选有人，即着将拟定办法迅速奏闻，毋稍延缓，将此各谕令知之，钦此。遵旨寄信前来。又于七月十三日奉电传上谕，少詹事王锡蕃奏，请旨各省设立商会，上海设总商会等语。现在讲求商务，业于京师设立农工商总局，并谕令刘坤一、张之洞先就上海、汉口试办商务局，拟定办法奏闻，现尚未据奏到。商会即商务之一端，着刘坤一等归案迅速妥筹具奏。其沿江、沿海商贾辐辏之区，应由各该督抚一体查明办理。所有一切事宜，并着总理各国事务王大臣咨商各督抚，详订章程，妥为筹办，钦此。等因，到本大臣承准此，均经恭录咨行，通饬钦遵，核议详办各在案。顷准湖广督部堂来电，汉口商务局已派江苏补用道程仪洛会同广东候补道王秉恩设局开办，遇事联络协助，务使两局联为一气。等因，前来。查上海绾毂中外，枢纽南北，为商务总汇之区，与汉口脉络贯通，自应即行设局，遵旨拣选通晓商务、明白公正之员绅，总理其事。兹查通州在籍绅士张殿撰洞悉商情、关心时局，应请张殿撰总理上海商务局事宜，湖北补用道刘世珩会同办理，并选派江西补用道恽祖祁、江苏候补道蒯光典分办江南苏常、皖北安庐各等处商务。凡沿海、沿江繁盛处所，并由各员分举绅商，广为劝导，以期逐渐扩充。其商学、商报、商会诸事，亦即次第筹办，业经本大臣驰电复奏，其应如何联络保护及就地讲求设厂仿造之处，应即体察时势，拟议章程，复候札饬地方官会同切实举办。所有宁、苏、沪三局，或分或并，应即一并察度情形，核议具复，不必拘泥因循，坐失自然之利，仍随时与汉口商务局遇事联络协助，会商办理。等因，到本院承准此。本院等伏念管子言士、农、工、商，农、工、商三者相因，而责士以闻见、博学、意察，是消息农工商之事，而成圣人托业于民之政，士之职也。汉重农而抑商为末富，由是二千余年以来，士大夫耻言商，而商几成为至猥□鄙之事，为商者大率趋于狡黠浮伪之下流。今泰西诸邦以商主国，而其政治大旨曰士农工商兵，论者至有商战之说，其所以能□战于商者，其君民近而无不达之隐，其计臣无日不合一国货物出入之盈虚而课之，其士大夫又各致力于农工商兵专家之学。农工浚商之源，而商疏农工之流，兵壮商之卫，而商即裕兵之饷，互相资藉，脉络贯输。而国家又时时改税则，以就其成本；辟口岸，以广其营销；筹拨公款，以补不足而助不给，其商之能战胜也。宜虽然其今日能以商战而胜中国者，几经更革，而已成之局也。若其五六十年以前，何尝不上咨下叹，如中国今日。然则今日中国士大夫而犹耻言商，徒任天下狡黠浮伪之徒以当之，力既不足，智又不逮，譬诸童子操棰而抗乌获，岂有幸而不败者哉？今朝廷奋发□求辱承过听，畀本院等承乏上海商务商会诸事。上海，天下商贾辐辏之处，而本院等素乏操奇计赢之能，其不足胜斯事明甚，一再奉辞，既不获请退而自维周礼，友以任得民，而孔子以为忠信笃敬，□□可行。是则绾农工兵之毂者，在商。欲兴商，当先使商信，官欲商信，当先使商任官，而官能受商之任。从古以来能任于人者，固未有舍忠信笃敬而他求者矣。本院等既荷诿□，曷敢不勉！至于智能浅薄，限之于天，成败究竟非所敢料。所有开办章程，本院随时拟就先后，俟恽道、蒯道、刘道会晤商定，分列四条，另折呈览，不敢以游词塞责，犹冀万一可行，伏冀察核，咨商湖广督都堂分别奏咨，示饬遵办。其上海开局事宜，已由坐办刘道专禀，请示遵行。宁、苏、沪三局，已经贵部堂于裁并局所案内，将宁、沪两局裁并，苏局仍留，无庸议复，须至咨呈者。尚有章程五则、照会一扣，明日续登。

（《申报》）

2.照录开办商务章程

（1899年1月9日）

一、启导。中国人情狃于故常，事非所习，动生疑畏。今欲大兴商务，非有以易其视听、开其智虑不可。而以是二者责诸家成业就之人，则难为功；责诸年少气盛之人，或易为力。拟请咨由总理衙门商明日本驻京公使，听中国人入其商学堂肄习，由局选年十六以上、二十五以下身家清白、读书解算之子弟，十人为一班，派一老成干练之人带往学习，毕业而归，供商学堂教习及各商局考察商务员司之用。以次再选十人践更，较之自立学堂，费省效速，是为启考察物产，讲求制造，商鲜是力，亦□是志。宜官先之考察，则责成各府厅州县支会绅商，凡其府厅州县向未通用权数、度数、量数、银色及动物、植物，何者为王产，何者为特产，何者昔少而今多，何者昔无而今有，列表报局。其廛市销行，何物最畅，何物最贵，按季折报。如有银钱市面、货物价值意外非常涨落，随时具报，以便为之考察疏通，使民间知商有局会之益。内地制造，如丝纱机器需本太巨,一时骤难推广,至如制茶、压油、造纸、造糖、洋针、洋胰、洋烛、洋火等机器,需本尚轻,可以由局筹款酌办,以为倡率。或商民集款自办,报局查明,给予准办凭照。或官商合办,则官主稽察保护之权,商主用人办事之权,官不得有干修,商不得有虚股。或商以业产据抵存总局,由局考核明确,官先垫办,商股集足,抽还官本及商存产业之据,随时酌定,是为导。

一、联合。上海各业有公所,令各联一会,各举一会董。各府厅州县各业亦各联一会,各举一会董,合举一会绅,举定报局,由局给予绅董照札。凡由官委者,虽绅商亦官,由商举者,虽官绅亦商。官委之人不妥,商可禀换,商举之人不妥,官可撤换。各业如有妨碍不便之弊及推可兴之利,许各董随时来局面陈,或由绅代陈,可行与否,视局权力所能到之处,明白揭告,此支会绅。若该处一时无人可举,即由各商董经理,均听其便,绅董有无开支,亦听各业商自行酌办,官不过问。是以地联,以业联。徒联无实,推广何资,应立公司,以合众力。章程各业自主,数目自数千至数万听便。如一业中各大商于上海自立公司,即名为上海某业总公司。若一府厅州县一业自立公司,即名为某处某业公司。众业合立公司,即名为某处众业公司。议立之后,将章程、数目开折报局,款由公司自主,或暂存典,或存业中殷实可信之家,或存商务银行,均听其便,官不过问。是以地合,以业合。

一、保护。为联合振兴之关□,保护真则联合振兴易,保护假则联合振兴难。中国之业,最苦厘捐,外洋各报亦深相诟病,为其弊不在上征而在中饱。中饱之弊,在分局之多。其需索,则剥民骨;其刁难,则丧民心;其开支浮冒,则且耗国气。今欲兴商务而不先疏通厘捐之病,虽奋苏张之舌,竭贲育之勇,未见民之果信而商务之必兴也。拟请先合湖南、湖北、江西、安徽、江苏五省奏改厘捐为印税,各国之税用印花,即刘晏就场一征,任其所之之法。应先饬六藩司首查十年内每年厘捐报部之总数,次查各分局每年各货报解藩司之分数,即得五省各货物产地、落地之准数。然后斟酌盈虚,仿洋关正税章程,按货石件核定,每石每若干税则,各就产地于货物未运之先,报名该处税局查明,完纳子税单黏贴印花单上,填明石件及运往处所。到该处后,将税单送该处税局验明加戳,随时发还。若须改运他府,仿洋关子口半税章程,再完半税一道,另给分运半税单。若止在运到处一府境内□完半税,所有五省沿途查验补捐之局,一律撤销,止各府厅州县设一印税局,是竭五省商民之力,但供上征而不供中饱,犹可稍纾商急,略挽民心,是保护之以税。亏闭客款,延讼了事,虚设公司,骗财逃逸,非特中国不肖商民有此恶习,即无赖洋人亦往往有之,请酌采中西商务通例,定一简明可行之商律,咨明各国商部、各口领事,并刊本出示谕五省商人共见共闻,俾共遵守,是保护之以律。

一、振兴。中国商务之不能振兴者,一在制造不精,一在受人把持,二者之弊又均在气散力薄。丝、纱、茶、纸、油、糖等业,或须改良,或须变法,若用机器,亦须数千金,试办之初,未必骤能获利。中商风气未开,使乖惜费,是其素习。然不能改良变法,则制造永不能精,商务亦永无振兴之实。至丝茶市价涨落,皆操纵于各国洋人之手,花布市价涨落,且操纵于中国庄号之手,其故皆由货至卖场,存栈、保险、押息、旅费日有加增,货一滞销,则受亏更重。至于一二小商图脱身而跌价,各路洋行遂借口以落盘。虽有巨商均为牵动,非无外洋丝茶歉收,中货畅销之年,而不肖商人,或以低货掺入高牌,或以假货冒充真牌,止乘目前罔利之机,而不顾将来赔牌之害,致使洋商永据上流,中商更无兴理。应请会同两湖,奏明于汉口、上海各设一商务银行,参酌主事宁述俞筹备的款,及中书王景沂仿广西借官款兴农务条陈,拨借两江、两湖昭信票股银各二三百万两,以为资本。商股及各支会公司款,任附任存,照市计息,两行周转相通,盈亏不共。除丝业每年需本太巨,暂非商务银行所能担任,其茶业可就屯溪、六安、九江各设一分会,讲求皖南北、江西之茶种植、采制改良之法,由总会购买合宜机器一二,具派人分往产茶最盛处教导,运至上海,由总会考验。如有焙不如法及用药染色者,扣留论罚,不上号牌,不许销售。考验无弊者,给予验单,由茶业董至总会按照市面牌号公议价值,悬牌定盘。间有小商不能久阁者,许将栈单抵押,先由总局付价十分之五六,息照通市。棉花纱布亦立支会,考验照此办理。若上海各业大商总公司能自包小商者,听便。有能于一切种植、制造改良有效者,由局给予奖牌。若能别出新法、试行有效者,由局申请咨明总理衙门,给予专利年限。是于制造,则以约束为振兴;于营销,则以补助为振兴。

以上四条,或兼及农工,盖事本相承,理须互见。惟农之水利,工之制造,商之矿务,非独各有专门才力,亦不能兼顾,合并声明。

(《申报》)

3.照录商务局照会

(1899年1月10日)

办理上海商务总局,武英殿协修、翰林院修撰张,二品顶戴福建兴泉永道恽,二品衔江苏候补道蒯,二品衔湖北候补道刘　为照会事　光绪二十四年七月二十三日,准奉两江总督部堂刘照札开,六月十七日准兵部火票递到军机大臣字寄两江总督刘、湖广总督张,光绪二十四年六月初七日奉上谕:振兴商务为目前切要之图。叠经谕令各省认真整顿,而办理尚无头绪。泰西各国首重商学,是以商务勃兴,称雄海外。中国地大物博,百货浩穰,果能就地取材,讲求制造,自可以暗塞漏卮,不致利归外溢。着刘坤一、张之洞拣派通达商务、明白公正之员绅,试办商务局事宜。先就沿江、沿海,如上海、汉口一带,查明各该省所出物产,设厂兴工,果使制造精良,自能销路畅旺,日起有功。应如何设立商学、商报、商会各端暨某省所出之物产,某货所宜之制造,并着饬令切实讲求,务使利源日辟,不令货弃于地,以期逐渐推广,驯致富强。事属创办,总以得人为先,该督等慎选有人,即着将拟定办法迅速奏闻,毋稍延缓,将此各谕令知之,钦此。遵旨寄信前来。又于七月十三日奉电传上谕,少詹事王锡蕃奏,请旨各省设立商会,于上海设总商会等语。现在讲求商务,业于京师设立农工商总局,并谕令刘坤一、张之洞先就上海、汉口试办商务局,拟定办法奏闻,现尚未据奏到。商会即商务之一端,着刘坤一等归案迅速妥筹具奏。其沿江、沿海商贾辐辏之区,应由各该督抚一体查明办理。所有一切事宜,并着总理各国事务王大臣咨商各督抚,详订章程,妥为筹办,钦此。等因,到本大臣承准此,均经恭录咨行,通饬钦遵,核议详办各在案。顷准湖广督部堂来电,汉口商务局已派江苏补用道程仪洛会同广东候补道王秉恩设局开办,遇事联络协助,务使两局联为一气。等因,前来。查上海绾毂中外,枢纽南北,为商务总汇之区,与汉口脉络贯通,自应即行设局,遵旨拣选通晓商务、明白公正之员绅,总理其事。兹查通州在籍绅士张殿撰洞悉商情、关心时局,应请张殿撰总理上海商务局事宜,湖北补用道刘世珩会同办理,并选派江西补用道恽祖祁、江苏候补道蒯光典分办江南苏、常,皖北安、庐各等处商务。凡沿海、沿江繁盛处所,并由各员绅分举绅商,广为劝导,以期逐渐扩充。其商学、商报、商会诸事,亦即次第筹办,业经本大臣驰电复奏,其应如何联络保护及就地讲求设厂仿造之处,应即体察时势,拟议章程,复候札饬地方官会同切实举办。等因,准奉此。本院道维中国商力之疲敝，至今日无以复加矣，然阴尽者阳乃生，剥极者复之兆，比年以来，谈时务者颇见及此。中外臣工迭经奏请，遂有朝命，着各省设立商务局，为保持利权之计。乃自各省兴办之后，其恤商情者几何事？苏商困者几何事？何弊已除？何利已创？地阻势暌，未由闻见。意者商民风气未开，人自为谋，不能相通欤，抑官民隔绝，告焉而莫省，呼吁焉而莫与闻也。本院道等着籍江南，其于江皖故是，乡里商艰民困，又平昔所稔知。今督部堂举承斯乏区区宗旨，愿为官商间一驿骑耳。上海沿江海，各省商业辐辏之区，各业中又本有公所、公会之设，联络讲求，均较他处为易。合行知照各业董，凡一业中如有当兴之利、当除之弊，若何可以改良，若何可以进步，苟须官为提倡保护，不妨径情来告，但系本局权力所能行断，无分毫之靳惜，各业董等既不必虑衙门壅隔之习，亦无须患吏胥求索之苛。每日定上午起九点钟至十一点钟，下午起三点钟至五点钟为接□商务之时刻。无论何帮商董来局，一刺相投，立即延入，藉聆众益，共赞良规。即有所陈隔阂难行，及尚须取督部堂进止，或与地方道县商定之处，亦必明白揭告，决无一语相欺。至于商学、商会、商报及丝茶业派人出洋考察、探报等事，或系朝廷旨意，或系时势，当兴急切，虽未易兼行，要必以议论为嚆矢。本院道日望诸君子之有以起予也，为此照会贵绅董，请烦查照办理，须至照会者。

（《申报》）

4.论中国商务有渐兴之机

（1899 年 1 月 24 日）

昔魏文公之兴也，通商惠工，其千古致治之权舆乎。中国地大物博，百货浩穰，甲于环球各国，而商务未闻遽兴，商政未闻□讲者，则以风气未开，而□事难于谋始也。仲尼对哀公之言曰：来百工则财用足。夫工者，制造之所由出也。而商则以创造之成，转而流通于市，故商与工相为表里，可见商亦王政之一端，中国古时未尝不重。孟子言："市廛而不征，法而不廛，则天下之商皆悦，而愿藏于其市。"虽其时民风尚朴，一切制作均犹简陋，然推日中为市之义，以其所有，易其所无，而物产之流通，商贾之懋迁，其理要自不易，大公□女红，管子正□策，而诸侯联袂朝齐，此重商务之大概也。自汉兴重农抑商，士大夫之雅重文艺者，遂不复究心于商务，而商遂成为至猥极贱之事。二千余年以来，商务不兴，职此之故。迨互市以来，通商口岸日辟日广，外洋之制造流通于内地者，几于不可殚述。迄至今日，穷奇极巧，愈变愈新。所以然者，有商学以考其成，有商报以复其实，有商会以广其传，是以利赖益宏，有蒸蒸日上之势。论者但谓西人之商务日盛，中国之商务益衰，殊不知廿一行省之地，四万万人之众，非无智能也，非无技艺也。其兴不遽兴者，则以事莫重于肇端，功莫难于托始，而为之必有渐耳。恭读六月初七日上谕，振兴商务为目前切要之图，先于京师设立农工商总局，此外各省设立商会，并谕两江总督刘岘庄制军、湖广总督张香涛制军先就上海、汉口等处设立商务局，拟定办法，妥为筹划。于是刘、张两制军竭诚尽智，励□国家，□作夜思，不遗余力，以故铁路之浩，则审之又审矣，江防之严，则密益加密矣。其他整顿吏治、敦崇实学，见于各报端者，不可枚举，亦可想见忧勤惕虑之心矣。且吾闻之，世变愈大，成功愈难，故皇上虑独治之不可以奏绩也，谕令拣选通晓商务、明白公正之员以众治之。时则有若江苏补用道程仪洛、广东候补道王秉恩者，一于汉口商务局同心妥办，时则有若江西补用道恽祖祁、江苏候补道蒯光典者，一于江南苏常、皖北安庆等处协力劝导。至上海为商务总汇之区，绾毂中外，枢纽南北，实与汉口脉络相贯，非洞悉商情、关心时局，不足以胜其任。时则有若通州绅士张殿撰、湖北补用道刘世珩者，一为总理商务局事宜，一为会同商务局分办，言念及此，未尝不□手交庆，以为人才有兴起之机，国运有更新之日，挽回气数，旋转乾坤，在此时矣。独怪今之吁衡时势者，动曰国事不可为也，人才难为□也。官箴如此其废弛，士习如此其颓靡也。甚至痛诋朝政，极意推崇西人，以为中国势盛时危，破败决裂，不可收拾。殊不知朝廷之上，望治甚亟，天下之大，何地无才。即以目前而论，各直省之任权枢要者，固不乏淹贯今古、博通时务之才。他若府厅州县中，亦多熟谙洋务之士，叠承明诏，破格求才。凡在食毛践土之伦，苟有一艺之长，无不思激发天良，以为国家指臂之助。天下事论人则智，处己则愚，旁观者明，当局者暗，不观今日之事，不揣今日之情，而徒高心空腹，菲薄当时，此真一孔之儒，坐井窥天者也。或谓中国商务，出口货物向以丝茶为大宗，近则日本、印度、锡兰、西班牙、意大利各处均广植桑茶，讲求育蚕、焙茶之法，夺我利源，故彼之商务日赢，我之商务日绌，即使设法补救，极力振兴，恐不能塞漏卮于万一。不知商务之不兴，由于商律之未定，以故不肖商人往往以低货掺入高牌，以假货冒充真牌，止乘目前罔利之机，而不顾将来赔牌之害，致使洋商永据上流，中商更无兴理。今则参酌时势，详定章程，弊去其太深，法取其尽善，则利权犹或可挽，所谓失之东隅，收之桑榆也。语曰：见兔而顾犬，未为晚也；亡羊而补牢，未为迟也。今则试办之初，有刘岘帅、张香帅以维持大纲，并有各当道以赞成其事，举一切启导、联合、保护等节，条分缕析，而斟酌之，而次第之行，见商务之兴，日盛一日，则所以致富之道以此，所以自强之道亦以此。书曰，思其艰以图其易，今日之谓也。谁谓中国竟让美于泰西哉！草茅下士不禁拭目而观其成焉。

（《新闻报》）

5.拟鄂督创设工艺学堂序

（1899年1月28日）

鄂督张公之留心于育才与兴利也久矣。曩岁以学督在鄂设经心书院，在蜀设尊经书院，迨督粤之日乃设广雅书院及水陆师学堂，署督两江乃设陆师学堂，复任鄂督又扩充两湖、经心两书院，添课格致、测算、绘图、天文、外政等学，且创设武备、自强、农务、铁路诸学堂，广择人才而教之以中西之学科，于是天下之子弟讲究新学者，翕然而起，彬彬辈出。其于下焉，又有铁政局、枪炮厂、官纱、织布、铜钱、银圆诸局相次而兴。凡中国足振作利权之道，无不探究奏设，天下之士商皆沐其德而浴其泽焉。顷者复慨中国工艺之不振，利权之日逸，奏设工艺学堂于湖北省城昙华林地方，日前出示，拟选绅商士人子弟六十名肄业其中，择聘中日之匠首、教习数名，分授各种工艺，兼课格致、理化、测算诸学，使生徒熟习各项工艺之法，兼探机器制造之本源焉。闻此示出未终日，而天下之子弟报名愿学者一百余名。夫该学堂乃兴实利、开实益之起点，而中国之富与强自是更可步进一步也，呜呼盛矣哉！窃查中国舆域七十万三千方英里，人口四百兆零一百万人，土沃人富，五谷丰稔，百货辐辏，凡日用必需之品皆无不具而充之，于中国居民之需尚有余矣。今试举国内各地产物之大宗言之，则山陕之金银、铜铁、煤炭及皮毛、漆枲也，巴蜀之五矿、油池、食盐及米、烟、锦绣也，云贵之木材、石材、药材及珠玉、铁矿也，湖北之茶、棉、麻及牛皮也，湖南之米、茶、煤炭、竹木也，江西之陶器、瓷器、纸类也，江浙之绢丝、绸缎及米谷也，闽粤之盐、茶、糖、麻及药料、绢布也，其他如徽墨，如湖之笔，日用土货到处出产甚盛。而更于南方，即有热地之动物、植物，北方即有寒地之动物、植物，凡地球上之产物，无不备而且多，居世界中十之六之比例焉。呜呼！中国天造之产、人工之货如此甚夥，而其利权常逊于欧美诸洲者何故哉？是无他因，工艺之学未究，制造之术未精，自富自强之道未辟矣。盖泰西近数十年来，机器之灵巧，制造之精美，其眩天下之耳目，争精竞美，一机一物皆尽毕生之智力而极其精美之。若有人创造新器，发明新理，政府即为之保护，其成功且准其专利专权，以赏励之。是以精益极精，美益极美，日新月盛，未有极止也。中国古来圣圣相继而兴，如宫室，如衣食及其他日用器机、货物，皆自创造之，俾世人得进文明之化，一不假他人之力，如周公之指南车、孔明之木牛流马，新奇灵妙，何遽出于西人下哉！所惜者，后世士商皆惯用旧物而不知极美尽精、日新月盛之道，遂至今日使西人智巧之士夸称彼工艺之灵、制造之美，坐掠夺中国之利权矣。现在英、美、德、法暨他诸国每羡中国产物之富饶，或挟自国之强以逞试要议，或购华货而自精制之，倍价转输入于中国，或携器机远来建造制工局，而制造华人之所嗜好物件，乘机窥时，以满其狼欲，将中国天造之产、人工之货遂任彼之蹂躏焉。中国士商若无速发奋兴起，讲工艺之学，究制造之术，尽日新月盛之功，开自富自强之基，则虽假力于外交之上，仅得免瓜分之忧，然国内之利权日日消烬，而中国之危机渐迫矣。香帅深有虑于此，创设学堂，先天下万众为之倡焉。想自是各省之大吏亦皆陆续仿之而兴设学堂，天下之子弟翕然兴起而讲究工艺之学、制造之术，庶几中国不日而人才蔚起，工艺益精，制造益盛，机器之灵巧、物货之精美凌驾于西人之上，而利权因以恢复，自富自强之基因以坚矣。噫！武汉[①]之区乃九省之总会，天下之中枢，各地产物多萃荟于此而后散焉。若夫卢汉及粤汉之大铁路竣工，各省支路从之告成，即东方贸易之中心，世界利权之大总，悉移聚于此地矣。入学之子弟岂无大志远略，互相精进，以仰副张公振兴中国之盛心可乎哉？

（《新闻报》）

2 月

1.倒行又闻

（1899 年 2 月 1 日）

汉口鲍家巷程增泰杂货行系徽人所开，历有年所，前日忽然倒塌，据闻该行亏空各户银两有十一万之谱，又钱帮五六万，均系潮、浙两帮云。

（《新闻报》）

---

① 因指代不明，原则上不作处理，仅在必要之处改为“武、汉”。

2.汉钱陡涨

（1899年2月14日）

汉口自去年八月大火之后，钱价日减一日，由八钱数分减至七钱四分数厘。至腊月内，钱价忽又大涨，刻下加至七钱八分六七厘。推原其故，知系各钱铺与茶栈购钱预备来年茶庄之用，故又斗涨数分矣。

（《新闻报》）

3.论经商宜厚集资本

（1899年2月21日）

中国生齿日繁，商务日绌，国势岌岌可危，非力图挽救之方，何以振奋有为，保存族类？然而维持之良策未易，望诸朝廷，商民无势无权，纵竭力殚精，亦难补国势于万一。惟是练兵、治世之事，擘划出于良臣，而富国理财之方，权衡当资商务。所惜者，中国风气未开，不能如欧西商务之雄，然不得谓中国财币不足也，又不得谓中国人才难得也。然则商务不若人者，其患果安在哉？盖商人各自为计，未尝集厚资以为公司耳。资本不厚，则势力不雄；势力不雄，则难持久远，不知商力关系于国计民生也，岂浅鲜哉？外国经商之人，固雄于财科，凑公司辄以数百万计，所开店户宏敞燏煌，伙伴有数百之多，货物用车辆载送，女流等辈供奔走者，实繁有徒。吾尝见此生理大观，未尝无临渊之羡。此外，制造各厂用人之多，更无论矣。外国贸易之大，于此可见梗概，此其商务之兴，日益繁盛也。使中国商务能务其大者远者，则何事不可创办？何物不可制造？且矿务可以大振，机器可以繁兴，国富则民自不贫，工多则人皆操作。由此，盗贼之辈可望潜消，奸宄之徒渐形敛迹。夫教化行于上，风行草偃，庶类日就咸□，固属闾阎幸事。若不然，不得不借商力以期富国也。国家之能强，首在黔黎之丰裕，古者以务农为富国之本，今当以商务为强国之基。当知商务日兴，非有雄贾巨商，不足驰外域之贸迁，亦不足开内地之利薮，商务之重，岂容缓哉。况中国人民之众，物产之多，苟有人焉怀救世之苦心，屏积习之私见，筹大利以卫民生，塞漏卮以挽外溢，国家即甚懦弱，而民志犹甚，豪强外人，纵肆凭陵，亦未尝无民□之可畏也。近日朝廷创设商务局，讲求商务，惜所派者无非官员为之督办，商人未有预闻，究何裨于实事。中国官场具卓谙之才者，固不多见，纵有关心时务，亦不过借此为南山捷径耳，何足以办商务耶！外国商务局之设，皆是商人为之，官不为干预，凡有商务要事，商务局欲政府相助，然后禀请批行，政府只从中维持其商务而已。所以，中国商人如欲振兴商务，不必借官员之力，当自联合同气，厚集资财，各行商若能实力行之，何尝不可使国富民强？百姓足，君孰与不足，岂虚言哉！扩而充之，是在有力之巨商为之倡，则保国卫民之道，不于此几之乎！

（《新闻报》）

3月

1.商务设局
(1899年3月8日)

汉口访事友人来函云:汉口为数省通衢,商务最为繁盛,督宪张香涛制军爰就招商局左近创建商务局,屋宇宽敞,体制崇闳,执事诸人现已先后进局。广贸易而保利权,亦今日富国之第一要务也。

(《申报》)

2.汉市述闻
(1899年3月18日)

去岁汉镇因火灾迭见,一应生理,俱为减色。兹闻年终结账,其获利者,惟有土业、房屋二端,次则钱帮,余皆不足挂齿也。

(《新闻报》)

4月

1.《湖北商务报》缘起
(1899年4月)

光绪二十四年六月初七日奉上谕:振兴商务为目前切要之图。迭经谕令各省认真整顿,而办理尚无头绪。泰西各国首重商学,是以商务勃兴,称雄海外。中国地大物博,百货浩穰,果能就地取材,讲求制造,自可以暗塞漏卮,不致利归外溢。着刘坤一、张之洞拣派通达商务、明白公正之员绅,试办商务局事宜。先就沿江、沿海,如上海、汉口一带,查明各该省所出物产,设厂兴工,果使制造精良,自能销路畅旺,日起有功。应如何设立商学、商报、商会各端暨某省所出之物产,某货所宜之制造,并着饬令切实讲求,务使利源日辟,不令货弃于地,以期逐渐推广,驯致富强。事属创办,总以得人为先,该督等慎选有人,即着将拟定办法迅速奏闻,毋稍延缓,将此各谕令知之,钦此。

(《湖北商务报》第1期)

2.汉口内外贸易情形

（1899 年 4 月）

汉口距上海五百八十二里，原不过一驿镇，然中国四大镇之一，而湖广重险也，与武昌、汉阳鼎立，为一大都会。人口八十万，商旅云集，百货辐辏，其贸易区域颇阔大，试列举重要之处如下。

湖南、湖北、上海不言而明也。

江西省：南昌、九江、抚州、饶州、吉安、南安、赣州、德化、义宁州及樟树、景德、吴城三大镇。

安徽省：祁门、六安、太平、卢州及屯溪、华阳、海阳、渔亭、万安、大通六大镇及芜湖。

河南省：许州、南阳、开封、淅川。

山西省：太原、太谷、平遥、祁县、介休、榆次、蒲州及归化城东口、西口二大镇。

陕西省：西安、兴安、汉中、乾州。

甘肃省：兰州。

四川省：成都、夔州、酉阳、重庆。

云南省：永昌、腾越、大理、楚雄、蒙自、临安。

贵州省：铜仁、遵义、贵阳、思南、镇远。

以上其主要之地矣。得汉口以总制商务，外国人以为第二上海，诚有以也。惜内地陆运之途未便，若卢汉、粤汉铁路竣工，此地之繁荣，必数倍于今日矣。近俄、德、法及日本选定专营租界，比利时亦欲划一租界，汉口之前途未可限量矣。

本地产物天鹅绒、棉绸、白铜巧作墨壶、吸水烟管等，而输出品中，如麻、茶、烟叶、草、牛皮、白腊、药材等其他重要之品，皆自四川、湖南、江西及汉水上流地域来，一旦运集汉口，而再输送各地。市上贸易茶，其中如红茶，湖北之蒲圻、通山、咸宁、崇阳，湖南之郴州、临湘、巴陵、平江、浏阳、湘潭、安化、湘阴、醴陵、祁阳，江西之义宁州、吉安，安徽之祁门、建德等皆输送来汉口。又，外洋输入品，以与上海往复，仅一旬日间。汉口中国商人，自为联络，买卖授受，不敢劳外商，其状如福州中国商人直自香港输入货物。汉口居留英国商人，为转运船舶、银行保险及输出一部分之事业；德俄两国商人，或输出牛皮、麻，输入军器，或制造蛋白质、制造砖茶、营银行业等。各自得意之处，黾勉努力。而输入外来诸什货，其业举归中国商人之手。日本人一去一来，在留者不定数。然 1894—1895 年以来，东肥、东益两洋行，大阪商船公司，汉报馆等各人，向后必日增其数。

依客年（1897 年）统计，汉口输出入总额实四千九百七十二万六千三百两，其亦洋货纯输入额一千七百一十七万二千五百五十一两，向外洋及内地各港纯输出额二千四百五十四万零三百八十二两。

今试调查汉口与外洋直接贸易及输入、输出额分国别（和地区）之如下。

输入：自英国二四一八四海关两，自香港七八八一六海关两，自欧洲（除俄国）三五一八海关两，自日本六七二九三海关两，自俄领西伯利亚一一六〇海关两，合计一七四九七一海关两。

输出：到英国六八六六四六海关两，到欧洲（除俄国）二二五四海关两，到俄国二六一六四五六海关两，到香港一一五八七七海关两，合计三四二一二三三海关两。

其直接输入者,占高位者,煤炭六七二九三两,核炭(焦炭)一二一三三两,机械类一〇二三一两,砂糖七六四二三两,合计一六六〇八〇两。其直接输出向伦敦茶二八九九五担(此概定价格六八六六四六两),向俄领乌泥佐二四五三七担,向俄国都三〇四九九担(此概定价格二六一六三七八两),向澳国八八担(此概定价格二二五四两),合计三三〇五二七八两,则可以知俄国贸易之盛矣。

俄人居留汉口者,多于他外国人,能相结合,以经营百事,专迎华人之意。

(《湖北商务报》第 1 期)

3.湖广总督部堂张委员开办汉口商务局电奏

(1899 年 4 月)

二十四年七月十八日致总署代奏　奉六月十九日寄谕,令于上海、汉口设商务局,饬江督刘与之洞拣选员绅试办,慎选有人,即行具奏。等因。此事乃今日要政,上海为沿海总会,汉口为上游要冲,铁路枢纽,自应分设两局,上海由两江委员开办,汉口由鄂省委员开办。湖北拟委道员王秉恩并另电奏调江苏候补道程仪洛会同总理汉口商务局,以鼓舞联络上游川、陕、云、贵、湘、粤等处工商为要义,并选殷实诚信、通晓时势之商董数人为总董,会同商酌。其商学、商报、商会及讲求工厂制作、商货销路等事,江、楚两局各自筹办。遇有应行联络贯通或应互相协助之处,随时知照,会商办理,虽分为两局,仍联为一气,当随时与江督刘商筹酌办。再,查商务事体所重在商而不在绅,缘汉口之商,外省人多,本省人少,但取其熟悉商情,势难拘于本处绅士,合并声明,除详细情形具折奏陈外,请代奏。

(《湖北商务报》第 1 期)

4.湖广总督部堂张奏设汉口商务局酌拟开办章程折

(1899 年 4 月)

二十四年八月初八日奏,为遵旨于汉口试办商务局,酌拟办法,大端恭折,仰祈圣鉴事　窃照承准军机大臣字寄,光绪二十四年六月初七日奉上谕:振兴商务为目前切要之图。迭经谕令各省认真整顿,而办理尚无头绪。泰西各国首重商学,是以商务勃兴,称雄海外。中国地大物博,百货浩穰,果能就地取材,讲求制造,自可以暗塞漏卮,不致利归外溢。着刘坤一、张之洞拣派通达商务、明白公正之员绅,试办商务局事宜。先就沿江、沿海,如上海、汉口一带,查明各该省所出物产,设厂兴工,果使制造精良,自能销路畅旺,日起有功。应如何设立商学、商报、商会各端暨某省所出之物产,某货所宜之制造,并着饬令切实讲求,务使利源日辟,不令货弃于地,以期逐渐推广,驯致富强。事属创办,总以得人为先,该督等慎选有人,即着将拟定办法迅速奏闻,毋稍延缓,将此各谕令知之,钦此。

仰见朝廷通商惠工、阜财利民之至意,钦佩莫名。查商务乃今日要政,上海为沿海总汇,汉口为上游要冲,铁路枢纽,自应分设两局,除上海一局由两江督臣刘坤一委员开办外,兹于汉口设立商务局,以鼓舞联络上游川、陕、河南、云、贵、湘、粤等处工商为要义。其商学、商报、商会及讲求工厂制作、商货销路等事,江、楚两局各自筹办。遇有应行联络通贯或应互相协助之处,随时知照，会商办理，虽分为两局，仍联为一气，应由臣与两江督臣刘坤一商筹酌办，所有应办之事，其要有八，谨条列于后：

一曰启发。商报、商会、商学皆系启发之事。商报系采访沿江、沿海各口岸暨邻省、本省土地所产及人工所造各货市价销路，并译各洋报所载商务，兼译西书之有关商务者，分期出报。商会系由本局商董邀集各省、各帮大商入局，定立商会，或面商，或通函，或登报，互相讨论考校，以期联络协助，力厚气旺。商学系考求制货理法、销货道路、综核新式、护商律例以及中外盈绌、银币涨落、各国嗜好、各业衰旺各情形，自应设立学堂，延师教习，方能增长智术。惟中国设立商学，华人能任教习者，断无其人，若延请洋教习，经费太巨，且设堂经费亦属不赀，断难举办。惟有赴外洋学习，但西洋过远，东洋较便，商会中人有愿往者，自备资斧，或由商会筹集公款，凑齐人数若干，由该局禀臣发给护照前往，并咨明总理衙门暨出使大臣查照。至设局之始，不能不酌筹经费，以资刊报、设会等事之需，拟于整顿牙帖项下筹拨，以后商务渐兴，果有成效，方可与众商酌议筹集经费之法。

二曰倡导。制造土货需用机器，华商不知成本若干，有无利息，未敢试办，现拟除已设之纱布、丝麻各局外，其余土货之需用机器者，若牛皮、骨角、纸张、竹器、漆器、洋蜡之类，均可次第筹办，官筹本若干并借商款若干，先设数厂，令其观感，见有成效，自知仿行，或代为访求制造之法及需用何项机器，以为之倡。

三曰合力。商务必集公司方能大举，一省商力不足，合他省以益之。查上游四川、云、贵等省，出产土货甚多，而地势较偏，购机选匠，种种不便，且机器运至川江以上，实属不易，销路亦窄，若造成后，再运至下游行销，徒多往返耗费。至于陕、甘、河南、两广、湖南，亦不如汉口地势适中四达，现拟于武汉一带冲要地方，购买地段，以备入商会者在此地段内购地造屋，或设行栈，或设机厂。

四曰塞漏。现有洋商已准在内地设厂制造土货，无从禁阻，愈开愈多，华商更难觅生计，即使日后续开，固已着着落后，莫若议与洋商合办，既免占我全利，并可学其工艺，此亦补救漏卮之一法。

五曰祛习。中国商贾积习，识陋见小，亦思依仿新式，办运新货，而偷减工料，货质全非，以假乱真，以劣掺优，种种欺伪，以致外人割价退盘，甚至无人过问，其货真价实之商，反为所累。甚有招集股份，意存诓骗，事未办成，资已用罄，遂至人人畏避，公司难集，商务莫兴，实缘于此。必须明定赏罚，以示劝惩。

六曰保护。近日各省倒账之案，层见叠出，汉口、沙市已属不少。商局既设，未倒之先，官为访察防护；既倒之后，官为严追惩办。凡曾经倒塌之商，照西例饬令报穷，列诸商报，使远近咸知，以后永远不准更名充商贸易。

七曰体恤。严禁税关、厘卡留难需索。制造土货可以抵制洋货者，奏明减轻，或暂免厘税，定明专利年限，不准他商仿造。

八曰奖励。新创机厂暨捐资兴办商报、商会、商学及在外洋学成工艺回华可资实用者，奏明请奖。

以上八端，总之不外于抵制洋货、依仿洋式、借助洋师三义，从此着手，方为有关内地商务大端，由粗入精，由近及远。即将前经奏设之劝工劝商局归并此局之内，其中事体繁博，现在先立大概章程，此后随时筹划变通，务期以渐推广。查有奏调湖北差委广东候补道王秉恩端廉切实，才力精强，商务综核，尤所擅长，此次另片奏调之江苏候补道程仪洛廉正核实，不辞劳怨，拟委令该两员会同总理其事，并拟遴选殷实诚信、通晓时势之商董数人为总董。惟汉口之商，外省人多，本省人少，但取其熟悉商情，势难拘于本处绅士。所有选员设局大概情形，已经于七月十八日电奏奉旨允准在案。现在督饬该道等将商务应办各事宜，妥拟详细章程，认真次第筹办，务期联络上游各省，渐次扩充，除以后办法随时奏陈外，理合恭折复陈，伏祈皇太后、皇上圣鉴。谨奏。奉朱批：另有旨。钦此。

（《湖北商务报》第 1 期）

5.湖广总督部堂张饬设通商公所并举分董札

（1899 年 4 月）

为札行事　查湖北地方，前经奏明，饬江汉关道于汉口设立劝工劝商公所，陈列湖北所产及人力所成各货，商民均得纵观。令各帮大商公举董事数人，经理其事，随时邀集素有阅历之行商坐贾，常来公所商榷，较物产之精粗，衡工艺之优劣，考求采制配用之新法，应如何推广集股，购制运销，统由各商自行筹办。其弹压保护，询访外省外洋情形等事，则禀官为之主持照料，不令窒碍。等因，在案。现查总署所奏，再由各府州县于水陆通衢设立通商公所，各举分董，以联指臂等语，应令有繁富市镇之各该地方官体察情形，妥筹办理，总期省外各所联为一气，互相考求购制运销之法，务令商务日新月盛，方为有益，合就札行，札到该局，即便遵照办理，此札。

（《湖北商务报》第 1 期）

6.汉口商务局致各商董照会

（1899 年 4 月）

为照会事　案奉督部堂张饬，现在汉口地方遵旨设立商务局，筹拟创办大概章程八条，奏派本道等总理其事。原设之劝工劝商局，即归并此局之内，并遴选殷实诚信、通晓时势之大商为总董。惟汉口之商外省人多，本省人少，但取其熟悉商情，亦不必拘于本处绅士。等因，奉此。本道等当将总局暂设织布局内，劝工劝商局应即归并汉口商务局办理。既经归并，业已开局在案，所有局内应办事理，谨就前项奏定章程，择其于时势尤为切要者，推阐引申。另拟十条分列于下，呈候核办。第官商情形隔阂，但凭臆造，挂漏仍多，非熟悉商情、声望素著者，各抒所见，实力讲求，事事一秉至公，不足以浃众情而裨商政，合亟照会。为此照会贵总董，请烦查照，常川赴局，相助为理。此为地方兴利起见，实于各商痛痒相关，幸勿稍存漠视，遇事会同委员互相讨论，并举各分董与总董，联络协助，务使商务蒸蒸日上，渐次扩充，开辟利源，著为成效，实有厚望焉，须至照会者。

附列各总董衔名单

花翎道员衔余能培	如春杂货行
三品衔候选知府邓奇勋	汇丰银行
花翎道员衔韦尚文	顺丰银行

同知衔邱衍珪	恒发油行
同知衔华学海	益大钱庄
花翎同知衔陈其欣	大德糖栈
五品衔候选通判董兼善	咸吉钱庄
前四川洪射县知县刘万青	本帮
花翎道员衔张德明	太古行
五品衔光禄寺署正胡学惠	美最时银行
花翎同知衔朱训成	衡源钱庄
五品衔候选布理问洪子祥	苏帮
同知衔宋炜臣	燮昌银行
从九职衔文虎卿	茶业公司

附列各分董衔名单

药材帮:黄汇泉(义利行)、张希梁(德丰行)

油蜡帮:胡显文(义昌行)、郑文卿(兴昌行)

粮食帮:何心奇、胡渭川(米市公所)

药土帮:刘鹄臣、刘祥丰、徐葆卿、徐均福

夏布麻帮:金泽生(鼎盛行)

杂粮帮:聂敦甫

茶叶帮:汪春荣(齐同源)

海味帮:蔡辅卿(立昌生)

丝兰帮:萧延琦

漆帮:胡秉良(简启行)

钱帮:刘晋侯(钱公所)

匹头帮:毛受谦(谦祥益)、王春波(祥和裕)

烟叶帮:俞添和(俞荣昌)

山货帮:汪绍箖(复顺祥)

牛皮帮:薛丹阶

洒丝帮:张友棠

襄油帮:刘福田(德大行)

白布帮:叶锦堂(协和信)

煤炭帮:胡朗斋(胡万椿)

烧纸帮:黄哲卿(元盛和)

(《湖北商务报》第 1 期)

7.日本商务学堂章程

(1899 年 4 月)

日本自西历一千八百六十七年以来,逮于今,竭力整顿商务,其制胜之处全在设立商务学校，兹述其章程大要如下：

一、班次。日本最大商务学堂在东京、大阪等处。教育之法列为四班，一为四等学校，名初学班；二为三等学校，名根本班；三为二等学校，名高等班；四为头等学校，名特异班。

二、年分。初学班先即最低之学，肄习二年；然后升至三等学校为根本班，期亦二年，务期明澈商务诸理；然后考取补入二等学校为高等班，肄习未竟之功，期一年；然后入头等学校，为特异班，专习教习商务学校之事，期亦二年。

三、课程。四等学校习行善之理，读法、书法、作策论、算学之类，地理、史鉴、绘图、化学、格致，研究本性之理，英语、武备、操练等事；三等学校习本国商务书信、商务算法、记账程式、商务地理志、商务史鉴、国家节俭之理、律例、英语、市情、武备、操练等事；二等学校习记账深理、贸易之理及商务条规、节俭学、律例、英语、拣选各国语（法、德、西班牙、朝鲜、中国等）、武备、操练等事；一等学校习行善之理，读写该商务算法、记账程式、贸易之理及商务规条、英语、恳求人之书信、武备、操练等事。

四、每日课程。每日授课六点钟，惟礼拜六则仅课三点钟，每礼拜内共课三十三点钟，生徒皆须十四岁以上者，授课之师入堂时但讲课义，时至则罢，诸生退而习其私。各学堂所领生徒，贵规模整肃，衣服洁净，身体壮健，以壮观瞻，各班所课，总以明理劝善为第一义。

五、英文课程。银行汇划、市情、关税等情，英文为商务要旨，四等学校中均有之，学习亦分四等，由浅入深。一诵读，调和口音，拼合正反切音；二语言，问答谈说；三文法，讲求章句以及翻译；四则毕业矣。其余能兼及他国语言者，皆列之高班。

六、总论。大抵学堂起课，须先知日本本埠商务情形为准则，诸生每日自相讲求之道，在能自独设行栈或合力公司等等，其情势皆具之于书，如行情、信息、销售、银纸汇兑、提货单、保险票、出入银单、交盘出卖收买、各货色涨落价值、自利公利、各种折算以及流水账目，皆须在在考究。诸生咸以其师所授，时时温习，其师有时偕生徒到大小行栈、墟集、市镇、铺户、银行、钱庄、税关等处，阅看情形，证明实事，以开智识。而后授以舆地之学，先讲山川物产、农田所出丰歉之端；次讲工厂制造之法，至于进口出口、进口复出口、收积分派，一切货物利益之道；而后又教以地球之上各埠贸易情势异宜，此埠利此货，彼埠利彼货，以货易货，互相转运，或因习尚，或合时趋。复有备取学生，亦教以数事，戒丽服，行止端正，写信之法，写公牍之法，打包，量大小，权轻重，凡关货物出入者。以上各等学业，于代人经理邮政，大小经纪、拍卖、银行、水师、铁路、保险、关税、制造等事，均甚相宜。凡学生备习以上各事后，又于室中三面假设各国最要海口，列两柜于末，一面设曰日本海口，列教习之案，即于其中娴习阛阓事宜，陈设假银币、货物、轮船、火车之类，兼备各种书籍，如写公牍、写信、示谕、告报、合同、收付、转交、买卖及市情一切，由教习设难辩论，以期纯熟。凡入学校者，无半途而废，无遗失单件，无不录入之账册，无不复之函件，抄录公牍，以备考核，习练电码，以备应用。其肄习之时，令诸生习经理司账、书记、银行、保险各公司事务，务使轮流更换。惟其中之高等班尚有专授理财之术，并各行商业例章，各国度支税则，各国国债等赢绌之数，无不悉其具，是其所学，井井有条者矣。

（《湖北商务报》第 1 期）

5 月

1.汉皋茶汛
(1899 年 5 月 6 日)

楚南茶商交易,每年不下数百万进,全赖天气晴和,以谷雨节左右采办之叶为佳。前夫两年晴雨愆期,茶市减色,商家之亏折资本者颇多。故今岁客商约减大半,且雨水过多,茶务较迟,业此者均不甚踊跃。幸谷雨以来,大放晴光,想当此天气温和,苗条柔嫩,将必大有起色也。

(《新闻报》)

2.汉茶上市
(1899 年 5 月 16 日)

汉镇各路新茶,均于上月二十六日起陆续到汉,二十八日开盘。宁州茶顶码五十两之谱,湖南安化茶顶码四十四五两,湖北羊楼洞、崇阳等处之茶顶码二十余两,只祁门茶尚未开盘。据个中人云:宁州茶现下价值虽高,而从前之山价亦高,恐难获利;至湖北茶,从前山价虽低,现下卖价亦低,亦无利息可沾;惟安化茶山价低而卖价昂,尚有微利可图;祁门茶至今尚未开盘者,因现价过小,不敷资本,不得不暂时待价也。兹将上月杪汉茶销数列后:

百昌洋行买市德魁茶六百十八箱,□十五两;市天宝茶六百五十六箱,二十五两。

顺丰洋行买宁惠香茶六百九十八箱,五十二两。

新泰洋行买洞春茶三百五十四箱,洞先茶三百五十二箱,三十八两。

天祥洋行买得春茶三百十四箱,得先茶三百十二箱,三十七两。

两湖共到七十余字,宁祁茶共到三十余字。

又,顺丰买华宝洞茶三百六十件,三十一两。又,华萃洞茶三百四十三件,价三十一两;饮香云茶五百五十件,价二十三两二钱五分。又,物华安茶五百零六件,价四十六两。

新泰买珍珠北茶三百九□件,价二十二两。又,美珍安茶三百十五件,价四十二两。

柯化威买鼎新洞茶三百零三件,价二十八两。鼎盛二百零八件,价二十八两。

宁祁共到一百九十字,两湖共到一百一十余字。

(《新闻报》)

3.汉茶上市续志
(1899 年 5 月 19 日)

汉口茶叶上市各情,已登前报。兹又探得销数行情列下:

顺丰买洞长春五百六十一件,价二十二两;宁清华二百五十二件,四十六两。

新泰买安长茗四百六十一件,三十六两;高天昌五百六十二件,二十一两二钱五;长宝华四百二十六件，二十四两；桃天昌二百四十件，三十八两。

巨昌买崇盖华一百五十四件，二十七两二钱五分；安春芽五十三两三钱；三十两天裕；祁仙蕊一百零五箱，四十六两。

百昌买祁超超三百十二箱，四十八两。

杜德买宁奇声三百五十八箱，四十两。

祥泰买祁芝声一百二十四箱，六十两。

宝顺买祁仙芽一百二十一箱，四十八两。

慎昌买祁德和一百二十六箱，五十五两；鼎和一百二十一箱，五十五两；朱英一百二十一箱，五十五两。

阜昌买安谭三百十六箱，北贡品四百十八箱，二十一两三钱；安化五百七十箱，平红梅六百二十箱，二十四两；沙平恒春六百二十箱，二十九两五钱。

柯化威买祁甘露一百五十二箱，价四十五两。

得和买祁珍茗一百九十六箱，自下又买祁兰声七十箱，价四十两。又，祁红露一百二十五箱，价四十二两五钱。又，祁茗芽一百七十四箱，价四十三两；加乐祁立声一百九十五箱，价四十八两二钱五分。又，瑞声九十七箱，价五十一两五钱；仙声一百零六箱，价五十二两；益智一百六十箱，价五十二两。

新泰买九天声二百五十六箱，价二十五两；又，洞火生二百四十二箱，价二十二两；又，长怡蕊五百箱，价二十二两。

百昌买家漫珍三百零六箱，价□十二两。

顺丰买宁惠香四百箱，价四十二两。

祥泰买祁裕春一百五十六箱，价五十两。

（《新闻报》）

4.汉茶汇志

（1899年5月26日）

汉镇新茶上市，已经迭志本报。兹又探得：顺丰买女紫英二百十三箱，价二十五两五钱；又，元华三百五十二件，价二十五两五钱；又，祁物华八百二十三箱，价二十两；又，坪奇品六百二十八件，二十两；又，高蕊蕊五百九十五箱，价十九两；又，葆葆四百五十一箱，价十九两二钱五分。

新泰买洞得春二百五十箱，价二十两；又，桃仙源四百二十箱，价三十三两五钱；又，高华高四百三十五箱，价十九两；又，上上四百二十三箱，价十九两；又，崇天宝三百八十箱，价二十两。

天祥买崇春香四百八十四箱，价二十五两五钱；又，市芝香五百七十七箱，价二十两。

协和买安福华五百七十件，价四十一两五钱；又，桃园香五百三十七箱，价三十六两；又，安华宝三百六十八件，价三十两。

阜昌买洞春和二百五十二件，价二十两；又，□楚宝二百四十箱，价十七两五钱；又，安祥春二百十九箱，价十六两；坪天香二百箱，二十五两二钱；又，安奇峰二百四十九件，价二十五两七钱五分；又，□萃三百箱，价二十五两七钱五分；又，高桃蕾三百六十二箱，价十九两七钱五分；

又，万祥四百三十二箱，价十九两二钱五分；又，□福葆三百五十箱，价二十两；又，春芝三百六十箱，价二十两；又，坪湘珍三百六十四箱，价十九两五钱。

巨昌买安紫笋六百零九箱，价三十一两五钱；又，坪天生六百六十二箱，价三十一两五钱。

（《新闻报》）

5.汉茶志数

（1899 年 5 月 30 日）

本届汉镇共到两湖茶八百四十三字，计二五箱三十六万一千五百十六件。又，共售出六百五十六字，计二五箱二十七万一千九百五十八件。宁祁共售茶五百六十一字，计二五箱十一万零一百八十四件。

（《新闻报》）

6.湖广总督宪张饬设商务公所陈列土产货物札

（1899 年 5 月）

光绪二十四年　为札饬事　今日阜民之道，自以通商惠工为要策。汉口为南北水路交冲之地，华洋商贾荟萃之区，与各省气势易通，与外洋声息亦甚易达，自宜设法鼓舞，俾省外偏僻遥远各州县所有出产造成各货得以传播流通，以开风气而浚利源。查湖北地产所有各物，如大冶之铁，兴国之锰，利川、建始、鹤峰、兴山、竹山、德安之铜，兴国、施南之铅，施南所属各县之土硝、硫黄、雄黄，应城、巴东之盐，兴国、大冶、蒲圻、当阳、长阳等处之煤，江夏等处之观音土，大冶之白灰石、汉白土石，应城之石膏，竹山、施南之石绿，蒲圻、崇阳、铜山、鹤峰等处之茶，汉阳、黄州、安陆、荆州之棉，武昌各府之麻，襄郧之黄、白、黑木耳，施南之厚朴、阴沉木、瘿木，黄陂、孝感之蓝靛，宜、施、郧之药材、生漆，武昌等处之柏油、菜油，竹山之桐油，蕲水之蔗，均州之烟叶，蕲州之艾叶、花蛇，施南之虎、豹、狼、狐、牛等皮，麻城之鸭毦，应山之蜂蜜。人力所成各物，如省城蚕桑局锦缎、绉绸，荆州之棉布，天门、江陵、河溶之绢，郧阳之茧绸，汉口之剪绒，沔阳、河溶、黄州之丝，通城之葛，德安之布，汉口之白铜器皿，宜昌之石笋屏风，兴山之瓷器，沙市之木器，江夏、蕲州之竹器，兴国之纸等物，皆有可观。此外，有益民用、可以贩运远方之物尚复不少。兹拟于汉口设立商务公所，预备宽敞明洁之屋，将以上各种货物分别陈列，标明出产地方、价值、运本，令华洋商民均得到局纵观，专派坐办委员常川驻局经理此事，并饬各帮大商公举董事数人，禀派入局，协同经理，随时会识，并邀集素有阅历之行商坐贾，比较物产之精粗，工艺之优劣，考求采制新法，配用合宜，随时剀切劝勉，以期日出日广，日造日精，民生借以宽纾，地方益增繁盛。此系仿照外洋劝工场办法，既所以兴商业，亦所以勉工艺。其应如何相机推广，筹本集股，购制运销，统由商人自筹自办，官不预闻。有关涉本省、外省地方各事，如弹压保护、询访外省外洋情形之类，则禀官为之主持照料，不令窒碍，应即派委大员督率经理。本部堂查有汉黄德道江汉关监督瞿道堪以派委总办该公所事务，试用同知张赓飏（一作张赓扬）堪以派充坐办委员，合行札委该员即便遵照，督同张倅，悉心筹划，即日开办，一面议拟大略章程呈核。现在开办之始，暂租民房应用，月需租赀及一切杂费为数无多，暂由该道筹措具报，仍将办理情形随时报查，此札。

湖北武昌等三十四州县申解陈列土产货物及价值单：

武昌县申解菜油十斤，每斤价八十四文；铁子棉花十斤，每斤价八十文；葛布十尺，每尺价一百文；线麻十斤，每斤价一百二十八文；爆料纸一捆，每斤价十五文。

蕲水县申解甘蔗四捆，共计一百株，上等每株价二十二三文，次等每株价二十文，此物现霉烂无存。

黄冈县申解籽花二十斤，每斤时价钱七十文；皮花二十斤，每斤时价钱一百八十五文；黄丝一斤，每两时价钱二百三十五文。

（《湖北商务报》第 2 期）

7.上海汉口间日本轮船情形

（1899 年 5 月）

大阪商船公司以天龙川丸、大井川丸两轮船开始上海汉口间定期航业。昨年一年间，天龙川丸船行三十三次，往复六十六次，大井川丸三十四次，往复六十八次。其间辛苦经营，插入怡和、太古、招商局、麦边、鸿安公司等。所有大轮船中，日船装货搭客未尝贻误，所苦者船体狭隘耳，筹度他日此路轮船货客程度，应改良船体，待遇人客，亦宜加意，则将来利益，渐次起色，当非难事矣。

下揭七月至十二月下半年间货客数：

一、天龙川丸

上海发		汉口发	
货物	搭客	货物	搭客
三一二六二件	四四六七人	二六九四四件	三三四二人

二、大井川丸

上海发		汉口发	
货物	搭客	货物	搭客
三五八五件	三九二二人	三五六七四件	三六二二人

上两船寄港地为通州、江阴、泰兴、镇江、仪征、南京、芜湖、大通、安庆、九江、武穴、黄石港、黄州等，其搭客以上海、汉口两地为最多，每次上海四五十人，汉口三四十人，芜湖、南京、镇江、通州、大通亚之货物概载自汉口至上海，自上海至汉口者已满船矣。其自上海所载货物，煤油、蜡洋纸、器械类、砂糖、铁材、药种、炼瓦、洋酒、白漆土、煤炭、抽木即自来火木杆、其他杂货；其自汉口所载货物，豆麦、烟叶、草木油（即桐油、茶油等自木出者）、砂糖、生铁、麻、中国纸、蚕系即丝、屑系丝之粗恶者、棉、羽毛、油糟、其他杂货。

要之，昨年初行轮以来，经历通顺，货客常满，若大阪商船公司再能新造巨船以适此路之用，则将来生意可期其盛，唯恐他公司竞进耳，他公司所有船舶十六只。此外，德国人新计划二三轮船开行，则十八九只轮船皆与大阪商船公司为敌者，其困难可想，然果船内待客恳切，又使货主得便宜，终可制胜矣。

（《湖北商务报》第 2 期）

8.湖广督宪张派阅《湖北商务报》札

（1899 年 5 月）

为札饬事　照得湖北汉口地方遵旨设立商务局，所有办法章程八条，声明由局传布商报，业经恭折奏明，奉旨允准，饬令加意讲求，认真经理在案。兹查商报一事，凡有关商务谕旨，自应恭录，奏疏文牍均应采录。此外，商局讲论、中外商情暨各报商务通论、商务交涉案件，均应采入，其东洋、西洋各报，商学、商律诸书，亦应择要译编，按旬出报。查商务实今日要图，振兴之法非一端所能尽，而综论利弊，则必以商务报为开通风气之先。现既奉旨设局立报，应即通饬湖北各道府州县查照农学报案，一体购阅并转发绅商阅看，使知中外货殖之盈虚，制造之良楛，行销之通塞，庶可透晰利病，力图振兴。其各州县官绅如有究心商业者，能将湖北地产所有各货、人工所成各货，详载利用之实，筹划行销之法，均可由各该官绅随时论列详细，函致该局内商报馆，以备采择入报，总期互相联络讲求，俾商务日新月盛，以保利权。除通饬各道府州、直隶州遵照转行所属各州县将商务报一体购阅，初次酌定大州县购二十份，中等州县购十份，小州县购五份，转发绅商，辗转传观，切实考求，以为裕民阜物之基，各道府各处各购三份，此时均由善后局垫给半年报费，将来核开银数，行知该管府及直隶州，由该府州汇收，解交省城善后局归款，各道自行移解归款，惟派购止一次，计报半年，以后该道府州县及绅商军民人等，即自行查照报尾所载经理送报各处，自往购阅可也。仍将遵办缘由具报查考，合并札，行札到该局，即便遵照办理具报，此札。

计开

盐法武昌道　三本
汉黄德道　三本
荆宜施道　三本
安襄郧荆道　三本
武昌府　三本
汉阳府　三本
黄州府　三本
安陆府　三本
德安府　三本
襄阳府　三本
郧阳府　三本
荆州府　三本
宜昌府　三本
施南府　三本
通共报四十二本
武昌府属共报一百本
大县　江夏县、武昌县
中州县　兴国州、大冶县、崇阳县、蒲圻县

小县　嘉鱼县、通山县、通城县、咸宁县
汉阳府属共报九十本
大州县　汉阳县、黄陂县、孝感县、沔阳州
中县　汉川县
黄州府属共报一百十本
大州县　黄冈县、蕲水县、麻城县、蕲州
中县　黄梅县、广济县
小县　黄安县、罗田县
安陆府属共报六十本
大县　钟祥县、天门县
中县　京山县、潜江县
德安府属共报七十本
大州县　安陆县、随州
中县　应山县、云梦县、应城县
荆州府属共报七十五本
大县　江陵县、监利县
中县　公安县、松滋县
小县　枝江县、石首县、宜都县
襄阳府属共报七十本
大县　襄阳县、光化县
中县　枣阳县
小州县　宜城县、南漳县、均州、谷城县
郧阳府属共报四十五本
大县　郧县
小县　郧西县、房县、竹山县、竹溪县、保康县
宜昌府属共报五十本
大县　东湖县
小州县　归州、巴东县、长乐县、长阳县、兴山县、鹤峰州
施南府属共报五十本
大县　恩施县
中县　利川县
小县　咸丰县、来凤县、宣恩县、建始县
荆门直隶州属共报三十五本
大州　荆门州
中县　当阳县
小县　远安县
通共大缺州县报四百四十本，中缺州县报一百七十本，小缺州县报一百四十五本。

（《湖北商务报》第 3 期）

9.湖广督宪张咨送《湖北商务报》文

(1899年5月)

为咨会事　为照湖北汉口地方遵旨设立商务局,所有办法章程八条,声明由局传布商报,业经恭折奏明,奉旨允准,饬令加意讲求,认真经理在案。兹查商报一事,凡有关商务谕旨,自应恭录,奏疏文牍均应采录。此外,商局讲论、中外商情暨各报商务通论、商务交涉案件,均应采入,其东洋、西洋各报,商学、商律诸书,亦应择要译编,按旬出报。查商务实今日要图,振兴之法非一端所能尽,而综论利弊,则必以商务报为开通风气之先。现既奉旨设局立报,应即通饬湖北各道府州县查照农学报案,一体购阅并转发绅商阅看,使知中外货殖之盈虚,制造之良楛,行销之通塞,庶可透晰利病,力图振兴,其各州县官绅如有究心商业者,能将湖北地产所有各货、人工所成各货,详载利用之实,筹划行销之法,均可由各该官绅随时论列详细,函致该局内商报馆,以备采择入报,总期互相联络讲求,俾商务日新月盛,以保利权。除通饬湖北各道府州县遵办外,相应将现出《商务报(第一册)》咨送贵部堂院,请烦查照,通饬各属知照,如有阅报者,即照报尾所载各省经理送报各处,前往购阅,其有各属官绅商民考究商务一切利益,均可随时论列详细,函交送报处转达湖北商务局内商报馆,采择登报,庶各省商情无虞隔阂,商务得以流通,望切施行。

计开咨送各省督部堂、抚部院。

直隶、两江、江苏、安徽、山东、山西、河南、江西、浙江、福建、山西、甘肃、四川、广东、广西、云南、贵州、新疆、湖南。

(《湖北商务报》第3期)

10.银市

(1899年5月)

汉镇市面现虽生意冷淡,而银根甚松,与去岁光景大不相同,询之,钱业中人云,今岁茶市稍迟,各埠运到之现银已多,加之汇丰、华昌、道胜各银行以及中国银行总共放出现银数十万,周转流通,颇能裕如,钱业中人只求放出,不求用进,市面为之一振。

(《湖北商务报》第3期)

11.中国棉丝用额

(1899年5月)

汉口、镇江、太湖、九江、宁波所用上海及印度、日本丝数,统计四年间如下:

	明治三十一年	三十年	二十九年	二十八年
汉口所用印度丝	一四八一二七担	一七九八一三担	二三三四九八担	一九二六一三担
汉口所用日本丝	三〇五五五	五二〇八七	三五八九	九〇

续表

	明治三十一年	三十年	二十九年	二十八年
汉口所用上海丝	六二〇五	三〇三六三	四五五一	一五
镇江所用印度丝	一〇四五六五	八八一三四	九五四五	七六六九九
镇江所用日本丝	七四五八	五三四九	三〇六	四五六
镇江所用上海丝	三四三二	一八五四九	二〇五二	八八二
太湖所用印度丝	八六四六	三七八九	九七三八	六四三三
太湖所用日本丝	二九五九	九〇五二	九四八	四七四
太湖所用上海丝	一六三四	一一七三	九	二一
九江所用印度丝	四五五二九	五〇六三三	五五五六二	四三八七七
九江所用日本丝	二三二六七	一一七八八	一三三三	三二二八
九江所用上海丝	三二五五	一四三三一	三二二五	二三一〇
宁波所用印度丝	二〇四六	四五二五	一二四八六	九五〇三
宁波所用日本丝	二二六九	二四二九	四七九八	三五九八
宁波所用上海丝	四六八三	七〇五	八四四	三九二七

（《湖北商务报》第 3 期）

12.英用武昌织局货

（1899 年 5 月）

《泰晤士报》载，驻汉口英领事官布耳登曾将武昌织布局织成之布八千匹、绫缎五百板，寄到伦敦外交部衙门，嗣由外部发交稳珍施德务局，细为查考，该局寄来之布匹、绫缎，共有数种，皆属料美工精，如其式样一切，能合英国市场所售，则销路必能畅旺，近来英国颇有愿用中华各色布匹及各色绫缎之意。

（《湖北商务报》第 3 期）

13.湖广督宪张饬发候选道张斯枸上商务会章程说帖

（1899 年 5 月）

敬禀者，泰西各国、各沿海大码头及内地大镇，皆有民间所设商务会，不惟本国各处有之，即在外国各口亦皆有设立者，如上海、天津、汉口等处是也，兹将汉口洋商设立商务会章程十八条开列于下：

第一条　此会名为汉口总商务会。

第二条　此会之意系巡查并保护商务之大概利益，探听一切有益于商务之消息，尽力设法以祛除商务之弊病，伸理冤枉，振兴有益于公众之事，与官场及别处通信，设立办事章程，会中所办，代理人事，调处争端，此等之事，断定之后，登记于簿，以备日后办理之程式。

第三条　所有经理中国商务船业及与中国商务船业有关之铺户并商人等，均准入会为会友，照以下所开各条式样办理，每年捐费银五两。

第四条　欲入会者，应先有一会友保荐，再有一会友帮荐，告知会众，七日为期，允者众，便可举定。

第五条　本会友不在会中，不能托人代荐，未付清捐费之会友，不准荐人，同铺中之会友，止准一人荐人。

第六条　倘一铺之人皆往别处，该铺代办即有荐人之权。

第七条　会中董事如欲退出会友，应遍告各会友，并于总会议时审量，如会友中有三分之二皆欲逐此会友，即可将此会友逐出。

第八条　总会议应有会友十二人，不得再少，照会内章程传集办理平常之事。

第九条　每年大总会时举会友中五人为董事，一总办，四帮办，管理会事及银钱，倘有时总办不能赴会，即于帮办中选一位为代总办，有三位董事在场便可议事。

第十条　倘有事，应会议帮办等经总办传招，即当聚集，将其事陈列桌上，以便各会友阅看，照董事审定之章程办理。

第十一条　倘董事内出缺，应由董事选人暂补，俟总会议时再定。

第十二条　常年大总会定于每年正月间或正月后妥便时会集，特设之总会须由总办传集，如有五人有事欲会议，即可请总办传集各会友。举行特设之总会，总办自接信之后，十日内必须设会会议。

第十三条　如有一切紧要事件，与本埠贸易有关，牵涉中国或别国国政商务者，应由董事传集各会友，设总会会议，其如何办法，应照当时会议议定办理。

第十四条　董事有设立小例之权，小例设后，俟下次会议时核准便可照行，各会友均应遵守。

第十五条　每年所办之事应造册，于总会时陈出。

第十六条　所有付出之银，皆应有董事之谕，支应签名。所有一切之账，应由会友二人察看核准后，于常年大总会时陈出，与众友阅看。

第十七条　以上各条如欲添改，止准于总会时有会友多人议添或议改，然后方可照行，所拟欲添欲改之条，应于十月前预为布告。

第十八条　以上各条应刊印成帙，每会友入会时应签名于后，即将此帙留会中存案。

此即商民自立商务会之章程，以维持商务。英国驻扎中国各通商口岸之领事官，亦随时将贸易情形报告其国家。若中国初创商务局，均可仿照试办，如在汉口、九江等处沿江大镇选派本地经商多年之公正人数人会议，各抒意见，写出条陈，如何办法，可令商务振兴，不被外人夺去，出示晓谕，劝令民间讲究。丝茶棉麻，此乃中国出口货之大宗，如种桑何以绝虫，养蚕何以去病，焙茶用机器能令香味不走，植棉择嘉种能令绒丝加长，麻之一物，制之得法，能令洁白如丝，可与绸绢相比，更可增其价值。川产大黄为西人所必需之物，但采取多不经心，西人嫌其太杂，若能选择稍精，便可得善价而沽。又有草缏，由天津及烟台装运出口，西人用以制帽，亦为彼不可少之物，贸易颇大，但业此者多诈，尝有货与样不符，洋商亏本，啧有烦言，亟宜加意讲求，诚信相待，庶几其利不致被别国夺去。又有葡萄、大麦，皆可酿酒，洋酒种类甚多，销场极大,价亦极贵,仿造贩运,必获大利。呢、羽绒、毯、篷布、毛巾,皆可纺织。皮革纸货,化学药品,肥皂香水,洋烛火柴,亦易仿制。中国物产人工价值贵贱,比之泰西相去霄壤,若能一一照造,获利必倍蓰,则漏卮可塞矣。商务局应向各处觅货样,何种合式易于销售,何种简便易于制造,一一注明,并购置制造器具图样价单,陈列局中,或另储一室,如博物院然,令人观看,以开眼界,以作引导,并探听各处市面消息,告知本地商民,有愿办者即设法助其成功,小试有利,渐行扩充,尤以谨慎小心为主,如是办理,必有成效可观。如日本邮船公司,三十年前仅有不到千吨之船六艘,至一千八百七十年,有千余吨之船三艘;一千八百七十六年,有千余吨之船十二艘,连小号之船,共有四十二艘;至一千八百九十六年,共有船六十七艘,大者有五千吨,近年又添大船十余艘,初仅在本国、朝鲜、上海、香港各口经商,近年往来南洋、西洋各埠及澳大利亚,与英法德诸国轮船争胜。欧人来东方各埠,搭客装货与日本船成交者亦多,因其价廉,而一切章程制度皆不亚于欧船,是以贸易日大,且其国家每年助以巨款,为国家寄文件,仿泰西邮船章程办理,虽间有生意清淡亏折之时,然得国家扶持,可有恃而无恐,卒能渐推渐广,与欧洲抗衡。甲午战事其船兼为国家运兵,国家得其大助。此公司现已有本银二千二百万元,此日本商人夺西人行船之利也。又如烟业,古巴岛哈文纳之肥尔大产烟最佳,但近年所出不多,不敷贩运。美国人考得肥尔大之烟叶之佳,由于烟种之美,即将其种取归本国福老来得地方种之后,出来之烟叶亦极佳,不减于肥尔大。数年以来,生意渐大,其销路之广,与肥尔大比,有过之而无不及者,遂成贸易一大宗,此美国商人夺古巴烟叶之利也。至经商一道,全凭信息灵通,中国驻扎外国领事不多,有领事处,商务局应请领事随时报知就地商务货物情形,若无领事处,有中国钦差衙门,亦可请钦差派员赴各处探听消息,随时通报商务局。在本国又应劝导农工诸人,华人每安于守旧,不思进境,农田器具及日用什物,历年以来,皆依旧式,并无新式,虽见有西人之器具什物,精致巧妙,而亦漠不加察,不思仿造,若能仿造,则此等行业必能大兴。瓷器一项,西国用场极广,家常器皿之外,医院及化学应用各件尤多,若用上等资料照式制之,运往外洋,或在通商口岸店铺寄售,销场必广,获利必多。又如食物麦粉一项,华人多不经意,美国运来之麦,洁白而细,本地所出者,黑而且糙,此不特西人不欲购买,即华人之稍知养身者,亦必喜购美国之白粉也,如是,又安能与外人争利乎?糖业一项,亦不讲究,中国之上白糖,亦不如洋糖之洁净。蜡烛一事,中国之烛心糙,然后多烟,而且时常须剪割之,洋烛心细,然点无烟,亦无须剪割,商务局应传集该业户告知之。东洋伞扇、叠镫、漆器,外洋喜购者亦多,日本讲价极廉,西国售价颇昂,贩此货者,自必利市三倍。中国紫砂窑器与席亦西人所喜,紫砂窑器作为摆设,席则用以铺地,购者甚夥,其余杂物可办者尚多,商人应随时查阅海关进出口货报单,便可知货物之销场矣。再,一千九百年,法国都城设万国博览会,此会甚大,万商云集,百货麇聚,华人如有新奇物件,或有自出心裁,或平常器具制造格外精致,皆可送往比赛,必能得赏牌售善价,届时商务局亦应派人前□,一览情景,必有事件,于国计民生有裨益者可供采择,可以仿行,同沾其利,此机会亦不可失也。中国各项行业若能加意讲求,精益求精,商务定□日旺,将见贸易振兴于外,农工勤奋于内,百姓皆有事业,不致游惰,数年之后,利源大辟,而民间富矣。谨禀。

(《湖北商务报》第 4 期)

14.茶市新志

（1899 年 5 月）

汉镇今年茶庄共计二百八十余家，较旧岁共少二十余家，其出产旧岁一百斤，今年止八十余斤，幸所出之茶，比旧岁略好，又山价甚高，洋商颇为踊跃，以目下情形论，今年获利当可操券。现已到有浏阳茶十余箱，乃雨前乌头茶，名曰楚宝，其味极香润云。

（《湖北商务报》第 4 期）

15.东货日多

（1899 年 5 月）

汉镇向到洋伞、铜扣、肥皂等物，皆运自英法等国，谓之西洋货，近各货多来自日本，又谓之东洋货，虽少逊西货之坚，而精致过之，且价廉，乐用者多，故东货进口日盛，可见日本讲求商务不遗余力。

（《湖北商务报》第 4 期）

6 月

1.汉茶到数续志

（1899 年 6 月 2 日）

汉镇所到茶数，前已略记本报。兹悉，十九日两湖又到茶一千零十二字，计二五箱四十二万二千六百件。又，共售茶八百六十五字，计二五箱三十四万九千三百八十件。宁祁共售茶六百八十七字，计二五箱十三万五千三百件。

（《新闻报》）

2.汉茶到数三志

（1899 年 6 月 6 日）

本月二十日，汉镇又共到两湖茶一千零三十□字，计二五箱四十一万八千三百件。又，共售茶八百九十五字，计二五箱三十五万八千七百件。宁祁共售茶七百二十二字，计二五箱□□四万四千八百件。

（《新闻报》）

3.汉茶到数四志

（1899 年 6 月 7 日）

汉镇二十二日，又共到两湖茶一千一百零一字，计二五箱四十五万一千五百件。又，共售茶九百二十字，计二五箱三十七万零三百件。宁祁共售茶七百五十九字，计二五箱十五万零五百件。

二十三日，两湖共到茶一千一百二十五字，计二五箱四十五万九千一百件。又，共售茶九百五十三字，计二五箱三十七万八千三百件。宁祁共售茶七百六十三字，计二五箱十五万一千五百件。

（《新闻报》）

4.振兴商务

（1899 年 6 月 24 日）

武昌访事友人来函云：汉口商务局创办以来，渐著成效。惟沙市、宜昌皆系通商巨埠，与汉口互为唇齿，自应设立分局，以期联络商情。督宪张香帅特檄委候补同知张司马赓扬前往沙市、宜昌等处，会同地方官创设商务分局，遴选绅商派充局董，俾商情无虞扞格，利源可以广开，商务得蒸蒸日上也。

（《申报》）

5.火柴畅销

（1899 年 6 月）

汉镇通济门外，燮昌火柴公司所制火柴销路颇为畅旺，人工亦日用日多。江夏北乡地处昏垫，民素疾苦，近来因与火柴公司止隔一衣带水，承揽该公司削木糊匣以为生者，不下数百家之多。

（《湖北商务报》第 5 期）

6.汉口木材商情

（1899 年 6 月）

汉口一带，卖买诸木材，以杉为大宗，松柏、樟楠、株椆类次之，除杉外，皆称为杂木。杉产地在湖南、贵州地界，苗族所有山林，苗族每岁伐采之，春季卖与内地木商，闻中多安徽、山西人，他省人极少，而其价额极廉，买之者际河水涨溢，为小筏印以字号，放溜过湖南地界，改牌更转卖客商，其客商亦见机转交他人，数经卖买授受，而至洞庭湖，过一冬，而后经新堤运至汉口鹦鹉洲材木市场，待顾客卖之，故离苗族手后，需一年半若二年，始运来汉口也。杂木出于湖南东湖地方，东湖即洞庭湖之东方，益阳、浏阳、安化、宝庆、郴州等地，亦以为大小筏而运之。

木材长者三四丈至七八丈，短者一二丈以下各有差，周围取大四五尺，小者二三尺。圆材除杂木外，独有杉材，其量法名目殊多，周围未满一尺者称不登，别不施量而为卖买，其价由分马为区别，一分马相当七贯，贯者，此商贾中用代表价值之常语，譬言七贯则代表铜钱七十文，而相当一分马，故周围未满一尺者，为二分马，则一根一百四十文也。自此以上，周围一尺者，为三分马，一尺五分为三分半，一尺一寸为四分，一尺二寸为五分，一尺三寸为六分半，一尺四寸为七分，一尺四寸五分为八分，一尺五寸为九分，顺次推算。此种木材皆指长三丈者，而不满三丈者，非格外价廉，则不买收，其周围一尺五寸以上者，称奉送，另列其算法如下：

一尺五寸五分	一钱半	一尺六寸	一钱二分
一尺六寸五分	一钱三分半	一尺七寸	一钱五分
一尺七寸五分	一钱六分半	一尺八寸	一钱八分

以上皆指三丈六尺长材。

一尺八寸五分	二钱半	一尺九寸	二钱三分
一尺九寸五分	二钱五分半	二尺	二钱八分
二尺五分	三钱半	二尺一寸	三钱三分
二尺一寸五分	三钱五分(半)	二尺二寸	三钱八分

以上皆指四丈四尺长材。

二尺五寸五分	五钱八分	二尺六寸	六钱三分
二尺六寸五分	六钱八分	二尺七寸	七钱三分
二尺七寸五分	七钱八分	二尺八寸	八钱三分
二尺八寸五分	八钱八分	二尺九寸	九钱三分

以上皆指四丈六尺长材。

二尺九寸五分	九钱八分	三尺	一两三分

以上指六丈长材。

总算量法如此，又计算其全长及周围之例，以自根五尺外之处算起，五尺以内不算入。其前述分马，如马至一钱，则铜钱七百文，至一两则要七吊。木材卖买，始以钱定价，及际授受金员，亦可用银推算，银秤常用九八五，需用角材甚稀。板材于鹦鹉洲锯割之，或于湖南割之，而运汉口，其计算法不同圆材，量之以方，一方即中国一丈平方。昨今价额，松板材一方一吊三百文，桐木板材一方二十吊余，其他杂木板材，自二三吊至四五吊。杉，其用途极广。柏，以造船舶。松，佳良者为屋梁，中者作器具，下者为薪。其余杂木多为家具用之，而其再输出于他地方者极少。

木材价格之涨落，不外由于需用，然木材运输颇不便，故其价格不致十分变动。然于客年十月大火灾，或外国租界续建新屋，则供给不足，而价额大涨，比前三四年价额腾贵十分二以上。中历昨年中，各种商贾少利益，独木材商得意外利润云。

鹦鹉洲中除大小材铺百余家，其最著名店号如下：

黄万彩、程永元、罗同发、莫荣顺、王肇昌、李兴茂、周荣昌、周楚元、陈光裕、黄日升等。

前揭大号，各有营业特许券，称行帖，行帖大者缴银一千两，中缴六百两，小缴三百两，此特许券，则彼等商人资本也。盖有行帖，则其功效著大，且最资信用，故纳银两得行帖以营业者，湖北人居多。其所谓擢摸行，无行帖而类媒介商人者，间有湖南人。

卢汉(一作芦汉)铁路中为巩固基址，所用木材甚多。木材商龙长顺者，最初预卖四千根，其后他商二人,预卖一万余根,其木材二丈三尺及一丈一尺两种,其价额七两余,均自鹦鹉洲纳附之。枕材未闻预卖买之成约。

自汉口运至长江下流芜湖、南京、镇江、上海等之木材,以杉为大宗,溯汉水供给襄阳附近者亦然。运芜湖及上海,常搭载宁波船及盐船,其运资除关税,木材价额每百两约三十两至三十四五两,以筏运送之,其资亦不多减,而日数更多。其于汉口一带厘金,每一吊十八文,其他厘金局捐输及杂费十二文,共三十文,然往往而超此额,殆无定规。

自前年至昨年,输出入汉口木材经过新海关者如下。

明治三十年输出:

软木板材	八〇八五枚	价	二一八一两
软木圆材	四四二七九二本	价	一一〇七七一五两
坚木板材	二三八九枚	价	四六七二两
坚木圆材	二一八二一一本	价	一二三八六六两

明治三十一年输出:

软木板材	六六三九一枚	价	一〇八四五两
软木圆材	四二五八三三本	价	一二三四九一六两
坚木板材	六枚	价	一四〇一两
坚木圆材	二三二二五一本	价	一二八三七五两

明治三十年输入:

软木板材	二三三一二二五二枚	价	二二〇九二八两

明治三十一年输入:

软木板材	二〇三二五四枚	价	一五四五七两

(《湖北商务报》第 5 期)

7.汉口商务局开局各禀批

(1899 年 6 月)

据西帮如松荣号客张善初赴局呈控,去腊凭同发、泰来两花行议买高鼎兴牌名棉花一百五包,以掺杂水泾黄花,碍难出售,请勒传该行收回原货,退还价银一案。批:据禀,该号于去腊在同发、泰来两行买花一百五包,当立交单花样为据。及运纱退回,始知包心有水泾黄花掺杂,碍难出售,呈控到局,当邀该帮商董查明,传同该行号讯问属实。张善初经理号务,血本攸关,办事颟顸,殊属非是。该同发、泰来两行,代客买卖宜以信义为主,乃其初既未觉察,其后又复狡延,花包久泊河边,实非慎重客货之道,着该两行认明原包,赶紧如数收回,退银完案。卖客高鼎兴掺杂作伪,居心尤为险诈,于市面关系非浅,此风万不可长,准该两行供出,从严究追,另结,以示体恤而儆效尤。

又,据监生袁济堂、职员王汶淦呈控,蔡干三曾在宜昌开益泰恒钱店,光绪二十一年,与汉镇德源钱庄往来账欠银一千二百两,均系生等经手,屡经追索,展骗不理。现蔡干三来汉已经扭送分府,请暂收管赏,准移请从严追究给领等情。批:据禀,益泰恒之蔡干三既经该职等扭获,禀交汉口同知衙门收管,仰候据情照会,讯明究追。

又，据同发、泰来禀，代卖高鼎兴掺杂棉花，情愿先代受退垫价银等情。批：据禀，已悉。该行前卖如松荣棉花，因货样不符退回，认明原包起存公所，如数垫银完案。该行虽未慎重于前，犹知补救于后，不失信义，尚属可嘉，一面敢催高鼎兴来汉公同议罚，倘敢不服，准该公所首士呈送到局，从严勒追惩究，以儆刁风。

又，据潮帮同兴号禀控，沔邑彭永发、张恒顺、郭兴顺等行成单议定之豆饼、黄豆等货，延宕不肯交齐，请追缴货价银两一案。批：据禀，黏抄均悉。候札饬沔阳州速即提案讯追。

（《湖北商务报》第5期）

8.湖广督宪张饬商务局申劝茶商购机制茶札

（1899年6月）

为剀切申劝事　照得中国出口土货，以茶叶为大宗，而汉口商务之盈绌，尤专视茶叶为盛衰。近年印度、欧美、东洋各处种茶渐多，销流渐广，虽茶质远逊中国，而外国人究心培植，加工烘制，洋茶货价日高一日，我茶出口年少一年，若不及早整顿，则必如他事终落人后，原有大利，尽为外人夺去，岂不痛可危。前经屡饬江汉关道悉心考究，妥议详夺，并札委税务司穆和德劝令华商集股，仿照外洋烘制之法，购机试办。旋据江汉关道详，据武昌府崇阳、蒲圻、通山、咸宁、兴国等州县及茶厘委员易守学灏暨茶叶公所商董禀复前来，大率皆以机器制茶水味苦涩，香气不清，止宜英国以外则不能畅销，机器价贵，成本难筹，不若仍徇旧为词。查华商性情，但以袭故套、图小利为事，而惮于求精，官场积习以因循省事搪塞上司为能，而懒于振作。当经批校，饬令再行悉心体察，妥议详夺在案。兹日久未见详复，特再札催，该商等须知中国茶叶所以至今仍胜于洋茶者，乃中国土性天气使然，至于人工烘制，则人事不齐，断不若机器之一律，若中国仍用旧法，洋商必借口不能停匀，制法不能干净，极力传播煽惑，务使各国尽销洋茶而后已，恐各国销路日久皆将窒塞，岂独一英。我若改用机器，是制法与彼同而茶质较彼胜，又何能与我争衡乎？若谓机器制茶而茶香味全失，此说最谬。查洋人饮茶，专取浓厚，既为消食又妨伤胃，先用铁锅熬成浓汁，将饮之时，注于瓯内，必加入洋糖两块，再掺入牛乳一勺，已别成一种风味，即使清芬隽永，如浙之龙井，苏之碧螺，闽之兰蕊，配以中泠惠山之泉，一用西法煎熬调和，恐亦不能辨其为何味矣。西人所谓清香，岂中国诗人墨客品茶诸书所谓清香耶？况机器烘制，其经火成熟，与人工同，而迅速停匀，无烟气，无熏气，无马粪气，则远胜之，何反至有损香味，尤不可信。若谓机器制茶止销于英，尤为无稽妄说，汉口烟囱林立者，即俄商以机器制茶之屋也。数年来俄人亦渐买印度茶，所卖者即皆机器之所制也。近年温州机器制茶味美价善，洋报盛称该官商等独未之间耶？至汉口茶商连年亏折，大抵皆因零星小贩太多，资本不足，重息假贷，减半争售，致坏市面。若各大商能集股购机制茶，小贩力薄不能购机，势必不能与之争利，是小贩不禁自绝。既无小贩，则华商不为洋商挟制，市面必日有起色矣。前据税务司穆和德面禀，洋商之欲来汉试办者甚多，而华商皆畏葸裹足，不肯集股，本部堂闻之，殊为华商惋惜。此事所需资本并不盛，岂竟无一二有识有志之人为中国挽回利权耶？为此札仰该关道趁此茶商云集之时，务速再为传集各商，极力劝谕筹办，以为明年之计，勿负本部堂劝导苦心，务期议有端倪。如有须官力维持保护之处，本部堂定必竭力扶持。倘商人集股不足，本部堂亦可酌筹官款若干相助，以期成此盛举。除札行江汉关道遵照传集商人切实劝谕禀复外，合并札行，为此札仰该局,即便遵照,毋违,此札。

(《湖北商务报》第 5 期)

9.近两年关税比较数

(1899 年 6 月)

中国海关已将上年七月至九月一结数目详报刊示,是结进项虽不若从前大减,而较前年第三结已觉减色。上海一口最不旺,因西江通商之故,船钞稍有变更,洋药一项,又少三千担。英国、日本棉线原是大宗,而最有加增者,为日本线,印度线反有减。星麦煤油行市甚好,美俄两国煤油均较前年是结期内减销六百万嘎仑。丝茶两项,亦稍有减色。谨将各口进项详列,并总数比较及各口船钞、洋药、煤油、进口棉线、出口茶丝分别上年前年第三结比较,罗列于下,一嘎仑合中国六升一合四勺有奇。

各口进项税:

牛庄	十四万六千七百两	天津	二十三万七千八百两	烟台	十四万三千两
重庆	七万二千两	宜昌	四万八千一百两	沙市	六百两
汉口	八十八万三千两	九江	二十四万二千七百两	芜湖	五万九千八百两
镇江	十三万五千八百两	上海	一百八十五万四千两	苏州	三万六千两
宁波	十九万七千四百两	杭州	二十三万二千二百两	温州	一万七千三百两
福州	五十一万五千两	厦门	二十一万两	汕头	三十九万四千五百两
广州	五十一万一千两	梧州	四万六千六百两	三水	一万九千两
琼州	四万七千四百两	北海	四万一千两	九龙	十万两
拱北	十一万二千两	龙州	四百余两	蒙自	二万二千两
思茅	四百余两				

共二十八口,税六百三十二万六千余两,较前约减十一万九千两。

船钞进口四百四十八万六千吨	较减约四千吨
船钞出口四百八十八万二千吨	较减约六万三千吨
洋药一万八千五百六十担	较减约三千担
英国棉线二万零七十六担	较减约四千担
印度棉线四十七万八千四百担	较减约六千担
日本棉线十七万八千二百担	较减约八万担
美国煤油二千二百八十二万嘎仑	较减约六百万嘎仑
俄国煤油九百十七万七千嘎仑	较减约六百万嘎仑
星麦煤油七百九十万一千嘎仑	较减约四百万嘎仑
出口茶九十九万九千九百担	较减约五万担
出口丝九万二千零七十八担	较减约二千担

(《湖北商务报》第 6 期)

10.汉口米谷买卖概况

(1899年6月)

湖广熟则天下足,是古来中国人之歌谣。洞庭之水,沅湘之流,灌溉得宜,田土肥沃,暑气稍强,冬寒亦不轻,四时调和适其度,故米粟丰饶。其自给之外,运集汉口者甚多。而湖北本省以襄水一带为多产米粟地,然数年间水灾、旱魃相次至,其所产不足输出他地方。其他产地则所产不过以充其地需用,罕输至汉口者。若湖南米不止运集汉口,且远输江浙地方,如前年秋冬之交,广东西二省米价暴涨,粤省派遣兵船于湖南岳州盛收买米谷焉。

客年中,江西产米地蒙水害,江南亦收获不丰,故二省产米均不到汉口。到汉口者惟湖南米耳,而湖南亦久无雨,故输送亦大减额,汉口米价亦比前年每担腾贵十分三若四。

湖南产米地东湖、西湖(洞庭湖西东)一带及长沙、湘潭、益阳、浏阳、湘阴加之衡州府属,其最要也。而盛为输出之地,在长沙县则靖港、乔口,在湘潭则易宿、渌口也,其品质佳良,以靖港产为第一,其他概无优劣大差矣。

汉口米价常例多在中历年末腾贵,春夏之间,概低落十分三若四,是盖自产地运搬来,沿途水路水浅,其诸杂费比春夏水涨之际加多故也。

在汉口市上米铺,暂不论其卖买大行栈,多在汉阳外河,外河即汉水南岸,铁政局里面河岸也。自湖南等输入之米谷,皆经此等大商号,现有二十余家,然一起一仆无定。今就其中稍称大者列下:

万泰新、尹和盛、李宏盛、莫恒新、义顺昌、隆懋盛、胡新胜、同盛新、元兴源、允泰丰、丰泰兴、允懋乾、振源鸿、兴和福、恒升裕、宏生祥、永泰长、永福兴、益懋隆、永茂盛。

其卖买情势,米船到即送附标本(米样)于货号(大行栈),货号见其标本,派掌柜于船照样查阅,略定其价值,归家报其由于华客,更相协商。若不得妥协即交盘不成,则其米船去到他货号即另觅主顾为例,无直移货物于陆上,以待华客等事。货号亦不为多数预买与派人于产地买收等事,其为之者,洵绝无仅有,货主、货栈、华客三者间不多争执,而其间脉络自通,若倒人利己,以行猾手段者绝少,至议定而货物上陆,则所要费银如下:

米业公所捐输费每担铜钱八文,厘金每担廿四文,货栈口利每担三十文,蓄积库栈料六月间每担六十五文。

移货物于陆上之劳银(脚费),于库栈料中办之。自行栈更移他处之劳银,例由出货者负担之,其费银每担十六文至二十四文。又,执量者每担铜钱十二文。

仓库栈在居留地即租界外,故不得附保险。包袋之米谷,无损伤之忧。若纳散米于库栈,则计算鼠吃、量减、污损等,每担扣除五升为例。库栈料虽一月间,亦偿六月间租料为定规。

际授受银钱,此商贾定例,用洋例平,于现银卖买则九八六平,九八兑中,扣除一两六钱,故以九十六两四钱换算百两,以票券为卖买,则无有用扣色。自湖南地方输送汉口,沿途诸费用,过若干厘金局,路程远近,运资多少,水利善恶,各不一定,然均平之,则每担三百文内外。而每年运输米额不下六百万担,通税关,输出上海及其他者,前年总额二四四〇九八担,而自上海所输入者四六九八担,然自上海输送来者,上流人士,船舶他省人,为食料用之耳。汉口人所嗜好,则湖南米及武昌府属江夏县下所产青山米是也,然青山米其产额为少。

运致米谷于上海，其轮船资每百斤一钱四分，保险料每一万两为十二万五钱，关税每百斤正半税合一钱五分，其外包装费、杂费一钱计。若以宁波帆船运致，则自汉口到上海，每百斤银九分至一钱为可，又以他民船，则概自镇江经丹徒、苏州到上海，多费日子，运费亦不廉。

（《湖北商务报》第 6 期）

11.汉口商务局饬广济县传讯勒追札

（1899 年 6 月）

为札饬事　照得本月初七日，据广济县龙坪镇裕生当管事中书科中书衔胡树生遣抱告朱升具禀，为硬吞巨款、贿差抗传，恳恩提究勒追，以惩倒闭而维商务事，并黏抄一纸。等因。本道等奉奏委总理商务总局，恭读应次谕旨，皆以保护商民、振兴商务为重，而于倒闭亏空之案尤应实力严追。兹据前因，查阅黏抄，知项梓卿借钱有据，何以逾限已久，迄未追还，若再任其稍延，愈长刁风，实属有妨商务，除批示外，合亟录禀札饬，为此札仰该令即便查照所禀事宜，迅即饬差传集原、被两造及原中人等，严讯勒追，速结具复，毋再任其迁延滋讼，切切，此札。

附禀批：据禀，项梓卿兄弟借款救急，逾期不偿，似此任意狡延，于市面商情实有妨碍，仰广济县赶紧比差集讯，勒限究追，完案具复，毋延，黏抄并发。

（《湖北商务报》第 6 期）

12.汉口商务局饬汉阳县提讯断结札

（1899 年 6 月）

为札饬事　据西约帮商民永盛恒等禀，为据情声明公恳原情雪诬安贸一案，除批示外，溯自上年督宪奏设汉口商务局，叠奉谕旨，皆以振兴商务、保护商民为要义，饬遵在案。兹当开办伊始，自宜破除积习，实力整顿。至船户盗卖客货，时有所闻，贻累商民，为害甚巨，若一经追偿，动辄以命案载诬，希图讹诈，以饱欲壑，此种刁风，万不可长。全赖地方官共体时艰，力加整饬，庶足以舒商困，于商务亦实有裨益。兹据前情，合行录禀札饬，为此札仰该县即便查照前项案情，迅速提同原、被人证，秉公讯明断结，毋任拖累，以安商旅，仍将讯结情形具复为要，此札。

（《湖北商务报》第 6 期）

13.汉口商务局催沔阳州传案勒限严追札

（1899 年 6 月）

为札催事　案照前据潮帮商民同兴号禀控，沔邑彭永发、张恒顺等行串卖吞骗，措货不交一案，当经抄黏，饬令该州勒限讯办，至今尚未结复。兹据同兴号复禀，银货两悬，再恳饬追等情前来。除批示外，合行札催，为此札仰该州查照前札事理，讯传彭永发行主彭焕山、张恒顺行主张吉人，并保护经手人证，到案讯明，勒令将未交之货赶紧交清速结，毋任再延，仍将讯办情形具复查核，毋违，此札。

附禀批：据禀，已悉，候札催沔阳州迅即传案，勒限严追速结。

（《湖北商务报》第6期）

14.汉口商务局饬黄陂县拘案严封产备抵札

（1899年6月）

为札饬究追事　照得本月十四日，据监生张禀衡禀称云云，又据职员李光有禀称云云，复据该职等续禀云云各等情。据此，除批示外，查永泰昌当时倒闭潜逃，已据该帮商董萧延琦开单赴局面禀，被塌之户张顺兴等计十三家，共货银一万七千有奇，并称永泰昌行主田福堂及经手彭耀亭均系黄陂县人，业已潜逃回籍，恳即速饬拘案严追在案。兹据前情，该行永泰昌买去货物，未隔数日，竟行倒闭，实属有意掣骗，不顾他人血本攸关，似此居心，与劫盗何异，此种刁风，关系市面非浅。汉口地方，业经奏设商务局，叠次恭读谕旨，皆以振兴商务、保护商民为重，而于倒闭亏空之事，尤应实力严追。现当整顿之始，凡遇此等大坏市面之案，全赖地方官共体时艰，协力惩办，以舒商困而挽颓风。合亟札饬，札到该县，即便查照，迅速饬查，严拘永泰昌行主田福堂及经手之彭耀亭等，勒限务获讯明，严行押追，一面将田福堂家产查明封存备抵，务令商本有着，毋任差役延宕，致滋扰累，仍将讯办情形具复查核，毋违，此札。

附禀批：已据该职等前后所禀，札饬黄陂县迅速差拘田福堂及彭耀亭、陈品三等，勒限务获，讯明严追，一面将田福堂家产查明封存备抵，仰即赴县候质追偿给领可也。

（《湖北商务报》第6期）

15.汉口商务局批西药帮客民请惩船户盗卖讹诈

（1899年6月）

禀　据禀各情，船户沿途盗卖、掺水、坏货种种弊端，为害甚巨，不严行整顿，关系商务非浅。查襄水为数省运道，客货最多，非仅该西药一帮，仰即邀同襄河运货各商号绅董，公同酌议，如何责令船行船户严立规条，务臻周妥，禀核，饬由各地方官立案出示，严禁勒石永遵。

（《湖北商务报》第6期）

16.汉口商务局咨岳常澧道饬传究追文

（1899年6月）

为咨会事　窃据汉镇浙宁帮源大万泰隆等禀称云云等情，并黏抄一纸。据此，除批示外，查李荣齐系津市吉富友驻汉庄客，又立贻谋顺字号并代德升元等号买货交易未久，连己款经手，共欠源大万泰隆货银一千一百余两，遽尔倒闭逃匿，其为有意脱骗何疑。吉富友店主彭松亭与李荣齐既属亲戚，又系该店庄客，应早代为理偿，何得空言搪抵，其中保无主使隐匿各情，此种刁风于市面商情大有关碍，现在汉口地方遵旨设立商务局，恭读历次上谕，旨以振兴商务、保护商民为要义，而于倒闭亏空之案尤应实力严追。等因。钦遵在案。兹当整顿伊始，该商等血本攸关，岂容任其脱骗。据禀前情，自应不分畛域，严行追究，以挽颓风而维商务，合亟抄黏咨会，为此合咨贵道，请烦查照来文事理，转饬澧州、直隶州，讯传吉富友店主彭松亭等到案，勒令交出李荣齐,质讯明确,严行究追,务期从速清偿,商本有着,并希将讯结情形见复施行,须至咨者。

附禀批:据禀,李荣齐来汉设立贻谋顺字号并代吉富友德升元等号买货,乃仅一年,遽尔倒闭,其为有意脱骗何疑,此种刁风,于商务实大有关碍,现当设局整顿,自应不分畛域,实力严追,候咨会岳常澧道转饬澧州,赶紧传集人证,究追速结,黏单存。

(《湖北商务报》第 6 期)

17.上海商务局、汉口商务局整顿丝茶办法文

(1899 年 6 月)

光绪二十四年十月二十八日　为移商事　承准南洋大臣刘照开,东南商务以丝茶为大宗。近年两项商本大率亏折,皆由无大力者为之提倡扶持,以致利源外溢。现在江南委派正绅于上海设立商务总局,自应以丝茶两宗入手。查丝业以江苏、浙江为盛,茶业以安徽、江西及湖南北为多,其应如何联络办理,以期商务日有起色,抑或于上海先设丝茶公所,借巨商以护众商,俾免跌价争售,徐收回议价定货之权,应由贵绅等移商湖北商务局、浙江商务局斟酌办理,次第施行,相应照会。等因。除照会上海各商董筹议办理外,相应移商贵局,烦请查照,将整顿丝茶两业办法详细见复,以导先路,须至移者。

(《湖北商务报》第 7 期)

18.洋纱滞销

(1899 年 6 月)

洋纱一项由上海运汉行销,四乡借供纺织,最称旺相。现值播种分秧,四乡农民均极忙迫,凡以纺织为事者,亦皆出作入息,无隙可乘,故本镇洋纱价尚平平,而销路极形滞塞。

(《湖北商务报》第 7 期)

19.洋靛到汉

(1899 年 6 月)

靛青为染布之用,其色经久不变,不若他色之入水易脱也,故靛之一物,通行天下,惟江西乐平所产者最佳。讵近来西人巧夺天工,新造一种洋靛,运至中国销售,现已到汉,由本镇品色店卖于各染坊,试用其色,较华靛鲜明,每染布一尺,只合钱一文,价廉物美,将来必流通中国矣。

(《湖北商务报》第 7 期)

20.议设商会

(1899 年 6 月)

上海美国总领事日来禀报该国政府极力陈请云:我国应于上海集股设立一会,建造广厦,将我国各种货物式样陈设其中,以期推广商务,将来入股之人与售货之人皆有利可获。惟此会

应由美官督办，如果可行，宜就会中之地设立总领事署，其择地建屋，亦必在美租界内，使人易于识别，知为美国百货会云。

（《湖北商务报》第 7 期）

21.汉口燮昌洋火制造局情状

（1899 年 6 月）

此洋火制造局乃上海燮昌分工场也，建设汉口北边，跨于日本专管租界，以明治三十年一月开始其业。尔来事业益发达，其资本金约十万两，起业者为宁波人叶承忠，安徽人毕岐山、宋烈臣等均为大股主，所制出洋火皆磷制红头，易发火，其轴木及大小函用材经上海运自日本，药料中硝磺于汉口买之，然其所谓法水者，不得不借外国品。调此药者，于燮昌唯有一人耳，最秘其法，不使人得见之。今据客年税关统计，记输入洋火制造材料物件数量如下：

一、硝子皮及炉砂	一六六九担	一、包纸	一〇七六担
一、法水	二一一担	一、木函	三八〇〇担
一、轴木	一四二六担	一、木片	一九八八二担
一、杂物	二四六三担		

以上价约七万六千两。

既往五年间外来洋火额如下：

明治二十七年		四八一二三二哥	每哥为四百十四个	一一九〇七七	海关两
二十八年		五三七四八七哥		一三三九二四	同
二十九年	欧洲制	二一三二九二哥		五九六一〇	同
	日本制	五六六八七五哥		一一一七三四	同
三十年	欧洲制	一八四二八二哥		三九五五七	同
	日本制	五四九四七八哥		一一〇四四三	同
三十一年	欧洲制	一八三五〇哥		三五九七	同
	日本制	七九〇三〇哥		一九五九七	同

而明治三十年来，中国内地制品输入汉口者如下：

明治三十年	四三二五〇四哥	八二二七五	海关两
三十一年	一四七〇〇〇哥	二九三四〇	同

由此观之，则明治三十年中，欧洲、日本及中国内地制，合计输入额一一六六二六四哥，于既往五年间为最大输入额，而至明治三十一年（客年）俄然减少，三者合计仅二四四三八〇哥，其故在此地燮昌制造洋火事业开始也。以所闻，则目下燮昌工场，日日所制出，为五十箱若六十箱，一箱入七百二十匣。其使用職工，男女约百五十人，糊纸张匣女工约五百人，多是制造所附近居住者及各地罹灾妇女也。

监督此等及场内外一切者，宋姓一人，月给五十元。以下事务员，或二十四元，或二十元，定佣工赁银每月或十元，或八元、六元、五元，均给食。依日长短及事简繁另佣男工，其赁银一日八九十文至百文，女工赁银准其制造额给之。从来纸张匣每一千个给铜钱一百十文，然目下减为九十文。各女工一日平均赁银得六七十文，此辈一切不给食，皆住己宅，携来材料在制造局为其业，制造局一切经费每日要银九十余两云。

际起业之始，所制出洋火，其商标曰三元，俗为晌火、明洋火也，现今改造双狮、人鱼两种，俗曰硫黄火、若阴火。双狮价额于客年中，上季一箱银十三两，中季十三两五钱，下季十四两，如今少廉，为十三两八九钱。人鱼印价额比双狮印每箱减一钱，然人不喜之，于汉口贩卖额，人鱼印不及双狮印十分之一，故制造局亦欲专制双狮印云。

双狮印洋火贩路颇广阔，汉口、武昌一带之地不论，经襄阳附近，远及陕西汉中府、河南地方，皆其所供给，湖南亦以渐扩充贩路。其投人嗜好有四：价廉、易发火、不厌风、际发火不发响。然其臭气甚，制法亦不精，而形过下，但汉口市中国人店铺一般专鬻此洋火，且人传曰：欲应中国人需用，则以贩卖此洋火为便益，且其费用寡少，价亦廉也。

制造季节，一年中以三、四、五、七、八、九、十各等月，此七月间，极其繁忙，其余概不为适时，何则？正二月商贾全体卖买不多，六月暑气酷烈，十一、十二两月，日光力微，又为年关。

此洋火以十二个为一小包，六十包为一大包，一百大包为一箱，即每箱七万二千个。购求后返送原箱，则每箱以银五钱偿之以为例，大卖买以票子为之，四十五日后给现银。

洋人外，广东、宁波人，非使用此洋火，则使用元亨、义泰、九章、锦章、怡和等号，此等皆自日本经上海输入汉口。其中博好评者，其商标猴与球棒、猴与桃、大富贵、双钱印等，兔印、虾印、福寿印、象印、飞鹰印、双公子等亚之。然比燮昌制洋火，其价格不廉，故虽品质善良，销路尚少。磷制丸形洋火，此地方需用，绝无情势也。

案：洋火虽微，亦抵制洋货之一端，贩路稍利，已有动色谈之者，则由此推之，不更有可兴之制造乎？

（《湖北商务报》第 7 期）

22.汉口商务局咨复上海商务局移商整顿丝茶文

（1899 年 6 月）

为咨复事　查出洋各货首在丝茶。从前鄂省出丝无多，自经督抚宪开设缫丝厂、蚕桑局，请求种桑、养蚕、收茧、制丝诸法，为民倡导，丝业较前渐旺，而洋庄风气一时尚未大开，惟茶业为汉口贸易大宗，近年商本亏折甚多，亟应设法整顿。第汉口虽各茶商荟萃处所，实非产茶之区，产茶地方在省外，至湖南产茶各州县及江西之义宁州，其茶均归汉口行销，情形不无各异。汉口号栈虽多，其实代客买卖，不过过载马头，非有巨商合力维持，难期收回利权，实有裨益。前年敝道仪洛总办微属茶厘，目击情形，亟思补救，曾将扰累茶商之蠹毒锐意廓清，然后拟仿准磋定章，捐领印照，意欲各商自整牌号，不致希图苟且，欺蒙洋人，庶洋人抑勒诸端，亦可渐与理谕。即销路畅滞，权不我操，或弊去利兴，自能日有起色。兹经商务设局，与敝道秉恩反复筹商，亦觉补救之方无逾于此。无如汉口茶业，向须新茶上市，各商始来，一至秋间又各星散。现在无可与议，俟各巨商到后，容再各抒所见，计较从长，议有章程，即行咨商核夺。如贵总局已有妥善办法，亦须随时咨会，俾得互相联络，以维大局。至咨者。

（《湖北商务报》第 7 期）

7 月

1.武汉丝市

（1899 年 7 月）

鄂垣缫丝官局日前各处出示，招买茧丝，缘局内需用孔亟，谕令送局，视丝色之上下，定价值之高低，当给现钱，不折不扣。但远乡恐未周知，故昨又派人往各路收买茧丝云。案：蚕桑一节，鄂属各乡，风气终未大开，此由种桑、饲蚕不得其法，各州县未能尽心劝导耳。本届新丝，湖北内地各属出产颇旺，汉镇各丝行因先与洋商抛卖者甚多，现须陆续交货，四路收买，故丝价甚昂云。本年新丝因天气晴和，采桑甚便，故其所出，颇壮观瞻。沔阳产渐已上市，所售之价，腾贵异常，每重一两，计值白金一钱八分。

（《湖北商务报》第 8 期）

2.汉口商务局各禀批

（1899 年 7 月）

光绪二十五年四月十二日，据武穴裕隆钱店职员曹葆禀控项梓卿硬吞巨款一案，批：据禀，龙坪镇林盛钱店项梓卿（项锦楠）立据借欠该店银钱，各款期限未届，遽行闭歇，实属有意塌骗。既经该职等控，县断令分期清还，暂交龙坪司看管，已属宽容，而项梓卿尚复以为身充善堂首士，恃符狡展，并不遵檄，情殊可恶。仰候札饬广济县，认真严行押追，结具复，黏抄附。

四月十五日，据土药局商民童聚涌等禀，武穴地方挑夫偷漏走失各弊端，请承运归一，审择夫头，以免疏虞等情。批：据禀，各情尚属近理，究竟有无妨碍，仰候札饬广济县查明，妥速秉公核办，具复立案。

又，据监生毛志山禀控王瑞卿等订货不交一案。批：查买卖交易以收条为凭，该监生所定锦春等两榨坊豆饼，何至临期不交，如果属实，大为商贾之害，此风断不可长，惟既称锦春榨坊王瑞卿收过银二千六百两，何以昧收元宝二支，胡春发收银三百三十两，均书有收条存据，究竟系在何时，未据声明，亦未将各收条黏呈，无凭核办，仰即遵照，迅将指饬之处逐一声叙明晰另禀，再行分饬汉阳、汉川等县，传案勒追可也。

续据监生毛志山遵批，声明黏呈收条等情。批：据禀，已悉。候札饬汉阳、汉川两县，分别究追给领，该监生即投案备质，黏抄附。

四月十九日，据职商葆和祥禀控彭寿倡等术赊狡骗一案。批：据禀，已悉。仰候移请江汉关道分别转饬黄陂、应城等县，据案严追，黏抄附。

（《湖北商务报》第 9 期）

3.棉纱畅销三则

(1899 年 7 月)

鄂垣纺纱局所纺之纱,因闻川省市价现已涨至九十两,照行九折,应八十一两,另除运费四两,能得实纹七十七两,较之武汉市价,应多十两之谱,故此时已将此货由轮船自行运川矣。

案:渝城售纱定有六个月、六个半月、七个月三期付款。今即七个月,核计售价,如收现银,每月每两扣息一分五厘,如每捆纱售价一百两,扣七个月息,归八十九两五钱,再以九四扣票,净归八十四两一钱三分,再除每捆□包银四钱,完税关平银二两一钱,各洋例银二两三钱,自汉运宜水脚一两五钱六分,由宜运渝水脚及纤缆驳力等费银五两,除去以上一切用款,净得价银七十五两二钱七分。

本镇销售棉纱以日本国所制为最旺,趸沽零买,几至无货应市。本省销路又以天门县为最畅,盖由粗细合宜,便于梳织故也。现下行情甚高,如金大象、蓝鱼、金狮、十六子牌头能售六十五六两之谱。又闻上海纺纱局所造,粗紧异常,易结疙瘩,故织户均不乐买。

汉口洋纱一物,向由印度、日本运来者居多,而目下则无论何处之纱,概行畅销,价值较前已涨两余矣。

按:中国进口英伦纱,前年五万一千二百零八担,去年七万三千五百九十担;印度纱前年一百二十三万五千五百三十七担,去年一百三十九万九千九百三十担;日本纱去年四十八万五千二百四十四担,前年二十八万三千八百十七担,再前一年,十万零一千三百八十一担。中国既有纱厂,而东西洋运纱来华者依然不少,反见其多,岂中国自兴纱业无损于洋纱之进口欤?亦风气渐开,内地用纱织布者,日多一日,而中国数十万锭所出之纱固不足供需用耳。

(《湖北商务报》第 10 期)

4.汉口各种帆船运载情形

(1899 年 7 月)

汉口为中国第一大埠,长江所经,汉水入之,上自滇蜀,下及苏沪,百货皆以此为顿宿之所,船舶往来之盛,固其所也。然欲转输水运发达,则必整顿停泊之处,以便帆船,此东西国之所已行,而中国犹未十分考究者也。今特叙其现今概况,备讲求商务者察焉。

除各轮船埠头外,其专为民船停泊之所者,计有二十余处,其中小桥口、杨家河、至公巷、武圣庙、泉隆巷、邱家垱、新马头、小新马头、老官庙、五彩、沈家庙、宝庆、流通巷、集稼嘴、大马头、中马头、打扣巷、龙王庙、四官殿、米厂、马王庙等处尤为繁盛。计旋绕江边以及汉水两岸,至西桥口,共长二里有奇(日本里)。凡湖南北及江西等民船皆汇于此,四川民船则集南岸汉阳之渚,总数不下二万四千艘,一望无际,汉水中央仅通去来之船耳。帆樯林立之语,殆未足形容此盛况也。商业之旺,水运之昌,既已高出寻常商埠,故其出入民船种类千殊万别,不能枚举,今姑举其来往最多,雇用最便者,详列其经由航路与装运之品类如下:

一、鸦艄,往来武昌青山、黄陂县、孝感县、天门县、赵市与汉口之间,来航积载石膏、布、胡麻、高粱、大豆油、牛皮、毛骨等,往航积载杂货、洋品、铁类、炭、药材、茶等,其大者足容一千担,小者亦足容一百余担，时或到襄阳若湖南，运载米谷云。

一、□子，其往来航路与鸦艄略同，又常往来襄阳附近黄陂、马梁地方，运米、布、烟草、麻类等货。

一、天门赵市，其航路运载与鸦艄略同，时又赴德安府。

一、抚刁子罗唐，江西船也，来时载陶器、米、药材、纸、果物等货，去则载诸杂货、杂谷、洋货、牛骨等类，其体积最大者与鸦艄同，约容千担。

一、排子，河南船也，来载羊皮、牛皮、药材、藁绳、槲皮等货，去则随所需而运之，其体积最大者五六百担。

一、火溜子，陕西船也，往来汉中之间，来载槲皮、纸、藁绳等类，去则随所需而载之，与排子同。

一、柏木麻雀尾，四川船也，来载木耳、胡椒、黄花菜、鸦片、药材等，去载棉花、织布、杂货、海物类，体积千担者最多，上水由内河，下水由长江，行驶便利，人皆乐之。

一、钓钩，湖南船也，来载杂货、纸、铁、木炭、米、桐油、夏布、雨□、茶，去则载洋货、药材等物，体积大者千余担，小者五六百担。

一、小驳，往来湖南、浏阳、郴州、衡州与汉口，运来米、木炭、茶、纸、煤炭及莲实。

一、巴□，自郴州、衡山等运来石黄、□桐、石□等物。

一、麻阳，往来湖南常德府、汉口之间，来运油、纸、煤炭、米及夏布等货。

其余，乌江子、沙窝子、□子、倒把子、毛板子、齐板子、长船、满江红（俗呼为盐船）、车牌子、开艄、舵老、草鞋板、桐子角等船，名目各殊，则形状、积量皆异，最大者可载二三千担至四五千担，渡船之中有官渡，船质体坚牢，底面宽阔，每船容四十人，本地共有四十余艘，均属官渡局监督之。此外，各善堂中有救生船（红船）三十艘。

汉口有领部帖营船行业者，栈在武圣庙附近，其著名者吴泰兴、李二方、刘万盛、沈德隆、晋益昌、杨玉泰、卞崇发、金寿民、永兴西、陈庆生、赵新胜等行，此专营襄阳以西之航路者也。又有无一定部帖而营之者，行在沈家巷、龙王庙之间，其著名者有李顺昌、许万成、万隆盛、万兴茂、万大兴、徐洪盛、康正泰、熊公兴、李永丰、严正友、正炳谦、万和顺，共十二家。

凡营船行业者，多湖南人，湖北、四川人则殊不多见，盖各民船中以湖南船数最多也。其往襄阳等处者，道途间有不测之变，故人多就船行定约。各类民船，有船户自有者，有各店转备者，遇有运载，往往不须船行定约之劳。然有经过客商，或运货，或远行，一去一来，均由船行觅雇，不欲惜小费而贻后悔也。其中有老于经纪者，则多与船主为契，不经船行，图运资廉而周折少也。然此必熟于江湖者，乃敢为之耳。

船行扣钱，定规一三，间有腾贵至二八者，何谓一三、二八？譬如运资为一吊文，则于其中以一百三十文为扣钱，是谓一三，二八则为一百六十文。凡此扣钱，皆于船户取之，客商不相涉也。雇船之价，大约一人佣船，则每日五百文至一吊文，食费在其中，若数人同乘，则每人六七十文，食费在其外。

民船中最大者容四千担，长八九丈，宽一丈七八尺至二丈，深自一丈七尺至一丈九尺。水手之数，随船大小而定，大约五百担船下水须六七人，上水须十二三人。惟四川所来柏木船用人最多，下水须二三十人，上水须四五十人，甚有因载货之多，水流之急，增至百余人者。水手俸给概以年定，每月自一吊至二三吊不等，舵手则四五吊，食料均自船主给之。近时仿效洋风，往往一族或朋友公同醵金作船以营利者,有之,然为此者,惟宁波船耳,汉口尚未之见也。造船之事,容五百担者,制造之费,约六百吊,帆柱、帆橹及一切器具,约二百吊,共计为八百吊,须七八十日而工竣,则得进水而获利矣。每年择合宜之时,加以修理油漆,一船之用,能至二十年云。若于三四年中,善其揽载,则其船赁所得,可以消却造船之费,有余利可图,是在船主经营之善否矣。

民船出入,所代客商运载之货,必须征收厘金,固无论矣,即民船亦必须附纳船税,均于汉口通济门侧汉关及桥口、宗关二局征收之,两者均归武昌府辖。收税之法,以帆柱立处为准的,量船宽广(就帆柱立处量船之宽若干),不量船长,每八寸四分为一尺,每尺征二百十文,每丈则二吊一百文矣。依此推算,上水则于下水时征收之,下水则于上水时征收之,每逢中历十二月二十八日至三十日三日间,中国人所谓岁除之际,各厘金局均免征税,俗称恩关,此时民船出入往往连樯而下,不避风雨,小民趋利,固无足怪也。

(《湖北商务报》第 10 期)

8 月

1.鄂纱畅销

(1899 年 8 月 6 日)

武昌访事友来函云:鄂省纺纱局仿造洋纱极为精美,而销路未能广远。总办王雪岑观察访闻川省民间织布,无不购用洋纱,岁耗金钱不下百万,因禀商湖广总督张香涛制军,于川省设立分局,俾蜀人得以就近购买。日前王观察接到川中电信,知存货销售已空,急须源源运济。嗣由招商局轮船装载若干包转运入川,并谕饬局中工匠昕夕赶造,以应要需。似此销路日宏,经管尽善,利源式廓,固将拭目俟之矣。

(《申报》)

2.湖北巡抚于荫霖保荐理财贤员折

(1899 年 8 月 31 日)

湖北巡抚臣于荫霖跪奏,为敬举理财贤员,恳恩破格录用,以收实效,恭折仰祈圣鉴事 窃惟理财之道,以得人为先。然往往优于守者,综核不足,则不能厘剔弊端;长于才者,廉介不足,则不能压服众志,盖得人之难也。臣伏读叠次谕旨,谆谆以筹款为要图,以爱民为本务,臣忝膺疆寄,仰见朝廷宵旰焦劳至此,寝食难安,苟有可冀裨补于万一者,岂容缄默。臣于湖北差遣道员中,长于理财者,得两人焉,敢敬陈之。一为江苏候补道程仪洛,查该员资深识老,守洁才优,办事实心,任劳任怨,久在江南候补,于盐务、厘务利弊尤为熟悉,筹划精密,能言能行。督臣刘坤一、张之洞皆倚任之委办事件,均能破除情面,确有把握,实有效验,先后办理江西督销局、皖南茶厘局,清苦俭约,以身率下士,力去积弊,节省浮费,以此收数日旺。臣在署安徽藩司任内,即闻商民称颂，溢于衢路，及见其手订整顿茶厘章程，秩然有序，不激不苛，今日司道大员中，罕见其匹。上年督臣张之洞奏调湖北，总理汉口商务局。臣抵任后，时与接见，委办本署文案，更留心体察，借以视其蕴蓄，益信其廉狷峭直，果毅谨严，但求有利于公家，不存分毫自私自利之见，其立心忠挚，尤非人所及。若有理财之权，必能节用剔弊，使涓滴归公，臣可深信。一为广东候补道王秉恩，查该员血性过人，才能任事，局度恢远，经纬分明，光绪二十一年经督臣张之洞奏调湖北，差委总办银圆各局，上年又奏派总理汉口商务局，励已自爱，任用得人，鄂局所出银圆色高平足，近而沿江、沿海各省，远而吉林、黑龙江各省，无论洋场市镇，穷乡僻壤，一律畅销，人人称便，华洋商皆推为中国银圆第一，实该员一人认真督理之功。臣抵任后，时与接见，论厘金办法，深得窍要。该员前在广东办理善后局事，此局出入款项至多，弊端亦至多，自经该员办理后，厘剔整顿，簿册清楚，无能弊混，交卸之日存款一百五十余万，近年未有。又办理广东海口补抽厘金，华商奸伪百出，往往任意匿货，蒙混免厘。该员驭下以严，待商以宽，所立章程精密明切，可行久远，商情悦服，收数最旺。迄今离局五年，竟无一人再行冒领者，各海关洋人皆周知其事，深服其才。又长于听讼，广东臬司广州府案件繁重，该员帮同清理，前后三年，每结案三百余起，甚得民心。在粤、在鄂及张之洞委办各要政，无不殚思竭虑，求有成效，虽被怨谤，亦所不辞，综核甚精，而心地甚厚，理财而能爱民，尤为难得。于该两员之才品，湖北各员中殆无出其右者，恐他省亦不多见也。经督臣张之洞先后奏调来鄂有年，于湖北情形讲求已熟。方今度支□绌，交涉事件日繁，如程仪洛、王秉恩之贤，实堪重任，倘蒙天恩，假以事权，必能感激图报，有裨时局。臣所胪列该员等理财实效，皆有案卷可以查考，不敢丝毫虚饰，上欺圣明。伏乞饬令赴部引见，特恩破格录用。如程仪洛、王秉恩始终异辙，臣甘受滥保之咎，谨冒昧渎陈，不胜惶恐之至，伏乞皇太后、皇上圣鉴。谨奏。奉朱批：程仪洛、王秉恩均着送部引见，钦此。

（《申报》）

3.夏布行情

（1899年8月）

本镇现到各路夏布市价颇高，兹特将其销售最旺者，采登于后，以供商家快睹。

江西宜黄牌头月锦每小售纹二十一两，蓝锦每小售纹二十两零八钱，赛缎二十八两零，提缎二十五两，蓝缎十九两，六月缎二十两零五。又，崇仁牌头漂顶十六七两，漂会每小十四两零，漂绸九两零，漂桂十二两零，月顶每尺四分一，蓝顶每尺三分八，月会三分五，蓝会三分一，罗顶、罗会两号，一值十两零五，一值九两四，现皆缺市。

湖南浏阳花卷，每尺上等六分，中等四分八，下等三分五；漂白每尺八分，中等四分五，下等二分六；本白每篓上等十四两，中等十二两，下等十两零。

萍乡漂白每尺上六七分，中四五分，下三分；本白每篓上十五六两，中十四五两，下十三两五。

湖北大冶粗布，每尺上等一分九，中等一分五，下等一分，现皆缺市。

四川漂夏，每匹提中十一两八，顶中十二两八，其价较前略跌。

又，湖北武昌马二贡葛市价亦高，上等每尺售钱二百零，次等一百五十六，又次等一百一十二，下等八九十文。

又，广东波麻布，每尺上等售四分八，中等售四分五，下等售四分二，其货现亦缺乏。

又，琼华乌布每匹上等三两二钱五，中等三两，下等二两八，其货亦不十分充足。

（《湖北商务报》第 11 期）

4.东货两志

（1899 年 8 月）

棉纱一物为本镇近年最旺生意。各国所制，又以日本十六子头为第一，数月以来，随到随销，几至无货应市，盖由粗细合度，便于四乡妇女之梳织故也。月初其价已涨至六十六两之谱，现因销场愈旺，此号价马复递加一两有奇，各号家犹谓将来大有起色云。

洋扣一项，来自泰西，销行中国已久，川南山陕等省，销场最大，讵近数年来，日本到有一种三平社洋扣，价较西洋扣相宜，每箱仅售三十四五两，而花样、金色远过西洋，因此西洋扣市面日滞，东洋扣市面日广，华人谋利者多，不妨照式仿造，以免利源之外溢也。

（《湖北商务报》第 11 期）

5.湖广督宪张湖北抚宪于会行商务局

（1899 年 8 月）

为钦奉事　光绪二十五年五月十四日，准兵部火票递到，承准军机大臣字寄，各直省督抚光绪二十五年四月二十九日奉上谕，近因各省伏莽未清，偏灾时见，地利多旷，生计维艰，迭谕各督抚，举办保甲团，练积谷各事并整顿农务、商务。据该督抚先后复奏，复因所奏各节，虽不尽徒托空言，究未能确著成效，谕令将办理实在情形随时具奏，以慰廑系。惟近来各省吏治积习甚深，地方官吏于应办之事往往意存敷衍，希图塞责，甚或借端谋利，转以病民，言之非艰，行之维艰，朝廷望治甚殷，不惜再三申谕，着各直省督抚于奉到此旨后，即将以上各节悉心考核，如查保甲奸宄曾否敛迹，练民团守卫是否得力，以及积谷之筹备，实有若干荒田之垦辟者，计有几处，商务之振兴者，究为何项，务将开办后情形一一按季奏报。如该地方官等有办理不力之处，即着从严参办，毋稍姑容。至各省设立学堂，原以作育人材，尤不容虚縻经费，有名无实，各处办理情形若何，并着一体，随时奏报。现在时艰日亟，振兴庶务，刻不容缓。该督抚等受恩深重，具有天良，身任封疆，责无旁贷，务即懔遵迭次谕旨，整躬率属，任劳任怨，事在必行，力求实效，倘仍粉饰因循，互相观望，徒以一奏塞责，定必治以贻误地方之罪，勿谓堂高廉远，耳目难周也，将此谕令知之。钦此。遵旨寄信前来。等因，到本部堂院承准此。合就恭录札行，札到该局，即便懔遵谕旨，分别遵办禀报，力求实效，毋稍虚饰，切切，此札。

（《湖北商务报》第 11 期）

6.汉口商务局批王干臣倒骗案

（1899 年 8 月）

商务局批：据禀，新泰昌号东王干臣去腊揭欠该职银五百余两，迄未偿还，似此狡延，实于市面、商情均有关碍。仰候札饬汉阳县勒传讯明，究追给领，该职即赴案备质可也。

商务局札汉阳县　为札饬事　除批挂发外，查汉口地方倒骗之案甚多，现当奉旨设局，整顿商务之际，全赖地方官共体时艰，协力惩办，庶足以舒商困而挽颓风。合亟札饬，札到该县，即便遵照，饬差勒传王干臣到案，提同该职员质讯明确，押令追缴，给领具报，勿任差役延塌滋累为要，切切，此札。

（《湖北商务报》第 12 期）

7.日本商业会议所通行条例

（1899 年 8 月）

第一条　本例所称为商业者，以下所记各项商人当之：

一、营《商律》第四条之商业及《商律》第五条第一、第二、第三、第四、第六所揭各商业。案：本报所译行之《商律》，乃本年新改定本，此条例乃明治二十五年定本，故所引尚是《旧商律》。又案：《旧商律》第四、五条在新商律二百六十四条。

二、营《商业（律）》第五条第一项所揭之合资公司、股份公司及取引所（会社与经纪人择一定所），凡有货欲售银与有银欲购货者，皆于此定所重与经纪人预约定期而授受焉，是之谓取引所，其意略类中国牙行，但规模较大，人皆重视之，如今日东京米谷取引所，其董事长为前任农商务大臣，可知其品类之高矣。

三、营《商律》第五条第一项所揭之合名公司社员、合资公司执事社员、无限责任社员、股份公司董事及取引所之理事长、理事。

第二条　凡欲设商业会议所，由该处商人依本例得为会员者，先为首唱，呈明本管地方官，请于农商务大臣，得其许诺，然后为之。其首唱人数宜于可为会员者，止用半数以上，列名以请之（如章程中预定会员为五十人，或百人，其首唱禀请者，止须二十五人或五十人以上）。地方官接前项禀，宜咨于郡若市参事，查其意见，然后再以己见附呈之，以进于农商务大臣而待命焉。

第三条　商业会议所设立以后，管理所及之境，须以本所所在之市、町、村为其区域。（如东京商业会议所管理地境以东京市区域为限，长崎商业会议所以长崎市区域为限，如因地方商业情势须联合数市、町、村区域而为之者，亦可另于其他别设之。）

第四条　商业会议所事务权限，详记如下：

一、为助其发达，防其衰退，议定整理之法。

二、遇有关系商业之法律、命令及各项条规制定、改正、废止、施行各事，可由本所申其意见及其中关系商业利害之实在情形，上于行政厅及其他官署。

三、报告商业形势及统计数于行政厅及其他官署。

四、凡有关系商业之事，行政厅咨查其情形者，本所可详答告之。

五、依法律、命令、条规及行政厅之属托，管理其地之公设营业所及经纪业（经纪业者，商业居间人之名），相同盟之事及关商业之诸营造物。

六、审查为经纪业者之资格员数及其货银。

七、受关系者之请属，裁决其地各项商业之纷议。

第五条　于设商业会议所之地，营本例第一条第一项业务，或为本例第一条第三项各公司社员，或营第一条第二项公司及取引所，以上各项人员，均有选举该会议所会员之权。

第六条　凡公司及取引所之人，其有选举会员之权者，若其人任事已逾三年，而年满三十以上者，该员即有被选举为会员之权。凡合第一条第三项所载各项之社员、出资之人及役员、理事之人，如年满三十岁以上者，选举之数每处以一人为额。

第七条　关系本例第五条、第六条所揭会员选举权及被选举权者，其财产之资格，并所出进项税之数及公司、取引所之资本额，应由农商务大臣特命定之。西法，凡人产业资财，国家皆岁计其利息之多少而税之，日本仿而行之，名曰所得税，今仍照旧译，名进项税，如该处其人无进项税，则农商务大臣可以查其他种税额（如以地税代定之类），以定其财产之数。

第八条　应有上项之选举会员权及被选举权者，若有下列所揭各项，则均不得享受此等权利：

一、病疯癫痴者。

二、受重禁锢一年以上刑，并犯妨害商业、农工业之罪，害财产之罪，害风俗之罪，害信实之罪，受刑满期及赦免后未经三年者。

三、被剥夺及停止公权者（日律，凡犯罪者，时有剥夺公权及停止公权之例，或数年，或终身，非限满及遇赦者，如遇政治上行为，概不准干预）。

第九条　会员数十五名以上五十名以下，应由会议所所设章程定之。

第十条　会员不给俸银，其任期为四年，每二年则易其半而改选之，初次退任者，以抽签定之。

第十一条　凡已选为会员者，除在所揭明外，若不经会议公决，不得于任期内辞其职。

一、实系疾病衰老，不堪职务。

二、实系别有营业，不能常川住于会议所者。

第十二条　不由前条而辞会员职者，可由会议所公评，课其过怠金二白元以下。

第十三条　凡遇选举会员，应由郡长若市长命委员定其日时、位置而施行焉，其费银则本所自备之。

第十四条　关系第四条第七项之事，不得擅开会议所之会议，若擅开会议，可由农商务大臣之命及会议所之决议，禁止之。

第十五条　遇第四条第七项事，所用费银，会议所可于其关系人，按合宜之数征集之。

第十六条　会议所依律许为公法人，并许其置有财产。

第十七条　由会议所决议，于会员外置特别会员，以便参列会议，例所得为，但不得过于本会会员五分之一。特别会员必择其有学术技艺及商业上经验者，始得为之。

第十八条　会议所预算经费，应呈明地方官，报告农商务大臣为要。

第十九条　征会议所经费之法，以会议所公议决之，然后呈明地方官，得农商务大臣许诺，而后为之。已逾纳期而迁延不付者，可由会议所属该地收税吏征收之，受收税吏之督促，仍不纳其应出经费者，除停止其四年以上八年以下之选举权、被选举权，仍课罚金二百元以下。

第二十条　会议所规条以会议所公议决之，应定各事如下，俟议定后，呈明地方官，得农商务大臣许诺，然后为之。

一、选举会员规则；

二、议事规则；

三、庶务规则；

四、役员职务权限；

五、裁决规则；

六、会计规则；

七、管理公设之营造物及营业处之规则。

第二十一条　如会议所逾其权限，有害于商业行为，应由农商务大臣停其会议，并查其轻重情势，命其改选会员，或数人，或全部，届时皆由农商务大臣斟酌行之。

第二十二条　农商务大臣任施行条例之责，如遇会议章程有必须其发命令以整顿之者，可不论时日而发之。

附则

第二十三条　会议所之会员虽因本所有事改正条例，其被选之资格已异前规，然在任期中，应仍不失其职。

（《湖北商务报》第 12 期）

9 月

1.创办轮船

（1899 年 9 月）

近闻本镇租界美最时、顺丰两洋行，均拟创办轮船，揽载客货，借扩利源。美最时计共七只，走长江者三只，走汕头者二只，其余一走湖南，一走沙市；顺丰三只，专走长江，闻不久即能到汉。

（《湖北商务报》第 14 期）

2.视察中国汉口复命书　上

（1899 年 9 月）

总论

汉口在中国腹部，得水路四通之便。沿长江，则可远到四川、云南、贵州等省；沿汉水，则达河南、陕西、甘肃诸省。湖南、江西亦均有舟楫运漕之便，其他山西、安徽之货物，概汇集于此地，所谓九省通衢也。今按前年中国三十港中，关税收入额，其最多额在上海，亚之者汉口，其要如下：

1897 年十二港关税收入额

港别	关税收入	港别	关税收入
上海	七四九六七七〇两	九江	九二一八五〇两
汉口	二〇二五〇一三两	厦门	八九三六七三两
广东	一八八五五一三两	宁波	八三二四〇五两
福州	一二九二七九一两	镇江	八一〇九七七两
汕头	一二八四五九〇两	牛庄	五六八五四七两
天津	九七三〇三七两	芝罘	四六一二七九两

关汉口贸易总额，经由厘金局，而为输出之货物极多，然无统计可征。今调查经由税关，输出入于国外及中国各港之总计如下(1897 年)：

输入外国品　一二五九三六四九两
中国品　二二〇四八七八九两
再输出外国品　五五九六二六九两
中国品　一二四二二二五七两
输出中国品　二四五四〇三八二两
合计　八七二〇一三四六(七七二〇一三四六)两

如上述，汉口经由税关之输出入贸易额，七八千万两内外也，合诸经由厘金局，为民船所营之贸易额，或达一万万两内外矣。

第一章　汉口与外国及中国内部诸港之贸易

第一节　外国贸易

甲、输入外国品之概况

输入外国品于汉口，有二途，其一自外国直输入之，其一经由上海商人之手而输入之。察从来贸易趋势，则直接外国贸易殊不振，其间接外国贸易，渐呈盛况。计前年输入外国品总额二千二百七十余万两，而其中二千二百五十余万两自中国各港输入，而上海居多，此无他，上海港益发达，而吸收中国北部、中央部及扬子江一带外国贸易全权也。

查汉口重要输入外国品，以棉丝、棉布、毛布为要品，洋油、沙糖、海产物亚之，试由明治三十年税关报告表示，重要输入外国品如下：

印度棉丝　四百万两以上，五百万两以下
洋棉布、洋油　各二百万两以上，三百万两以下
晒洋棉布、日本棉丝、沙糖　各百万两以上，二百万两以下
云斋布、厚棉布　五十万两以上，百万两以下
鸦片、英国棉丝、海带、人参　各三十万两以上，五十万两以下
更纱吴吕、铁物类、染料、木材、檀香、被单布　各二十万两以上，三十万两以下
天竺布、铜、绯洋布、绫吴吕、拉节以达(待考)、绒棉布、小羽绫、毛繻子、海参、燕窝、锡、洋火、针、胡椒、渴尔鞑门(待考)　各十万两以上，二十万两以下

纹入晒洋布、鲁布、毛丝、蓝靛、火柴、洋伞、锡器类、铅、钮扣、麦秆纽、玻璃器

各五万两以上，十万两以下

乙、输出中国品概况

输出中国品，大别为二，曰直输出，曰间输出，概况如下：

明治三十年

中国品直接输出额，五四八四六一八两。

间输出重要品数额如下：

制茶一千一百余万两，蚕丝二百余万两，生牛皮二百十余万两，苎麻类一百万两。

如以上，则汉口输出海外额达一千五六百万两以上，但汉口所输出蚕丝、制茶，大概尽输出海外，生牛皮、苎麻等于内地销售之额亦不少，故不可以为输出海外全额。然前述四项之外，漆四十四万两，蜡百万两，粗毛二十万两，米三十万两，烟叶百三十万两，药料百十万两，麝香六十八万两。

今将以上数目与前表生牛皮、苎麻互为加减，则汉口输出海外一千五六百两以上，盖不动之数矣。

第二节　汉口与中国各港之贸易

甲、外国品再输出概况

仰外国品供给于汉口港者，为沙市、宜昌、重庆等扬子江上游各港是也。汉口下流诸港，自上海直接输入之，故不仰供给于汉口。然近来四川地方商人直接购入棉布、棉丝、毛布等重要品于上海市场，渐为习惯，以是自上海直输入于四川地方之货物，渐次增加其数，自汉口者，稍有减少之势。惟将来汉口上游运输之便开，汉口宜昌间轮船增加，小轮船通行宜昌上游，则扬子江上游各港与上海直接交易，渐次赴隆昌，则自汉口为再输出之额，将大减矣。

自汉口再输出长江上流之外国货物，经由税关者如下：

明治三十五年，五五九六二六九两，内沙市四三六三三两，宜昌五五四二六〇五两，余他各处。其他经由厘金局输送长江上游诸港之外国品，其数量不让经由税关额矣。

乙、中国品输出入概况

汉口与他各口输出入统计如下：

明治三十年

自天津输入	二一二六三九两
向天津输出	四九八五八七八两
自宜昌输入	八三七一五〇一两
向宜昌输出	三四三四三二四两
自九江输入	三二六七二〇〇两
向九江输出	四四八九七两
自镇江输入	六三一二一二两
向镇江输出	二八四六七三一两
自上海输入	六〇六三四八一两
向上海输出	二一八六二六六一两
自汕头输入	一八〇六六四一两

向汕头输出	六六〇二六八两

中国产输出入重要品如下:

一、中国产输入重要品

棉花、丝、四川云南鸦片	各三百万两以上,四百万两以下
蚕丝、织物、沙糖、生蜡	各百万两以上,二百万两以下
上海棉丝、药材、麝香	各五十万两以上,百万两以下
五棓子	三十万两以上,五十万两以下
扇子、纸类、烟叶	各二十万两以上,三十万两以下
笋、开平核炭、云南铜锡、茸类、人参、麻、大黄、纽、发毛	各十万两以上,二十万两以下
粗毛、钮扣、夏布、生牛皮、铅、龙眼肉、洋火、席子、米	各五万两以上,十万两以下

二、汉口产及他地产输出重要品

茶	七百万两以上,一千五百万两以下
麻、鸦片、蚕丝	各二百万两以上,三百万两以下
铜油、烟草、铜、棉花、药种	各百万两以上,二百万两以下
五棓子、茸类、麻、麝香、米、茧、织物、牛油、柏油	各五十万两以上,百万两以下
毛皮、漆	各三十万两以上,五十万两以下
豆类、粗毛、南京布、锡、铁器、钢铁、煤炭	各二十万两以上,三十万两以下
土茯苓、汉口棉布	各十万两以上,二十万两以下
信石、鸡卵、扇子爆竹、豚毛	各五万两以上,十万两以下

第二章　上海与汉口贸易上关系

上海对北清诸港及长江一带诸港,为外国贸易中心,而上海与汉口关系,比上海与北清关系,少异其趣。

上海汉口间贸易,其所以致密接关系者,虽由地势使然,然其产出货物与需用货物之情势及两港间商贾联络情形,与有大力也。于汉口最有势力者,为宁波、江西、广东等处人,就中在汉口之宁波人与在上海有优势地位之宁波商人,互通气脉,故两者商业上关系益密接。然于北清诸港,则山西人、山东人占有商业上势力,而宁波人、广东人在弱者地位,与上海商人之联络,不如汉口商人也。

长江一带之地,气候温和,地味膏腴,各种产物甚夥,输出中国之货物,年增加其数。至北清诸港,土地瘠薄,气候寒冷,物产寡少,输出货物不多品。且即输入品考之,北清内地,其生计程度低,购买力寡,比长江一带人民富裕,远逊其购买力者,亦宜然也。加之北部诸港除芝罘每年十一月末至次年正二月为冻冰,杜绝船只往来,而长江各港,则每日有定期轮船,四季共其运搬也。

北清诸港,其贸易上不恃上海为转枢,故自其输入观之,前年来货物增加,如日本棉丝,直输入于牛庄、天津之额,年见其多。外国商人,亦切讲直输入其棉丝、棉布等之方法,盖外国商人创始直输贸易于北清地方,比长江一带与江浙诸港,其地理上、交通上有容易者。

输出贸易亦然,扬子江诸港直接输入,虽逐年增加其额,上海大贸易市场,扼其咽喉,故自阻格其趋势，如北清诸港，大异其趣，输出日本货物等脱上海制驭，直接贸易，益盛其趋向。

第三章　在汉口外国商民

第一节　外国商民之情况

千八百六十一年，汉口开港，尔来经三十八年，外国商业增加之迹，□为显著矣。千八百七十九年，在汉口，外国商店大小合计二十七；千八百八十五年，二十六；千八百九十四年，大小合计为四十二三；千八百九十五六年，更为四十五六。其中大商店，如天祥、怡和、宝顺、太古、太平及俄商阜昌、顺丰等，皆二十年来继续其营业者，其余客年中，现存诸商店如下：

协和、瑞记、泰丰、天裕、礼和、得和、祥源、嘉和、华昌、日生、元亨、汇丰、钱隆、美最时、永兴、新泰、百昌、立兴、履泰、阿化威、华俄、道胜银行、沙逊、怡元、禅臣、斯比、子尔会社、杜德、祥泰、谕力万、亨达利、居臣氏、公信、谦泰。

大抵从事于输出内地货者，如阜昌、百昌、新泰，为主营茶业之有力者，其他天裕、怡和、华昌等，惟于制茶期从事茶业。又，德商瑞记从事皮革商业，其余为输入洋油。瑞记、协和、太古、礼和、天祥、宝顺、隆泰、华昌、太平、禅臣、怡元等兼营轮船、保险、银行、代理店，汇丰、华俄、道胜等为外国银行支店，大阪公司为轮船公司支店，保险公司惟有代理店耳。

营西洋杂货业者止一二外国商人，余大半为清商所营业。要之，汉口外国商人中，除俄国茶商，其他英、美、德等诸商人，兼营数种业务，或营轮船公司、保险公司、代理店，而在茶期营茶业，在蚕期买收蚕丝，又输入少额外国品，以谋维持店铺耳。

更视察中国与外商关系，则清商渐次蚕食外商营业范围，汉口输入重要外国品，其大半为清商所输入，外商全袖手而旁观耳。现前年输入外国品总额二千二百七十余万两，中一千三百万两为棉丝、棉布及毛布等，而其输入，尽归于清商之手。其他外国杂货等，经清商之手者不少，故外国商人见驱于输入外国品贸易范围外，仅从事轮船业及茶业等，清商所以能垄断输入上利益至此者，其原因在下记事情：

第一，汉口清商有支店若代理店于上海低廉购入外国品，故以廉价贩买需求者。

夫上海者，外国贸易之总汇也，各般外国货物，尽集积焉。故天津、烟台、牛庄商贾，无论长江沿岸大商贾，皆开支店于上海，或派遣代理人就外商店铺若竞卖处，或以外商为媒介，以直输入外国品，其购入货物价格，大得低廉，比外商自为输入无大差，不但无大差，或转以廉价买收焉。加之清商精通一切需用者嗜好及其程度季节，故其所输入货物，能得其适度，无停滞之患。且于其店铺之经费，比外商加廉，故得以廉价贩卖其货物。故重要输入品皆离外商之手，为清商所垄断。试就汉口输入棉布等，求之其有力清商十一二家，皆专擅输入利益者。

第二，清商际输送外国品于内地得领有半税单之权利，与外商不异。

千八百五十八年，《天津条约》第二十八条规定曰：惟英国商人及均沾此条约之外国商人，享有半税单特权。际输送外国产货于内地时，止于正税外，完纳子口半税，则免除一切厘金税，而清商不能均沾此利益。其际分输外国品于内地，不可不完纳厘金税、通过税等，故外国品上贸易，常为外商所独占，清商颇受困。其后一千八百七十六年，结订《烟台条约》，其第三节、第四节规定曰：输送外国品于内地者，不论何人，领有半税单，免除厘金与一切通过税。自后清商亦领有半税单特权，际输送外国品于内地，得与外商相竞进，因以压倒外商。呜呼！政治上之力，能使商业发达如此，中国政府，若能明目张胆，考核其利害，提撕商人，其进境岂可测乎？

第三，上海汉口间航行轮船增加其数，运费低廉。

汉口初开港以来，航行长江轮船，其数甚寡。一年间所入港轮船总数，于一千八百七十年，二百四十八艘；一千八百七十一年，三百五艘。大约每一二日，仅轮船一艘为往来，故其运费颇昂。加之长江航路专系英美人所经营，待中国人，其待遇法甚冷淡，中国商运货上，甚觉不便。尔来开招商局，自营运货之利。又，外国商人多经划长江航行，上海汉口间往复轮船，大增其数，一千八百七十八年，入港轮船为六百八十四艘，其中中国轮船实为三百十三艘，太古、怡和、招商局三者间，竞进极激烈，则运费低落，货主大得便宜矣。

如以上所论，清商太占便益，外商瞠乎其后，若汉口无茶、蚕丝等各物产，则外商衰微，不知胡底耳。

是不独西商为然，日本货物，或海产物，或棉丝，或杂货等，其输入颇多，然输入之，贩卖之，其利益尽在于清商之手也。某日本商曰：清商零卖日本制棉布者，其价额比日本商所卖低廉几分，清商尚且得利益者，其始所购入，大低廉也。其故何乎？第一，清商有支店于各口；第二，见机以低价买收得多额；第三，日本商资本不足，又不详知清人嗜好及其需用之程度。然而，资本丰富之外国商人，亦渐陷衰运者，其故何也？其丰富资本不携来汉口也。汉口商权，多为上海所夺，譬之，昔日汉口为大货号，今日汉口为零卖店，其大纲为上海所总括，故惟买收内地产物之外商，残留于此地，他输入外商，多聚于上海，则汉口外商之不振，由彼辈不汲汲于其末也。

第二节　日本商民之情况

现今在汉口日本商人，为大阪商船公司、东肥洋行、东益洋行。东肥洋行系熊本县有志家设立，开铺以来三四年，为日本杂货店，颇博信用于中国人，其业逐年盛昌。回顾三四年前，日本人来往汉口者尚少，前年以来，其数顿增，官民共留意长江贸易，或制茶，或蚕丝，或陶器，或皮革，或漆，或羽毛，各来视察，或远到重庆，一时专管租界正划定，领事署亦开厅，保护商民之途，略就其绪。而大阪商船公司定期轮船，增加其数，故将来汉口中日贸易，日盛无疑。而棉丝、棉布等及海产物大贩卖，在上海资本丰富，日本商人当其任，于汉口贩卖诸杂货，要在贩卖正直货物而合内地人嗜好，在汉口日本商人为日本品绍介者，使清人知其声价利益为要，其成绩利益，决不劣于上海。而自汉口所输出于日本货物，麻布、毛皮、漆、蚕丝、制茶等，其利益亦不少，在日本商人与在外日本商人，互通气脉，为其改良进步，则前途必有望矣。

第四章　汉口与清国各港运输概况

第一节　运输现况

前于第二章述上海汉口贸易关系之密，两港间轮船往来亦极繁，今查于两港间营航运业者如下。

太古洋行：大通、鄱阳、安庆；招商局：江裕、江宽、江永、江孚；怡和洋行：吉和、瑞和、元和。

以上三公司，相间日期行船。

鸿安公司：德兴、宝华、长安、益利；麦边公司：萃利、华利；大阪公司船：大井川丸、天龙川丸、大元丸（大元丸充汉口宜川间航行）。

此外临时出入船舶亦不寡，于汉口外国轮船公司代理店亦多，如下：

代理店名称：

协和洋行、瑕记、怡和洋行、天祥洋行、宝顺、隆泰、华昌、怡和、美最时、太平、禅臣。

更考察汉口出入轮船数如下：

轮船出入

明治三十年：出口七百十八艘，吨数八十万四千八百五十一；入口七百二十三艘，吨数八十万五千六百九十二。计一千四百四十一艘，百六十一万五百四十三吨。

帆船出入

明治三十年：出口一千六百零八艘，入口九百五十八艘，计二千五百六十六艘，百七十八万三千零四十二吨。

由是观之，于汉口运输，一半轮船，一半帆船。而航行长江之帆船，即夹板船，大约六七十艘，上航运搬煤炭、洋油及粗洋货，下航运搬油、石膏、木材及粗货，其一航行，约费二三月间云。

夹板船，其航行多费日子，运搬上颇不便。然而，长江运输上，依然为一大势者，何也？由轮船尚少，夹板船运资低廉，碇泊时日久，搬运粗货便耳。

第二节　长江航路之将来

如前一节所述，长江航路运搬，其半为夹板船所营。而一面太古、招商局、怡和等诸公司，长江航路所得利益甚多，常配分十分二若十分三（对资本金、利金于各股主），其他尚有大阪商船公司。总合现势考之，则长江航路将来发达之余地有绰绰者，向后增加四五艘轮船，其利益犹不减少也。

（《湖北商务报》第 14 期）

3.视察中国汉口复命书　下

（1899 年 9 月）

汉口内地贸易

汉口内地贸易之区域极辽阔，殆包含湖南、湖北、河南、山西、安徽、陕西、甘肃、四川等省，故内地贸易之盛大，甲于中国，将来卢汉铁路竣工，广东铁路亦全通，则内地贸易隆盛，数倍于今日矣。

第一章　内地贸易地域及内地概况

甲、内地贸易地域

所谓内地贸易区域，皆自汉口供给外国品，又分配以他省产货物焉。故外国品输入内地，皆运来其产货于汉口，而他省产品，运搬外国及内地各口者，亦皆汇集汉口，其一切贸易区域如下：

湖北省　皆属汉口贸易区域，虽此区域内有沙市、宜昌两通商港，然其二口内地贸易，于汉口无大加损也。

湖南省　专属汉口贸易区域，其所需外国品，尽自汉口供给之，而其所产货物，输出他省者，亦多汇汉口，而后分散，然他日广东铁路全通，汉口与广东为联络，则湖南省商品进出，分汉口、广东二口。

河南省　天津、汉口两港，共同贸易区域也，其东北部属天津，其西南部属汉口，许州、南阳府、开封府、淅川厅等是也。

贵州省　大半属汉口贸易地域，其铜仁府、遵义府、贵阳府、思南府、镇远府等，在其区内。

四川省　开有重庆港场，直接为外国贸易，然运搬不便，故重庆府、酉阳州、夔州府等，仰外国品供给于汉口，其内地产物，大半亦经汉口运出诸港。

陕西省　殆专属汉口贸易地域，其所需外国品，主由汉水输自汉口。

广西省　北东各府，亦仰外国品于汉口。

他如甘肃省，亦间自汉口供给之，江西省、安徽省等，际输出内地产物于外国，或分输内地各口，则输送其货物于汉口，而际输入外国品，则专仰其供给于九江。

乙、内地面积人口及产业概况

汉口内地贸易区域如前述，然不知其区域之大小，未足以测现在及将来贸易之标准，于是乎，推究内地面积、人口及产业情况，以测定内地生产力及消费力如何为要。

推究此等情势，最为困难之事，中国事事物物，秘而不发。如统计表，无一可见者，故内地状况，不过大体上考查耳。

内地贸易地域

湖北省　面积一五五六三方里（日本里程），人口三七七七〇〇〇〇人。概况：大江贯中，水流纵横，土味稍沃，气候顺良，夏热最酷，冬寒凛烈，物产以棉、茶、丝、麻为大宗。

湖南省　一八六四二方里，二一〇〇八七六七人。概况：水流纵横，土田肥沃，米粟饶足，气候顺良，夏热稍强，冬寒亦不轻，物产丰富，赤金、铁、炭、麻布为著名。

河南省　一七四八六方里，一一六六八五〇〇人。概况：地势四通八达，其地略丰饶，气候顺良，夏热轻微，冬寒稍强，风俗概朴和，惟汴梁以南，狡狯好侈，物产绹丝、绸、锡果为著名。

陕西省　一〇一九一方里，一〇二〇七〇〇〇人。概况：水流纵横，沃饶四塞，其气候北部不良，夏热轻，冬寒凛烈，风俗概朴直，其物产颇丰富，驴、羊、药材、麻为大宗。

贵州省　一四九五四方里，五六七九〇〇〇人。概况：地瘠利寡，山箐深，盖本部中国最僻陋地也，其气候极不良，瘴气甚多，其物产不良不多，惟以丝、炭、漆、油、棓子、朱砂、药材、鸦片为大宗。

四川省　一三八一七方里，七一〇五〇〇〇人。概况：重山环绕，水流纵横，土壤沃饶，材物殷富，称天府，山川清秀，与日本相似，其气候顺良，西北部稍不良，夏热稍强，冬寒颇微，西南温暖，物产甚丰富，金、银、铁、炭、油、盐、丝、竹木、绸绫、麻、糖、药材、红花、白蜡、桐油、鸦片为著名。

广西省　六〇六四方里，三七〇七〇〇〇人。概况：提封虽甚广，人口不过广东省三分一，其气候稍属不良，多瘴气，其物自给仅足，竹木、朱砂、铁、铜是也。

以上表所载，面积为八万六千七百十八方里（河南省一半属天津港，故除之，四川、广西两省以其三分一为汉口专属区域，计算之），其人口为九千三百八十二万，则汉口内地贸易区域殆三倍日本面积，其人口二倍日本也。

第二章　内地贸易商路

内地贸易商路，有经过陆路者与利用河水者，然现今汉口贸易枢要商路专在水路，开示如下。

第一节　通达湖北南部及江西省、四川省商路

专利用扬子江，以轮船及民船为运搬之具。

第二节　通达湖北省西北部、河南省西部、陕西省等商路

专利用汉水，由民船为运搬。

自汉口溯汉水至襄阳府，即湖北西北部，物货消散地也。此间水量稍深，可通大民船，欲自襄阳府至陕西省西安府，则更溯汉水，经樊城达老河口，此间水量，夏期四尺，冬期二尺。老河口以上，水流甚急，水量亦寡，不得通大民船，但用小民船溯二百五十三英里，达炉子石，移货物于马背，陆行百英里至西安府。西安为陕西、甘肃地方外国品大集散地也，甘肃省兰州府等皆仰货物供给于此地焉。明治三十九年，输入汉口洋布三百十四万四千四百六十九反。

欲到河南省西部，亦溯汉水至新野、唐县、南阳府。

又，溯汉水支流则至德安府、随州等，走澴河则达孝感、杨店等。

汉水枢要商路如此，然其水流甚急，至夏期，增水俄及一丈，航行危险，民船破坏不少，上流最为困难。

第三节　通达贵州省、湖南省及广西省北部商路

达湖南省西部及贵州省各地，利用沅江水运，专用民船。

至湖南省东部及广西省北部商路，专利用湘江水运，在往时由民船，自明治三十年末，航行小轮船。

湘水流程长，经过湖南省殷商都邑，其水流稍迟缓，适于航行，其水量二月末三月始渐次增加，至七八月之交水最深，至九月末十月始次第减少，故七八月间虽大号小轮船得往来长沙府湘潭县，若其轮船吃水浅，不止六尺者，得更至衡山县。虽十月至二月，河水下落之后，至长沙府湘潭之间，吃水三四尺，小轮船尚得行驶矣。

第三章　内地贸易额

第一节　自汉口输送内地之中外国品

甲、由税单输送内地之外国品

由半税单分配内地之外国品价额，于明治三十年九百四十六万余两，更分别各省，以察输入状况，则自汉口供给外国品者，其多为湖南省，其额至四百四十万余两，湖北省亚之，如下：

各省	一千八百九十六年	一千八百九十七年
湖北	一六二二〇九四　两	一九三一八四四　两
湖南	三〇〇六一二九	四四四六一七四
河南	七二六五六八	七〇九〇〇八
四川	四三五五九八	八八六七〇八
贵州	四三九〇二五	七三四九七八
陕西	四五二〇六六	六〇二一九六
广西	六五九〇六	一四七七〇五
山西	无	一四八五
云南	无	四三一一
江西	无	三二一七

合计　六七三七四〇六　两　九四六七四二七(九四六七六二六)　两

由半税单输送内地之重要品如下:

洋布、洋油、沙糖	百万两以上,二百万两以下
漂白洋布、印度棉丝、美国洋油、俄国洋油	五十万两以上,百万两以下
云斋布(洋布强硬质者)、日本棉丝、海带、汉口棉丝	三十万两以上,五十万两以下
更纱棉吴吕(斑彩洋布一种)、棉绫吴吕(同上)、美国棉丝、洋火、檀香木	十万两以上,三十万两以下
天竺布(洋布硬软得中者)、染料、人参、胡椒	五万两以上,十万两以下

细别输送内地重要品如下:

明治三十年

棉织布类

湖北　二六五九五四匹　湖南　五九二二五四匹　河南　五九七一七匹

四川　一六八七六匹　贵州　一〇八三九一匹　陕西　五九二六二匹

广西　一〇四二六匹

棉丝

湖北　二九五□担　湖南　三二四六二担　河南　九七八担　四川　七五〇六八担

贵州　一〇三九四担　陕西　九〇七担　广西　三六七五担

毛布类

湖北　三八九〇匹　湖南　一一九六七匹　河南　三九一匹

四川　三九七匹　贵州　四一二八匹　陕西　九七一匹

铁物类

湖北　一八四七担　湖南　八七二一担　河南　二〇五二担

四川　一九八担　贵州　一一八担　陕西　一一七四三担

洋油

湖北　五三五七六二八瓦　湖南　七〇〇〇八三一瓦　河南　二七七八〇瓦

四川　一五五八九〇瓦　贵州　六四八七〇六瓦

陕西　五一四〇〇瓦　一瓦即二升一合

沙糖

湖北　九九五七三担　湖南　六四八四二担　河南　七五四三六担

四川　四三六三担　贵州　一三〇四担　陕西　四九七八六担

乙、纳附厘金税输送内地之中外品

现今半税单利用未发达,故输送内地之外国品,大部通过厘金局,而中国品不能享有半税单之特权,故其输出大抵经由厘金局,则调查经由厘金局货物多寡,内地贸易真相自明矣。虽然厘金局组织不完全,且局中人类为官府受寄托者,或与商人结托,或贪贿赂,到底不能期其精确,今就外国品计算如下:

明治三十年,总输入额一七一七二三五一(一七一七二三二一)两,由半税单输出九〇五〇八二一两,残额八一二一五〇〇两。

如前述,则供给分输内地之外国品,总额约一千五六百万两前后,以此一千五六百万两,配当人口九千余万人,则各一人消费外国品之额实为一钱六分,将来随内地经济之发达,增加外国品输入无疑。

于汉口所产出之中国品,输送内地之总额,殆无由知。然现今于汉口以应内地需用为宗旨之制造未发达,故必不上多额矣。自外各省所运来之中国品,输送内地之总额,亦不得精确统计,然通过税关所输入外省产品,大半其系内地供给,可知其输入额经由税关者,于明治三十年八百万六千八百九十七两,其他尚有经由厘金局输送内地者,假以经由税关输入额三分之二,则于明治三十年输送内地额约五百三十二万余两。

第二节　自内地运来汉口之中国品

甲、由三联单之运出

现今于汉口内地利用三联单。

乙、经由厘金局之运出

自汉口输出外国及内地各口货物,大半经由厘金局而运来汉口。其额于明治三十年,内地产物纯输出实二千四百五十四万两,其运来品重要者如下:

皮类、红茶、红砖茶	二百万两以上,三百万两以下
桐油、烟叶、木材	百万两以上,二百万两以下
木耳、药材、麻、五棓子、蚕丝	五十万两以上,百万两以下
南京布、米、煤炭、金针菜、铁、铁器、皮毛	三十万两以上,五十万两以下
豆类、粗毛、恶茧、土茯苓、钢铁、云南铜、生蜡、汉口棉丝(武昌制)、纸、汉口洋布(武昌制)	十万两以上,五十万两以下
麻袋、石羔、柏油、豆饼、绢纽、鸡卵、桃木、爆竹	五万两以上,十万两以下

(《湖北商务报》第15期)

4.江汉关税务司呈报光绪二十四年汉口贸易情形

(1899年9月)

窃查本口贸易情形,货殖果能逐年加增,为口岸兴旺之象,则汉口市面颇堪志庆矣。统计本年货殖总数,较以前不论何年,赢有关平银一百四十三万四千余两,除复出口外,核计共有关平银五千三百七十七万一千余两,如此陡增,为历年以来所仅见者。惟其中进口减,出口增,所以有增减者,因八月十七日祝融肆虐以后,历三月之久,叠见火警,以致咸有戒心,沪货裹足不来,汉货自乡一到,立运出口。加之川乱未平,上水之货,亦不能如昔日源源运出。至本省银根之紧,半因偿还洋债,半因铸钱出口所致。幸近数年来货殖骤涨,详细考核,除茶叶一项,货之美恶,价之高下,无定不计外,出口各货自十九年以来,统计逐渐腾涨,竟有三四成之多,如芝麻涨至十成,木耳九成三,木油八成,牛皮六成半,棒子四成半,颇有蒸蒸日上之势。况本口租界渐辟,铁路将成,生意日广,此又眼见兴起之机,后必更胜于今也。

一、本关税课共征关平银二百十九万四千四百余两,较去年赢有关平银十六万九千三百余两,此乃出口货多所致,非有别故耳。

一、外洋贸易,进口洋货惟有日本煤为大宗,出口土货,茶叶一项,谨照宝顺洋行所传茶报择录于下。

按：查今年茶叶情形，汉口茶迟至闰三月二十二日，始行到镇，样茶十九日先来；祁门茶亦于是日开盘，货物甚美，头字价值每担自六十至六十三两不等；宁州茶于二十一日初次成交，货较祁门次之，至佳者售价自五十至五十五两，得茶一担；汉茶于二十二日到镇之初，即成交易，购者获利尚厚，因汇水较去年便宜一成之故也，头茶畅售，价值全无涨跌。惟生意于近数年来几全归俄商独办，该国来单定货，较往年尤多，而英商所需之货，该俄行亦乘机趸积。幸本年所产之茶，较去年约多一万一千余箱（此等小箱，市面呼为半箱），宁州一隅，天时晴和，来茶较去年尤佳，至淫雨损伤，虽年年必见，而今岁较少，开盘时头字售价每担有五十至五十五两之多。至四月望，价值甚为相宜，止有十九两至三十五两之谱。祁门茶上市，商人争先售买，盖为今年所出茶中之极品，其货令人爱而不释，开盘价卖每担六十至六十三两。惟俄商售买较多于昔日，以致英商所得不能如前数矣，且价银较去年昂贵，而于三十两左右者为尤甚，竟有高至十两八两之多。粗茶一宗，有灰有末，却泡水尚佳者，较去年亦高数两。汉茶各种较去年均有起色，货却并不见佳美，今年之产较去年却佳，其中味微劣者亦甚少，俄商争买，极为踊跃。湖北之茶，颇为畅销，如上品羊楼洞，售价高至三十六两，此（案：此字疑北之误，北为北冈）、山（山为通山也）二字茶价十七两者，货较高而价反较低。极品长寿街之茶，较胜于昔，始而售价二十六两至三十八两，其次者继乃跌至十五至二十两。高桥茶较前两年出产虽觉稍佳，但不洁净者居多，价售二十五两，粗种低至十二两及十五两。安化茶虽不甚佳，却胜于去年之产，其价自开盘至收市，始终亦较高多多，售价按货之好歹，分别自四十余两至十三两为止，头茶不见粗，货亦甚奇异。上品湘潭茶并味美者售至二十二两。宜昌茶头两字卖价每担六十五两，次等四十余两，再次者二三十两之谱。机器制茶一层，在中国恐难进境，缘去年华商有拟购机器试办之意，因欲为之集股推行，以尽其利，而华商复以不如仍从旧法之善为词，是以难于勉强就绪也。俄庄生意，此地较去年大有起色，彼处亦称获有利益，俄国故都莫斯科地方，开盘之时，市面甚旺，但两月以后，顿形清淡云云，此该行所论茶务之大略也。

一、沿海贸易，原出口之货。按：查本册所载，洋庄各货内有数项，历来从未见过者，如出口蛋白一千十二担，蛋黄八千二百五十一担，此项生意之类，颇堪畅发议论，奈限于篇幅，欲详具不果。至本埠蛋厂，已有四家，外尚有起造未成者，所用鸭蛋居多，每千枚可分白八磅，分黄五十九磅，价值每枚六七文，其法先将蛋壳打破，黄白分开，其白倒于一浅锡盘内，置诸炉，或房内用相宜之火炕成饼干，其黄则置诸一桶内，俟搅匀后加制药料，免致臭败，然后装桶，以备出口而已。按：蛋白用常法烘焙，须两三日方能成功，据说有某行，购有机器制之，仅两三点钟即可告成，所需之蛋，几于罄市之所有，不足供其制作，以致各厂常因缺蛋停工。新项货物于今年出口者，尚有鹭鷀毛及野鸡皮毛，共七百五十四斤，估值关平银十一万四千二百余两。查此项毛，系因各国女帽时样装饰所需，非可恃长久生涯，此毛于该禽报雏之时方出，取之须毙其命，始可得毛。前南北两美国，亦有鹭鷀，亦如是取其毛，后来不久，其种遂绝矣。又有野鸡皮一项，英七八月间，头街猎户肩负竟有盈千累百之夥，令人惨目，闻系法京某行号客以重资雇用本地乡民猎取此禽，以运其国，作为妇女头上装饰之用也。桐油大增，此货有二种，一曰白油，一曰秀油，白油色清质细，出于四川，销于欧罗巴甚多，用以掺和洋漆，本地用以油伞及退光木器也。秀油色黑质粗，掺和石灰并油船只之用，而运往外洋，似无此种。姜黄一货，向来止销中国口岸，现在有运往英国，于染料、香料之中，时亦掺用。芝麻，欧罗巴销场甚大，其往法国及意大利国两处居多，榨出其油以掺生菜油，并制上品肥皂，华人但如粮食吃之，此两湖及他省皆有土产。运往下水之煤,仅有五万八千三百四十三吨,本可多运,缘值天旱,内河水涸,阻其来源,即土销价值,两月之内,涨至九成之多,皆因水涸之故也,或俟铁路告成,与湖南等省大富各煤矿相通,煤价当可免骤涨骤跌之虞。锑,计一万二千五百余担出口,此项货物定可获利,尚有几色货样,拟拣出些子,送往欧罗巴,以便逐件考察,何物合销,何物有利,如此办法,实为推广出口生意之要着也。查历年比较册内,各货之蒸蒸日上者,除前已论过数项,不再赘述外,如豆、纸、米、乱丝、蚕茧、茶叶、烟叶等,此皆出口之大宗,其江河日下者,则惟牛皮、药材、麝香、黄丝、钢、牛油及黑砖茶为最少。复出口之货,洋货往宜昌等口者不及往年之起色,土货复出口亦不见旺。

复进口之货,除斜纹粗布及棉纱不计外,其余棉绒、布匹全行减色,详核进口洋货价值,较去年竟绌关平银一百五十余万两也。他如自来火,去年一百六十万六千二百余各罗斯,今年减至二十四万四千三百八十各罗斯,皆因本埠自来火厂各料接踵运来之故。各项进口煤油亦减,统计止有一千六百五万五千加仑,美货减少一百万四千五百四十加仑,俄货减少三百八十万一千四百加仑,惟苏门答腊之油去年止有一百十八万六千三百加仑,今年增至四百九十七万三千之多。本册所载东洋车、洋石灰、棉花及锰等,乃今年之新货也。

一、内地税则,洋火入内地,查本年所发内地税单,较绌一万七千九百余张,内地税银较绌关平银二万六千五百两,其绌之故,因进口之货甚少也。土货出内地无。

一、船只,查今年载重,较赢五万吨,因增有大阪公司来往沪汉轮船两小艘。按:查内地来往行轮,虽有小轮六艘,照章来关挂号,但迄今尚未见有货物报运耳,惟其中有一德轮,于五六月间初次装载搭客,驶赴长沙,另有华轮一艘,载客往来岳州、长沙等处,按期驶行,颇沾利益。

一、旅客,查本年附轮进口华客五万九千四百七十四人,西客一千五百七人,出口华客五万三千七百四人,西客一千二百七十五人。

一、金银,计本年出口金条值关平银七万八千五百三十七两,出口银圆以及元宝共值关平银四百三十四万四千六百八十四两,内有关平银二百五十六万六千六十一两,系湖北省造各种银圆。至本年本省银圆局所铸元数,无从查考,进口银条、元宝以及银圆等项,统计共值关平银七百七十七万三千六百六十七两。

一、土药、洋药,每见有江河日下之势。

一、杂论,本口自来火厂,日见起色,每日制造,约计三十六万匣,洋货因之受敌匪浅,武昌缫丝厂货,每月约止二十三担之数,夏布厂现尚在兴造,不日可成。日本租界于英七月议妥,在德界之北分划,目下沿江一带租界,毗连共有六里之遥。至英界推广一层,英十一月亦已允行,自老界推至城脚为止。俄法马头,现已开工兴筑,而法界工程最为迅速,各路道马头界划清楚,将次竣工,德马头虽尚未兴工,然承办此项工程师,业已到埠矣。近来人多屋少,颇有不敷赁居之虑。倘各租界一律告成,此患可免矣。卢汉铁路石堤刻已工竣,想不致有大水冲刷之虞也。冬月初四日,有湘粤铁路工程师美人一队,由汉起行赴粤,沿途勘路。八月十七日之火,为本镇历年罕见之奇灾,自陈岳庙起,直烧至襄河岸为止,计宽一里,长四里,而焚毙者有一千数百人之多,此后时有火警,多为匪徒所纵也。

再,查本口除去复出口,进口洋货按市价值关平银一千六百一万九千七百二十一两,土货市价六百七十九万八千七十三两,共二千二百八十一万七千七百九十四两,除去在汉完纳税厘八万一千三百七十五两,实为二千二百七十三万六千四百十九两,再除经手七厘用金等费一百五十九万一千五百四十九两,则进口货于起岸时,实净值关平银二千一百十四万四千八百七十两。加上在汉所完税银一百八十三万九千二百九十四两,实为三千二百七十九万二千九百四十五(二千二百九十八万四千一百六十四)两,再加经手八厘用金等费二百四十七万六千二百九十二两,则出口货于下船时,实值关平银三千五百二十六万九千二百三十七(二千五百四十六万零四百五十六)两,合并声明。

案:本件中,尚有运水牛出口一条,已见十三册。“中外商情:论湖北纺纱局情形”一条,有误传处,已见十三册西报已加辨正,均不再录。

(《湖北商务报》第 16 期)

10 月

1.湖广督宪张湖北抚宪于会行商务局

(1899 年 10 月)

钦奉寄谕一道　为钦奉事　光绪二十五年八月初十日,准兵部火票递到军机大臣字寄各直省将军督抚,光绪二十五年七月二十七日奉上谕,前因农工商各项事务亟应认真讲求,叠经谕令各直省设局兴办,不惮至再至三。嗣据陆续复奏,不过就各该省向设各局所内附入农工商局名目,总未得有切实办法,各省官绅亦无首先倡办之人,似此意存敷衍,无怪乎风气不开,各项利源日形窒塞也。该将军督抚身任地方,于此等分内应办之事,何得相率观望,着即懔遵叠次谕旨,物色人才,无论官绅,如能详订章程,确中事理,或筹集巨资购买一切应用器具者,即行奏明,在该省设局试办,以为各省之倡,毋得徒托空谈,致负朝廷率作兴事,谆谆训诫之至意,将此谕令知之。钦此。遵旨寄信前来。等因,到本部堂、院呈准此。合就恭录札行,札到该局,即便钦遵查照办理,此札。

附商务局致总分各董照会

为照会事　光绪二十五年八月十五日奉督部堂抚部院会札。等因。查汉口乃水陆交冲之地,商贾荟萃之区,于此筹集巨资购置器具等事,不难首先倡办,以开风气而浚利源,自宜互相联络,设法整顿,如各帮绅董有能详定章程,务望协助,会商详办,以期仰副朝廷振兴商务之至意,相应恭录照会,一体钦遵,查照办理,须至照会者。

(《湖北商务报》第 17 期)

2.湖广督宪张行知商务局河南抚院咨购《商务报》札

(1899 年 10 月)

为饬知事　准河南抚部院裕咨,案准贵部堂咨开,以湖北汉口地方遵旨设立商务局,传布商报,以开风气之先,将现出第一、二、三期商务报各一册咨送查照,通饬各属知照购阅。等因,到本部院准此。除札饬官书局筹款订购外,咨请查照转饬商务局,一俟该书局前往购报时,即便按册照发。等因,到本部堂准此。合就札行,札到该局,即便遵照,俟豫省书局购报到时,即行按册照发,此札。

附河南官书局致商务局购报函

敬启者,前闻贵局整顿商务,设立报馆,综论商情利弊,正景仰间,适奉贵省督部堂咨送一期至六期商报到豫。查报册所载,于中西物产、华洋市情,考求极为详备,批阅之下,曷胜钦佩。豫省地土出产并人工制造各货本不为少,惟于商务,素未详究,是以销路不能畅旺。今贵局既为联络川陕河南等省工商起见,自应代为劝导河南绅商按期购阅,加意讲求,庶能逐渐推广,日起有功。兹有敝局委员愿为身任其事,特由蔚盛长商号先汇库平银一百两,即祈查照验收,随后总算,并望迅将第一、二、三期商报先发二百五十分,寄至河南省城东棚板街官书局内交收,其四、五、六期报册,亦即陆续寄下,以便试办。报册到日,分派后,定规实需若干分,随后另行布达,即可常年照寄。所有报资寄费,亦当源源汇呈,不致有误。肃布,鹄候回玉,不一。

(《湖北商务报》第 17 期)

3.湖广督宪张行知商务局山西抚院咨晋省经理派报事宜札

(1899 年 10 月)

为札行事　光绪二十五年八月二十四日,准山西抚部院胡咨开,为据山西商务局呈前蒙宪台札知,准湖广督部堂咨开,湖北汉口地方遵旨设立商务局,传布商务,采录中外商情,按旬出报,为开通风气之先,应将现出第一、二、三期商务报各一册咨送查照,通饬各属,如有阅报者,即照报尾所载各省经理送报处,前往购阅,并抄发商务报阅派报例一纸。等因,到局。蒙此。伏查商报一宗,为当时富强之先务,凡中外商情之通塞、物产之盈绌、出货之销滞,制造之良窳,均可考验利弊,有所观摩,其裨益商务,实非浅鲜。相应恳请转咨湖广督部堂,饬知该报馆,按旬多寄一份,饬发卑局,借资参考而扩见闻。再,查经理派报之处,各省皆有,唯晋省缺如,可否即由卑局经理,仰候训示祗遵。等情,据此,相应咨请查照。等因,到本部堂准此,合就札行,札到该局即便遵照。嗣后每期所出商报,按旬多寄山西省一份,由馆汇赍核咨。至晋省无经理派报之处,应否即由山西商务局经理,并由该馆酌办,勿违,此札。

(《湖北商务报》第 19 期)

4.局发文牍(四则)

(1899 年 10 月)

光绪二十五年六月十四日布帮绅首叶志仁禀控余望山等挈骗银两一案

商务局批:据禀,该职在汉口开贸协和信布行,与宋埠乾大杂货行之余望山银钱来往立有印折,由其所荐在行内管账之胞侄余静山经手,共付银四百余两,率向静追讨,不特支展,且潜回籍,迹近勾骗,迨指禀余望山时,又凭同帮调处,亲书期条,仍复不偿,更诿归同心永拨兑,似此一味狡延,如果属实,情殊可恶,仰候札饬麻城县传讯明确,分别勒追给领,该职即遣抱赴案备质可也。

商务局札麻城县　为札饬事　除批挂发外,合亟札饬,札到该县即便遵照,迅速差传余望山等到案,质讯明确,分别勒追给领,具报毋违,此札。

光绪二十五年六月十九日浙宁海味铺源大禀控郭燮臣等串骗一案

商务局批:据禀及粘抄均悉,歧亭天吉成店东郭燮臣、倩伊戚、耿焱亭来汉坐号,并荐其带办天顺宏等五家货物,均与该铺来往,由耿焱亭经手,凭郭燮臣担保,迨去冬,结欠银五百八十余两,屡讨不偿,经手人忽暗地潜逃,意存塌骗,迭经该铺遣伙往讨,郭燮臣复设计欺蒙,如果属实,与商情市面均有关碍,候抄粘札饬麻城县迅速传讯明确,分别勒追给领具报,该铺即赴案备质可也。

商务局札麻城县　为札饬事　除批挂发外,合行札饬,为此札仰该县即便遵照,迅速饬差勒传人证,质讯明确,分别押追给领,具报毋违,此札。

光绪二十五年七月十一日客民龚同兴等禀控广同兴号捎骗一案

商务局批:据客民等将川贩猪毛凭中售与汉口广同兴号,既看货定价,彼此交有凭单,自无异说,何取银时该号复指货色不佳,故意捎让,已属不合,尚不照单交价,又将尾银七百余两延勒不付,并有混名之张五霸王,意外生枝,期令再行减价,如果属实,该客民等贩货远来,未免受累,殊与市面有碍,仰候钞单札汉阳县,传集人证,秉公断结,具报,禀单存。

商务局札汉阳县　为札饬事　除批挂发外,合行钞单札饬,为此札仰该县即便遵照,迅速饬差传集人证,秉公质讯,赶紧断结完案,具报,勿任差役延累,切切,此札。

商务局七月二十三日结案批:既经萧绅延琦等劝解和息,银货两清,准即如禀销案。

光绪二十五年七月十三日职员董兼善等禀控郑绪廷等串倒一案

商务局批:据该总董等禀称,向在汉口开设银号有年,被沙市义生福土号及汉口四川叙州两处分号东伙郑绪廷、罗友澜等串倒银三万余两,为数甚巨,不特资本攸关,受害非浅,奸徒设计图骗,尤为情理不容,倘相率效尤,实碍商务全局,此案自应彻究,以苏商困。既经庄伙弋获郑新三、罗王氏、曾锡三,由县取保,仰候咨请荆宜施道,转饬荆州府提案集讯押追,并勒交郑绪廷等归案,分别追办,钞单存。

商务局咨荆宜施道　为咨请事　除批挂发外,查现在汉口地方遵旨设立商务局,恭读历次上谕,皆以振兴商务、保护商民为要义,而于倒骗亏空之事,尤应实力严追。等因,钦遵在案。兹当整顿伊始,该商等血本攸关,岂容任其图骗,据禀前情,自应严行彻究,以挽颓风而维商务,相应抄黏咨会。为此合咨贵道,请烦查照来文事理,希即转饬荆州府,速提此起全案,秉公集讯押追,并勒交郑绪廷等分别追办,务令赶紧清偿,毋任狡延,望切施行,须至咨者。

(《湖北商务报》第 19 期)

11 月

1.局收文牍(一则)

(1899 年 11 月)

湖北麻城县请销浙宁海味铺源大控欠银一案

敬禀者,窃卑职于本年七月十六日奉宪台札开,据浙宁海味铺源大具禀,卑县歧亭镇天吉成店东郭燮臣、倩伊戚、耿焱亭在汉坐号，荐其带办天顺宏等五家货物，均由耿焱亭经手，共结欠银五百八十两有零，屡讨不给等情，饬即押追给领。等因，奉此。卑职当即差传经手之耿焱亭到案，提讯交管，并将大概情形禀明宪台在案。兹据源大号店伙舒之亿来县投到，提同耿焱亭查讯，缘耿焱亭在汉坐号，代为县属歧亭各店买办货物，与源大来往多年，嗣因外账亏塌，耿焱亭经手账项共欠源大银五百四十余两，又有参燕桂账单二十余两，无力归还，以致源大控。经讯悉前情，卑职伏查耿焱亭经手源大账项既有亏短，自应照数着追，惟耿焱亭实因外账亏塌，无力全还，并非有心拖骗，卑职衡情酌断，按所欠五百六十余两之数，六月间在汉会议以二折八归还，源大未允，兹饬加增一成作为三折八，随交现银，归结清楚，计应交银二百二十两，而耿焱亭再三诉苦，源大店伙舒之亿亦念多年交情，允再让银二十两，以实银二百两清账，当堂饬耿焱亭措银二百两交给舒之亿，领讫回汉，并将欠账涂销，以断葛藤。除将耿焱亭省释外，所有浙宁海味铺源大赴控耿焱亭欠银不给一案，讯断缘由，理合禀请查核销案，实为公便。

（《湖北商务报》第 20 期）

2.局发文牍（三则）

（1899 年 11 月）

据浙宁海味铺丰裕顺禀贻谋顺欠银请备案一案

批：据丰裕顺指禀，津市帮贻谋顺结欠该铺货银二百四十三两零，屡讨不还。去冬赴津理讨，反将庄客李荣斋隐匿，托词推诿。迨五月间由福聚行拨交银一百四十六两，又被过交人扯用。如此刁狡，实于市面大有关碍，所恳备案，以杜效尤之处，应即照准，并抄禀札发汉阳县一体查知。（六月二十九日）

据职员李瑞臣禀运货行至簰洲被盐船撞沉一案

批：据禀及粘抄均悉。该职员贩运洋货布匹，雇船载往沙市，行至簰洲，突被盐船撞沉，以致船破货失。该盐船既肇祸于先，不行赶紧救援，已属非是，复胆敢将该船内货物，肆行攫取藏匿。迨经该船户禀知就近炮哨前往取查，仍敢恃众阻拦。似此乘危抢窃，殊属目无法纪。若果属实，亟应从严惩办，以安商旅。候咨请簰洲营，并札饬嘉鱼县，迅速派差，确切查明，起获原货给领，并严行彻究具报，粘抄附。（七月初六日）

又批：已据前禀，咨行失事之地方文武衙门，确切查明具复。所请行文湖南岳州之处，应俟声复到日，再行核办。（十五日）

又批：据禀及节略均悉。此案已咨饬该地方营、县查办，尚未具复。查周作霖货船为何家开盐船撞沉，众盐船乘危攫取，形同抢劫，已将何家开及船只扣留，自应秉公彻究。现称湖南督销局专札提盐，地方官碍难查封等语。仰候再行札饬嘉鱼县，将讯实情形，录禀湖南盐法长宝道、督销局，一体严办。一面从速具复，以凭核夺。节略并粘抄三件，存。（八月初三日）

又批：查此案续据该职李瑞臣禀请查封何家开盐船等语，又经札饬该县，将查勘情形径禀南盐法道、南督销局一体核办，一面速复，以凭察夺。正转行间，接准簰洲营参府周咨复前来，已据详请督先分饬南省从严查办，勒令各官盐号将伙抢船户交出，追赃给领各在案。候督宪批行到局，转饬遵办，此缴。（十七日）

据职员张骏德禀控宁均恃强硬欠一案

批：据禀，猪猔帮商捐董事汉镇团防管带宁均结欠该商货钱，屡讨不偿，反倚势辱詈各情，是否属实，姑先由本局商董查明理处后，再行核夺。（八月十四日）

又批：据职员宁均诉称，张兴记尚欠伊钱七串有零，邹万利票据非伊中保，与职员张骏德原禀控情互异，已由总董理处，不服。经本局传讯，仍复各执一词，仰候札发汉阳县传集两造，秉公质讯明确，究追给领，具复，黏抄存。（十八日）

（《湖北商务报》第 20 期）

3.汉口租界情形

（1899 年 11 月）

汉口法租界填筑街道，加高五尺，各街标以新名，显而易见，非若英人之蹈常习故，黯然无色也。商家大行、居家住宅，共有二十余座，高大巩固，所费不赀。此外，添造者，工程亦极迅速，此皆各国人之产，华人亦与有分，盖法人宗旨，谓如欲得法国之庇者，皆一体相待，无歧视也。德租界中，今虽仅有大栈房数处及船商、油商、皮商等业，然将来必盛。所有低下之地，已从事填高，不难与英法租界一律也。俄租界中，则未有所举动，仅怡和洋行有兴工之事，曾以围篱之举，与俄人龃龉，今已释然。日本租界之中，亦无动静，其中有华人所设自来火大厂与华人旅居之小屋无数。若日本新设之邮政局，则在英租界，领事署则在法租界，法人亦设有邮政局，可见汉口邮政局之多。

（《湖北商务报》第 20 期）

4.局收文牍：汉茶去弊说略（一则）

（1899 年 11 月）

中国商务，丝、茶其两大端，近几丝则有病蚕之害种，茶则有伪质之乱真，商民因循苟且，不事讲究，于是法日选蚕，印锡制茶，精益求精，咸将扼我之吭，夺我之利矣。将奈何？鄙人游鄂，请以鄂言。鄂之汉口，固贸易汇集之巨区也，汉口之茶，又商务赢缩之大象也。今年产茶非不佳，而市廛货布周流，七八月间，辄亏五六十万之数，诘其竭蹶之由，皆曰茶商耗折所致。夫茶既佳矣，何以仍不得利？盖其中有一大弊存焉。华洋交易，语言不通，居其间有所谓吗监者。吗监多粤产，操西语，两商授受，恃为谐价之介绍，事成，华商售千金之货，筹以十金，万金则百之，准此递增，其始也一通事耳，而积习所趋，势成倒向。茶市每岁衰旺情形，洋人初不及知，今岁茶而旺也，吗监辄隐告之曰，可贬价勿纳，毋虑其不得也。华商岂遽日贱售哉？袖手待沽，前货未销，后货薪积，吗监出而勒抑之，怂恿之。在殷实之商，旷日持久，且觉坐耗巨资，其由乞贷来者，尤岌岌不可终日，于是屏息卷舌，拱手而授之洋人，茶非不佳也，利不可得矣。或曰吗监华人，何忠于彼族耶？曰是有故。咸同年间，内地口岸初开，一埠头业吗监者，仅数人，洋商来自异域，有目如盲，有耳如充，必厚赂吗监而倚畀之，吗监得居奇而致富焉。一人获富，众人趋之，近则一埠头闻有百人之多。夫一腐之肉，一勺之羹，独食有余，分啖不足，于是为吗监者，争先恐后，不恤竭忠献媚于洋人，安敢与洋人辨价哉？且辗转而为洋人谋主，以反困华商，初非有却于华商也，利迫之也，然则弊深矣。可奈何？曰，太史公有言，善者因之，其次利道之，其次教诲之、整齐之，本此四者，以祛茶商之弊，亦何不可去？今因之不敢言，请言整齐、教诲、利道之法。

一、设定额以限制之。居今日而尽屏吗监，华商喉舌无所寄，其势不能，莫如诸茶商会议，各选择吗监之办事有年、老成足恃者，上其名于商务局，共计汉口茶栈若干家，每栈止用一吗监供奔走，给以凭照。如有不法，准由栈主商请斥退，另行招补，其什一之酬如故。或议合众吗监，不拘各自销货若干，集其所酬之金而公分之，如此则栈主有驾驭吗监之权，吗监得利较厚，身份较重，不致为洋人谋主，以反困华商，如有无凭照者，影射游说，驱而逐之，则吗监之弊去，而华商庶有居奇之可望，此或整齐之之道欤？

一、教子弟以自任之。吗监之弊，至今日而商家岂有不知？苦于言语不通也。夫洋人入中国后，或经商，或传教，孜孜不已，练习华语，至今日而英商宗旨尤以多习华言为急务矣。诚以语言不通，则情意不洽，一切细微奥窔，不能委婉曲达焉。今诸茶商宜各令子弟学习西国语言及各国商律，推及制茶良法，学成之后，自充吗监，与洋人觌面交易，成败利钝，即一己身家所系，较诸假手秦越之人，其得失相去何如哉？濒海商人，先得斯道，恐汉口内地，犹未明此，教诲之施，讵宜缓欤？

一、入伙股以维系之。晋商广设汇票号，规矩谨严，未闻有亏折倾复者，其法各埠管事之人，皆附有股份，即新入之伙，俸薪甚薄，数年之后，提其积聚之款，融洽入股，谓之吃股者，年终结利，例有分红，是阖号之人与本号皆性命相倚，痛痒相关，众志成城，焉有膜视其事者乎？今茶栈亦宜仿行，栈主必招股力稍厚者，总司栈事，而所用各伙，亦必集其积俸之余附作小股，庶几人人竭忠尽智，而作商战之气，未始非利道之一法也。

（《湖北商务报》第 21 期）

5.汉市琐闻

（1899 年 11 月）

汉口自茶市上场以后，牛皮一物，西人停办者，三阅月矣，故各乡来货，亦不见多。现值西人购买之期，各乡牛皮源源而来，时价每斤钱二十九吊余，货则随到随卖，并不停滞。

三圈牌洋针涨价一节，已志前报，乃日前街市每箱又陡涨银六两，价约七十六两有奇，察考其钢质锐利，尚不及礼和字号双人牌等针，可以经久不敝。

汉镇各行所售苎麻一物，来自河口者居多，现闻各行零售每两约值青蚨二十六文，较前已涨两文云。

（《湖北商务报》第 21 期）

6.英领事所报汉口商务情形

（1899 年 11 月）

去年汉口商务出口货实多于进口货，进口英货如棉呢、五金类等，计少英金三十四万镑。所有长江一带，英国商务本属甚大，乃皆不如前。以德国、日本皆有行江轮船往来贸易，日本商务尤盛，皆足以夺英商之利故也。

本地棉花为武昌布纱局用者甚多，故其出口棉纱大增，计是年有六万四千二百零六担，若前年不过八千六百六十八担，因是出口之棉花大减，仅有前年之半。

出口之半箱（箱名）茶，共有六十八万四千七百零一箱，视前两年为多，盖前年仅有五十八万二千三百五十八箱，再前一年亦不过六十四万零三百零七箱，其中自九江来者，二十二万四千五百十五箱，前年仅有二十二万三千一百六十五箱。出口至伦敦者，有三百六十九万九千三百十五磅，由印度洋运至俄国者二千二百八十七万四千七百四十七磅，经上海运至天津及北方各口者，二千六百五十五万三千九百零五磅，又经上海运至美国者，四五十六万七千零五十二磅。

以内地转运之艰，出口之皮已少。若各种植物油与烟叶，则贸易甚盛，烟叶更增不少。所有制蛋白与靛青情形，录如下。

前年始有人于蛋中取白，今尚如是，第其利则较轻矣，销场既少，而蛋价已增，加以争利之人接踵而起，今为此业者，有六家，皆非英商。以汇价之跌，贬运出口货者，固可因而获利，若于进口货，则不免有所失矣，盖有一利即有一不利者与之反对也。

湖北之西，多产靛青，播种之时，至西六月底为止，至西九月中旬，则可收矣。制靛之法，由来已久，当收靛之时，或摘其叶，或并取其根，扎成小束，置于木桶，桶高三尺六寸，周径十一尺九寸，距底十四寸高，桶边有孔，塞之以木，桶中贮以过半之清水，每桶可置靛四五十束，浸于水内，阅时二十四点钟之久，见靛叶有白点，乃敢出滤之，再贮于桶，加以已化之石灰，以木耙耙之，俟其结如水沫而止，至阅时有六点钟至十点钟之久，然后去桶之木塞，放出其水，取出靛青，滤出余水于篮，每英亩肥田可出靛四百磅，收成足时每百磅值英银六先零，若歉收则其价涨至八先零，即十先零亦有之。按：靛青并不出口，仅为本地染布及复染之用。

（《湖北商务报》第 22 期）

7.汉口茶市情形

（1899 年 11 月）

九江为出绿茶之处，距汉口水程一百八十七英里，茶至开盘，时有华商竞往购茶，以售于俄、英各商。有一俄商，专制细茶，西人谓之□茶，取极细绿茶压成薄饼，印以凹纹，以销于俄国。俄人在汉口茶商之盛，近数年来已突过英商，是盖华茶在英已无利市，印度茶畅销于英，故英购华茶顿少也。俄人之旅居汉口者，日见其多，其势甚盛，扬子江上已扼其要，所谓除英之外，中国不得以沿江之地让于他国者，其地即在其中。俄人却有租界于汉口，然不愿安居于彼，反喜英租界之章程整肃，群趋而往，至其购茶之多，经商之勇，皆出英商之右。英于三年来，仅有一茶船自汉口载茶而归，茶商亦寥寥无几，是可见扬子江上英势之衰。惟购茶虽俄商为多，而茶师验茶，以定等之高下，价之贵贱，非英人莫为。为茶师亦难，当夫茶市既开，为茶师者，固声价自高，然验茶时，非精神全注不为功，验查既久，亦于其精神有碍，尝有十余年后，患胃不消化、脑筋有损等疾，亦有曾为茶师而歇业者，一触以茶芬芳之茶气，即觉不安，此在华人与日本人谓之茶病。茶师于炒茶之时，尤为刻不容忽，其时节欲缩食，茶师所饮者，止有荷兰水等，若见其饮杯中之物，则知验茶将毕矣。其验茶也，先以茶样少许入杯中，以滚水泡之，验其叶之舒展如何，色之深浅如何，更嗅其香气如何，再啜茗以试之，取叶以尝之，以验茶质之优劣，然旋即唾之,从未下咽也,于是茶价乃定。以茶烘于炭之慢火,使极干,然后装箱上船,最高之茶大约重九十磅一箱者,值鹰洋四千元。俄国宫中所用之茶,亦取自汉口,年运半箱茶二十五箱,若绿茶与乌龙茶,则皆中国南省所出,非汉口所有也。俄商所购之茶,有上、中、下三等,中等之茶销于其本国,砖茶,又名瓦茶,则销于蒙古与西比里阿。

(《湖北商务报》第 22 期)

12 月

1.汉口洋货市情

(1899 年 12 月)

汉镇洋货会集,惟此业利息日微,盘费日重,入难敷出。惟有洋纱、洋油、洋火三项,连年失利者,今忽大有转机,销广价昂,囤货之家,莫不利市三倍。

(《湖北商务报》第 23 期)

2.上海西商总会章程

(1899 年 12 月)

一、此总会即名为上海总会。

总会产业

二、总会所置产业应为总会各友之公产,无论会友是否住居上海,但视其时会友簿中有无其名为准,所有余款及进款所余,应遵照大会之时,各会友四分之三分所定用法办理。

入会章程

三、会友并不限额,惟分为三类,一类曰会友,一类曰醵资入会之友,一类曰公请入会之友。

四、凡简驻中国之各国使臣及代理使务之员及领俸之各总领事按察司有在于上海办公者,一经本会公请,毋庸公举,即可入会为会友。除此之外,以上各项官员,应仿平常会友之例入会。又,凡于有名之人,路过上海,总会各值董事可以有权公请入会,是为公请入会之友,既不必付进门费,亦不必出醵资。惟遇总会会议各事,公请入会之会友概不得与闻。

五、凡欧罗巴洲、美利坚合众国及英国属地,领俸之水路各兵官,一经总会值董公请,准其醵资入会,不出进门费,惟无议事公举之权,余则统按此章程一律遵行。

六、凡有君子路过上海者,如经一会友保举,再经一会友互保,可按照客友例入会,不得逾十日,不必醵资,但注名于客簿之内。再,客友除经值董事许可外,在于十二个月以内,应援照此例,共不得逾三次。

七、凡客友乘保举人之便入会已逾十日之期,以至三月之久,应遵例醵资。如逾三月,除按遵第十条及十二条已经公举收入为会友者,概不得再入享总会之利益。

八、凡君子已经公举入会,未经会董允许,或在一年期内,业经按照客友例入会,入享总会利益，或按客友之例，或按醵资之例，或按公请入会之例。已经会值董收回此项权利者，除经会值董许可者外，概不得再按遵客友之例、醵资之例、保举之例入会享用总会利益。所有会值董已准客友之例、醵资之例、公请入会之例等项权利，如果会值董之中，有八人意见相同，即可将此权利随时收回。

九、凡愿入会之人必须经会友一人保举，又经会友一人互保（按照下开函式办理），按遵第十条及第十二条公举，方能分别去留。

按遵第九条保举入会之友函式：

致上海总会各值董事：

启者，今拟保举　　君，乃自　　处尔来，为上海总会之会友，此君并无不合本会各例之处。

会友　　谨启押

会友　　互保押

公举

十、凡愿入会者之姓氏、住址及经某会友保举、某会友互保，均须开列明白，于公举之日三个月以前悬于总会之内，并登本会保举入会簿内。然于此三月期内，愿入会之人，业经逾十日期内，所有多余之日，已遵客友之例、醵资之例、公请入会等例，享用总会利益应即扣除。三月之期既满，即举行公举之事，以十日为度，即行停止，当此之际，愿入会之人，如经总会各值董事许可，仍可按遵第六条、第七条所开享用利益。惟如愿入会之人，未经公举入会之先，既未享用会中利益，即毋庸醵资。

十一、公举值事，即以各值董事及另招会友，共十八名为止。凡入会之友均可自来充补公举之事，惟须在总会议事房内签名于单，约一礼拜之久，此单逢每年公会之前，四点钟收场。如果所列之名，除各值董事外，不过十八名，即以此十八名为公举值事，然须先经公会许可。又，如所列之名已逾十八名之多，则应公举，公举之法，开列于下。

所有花名应编作一单，各会友均得一份，凡会友愿公举者，即将花名单一份投于公举匣内，同时签名簿上、单上，所公举去留不得逾十八名，亦不得少于十二名。公举从公会日起，至次日为止，并限于办事时刻之内。公举之匣，由公会中公举验看之人启查，如验看之人，或未经公举，即由总会值董二名启查。如公举值事，于已经公举之后，有未能到者，此缺即由总会值董充补。每年公会之时，公举值事，如有尚未完结之事，应由次年公举值事经手完结。

十二、启查公举匣，应由总会值董二名，或由总会值董一名，公举值事二名启查，每五球之中，如有黑球一枚，即作为不可论，每次公举至少须十人，方能认为公举。

十三、凡会友不能亲到者，不得托友代为公举。

醵资

十四、会友进门之费，应定洋五十元为度。如果自从会友入会不及一年，此会友有离上海而愿出会者，会值董有退还进门费一半之数之权。如此会友将来回沪，愿再入会，仍应按照第十条及第十二条并出进门费五十元。

十五、会友醵资，每月洋五元，按季先付，即以一月一号、四月一号、七月一号、十月一号等日，为醵资之期。

十六、凡有会友离上海逾三个月者，当其未回之际，不必醵资，然除此数月之外，不得援例，且须先行作函声明，愿将已名登录已离上海会友之簿。已离上海会友，每年醵资洋五元，期满付资。已离上海会友，每年醵资洋五元，如有已逾二年未经付清，此会友即作为出会论。

十七、凡会友姓名业登离上海之簿，如遇路过，或勾留上海者，准其享用总会利益，每年两次，每次不得逾十天，除已照离上海之例照付外，不另索资。

十八、凡醵资之友，水师、陆军各官员，按遵第五条入会，每月先付醵资洋五元。然上项醵资之友，准享用总会利益十天，毋庸醵资。

十九、凡会友醵资，应自进会之月朔日扣算。

二十、凡会友短欠醵资者，不准保举，亦不准互保朋友入会，不论客友之例、醵资之例，公举之事及公举入会之事，概不得与闻。

二十一、凡已经公举入会者，应由本会司书具函关照，附送本总会会章一通，并开明进门费若干，醵资费若干，专候付清(不得在前)，即可准入总会，享用各项利益。

二十二、凡已经入会或重入会者，即应一律遵照本总会会章。

二十三、凡既经公举入会之友，倘自公举之日起算，一个月之内未将进门之费及应醵之资照数缴付，应由司书据报值董，即由值董饬于总会各簿内将其姓名抽出。如是会友，能将其所以未能按期照付原由声叙明白，值董有仍将其姓氏再登入各簿内之权。

二十四、凡会友愿出总会者，应将此意于是月之先关照司书，否则是月之醵资，仍应照付。

二十五、凡本总会所应理之事应先统归常川住上海之会友十二人经理。其公举之法，按遵第二十六条。此十二人，即为值董，应举首董一位，副首董一位，如遇缺出，值董有选补之权。如有应派专董专办何项事件，各值董亦应有全权。值董会议至少五人，专董会议至少三人。

二十六、值董每年公举一次，在于每年公会之时公举，其公举之法，开列于下，凡会友二名，即可公举会友为值董(应先行商明已愿充此职)，如果所举之数，不逾十二人，此十二人即可由本总会合举。然如所举之数已逾十二人，应将所有姓名开列成单，遍给各友，而在座各友，应将此单缴还，单上人名，斟酌去留，留者不得多于十二人，不得少于九人。

二十七、派充司书及任用仆从，并此项人薪俸，应由值董酌定，然司书应非会友。

二十八、司书应收进门费、醵资及他项钱钞，所有开销不得过于进项，应统于此项内支付。总会每日所收各项钱钞及司书所收各项钱钞，应付交值董，由值董交存在上海之一外国所开银行内，所有付钱字据，应统由司书及值董二名签押。

二十九、值董有立条规之权，以便总会，此项条规既经值董三人中之二人许可，即应悬晓于总会之内，又登入簿内，庶可周知，即应遵照办理，至下次公会之期，再由会友重议，以定去留。

会议

三十、值董应每月会议一次，是为平常会议。每逢平常会议，应将前次会议各事，再行宣读一通，以定去留。然如值董中有三人议定，临招特会，可以随时招齐值董议事。

三十一、总会每年会友公会应于二月间举行，或二月后最早之日，定期公会，以便将上年账目核对总结，公举值董及办理一切事件。公会之期前，应在各报章中登明告白，复在本总会中悬挂告白，俾众周知，至少须在十四天前。凡会友于是次公会有所声明，而所声明之事，于公会所应办之事，宗旨不同，应将此意先行告知司书，由司书于公会期七天前，悬晓于总会之内。所有每年公会及异常公会，所议各条应先由公复会公举可行，方得施行，公复会不得少于三十人，距首次公会相隔十四天。当此十四天期内，所议各条应悬于总会内，俾未至岁会之友愿入公复会者,预闻公举之事。

三十二、会董有临时招聚异常公会之权,或由各报章登明告白,或行知单,至少须在所定之期七天前,此项告白,应悬晓于总会之内,且须声明招聚异常公会之故,既经齐聚,所议之事,不得外于所已开明各条。如经常川住上海之会友二十人,函请临时招聚异常公会,值董亦有临时招聚异常公会之权。一切规矩,应遵前例,亦须先行悬晓总会之内。凡公会、异常公会、复会,至少须三十人议事。

三十三、所有总会会章规条,除每年公会,或异常公会,按遵三十二条办理外,平常不得议改。凡遇改章及添新例,概须于每年公会或异常公会会期之前至少八天,将此项添改条例,悬晓于总会公堂之中。

三十四、凡会友未能亲赴公会,概不得托人代为公举。

规例

三十五、凡犯本总会会章规例者,即应告知值董。凡会友举动,不论在会内、会外,如果值董以为荒谬,不可再为会友,则应招集公会,不得少于三十会友,以便讨论事情,若果不合,即行驱逐出会。公会须由公举议夺,倘在座之会友,三人中有二人以为犯规之会友,应行驱逐,则犯规之会友,应自是时起,作为已出会论,由司书具文关照。

三十六、凡会友及保举入会之友,如有在会中举动荒谬,或行为不按规矩,致使他会友嫌不方便,应由值董不准其入会享用利益,至多不逾六个月之期,惟期既满,值董有仍酌准其入会之权。

三十七、凡会友及公举入会之友及醵资之友,如因亏空,已由律法判其亏空,又或因犯法照例出会,所有总会产业,统行判罚。惟值董如奉是会友既已将声名洗刷清白之后,具请董入会之函,值董既经查明,不论曾未商诸各会友,仍可将其名重登会内各簿据,毋庸再付入门之费。

三十八、本总会每早六点钟开门款待会友,夜一点钟开门灭火,惟卧房除经值董特行关照外,应于夜两点钟灭火。

三十九、凡会友、公举会友、醵资会友及客友,均不得赏钱财与会中各仆从。

四十、凡会友、公举会友、醵资会友及客友,不得申饬会中仆从,如仆从有错,应具函致司书,由司书禀值董,设法改错,一面由司书将办理情形回报具函之友。

四十一、凡各友有不愿意之处,应具函致值董,或在司书房内登簿,应由值董查办。

四十二、凡会友之酒及生熟菜蔬等饮食,除经值董已准外,不得送出会外。

四十三、凡会内酒及生熟菜蔬等项饮食及他项应索价之件,应由值董随时酌定,将价单悬挂餐房内、酒台内。

四十四、每月底应将各账总结,于次月十五日之前,遣人往各处收账。如至次月二十五日,凡未经清楚各账,即应开明悬晓会内,庶各友或因出门,或因事烦,未得会账者得知。如果至月底,账目仍未付清者,则未付清各友之名,应开列作为滥账论,不得复享总会利益,以结清之日为止。如逾期三月,仍未结清,则应作出会论。值董有随时酌问某友,令其将账目结算之权,如其不从,即从此不得享用总会利益。

四十五、凡各友之账目,如经值董酌定,即可每礼拜一总结,倘各友之中有不从者,即应按遵四十四条办理。

四十六、如客有不能按章照付欠款,则原保及互保,应认赔偿。

四十七、凡各友私行请客,至少应前一日关照司书。

四十八、凡无论各例之友,均可偶然请会外之客入总会用膳,至多不得逾三人。自夜七点钟起,以后准带领其友,至总会中各处,惟下层打球房,不得擅入。凡各项会友,愿另房私行请客,应先请由司书商明方可。

四十九、凡各项会友,伤毁总会各项器皿产业,应照价加倍赔偿,惟如查明实因偶然失慎所致,则赔费之多寡,应由值董酌定。

五十、除按遵四十八条不计外,凡各项会友不得引进生人入总会,惟投刺之客及观总会制度之客,不在此例。

五十一、凡狗不得带入会内房屋。

五十二、凡会中所备各项书籍、新闻纸张之类,除经值董许可外,均不得带出总会。又,一切告白、书本、著作,除经值董许可外,不得悬晓于总会之内。

五十三、打球、纸牌、棋等项戏具,准在会内施用。

书库及打球房

五十四、书库及打球房,应由值董选举分董经手管理。凡此两项下所定章程,应由分董拟稿,再由值董酌定施行。

餐房

五十五、饮食价目,应由值董酌定,悬晓总会之内,惟值董有随时改订章程之权,以便会友。

卧房

五十六、总会备有卧房,以便会友,所有章程开列于下:

卧房六所,拟定费用每月不得少于洋银四十元,应由值董随时酌定,专备各友之用,或租一月,或久逾一月均可。除经值董许可外,不得接连逾六个月。又,除值董另行定价外,不得逾一年。另备卧房六所,专备非常川驻上海会友之用,如经向司书声明,即可租用一室,共不得逾十日之久,每日索费洋银二元。

五十七、凡请用卧室者,应在司书处具名,租资即自值董准可之日起扣算,不论卧室已否占用。

五十八、凡各友租用卧室,如非按日,则占住之期,不得逾十日,即行退还。惟如有他项会友,请用卧房,则先占者,照例应行退让。

五十九、凡请用卧房各位会友之名及请用之年月,均登明簿内,簿存司书处。

六十、凡会友因同会之友行为可议及争斗等事,已经声明,即由值董查究,判定是非。

罚款

六十一、凡罚款应如下所开:

凡餐房及牌房,未经值董允许而开用者,每会友应按下开数目照罚:自早两点钟至三点钟,洋银五元;自三点钟至四点钟,洋银十元;自四点钟至六点钟,洋银十五元。凡带犬入会者,每次罚款洋银一元。凡将书籍、新闻纸等项携出总会,每次罚洋银一元。凡各项会友,均须按遵以上罚款。

散会

六十二、如经常川驻扎上海会友,四人中有三人公会公议公举,将此总会结算账目,并将总会产业概行更变,即可散会。

一　此项会举,须先于六个月期前发明此议,悬晓各友,方可举行;

二　此议应载于北中国每日报中，或他项上海新闻报张中，录登告白六个月之久，至少每礼拜登一次。

六十三、以上总会会章应行刊发，各项会友即应遵守。

上海西商总会司书押

（《湖北商务报》第 23 期）

3.汉市好机

（1899 年 12 月）

今岁鄂省各属杂粮丰收，合全省计之，较往岁多出银五百余两。因之各乡镇店面来汉办货者，络绎不绝，而本镇如匹头、洋广杂货以及各行生意皆佳，诚汉上市面一大转机也。

（《湖北商务报》第 24 期）

4.汉镇市面

（1899 年 12 月）

汉镇钱价因办棉花、芝麻者开庄甚夥，尚未跌落，现闻银根势亦甚紧，取息竟上三钱之谱，凡铺户之外强中干者，均觉难以自立，尚幸龙圆、官票流行畅旺，转掉灵通，大小铺户，均有裨益。

（《湖北商务报》第 25 期）

5.汉宜输业

（1899 年 12 月）

汉口至宜昌轮船载货往来，不绝如织，昌和轮船日前自汉至宜，因货已满载，遗货于汉口者，尚有一千包。自宜昌至重庆，亦须有轮船以运货物上驶，俾宜昌货栈可留余地，以容下江来货。

（《湖北商务报》第 25 期）

1900 年

1 月

1.推广商务

(1900 年 1 月)

顷悉,法政府议定,将汉口、福州两处副领事之缺均改为正领事,以便推广法国商务。

(《湖北商务报》第 26 期)

2.整顿帮规

(1900 年 1 月)

本镇有开毡坊某姓等,因现下羊毛货稀价贵,难觅盈利,潜将黑、黄各色最下之毛及破烂棉絮等类夹造毡心,蒙混取巧,被该帮查出破绽,恐坏帮规,现已齐集公所,极力整顿矣。

(《湖北商务报》第 27 期)

3.汉上麻市

(1900 年 1 月)

麻产情形,兹悉,白麻劈划成丝后由各地行号收买,编列标脚号码,搭配成捆,由麻客向产麻地方之行号购运至汉镇,装向各埠销售。其货之高下,各视其土之刚柔,以定价之贵贱。每包各立牌号,以分等次,如最硬之地为太子庙,而太子庙地方之牌号以永春为最高,尚有津源口之全记号,大冶河之元春号、杨辛乙、余大成,黄龙潭之义发号,递降至大阪地方,货已稍次,价亦较廉。其次若通山之德隆号,龙江之晋泰、义茂二号以及兴国州之元盛号。最次则为武穴若武昌、嘉鱼、咸宁等处所产之麻,则称为毛把,每担价止银八两,与永春之货相去有四两之谱。其余牌号及出麻之处,虽亦不少,总不若以上数处出数之盛耳。

(《湖北商务报》第 28 期)

2 月

1.汉皋利市

（1900 年 2 月 12 日）

汉口为九省通衢，商务之盛，上海而外，首屈一指。今正各行盘结，红账无不有盈无绌，而以洋纱、洋油者获利更厚，其次即为钱店、油行，以故今年洋纱、钱店添开数家之多。夫国之盛衰，必视商务之盈绌。今既蒸蒸日上，市广百廛，时势其殆有转机欤？

（《新闻报》）

2.汉皋油市

（1900 年 2 月 24 日）

前报，纪汉镇茶油有看软之说一则。昨接驻汉访事友人函称：前日开盘六两四钱，较去年收盘尚属不相上下。乃不谓广、浙两帮无不下手畅办，以致价又提至六两七钱。豆油则去岁收盘六两六七钱，今正通街乏货，十九日开盘，增至七两四钱。桐油则仍未作价云。

（《新闻报》）

3.汉皋杂录

（1900 年 2 月 25 日）

汉口访事友来函云：汉口燮昌火柴公司自开办以来，颇获巨利。刻闻上海宋、马二姓，闻风兴起，拟就桥口另设一厂，与之旗鼓相当，利之所在，人必争趋，亦自然之势也。

汉镇药材行，向只十三家，贸易以川、广两帮为大宗，客岁各行均获利益，故今岁又增二家，是可见彼业之日臻隆盛也。

（《申报》）

3 月

1.汉口商人所用各尺与日本尺比较

（1900 年 3 月）

广尺一尺	日本一尺一寸七分余
汉尺一尺	日本一尺零九分

裁尺一尺	日本一尺一寸六分
木工尺一尺	日本一尺一寸五分五
绸缎尺一尺	日本一尺一寸四分余
布店一尺	日本一尺一寸七分
布店卖尺一尺	日本一尺一寸一分
算盘尺一尺	日本一尺一寸五分五

（《湖北商务报》第 29 期）

2.督宪札饬禁止冒充洋商牌号

（1900 年 3 月）

为照会事　光绪二十五年十一月二十二日，准江汉关道岑咨开，光绪二十五年十一月十三日，奉督部堂张札开，光绪二十五年十月二十六日，准南洋通商大臣刘咨开，窃照本大臣访闻各通商口岸内外，有等华商暗出小费，串挂洋行牌号，开设店铺贸易，冒充洋商，此皆无赖奸商，希图偷漏税厘，挟制官长起见，不惟有碍政体，且亦有损各国声名，此等风气，断不可长，亟应严行查禁，并照会各领事，严饬各洋商，嗣后不得贪图华商小费，辄认该店等为伊商伙，以致奸商恃为护符。除咨请总理衙门照会各国公使，通饬各口洋商，以后如遇华商冒充洋商牌号，有犯中国禁令等事，自应照中国例办理，洋商不得借端干预，并札饬总税务司查照暨通行遵办外，相应咨请查照转饬。等因，到本部堂准此。合就札行，该关道即便移行遵照办理。等因，奉此。除照会各国领事官严行查禁并札饬汉阳府饬属遵办外，相应咨会，为此合咨贵局，请烦查照，希即谕饬各商董，传谕一体遵照。等因，准此。相应照会，为此照会贵总、分董，请烦传谕，一体遵照，须至照会者。

（《湖北商务报》第 30 期）

3.商务局转行奉督宪张委员专办矿务札

（1900 年 3 月）

为札饬事　光绪二十五年十二月初二日，奉督部堂张札开，照得兴办矿务局乃目前切要之图，迭经奉旨饬办。所有湖北商务局内，矿务一事关系重要，应即派员专管，以期通商情而开地利。查有试用同知冯启钧堪以委充商务局委员，专管矿务事宜。凡有湖北绅商禀请开矿者，即行考核详确，禀候核夺，并须随时严加访查。如查有奸民地痞、洋行买办勾串洋商，冒充洋行，私行租买矿山，混行开采者，立即禀明，及早查禁，分别拿办，免致贻害无穷，是为至要。除分行外，合就札行，札到该局，即便转饬遵照。等因，奉此。合就札行，仰该丞即便遵照，专管矿务事宜，凡遇绅商禀请开矿者，随时考查，核议办理。此札。

（《湖北商务报》第 30 期）

4.汉口豆饼始进日本

（1900 年 3 月）

三井物产公司日前始以汉口豆饼输入日本，析其品质，计百分中含窒素六五零，比牛庄豆饼窒素六零五多量四五,不但效用较多,其分解亦大速云。

案:豆饼所以肥田,窒素乃肥料中所含原质之名,故以多含为贵,培入田中,尤以速化为佳。据此,是汉口又增一出口佳土产矣。

(《湖北商务报》第 30 期)

5.汉口英总领事关系

(1900 年 3 月)

伦敦西十一月初七,京报载,有英君主简派其上海领事霍必兰为汉口总领事云云。按:汉口设总领事,既以重其职任,亦以保在华之英利,英本国商人与在华之英商,莫不额手相庆,谓国家之重视商利,为得其要矣。

(《湖北商务报》第 30 期)

6.湖北银圆局创兑小银圆示

(1900 年 3 月)

照得本局奉督、抚院宪谕,本局所铸一、二角小银圆,原以辅大元而行。武汉等处,大元流布已多,商民乐用,而小元尚未见畅行。固由于本省所发之小元尚少,亦以小元市价无定,未能划一之故。现在制钱缺乏,民间尤以行用小元为便,兹在武昌省城内银圆局设立兑换处,定于正月二十七日开设,每日酌照上海行市,悬牌定价。准商民备银到局兑换大小银圆,并听其以大元换小元,小元又换大元,照数找补零钱,以济钱乏而便民用,所有详细章程,条列于后:

一、局铸龙圆,大元照汉口行市,每日由局悬牌定价,一、二角小元随大元市价,仿照上海找零之法,每合大元一元找补制钱若干文,出入一律,应找补若干文,亦于每日悬牌定数,以归划一。

一、商民准备银两到本局兑换处兑换银圆,其全换一、二角小元者听便,如兼换大元者,止准换大元四成,小元六成,不能全换大元,亦不得逾四成之限。

一、商民备银两来局兑换大小银圆,应全以估宝交兑,每起千两以下,或数百两均可,至少五十两为止,不换荆沙小锭暨零碎银两,以免鼓铸镕耗。

一、本局止换银圆,不换制钱,除收银兑元外,惟以十角易一元者,以应补零钱找局,或以一元易十角者,则亦由局找给零钱,其以大元或一、二角小元掉换零钱使用者,均仍由钱店照价换给。

一、本局每日悬牌定价,并另发条谕,按日分贴各钱店晓示,遵照定价换与钱文,譬如本日每龙圆大元一元,汉市换九八制钱九百五十文,沪市小元,彼此找零。如系五十文,则每一角应找零五文,应换九八制钱九十文,准钱店换给八十九文,减给一文,以为津贴出入之费。大元市价与小元找零之数,或多或少,均照此为推,不得于一文之外,再有抑扣。倘经查出,或经指控,定予重惩,其以大元向钱店换钱者,仍照实价与足数,不得与零星一、二角同论。

一、此项局铸小元,现已奉督抚宪札饬司道各局一律照补零之数与大元搭发官款,并饬各州县局卡一律照收,准完纳本省丁漕、关税、盐税、盐课、厘金,既有官发各款,又准商民兑换,可期市面小元流布渐多，推行渐广。

一、各典当向典制钱者，经此次示谕之后，准民间以大小银圆合算，每日市价若干，如以银合钱之例，照数取赎，不得以不收银圆为辞，勒措遏抑。嗣后民间所典之物，愿向该典用大小银圆者，亦听其便，该商并可备银到局，兑换大小银圆备用。

以上各条，经本局禀奉督抚批谕，斟酌至再。小元一角者，可值钱八九十文，二角者可值钱百数十文，取携既便，找算惟宜，现在官发官收，出入一律由局兑换，可以输转不穷。钱店换零，亦可略沾微利，交易公平，便商利民，莫善于此。各钱店自应仰体德意，照谕奉行，毋得仍前抑价，致干查究，各宜懔遵毋违，特示。

（《湖北商务报》第 31 期）

7.汉口商务局官商会议维持市面章程

（1900 年 3 月）

一议，各帮各户生息存款，无论存入西帮票号、本镇钱庄以及各行号，均不能任意抽提，必须所存之家收有款项，自愿交付，方可收回，庶不致牵动大局，以期市面安定，照常交易，流通货物。

一议，汉镇市面银根活源，以西号票借为最巨。统汉镇而言，常有七八百万，惟恃各钱庄收受，长期为大宗生利渊薮，而钱庄分放各商帮亦皆借此为挹注，流通市面，一经西号收现不放，势必顷刻牵动全局。在西号所收未必能归成数，而汉市即败坏不可收拾，所关甚大。今议西帮每遇到期之时，依旧听钱庄等照转期限，如钱庄中有到期顺付还，听其自便，各西号议定不能硬索，以顾大局。

一议，市上短拆以及本票到期应仍照常例按期照付，不得借此议推诿，以杜欺骗之弊。

一议，今因时事不静，各帮货物停滞难消，以致钱庄行户一时未能收回故定放息存款，及放票不得任意抽提收现之议，一经事平之后，应仍听愿存愿收，不准借有此议，故意拖延，维时官商即再会议宣布。

一议，汉口各国银行，茶市临期，皆有预放短拆之款，茶市一过，各银行即无大批银款往汉，间有拆放钱庄者，为数不过二三十万，即全数收去，亦无关大局。第各银行能仍如平时拆放流通，亦于市面不无裨益，拟由江汉关道照会各领事转饬各银行，能照平时一律拆放，更为顾全彼此大局，否亦不必勉强。

一议，银根日紧，来源短蹙，若听纷纷出口，漫无限制，必致现银枯竭，周转不灵。除京饷公款照常兑解外，所有现银一概示禁，不准出口，并谕钱业公所知照各帮遵守，以维市面，并谕禁各信局不准携带现银分寄各埠。

（《商务报》第 1 期）

8.烟台商会公启

（1900 年 3 月）

烟台自通商以来，中外各帮素称和好。迩闻京津各处土匪滋扰，受害非轻，幸烟台人心良善，一切匪类毫无所闻，然恐外来之民难免混杂，兹公议我各帮各铺户人等联合众情，益加防患。除由地方官长剀切晓谕及派差严查外，我各帮各铺户之伙伴及其工役、杉板诸色人等或其家属，倘有误被引诱，致蹈匪迹者，各宜自行严禁，不许学习，尤宜加意保护商场，无论华洋，均当严杜根株，以安商旅，则人心靖而地方安，大局幸甚，华洋幸甚，所有各铺户每日各派伙伴一人轮流查访。所拟章程开列于下：

一、各伙伴劝慎笃诚，素为各财东之所重，迩以人心浮动、商务尤乖，各伙伴亦深受其累，所愿我商途中人，父教其子，兄勉其弟，毋使年轻之辈沾染恶习。倘有不法即行辞退，甚则，鸣官究治，以肃地方。

二、各铺户每日所派之伙伴人等概用暗牌，悉心查访，务期尽绝根株，以杜后患，则华洋商人均受其福。否则内乱已萌，外辱麇集，合埠商民均受其害。我伙伴其明查暗访，俾得以共享升平，则辛甚祷甚。

三、烟台为南北要衢，华洋官商均经力为保护，连日道宪与各国领事往来尤形亲睦，万无遽开要端，致害地方之举，此我商民人等均足以深信不疑者也。惟闻天津扰乱之事，皆由无知小民妄造谣言，谓洋人放毒入水，饮者暴死，必借胡椒、辣椒等物始能解毒。试思天气炎热，热饮此热水，能无生病？且因水毒死，毫无确证，而因言召乱，我民之死于难者，不啻百倍于洋人，前车可鉴，能勿寒心我商民人等，又万不可误听流言，自遭巨祸，尤为欣甚。

（《商务报》第 1 期）

4 月

1.汉口商务局各禀批

（1900 年 4 月）

据监生张玉笙禀控陈殿霞木头强骗一案，批：仰候黏抄札饬蕲州，传讯明确，勒追，具复。（二十五年八月初三日）

据质民刘万盛等禀控吕益美等串骗一案，批：仰候黏抄札饬随州，集讯明确，分别勒追，具复。（仝上）

据职员任友仁禀控闵义顺诳赊肥骗一案，批：仰候札饬黄陂县，传集人证，质讯明确，分别究追给领，具复，该职即遣抱备质可也。（二十九日）

据商号顺记等禀控湖南衡州府恒亿号驻汉庄客郭少卿串塌巨款一案，批：仰候咨请湖南衡水郴桂道转饬衡阳县，迅传恒亿号东伙郭访庵、郭少卿到案，集讯明确，勒追给领，咨复。（仝上）

据监生巢文超等禀控乾盛亨票号之贾管事擅批汇票不兑一案，批：姑饬汉镇钱业票帮各绅首秉公理处，一面咨请江汉关道查照，倘该号仍不遵公论，即请严办勒追。（仝上）

据职员任友仁禀控余丰盛诳赊肥骗一案，批：仰候札饬黄陂县差传余丰盛店东余禹门到案，质讯明确，勒追给领，具报，该职即遣抱备质可也。（九月初五日）

据商号顺记禀控湖南衡州府天生和店东刘增城延骗一案，批：仰候咨请湖南衡水郴桂道转饬衡阳县，差传天生和号东刘增城并管事萧子标到案，讯明勒追给领，该商即遣抱备质可也。（初七日）

据监生贾仲贤禀控王谷生肥倒一案，批：仰候札饬蒲圻县，速集人证，质讯明确，究追给领，具复。（仝上）

据职商葆和祥禀控张道生术赊狡骗一案，批：仰候札饬黄陂县，传讯明确，勒追给领，具报。（十三日）

据职员余瀚亭禀控张鼎新恃豪坑骗一案，批：仰候札饬黄陂县，传讯明确，究追给领，具复，该职遣抱备质可也。（二十二日）

据监生郑楚楠禀控许铭新恃势□骗一案，批：仰候札饬应山县，集讯明确，究追给领，具复，该监生遣抱备质可也。（二十六日）

（《湖北商务报》第 34 期）

2.商务局照会商董报册准收广告文

（1900 年 4 月）

为照会事　查东西洋商报，皆收广告，盖有商则农工各产皆得资其流通，有广告则商业各情皆得赖以传布。至于物品增一新货，制造创一良法，尤倚广告之力，乃得行远播众，速售畅销。商报许登广告，有利于商，并有利于农工，为益甚溥。且设报之意，专在启发商智，以振兴商力。许登广告，则商家之视报册与有关系，可令辗转乐观，愈借以研究情形，开通风气，暗中收效尤远。《湖北商务报》经督宪遵旨奏设，并即札派本省，咨送各省，一年以来，各地官派民购，及外洋售阅，合计已至四千余份。商家许登广告，既足传信，又可久存。现以便商之大，业经督宪准收，为此，合行咨会贵总、分董，请即传布商家，如有愿登广告者，循照下开章程，由贵总、分董汇送来局，转送馆中，即可登报。至以后随时刊登之例，或由各董径行送馆，或由愿刊之商自行送馆，以省周折，亦听其便，须至照会者。

计开馆定略例十一则：

一、广告即俗称之告白。

一、凡关于农工商各业者皆登，余事不登。

一、商家有涉委鄙虚诬攻讦各稿，例干究斥，一概不登。

一、《湖北商务报》销行虽广，经费愈巨，广告须另叶刻行，不得不酌收刊资，以示断限。

一、报系十日一册。来刊之第一期，每字制钱四文；二期至四期，每字三文；五期至十期，每字二文；十期以外，每期每字一文；如中经停刊，续再来登，仍作第一期起算。

一、至少以三十字起数，三十字以外，可以每字照核，不必包算。

一、先收资，后登报，馆中收资，即付凭单为据。

一、其有长篇之行规、章程等关于大众公益之件，刊资自可再减，或竟可不归广告之例，由馆送登，惟此项减资及送登之例，须临时由馆酌定可否，不可预指。

一、外地外省各商愿登者，或托人，或寄函，资到即可照刊。

一、此项章程，如后有酌改之处，随时布告。

一、此次创收各业广告，由各商董分别汇齐，送局交馆，统行送登一期，不收刊资。自第二期起，再行照例收资，至以后随时来登，第一次即应照例收资。

(《湖北商务报》第35期)

3.汉口市情四则

(1900年4月)

湖北纺纱局，现在销路益畅，纱价渐昂。乡间各处，向来自纺给织者，现均改用洋纱，缘织极适用，较自纺之纱，十分便宜。是以现在纱价，视客岁每斤涨数十文，想以后必蒸蒸日上，更有起色云。又，洋纱销路，自去秋迭次涨价，后买卖两客，俱恐一时回松，不敢多存，亦不畅办。不意前日接到申电，每包又增银三两。闻本镇大成钱庄，前数日曾屯办一千包之多，不数日而获厚利倍夫，多财善贾也。

(《知新报》第117期)

5月

1.江汉关道商务三批

(1900年5月)

商人司徒炳臣禀批：查鼎盛钱店倒塌账项甚多，据禀有无捏饰，除照会各国领事官，谕饬各洋行教堂，勿收该店各期票，以免轇轕外，仰夏口厅归案清查，办理具报。

行户李汉卿等禀批：查前据锦泰利公司职商陈良灏等禀请拨官渡六只，分泊龙王庙等处，由利汉小轮拖带。本道当查武汉来往行旅，每日要计一万五六千人。至该轮所带，本系向赴官渡之人，日计不下二千人，与两岸划船生计，并无关碍，是以批准试办一月，再行察夺。开行甫经三日，无论该船户等生意，不致被占，即或实为所侵，亦当据实具禀，以凭酌办。乃前该船户等辄耸令妇女多人，前赴官渡局要求，甚有拥至署前者，实属藐玩，仰夏口厅移会江夏，一体查拿为首纠领妇女之人到案，讯明究惩详办，以示儆戒。至利汉轮船，现据该公司禀，因所收江船钱不敷人工、煤炭开销，拟改走别路，并即知照。

职商锦源公司等禀批：查内港行船，虽曾奉总署奏准通行，惟原文内曾经声明，现值创始，宜明定办法，俾商务兴旺，税饷日增，于地方商民，均无妨碍，方为尽善。今将总税务司新订各章先行试办，俟察看各处办理情形，如有应行修改之处，即可随时酌订变通，移行遵照在案。今该职商等因蔡甸一隅不能开驶多轮，请开以上新沟、汉川、仙桃镇等埠，原无不可，惟前次蔡甸各航船因轮船日行数次，生路尽绝，以致滋生事端，新沟、汉川等处亦有航船，该职商等前往开埠，总须如来禀所云，不碍民船生机，与地方相安，斯为妥善。究应如何酌定变通章程，斯与航船两资兼顾，着即妥议禀复，以凭核夺。

(《湖北商务报》第36期)

2.汉市银根

（1900 年 5 月）

今正以来，汉镇银根甚松，钱庄折息兑汇，均较去岁为廉，虽前月半比期，湖南长沙、湘潭、常德各埠提去现银十七万两之多，近日市上银松如故。

（《湖北商务报》第 36 期）

3.商务局批汉口银号钱庄等倡设商会商学禀

（1900 年 5 月）

据禀及条议均悉，该商等仰体督部堂体恤保护之至意，公同集议，情愿集资，自效创设商会、商学，拟上等捐纹六十两，中等四十两，下等二十两，先于汉口适中之地创办商会公所，俟各帮捐有成数，即接办商学。由该商等公举练达公正之人经手款目，一切由商料理，由官保护，由商禀承，由官主持，禀请转详立案，通饬保护遵行各等情。查，商会可化官商隔阂之习，商学为启民人智术之原，均属目前开通风气亟宜举办之事，有益商务，诚非浅鲜。所禀先设商务公所，再推广接办商学，自为脚踏实地起见，且银钱两帮为汉口各帮之领袖，首先捐效即为各帮之倡率，实属深明大谊。至条议所陈，亦复明白晓畅，已据情转详。督部堂准予立案，批示遵行，该商等务须一面赶紧集办，俾早观成，用副厚望。

（《湖北商务报》第 36 期）

4.湖广督宪张饬行派员赴沪考求中外商务札

（1900 年 5 月）

为札饬事　照得汉口为上游各省商务辐辏之区，鄂省遵旨设立商务局，亟应考求各处商情，以资印证而期整顿。而中外商务，则以上海为总汇之区，应即派员前往，将内地各省、外洋各国商务之盈绌，进口出口货物之多寡，工作之良楛，销路之变迁，一一详细考究访查，随时禀闻，并禀知商务局，俾知考核。查有补用知县李汝钊堪以派往，除札委湖北补用知县李汝钊遵照外，合并札行，札到该局，即便查照，此札。

（《湖北商务报》第 38 期）

5.湖广督宪张饬委道员代办会办汉口商务局札

（1900 年 5 月）

为札行事　照得总办汉口商务局，奏调广东候补道王道秉恩，现经遵旨，调赴京都银圆局，奏调江苏候补道程道仪洛已由北抚部院给咨赶部引见。所有汉口商务局事务殷繁，未便虚旷，亟应遴派大员代办，并添员会同办理，查江汉关道岑道春蓂堪以饬委代办汉口商务局，试用道陈道芝诰堪以饬委会办汉口商务局，除札委该道等遵照外，合就札行，札到该局，即便查照，此札。

（《湖北商务报》第 38 期）

6.汉口商务局禀批据德源钱庄禀控金梅生监守自盗一案

（1900 年 5 月）

汉口商务局禀批，据德源钱庄禀控金梅生监守自盗一案，批：当将金梅生先行发交夏口厅管押，一面札饬该厅提案严讯，勒限追缴，给领具复，以重商本而儆刁风。（正月十六日）

据职商协昌钱店禀控方作周借骗巨款一案，批：除先行将扭获之方作周发交夏口厅管押外，仰候札饬该厅，提讯明确，勒追给领，速结具复，以恤商银。（二月初三日）

（《湖北商务报》第 38 期）

7.湖北江汉关道岑咨会商务局续开火柴公司碍难准行文

（1900 年 5 月）

为咨会事　光绪二十六年正月二十七日　奉督部堂张批：据职商郑昭、胡久安、杜维藩禀，援照成案，开办火柴公司，恳乞批示祗遵由。查，前据汉镇燮昌商董叶志铭禀称，该厂所造火柴销路虽旺，存货仍多，垫本浩大，援案请准专利，以固商业，当经本部堂查核，所禀系属实情，准自开办起，专利十年，不准别家在湖北地方续开公司，用示体恤，咨呈总理衙门立案在案。据禀，该商等拟在武汉购基建厂制造阴火柴之处，碍难准行，仰江汉关道转饬遵照。等因，奉此。合咨贵局，请烦查照饬遵，是荷，须至咨者。

（《湖北商务报》第 38 期）

8.汉口茶市

（1900 年 5 月）

本年各内地所产之茶，色香味兼擅其胜，以晴雨顺时故也。本月上旬已有样茶到汉，于初十、十一两日开市，计祁门茶每担自银四十五两至五十两，宁州茶自三十七两至四十五两，羊楼洞茶自二十五两至二十七两，通山茶自二十两至二十二两，惟浔地茶尚未到。

（《商务报》第 9 期）

9.汉口市面

（1900 年 5 月）

近年牛皮生意几不下于八大行各宗，盖以他项生意时有增减，惟牛皮则各洋行畅收无时或滞之故。惟闻迩来茶市初上，办牛皮者易而办茶，似此市价，不免稍软，然不久当复旧也。

夏布皆来自湖南之浏阳、醴陵，江西之万载、萍乡等处，现在夏季将临，货客纷集，闻今岁成本较昂，视上年约涨七八厘之谱。

某洋行近向各油行定价六两一钱五分收买桐油数百屯，限五月底交清，并不转运上海，不卜作何用处也。

（《商务报》第 10 期）

6 月

1.本省商情:茶市杂记

(1900 年 6 月)

两湖红茶今岁大半亏本,多有决意不做子茶者,各茶山客人,刻已陆续返汉。四月《汉报》

祁门茶色香味俱擅其胜,每担约售银五十余两。四月《申报》

汉市今岁所到茶箱,仅有往年十之六七,然据个中人述及二盘市价,可望起色。四月《新闻报》

今岁红茶皆不获利,故箱数亦少。惟花箱,则销旺价高,两湖花箱由七两以至九两余不等,宁州花箱价至十二两。五月《汉报》

羊楼洞之茶,今岁不能获利,子茶多半不做,有西帮某号所做之三字,共三百余箱,由羊楼洞雇船来汉,途中遇风遭覆,茶虽如数捞起,而水湿不堪,昨已抵埠,换箱再做,恐难得善价。五月《汉报》

(《湖北商务报》第 41 期)

2.日本本年新定《重要物产同业联盟法》

(1900 年 6 月)

第一条　关于重要物产,经营生产制造贩卖之事,其同业者因有密接关系,互相团集,可由本法设立同业联盟。重要物产及其密接关系为如何种类,由农商务大臣认定。

第二条　同业联盟以同盟员齐心协力,于营业上改正弊害,增进利益,为其宗旨。

第三条　欲设立同业联盟,应预定其地区界限,其地区内同业有三分之二以上同意,即可开创总会,议定章程,仍以请得农商务大臣准许为要。如为二种以上营业者相集,则其设立联盟,需每业各有三分之二以上同意。

第四条　于设立同业联盟地区内,凡营业相同者,并须加入其联盟。如虽营业相同,而其中有特别情形,农商务大臣认其不可加入者,不在此限。

第五条　同业联盟为同业者互通气脉,得达宗旨,特立同业联盟联合会亦可。欲立同业联盟联合会,应将其会章呈农商务大臣,得其准许。

第六条　联盟及联合会为法定人(法律上见为一个人),联盟及联合会不得为营利事业。

第七条　联盟及联合会,如有变更章程之处,议定后,仍须得农商务大臣之准许。

第八条　联盟及联合会各应置之员:董事,一名;副董事,若干名;评议员,若干名。

以上各员外,如由定章,尚有他员,亦可照设。联盟之员,于联盟各人中选举联合会之员,应于经营联合会之各同业联盟员中选举,均须受农商务大臣之准许。

第九条　联盟长统辖其联盟及其联合会,而担任其事务,副联盟长及评议员遵照定章可分掌联盟长所担任之事务一部。联盟长、副联盟长因事暂旷,由评议员代理。

第十条　联盟及联合会其章程上可设检查规程,以检查联盟员之营业品。联盟及联合会其章程上可以各立违约之款,征违约者罚金,收没违约之物品。

第十一条　联盟及联合会预算经费及征收法各随其定章议立,须得受农商务大臣之准许。经费决算及业务成绩,每年应一次以上,公示联盟员,报告农商务大臣。

第十二条　联盟及联合会亦可议建行政厅,经理其事务,行政厅有谘问,则申答为要。

第十三条　联盟及联合会不得拒农商务大臣及地方长官所命之官吏临检,又于其质问不可不为确实答辩。

第十四条　农商务大臣认为必要联盟及联合会之时,可以命令设立。农商务大臣认为必要,亦可以命令变更其联盟地区范围及营业种类章程。

第十五条　联盟及联合会决议,如其役员行为违背法律命令,或害公益,或违背其宗旨,或不奉行监督官厅所命事项,则农商务大臣可为处分如下:

一、解散联盟或联合会,或停止其业务;

二、于其役员解职;

三、罢去其决议。

第十六条　联盟及联合会如自拟解散,由其联盟三分之二以上同意具申其事由,而受农商务大臣之准许。

第十七条　地方长官监督其管内联盟及联合会,有必要之条,则具申意见而禀请农商务大臣。

第十八条　农商务大臣关于联盟及联合会委任其职权一部于地方长官亦可。

第十九条　违背第四条、第十三条规定者,罚金二元以上百元以下,关前项罚金,用法律上非讼事件第二百二条至二百八条之处置。

第二十条　伪附联盟及联合会之证票及伪附营业品之检查证票及伪造变造证票与检查证票,应处重禁锢十五日以上六月以下,若处罚金,在十元以上百元以下。

附则

第二十一条　本法自明治三十年四月一日施行,向行之《重要输出品同业联盟法》,作为废止。

第二十二条　向由《重要输出品同业联盟法》所设立之联盟及联合会,自施行本法之日,皆认为由本法所设立者。

第二十三条　于他法律中,定为准用《重要输出品同业联盟法》者(本法之旧律),施行本法后,即准用本法之规定,其定为可由《重要输出品同业联盟法》中之规定者,即准用本法之合宜规定。

(《湖北商务报》第 41 期)

3.日本本年新定《重要物产同业联盟法施行细则》

(1900 年 6 月)

第一条　由《重要物产同业联盟法》所立联盟及联合会之名称,应加同业联盟及同业联盟联合会之字样。

第二条　联盟地区之界限须在郡市以上，但有特别情形者，不在此限。

第三条　欲立同业联盟，有同业五名为倡议之人，乃可定其联盟地及营业种类，请于地方长官，而受其倡议之许。

第四条　得准许后，由倡议之人通知其事于欲为联盟员者，以求同意而立联盟。

一、联盟地区及营业种类；

二、可为联盟员者之数，须区别其所为之事，而分列之；

三、联盟宗旨及业务概要；

四、创立费及经费概算；

五、表示同意之形式及时期。

第五条　有法定同意者，则倡议人作章程，即招集创立总会，欲招集创立总会，于其二周日前，通知会议宗旨、日时、地处于可为联盟者，且公告之。前项通知书，并应添附章程。

第六条　所议章程，非有可为联盟员者三分之二以上同意，不得作为定本。如为二种以上联盟，则每种须有三分之二以上同意。

第七条　于创立总会，其可为联盟员者，自以文书为决，亦可托他人得为联盟员者，代行其决定之权。

第八条　创立总会既毕，则倡议人应添附与同意者之文书及章程，并创立总会决议，呈请准立联盟文书于农商务大臣。

第十条　倡议人得准许倡办后，经六个月，不禀请立联盟之准许及犯害公益之行为，则地方长官可罢去其倡办之准许。

第十一条　联合会之创立总会，其应设委员，于欲立联合会之各联盟中选举充当。

第十二条　各联盟先行创立总会，以立联合会之议既成，则列会之各联盟应呈请准立联合会之文书于农商务大臣。前项禀请准许书，应添附章程。

第十三条　联盟或联合会创立费及其偿却方法，应经创立总会认诺。

第十四条　农商务大臣命立联盟或联合会应由地方长官选定其创立委员，且布告其姓名。创立委员所作章程，应受农商务大臣之准许。

第十五条　章程应载各项：

一、宗旨；

二、名称及事务之位置；

三、联盟地区及营业种类，联合会则应载在会之各联盟名称；

四、入盟入会及出盟出会之章程；

五、联盟员及立成联合会之各联盟，其权利与义务；

六、役员资格权限及其选任解任规定；

七、会计规定；

八、会议规定；

九、处分违约者规定；

十、变更定款规定；

十一、解散规定；

十二、检查营业品为判断调停之规定。

第十六条　禀请准许变更章程之文书，须添附其变更理由之文书。

第十七条　联盟及联合会无论何时添设章程，均应随时禀申农商务大臣。

第十八条　于联盟或联合会禀请其役员上任准许之文书，须添附其履历书。

第十九条　联盟或联合会禀请其经费预算及征收法之准许文书，除创立之时外，于每年会计二个月前呈出。经费决算及业务成绩于每年会计后三个月以内报告，每年三月为会计年度之终。

第二十条　役员有缺，于补缺选举规定之外，地方长官亦可指定联盟员，令行其选举。

第二十一条　联盟或联合会解散，则以其董事及副董事为清算人。如章程别有定款，不在此限。清算人禀申其姓名、住址于地方长官。

第二十二条　如不由上条之法，则地方长官可选任其清算人。

第二十三条　清算人不适其任及有不正行为，则地方长官可解其任。

第二十四条　清算既讫，清算人须禀申其成绩于地方长官。

第二十五条　如有呈农商务大臣之文书类，应经由地方长官转上。

附则

第二十六条　本法施行前，由《重要输出品同业联盟法施行细则》所□□联盟方式即为本法所接认。

（《湖北商务报》第 41 期）

7 月

1.善后局银圆局移查汉口公估局办理情形文

（1900 年 7 月）

为移查事　窃照银圆局鼓铸银两，官钱局兑换制钱暨拨解饷项，均须收用宝银，每年合计不下数百万两。武汉市面向用估宝，商民苦平色纹水之不能平准，在汉口设有公估局，由其批定平水，以归划一。举市照批行用，法良意美，公私俱便。乃近年以来，银圆局所收商人附铸银两及官钱局兑到宝银，常有批水不确、以少为多之弊，推究其故，乃各钱店自行批划，仿照公估所划字迹，掺杂蒙混，如申水一钱者，改为三钱五钱，毛水一二钱者，改为申水一二钱，每银万两，宝二百锭，其中竟至有三五十锭之多，鱼目混珠，羊质蒙虎，交官款之如此，商民之受欺可知。屡经剔出，仍未禁绝，且以伪乱真，几难办察，省视未谛，即别择无从。银局设有化验专员，每于收款后，验知不实，但已经镕□之余，未便再事退换，只得饬令员司详加审择，而暗中亏耗，已属不赀。官钱局则当解款纷沓之时，立候倾镕，而毛宝加批，势难收用，亦不胜抉剔之劳。查公估局之设，原以取信商民，免分两高下之争，为市场交易之便，今则假批充斥，害及公私，虽非该局之所自为，第既名为公估，设在通商地面，行之水陆通衢，理宜公事公言，以彰直道，谓该局不知他人之伪为，是形同聋聩也；谓该局知之而不问，是徒立虚名也。何以言估，更何以言公，诉控窃名，则本人应自检举，牌号影射，则本店合亟声明，该局知与不知，似均难辞责备之公义。贵局专理商务，近在汉口，拟合移请查考，传讯该局何时开设，何人经营，所订规条是否切实可行，不致弊混，申明通例，加以整顿，不独便商利民，公家亦深受其益也。合亟备文移查，为此合咨贵局，请烦查照办理，即祈迅赐，察核移复，是荷，须至咨者。

（《湖北商务报》第 43 期）

2.商务局咨复议定公估办法文

（1900 年 7 月）

为咨复事　前准贵局会咨内开。等因，准此。当即饬查，嗣据该公估局职员郑永和将奉设华洋公估定章缮具节略呈开云云等，而又经局员切实开导去后。兹据续称，为遵谕禀复事云云等语。据此，随饬局员与该公估局议定，嗣后贵局收用宝纹，即就近在汉口饬该局一律估批，如遇有挖空、假批、改批以及分两不等、银色不足者，准其退还下家，更换另估，务令平色均准，两不吃亏。惟既经估定，再有前项各弊，惟该公估局是问，至已经倾□及原估戳记模糊不辨，即未便持以责问，以昭公义。所请不获遵传随时过江之处，亦系实情，自应照准，相应据情咨复，除分咨外，为此合咨贵局查照办理，须至咨者。

附职员郑永和开呈奉设华洋公估定章节略

窃维汉镇自咸丰十一年通商以后，轮樯梭织，货物云屯，惟市面交易之银色，茫无定式，以低作高，一任侩徒渔利，挖真补伪，一任炉匠混淆，因而外间来宝，辄复效尤，甚至一宝有低三两、四两者，往返更换，卒无成色之可凭，洋行卖货如此收入，买货亦必如此支出，银色低亏，非特华商、洋商受害，而银行来银，亦受其害。迨同治三年冬，上海各银行以汉镇银色往来不便，亲自到汉禀请领事官，援照上海议设公估，以昭划一，并请领事官一面照会关道宪，并请一面与职议定公估章程，立案开办，以垂久远，此设公估之由来也。自开局后，挖空、假批、改批者，节经禀究，然仍难保其无，更向钱帮公所屡商，亦无从设法杜绝，然民不能治民，止得禀请关道宪给发印簿祗领，凡今所估之宝，谨将分两若干、申扣若干以及姓名号数，注明簿内，登注既满，续请另颁，或遇有批水参差、争执不明之处，随调印簿当面核对，若属相符，自系公估错误，若属不符，即系市侩舞弊，印簿之设，职是故耳。暨同治五年禀案奉批后，与各行号办理章程，胪列于下：

一、钱庄土栈，交易出入，遇有挖空元宝，无论批与未批，恳请将原人拿获交公估送官究办，以杜后患。

一、钱庄所估元宝，均有日子批明，携回店后，请将批宝细验，如有可疑，立将钻子打过，果有错估，即日向局赔偿，自应认补，倘隔日经手过多，以致从中作弊，与公估无涉，并要追究挖空之人，以便送究。

一、洋行所估元宝，既有日子批明，亦有暗号为据，如果估错，不能付出，自可追究，若付与别家日久，以致舞弊，与公估无干，并要追出下家，以便禀究。

一、钱庄收洋行各店批宝，恳请当时验真，或携公估复照，遇有挖空，即向该行店回换，过后不得复问，更不能追究公估。

一、洋行收钱庄各店估宝，恳请到局复照，该局另立记号，倘收银太晚，务于次日复照，不独无挖空之弊，并可免假冒之批，如不复照，日后有错，乃系自误，与公估无涉。

一、银号收洋行钱庄估宝，恳祈当时验看，或携公估复照，免至有误。

附公估局遵谕禀复禀

为遵谕禀复事　窃永和于二月二十日，接奉钧谕，以善后银圆总局会咨内开。等因，转谕饬遵，即查照赴局询查各节，以凭移复，奉此。窃查公估始自同治三年，经洋商各银行苦于银色吃亏太重，禀求领事照会关道宪，谕饬永和开设，当经具禀议定章程及银色秤码，仿照上海估批，以便往来商贾，如有批错，系公估赔补，倘系批后改批，与公估无涉，所以洋行及本地店铺收银后，均携到公估照批，以定是非，迄今三十余年，从无物议。来谕谓外间改批公估，理宜公事公言，以彰直道，知与不知，似均难辞，无如改批之事，人人可为，武汉之大，从何知见，向只于照批时是非直言，不为袒护而已，余外则非公估力所能为，想局宪明察，自应见谅。再承面谕，定须着人过武昌照批云云。闻命之下，理宜遵办，惟其中实有窒碍难行之处，敬详陈之，照批事小，向不受分文，载在章程，惟必须批宝者方能照批，非秤银、打码、挂号、复秤等人，所能干预。公估局能批宝者，只三四人，若令一人过江，则少一人之用，若遇银行银到，即到即估，不能延缓，至于街上批估，早晚不时，不得不须人照应，此人手之难分也。汉口至武昌，为路非近，且有长江之隔，设唤照批之时，一旦巨风大雨，势难过江，而银圆局立候倾镕，定必贻误见责，且可以过江照批，计即可以过江估宝，武昌各局之多及衙门之大，纷纷传唤，到此而不到彼，事必不能。又，批估人手，皆是徽州人氏，向畏长江风水，皆不愿过江，即使永和应允，无以应命，再四思维，惟有仰恳局宪，体恤下情，曲为原谅，转复银圆局宪，以后凡收各处元宝，饬送公估照批，则银圆局不至吃亏，而公估亦免作难，则感荷实非浅鲜矣，为此具禀商务局宪，察核施行。

（《湖北商务报》第 43 期）

3.江汉关道茶叶公所南茶六帮众商禀批

（1900 年 7 月）

据禀，该商等均系民船装运，与洋关毫不干涉，出口正税系买茶洋商所完，万难承认，均属实在情形。业经本监督将该商等不愿在海关完税情形，禀请督宪电商总理衙门，仍照旧章办理，顷奉督宪发阅总理衙门复电，已电南抚宪就近妥议，以顺商情，并将该商等不愿情形，迅速切实具禀岳州关核办可也。

（《湖北商务报》第 43 期）

4.汉口茶市单

（1900 年 7 月）

去年三月二十八日起，四月十八日止，计二十一天。共到两湖九百八十六字，计箱四十一万零四百六十件。共售两湖八百三十六字，计箱三十三万八千三百三十五件。共售宁祁六百七十八字，计箱十三万三千四百九十件。

本年四月初九日起二十九日止，计二十一天。共到两湖九百零四字，计箱三十九万二千八百四十七件。共售两湖八百二十三字，计箱三十三万七千四百十四件。共售宁祁七百二十五字,计箱十三万九千七百十九件。

本年自开市至五月初十日止,共售两湖一千零九十五字,计箱四十四万三千五百五十件,共售宁祁九百十三字,计箱十九万零一百六十件。

(《湖北商务报》第 43 期)

5.汉口茶市续单

(1900 年 7 月)

自开市起至五月二十七日止,共售两湖一千二百四十三字,计四十九万二千六百四十二件。共售宁祁九百七十九字,计二十万零四千二百十三件。

以上售数,本年汉茶大市已毕,此后不过零星卖买,是本届又劣于上年也,所有详细情形,后再登报。

(《湖北商务报》第 43 期)

6.鄂棉销路

(1900 年 7 月)

湖北棉花今年春季先售二十一二两,后跌至十六两左右,现因上海公茂纱厂赴汉采买,约三千包,故市价已涨至十八两二钱。向来棉花,湖北须至上海采买,去年下江棉花,因收成不佳,低货缺少,故转行赴汉采买。现查汉市存货,止七千包左右,新花上市,尚须三个多月,据闻上海尚须续购,则价必更涨矣。

(《湖北商务报》第 43 期)

7.芝麻黄豆市情

(1900 年 7 月)

汉口现市之芝麻存货不过三千担,顶好净货价三两四钱,其次三两二钱,下者二两八九钱。近只法商立兴洋行添办,亦不甚多。

黄豆随到随销,河下尚无积货,价每担一两六钱,高低无几,此系粗货,不能见潮,非比芝麻,可分毛、净、干、潮数种行市出售。

(《湖北商务报》第 43 期)

8.汉茶续单

(1900 年 7 月)

正月廿九日至六月初三日,两湖茶共售二万七千二百五十一件,价最高者,荆兰十四两六钱五分,楚宝十四两五分,奇华瑞茗十四两二钱五分。宁祁茶共售四千一百二十二件,价取最高者,奇声、仙芽、蕙香一十八两。

(《湖北商务报》第 44 期)

9.汉口铁路枕木竞买成绩

(1900 年 7 月)

上海《飞飞报》曰:今次所举行汉口铁路用枕木十万个,竞买于半驮商会,以上海两七钱七分最低价,应其购云。

(《湖北商务报》第 44 期)

10.汉口关税减色

(1900 年 7 月)

汉口来函云:迩因北方匪乱,新关税大为减色,至西商所购红茶,现皆停止过磅,茶商虚费银息,尤觉受累不堪。

(《商务报》第 15 期)

8 月

1.汉茶续单

(1900 年 8 月)

六月初六日至初八日,宁祁茶共售出一千二百七十九件,价取最高者,奇兰三十六两。两湖茶共售出二万五千二百一十四件,价取最高者,宜昌茗香、奇芦,均二十三两。

又,初十、十一两日,两湖售出一万四千零四十四件,价取最高者,长寿街之鲜香、珍芽,皆十三两,安化之银香十三两二钱五分。宁祁售出四百七十四件,价取最高者,宁州蕙香十五两。

(《湖北商务报》第 45 期)

2.汉口商情

(1900 年 8 月)

沔阳丝赴沪,洋商开盘,价三百十五两,据汉商划算,连关税轮船水脚,价得二百八十两,已敷成本,此外皆属余利。

白桐油因北路滞销,积货甚多,从前价六两三四钱,现在已跌至五两,采办者甚多,惟洋庄尚陆续购买,销货无多,将来难于起色。

(《湖北商务报》第 45 期)

3.督宪张遵旨保护铁路示、湖北布政使司、牙厘总局遵札严禁阻害官钱票示

（1900 年 8 月）

督宪张遵旨保护铁路示

为遵旨示禁事　五月初十日奉上谕，铁路系国家所造，倘有奸民会匪煽惑扰害，即行按律惩办。等因，钦此。为此示仰军民人等知悉，尔等须知铁路乃部款所造，即作工之洋人，亦系国家所用，自应钦遵保护，如有匪徒胆敢违旨，损坏铁路工程料物，或将路工所用洋人，稍有扰害，定照会匪章程严行惩办，懔遵毋违，特示。光绪二十六年六月　日

湖北布政使司、牙厘总局遵札严禁阻害官钱票示

为剀切出示晓谕事　照得现奉督抚部堂张、院于（督部堂张、抚部院于）会札，内开，查官钱票之设，原以辅制钱之不足，准令完纳丁漕税厘，便商利民，数年以来，通行无滞。昨因省城地方有奸商抑价造谣，煽惑愚民，纷纷向官钱局支取现钱，随即如数概行发给。惟访闻各州县征收丁漕，各关局征收税厘，每有不肖司巡，遇有以官钱票完纳者，每票一张，或令价钱数文至十文不等，以致官钱局票滞销。如果属实，于官民用项大有关系。正饬禁间，并具总办铁路汉局郑道禀称，目下汉口官钱票颇形梗滞不行，诚恐工次相继停塞，则窒碍大工，所关匪浅，请饬司速出示晓谕，遍贴各厅县地方，并严札通饬，责成该州县务将官票一律流通，如有梗滞不行情形，惟各该地方官是问。但使民间信用，则奸商无从把持等情，本部堂、院查铁路工程为官钱票第一大销路，设有梗滞，则官票不行，不但于路工有妨，其有关于京饷各项要饷者甚巨，亟应札饬北布政司会同牙厘总局，通饬各州县关卡，嗣后凡遇民间持官钱印票完纳官款，无论地丁漕粮、关税、盐课、厘金，概准一律照收，并严查司事吏胥人等，如敢稍有挑剔，甚或借词不收及需索加钱情事，立即从严重惩。一面由该司局迅速剀切出示，分发夏口厅、黄陂、孝感、应山各县遍贴晓谕，俾商民一体周悉，务使官钱票一律流通，毋稍梗滞。自此次通饬查禁之后，倘各州县、各厘局仍有前项情弊，以致有误筹饷大局，定将该印委等撤任撤差，断断不能宽容。等因，奉此。除严切通饬各属遵照外，合亟剀切出示晓谕，为此示仰商民人等一体知悉。尔等当知时事艰难，现钱缺乏，业蒙两院宪奏准开设官局，印用制钱官票，以补圜法之不足，并准完纳丁漕税厘，来源既旺，转运不穷，数年以来，商民无不称便。信用既久，市价以平，非寻常钱业可比，断不失信民间。尔商民仍照常一律通行，毋得自生疑虑，亦不准稍事阻挠，致干咎戾。经此示谕以后，倘有奸商造谣煽惑，司巡书吏仍前挑剔需索等弊，以致官票行销梗滞，有碍饷源大局，一经访闻，或被告发，定即饬拿到案，从重严惩，不稍宽贷，其各凛遵毋违，特示。光绪二十六年六月　日

（《湖北商务报》第 47 期）

4.商务局驳长清两湖轮船公司禀请装货拖船并行一案

（1900 年 8 月）

商务局批：查洋关江照章程，轮船装货不准拖船，拖船不准装货，所以杜夹带诸弊，极为周妥。该公司请将装货拖船并行，碍难照准，除咨会江汉关监督知照税司，申明江照定章，一律照办外，着即遵照。

商务局咨江汉关道岑　为咨会事　据汉口长清两湖轮船公司禀云云等情。据此,除批示外,查江汉关江照章程,轮船装货不准拖船,拖船不准装货,所以杜夹带诸弊,极为周妥。该公司请将装货拖船并行,自应批驳,拟请贵监督知照税务司,申明江照定章,一律照办,相应咨会贵监督,查照核办,须至咨者。

(《湖北商务报》第 47 期)

5.商务局谕饬汉口钱业票帮遵守公约文

(1900 年 8 月)

为谕饬事　照得本局准总办善后局即补道朱传奉督宪面谕。等因。遵即官商会议,妥立镇定市面条约,合行录示。为此谕仰钱业公所、票帮新泰厚等、信行值年等知照。须知此项条约,系使市面银钱照常流通,即所以保全商业公义所在,各宜遵守毋违,特谕。

(《湖北商务报》第 47 期)

6.汉口茶市续单

(1900 年 8 月)

自开市起至七月初十日止,共售两湖一千八百九十二字,计六十五万四千八百七十件。共售宁祁一千零二十一字,计二十一万二千八百四十六件。本年共到两湖茶:首春一千二百七十五字,计五十二万一千零五十六件;子茶五百八十二字,计十六万九千七百七十一件。两共两湖共到一千八百五十七字,计箱六十九万零八百六十七件,内计未售三万六千件(子茶已完,禾花另起)。

(《湖北商务报》第 47 期)

7.银市两记

(1900 年 8 月)

鄂省钱庄票号均不出票,以致呼应不灵,市面顿滞,银根极紧,每百两必取息一两六钱之多。六月《新闻报》

汉镇各钱庄近已通融办理,所有汇兑往来以及板期,均已开做,市面较前流通,惟银根仍吃紧如常,拆息每日须三钱以上。六月《汉报》

(《湖北商务报》第 47 期)

8.汉市受损

(1900 年 8 月)

牛皮一项,专售西人,上春每担售银三十余两,兹因北方事起,每担只售银十八两,且无人承买。至新丝开盘时,每两售钱二百余文,今只售钱一百五十余文。

(《湖北商务报》第 47 期)

9.汉口丝纱骤昂

（1900年8月）

汉口自北省匪乱后，商务大为减色，近闻津沽停战，洋庄丝已照常开市，业丝者皆欣然色喜，丝价为之骤昂。

（《商务报》第19期）

9月

1.商务局销案二起

（1900年9月）

职商汤心濂等控马琼玉一案已调义让恳批销由

商务局批：此案前经据情札发大冶县就近究追去后，兹据原告汤心濂等禀称，该县将义兴琼司账马兰轩拘获押追，经马琼玉、刘敬门等挽戚族调处，以田屋、庄稼抵折归偿，已在县具结完案，恳请息销前来，着即准照，禀存。

湖南常德府禀金志刚控陈兆虞一案已据调息恳批销由

商务局批：据禀，廪生郭学洛等公禀，以郭明高将牯牛岩江面横石□除，以免日后行船危险，借释两造讼端，既经均甘具结息销，自应照准，仍候湖南岳常澧道批示，饬遵缴。

（《湖北商务报》第48期）

2.督宪批饬江汉关道岑仍列衔总办局务文

（1900年9月）

为咨会事　光绪二十六年七月初八日　奉部堂张批，敝道禀交卸汉口商务局事务由。奉批，据禀，请交卸汉口商务局及另禀交卸制麻局各情，均悉，查制麻局事属开创，诸务纷繁，与汉口相隔一江，应即由王道秉恩接管。至商务与地方官事多交涉，江汉关监督又有通商之责，且同在汉口一隅，现在关防虽由该道送交王道接收，第此后该局公牍仍应饬该关道总办，刊入坐衔，与地方声气较为浃洽。该道务须诸事认真筹划，会商王道办理，仰即遵照，并移王道知照，仍候抚部院批示缴。又，奉督宪批敝道交卸制麻局事务由。奉批，已于该道请交卸商务局事禀内汇批矣，仰即查照，另批遵办缴，各等因，奉此。相应抄禀咨会，须至咨者。

（《湖北商务报》第48期）

3.汉口油蜡行情

（1900年9月）

七月上旬客盘市价，桐油四两六钱，茶油六两二钱，麻油六两五钱，白蜡五十六两，皮油无市。

（《湖北商务报》第 48 期）

4.汉口粮食行情

（1900 年 9 月）

七月二十四日所报市价

早青：上一两六钱，中一两四钱五分。

早黄：上一两六钱零，中一两五钱六分，下一两三钱四分。

元豆：上一两五钱六分，中一两四钱五分，下一两三钱四分。

□粮：上一两二钱。

白豌：上一两三钱零，中一两二钱。

药黑：上一两五钱。

早黑：上一两六钱七分，中一两五钱六分。

小麦：上一两四钱零，中一两三钱四分。

蚕豆：上一两，中八钱九分。

绿豆：上一两六钱七分，中一两五钱六分。

白麻：上三两一钱二分，中三两内外。

黑麻：上三两一钱，中二两八钱九分。

油麻：上二两六钱七分，中二两五钱六分。

丝麻。

以上四种均是芝麻，蒲圻、武昌货客盘七两，咸宁货客盘六两二钱。

糯米：缺货。

熟米：靖港、上庄货少，二两八钱；易俗河二两五钱六分；益阳二两二钱；湘潭二两一钱二分；江西二两一钱二分。

尾米：二两零。

河下米：共计万余。

稻谷：粒谷一两零，上早谷一两零，中九钱零，货无多。

（《湖北商务报》第 48 期）

5.汉口煤油增价

（1900 年 9 月）

洋油自端节以来，因北乱步跌，闻近日稍为提涨，老牌二两一钱有零，新牌一两九钱五。

（《商务报》第 20 期）

10 月

1.汉埠商务
(1900 年 10 月)

汉镇自北方匪乱以来,谣言纷纷,人心不靖,以致银根飞紧,生意清淡,近日经督宪及江汉关道再三出示劝谕,安心贸易,故各行生意,近又日有起色矣。

(《湖北商务报》第 51 期)

2.牛皮少到
(1900 年 10 月)

本镇日前屡次大火,加之会匪案破,谣言四起,风声远播,各乡贩多裹足不前,而牛皮客半月以来纯无到汉,故牛皮一物,因罕见珍,刻下每担价高一二两云。

(《湖北商务报》第 51 期)

3.新轮到汉
(1900 年 10 月)

日本大阪商轮公司新造轮船大亨即拟于本月二十三日下午抵汉,闻该船系日本长崎三菱船厂订造,机器坚固,走水快捷,房间件物都极美丽,从来长江往来轮船中,所未曾见者云。

(《湖北商务报》第 51 期)

11 月

1.铁路开工
(1900 年 11 月)

汉口至信阳铁路,前以北方多事,民情不靖,中西各员恐奸宄趁机滋事,故于六月将孝感、应山、信阳三段工程暂行停办。现闻和议将成,民情安堵,所有孝感、应山两段,已于闰八月上旬先后开工,招集夫役一万数千人。当此农隙之时,乡民得此工作,咸欣欣然争先从役。至信阳一段,尚未开工云。

(《湖北商务报》第 56 期)

2.油市丛谈

（1900 年 11 月）

汉镇为各货汇集之区，油货尤盛，无如近月以来，因北方乱作，油价日松。各皮油向售十两有零者，近只八两上下。桐油则以和局未定，津帮停办，价亦未能起色。其余豆、茶等油亦皆滞销甚疲云。

（《商务报》第 26 期）

12 月

1.鄂省官场纪事

（1900 年 12 月 12 日）

汉口访事友人云：湖北商务局会办一差虚悬已久，兹经督宪张香涛制军札委候补道彭观察承办，观察奉札后，即诣辕禀谢，刻已莅局视事矣。

（《申报》）

2.厘税绌收

（1900 年 12 月）

汉镇筹饷局专抽烟酒糖厘，当收数畅旺时，每日可收钱一千余串，近则日见短绌，较平时约减十分之六七。闻局中人云：因商务衰歇之故。然烟、酒、糖三物，皆民间日用所需，不知何以骤见短少也。

（《湖北商务报》第 59 期）

3.桐油大涨

（1900 年 12 月）

汉镇自夏季北方乱起，银根紧急，各货俱松，业桐油者亦亏本甚巨，以致数月以来，到货甚少，日前宁波帮忽见有八九千担生意，故价骤涨云。

（《湖北商务报》第 59 期）

4.商务局奉督宪张札发理财节略文

（1900 年 12 月）

为咨行事　准户部咨开，北档房案呈，据总理衙门片称，光绪二十六年正月初十日，据总税务局函称，造册处税务司载乐尔所著理财一书，刊订送阅。等因，将原书送部查照前来。查各海关岁造贸易总册系由该税司办理，兹将中国各省物产行销畅滞利弊，讨论详明，意为中国振兴商务、开拓利源，其中无不可采之处。今将原书咨行各省将军督抚，各按本地所产货物制造情形，悉心体察，斟酌妥办，期于商务得收实效，相应飞咨湖广总督查照可也，计略节一本。等因，到本部堂准此。所有略节刊刷成本，合行札发，为此仰候该局即便遵照，此札。

案载税务司理财节略已刊本报第三十册商务专案。

（《湖北商务报》第 59 期）

1901 年

1 月

1.请免门厘
（1901 年 1 月 27 日）

武昌采访友人云：鄂省库储支绌，应解京协各饷挹注维艰，又值防务戒严，添募勇丁，需饷尤巨大，府踌躇至再，拟征铺面门厘，饬下善后局详定章程，克期开办，盖即房捐而异其名也。兹者武汉各商，以为北方匪乱以来，鄂中风鹤频惊，市情衰败，若更多所耗费，深愁力不能支。爰拟公禀宪辕，请暂从缓，俟明春和局大定，商务复兴，然后酌量捐纳，未知大府能俯允所求否？

（《申报》）

2.准兴铁路
（1901 年 1 月 28 日）

汉口访事人来函云：月前鄂省商人张广源禀诸湖广总督张香涛制军，请准在蔡甸、汉皋两埠开筑铁路等情。制军檄调蔡甸厘捐局委员杨明府悦驰回省会，面询一切情形，明府力赞其成，制军深为嘉纳，随谕令转饬张广源于明春开办并筹拨官款若干，俾得扩充经费。

（《申报》）

3.煤炭增涨
（1901 年 1 月）

汉市自闰八月至九月以来，煤炭价值步涨，近日江水益竭，各处来货尤为稀少，故每石竟增二三百文不等，为向来所鲜见也。

鄂省煤炭缺货，迭次涨价，均纪前报。兹闻每担现又涨至六百文，贫苦小民颇觉难堪矣。

（《湖北商务报》第 60 期）

4.汉口织布

（1901 年 1 月）

近时汉口输入棉丝额益增加，其销路亦愈张，而内地织布业亦稍发达。然一般所使用机具皆旧样，人力颇多，故不得见十分盛旺。由来湖北省与江苏、浙江、福建、广东共称为织布地，其长江上流地方所织制荆州布，每年自沙市及江口地方输向各地，其额不下十四五万担。其汉口地方内部一带织制品，应附近地方需要之外，通过厘金局输向他地方者，盖不少矣，唯无统计可据，故今唯举经由汉口海关出口者，以示其一斑。

年度	数量	价额	
明治二十八年	一三一二三担一五斤	三五五六四八	海关两
二十九年	一〇一二八担	三一四二六九	
三十年	八三九九担	二七九二〇一	
三十一年	一〇四二〇担	四五三二五九	
三十二年	一三六七七(担)	五四七〇八〇	

其数量不见著变异，然其金额比明治二十八年与三十二年则有十九万两余之差，是原料腾贵，且制品亦进步，增加其价额也。

武昌、江夏、汉阳、黄陂、孝感、黄州、天门地方，各乡人所织制者，其品位、名称不一，然其大宗如下。

汉阳产：柏泉布（汉阳北乡产），马鞍布（汉阳南乡马鞍山附近地方产），汉阳布（汉阳西门以外产）。

武昌产：葛仙布（武昌葛店地方产），丰布（武昌本乡九丰地方产）。

黄陂产：涝布（黄陂黄花涝一带地方产），港布、横山布、嘴布（共黄陂地方产）。

黄州产：景庄布（新洲、麻城、黄冈、黄安、宋埠等处产，出土布总名）。

孝感产：改机布（旧时称红庄布，今加改良，称改机）。

江夏产：京口布（京口产，俗呼外山布），石嘴布（俗呼日内□布）。

天门产：岳口布（天门县下岳家口一带产）。

此外尚有阳逻布、招贤布、来苏布等名称，而其各布尺寸如下：

一、涝布，长四丈，幅一尺二寸；

一、马鞍布，长一丈、二丈、三丈，幅八寸、九寸、一尺；

一、汉阳布，长三丈四尺、三丈五尺、三丈，幅一尺一寸五分；

一、葛仙布，长三丈二尺，幅一尺零五分；

一、丰布，长三丈四尺，幅一尺一寸五分；

一、港布、横山布，长五尺、三尺、六尺，幅一尺一寸五分；

一、嘴布，长三丈六尺，幅九寸五分；

一、改机布，长三丈二尺，幅一尺零五分；

一、景庄布，长四丈，幅一尺二寸；

一、阳逻布，长三丈二尺，幅一尺一寸；

一、京口布，长三丈四尺，幅一尺三寸；

一、石嘴布，长二丈八九尺，幅一尺一寸；

一、招贤布，长三丈八尺，幅一尺一寸五分；

一、来苏布，长三丈，幅一尺一寸；

一、岳口布，长四丈，幅一尺一寸。

汉口市场各织布（白色）大卖，价格如下：

一、涝布，上等一匹银五钱一二分，中等四钱八九分，下等四钱七八分；

一、马鞍布，一丈一匹百七八十文，二丈一匹二百七八十文，三丈一匹三百七八十文；

一、汉阳布，一匹四百八九十文；

一、葛仙布，上等一匹三钱一二分，中等二钱八九分，下等二钱七八分；

一、港布、横山布，一匹三钱内外；

一、嘴布，上等一匹四钱，中等三钱七八分，下等三钱四五分；

一、改机布，上等一匹三钱一分，下等二钱七八分；

一、景庄布，上等一匹五钱一分，中等一匹五钱，下等一匹四钱八九分；

一、阳逻布，上等一匹四钱七分，中等四钱五分，下等四钱三四分；

一、京口布，上等一匹五钱，下等一匹四钱七八分；

一、招贤布，上等一匹四钱，下等一匹三钱八九分；

一、石嘴布，上等一匹四钱三四分，下等四钱三分；

一、来苏布，上等一匹二钱八九分，下等二钱六七分；

一、岳口布，上等一匹五钱七八分，中等五钱四五分，下等五钱。

其零卖价额，则各商家不一样，且织制后即贩卖，额则其利益不多，故布行经布店，布店经染坊，染色后，于布店为零卖，是常例也。今分记其零卖价额如下：

	价额		染赁
一、元青马鞍布	一尺铜钱	二十三文	四五文
一、格子汉阳布	同	二十五文	
一、冻绿涝布	同	二十八文	八九文
一、血清涝布	同	二十八文	六七文
一、单印花涝布	同	二十九文	七八文
一、吊灰涝布	同	二十四文	四五文
一、醉红涝布	同	四十四文	十三四文
一、葛仙秋布	同	二十四文	四五文
一、宜都布	同	三十二文	
一、樊城绿布	同	三十一文	十十一文
一、都冻绿布	同	四十二文	十二三文
一、京黄景庄布	同	二十二文	三四文
一、玉粽丰布	同	二十二文	三四文
一、连青丰布	同	二十六文	八九文
一、京口马蚁布	同	三十文	

		价额	染赁
一、京口冻绿布	同	三十九文	八九文
一、京口毛蓝布	同	三十六文	八九文
一、葛白布	同	十四文	
一、岳口白布	同	十九文	
一、岳口白苏双印布	同	三十六文	印花赁十四五文
一、岳口银灰布	同	二十八文	染赁四五文
一、岳口板红布	同	三十九文	十三四文
一、岳口新绿布	同	三十文	七八文
一、岳口元青布	同	五十二文	十文至二十文
一、岳口玉色布	同	二十三文	四五文
一、岳口桃色布	同	三十五文	十三四文
一、岳口桂子红布	同	三十三文	十一二文
一、岳口蓝双印布	同	三十四文	印花赁十三四文
一、岳口青灰布	同	三十六文	染赁四五文
一、岳口巴青布	同	四十二文	十五六文
一、岳口湖绿布	同	三十四文	八九文
一、岳口海青布	同	二十四文	七八文

此外尚多，今省略之。要之，各乡所织成土布止由其长短异其赁银，不关系日数多寡。如涝布其一匹织赁仅铜钱一百文，而马鞍布则二匹不过一百文。以此率推算，则上等品一丈织赁二十余文，其下等品一丈仅十余文耳。

岳口、涝布、景庄三种类，其质细密美丽，暖而耐久，故不问男女，用以作衣裳。马鞍、来苏等，不过供里衣用，杂用，葬具用。其销行情势，岳口布为第一，涝布次之，京口布又次之，葛仙布、丰布又次之。宜都布，其品质佳，然价额不廉，故销路不张。闻涝布，广东、安徽商人多买收之。景庄布多向云南、贵州、江西、南京，阳逻布多向安徽芜湖、大通地方，葛仙、改机两布，其销路同阳逻布，尚时时多输向河南、山西、陕西、四川、汉中地方。以上土布于制织地方就各户零星买收，待其聚集，更一选择其良否，附总名目，以二十四三十四为一捆，陆续输到汉口贩卖之布行，布行更卖与布店，布店解其装，使鉴定者（各布店有鉴定者一二名）区分上、中、下三等，且分别即输送需要地者与染色后出售者，其为染色者，即送染坊。其染成后，鉴定者由其染色良否，纹样如何，评定其卖价，一一记入簿目。店员照其簿目发售，不得妄昂低其评价。一切布店由门市、客路二法为买卖。门市零卖二尺、三尺及一匹，日收其价钱。客路对客商一时贩卖十捆，其收价由账簿，一年为清算二三次，以互为融通，故其价额比门市不甚廉。又，布店与染坊之关系，布店资本丰富者，及其关系亲深者，则利便极多。向例始为铜钱计算之约，后由银价之如何，以银清算之，或寻常染赁百两者，为八折、七折、六折（八折则对百两清办八十两，七折、六折照推）。而更定约后，货物染成如此，则二者共以数额多大，为利不少。故由布店大小、管理者之善恶及与染坊关系亲密与否，其发售各布价额不一，布行则比布店异其趣，常观大局，上下其价额，故不若布店有甲家价廉、乙家价贵之弊云。

各乡织布，其业逐年增进，而同时色洋布输入亦益增加，现在汉口地方四乡之妇女老幼，其耕作用衣裳皆使用自制土布。然其他，或祭祀，或应酬，或往稠人广众之中，皆穿洋布细密光泽者，以为外观美丽，且夏时聚爽凉，又价额亦比土布不甚相远，自然厌土布粗重，亦人情也。然实用、耐久、利用三节，则洋布决不能凌驾土布。向来土布弊衣，尚可为男女鞋底之用，或供扫布之用，洋布则远不如，且每加洗濯，损其质与色泽。故乡间老成妇女子，特购入棉丝以自织成其所好土布，余剩则卖却，以为一举两得之策。

要之，往年输入棉丝，其盛未如近日之时，各乡棉花不同一，织布亦异类不少。然近年其经纬丝共用洋棉丝，故唯由织成巧拙，机具大小，土布有长短、广狭、厚薄、疏密、紧松之别耳。其大体多相类也。

（《湖北商务报》第 60 期）

5.黄豆涌涨

（1901 年 1 月）

汉镇杂粮出口花色甚多，惟近日广帮则专办黄豆一样，闻每轮船出口均以豆为正宗，以致汉地豆油步步涨价云。

（《湖北商务报》第 61 期）

6.牛皮增税

（1901 年 1 月）

牛皮为汉镇出口大宗，前由某商包认厘金，每年缴银六千两，然岁收实不下数万金，张香帅以该商认缴太少，拟另招新商接办。近日具禀，承充者甚多。

（《湖北商务报》第 61 期）

7.厘归官办

（1901 年 1 月）

厘务自归商人包办，始则改行为坐，嗣恐偷漏滋多，复改官督商办。凡进口各货均须赴厂纳捐。开办以来已阅数月，欠饷多至六七十万，其商人先缴之坐饷偶欲抵扣，而局中人又不肯丝毫假借，商人深恐资本无归，纷纷向藩辕呈控。藩宪丁方伯批令自向催归，既而厘务总局查知商总实不可恃，详情兼署督宪德静帅立予撤退，静帅准之，旋牌示云。据厘务局司道详称，广东厘金改归商办，欠饷甚巨，成效毫无，各行纷纷具控，尤为不洽，舆情请即撤退，改归官办。等因。应即准如所请，特批牌示，以免观望。

（《湖北商务报》第 61 期）

2 月

1.尚书过汉

（1901 年 2 月 8 日）

汉镇自两宫西幸之后，来往京外官员之从汉过者颇觉络绎不绝。兹闻瞿尚书鸿机由湘来鄂小住数日，已择十六日由汉镇襄河乘坐官舫，前赴行在供职，汉上文武各员俱往恭送如仪。

（《新闻报》）

2.接修水线

（1901 年 2 月 24 日）

武昌访事友来函云：武昌与汉口遥隔一江，从前电报局设有水线，凡遇官商要电，随时传达消息，甚属灵通。嗣因年久失修，水线损坏，遇有紧要电报，须由九江转达，时日不免稽延。湖广总督张香涛制军以汉口为通商巨埠，现在租界日广，交涉日烦，时有紧要公事，须与江汉关道及各国领事往返电商，爰商请督办电报局宪盛杏荪府丞仍将水线修整，以免辗转周折。府丞允之，刻已鸠工庀材，克期从事矣。

（《申报》）

3.商务起色

（1901 年 2 月 27 日）

汉镇商务本较他省为大，新正各号结理红账之期，据述去岁获利最厚者，惟洋货匹头为最，其次则钱铺、油行，其余各行获利亦多，惟厚薄不等。故统计今年汉口匹头铺，又添有五家之多，想似此日增月盛，商务必大有起色也。

（《新闻报》）

4.武昌通商场开办章程

（1901 年 2 月）

一、现奉旨，在武昌省城外十里外地方自开通商场，现已派员勘择便宜处所，划定界址，一俟勘定，绘图贴说，即行照会各国领事传谕各国商人。

一、划定地址界内，无论官地、民地，均归本部堂所设之江岸局经理，指定地价、议租给□各事宜。一俟界图绘就，即行照会各国领事传谕商人，定于某日为始，前来江岸局向官拍租。华洋各商，均不得私向民间擅自议租，以免纠葛。界内所有民地，其应缴租价，亦由认租各商径赴官局交纳。除由官局酌提成数，分给业主外，应将余款储局，专作此一带地方修筑驳岸、垫平沙滩、挑浚内港、培补长堤、修造马路、营建码头、设立捕房等项之费，以期地方兴旺，中外商民同受利益。

一、武昌城外既系自开通商场，应准各国商人，不分畛域，杂居贸易，一律优待，毋须各分各界。

一、武昌通商场内所有管辖地方保护商民一切章程，均由本部堂妥定新章，示期颁行，应即由官设立工务局、警察局，所需费用，将来向各租户公平摊捐。

一、拍租地段，租地年限、缴纳租价一切详细章程，自应另行妥定专条，并酌采岳州章程办理，一俟斟酌妥协，即行照会各国领事。

上章程一通，由督署幕府拟稿，尚须斟酌颁行。

（《北京新闻汇报》）

3 月

1.辟界述闻

（1901 年 3 月 2 日）

汉口访事人云：比利时国驻汉领事白起君，缘近年比人之在汉经商者，日盛一日，拟于今春就通济门外开工修筑租界，俾得振兴商务，以揽利权。

（《申报》）

2.汉商开市

（1901 年 3 月 24 日）

汉镇每年开市之期，最称热闹。今闻已于初三日，一律开张。前报纪为初八日，乃传闻之讹也。

（《新闻报》）

3.汉皋市语

（1901 年 3 月 27 日）

汉口访事人云：寓汉茶商重订新章，以期挽回积弊。开春以来，花楼一带增设茶栈数家，从此苦舛生涯，可望日有起色矣。

蔡甸与汉口相隔六十里，商务之盛，自昔已然。去岁北方拳匪事起，市面大为减色，而钱业受亏尤甚，迨至腊尾春头，倒闭者多至数处。近日泰合昌钱店又骤然倒闭，所欠甚巨，商务败坏一至于此，有心人不禁感慨系之矣。

春初汉上米价大为平减，近日忽又加昂，推原其故，实因湘中自新岁以来，雨泽甚稀，水势浅涸，米船一律停滞，故市侩不免垄断居奇也。

（《申报》）

4 月

1.汉皋市价

（1901 年 4 月 10 日）

汉镇瓜子一物出产甚旺，去岁各商采办，其进本宝价约银十两一石。现闻上游来货无多，近已陡涨至三十一二两之谱，想存货各家无不利市三倍焉。

（《新闻报》）

2.茶业述闻

（1901 年 4 月 18 日）

汉口访事人云：近年中国茶务已成江河日下之势。闻茶业中人云，本年山西、广东各茶号因频年亏折太巨，相率裹足不前，较之去年尤为减色，汉上各茶商未免一筹莫展矣。

（《申报》）

3.汉上钱市

（1901 年 4 月）

去岁汉口钱业一项，获利颇厚，因此开春以来，集议增设钱庄者，多至七家，其余新设钱店，尚不在其内。

（《湖北商务报》第 67 期）

5 月

1.论畅行银圆当由各省彼此通用

（1901 年 5 月）

中国上下财力一时既未能通行用金元，而但用银圆，则银圆即为中国货币之本位矣。然一国家分作三等，朝廷上也，官府中也，民间下也。今中国银圆创自官府，而上之解部各款，仍收银锭，则仅为得半之道矣。民间虽渐用龙圆，而墨洋通行已久，则又去其半矣。沿海、沿江各省始行用银圆，而各省之商务以与外洋通商为大宗。洋商皆以墨洋行用于中国，因不用中国龙圆，则又去其半矣。其一切喜用铜钱，甘用钱庄之花票者，犹不在此论也。夫中国自铸之银圆，民间亦既信之用之，而兑换铜钱价值有时转不及墨洋者，此其中有自为阻力者在也。其自为阻力奈何,曰:墨洋行用于中国既久,沿江、沿海各省遇有墨洋,其在甲省之信用无以异于在乙省也,若遇龙圆,则本省之信用他省者,不如其信用本省者矣。夫信用一省,固不如其信用两省、三省、四省之便,不待智者而知,则龙圆之不足以抗墨洋,而行之不畅也必矣。今闻墨西哥已于前年停铸旧式样钱,另铸新式者运华行用,而上海商民乍见愕然。至今三年,墨西哥新式银钱(其式均照旧,惟边纹似中国龙圆)民间罕有见者,殆尚未通行。而旧式墨洋,市上多棱角欲刓者,其新且白者不概见,或其旧式者实已停铸。此事在墨西哥忽然改式,以向来灌用中国之一大销场,甘就退减,其故殊不易解。然留心商务者,若果早为查访,知其确实改式,则正我国畅行龙圆之一机。龙圆渐盛,墨洋渐渐自衰,民间自不行用,洋商必改用银块、银砖,而不能责言于我也。窃谓通商之道贵在乘机,尤贵在通盘打算,有抵制而无禁阻抵制者。彼以此来,我以此往,相抵于自然者也。禁阻者阻使不来,禁使不行,相阻于勉然者也。今各省所铸龙洋,此疆彼界各为行用,是禁阻也。一经禁阻,则官中不用,即民间亦不用。一旦有由甲省至乙省者,必携带通行之墨洋而不携带龙洋,是阻彼之来即阻我之往,得失适相抵,而徒使墨洋得利而已。若铸造龙圆之各省会商通用,凡所谓以若干成搭放搭收者,甲省可用乙省所铸者,乙省亦可用甲省所铸者,则彼此往来亦适相抵,而商民得流通之便利,则自可与墨洋同价,不必定用墨洋,若更值墨洋缺乏之时,不收回墨洋之利而龙圆大可畅行乎。

(《湖北商务报》第70期)

2.汉口地方养猪情形

(1901年5月)

湖广地方不产白猪,惟湖南州县产半白半黑花猪。湖北花猪亦不多,概饲养黑猪。产花猪最多处,湖南为桥口、易俗河、靖港附近之地,湖北为潜江、天门、沔阳、簰州。凡养猪法,每天正养二次或三次。湖南给米,湖北给杂粮、酒糟、野菜、小麦、糠等,如欲其肥满,炒大麦为粉,与他物混合而使食,最妙云。

牝猪每一年生子三回,每生子自六头至十七八头。仔猪生后,经一个月,则离乳就食;经五六个月,概达五六十斤;经一年,概达百斤。仔猪,名小猪。又,养猪稍大,名造子。又,半大造子,最大谓肥猪,肉猪,其价格每一斤自八九十文至百文内外。

种猪、牝牡,皆味不甚佳,故无食者。小牡猪经三四月,皆施去势法,谓之割花,又名锹猪,是由欲发育肥满也。

母猪,佳食,油腻多,油腻多恐害胎仔,故受胎之际给粗食。生子后给佳食,欲乳多也。

母猪得饲养十年间,岁弱则价昂,然概一头三吊文至五吊文为常(剥皮而卖者概为死猪,贫穷养猪者为之,其不贫者尽投弃之)。然其肉,人不吃,惟其皮用造鼓,是由肉味不佳耳。若欲供吃用,则二三年受胎,后去势,同肥猪,且乡间养肥猪者,多养母猪,郎猪极寡,二三中里间,仅止见二三头,而非贫贱者则不养之。盖交尾之时,要赁银每次一百文,饲养郎猪比肥猪、母猪较要佳食,且每食调用食盐三四两,是为养猪精气。郎猪一头交尾母猪百余头,然其价额廉于母猪,每头不过一二串文,惟以造鼓皮则价昂于母猪之皮,然其肉,人不吃。

买猪宜于乡间养猪家若猪行,小造子、半大造子,随意得之。又有簰猪者,常于媒介商转卖其所买收猪于猪行之时,随意选择购去。

白色猪毛采取法同黑猪鬃,输来自湖南及其他地方,雇男女工,以梳篦梳清之。白猪毛产额极少,故无巨额买卖,惟时时输送广东。黑猪鬃亦从前人顾之。然数年来,汉口外国商贾,始其买收,年年增加其产额。前年汉口输送外国及中国各口额共计六千六百九十三担,价额十九万二千五百四十八海关两,现时市价每百斤上等品一百二三十两,中等品九十两,下等品四十两,长四寸至六寸者为上等品,二寸至四寸者为中等品,二寸至三寸者为下等品。河南地方产上等品,山西次之,四川又次之,湖南、湖北又次之。河南猪,称曰山猪或北猪,一头重量约二百余斤,体大岁老,其毛深长,非他省产所及。花猪比黑猪身体矮小,骨骼不大,人曰比黑猪易肥满,然气候、地质之不同,到底不如河南猪也。

(《湖北商务报》第 72 期)

6 月

1.论银圆局各省不必多设

(1901 年 6 月)

自粤鄂两省创设银圆局,多铸小银圆,以济制钱之不足,而沿江、沿海各省缺乏制钱者,遂多送银搭铸,东三省制钱尤缺,搭铸较多,厥后各省以搭铸解送往返,耽搁时日。稍觉不便,又谓铸造小元,较有盈余之利,遂各谋自设银圆局,于是江南、安徽、浙江、奉天、天津各处继起者不一而足,然铸造或未尽美善,不如粤鄂所铸之通行,故前年朝旨有专归粤鄂两省铸造之说。然江南较有权力,能使本省行用,天津、奉天制钱较缺,小元行用渐惯,均照旧开设。近则福建银圆局,向系上版者,亦归官办,江西亦有购机器设局之议。窃谓中国银圆,通用未遍,虽以粤鄂创设之最先,铸造之最善,行用之最广,尚时时以来银缺乏,停止铸造,盖银圆销流之速,必不如机器铸造之速也,且铸造较多之省份,非尽用官中藏银鼓铸也,半由钱商送银搭铸,自行运销于各处。其中应得赢利,与官中应如何配分,自有妥善章程,两者有相益而无相害。今若各省各设一局,则是以一省之铸造,不过供一省之行用,行用有限,铸造无穷,二者常处不相及之势,又以盖造厂屋费其一,购买机器费其一,委员、司事、工匠之薪水,辛工以及灯火、油煤、皮带之类,一切杂用,又各费其一,则断断归于亏折不支而已。今若仍向各省已有之银圆局,铸造较善,信用较广者,与之商订搭铸,其所有赢余之利,公平配分,搭铸者多分,代铸者少分,则搭铸者于一切设厂、购机、开办常年各费用尽可不需,而稳得配分之利,与自行设局者,其损益不可同日而语矣。而代铸者,以已有之局厂、机器、员司、工匠等代为效劳,工闲则填补空缺,工急则或添作夜工,或添用工匠,配分赢利,即格外寡取,必可敷费用而有余,则固无损而有益矣。夫货币之交易,与货物之交易,本不相同,货物者,生产各有其主地,制造各有其专门,而又有年岁丰荒,居积盈虚,品式新旧,种种之不齐,故可各开行业,一争逐而竞进。然一阛之市,百业为备,而某业也少,某业也多,货殖者早已知所趋避,而善经营者尚有合数家小铺为一家大铺之计(谓同一业者),盖一市之中,一业之交易,只有此数。为数家小铺,则一切费用,以分而多费;为一家大铺,则一切费用,以合而省费也。况货币之局,设之于官,本省之中,无与争逐而竞进者,以天下为一市者也。造货币者,销于一省,自不如销于数省之获利多,设局以造货币者,一省设一局,自不如数局共一局之为费省矣,则一省设一局,不适同于一市之中,一种之业,多开数小铺乎?数省共一局,不适同于一市之中,一种之业,合开一大铺乎?故货币者,当以天下为一市者也。

(《湖北商务报》第 73 期)

2.茶市近情

(1901 年 6 月)

汉口茶业中人云:此间现查得去年英国尚积存华茶二五箱四十余万箱,美国尚积存九十余万两箱,俄国未知。大约头二帮细茶,英美尚须添买。若粗茶只俄国可消,而去年俄国所消印度机器茶甚多。闻印度出口向只三百余万箱,去年则增至九百余万箱。虽茶味亦不香,而价甚廉。此间茶客,甫于昨、今陆续到来,约有三十余家。刻已将祁门茶样发交洋商茶师验看。据栈中通事验得茶味又逊于上年,以雨多而天气又不正之故。恐开盘价钱未必能高,而两湖又逊于祁门。

(《湖北商务报》第 74 期)

3.汉口茶市

(1901 年 6 月)

汉口商家信云:所到之宁州茶,从未有若今年之坏者。不独宁州茶为然,即自别处而至之茶亦未见较佳。要以祁门茶样今年为最,盖以好茶之少,惟此已觉差强人意也。其故由于多雨及数礼拜前之黄沙,皆足为茶之患,直无可补救也。九江茶初七号已到,祁门茶初九号开盘,每担银自四十两至五十两,茶样虽多,要不逾此数,汉口新茶初十号始见开盘之价,低于去年。要以俄商所购为多,本月十三号止所到半箱茶及其销数有表如下:

今年九江茶到八万三千五百七十三箱,已销二万三千六百八十四箱,去年是时则到者有十二万二千零七十八箱,销去四万零三百零五箱。今年汉口到茶十五万八千二百九十三箱,销去七万五千四百六十八箱。

(《湖北商务报》第 74 期)

4.汉茶开盘

(1901 年 6 月)

三月二十一日开盘至四月初十日止,共售出两湖茶六百零八字,计二十六万二千六百十一箱;宁祁七百六十九字,计十三万六千四百六十一箱。价最高者,祁门之魁声、亿大、广昌、同昌五十二两,安化之奇声五十七两,价低至十两以下者甚多。

(《湖北商务报》第 75 期)

5.汉口自鸣钟商情

（1901 年 6 月）

各外国所制造各种钟表，汉口纯输入额，既往三年间统计如下：

明治三十年	八二七八　个	一六六三六　海关两
同　三十一年	七一九三	一六七六二
同　三十二年	八八二二	二二三八二

著大进步不可见，然其输入，追年较增加，盖中国人之于钟表，多以为装饰要品，不仅为知时刻之用。如客座中，必要悬挂此物，而外国制及日本制因各扩其销路，不独汉口如此，他口岸皆然。客年拳匪之祸，其余波所及，汉口钟表业者，亦概招损失，入今年来，市面犹未见起色，各种钟表中，销路得宜者如下：

外国制

美最时老牌坐钟每架五两八钱，大号半月天文钟十五两，美最时老牌月宫钟六两，二号七天天文钟七两五钱，顺发老牌华字钟五两，七天五角钟四两，顺发老牌月宫钟四两，对天方打架钟一两八钱，对天方打八音架钟二两六钱。

日本制

七天八仙钟每架四两，七天华字钟四两，天堆花钟三两四钱，以上为佳品。七天金柱钟每架二两九钱，七天大号鱼尾钟二两九钱，七天二号八角鱼钟二两七钱，大号八卦表三两四钱，二号八卦表三两二钱，月宫钟三两六钱，元头钟二两八钱，金花明钟三两，以上销路较狭。

外国制，价概昂，故比日本制，其销路不速，然其耐久则优于日本制。

汉口钟表类大卖、零卖店铺如下（自为输入者）：

亨达利、播喊、利喊、宜喊、正记怡喊、福记怡喊、美最利、广盛裕。

日商东肥洋行，亦特输入贩卖，其余继续者，不遑枚举，亨达利、播喊、两怡喊、利喊，共构店铺于河街，美最利、宜喊、广盛裕共在正街，目下商势，播喊为第一，正记怡喊、亨达利、广盛裕、美最利、福记怡喊、宜喊、利喊次之。

（《湖北商务报》第 75 期）

7 月

1.茶栈述闻

（1901 年 7 月 28 日）

汉口访事友人云：今岁两湖茶市大为减色，汉镇各茶栈均无利可沾，惟谦盛安一家生涯较旺，缘其所有之茶均售与百昌洋行，价值较别行略增故也。

（《申报》）

2.湘垣商务

(1901 年 7 月 28 日)

汉口访事友人云:寓汉各西商探知湖南自通商以来,贸易甚为畅旺,爰各遣伙友驰往彼处开设分行。现闻已抵湘省者,计有八九家之多,将来日增月盛,商务必大有起色也。

(《申报》)

3.汉水明珠

(1901 年 7 月 29 日)

汉口英租界奥商新设之合顺行,所延买办冯少梅因亏累过巨,乏术弥缝,遽尔逃避,被累者以钱业、粮行为甚。现各债主已将冯甥某甲扭送捕房,请为押追。

夏水盛涨,正小船得以畅行之时,有某巨商等拟就汉口、黄陂二处创行小轮船,以济往来,业已具禀道辕,想事属便民,定能准如所请也。

(《申报》)

4.优保能员

(1901 年 7 月 31 日)

汉口访事人云:去年湖北夏口同知陈少石司马办理富有票匪,甚合宪意,蒙湖广总督张香涛制军具折保奏。奉旨:准过道班送部引见。等因,钦此。司马遂将经手事件交代清楚,行将入觐天颜,所遗夏口同知一缺,省宪札委汉口商务局会办兼筹饷局总办张尧臣司马接署,闻司马已示期,本月二十一日接篆任事矣。

(《申报》)

8 月

1.汉皋近事

(1901 年 8 月 1 日)

汉口日前江面有三划船,鼓浪而来,突遇小轮一艘飞至,舟子躲避不及,当即倾覆。幸旁船援救,未致伤人。

招商局江裕轮船前日下驶之时,人多拥挤。忽有一人失足落水,打捞不及,已葬身鱼腹,诚可惨也。

初七夜□家巷某姓宅,忽兆焚如,延烧两句钟方熄。

汉地自初六日起,天气已晴,惟水势尚未稍退。汉阳城中,现尚水深数尺。

迩来米价日增，计上色米每石须五千三百文，中米亦须四千五百文，次米四千左右。

（《新闻报》）

2.拟募华工

（1901 年 8 月 17 日）

汉口访事人云：迩者驻汉比利时国商人某君访知汉阳造砖厂获利颇丰，爰在汉皋招募华人二十名，带回教习国人。俟三年艺成后，再行携之来华，就汉口设厂仿造，以分其利。其应募诸人薪水，概从优给，故应募者颇见踊跃也。

（《申报》）

3.汉口石膏

（1901 年 8 月）

日本陶器制造所用石膏，概为中国及法国产。湖北省应城县，不论山地与平地，广产石膏，故俗谚曰：湖北一行宝，应城出石膏。近时安陆县亦见出产，然其质带红色，劣于应城产数倍，石膏有上、中、下三等区别，最上称曰提庄，次称曰宁庄，又次称曰申庄，最下称曰夹庄，提庄其色纯白，有光彩，形状大而厚，概输出四川、南京、芜湖、镇江、宁波及湖北沿江各地。由税关报告，查其数量如下：

明治三十年输出额	二二八二四五担	六八四七七海关两
明治三十一年	一六三六六八担	四九一〇〇海关两
明治三十二年	二三六八八一担	七一〇六四海关两

又，三年中，其直接输出外国者，明治三十一年，仅止十七担，其价额甚微，不足论，然尚为汉口输出再输出重要货物中优品。

石膏，中国人多为下剂用，棺材涂饰、米舂、豆腐、漆工等材料皆用之，然其大宗为肥料之用，肥料用石膏比用豆饼价廉，且坚固稻苗周边云。

汉口市场石膏卖价，向以钱平十六两秤二百三十斤，浙宁秤二百二十斤为一括（钱平百斤当日本九十五斤，西洋百三十六磅，六六六。又，宁秤百斤当钱平百五斤），每括银一两许，然近时以担数卖买，每担约银四钱八九分，东历四月至五月，其需用颇多云。卖买石膏商铺，在汉口土礄口，下数家为有名：

吴源茂、胡恒发、万昌祥、万文记、万泰丰、泰记、森记、张永记、刘田忠、恒隆恒记、裕盛。

（《湖北商务报》第 81 期）

9 月

1.开办学务
（1901 年 9 月 3 日）

湖北学务处设在督署，与营务处对峙，上月动工修造公廨，昨已禀报工竣，南皮制府命两总办郑、赵二观察率诸委员于十九日入局办事矣。

（《新闻报》）

2.定期开学
（1901 年 9 月 3 日）

湖北省城三书院、四学堂于前月上旬一律放伏假，诸生各归休息，现已新秋，天气渐凉，南皮制府命于十九日一律开学，照常功课矣。

（《新闻报》）

3.促议商务述要
（1901 年 9 月 13 日）

探闻草约签字后，其更改通商章程一事，以商务大臣盛丞堂熟悉情形，必须丞堂到京会商全权，庆亲王已两次发电催促矣。

（《新闻报》）

4.论厘金有将裁之势
（1901 年 9 月 19 日）

昨报载称，天津钞关拟归新关并征，由税务司德璀琳管理，已派定熟识税务西人为钞关督。内地土货行抵津关，按照每百分抽十五分报纳，无论行至何处，免纳捐税云云。阅竟不觉瞿而起曰：是即所谓税厘并征之法也。厘金之病，上下皆知之，然公款于以挹注，候补人员于以豢养，正有不能遽去者。故己亥之冬，英人以不肯加税相难，必欲中国裁厘金而后加关税，中国宁弃关税之简便，而留厘金之繁重，议卒不成。此次会议赔款，中国请加税至值百抽十，英国仍请裁厘金，卒只加至收足值百抽五而止，□内外大臣终以厘金为不可遽裁也。夫厘金一项，久已抵押洋款，今钞关亦须抵押赔款，有各省钞关并归税务司办理之说，若果实见施行，则厘金一项将有不裁而裁之时。盖厘金早经抵偿，税务司本有管理之责，徒以事太繁琐，内地民风未习，商情未通，港汊纷歧，道涂杂出，不得已仍由华官办理。而每年综其所收，以足还洋款为合度，今并钞关而归之于税务司，则是通国捐税弃于一处，或分收，或并征，操纵自如。观于天津钞关，按照每百抽十五，无论行至何处，免纳捐税，是可知税司之意，在于并征矣。大抵各国理财之员，重在便商，商务盛则收数旺，其理甚赀，其效久彰，故初办一事，不问其如何多征，而先问其如何便商。中国商民以厘金之节节，为难重重，弊窦久已苦之，故有挂洋旗冒洋货，用三联单以免厘金者。洋商亦以为阻滞洋货销路，宁加税而裁厘。税务司既知之甚审，则当接办钞关之时，必将统照津关并征十五分办法，商民利于通行无阻，自愿就关而不就卡，久而久之，厘金一项无人顾问，所谓不裁而自裁也。夫以数十年之积弊，极内外□臣之擘划，商民之怨毒，外人之争论，欲裁而不能裁者，一旦竟裁，岂不痛快。然不裁于加税未定之前，而裁于加税既定之后，则中国之受亏正大。洋货进口税每百两抽银五两，加内地子口半税银二两五钱，共计七两五钱。厘金既裁，则洋货纳银七两五钱之后，即可通行无阻，而土货并征，照天津章程，须银十五两，是较洋货而倍之。如英领事哲美森之言，中国若允裁免厘金，则关税可加至值百抽十二，今既以不能裁厘之故，仅加至值百抽五，而厘亦仍有将裁之势，是独苦华商也。且照天津所定，是必土货纳捐须百分之十，或不止百分之十，故税务司加以关税百分之五而成十五。夫土货之捐税，倍于洋货之税，裁厘与不裁厘，本无区别。然裁之而可以加洋货之税，何为而不裁？向之不肯裁者，亦冀其竟不裁耳，今实有将裁之势，亟宜裁厘加税，以挤洋货、土货之平。中国现时情形，非制造货物之国，而为出产材料之国，故必轻土货之捐税，使出产之材料成本较轻，得畅销于海外。重洋货之税，使洋货价贵，而华工尽其心力，以研求制造之艺，则国与民俱当矣。今反其道以行之，则病国者小，病民者大，而要其初即以不肯遽裁厘金之一念，遂使土货之捐税倍于洋货。不裁厘然，裁厘亦然，然则何为而不议先裁也？夫亦知厘金已有不裁而自裁之势乎。

（《新闻报》）

10 月

1.会阅汉厂

（1901 年 10 月 13 日）

鄂函云：廿四日南皮制府会同端午帅渡江至汉阳，先阅铁厂，次阅枪厂，后阅钢药厂。阅毕，赴伯牙台宴会。是日，藩台瞿赓甫方伯、臬台李少东廉访及各候补道两首府，均随同前往。归来已钟鸣八句矣。

（《新闻报》）

2.论行用钞票亦须辅以小银圆

（1901 年 10 月）

湖北之行用官钱票有年矣，而奸商恶侩，犹有所把持于其间者，岂有他术哉？始则高抬钱价，以贱收官票，贱收官票即以盘支官钱，盘支官钱又以贱收官票，是官钱票之行用专为若辈牟利计矣。问者曰：钱价何以能高抬也？曰：钱缺也。钱缺而官票可用，官钱局可支，彼何以能贱买也?曰:交易一道,其所以转换流通,能愈推愈广者,无非取其便而已,均是钱也。有铜而复有银,有银而复有金,人之用钱者,喜铜不如其喜银,喜银不如其喜金,均是货币也。有现钱复有钞票,人之喜用现钱不如其喜用钞票,所以然者,用铜不如用银之便,用银不如用金之便,用现钱不如用钞票之便也。官票所以通用甚广者,亦利其便而已。其便奈何?曰:赍之甚轻,而钱铺皆可交换,价又划一故也。若交换官票,时时必向官局,则略有所不便矣。其钱铺之行销甚广者,利官局之钱较大,兑换来铺,可参以略小之钱。又,官局之钱,九八之数必足,钱铺则每年千中,或数百减少为九六、九七,甚有九三、九四者,然钱铺若仅贪此微利,无碍大局,亦民间所不甚与争,官亦不甚为禁者也。若至于高抬钱价,官票将明明少兑若干钱,或故为不收,以把持其间,则民间持有官票者,若不甘受其抑勒,有交换必持向官局,则所谓略不便者矣。于是,因向局支兑之费事,而姑贬价于钱铺焉。偶贬价于钱铺焉,钱铺则居之不疑,而把持之力生矣。今夫民间用钱,由数文用至数十文数百文者居多,径用至千文数千文者少,钞票所以必交换现钱也。故欲杜奸商之把持,惟有使民间少用现钱之一法,官票划一,以千文为限,不能如各省花票,有四百、五百、六百至一二百者之错杂纷纭也。然则所以补助于钞票、现钱之间者,莫如一角、二角、半角之小银圆为最便,可不求所以畅行之乎?

(《湖北商务报》第 86 期)

3.武、汉行轮

(1901 年 10 月)

武昌、汉口两岸有紫云小轮一艘,专以渡客,取资甚廉,搭客颇多。

(《湖北商务报》第 86 期)

11 月

1.厘局改委

(1901 年 11 月 11 日)

汉口新设米谷厘金局,奉督抚二宪前委恩刺史玉接办后,兹悉,刺史已改办宝塔洲米谷厘金差,故汉局另委曹刺史家治接办,业已上院禀谢,奉委到差。

(《新闻报》)

2.汉市银紧

(1901 年 11 月 13 日)

现下汉口开办绅富捐已成巨数,各业均一律从速缴兑,故现银纷纷发解,银根一时大为吃紧云。

(《新闻报》)

3.鄂省官场纪事

（1901 年 11 月 13 日）

汉口米厘向由商人认缴，为数甚巨，中饱之弊势难尽除。近日督宪张香涛制军会商抚宪端午桥中丞加意整顿，拟就汉口设局征收，改为官办，札委恩刺史总其成，嗣以刺史方办宝塔洲米厘事务，遂另委曹刺史接办。

（《申报》）

4.中日商务述闻

（1901 年 11 月 23 日）

中国与日本于近十年来，往来商务日见其胜。查光绪十五年日本出口至中国之数，计金洋五百八十二万五千元，至廿五年内，已增至四十兆廿六万元。而中国于十五年出口至日本之数八百八十万元，增至廿八兆七十万元。又，廿五年、去年之乱，日本出口至中国跌至八百五十万，而中国出口至日本反增一百十八万元。又，日本与香港之商务亦多，计光绪十七年，日本出口至香港之数十二兆五十万元，至廿六年则增至三十兆元，其香港至日本之数则由五兆增至十兆元云。

（《新闻报》）

12 月

1.推广邮政

（1901 年 12 月 7 日）

汉口访事友人云：中国兴办邮政渐著成效，近更设法推广，以挽利权。江汉关税务司贺必蕴君，见汉阳商务日盛月新，鳞羽往来不容迟滞，爰令就彼处设立分局，以利邮传。

（《申报》）

2.汉口商务必将日盛说

（1901 年 12 月 22 日）

自来振兴贸易之道，固在人力之善乎营谋，亦由地势之贵乎扼要。昔越相范蠡既破吴，知越王勾践可与共患难，不可与共功名，一舸鸱夷，飘然而去。既至陶，以其地为天下之中，四方商贾之所辐辏，于是设肆经营，不数年而千金三致，谋富之术，至今艳称，盖亦握贸易之纲维，故能财贿殷凑，顾盼自雄也。中国自与泰西各国通道互市，西人以沪上一隅南通闽粤，北达幽燕，大海为其屏藩，长江是其管钥，轮舶荟萃，电掣飙驰，用是商务之兴，蒸蒸日上。合计地球通商各埠，英国伦敦而外，繁盛几无与抗衡，夫非地处中权，固安能若是之日增月盛哉？由此观之，商务之贵得地势，亦古今中外之所同，而其故可深长思矣。至若中国之有扬子江，由江苏迄乎四川，绵亘四五千里，中间通商口岸，若镇江，若江宁，若芜湖，若九江，若汉口，若沙市，若宜昌，若重庆，其大者已有八九处。此外，滨江各市镇星罗棋布，尤不可以数计，类皆行旅络绎，商贾骈阗，而核其商务之最盛，则终以汉口为首屈一指，盖以其地为长江之中，西通巴蜀，东达吴越，南则逾洞庭湖而至湖南，西北则溯襄河而至陕西，故论用兵之险要，其地固系上游，而论经商之情形，其地尤为要道。比年以来，华洋巨商接踵而来，固已为百货之转输，成四方之都会。而愚则谓此后更有方兴未艾之情，何则？自来商业之兴，必轮船与火车相为表里，火车以运陆路之货，轮船以运水路之货。今芦汉铁路之建，汉口实为权舆，虽目下已成者仅数百里，且自去岁北方肇乱，早已停工。然由此赓续为之，亦自易易设，一旦豫鄂之途畅行，则河南全省货物皆须由汉口转运，此商业之必盛者一也。湘鄂两省地本毗连，从前因阻于洞庭之险，经商者视为畏途，虽湘省物产富饶，无由为之转运。至陕省地处西北，襄河水势湍急，船只尤不易行，籴贱贩贵之流相率望而却步。今则洞庭湖既有小轮船往来，襄河中亦有人为之试办，他日行驶既熟，陕西、湖南两省之货，何难借小轮船赴汉皋，此商业之必盛者二也。至若湖北本省土产各物，若武昌之茶叶，汉阳之棉花、葛布，襄阳之石膏、石绿，郧阳之石膏、雷丸，德安、黄州之苎布，荆州之锦缎、药料，施南之茶叶、楠木，运至各处，不难善价而沽。至本地所制茶砖，售于俄人，尤为获利。而鄂督张香涛制军又竭力振兴，既设商务局以联络商情，又创商务报以开通商智，建公司则力必厚，究制造则物必精，意之所专，事无不举，此商业之必盛者三也。若夫明后两年，顺天乡试及各省会试暂在河南举行，各省应试士人皆将取道汉口，此犹一时之利，而不足与言商业之大者。夫兴贸易，必视地利，而汉口既居长江之中，利懋迁必视人谋。而香帅又居崇高之位，官商合力，中外同心，由富而强，何难立致？今者法兰西商人既在汉口设立银行，日商亦拟仿而行之，定于明春开市行见，不转瞬而巨贾富商必将闻风而起。然则是说也，其殆汉口商业之盛之嚆矢哉。

（《申报》）

1902 年

1 月

1.厘务改章

（1902 年 1 月 27 日）

武昌访事友人云：鄂省岁入之款，向以厘金为大宗，近因赔款浩繁，时有入不敷出之虑。湖广总督张香涛宫保愸然忧之，爰与抚宪端午桥中丞一再筹酌，拟将厘金改归商办，以节经费而裕度支。中丞深以为然，即饬牙厘局总办赵渭青观察会商藩司瞿赓甫方伯详议章程。观察以港汉纷歧，局卡林立，若改归商办或恐呼应不灵，拟先将汉口一局招商试办一年，如果成效可观，再行酌量推广，刻已具详督抚宪，请示遵行矣。

（《申报》）

2.承办膏捐

（1902 年 1 月 27 日）

汉口访事友人云：迩闻汉口某某等土号七家，共认缴烟膏捐若干金，此后一应烟膏，均归伊等七家发售，他人不得私自添开。

（《申报》）

2 月

1.奏办湖北签捐彩票章程

(1902 年 2 月 3 日)

此票额设二万张,每张售银圆六元,张分十则,每则售银圆六角,共售银圆十二万元。中彩之票共二千零五十二张,计九张有零中一张,发彩之银圆共九万七千九百六十四元,计八一六成有奇发彩。

计开红彩银数暨票数。头彩一张计银圆五万元;二彩一张计银圆一万二千元;三彩一张计银圆五千元;四彩一张计银圆一千元;五彩一张计银圆六百元;六彩四张各二百元,共计银圆八百元;七彩五张各一百元,共计银圆五百元;八彩五张各八十元,共计银圆四百元;九彩十张各五十元,共计银圆五百元;十彩二十张各二十元,共计银圆四百元;十一彩四百张各十五元,共计银圆六千元;十二彩一千张各十二元,共计银圆一万二千元。头彩上下附彩二张各五百元,共计银圆一千元;二彩上下附彩二张各二百元,共计银圆四百元;三彩上下附彩二张各一百元,共计银圆二百元。凡与头、二、三彩末尾二字相同者,共五百九十七张各银圆十二元,共计银圆七千一百六十四元。

此票发彩之银圆既多,中彩之额亦广,实较各处彩票为优,一二月后如能畅销,再酌加三万张或四万张,其彩亦按票增加,如开至半年即照吕宋票加开双彩。

此票得彩者俱由江汉关官银号有成一律照兑,以昭信实。

此票按月开彩一次,初开二万张。至开彩时,无论所设之票已否卖完,卖票之银是否敷彩,一经开彩,中彩者仍是一律照数兑给现银圆,决不失信。

查江南各彩票承销者俱以九五扣用,此票格外从优,均以九二扣用,以示鼓励。

承销此票者须以现银圆□票,不欠分厘。

开彩之日江汉关税务司一同到场,帮同料理稽查。

此票总局设在汉口,凡承销票者俱由总局趸发,不售零张。

此票定于明年二月二十五日在汉口开彩。

(《申报》)

2.札兴警察

(1902 年 2 月 5 日)

昨有友人由鄂垣邮示张、端二大帅创兴警察事宜之札文一道,备录之曰:头品顶戴兵部尚书湖广总督部堂张、头品顶戴兵部尚书衔湖北巡部院端　为札饬事　照得整饬闾阎,禁戢奸宄,稽古昔之制,则有游徼,征外国之法,则为警察。湖北拟兴各新政,如学堂□制,皆已渐著成效,将次举办警察局,章程一切尚待求详。武汉水陆要冲,五方杂处,向易藏匿奸宄。近者盗风益炽，且有暗地放火之事。警察局务既未能旦夕程功，惟严行保甲一端，尚易消弭内奸，清察外匪，如能办理得法，即将来举行警察，亦有蹊径可寻。查省垣暨汉镇各处向俱设有保甲总局，又复分立各铺卡委员，延绅以资襄助，原期大小相维，奸宄屏迹，乃积久懈生，并不认真稽查，虽按季册报，亦不过陈陈相因之故事，其实铺有几户，户有几人，耳目未能周，善恶未能辨，以致奸人混迹，宵小生心，贻害良民，谁执其咎？苟欲亟图整顿，徒存保甲之名，不见保甲之效，将实事求是之谓何？本部堂院欲挽回积习，先须分任，责成武昌府保甲应饬现署知府梁守会同保甲提调，督饬各员悉心经理。梁守志虑忠诚，不辞劳怨，本部堂院相知最深。此举关系地方，责无旁贷，尽心所事，自不待言。至汉镇华洋杂处，商贾辐辏，靖内绥外，责任尤重，仰按察司会同江汉关道妥议章程，督同印委，认真办理。总之，保甲一事于异时之警察为始基，于今日之地方为急务，法良意美，事在必行，承奉员绅亦当振刷精神，共襄此举。法有难逭者，务须雷厉风行，令有当更者，不可蹈常袭，故期于斟酌尽善，纲举目张，本部堂院有厚望焉。合亟札饬，为此札仰该守即便遵照来檄事，宜认真举办，仍将如何办理情形，随时禀复查核，切切，特札。

（《申报》）

3.汉市起色

（1902年2月17日）

客腊湖北内地各属，市面尚稳，因此汉镇局面亦颇有起色。各项商业俱能支持，绝无倒闭之事。洵半年来，所仅见者也。

（《新闻报》）

3 月

1.汉镇市情

（1902年3月1日）

汉口访事人云：去年汉口市面尚觉平稳，倒闭之事寂无所闻，诚为年来所罕见。匹头一业获利更丰，故今年有富商等各集巨款，就黄陂街、河街等处已增设七家。而钱业亦因去年获利较丰，添设者约有八九家之多。至官丝局去岁所出之丝，质色俱佳，洋庄销数颇旺，获利不下四万金左右。惟制麻局因经费不足，势将难支，闻有赁与日人办理之信，不识确否。

（《申报》）

2.湖北各州县通行签捐票章程

（1902年3月22日）

武昌访事友人云：鄂省开办签捐票，通饬各州县一律仿行，昨日已将督宪张宫保、抚宪端中丞批示录登报端。兹将颁行章程探录于下。

一、此项签捐票系仿照西法通省开办，专为筹集新约赔款，免派按粮捐输及按户抽收房屋捐之意，即归善后总局办理，专设签捐所一处，分派委员经管。先将捐票造印齐全，各照派管州县，分别大、中、小，先行清出，督同司事编立号数，各装一箱，签贴某州县某月分彩票若干张，俟各州县赴领，即取具印领，申明领某月分票若干张，应得票价若干串，除以五成给彩并提出九五扣若干，实应解票捐钱若干，于下月领票时解省缴清。此项印领即由管票委员收存，俟余款解至，查照核销。

一、分发各州县签捐票，均由总局先月制办。各该州县应于每月二十以前备具印领，派人赴总局领回，清点号数，加盖密记。延集绅富，剀切劝谕，晓以大义，令其承领分销。应交票价即责成绅富按月缴清，不得延欠。应予经手辛劳，准按票价九五扣给。所须领票、解钱各种费用，即归各州县捐廉，不得另行开支。武、汉、黄、德、安、荆距省尚近，荆州、宜昌均通轮船，应按月领票缴款，其襄阳、郧阳、施南等属，往还太远，准其三个月缴款一次，但不得迟延过久，致误公项。

一、州县繁简不一，现分大、中、小三等，各派销票三千张，价则递减，不令为难。派得之彩亦视价之多寡分别核定，不稍偏枯。计票三千张，均定得彩一百八十三号，以视各省所行彩票均属相符。一俟捐票制齐，即札发沿江并单列大县各州县先行开办，其偏远州县亦即于奉文之日赴局请领，不得诿延。现拟自二十八年二月廿九日开彩起，以后仍按每月廿九日开彩一次。各州县得彩号次，无论大、中、小，州县应得之彩，均以省局所开彩号为凭。

一、总局开彩每月廿九日为准期。开彩之日，即先将头、二、三彩电传各府州排递所属州县牌示。仍由总局将各彩号码刷印对号单，封递各府州转递客州县，大县三百张，中县二百张，小县一百五十张。此项对号单到各州县，务即责令经手绅董分散城乡市镇各公所，凡庙宇、公局、家祠、行栈、码头等处广行张贴，必令购票各户人人周知，不准隔阂滋弊。（此章程未毕）

（《申报》）

3.续录湖北各州县通行签捐票章程

（1902 年 3 月 23 日）

一、各州县留给彩票之款，应由该牧令择定在城殷实铺户，此次即系承销彩票之家，妥为存放，责成经手收发。仍一面出示晓谕，俾众周知。每月俟省局开彩对号单到，先给该铺一张，以备查核。何户何票，得彩若干，即可持票赴该铺查对中彩号单，分别领取，俾资简便，不可令赴衙署领取，尤不准胥吏、丁役经手，致启需索、扣减、留难之弊。该铺亦不得折扣压搁，致干查究。

一、各州县票价应缴五成入公，以期为数较多，庶可凑济赔款。各州县每月领销捐票，一届开彩之期，无论已未销完，而此归公捐款，应惟州县是问。如该州县体察地方情形，不能营销此票，应于奉文日先行飞速禀复，一面由该州县自行另筹办法，或认办别项捐，总须各就本地自筹，确实有着。该州县果能按月筹足签捐所派应缴之数，即可不必定办此项签捐，若推诿签捐不办，而又不能就地筹出巨款，亦惟该州县是问。查按粮捐输系专取之农家业户，若士民工商住宅一律派出房捐，则通省有业无业之人均须输纳，不免扰累。惟此项签捐分票分条，不论何项人等均可出其有余，量力报效。此乃督抚宪因筹款浩大，部限严切，体恤民艰，不得已而筹此策。制票开彩又均由省城总局经理，大公无私，毫无弊窦，即可免加派丁漕之粮捐及按户抽收之房屋捐,而所买捐票又可得重彩以收千百倍之利。该州县若能仰体谕旨,切力筹措,不准丝毫短欠,不得稍有迟误之训,实力奉行,设法劝导地方绅富,当无不感发兴起踊跃争先者。倘有地痞衿棍倡言阻挠,以致筹款无着,终归于按粮加派丁漕,按户抽收房捐,则是该痞棍等不顾大局,贻累乡闾,即由该州县拿究,勿稍宽贷。

(《申报》)

4.汉阳近事

(1902 年 3 月 29 日)

湖北富签票总局设于汉口商务局内黄陂街筹饷局,并设有分售处,日来赴局购票者,熙来攘往,热闹异常。于此,足见大宪理财之工,固远逊于操奇计赢之辈万万也。

(《申报》)

5.汉口商路

(1902 年 3 月)

二十六号汉口访函云:此间商务渐有蒸蒸日上之势,现城内有人购造房屋,因开设小洋行数处,因之地价亦渐昂贵。又,所造铁路,其工程甚为迅速,不日可接至湖北边境,各处行用东洋小车,亦甚便利,而小民又多获利,较之前此,行必用轿,有苦乐之殊矣。

(《浙江新政交儆报》)

4 月

1.鄂铸铜圆

(1902 年 4 月 2 日)

汉口访事人云:湖广总督张香涛宫保近因苏省鼓铸铜圆颇便行用,知民间风气已开,爰亦命湖北银圆局附铸若干,藉以维持圜政,大约开铸之期当不远矣。

(《申报》)

2.制钱骤贵

(1902 年 4 月 2 日)

汉口访事人云:新正以来,汉口钱市尚觉平稳,乃二月朔起,其价陡增,推原其故,皆因茶市方兴,各路茶商携带现银来汉,以故孔方兄身价骤高也。

(《申报》)

3.湖北签捐沪局来函

（1902 年 4 月 8 日）

径启者，顷读贵报有抑勒签捐一事，查月月中等三家同登江南票大减价告白，将江南、浙江两票合售洋九角，致被广济公司所控，实与湖北签捐不相干涉。盖湖北签捐，案经湖广督宪张宫保奏准，咨行两江，在沪设局，委员办理，事属官办，与商人所设公司不同，且与广济公司各销各票，并无纠葛，请即更正，以昭实在，至祷，此颂时祉。

（《申报》）

4.日员莅鄂

（1902 年 4 月 19 日）

汉口访事人云：湖广总督张香涛宫保以时事日艰，非力行新政不足以致富强。而创办之初头绪纷繁，亦难就理，爰于某日电请日员佐木铸方君来鄂，承充备问官，以资臂助。

（《申报》）

5.汉口访函

（1902 年 4 月）

寓汉各国商民因湘潭将开商埠，其前往查看商务情形者，络绎不绝。

（《湖北商务报》第 102 期）

5 月

1.汉皋茶市

（1902 年 5 月 19 日）

汉口访事友人云：此间业茶之家，近已开市交易。计三月二十八日，祥太昌交履泰洋行宁州福保茶一千五百六十箱，每担价银五十两。二十九日谦顺安交百昌洋行羊楼洞天宝茶三千一百八十箱，每担价银二十五两。厚生祥交百昌洋行羊楼洞春蓝茶三千一百五十箱，每担价银二十五两。三十日熙太昌交顺丰洋行安化生记号拘华茶六百三十箱，每担价银四十两；奇品茶五千四百六十箱，价相同。又，天顺长长记茶五千一百六十箱，每担价银三十八两；早春茶五百箱，每担价银三十八两；诚记茶四千五百箱，每担价银三十六两；得春茶四千一百箱，每担价银三十六两；宝聚兴宝萃茶五千一百三十箱，每担价银三十五两；芙蓉茶五千一百二十箱，价相同；源生利源生茶五千一百二十箱，每担价银三十五两五钱；顺生福顺昌茶三百六十箱，顺发茶三百四十箱，每担均价银三十七两；福生祥安兴茶三千四百六十箱，每担价银三十四两五钱；脉华茶三千四百六十箱,价相同。又,谦慎祥密华茶三百一十箱,每担价银三十七两五钱。

(《申报》)

2.汉江茶市

(1902年5月25日)

汉口访事人云:此间头茶现已开盘,计安化茶每担自售银四十两至二十四两五钱,云溪茶每担售银十三两八钱,龙坪茶每担售银一十三两,北兔桥茶每担售银十六两二钱五分,羊楼洞茶每担自售银二十四两至十七两,桃源茶每担售银二十五两,崇阳茶每担售银二十两,通城茶每担售银十八两,聂家市茶每担售银十六两五钱,高桥茶每担售银十七两。计至初三日止,两湖共到茶二百零六字,都八万五千六百六十件,售出一百零三字,计三万三千五百六十件。祁宁茶共售出一百字,都一万七千八百六十件。

(《申报》)

3.论商务报当附录时事要闻

(1902年5月)

商务报为商务专门之报乎?曰:然。商务报不当载商务以外之事乎?曰:不然。非商务专门之报,何以名为商务报?此夫人所知也。若不载商务以外之事,实未完其为商务报。此夫人所不知也。何以言之?自欧美日强以来,商务为立国命脉,以商务强己国,即以商务弱人国;以商务存己国,且以商务亡人国。近年日本国势骎骎乎欲方驾欧美者,恃有商务也。日本商务,皆步趋欧美,今论商报体例,请未征诸欧美,即征诸日本。日本商报最著者,如《通商汇纂》《东京经济杂志》《中外商业新报》各种,虽未谙东文者,翻阅而审其题目,则一纸一册之中,所报之为何事,无不可知其大概也。《通商汇纂》体例,首商业,次工业,又次农业,又次水产,又次矿业,又次货币金融,又次关税,又次交通,又次移民,终之以杂报或又终之以附录,则不尽商务矣。《经济杂志》,首社说,皆商务;次史海,属商史者一二,不属商史者八九;又次经济会演说;又次论说;又次寄书,多属商务;又次杂报数十则,则大半非商务,或载及国宪党之主旨、选举法改正之问题,选举法改正之提出,露国外相之移檄,帝国议会之汇报,米西媾和之条约,菲律宾对米之意思,军备限制之提议,府县制之交涉,而其中新刊批评,时事日记,皆与商务无涉者。《中外商业新报》,于日报各种商务外,其海外电报,则或及南阿媾和之问题,南阿派遣队,英国内阁之会议,中国宁波之骚扰镇静。杂报,则或及陆军中将之新任,神社局长之更迭,司法官之转补以及讲谈百种,歌舞问答,皆不关商务者。此无他,报章之体例,非如著述体例之严,而商务之盛衰,又非仅商人之能为其盛衰也。国家用人有当否,政策有得失,国势有强弱,外交有巧拙,于是经商于外者,其难易利钝,因亦随之而不同,故夫外交之手段,和战之情形,议员选举之变更,政府举动之趋向,诸荦荦大者,皆国之巨商,所争为属耳目焉者。外国之商务报,于此等时事要闻,无不附载及之。今中国既兴商务报,似宜仿《经济杂志》《商业新报》各例,增附录一门,取路透电音及《字林报》《文汇报》《中法新汇报》之类,译其紧要时事附登焉。是固编商报者所有事也,抑又阅商报者,所拭目以俟耳。

(《湖北商务报》第106期)

4.论湖北筹款

（1902 年 5 月）

湖北武昌售卖富签彩票店铺甚多，每一大街长不过二百码，而售彩票者竟有四家。凡售彩票之店，装饰华丽，颇动人目，然购票者反不甚踊跃。闻湖北各官俸银，一半给银，一半即给彩票。书吏工食，亦照此办理，银、票两给。某县令以所领彩票未能售罄，即出示劝谕百姓购置彩票。且不独开彩票已也，并准各烟馆开设于闹市大街，以致吸食者多。闻张制军前曾作论，详言吸食鸦片之害，今毋乃言行相背乎？况所抽各烟馆捐款为数甚微，至售出之彩票不过每百抽十，以归公用，则区区之利，不足以抵□民膏及失政体之害，何待言哉？

（《选报》第 17 期）

6 月

1.路材抵汉

（1902 年 6 月 17 日）

汉口访事友人云：本月初旬某日，有一德意志国轮船载到铁路所需坚木四万五千五百株并机器一副，交卸后，即于初四日开行，旋由经事者将坚木改装瑞安、美有二轮船，解赴岳州应用。

（《申报》）

2.新丝到汉

（1902 年 6 月 19 日）

汉口访事友人云：日来湖北仙桃镇及沔阳、河溶等处所产新丝已陆续转运到汉，每两成本约需钱三百余文，惟来源不甚畅旺，恐将来市价定必日有所增也。

（《申报》）

3.汉口德律风

（1902 年 6 月）

汉口德国书信馆所设之德律风，西四月初一业已装设。各国租界之中，皆可通行，总局即设于法租界内，若英、德、日本、俄国租界中，各有分局，即租界外汉口华人地方亦有之。此时订用者，已有四十余家，一俟装设工竣，填用者当必不少，其线皆悬于空中，因江水盛涨时，平地时没于水，不能低下置线也。

（《湖北商务报》第 107 期）

4.在汉口银行数

（1902 年 6 月）

从来有有成、协成二银行附属于中国税关（共在中国街），中国通商银行（中国帝国银行，在中国街），香港上海银行（在英租界），麦加里银行（在英租界），德华银行（在英租界），华俄道胜银行（在英租界）等七家银行，然而法兰西银行（在法都巴黎），亦尝决议于此地设立分行，既新筑佳房于法租界河岸，由三月十五日举行开行式，而即日开始银行事务云。

（《湖北商务报》第 108 期）

7 月

1.湖北布纱麻丝四官局招商承办章程

（1902 年 7 月 7 日）

一、湖北织布、纺纱、制麻、缫丝四局，现招商承租。

二、四局成本共银三百十六万两。

三、四局机器、厂房均详另单。

四、承租四局每年应缴银十一万两。

五、四局共欠瑞记银五十一万余两，分二十四批付还，自光绪二十七年九月起至二十九年八月止，付清计利银八万数千余两，现算至本年二月止，已付过六批。何月归商承办，即由何月起由商人按月付还瑞记，如商人愿先期付清，应由商人自向瑞记商办，其已由官付过瑞记本息，应由商人于承租时照数交回现银。

六、自承租之日起，以二十年为限，期满仍由收回。如限期将满，商人尚欲接租，应于期满之先一二年再行酌议如何承租，另订章程。

七、商人承还之款，本息约共银六十万两。此项银两，官于每年应缴租价银十一万两内，由商每年扣除银三万两，限二十年完清，官不认息。

八、承租后，除岁修厂屋、添修零星机件，由商随时办理，即毋庸置议外，如厂屋损坏必须大修及必须添购大机件，应由商自提公积，预备支付银。万一公积无多，须由商筹款付给，应先期禀知，派员公估立案。俟租期满后，再由官酌议减成，给还商人，仍不得先于每年租价内扣除。

九、布局商股五十一万两，纱局商股十二万五千两，丝局商本三万两，以及另有官借、官垫各款，由官于每年所收租银内划付，一概与商无涉。

十、四局公所住房甚多，除银库、栈房管事人等及工匠住房外，其洋房、洋楼等处，尚有应行划归公用者，于立合同时再行划出界限。

十一、各厂现存机器、备用未安，以及未经动用，物件煤炭、棉花、纱线均应点明，由商认价现付。

十二、四局经此次商租，只能由该商办理，断不能转租别人，并私行抵押。

十三、所有四局牌匾、纱布牌子等名目，承租后仍应一律照旧，不得更易，以便所出纱布得以照章完纳正税，可免子口半税及沿路厘金。

十四、麻局现有洋匠一名，又添雇未到洋匠一名。承租后，应由商人查照原订合同办理。

十五、承租后，应请派员驻局，查看机件暨保护弹压等事，其薪水由该商按月致送。

十六、除去每年租银十一万两内扣除商本三万两外，尚应缴银八万两，每年分作二期缴官，每期缴银四万两。

十七、每年既由商缴租银十一万两，每年于租价内扣除商本三万两，以二十年期限。为此，二十年内，无论该商有无盈亏，概与官家无涉。总之，二十年期内，无论如何，期限未满之时，官不得收回，商亦不得辞退，以及另行出押、出顶。

十八、商务报馆原设纱局内，另为一事报馆，全院不在四局承租之内，仍应归官办公之用。

（《申报》）

2.鄂行纸币

（1902 年 7 月 20 日）

汉口访事人云：湖北银圆局所铸龙银，早已畅销各省。兹者局宪为维持圜政起见，更制就银圆票若干万张，颁行各府，以济银圆之不足，其式与台票相同，意必能推行尽利也。

（《申报》）

3.论鄂行纸币

（1902 年 7 月 23 日）

自古三币皆用金若铜，未有用楮者。有之，自唐代始。唐宪宗时令商贾至京师，委钱诸路，进奏院及诸军、诸使，富家以轻装趋四方，合券乃取之，号曰飞钱，此纸币之权舆也。厥后，宋张咏镇蜀，患蜀人铁钱重，不便贸易，乃设质剂之法，谓之交子。高宗时，又有会子之名。至金元行钞，而纸币遂盛，然其弊有不可胜言者。我朝专用银铜，国初用不足，尝一造钞，核定岁造十二万贯，不久停罢。自后与钱兼权而并行者，惟银而已，然民间纸币之行，终未能绝。如京师所用当十票钱，自一吊至数十吊在京行使，颇便取携，而出京则无用矣。天津以制钱五百文为一吊，二百五十文为五百钱票，自五百文始至数吊数十吊，而离津亦无用矣。其它，张家口为口钱票，宣化为宣钱票，东省为东钱票，除张家口须实数外，其余皆各自为多寡，参差不等。长江上下亦多行钱票，然皆不能及远，推原其故，盖民间私行之票，非由官办故也。然虽非官办，而市中得以行使者，则以制钱不足，且民间便于取携，故虽有倒闭及赝鼎之弊而不顾也。以此观之，以纸济铜，民乐其便，若以纸济银，银又奚患其不足哉？我朝圆法素以银为准，自日斯巴尼亚银圆进口，而民取其便，行用颇广。商贾往来，虽仍合银数，而市面交易则无不以银圆出入。嗣后墨西哥银圆进口，华人厌故喜新，三十年来日银几不概见，刻则遍中国几尽用墨银矣。各疆吏见以银易洋圆，利渐外溢，亟思挽回之法，于是奏请自铸龙圆，如安徽、福建、广东、江南、浙江、湖北、北洋、吉林、奉天，前后铸出龙圆，已为数不少，然尚不敌墨银行用之广，可见积重难返，整顿圆法之非易也。昨报纪,湖北银圆局宪以所铸龙圆已营销各省,现更制就龙圆票若干万张,颁行各府,以济龙圆之不足,其式与台票相同云云。夫台票之所以能通行鄂省者,以其足取信于人耳。现在龙圆票既已颁行,想一省之中亦必能推行尽利。自来钞票之设,本为弊政,然苟能取信于民,行之久远,非但无弊且可得利,何以言之?通商以来,外人在中国设立银行,所行钞票初仅在通商口岸,今则内地亦能行用,各银行用出,何至数千百万华人皆以银行为可靠,非但乐于行用,且有什袭而藏之者,每年银行所得之利,亦自可观。如各省仿照鄂省办法,由官制票,准其纳税完粮,民间岂有不乐于行用者?行用既久,则华票畅行,洋票自减,可以收回利权,其利一也。现在龙银之不敌墨银者,或以成色不足为辞,或以银行不收为辞,若广行龙圆票,则自无成色可借口,即银行不收,而既有完纳税赋之正用,且市面往来甚便,其必畅销,可知畅销之后,可杀墨银之势,其利二也。惟制票须精,以杜奸人伪造,即有伪造,亦易辨别,故余意现在所行纸币,可决其有利而无弊,自宜推广行之,质之当轴,以为如何?

(《申报》)

4.汉江放棹

(1902 年 7 月 24 日)

某日汉口膏捐缉私局出有六言告示,云:委办膏土缉私局设万安巷内,如有发水送信拿到二成提扣,本人并不出面,可谓脱然无累。要想此种外财,茶馆、烟寮多走,如敢挟嫌诳报,治以诬告之罪。说者谓:发奸摘伏,办事者固不得不然。惟示人以烟馆、茶寮为生财之地,未免立言不甚得体也。

鄂省官绅屡思开设学堂,无如经费支绌,措置甚难,黄冈刘干臣军门见义勇为,特捐巨金,以襄盛举。刻闻督抚二宪行将具折褒奖矣。

日前驻汉某国领事官照会湖广总督张香涛宫保,内开,彼国商民现集成巨款,拟在汉口创设自来水公司,应请照准云云。宫保深恐利权为外人所握,爰与司道逐日筹议,刻下尚迟迟未复也。

(《申报》)

8 月

1.汉市近状

(1902 年 8 月 18 日)

汉口自六月以来,市面异常清淡。各路贩客皆裹足不至,以致银钱两项俱形短缺。大约须俟秋节左右,市面方可有起色也。

(《新闻报》)

2.鄂汉市景

（1902 年 8 月 22 日）

近日武穴一带二麻登场，销市大旺，每担价盘须钱一百三十文左右。倘将来客多货少，恐更形翔贵。

鄂省各属早稻，已见登场。因今夏雨旸时若，收成之丰，实为近年来所仅见。入秋后，米价定必平减也。

（《新闻报》）

9 月

1.论武汉为中国商务中心

（1902 年 9 月）

商务之有中心，商权之所由握，营商务者所属耳目，而有国家者，所百计以图之者也。何谓中心？西方舟车之所辏，百货之所聚，直接之商务，于此贸易，间接之商务，亦于此通转者也。商务既于此乎归，货币遂于此乎集，交通遂于此乎繁，移民遂于此乎众，百税遂于是乎增。今日之有国家者，方相九州，营八表，思握繁盛之商权，不于此乎百计以图，恶乎百计以图哉？然而商务之中心成于天者半，成于人者亦半。凡商业之渐次发达也，其始为陆路贸易，其继为河流贸易，则居水陆枢要者为中心矣；又继为沿岸贸易，又继为海上贸易，则居海岸枢要者，为中心矣；又继为陆海联络贸易，则居陆海枢要者，为一大中心矣。以欧洲商业言之，始于地中海，次及印度洋、大西洋，次及太平洋，则凡属在地中海、印度洋、大西洋、太平洋港湾航路之便者，天然之中心也，然而均宜地中海也。驰驱此商业战场者，何以？夫以尼士亚为其始，格尔节以尼继之，希腊又继之，罗马又继之，君士但丁及亚力山士里亚又继之，亚剌比亚及日耳曼又继之，意大利自有都府又继之，范佐同盟市府又继之，则人事之转移，各种之势力，各种之通路，各有不同，赴机者相为起伏也，均一印度洋、大西洋、太平洋也。何以海上商权，始在葡萄牙，继在西班牙，继在荷兰，继在法国，继在英国，继在美国，继而德国，方长足竞进，则各国之海线港湾天然者也。其扩充航业，开拓市场，建置公司，推广殖民地，讲外交以资保护，整舰队以备干涉，善经营以整埠头，连铁道以争控御，皆人事也。今者环球万国，皆于经济上比较国力，故俄营西伯利亚铁路，美开尼格拉额河，皆力争商业中心也。中国商业为受动而未能授动，外人商业骎骎逼入内地，则经营内地商业，握内地商权者，急于海上商权矣。内地铁路，卢汉完成，可望渐通山陕，更成粤汉，则闽粤一带海上之商务，由闽沪航行者必减。而长江之航路转盛，若更有川汉之议，则英法之经营西南者，必于此为其出路，则武汉诚商务一大中心，而香港、上海尚瞠乎后矣，位于此者，宜何如经营布置乎？

（《湖北商务报》第 116 期）

2.汉口地方之各种利息

（1902 年 9 月）

贷款利息

质当贷款，此地贷借之习惯，概相互间之信用为主，质当贷款之事甚少，有时只外国银行为之耳，此时其利息较昂贵云。虽然，此事甚少数矣。定利息之事，专基于贷主、借主之商议，其信用之厚薄及平常之情谊等，故如甲乙丙丁，不得共同一利息。

现今大约可称百分之九，然亦不可据为实事，其最昂之度为十分之一二云。

割引券之利息

割引商业券之利息，概十分之一，而割引担保（有担保者券之利息），则百分之六六左右。

存款利息

当坐存托利息，其最昂度为百分之九，寻常百分之五六左右也。

定期存托款利息，此地托款，总以三个月为其期限，若欲使其托款为永远，每三个月要必换新，其利息者，寻常百分之七半，而最昂度为十分之一二。

上各种利息，皆于既往数年之间，不见其变动，每年至于年底，即见多少之昂度，虽然，至二月常低落为其例。又，端午、仲秋两节，同年底一样，为结算之时期，故利息亦自然昂腾。

（《湖北商务报》第 116 期）

3.论督办商务大臣与商业中心关系之要

（1902 年 9 月）

商务素为中国人所鄙夷而不屑道，而卒使中国凌夷积弱至于此极者，则商务之不竞故也。抑岂独中国？国于今日之天下，凡商务不竞者，皆将凌夷积弱，与中国相先后者也。讲商务最早如西班牙，讲商务最迟如印度，其盛衰与兴亡之故，盖可识矣。其借商务以兼弱攻昧者，遽数不能终，方骎骎而未有艾，中国无言商务者，有之，自今督办商务大臣张宫保始。宫保自督两广，即兴造大小银圆，议筑卢汉铁路支路，达山陕以出内地矿物土货，既独开风气之先。移督湖广，兴纱、布、丝、麻各局厂，所造银圆，行用搭铸，遍于各行省，定购纱机数十万锭。权督两江时，移用于江南，于是言铁路者，纷然起矣，铸银圆者，纷然起矣，设纱、布厂者，纷然起矣。于是奏设商务局，刊行商务报，效法者遍各省。于是前相国商务大臣合肥李公既没，而督办商务大臣之任，朝廷不以命南北洋通商大臣，而以命宫保，微特中国之振兴商务者，宫保为第一人。而武汉为中国商业中心，其开物之人，必其成务之人，微夫人莫与属也。而是时适与各国改修商约，自免厘加税以至路矿等，凡十余款，皆独任其难，冥心孤往，统筹全局，不为一时苟且之计，而商约遂以定，然则以铁路言，则俄之乌衣铁氏也，以理财言，日本之松方氏也。则由此整顿商务，精心果力，终始不倦，使天下闻风而起，莫不知有治地理民之责者，皆有裁成辅相，以富强其国之责，中国庶有豸乎？

（《湖北商务报》第 117 期）

10 月

1.鄂省近事译函

(1902 年 10 月 8 日)

《字林报》接湖北大冶县上月二十九日来信云:近来天气凉而又并无雨泽,田内之稻俱已枯损,无从收获之处甚多,棉花收成亦不甚丰。近来余所经过各村,见民人皆用日本所制之踏布机器,此机器系用脚碾踏。又云:余以为中国整顿各事之法,由渐而来,胜于求速,小事胜于大事。铁路虽好,然若筑马路与中国乡间,于行人、车道亦甚有益,且经费较小。武昌官办之极大各厂,不能获利,若在近处设一小厂,由英国购买便宜用过之机器,此处产煤颇多,或可得利。至于近处之山,煤矿最多,惟开矿常被水淹所阻,只须稍筹经费,购用汲水机器,即可除去此患,及至矿既获利,然后购用重大机器。近处有矿甚多,皆有已曾开挖之形,询之土人,皆言该矿出煤虽多,惟因水阻不能开采。函中又云:两礼拜前本处正法六人,此辈乃在汉口黄石港抢劫钱庄之犯,并系哥老会匪。又云:制宪张宫保、抚宪端午帅日来会衔出示,饬令民人通用新铸之当十大钱,此等钱甚为利便,且通用后可除小钱之弊。按:如市面准用小钱,大钱即被驱除净尽,数年前所铸大钱刻已不知去向,只见可恨之小钱矣。

(《新闻报》)

2.云土近市

(1902 年 10 月 14 日)

汉函云:今岁云土收成歉薄,故运汉之货日渐稀少,兼之膏捐总局土税加重,土价愈涨愈高,每两已至四百二十文左右,较去年约增数倍矣。

(《新闻报》)

3.记湖北银钱局

(1902 年 10 月)

汉口访事友人云:日前湖北银圆局总办王雪澄观察,见本省所铸龙圆四海流通,商民称便,因禀明督宪张香涛宫保、抚宪端午桥中丞大加推广,除就外洋添购机器外,复增设新厂一所,日来已规模楚楚,将告厥成矣。又云:鄂省铸钱局向附于银圆局中,兹因局房不敷所用,遂改附官钱局内,颜其额曰:钱币所。业已添购机器,行将大兴鼓铸矣。

(《选报》第 30 期)

11 月

1.粤汉筑路近闻

(1902 年 11 月 17 日)

粤汉铁路兴工在即,公司所购经过地亩,粤宪深恐业主高抬地价,故饬各属停印税契三个月,前日复再出示晓谕。又,闻附近佛山乡人云:铁路公司勘地至某乡,某祠堂后座适当其冲,即传该族绅耆,令其移撤,未几至一乡,又有祠堂前座当其冲,复命撤移如前,乡人哗然,其在事人员曰:尔等不必喧嚷,此事可以转圜。乡人始散云。

(《新闻报》)

2.闽汉铁路述闻

(1902 年 11 月 18 日)

北京某员创办闽汉铁路,系中英日三国合资,其资本拟集三十兆,三国各出十兆。如中国商资本不敷十兆之数,则由英商补足。再如中国商无人出资,则归英商二十兆,日本十兆,以期必成,中国商人能凑足十兆之数,乃可利益均沾,否则利为外人所夺矣。

(《新闻报》)

3.添设领事

(1902 年 11 月 22 日)

汉口访事人云:意大利国近在汉口商务大有进步,是以意政府特派领事来华,闻不日当莅汉矣。

(《申报》)

12 月

1.鄂省官场纪事

(1902 年 12 月 2 日)

湖北商务局宪现拟在汉上创设商学会暨商业学堂,以资考镜,刻已议定章程,将次开办矣。

(《申报》)

2.论国家夺商利之害

（1902 年 12 月 16 日）

商人欲兴之利，国家沮之者多，助之者少，及商人之利已成，则国家必思有以夺之而后快。夫国家果能早知其大利，何不先商人而以国本创之？既不能先商人而创行，迨商人大利已成，乃从而夺回，是不过国力压人而已矣。不能以智胜人，而徒以力压人，商人不能不遵国家之命者，势也。然而夺商之利，欺商之弱，商人不得不离心离德者，亦势也。当其经营数十年，惨淡数十年，合亿万商人而创一大贸易，统二十余省而辟一大商场，争中国之体面，存中国之利权，如电报局者，商人无负于国家者也。铁路、矿务今日大半归之洋商包办，又大半为洋股占据，仅此轮船、电报尚是华股，轮船已为各公司侵逾其半，电报与各国争执，如收回电线及拒止外人添线之类，已煞费经营，外人重视，华商故尚不能大越公理，硬行霸道。今日得以巍然独存者，正所以不失国体，商人如电局又无负于国家者也。今乃忽有收回之命，且有估价之议，既不可解收回之若何命意，又不可必估价之能否秉公。论商人报效国家，凡有大利原不可以私诸己，而当以之公国家，然国家不能创于始，而但能享其成，其足以服商人乎，抑不足以服商人乎？此华商解体者一也。华商久已不信国家，国家亦颇贱视商人，外人视中国则轻官而重商，见华商则起敬，见华官则鄙夷，而华商信外人亦远胜于信国家。故商办者，华商乐而附股；官督商办者，华商勉强而附股；官办者，华商趋而避之，不敢附股也。凡大公司大股份票，有所谓华洋合股者，一招即致，而殷实华商反乐于购外洋股份票，以其可靠也。电报股份票之为华商乐购，已是硕果蒙泉。今国家复一网打尽，则商人必顿足懊悔，以为过信国家，致为国家所赚矣。此华商解体者二也。新政所行，无不策之曰重商务，圣谕官文无不一曰保商，再曰扶商，然蒙所不解者，如路如矿，外人以一言恫吓而全行攘夺者许之，若于华人，则种种勒索、种种烦难，必使其事之无成而后已。所谓保商扶商者，已言是而行非。然使仅不保商，仅不扶商，犹之可也？若乃夺商害商如电报局者，使极贵之股份票忽变为极贱之股份票，众商摇动，市面震撼，无人不怨国家之欺商，又无人不愿弃国家而附洋商，又无人再肯以报效国家为心，又无人不以国家威福太险为虑，操奇计赢，意将他属。此华商解体者三也。中国大利，地不爱宝，路矿、输电之外，如农桑，如制造，如工艺，利薮甚多，国家束手无策，不肯力为其难，又不肯先试其技，嬉焉！游焉！悉听商人冒险为之，惨淡为之，其谋之不臧者，并不过问。若其谋之臧，则责其报效，逼其让退，唾手而得，加罪有辞。呜呼！国家者，富有天下者也，商人者，富有一隅者也，以天下之利而不能容一隅，以天下容易之利而争一隅艰难之利，而欲使华商不解体焉，其可得乎？吾恐以国力压人，而使之不敢不从国家之命者，久之离心离德，去而之他。异日者，通国非洋商，即华洋合股，而求其所谓华商者，不过百中之一二矣，则国家夺商人已成之利，危害之阶也。

（《新闻报》）

3.开议商约述闻

（1902 年 12 月 28 日）

探闻商约大臣伍钦使已订礼拜一先与日本开议商约事宜，俟有头绪，再与美国开议。

（《新闻报》）

1903 年

1 月

1.论商部学部

(1903 年 1 月 3 日)

国家今将立商部、学部矣,不富无以致强,无才不可治国,理财、育才,变法之要,亦新政之要。欧美各国商部、学部皆有专属,日本尤有明效,中国商务但统之督抚大吏,而学务但隶于礼部,近始将商务简派商务大臣,学务简派管学大臣,国家于理财、育才两大端,非不视为当务之急,况又议立商部、学部,翘首郅治者,乌又不播为美谈乎?顾吾独虑中国办事但美其名,而不既其实耳。设立外务部矣,其实仍与总署无异,并不闻有所谓讲求外交者。设立政务处矣,其实仍是军机主持,并不闻有所谓讲求内政者。即如各省非不有商务局,非不有学堂,而商务不闻其勃兴,学堂不闻其效验者,其故何哉?一言以蔽之,曰:官场办事,适成为官派而已。凡一局、一学堂,有总办,有副办,有会办,有提调,有委员,有司事,坐耗薪水,互相推诿。往往一事,总办委之提调,提调委之委员,委员委之司事,甚有总办不到公,提调不到公,任令委员、司事,乱杂无章者,此即委员、司事毫不舞弊,已无成效,而况干没经费,有断然者,此其弊一也。不达商情不可充商务之总办,不谙学术不可充学务之总办,乃中国办商务、办学务,但以候补道、候补府札委之而已,并不核其称职与否。总办除领薪水外,亦不过照例开局开学,填奏数则章程,详禀几件公事,其余不暇过问,仍有另兼他差或禀假外出者,盖不过视为例差,故有商务局并不足以兴商,有学堂并不足以得人才者,职是之故也,此其弊二也。且不独不足以兴商,不足以得人才也,且有害商误人才者。何谓之害商?吾见商务局有需索商人公费矣,有留难商人公事矣,有暗中同谋利权,有携嫌挑剔弊窦,至于债务并不代为追问,市面并不代为维持,商困并不代为纾解,其宗旨不过以抽捐为目的。若考核制造,鼓励土货流通,市情更非所及矣。何谓之误人才?吾见办学堂者,章程之不划一,教育之不认真,读本随意,拉杂考试,随意弃取,监督不耐管理之劳,教习并无乐育才之趣,或始勤而终怠,或宽己而严人。尝有在国家学堂课读数年,及另赴教会学堂肄业,反不能合格者,想见其平日功课之缓惰,及肄习之纷歧,甚或弃西文西学而不之讲讨,但偶然涉猎和文,窃取一二议论,著书骂世,其实于格致实学并未窥见。更有偏重中文者,《孝经》《尔雅》编入课程,训诂、词章拔置特等,是书院而非学堂矣。故人才卒难丕振,而士之英毅者,不困于旧学,即误于奇邪也,此其弊三也。夫商务、学务,中国但美其名而不既其实者,类如此矣。今虽议立商部、学部,然而吾以意度之,不过为官场多增一位置之地,为仕途多辟一差缺之门。即如京师大学堂,总办、提调有二十五人之多,而教习不过三四人,且一人兼数科教育,而所谓总办、提调,多出外差,但坐支薪水而已,官派如此,可叹也。商务部者,原所以保商,乃今则夺商利、逼商捐,俨然为商人之蠹虫,无益有损,官办之事,类如此也。夫中国大弊在官派太重耳,商务、学务而以官派行之,庸有济乎?美其名而不既其实,今而后,吾于国家之变法,之新政,信其言尤必观其行也。

(《新闻报》)

2.批准筑路述闻

(1903年1月5日)

闻川汉铁路现经刘仲穆观察借定某国之款,禀请开办,得某邸某相之力,已蒙政府批准,中外官商无不羡之。

(《新闻报》)

2月

1.汉口棉花商情二则

(1903年2月)

汉口棉花商情一

汉口市场棉花,于东十月十四日前后,有近来希觏之大卖买,价额忽然腾贵五钱,此事前已报告。今查闻其实际卖买额,在十月十六日至二十二日一个礼拜间,仅止三千包内外,比前期礼拜间即十月九日至十五日卖买额,不当其四分之一,然价额更腾贵四钱余(上等棉花英百斤六两八九钱),此不思料之现象。是由上海棉花市场益好势,预期输出而买收者多,而市场出货敛迹,其偶有出货,则各商竞进买收之。而其所以出货敛迹者,是由各地方农家于迄十月十五间,各出卖自制棉花(轧子后),收其价银,一时休息故也。而被日下好势所奖励,又徐徐着手业务,然向后放卖,不如前一个礼拜间为要现金而急促矣。各地方农家以外,有多多轧花工场,汉阳市中已有十四工场,此等工场,概于收获当时,买收巨额之实棉(不轧花者),乘现在好生意,多少出货市场,实棉每百斤价额昨今约六千文,在汉阳每日轧花额,不过一百一十包,如此少额之供给,不足以充目下之需用,价额之昂贵,实自然之势也。

今将本月前半期间,东十月一日至十五日,输出上海之棉花数量,表示如下:

出港日	单位	数量	船舶名	输出　先
十月一日	担	八七二	大利丸	上海
十月三日	担	一一一五	瑞安	上海
十月四日	担	七六	江孚	上海
十月	担	三五二	大亨丸	上海
十月	担	一二九八	美利	上海
十月六日	担	一九二	华利	上海
十月　前	担	一九三	长安	上海
十月七日	担	二九八	大亨丸	上海
十月　前	担	一五九〇	美顺	上海
十月八日	担	六二四	大贞丸	上海
十月八日	担	七六三	瑞泰	上海
十月九日	担	七七二	天和	上海
十月九日	担	一一〇	华利	上海
十月十日	担	一五六一	美太	上海
十月十一日	担	二九九	德兴	上海
十月　前	担	六四	江裕	上海
十月　前	担	一六〇	大利丸	上海
十月　前	担	二〇二六	瑞安	上海
十月十三	担	二四〇一	瑞和	上海
		合计一四七六六	合计十九只	

汉口棉花商情二

汉口棉花，由出货减少，上海好势，新租纺纱局开工在近，种种原因，价额益昂腾，东十一月二三日之价额，以比较上月二十五日，每英百斤腾贵一钱五分。武昌纺纱局，预期中历十月一日开工，即于汉口市场订买一千二百包，迨本日已授受现货四百包，而纺纱局发行票券以交付其价银，于是棉花商中有抱疑惧之念者(关新纺纱局资金融通)，种种风说不断，皆曰：纺纱局不为信用确实之保证，则今后不供给棉花。

此纺纱局之措置，是各人不预料之恶结果，期待此局开工之各棉花商，狼狈之余，为交卖此局所特制棉花，苦于处置。昨今切切求顾客于市中，加之十月三十日，是一切之清算期，而上海之买客，对汉口棉花商，不交付现金，皆以展期十五日之票券送来其价银，于是各棉花商困难资金融通，急促出卖在货(十月二十五日至十一月四日，新卖买约二千包)，此余，尚种种打击加于彼等棉花商之头上，如铜钱之腾贵是也。棉花商买收实棉、轧棉于农家，必以铜钱交其价，今年棉花好生意，巨额铜钱流出各地方，需用超过供给，自然告铜钱缺乏。十一月五日，标准价额八钱六分(银八钱六分合铜钱一千文)，忽而为八钱八分三厘，比平常腾贵二分三厘，以此昂价铜钱，买收同一量目之实棉(英一百斤六千文)，即于买收原料，已蒙多少损失，而其出卖，不得昂价，反更现低落征候也。

本年之棉花价额，自东九月下旬，其出货最旺时，腾贵又腾贵，以至昨今，仅告上海市场价额之低落(十一月三日约低落二钱)，买收者自然静止。向后纺纱局确定资金供给之途，以盛买收其原料,则或再挽回颓势,如无此事,价额次第低落,市场自加寂寞矣。

以上种种商情,为出卖者一跌其气势,而买收者注目纺纱局今后之措置如何,静待其推移,虽出卖者急于销行,此时四五日间,或不可见卖买之成矣。

十月后半期输出棉花额如下表:

出港日	单位	数量	船舶名	输出　先
十月十四日	担	一六三七	美利	上海
十月十五日	担	一〇四七	江孚	上海
十月十五日	担	三七三	弗赖士	上海
十月十六日	担	六三七	华和	上海
十月十六日	担	一二〇	大亨	上海
十月十六日	担	九一一	长安	上海
十月十七日	担	四三五	大通	上海
十月十七日	担	九九六	美顺	上海
十月十八日	担	五八七	江永	上海
十月十八日	担	二一三	瑞泰	上海
十月十八日	担	九四七	大贞	上海
十月十八日	担	三六二	爱拉	上海
十月二十日	担	九〇九	元和	上海
十月二十日	担	九八二	德兴	上海
十月二十日	担	六二	萃利	上海
十月二十一日	担	一四九	瑞安	上海
十月二十三日	担	九〇五	瑞和	上海
十月二十四日	担	一五三七	美利	上海
十月二十四日	担	三〇九	江裕	上海
十月二十五日	担	一七五二	美顺	上海
十月二十五日	担	三五三	江孚	上海
十月二十五日	担	四五〇	弗赖士	上海
十月二十五日	担	八三一	大亨丸	上海
十月二十五日	担	八六三	长安	上海
十月二十七日	担	八一〇	华和	上海
		合计一八一七七	合计二十五只	

(《湖北商务报》第130期)

2.武汉近闻

(1903年2月)

汉口近已增设东方汇理银行、法兰西银行两家,然交易仍以汇丰为首屈一指。

(《湖北商务报》第131期)

3.汉口展拓法国租界新订条款

（1903 年 2 月）

一、法国旧租界前至俄界下，设至通济门城内官地为止。兹议续展新界，自官地起，西距铁路六十丈为止，合一百八十五迈当；北一面与德租界毗连，由德毗连之线，直引至距铁路六十丈之官地为止；南由俄法之界直引一线，至垣墙之外，距铁路六十丈之官地为止，设为法国新租界。

一、现议法国新租界之地，所有租地章程均照旧界章程办理，若有各国商人之地在内，应由法领事与各国领事自行妥商后，再照会监督立案。倘各国商人轇轕之地，或其地全段在新界之内，又或有一地，一段既分在新界之内，一段复分在新界之外，该商人若不就范围，亦应由法领事按章与该商人调理，一切概与中国地方官无涉。

一、堡垣地基宽三丈，垣内官地宽五尺，垣外官地宽五丈，城濠之地宽六丈，均展入法国新界，蒙湖广总督部堂为敦两国睦谊起见，免缴地价。

一、堡垣展入新界，所有砖石料件应归还中国地方官，其折卸堡垣之费，应归法界给发。

一、法国新展租界，每年应纳租价，即系地丁漕米银两，照亩科算，每亩地丁银一钱一分七厘，每亩漕米二升八合四勺。新界亩数若干，应由中国地方官派熟悉之员，会同法领事，计定地亩，应纳若干租价，应与旧界之租价，同时输入中国地方官，照旧案办理。

一、中国地方官应于铁路车栈距法西界之中央连筑马路一道，法人亦应于其界内营筑街衢，使车栈有通道直达江滨，两国应将所主道路常行妥修，各限其权力于界内之路，不得逾越其权力于界外之路，以严界限。无论华洋商民及驿递公文，饷鞘夫马人等，均准一律任便行走。

一、该租约应缮华文、法文各两分，各执一分为据，照公法之例，倘有文字不明之处，应以法文为凭。

光绪二十八年十月一日立。

按：此系江汉关监督与法领事会勘定议。

（《湖北商务报》第 131 期）

3 月

1.晴川云树

（1903 年 3 月 2 日）

寓汉某日商自备小轮船二艘，停泊汉口，俄商亦有小轮船一艘，同时驶至，均向江汉关赋税司请领护照，以便内地往来。

（《申报》）

2.汉皋小志

（1903 年 3 月 11 日）

汉口访事人云：长清、开济、两湖三公司向有小轮船数艘，兹由某日商赁定，一俟江水稍涨，即须依期来往湘江。日前夏口厅所辖舵落口出有盗案，绅士议请厅尊冯小竹司马派勇前往，择紧要设戍，以保商旅而安闾阎，司马准之，业已派出防勇三十名常川驻守矣。

（《申报》）

3.日员莅汉

（1903 年 3 月 25 日）

汉口访事友人云：日本驻汉领事官古谷君现由日政府调任他往，遗缺以矢田君代之。日前矢田君莅汉视事，兼管湖南、岳州、江西、九江等处一切商务。

（《申报》）

4.建造会所

（1903 年 3 月 25 日）

汉口访事人云：汉口商务局宪久拟在汉创设商会，迄未举行。兹者集款已成，乃委员择地，于新河一带起造会所，不日须大兴工木矣。

（《申报》）

5.添设铸局

（1903 年 3 月 25 日）

汉口访事人云：鄂省钱荒已极，非设法添铸，不足以资补救。兹悉兼督端午桥制军，已委汉绅黄训典，在汉口钟台会馆左近择地起造铸钱局一所，俾助鄂省铜币局之不敷，兴工之期当不远矣。

（《申报》）

6.兼署湖广督宪端劝谕商民赴美国赛会示

（1903 年 3 月）

为出示劝谕事　照得本兼署部堂于光绪二十八年十二月二十四日准外务部咨开，本部具奏，美国散鲁伊斯城赛会请派正副监督并饬筹经费一折，奉朱批：着派溥伦为正监督，余依议。钦此。恭录咨行，并粘抄原奏到本□署部堂，承准此。查泰西各国崇尚工商，自英伦创设万国赛会以来，各国次第举行，视为至重至要之事，类将各国物产工艺悉行罗致，排列会场，俾□较其精良，互相则效，实于通商之中，隐寓劝工之意。兹美国于西历一千九百零四年即中国光绪三十年在散鲁伊斯城开设万国博览会，其总理会务大臣，前经入京觐见，现复奉旨简派贝子大员，往襄盛会，仰见朝廷维持商务联络邦交之至意。其度地建屋、陈设货物各事业，经外务部奏派副监督候选道黄开甲先行前往布置，所有赴会工商货物，悉当妥为保护，除行司局筹款汇解拨用外，合亟出示劝谕。为此示仰在鄂工商人等知悉，须知赛会之设，所以考究工艺，振兴商业。中国物产极为富饶，□以工艺未兴，商情涣散，遂不能如各国之日有进步。湖北为九省通衢，近年奏设商务局，风气渐开，适当美国举行大会之时，正足以资考镜，尔工商人等务即仰体国家振兴商政之心，互相劝勉，或挟资前往，专事考求，或办货同行，兼图贸易，以期工作日进精良，商业益臻繁盛，将使禹域之珍奇，为全球所称赏，固尔商民之欣幸，抑亦邦国之荣光，本兼署部堂深厚望焉，各宜勉之毋违，特示。

（《湖北商务报》第 132 期）

4 月

1.开办铜捐

（1903 年 4 月 7 日）

本镇铜值百抽二五，由铜货店铺代收汇解，以充工学艺堂经费，定于本月初一日开办，预于上月二十八日由铜捐专局委员张通守会同夏口厅冯司马、保甲局郑明府刊发告示章程一纸，分给各店，张贴门前矣。按：此捐只收诸贾客议价之外，与店铺毫无所捐云。

（《大公报》）

2.茶商须知

（1903 年 4 月 10 日）

江汉关道岑馥庄观察出有告示二道，兹录于下：

为出示晓谕事　照得南省各茶应完汉镇堡防书院各经费，业经先后奉文停止，分别示谕在案。惟湖北各处所产茶叶贩运来汉，仍应照章抽收堡工经费，此系以本省之茶捐济本省之公用，与南茶情形不同。但茶有本省、外省之分，捐有应缴应免之别，若不一律验明，诚恐彼此混淆。在北茶，固乐为漏卮；在南茶，或受其牵。与其临时争执，曷若预为防范。查南省杂茶向由北河口厘局抽收过境厘金，北茶由陆溪口出江者，亦赴该局完厘，均给有厘票。现在北河口厘局移设宝塔洲，拟令宝塔洲厘局委员，嗣后凡遇经过该局完厘之湖北杂茶、花香、茶末等项，即在于厘票上盖用“此茶由陆溪口运出”字样戳记，以便稽查而杜蒙混。除分饬遵办外，合行照案出示晓谕，为此示仰各茶商、行栈人等一体知悉，尔等无论办运何项，茶叶到汉，务须遵照江汉关子卡章程，先赴南关呈验厘票。如系南茶，概行免捐，盖戳放行。倘系北茶，即令完纳堡工各费，填给商捐票祗领，均应由南关给予起票，方准起坡。至山西茶商所办红、黑等茶等拨归招商局轮船载运者，应由南关查照向章，换给执照，赴大关报完税项出口。其装载民船由襄河行驶者，经过硚口子卡必将票据呈验，设有漏捐堡工情事，仍令赴南关补缴请票，再行验放。本道于慎重公事之中，寓体恤商民之意，各关卡不得借端留难，该局等亦不得任意闯越，致干查究。自示之后，各宜禀遵毋违，特示。

又示云　为出示晓谕事　□得育婴敬节堂及公善局所办善事，需费甚巨，曾经前道谕饬各帮茶商议定，凡有运茶到汉，每大箱捐助功德洋例银四厘二，五箱捐助洋例二厘，于请给起票时，赴银行交纳，给予善堂收票为据。所有茶商贩运黑茶、杂茶、花香、茶末，成本较轻，概行免捐，应由各前道出示晓谕，遵办在案。兹届春庄茶市畅□之际，自应援照成案办理，以裕经费而成善举，除谕饬遵照外，合行出示晓谕，为此示仰各帮茶商一体遵照办理，各官禀遵毋违，特示。

（《大公报》）

3.纪学堂之现状

（1903年4月12日）

《新中国报》云：湖北所办学堂一味欺饰。如两湖书院者，最大之讲学地，未入其境者闻讲义有录，上堂有监，似甚为严整，岂知皆系纸上空言。其实如安养士流之大旅馆而已，不问其他。但据院中人云，学生自制之拜客轿有四十余台，闭目想其情状即可稍得崖略。其余若某某书院之麻雀，某某学堂之空额，皆卓卓有声者也。湖北学堂皆尚武，故两湖分教习齐首之悬额，有曰兵法舆地学者，有曰兵法测绘学者，无不冠以兵法二字，某督与某守等诵其名称，每郑重自豪。去年某督之调任也，临时某守嘱省会各堂学生皆服戎衣，执枪恭送，以表桓桓之度，岂知某某等两学堂不体操者近两年矣，□欲执枪，皆不知所为，经教习再三摆弄，始能勉强从事。而某督行时顾见如林之学生枪队，不觉有大风云飞之□叹，曰：吾心力亦瘁矣，仅而得此，何以忘此邦子弟也！

（《大公报》）

4.纪湖北警察

（1903年4月12日）

鄂省之警察，有名当世。今闻该警兵所服之号褂系红色，绿缘狭袖前后皆缀白布圆心，上书“巡警兵”字样。初练数月，裤亦红色，后以人皆骇讶，始改为紫花布，头戴红缨大帽，红色有圆式纸一枚，上写“巡警兵”三字以为帽额，围以桂子边两行，见者莫不掩口，通武昌城少见。有巡警兵直立街头者，惟时或于小茶肆见红纸帽额之巡警，冠弃置沿街桌上，二三短衣阔袖人围坐别桌，中一红衣狭袖，足跷于凳上，裤捋至股际，高谈阔论者，此即湖北仿洋采式新设之巡警兵也。

（《大公报》）

5.汉口市情

（1903年4月25日）

汉口访事友人云：桐油一项均由贵州运汉，刻因市中缺乏，每桶涨至九两有零，各店皆利市三倍矣。

近来寓汉西商购买牛皮甚急，积货为之一空，因此市价飞涨，每担须银三十二三两左右，凡操是业者，无不大有盈余矣。

(《申报》)

6.汉口牛皮商情

(1903年4月)

一、输出牛皮增加及其买卖商情

汉口需牛逐年增加，或为榨取牛奶用，或为食肉用，而其可以为牛蜡原料之牛油，可以为肥料之牛骨及各种革具材料用牛皮，次第增加需用，就中牛皮(黄牛皮、水牛皮)最为巨额，明治三十四年，输出共计十七万八十三石。已往二年输出额如下：

明治三十二年	一四四三九四石
明治三十三年	一四六七八〇石

即此明治三十三年，增加二万三千三百零三石，其价额亦著腾贵，比十年前二倍而上(明治二十六七年，一石价额十五六两，本年即三十六年，涨为三十五六两)，牛皮每年十月顷，出于市场各地方，集来汉口之货物中，其十分八九于外国人之手，施防腐剂，以输出欧洲。从事其买卖精制之外国商如下：

美最时洋行	英租界	德商
瑞记洋行	德租界	德商
元亨洋行	英租界	德商
杜德洋行	英租界	德商
禅臣洋行	英租界	德商
和昌洋行	英租界	德商
礼和洋行	英租界	德商
宝顺洋行	英租界	英商
华昌洋行	英租界	英商
太平洋行	英租界	英商
老和顺洋行	英租界	英商
立兴洋行	□□街	法商
公兴洋行	英租界	法商
永兴洋行	英租界	法商
□维晏洋行	英租界	法商
万顺洋行	英租界	法商
咪吔洋行	□□街	德商
嘉利洋行	英租界	德商

以上商人，概有牛皮栈，即干燥包装牛皮之处。于其境内，施一种药材，干燥后包装。此等商人专买收生牛皮于□□商人，自外国人直接购入于地方人民者甚希，其经售□□商人，有大

小四五十户，相邻为一团，开店铺于广益桥（屠牛场在近），其主要者如下：

涂复泰、汪祥茂、复盛源、罗荣昌、杜复兴、徐华记、美最时东栈、同顺昌、张顺兴、华昌东栈。

以上十家，是大店铺，宜昌、襄阳等设置分店，广事买收。尚有四十余家无地方分店之设，唯买集自土民携带牛皮上汉者，此等五十余家，以自己名目营业殆希，其铺号边旁附记英商、德商、法商等字样，是盖阳装外国人营业之体裁，以脱漏抽税也。□□人敏于利，惟自家是肥，其情形可以察知。此等□□商人与他种营业者一样，组织同业组合，时会合一堂，或一定价额，或制裁同业中违约者，以一致其运动，故欲竞进垄断利益者绝无云。

以上店铺，皆有同业组合员资格，此外尚有小铺二三十家，集将牛皮四五张或七八张，以转卖大店铺，此等商人不有同业组合员资格，由此事实观之，则大商号由二样方法买收，一自分店，一自小店铺，故牛皮归于外国商人之手，必要经由二三□□商人，不能直接买收自地方人民。而需用牛皮，逐年增加，此等大号，次第昂腾价额，现在每石三十六两内外，全年经售综额，约七百万两云（本地需用亦在此内）。

一、生产牛皮地及其品质佳恶

内地到处饲养黄牛、水牛，或为耕田，或为食肉用，故凡为邑为郡处所，必产牛皮，其主要地名如下：

汉阳府、黄陂、黄州、襄阳、孝感、樊城、沔阳、宜昌、荆州、安陆。

以上湖北省。

长沙、常德、宝庆。

以上湖南省。

信阳州。

河南省。

品质佳良者，河南省产为最，黄陂、孝感产次之。

牡牛皮多于牝牛皮，譬如七与三，其年龄不一定，或三岁、五岁、十岁，水牛皮亦牝牡相杂，牡多于牝，譬如六与四。

一、牛皮防腐法及包装法

各地集来汉口之牛皮，干燥者少，且多留易腐坏之脂肪等，故先削去其残留物，一二日间日干，涂抹一种药品，称泡立生者，更曝日光，干燥如□席，以棍了敲之，去土沙尘埃，而后包装。此药品是硫酸质之毒药，煮沸清水一百斤，投药一磅，更煮之一分时（一点钟间之六十分一），后以涂抹牛皮裹面，以防止腐坏及恶虫。干燥牛皮叠积为长方形，长约六尺，宽约五尺，钳于井形木框，以压迫之，其上下加压板及竹片，两端以粗布掩之，而将铁带或麻绳结束三四处为一包，其包装费（使用机器料、包装材料、工人赁银在内），每包（千斤内外）三两。其运费，汉口至上海，每吨二两二钱，每石二钱二分之谱，其抽税每石五钱。

英、美、德、法各商人皆输出牛皮，然其一半由德商之手经营，英、法商次之，美商最少。牛皮栈之大部在英租界互相邻接，牛皮外更精制山羊皮等。其用最广，包装机器最完备，输出额最多者，为美最时洋行（德商），瑞记（德商）、宝顺（英商）、元亨（德商）次之。

一、汉口□□人需要额及其用途

集来汉口之牛皮（综额约二十万石），其十分之二，系汉口市场及汉阳枪炮局需用。枪炮局制造铳炮弹药之背负革、革带、弹药合、背囊等，附属铳炮品及武装具，故需用牛皮颇多，年年费十万两内外云。

市民将此牛皮制造长靴子（雨天用）、鞄、大鼓、椅子等，又供用各种靴子之底，长靴子其用同日本高屐，中等以下商人、职工等均穿用之，其需用甚广，然上流人士不用。

一、季节与价额

各地方出货每年十月初旬至翌年五月间最多，六、七、八、九月间极希。皮类于夏季易腐坏，又发恶臭，其措置不便，且夏季家畜类脂肪概消失去，非屠杀好时季，故多俟秋冷，于肉与脂肪增加肥大时屠杀之，入十月增出货数，此故也。

去年输出额未详查，然闻其生意，比前年颇盛。外人买收价额，于十月初旬，上等三十两，今年一月中旬昂为三十六两内外，比去年昂七八两。而□□商人原买价额，现在上等三十二两，中等三十两，下等二十七两内外云。

（《湖北商务报》第 137 期）

5 月

1.汉皋茶市

（1903 年 5 月 23 日）

汉口访事人云：近年以来，两湖茶业耗折殊甚，因此浮梁大贾咸有戒心，计本年两湖茶庄较之上年竟少去六十余家，此亦留心商务者所宜知也。

（《申报》）

2.茶市开盘

（1903 年 5 月 23 日）

汉口访事人云：迩来祁门头茶已源源来汉，初开盘时每担价值约需银六十两，不意数日来忽骤涨至七十五两。至羊楼洞、聂家市二处之茶，亦已运至汉皋，羊楼洞茶每担价约三十两，聂家市茶则只二十一两左右云。

（《申报》）

3.鄂丝减色

（1903 年 5 月 30 日）

武昌访事人云：鄂省入春以来，晴少雨多，天气尤寒暖不时，以致育蚕之家大为减色。现在新丝将次上市，而丝价较之平日有增无减，现缫丝局已派人赴沔阳、河溶一带，收买干茧，闻头蚕冻毙者甚多，恐茧价亦不能平减也。

（《申报》）

4.汉口输出柏油

（1903年5月）

柏油有三种，曰皮油，曰木油，曰梓油。皮油以柏树果实之皮肉制之，即干质之凝结体，为制造蜡烛好材料。梓油榨柏树种子（非果实）制之，暗黄透明不干质之流动体，主供点火用。木油混合柏树之果肉与种子制之，淡黄色不干质之软柔凝结体也，以为蜡烛原料。此等三种，共称柏油，产于四川、山西、贵州、湖南、湖北、河南等省，以四川、贵州、河南、湖南为主产地。从来□□人使用此皮油、木油以制蜡烛，至外国人，购入皮油者多（为西洋蜡烛原料），价额腾贵，其大部分输出海外及上海（上海有制造西洋蜡烛场），□□人唯使用廉价木油，以为蜡烛原料。

由税关报告最近五年间皮油、木油之输出如下：

年度	数量	价额
明治三十年	一五〇三二六　担	九七五六五六　两
三十一年	一四〇二五八	九一二一八六
三十二年	一三二八三二	一〇二九九七五
三十三年	一一七二二八	八三三二四六
三十四年	二一五七九六	一六八三二〇九

年年汉口输出额二十万石内外，其内七成皮油，三成木油，输出上海者皮油居多，输出镇江、芜湖、南京者木油为主。其输出额大半或为在上海制造西洋蜡烛原料，或输出海外。汉口外商中十数户，自设精制皮油所，购入多量皮油（不购木油），一旦于溶油锅溶解，以去沙尘，而后入箱，冷固为四角块（每块重一百三十斤），以草席包之，更以麻粗布掩之，以藤条束装。其包装费如下：

一、草席二张，银五分。

一、麻粗布一张，银一钱。

一、藤条，银五分。

一、工银，银一钱。

共计银三钱，每一块所要。

又将原品粉碎之，溶解之，煮之等，劳银每石三分。

主要工场名

一、美最时洋行　德商

一、瑞记洋行　德商

一、元亨洋行　德商

一、禅臣洋行　德商

一、杜德洋行　德商

一、宝顺洋行　英商

一、华昌洋行　英商

一、立兴洋行　法商

一、公兴洋行　法商

美最时、瑞记、元亨、宝顺卖买最多。

未精制皮油，由其产地，通称有种种，价额亦有异。

一、荆州货。四川及湖南之产，集于宜昌、沙市、津市，更输来汉口，是最上品，圆筒形，一块一百斤，现在价额十四五两，每年产额约八十万两。

一、黄州货。江西及安徽西部之产，亦为圆筒形，比前者短约一寸五分。一旦集于黄州，更输来汉口，一块一百斤，价额一十两，每年产额约五十万两。

一、府河货，又称襄河货。德安、京山、安陆之产，下襄河（汉水）而输来汉口，故有此名。为椭圆筒形，轻重不一，每一百斤价额十两，每年产额一百万两。

一、河南孝感货。亦圆形，每块一百斤，价额十两，由铁路输来，每年产额约四十万两。

皮油，明治三十四年最昂时期，每石价额十一两五六钱，现在平均一十两，木油八两，今年货多，价额不变矣。

本来柏之果实九月、十月间成熟，于十月、十一月盛输来市场，以为常例，然本年仍有多多出货，各洋行仍忙于收买，今后精制改装，则输出上海及海外者必多矣。

（《湖北商务报》第138期）

6 月

1.茶市起色

（1903年6月9日）

九江茶庄今年虽仅七家，然贸易较诸往年为旺。刻下至汉口之茶，每箱售价五六十两，闻有三分之一之利可获云。

（《大公报》）

2.日本兴商

（1903年6月29日）

前月，日本农商会总办木村君条市乘某轮船来沪，随带同舌人至杭州、苏州、镇江、汉口、武昌、长沙等处查察商情。兹已回至沪江，于前日乘日本某轮船返国。闻日本政府欲在广东、上海、京师、汉口四处设立农商总会，将本国一切货物载运来华求售。故遣木村君访查一切情形，大约七八月间拟先在广东开办矣。

（《申报》）

7 月

1.筹拨赛费

（1903 年 7 月 3 日）

鄂函云：户部电，美国赛会经费奏留湖北筹拨银八万两，限三月内解沪。等因。端兼督奏复，略谓美国赛会一事，前因美使巴德至鄂，面约派员赴赛，业已督同司道筹款三万两，委员采办品物，临期运往，正具奏间，接准部电指拨经费。当因事关要需，拟由司局江汉关竭力筹拨银五万两，如期汇沪，奈鄂省近年财力虚耗，无从罗掘，委实无力再筹，应请由部改拨，免误要需。兹经藩司、善后局在助饷新捐解部一半项下拨库平银二万两，江汉关在所征洋药税厘项下拨银三万两，共银五万两，均限三月内解赴江汉关道兑收，充作美国赛会经费。

（《新闻报》）

2.汉皋商务

（1903 年 7 月 4 日）

汉镇襄河一带，向有小轮装载行旅，较航船便捷，人乐附之。近又有人添设紫云快轮一艘，专走蔡甸、仙桃镇、汉川三处，订以双日上水，单日下水，停泊小新码头河干云。

初四夜三鼓时，徽州会馆大夹街新开宏昌益油行，不戒于火，延烧对面中和轧花板铺、眼镜铺、隔壁剪子铺，共有四五家，幸无人风，水龙齐至，随即扑灭云。

（《新闻报》）

3.川汉铁路述闻

（1903 年 7 月 26 日）

美政府注意川汉铁路，已经纽约富商白喀洛筹集巨款开办，名曰汉口福公司。

（《新闻报》）

4.拟开商报述函

（1903 年 7 月 31 日）

津函云：振贝子拟创商务报以开风气，委员沈钧至津，赴北洋官报局考察章程，以便忝酌。惟开设之地或京或津，尚未定议。

（《新闻报》）

8 月

1.□询华商述闻

（1903 年 8 月 25 日）

日前召见驻日大臣杨京卿枢，皇太后面询扬子江一带所有各商埠以及旅洋华商，其情形有无背叛之举动。杨奏云：内地商人及旅洋华商俱有爱国热诚，决无违犯朝廷之意，即其顾恤桑梓各节，可见将来不无可用之人，圣上宜派妥实大员保护等语。按：皇太后垂询之意，因前考特科时，有某氏参劾五党，内有商贾一党，故问及也。

（《新闻报》）

2.商约画押述电

（1903 年 8 月 30 日）

初七日天津来电云：中美商约将于西十月内画押。约内载明，中国允开通商埠八处，满洲两埠亦在其内，译文汇报。

（《新闻报》）

9 月

1.注念商部述函

（1903 年 9 月 5 日）

京函云：日前召见振贝子时，皇上垂问商部章程能否推行尽利，又谕与张振勋所拟各节悉心参考，以期有益无弊，速筹开办云。

（《新闻报》）

2.商部借地述闻

（1903 年 9 月 13 日）

十六日奉旨设立商部一节，因地方难觅，闻拟暂在制钱局设立创办一切。

（《新闻报》）

3.论国家设立商部事

（1903 年 9 月 23 日）

呜呼！中国官商之不能相合，已二千年于兹矣。昔春秋时，秦师袭郑，郑商人弦高侦知之，以牛十二犒秦师，秦人知谋之已泄也，乃率师而回，郑国得免非常之祸。晋韩宣子有玉环，其一在郑商，宣子谒诸郑伯，子产勿与，且引先世与商人盟誓之言以拒之。可见，当时国家之与商人彼此相孚以诚，而并无欺凌诈虞之意。秦汉以后，重农抑商之说起，商人至不得衣锦绣，与士民齿，于是官之视商也日轻，商之畏官也日甚，痼习相积，绵延至今。本朝自与泰东西各国通商，虽彼此以货物往来，而彼则商业日兴，我则商情日敝，推原其故，皆由各国既有商部以握其枢机，而商务繁盛各埠又遍设商会，于以通隔阂，剂盈虚，联上下之情，竭维持之力，用能以商战角胜，雄视五洲。回顾中国朝野士庶，虽不至鄙商为微末，然大率眼孔甚浅，心志不齐，视同业之盈亏，几如越人视秦人之肥瘠，甚或诈伪侵攘，互相倾挤，以致洋商乘间伺隙，益得操纵其技力，而朘削我利权，商务之疲，实基于此。在上者知其然，爰拟采彼之长，救我之短。数年前，徐花农侍郎曾奏请添设商务衙门，折中所拟名目分十有四司。一曰溥利，二曰尚象，三曰武备，四曰弼教，五曰游艺，六曰拱人，七曰同轨，八曰同文，九曰格致，十曰交际，十一曰星算，十二曰博采，十三曰博闻，十四曰博物。读其疏，未尝不原原本本，殚见洽闻，然议者谓其实难副名，事近烦琐，以是虽有此议，亦仍托诸空言。至本年三月二十五日，朝廷明降谕旨，通商惠工为古来经国之要政，自积习相沿，视工商为末务，国计民生日益贫弱，未始不由乎此，亟应变通尽利，加意讲求。则据政务处议复，载振奏请设商部，业经降旨允准。兹着派载振、袁世凯、伍廷芳先订商律作为则例，俟商律编成奏定后，即行特简大员开办商部，其应如何提倡工艺、鼓舞商情，一切事宜均着载振等悉心妥议，请旨施行，总期扫除故习，联络一气，不得有丝毫缺陷，致启弊端，保护维持尤应不遗余力，庶几商务振兴，蒸蒸日上，阜民财而培邦本，有厚望焉，钦此。皇上之保商惠民，诚可谓集各国之专长，法历朝之痼弊，不特贸易中人闻而生喜，即识时俊杰亦思借此以进富强。至七月十六日，又奉上谕，以振贝子为商部尚书，伍京堂为左侍郎，陈京兆为右侍郎，分□设官，章程大定。盖至此，而皇上重视商务之意，固已寰宇皆知，彼任事诸大臣，果能上体君父之心，时时以保护维持为己任，安见中国人民之众、物产之富，犹不足与泰东西各国相角逐于商战之场哉？或曰，中国官商之不能相合，其习已甚深，商部虽立亦具文耳，不观各省之有商务局乎？伏查光绪二十四年四月二十四日，奉旨饬令各省会地方设立商务局，迄今时逾数岁。虽各省会及通商大埠，已次第遵行，然局中支领薪水者均系候补人员，仍官自官，而商自商，即有一二与之交际者，亦只商而兼官，其声势足与之相埒者耳。彼众商之或有甘苦，岂遽能上达于官？然则商部虽设，果安见其有益于商者？不知天下事有治法，尤须有治人。商部虽难免官样文章，然振贝子曾亲自游历外洋，于各国商情必能确有所见。伍侍郎自奉命后，即札行沪上商业会议公所，转谕众商，如有条陈，不妨各抒所见。既又在泥城外商务公所延见各商董周咨博访，凡有益商家者，无不尽力维持，其虚怀若谷之情形，固与恃高位而睥睨一切者迥乎有别。他日以所访察入奏于朝，整饬维持必能公私交益，亦何患官商之终不能相合哉！富国益商之机，窃不禁拭目俟之矣。

（《申报》）

4.鄂汉纪函

(1903 年 9 月 24 日)

汉函云:闻兼督端午帅将于日内派员莅汉,查阅汉阳各学堂章程。闻驻汉荷国领事官有于日内游历三湘之信。近有西人多人经过汉口至黄金堂一带测量地势。汉镇怡和之昌和与太古之沙市各轮船专行湖南各埠,近招商局亦往沪添制轮船一艘,开行湘汉,以资推广。近有比国兵舰一艘取道汉口,小作勾留,即行开往岳州。上月二十六日,武昌城外营中杀一抢匪,闻系金牛抢案之正犯,姓曹名红标。汉口将次开办警察,惟因经费不足,闻有议及开办花捐云。

(《新闻报》)

10 月

1.商部调员正单

(1903 年 10 月 8 日)

商部奏调各员,外间传者不一,未足全凭,兹就原折将各衔名摘录如下。

子监司业徐世昌,兵部员外郎绍英,按:以上二员均已奉旨简放商部丞参。礼部遇缺即补主事柏锐,刑部主事卓孝复,刑部候补主事陆大坊,分省补用知府工部主事沈瑶庆,候选郎中李维格,内阁即补侍读顾彦龙,记名道陶大均,候选道吴桐林,湖北候补道张诚,湖北候补道毛祖谟,直隶候补知府时宝璋,候选知府伍光建,分发江苏补用知县祝瀛元,江苏候补知县高而谦,遇缺即选知□力钧,江苏试用县丞吴兆鉴。另附片奏,调外务部郎中唐文治,员外郎王清穆、邹嘉禾、章十荃。按:唐、王二员亦已奉旨简放商部丞参。

(《新闻报》)

2.筹商部务述函

(1903 年 10 月 15 日)

京函云:商部陈侍郎璧偕、徐鞠人司业赴津,与袁宫保面议商部事宜,并筹开办经费,闻袁宫保已允垫银二万两。

(《新闻报》)

3.汉皋近事

(1903 年 10 月 16 日)

德国兵轮一艘名雅固阿,日前莅汉后,其管带卫君即渡江谒见兼督宪。现该轮寄碇江中,尚未下驶。

夏口厅公役在白沙洲地方捉获巨盗梁姓一名，解案讯惩。

汉阳防营闻有调赴永州防堵之信。

近日官中在新堤地方捉获红灯会党一名，昨已解鄂讯办。

（《新闻报》）

4.论商务考试

（1903 年 10 月 25 日）

以考试取人才最不足凭，取士之弊，至今日已极。无论坐言，不能起行，空谈终归无补。即使号称淹□，议论纵横，要亦不过博能文之名而已。及其得官用，非所习治事丛脞，然后知考试取士实不足凭也。取士不能凭考试，取商又何能凭考试乎？商者，群萃州处，操奇计赢，可以试以谋富之策，不可试以能文之功。今试召天下之极富者及老于经商者，而叩之以周官理财、管子致富，瞠目不能对者，殆十人而九。然而其走南北，察盈虚，考求百货，经营四方，则固优为之，中国富商大都如此也。必谓如此，遂尽经商之良法，固亦不然，特舍此而以文章求商人，又背道而驰矣。商部之立也，国家盖增立一部，而借以增无数之官员也，故有考试司员之举。然而某尝特以商人为商官之论，而辟以部官为商官之说，今使商部召中国之富绅而求其策令，得尽其所长而各举所知以对，岂无良法美意之可行乎？不出乎此，而调各部司员考试之，其所命之题非工于文者不办，既又知其不能文，而但责以能书履历。夫与考者，但能书履历，其不能跻于能文者之列，盖可知矣。然而能文者不必能经商，能经商者不必能文，吾不知为此考试之举，果何所取也？至于但书题目而缴卷以去，以致监场者开堂，又何取乎？为此儿戏之举哉。泰西之重商也，有商务学堂，有商学学堂，德国之莱比锡、奥国之维也纳以及法国巴黎、美国纽约，商务、商学之学堂盖林立矣。其课程有银行，有历史，有算法，有货样，迨至毕业，命题以考试之，无不得尽其说，亦无不可举以行也，此则得考试之法者也。中国办事向来不求其本而求其末，今全无商务，全无商学，而忽焉聚无数司员，谋所以经商之道，与试者中无所主，其稍能明白文理者，亦不过抄撮夹带、涂抹陈言而已。其不能明白文理者，安得免于笑柄哉！窃谓考求商部司员，宜分各省之商人而考求之。考求之法，令其举本省之土货，条举以对，谋所以畅销各省，谋所以抵制洋货，谋所以机器代人工，谋所以格致求精理，能畅言而又能实任者，备之以司员试，他省亦如之。譬之廿一行省，即可取廿一正司员、廿一备司员。此外，候补司员不妨多备，总求某省之商人能言某省之商务，即能任某省之商业。如此，必有良法美意之可行，而有条有理，无隔阂窒碍之病，此则考试司员之法也。盖商部之司员不可与他部通，本商事，非官事也，毋庸其官体官派也。且亦知中国商务之不振，其病何在乎？在无商学也。而商学之不兴者，由于无学堂、无课程也。环球各国无不学商，而为商者，中国独不然，其所谓商不过墨守成法，甘于自画，又何怪与各国商战而败乎！故商部既立，而仍蹈虚文之弊，徒□文字之间，求所谓商部之人才者，终无济也。

（《新闻报》）

5.调查纱厂述闻

（1903 年 10 月 30 日）

商部尚书振贝子特派某大令至沪，查考各纺纱厂机器制造及棉花之性质，以备在北直省开设纺纱厂之用，现又乘轮往汉口查考矣。

（《新闻报》）

11 月

1.汉江钱市

（1903 年 11 月 22 日）

汉口访事人云：迩来汉上银根日紧，自源祥、益祥、德润生三钱店相继倒闭后，市面益觉动摇，以致人心惶惶，谣言四起，不知在上者，将何以剂其平也。

（《申报》）

2.钱铺迭倒

（1903 年 11 月 30 日）

目下汉口市面，窘迫异常，银根亦紧至万分。日前有银钱铺四家同日倒闭，所欠外款有数十万之多。其一为蔡同泰，余三家尚未知其详。此四家皆为汉口巨商，因此牵动市面，周转不灵。现闻张某所开之某钱店，胡某所设之某钱店及某某之大钱庄俱已停摆，难免无倒闭之虞。

（《大公报》）

12 月

1.汉市纪闻

（1903 年 12 月 27 日）

前者，鄂中当道因缴还洋款，现银遂源源外露，而汉口市面乃大为掣肘，大小钱店前后共倒闭七家，幸而此时西安共到现银六十万两，由某票号分济各钱店之用，则周转灵通，不似从前枯窘之情形矣。

（《大公报》）

2.武汉丛谈

（1903 年 12 月 30 日）

武昌访事人云:近有法人开设米行,创行得米票,仿照湖北签捐票章程,以冀广销。米石大吏恐其有碍签捐票销路,饬汉黄德道兼江汉关监督陈心复观察照会驻汉法领事,并札饬夏口厅同知冯少竹司马严行查禁。

（《申报》）

1904 年

1 月

1.商办川汉铁路

（1904 年 1 月 17 日）

四川旅京及各埠商人禀请商部承修川汉铁路，共计章程廿条。计自汉距蜀四千一百余里，所需经费五千万两，专集华股。其一切用人、运料统用中国自己者，以免利权外移等语，尚未知商部如何批示。

（《大公报》）

2.汉口附近产出棉花

（1904 年 1 月）

棉花为汉口附近重要产物，黄州、武昌县、沔阳、金口、沙市、孝感、黄陂及湖南省常德附近为最夥，然其纤维短而硬，故非混用孟买棉花，或美国棉花，则不适于纺细纱，此中黄州产为最上等，里河产为最下等。其种类，草棉赤茎者多。汉口附近，大概平坦广原，乏森林溪涧，以调和气候，涵养水源，故多急激之雨，洗去肥料及沃土，以减杀地力，且其田土，概系黏土质重土，故降雨一次，则土地凝固，不把持温泾，而数日干燥，于晴天则忽生裂罅，故降雨后，必耕锄，以存空隙于地中为要。其雨量多寡，气候适否，关系于棉花丰歉，故其采收期及收获量等，难以预定也。

一、播下棉种期及每亩下种量

由土地如何，有稍不同，然概以五月初旬芒种之候，为播种期，其下种量□□□□□□至九斤，每斤当日本之五升余。棉种子市价，每石约一元，□□□□□□□农家除旧年甚歉收，难得良种子时外，不贸取种子。今表示播种至收获间，诸费用如下：

每亩费用概算

种类	费额
肥料	约一千文
耕锄费	四百文
除草费	六百文
细碎土块费	三百六十文
摘采费	约三百文
共计	二千六百六十文

肥料用人粪、尿、豆糟、菜油子糟、棉实糟等，由地方如何，或唯用人粪、尿，或混用上记各种，其施肥之期，亦不一定云。

一、摘采棉花期及每亩收获实棉量

摘采期概为中历七月中旬至九月初旬间，其收获额不一样。黄州、武昌县地方，上等田收获量，年丰则每亩一百一十五斤至一百二十斤。德安府、随州府附近，年丰则七十五斤，年歉则四十斤内外。金口、沙市、常德附近，平均八十斤内外。孝感、黄陂附近，平均九十斤内外云。

一、轧棉率

汉口附近地方产出棉花，其纤维甚短，其与籽实之率不如他地方棉花多。上等实棉一百斤中所得棉花四十至三十四斤以上者，以三十三斤半为寻常率，即以实棉三百斤得棉花一百斤也。轧棉赁银，每笊（实棉二十四斤三十二文），用中国制轧花机器，则每人每日可轧五六笊，用日本制机器则六七笊，是每日每人轧棉额一百四十斤至一百六十斤，而得棉花四十五斤至五十五斤，故欲一日轧出棉花一百斤，则要机器二具，租银四百五十文。汉阳有轧棉业者一十八户，机器四百具，每日出棉花约□□□□□□百石。

最近三年间实棉、棉花、棉实价格表

名称	单位	明治三十三年	三十四年	三十五年
实棉	一石	五两内外	平均七两	平均六两
棉花	一石	平均十五两	平均二十两	十五两至二十一两
棉实	一石	九角	九角半	一元五角

运出棉实商人，有吉田洋行、中桐洋行，均系日本人，故同心协力，则无昂腾价格之虞。然在去年，一日本商人新来，一时竞进买收，故稍现昂价，尔后汇价之变动，铜钱之腾贵，均为棉实涨价之原因，终致上记昂价也。

（《湖北商务报》第 163 期）

3.汉口商会近闻

（1904 年 1 月）

汉口商会前由商务局孙观察遵照部章选举商董，而各帮公正有名誉者，多不愿干预此事，以故颇不易行，且苦无设立商会之所。现经再三敦劝，已有数人允为助力，将有成立之望。

（《北洋官报》第 532 期）

2 月

1.水电缓办

（1904 年 2 月 2 日）

华洋商民迭在兼督端午帅案下禀□汉口水电公司，午帅均以婉词达之，谓俟张香帅回任后再行核夺。

（《大公报》）

2.汉市乏银

（1904 年 2 月 8 日）

汉口访事人云：自巨商复懋祥倒闭后，市情岌岌可危。既而麦加利银行买办某甲，又以周转不灵，随之而倒，以致银根紧迫。刻下钱价贬至每千值八钱八分八厘，转瞬岁除，更不知若何景象也。

（《申报》）

3.矿务纪闻

（1904 年 2 月 10 日）

鄂属竹山县所设之矿务分局，自开办以来，颇著成效，缘附近之铜铅二矿甚富，为鄂省之冠。兼督端午帅闻之，大为欣喜，故日来于开矿一事极为注重。

（《大公报》）

4.汉口商务纪闻

（1904 年 2 月 21 日）

数年以前，英人在汉口之商务为各国之冠。近年德、法二国经营汉口商务，格外着力，日有起色，几驾英国而上之。至日、比二国，现下租界亦将大兴，颇有不落人后之意云。

（《大公报》）

3 月

1.粤汉铁路纪闻

(1904 年 3 月 31 日)

粤汉铁路轨道,业已铺至寨边。其垫土而未铺轨者已达至三水河口,黄沙一面亦次第兴工。

(《大公报》)

2.商务局振兴商务详文

(1904 年 3 月)

详请示遵事　案奉宪台札开,以奉旨振兴商务,应由省城先行入手,设立商会,筹议举办,详候核示。等因,奉此。遵查,兴利莫先除弊,当将收受盐、当、牙行节寿仪物,到任规礼各项弊政,装录宪檄,先行通饬各属一律禁革,一面传集票帮、典商字号以及各行富商、巨贾,分日至局,面与讨论,并拟就问题,谕令各抒所见,剀切条陈。兹各商号陆续开具说略前来,所言虽不无可采,或邻于操切,或不免迂拘,绝少远大之图,且无实在把握。复经周咨博访,体察群情,若欲期以成功,必先从其所愿,因势利导,或易就我范围。缘川省商情各归各帮,各有各会,势难牵强附合,因与之约,嗣后遇有承认充商及试办公司,无论何项商业,即由何帮会首协同充商之人赴局呈明,面见委员商榷利弊,实有益于利用厚生者,立即见诸施行,俾上下之情相孚,遐迩之商贾自至。虽不必明立商会,而商情可以团结,亦不失立商会之宗旨。第蜀疆辽阔,山川险阻,民间见闻寡陋,有司贤否不一,胥役弊窦从滋,迭经通饬,多方提倡,以期振兴,严禁需索,以广招徕。俟有禀办到局者,竭力奖掖劝诱,以底于成。复据各商号竞以倒骗劫掠为言,查此两端,实为商民之大害,应饬各属各就地方之情形设法整饬,预防倒闭于事前,严惩骗赖于事后,此风或可稍息。惟商贾运银往来,中途失事,防不胜防,若夫信票汇兑、流通于冲衢,而扞格于僻壤,计惟有设立保险公司,拟以省渝为干,附近州县为枝,互相联络,然后逐渐贯通,但此事极为烦难,关系甚重,须先考察每年市里来去银钱若干,公家动拨库帑若干,通盘核计,大致相敌,方敢酌量举行。已令商号先往渝城访查,应俟查复再定行止,然商民既以劫掠为苦,应先调护扶持,以顾目前,拟即颁发示谕,通饬各属责成团保,遇有银挑往来,务须实力保护。其挑运之银盈千累百,商民如恐疏虞,愿请保护者,许赴该管地方官衙门,请派练丁护送。其练丁口食,由本商民每名每日给钱一百文,往返照付,不准多索分文,使商民所费无多而可免疏失之虞。人易乐从,即可为保险公司之阶级,此外商情不一,头绪万端(署司职到)等,惟有遇事讲求,随时禀承宪训,切实图维,以期商务日有起色,所遵札筹议缘由,是否有当,理合具文,详请宪台俯赐察核示遵。为此备由另文呈乞。

(《四川官报》第 1 期)

4 月

1.奏办川汉铁路

（1904 年 4 月 18 日）

日前，川督锡清帅以川汉一路各国久已垂涎，纷纷请办，将来一落外人之手，难免不利权坐失，且恐致酿争端，遂即专折奏明。谓：此路关系西南大局，拟归中国自行筹筑，由川督委员设局招股，官商合办。全路工程约须二千万金之谱，声明不借洋款，不招洋股云云，并经咨请外务部查照存案，嗣后，无论何国商人禀办，概不准行云。

（《大公报》）

2.川汉铁路开办

（1904 年 4 月 25 日）

四川总督锡电奏，略称，川汉铁路公司业已开办，电咨各省协招股份，拟由国家认股若干，以作基础等语，闻已交部核议。

（《大公报》）

3.纪京汉铁路

（1904 年 4 月 28 日）

京汉铁路已购到卫辉府地，力求安静平顺，因有李家昌统领豫正右军在卫辉一带驻扎，布置星罗，故地方得以无事云。

（《大公报》）

4.汉口商情

（1904 年 4 月）

去岁汉口市面获利最丰者，以钱业为最，匹头次之。所亏最巨者，以油行、药材行二帮为最。至牛皮、猪鬃、丝竹诸类，均不甚获利。今岁日俄开战，各国寓汉口商民徘徊观望，咸有停手的意，故凡与洋商交易者，无不忧之。

（《广益丛报》第 34 期）

5 月

1.银行仍开

(1904 年 5 月 3 日)

汉口道胜银行前时本有停歇之信,兹闻仍旧交易,买办一席依然陈君衍庆承充。

(《大公报》)

2.牛皮近价

(1904 年 5 月 17 日)

牛皮一项为汉口大宗生意,兹闻目下洋商一律购买,每担价值约二十九两左右,操是业者颇有余利可获云。

(《大公报》)

3.茶商设会

(1904 年 5 月 21 日)

汉口茶商近在茶业公所设一商会,以为议事之所。

(《大公报》)

4.志粤汉股票案

(1904 年 5 月 25 日)

北京官场传言,日前湘抚赵中丞因美公司将粤汉股票私售比人一案,关系重大,已专电达外务部,请照会美使,据原订合同与之力争,刻闻外务部已照会美使康君提议此事,未知将来能就我范围否。

(《大公报》)

5.再志粤汉股票案

(1904 年 5 月 27 日)

湘友专函云:湘省因合兴公司私售股票一案,官绅大动公愤,刻由王灼棠中丞等倡议筹款自办,旬日之间已集款二百万左右,电达张香帅、端午帅、魏午帅、盛宫保处,合力与该公司力争,坚持废约之议。日前盛宫保派福开森赴美控诉此事,闻福抵美后,遍谒其外务部、政府诸人。某(其)外务部亦以该公司售票于别国,有损国权,为美总统申言。现总统业将福开森所呈节略，交各部核议云。

（《大公报》）

6.三志粤汉股票案

（1904 年 5 月 31 日）

湘友专函云：日前湘省各绅会商盛宫保，以粤汉股票既为合兴私售过半，现又遣人控诉，将来无论美廷是否担任，该公司是否输服，目下决不能不持废约之说，以占先着。既欲废约，不能不赶将小票勒住。盛宫保亦以为然。当已分电各省暨驻美梁星使，除未经发出者应立行停止外，其已交受托公司而未及售出者，当即赶向清查，声明停止。嗣后，非有梁、盛两大臣签字，不得作据云。

（《大公报》）

7.论汉口宜开商会

（1904 年 5 月）

往昔之商务利于分，近今之商务利于合。盖五十年以前，东西商人之来吾内地者，尚属寥寥。仅华人与华人交涉，故虽各自为谋，尚不觉相形见绌。今也不然，口岸纷开，华洋错处，商战日趋于剧烈。我不争先，势将落后；我不求盛，势必取败。年复一年，彼以其甚贱之货物易我甚贵之金钱，成数之不可布算，岂华商心计之果拙乎？亦以义涣而情隔，本单而力薄，智缓而识卑也？诚欲联其群，厚其本，拓其智，莫如行令各省，凡有大小市埠，一律创开商会。京内既举办矣。外埠，如汉口为南北之通衢，水陆之冲要。五洲列国争于此，辟租界，立公司，设行栈，广制造，所以规揽权利者无所不至。而我华商聚二十三省之民族，竟莫能与之抵抗，汇二十六万之物产，卒未由自行改良已觉可耻，况复官商隔膜，同业与同业又不相联络，彼此抵牾，冒充牌号者有之，私抛空盘者有之，伪造低货者有之，抬价居奇者有之，争一己之私，决不留心乎大局，卒至买客挑剔，牙侩把持，拖累同行，败坏市面。顷岁以来，钱业之相继倒塌，茶肆之易形衰落，犹病症之表见一二者也。念之哉，两间之热力，以擦摩而愈涨；万类之爱力，以团结而益坚。各业不有公所会馆乎？是即商会之基础也。各公所会馆不有首事会长乎？是即总董之型模也。果能各就所业设立商会，慎举总董，按期会议，互相考察，凡所业货物，何者益售，何者滞销，何者成本较多，何者利息较厚，何者最当仿造，何者亟宜改观。举一切物产衰旺，工艺优劣，市价涨落，销场利钝，而且某铺有亏折，某人有屈抑，某人制新器应予专照，某人造伪货应加禁罚，均可由各会董随时随事禀报商务局查核。总期货品精良价值化一，则群情、本力、智识臻于完全。借同族以压倒他族，就土货以争胜洋货。将来铁路告成，而汉上各业商会已栉比林立，江汉流域为贸易之中心点，安见规模所焕，不较沪上更宏乎？此则可以立断而预决者。虽然商会之开，必大者要者，如银钱、茶叶、绸缎、珠宝行之类首先开办，以为各业倡，逐渐扩充，次第举行，乃可收其益而奏其功，否则操切而为之，一或不善，将有因噎废食者矣，商部立法之初心恐未必如是也，凡百商贾，其熟筹之。

（《商务官报》第 9 期）

6 月

1.粤汉铁路续闻

（1904 年 6 月 10 日）

粤汉铁路股票一案，迭志本报，湘绅曾倡议废约，拟自行招股办理。今废约之事已为美使所驳，而湘中希冀自办者尚不乏人。候补道但其旦日前具呈商部，力辩其妄。有见其稿者，谓其指词多中时病，非泛常可比。

（《大公报》）

2.粤汉铁路案又志

（1904 年 6 月 12 日）

湘友函云：日前盛宫保接据驻美梁大臣暨福开森等复电，略称：粤汉小票当时除因路工垫借之美金三百万元，业经如数发交□□受托公司随时售抵外，此外小票尚未发售，刻以向受托公司声明，查已售抵若干，如有未经售卖者即权时勒住，非由本大臣等签押不得作据。至前向美总统申议之三事，美总统虽未切实应允，惟现已认定合兴为美国公司，美政府确有权能办理该公司之事，该公司如有违例事件，美政府尽可判治云云。

（《大公报》）

3.粤汉路约难废

（1904 年 6 月 19 日）

日前盛宫保有电达外务部云：昨接福开森电，称美政府刻已承认有办理合兴公司之权。惟美例并无禁止本国公司不得招收外国股款之条，且亦无饬令辞退外国股款之权，虽经多方辩论，终不得当。观此情形，目下但能设法收回利权，废约恐做不到云。

（《大公报》）

4.汉皋市景

（1904 年 6 月 27 日）

目下汉口市面尚属平静，倒闭之事，曾不一见，各国商人照常交易，并不因战务而有累商务，钱价逐渐跌落，银圆、铜圆一律畅行无阻云。

（《大公报》）

7 月

1.土膏统捐章程

（1904 年 7 月 13 日）

鄂省统收皖赣两省土税、膏捐章程，照录如下：

一、川、云、贵、陕、豫所产土药，凡由湖北、湖南过境，运赴江西、安徽省销售者，概照两湖征收落地章程，由湖北、湖南入境局卡，统收正耗、土税、善后缉私经费，预征膏捐，粘贴印花，填给大票，听其运赴江西、安徽省无论何处地方销售，通行无阻，概不重征。

一、洋□□完子口土药，如运至江西、安徽各口岸埠市，局卡就地报售，只准免征正耗税银，仍应按照两湖章程征完落地膏捐及善后缉私经费钱文，粘贴膏捐印花，给予捐照，方准售卖。如不报完落地、膏捐等项，私行销卖，膏捐印照□□例全数充公。

一、查历年在湖北报完江西、广东、安徽过境土药，询访商情，所报赣、皖、粤销场，各地皆□□□□，实则运至九江，视何处行情获利，再运何处验□。是运赣、运粤、运皖实地销填数目，必在九江乃能分□□□□必通便商情，庶于税捐有益，应由两湖土税膏捐总局在九江设立驻浔查售分拨局，江西、安徽两省各派员□驻。凡出鄂境土药，由武穴直押送九江，交该局会同江西省委员查验斤两数目，票货相符即逐一登记商号存核。□□运行时，赴局报明各属，行销江西即填给三联分拨江西护票，由江西局卡查验截收。如□运赴安徽□将实销江西数目及运销安徽数目分别造册，申报两湖总局及江西、安徽总局，以凭查考。其三联护票由江西、安徽局卡给商，一联截收，两联申缴江西、安徽总局，存留一联备案，以一联咨回两湖总局，按月凭册凭票核验计数，庶解还税款皆有证据。

一、由湖南运销江西及过境运赴广东土药，由湖南厘金总局在朱亭设立查验分拨局，江西派员同驻，照九江分拨局章程一律办理。

一、皖省接壤豫界之英霍、六安一带入境之陕土、豫土，皖北接壤江南一带入境之徐州丰砀土及皖北地方出产之各土药，均由皖省扼要设局，悉照鄂征土药，办理征收正耗款膏捐及善后缉私经费等项，商贩照章报完，方准入境销售，严缉私漏，以保正税，销场捐税一律平准南北膏捐。

一、向由两湖地方运赴江西过境，运赴广东土药，仍各照售章征收过境税银，两湖押送出境□，江西局卡即派人押送，直出江西境地，交粤省局卡验收，不准中途改报，落地销卖，以杜奸商取巧，如有中途□卖及□行□销入境各弊，均严行查禁，从重罚办。

（《大公报》）

2.湖广总督张香帅札汉口商务局文

（1904 年 7 月 18 日）

为札行事　光绪三十年二月十八日准商部咨开，光绪三十年正月三十日接准，咨□□汉口商务局司道详称，查湖北商务荟萃之区集于汉口，其地处长江上游，为滇、蜀、湘、黔出口门户，将来芦汉、粤汉铁路告成，又为直汴豫往来枢纽，商务之盛甲于海内。二十四年秋，本任督宪张遵设汉口商务局，筹议八端，即附设本省各州县土产陈列所。次年刊印《商务报》，续在湖北设立农务学堂工艺院。本年春，又经宪台筹款，饬办商务学堂、商会公所，均在汉镇分别购地，另于湖北省城设工商劝业场，秋间工竣，分设中外制造天然各品，夏间复将《汉口日报》改归商局主持。似此应办事宜已纲举目张，从此核实讲求，未始非收回利权之一助。惟近年银根奇紧，倒塌频闻，商本既亏，商情涣散，本司职道等筹思再四，拟照原议第六端保护之法，官为追惩积欠，以固商本，拟明春由商务局添设传公廨，代商追欠，俾有专责。兹将原议章程及商局陈列土产花名分列清册，并已刊《商务报》第一百四十期，详请核咨等情，到本兼督部堂，据此，咨送查照施行。等因，前来。查提倡商务入手之初，不外整顿土货，开通风气，必使种植繁衍，民智开拓，而后工之制造日良，商之转运有资。鄂省轮舶辐辏，众商云集，汉口地居上游，为滇、蜀、湘、黔往来必经之道，更须力为整顿，以冀日上蒸蒸。贵督悉心筹划，倡率有方，于汉口要冲设立专局，实为握□以图，足资表率。本部详阅原案，所拟章程八则，并各州县土产花名清册，以及《商务报》，本立法精当、庶物备详，不难卓著成效。至近年银根奇紧，商本亏折，更关急务，来咨所称，拟由商务局添设传审公廨，代商追欠，事属可行。现在本部拟订商律，所有债律一门，正在详细核议，该局如已拟章程，即希赶急咨送，一面先行试办，仍俟本部订定债律，奏请钦定颁行后，再行照律办理。相应咨复，查照见复可也。等因，到本大臣准此。合就札行，札到该局，即便遵照办理，并酌拟代商追欠章程，详咨，毋违，此札。

（《申报》）

3.汉口商务局拟设传审公廨草定章程

（1904 年 7 月 18 日）

一、汉口商务局附设传审公廨，专为代追武汉商贾积欠而设，不准管理地方别事，并不准代追民欠，以示界限。

一、公廨传审武汉欠户，必须商董三人公请传案，始由廨员签票，派役协同地保往传，秉公讯办，不得率意传审，致滋拖累。

一、欠项在本省者，由局径札各该地方官就近讯办。如有三月不结，再行札催。经年不结者，由局援引商部新案，详请撤参，俾资考核。

一、欠项数在三万两以外者，先将汉口经手账款之人交地方官收管。如系外省，一面详请督抚宪咨明欠户原籍，札行地方官查拿。倘数在五万两以外，先请电咨原籍，查封家产备抵，俾欠款者知所警诫，倒塌自少。

一、商业欠户究非无赖流民可比，公廨传审后，如抗不遵断，必须交地方官管押者，应分别三等：一等者由商董保出，责令住各商业公所，派廨役看守，不准擅自回家；二等者由局集资设清款所，谕令商董公同派定所役数人，常川照料，归所员专司收放，不准私释；三等者即交地方官管押，以凭限追。似此分别办理，既免羁禁之苦，又有羁绊之戒，似较严切。

一、民间词讼列入月报，功过綦严，商务案件漫无稽核，未免向隅。请自设立传审公廨后，分别自理、外结两门，以廨员审结者为自理，行外州县传究者为外结。年终汇造已结、未结四柱清册，报明督抚宪查考。如一年内能审结商务局行查之案十起者，记功；二十起以上者，另行专案详请酌委优缺，以示奖励而资鼓舞。

一、近年，各商称每遇倒账，即倩无业洋商、教民，贿买照会，各国领事官仅凭一面之词，即照会关道查追，亦非持平办法。拟由廨员随时与各商董认真稽查。如真系与洋商往来，由廨员查明禀局，咨会江汉关，照约办理。倘系假借洋商，欺蒙地方者，由廨员查明后禀局，咨会江汉关照会领事官，将原案撤销，先将欠项代追清款，再科以冒用洋商牌号之罪。似此分别真伪，办案既有定权，交涉亦少假借，亦正本清源之一端。

一、拟办各条试办后，如有窒碍，应再增减，随时由局禀请更革，总以维持商业、俯顺商情为率，俟商部商律颁出，即按商律遵照办理。

（《时报》）

4.汉口茶业调查案

（1904 年 7 月 30 日）

茶为中国之无上产，汉口为中国之大中心，则茶与汉口之关系，是当天下人所共乐闻者。

汉口虽非茶产出地，而实茶之大市场也。江西之义宁州、安徽之祁门、湖北之羊楼洞、湖南之安化，皆茶之大出产地，而以汉口为发卖之门户者也。每逢茶节，江舟衮衮，商贾济济。问其何事，莫不曰载茶；问其何往，莫不曰到汉口。则汉口者，实江西、安徽、湖北、湖南四省茶之中央贸易场，可无异辞。而汉口有所谓茶栈者，林立云集，实茶之屯集所。

今就茶栈而□□，则各产出地每年输入于汉口之茶大数如下：

湖南省　湖南茶产之首位为安化及桃源，安化二十万零八千二百五十箱，桃源一万四千三百五十二箱；其次为长沙、平江，长沙二万三千六百四十一箱，平江二万九千四百七十三箱；其三为高桥，三万零五百十四箱；其四为聂市，三万八千七百三十二箱，云溪二万八千九百箱；其五为湘潭，四万零二百四十箱，浏阳、醴陵大约二万六千箱。要之，湘南多红茶。每年入于汉口之数，大要如此。至其价格，则首位之上等，一箱（五十斤）四十二两，下等一箱十九两内外；其次者，上等二十六两，下等十九两内外；其三者，上等二十二两，下等十七两内外；其四者，上等十八两，下等十两内外；其五者，上等十两，下等九两内外。一言以蔽之，湘南茶之价值，在四十二三两与八九两之间。

湖北省　羊楼洞三万七千二百五十箱，崇阳三万三千一百九十箱，咸宁一万四千八百八十四箱，通山九千五百十二箱，宜昌一万十四箱。是湖北每年输入于汉口之数。要其价格，上等二十八九两，下等八九两。

（未完）

（《时报》）

5.劝立汉口商会说

（1904 年 7 月）

今天下以商战为胜负，斯世所谓乐利主义经济问题者，莫不耽耽逐逐集视于我华扬子江一路。扬子江统神州沃壤，而以汉口持其枢，上海扼其键。上海互市最早，凡夫高资富人，并皆食利于是,久与外人相习,商智之开亦最早,上海商会之立,亦既一年余矣。察其成绩,颇有可观。而汉口尚未闻起而图之,则欲挽已失之利权,开未来之美富,其将何道之有？况乎论现在之商业,莫盛于上海;论将来之商场,莫重乎汉口。诚以汉口者,异日东西两半球商务之中心点也,展史家货殖之传,念诗人牖户之谋。我汉口诸商,其亦注意于商会之一点乎？

昔者白圭之治商也,自谓犹伊尹吕尚之谋,孙吴用兵,商鞅行法。而史特称其乐观时变,商会者,乐观时变之智珠也。今年商业大势之变迁,盖四千年来所未有。向闻地学家之论曰:居陆者蔽于时事,近海者便于交通。而近日生计学家其说又一变,日本矢津昌永有言,全球铁路尽通,商场必改集大陆,今乃轨路、航路换气之时云云,斯言盖有见也。中国国境三大干途,若芦汉,若川汉,若粤汉,咸以汉口为要冲。今芦汉一路,不日告成,川粤渐次举办。《礼》有之曰:凡事豫则立。庄生有言曰:作始也简,将毕也巨。我商而不欲自立也则已,我商而欲自立也,今可慎之于作始矣。作始万端,而商会其一以贯之者也。

抑又闻之,西伯利亚之铁路成,天下之大势为之一变。西报言,俄国铁路之外国部长千九百二年宣言,联合欧洲各铁路公司代表人,商办交通之事。议自法都巴黎至中国北京,开一直行车,与我芦汉之路相接,再自汉口而江而海,远而达乎欧美,不十年后,轸交辙错矣。中原天产甲环球,汉口一镇固全陆之要地,即为新世界一大市场,而为中国商家前途一大险象。苟使鼓舞商会,群其智力,因势而利导之,则此之货物往,而于贸易界增一新销路;即以彼之智识来,而于学问界拓一新进步。庸非天之启我中国耶？夫天实启之,而我商不自利用之,是谓弃天。虽然华商不乏大有才力之人,我知必能奋袂而起,组织一会于今日也。

况乎汉口为我国最繁盛之区,交通七行省,向居海内四大名镇之一,近者地产日出,若大冶之矿,大别之铁,渐且著于人口。谚有之曰:湖南熟,天下足。又曰:少不入广,老不入川。盖言其利之饶也。他日者川粤至汉之路一成,万国之贸易将必渐迁于汉口。于斯时也,苟无商会以策励夫群智群力,徒有此天时地利,坐视人治攘窃而不复与争,是谓不智;甘任我之废弃而不复图救,是谓不仁。不仁不智,亦我商之耻也。夫优胜劣败之公例,至今为烈,而商界尤甚。以中与外相较,以商于(与)商相抵,如欲反劣为优,反败为胜,非商会何以操其券耶？

且事必有学,而后乃可不劣而优,不败而胜,商会之立,请学以争其优胜也。法兰西首以兵力雄视欧洲,而商力实隐饮之。阿佛奴脱罗敦一学,千八百六十年商会所立也。乔西曹下一学,千八百八十四年商会所败也。日本维新后通商大埠,必有商业会议所,即商会也。我华各商必志不能齐一,往往锢于自营自私之习气,而昧于大利大害之去就。无他,无商会则识不明而见不远也。今商部以重商本义号召于国中,其命之曰商会者,由商举行之,联结之,则其势甚便,然后由官提倡之,保护之,则其效必大。今西学未普及,惟商会可开通之;商律未尽行,惟商会可维持之。联上下之情,通官商之隐,是商会一举,而无善而不备者也。

我华海禁既开,通市六十余年。欧美各邦,挟其保商目的,常与我以学战,更与我以兵战,要均以商战后先之。顷岁以来,我国学战、兵战大率退居人后,抑亦商战之无助力也。况又有一说焉,出口大宗,向以丝茶抵制洋货,今丝业盈绌无定,而茶则日衰。扩未来之图,先务保其已然之利,据千九百二年英国商报查报,千九百年间,英人每日所用茶约六磅有奇,其中印度居三磅半,锡兰茶居二磅又四分磅之一,华茶仅居三分磅之一,此华茶出口之递减矣。汉口为茶商大市,商会既设,当先改良。其制法借以重复其利权,一业振兴,庶他业亦易鼓舞,安知失之东隅者不可收之桑榆乎？兹敢下一语断之曰:商务者国之命脉也,商会者商之命脉也,汉口商会者将来全国商务之命脉也。念列国对华之策，酌近人《原富》之书，斯会能成，非特汉口前途之幸，实中国商务前途之共幸也。

（《商务报（北京）》第19期）

8月

1.设自来火公司

（1904年8月4日）

汉口将设自来火公司，拟先招五万股，每股五十两。闻系由上海自来火公司分□□□□□□□于秋后开办云。

（《大公报》）

2.汉口钱业条陈

（1904年8月17日）

汉口访事人云：商部参议王丹揆京卿过汉时，本镇钱业拟呈章程四条，兹为照录于后。窃查汉口自光绪二十四年蒙督宪张创设商务局，奏定章程八条，利赖咸沾，市面为之一振。今明诏设立商部，尤见朝廷通商惠工、阜财利民之至意。顷承宪节远莅，考察商情，挈领提纲，当以整饬钱业为首务，盖钱业者，司一镇之枢纽，而百货所赖以流通也。其中窒碍者固应革除，不便者尤当补救。谨举四条开列于后，伏乞钧鉴。

一、倒账宜从严惩办也。倒塌之案何地无之，汉口则尤见其日甚。钱业借本求利，所得几何，一遇倒塌，本利均归乌有，非远飏以遂其拖欠之计，即打折以偿其蚀耗之谋，人心日险，防不胜防。前督宪张奏定章程，第六条"保护"条内，责重地方官访察严追其曾经倒塌之商，照西例报穷并列诸报牍，使远近咸知，以后永远不准更名充商贸易，立法何等严切，应请宪台重申前令，务饬地方官切实奉行。凡曾经倒塌之商，应由商务局查明姓名照章登报，庶倒账之人不得任意蒙混重理旧业，并请明定专条，视倒塌之多寡分别获罪之轻重，着为定例，使有所顾忌，不敢视银钱为细，故复肆其狡狯伎俩，裨益良多，所谓保商者此也。

一、人证传讯宜有区别也。银钱交涉轇轕难清，势不得不借地方之力，以期了结。然一经传案，衙役、地保往往借端需索，百弊丛生，非将若辈欲壑饱填，则盘踞把持永无见官之一日。商人欲候讯则动辄失业，欲贿释则动至倾家，原被告均受其累。现拟除欠户、正主应由地方官票传押追外，其余银主以及中证人等应请免用票传，概由商务局传齐，送县待质，并求随到随讯，庶隔阂可通，而留难亦免，所谓惠商者此也。

一、号东来历宜先呈明也。汉口，华洋散处，南北通衢，帮口既多，流品亦杂，钱业所往来之处只凭座号之人，而该号东之来历转有不甚清晰者，故近年倒号，往往因讳东不认账项，即无从清理，经年累月，悬宕不归。倘银数过巨，钱帮受累不支，甚至多年老店因而收歇者。现在既兴商会,拟请嗣后无论何项商业,均由商务局责令各帮首,赴局预先报明号东姓名、籍贯,在汉是何人经理,详细开具。设遇倒塌,号伙万一避匿不出,犹可向号东追问,未始非正本清源之道,所谓重商者此也。

一、牌费宜从宽免也。查钱庄牌费一项他省皆无,即汉口从前亦无此名目。自光绪二十年始由前汉阳府逢创设此例,每开一新庄需缴费银六百两。在当时立此名目,无非借示限制,使无本开店专以倒骗为得计者先无此请牌之费,计必不行,不知店之能开与否不系乎牌之请与不请,如果不肖之徒欲设店招摇,希图渔利,彼亦何惜此请牌小费为尝试之端,徒给真正欲图钱业者转添无数周折。应请宪台饬令地方官删除此例,不独可省辗转□滞之弊,且可以示公平。缘汉口别帮字号皆无请牌,各色钱业似当在一律邀免之列,所谓恤商者此也。

以上四条,皆属切要之图,预立防闲之法,利弊所在,不能不恳切上陈。况汉口钱业自租界充拓铁路开行以来,较前已蒸蒸日上,一俟渝汉、粤汉大功告成,其局面必更有盛于今日者,钱业实司其关键。所有一切未尽事宜容随时禀请扩充,兹先略举数端,缕陈钧听,伏乞俯赐,采纳施行,商等幸甚,谨呈。

(《申报》)

3.饬设沪汉商务局

(1904年8月17日)

探闻商部奏请上海、汉口处设立商务局一节,已蒙两宫俞允,饬令两江、两湖魏、张制军选派通达时务、熟悉商情人员,委充局中总办,遇有开矿务、兴筑铁路等重大事件,仍由该局禀请商部定议云。

(《时报》)

4.汉皋近事

(1904年8月19日)

汉口访事人云:湖北施南府属匪人闹教一案,迄今群情惶骇,尚未弭平。驻沪英总领事官深恐旅居彼处之本国商民亦遭波及,特派兵舰一艘前往驻泊,以备不虞。本月初一日驶抵汉江,大约不日即须赴施借察一切也。日前汉阳县知县冯韵轩大令饬差拘获劫匪谢大爷一名,连讯数堂,供认巨案数起并羽党若干人,汉口青林楼弄内某龟奴亦在其内,大约不难按图以索,分别严惩也。汉镇硚口城外罗方墩一带某姓家被盗行劫并被刃伤,事后已禀知夏口厅,署厅尊冯少竹司马立饬通班差役严密查缉,未知能早日弋获以法绳之否。

(《申报》)

5.商轮行驶

(1904年8月23日)

怡和公司新添之德和轮船一艘已照常行驶沪汉等处,搭客甚为踊跃云。

(《大公报》)

6.香帅病痊

（1904 年 8 月 23 日）

鄂督张香涛宫保之病自经陈莲舫部郎就诊后，业已就痊，连日办理公事，精神颇健云。

（《大公报》）

7.商部左参议王清穆劝汉埠开办商会整顿茶务文

（1904 年 8 月）

方今朝廷重视商政，特设专官，本部宗旨，不外维持、保护二义。举凡利应若何而兴，弊应若何而革，商情应若何而联络，商法应若何而整齐，众商如有所见，一经呈报，无不立予核办，以副各业商人之望。鄙人奉命出都，遍历各埠，总以破除向来隔阂之弊为主。汉口居长江上游，水陆交通，川豫齐晋各行省之土货，均集于此，实为我国商埠之中心点。商业之日增繁盛，殆可预必。汉埠诸商，以茶叶为大宗。以茶务论，华洋交易，动为劫持，跌价退盘，华商种种受困，日甚一日，亟宜速开商会，设立公司，用大商包小商之法，总期化散为整，化分为合，保护众商之公益。其办法有数大端：一、设采茶公司。或各帮合设一大公司，或每帮各设一小公司，悉照本部所定公司律办理，由股董公举办事人入山采茶，运归公司，分等定价，彼此无倾轧之弊。资本既宽，魄力自宏，洋商自无从挟制。一、设验茶公所。洋人动谓华茶掺杂低货，焙制不善，今宜举洋商华商之精于茶业、素号公正者，司其事，茶箱到埠，概行验货，分别定价，如钱业公估局例，华洋交易，以此为凭。一经签字，不得再有异议。一、设茶业讲习会。由诸商之明于茶业者，设会提倡，广购茶务新书，遴选子弟，切实研究，著为论说，刊送采茶各处，劝令山户将采法、焙法一一改良，色味既佳，价值自善。茶务当必年盛一年。以上三端，不过约度近情，粗举大概，诸商身经此事，考究必深，务希本此三者，详筹办法，公同议一切实章程，赶速开办。今年茶市已过，预为明年扩张利权之基础，实在于此。本部自必力任保护之责，如稍有阻碍之处，尽可随时禀部，立予核夺。茶为我国出口大宗，土货果能办有成效，诸商人实受其利，本部必当立予优奖。此外，各业商人亦均应遵照本部奏定商会章程，开会集议，有能改制土货，仿造洋货，力为推广销路，疏辟利源者，自必同邀本部奖励，诸商尚奋勉图之，毋稍观望，是为切盼。

（《济南报》第 99 期）

9 月

1.论汉口为世界贸易之中心点

（1904 年 9 月）

太古人类之初，知有生存，而不知有竞争；知有保守，而不知有进取。迨由牧业时代转而为农业时代，农业时代转而为商业时代，于是生人智识，日益发达，以竞争谋生存，以进取为保守，而商业乃益进步。其在欧洲,始仅荟萃于地中海,继遂飞跃于印度洋,终且专注于太平洋。今试以世界最大商埠言之,自英之伦敦,比之安脱华泊,德之汉堡,皆在欧洲大陆而外;其由印度洋而东趋者,则有新加坡、香港;其由大西洋而西渡太平洋者,则有纽约之数埠者,皆世界商业交通之大市场也。虽然以今日全世界之大势言之,则伦敦各埠,仅可谓商业之要点,而不得为商业之中心点。

何以言之?商埠盛衰之故,由于地理者半,由于人事者亦半。河流海线之连属,汽车轮船之发明,皆可转移商埠之能力焉。欧洲古代之文明,咸发源于地中海,故地中海沿岸商务至为繁盛。洎葡萄牙人航好望角发见亚非利加,哥伦布航大西洋发见亚美利加,始骎骎乎有自西徂东之势。迨英人觅得印度,建设东方贸易大公司,于是列国环视而起,莫不高掌远跖,谋扩其势力于太平洋。然太平洋诸岛国,若菲律宾、檀香山、婆逻洲、安南、爪哇之属,虽户口殷繁,物产丰富,要皆不逮我中国,故英、法、德、美诸国,出其全力,冀于我国得一商场,其竟以兵力并吞太平洋诸岛国者,盖以保全远东之航路,而据为商战之根据地也。彼英法之开苏伊士河,美之开巴拿马河,俄之开西伯利亚铁路,其视线皆毕集于太平洋,而中国沿海,若上海、天津、宁波、福州、广州、梧州等埠,不过为商货出入之区,而不得为商货总汇之所。惟汉口据扬子江上下流适中之地,北通冀豫,南走湖湘,西邻川陕,东瞰吴越,为自古商贾骈集之一大都会。近又辟为通商口岸,不仅轮舶商船可以直达,且有芦汉、粤汉铁道纵横交错于其间,他日一律告竣,四方辐辏,五洲万国之商贾,有不会归于此者耶?然则世界贸易,殆将以中国为中心点,而中国贸易之中心点,其必将在汉口乎?

虽然全世界贸易之所在,即全世界竞争之所在。我国商民对于外界抵抗力,向极薄弱,使不勠力同心,为先事预防之计,则他国母财,日以输入,利用吾天产,利用吾劳力,我商民将永屈伏隶属于外来资本家之下,不必言其他也。即以进口货与航业言之,前年汉口进口之洋货,价值关平银一千六百八十七万一千六百七两,而出口土货只值五百七十一万三千二百七十二两,仅敌其四分之一。至于航业,我招商局之商轮往来长江上下游者,不过七千零数十吨,而合英四公司商船之吨数,几过我三倍,此外若德,若日,合计有一万一千一百七十七吨,亦过我一倍,而他国之接踵而起者,尚未可逆料。进口货及航业如是,则他端可知,今日如是,则他日可知。我商民苟念及此,能不悚然惧欤?

吾于是敢以一言正告我商民曰:贸易之道,惟力是视者也。吾中国既有此大好商场,吾不能与人竞争,吾亦当亟谋其生存。吾即□□于□□,吾亦必力图其保守。盖商货之原素有三:一为天产,二为劳力,三为资本。我国物产饶富,户口殷繁,已占天然优胜之势,所缺者资本耳。汉口既为我国商场之中坚,亦即我国菁华之渊薮,果能出我母财,绸缪先事,则此时力扼其冲,他日自无喧宾夺主之患,且不难进而益上,以争世界商业之光荣也。然则我一言汉口之贸易,我为我商民之前途危,我一言汉口之贸易,我尚可起而挽回之,我又不禁为我商民之前途贺矣。

(《商务报(北京)》第 26 期)

2.汉口与茶之关系

（1904 年 9 月）

第一　茶之输入

茶为中国之无上产，汉口为中国之大中心，则茶与汉口之关系，是当天下人所共乐闻者。

汉口虽非茶之出产地，而实茶之大市场也。江西之义宁州、安徽之祁门、湖北之羊楼洞、湖南之安化，皆茶之大出产地，而以汉口为发卖之门户者也。每逢茶节，江舟衮衮，行贾济济，问其何事，莫不曰载茶；问其何往，莫不曰到汉口。则汉口者，实江西、安徽、湖北、湖南四省茶之中央贸易场，可无异辞。而汉口有所谓茶栈者，林立云集，实茶之屯集所。

今就茶栈而调查，则各出产地，每年输入于汉口之茶，其大数如下：

湖南省　湖南茶产之首位为安化及桃源，安化二十万零八千二百五十箱，桃源一万四千三百五十二箱；其次为长沙、平江，长沙二万三千六百四十一箱，平江二万九千四百七十三箱；其三为高桥，三万零五百十四箱；其四为聂市，三万八千七百三十二箱，云溪二万八千九百箱；其五为湘潭，四万零二百四十箱，浏阳、醴陵大约二万六千箱。要之，湖南多红茶。每年输入于汉口之数，大要如此。至其价格，则首位之上等，一箱（五十斤）四十二两，下等一箱十九两内外；其次者，上等二十六两，下等十九两内外；其三者，上等二十二两，下等十七两内外；其四者，上等十八两，下等十两内外；其五者，上等十两，下等九两内外。一言以蔽之，湖南茶之价值，在四十二三两与八九两之间。

湖北省　羊楼洞三万七千二百五十箱，崇阳三万三千一百九十箱，咸宁一万四千八百八十四箱，通山九千五百十二箱，宜昌一万十四箱，是湖北每年输入于汉口之数。要其价格，上等二十八九两，下等八九两。

江西、安徽两省　此两省之茶，当首推江西之义宁州及两省交界之祁门，前者年入六七万箱，后入五万箱，其价格总出入于六十三两与二十四两，六十九两与三十二两之间，为汉口第一等茶之代表也。其他，江西之武宁有二万余箱，九江有二万余箱，河口有一万余箱，各如年输入汉口。

由上言之，汉口之茶，江西之茶味居第一，湖南之茶数居第一，江西、安徽之价居第一，而最下为湖北。再，上之所述者，不过就其头帮茶而言，至其各色茶之全数，犹不止此也。据今年闰五月十五日茶业公所之报告，湖广茶头帮四十万三千余箱，第二帮茶尚有四万四千余箱云。

第二　茶之输出

推汉口茶业隆盛之原，当头一棒，不外乎俄罗斯。何以故？俄罗斯者，茶之大顾客也。当清之康熙、乾隆间，俄人已购求中国之茶，以恰克图为茶之招待所，与汉口遥遥相应。江上江下之茶，一输入汉口，而汉口之茶栈，乃即溯汉水，取道陕甘，经过青海、内蒙古，而输出至恰克图。年年若是，永无失时。宜乎汉口之茶，欲不兴旺而不可得也。据去年（西历千九百二年）税关报告，由中国输出之茶，其全额共有百五十一万九千二百十一担。其由屋蝶厦输入于俄国者，二十万六千六百九十九担；其由恰克图输入于俄国者，四十万三千六百四十八担；其由俄国者二十七万二千五百四十六担，共计有八十八万二千八百九十三担，其数不可谓不大矣。举此大数之输出，全仰给于汉口，以此大输出占全输出数三分之二，则可察俄人与中国茶之关系也。

千九百二年税关报告,载有由汉口入汉水输入于俄之茶数表,揭以观之,则近十年茶业之概况可知。

年	两	担
九三	五三五四一	四七八六二一
九四	七六八七七	一三四二一六九
九五	五八七五六	六〇四九八六
九六	七一九三八	八七二二七八
九七	八一二八二	一三七二〇九九
九八	五五七六一	五二一〇八三
九九	八九一三六	一〇三二四七二
〇一	六七〇三一	七二一八六三
〇二	三一三三四	三〇一七七二

上表乃合红绿茶、砖茶(小京砖)、番茶、粉茶四种合而计者,其中以红绿茶、砖茶占最多数云。

(《国民日日报汇编》第1期)

3.商部奏请拟在上海汉口设立商务局

(1904年9月)

商部奏请拟在上海、汉口设立商务局,由商部遴选通达时务、熟悉商情人员充当总办,令两江、湖广两总督及该省巡抚派遣委员,办理事务,若遇有禀请开办矿物或与商立案者,则令其就近办理,再由该商务局转禀商部。

(《东方杂志》第9期)

4.汉口商务局拟设传审公廨章程

(1904年9月)

一、汉口商务局附设传审公廨,专为代追武汉商贾积欠而设,不准管理地方别事,并不准代追民欠,以示界限。

一、公廨传审武汉欠户,必须商董三人公请传案,始由廨员签票,派役协同地保往传,秉公讯办,不得率意传审,致滋拖累。

一、欠项在本省者,由局径札各该地方官就近讯办。如三月不结,再行札催。经年不结者,由局援引商部新案,详请撤参,俾资考查。

一、欠项数在三万两以外者,先将汉口经手账款之人交地方官收管,如系外省,一面详情督抚宪咨明欠户原籍,札行地方官查拿。倘数在五万两以外,先请电咨原籍,查封家产,以备列抵,俾欠款者知所警诫,倒塌自少。

一、商业欠户究非无赖流民可比,公廨传审后如抗不遵断,必须交地方官押者,应分别三等:一等者由商董保出,责令住各商业公所,派廨役看守,不准擅自回家;二等者由局集资设清款所，谕令商董公同派定所役数人，常川照料，归廨员专司收放，不准私释；三等者即交地方官管押，以凭限追。似此分别办理，既免羁禁之苦，又有羁绊之戒，似较严切。

一、民间词讼列入月报，功过綦严，商务案件漫无稽核，未免向隅。请自设立传审公廨后，分别自理、外结两门，以廨员审结者为自理，行外州县传究者为外结。年终汇造已结、未结四柱清册报明督抚宪查考。如一年内能审结商局行查之案十起者，详情记功；二十起以上者，另行专案详情酌委优缺，以示奖励而资鼓舞。

一、近年各商号每遇倒账，即倩无业洋商教民贿买照会，各国领事官仅凭一面之词，即照会关道查追，亦非持平办法。拟由廨员随时与各商董认真稽查，如真系与洋商往来者，由廨员查明禀局，咨会江汉关照约办理。倘系假借洋商，欺蒙地方官者，由廨员查明后禀局，咨会江汉关照会领事官，将原案撤销，先将欠项代追清款，再予以冒用洋商牌号之罪。似此分别真伪，办案既有定权，交涉亦少假借，实正本清源之一端。

一、拟办各条试办后，如有窒碍，应增应减，随时由局禀请更革，总以维持商业、俯顺商情为率，俟商律颁出，即按商律遵守。

（《东方杂志》第 9 期）

10 月

1.法人暗夺芦汉铁路之商务

（1904 年 10 月 18 日）

芦汉铁路已成之处，火车均已开行，一切利权，尽为俄、法人所夺。车站处所开洋行及运卸客栈，名为闽人，实皆铁路参赞柯道贞贤暗与法人合股，将来商务不堪设想。

记者按：芦汉铁路名虽为比人承办，而实则俄、法人资本，夫人皆知。初以为其权利只及于运输而已，不意其车站处所有洋行及运卸客栈，皆从而垄断焉。将来土货之滞销与畅销，皆足以制我死命。人为资本家，我为劳动家。虽历万劫，不复转轮矣。前车之覆，后车之鉴。愿吾粤汉铁路慎毋蹈此故辙也。

（《时报》）

2.行轮述要

（1904 年 10 月 20 日）

汉口太古公司业添金陵轮船一艘行驶长江，该轮船身甚大，为各轮之冠，抑且吃水甚深，□□□形洁净，搭客甚为踊跃云。

（《大公报》）

3.汉市述闻

（1904年10月25日）

目下汉口银根异常吃紧，如济大杨、益泰、仁丰、众丰诸钱店均已倒闭，至某某巨号亦相继停歇，市面大为震动。

（《大公报》）

4.纪汉口官钱局被窃事

（1904年10月28日）

汉口集稼嘴河街官钱局，系总办高松如观察延聘阮君运卿（一作韵清）经理一切事务。自接手以来，任劳任怨，竭力整顿，井井有条，局务大有起色，获利为各局之冠。然该局乃钱银总汇之所，素为宵小所觊觎，阮君防范甚严，无隙可乘。不料，某夜三更时突有贼君胆敢从隔邻挖洞而入，暗施毒药，全局人等昏沉不醒，遂窃去官票约值二万余元。翌晨，总办札文厅署冯少竹司马，知缉捕不力所致，责无旁贷，赶即委员督同缉捕，另莅局查勘实情，一面通缉首犯，以重官款云。

（《大公报》）

11月

1.武汉商民上张宫保书

（1904年11月15日）

宫保老大人钧鉴：敬禀者，宪意为维持商务、整顿圜法起见，遂就湖北开设官钱局。十数年来，办理未善，成效毫无，因不得其人，未诸商情故耳。自差委高松如观察总办后，按照市面商情办法，延请阮君韵清——熟悉商务之人，以继汉口分局管事之任，任劳任怨，竭力整治，积习一空。从此，局务遂蒸蒸日上，且与公家、市面互有裨益。计就内地各要埠及信阳州等处，拟设分销处数起，所以行通官票千余万，银圆票百余万，铜圆畅行，生息银数百万，钱价涨跌，银根松紧，一切利权，通操钱局掌握。数年之间，获利百余万，皆由阮君一手经理，井井有条，煞费苦心，功莫大焉，市面皆知，舆论翕然。查平日办事章法，概由总办节制，阮君并不敢率行擅专，事事请示，涓滴归公，丝毫不苟，兢兢业业，恪守局规。谨按，去岁市面银根非常紧迫，银行、银号以及票帮均皆窘手，人心惶惶，势难支持。阮君通权达变，毅然禀请总办，卖票放银，通融接济，因事制宜，绝不垄断居奇，商民大受其益，咸感激不尽。不但挽回市面倒塌之风，而钱局亦获自然之利，顾全大局，名利兼收，非平时洞达商情、卓有胆识者，曷克臻此。此系实在之情形也。再，自阮君接办以来，一切事权均皆扩而充之，昔日官票行之百万而有余，今日官票行之千万而不足，兼之铜币相辅畅行，二局获利甚巨，实为各省各局之冠。当此时局艰难之秋，非通行各币，不足以补救圜政。总之，得人则治，失人则废，用人可不慎乎？阮君具此才干，迥可为钱局得人庆也。讵料八月二十五日夜三更时，汉局失于防范，竟有盗贼由间壁挖墙而入，盗去多金，遂有一种利令智昏之徒，乘间窃发，散发流言，信口雌黄，妄造黑白，窥其意旨，无非欲耸动宫保宪之听闻，檄总办辞阮君，彼等借图进身之阶，以享他人创成之利。然宫保宪乃一代伟人，明若观火，定不为其所动，纵或总办偶有失察之处，自当交代报命，何敢干犯罪戾。宫保宪大理财政，作育人才，要必曲为，原谅商等并无所好恶于其间也。为钱局计，为市面计，为宫保宪创始之初心计，用是不揣冒昧，敢为宫保宪缕缕陈之，伏希采纳下言，任用端士，否则用人失当，则遗误大局矣，如以商等之语有虚设也，敢请宫保宪派员密查，方知阮君品行何如，舆情何如。临笔，曷胜馨祷之至。肃此布呈，扣请勋安。

（《大公报》）

2.催办汉口商会

（1904 年 11 月 19 日）

王清穆、杨士琦两京卿前在湖北拟开商会，因各商首领似有观望不前之意，当即电咨商部。昨闻商部已行文张制军，以汉口为通商总汇之区，业经奏明设立商会，即与该商董定议速办云云。

（《时报》）

3.汉市近闻

（1904 年 11 月 23 日）

汉口签捐局近因追索欠款甚急，致鼎记缎号由此倒闭，并闻礼和洋行买办韩敦堂亦因欠该局之款，负气吞烟而死，不知将来若何了结也。

（《大公报》）

4.商部奏请各省商务局员酌充议员折

（1904 年 11 月）

窃维中国地大物博，各省商务繁简不同，情形互异，首宜洞悉其利弊之所在，庶得徐图整顿补救之方。臣部为商务总汇之区，总理统筹，责无旁贷，然非内外合力办理，实难于措手。近年朝廷重视商政，迭奉谕旨，敕令各督抚实力振兴。现在各省先后设立商务等局，派员总办诸务，风气初开，素来官商隔阂之积习，得以逐渐破除，因势利导，一切提倡保护之法，与夫贸易盛衰之故，货物出入盈虚消息之原，研究调查均极紧要，必须各省均有讲求商学之员，隶属臣部，专任其事，俾得随时咨访，遇事商榷，始克挈领提纲，巨细必毕举。伏查上年九月间，臣部因出洋华民商工事业，关系商务最巨，曾奏请饬下出使各国大臣，暂就使馆随员中遴派留心商学者一人作为商务随员，兼摄其事，奉旨允准遵照办理在案。内地商务，关系尤巨，以臣等所闻，各省所设商务等局，大都选派候补道府各员作为驻局总办。在各督抚中，关心民瘼，认真遴选者固不乏人，而视为例差者亦复不少，若任其散而无纪，漫无稽查，诚恐要政所关有名无实，殊非朝廷整饬百度之至意。拟请饬下各省将军督抚，嗣后所有商务局、保商局及农工商等局总办一差务,选谙习商学、通达政治之员派充,应即出具切实考语,造具履历清册,咨报臣部,酌量加札,作为臣部商务议员。遇有公事,准其径行呈报臣部,至臣部如有应行商办事件,仍分咨各省督抚妥筹办理。其寻常调查之件,即径行札知各员核复,以归简易。此项人员既在各省充当总办差使,又经臣部派充议员,其是否称职,应并由臣部随时查核,如此变通办理,庶臣部与各省办事较为联络,而情形亦□易考察,实于商政有裨。如蒙俞允,应由臣部行知各省将军督抚遵照办理,谨奏。奉朱批:依议。钦此。

(《东方杂志》第 11 期)

12 月

1.严观察揽销湖北彩票(上海)

(1904 年 12 月 7 日)

严少和观察开,第向在广东办理都城盐厘等差,宦囊颇裕。自作海上寓公后,无所事事,因见沪上各省彩票颇能获利,而各彩票中尤以湖北签捐票为畅销,不禁怦然心动,函致鄂中大吏揽销彩票屡矣。日前闻观察已得鄂省督辕来电,略谓屡函均悉,签捐局新章须预缴一个月票价作押款,方准领票,以后按月领票,皆先缴现银,阁下如能照章预缴票价,当饬局匀拨彩票,至多以千张为限云云。

(《时报》)

2.论汉口华商受害事

(1904 年 12 月 18 日)

自今以后,更中国已死之机,回同胞已绝之气者,其惟赖吾商业界之发达乎。灭亡之因,基于积弱,积弱之故,根于患贫,贫不与弱期,而弱必至,弱不与亡期,而亡必至。然则当今急务,必先谋所以救贫之策,救贫之策莫急于保商。各国有以兵力亡人国者矣,而不知其主动力实在于工力、商力,工力竞争于内,商力膨胀于外。通商以来,各国以无形之利刃,割中国之膏腴,刮同胞之血液,非兵战而实商战也。而我商民瞢焉不学,贸然与彼经济大家、生计学者,并立于商战剧烈之场,金融消长之数,销场伸缩之权,一切听命于人,而又无政府之保护,夫焉往而不踣乎?然各国商民与华商互市往来,以资本争,以货殖争,以心计争,以美术争,从未闻有以乾没图赖争者。而华商与之交易,岁出入资财无算,独能恃信义以相感乎?美儒云绶氏曰:"就□□国民全体而言,其道德思想、文明性质,自有过人之处……尤以商贾中人最为可采,其一诺千金,崇尚信义,真足令人感服……是通晓东方贸易之事情者,人人所公认也"云云。吾始犹未敢深信,乃今观于汉口华商受害一事,而不禁服云绶氏之言。信非无据,而益哀我华商,不幸受信义之虚名,而贾赔累之实祸,何其名实相反之若此也?

顷者,汉口八帮各行号,为礼和、瑞记两洋行所欺负,亏累其数不下数十万两,哀我能力薄弱、资本单简之商人，其何能堪此强暴之攘夺耶？吾不知我国商部大臣，对此问题感情何如，江汉关道对此问题感情何如，通国商民利害切肤，其对此问题感情又何如？夫我商部大臣，今日言订商律，明日言保商务，政府遇有筹款之事，不曰开办统捐，即曰加抽关税。而我商民驯懦柔服，从不闻有起而反抗者，极辛苦经营血汗之余沥，每岁供政府之支拨者，不知其几千万，而又官吏、书役衣食悉取于此。今日汉口华商受害之事，乃不闻有起而与之力争者，人之无良，一至于此，可哀也已。

夫汉口者，吾国商业场之中心点也。川滇湘鄂数省土产之所出，占全国之大数，而又有扬子江轮舶之灌输，卢汉、粤汉铁路之转运，吸全国之财力，如身之使臂，臂之使指。论者谓：汉口一地为中国总集合区，将来商务之发达，远出上海之上，今我华商忽遭此横逆之惨祸，势不至使吾国资本家窖金不用，贩运家裹足不前不止也，是汉口商业之前途尚堪设想耶。尤可痛者，政府无保商之权，商部无保商之权，大吏无保商之权，乃使受害诸商，自抒抵制之策，既不可以力争，又不可以理喻，计无复之，乃相与定禁绝与该两行交易之议，事虽不武，而彼两行因此辍业，其受祸或更甚于华商也。吾闻欧美外交家言，文明排外。吾于汉口华商办理此事，窃以为其庶几乎？夫外国商船所到之处，即兵舰所到之处，其灭人国也，以商船为向导，而以兵舰为劲援。吾国经商海外，受外人之欺侮迫胁，无所不至，然犹曰吾国无治外法权也。今彼来吾国经商，与吾华商交易，居积转输，操奇计赢，岁获倍蓰。一旦华商鉴前车之覆辙，相率效汉口商人，一概谢绝洋商，将若之何？向来外来人与吾国交涉，知吾民情之可畏，常用政府压制之力，间接以临吾民，用官吏干涉之力，直接以临吾民。吾汉口华商筹议抵制礼和、瑞记两洋行之策，记者窃以为政府亦无所用其间接压制之力，官吏亦无所用其直接干涉之力矣。吾为华商哀，吾又转为华商幸。

（《时报》）

3.商业学堂之轇轕（湖北）

（1904 年 12 月 18 日）

汉口商业学堂本归商务局兼管，地址在由义门外，尚未兴工。兹上宪札委孙泰圻观察为监督，命即兴工赶办，从速开学。观察因查悉该地已先委庄大令元征填土，现在将次完竣，开支款项至一万余串之多，诸多浮冒，已饬大令从实开报，以便查核。惟该地本系义冢，当时已归铁路公司圈用，适庄大令为购地委员，向之争回，觅地将各棺迁葬，而将此地赠之商务局。兹铁路管工洋人又有索回此地之议，孙观察现与关道桑观察及铁路公司钱观察，现正磋商此事，因用款已巨万，一旦弃去，无从报销，故甚为难也。

（《时报》）

4.华商受害（汉口）

（1904 年 12 月 18 日）

汉口八帮因礼和、瑞记两洋行买办一死一逃，其经手买入各货均陆续交入该栈，乃该洋商借端不交货银，两家共约值二十万，而竟将货物装运出口，又将两买办财产收没，其后复强起聚兴乾、永昌乾、周德厚、义茂隆、洪兴永、荣昌源、远庆、复盛源各家货物。于是八帮受害同人登门与之理论,而该洋商始则支吾,继则强词夺理,坚不承认。现经禀官,已由道宪照会该洋商本国领事,求为兑银还货,今案尚未结。现该帮自定章程十一条,如该两洋行不清交货项,则与之断绝交易,违者将货物充公。又,公议不在礼和买保险;又,如有人承充两洋行买办者,当向追讨前买办经手之货项。现八帮已一同签字,依约而行,是实不得已之办法,只能抵制万一,而华商之受累已甚巨已。

(《时报》)

5.筹议商学(湖北)

(1904 年 12 月 21 日)

日前督署接到商部咨文,略谓,□参议王清穆奏长江一带商务情形,请饬各省督抚筹办商业学堂一折,奉旨议准,并粘抄原奏到鄂,张宫保已于日昨饬令学务处筹议开办矣。

(《时报》)

6.调停华商与礼和瑞记洋行纠葛案(汉口)

(1904 年 12 月 21 日)

江汉关道桑铁珊(一作桑铁姗)观察前因华商联名公禀,与礼和、瑞记洋行永绝贸易,且又互相哄闹,恐酿成巨祸,昨特照会德领事转饬洋商,务将此事理楚,以全睦谊,并谕令夏口厅冯少竹司马及洋务局谳员胡慈圃直刺,于华洋两处商人善为调处,以期纠葛早日了结云。

(《时报》)

7.商会将成(汉口)

(1904 年 12 月 26 日)

汉口商会前由商务局孙泰圻观察遵部定新章,选举商董,而各帮公正有名誉者多不愿下预外事,以故颇不易行,又苦无设立商会之所,兹观察再三设法敦劝,已有数人肯出而助力,大概不久有成立之望。

(《时报》)

1905 年

1 月

1.纪汉口华商受害事

（1905 年 1 月 1 日）

鄂省专函云：近日汉口市面摇动情景颇险，其故因德商礼和、瑞记二洋行将商货银价推不兑付，以致辗转牵累，全镇皆危，曾经各帮绅董禀请关道照会德领事追索银款。惟该二行仍延不交付，市面险象日亟，人心惶惶，刻下各绅董又禀请关道照追矣。兹将呈关道禀稿照录如下：

为情迫汤火，瞬息难安，渎肯迅速救援，以苏商命。缘汉口德商礼和、瑞记两洋行强揩商等，货银不兑，致令阖镇惊惶，市面大坏，苦累商情，各经缕呈在案。荷蒙照会领事，自应静候追偿，何敢重渎。惟商等火热水深，朝不虑夕，自遭此害，四路俱呆，钱庄不共，往来客路不通买卖，前欠货款日夜追呼，或欲扭送到官，或则盘踞拼命，欲开门而身家莫保，欲逃避而廉耻何存，求死不能，求生无路。被害虽只数十家，而辗转牵连难以数计，钱价因之锐减，银息为之骤昂，百货停留，通街寂寞，仁□共见共闻，原非无疾而呻，上耸□听，礼和、瑞记安居如故，交易如故。惟日将商等未得价之货物输转出洋，阻不敢阻，见不忍见，可怜集千万人之民膏民脂尽供洋商之一饱，五洲无此惨象，千古无此奇冤，人非木石，谁肯甘心。商等仰体仁□，何敢轻举妄动。然受害太深，帮口太众，若不速为解救，诚恐情迫事急，别启事端，烂额焦头，反劳□□，为此续扣台前，俯念商情，加恩作主，赏准会商德领事催令礼和、瑞记两洋行，迅速□货，照票兑银，以苏商情，各帮顶戴上呈。

（《大公报》）

2.汉皋小志

（1905 年 1 月 24 日）

汉口访事人云：湖北咸宁人张狗娃寄寓汉口广福巷姜福源缝衣店楼上，其妻某氏美而艳，顾张日往聚丰楼为酒保，归期甚少。姜固登徒子一流人涎氏之色，百计诱之不为所动，及串同虔婆某氏再三说项，始定情焉。某日被张侦悉，以理责氏，氏无颜以对，遂吞鸦片烟而死。事后张据情禀控夏口厅，署厅尊冯少竹司马委员代验后，将一干人拘案讯惩。

汉口筹饷局总办杨吉逢刺史侦知，调任湘抚端午桥中丞将次莅鄂，特先期赴九江预备迎迓。

汉阳枪炮厂及无烟火药厂向有工防营勇常川驻守，兹已更名巡警，兵弁酌增额数矣。

（《申报》）

3.汉皋客述

（1905 年 1 月 27 日）

汉口访事人云：前报纪江汉关收支委员胡彦和大令被控，兹查悉并无其事，市虎之言因何而起，殊可异也。

陈雨村者，名琴轩，籍隶蜀中，流寓汉上，不耕而食，无所不为。日前忽带同状类文士者数辈猝往回龙寺同兴公客栈捉赌，乘间攫去铜圆数十串，并将某茂才命责二百板，勒书票据数十元，约定翌午收取。越日，陈果贸然而至，栈中人查知其伪，将陈拘住，禀请夏口厅冯少竹司马讯办。

本月十二日清晨，黄陂街冠英堂帽铺因早炊失慎，延烧邻铺一家帽铺，向礼和洋行保有火险银一万五千两，同益公司保有房屋险银二千两，想尚不至于受亏也。惟当火炽时抢匪甚多，以致附近邻居失物不少，有捕务之责者宜豫为防范也。

（《申报》）

4.咨告川汉路款情形

（1905 年 1 月 29 日）

京师访事人云：商部近接四川总督锡清帅来咨，略云，川汉铁路公司前已开设，若不早日举办，不足以杜外人觊觎。兹计各省商埠陆续协招商股以及前次日本留学生所集款项共有二百万两之谱，惟此项股银均先填给小票，以后换给股单，必须钤有贵部印花，始昭信实。再，此路国家须认股若干，以立之基，请示办法等语，近日商部正在增议此事，尚未咨复。

（《申报》）

2 月

1.筹商赎回粤汉路权

（1905 年 2 月 14 日）

日前粤汉铁路工程师比人倍次莅鄂，面谒张宫保磋磨其事，宫保拒之，继而挽某西员关说，宫保又拒之，倍次计无可售，遂返沪上，嗣又一再函商，宫保始终不纳。刻下黄小鲁观察纠合同志急筹巨款，一面电致粤湘众绅分投集款，收回粤汉路权之事或不致徒托空言矣。

（《申报》）

2.调查汉口米捐收数

（1905 年 2 月 18 日）

汉口米捐合十成结算，以五成拨充湖北各学堂经费，以五成作汉口各项公款，由江汉关桑铁珊观察总其大成。兹调查，自光绪二十八年四月初一日开办至十月二十日止，五成项下实收钱五万四千三百十四串五百三十六文；自二十八年十月改章起至二十九年十二月止，共收关平银十二万二千七百零二两二钱二分四厘四毫。自三十年正月起至四月止，每月截留五千串作汉口清道局常年经费，扣至三十年八月止，实存五成关平银十五万八千八百五十三两一钱九分四厘九毫，尚须截留八万两，以备购买天主堂基地及修造支路之费，实存银七万八千八百五十三两一钱九分四厘九毫。

（《申报》）

3 月

1.官钱局改设银行

（1905 年 3 月 2 日）

湖北官钱局资本充足，规模大备，惟汇兑生意尚未推广，不能与汇丰、道胜诸银行相颉颃。兹督宪张香涛宫保拟大为改良，改设银行，期与外国银行相抵制，不日当专折入奏矣。

（《申报》）

2.法商议办自来水

（1905 年 3 月 2 日）

法商公兴洋行柯朗君央法总领事与张宫保议办通镇自来水一事，兹闻柯朗君已备足资本二百五十万元。前日张宫保特饬法文翻译官到汉，与柯朗君磋磨其事，未识此中国应办之要政固有之利权肯拱手让人否？

（《申报》）

3.湖北官钱局致各银号行使新铸通用合例之一两银币简明办法四条

（1905 年 3 月 3 日）

一、凡遇中外商人以湖北新铸银币交纳税银，无论本地，是何平色，统请贵号查明银币所镌,湖北三六藩库平一两,合汉平估宝二四纹一两零四分四厘,申算收缴,以昭划一。

一、收有湖北银币,如贵处暂时不能畅行,即将所收银币寄运来鄂,或向敝局兑取现银,或书敝局照条兑交汉口官商,以及照数电汇贵号,均无不可。总以敝局收到银币之日,按照来函办理,决不延误。相约以信,庶推行尽利,咸获公益。

一、由轮船解运银币到鄂,每万两应须水脚若干,敝局有担任行使之责,未便累及贵号,一俟银币交到,即按照轮船运脚章程照数付给。

一、当此行用银币之始,取法不厌周详,倘有卓见,仍望时惠箴言,以匡不逮。

(《申报》)

4.汉口修改租界章程

(1905 年 3 月 9 日)

目下汉口各国租界逐渐推广,交涉事件亦日渐增多,所订《华洋租界约章》有急须删改之处,是以关道继莲溪观察拟与各领事重行修订,日内当有明文。

(《申报》)

5.法商又争扬子江航业

(1905 年 3 月 14 日)

法商宜兴洋行在扬子江行轮一事早纪报端。兹悉,该行业在本国著名船厂定船三艘,行将竣事,约华历四月间可以航海来华,行驶上海、汉口等埠,然则扬子江一带之航业固已大半入于他人之手,我国招商局仅此四五艘老朽之旧轮,能不竭力扩张以思竞争之法乎?

(《申报》)

4 月

1.米捐加增

(1905 年 4 月 2 日)

湖北开办学堂名目繁多,所需经费为数甚巨,兹督宪张香帅已饬将米捐改章,稍增捐费,汉口宝塔洲等处米捐局已一体遵办矣。 (泰)

(《申报》)

2.汉口租界设电灯自来水

(1905 年 4 月 9 日)

汉口英界工部局董事因各国租界日辟,商务亦逐渐发达,故不惜巨款首先创办电灯、自来

水两项，以为捷足先得之计，现洋匠人等均已到汉，日内即可开办矣。　（泰）

（《申报》）

3.禀设商会

（1905 年 4 月 11 日）

日昨汉黄德道批职商邓梦光禀云：条议各事，言多可采，商务兴旺，国家富强，其理固然，中国商务之不振，一由于向来贱视工商，一由于官商隔阂，非但不同行者不相联属，即同行亦复各利其私，不相维持，且至互生忌妒。言之所慨，诚能官为提倡，设立汇商总行，上下情通，彼此联络，不争垄断之利，综众力以抵制外人，利权犹可挽回。但款求一分正言明、声望夙孚之人为商董，殊不易得。且新开银行，无论官股、商股，巨款尤难募集，至开矿、兴学、制造各事，固属当务之急。款既难筹，人尤难得，徒成虚语，莫补时艰。况创行新政，大局攸关，非本道职分所当尽，原禀存阅备考可也。　（泰）

（《申报》）

4.钱业拟挂洋旗

（1905 年 4 月 12 日）

汉口钱业因官中不允弛五家环保之禁，于是公同集议拟挂洋旗，以期抵御，并有某洋商悍然出面，愿与闻其事，然彼业中亦有老成持重之人，深恐如此办理或非所宜，故刻下事尚未行也。　（泰）

（《申报》）

5.汉口创办电灯情形

（1905 年 4 月 12 日）

韩季仙太守、黄瀚臣绅士拟在汉口华界创设电灯，本拟集股二十万元，然迄今尚无动静，至租界内，则由美国商人承办此事，业已有成，不日可以开办矣。　（泰）

（《申报》）

6.调查商情

（1905 年 4 月 13 日）

湖北拟收统捐，委员调查内地商情，早志报端。兹悉已委孙别驾曾荫赴荆州、宜昌，程刺史恩培赴襄阳、郧阳，杨大令悦赴鲇渔套、汉阳、汉口、武穴，吴太守训赴襄河下游，李大令裔赴长江下游，曾大令广敷赴金口、法泗洲、新堤、宝塔洲，中大令樑赴黄陵矶、湘口、坪坊，黄大令仁荄赴黄花涝，分别考察实在情形，俟禀复后，再行会议核夺。　（泰）

（《申报》）

7.汉口茶市情形

（1905年4月16日）

目下各路茶商源源到汉，通镇茶栈八家，先后派人入山购办茶叶，所带概系铜圆，故钱价已不复如往昔之高抬。至通计两湖茶庄共一百六十七家，开秤之期在本月二十四、（二十）六两日，头茶到汉约在四月初。再，俄商购茶，仍由英国商船承运，另给旗费。（泰）

（《申报》）

8.湖北铜圆畅销

（1905年4月16日）

信阳、确山、许州、郑州一带自铁路通行，早已设立行栈，购办牛皮、杂粮等件，所交易者半系鄂省所铸铜圆，故其销数较银圆更为畅旺，目下铜币局所铸铜圆尚不敷用，须汉阳新厂落成开工鼓铸，方资周转也。（泰）

（《申报》）

9.商部调查商业

（1905年4月17日）

湖广总督张香涛宫保接商部来文，调查内地各埠商人新创各种厂业，逐一列表，以备核查，宫保已札知各属一律造报，务期详尽无遗。（泰）

（《申报》）

10.江汉关保商办法

（1905年4月24日）

汉镇店铺倒闭之事，屡有所闻，江汉关道因拟定办法，大张谕示，略谓，栈铺遇有货物，每被债主强取，以致纠葛。其故实由地方官不肯作主，遗货日久不取，每为匪类串窃，甚至纵火灭迹，为害滋深。嗣后有栈铺倒亏，即由夏口厅警察局会同查明存货若干，开单呈报，一面封门，一面招同该行董事，将货估价，发商变买，由本道转饬该厅查核各债主欠项若干，按成分还，余再追缴。惟存货既须由官变价，无论华商、洋商均不得先自攘取，倘仍有强取情事，后虽控请代追，一律不予准理，本道不避嫌怨，其各体谅云云。（泰）

（《申报》）

5 月

1.德商拟设砖茶厂

（1905 年 5 月 2 日）

俄商在汉所设之顺丰、新泰、阜昌三砖茶厂获利颇丰，兹有德商某君拟另设一厂与之抗衡，惟购地未成，开办尚需时日。　（泰）

（《申报》）

2.阻止钱业悬挂洋旗

（1905 年 5 月 3 日）

江汉关道继莲溪观察因闻钱业不遵五家环保之谕，拟挂洋旗以期抵制，遂函致钱业董事，善言开导，并允其面禀督宪，变通办理。　（泰）

（《申报》）

3.耀华玻璃厂扩充

（1905 年 5 月 3 日）

甬人林友梅在武昌城外白沙洲所设之耀华玻璃厂，由张小山、蒋可赞经理其事。初集股本银二十万两，现因盖造大厂，竭力扩充，又增四十万两，原聘洋工师史而泰一人未遑兼顾，当在德国添聘一人，以资臂助。闻此等熔化玻璃泥质，系咸宁某山所产，颇堪利用。小厂业已开工，大厂则尚需时日也。　（泰）

（《申报》）

4.牛皮畅销

（1905 年 5 月 4 日）

目下汉口牛皮一业日渐扩张，计英、德诸商所设牛皮厂有三十余家，预算本年交易银数总在六百万两以外，即此一端可征汉皋商界之大概矣。　（泰）

（《申报》）

5.法商购茶

（1905 年 5 月 4 日）

五年前，汉口法商甚少。近来法界已辟，洋行林立，商权几与英人相埒。除新设牛皮、鸡蛋诸大厂外，本年复有法商数家，专购两湖红茶运销，将来红茶销路可冀，必日益畅旺也。

（《申报》）

6.日兴汉口租界

（1905 年 5 月 4 日）

闻驻汉口日本领事电致政府，略谓，日商经营汉口商务在先，彼时本国租界未兴，散居英德法各界，殊为不美，拟即重申前议，于汉口创修租界，以期振兴商务云云。

（《大公报》）

7.日员调查鄂湘商务

（1905 年 5 月 12 日）

日本政府近派商部委员彦和次郎来武汉一带调查商务，事毕，尚须赴湘属之湘潭、常德等处游历。 （泰）

（《申报》）

8.荷领事调查商务

（1905 年 5 月 12 日）

荷国驻沪总领事官日前莅汉，寓和昌洋行内，拟调查汉口商界情形，并拟招致本国商民在汉推广商务。 （泰）

（《申报》）

9.统收汉口商捐改良情形

（1905 年 5 月 16 日）

汉口各业商捐，现归汉阳府汪荃台太守总其大成，而承收诸事，则系县尊李耕石大令主持。至催缴一差，仍旧吴端甫二尹办理。所有商捐，每月统以二十日截止，交有益钱店总收。每月二十二日分解善后局、商务局两处。倘有逾期不缴者，立即发封，一洗从前积弊。 （泰）

（《申报》）

10.汉口商会成立

（1905 年 5 月）

汉口来函云：本镇商会经商务局孙观察泰圻苦心经营，并分发传单，谆谆劝告，乃立。现已择定在沈家庙地方暂租民房开办，并拟具章程，呈请张宫保核示遵行。

（《北洋官报》第 638 期）

6 月

1.收商捐以充兴学经费

（1905 年 6 月 12 日）

汉口各官绅商办学堂甚为注意，惟苦于经费难筹，日前关道继莲溪观察邀集各绅商议，拟于原有之商捐内每年加收一万串，以作学堂经费云。　（泰）

（《申报》）

2.俄茶商之观望

（1905 年 6 月 19 日）

俄国商人因战事未毕，商务滞碍，故本年在汉购茶不甚畅旺，较昔年约减数倍云。　（泰）

（《申报》）

3.汉口各帮致上海商会电

（1905 年 6 月 26 日）

不用美货，抵制禁约，极善。两月后是否改约，电示即照办，汉镇八帮启。

（《大公报》）

7 月

1.商民控官

（1905 年 7 月 2 日）

汉口粮捕府宋鼎勋遇事苛索，声名甚劣，闻已被商民等联名在关署禀控，未识若何批示也。　（泰）

（《申报》）

2.沙市轮船改驶常德

（1905 年 7 月 13 日）

太古公司之沙市轮船前曾行驶南昌，兹因江西大吏以此举诸多妨碍，严词驳诘，公司无词

以争，遂即折回，现已改驶常德矣。 （民）

（《申报》）

3.汉口商务局传知各商文

（1905 年 7 月 27 日）

为传知事 武昌省会张宫保宪创建劝业场一所，坐落长街，规模宏大，屋宇轩敞。凡我商人均可分占房屋一二间，择土产精良之货及仿造外埠之物，分行陈列其中。所谓百工居肆，以成其事之意，力汰□败，务极精华。不但为华人流览考察之场，并可为招徕外人、推广利源起见。为此特行传知各商帮，首择土产之宜，次及各埠行销货物，灿然聚会，以广行销。色货务须精良，价值允宜一定，以表至精至美、毋诈毋虞之宗旨。须知货物贵在流通，现在既有如此高敞屋宇，不费分文租赁，分门陈列，俾欲购斯货者一目了然，其行销自能通畅，而考察亦日见精良。各商等务必刻日广择货物，分布其中，以集大观，以臻繁盛。如有运货前往商人欲知场中一切条理者，可来本局详询，毋须畏缩，为此特行传知，须至传知者。

（《时报》）

4.汉口商会复电

（1905 年 7 月 29 日）

商会曾少翁电悉，不定美货，各帮许允，详细章程乞函示。

（《时报》）

8 月

1.汉口茶税短绌

（1905 年 8 月 5 日）

昔年江汉关所收茶税约三四十万，本年因日俄战事未了，商业不免受亏，故所收茶税仅十七万左右云。 （民）

（《申报》）

2.汉口禁用美货

（1905 年 8 月 9 日）

汉口志士李庆恩纠合同人在沈家庙集议禁用美货实在办法，通镇商民业已公认矣。

（《大公报》）

3.汉口商会集议纪略

（1905 年 8 月 12 日）

汉口七月初六日商会同人在华景街人镜学社集议抵制美约办法，到者甚为踊跃。兹将诸君演说之旨，略述于下：

刘君少舫演说，今日会议之宗旨专为抵制美约而起；梁君泮声演说，不销美货，当绝来源，务与上海商会联络一气；徐君励身演说，美禁华工，实工党所为，非政府之意，除不销美货外，其余平日与美人往来交际，仍当照常优待，以免借口，酿成国际交涉；李君鹤群演说，美人虐待华工惨状，一一缕述，皆系目击亲历之事故，言之最详，闻者咸为之鼓掌；薛君三镛演说，团体能固结，无事不可抵制，外人屡讥诮华人善起风潮而不能持久，此次务当出以坚定，同合大群，不至删去苛约不止；梁君泮声复演说，抵制美约为我同胞人人应有之义务，然赴美者，实以香山人为最多。今各省俱已大开议会，惟香山会馆寂寂无闻，可耻孰甚，在座诸君，香山人不少，有热心者，即速运动同人，另开会议。

（《新闻报》）

4.汉口商会同人之集议

（1905 年 8 月 14 日）

七月初六日，汉口商会同人在华景街人镜学社集议抵制美约办法，到者甚为踊跃。由刘君少舫、梁君泮声、徐君励身、李君鹤群、薛君三镛相继演说，末由各人签允不销美货而散。

（《时报》）

5.汉镇实行禁用美货办法

（1905 年 8 月 21 日）

汉口总商董黄瀚臣、蔡辅卿诸君邀集各帮商董在四官殿、沈家庙集议数次，实行禁用美货办法，如广货帮、洋油帮、匹头等帮均已在商务局签字，公认不售美货。　（商）

（《申报》）

6.纪汉口沙市轮船

（1905 年 8 月 31 日）

汉口太古公司之沙市轮船由九江而入南昌，曾禀请驻汉英领事转告地方官切实保护，近来行驶数次，生意未见畅旺。　（周）

（《申报》）

9 月

1.川省又在汉口设转运局

（1905 年 9 月 2 日）

四川省近以军学两项及一切要政需用机械为数较多，先后在泸渎、宜昌设立转运局，借收指臂之效。日前锡□帅以汉口地绾中枢，载运殷繁，亦宜添设一局，业经委通判王世瑀来汉部署一切。

（《申报》）

2.商民坚持不用美货

（1905 年 9 月 3 日）

汉口志士在友文社、人镜社、沈家庙诸处演说美人虐待华工及禁用美货实在办法，已有数次，结成团体，极力拒绝，因之目下美货颇为滞销。（商）

（《申报》）

3.设局购买美货

（1905 年 9 月 10 日）

昨有某志士在广东会馆演说华商□定美货甚多，一时殊难禁绝，关碍殊多，不若就汉口设一局所，专购□种美货，改粘中国印花，平价出售，一俟售完，美货自然尽绝云。（商）

（《申报》）

4.广帮举行开办抵制美货会

（1905 年 9 月 20 日）

汉上广帮结成团体，力持不用美货之议较他帮为重坚。兹又遍发传单，定于十九日在茶业公所集议，实行不用美货办法，并请热诚爱国之士登台演说。（商）

（《申报》）

5.纪汉商抵制美约事

（1905 年 9 月 23 日）

本月十九，茶业公所福建曾宗锵君邀集冯兰轩、李枚卜、张汉杰、何亦安诸君演说美人虐待华工情形，环而听者咸为下泪，匹头帮代表杨君桂圃当场签字不买花旗洋货，报关行亦公认不

代美货报关。并闻本月二十六日,又须在长沙会馆开特别大会云。　(周)

(《申报》)

6.孙泰圻准充商务议员

(1905 年 9 月 29 日)

汉口商务局总办孙泰圻观察前经鄂督咨请商部派充该部议员,兹已奉到部文,照准派充矣。　(称)

(《申报》)

10 月

1.纪广帮客民在汉人数

(1905 年 10 月 1 日)

广帮在汉商民以香山人为多,香山会馆乃一县所建,若广东会馆则新会、番禺等四县所建,潮嘉会馆系潮州、嘉应两属所建,统计广帮在汉人数,约四千八百余名。　(民)

(《申报》)

2.划一铜圆兑价

(1905 年 10 月 30 日)

汉口当十铜圆,每洋银一元可换一百零六枚,乃两日之间忽跌至九十八枚。鄂督张宫保知之,除札饬铜圆局禀复外,复出示晓谕,此后每洋银一元换当十铜圆百枚,永不涨跌。不知永久信守否?　(容)

(《申报》)

3.工业制品

(1905 年 10 月)

鄂督张宫保前饬创办湖北工业学堂,延聘日本教习振兴工业。开办以来,成效卓著。近日制造出品愈多,招商贩卖。其制造品之定价如下:织布机品六十元,织毛巾机器十四元,轧花机器二十三元,打通绳机器七十元,印信件机器十五元,剪草机器三十元,枪弹皮盒三元二角,织布机器十八元,磨墨机器十二元,洋火炉十二元。

(《广益丛报》第 87 期)

11月

1.鄂督拟将官银行改设汉口

(1905年11月6日)

湖北官钱局前拟改为银行,嗣以头绪纷繁,事未果行。兹悉鄂督令某太守详询留学商业某君,略谓,银行之设宜便交通,官钱局如不便改,即拟另设汉口,迅将布置情形详筹,具禀酌核云云。闻某君拟将银行性质办法分别开折具禀矣。(位)

(《申报》)

2.汉口商会开办

(1905年11月22日)

汉口商会经商务局总办孙泰圻观察竭力提倡,现已成立。惟无的实房屋,兹暂假商务局内开办,准于十月廿一日为开会之期。闻各帮商董因总董无人,故拟即举孙观察为总董云。

(《时报》)

3.汉阳商务局杂志

(1905年11月30日)

汉口商务局总办孙观察泰圻,因商情涣散,特于日昨遍发知单,邀请各帮绅商齐集局中,公举总董、分董,以期振兴商业。汉口商务局孙询刍观察,近接商部行咨,饬充驻汉参赞员。汉口商务学堂将次告竣,监督一差已由督宪张香涛宫保札委商务局总办孙观察泰圻承充。(民)

(《申报》)

4.纪汉阳竹木厘金司捐数

(1905年11月30日)

汉阳鹦鹉洲竹木厘金统捐局每年定额缴捐银四十七万两,本年因日俄战事贸易清淡,捐数因之短绌,总计不过四十万左右云。(民)

(《申报》)

12 月

1.汉口组织公司汇纪

（1905 年 12 月 18 日）

织布公司由陆君德泽纠集同志在商务局呈禀立案,就汉口华景街租就洋房,开设恒昌织布公司,以宏商业而争利权。造纸公司由杜君立权组织,杜君向在东京学习实业科,近航海回华,因鉴于造纸公司利益之宏,遂在汉口商务局呈禀立案,其机器诸件,已由太平洋行运到,开办有期矣。担保火险公司由郑君梦先在汉口商务局呈禀开办,业蒙批准照办。 （商）

（《申报》）

2.创设救火会

（1905 年 12 月 24 日）

汉口西商因近来火灾甚多,公议仿照上海办法创设救火会,闻所订章程极为完备。（商）

（《申报》）

3.汉口商会成立

（1905 年 12 月）

汉口商会现已成立,因无房屋,故暂假商务局办公,已于上月杪开会。

（《北洋官报》第 852 期）

1906 年

1 月

1.汉口拟设户部银行

(1906 年 1 月 18 日)

鄂省来函云:汉口自修筑铁路以来,所有各项商业日有进步,故户部银行拟于该处设立分行一所。

(《大公报》)

2.德议在津、汉设工部局

(1906 年 1 月 31 日)

德国联邦议院决议承认天津、汉口两埠德租界开设工部局,自治租界之权。 (闰)

(《申报》)

3.上海汉口茶业会馆公议禁发样箱公启

(1906 年 1 月)

敬启者,近来江西、安徽两省红茶发售样箱常有货样不符,以致汉市割价退盘之事,层见叠出,既失洋商之信服,且损华茶之声名。今经上海商会禀请南洋商宪咨行江西、安徽抚部院札饬各属产茶州县,出示谕禁,自光绪三十二年为始,不准先发样箱,须俟全帮趸货到埠之后,抽样定价,并札饬九江关道,如有赣、皖两省红茶样箱经浔转运汉、沪者,不准报关出口。等因,已蒙商宪批准施行。是明年汉、沪红茶禁发样箱,事在必行。查义宁州、祁门、浮梁、武宁、河口、龙泉、建德等处,均须一律办理,为此刊布公启,寄呈台阅,并请各宝号以明年为始,切勿先发样箱,须俟大堆齐数装运出山,由茶栈抽样发与洋行,定价成交,以维商务而昭诚信,阖业幸甚。

(《华商联合报》第 3 期)

4.汉商组织保卫商业会

（1906 年 1 月）

湖北汉口各商仿沪上华商体操会，亦拟组织一保卫商业会，以联合商情、保卫商团为宗旨，现已筹有端绪。闻发起者系孙尧蓊、刘倚才、蔡绍桢、汪树屏、陈丹诚诸君云。

（《北洋官报》第 1251 期）

2 月

1.俄商在汉之消息

（1906 年 2 月 1 日）

俄国革命党之风潮张力甚大，因此在汉俄商咸有戒心，所有运出货件一律停办，凡与俄商有交涉者，不免徒唤奈何也。

（《大公报》）

2.纪汉口商务大概情形

（1906 年 2 月 2 日）

去年汉口丝业、匹头、洋油各帮，均因洋价及外洋先令之故，贵买贱卖，受亏甚巨。当年关时，大有不能支持之势，某某大钱庄、大局亦几为之牵动。故前日，商务局总办邀请商董公同筹议维持之法云。　（兵）

（《申报》）

3.汉镇银行之成立

（1906 年 2 月 4 日）

户部议设银行于汉口一节，已志前报。兹悉，此事已决意举行，并于日前奏请以黎大均观察派充该处总办，已奉旨允准矣。

（《大公报》）

4.钱业大概情形

（1906 年 2 月 19 日）

开正以来，钱店之歇业者有义丰元、裕和祥两家，阜昌隆因停歇店伙张某之故，亦暂有停办之信，集义生亦以例账受亏，勉强小做不敢张大。新开者两家，一春生，一恒丰，大都顶牌接替

者。至去岁之称获利者,以源仁太为最。 (英)

(《申报》)

5.汉口商会添举议董

(1906年2月21日)

商会公举总理、协理,已纪前报。兹于总协理外,又举议董十二人:周咏春、蔡辅卿、叶东川、汪炳生、史晋生、韦子封、刘歆生、董达夫、王达夫、李星垣、王春波、吴祖栋。又名誉会董三人:黄瀚臣、黄桐生、杨祚甫。目前已由商务局分别照会办事矣。

(《时报》)

6.请开武昌商埠

(1906年2月26日)

鄂督张香帅电致商部,略谓,湖北武昌向为商务优胜之区,现京汉铁路既已开通,日益繁盛,拟即自为开作商埠,以保利权,请大部核查,妥议章程。当即奏请。闻商部已经电复。

(《新闻报》)

7.鄂督电请开武昌为商埠

(1906年2月)

鄂督张香帅因武昌地方为商货聚集之中心地,利较汉口尤宜,故特商请外、商两部,拟将该地自行开作商埠,以免外人要求而保利权,闻已得复电允准。

(《通问报:耶稣教家庭新闻》第186期)

8.汉口商务总会成立

(1906年2月)

湖北汉口商务总会由商务局总办孙观察劝导各商设立,兹已办成。计举总理一人,协理一人,议董十人,商董六十余人。总理为湖北巨商刘选青,协理为旅汉粤商邓纪常。此外,另举坐办一人,闻亦汉商之巨擘云。

(《北洋官报》第908期)

3 月

1.奏准汉口分设银行

(1906 年 3 月 9 日)

闻户部人云:日前本部具奏,银行事业应即逐渐推广,拟请在汉口地方添设分行,派候补道黎大钧为总办,业经奉旨允准,刻已咨照鄂督开办矣。

(《大公报》)

2.纪武、汉商业学堂

(1906 年 3 月 23 日)

汉口商业学堂校舍业已修竣,堂长、教习亦多延定,将次招考学生。至武昌商业学堂,初拟就武昌府傍师范旧址,旋又改就牙厘老局,惟开办之期,刻下尚未有闻。 (功)

(《申报》)

4 月

1.湖南设官钱分局于汉口

(1906 年 4 月 17 日)

湖南创设官钱局,分设本省湘、常等处,汇兑款项。兹又在汉口设一分局,名曰湖南官钱局驻汉汇兑处,委候补县张维謦经办,以期湘汉银钱往还便利。 (策)

(《申报》)

2.纪汉口茶商

(1906 年 4 月 26 日)

两湖红茶开办在即,各路茶商之到汉者较去岁尤为寥落。闻洋商已派人赴山购茶,以分华商之利。 (家)

(《申报》)

5 月

1.汉口商务总商会成立

（1906 年 5 月 5 日）

汉口商务繁盛，九省通衢。现在组织商务总会，悉遵商部定章，并参酌汉口现在情形，公举前署湖南盐法道刘观察选青为总理，汇丰银行候选道邓观察奇勋为协理，又议员十二员，均已禀请商务大臣张宫保核准立案矣。

（《新闻报》）

2.设立汉口商会

（1906 年 5 月）

汉口绾毂南北水陆交通，实为长江流域贸易最盛之区，亟应筹设商会，借资联络。兹由该处商人公举刘绅选青为总理，邓绅奇勋为协理，选定议董十二人，并拟就该会暂定章程十章，由商务议员孙泰圻呈请商部核夺。商部以所拟章程条理秩然，颇为妥协。刘、邓等既经众商公举，自必声望素著，因即发出总协理札文各一件，由商务议员转给，并饬随时提倡维持，以副委任。

（《商务官报》第 3 期）

6 月

1.汉口商会往赈湖南水灾

（1906 年 6 月 1 日）

此次湘省水灾，被灾者不可胜计，汉口商会恻然悯之。日前会期，特公议筹款往赈，以募款恐致迟误，特议先由某钱店筹垫钱五万串，由商会总董刘观察选青携带前往散放，业已即日启程。另一面向外募捐，闻已捐集二万金之谱矣。

（《时报》）

2.商部派员调查汉口商务

（1906 年 6 月 9 日）

汉口商务之盛，甲于内地。近商部特派司员陆君大坊暨章君宗祥来汉调查一切情形，寓迎宾江馆内,连日分往各局厂、学堂详晰观览,闻一时尚不回京云。

(《时报》)

3.商务局设立理事所

(1906年6月10日)

汉口商务局经鄂督张香帅批准创设理事所,所有关系商务案件,统归理事所承审官判断。至承审官一差,闻有委周仲芬(一作周仲分)大令之说,然尚未见明文。　(千)

(《申报》)

4.纪汉口商务之盛

(1906年6月10日)

近来汉口商务日盛,与往昔迥乎不同。洋火厂除燮昌外,又有某商另设一家,端节开工。物华纸烟公司亦已开工,修造厂屋。织布厂计共四家,行将一律开办。银朱厂、毛巾厂、肥皂厂均有增添之信。至洋面厂,计有瑞丰、汉丰、德丰、裕丰四家。特志之,以告留心商务者。　(千)

(《申报》)

5.商务局裁撤消息

(1906年6月12日)

昨据官场人云,大部以汉口商会已立,足通商情,所有商务局似当裁撤,闻日内须商议此事矣。　(世)

(《申报》)

6.汉口商务之发达

(1906年6月)

湖北汉口近来商务日盛,迥与往昔不同。洋火厂除燮昌外,又有某商另设一家,端节开工。物华纸烟公司亦已开工,修造厂屋。织布厂计四家,行将一律开办。银朱厂、毛巾厂、肥皂厂均有增添之信。至洋面厂,计有瑞丰、汉丰、德丰、裕丰四家。此可见汉上商务之日有发达矣。

(《北洋官报》第1043期)

7.武汉工厂汇记

(1906年6月)

一、武昌官麻局

局在武昌城外,黄鹤楼南,沿长江右岸。由官民合资奂办,专取川、鄂、汴各省所产苎麻,纺织成丝，以制桌布、手巾、白色汗衫及华人所服小衣诸品。此外，益取鄂产黄麻，制麻袋以供贮粮之用。所设工场，极称美备。所置机器，亦多新式。有漂白楼、热气房、梳麻厂、绕纱厂诸室。漂白楼置肖漂白之釜、清洗之槽、远心分离之器、染色之箱，以暨二百锤之机台十四座，每日出丝八百吨。计其工程，先取苎麻，至漂白楼，入漂白釜，和以极薄素达液，通入蒸汽，煮沸，漂白。次入清洗槽，荡涤，清洗。次入远心分离器，以去水汽，然后入暖房以干燥之。方是时，麻质凝结，成细胞膜（*Cellulose*），性坚韧，色纯白，光润如丝。漂白楼工毕，乃入梳纱厂，从事梳整。计其长短，别为三种，更送绕纱厂，纺织成丝，此其工程大略情形也。初创时，鄂督本意纯归官办，聘外人督理工事。连岁以来，几经更张，两易工师，而出入莫偿，终归失败。客岁十月，始入商股，官民合办，改聘日本技师五名，男女职工各十五名，整理机器，另行开张云。

二、织布局

隶官麻局内，就本地所产棉花作为原料，以制洋布，日用棉百五十担，日出布五百余匹。

三、纺纱局

局与官麻局为邻，官民合资，从事纺织，奂办多载，至万岁（光绪廿九年）因主理非人，出入几不相偿。今则厘金诸税，委与豁免，借资宜力，得蒙特典，职是之故，颇有盈余，每日制造数未详，其锤数丸五万云。

四、湖北兵工厂

厂在汉阳，下临汉水，形势既便，规模亦宏，室砖制。各种机器，亦颇整备。有枪厂、枪弹厂、木托厂，以制枪弹暨附属各品。有炮厂、炮弹厂、炮架厂，以制大炮。炮架外，有机器、锅炉诸厂，试枪、木样诸房，别有熔铜厂、铜壳厂，以制铜圆。熔炉厂设风炉十余座，炉置坩埚，涡入铜块、铜板、打拔三种，每铜七十分，杂锡三十分。初铸时为长圆式，以猛火熔铸，复用辘转回转，则成薄片，次用打拔锤击，成铜圆式，然后铜壳厂，合模刻印，而工乃竣。其所用原料铜、锡等，皆英国产。燃料用煤，来自江西萍乡，枪炮所用之铜铁材料，取诸汉阳铁政局云。

五、汉阳铁政局

在兵工厂附近，左当汉水，右临长江，运输便利，位置极宜。附近有铁矿，曰大冶。取其矿石，运局熔化，制成铣铁，以供军器暨铁轨等制造之用。局中备有铁管暖风器四，煽风器四，熔矿炉二，刻尚增建熔矿炉二座，所有机器及筑窑耐火材料等，佥自外洋运入，燃料则用萍乡所产骸炭，机器室规模尤宏大足称云。

六、铜币局

在武昌城内，创始于光绪二十三年，由鄂督督办，取英、日所产铜块，杂以铅、锡，熔成薄片，次入锤击机器，成铜圆式，再入印花机器，模刻而摇洗之，乃成铜圆。局中设厂，凡数曰铜片所，曰烘铜所，曰铜饼所，曰摇洗所。另旧式印花机六十余台，新式数台，工作昼夜各十小时，每日平均用铜五百六十余担，出钱四百万板。

七、银币局

与铜币局并列，在武昌城内，创自鄂督。开办迄今，历十寒暑。专应钱庄及商人所请，以其元宝，铸成银圆。局分二所，长二十间，广四间。一贮熔炉，一为细工场。机器等来自柏林，每银九分，杂铜一分。有事务员十名，职工五六十名。分职甚细，有校准银色所、校银色熔银所、辗银片所（制银板）、烘银所、印银饼所（切银圆）、光边所（磨圆边）、摇洗所（洗熔迹）、印银圆所（刻印章）、烘压钢边所、铸型制造所等种种名称。

八、榨油厂

厂在汉阳，由日信洋行兴办。专取土产大豆，榨压成粉，制成豆饼，以供肥料，又制豆油，以供食用。厂屋华式，有木制辘转一台，旧式蒸豆釜、榨油机三四十具。又，油槽四座，备澄清油质之用。其工程大略，先取铜制圆筛，去豆中所杂尘埃、黏土等物。次用木制辘转二具，置豆其间，加以回转，压成扁平形。次入袋，置甑内，甑下曲管，通入蒸汽，使豆发酵。然后入压榨器，器直立，有螺旋，高约六尺，借人力轮流榨压。方是时，豆已发酵，乃包以棉，次覆麻布，嵌入铁轮，轮高一寸，径二尺许。装入榨压器，加以榨压，乃成豆油。油自器下部流入油槽，静置多日，渣滓尽取，即成清油，无须精制。至其收量，榨油器三十六台，一昼夜平均出豆饼千有八十枚，豆百斤，出油七八斤云。

九、燮昌火柴厂

在汉口日本租界，由华人独力经营，创始于光绪二十三年，资本三十万两，归由政府保护，许以专利。厂地浩广，职工合男女共二千四五百名。一昼夜制火柴约六十箱。牌号(商标)有双狮、象印二种。木轴用棂，药品梳黄等，均极充裕，盒侧沙皮，亦颇优美。药品多自上海老顺记运往，轴木暨匣木等购自神户日新社云。

十、安的谟尼厂

厂在武昌，地沿长江，取湖南宝庆府附近安的谟尼所产安的谟尼，运厂精制，二三载前，每日精炼之数，得四千五百斤左右，今更谋改良扩充云。

附记：湖南宝庆府有安的谟尼矿，名极著，长沙府亦有制造安的谟片厂一所。

十一、和丰面粉厂

在罗家店，距汉口市北一里有余。去岁四月创办，号和丰面粉有限公司，中外合办，英、德国人均各附股，资本十万元，每日出粉四百袋，每袋入粉五十磅。

十二、造皮厂

在武昌内湖边，有各种洋式机器，规模浩大。初属鄂省官业，三四载前，归由德人经营。寻以鄂地水质不良，水中含有铁质及有机物甚多，用以造皮，殊不相适，经营数载，终于无成。现从事试验制皮者，名新兴洋行制皮厂，有槽六七座暨水槽四五座，工场一所，职工十五六人云。

附记：汉口华人业制皮者，十余户，每岁出皮十一二万担，制法纯用手工，不借机器，其巧妙处为外人所称云。

十三、砖茶厂

由俄人兴办，取江西所产之茶，加以精制，乃成砖茶，输运俄国。每岁经营之数，约百二三十万两。又，茶以汉口为出口要港，每岁所集，凡八百万至千二百万两之谱云。

(《醒狮》第5期)

7 月

1.汉阳木商阻挠川汉铁路工程师勘地详志

(1906 年 7 月 14 日)

汉阳木帮阻挠川汉铁路一事,已略纪前报,兹再录详情如下:上月二十八九等日,日本工程师在鹦鹉洲勘地插标(该处周围五六十里皆湖南人停放棺木之地,迄今二百余年)。忽有木商四十八帮约万余人,各执器械,喊声震地,蜂拥而前,各委员保护工程师突围而出,各帮竟将标志全行拔去。张宫保闻报,立委知府程颂万(湖南宁乡人)前往劝导。各帮佥称,地为木帮命脉,断不能令铁路侵占,愿拼数千人头与官家为难等语。程太守再三开导,谓铁路开通与木帮生意大有裨益,万不可如此固执。磋商两日,始议定将洲头郴州、桂阳两帮之地让作铁路码头(郴、桂帮生意最清淡),由官给价,在洲尾购地调换,另给铁路股票,以示鼓励,众商始服。当由众帮首具结担任保护工程师之责,风潮遂平。工程师于初四早到洲复勘,相安无事,现即以河泊所(郴、桂帮原地)为川汉铁路码头,较原勘之地多绕三里许,由铁路厂、钢药厂之南绕出赫山、蔡甸,趋仙桃镇而接荆沙大道。 (吕)

(《申报》)

2.日商购地

(1906 年 7 月 18 日)

日本在汉开辟租界甚为急切,日商不惜重资购买民地,其已购各地业由日领事出示,限于廿四日一律搬迁。 (千)

(《申报》)

3.汉口商务大兴盛

(1906 年 7 月)

汉口在中国个中间地方,现在只有北畔芦汉铁路一条通行,生理就比前大大不同了。计面粉厂四家,纸烟厂一家,火柴厂二家,织布厂四家,拢总是只几年以来正创个。将来南畔粤汉铁路若成,又不知做呢旺法。

(《潮声》第 6 期)

4.汉商议办保安会

(1906 年 7 月)

汉口各商本年春间曾议,联名禀请商部,截留铺商应缴警察捐,自设保安会,以卫商业。嗣因兹事重大，议无定局，遂致中辍。近各商以各处抢劫踵起，警察防御难周，因重行聚议，决计禀请自办保安会。闻现已议有头绪云。

（《北洋官报》第 1066 期）

8 月

1.志汉皋税务

（1906 年 8 月 6 日）

去年汉口洋关税务收数比前二年较为短绌，因茶税减收故也。本年丝、茶两项依然减色，税务收数恐更有江河日下之势矣。　（千）

（《申报》）

2.劝业场开办无期

（1906 年 8 月 13 日）

汉口从仁巷后新创之劝业场费银约五万两，始克竣事。兹因经费尚绌，故开办之期尚须迟迟有待也。　（千）

（《申报》）

3.商业学堂落成

（1906 年 8 月 13 日）

汉口商业学堂业已工行告竣，兹总办孙观察订于八月朔日出示招考。　（千）

（《申报》）

4.武汉建筑铁桥暂缓

（1906 年 8 月）

鄂督前拟在武昌至汉口之江面建筑铁桥一座，又拟由汉口建一铁桥，直达汉阳，以便联络粤汉、川汉两铁路车站，已饬日本工程师估勘工程，至少需一百七十余万金。鄂省以目下财政支绌，举行各项新政，在在需款，已决计将建桥之事暂缓，俟川粤两路告成再议。

（《江西官报》第 24 期）

5.鄂督议建江中铁桥贯通武汉

（1906 年 8 月）

鄂督张香帅近与司道提议，欲于大江中建一铁桥，由武昌接汉口，再于襄河建一铁桥，由汉阳接汉口,拟即派员勘估工程,刻期建造,将来二桥落成,既可免风波之险。且汉口一端可接京汉铁路,汉阳一端可接川汉铁路,武昌之桥,则可接粤汉铁路云。

(《通问报:耶稣教家庭新闻》第 210 期)

9 月

1.汉商订规存案

(1906 年 9 月 9 日)

汉货帮元丰、裕成等各号商由汉口、九江等处采办米麦、杂粮,运申分销,与各口客帮或直接交易,或由米行代卖,历有年所。因上年风潮为灾,号商等运储各洋栈货件受水践踏,为数甚巨。而已售□出去之货归谁责成,素无定章。当经公同酌议,悉依银期为限,其时限内货居多数,过期未出者,为数有限。是以买客众情□服,允照办理。兹各号商惩前毖后,以水火不测,虽非恒见,而交往重大,后患堪虞。再集同业,仍照上年议规,照银期为限。凡成交后,米石五天,其余杂粮一概十五天。设逢水火不测,期内归号商吃亏;逾期不出,归买客自理,与号商无涉。业经刊发议单,布告各行客帮及各米行,并具禀商会,据情移请上海县并会审公廨一体备案,示谕遵行。

(《新闻报》)

2.商部奏立汉口商会

(1906 年 9 月 10 日)

鄂省汉口总商会由商部奏请设立。现奉旨:依议。

(《时报》)

3.商董移请汉帮号商公议规则备案

(1906 年 9 月 12 日)

上海商务总会总协理曾、朱两观察昨移文上海县,略谓,按据号商汉帮元丰、裕成、汉记等呈公议知单,略云,汉货志成堂邀集同业公议规则,自七月起,汉帮售出之货悉照银期为交接之限,米石五天,杂粮十五天,倘至期外货仍不交,设有水火不测之患与货主无涉云云。呈乞鉴核,并求移上海县会审公堂一体备案等情。据此,查该号商等以存栈货物已售未出者所在多有,设遇不测,易启争端,特为订定期限,各专责成,实足保全公益,自应准予立案,俾资遵守。除分移外,相应检同来单,备文移请贵县,请烦查照,准予备案,并希见复施行。 (宜)

(《申报》)

4.汉口钱业汇业驳《破产律》条议

（1906 年 9 月 24 日）

第一条　商人因贸易亏折，或遇意外之事，不得已自愿破产者，应赴地方官及商会呈报，俟查明属实，然后将该商破产宣告于众。

谨按此条为开宗明义第一紧要关键，应将律意大旨宣示明白，恭绎条内所称不得已自愿破产之说，自系明指该商负欠，变产备抵而言，语简意赅，本无渗漏。但"破产律"三字，在租界为习见语，在腹地为新名词，诠释未明，易滋讹误。且呈报之时，实与不实，尚待查询，即破与不破，无从悬揣。不得以自愿破产一语，便定为此律之主名，虽奏稿可资互证，然律意亦鲜发明。昔人谓：诸葛与凡子共语，不厌求详。今宪部与商民共谈，岂能从略？拟请将《破产律》本旨详明宣示，俾阅者了然。

第二条　该商呈报时，应声明破产缘由，将各项账簿送呈地方官查阅。应呈各项账簿如下。

谨按此条子目内开四，现存产业簿，田地房屋之类，均应注明价值，及单契上之户名、号数等语中，一"类"字似已概括无遗，寻常商人原不能跳出此圈之外。今则铁轨、航路尤为豪商垄断之所，其商而官、官而商者，高掌远□，居奇弥易，所得各种股票，虽捷足未之，或先田地房屋等类，实未足以尽之。拟将"铁路、轮船、股票"六字添入，且注"类"字下云，余仿此办理。呈报时敢有隐匿者，查出充公。否则舍豺狼而问狐狸，固寻常商人所不能服也。

第四条　宣告破产后，除该商必需之衣服、家具外，所有财产、货物，由地方官先行查封，交商会代管。

谨按第二条子目内开五，现存家具簿，贵重之物注明价值，则此条所称家具，自系专指贱且轻者而言，但忽统以"必需"二字，且将衣服牵连及之，试问此必需者，为贱且轻者乎？抑为贵且重者乎？此时含糊，临时迁就吃亏者，特寻常商人而止耳。拟于"必需"之上添入"寻常"二字，庶为妥协。

第五条　呈报破产后，若有妥实保人具结，准该商在外听候传唤，但不得擅离处所。无保人者留住商会，免其管押。

谨按一哄之市必有平，一介之士必有友。该商果系忠实一流，则此时之倒闭必出于无心，异日之保人何虑其见给？是故，观于保人之有无，即可决该商人之邪正。若以居心倒骗之人而免其管押，以众所共弃之人而留住商会，于法为不平，于势为不便。拟请凡无妥实保人者，无论何人，一律管押。

第六条　若该商倒闭，不自呈报破产，先由各债主查知，赴地方官呈报者，应先传该商到案，讯系属实，并无倒骗情弊，仍照以上各条办理。

谨按此等商人既已倒闭，并不呈报破产，较前条所言呈报破产之商，有较劣者，有差贤者。其差贤者顾破甑而失声，或别筹弥补调停之术，其较劣者上债台而匿影，难保无卷逃延宕之心。若一律办理，未免情罪不孚。拟于债主报由地方官讯明虚实后，贤者准令取保，劣者立予管押，不得概照以上各条办理。

再按此条内明言，讯系属实，并无倒骗情弊，仍照以上各条办理，则凡讯系属虚，确有倒骗情弊者，不当照各条办理，其旨甚明。但第五条内，留住商会，免其管押等语，既请改易，则此条自不得不苦为分明。

(未完)

(《申报》)

5.商部奏请发给汉口商务总会关防折

(1906 年 9 月)

奏,为汉口商务繁要,遵章设立商务总会,并请发给关防,俾昭信守,恭折仰祈圣鉴事　窃臣部前据湖北商务议员孙泰圻禀称,汉口为通商巨埠,前经劝谕商人设立商会,一年以来,官商渐形联络,一变从前隔阂之习。惟商会之设,必须合本帮、外帮为一气,方能究利弊而图振兴,尤须有众望素孚之殷实绅商,公举代表,方足以胜总协理之任。兹据各业绅董、花翎、候选道周子龄等四十余人联名禀请遵设商务总会,并投票公举前署湖南盐法道刘选青,老成硕望,家道殷实,允孚众望,现拟举为商会总理。又,候选道邓奇勋,悃愊无华,持躬正直,鄂省丝纱等官局皆其一人承办,堪举为商会协理。二人贤声素著,询谋佥同,恳请转详加札委用等情。泰圻复核无异,为此详请照章给札,并拟定章程十章,一并呈请鉴核前来。臣等伏查汉口一埠,商务素称繁盛,现又京汉铁路南北畅通,富商巨贾于斯荟萃,故以商业论,诚不让于上海,而商情则微有不同。查该埠区域适处腹地,商智究未大开,加以帮类纷多,各存畛域,情暌势涣,团结綦难,是以臣部于上年派委该省候补道孙泰圻充任商务议员,屡经饬催举办商会,一年之久,始据禀报,迭经联络商界明白事理之人,设法劝导,风气稍稍转移。兹甫组织完备,公举会员,拟订会章,呈请到部,臣等详加查核,所拟暂行试办章程,条理粗备,尚属可行,所举总协理各员亦均系久营商业、熟悉商情之人,自应照准,并请照案刊刻汉口商务总会木质关防一颗,发给应用,俾昭信守。所有遵章设立汉口商务总会并请发给关防缘由,理合恭折具陈,伏乞皇太后、皇上圣鉴,谨奏。七月初一日具奏。奉旨,依议。钦此。

(《北洋官报》第 1132 期)

10 月

1.续汉口钱业汇业驳《破产律》条议

(1906 年 10 月 1 日)

第八条　凡虽非商人,有因债务牵累,自愿破产者,亦可呈明该地方官,请照本律办理。

谨按因设商部而有《商律》,因设《商律》而有《破产律》,是《破产律》本专为商人而设,灼然无疑。他案即有与此相类,足资发明者,只可附载纸尾,以尽余意。兹查本律共计六十九条,叙至此处未及十条。遽将此项生客阑入坐间,使阅者几疑正文已尽,殊不可解。恭查宪部前复上海商会电云,本部《破产律》系采自各处商会条陈,折中订定。果尔,则此条羼入,在宪部本出无心,而阅者少见多怪,不能不疑其有弊。尝见中外所订约章,往往于条律中插一无关紧要之赘语,后遂于交涉上酿成绝大之问题。此语有无别意虽不可知,然履霜坚冰宜防其渐。拟将此条移附全篇之末或径行删去,尤省葛藤。

第九条　商会应于该商同业中遴选公正殷实者一人,任董事之责,清理破产一切事务。

谨按遴选董事之权宜由下而不由上,恐其有所挟也。调剂情法之平,宜取异而不取同,恐其有所徇也。拟请债主同举公正殷实者二人,开具姓名、行业,面呈商会。登时点定一人为董事,会同两造办理。

第十一条　破产者与人往来函件,董事有检阅之权。

谨按既为董事,必系心术端厚、稍知大体之人。若摘伏发奸,迹近钩距,无怨无德,何苦为此?且破产者既明知董事有检阅往来函件之权,其可阅者自不妨和盘托出,其不可阅者恐已毁灭无遗。而狡诈之徒甚且伪造秘密之件,以眩惑逆亿之心,则董事之受欺者多矣。事在易而求诸难,空滋纷扰,将焉用之。拟请删去此条,用归简易。

第二十七条　该商与人买卖、借放之事虽已订定契约,尚未交货、交银,经呈报破产后,均应作废。

谨按凡物贵之征贱,贱之征贵,朝夕之涨落不恒,即买卖之盈绌所系。奇货可居,虽因多钱,而善贾息壤在彼,总以操券为可凭。但问契据之有无,不计银货之交否,此商家之通例,而货殖之特权也。若令呈报作废,万一奸商恃有此律,乘百物腾贵之际为孤注一掷之谋,月初订约,月底为期,延至下旬市情暴著,亿中则万金可致,算失则一钱不名。骤富立贫,事悬眉睫,晦前数日而变态作矣。是呈报作废之言,直工于倒骗者之护符耳。其为败坏商务,岂待言之毕哉。应请立将“买卖”二字删去,不得与借放之事一例牵混。

第四十条　帑项公款经商家倒闭,除归偿成数仍同各债主一律办理外,地方官应查明情节,如果事属有心,应照《倒骗律》严加治罪。

谨按中外大通商战实为竞存之要术。上下一体大公,尤为制胜之特权。洋人所由富强,以商务盛耳;洋商所由振兴,以商律公耳。今国家不欲兴商务、订商律则已,如欲兴商务、订商律,则此条所云一律办理数句应作正文。如果事属有心,一转应作撇笔。何也?为其前所言者公,后所言者私耳。然商等读之欲为感泣者,以为严加治罪,所以正君民之分;一律办理,所以通上下之情。仁至义尽,各不相侔。人臣建言,理合如此。今闻一律办理数语,反为财政处所驳,宪部遂有暂缓实行之奏。呜呼!异已窥财政处之意,岂不以中国商情难测。今日库款又艰,一律办理,公家所丧不赀哉?不知所欲与聚,□恶勿施。货财之间,尤为团体所系,小民指视,所关于此,而不能挈矩,其他皆成具文。立法之始,不急导商民以大信,而先虑朝廷之吃亏,此家人筐箧之计耳,何示天下以不广也?且振兴商务,所以抵制外人,订正律文,亦将通行域外。我若偶用压力,彼且益肆强权。一有倒闭,官民不能一律办理,华洋岂能一律公摊?立法偏颇,授人口实,逐貌顾兔,所伤实多。应请坚执前议,立赐施行。

(未完)

(《申报》)

2.再续汉口钱业汇业驳《破产律》条议

(1906 年 10 月 7 日)

第四十四条　呈报破产前半月内批买之物,未经付款,原件尚未折动者,卖主可向董事告明,查系属实,准将原货取回。

谨按此条所云,未付款、未折动,准将原货取回云云,与前二十七条所称银货未交,契约作废等语情事相近,窒碍略同。查市面情形,一日一变,半月之内不知更易几主。如付货而未收价者,既许将原货取回,则收价而未付货者,即应将原价退出,授受均无牵掣,市面岂有倒亏?以此倒彼,能乎?不能。呈报破产,将焉用之?且原货易验,原价难查,办理两歧,徒滋争竞,彼此一律,又有异同,不斩不齐,乱丝可鉴。窃以为彼条契约呈报时,断不能作废,此条原货查明后,亦不能取回。两事相侔,均宜改正。

第四十五条　破产之商不得涉及其兄弟、伯叔、侄暨妻并代人经理之财产。凡有财产,照商会章程,赴商会注册,将契券呈验,加盖图记,或邀亲族见证签字,方可为据。

谨按:此条所称代人经理之财产与四十三条所称他人寄顿之财产、货物,事同一律,查明后,自应不得涉及。至子壮出分,秦风西渐,夫妻异产,膻习东来,一涉富强,便乖伦理。儒者议律,宜防未然,作法于凉,何以示后。何者?夫妻者,甘苦与共之人,非门户角立之人也。地道无成,乾纲宜肃,如乖倡随之义,自有离异之条,若犹未也,岂能膜视?虽□亲笔,实斁彝伦,开此幸门,益滋诡托,"暨妻"二字决宜删除。其他食指浩繁,各谋生计,分居析爨,理势宜然。但西人则以注册为凭,华人只以分关作据,情形迥异,办理难同。且有家财已分,而商业犹未分者,山断云连,刀抽水合,其中纠葛,益复难言,呈报稍一朦胧,亲族岂能计□?此□曲折,宜更宣明。

第四十六条　一家财产,业经分析,如在一年以前曾在商会呈报存案者,破产时,准由董事查明报知各债主,可免其牵入破产案内议偿。

谨按此条分析,如在一年以前云云,显系由下文"破产时"三字逆溯言之。而前条赴商会注册,不言年限之缺,可以互文见意。惟前条于将契券呈验,盖图记之后,又或邀亲族见证签字一转,是一是二,孰公孰私,已令人捉摸不定。而此条则但言在商会呈报存案,于亲族见证□云一字不复提及,留一疑团,即滋弊窦。历来胥吏舞文弄法,往往从例文歧异之间恣其婪索刁难之计。在作者本互相发明,而用者转便于欺饰。何者?辞不别白,可以牵混故也。积弊所在,宜遏其萌,拟请将此条补注明晰,或将两条省并为一,庶宗旨分明,阅者易晓。(西人行文之法,往往语气颠倒,与中文绝殊,译手之劣者,又多依样葫芦,不知改正,故多为识者所诟病。此二条与他条词意不明处,大约皆引用译者原文耳,辞能害意,不可不知。)

(未完)

(《申报》)

3.再续汉口钱业汇业驳《破产律》条议

(1906 年 10 月 8 日)

第四十八条　倒闭之商若将财产偿还各债后,实系净绝无余,并无寄顿藏匿情弊,应由董事向各债主声明,于未摊分以前,在财产项下酌提该商赡家之费,约敷二年用度,以示体恤。

谨按律设大法,礼顺人情。法之所在上,为政以严为主;情之所在下,为政以宽为主。若议律之人,预下体恤之令,则是短垣自逾,先失律意,而予奸商以护符,使债主无余地更无论矣。且商业之衰旺不同,即债主之用度难恃。以近年中等商业作比例,大约一年仅敷一年之用度而止。夫以债主掷巨万之资本,以与该商相往来,日在惊恐之中,只敷目前之用。一遭倒累,来日大难,而该商转得于岁月迁延、风浪平静之后,享此供养,年复一年。以此定律,以此劝商,恐今日以德报怨之债主,即来岁以怨报德之倒户矣。不但此也,凡负债甚多之人,大率皆用度过奢之人,其负债数万者,必其岁用数千者也。准此酌给两年,当近万金,稍加撙节,重权子母,蹶而复起,债主不日而拜下风矣,人亦何惮而不为此哉?此条决宜删除,不待再计。

第五十二条　凡有心倒骗之案,除将财产、货物变价备抵外,酌量情节,监禁二十日以上三年以下,或罚金五十元以上千元以下,或监禁与罚金并科。

谨按《破产律》六十余条,惟此条始定罪名,为各条之大结束。倒户所愒息,债主所吁祷,全国经营商业者所神游目想,无不全注于此,以为整顿商务,力遏奸萌,一发千钧,此其命脉。而乃禁则三年,罚则千元数语,解纷立销,巨案若办,法只须如此,一和事老人足以了之矣。而乃连篇累牍,反复申明,何不惮烦乃尔哉?窃以为商务者,天下之大命也,与国家盛衰相表里,视法律疏密为存亡。太平之世,钱不加多,而常若加多者,法律密则人相信,人相信则有无通故也。衰敝之世,钱不加少,而常若加少者,法律疏则人相疑,人相疑则假贷绝故也。今以盈千累万之款脱手予人,一日见负,讼理得直,无心之倒闭,既令体恤,若彼有心之倒骗,又只惩罚,若此计赃,百倍于劫盗,而议罪不至于死亡,此等律文直为巨奸大猾巧为出脱地耳。振兴商务而轻视脂膏,北辙南辕,愈行愈远,此岂宪部修律之本意哉!窃恐与第八条所言,同为上条陈者所诳耳。抑更有虑者,一家倒闭,牵累必多。累及巨商,犹可支拄,牵倒下户,孰与扶持?仓卒之间,或致命祸,推原祸始,谁生厉阶。拟请于查实后,勒限追比,严定罪名,或径如前江督刘所奏,按倒骗多寡予以军流及监禁终身等罪。虽贷其一死,不得复齿于齐民。事关重巨,不厌求详,惟留意幸察。

第六十六条　倒闭之商,如查明情节实有可原,且变产之数足敷各债主至少十分之五,可准其免还余债,由商会移请地方官销案。

谨按商人通行习惯法,凡倒闭之商,折成归还未了之项,往往邀凭亲友书立兴隆字据,交债主执掌。约俟倒户光复旧业,再行补还。宿逋盗铃,虽近自欺赖璧,终使负曲,借此了结,亦合权宜。若十成得五,便免归还,官案一销,脱身事外,试代债主设想,恐非下怀所甘。拟请即用兴隆书之意,叙入本人甘结之中,借此销案,庶可略平债主之气,而愧奸商之心。

(已完)

(《申报》)

11 月

1.调查鄂省商会(汉口)

(1906 年 11 月 8 日)

日前汉口商务局奉商部行咨,饬将鄂省内地计设商会几所,每所成效若何,从速入册具报,总办孙观察奉文后,已派人赴枝江、沙市各分会调查矣。　(千)

(《申报》)

2.汉口请禁外人在内地设立行栈

(1906年11月12日)

近有某国商人在武昌设立行栈,武黄同知陈司马以其有违约章,据情具禀道台,请速照会该国领事禁止,以免酿成交涉等情,当由桑铁珊观察查照矣。

(《大公报》)

3.照请禁售彩票

(1906年11月12日)

鄂督张宫保日前札饬江汉关道,照会日本领事,转谕该商,勿在内地售卖彩票,致生纠葛等情,因桑铁珊观察当即遵札照请禁止。

(《大公报》)

4.提倡开办汉口商会

(1906年11月)

湖北汉口商会屡议未成,部中屡次咨催。月前商局孙观察泰圻又奉张宫保面谕,即速兴办,并催振兴各种实业,故于本月初邀请各业巨商,会议一切,务求早日成立云。

(《北洋官报》第1184期)

5.汉口商帮之大势

(1906年11月)

汉口为内地绝大市场,其位置在扬子江中流,当汉水汇合之处。故上至四川、云南、贵州,下至江苏、安徽、江西各省,莫不以汉口为通衢。且南至湖南,可以达两广,北溯汉水,可以出河南,以达于陕西、甘肃,故四方货物之自东而西或自西而东者,莫不以汉口为东西之衔,即货物之自南而北或自北而南者,亦莫不以汉口为南北之衔。由是观之,则虽以汉口为十八省货物之集中点,为十八省货物之仓库,亦无不可,固不独九省之会而已。然则汉口之于商业,犹心脏之于动物也,即名为商业机关之心脏,谁曰不宜?

汉口固不乏土著之商贾,然汉口之所以为汉口者,要皆客商有以致之。以中国内地而论,客商之专聚,固未有如汉口者也。故研究中国商业者,苟欲知物力之赢绌,国民商业能力与工业能力之高下,并东西南北需要供给之大势,但就汉口各商帮观之,固已得其八九。今试述汉口各商帮之大势如下:

一、四川帮。此帮商人,经三峡至汉口,所运来之货物,以药材、桐油、漆油、木耳、生漆、丝麻、片麻、绥定麻、川土、白蜡、黄丝为大宗,其由汉口运归之货为棉纱、洋布、匹头及外国杂货。

四川商人在汉口开设商店者,其数甚多,其中每年贸易额过三十万两以上者,约三十家。其贸易之总计,每年约达九百万两,此外更有各种小商,大约合计每年总额,可自千万两至千百五万两不等。

二、云贵帮。此中尤以贵州商人为多，土人总称之曰云贵帮。所贩来之货物，大致与四川帮无异。要不外木耳、生漆、麻、桐油、漆油、云土、白蜡、材木等物，其由汉口运归者，亦不出棉纱、洋布、广福杂货等类。凡云贵各种货物销至中部者，与各种北货销至云贵者，要皆以汉口为必由之路。云贵帮之大商店，约三十余家，规模虽不及四川帮之大，然商业极盛，在汉口每年之总贸易额，亦不下千万余两，而其中以材木、鸦片、药材三者为大宗。

三、陕西帮。甘肃商人，亦归此帮。从陕西运来货物为牛皮、牛油、羊毛、鸦片等类，而由汉口运归者为米谷、棉纱、棉布、各种南货及西洋杂货。大商约二十余家，每年之总货贸易额，约一千二三百万两。

四、山西帮。山西帮之营业，要以票庄为主。此帮商人，各地皆设有支店，专理汇兑等业。汉口票号共三十二家，较他处规模更大，盖汇兑之根据地也。又有印子店者，即从事金货经营者也。

山西帮在汉口之营业，除票庄外，规模不如他帮之大。由山西输出土货，输入外货，要以天津为根据地，故在汉口者，不甚繁盛。但湖南、江西之货物，如茶叶、烟草、纸料、油类、鸦片等通过河南运至北方者，固亦有之。

五、河南帮。河南商人贩来货物，以杂粮、棉花、牛羊皮为大宗，外若药材、桐油、牛油、麻油、黄丝、鸦片等之贸易亦盛。其由汉口运归之货为棉纱、棉布、纸料、南货、洋广杂货等。在汉口，河南商之大者，五十余家。此外，装杂粮下汉水及住宿行栈者，其数甚多。此帮商人，每年在汉口之贸易额，约一千五百万有奇。

六、汉帮。此帮为汉口土著之商人，亦总称曰湖北帮。汉口市场之成立，自以此帮商人为要素，所营商业之种类，不遑枚举。凡汉口之商工业，固莫不营之。

七、湖南帮。由湖南输至汉口者，以米、茶二者为大宗。此外，如杂粮、苎麻、桐油、药材等亦甚多。由汉口运归者为棉纱、棉布、杂货、砂糖、石油等货。湖南地居衔要，水利之便，甲于他省，故从事水运者，要以湖南人为多。凡两湖民船之势力，要为湖南水手所独占。湖南人在汉口之大商，约五十家。每年在汉口贸易总额，约达三千万两以上。湖南物产之输入他省者，本以茶为第一，米谷杂粮次之，合之他种物产，在三千万两以上。湖南所产之茶，皆为红茶，输至汉口者，合上中下三等，共计三十万箱。其中上等居十之二，下等居十之三，中等居十之五，如上等每箱五十两，中等平均三十两，下等十两，则仅就茶一项而论，已达一千四十万两。又，汉口所食之米，皆仰给于湖南。试以汉口、武昌人口作为百万计算，所需约二百万石。更合之其余各地，约不下四百万石。若每石二两，则其贸易额当为八百万两，合之其他杂粮，当不下一千万两之间。其由汉口运至湖南者，约三百万两，则由厘金局者，若亦作为三百万两，当合而为六百万两。然则汉口与湖南之商业，当又在二千六百万两与三千一二百万两之间。由以上推算，亦可知湖南商人之势力矣。

八、江西福建帮。江西商与福建商归入一帮者，盖往来汉口之福建商人，除一二通商口岸及附近各地外，皆不由海路而取道于江西省之陆路。且其货物内，如药材一项，虽来自江西，而实以出于福建者为多，故土人不能分别，概称曰江西福建帮。此帮所销货物为药材、瓷器、麻线、麻布、茶叶、果物等。而由汉口运归者为米谷、粮食、桐油、牛油、鸦片等。此两帮商人，无极大商家，其中住宿行栈者为多，而开设商店，商业较盛者，约三四十家。每年贸易共约一千余万两。汉口绿茶盖来自江西,从江西输入者,以茶为大宗,每年约自十万箱至十五万箱不等,其额约三四百万两。

九、徽州太平帮。此帮商人所贩者,乃徽州各种土货。其运归者为各种油类、片麻、丝麻等物,其贸易额均不甚大。又,徽帮业饭馆者甚多。太平帮每由上海输入棉纱、棉布,此项贸易,每年约五六万两。

十、江南帮及宁波帮。江南帮中更有上海帮、镇江帮之别,贩至汉口者为洋货、福广杂货、棉纱、棉布等类。而宁波帮输入棉纱、棉布尤盛。其运归者,为杂粮、黄豆、牛油、桐油及各项片麻、丝麻等,皆由汉口进货,销售各处。宁、绍各商更开设钱庄,又,汉口业银楼者概为绍兴人。江南、宁波两帮商人,据云,每年有五十万两以上之贸易者,约有六七十家。则总贸易额大约自三千万两至三千五百万两不等。

十一、山东帮及迤北一带商人。此帮商人,每贩山东及北方土货至汉口销售,其由汉口运至北方者,则为米谷、茶叶、纸货、鸦片、烟草、各种油类以及麻丝布等货。

十二、潮帮、广帮及香港帮。广帮所贩来者以砂糖及洋广杂货为大宗,运归者为杂粮、药材、黄豆、油麻等货。潮帮之输入,亦以砂糖为主,运归者与广帮略同,香港帮亦然。要皆以广东之广货、洋货运至汉口,更由汉口购买北方及中部一带货物,销运各地或输出外洋。而在汉口市场,要以潮帮之势力为大。所谓广帮者,亦称岭南帮,在中国商人中,饶有进取冒险之性质。他帮商人,除坚忍不拔之宁帮与规模宏大之山西帮,要皆莫与敌也。

(《商务官报》第 20 期)

6.鄂省之实业教育

(1906 年 11 月)

湖北农工两学堂成立最早,商学继之,又于省城置劝业场一所,汉口置劝工院一所,以开商智。现又筹设初等农工商学堂三所,授以普通应用之知识技能。汉口商业学堂工竣在即,亦将开办。商务议员孙泰圻更拟筹设初等商业学堂一所,俾少年子弟可历练成材,闻现正筹措经营,以求集事云。

(《商务官报》第 23 期)

12 月

1.论各省宜设局调查物产

(1906 年 12 月 11 日)

昔《周礼》司徒之职,以五会之法辨土地之物。生于山林、川泽、丘陵、原隰之地,各辨其植物、动物之所宜,所以物土宜而布其利也。后世以降,此制尽废。各省之物产,仅附见于郡邑志乘。然大抵因袭故书,非必得之于目验,不知物产之调查与否,于一国之贫富,有密切之关系,何则？国何以富，富于开利源，利源既开，斯能无旷土、无游民。然欲开辟利源，必因地之所利以为利。物产者，有形之地利也。今也，大吏巨绅、文人学士询及本方之物产，昧焉不详，则利弃于地多矣。利弃于地者既多，国家安得而不贫乎？故中国之贫，由于不善用本邦之物产，不善用本邦之物产，又由于不事调查。近岁以来，东南各省，间设矿产调查局。然矿物仅物产之一端，矿产而外，植物、动物均宜与矿物并崇。考之《本草》《尔雅》，则中国物产之殷繁，冠于地球各国。故中国恒言，物曰万物。夫一物均有一物之用，惟先知其名，徐观其质，参互考验，然后其用始呈，即古人所谓格物也。既能格物，则物之有益于民者，徐图推广之方，有害于民者亦可筹翦除之策，即《周礼》所谓辨其物与辨其利害也。其有裨于民生，顾不大哉。且中国各学校，其教授博物，均用东西之书为课本，推其极弊，养成重外轻内之风，于保存国粹之意，大相违驰。夫一物不知，儒者所耻。然博物之学，以由近而及远，若并乡土之物而不知，夫亦可耻之甚矣。今学部所颁定章，凡初等小学格致一科，均教授乡土物产。又，学部咨各省督抚文，亦以教育用品，宜取材本国，以养人民爱土物之心。夫中国博物学，所以取材异域者，以中国无调查物产之书也。无调查物产之书，则教科之书，未易从事于编辑。惟各省之中，先设物产调查局，隶于提学司，颁发表格，于各邑、各乡之有学校者，撰择谙悉学务之人，按地调查，列为一表。复将所产之原物，制为标本，以广流传，既供学校教科之用，兼备制造物品之资。庶愚民可以使之智，而贫民亦可使之富，或亦振兴中国之一助乎。

（《申报》）

2.华商组织电车公司

（1906年12月31日）

汉口富商刘歆生君刻拟在汉口租界及华界后城马路，仿津沪电车办法组织一电车公司，已备有资本二百万元。因鉴于天津电车肇祸之故，恐生阻力，特聘请电学专家研究避让之法，并教授司机人驾车法，一俟诸事完备即须禀官保护云。　（人）

（《申报》）

1907 年

1 月

1.江汉关收税纪数

(1907 年 1 月 9 日)

江汉关西历一千九百零六年十二月份收税数目较之十一月份有盈无绌,兹将调查确数照录如下:洋货进口正税三万零八百二十九两零,土货出口正税十万零四千八百八十六两七钱零,土货复进口半税一万零六百八十四两三钱零,洋药进口正税一千一百五十二两,洋药厘金三千零七十二两,土药税无,船钞一千二百四十两,洋土货正税九千四百三十两。以上总共银十六万一千二百九十四两三钱六分。 (衣)

(《申报》)

2.度支部派员调查汉关税务

(1907 年 1 月 11 日)

度支部铁尚书派出本部主事曹葆恂、候选通判卢祥、同知陈树勋、礼部主事忠文等四员,乘火车至汉口调查江汉关收税情形。现桑观察已接到京电,饬夏口厅预备迎迓矣。 (鸟)

(《申报》)

3.汉阳开办劝业厂

(1907 年 1 月 23 日)

鄂督以武昌、汉口现均开办劝业厂,商务甚为发达,而汉阳尚付阙如,特札饬汉阳府迅即择地创设劝业厂,使与武、汉两处联络一气云。 (乃)

(《申报》)

2 月

1.商业学堂招考

(1907 年 2 月 18 日)

汉口商业学堂刻已落成,议定招生二百名,于去腊某日出示招考,闻报名者有七千余人,定于今正十六日考试。　(有)

(《申报》)

2.纪汉口商市近况

(1907 年 2 月 22 日)

去腊,汉口各帮结账,惟丝业尚能获利,茶市、药材均甚平淡,洋货因销路阻滞,折本者多,钱业则因香港、上海迭倒巨号,颇受影响,然尚能勉力支持。　(安)

(《申报》)

3 月

1.改良茶业

(1907 年 3 月 2 日)

汉口茶业为出口货之大宗,近因奸商掺和伪茶,故销路日形减色。现茶业公所首董特于前日邀集同业,议派一公正董事为值年稽查,无论洋庄、本庄,均严密查禁掺和劣品,以冀振兴商务云。　(曰)

(《申报》)

2.汉关税司易人

(1907 年 3 月 4 日)

江汉关税务司克乐司君代理期满,业由总税务司赫德派委前金陵关税务司安格联君前来接替,克君则有调任东三省某关之说云。　(今)

(《申报》)

3.商务局谕令注册

（1907 年 3 月 17 日）

汉口商务局总办孙观察近日通谕各商帮、铺户，无论客帮、土著，生意大小，货物多寡，均分别限期赴局注册，以备查核而资保护云。 （今）

（《申报》）

4.巨商好善可风

（1907 年 3 月 26 日）

汉口巨商刘于陶君见沿途张贴淮徐海饥民图，恻然悯之，特捐铜圆二万串，向江汉关道署请给护照，并请电饬沿途各关卡放行，俾得亲往发放。如该巨商者，可以风矣。 （今）

（《申报》）

4 月

1.商务学堂开学

（1907 年 4 月 3 日）

汉口商务学堂现已考取学生四十名，于十六日开校。 （今）

（《申报》）

2.商务局整顿茶业

（1907 年 4 月 13 日）

汉上为茶业渊薮，近来屡有奸商掺售伪茶，蒙混渔利，实于中国商业大有妨害。兹汉口商务局总办拟按照农工商部所定章程，派员切实调查，如查出作伪情弊，立即科以重罚。 （今）

（《申报》）

3.汉口商务情形（节录汉口商会报告）

（1907 年 4 月）

一、商业市情

查汉口货物，茶为大宗。上年行销洋庄红、绿两茶，因茶市涨落无定，华商亏折居多。盖以商本不丰，待银周转，迫于时，自不得不贱价售之，迫于时，并不得不耗本售之。过时则耗愈甚，洋商乘时挑剔，抑勒渔利，其间非团体固结，焉能抵制？迨秋后，花箱茶末得价甚丰，此物俄商压砖，运以出口。缘日俄战事，茶砖少运，彼国陈货稍空，是以上年花箱，华商获利三倍。此外，匹头抄庄，均在上海暂盘定货，因背先令行市，多受暗亏，惟匹头店铺，俗呼为一言堂，零买零售，以钱交易，甚有利益。其余桐油、秀油、皮油各货，货价逐涨，市面尚好，牛羊皮、片麻次之，杂粮又次之。至若丝，亦出口大庄，上年春雨过多，蚕桑不旺，业者受累，至五月三眠，天气和暖，丝色鲜明，秋间洋庄加价，贩买丝商，亦有利息。综核汉口进出口货物，以货易银，以银易货，统年比较，出入尚足相抵。此后粤汉、川汉铁路交通，转运灵便，百货云集，商业发达，可拭目俟之。

一、金银钱价

泰西各国通用金币，上年冬间金价跌至三十一两有奇。缘金币向以八九银圆可易一枚。上年只五六银圆即易一枚。金价落，则银价涨。西人定货，必须用银。土货不能畅销，职是之由。银圆价七钱一二分一枚，通年不相上下。惟鹰板洋钱，约可搭用十之二三。其余日本洋钱，俄、法诸国洋钱，概不合用。足见各省银圆开铸，此项利权收回不少。昔年行使制钱，愈稀愈涨。庚子以后，每串钱竟涨至九钱四五分。自铜圆开铸，每串当十百枚，值钱六钱六七分，贱则六钱四五分，亦无甚出入，市面尚属平稳，大小各钱庄均沾利益。

一、米粮花市

武汉米粮，全赖湖南接济。自该省上春，水潦为灾，人思自卫，禁米出境。汉口上米，每石价银四两五六钱，即次米亦必售银三两八九钱。贫民食贵，难以聊生。腊月调查河帮船只，仅存米四万石。岸上粮行，仅存米十万余石。似此价贵，不能招远，可见米源不厚。自冬徂春，雨雪罕沛，二麦不免歉收。青黄不接之际，恐米价更加昂贵，何堪设想。现在虽经本籍绅士前山西绛州直隶州知州密直牧昌墀禀奉张宫保，发款四千两，汉黄德道桑宝捐银三千两，署夏口厅同知冯丞宝捐银二千两及汉镇各绅商捐银七千八百余两，开办乡间平粜，不大济事。棉花亦形歉薄，往岁日商贩运出口，今届成本较高，棉质较低，改赴下江采买，汉口花业顿减。

一、地土价值

汉镇东南滨江迤西，向有半壁堡垣一道，横亘十有余里，系同治初年因防外侮，本镇绅商捐资禀官奏请建造，兵燹后荒废未修。去春张宫保就原有基址上筑马路，东接一码头英租界，西抵硚口，秋后落成。初行人力车三百乘，继增至五百乘，尚不敷周转。来往便捷，小贸生理，日形畅茂。因此马路西北及硚口一带地土，日涨一日。上年春间每方售银二三两者，未及两月，涨至八九两十余两不等，冬初更涨至四五十两。其大智门一带基地，毗连铁路车站，竟有提涨至一百五六十两者。地愈涨而人愈争觊，皆知粤汉、川汉路线通后，开埠成市，寸土皆金。此即商智开通之效，亦即商业振兴之机。较十年前芦汉兴工，无人闻问，确已大有进步。

一、工厂如下

铁厂	汉阳	官立	
砖厂	武昌	官立	
工艺局	武昌	官立	
制革厂	武昌	官立	
工艺传习所	武昌	官立	
纺纱局	武昌	官立	现租与商办
织布局	武昌	官立	现租与商办

缫丝局	武昌	官立	现租与商办
制麻局	武昌	官立	现租与商办
燮昌火柴公司	武汉分设	商立	
广艺兴公司竹木印刷纸张漆绣六科	武汉分设	商立	
和丰机器面粉公司	武汉分设	商立	
瑞丰机器面粉公司	武汉分设	商立	
恒丰机器面粉公司	武汉分设	商立	
汉丰机器面粉公司	武汉分设	商立	
福华纸烟公司	武汉分设	商立	
机器榨油肥皂厂	汉口	商立	
红砖厂	汉口	商立	共有六家

以上华商。

牛皮芝麻厂	大智门　内二家、外二家
牛皮芝麻厂	四码头　中洋街一家、后洋街一家
牛皮芝麻厂	三码头后洋街二家
鸭蛋厂	大智门外
牛厂	土垱
鸭蛋厂	五码头

以上德商。

牛皮芝麻厂	四码头中洋街
牛皮芝麻厂	二码头后洋街
牛皮芝麻厂	一码头后
牛皮芝麻厂	德租界内
牛皮芝麻厂	大码头
鸭蛋灰面厂	六码头后

以上法商。

牛皮芝麻厂	大智门外二家
牛皮芝麻厂	四码头中洋街
牛皮芝麻厂	三码头后
牛皮芝麻厂	三码头后洋街

以上英商。

红茶砖厂	三码头河街
红茶砖厂	俄国一码头一家、二码头一家

以上俄商。

牛皮厂	大智门外
鸭蛋厂	大智门内英租界
鸭蛋厂	永宁巷河街

以上意商。

一、铁路纪略

路政为商务关键，汉口为路线枢纽，自京汉铁路通后，士商云集，居户增添，市铺林立。先之由上海乘轮者，大半改就铁轨，可免风涛冰冻之阻。将来粤汉、川汉路工告成，汉口商务驾乎上海。是以张宫保注重路政，极力经营，拟定招股章程，于武昌官钱局经理收股一切事宜。嗣又仿照湖北签捐彩票章程，一年四会，每会售票六万张，每张价银十元，中则照章给彩，不中以半价给与川汉铁路股票一张，收执取息，以广招徕。上年腊月开过一会，嗣后仍拟照章续开。业经委员履勘数过，一俟股分集有成数，方可刻日兴工。武汉商民，引领望之。据汉口路股销场，惟广东省粤汉铁路商办公司股票，行销最畅。去夏闰四月以前，股分概已招齐，后有买者不能入手，并向囤票之户，辗转加价买入，有一银圆竟加至五六角及八九角各不等。大众皆以商办，近时縻费较少，将来账目可稽，同力合力，争先恐后。去腊粤电报路工头段已成，运料车早经开行，此时广东路股，虽加价亦极难购买矣。

（《商务官报》第 6 期）

4.重拟开辟汉口商场

（1907 年 4 月）

湖北汉口后湖旷地，鄂督张宫保客秋拟辟商场，后因款拙未果。兹悉臬司梁廉访鼎芬前往汉口考察警务，回鄂后面陈宫保，力言该地风景之佳，不可坐失利薮，且云若不捷足先登，必为他人觊觎，故宫保已命周松甫太守体察情形禀复矣。

（《北洋官报》第 1333 期）

5 月

1.选举值年商董

（1907 年 5 月 12 日）

汉上各商帮例有一值年商董，每岁更换一次。近届期满，即须公举接替，闻商务局总办孙询刍观察现拟传布选举票数百张，于局门设一木筒，听凭各帮投票公举云。　（今）

（《申报》）

2.阳逻商会公所成立

（1907 年 5 月 19 日）

距汉口六十里之阳逻地方，虽非通商口岸，而长江上下游民船多泊于此，故近来商贾日渐云集。现经该处商董议立商会公所，以期联络商情，一切规则，均照汉口商会办法，并拟公举总协理及代表各员，业已禀请商务总局立案矣。（遗）

（《申报》）

3.汉口茶市之近况

（1907 年 5 月 21 日）

汉上茶业现届开市之期，来客甚众，两湖茶叶将次到埠。惟安徽祁门茶昨已开盘，定价四十一两至四十九两不等，留心茶市者当必有一番争利也。（音）

（《申报》）

4.鄂臬批斥商董串骗

（1907 年 5 月 26 日）

汉口商会董事黄瀚臣近因串通其弟黄季卿倒骗许钟墀巨款，被许指控，奉鄂臬梁心海廉访批示，此案迭据具控，均经批饬夏口厅传知黄瀚臣，勒令黄季卿赶紧清理在案，何以尚未了结？黄瀚臣身膺商董，当思保护商业，乃竟有被人指控串骗之事，安用此商董为耶？仰汉阳府照会夏口厅，仍遵前批录案详复，毋延。

（《申报》）

6 月

1.调查川米到汉之实数

（1907 年 6 月 5 日）

自江鄂义赈二处派员赴蜀购办赈米后，日来由轮船载运到汉者日有数起，昨由汉关道桑观察调查其入口总数如下：河南共三万九千九百件，关秤重五百五十八万六千斤；又，盛宫保承办义赈共一万四千三百七十六件，关秤重百零一万二千六百四十斤；武汉官商所办共一万一千一百五十五件，关秤重一百五十六万九千一百零六斤。（安）

（《申报》）

2.汉口米帮又滋事端

（1907 年 6 月 16 日）

汉口杨家河米商滋事，至今尚在缉拿为首之人，案未了结。不料上月二十九日，鲍家巷河下一带因汉阳镇举行大考，军政各属杉板座船停泊甚多，某桨兵与益阳米船帮伙偶因细故，互相口角，各帮伙竟约同各船水手将杉板炮船打毁一艘，幸巡警闻信前往弹压，风潮始息。现该炮船委员陆千总已赴汉阳镇游府县各署及夏口厅禀诉，请拿为首者从重惩办，以儆凶横。　（今）

（《申报》）

3.警察改归绅办之先声

（1907 年 6 月 22 日）

汉口警察因经费支绌，将派设分区，裁撤数处，曾纪前报。兹闻江汉关道桑观察以警察用费全恃铺捐，乃各商店每借口警政不善，拖延不缴。现拟详请鄂督将汉口警察改归官督绅办。闻其章程，须各商公举一公正绅董，素有名望者为总理，另选举各帮商董若干人为协理，招募巡兵二千五百人成为十队，四十步地位派一站岗兵。其收捐用人等事则责之绅，行政司法各事则操之官，由官委督办一员、裁判官若干员、巡弁若干员，惟预算常年费，须得二十五万元始能办理云。

（《申报》）

4.汉口拟设商船公会

（1907 年 6 月）

湖北汉口商务局总办孙询刍观察以汉口华洋商船辐辏，帆樯林立，急宜设立商船公会，以便调查，刻已筹拟章程，俟妥定后，即行开办。

（《北洋官报》第 1399 期）

7 月

1.川汉铁路彩票停办（武昌）

（1907 年 7 月 13 日）

川汉铁路彩票因滞销改章，迄今两月，毫无效果，并签捐票亦大受影响，销路大碍。鄂督已饬将该项铁路票停止，拟将签捐票价值每张增成十元，未中之票亦准换给铁路股票，不知能否风行矣。

（《时报》）

2.鄂督奏请开辟城内片(湖北)

(1907年7月16日)

再,湖北武昌省城与汉口对峙,为南北要冲,自京汉铁路通行以来,日形繁盛。省城内东南隅一带从前本极空旷,居民甚少,近因粤汉铁路路线应与大江西岸刘家庙之京汉铁路码头相对,由城北十余里红关以下江堤之乙字段地方渡江,设立码头,绕城而东而南,循巡自河南行,由李家桥驿路南入湘境。是以城内之东南隅一带,亦渐次招徕商贾,开通马路,修建市房,日加充实,特其地在宾阳、中和两城门之间。将来铁路由城外经过,运货搭车尚嫌迂道不便。现拟于东南隅添开城门一道,因其地通湖南铁路,即名为通湘门,晨启暮闭,添派官兵看守,随时稽查,于商旅来往既多利便,城内可益臻蕃盛。至上年雨水过多,城内居民多被淹浸,因拟于此新开城门处所作沟泄水,并疏浚城内外濠沟,令其贯通畅注,流入城北沙湖,以免城内积水,于商民利益甚多。经武昌府江夏县与各绅耆等筹商,众情欣悦,同声赞成,恳请早日举办,由该府县具详前来。臣复加考核,洵属有益无损,当经照准饬令兴工,除咨民政部立案外,理合附片奏明。再,此处城外铁路之线,距城约二里有奇,并不入城,合并声明云云。经奉朱批:民政部知道矣。

(《时报》)

3.华商承认购地巨款(汉口)

(1907年7月16日)

汉口城垣马路两旁隙地,鄂督曾经札饬江汉关道酌定地价,招商承购。兹闻鄂督以此项隙地关系华商营业甚大,应先仅华商承购,俾免利权外溢,刻已饬商务局移知华商,连日八大行商会议,拟公集银一百二十万两缴官全购,不知能邀允准否。

(《时报》)

4.鄂督札委官膏局总办之札文(武昌)

(1907年7月28日)

为武汉官膏局事　照得禁烟一事,迭奉上谕,历经转饬钦遵在案。查武昌省垣所有烟馆现已一律封禁,汉口烟馆亦必刻期勒令歇业,但食户不能遽然禁绝,自应于武、汉两岸特设官膏局售卖熟膏,一以查食户按年之能否递减,一杜以私开烟馆之流弊。查有候补知府本任夏口同知冯启钧堪以委充总办武汉官膏局务,惟该丞兼差尚多,诸事殷繁,应如何分派委员,妥议章程之处,统责成该丞迅速酌议,禀候核定开办,除分行外,合亟札饬,札到该丞,即便遵照速办,勿违,云云。

(《时报》)

5.捐助商业学堂经费

（1907 年 7 月 29 日）

汉口商业学堂久已落成，因禀拨开办费未奉批准，是以至今尚未招生肄业。现闻有湘省绅士谭廷闿等捐银一万两，以为开办经费，惟须留学额五十名为湘省学生肄业。 （音）

（《申报》）

8 月

1.禀准仿办华商体操会

（1907 年 8 月 15 日）

汉口各华商现公举代表人粤商韦子丰、邓纪常禀请关道拟仿上海华商体操会章程开办体操会，业已奉批照准，闻即以韦、邓二君为总董云。 （初）

（《申报》）

2.武昌粤商禀设渔业公司

（1907 年 8 月）

鄂省湖港纷歧，产鱼极富，专销本地者，每年利益约计数十万金，各州县所设渔课，综计亦近万金，现有粤商杨某，特备资本十万元，禀请鄂督，在汉口设立渔业公司，开辟利源云。

（《江西农报》第 7 期）

9 月

1.华商体操会公举监督

（1907 年 9 月 4 日）

汉口华商体操会现已成立，逐日操练徒手、柔软各式操法。前日各帮商董特延请商务局总办孙询刍观察到场阅看，并公举孙观察为该会监督。 （今）

（《申报》）

2. 后城马路归商管理

(1907 年 9 月 5 日)

汉口修筑后城马路,原议商款官办,并准商人有管该路之权。嗣鄂督以修筑之款虽出自商,而地系官家之地,计忽中变,竟设工程局委员自行管理。因此商家亦不愿建筑市房,故后城马路虽已告成两年,市房尚属寥寥。前月各商帮因公举商董,与官场交涉,要求管理之权,昨始议定由巨商刘人祥、宋炜臣二君代表给官家地价银九十万两。此后该数十里马路尽归商家自管矣。

(《申报》)

3. 日本商团举定行政委员

(1907 年 9 月 8 日)

旅汉日本商民之商团会现已组织完备,举定行政委员十人,以武内金平君为会长,又举预备行政委员七人,昨已由日领事水野君传知各日商并照会中国地方官知照矣。

(《申报》)

4. 华商体操会定期开办

(1907 年 9 月 23 日)

汉口华商体操会现已组织完备,举定会员三十七人,定于九月初一日演习徒手体操,候关道桑观察给发枪支,即当改练兵式云。 (今)

(《申报》)

5. 请设汉口商事审判案厅建议

(1907 年 9 月)

自今以前,披靡一世者,在兵力。自今以后,披靡一世者,在金力。有识者每谓今日为政界横断时期,以政体论、宪法论将归陈腐,而社会主义、经济问题,必于二十世纪大起潮流。各国见微知著,莫不于商业三致意焉。虽以向采商业自由主义之英国,近亦将变为保护主义。其他美、德、日本诸国,实行保护主义已历有年矣。中国学说(赐不受命而货值焉云云)、政策(汉禁商人衣棉)向不重商,闭关自守,亦无足怪,然操奇计赢,其能力不在欧美商人下,久为世界人事所公认,且爱国心肠,尤较彼唯利是求者热甚。顷闻南海华商,筹资助与海军,其特著者也。犒师救国,郑弦高之雄风,至今尚在人间。向使国家早知,以商洋群岛,何至为人占领? 现已门户洞开,实逼处此,亡羊补牢,尤未为晚。保护之策,虽更仆难数,而裁判争讼乃其一端也。近来州县衙门,每遇账项纠葛案件,恒视为钱财细故,漫不经心,拖累至数年而未了结者,往往有之,废时失业,因之破家荡产。一店倒闭,牵动全局市面,停滞不通,为害匪浅,是非专设商事审判庭,不足为实行保护之证。

夫商事应专设审判者,不惟事实上宜尔,而由法理上论之,亦不得不然。盖自民事、刑事划分鸿沟，司法界只应有民、刑两大审判，商事既可统归民事庭审判，则海陆军事亦应统归刑事庭审判。然海陆军既可由普通刑事庭分出，则商事亦应由民事庭分离。不然，同是特别法而形式法，何悬殊如此耶？且《商法》所规定之代理、保证、质押、留置、利率、契约、债务等事，又与《民法》规定不同，其意以为商事贵迅速简易，故对于《民法》自应有别揆之法，理应如是也。

查欧洲商事审判，其种类有二：一、独立设商事审判厅，法兰西、意大利、比利时诸国是也；一、就地方审判厅内，与民事庭、刑事庭外，另设商事庭，德意志是也。内容之组织亦惟德为完备。德国商事审判厅采三人合议制，由地方审判厅派委推事一人为厅长，其余二人，由商会选举商人中公正廉直，年在三十岁以上者，录其姓名履历，分呈州县官及地方审判厅，州县官据详商部，地方审判厅据详法部，再由该两部大臣协议，奏请敕裁，但不给俸金，三年期满，得以连选连任。然其所以准选商人为陪审者，其理由有二。

（一）商事重习惯，各国商法，皆由各种习惯集合而成，然习惯繁多，漏而未编者，亦可认为有效。我国商界各帮皆有章程，效力亦大，审判官未能一一洞悉，势必传讯证人，未敢遽下判决，有商业推事，非认为必要时，可以不传讯证人。此其利一也。

（二）商事诉讼，多系账项及其物价等事，非指传鉴定人，则账项何能精核，价格何能评定，所审何事，应传何人，不至用其所长。此其利二也。

今汉口商会，虽有受理审判事件，然非法权行使之地，何也？其强制执行，仍移归夏口厅核办，此不过一和解机关耳，与德国仲裁人制度相似。然法兰西、比利时，凡民商诉讼，不经仲裁人之手，不得起诉。如审判厅，嗣后商事诉讼，不经商会判断，不许提起诉讼。照德国商事审判办法，厅长由官派委，再由商会选任陪审官二名，采英国陪审制度，专决定事实，其适用法律之权，仍全操之厅长。或谓司法制度，全国须一律，不得于汉口独标歧异。此案应俟国会开时，建议方为正办，此说似是而实非。商事审判，相地设置，不能遍也。查德国《审判制法》第百条内开，由法部认为必要时，得设商事庭于地方审判厅内，故德国商事审判，分设四十庭，而柏林有八庭。况我国当变法伊始，彼此参差，亦势所难免。不然，顺天、天津、东三省，何以独先设审判厅而他处寂然？财政困难，人才缺乏，试办有效，逐渐推广，征之外国，亦莫不如是。少年审判厅近遍设于欧洲大陆，而其创始乃在美国伊里罗兹州之西加果市。湖北即伊里罗兹州，汉口即西声而示模范。此本案建议之所由来也。

（《预备立宪公会报》第2卷第15期，转录《神州日报》）

10月

1.华商筹议组织银行

（1907年10月3日）

汉口巨商宋炜臣等所经营之水电公司、火柴厂、扬子江铁路材料厂等，资本均数百万金，现宋拟仿株式会社组织一银行，邀集富商刘人祥观察、李怡琴部郎等各投巨资，在汉口设立总行，通商大埠建立分行。其宗旨在流通钞币、经营实业。现正会商章程，惟商标尚未

宣布。 (新)

(《申报》)

2.票号公举董事

(1907 年 10 月 5 日)

汉上山西票号不下十余家,例有值年董事三人,兹届董事年满之期,已由该帮公举蔚泰厚等接充。 (今)

(《申报》)

3.商会派员欢迎新督

(1907 年 10 月 9 日)

汉口华商商务总会日前接京师来电云:新督赵次帅准于初一日抵汉,特举商会会员蔡绅辅卿乘车至河南信阳州迎迓,并预撰欢迎颂词,以表敬意云。 (今)

(《申报》)

4.商会另举董事

(1907 年 10 月 11 日)

汉上商会董事刘子桃视察现届期满辞职,当由商务局已照会各行商另举接充,闻日内即须开会投票云。 (今)

(《申报》)

5.汉口昨年秋冬季贸易(译日本《通商汇纂》总论)

(1907 年 10 月 16 日)

本期间最佳者,长江水涨之时。其时汽船出入极多,各种农产物,自该港输出者甚丰。外国货之输入者,亦甚充牣。盖本期之中,尤以上半期之后半为该港贸易最盛之时。惟自前年以来,两湖农作歉收,农民购买力不能恢复,加以铜货低落,银价上腾,故输出入贸易总无起色。且去年江水减退,比前年较早至一月,通航之期,短缩异常,此一切商况所以不能生动也。

(《申报》)

6.棉花帮董易人

(1907 年 10 月 23 日)

汉上棉花公会总董王润仙君因病身故,现由该会另举祝君宝珊接充,业已禀请商务局备案矣。 (今)

(《申报》)

7.汉口昨年秋冬季贸易(译日本《通商汇纂》)

(1907年10月)

总论

本期间最佳者,长江水涨之时。其时汽船出入极多,各种农产物,自该港输出者甚丰。外国货之输入者,亦甚充牣。盖本期之中,尤以上半期之后半为该港贸易最盛之时。惟自前年以来,两湖农作歉收,农民购买力不能恢复,加以铜货低落,银价上腾,故输出入贸易总无起色。且去年江水减退,比前年较早至一月,通航之期,短缩异常,此一切商况所以不能生动也。

输入贸易

此期间银价既高,输入贸易颇得便宜。然而贩卖不甚通畅,观于输入各项,如粗洋布、漂白洋布、竹布、斜纹布、棉毛交织品、毛制品、杂毛织品,皆有增加。印度棉纱比前年同期增二万七千三百九十二担,日本棉纱增五万六千五百八十担,各种钉针、板片、白烈克板、铁条等,因当地建筑繁兴之故,需要更增。铜块以价涨之故,输入颇减。铅块专供汉阳兵工厂造弹之用,然以该厂事业不甚振作,故输入仅三千八百八十四担,比前年同季减八百五十一担。海产物输入日本昆布九万四千六百二十八担,比前年同季增一万七百七十担。干□及黑海参,其自日本输入者,有宁波墨鱼与之竞争。墨鱼味稍逊而价相等,故将来仍恐未能竞胜。日本火柴比前年同季增六万七千六百零六哥罗斯,当地燮昌公司所产亦未能定胜于彼也。石油来自美俄及白楼岛,而以美油为最盛,然美油已少于前年矣。

输出贸易

为银价腾贵及农作物歉收之故,输出贸易乃大被影响。当地输出品之大宗,若农作物中之黑豆、黄豆、棉花、苎麻、商麻、胡麻、小麦等皆减少,惟绿豆、豆粕、生丝、茶叶等稍有增加。米照每年之例,由民船、航船、汽船输出于中国南北各省者颇多。然本期之输出,见于税关者,仅一万五千六百三十九担,比前年同期减二十一万九千百三十六担,由于去夏湖南大水,禁止出口之故。又,输出于广东、日本之豆粕,增九万四千三百十七担,由于当地制造豆粕厂有所增加,及日本豆粕市面甚强之故。又,武昌织布局、制麻局、纺纱局等制品,名誉渐著,故产额及需要并有进步。萍乡煤以该地去年扰乱之故,亦形减少。

可为建筑材料及肥料之石膏,在外国颇为需用,故本期输出,比前年同季增三万余担。红茶输出稍减,砖茶及其余各茶皆有增加。生丝类出产有渐增之势,盖当地向产黄茧,不产白茧。武昌农务学堂试育白茧之种,各蚕户因此大为留意,今遂能出白丝矣。本期桐油输出量数,比前年无大殊。牛皮输出,因日本需要增进之故,颇有增加之势。

(《商务官报》第22期)

8.汉口各国领事要求裁判权

(1907年10月)

汉口各国租界虽各设有捕房管押人犯,然界内华人有犯罪案件,轻则由捕房送领事会同会审公所委员审讯,或判押捕房三五日,或枷号示众。重大案件,均由会审公所移送夏口厅惩办。

前驻汉各国领事当张中堂督鄂时,曾提议仿上海办法,设立公堂,另订裁判章程,要求捕房有久押人犯之权。嗣因张中堂去鄂,此事暂未置议。现各领事复申前请,照会李护督,要求允许。闻李护督以此事关系重大,候赵次帅接篆后再议答复。闻各领事有电致在京公使,向外部交涉之说。

(《广益丛报》第 151 期)

11 月

1.商务局不收禀费

(1907 年 11 月 3 日)

汉口商务局总办孙观察近日新拟章程,凡商家有事递禀,准于上午九点钟起至十二点以前亲自来局,由本总办面讯情节,核定准驳,再候批示,一概不准丁役收受索费云。 (今)

(《申报》)

2.烟商复请减捐

(1907 年 11 月 6 日)

汉口西烟商号天成德等前因筹饷局除正税外随征警察捐,曾禀请豁免未准。刻又以西烟系由老河口完税,到汉分拨放行,与在汉完税者不同,复行禀免,经善后局札饬汉口筹饷局查明情形,议复核夺。 (成)

(《申报》)

3.韦陈纠葛案归商会调处

(1907 年 11 月 9 日)

汉口道胜银行买办陈延庆与韦应南因账纠葛案迭纪本报。现闻已经鄂督赵次帅饬商务局孙观察调处,邀集各商会董评议。 (功)

(《申报》)

4.夏口厅改良裁判

(1907 年 11 月 11 日)

夏口厅署审判案件,向来均坐内堂,不准外人听审。现因奉鄂督赵次帅严札,案件须随到随审,并宜任人旁观,责成地方官填注词讼、日记等情。故夏口厅何石策司马特定于每日下午四点钟亲坐大堂审判,准人入览,亦改良裁判之一端也。 (宣)

(《申报》)

5.汉口重举商董

（1907 年 11 月 15 日）

商务局总办孙观察牌示云，汉镇以前分八大帮，每帮各举有董事。现计大小帮口三十余帮，有未举董事到局者。今届商会一年期满，商界同人公议重举各帮董事，即于各帮董事中再推举总协理。凡愿举本帮同人充为商董，即希书明某号愿举某人为本帮董事，盖该号图章以为凭证，投入本局门首筒内，十日为期。期满，即开筒验视，以票数多者为定。（石）

（《申报》）

6.批准设立青茶商会

（1907 年 11 月 22 日）

汉口商务局总办孙观察昨据湖南岳州茶商公禀，请在汉组织青茶商会，恳求立案，业经观察批准矣。（音）

（《申报》）

7.商会改期选举总协理

（1907 年 11 月 26 日）

汉口议办商务总会选举总协理等情已纪本报。兹悉该会原议于十二日在商务局选举，是日因浙苏湘各帮商人会议路事，到局者甚少，故仅举定各帮商董数人，现闻改期二十八日，再由帮董内选举总协理云。

（《申报》）

8.汉口商团公会之内容

（1907 年 11 月）

汉镇商团公会现已成立，其内容系照欧西商团预备办法，先习体操三个月，然后续练兵操，名曰汉镇预备商团公会，已拟定章程，禀请商务局核准矣。

（《秦中官报》第 49 册）

12 月

1.刘雨平复商务总会函（为汉口道胜银行买办保单事）

（1907 年 12 月 3 日）

敬复者，窃济于光绪二十三年与陈济亭合保陈延庆为道胜汉行买办，陈济亭即延庆父，当存现银一万两，涛保三万两，合立保单。嗣于二十五年，涛欲退保，先告明陈济亭，后复偕其同见前大班喊德，说明退保之意。喊德言延庆现为汉行买办，不可无保人，可否缓至延庆接保有人，作为退保，一面嘱济亭转致延庆，赶紧另觅他保，限以半年为度，后知延庆邀得林友梅照数接保，即向济亭索回保单。据云，此单现存汉行，但系两人合立，伊有现银一万两存于行中，不便收回，惟有将名字代为注销等云。涛以陈济亭素称诚实，前在道胜申行办事多年，人所共知，且身家殷实，谅不相欺，并知林友梅已经接保旧单，本不足凭，是以不复追问当日之情形如此。今道胜总理斯比而门（一作斯比而）先生事未亲历，或有所未知，然有一的确不移之凭据可以取信，涛于光绪二十三年所保陈延庆之三万两，自二十五年之后已由林友梅另立保单照数担承，此即退保之实据，当新单签立之日，即旧单作废之时，无论注销与否，涛之责任已卸，此单只作废纸矣。如果前保未退，何以林友梅又接保？今林既认保认赔，则道胜应得之款已如额收足，岂可再累他人？昨贵总会由沪道转述俄领事函，犹以保单未经注销为言，但上海商务首重信实，有一言可取信者，如钱业同行，彼此通融，未闻因无据而狡赖者，有事涉虚，无如废票失票，未闻凭据照付。可见正经体面人作事须讲情理，沪上银行林立，皆有买办，孰无保人？但只有两人合保，从未有先后并保，各立保单，不相知照之理，果尔使延庆空三万，教何人认赔？且半途任意加保，则林友梅之外，尚有他人，亦未可知，有此理乎？此退保之情形，显而易见，保单之未经注销，乃济亭之误，道胜但当将陈延庆原保三万两之数收足，此外不必再问。如不论情理，但知执据要求，是何异废票索款？自爱者且不肯，况银行为各业之领袖乎？来函又谓，涛力能赔偿，则道胜之营业更大，区区分行买办，尚被空至五十余万之多，何必争此三万乎？此皆实情实理，可以布告中外绅商公论，贵总会主持商务，请将此事秉公评论，即乞复道函咨道胜总理期比而先生，请其平心体察，赶令陈延庆自行料理，勿听一面之言为要。

（《申报》）

2.禀请设立商业会议所（汉口）

（1907 年 12 月 8 日）

汉上商界向仅分为八大帮，近又有三十六帮之称。日前公议，于商会之外复设一行商业会议所，以期与商会联络，每帮公举三四人为值年商董，业已具禀鄂督请予批示矣。

（《申报》）

3.鄂督札汉口商务局文（为关涉商务案提归商会办理事）

（1907 年 12 月 9 日）

为札饬事　照得汉镇商会现已厘定章程，举定总协理、商董，认真办理。惟查商会之设，原所以扩张商权，保持商务。按照章程，各商家如有争执事件，应先由本帮商董及总协理为之理处，不得径赴地方官衙门控诉，良为保全商人体面，免其对簿公庭，且少屈抑勒索之弊。凡在商人，皆得享此权利，所有武汉三镇地方衙门，凡属已入此次商会之人，如有关系商务营业、账目纠葛、涉讼未结案件，应照章统归商会公议理处。仰该局即行传知商会总协理，查明起数，呈请原控衙门，一律提归商会办理。其未在商会商人及不关商务涉讼之案，均不得提归享有此权，

以示限制，并妥议调处章程呈核，以便出示晓谕，俾众周知云云。（下略）

（《时报》）

4.勘定商会地址

（1907 年 12 月 10 日）

汉口商会现已举定卢鸿沧、刘人祥二君为总协理，其余各议董，亦举定二十七人。业已勘定四官殿为会所，不日即当移入办公矣。 （音）

（《申报》）

5.汉口牛皮业之亏折

（1907 年 12 月 13 日）

汉口生意以牛皮出口为大宗，近因洋庄停办，每担价值由三十五两跌至二十四两，业此者亏折颇巨，闻徐华记一行计亏折有二十万金云。 （石）

（《申报》）

6.日领约束旅汉商人

（1907 年 12 月 20 日）

驻汉日本正领事高桥橘太郎，以德租界日人所开之客店及饮食店或藏垢纳污，或嗜酒喧闹，并有在途行不规则之事，殊于本国名誉有碍，特传谕旅汉日人，若再有前项情事，即按照领署命令第七节“警察规则”，严行惩处云。 （生）

（《申报》）

7.纪汉口商会重举各帮商董之大会

（1907 年 12 月 20 日）

汉口各帮商人前次禀请鄂督另立商会，经次帅批饬，各帮未入会者，准其再行补举会董，归入总会，以免向隅。等因。兹于本月十一日又在商务局开特别大会，各帮商董、议董、总协理均到会，由商务局总办孙询刍观察提议大纲四条，照录于下：

一、总协理所定商会试办章程甚属妥协，惟尚须集思广益，拟即日将章程发印分送入会，各商董于十日内各抒所见，逐条签注送局，以备采择，如有不妥之处，随时改良。

二、商部定章，商董以十九人、二十一人、二十三人、二十五人、二十七人为定额。汉镇商务繁盛，甲于各埠，各帮云集，拟变通定章，于二十七人之外，再添议董数人，俾各帮均有代表，以免偏枯隔阂之病。

三、公聘坐办一人、仲判一人驻会办事，坐办拟延高济川君，仲判拟延周德馨君，众皆认可。

四、拟设理事议董十二人，每日二人到会理事，以一星期周而复始，星期日停止办公。

（《时报》）

8.汉口商会任用职员

(1907年12月22日)

汉口商会现已成立,特延聘高君济川为坐办,周君仲芬为裁判,伍君树珊为书记,闻均由商务局总办孙观察分别举用云。 (音)

(《申报》)

9.规复轮船商会

(1907年12月26日)

汉上长江轮船商会前已解散,现复公举郑君芝亭为会董,将会所移于宜汉公票局内,不再另设会所,以节经费。

(《申报》)

10.鄂督饬商会整顿茶业

(1907年12月26日)

汉口茶业为出口货之特色,近年因受印茶抵制,日见减色,各商又规章紊乱,不图振作。刻鄂督赵次帅特札饬商务局,移令商会速筹整顿之策。

(《新闻报》)

11.汉口全体商会开会第一次纪念纪盛

(1907年12月29日)

光绪三十三年冬十一月二十六日,汉口全体商会开会,第一次会地设后花楼正街原有商务局之左门悬龙旗。是日午后,全体帮董及孙询刍观察、何石莱司马、吴筱亭(一作吴晓汀)司马先后莅止,由招待员接引就坐。三点钟,各上议厅,由总理摇铃开会,以至散会,肃静无哗。因将听观所及,列叙如下:

(甲)开会秩序:一、开会;二、由议长宣布本会设立宗旨;三、由议长报告本会章程之大意(详细章程再行开会演义);四、演说,来宾演说、会员演说;五、茶点;六、开会。

(乙)议厅:厅中。简章:一、会规三则;二、仪式二则;三、规约十一则;四、蔡例五则。东西帮董座位,中演台,东上来宾座位,西上职员座位。演台之东,新闻记者座位;之西,书记座位。

(丙)本会设立宗旨:本会章程遵奉农工商部奏定章程,并合之本埠习惯之性质,斟酌情形,拟定若干条。今日本应援条报告,请诸公商定,以便实行,因时期迫促,以后应印定章程,分送诸公研究后,再于开会时议决。

(丁)宣布开会宗旨:今日我们为汉口商会第一次实行纪念,我们大家都要想想所以组织商会的缘故,鄙人尚有两桩意见告诉诸位同胞。第一桩,要想我们今日所遇的时势;第二桩,要想我们今日所处的地位。我们今日所处的时势已万分危急了,别的不要说,你想中国最有名的商埠□□□□几乎没一处不□□□□□□□□了，大的生意都被他们占去，常见印度灭亡，其起首亦只得十万的公司，到后来将二百余万方里全印度送入英国手里。我们中国若不再兴商战，恐怕就要变印度了。但是说起商战两字，又要想着所处的地位了。我们一般同胞是都在汉口的做买卖的，鄙人想汉口地方实在是我们中国第一号商埠，停过几年，铁路通了，恐怕比上海还要热闹些，就重要看来，我们所遇的时势、所处的地方既如此要紧，所以我们今日组成的商会都要望诸公实实在在地履行起来，会中应办的事件很多，都开在章程里面，鄙人亦不能细说，但是全会的宗旨总不过三桩。第一，要和洽我们商界的人心；第二，要发达我们商界的知识；第三，要请求我们商界的利弊。鄙人才疏望浅，恐怕这样重大的事件担当不起，总要我亲亲爱爱的同胞实行起来，这就是本会组织的宗旨，还望大家指教指教。

（戊）总理卢鸿沧君对于上海商董之训词。上海商务总会会董朱葆三先生为路事代表来汉，适以鄙会开会之始，荷蒙驾临，并赐玉昔，深盼敝会之发达，□同人曷胜欣感之至，久仰先生在上海组织商务总会，沪上商务由此发达，敝会继步后尘，还望随时赐教为幸。

（己）上海商董朱葆三君对于汉口商会之祝词。葆三为铁路事代表来汉镇，以贵会成立开会全体大会，深感其盛，深佩贵总理及各会董热心公益，汉镇商界由是发达，诚无限量。鄙人曷胜□□之忱，为此恭祝。上海商务总会议员朱葆三谨顿。

（庚）演说。（一）总理卢鸿沧君演说，其词录于前。（二）朱葆三君演说，其词录于前。（三）商务局总办孙观察演说，大旨强调官商融协，凡有公益事，依商之主义□去。又谓，有日本领事来请中日联络商会，中日尚□合力，况在同胞，尤当力谋公益云云。（四）卢鸿沧君演说，不分本帮、分帮、上江帮、下江帮，合□之受益□。（五）何石莱司马演说，官不能深悉商情，只要是有利益处，“兄弟没有不帮忙的”意思。（六）吴筱亭司马演说，□洋是货情形，每多纠葛，每不免吃亏。即如张、曾两案，至今尚未了结，以后务请各位商家改良抛盘之一定办法。（七）刘歆生君演说，合群之意□□，全国一心，以抵外侮。（八）汪炳生君演说，与前同意。（九）卢鸿沧君演说，请各帮各发言，以表同情。（十）孙观察演说商会之益，大旨谓，上海商会最先成立，今已七年，成就昭著。

其时，主持者为浙江人李平书、严小舫，安徽人孙□□，皆作江苏人也，以表本会不分畛域。

（辛）摇铃歇会。

（《汉口中西报》）

1908 年

1 月

1.商界决议部控商会总理

（1908 年 1 月 2 日）

汉口商会由商务局总办孙道泰圻举萍乡煤矿局总办卢鸿沧观察为总理，各商以卢于汉上商情不甚熟悉，禀请鄂督另立商会等情，业经赵次帅一再批驳，各商决议公举，心不甘服，现由金式度、蔡文会两君为代表，将此事前后情形及孙道劣迹一并禀呈农工商部，请派员查办，以重商务云。

（《申报》）

2.汉口商会开会纪事

（1908 年 1 月 6 日）

上月二十六日，汉口全体商界在后花楼正街开第一次大会，午后各帮董及孙询刍观察、何石莱司马、吴筱亭司马先后莅止，三点钟开会。首由卢鸿沧君报告开会宗旨，略谓，今日为汉口商会第一次实行纪念，诸君当思所以组织商会之故，鄙人对于各商第一宜知中国今日所遇的时势，第二宜知商人今日所处的地位。若论时势，今已万分危急，试思中国有名之商埠，约五十余处，无一处不遍插洋旗，大宗生意都被占去，常见印度灭亡，其起原不过数十万金之公司，至后来竟将二百余万方里全入英国版图。我中国若不再讲商战，恐为第二印度也。至论地位，则汉口地方实是中国第一大商埠，再经几年，铁路全通，将比上海更为热闹。据此，则吾人所遇时势、所处地方如此紧要，今日组成商会，还望诸公切实履行。一须和洽商界人心，二须发达商界知识，三须讲求商界利弊，此是本会组织之宗旨。演说毕，旋向上海商务总会议员朱葆三君宣读谢词，朱葆三君答以祝词，略谓，葆三为铁路事代表来汉，适以贵会成立开会全体大会，恭逢其盛，深佩贵总理及各会董热心公益，汉镇商界由是发达，诚无限量。鄙人曷胜颂祷之忱，云云。继由商务局总办孙观察演说，谓，官商融协，凡有公益之事，可依商之主义为之。并谓，先期有日本领事来请中日联络商会，中日尚谋合力，况在同胞，尤当力谋公益云云。嗣何石莱、吴晓汀两司马演说官商联络及华洋定货改良办法，最后由刘歆生、汪炳生君次第演说，五点余钟散会。

又，闻商会章程原拟按条布告，请在会诸君公决，嗣以时期迫促，将印就草章分送商家研究后，再当定期开会议决。

（《申报》）

3.札委汉口商务总会总协理，江苏、分省补用卢洪昶、刘人祥文

（1908年1月）

为札委事　据湖北汉口商务局汉黄德道桑道宝、前湖北补用道孙道泰圻、候补道周学辉详称：窃查汉口设立商务总会，叠经职局竭力劝导提倡，于光绪三十二年三月始行创设试办，由职局邀集众商，公同选举前湖南候补道刘选青、候选道邓奇勋为该会总协理，详呈前阁督部堂张加札派委，并申明农工商部。嗣奉颁发汉口商务总会铜镶木质关防一颗，转行到局，当即送交该总理刘选青祗领，呈报在案。兹届一年期满，仰体宪台振兴商业，谆谆嘱咐之至意，遵即重集各帮会议，添举帮董，帮董之中推举议董，议董之中选举总理、协理。现已举定江苏补用道卢洪昶接充总理，分省补用道刘人祥接充协理。除将各商帮选举议董总协理票数呈请核验外，职局查卢道办理萍乡煤矿局及恒通北煤号转运事宜，熟悉商情，才识开展，刘道开设榨油机器各厂及火车转运银行经理事宜，经营实业，明效大著，且两人均通达洋务，热心公益，合行详请加札派委，以重责任。至会内议董及各帮商董，原须常川到会理事，维持公益，是否援案，仍由职局分给照会谕单，以冀各有专司，伏候批示祗遵，并请转咨农工商部，以符原案而资考查等情，到本督部堂。据此，除批准外，合亟札委，札到该绅，即便遵照，接充汉口商务总会总协理，务须常川到会，将一切商务事宜，照章妥慎办理，维持公益，克尽厥职，勿负委任，切切。

（《两湖官报》第1卷）

2月

1.汉镇钱业重整规章

（1908年2月8日）

一、凡折上往来，仿上海钱业章程，于每月朔日查照上月长期比拆，参议定息，随市增减。最优之户欠账每千起码加三两。此外，按帮酌加，持平办理。如折上有高低者，不在比例。

一、凡放短期银两，息必另议，期必订定，毋论远近之期，理应一律立票，不得登记折上，以免混弊。

一、凡往来家打七天以外期票，例必按日注期，议定每千票贴以五钱起码，如折上计高低

者，听其免算。

一、与各帮往，凭折收付。迩来□有□人访□彼此往来情形，术骗折子，支取银钱洋圆，彼此略一疏忽，被累非浅。昔年业经同行议有规章，凡送往来经折，必须登簿盖印，每月挽结，亦必带簿，向收勾印付折，以杜冒取之弊。嗣后各帮若不勾印付折，设被冒取，钱业不认其咎，各自慎重。

一、行用庄票，来踪去脉皆可根究，倘被窃盗，或遭水火不测，或是遗失，均可挂失，曾经登报存案作废，概准止兑，可由失票之人叙明遗失缘由，□保收银率由向章办理。

一、挂失之票查系自受愚骗，票入人手，或已买货，或已付庄，查明确实有账可稽，有货可措者，不能止兑。

一、支票向以押脚图章为重，通用市上。凡各号所出银洋支票，倘到期不付，须向出票之家理清，以杜借票取巧之弊。

一、各路同行及外帮来信、来电托办银钱洋圆，一经办就装出，付账为凭，不论如何运寄，一切风险概归来办之家承认，不涉经理者之事，声明在先，以昭慎重。

一、客路同行支票或信托介订期之款，汉庄代其收付，倘须止兑，则必须先一日，接有来信、来电，始能止付，如至当日，一经照票后，即不能止兑，纵有轇轕，与汉庄无涉。

一、合股庄号店铺设遇倒塌，查将股东中与本店亦有存欠账款，存则与大众一律办理，欠则应先照数归还，如该股东亦已亏倒，除股本外，再有短欠，归公追偿。倘合同议单有外抵内押等情，未经俾众周知，概不承认，以杜临时串通弊。

一、近来人心不古，窃票兑金者必须根查来历，并将银票咨照该庄追查无讹，始能免后轇轕。

一、交往全凭信义。今世风不古，贪妄者流不知大体，私行通挪品合生意，倘或失利，不免贻累他人。今议与外行交往，收付银钱均聘由折，设有私与经手交接，自行理楚，概与庄家无涉。

一、各项票据遇有不测，退还原家，理所当然。如隔手多加辗转，必晏。若平时，以当日晚上为度，如逢比期，收介较繁，次日始能清楚，则以次日为度，不得迟至第三日，以免借口推诿。

一、各项银票居期向收，临时加盖中西文凭，给某某庄亲收防失印，系于光绪二十四年闰三月禀奉关道宪立案，并开会各国领事，转谕洋商，一体遵照在案。倘遗失，视同废纸，只准加戳，一原家收银，不得隔手使用，如拾得之人即将票送还失家，或送至钱业公所，使票有着落，自应查照议章酬谢，谢资列下：凡退还兑票，每百两谢银二两，若数至五百两以外者，面议酌减；凡送还交条汇票千两，谢银十两，若数至千两以外者，面议酌减。

一、凡立各埠汇票，迩来轮船、火车迅速拨便，毋论何埠，至早意先一月期立票，如转寄他埠觅售者，早立一月，加汇费三两，再远者按此类推。惟申票向例先期十天立票，如需早立者酌增汇费。

一、拆户凡代票号拆进者，每天照拆加三分，代拆出者，照拆除二分，略沾微润，俾得贴补□力。

一、代收□号各路汇票，概不得以上条及庄票互换，须于原票上批明某某庄照交字样，以杜轇轕而昭慎重，若彼此悉心者，听其自便。

（《汉口中西报》）

2.札饬商场局拟议开办通商场各办法文

（1908年2月10日）

为札饬事　照得湖北省会武胜门外距城十里之滨江地方，光绪二十六年十月间经张升部堂奏准，自开口岸，作为通商场，收买官民各地三万余亩建筑，沿江长堤三十里，从前湖荡悉变膏腴，是处东西扼长江上下之冲，南北为铁路交会之所。张升任部堂缔造经营，规模宏远，丰功伟业，常系人思。查原奏拟定通商场为粤汉铁路码头，架桥渡江，与刘家庙京汉铁路码头衔接，形势之胜，擘画之精，粤汉全路告成，长江航轨码头富无出通商场之右者。自通商场基址划定以来，粤汉铁路收回自办，青山长堤逐段培修，现在粤汉、武岳路线已定，不日兴工，所有通商场地方开埠兴商，自应预为规划，同时举办，俾数年后，铁路借商埠贯通，商埠因铁路发达，此本督部堂所以于敷设铁路之先，而并注意于商埠也。查商埠兴办之法首在绘图，前次划定该商场基础三万余亩之多，其面积较汉口后湖尤为广阔平坦，必须相地度势，先行绘具统筹商场全图。凡农工商业之区分，市廛厂栈之布置以及公众需用各项之地址，设立捕房局所之地位，一并绘列图内，呈候核定，以俟照印千百余张，广招各省富商大贾承租兴办，不分省界，不拘官商，凡能遵照核定图绘部分租建码头，修筑驳岸，开通马路，兴旺市场者，皆准照值承租，并由官力为提倡，一律保决，不稍令有阻碍。兹张升任部堂原估基地盖余亩合地二百余万方多少牵算，每地一方即以平价计之，已属值钱数千万两，如全路告成，价值必递涨递高，将来招商承领，应按时值，以定租价，即铁路需用地亩及官设码头局所，亦应一律照付价值，均照光绪二十八年张升任部堂，端前抚部院奏案办理。总之，商场基地敷用有余，地价礼仪无穷，操券可得，所有兴筑商埠一切经费，尽可从宽估计，按亩匀摊，酌量规定售价，以为取偿，然非精确统计，难以图始。该局总办王道经营多年，情形熟悉，自奉此次札饬之后，应将测绘布置各项事宜，先陈大纲，再分细目，克日分别禀复，庶他日商民云集，商业发达，武汉繁盛，得对江相峙，本督部堂实有无穷厚望焉。至开埠章程，查核前案，系奏明援照岳州开埠章程办理。兹将岳埠章程，一并抄发，参酌拟议夺核，合亟札饬，到该局，即便遵照札饬事宜，迅速筹办，禀复核呈，毋延，切，此札。

（《汉口中西报》）

3.官钱局添办十元五元官票

（1908年2月14日）

湖北官钱票每年由官钱局发出三十六万张于各商家应用，已见各报。兹闻高观察又委汉口三井洋行添购每张十元、五元、十串、五串四样官票五十万张回鄂，编缮妥帖，一并发出，照章支用。

（《汉口中西报》）

4.商会总理来汉之先声

（1908年2月14日）

商会总理卢君鸿沧去岁返梓度岁，现已订于灯节前后来汉，以便开会议事。以故，一切商界有事待议者，咸引领以望其之云。

（《汉口中西报》）

5.商务局文案到差

（1908 年 2 月 17 日）

商务局文案向系吕二尹□□办理，近因告假回籍遣差，由孙询刍另委陈二尹志琅接办，刻已到差视事。

（《汉口中西报》）

6.藩宪咨札各商出洋赛会

（1908 年 2 月 18 日）

比利时及日本两国本年同开博览会，由外务部咨会商部，转咨本省督宪，札敕藩司劝谕商人备物，前赴两国赛会。藩宪接札后当即特札各府井，咨会商务局及劝业道衙门，分向各商劝办。其商部原来咨文，亦抄附札文内，俾众共览。

（《汉口中西报》）

7.商务局批职商黄国元禀

（1908 年 2 月 19 日）

据黄国元所禀各节，既称早已分居，各立门户，似不应牵涉受累，仰候札行夏口厅查明摘释，核实办理，此批。

（《汉口中西报》）

8.移送商会理楚

（1908 年 2 月 22 日）

邹瑞棠因私造汇票一案，致公大恒号伙庞华发一并送厅收押，近由庞华发禀诉。刻闻何石莱司马拟不日移送商会，以严理楚。

（《汉口中西报》）

3 月

1.商会将次日成立

（1908 年 3 月 4 日）

汉阳县属蔡甸镇，虽非通商口岸，而安襄各属出产，多由该处经过完纳统捐，百货麇集，商务繁兴,该镇绅商集议设立商会。闻章程业经议妥,仿照汉口商会办理,不日即当实行云。

(《汉口中西报》)

2.商会收递节略之慎重

(1908 年 3 月 5 日)

商务总会去岁由督宪提倡早已成立,近日各帮商号遇有案件,即先赴商会投递节略,由商会给以收条,再行订期邀集评断,以昭慎重。

(《申报》)

3.移请移会办理

(1908 年 3 月 7 日)

张玉奇前在夏口厅呈控稽惠春昧骗存款□□案,业经准差传在案,兹据稽惠春赴商会禀诉,总协理已经移请夏口厅将原案移会办理,以符定章。　(巧乙)

(《汉口中西报》)

4.农工商部咨取商会总协理之履历

(1908 年 3 月 7 日)

督宪近接农工商部咨文,略谓,汉口商务总会总协理已经卢鸿沧、刘歆生二君接充,期履历应请报部备案,以符定章。

(《汉口中西报》)

5.农工商部催赴赛会

(1908 年 3 月 7 日)

督宪昨奉农工商部通咨,略谓,美国飞利宾(一作飞利滨)之满拉呢埠举行运动欢迎赛会,比国之埠得舍拉都城举行万国赛会,日本之东京开设大博览会,均□□三国使臣照会,准予各省奉人在三国领事署□□前往。业经饬各该关道,示谕官商,届期将中国各省所产品物,送往陈设在征,乃因会期转瞬即是,亟应早为预备,迅速赴会,以免有误,而案信实,合再咨行贵督,札饬关道转饬各属,一体示催。　(青乙)

(《汉口中西报》)

6.商务局会议茶务

(1908 年 3 月 8 日)

中国输出之品,茶为大宗,近来茶务日疲,业此者或受亏折,督宪赵次帅前据候补县丞陈叶唐二尹志琅条陈整顿茶疲一节,甚为可采,特札饬商务局招集茶商,共谋整顿之法,总办孙观察已于昨日(初五)柬请茶帮商董暨茶商等赴局会议。

(《汉口中西报》)

7.督宪札饬汉口商务总会检查信义储蓄银行开折呈复文

(1908 年 3 月 8 日)

照得信义储蓄银行支店分设武、汉两处,原为便民起见,而民间信用全在资本殷实,办法妥善。查各国银行通例,应随时受国家之检查。该两分行究有资本金若干,商民存款现有若干,发出纸币曾否逾于资金之额,一切存付、汇兑诸办法是否妥善,该商会有调查商务之责,亟应札饬选派妥董,前往武、汉该分行彻底检查,据实详细开折呈复,为此札仰该商会,即便遵照办理。

(《汉口中西报》)

8.督宪批商务总会详销职商韦□□上控陈延庆案

(1908 年 3 月 8 日)

案经该会处结两造,允服画押,自应准予销案,以省讼累,仰移会北按察司暨江汉关道商务局查照□。 (来甲)

(《汉口中西报》)

9.商务总会答黄桂泉以郑锡鸿不遵理处倚势强横投逃节略一案

(1908 年 3 月 9 日)

来(函)略读,悉,此案本经敝会询有端倪,因郑锡鸿原约次日来会结案,竟听康姓旁扛之言,绝足不至,且竟由康姓纠人在内外,将贵商扭赴厅署,以致无从处结,是郑锡鸿不停凭断,敝会无执法之权,亦难强令遵结,故将详细情形移请夏口厅究查在案,贵商应该即赴厅催讯,公道在人,必能立分皂白也,仍抄录来略,移厅作速究结,希知此复。

(《汉口中西报》)

10.商团已改名称

(1908 年 3 月 9 日)

职商何鹏、柳智原等去年以集合体操组织商团,禀请立案,业经督宪札饬商会转知会该商,应改其名为商界体操会,刻何君等已遵照矣。

(《汉口中西报》)

11.商务局批职员江志成创设报馆,恳请立案给示禀

(1908 年 3 月 9 日)

职员江志成禀称,集股一万五千元,开设《江汉日报》,并附呈章程一纸,恳请立案给示等

情。查报纸原所以开通风气,惟必须宗旨纯正,访事确实,方堪问世,据禀前情,候详请督宪批示饬遵。

(《汉口中西报》)

12.商会大会述略

(1908 年 3 月 10 日)

初六日系商务总会第二次开会,是日到者八十余人,四点钟鸣铃开会,由总协理宣布会议各事。

一、本会经费,分四级认捐,一等每号二十四两,二等十八两,三等十二两,四等八两,各董事皆举手认可。

二、武穴各商欲附入商会,愿贴经费,特派代表来汉,邀王君芝舫介绍,各董亦皆举手认可。

开办商务总会经费系总理卢鸿沧诸君先行垫用,究非常有的款,不能持久,故初六日开特别大会,柬请各帮董、议董百余人到会集议,意在筹商长年经费。闻是日到者仅三十余人,恐不能遽达目的也。　(来乙)

(《汉口中西报》)

13.专设汉口船会

(1908 年 3 月 12 日)

日前有职商徐焱青等设立汉口船会,选举总理,开具办事章程,禀呈商务局立案保护云。

(《汉口中西报》)

14.度地建立商会公所

(1908 年 3 月 12 日)

汉口商务总会早已成立,惟设在商务局公廨内,稍嫌狭隘,总协理诸君刻度就熊家巷地基另建公所,以为办公之地,不久即可兴工。

(《汉口中西报》)

15.商业中学堂添设商品陈列所

(1908 年 3 月 12 日)

商业中学堂堂长权君谨堂云云,学堂系讲商业,而未有商品物件,学生不能视识,故前禀学宪高文宗拨费购办物品,已蒙批准,刻下购妥,不日转物入室,以供众览。

(《汉口中西报》)

16.商务总会答船户刘炳绪以周万顺交领洋油少斤灌水投递节略一案

(1908 年 3 月 12 日)

所称周万顺交还洋油内少十二箱,又灌水三箱,词出一面,殊难凭信。盖交洋油时必凭证佐,既果有诸项情事,何以当不向理,仅于事空言,来会投递节略,况籍数甚多,何以第知内有两罐系被灌水,且洋油系信义诚之物,何以货主不来控诉,独由该船户以支离之情出头,种种不情愿,系挟嫌诬告,未便准理此复。

(《汉口中西报》)

17.商务总会答谢辅源以张盖亭卷抢不还并伊子世铭无端羁押投递节略

(1908年3月12日)

贵商会虽商业中人,事非商业中事,应由地方官讯断,姑念身撄哑病,冤抑难伸,呼吁无从,情殊可悯,移请夏口厅秉公讯结可也。此复。

(《汉口中西报》)

18.商务总会答恒源隆纪立怀君以李宇藩君等□契两携投递节略一案

(1908年3月12日)

来略称,缴库银三千六百两,究系何时所缴,并明案既有银缴库,必归地方官准理,希即仍赴夏口厅署伸诉具领可也,此复。

(《汉口中西报》)

19.商务局收存欠款

(1908年3月13日)

湖北后补道王万震与革道郭祖楷互控吞骗农商公款一案,迭经督宪札饬藩司会同商务局办理,兹由王万震观察交到票银七千七百二十二两,已由商务局查收矣。

(《汉口中西报》)

20.商会详复督宪

(1908年3月13日)

职商同太福(一作同泰福)等为德昌厚倒塌十万余金巨款,具控督辕,经督宪一再批饬商会查明处结。现商会已遵饬查明,据情复督宪,代请转咨川督,将德昌厚所有川鄂货产配搭匀摊,以清商累而维商务云云。一俟督宪咨达川督后,再由商会处结,想此案已有可了之日矣。

(《汉口中西报》)

21.日本博览会运货规则

(1908年3月14日)

日本大博览会前为求各国政府参同及望其人民出品之多起见,将免外国货物之进口及销路等税法律案呈具帝国议会事宜,已经登报。今该议会议定法律条款如下。

□出品于日本大博览会之外国货物免税法律

第一条　出品于日本大博览会之外国货物均免输入及消费等税，会场内准开演之兴行（杂戏），应用材料亦如此。上开货物而须完税者如下：

一、除运至外国，运至会场以外之货；

二、闭会后限四个月以内不运至外国之货；

三、在会场内所售之货及为营利起见所销之货。

第二条　预交担保，则虽未完税，限该担保价银以内，准其运至场外或场内发售，或为营利起见销货。担保物限以现银或股票，闭会后限四个月，尚未完税者，将该担保充税。

第三条　下开列外国货物亦均免输入及消费等税。

一、外国政府在会场内兴工应用物材及外国政府之出品；

二、外国官员奉委到本博览会者之应用手使物料；

三、场内陈设应用物材；

四、在场内为广告或作货样起见，不取价银，以相让与之货。

附则　施行此法律之日期另请旨定之。　（译）

（《汉口中西报》）

22.官钱局琐闻

（1908年3月14日）

总办官钱局兼公储钱局高佑诸观察，因前初二日公储钱局开市，阖城钱业皆连袂踵贺，昨观察特亲赴各钱店谢步。官钱局光绪三十三年之盈余，各报已早纪其数，然多失实，闻官场中人云，去岁实获利四十八万两。特补志，以备商务之调查。

（《汉口中西报》）

23.筹议另建商会房屋

（1908年3月15日）

汉口商会系附设于商务局内，前因商界反对，迭起风潮，由劝业道刘仲立观察调和了事。初六日总协理等邀集各商会议，在后城马路附近建筑房屋，将该会迁入办公。　（生）

（《申报》）

24.商务局批葆惠公司职员王平治等控刘聘卿等租价阻抗禀

（1908年3月16日）

该公司既立有合约租字，刘兼善义庄亦书有收条，刘聘卿等何至听信刘云甫等阻□，其中有无别项轇轕，候传知中人刘炳臣、陈简斋、易孝珊等来局禀复核夺，抄粘附。　（生乙）

（《汉口中西报》）

25.商会筹措经费(汉口)

(1908年3月18日)

汉口商会去年成立,复尚无的款,近由总协理议定,各商承认注册,大致以营业之大小定捐款三等差,计头等年须认银二十四两,二等十八两,三等十二两,四等八两。 (生)

(《申报》)

26.商会聘请录事员

(1908年3月20日)

商务总会每日理案,事务殷繁,亟应聘请录事员,总协理诸君刻拟请周某到会。

(《汉口中西报》)

27.商会判案

(1908年3月20日)

鲁蔚光前购亚东公司股票五张,计银两五百两,顷因该公司经理人在逃,鲁竟向事外之王金山索股,以致大启纠葛,具略。商会各议董细查股票并无王经手字样,惟王与鲁曩有交情,商会劝令王给鲁银一百两了结,至此项股票本不能作为完全证据,当即对众涂销。

(《汉口中西报》)

28.商会请拨津贴(汉口)

(1908年3月22日)

汉口商会总协理以所筹四等捐款尚难使用,特禀请鄂督转饬江汉关道,于杂款项下拨给津贴。 (水)

(《申报》)

29.归并汉口商务局

(1908年3月24日)

鄂督赵次帅以湖北劝业道业已抵任,所有汉口商务局自应归并劝业道办理,以一事权。局总办孙观察泰圻委充湖北实习工厂总办,所有员司或拨归劝业道委用,或饬令销差,均由劝业道酌量办理。旧有商务关防,应缴善后局销毁。业已分别饬遵云。

(《新闻报》)

30.商会判案

(1908年3月25日)

二十一日理案到者总董卢君鸿沧,议董周君善臣、吴君干廷,理事员周君诵芬、蔡君辅卿、叶君东川、汪君炳生。

药材帮商李砚山欠本镇辅仁长药材号货账一千余两，又，该立兴利货银二千余两，无力偿还，言定有营口存货约值银五千余两，凭药材帮首士周善臣等议定，该二号派人赴营口倾卖，以偿此项。嗣由立兴利有便人赴营口卖货，今岁来汉云，只售银二千余两。辅仁长昨以资多报少、背□鲸吞等情具禀商务局，移行商会，各议董公断，药材售银若干，酌提一成以为赴营口酬劳，至卖价多少仍须以清单为凭。

日前，邹瑞堂（一作邹瑞棠）私造集义昌假章及假信，在本镇益大钱庄掣兑银二千两，总理限邹三日后再提商会裁判，以便彼知悔承认一案。讵邹狡辩如故，各议董无不痛斥其非，理事员周诵芬君判邹认承还银伪造一举，自然成全，邹犹固执不认，但求商会担保开释，再行着落。商会以不知如此巨款开释后，何以着落，况系伪造假票之案乎？嗣由总理姑念初犯，格外成全，判令原差押回厅卡，俟至三月初一日止，从速悔悟清结，否则移请夏口厅严惩，各议董咸皆称善。

（《汉口中西报》）

31.商会判案

（1908年3月27日）

黄桂泉与郑锡鸿银钱纠葛一案，已志本报。兹黄以押据久悬，处理未结，反遇强横夺词，经督宪批饬商会理处，兹转督批录下：

该职商借银与郑锡鸿，既有契据揭单为凭，又有吴景辉作证，郑锡鸿何以捏词在法国领事署控告，蒙请补契，词叙含糊，其中必有纠葛。案经商会邀集两造理处，仰该商会调查确情，秉公妥为处结，无任滋讼，切切。抄粘附。

叶乾太（一作叶乾泰）与朱乾太（一作朱乾泰）因牌名轇轕一案，叠经商会传齐两造，各执一词，理事员周诵芬君因叶乾太从前有□货底及房屋检盘估算，付朱承领之说，及将原牌租叶开贸。每年租金向例三百六十串外，红利一百八十串，今利加一百八十串，合共每年应得租金七百二十串。两造调和人亦从中怂恿，迨后为时已晚，约二日后议妥再复云。

（《汉口中西报》）

32.汉口商会电留鄂督

（1908年3月28日）

汉口商会致军机处电云：北京军机处王大臣钧鉴，鄂省内政外交经前阁督张措置以来，规模大备。去秋赵制军接任，尤事事认真，而于商界诸务更竭力整顿，乃部署未久，忽奉调蜀之命，商情爱戴，咸愿攀留。可否乞代奏两宫，俾帅节姑缓移蜀，得竟未就之绪，庶后来者易于着手，商务赖以维持，伏乞钧裁。

汉口商务总会各帮商业董事卢洪昶、刘人祥、蔡辛城、韦尚文等百四十人公叩

（《申报》）

33.商会判案

（1908 年 3 月 29 日）

黄桂泉与郑锡鸿纠葛一案，前经广帮乡董在商会旁厅邀集两造调处再四，卒因情词各执，均不听从，昨由刘少舫君、夏杨生君、刘幼麟君将内中困难情形，奉复商会理事员周诵芬君及坐办高济川君，大约数三日后，当必传齐两造，再集厅会，凭公裁判矣。

（《汉口中西报》）

4 月

1.武穴吴士源等联名禀请汉镇商务总会设立分会呈

（1908 年 4 月 2 日）

（前略）窃武穴镇市滨临长江，系黄州府广济县所属，出产尚称丰厚。兹因贵商务总会章程美善，模范恢宏，前于本月初六欣逢开会之期，职商吴士源与王君芝舫恭诣台阶，面聆训诲，颇□心胸。兹职等自愿入会并将各行号、牌记开明及经理人姓名具报入册，每年认缴贵总会经费银二百四十两，所有武穴分会办法遵照贵总会章程办理，暂举会董、会员各一人，遇有商务事宜，即禀请贵总会核办，嗣后如有续请入会者，应随时具报，以昭划一，而专责成。理合恭呈贵总会批示立案，并乞移知地方官照章保护，实为公便。谨禀。光绪三十四年二月二十六日吴士源联名上禀。

武穴商号牌名列下：

计开

会董吴士源	知州职衔
会员王腾骧	五品衔分发湖北试用知县
胡勋臣	
议董胡锦炎	
汪青如	
春祥典	经理人张元标
允泰典	戴家骤
裕生典	释体仁
恒太钱庄	吴士源
裕昌钱庄	曹登云
太昌钱庄	冯兆旗
义成钱庄	黄贤彬
裕厚祥钱庄	胡世俊

裕大钱庄	金亿德
慎大钱庄	金兆松
椿茂杂货号	汪国钧
安和杂货号	叶纪功
慎余杂货号	胡御卿
宏太杂货号	任善臣
允太衣庄	张锡璠
葆康布号	胡师泉
同源糟坊	叶春华
李荣昌杂货号	戴骤良
慎益衣庄	王世德

（《汉口中西报》）

2.商会纪事（劝业道照会商务总会文照录，武穴代表郑司马来汉，又一函云等）

（1908 年 4 月 4 日）

劝业道照会商务总会文照录　为照会事　准藩司李咨准商务总局咨，奉督宪赵札准，南洋大臣、两江总督部堂端电准，外务部电开，美国飞利滨在满坚□举行运动赛会，并拟定特别护照印就，分布汉口等处美领事收存，望中国商民，如有愿赴者，即领照注册前往。等因，奉此。移司会衔通饬各属晓谕周知。等因，准此。查此案前奉督宪札同前因，当经移会通饬在案，兹准前因，合极移会，请烦查照，饬属晓谕周知。等因，准此。合就照会，为此照请贵商会烦为查照传谕，周知施行，须至照会者，上照会汉口商务总会。

武穴代表郑司马来汉　武穴郑东臣司马干练朴诚，素为该邑所钦服，□膺商会总理张于声君之聘来汉代表，以便与汉口总会联络一气，于初二日附大□轮船抵汉。

又一函云　吴君竹君少尹，徽州休宁人也，方正不阿，遇事毅决，自丁酉年在武穴开□麻行以及恒泰钱店，生意□手，遇有商家争□，经吴从中排解，无不立消，本镇欲举吴为商董，请商务局给凭，承乏吴君坚不肯□，刻有□□欲承乏，此席上汉运动，间以□言。

判令设法理结　湖南人廖春连前在郑大顺拆货店买卖，亏欠银两，当经郑报夏口厅收押。兹又赴商会禀请愿缴欠款，恳予保释，总协理诸君已邀郑面询，将廖交保，但判郑速设法理结，以免保人受累。

（《汉口中西报》）

3.商会纪事（商会又开特别大会，商务局委员暂行销差，签捐局收副票案）

（1908 年 4 月 5 日）

商会又开特别大会　堡垣一带附近之地，由刘君歆生等在商会提议筹款赎回，已与兴商公司接洽，准于今日（初五日）开特别大会，想热心公益者必乐成此举也。

商务局委员暂行销差　商务局裁撤,归并劝业道管理,其局中委员,经刘仲立观察禀请督宪批准留办。昨为商务公所仿学务公所办法后,因签捐局邹观察索屋甚急,又经督宪允准,以致商务公所无处办公,局中各员暂行销差,俟将来分科办事之部章奉到,再行辅委。

签捐局收副票案　签捐局从前本有迁至劝工院之说,刻下因商务局裁撤,该局基地系从签捐局购买项下拨余,故裁撤商务局,签捐局大可收回。原劝业道刘仲立观察与邹元辨观察同至商务局会晤孙询刍观察,将四址点交清楚矣。

(《汉口中西报》)

4.商会纪事(商会判案三则)

(1908 年 4 月 6 日)

童薇塘、王清祥欠款纠葛一案,叠经询理,议董丁君菊生从中劝导,竭力调停,始得议结,两造各将票据及牵涉姚奎泉借据当众涂销,王付还童银五百两,约期三日。

朱太兴与胡春山纠葛一案,胡未到,详询合伙开设酒楼始末,朱及中证杨品三、魏张朱人历陈底里,知朱姓退股拆伙属实,胡掯留合同不交,诡称亏折,令朱摊认。胡刁狡万分,本日不来,显系情虚避匿,候传到再理。

方本钰所控余用锡欠款一案,前次余推诿管事殷□臣,嘱令函咨殷来汉对质,余久发信,自定限期三月初二日交殷备质。本日设来到汉,余一味狡展,其意以殷到案无可躲闪,故始终不令殷露面,方等催其缴款,余尤变产,商会令余亲笔写信备文,又移请大冶县照办,余仍发厅看管。　(司专)

(《汉口中西报》)

5.商会纪事(饬厅移会赔结)

(1908 年 4 月 7 日)

庞华发前因邹瑞棠假票一案,业经厅判令缴银九百两,兹因心不甘服,赴道禀称,确有来函可凭,并吴同谋情事。桑铁姗观察以人证具在,虚实不难立判,已准饬厅移商会调查判结。

(《汉口中西报》)

6.商会纪事(商会特别大会纪事)

(1908 年 4 月 7 日)

初五日商会开特别大会,到者约八十余人,为议筹款赎回城垣马路一事。首由蔡君辅卿演说马路原由,次由刘君歆生演说赎回办法,终由商会总理卢君鸿沧演说办法一切规模。刘君并愿担承雇工填筑,惟须各商帮筹银九十万,归入官款,然后填筑两旁,架造宇屋,中余马路一条,估工约需银五百万之谱,亦需商家合力筹办,以图永远利益。总理云:非设公司出售股票不为功。众皆举手称善,并各签字为据,约五点钟时始各散去。

(《汉口中西报》)

7.商会纪事(牛皮帮议筹商会经费)

(1908 年 4 月 8 日)

汉口全镇商会议分四等缴纳常年经费,早经宣布。昨(初五日)牛皮帮议董等在公所邀集大小行号,乐输银两,闻众商甚为欢迎,自愿列入头等银数者颇不乏人,可见该帮大有文明进步云。

(《汉口中西报》)

8.商会判事

(1908 年 4 月 8 日)

辅仁长赵光敏控立兴利一案,此次周缄善已到,详询一切,与货主李砚山等面质,所有药材抵偿,断不能归立兴利一家独得,李将货单交周,周未得李全数抵还立兴利之字据,李仍然为货主,局不过代为销售,售价若干应交货主摊还债主。今立兴利售货后,款不交李,营口清单亦不交出,前次由会索阅,乃始呈验。以五千余金之货,仅售半价二千八百余两,又开保险等费七百金之多,在局之私见,以为归其欠款,尚属不敷,不特货主亏折,一无余望,即同为债主之辅仁长分文无着,无怪赵等之空,其卖多报少,背义鲸吞也。兹查货价除赴营口用费外,余银二千二百两,立兴利派人远行经售,应酌提三百金以酬其劳,另代垫复泰庄款七百两,亦应如数拨还,其余银一千二百两交出,债主摊分,立兴利、辅仁长各应若干款账派结,至货价以多报少,费用以少报多,应无庸议,俟款交出后再行理结。

(《汉口中西报》)

9.商会纪事(代表冤抑)

(1908 年 4 月 8 日)

萧怡丰等近在商会投递节略,称同丰成司事刘润斋被王鼎斋在夏口厅指鹿为马诬控,代表冤抑等情,总协理诸君已准将来略移请诸夏口厅查核。

(《汉口中西报》)

10.商会纪事(商会判案一则)

(1908 年 4 月 9 日)

德蔚祥郑恒足控朱晋卿(一作朱进卿)一案,银钱账簿之第一页有郑君亲笔者,已被朱扯去,且有折换痕迹,所登写逐日出入款项又恰于电汇款到日之日停止不写,种种行迹可疑,显有弊窦,即使与香圃并非串通,必有因李卷逃、乘机吞款项之事。方且利李之远扬,无可抵对,推诿脱卸,伪造账目,弊账经□查出,已经十余条,吞匿之事多寡,虽未查明,而染指之情弊属实,再三开导,令其说明藏匿之数,交出或有短少,亦不深究,朱坚不肯承认,宽限三日,令其反复自思,从实说明,以免比责,一面调查汇款之来踪去迹,以凭核办。

(《汉口中西报》)

11.商会纪事(商会判案二则)

(1908 年 4 月 10 日)

郑恒足控朱晋卿一案,已志本报。兹商会六十两之票银,业已详细调查,知在天成银楼兑换条金十五,于条兑者自称李姓,系省城崔公馆所托,因念如系李香圃所为,既诡称崔姓托兑,何以又所处真姓,恐非李所为之事,或李无疑露出真姓,又托词崔姓委办亦未可知。票银之去路虽已查明,尚不能定吞没者为朱为李,须再详查。然据天成云,当时尚兑有金戒指一枚。郑云:正月曾见朱手有此物。戒指既已适合,则兑金条必定为朱,质诸朱则云,戒指系借向某妓,非其所兑,刻已还妓,妓又□徙,语颇支离。此案据难判断,劝郑先将朱弊账措实查明,令朱小香赔偿伪账数百两之款,至陆千金之虚凭无补,尚须另查,如能追出李香圃,自易明白此项巨款,一时断难还原□项,□翌日核算。

屈朱泉(一作屈竹泉)控刘柳泉一案,刘允七日交出韩道□追缴欠项,限满韩未交到,刘赴黄陂未回,俟来汉办理。

(《汉口中西报》)

12.商会纪事(指控不赔保款,争牌案犹未结)

(1908 年 4 月 10 日)

指控不赔保款　议董汪显述近因大昌木器铺房屋曾向良济保险公司以银六千两允为照保,嗣因被火不赔,昨赴商会递控,恳请追赔等情,总协理刻已备文移请江汉关照会法领事,转饬该公司如数赔还,以符定章。　(古甲)

争牌案犹未结　叶乾泰前与朱老乾泰为争招牌一案,控经商会尚未断结,昨叶复到会递控朱,纠众夺牌等情,总协理以控经夏口厅讯断,已饬伊遵照办理。

(《汉口中西报》)

13.商会纪事(公请变通携带铜圆章程,移请差催速结,准邀查询核理)

(1908 年 4 月 11 日)

公请变通携带铜圆章程　部章,凡携带数逾二十串者,即须扣留充公。第小贸帮伙之人,每以铜圆借免拆耗,故多随身携带,并非大批贩运,情有可原。议董蔡辅卿等为体恤贫民起见,特公请商会咨照税务司变通,总协理已准移请江汉关道照会税务司酌办见复。

移请差催速结　喻锦堂前因东湖县各户所欠银两,久不归还,特赴商会呈请分饬追还,总协理已准移请东湖县差催速结。

准邀查询核理　裴廷铭在商会呈控张钜卿(一作张矩卿)不允扣用反行收押一案,总协理以车栈揽载客货,扣用必有定章,贵商亏空之款实有若干,能够准将回用抵销,候邀查询核理。　(的丙)

(《汉口中西报》)

14.商会纪事(商会判案)

(1908年4月12日)

福盛祥马福卿与天顺祥纠葛一案,前经询理,已备文移知夏口厅调取案卷,账簿尚未送来。此事宛相卿(一作宛相钦)将天顺祥货物售出未归货价属实,虽由马保宛之说,未可为凭,然马与宛为表亲,则天顺祥扣留马之土药,备抵宛之欠款,亦属人情,本日劝马助宛以五百金归天顺祥,收回八百金期票,并将土药取回。宛之五百金俟宛将货价收到归还,五百金亦不至无着,马不遵断,候案卷调来再理。

邹瑞堂七日限期又届,日昨传讯,据云,其亲戚筹款未到,再求展限,限于十二日再理。

朱太兴控胡春山一案,本日胡到会,详询之下,语多刁狡,诡谓,店事由朱经理,亏本实有三千余串,债务由其经手,一派虚言,自相矛盾。胡系小股东,一百串文,股本且不足,尚借朱七十串文,岂能经借三千余串之债款,如果属实,当其亏折之初,未及亏本至三千余串之时,何不歇业,何不退股,并系虚谎。又有李瑞堂亦系股东,声称亏耗太巨,不能承认,债务由胡经手,其余股东概不与闻,定为谎报。即使亏折,其咎在胡,乃李不咎胡而咎朱,实有狼狈为奸之势,尚有股东熊姓、吴姓未到,候传到,查询一切再理。

怡生钱庄控戴华卿匿贼吞赃一案,戴称:李大发由朱□章存至怡生,虽属担保,然与李素不熟识,另有陈炳南为保,李行窃实不知情。李逃后追寻至乡间,人未缉获,赃则寄顿其岳家,然仅起出三百千文交还怡生,彼处不收,定欲如数全交,其余赃款及李本人骤难追查交出,并非匿贼吞赃,乞为伸理,劝令将三百千之款交出本会,转交怡生,再同陈至乡将李寻获,送厅究办,以尽担保之责。

(《汉口中西报》)

15.商会纪事(商会拟借商业学堂办公,会议茶务定期,缴银请送领契等)

(1908年4月13日)

商会拟借商业学堂办公

商务总会原设在商务局公厅内,闻拟暂迁入商业学堂,一俟公所落成,再行迁移云。

会议茶务定期

督宪前据有人条陈整顿茶务,业经批饬商会,邀同茶业公所会议改良,力图进步,兹据茶业公所呈称,应候五月间大帮齐集,再行会议。总协理诸君刻已函请劝业道酌办。

缴银请送领契

李田前有契一纸在厅,因纠葛未领,昨赴商会缴银四百两,请移厅领契,总协理已准移送夏口厅查收给领。

商会判案三则

裴廷铭控张矩卿一案,张称病未到,其伙友朱绍襄来。据云,裴实欠伊栈主六七百金之谱,与裴开来节略,仅欠百余金之说,大相悬殊,详询一切,盖因拨付之款张未收到,所扣回用四百两,张未允照给抵销也。揽载之扣回用应有定章,张应照算。拨付之款未收到,裴既实已付出,不虑再向裴索取。裴称仅欠百余金,亦属一面之辞,劝裴还张二百金了事,即可开释。朱允向张处解,如交到二百金即可完案。

暂还押同恒太提单一案,本日又问朱绍襄,朱云:日前由马辅卿来恳商货,系其亲戚吕凤九之货,已提去羊皮四捆当卖,已不能提货。今马辅卿以无提单,而反能提货,此后提单将失其信用,该栈未免不顾名誉,且使本会何以对。刘责备之下,朱亦自知不合。据云,羊皮虽由马提去,货价仍由该栈担任,如将来询明此货,应归刘懋臣所得货款,即由该栈缴去付刘,其余牛皮已令朱候本会凭单提取,勿再如前。

戴华卿保李大发在怡生行窃逃匿一案,戴已追到三百千文,本日交来,本会明日属怡生先来领去,一嗣仍令戴追寻李到案究办,约期十日,定二十日再理。

(《汉口中西报》)

16.商会纪事(饬令照票兑银,商会判案三则)

(1908年4月14日)

饬令照票兑银

两官正前出三千两银票,用入某某银行,词与李惠芳纠葛,延不照兑,昨赴商会递请止兑等情,总协理仍饬照票兑银,否则移请厅差传追缴云。

商会判案三则

萍乡煤矿驻汉批发处控华泰砖瓦公司一案,面询华泰管事朱岳辉,既有订单合同,何不按照定期出货交银,逾期已将一年,劝其速将所欠三千七百余金归还。朱称公司亏折,已停歇,存货一时难以售出,售后当先归若干。因开导以归款之期与所归之数不能如此含糊,须有定议,朱允分三期,第一期四月初十日还一千两,第二期五月初十日还一千两,第三期六月初十日将一千七百余金全数还清,已立据,令按期交还,不得延误。

戴华卿交来钱三百千文,已交怡生领去,怡生前送警察一局之杨锦文查明,并非窝盗,由会函请复释,以免拖累。

惠怡厚、怡和兴等控两湖轮船公司欠款一案,前准湖南商会移文,允将湘庆轮船变价,由唐鸿卿归还欠款。唐来会,据云,该船变卖怡和兴价估七八千金,不敷还债款,令速即别寻踪主雇卖出,早日还清结案。

(《汉口中西报》)

17.商会纪事(移请传追欠款)

(1908年4月15日)

移请传追欠款　张淑臣前在商会递控袁绣云父子欠银不还、改牌另贸一案,已志本报。昨又赴会递控,总协理已备文移请黄安县差传追缴。

(《汉口中西报》)

18.商会纪事(农工商部答商会文)
(1908 年 4 月 15 日)

农工商部为答饬事　按查商务报自改归官办以来,为时已阅三载,而销数未见畅行,查本部设立官报原为商民开通智识、洞晓中外各国商情起见,近复刊列通告六条,凡有精思卓论,无论巨细,皆可采辑,俾得交换智识,流通广远,为此答饬各商会,一体传知各商,广为购阅,该报销数日见推广,即商民之智识日益发达,本部有厚望焉,此答。上答汉口商务总会,准此。

(《汉口中西报》)

19.商会纪事[移取合同券(卷)宗]
(1908 年 4 月 16 日)

李瑞棠前与伍锦堂因伙贸纠葛,在厅涉讼,复在商会递控,总协理诸君已准备文移请夏口厅将合同卷宗送会,以凭邀集询理。

(《汉口中西报》)

20.商会纪事(商会判案三则)
(1908 年 4 月 16 日)

王祥源控魏燮卿、谭少芳一案,在汉阳县涉讼两年,案卷移送来会。所有起存森森机之洋货,王以魏等吞没其款,开店所办之货故拦阻截留,以便扣算。魏等则以此货系与姚国案合资所办,串出姚姓等,欲将其货收回,货恐毒烂,由汉阳县两次照会议董蔡辅卿变价,刻下已变卖款,存蔡君处,俟结案给领,魏燮卿久已在逃,前由商会令谭将魏交出。本日据谭云,魏数日内即将从黄陂来汉,杨锦斋则十四日可到,姑候魏等来会,再行详询理处。据王云,魏、谭吞没其款,各置田产,令谭下次到会呈验田产契据是否新造所买,以辨明其虚实,如不呈验,即系情虚。

刘和卿与张立堂及孙丈卿两案,张欠刘银二百九十两,由张拨付孙手一百五十两,本日孙到会已承认收到,犹责张不应拨付,当晓谕以既有款可算,账不至无着,又劝张将所余一百四十两交商会还刘,劝刘收集各款,不足则变产以起之,归清瑞记之款,以便开释,免致久羁。至刘与孙各执一词,俟查明再理。

李瑞堂、朱泰兴、胡春山一案,胡因亏折停歇后,昨又不谋于股东,擅自开张,经李控告,讯明,此次再开,由胡一人私见,既已亏折,谁任其咎。以此例推,可想见前之仅亏四成时,朱等欲退股,胡仍欲开张之后,外可以借以挪移,内则恣其侵蚀,其居心实同诈骗,本应送厅押究,姑俟调账核实再办。

(《汉口中西报》)

21.商会纪事(移请查照,移请查办)
(1908 年 4 月 17 日)

移请查照　方本钰前控余用锡倒骗银两,业经余用锡自愿变产还债,并据亲书一函,交由商会移送大冶县，发文承领卖契之叶开华作速代卖在案，兹复由方赴会递控，总协理已移请江汉关夏口厅查照。

移请查办　谢培深前在商会控船被津通轮船撞沉，递请索赔一案，经商会移请铁政局查办，但据复到谓，其夜不点灯，故不断赔。昨谢又赴会递控，并称其时船有灯亮，总协理以如果语无捏饰，自不能听津通大副狡不理会，已准再为移请铁政局查办。

（《汉口中西报》）

22.商会纪事（商会判案三则）

（1908 年 4 月 17 日）

钱德阶控宛相卿一案，自认经手放出货账及长支银百余两，共计六百五十余两，较诸钱所开账一千一百余两大不相符。宛之情形断难全归，劝钱减让，令宛先归五十两，其余六百两之谱减半归还，三百两分作三期。经手放出货账，悉由宛收取，如能多收，作为宛之川资，店主概不与闻，宛立期票，按期归清，完案。

喻锦堂扭控萧美卿一案，喻云，萧属空及故出货账共计一千余金。萧云，并无其事，只长支钱一百余串。彼此各执一词，喻欲将萧送厅追究，商会劝喻不必经官，反复开导，并言劝慎和。闭歇欠人者，减折归偿，人欠者亦应减让，令萧归还钱二百千了事，萧欲喻具结，以杜后患，喻收款后即具结案。

宛相卿、马辅卿与天顺祥纠葛一案，前劝马助宛天顺祥五百金将土药收回，马未首肯，本日帮董萧朗山、潘鼎臣劝马助宛，将宛放出及欠天顺祥之款，担任五百金在土药价内扣抵，余令天顺祥付还马三百金了事。商会候传到天顺祥、李炳章再理。　（司专）

（《汉口中西报》）

23.商会纪事（汉沙十八商号公禀督宪）

（1908 年 4 月 18 日）

汉口、沙市两帮商号皆与重庆商号互共往来，重庆巨商戴义生，每年商场账面总做四五百，日前忽然倒闭，除各省商埠不计外，计汉、沙两帮被害者一十八家，资本数十万，全然无着。日昨两帮商号同太福、裕恒益、阜昌隆、鼎昌、怡大昌、谦和玉、大盛恒、宝源、庆和东、晋大昌、同豫恒、德天成、锦日新、厚德新、明同发、同顺成等号，公同具名，以逞强霸欺背案，议咨公禀督宪，请代提追，哨接禀首有蒙咨二字，岂戴义生已在川督前蒙混禀陈一切耶？

（《汉口中西报》）

24.商会纪事（指控串匿图骗，希再详细递复，批饬会同查办等）

（1908 年 4 月 18 日）

指控串匿图骗

李芳洲前因裕顺昌店东刘尔常亏欠潜逃后，在快礼轮船撞获，转托该轮朱伸龄担保认还，昨李又赴商会，指控其伙范文运串匿图骗，总协理以既有妥保其款，当不至无着，已饬向保催追。

希再详细递复

潘梅溪前为和昌洋行买办，在商会递称，一切用人行事归周政卿作主，现在欠款未清，周政卿彼此议定是否立有合同，亦系愚有中证，希再详复核办。

批饬会同查办

朱乾泰与叶乾泰因抢牌互控一案，业经商会斟酌定断，因朱乾泰不遵，以致未结。业将询判情形呈复督宪核示，昨叶又以朱夺牌掠丝等情，控奉督宪批饬商会同夏口厅查办，总协理允俟查明再行核复。

商会判案三则

荣安昌控陈鸿昌一案，前经商会断令陈照账算明，还银一半了事，陈当时凑缴票钱二百五十千文存会，准其保释出外，筹款归清，事经二十余日，陈犹未将尾数送来，邀到保户天成栈主询问，云：陈赴黄州未来。嘱其催陈速来补缴余款结案。至前缴之款，荣安昌尚未领去，后俟陈继齐一并领回，款仍存会。

屈竹泉控刘柳泉、韩正兴一案，刘等未到商会，闻系托人调处，姑候二日再理。

梅万利控沈春发一案，系泥工向石灰行定货，逾期不出，货价下欠甚多，沈未来会，理事员周君勋梅托原中冯、傅两君从中调处，以免涉讼。　（司专）

（《汉口中西报》）

25.商会纪事（札饬收管商业学堂，商会纪事三则）

（1908 年 4 月 20 日）

札饬收管商业学堂

义门外商业学堂原系出口米捐所建造，嗣因倒塌，近已赔修工竣，由督宪札饬归商会经管，以便筹款兴学。

商会纪事三则

督宪赵次帅前以汉口钱业凡新开之牌，每应捐银一千两，充入官款经费，业已札饬商会议妥禀复。昨经总理卢观察及劝业道刘观察具禀督宪，略谓，钱业现在利微，应行变通办理。凡新开者，由该帮首士调查资本足否，方准贸易。至牌捐，以三十年后比缴银六百两，半入官款，半充商会常年经费，是否有当，伏乞查核云云。

汪显述原有房屋一栋，前在英商良济公司保险银四千两，嗣加保银二千，共计六千两。不料于今正二十九日备毁，该公司谓该房屋仅值四千，迁延未赔。昨由汪禀经关道桑铁珊观察移文商会，调查情形，秉公理处。

叶乾泰与朱乾泰互控一案屡纪本报，兹闻该两造之接邻及同业等商在商会愿请指示，从中调处，以息争端而维商务，谅一经公调处。必能和平了结也。

（《汉口中西报》）

26.商会纪事(汉口商务总会移请江汉关道示禁买空卖空)

(1908 年 4 月 20 日)

为移请事　据钱帮公所首士叶世濂君函称,本镇钱业,买空卖空为害甚巨。去年曾经官钱局移请关厅各宪示谕严禁,此风稍静。惟人心愚昧,希冀倘来财利,转瞬失败,覆产败名,不可救药。此等情弊,其实尽人皆知,一念侥昧,幸于远虑,非不后悔。论心似亦可怜,论事实为可怕。现在倡者已有多家相继附和,将更不可收拾。由敝公司分晰利害,剀切劝止,已舌敝唇焦,听者习为常谈,趋者仍如故辙,水懦民溺,火烈民畏,敝公所之力,整饬实难。惟事关全局,万难姑息,倘有震动,市面不免贤愚同累。适接孙君□襄其来函,亦述此事,除函达官钱局外,为此屡呈,尚祈维持。等因,准此。查买空卖空,本干例禁。汉镇市面繁盛,良莠不齐,即循例经营,已虑时有倒塌,若任违例,再以买卖铜钱为名,专做空盘,则形同赌博,将见倒骗之风接踵而起,实于市面人心均大有关系,自应严行禁止,以整商规而维市面。除移请夏口厅示禁外,拟合备文移请贵道查照,希即严切示禁,毋任阳奉阴违,是荷,须至移者。

(《汉口中西报》)

27.商会纪事(饬令送据查核,希送字据验办,商会纪事三则)

(1908 年 4 月 21 日)

饬令送据查核

韩庆元近在商会递控公安钱店受永顺典东聂光裕串通,称伊亦系典东,致令代为还银受累等情,总协理以既非典东,必有据可查,已饬送据查核。　(古乙)

希送字据验办

刘吉昌近在商会控蔡懋亭□塌骗银,立有字据,延不交还等情,总协理诸君以既有字据,希送会查验酌办。

商会纪事三则

新码头大德通票号前月二十七日有形似官界中人者,自称江苏候补道员,由天津来汉购买军装,在该号汇兑银二千两,问汇电到否,如到,即致信迎宾江馆寓所。次日,电果到。该庄经手,以银数相符,且有天津本号密码可据,遂如数兑讫,当即电询天津,复电无讹。刻今因总计盈输电汇天津,不料复电称无此事,该号经手武姓骇极,当于昨日具略商会及宪,禀请饬捕严拿究办。

云梦县邹瑞堂私造集义昌假章假信,在本镇鲍家巷益大中庄掣兑银二千两,业已扭厅收押追缴在案。前经商会再四开导,赶紧缴银了案,并限期数次,讵邹百般狡赖,日昨提会又复支吾,且恳商会代保出押,以便张罗了结,当由会众大斥其非,令仍还押,候移文夏口厅从严比追,以儆刁风而维商务。

聚泰炉坊前因刘德昌栈主荐保,与大冶县某钱店余姓往来,积欠该炉坊银四百余两,业已扭厅收押。讵该店主禀经关道桑铁珊观察批,仰厅宪三日内解回原籍了结,聚泰及刘德昌以往返不堪其累,昨已在商会投递节略,恳在汉提会结案,以免受其拖延。　(司)

(《汉口中西报》)

28.商会纪事(请判撞沉民船前案)

(1908 年 4 月 22 日)

义成祥货船被某轮船撞沉不认,虽在道署呈控,未能挽回,刻由店主将节略投递商会。闻总协理不日邀齐裁判,以便了结。

(《汉口中西报》)

29.商会纪事(商会判案四则)

(1908 年 4 月 22 日)

屈竹泉与刘柳泉、韩正兴因银钱纠葛一案,昨经商会邀集两造评判,劝令韩将其田产估价八百千文正,从中提钱一百四十千文给付王正举,其屈与刘各派三百三十千文,三面皆已遵允,当即凭公结案。

同恒太昨日交到商会福盛恒付潘福茂提取货物,变价发卖,其款当会聚暂存,俟邀集两造再行裁判。

天顺祥与马福卿及宛相钦互相纠葛一案,经商会评理三次,昨乃第四次裁判,会众劝令马将土药抵去宛银五百两,其余则须由天顺祥担任了事,讵皆不遵,俟容日再理。

松村洋行前向汉丰公司购买麸皮,嗣因退货纠葛一案,商会裁判向汉丰公司再四相劝,讵该公司坚执不允,商会无可如何,乃令该公司具投节略来会,以便移厅办理。　(司)

(《汉口中西报》)

30.商会纪事(禀请免解,仍希静候核办)

(1908 年 4 月 23 日)

禀请免解　大冶县余用锡前亏欠方本钰银两,延不归还,控经商会,余愿变产赔还,昨方赴商会递请免解大冶,总协理已准移请江汉关夏口厅,暂将余免解矣。

仍希静候核办　椿兴裕前因方利生倒票,被岳州厘卡委员收用,以致为难,已据情禀恳夏口厅移请岳州府转详。兹复赴商会递略,总协理诸君仍希静候厅宪查核办理。　(真乙)

(《汉口中西报》)

31.商会纪事(商会判案四则)

(1908 年 4 月 23 日)

王祥源控谭少芳等欠款一案,前经商会传到,限谭交出魏夔卿,以便当面对质了案。讵昨又传会,据云,魏因事耽延,约本月二十四日可到,商会判令,俟魏到再理,如魏不到,必将货价之银给王领去。

张毓堂控伍善夫等一案,昨到会评理。伍云,此事尚有李坤臣在内,非李坤臣到场不能了结,会众判令,俟李到再理。

邹瑞堂私造假票掣兑一案,提会四次,狡不承认,其第五次经会众百般开导,始言有亲戚聂、刘二人可以来汉代保了结,当已还押骗卡在案。聂、刘二人有钱五百千文,余乞宽限再缴,会众令先将五百千文暂为缴会,其余宽限再缴。

刘定邦与同泰源等互控一案,商会裁判,刘已担任同泰源等三家棉花保险,无论是否纵火,理应照数赔偿,会众已断令刘破产摊还,并着速将卖屋之银交会,以便给领结案。

(《汉口中西报》)

32.商会纪事(移请查核照会)

(1908年4月24日)

松村洋行前与汉丰公司购买面皮,嗣因退货纠葛,以致在商会涉讼,昨该公司赴商会投递节略,总协理已准据情移请江汉关道查核照会。 (古乙)

(《汉口中西报》)

33.商会纪事(商会判案四则)

(1908年4月24日)

叶乾泰与朱老乾泰因牌名互控一案,前经商会传齐两造,劝朱还牌赔礼,劝叶改泰为太,朱允而叶未允在案,昨又经商会传叶到会百般开导,颇有允可之意,然必须严究抢牌之事,理事员周仲芬君以须和平了结,俟次日传朱到会再行理处。

大德通票号前日被骗去银二万四千两一案,已禀经各宪捕缉在案,兹又具略商会,谓该号天津本号,密码末尾系一由字,不知该匪何以得知,殊为可骇。除禀督部堂巡警道外,合恳商会策议方略,购线侦缉,所有应酬赏金自当封备云。(按:昨报警局提获冒充道员擢匪,未知是否此案真犯)职商裕丰元(一作裕丰源)昨具略商会,控廖春连掣骗银共一千七百余两,逃去无踪,钱运来汉,业已扭获送厅押追在案,嗣由广艺兴等保释调还,刻今案悬无着,特请传案严追云。 (司专)

(《汉口中西报》)

34.商会纪事(沉没铜圆备案)

(1908年4月25日)

中和栈内同兴福字号前由汉雇吴姓平江船装载铜圆五万枚,计钱五千串,正拟开行之际,忽被襄水冲翻,所载铜圆悉数概由水大夫押运龙宫去矣。该号□因防水摸暗捞,昨赴商会投递节略,请移厅备案云。 (巨乙)

(《汉口中西报》)

35. 商会纪事（饬令理清欠款，指控昧吞逃匿，商会判案三则）

（1908年4月25日）

饬令理清欠款

陈品斋、杨玉田前亏欠唐树德银两，延不归还，控厅将陈等传案收押。昨陈在商会递禀，称案已了结，未蒙宪开释，恳请移释等情。总协理以核来略中有□，故已饬令赶紧理清，不必来会蒙请。

指控昧吞逃匿

詹风廷（一作詹风亭）前该欠梁厚卿银两，避匿不面，昨梁以昧吞逃匿等情，在商会递控，总协理已准邀集询理，并邀詹之父詹钧到会，复讯理结。

商会判案三则

梁厚卿控詹风廷一案，梁雇詹在江西景德镇购办磁器，由刘懋北担保呈验保单，知詹先由吴姓作保，上年已亏空四百金，然单内载明，前次四百金，由刘担任，刻下先后共亏五百余金。梁向刘索赔，刘云，詹已来汉，事非詹亲自到会面询不可。候传到詹再理。

邹瑞堂一案又传到商会，令先缴出五百千文，余再补交，据邹其亲戚聂、刘二人于是日已赴云梦，其款不知存于何处，候该二人来汉，再行传会裁判。

朱乾泰抢牌一案，劝朱姓等送还招牌，赔礼了事。朱云夺回系自家之牌，其意不肯送还，且云，叶姓即改泰为太亦不甘休，仍难结案。

（《汉口中西报》）

36. 商会纪事（商会判案）

（1908年4月26日）

郑恒足控朱进卿吞没巨款一案，郑以朱账簿既诸多可疑，又适见其手有戒指，定以六千金，谓为朱之吞没，然亦究无确据。朱小香允赔钱一百千文，是只百分之一耳。郑不允，因劝朱出钱一千串，不作赔款，作为保出朱进卿之款，保出后同郑寻觅李香圃，如将李寻获，查明六千金，系李卷逃，与朱无涉，保款收回，此款约计十分之一耳。朱以力不足为辞，劝郑减至五百金，郑不允如前，令朱筹备五百金交来，再劝郑妥为理处。

廖春连欠款，日昨商会乃第三次裁判，业已传齐两造及一干人证，据保户到会云，已托人调处减折归偿，可望了结。一日商武林洋行前因祈勉斋在该行定办面粉抛盘，当付定洋四百元，系本镇福康衣庄主人李德风作保，讵祈到期无货，仅退洋一百七十元，避匿不面，嗣武林经手保达五在李德风庄盘去货柜数件，以为担保之责。刻李控督宪札仰关道，移行商会查照办理禀复。（司专）

（《汉口中西报》）

37. 商会纪事(饬令投案候讯)

(1908 年 4 月 27 日)

禹心顺亏欠白金瀛银两,延不归还,夏口厅亲提复讯,昨白又赴商会递控,总协理以公过在□能为之公断,已饬令赴厅投案候讯。

(《汉口中西报》)

38. 商会纪事(照会挽回保险利权)

(1908 年 4 月 27 日)

劝业道照会商务总会,略谓,有人条陈,以现有利权暗失,亟宜收回者,莫如保险,凡遇水火,岂能保其必无,而肯照数赔偿,其为夺利可知,且以数十金之利可免无穷之害,无怪乎信之者趋之若鹜也。查保险一事利益甚厚,汉上商务日渐发达,若不赶设中国保险公司,诚恐利权外溢,况现在外国保险单多系洋字,商民不识,往往致生轇轕,一经设立中国保险公司,并可借免争端。等因。用特据情照请贵商会集议,设法早为开办,以保利权,须至照会者。按:此举极有益本埠各商,盍早图之?

(《汉口中西报》)

39. 商会纪事(准予邀同查理,候再询明核办,饬令查照办理等)

(1908 年 4 月 27 日)

准予邀同查理

湖南人廖春连前因与郑大顺账□纠葛,业经会商邀询理处有案。兹裕丰元赴会,以被骗等情具控,总协理已准邀同查理。

候再询明核办

潘梅溪前为和昌洋行买办,在商会□□,一切用人行事均归周政卿作主等情,当希详细递复□□□呈。总协理以是否毫无捏饰,候向从中理说之蔡永基□□□酌核照会。

饬令查照办理

夏荣福前在王永盈糕饼店帮贸,嗣后亏折,王谓夏扯用,以致在商会涉讼。昨夏赴会递控□□□日用耗消等情,总协理以既系耗用,则有账可算,已令赴会□明,希即查照办理。

商务判案四则

孙文卿、刘和卿互控一案,两造仍各□辞,会众竭力开导,均无退步,询刘至少须索孙若干,询孙能还刘若干,皆不肯举其数,相持良久,仍难断结,令刘将□堂缴来之银一百四十两领去,刘云拟还瑞记款仍存会,刘还押去,后孙始言欲归刘百金了事,俟下次传刘再理。

赵光敏控周缄三一案,赵赴河南未来,令周照前次所议,售□材银二千一百两,除提去酬劳三百两,并扣还复泰七百□,将一千一百两交出与赵,两债主摊分,周坚不允从,拟移夏口厅办理押交。

裴廷铭控元顺一案,前已断,裴除付还抵□□令筹还二百金了事,此次裴又申诉,元顺复控祥和，祥和□□追裴还款，未免节外生枝，劝元顺不必苛求，但索回二百□□可放手，令裴速即筹款归还，以便结案。

裴福盛恒牛皮□□□潘□君鼎臣提取，元顺措货不发，本日□□已斥其见□□□□□，且未免藐视商会，元顺已引咎，乞少缓数日照单提□□。

（《汉口中西报》）

40.商会纪事

（1908年4月28日）

汉口商业学堂前本归关道管理，嗣经桑铁珊观察具禀督宪，不能兼顾，赵次帅遂札归商会管理。昨二十六日，卢鸿沧观察邀集各议董提议此事。据蔡君辅卿云，前由劝工援助□积谷商业学堂款项内，借与瑞记礼和款六万。今查该行六二五扣回一万四千九百余两，商业学堂既归商会管理，此款理应照股公派，方为正理，各议董咸皆签字认可。计开冀启文、朱保三、朱毓堂、蔡永基、唐朗山、周善臣、李星垣、汪益征、孙襄其、史晋生、刘歆生、吴干廷、叶东川。商会已奉督宪批准，拨官地三百方，昨已札饬夏口厅从速过割，以便另建商会房屋，日昨会众提议赶紧筹款兴工事宜。

（《汉口中西报》）

41.商会纪事（原卷移厅核办）

（1908年4月28日）

洪燮臣前与江大全为争地基控，经夏口厅移该卷宗于商会，昨洪又赴会递控，并称江架捏官路等情，总协理已准即将原卷移厅核办。

（《汉口中西报》）

42.商会纪事（复邀开导了案，商会判案）

（1908年4月28日）

复邀开导了案　吴小浦前该欠同发厚银两，久延不偿，控经商会劝令吴还千金，讵吴坚执不允。昨同发厚复在商会递控，总协理以吴狡不遵行，已准复邀集两造，开导了案。

商会判案　兆丰衣庄与牛皮帮孙姓因购衣使用假票大起冲突一案，昨商会总理特邀牛皮帮首士张璧翁到会从中理处。兆丰主人黄海卿云，被毁什物约值八千数百文，除理应照赔外，须踵门服礼。总理苦言劝慰，又经叶东川君、汪志庵君力调，旋由汪君代垫钱文，以作修整之资。黄本抱屈，因众相劝，恐碍情面，只得勉强听从了结。　（司专）

（《汉口中西报》）

43.商会纪事（商会判案三则）

（1908年4月29日）

永昌泰（一作永昌太）控刘恒泰（一作刘恒太）一案，刘欠永昌泰银一千九百三十五两，已将殷姓地契作抵一千两,约期本年二月半赎还,三月半再还银九百三十五两,到期分文未付。刘云,货物滞销,且又为某洋商扣还千金,是以未克如数归款。刻愿订期四月半还五百两,五月半还六百两赎回地契,余俟八月半一期及腊月半一期归清。永昌泰恐其愆期延宕,令刘亲笔出具限单,如逾限不交,准其再为移厅追究,两造允如所判,此案遂结。

福盛祥与天顺祥不付土价一案,两造货款纠葛甚多,令福盛祥担认宛相卿欠款,两抵了事,无如坚不允从,天顺祥则以除抵宛欠外,尚须索欠,仍难断结,容日呈验账簿再理。

王祥源控魏燮卿等一案,日前裁判魏又未到,容日传齐两造再理。 (司专)

(《汉口中西报》)

44.商会纪事(仍饬改牌完结)

(1908 年 4 月 30 日)

叶乾泰与朱乾泰为争牌一案,业经商会查询,各执一见,已呈明督宪,批令转饬该商,将牌号改易一字。如违,即移厅勒令停贸在案。兹叶复上控,仍饬遵照勿违云。 (仁乙)

(《汉口中西报》)

45.商会纪事(商会定期迁移)

(1908 年 4 月 30 日)

商会因商务旧局不敷办公,刻由总理卢君鸿沧决定于四月十五日迁至商业学堂,现正预备一切。

(《汉口中西报》)

46.商会纪事(商会纪事两则)

(1908 年 4 月 30 日)

堡垣马路由商家赎回填筑之说,商会前已提议,非筹款九十万归入官款不能达其目的。闻日前已将九十万两筹齐,联名具禀督宪,听候批示办理。

大德通票号被匪用该号天津本号由字密码骗去银二万四千两,业由该号经手武姓禀请各宪缉捕在案。兹闻天津昨电该号云,于天津将匪拿获,该匪本姓潘,顷改姓为庞,其细情容后函达。业由大德将情告知商会矣。 (司专)

(《汉口中西报》)

5 月

1.商会纪事(控追欠款数又不符,商会判案三则)

(1908 年 5 月 1 日)

控追欠款数又不符

韩庆元前在商会控聂光裕欠官项二千八百一十串,凭周雨田央求代付来汉筹还等语。兹复递略粘抄,聂凭周向借钱二千一十串。总协理以数目不符,究竟如何实情,已饬候周到汉再行酌核办理。

商会判案三则

王祥源控魏燮卿、谭少芳一案,本日始到会呈验账簿,独无财源洞之账,显有情弊。诘问何以无账,支吾其词,且诿为杨锦斋管事,杨云并未管事,其言已不相合。魏、谭颇肆咆哮,且欲将原告扭打,原告泣求保护,已将魏送汉阳县收押,再为移请究办,谭亦押还。

福盛祥与天顺祥互控一案,账已呈验,其中三百金之款因宛相钦经手,福盛祥云已付账,而天顺祥云收别家之账,其款虽有,其言则歧,候传宛再理。

张毓英控李昆臣、伍善夫一案,叶东川议董劝李出五百金收回千金字据,以免纠缠,其中扣回张前欠万太公及椿兴豫之账,余付还张,李坚不允。既而减去百金,而李等仍不允,允另与叶东川君在外理处。　(司专)

(《汉口中西报》)

2.商会纪事(移请询究革生)

(1908 年 5 月 2 日)

革生谭少芳与王祥源为账项涉讼,由商会邀同查询,讵谭竟纠率多人在商会公所门前抓王凶殴,嗣知会警局拨巡士护送,王始未被殴。总协理以该革生太不自爱,已据情移请汉阳县讯究。

(《汉口中西报》)

3.商会纪事(棉花被烧案赔,商会判案三则)

(1908 年 5 月 2 日)

棉花被烧案赔

复兴合等前将棉花堆积于刘定邦家,嗣因被刘烧完,已由同泰源等控。总协理已饬,候刘将款缴会,再行邀集查理。

商会判案三则

梁厚卿控詹凤亭一案,本日詹父子到会。据云,所控扯空五百余金,实无此数,因须扣除丙午、丁未两年薪水银二百四十三两有零,此言明九五扣者也,其余系被景德镇窑户拖欠银二百四十三两有零。如本年梁派人赴景德镇可指交欠户索还,梁则谓九五扣须向窑户收取,并无从此作薪水之说,窑户欠款亦属无凭,此款着落,保人刘懋北向詹索取,当为开导两造,劝詹还银二百二十七两有零,盖窑户欠款理应经手人归清,间接者不能直接收账。此款既已认明,当即归还其余九五扣薪水,亦尚在情理之中,固不能枵腹从事也。劝梁允扣,梁已勉从,惟须将二百二十七两银于三日内交还,认与了事。詹有一时难以筹款之说,又劝刘,既为担保,须为赞助詹即以自助,免致讼累,缓日再传缴款理结。

怡生钱店控戴华卿一案,戴云,李大发虽由伊保,伊实由陈炳南所保,须着陈追寻李大发索偿,候再传理处。

春和轮船公司控田俊德等一案,原被告均未到,无从裁判。 (司专)

(《汉口中西报》)

4.商会纪事(商会判案三则)

(1908 年 5 月 3 日)

韩元庆控聂光裕一案,韩呈验聂亲笔卖据,是永兴典由聂卖出得钱二万串,聂为永兴典东,可知卖据写明出卖及探到韩某承买,是与退股归并不同,韩非永典股东可知。况据又载明,永兴账务往来存欠等均归永顺自理,则韩既买之后,改牌福顺,外欠公安之款,应向永顺旧东聂毓甫索还,更可知矣。聂串同公安,横向韩姓索取银三千两,殊属非是,公安听聂指使,不察票系永顺当所立,聂毓甫所写,向福顺新东韩姓索取,且票未到期,强行逼兑,亦殊不合。票有叶海秋经手字样,其中或有隐情,候二日传叶海秋到会,再行理处。

郑大顺及裕丰源两家控廖春连一案,据廖云,已请人调处,拟减折还账,约六七成之谱,且已交出银六百两,当可了事。

朱晋卿一案,郑恒足属请移厅追究。朱将款项交由李香圃,任其卷逃,虽不知情,亦属疏纵,况有折改账簿等弊,即使惩办,亦属咎有应得。惟六千金谓其吞没,究无确据,未便据为移照比追。叶经向郑开导,劝寻获李香圃再究。又劝朱小香速筹保款,将其弟保出,同郑寻觅李到案清理,朱云已托四川帮穆君调处,候再理。 (司专)

(《汉口中西报》)

5.汉镇绅商联名上督宪禀(为缴款价购堡垣马路事)

(1908 年 5 月 3 日)

具禀,汉镇绅商黄□枢、蔡文会、刘人祥等为遵批价购堡垣,恳恩批示,点交呈缴事 窃汉口一镇,向无堡垣。自咸丰、同治间发捻侵害,邑故绅胡兆春等倡议兴筑。同治二年,经前督宪官、前抚宪严会同奏准,由绅商等自行筹款修筑。内外余地丈尺,载明前禀。共费工料银二十余万两,每年由汉镇二十八帮认缴九九商捐四万一千七百两,为保卫堡垣之升字营口粮及岁修经费。其银由绅商等具缴汉阳府□解善后局,载在《汉阳县志》。厥后日新月盛,九九商捐每年增至一十一万两有零。其由官抽者,棉花、牛皮两捐,每年亦约四万余两。自同治二年迄今,九九商捐为堡垣筹者不下数百万金。今则堡垣变为马路矣。内外余地,始则出示招租,继则招商承购矣。而且承租腴地者,则优然鹊巢鸠居矣。绅商等目击心伤,是以前此联名禀恳。蒙前督宪张批开,前因收回比国租界,用款八十余万两,一时无从筹措,因议将汉口堡垣内外官地,招商承购,□缴地价,数目即以收回比界所用各项款目本息及堡垣官地原租商人所缴租价数目为断,约共需银将及九十万两。即以此款措还收回比界借款及该地租价。彼时有外省富商,欲出重价承买。本阁部堂不欲以本省大利让归外省之人,故虽使公家少得十数万巨款,总欲以鄂省之利归诸鄂人。仰署汉阳府周守速将该镇公正殷实绅商等传齐,详细妥筹办法。等因,奉此。仰见优待鄂人之至意。钦佩莫名。

(《汉口中西报》)

6.汉镇绅商联名上督宪禀(续昨)

(1908年5月4日)

但年来年岁歉收,商力日形艰窘,为斯巨款,一时难措齐,绅商等曾禀前署汉阳府周守转详,并禀恳前督宪张酌减成数,分期呈缴在案。旋以前督宪去任在即,未奉批示,我公莅鄂以来,爱民勤政,妇孺皆知,而于商艰格外体恤,绅商等具有天良,当此库款支绌之时,自不能不仰体鸿慈,为集腋成裘之□,再三罗掘,数月以来始能筹得九十万两承购之数。将来拟仿铁路股票办法,凡我阖镇绅商,皆许分购,以昭公益而顺商情。为此公叩大帅台前,恩准批明绅商等备缴之银九十万两应缴何处,以便祗遵,并恳札饬汉口堡垣马路局员,将堡垣地段图画,约据一切,点交绅商等经理,不胜感激之至。再,既济水电公司及浙江兴业银行禀求拨购地段,既奉宪恩批准,一俟堡垣点交清楚后,绅商等自当遵照批准之原地价,仍许该公司银行向绅商等分购,合并陈明。谨禀。　(余名未录)

(《汉口中西报》)

7.商会纪事(商会判案三则)

(1908年5月4日)

朱泰兴控胡春山一案,朱病未能交,胡前经李瑞堂等控其擅自开张,恐其再有亏折,令其停歇算账,胡仍未停歇,交来账簿,只有三本,无从核算,令胡将全数账簿交出,胡抗不允交,显有情弊。已将胡送夏口厅收押,候移请究办。

姚锡锟控胡瑞臣一案,姚久候胡不到而去,姚去而胡始到,所言一面之词,无从理处,容二日邀集两造同质再理。

陈延庆所控乔松龄等一案,昨传两造,皆因事未到,会众定次日再行邀集裁判。　(司专)

(《汉口中西报》)

8.商会纪事(出票过期不兑)

(1908年5月5日)

沙市福盛谦杂货店前三月收买汉口蒋元顺牛皮行银票,计银四百四十两。来汉照票,允如期照兑。讵届期,行主燮堂不兑,嗣凭刘荣臣等理论公处,蒋兑钱六百串,余归黄大元交还,已兑四百五十串,余则捏票不兑,昨福盛谦已赴商会递控。

(《汉口中西报》)

9.商会纪事

(1908 年 5 月 5 日)

熊秀山与冯子玉等四家合伙开贸顺泰昌山货行,生意由熊经理。讵各股东彼此扯用银约七八千两之谱,刻下该行欠外之银无款还偿,遂邀集各股东摊派,股东等谓其账有弊窦不允,昨由熊具略商会,恳传理处,会众判令传齐再理。

(《汉口中西报》)

10.商会纪事(商会判案二则)

(1908 年 5 月 6 日)

复兴合等九家控刘定邦一案,九家堆存刘栈棉花,既已保险,被焚即应赔偿,但控告刘定邦在同泰源等三家之后,应以同泰源三家为第一债主,复兴合等九家为第二债主,多寡应分等级,九家亦知三家之多讼费,愿自居于第二债主之列。因劝令刘将变产之款交来摊派,刘云尚有钱庄等债主亦须摊还,如其果有钱庄等债主,亦当在第三债主之列,不能同等分摊。会众云,须调查明确,姑将售产之款交到理处。

韩元庆控聂光裕一案,叶海秋传讯未到,韩与聂所言略同,前日因劝韩吃亏了事,论理则账务由永顺自理,公安之账不应横生枝节,论情则聂既将永顺出卖,必为拮据。韩承买,自认一千。盖有左笙陔与韩之信札,内有分列三股之说,故属韩认一股也,两造均未理,候再理。 (司共)

(《汉口中西报》)

11.商会纪事(递请照饬赔偿保险银两,饬候邀集询理)

(1908 年 5 月 7 日)

何理臣前在礼和保险,不知有何原因,遂致误事不赔,赴会请移请关道照饬赔偿。总协理以须请通西语之人,邀朱同往评理。 (信乙)

熊秀山近在商会递控顺泰昌股东扯用巨款不还,请予追给等情。总协理以案关账目,非讯莫明,饬候邀集询理。

(《汉口中西报》)

12.商会纪事(移请录用商业学生)

(1908 年 5 月 7 日)

劝业道前将前提学司黄文宗咨送考取留学日本商业回国各生,照送商会收入,商业学堂旋据复称,商业学堂经费无着,尚未开学,送到各生一时不能录用。等因。昨特移请高学使查照,声明该生等商会既难录用,惟有仍恳酌量委用,俾资造就云。

(《汉口中西报》)

13.商会纪事(商会判案二则)

(1908年5月7日)

戴华卿保李大发一案,本日戴同陈炳南来会,言李一时难以寻获,已费川资数十千文,因劝戴等既已担保□辞,其宝即不云赔,应先代李垫还前款,候追获李之后,□□□□言力量不及,又令用期票,亦可不必现款□交□半交到再理。

孙文卿、刘和卿互控一案,前孙文卿允付刘百金,刘以变产只可得一千四百金,区区百金不足以凑还瑞记,因劝孙多付若干,使凑还可以结案,助刘即所以自助,自二百金递加至四百金,孙极言力量不及,刘尤不允定,欲其付五百金方可了事,本日尚不能定断,俟再开导理结。　(司共)

(《汉口中西报》)

14.关宪示禁买空卖空

(1908年5月7日)

照得汉镇钱帮买空卖空,为害甚巨,大之则牵动市面,小之亦关系身家。既倒闭钱店治罪甚重,例有专条,何苦专做空盘,自罹法网。前曾出示严禁,该商等日久玩生,复萌故智,其始只图一时之利,及至事败,覆产破家,悔将何及。亟应重申禁令,以维商董而挽颓风。正核办间,接准汉口商务总会移开,云云。(已见三月二十日本报)等因。移请示禁前来,合亟出示晓谕,为此示仰本镇商民人等一体知悉,尔等须知买空卖空大为市廛之害,自示之后,务当守分营生,切不可再蹈前辙,倘敢再有做空盘情事,一经本道访拿,定当从严发厅惩办,决不姑宽,其各凛遵。

(《汉口中西报》)

15.商会纪事(递恳移请拘追)

(1908年5月8日)

黎鼎三前扯该店东周某银两,反逞凶,扭由警察一局送厅押追,近日不知如何保释,将周银两悬置不耳,昨周已具节略,赴商会递恳,移请夏口厅拘追。　(仁乙)

(《汉口中西报》)

16.商会纪事(商会判案二则)

(1908年5月8日)

梁厚卿控詹风亭一案前已断,詹仅将放出窑户之二百二十七两余之银还梁了事。本日詹云无力筹还,欲同赴景德镇索取,空言搪塞。梁听从前詹有以机器抵银之说,因令以货相抵,在外与梁看货估价,商酌定夺,再为复候理处。

姚锡锟控胡瑞臣一案，姚言合贸洋油号，小亏即已退股，彼此亲戚，故退股未邀中证，且胡恐折股之事传播，关碍大局，故未盘账，然有胡慧安手条为凭，盖退股尚须找款，无现银，故付期票也。到期不兑，凡捏称并未退，大亏至三千余金，逼令摊认，遂至涉讼，期票实系确据。胡则谓退股并无其事，期票慧安曾对笔迹，厅案可查，现下慧安已去世，未退股，则亏账应摊，账目具在，听凭核算，账簿三十六本存会，候算明再为理处。（司共）

（《汉口中西报》）

17.商会纪事（照会变通携带铜圆办法）

（1908 年 5 月 9 日）

运用铜圆如数逾二十串以上者，即查出充公，前蔡文会等请商会移请关道照会税务司变通办理，每人准带百串，刻关道已照会税务司核复。（信甲）

（《汉口中西报》）

18.商会纪事（票痞递请开释不准）

（1908 年 5 月 10 日）

邹瑞棠前捏造汇票，谎取益大钱庄银二千余两，控厅将邹拿案押追。邹在商会递请开释，总协理以其缴款未清，岂能开释，申斥不准。

（《汉口中西报》）

19.商会纪事

（1908 年 5 月 10 日）

青红砖公所前议章程，赴商会呈请移请劝业道立案，并愿每串抽钱二十文以作商业学堂经费，总协理以该公所急公好义，希来会询明，再与移请立案。（信乙）

（《汉口中西报》）

20.商会纪事（商会判案三则）

（1908 年 5 月 10 日）

庞华发、金香九互控一案，金言，客腊十三日晚交范朴斋现银一千三百两，又期票一千五百两送庞华发处。讵知范与庞昧骗串吞一千两之现银，只云收到三百两，追究无着，故将期票止兑。庞与范均言并无一千两之事，仅有现银三百两，如欲串吞，何不并此三百两吞没，金实欠庞一千余金，乘庞为邹瑞堂所累，起意陷害，诬赖伙友，以图赖庞款。询金，现银有八十余斤之重，如何携带？何人送上火车？金言以布包裹，范自雇人携送，语颇仓胡。又问金，千两现银来从何处？金言江同记付彼买铜圆，呈验码单。江同记图章与丁未戳记印色不同，且写明十二月十四日之单，与十三日付范之说亦不合。况查阅账簿，次日有收江同记铜圆之事，江付金现银买铜圆，何以又反付金铜圆，支离矛盾，诸多弊窦，姑将账本存会查核，候再调查办理。

韩元庆控聂光裕一案,前已劝韩认银一千两,聂不允,本日又劝韩再为吃亏,不于三千金之中认一股,于四千一百余金之中认一股,此三分之一须一千三百余金,是又添三百余金矣。韩允而聂仍不允,候次日再理。

余利昌三家与吴小浦伙贸协记事,及同发厚控吴欠项事,吴未到,无从理处。　(司共)

(《汉口中西报》)

21.商会纪事(移请传案讯究)

(1908年5月11日)

王祥源前因魏燮卿等吞其巨款开店办货,遂将其货截留,控经汉阳县照会商会蔡甫卿变价,俟案结后交给在案。兹万同庆等又以拦夺等情,在商会递控,总协理以被告谭少芳不遵理处,已移汉阳县传案讯究。　(古乙)

(《汉口中西报》)

22.商会纪事(询判未结,商会判案四则)

(1908年5月11日)

询判未结

周万顺在商会递控黎鼎三私扯店银一案,昨邀集两造查询,情词各执,商会总协诸君已判令邀齐保人金玉卿暨刘昆吾到会,再为询理。

商会判案四则

郭鑫厚控翟春山一案,郭于三月十五日交翟宝银二锭属实,令翟至汉定洋油也。翟领银后竟未返店。向其家究闻,诡称未还,不知去向,且有图讹□制之势。郭不得已,已托杜南山具控夏口厅有案。本月初三日在汉口河街途遇翟某,本欲扭送夏口厅押追,因夏焕亭出面调停,允为归款,故未扭禀。该款迟迟未归,夏袒翟图赖,始为追款,终则谓此款已还。春茂永早于丙午年闭歇,其股东舒姓远游赴京,即使郭果欠春茂永货款,究系何人使令向郭索欠,该款交还何人,殊属支离,候明日邀到荐保杨赞廷(一作杨赞庭)等问明再理。

韩元庆控聂光裕一案,本日劝韩多认百余金,合计一千五百金,余一千五百金应由聂还韩了□。韩已认亏欠图息讼,聂仍不允。盖三千金既由公安掣到,不愿吐出也。呈验杜后字据,言韩欲杜后患,故甘付出三千金,何以控告,字据系聂所写,强有其说,韩未允,未可为凭,调停劝导而不从,为数相距甚远,恐难免缠讼,故本日仍难断结也。

梁厚卿控詹凤亭一案,前已令詹预备实行,以货抵银之举。据云,磁器约只百金,且货物不佳,不易销售,其余尚须一百四十金,又无现银,欲以期票抵塞,梁不允,因劝詹筹一半现银,用一半期票,詹亦不能筹,恐亦须赴厅涉讼也。

解福元控林子铭一案,人证未理。

(《汉口中西报》)

23.商会纪事
（1908 年 5 月 12 日）

商会判案三则

郭鑫厚控翟春山一案，春茂永股东夏培之及翟之荐保杨赞庭均未到，本日劝翟，如果郭实欠春茂永货款，可将宝银两锭交至本会，由会核明欠款，付春茂永领去，以清宿欠，俾免经手人为难，具免郭控告，致受污蔑恶名。翟云款已交夏手，令邀夏于三日后来会再理。

复盛谦控蒋元顺一案，蒋未到，遣伙友任姓来会，详询之下，知复盛谦收用蒋元顺之票，虽由黄人元经手，实因信蒋元顺之牌，至蒋处照票，允为照兑，将牛皮起至彼行，得货后，票银延展不兑，推俟售货之后，货售以后又施托词，货价不敷票银四百四十两之票，仅允付钱六百千，又延多日，只付钱四百五十千，诡称黄欠彼款，写立兴隆票，扭黄控警察三局，种种饰词，无非措延不交前款，使照票之时，蒋言明不能照兑，则牛皮可以不起至彼行，票银不至短少。货到而票不兑，兑而折减，且又拖延，控为串骗，亦不为过，候二日传蒋元顺店东亲自来会再理。

韩元庆控聂光裕一案，前已饬韩认至一千五百金，余由聂还韩，聂不允，本日又劝韩再多认一二百金了事，仍不能理结也。 （司共）

（《汉口中西报》）

24.商会纪事
（1908 年 5 月 13 日）

张毓英控李昆臣一案，叶君东川调处不从，本日张、李俱来会，两造坚执，各不相下，李则并前次所劝给张之数，亦不愿出，均难相强，势不能断结也。

维新印书馆控秦玉甫一案，秦前返无锡，现已来鄂，本日邀面未到，王凤文虽来会，无从为之理处。

（《汉口中西报》）

25.商会纪事
（1908 年 5 月 13 日）

川督赵次帅昨十二日驾到商会，本镇议董、帮董到者约百余人，音乐学堂学生亦到二十人。次帅五点钟时始到，由总理与各董欢迎，行长揖礼毕，茗饯片时，即命驾至盛宫保处拜会，旋又至商会安宿。十三日，即乘快利轮船赴宜云。

（《汉口中西报》）

26.商会纪事(商会告白二则)

(1908 年 5 月 16 日)

为告知事　本月十四日,本镇小买卖家多人,以警察忽禁摆摊,令伊等重迁,不得利于市等情,来会投递节略,即经□果,一面劝令照常贸易,一经函准巡警道冯函复,准令摆摊。等因。又经挂牌知会在案。兹复由劝业道刘交阅督宪陈手谕内开,商会传谕商民,切勿误会,所有招牌、摊户,一律照常摆设,各安生理,免予深究,切勿听信谣言,妄自□疑。如敢不遵,定即查明,分别严办。本部堂有厚望焉。等因,奉此。合行告知,为此务希商民一体知照。须知事已奉督宪免予深究,准令各户一律照常贸易,应各仰体宪恩,遵照安□。摆摊者仍□摆摊,开铺者照常开铺,万勿听信谣言,滋生事端。至督宪派兵弹压,系恐不法匪徒,从中生事,转碍商民生意,是以特来保护,并无他故,尤望勿稍惊疑,是为至要,须至告白者。

第二告白　督宪手示,传谕汉口,摆摊小贸,一概照旧,各安生理,免予深究,毋得滋事,致干□咎。

(《汉口中西报》)

27.商会纪事

(1908 年 5 月 16 日)

祥兴福控刘俊臣一案,祥兴福之马连山及刘俊臣先后到会,详询之下,知马同贸□业,云引荐张永兴和□材,由刘经手,当付刘以宝源票银一百一十两,到期无兑,刘以经手之责赴厅控告,已提讯七次,陆续缴偿一百六十千文,尚未结案,因劝马再缴若干,劝刘亦减让,彼此息讼,以免拖累,容二日再理。

郭鑫厚控翟春山一案,□及夏培之均未到会。郭请为移厅追究,已允照办。

本镇摊户曾在商会投递节略,督宪陈小帅诚恐不法匪徒乘势生端,特派张虎臣、黎元洪二统制率兵五营来汉,分途弹压,以免意外之变。商会共驻有四百队之谱,其余□□,一营洋街,二营礼智司,一营沿途巡查,□一营通宵达旦,颇为得力。并闻新厅谕令各坊地保鸣锣,货摊铺户各安生业,谅此风潮可息也。

(《汉口中西报》)

28.商会纪事(土船纠葛)

(1908 年 5 月 17 日)

谢培深土船前被津通轮船撞沉,控经商会移请江汉关照会税务司转理船厂邀集询断在案,兹谢又赴商会递控,总协理已饬候复到,再行核办。

(《汉口中西报》)

29.商会纪事(会议整顿商捐)

(1908年5月17日)

汉口各商帮九九商捐每年可收银十四万余,但尚多盈余,均开侵吞,前由各宪札饬整顿,蔡绅辅卿营已于十六日邀集会议一切。

(《汉口中西报》)

30.商会纪事(商会判案二则)

(1908年5月18日)

罗公兴控庞华发一案,罗有棉花一百七十包堆存裕昌栈,栈单交庞,庞客腊向信成抵押银一千五百两,两造均来会,裕昌、信成亦各有人来会。详询之下,知庞欠信成银共计三千五百两。信成云,庞用此款以棉花全数作抵。然查阅字据,棉花只以抵一千五百两之款,其余两千并无作抵字样。因劝信成先收回一千五百两,将存花栈单交庞,庞还罗公兴其余两千,俟庞从缓还清,若紧迫则非徒无益,恐决裂不可收拾。又令庞速筹一千五百两之款赎还栈单。万一力有不及,并劝罗助庞使存花得归原主,免致纠葛。信成云,须回店商酌。候再理。

熊秀山控王云陔一案,熊与王及冯姓合贸,王占三股,共出本银九百两,先后已取回六七千两之多。虽有盈余之利,实多欠出之货,有名无实,不得作为赚进巨资,各东扯用,致欠庄款。现须将所欠庄款速还,熊与冯均变产填还,王只交出田契一纸,的值钱三百千文,各业帮董诸人均劝王交银一千五百两,田契作银三百两,余款王不肯交,熊与冯亦不愿以此数了事,再三开导,均不允从,令赴地方官衙门诉理。 (司共)

(《汉口中西报》)

31.商会纪事(商会判案两则)

(1908年5月19日)

周万顺控黎□三一案,金玉卿、刘昆吾均未到案。周谓:刘避匿不出。刘则谓:去冬收到账款,已交刘。今黎取保出外,周再派妥人同赴蒲圻一带收账,以明虚实,而免拖累。黎云:难觅保人。只能候刘到再理。

姚锡锟控胡瑞臣一案,再三开导,两造息讼和好,款项两不往来。劝姚不必向胡索取二百七十余金之款。设如亏折多亏,退一步想,勿再逼索。劝胡既已亏本,终须折阅。设如姚先已退股,亏账不能使□摊认。彼此言归于好,以全戚谊,而免讼累。不肯允从,未能断结。

(《汉口中西报》)

32.商会纪事

（1908 年 5 月 20 日）

移知调查理处

职商叶乾泰前控乾泰□占屋不退一案，经厅局限令赶紧觅迁。兹逾限未迁，复赴关控告，桑铁□观察已准札饬夏口厅移知商会，调查实情理处。

商会判案三则

孙文卿控刘和卿一案，前已劝孙筹付刘五百金了事，孙遵从。本日孙来，款尚未筹得，欲以下半年期票应急，势恐不行，刘未到，因街市人众反对警局风潮甚剧，未便送来也。

永昌泰控刘笃齐一案，刘原约四月半还一期银五百两，本日到期，刘竟无银缴还，语多推托。当责以初限即失信，后此必皆愆期，使本会无以对原告，殊属可恶。刘云：实因货物滞销，款难凑齐。已邀人，央恳展缓。询诸永昌泰之朱姓，则云：未经恳商。姑候在外调处，展限交款。如不交，移厅追究。

祥兴福控刘俊臣一案，马连山来会，刘未到，无从理处。

（《汉口中西报》）

33.商会纪事（劝业道照会商会文）

（1908 年 5 月 21 日）

为照复事　案准贵总会移开，除原有文案不录外，尾开，希将从前绅民报效地段之卷，饰检移送。等因，准此。查此案前奉前督宪赵面谕，饬查商业学堂，当经敝道，查得该学堂从前绅民报效地三千余方，在学堂之西，劝工院后，可以查清界限，据方收租，作为学堂经费。禀奉宪批，候饬江汉关道督同汉口清丈局丈量明确，公拟租价招租。等因。旋准劝工院监督张移送文契、图册、簿折前来，并无前次契卷。兹准前因，无凭检送，相应备文照复。为此照请贵总会请烦查照。再，前项契卷闻存夏口厅署，应否备文查询之处，并希酌夺是幸。须至照复者。上照会汉口商务总会。　（新甲）

（《汉口中西报》）

34.商会纪事（奉饬速开单送会，商会判案三则）

（1908 年 5 月 21 日）

奉饬速开单送会

李福康控陈达五抄去箱柜一案，前准江汉关转禀前督宪赵批会研究，即经派员调查，当令将箱柜尺寸及衣服值银几何，详细开单，送会核办，今日尚未送来，总理诸君昨仍饬速开送。　（信乙）

商会判案三则

福盛祥控天顺祥一案，福盛祥马福卿前付天顺祥之款，查明实有其事，但由宛相钦经手，竟付亢兴顺之账，致天顺祥未收马之账。总之，一款不能付两账，种种扯欠，尽属宛之不是。此次宛返河南,竟未筹还天顺祥分文,使天顺祥□留马福卿交银,久滋讼累,殊属可恶,应将此案移还夏口厅,押宛追究。

梁厚卿控詹凤亭一案,詹已将磁器抵银付梁,梁已收受其余之银,已立月底期票,由徐兴安、刘懋北作保,保人未盖图记,梁不肯收,令詹盖章后交梁,容日再理。

永昌泰控刘恒泰一案,两造对面后,因过期未还分文,颇受原告指斥,刘言:刻将该店拟欲顶出盘出之后,当可归矣。惟须减折了事抵。原告则云:彼前有股姓房契抵押,如归款迟延,惟有将所之屋收回营业。刘言:请人调处,尚未说明。姑宽再候理处。

祥兴福一案,传而未到,未理。（司共）

(《汉口中西报》)

35.商会纪事(商会提追,移请传讯究断)

(1908年5月22日)

商会提追　姜成字前月因遇风,起纱上岸,被杜福田等纠抢,当扭杜送交两湖司署收押,并控县追缉。兹复赴商会递控,总协理已准移请武昌县提案究追,并饬捕勒□。（信乙）

移请传讯究断　郭鑫厚近因翟春山昧吞银两,控经商会,尚未判结,昨复赴商会递控,并恳移厅传究等情,总协理已准备文移请夏口厅,传讯究断。

(《汉口中西报》)

36.商会纪事(饬变存货摊分,商会判案二则)

(1908年5月22日)

饬变存货摊分

瑞兴、瑞丰两号,前因汕头总庄连和行倒塌,致被牵停,亏欠怡生隆等银两,在商会控告,总协理诸君已饬该经理王燕青、姚屏之变卖存货缴会,以凭摊分。（信乙）

商会判案二则

梁厚卿控詹凤亭一案,詹期票已请保人盖就图章,刘懋北尽用本人名之章,不肯用店主字号,图记亦有为难之处,劝詹到期务须还银,免使保人受累,再兴讼端,案遂结。

刘景星控黄之根一案,刘因地皮买卖丈尺短少,去岁与邓锡三纠葛,业经由会判断劝息。此次所控,因卖地于黄,红契载明八百八十四方四尺,黄复勘丈量三四次,只有七百余方,虽参差不一,约短少一百方之谱,刘欲照红契方数收价,黄扣留七百余金不付,并欲刘照丈见方数算明地价,退出银三百余两。两造各执一词,再三劝黄□亏,付刘若干了事。刘云约少一百方,彼认五十方,其余按数算明找款,又劝黄不必按图验契,详细核算,约略言之,一出一入,有千金之数,由黄认付一半付刘息事。黄云:须与大同公司股东商酌。明日商定回复再理。（司共）

(《汉口中西报》)

37.商会纪事(递请按数公摊,商会判案)

(1908年5月23日)

递请按数公摊　怡生和前因李祝二亏欠银两,将其所存皮油扣留,昨赴商会递请变价存

公,俟其到案,按数公摊,总协理以所请尚属有理,准函请油帮董事查照办理。　(古乙)

商会判案　罗四维控庞华发一案,前已劝庞办款速还信成,赎取栈单归罗,俾罗收回棉花,以免纠葛。本日罗已劝庞凑集一千五百金交到本会,备还信成,赎回栈单,信成之管事丁九成定欲庞归还三千五百金,方肯付还栈单。然栈单之抵,载明于一千五百金借据之上,如收一千五百金,不得不还借据,既还借据,即不得不付栈单。在丁之私见,亦以揞住栈单变卖货物,可以多收回若干,而事理殊为不合。丁刁狡固执,经会众斥,始稍屈服,允以三百金赎取栈单,劝庞求罗相助,除交到一千五百两外,再筹措八百金,现款期票亦可。　(司共)

(《汉口中西报》)

38.附赵次帅自宜昌致商会电

(1908 年 5 月 23 日)

汉口商会诸君同照,鄙人十二三在汉镇拜客,见摊撤牌去,深以为异,后始知巡警道先有示谕,然亦足见吾民之纯。逮十四日复见多人聚集,即系摆摊小贩,当即面告冯道,此事不比招牌易撤,断不可骤行。冯道谓,即出示,明日照旧摆摊。鄙人又向商界中人言之,并属转告各小贩,想能记忆,顷闻竟酿重案,殊为悚恻。在冯道初意,虽为地方公益起见,而竟忘积重之势,其继亦欲收回前示,不料愚民之不及待也。此事自有新帅主持,鄙人原不应置辞,但冯道先借故行权而鄙人不知,使小民以□鄙人者,转而殃及众人,殊与鄙人平日宗旨大违,特此布陈大略,更望诸君速即遍告小贩,此事极易说明,冯道并非固执,各宜静候安置,断不可听信奸徒闹事,自取祸殃,庶鄙人之心可安也。

(《申报》)

39.商会纪事(商会判案二则)

(1908 年 5 月 24 日)

永昌泰控刘恒泰一案,刘仍未缴款,询以调处之说亦属空言。云已将店铺顶出,顶款到手当以千金归还,其余九百余金之款,须宽缓一节,亦已商允,但千金须早交还,询以约期,何以约定四月底交五百金,五月半交五百。当令刘亲笔签存,照办。

刘定邦欠款赔款一案,前令将变产之四千五百金交出,摊还债主,刘又狡称只余一千八百余金,其余已还森茂公押款两千,本利共二千七百余金。当责以欠人巨万,岂能以一千余金了事,且同一债款,何以森茂公十足扣还,又加利息,致使其余各债主收还者不及一成,断难平允。即使森茂公银系押款志成厚,事坏之后抵押,与他债主之款不同,况变产须赎出押契,其款不能减折,然利息何以加至六百余金之多,且何以不将全款交出,由本会摊分,自扣还押款,本利殊属非是。劝谕刘父子,既欲了事,必须交二千五百金,方可代为摊还债主,无论如何,家产尽绝,须借贷交出此数,否则不足以点缀各债主也。且查明刘尚有五百金存款,着缴出再理。　(司共)

(《汉口中西报》)

40.商会纪事(饬令查复核事)

(1908年5月25日)

黄陂人刘炳文前欠源源甡银四百余两,并立有期票。讵刘到期不还,竟行避匿。昨源源甡在商会递控,总协理以刘狡猾,究竟避于何处,抑系回籍,已饬查复核夺。 (古乙)

(《汉口中西报》)

41.商会纪事

(1908年5月25日)

学宪高劝业道刘会衔照会商会文照录 为照会事 案奉督宪批,本司道会详遵饬议复孙道泰圻禀销武昌商业学堂监督差,并推广武汉已有之商学堂学额,以节经费一案,由奉批:所议甚为妥协,应即照准,仰即转行商会,赶将汉口商业学堂经费筹定,克期开办具报,以宏教育而广实业,并移孙道泰圻知照。此缴。等因,奉此。合亟抄录原详,照会贵商会,希即遵照宪批办理,毋延,是荷,须至照会者。上照会汉口商会。 (新甲)

(《汉口中西报》)

42.商会纪事(农工商部答商会文照录)

(1908年5月25日)

农工商部为通饬事 光绪三十四年四月初三日,准外务部咨称,准驻俄萨大臣咨,俄京万国家具装饰博览会,函送该会章程,邀请中国入会,开会之期在华历七月间,如允入会,应先租定会场地位,以备届时陈列赛品。照译原函会章,咨行核办。等因,前来。合行刷印原函会章,一并札饬,札到该总会,即便遵照通行各分会,传知各商,按照会章,慎选精良物品,自行料理赴赛可也,此札。上札汉口商务总会,准此。 (新甲)

(《汉口中西报》)

43.商会纪事(商会判案)

(1908年5月25日)

荣安昌控陈鸿昌一案,陈交来钱二百五十千文,即经天成栈保出,然陈欠款未清,前已属保人追陈来汉□还结案,陈仍未到。本日又令保人至黄冈乡间寻获陈交来,追询缴存之款,已给领。

罗四维控庞华发一案,前已交到一千五百金,其余凑用期票,备付信成,赎回棉花栈单。信成知搭用期票不皆现银,复仍串售洋商,冀得现款。惟仍照前议,只收回二千三百金,余款归罗收取,然罗已大失所望。本日堆栈棉花背约,依然提取,所有筹议,舌敝唇焦,前劝尽弃,殊为可恨。日前交来一千五百金发还罗领去,罗悻悻欲以盗押信成盗卖,控地方官究办,乞为移厅提究允照。 (司共)

(《汉口中西报》)

44.商会纪事(苏浙路事续劝招股电文照录)

(1908 年 5 月 26 日)

苏浙路事同胞认股者甚形踊跃,然其款浩大,尚未招齐。兹宁属有志士来汉招股,特电致商会,兹将原文录下。

商会转卢鸿翁暨诸乡老鉴:敝处虞含章、盛竹书二君今晚动身来汉,续劝招股,特闻,宁属集股处。(某日)

(《汉口中西报》)

45.商会纪事(商会判案三则)

(1908 年 5 月 26 日)

孙文卿、刘和卿互控一案,前已令孙文卿交出五百金了事,本日孙仍未缴款,限以三日,三日交到,即可结案,不交则移厅还押究追。

赵光敏控立兴利一案,本日立兴利之周缄三来会,谕以交银派还辅仁长,周坚不肯从,唯有移请夏口厅讯耳。

汪同善控谭钟甫(一作谭钟夫)一案,汪云,谭在汉开设葆兴祥杂货店,伊子经理买其货物,共欠银四百十四两有零。客岁除夕托词收账未回,仅付钱四十千文,余书票据,订定新正收账回即还,岂知款既不还,倒闭潜逃。追查谭之家况,颇有倒骗之款,回乡置买产业,损人利己,情殊可恶,乞追缴。谭钟甫则云,其子已出,嗣开店系其子之事,全然不知。家况实不佳,故年老尚在黄志成帮贸,其子五月必来汉,已函催矣。来可面质云云。此事必须其子到后,方追究,姑候下月传到再理。　(司共)

(《汉口中西报》)

46.商会纪事(商会今日迁移)

(1908 年 5 月 27 日)

商务总会原设在商务局,嗣因签捐局已移入,特定期于今日(二十八)迁移至商业学堂,以资办公。

(《汉口中西报》)

47.商会纪事(准予备案)

(1908 年 5 月 27 日)

协盛合等近在商会递控义利药材行倒欠六千余两,请将其存货及家具存留公所,以备摊还欠款等情,总协理诸君已准予备案,并饬赴地方官衙门禀明。　(古乙)

(《汉口中西报》)

48.商会纪事(商会判案二则)

(1908 年 5 月 27 日)

裴廷铭欠款一案,前经劝令筹还元顺二百金了事,月余仍未交还,兹传来询其根究,尚无款项,令其速为借贷措还,以便结案,免受久羁之苦,且准用期票请保盖印,候再理。

刘定邦堆栈被焚货主保险索赔一案,在汉阳县讼经四年,迭次由会开导,令将变产之银,除还森茂公押款外,交出二千五百金,由会摊还各债主。刘极言,虽交此数,因又减去百金,本日交来二千四百金,当断还同泰源等三家,共一千二百两,复兴合九家控告在后,家数虽多,前已断定为第三债主。各家均无异议,将一千二百金断给摊分,且劝九家除收回此款,各出五元交刘,以偿还中桐之账,一一清讫,此案遂结,原、被告均签字存案。 (司共)

(《汉口中西报》)

49.商会纪事(指控逃骗银两)

(1908 年 5 月 28 日)

怡和兴前在商务局指控何勋堂逃骗银两,尚未判结。昨赴商会递控,总协理以该局已裁撤,一切卷宗移交劝业道,本会无案可查,已准将原控告始末情形送候核办。 (古乙)

(《汉口中西报》)

50.商会纪事(商会判案)

(1908 年 5 月 28 日)

源源牲控刘炳文一案,刘前开设新泰源牛皮行,积欠源源牲银四百十一两有零,年终无银归楚,书立期票两纸,到期无兑,店闭,避匿,迹昧骗,本日将刘寻获,扭送来会。

邹贩运洋山纸来汉,起□范庆昌行,因纸有水湿,言明贬价,付邹百一十五两,到期未能兑银,邹向范索取,范欲退货,其已售者,又欲减折其价,且欲令邹认栈费十余两。当驳范,货尸价买,并非寄存,何有栈费。已售者,必系好货未湿,其价必高,若欲将次货水湿者剔退,则已售者方将照原议统扯之价加增,岂容减折,既已无银付邹,只能将货退还,邹亦允收退货。已售者,今付还价银,交清完案。 (司共)

(《汉口中西报》)

51.商会纪事(移请究追给领)

(1908 年 5 月 29 日)

武穴慎大钱庄前因祁阳县木客发感记欺骗巨款,久延不偿,昨赴商会递控,请予追还等情,总协理已准移请湖南祁县,差提柏定咸、陈明芹等,究追给领。 (古乙)

(《汉口中西报》)

52.商会纪事(移请差传讯究,移送酌核饬遵)

(1908年5月30日)

移请差传讯究　福盛祥前因李炳章扯骗银两,胆敢凶伤,控经商会,邀询未结。昨又赴商会递控,总协理以非厅断不能结,已准移请夏口厅差传追究。

移送酌核饬遵　刘大保药店近在商会呈复集议帮规情形,请予移送核办等情,总协理已查照所议规则,核明移送劝业道,酌核酌遵。　(古乙)

(《汉口中西报》)

53.商会纪事(准予据情分移,饬候移复核办)

(1908年5月31日)

准予据情分移　绪兴祥军装号前该欠日商货款,被日领事函请关道饬厅发封。昨沈永兴赴商会称,误将该号应领之款备抵,请予分移查核办理等情,总协理已准予据情分移于美工厂、江汉关、夏口厅矣。

饬候移复核办　吴之栋前因李汉卿围捉搜掠,控经厅宪,尚未断结,昨又赴商会递控,总协理以此案已准夏口厅移查,候查案移复核办。　(古乙)

(《汉口中西报》)

54.汉口罢市警闻

(1908年5月)

十四晚十一点钟,摆设路摊之各乡民违抗警章,聚众万人,打毁警局。十五日,各商店一律罢市。十六日,货摊及各商店已遵地方官示谕,一律照常开市。

(《大同报(上海)》第9卷第15期)

55.汉口罢市之原因

(1908年5月)

湖北巡警道冯少竹观察,见汉口市面拥挤,街面摆摊,尤为壅塞街道,遂于月之十三日乘新督宪送赵督宪之行,即先日牌示,云督宪将来汉口往拜领事,必乘马车,所有横悬招牌及街面摆摊一切撤去。当时市面大哗,即焚香环求赵督。赵督以已经交卸,当为设法转达当事官长云云。而冯观察止饬各警局出示,永远不准摆摊,又不将菜市安顿。小民等生计无出,即抗命照常摆摊。而巡警局奉命惟谨,即持刀斧等器,将该摊劈碎。商民群起反对,归怨新督,倡议罢市。惟日本商人,不知闭市之意,商民等坚向理论,日本人即开枪击毙二名。当经筱帅面谕杜观察俞与关道桑观察,会商解散。旋经杜步行入众商中,力为开导,并即与桑观察出示劝导云云。

(《通问报:耶稣教家庭新闻》第300期)

56.外交(中墨)

(1908 年 5 月)

鄂省汉口商埠向无墨西哥领事,近经墨政府特派门罗门萨利佑君为汉口领事官,并管鄂湘豫蜀等省各埠事宜,业已照会华官,接篆任事。

(《东方杂志》第 5 卷第 5 期)

57.汉口机器进口增多

(1908 年 5 月)

法领事报告,汉口左近各处,近因实业发达,装运机器进口日见加增,将来此项生意,尚能如春潮之添涨。诸如铁路之材料,电报之器用,电气之装修,农器、缝机、印刷机器、棉子弹机等类,定必有加无已。目下此项市权,多半归英、德两商掌握。

(《万国商业月报》第 2 期)

6 月

1.商会纪事(商会判案)

(1908 年 6 月 1 日)

卢荣兴控王祥一案,详询之下,知王殊有不是。十八日天晴无风,该驳船虽小,轮船浪激,何至遽尔失事,舱面之物且多未失,何以舱底之绸绫包件转致遗失,况所载各家之货失去者,何以每家均只一件,不多不少,均匀如此,未免疑窦滋多,如果时实为小划船抢匿,王祥亦应妥为索还,以卸其责,劝令在外请人调处,或赔偿若干以平货主之心,否则唯有由厅讯断也。(司共)

(《汉口中西报》)

2.大隆煤行函恳汉商会移追煤价

(1908 年 6 月 1 日)

本埠法界有煤五百七十吨,装祥和顺及泰和等帆船运至汉口蔡家巷后街,托乾记黄舜还代售,被□盗卖二百四十余吨,并吞没银一千八百余两。现闻大隆已函恳汉口商会移县究追。

(《新闻报》)

3.商会纪事(希送被控情词,移催勒传讯追)

(1908 年 6 月 2 日)

严方氏前租杨海山房屋居住,近不知因何事故,被杨在厅指告。昨赴商会递控,称杨实系逞刁,总协理以难保别无纠葛,希将被控情词送会核办。　(古乙)

兴国刘尧前该欠董熙圭银两,抗传不理。昨董赴商会递控,请予追给等情。总协理已准移催兴国州勒传讯追矣。

(《汉口中西报》)

4.商会纪事(商会判案)

(1908 年 6 月 2 日)

马福卿、李炳章互控一案,马、李二人账款纠葛,而皆受相欺之累,本日劝李将经究手之账,以土银抵销外,令加至一百五十金,马仍不允,苦劝李勉出二百金,收回周涌泉九十金之纸条,李未允,候再邀集询理。

涂受青假票一案,由丸三药房交来,涂只大价买石码头地皮白契一纸,并粮单两纸,契载地价只二十五千文,乞代售出,归还协记票银,并偿丸三欠款,然为数相去甚远。本日涂来会,详询之下,据云无力还清欠项,此契系惜自族兄冀变卖归款,以免讼累。该地曾有人还价六百金,因令其即售与此人,既得善价,除还两处,尚有赢余,岂不甚妙?倘因守法被押,不能经售,仍可托其族兄速为售出,俾案契存结,除遣押,候再理。　(司共)

(《汉口中西报》)

5.商会纪事(理事员辞任,理事员应聘)

(1908 年 6 月 2 日)

理事员辞任　周仲分大令,商会之理事员也。客冬入会以来,裁判案件,悉心研究,不遗余力,故众商洽服,刻因事辞任,虽经会众挽留,无如其意已决,恐不能达其目的也。

理事员应聘　商会添聘理事员一节,已志报端。兹已延定沈镇、张鼎、陈协堂三位暂行试验,其定章,只留一位,余二位各酬洋十元,恕不留会。等因。业已广告在先,刻闻三位已先后入会,候取定何位,容当续登。

(《汉口中西报》)

6.商会纪事(商会判案)

(1908 年 6 月 3 日)

刘惠泉控杨吉泰(一作杨吉太)一案,刘在汉为福厚森经理,杨欠该号本利一千六百余两,除收一千两,尚欠六百余两。刘向杨索取,杨云,已在澧州交付福厚森号东江燮堂收清。然江欠汉款甚多,刘且因此被累,杨不应交江手,况用款系在汉,归款亦应在汉,径交江手,恐有取巧之处。察阅收据来信,刘云,图记不误,信函笔迹不合。令杨邀江来汉,证明虚实,杨云难以邀来,属妥保,杨函请龚福庭,龚称疾未来,交原保李姓带去。

徐文波控张春亭、蔡椿庭及伍善夫等,被告均未到,无从理处。 (司共)

(《汉口中西报》)

7.商会纪事

(1908年6月6日)

东海宴宾楼主前因欠日商银两致被查封,兹有得利公司在商会递称,有曹达灰寄存该楼,请移提还,总协理诸君已准移请夏口厅查明提还。 (勇乙)

(《汉口中西报》)

8.商会纪事(商会判案两则)

(1908年6月6日)

李炳章、马福卿互控一案,前经劝李出银二百两付马了结,以免缠讼。本日,李因月底比期未到,马来会,劝以收回二百金了事。即使宛相钦事未经担保,其款仍向宛追索。然李前次呈明账据,马实欠银五百余两,以八百余金之土扣抵,亦只余三百金有余耳。李付二百金,所差之数,只百余金而已。劝马将就了案,免滋讼累,马不允,候邀李再理。

徐文波控张春亭、蔡椿庭一案,张赴申,其伙友来会代表,详询之下,知蔡与张为亲家,蔡荐张与豫康往来,欠款千余金属实,去岁业经说明减让,允还三百金,书立期票,其余以兴隆票了之。然金理之三票到期未兑,延至本年无着,乞为断还云云。当劝蔡百应调处,与张既为亲戚,又曾担保欠款,已减折至三百金,虽赔垫付出,亦未为不可,不应经手,不为理处。蔡云,张不日来汉,来后即当清理。其伙友云,张有鸡鸭毛存栈,售出可归款。候张到邀集再理。 (司共)

(《汉口中西报》)

9.商会纪事(递请移提开释,移请察核办理)

(1908年6月6日)

递请移提开释 傅瑞芝前欠乾盛长银两,控经厅宪传案押追,兹传已凭中调处,折还了结。昨赴商会递请移提开释,总协理已俯视如所请矣。

移请察核办理 东孚等近在商会递请减价领销彩票,以使畅销等情,总协理以是否可行,候移请签捐局察核办理。 (古乙)

(《汉口中西报》)

10.商会纪事(商会判案三则)

(1908年6月7日)

徐文波又控伍善夫侄汉清一案,伍来,徐已去。据伍云,其侄前在豫康为徒,持票往兑二百金,确有其事,中途被人攉窃挖去,当即挂明失票,止兑在前。今徐因豫康事坏,妄欲擅剖,不思此二百金不独其侄未取,即挖窃者亦并未兑取到手,何从索还。然系一面之词,候与徐面质再断。

永昌太控刘恒太一案,刘闻往谌家矶有事,明日再询。

杨吉太欠福厚森一案,杨已将六百余金付还江燮堂,虽有收据,恐其不实,本日杨已传到,蔡李二姓担保,立有保单,如收据不实,惟保人是问。保单存卷。　(司共)

(《汉口中西报》)

11.商会纪事(商会判案)

(1908 年 6 月 8 日)

永昌太控刘恒太一案,刘来会,款仍未交,两次限期均已失信,致永昌太屡来催问,使本会无词以对。斥驳之下,刘请再展至本月十五日,定还永昌太货银一千两,不再拖延。愆期至再,本应移厅追究,姑念一再恳商其宽限至本月望日,又令亲立限状,并书明,如再逾限不交,听凭送厅究办,限字存案,候到期缴款给领,倘再逾期,定行送押。　(词共)

(《汉口中西报》)

12.商会禀请添军驻汉

(1908 年 6 月 9 日)

汉口商会各绅董以本镇自经摊民、湖民滋事之后,人心摇动,虽有汉防、督捕两营驻扎,而督捕则专保关卡,其所以弹压地方者,不过汉防营之二百五十人。遇有事故,不敷分布,拟请添派军队驻汉,以资巡查,禀请督宪,未知如何批示。

(《汉口中西报》)

13.商会纪事(商会判案二则)

(1908 年 6 月 9 日)

惠怡厚控万顺桂一案,据惠怡厚云,客腊十六日由恒昌庆交来万顺桂上金广发汇票一纸,本庄泾平银一千两,腊月二十七日期,到期往兑,而万顺桂伙友赴德安度岁,继以转付三井洋行纱价后,纱闻有止兑之说。三井往兑,竟不照付,原票退还,屡向万顺桂询问,言词闪烁。如万顺桂不兑,应令金广发收回废票,以清纠葛,倘银不照兑,票不收回,是出此空票与金广发,使金持以串骗,票之所到,必有人受其害者。万顺桂百余年老号不应不顾名誉若此。据万顺桂云,票虽由号付出,金既无银来,又已止兑,是以不能照付,如其兑出金,必以止兑在先,不肯付银,银将无着,不能代人受此千金之污累。万顺桂所言亦尚有理,然此票在外虽止兑,终有波折,应责令金香九将废票收回,方能无事。金欲收回废票,必与恒昌庆清理欠项,不独此案可了,即金香九与庞华发纠葛情形亦可清楚。万顺桂乞宽限至本月底,寻觅金收回发票,以免纠缠,允俟月底再理。

刘和卿、孙文卿互控一案,刘来而孙不到,屡传不到,款又不交,惟有还押,由厅追究耳。

(《汉口中西报》)

14. 商会纪事（商会判案两则）

（1908年6月10日）

徐文波控伍善夫及其侄汉清一案，本日徐来而伍未到，然初一日伍曾面陈一切，已知其详。详见前，不赘。今以伍之言告徐，徐意则仍欲伍赔偿，因言二百金票系普通公司所出，失票后约一月光景，普通闭歇，致未兑到，是受亏因失票所致，故应令伍赔偿损失。然失票既已挂明止兑，此一月之中，普通未闭歇，何不向其兑取，当时不兑，迟延自误耳。事隔多年，不独此普通久闭，即徐之豫康亦已停贸，乃独搜寻及此，安知当日不已向普通兑银，而目下既无对证，乃为此非理之要求乎？总之，此款非伍掣取，声明止兑后，普通并未有兑出，二百金之亏，何赔偿之有？理谕不听，候与伍对质再理。

周万顺控黎鼎三一案，黎又未到，保人马寿山亦未来，初八日再传集询理。（词共）

（《汉口中西报》）

15. 商会纪事（理事员名誉翕然，理事员聘定）

（1908年6月11日）

理事员名誉翕然　商会理事员周君仲芬品学兼优，判案如神，久为商界所钦佩。刻因事辞任，各商董挽之不留，总理于本月薪俸外多送薪金二月，以志去思。周君力辞不受，当于十一日原璧奉赵，并愿当名誉理事员，凡遇繁难案件，即请即到，其夫马费不取毫厘，以答诸君厚意，于是，阖会中人无不赞叹不置云。

理事员聘定　商会添聘理事员一节已志本报，兹悉于沈君镇、陈君协堂、张君和生三位中，取定张君和生以承斯乏，会众业皆签字认可，余二位已各照章筹洋十元矣。（新乙）

（《汉口中西报》）

16. 商会纪事（商会奉饬选品赴会）

（1908年6月11日）

汉口商会昨奉农工商部札开，因俄京于中历七月举行万国家具装饰博览会，邀请中国人入会，饬传知各商慎选精良品物，自行预先租定会场地位，料理赴赛等情，当由总理卢观察饬照原札缮写数份，通行各分会一律遵照云。

（《汉口中西报》）

17. 商业调查录（发行通用五数十数银圆钱票，棉花捐减收之原因，招商局本年进出口货总数表）

（1908年6月11日）

发行通用五数十数银圆钱票

商业调查录　官钱局总办高观察前向日本印刷局续印每张五千文、十千文两种钱票，每张五元、十元两种银圆票，仍然与旧有各票一律通用，准其完纳丁漕盐课厘金各官项。等因。已志本报。兹已编齐字号发行，惟恐商民尚未尽悉，特商请藩司暨善后、牙厘两局会衔出示晓谕，并将两种样票一并咨请分发各府厅州县，分别张贴核对，以期畅行无阻。

棉花捐减收之原因

汉阳府在打扣巷河下所设棉花捐卡，原为阳夏初等小学经费，近因新花尚未上市，存货有限，故捐款稍形减少云。　(智乙)

招商局本年进出口货总数表

本埠招商局及太古、怡和三公司商务，近年来日见发达，兹查得招商局今年正月起至四月止，每月上下水进出口各货总数，详列于下，想亦留心商务者所乐观焉。

正月份

由沪进口下游各货共计四万八千七百五十四件

由宜进口上游各货共计五千三百八十九件

由汉出口下游各货共计六万九千二百七十八件

由汉出口上游各货共计一万二千三百八十三件

二月份

由沪进口下游各货共计四万三千四百三十一件

由宜进口上游各货共计七千一百五十三件

由汉出口下游各货共计七万零八百十四件

由汉出口上游各货共计八千九百三十三件

三月份

由沪进口下游各货共计四万一千零八十三件

由宜进口上游各货共计五千六百二十三件

由汉出口下游各货共计七万三千一百三十四件

由汉出口上游各货共计九千五百九十七件

四月份

由沪进口下游各货共计九万零二百件

由宜进口上游各货共计八万九千六百七十八件

由汉出口下游各货共计八万九千六百七十一件

由汉出口上游各货共计三万零八百十七件

另由宜昌直往上海川米四千零四十三件

(《汉口中西报》)

18.商业调查录(出店□言，湘米公司成立，烧纸帮复整条规等)

(1908 年 6 月 12 日)

出店□言

本镇各匹头号所雇之出店，除一言堂外，向无工资，全赖各客帮出货力钱，借糊家口，惟此项货力向来只用毛钱，后该出店等愿以七八折扣作大钱，似此情形由来已久。现该出店等以近来百物昂贵,日食维艰,欲照原定价目,概收大钱,并欲具禀夏口厅立案,特于日前假座月华楼,柬请各帮货客□□号上街伙聚集商议,闻当时衡帮及沙市帮均已认可,惟河南帮则有大半未蒙首肯,现该出店等复又挽人向该帮相商,□识能达其目的否也。兹将原定力钱价目探录于下:

□呢每匹四十文	哈喇每匹四十文
芝麻呢每匹三十二文	棉大呢匹三十二文
羽毛匹二十文	金丝绒匹二十文
海虎绒匹二十文	灯心绒匹二十文
毛棉平呢匹二十文	毛棉羽绫匹十六文
马尾缎匹十六文	门帘布匹十六文
泰西缎匹十二文	羽绸匹八文
羽布匹六文	一三绒匹八文
一六绒匹八文	素哔叽匹八文
绫绸匹八文	席法布匹八文
漂布匹四文	原布匹四文
二四扣布匹四文	四十码洋纱匹四文
色花洋纱匹二文	洋巾每打二文
帐颜每打二文	洋棉纱每包一百六十文
花哔叽匹八文	

湘米公司成立

湘米赴汉为贩运贸易之大宗,近因米市日渐发达,经同业人等集捐千余金,赴县请示立规,创设湘米公司矣。

烧纸帮复整条规

全镇烧纸裁工价目高低不一,近日各工人特集议复整条规,计议就九条,照录于后,以供众览。

一议五三裁每块工钱五十三文,七三裁六十三文;

一议五四裁每块工钱六十三文,七四裁七十三文;

一议四裁火纸每块裁工钱三十四文;

一议钱纸裁工每块三裁工钱十五文,四裁二十文;

一议花尖五九裁每块工钱四百文,七九裁五百文;

一议每工以定八块,不准以外多做;

一议黄白钱每刀工钱三十文;

一议纸壳纸篾均归司夫所受,与铺家无涉;

一议所议□价,众同人倘有犯规者,查出,罚戏一本酒八席。

以上所议各条倘有工价未及备载者,均照条规递加。

木耳

襄河上游一带山厂木耳,因前此阴雨绵绵,耳扒架杆,生生不已,累累如盈,刻有山货商伙由上河而来,声称豆麦歉收,惟木耳较诸平常丰收加倍,不日信庄即渐次运汉矣。 (交乙)

鱼苗

月湖一带渔户畜养鱼苗,习为常业,遐迩皆知。每年四五月山客携资来汉贩卖,业成旧例,

刻有山客数十人买定鱼苗二十万零五千，共计鱼篓百余件，由杨家河雇船装运，以便从流而上，亦渔家乐事也。　(交乙)

(《汉口中西报》)

19.商会纪事(商会挽留理事员来往函件照录)

(1908年6月13日)

商会理事员周仲芬君因事冗辞任一节已志各报，兹查《江汉日报》所载之意略同，惟布洽众论一语言不实，兹将其来往函件照录于下。

仲芬仁兄大人阁下：敝会自去冬创办以来，即蒙阁下热心公益，俯就理事一席，任职以后，诸臻妥惬。本期大旗长留，益我社会，今阁下以迫于公冗之故，屡欲辞退。敝会一再集议，爰拟一通融办法，意欲屈阁下为名誉理事员，嗣后尚乞时赐教言，敝会得资顾问，实为深幸，□□，敬请大安。商务总会公顿。

(其复函云)总协理先生暨议董诸君同鉴：昨奉公函，读悉，一切来书，称许逾分，愧不克当，"诸臻妥惬"之语，尤觉汗颜，抚心自问，盖妥则有之，惬犹未也。馨实心任事，刚正不阿，理直者，固已心安，来会者不皆理直，岂能尽如人意，亦但求无愧我心耳。本会事冗，不胜劳瘁，素性惮暑，尤欲乞休，辱承诸公厚爱，留为名誉理事员，谨当遵命，此后如有未结之案及周折之事，需馨评判者示知，即当趋陪台端，相助为理，以尽义务，上副诸君挽留之盛意，感荷之处，书不尽言，惟公鉴不宜，顺颂台安。周德馨顿。　(新甲)

(《汉口中西报》)

20.商会纪事(商会创办团防营)

(1908年6月13日)

商会诸君十三日会议创办团防一营，暂招勇丁一百八十名，其哨弁每月薪金约定十六元之谱，业已商议妥恰，不日即当开办也。

(《汉口中西报》)

21.商会纪事(商会判案两则)

(1908年6月13日)

胡祥顺控黄荣一案，据胡云，在汉开贸山货瓜菜行，与同行曹宏茂等九家伙立公行(请黄议有行规，立有合同，合同等呈验)，黄经理公行，为管总账，挟有微嫌，指其账目不符。据称，去岁一年张卖实只一万有零，红账作一万一千，已属从宽，若欲照黄私见，以一万八千之数为分红，不特无力赔垫，且亦无账指实，控厅成讼，心不能甘。黄、胡各执一词，然查阅胡之账本，似有虚假，确有涂改之迹，且胡交出红账之款八十五千文，关系砂板毛铅，曹宏茂所交七十五千文亦复如此。钱色不佳，致起争端，因劝令胡及曹各将小钱收回，换出铜圆，以符合同原议，并劝令胡加钱四十五千文，合成一百三十千文，劝曹加出二十五千文，合成一百千作为红账，以便摊分者沾润稍多，免致争执，胡、曹两姓已遵断，愿交，案可结。

顺泰和易玉山、黄春生一案，串诬借被告，又各在乡间不到，应移厅提案讯办。

（《汉口中西报》）

22.商业调查录

（1908年6月14日）

武昌典业调查表

大顺，保安门外十字街

本立，水陆街

晋丰，芝麻岭

和昌，同

益泰，斗级营

维新，横街头

保康，巡道岭

道生，仪凤巷

永济，武胜门内正街

保大，南乡纸坊镇（距城六十里） （泣甲）

武昌布业调查表

华章，督辕东辕门

懋昌贞，同

祥和永，同

泰昌升，水陆街口

怡昌祥，芝麻岭

刘祥茂，火巷口

锦章，新街口

协泰昌，司门口

德大昌，同

天生祥，同

义生祥，府街

天生锦，粮道街

内河航业发达

咸宁一埠航业日见发达，兹调查船名开列于下。

走咸宁县：德泰、翔鸥；走汀泗桥：顺泰、楚德。

药帮禁革毛钱

汉口拆药一业，为生意一大宗，向日来往多用毛钱，近自铜圆、台票流通，该帮特议定章程，禁革毛钱，违则公同处罚。 （智乙）

（《汉口中西报》）

23.商会纪事(商会捐款展期缴清)
(1908年6月14日)

商会经费浩繁,全赖各商号捐款,以资挹注,刻闻捐款未缴者甚多。日前会众提议原限五月半截止,今因天气渐热,催缴者难以遍及,已展限至六月底截止,谅热心公益者必能踊跃输将也。

(《汉口中西报》)

24.汉口商务总会广告
(1908年6月14日)

启者,本会于各商号注册时期,始定四月底截止,继因时近端节,会中诸董均各有事,乃展缓至五月半为止,今限又届,缴款者固多,未缴者亦复不少。第念商会系全汉商家之商会,过于遗漏,殊失合群之本旨。惟近因天气炎热,诸董办公甚难,决议再展限至六月底截止,以便一律缴齐,伏乞各商号从速注册,共维公益,至胜盼祷。

汉口商务总会启

(《汉口中西报》)

25.劝业道武昌府会衔示谕各商人入会注册
(1908年6月14日)

为剀切出示晓谕事　照得振兴实业,即富国之本源,联络商情,实裕民之基础。武昌为会垣重地,开办商会已逾两年,风气渐开,规模初具,惟商情涣散,同处一城之中,不惟本帮与客帮不相往来,即此业与彼业不相闻。是商会之设,所以通上下之情,联懋迁之谊。俾得扫除隔阂,意至美,法至善也。查《奏定商会章程》第十八条款载明,由各董事按照公司条例饬令商家先办注册一项,分门别类编列成册,以便援籍稽考,易于保护。武昌商帮入会,虽云乐从,注册迄未实行,且未经入会之商家亦尚居多数。无整齐划一之规,即难尽提倡维持之力。如商业之若何补救,商权之若何挽回,以及商家之何货畅销,何物积滞,弊何由革,利何由兴,均非入会注册,不足资调查而议改良。除照会商会总协理遵照部章认真经理外,合行出示晓谕,为此示仰省城各商帮一体知悉。尔等凡已经入会者,由各董事传知各店号,赶紧遵章注册,其未经入会各帮,亦应推举董事入会,一律注册,庶几遇事研求,随时保护,本道府有厚望焉,切切特示。　(其甲)

(《汉口中西报》)

26.商会纪事(商会判案两则)
(1908年6月14日)

周万顺控黎鼎三一案,屡经本会询理,前黎谓刘昆吾从中扯用,刘虽未来,然周以黎致刘之信呈验,信中自认货款收讫,亲笔可凭,不得再向刘推诿,黎应照账归还,即使力有不及,无论多寡,究应归偿若干。前已在外经中人马寿山等调处,问黎究竟如何,黎竟诡称不知所调系何人之事。本日据称,与马晤面,佯为不知,未免狡诈。周请将黎案移厅押追,因念天已炎热,被押卡房,情殊可悯,暂予姑宽,令黎仍托马寿山等从中调处,先还若干,以免羁押,候缓日再理。

孙文卿与刘和卿一案,前孙已允付刘五百金,凑还瑞记,其款迟迟未交。刘又递节略,催请追款结案,以孙拖延,议还押追究。本日孙言所居被焚,更为困难,然不敢不竭力筹划,以求了事。勉允于月半先行筹缴一百金,其余再设法,准免还押,容日再理。 (词共)

(《汉口中西报》)

27.移查武穴商会争权事(汉口)

(1908年6月14日)

汉口商务总会总理卢君鸿沧因武穴商务分会议董吴竹君与商人郭瀫等互争事权,致分会成立无期,特移请武穴同知陈梦兰司马请为查明劝谕。略谓,武穴地方市面繁盛,未立分会,查得该镇商人吴竹君殷实公正,堪为敝会外埠议董,即经备文照请,并令将武穴商务事宜联络各商,妥为整顿,一面移请劝业道、广济县暨贵分府查照立案,随时保护,及据吴竹君开具自愿入会各行号送请入册备在案。事甫办有端倪,即有郭瀫、郑滋远等来汉面陈,拟办武穴分会情形,当告以武穴地方,甫经照会吴竹君充当外埠议董,即欲兴立分会,亦宜彼此合衷商办,不可彼此各存成见为第一要义。郭君等当无异说,讵其回去后即拟缮章程,以郑滋远为分会总理,郭瀫为坐办,开具入会之公和昌等分别造册,函请敝会存案,既不与议董吴竹君相商,且竟以同知衔李德纯、郑滋远、郭瀫等出名呈禀前督宪赵批,由劝业道刘移请核复,似此两不相侔,殊非合衷共济之道,应备文移请,为此合移贵分府,请烦查照,希即就近确查,婉为劝谕,总期互相联络,有益于公,幸勿稍存私为盼,并望将劝谕情形切实示复,以凭转复。

(《申报》)

28.汉口后湖地户风潮余闻

(1908年6月14日)

汉口商会总理卢君鸿沧昨准各帮商董投递节略,谓汉上近日谣言四起,人心不靖,省中派来驻守之标兵,系权宜之举。汉口防兵仅督捕一营,汉防一营,督捕又有保守关卡局库之责,其巡缉地面者,惟汉防营之二百五十人,遇有事故,巡警又不敢竭力弹压,拟恳禀详省中当道,请永远添派新军一二标驻汉镇守,卢君已允为详请鄂督示遵。

(《申报》)

29.农工商部札奖汉口商会解散罢市事

(1908年6月15日)

汉口罢市一节,经商会劝导解散,闻农工商部堂宪甚为嘉奖,已发给该总商会奖札。

道略云:汉口摆摊贸易由该管警察骤令迁移,致起冲突,不法之徒,沿街滋闹,以致各铺户不敢开门,经商会协同地方,邀集议董劝导解散,现均照常贸易,一律安静,足见办理周妥,极堪嘉奖等语。

记者按：于此可见授民以权之有效，但斯民益宜勉自振厉，谨守正当之法律，弗徒以嚣嚣为自得也。

（《汉口中西报》）

30. 商会纪事（商会判案两则）

（1908 年 6 月 15 日）

傅瑞芝一案，在鼎泰恒帮贸驻汉经理，与乾盛长钱店往来，欠银一千八百两，上年七月被控收押，押已经年，刻经叶君东川调处，减折还银七百两，款已交清，可以了事。本日傅到会，准拟开释，但乾盛长东伙均未来，恐有余波，仍令取保，傅已请晋昌油行作保，即予保释结案，保结存卷，候移地方官销案。

李炳章、马福卿纠葛一案，本日李来马未到，因劝李照前议，付马二百金，认亏了事，以免讼累，李已勉为允从，但须索马手九十金之字据，已允向马索还，并向马劝导，以期早为结案，万一马不听从，是马之不遵公断，咎有攸归，俟邀到马再理。　（词共）

（《汉口中西报》）

31. 商业调查录（汉阳典业一览表，汉阳钱业一览表）

（1908 年 6 月 15 日）

汉阳典业一览表

牌名	住址
福康	南岸小鲍家巷
福昌	西门外大街
寿昌	凤山门外止街

（湖乙）

汉阳钱业一览表

牌名	住址
谦顺	建中坊府学上首
兴隆	西阳坊西门外
亨泰昌	西阳坊西门大街
晋大昌	西阳坊西门正街
祥兴	崇信卜双街
庆成	崇信下南岸小鲍家巷
万顺广	下崇信坊米市公所前

（湖乙）

（《汉口中西报》）

32.商业调查录(江鄂两督茶税办法)

(1908年6月16日)

督宪陈小帅昨接南京端制军来电云,皖赣所产茶叶,旧有应征落地税,实即就地所征茶产之税,系自业户,因业户散漫,向系责成经手之行栈代收。近有奸商假洋商名请领联单办运,希图影射包揽,流弊孔多。现经厘定章程,皖茶每引征业户产税一两五钱二分,另征运商茶捐七钱二分。赣茶征野户产税一两五钱,茶商运至九江,另征常税,其产税均责成行栈扣收。茶捐与常税,由茶商自完,分给单照。详商请单办茶,只能照约免征茶捐与常税。其业户应征之产税,不能任其包揽并免。须俟行栈代为扣收缴清,领有税照,方可起运,俾免蒙混,业已示谕遵办。惟湖北通山等属亦系产茶之区,向来内地厘税如何征收,如遇洋商请领联单办运,如何办法,能够仿照皖赣分别征收产税捐,借资抵制,以保饷源之处,希密饬查明妥筹,酌赐电示为盼方东。 (巨甲)

(《汉口中西报》)

33.商业调查录(江汉关道为假冒祁茶照会英领事文)

(1908年6月16日)

按据祁门、浮梁、建德茶商亿同昌、鼎春祥等三十二家联名禀称,窃我华地大物博,互市以来,出口之货,丝业而外,茶为大宗,虽有红茶、绿茶、苏茶会庄行销外洋与行销内地之分,而总核厥数目,则尤以历年四五月交运至湖北汉口之红茶为最繁、最巨,各国洋商类皆挈重资驻此采办,迹其品茶之法,大约色味俱全者,不惜高□□□以去,稍逊者则脱手匪易。比年以来,详据欧西报告,参考汉阳市情,佥谓有香有色,美味醰醰者,惟皖赣所属之祁、浮、建茶适当,其选至三邑业茶,向沿用祁山字面,借资标识。其中,尤以祁、浮之出产为最优。年来成本不惜高昂,制造讲求精细,物竞天择,优胜劣败,汲汲以祁山二字横亘胸中,惟恐实不副名,则利源从此壅滞。讵知此中乃有无耻商蠹潜往河口、九江、温州等处,利用贱值买劣茶,冒充祁产箱,标记刻意仿摹,抉其最足败坏市情之处,尤在表面钤印"祁山"二字,以伪淆真,以贱腐贵,洋商容或不察,贩办入手,推寻比例,相与骇诧,由诧而疑,心日滋梦,□毕至真者亦伪,贵者亦贱,茶业前途讵堪设想。恭译商律内开《商会简明章程》及《公司注册准用商标办法》,防微杜渐,律意深微□,所以护持商务者,至优至渥。再四思维,惟有援假冒商标之例,恳准立案出示,禁止遇有将伪茶冒祁茶者,一经发觉,从重科议,并请照会各国领事切实施行,以维商务而警效尤等情。据此,查红茶为出口大宗,尤以祁、浮出产最占优胜,若如所禀,蠹商假冒标记,以伪乱真,因致市情败坏,所关良非浅鲜,自当严行示禁,以维商业而挽利权,除禀批准立案,一面出示严禁,暨分别照会外,相应照会,为此照会贵总领事,请烦查照施行。

(《汉口中西报》)

34.商会纪事(合伙开矿之纠葛)

(1908年6月17日)

李基垣前与黄锡庆合伙,拟在鹤峰州开矿,已由洋务局验款发照,兹因账务纠葛,在商会呈

控,总协理诸君以会中无案可稽,希即赴洋务局或地方官衙门具控。　(智乙)

(《汉口中西报》)

35.商会纪事(移催作速照办)

(1908 年 6 月 17 日)

铁路一带,良莠不分,栈伙上车接客,每有假冒掣骗情事,为行旅之害,兹天保栈制备栈伙袖头,特赴商会请移铁路局照办等情,总协理批准,函商劝业、巡警道,会同移催,作速照办。

(《汉口中西报》)

36.商业调查录(武昌书业调查表,武昌纸业调查表,汉阳汾酒业调查表)

(1908 年 6 月 18 日)

武昌书业调查表

牌名	所在地	牌名	所在地
官书局	巡道岭	武学官书局	大朝街
善成堂	督署左对门	三昧书局	察院坡
著易堂	察院坡	震亚书社	察院坡
中东书社	察院坡	新学界	横街
立新书局	横街	同文书局	横街
鸿德堂	横街	普通编辑书局	府街口

武昌纸业调查表

牌名	所在地	牌名	所在地
松荫山房	武胜门正街	翰墨居	武胜门正街
徐祥兴	得胜桥	韩万源	粮道街
杨开元	府街口	青雅斋	府街口
雪华轩	横街	庆云斋	横街
张万顺	察院坡	师竹友梅馆	察院坡
五云楼	察院坡	披蒲新馆	察院坡
胡开文贞记	察院坡	大吉祥	察院坡
竹索轩	察院坡	松华楼	察院坡
桐华楼	司门口	锦华楼	南楼前
柏华楼	新街口	范源丰	大陆街口
王永泰	督署东辕门	松荫山馆	督署东辕门

汉阳汾酒业调查表

牌名	住址
天吉亨	建中坊梅家巷口
江义兴	西阳坊孟家巷
椿祥	西阳坊邬家大巷正街
聚大成	西阳坊西门外大街
裕丰	西阳坊凤山门正街
协成亨	西阳坊四湾运花堤
李大有	东阳坊洗马口
义顺盛	东阳坊洗马口
天吉信	崇信下坊双街
益和厚	崇信下坊双街
谭兴顺	崇信上坊老矶头
肇大有	崇信上坊花生林
福兴祥	崇信上坊杨家河

(《汉口中西报》)

37.商会纪事(奉移催查复酌办)

(1908 年 6 月 19 日)

贡生罗四维前存裕昌堆栈机花百十七包,被庞华发私押银两,控商会,尚未判结,昨复赴关呈控,桑观察以究系如何实情,候移催商务总会查复酌办。

(《汉口中西报》)

38.商会纪事(商会判案两则)

(1908 年 6 月 19 日)

胡祥顺一案闻已在厅具结,昨已令两造仍赴厅候讯,今日胡又来会,一再乞为理结,免致在厅缠讼,且自愿再加出若干,以遂分红者之欲。因开导胡云,具结,既实扣算,须交出钱五百零四千文,即本会断为减轻,其数亦须各家悦服愿遵,既有再加求了之意,究竟愿加若干,大约各家所望即不五百,亦须四百千也。候数日,邀集黄荣及瓜菜行各家再为理处。

熊松荫、杨玉田一案,熊与杨皆羁押已久,前闻欠日信洋行之款已给领,因请厅发质,预备结案开释。本日到会询悉,日信之款尚未还清,去夏在厅缴存肇兴公司票银六百两,未能照兑,案不能结,且闻别有牵涉,均不能保释,各令还押。 (司共)

(《汉口中西报》)

39.商会纪事（商会收受节略时刻）

（1908 年 6 月 21 日）

告白事　本会会员办公均有定时，嗣后赴会投递节略者，均希于每日早九点钟起至下午五点半钟止，亲赴办公室收发处投交，掣取收条，逾时不候。再，值礼拜为会员休息之日，例不办理，如有节略，可于礼拜一来会投递为荷。至非关于商业账款、银钱纠葛及不遵格式者，概不收受，须至告白者。

（《汉口中西报》）

40.商会纪事（移请讯追给领，移请查禁冒牌）

（1908 年 6 月 21 日）

怡和祥因天门张钧记图骗货银，久延不偿，赴商会控追，总协理已准移请天门县差传张钧记店东张大桢等到案讯追，解会给领。

夔昌火柴公司在商会递控陕西义礼公司假冒牌号，于商务大有影响，请移查禁等情，总协理已准移请陕西商会查禁，以维商务。

（《汉口中西报》）

41.商界组织团防之计划（汉口）

（1908 年 6 月 22 日）

汉口商会日前开会公议，谓汉上近来匪徒出没无常，火警时见，而警察照顾不暇，商界生命财产危险已极，非设立团防、保甲不足以资辅助，刻已议定章程，拟由商界捐款招募团防兵丁二百八十名，弁目九名，驻扎商会之内，以保卫市面，借助巡警之所不逮。一俟详准当道，即行举办。

（《申报》）

42.商会纪事（议定收略时限）

（1908 年 6 月 24 日）

汉口商会开办以来，经总理及诸议董极力提倡，名誉日震。现在该会会员等议定收略时限，每日早九点钟起至下午五点钟止，由递略人亲赴办公室收发处投交，掣取收条，逾时不候。如值礼拜休息之日，不收节略，其余照常收发云。

（《汉口中西报》）

43.商会纪事（邀同查询核判，禀控侵吞官款）

（1908 年 6 月 24 日）

邀同查询核判　庆大拆货店近在商会递控高瑶阶等谓，竟庆大空票，致累倒闭，所欠欠款多已清结,核与来略不符,究由高瑶阶之仁昌祥尚欠该号银若干,该号所出空票实存若干未退,候邀询查核判理。

禀控侵吞官款　闵焕章前在沔阳抽捐兴学,近被其侄楚苟将官款侵吞,昨赴商会递控,总协理以事关学务,非地方官传究不可,已饬赴沔阳州或上司衙门具控,不必歧告。　(古乙)

(《汉口中西报》)

44.商会纪事(批赴商会理结)

(1908年6月25日)

隆泰钱庄前赴江汉关禀控郑子书借款一案,昨经桑铁珊观察批示云:两造均系体面商家,应向商会言明理处,何必递兴讼端,候札武昌县饬传郑子书赴商会凭公了结可也。

余承湛前因麻城余合四慕骗巨款,控经商务局,尚未追出,兹复赴商会递控,总协理以该会无案可稽,已准查照来略,移催麻城县作速追办。

(《汉口中西报》)

45.商会纪事(商会判案)

(1908年6月25日)

胡祥顺与黄荣等一案,胡祥顺行主因病未来,请熊姓代表。本会屡经劝胡多出若干,使分红者沾润较多,以免缠讼,胡已愿出一百七十千文,韩姓等坚不允从,日前已有四百千文之说,胡又不能遵缴。据称,在外曾公断,令出钱二百五十千文,未允,过多则力有未逮。黄云:二百五十千并无此说,此数尚太少,不足以□来望。韩姓等亦不肯将就了事,再三开导,劝其息讼,免多费用,少分亦不啻多得,韩姓各家终难遵断。熊姓代表亦不能主张使胡吃亏,案仍不能结,须赴厅讯断矣。

永昌泰与刘恒泰一案,前经断定限期月半交银一千两,本日刘同江春池到会,据云,竭力筹款犹未满一一千之数。今日拟先将筹得之款数百金交还,收回房屋契据,以使转押,再凑还数百金,以符千金。原议其余九百余金只能从缓,分年摊还,永昌泰均不允从刘以数百金赎还契据。江为担保原告,定欲千金收齐始还契据,数百金亦不愿收取。江欲与刘往议董汪炳生处商办,因令出外调处。

(《汉口中西报》)

46.商会纪事(案赔存寄被焚货物)

(1908年6月26日)

恒春公各号前有药材堆在沈家庙荣记堆栈,不料日前失慎,竟付一炬,近向荣记索赔,已以火起无因等情在商会递控。

(《汉口中西报》)

47.商会纪事(禁止诬控)

(1908年6月26日)

沈荣田去年十二月在商会诬控桂德夫伙冒骗账一案,业经查核合同,诬控属实,亦未深究。讵沈听人唆从,昨又赴会递控,总协理以如再不休定,即送厅究坐。　(古乙)

(《汉口中西报》)

48.武昌开辟商场之计划

(1908年6月26日)

武昌自开通商场,经前督张中堂划定,自汉阳门外董家坡起至青山为止。现鄂督陈筱帅谕饬商场局总办王观察元常,即就董家坡起至大堤口止,沿江一律起造西式楼房,为商场之第一段,俾期市面逐渐振兴,并加委督署总查电报委员晋太守龄充该局提调。至所遗电报房事务,已改委林太守翊接办。

(《新闻报》)

49.商会纪事(饬令奉批遵行,希候传讯究追,移请饬县讯追等)

(1908年6月27日)

饬令奉批遵行　同兴裕等前拟将流通巷码头公产建作水龙公局,已禀请汉阳县夏口厅立案,未奉批示,兹复赴商会递请建作水龙公局,总协理以能否准予所请,已饬奉汉阳县夏口厅批遵行。

希候传讯究追　唐理阶前因泰昌倪□善掣买骗价,控经汉阳县批准差传,兹复赴商会递控,总协理已饬希候汉阳县传讯究追,不必歧控。

移请饬县讯追　万泰隆近在商会控熊万顺骗账不还等情,总协理诸君以事关商务,已准移请湖南常德府饬县秉公讯追,以惠远商。

商会判案　据本镇豫康钱庄、万泰隆,同春、瑞和海味号,福太裕伞店,太盛合、乾太源暨贩卖牛皮之黄发祥、郑正兴、徐庆太,小□客人天祥永等,广益桥、顺太昌山货行东熊秀山、冯子玉暨新东倪汗溪,伊侄管事倪星阶,揹货盖印,许还不还,局破债□各纠葛,前在四官殿经八大行绅商黄翰臣、俞清臣、萧朗山、杜青山劝断不遵各等情,先后节略来会,当邀齐两造,倪叔侄□均未到,详询熊秀山暨各欠户,情出一词,当责熊既不慎重□股,又不邀倪,当众卸责,难辞同谋。熊云,倪已转请金泽生,准于明日接凭原绅商暨各宝号,拟分五、八腊之期各数推还,固有此议,故今日不便动声色,且情词恳挚,当劝慰各宝号暂安一日,届期务到,可允则允,不可自误,如万难为,熊亦不能卸其□,究日再理。

(《汉口中西报》)

50.论汉口商会请设商防营事

(1908 年 6 月 28 日)

政府不能以兵力行外洋经商之保护,图商业之进取,则必注重于国内之商地,注重于国内之商地者,既厚商力,尤厚兵力,以保守为进取,尤合于国势之进行也。虽然政府之力仍将不给,不给则听商人自为之,商人得商业之安全,政府得商地之巩固,犹算之多也。夫然则汉口商会之请设商防营,亦政府之所乐得而赞成者矣。

虽然商会之创设商团,而命名则曰商防营,其所防者,亦作者意中急欲防之之事,作者虽固知之,然必故设一问曰:商防营之所防,防谁也?作者之意见以为,商防营最高之目的,则在增重商会之价值,得以凭借威灵,长驾远驭,使我汉口成亚细亚商业之联邦,执廿一行省之牛耳,进而与群雄商战于欧潮美海间,一跃而进国家商位于第一等。其次,则挟其势力为商界之郭解、朱家,排解一世之纷难。下此,则仅以自守,奄奄忽忽不足观矣。往者英以一商人之力而占领印度,心常仪之,吾国春秋时之弦高,仓卒应变,领资产以救祖国之焚灾,其爱国心岂遽在西人下哉?且郑国之在当时,国势之微弱,犹酷类于今世,得一爱国之商人即可以免,则知弱国之行商,所重尤在智计也。然则商会诸公之创设商防,其意识之远大,未必不百倍高我,特其命名之义,则不得不姑且如是,又作者之所曲喻矣。

即以商防之本义论,亦莫大之关系也。以汉口为九省之通衢,全国商业之中心点也。汉口之商业失败,即全国之商业失败;全国之商业失败,而全国之财赋安出?汉口危,天下败矣。迩来长江一带会匪充斥,其垂涎于汉口之财赋也久矣。徒以事会未至,暂尔潜踪,一旦不讳,匪势猖獗,商人手无寸兵,坐以亿万资财,□之危卵,纯恃官军以为护救。无论仓皇烽火,官军之势,万难兼顾,即可兼顾,而依人作计,呼应亦必不灵,则与束手待毙,仍何少殊耶?顾此,犹祸之显而易见者。方今时局危疑,民心日归于无着,铁路愈兴,汉口之交通愈急,其尤意而生冲突,祸患百倍于会匪者,犹有远在千里,近在目前之势,则又非徒手者所能免也。总之,但祝天下恒无事,有事则汉口必代天下而受敌,形势使然,不可逃也。然商情则明亦知之,徒以事关创举,相戒不敢先发,必待摊□之变,已成□车,而始徐而善其后,亡羊补牢,未免略晚,中国之事大抵如斯,不足怪也。

前者摊民罢市,全局震恐,商会□□其间,唇焦舌枯,仅得转环于事后,而不能维持于事先,非□于前而工于后也。无商团以为实力,则商会之声望,不足以起摊民之□惮,必待弹压兵至,而后互相借重,商会始得一下说辞,□其解散之目的,则观于此,尤见兵力之可贵也。虽然吾窃不能不以摊民之罢市为商会之反助力也,使无罢市之风潮,则商防营之设,商会至今必不敢请,即请之,而上官亦未必以为可急,遽如所请,以令施行,迟疑姑待,以至于拜,可断言者。然则摊警之变,固天下假以佑启我汉口商会诸公,诚商业莫大之幸福也,愿酌一杯,祝我汉口商防军万寿。

(《汉口中西报》)

51.商会纪事(商会判案)
(1908 年 6 月 28 日)

周万顺□货号控店伙黎□三措骗一案,屡经厅尊暨本会传讯,每每各执一词,观周,尚稍有慷慨,黎则有意刁玩,其情词可恶,其事体可悯。本日来会,据周云,昨经厅□先后□骗真伪,暂置不理矣。吴益泰欠周银九十余两是实,着黎如数缴出,吴房契归黎收去,如无现银,有的保亦可。黎云,官断钱六十串交保有之,并未云缴银一节,且此钱□系交保后到车埠,将该产查明未卖,出售后方可交清,若在汉,亦无处设法。本会拟从轻了事,仍系无根之词,暂着还押,由厅追给可也。

(《汉口中西报》)

52.商会纪事(移请传讯究断,饬邀公同理结,希候便为转达等)
(1908 年 6 月 29 日)

移请传讯究断　蔡静亭前在商会呈控王松泉背□加租一案,业经迭次邀集,乃王延不到会,以致无从理结,昨蔡又赴商会递控,总协理已准移请夏口厅传讯究断。

饬邀公同理结　万泰永拆□店童其玗近与王镜明拆伙,屡次凭人理论未结,兹复在商会递控,总协理以合伙既有合同,拆伙又有账目,仍可邀同评理,以期明白了结。

希候便为转达　黄发义前有堤外地亩被上宪不肯拨给,昨复在商会递陈苦情,并恳求收价给产,总协理以地亩纠葛非该会应理之事,能否为力,姑候便为转达。

递陈苦情　后湖农民前因清丈新章取缔太严,致有暴动情事,近特在商会递陈苦情,请为上达,总协理以力苟能为,自必代为声请,惟权不我属,只在力之能为云。

商会判案　据李光甫控仁昌祥钱号管事高瑶阶一案,因去年底李代祥发堂存银五百两于该号,不料今四月为庆大拆货号空票累闭,高自投厅押,李频讨此银,高许还未还,延滞至今等情,节略来会,当传讯两造,高云:因同伙倪姓牵连,我素心不愿措骗,今他款多已清结,李项实因小号被封,铁柜内尚存银二百余两,如账据在厅,外欠无凭可收,叠请厅宪将小号启封,账据发还。未准。今恳求贵会移厅,如启封还账,李款可许即日完结,决不食言。李云:可能立限单否?高即亲笔书立限单,期以五月底止,存会。本会当准其移厅给还账据,俟银交出再理。

(《汉口中西报》)

53.商会纪事(饬候查访办理,饬候邀集询理)
(1908 年 6 月 30 日)

饬候查访办理　李恒甫前将妓女花寿琴拐卖,控厅收押,昨赴商会递禀,称伊系安分良民,于拐□确不知情,总协理以此事本会未便干预,惟称系是良民,姑候查访办理。

饬候邀集询理　李基风、黄□赓前在洋务局验款发照,赴鹤峰开矿,近因账项纠葛,以致在商会涉讼。昨李又赴会递控,总协理以此事非讯莫明,已饬候邀集询理。

(《汉口中西报》)

7月

1.商会纪事(准再邀询评理,着候移到核办,饬令送候核办等)

(1908年7月1日)

准再邀询评理　中桐洋行控泰记制造方根龙牌有私□中桐洋行机械冒牌一案,当经夏口厅移送商会邀理,因中桐洋行执事未到,以致未能询理,现泰记递节略,总协理已准续邀候两造到齐,再行询判。

着候移到核办　王舜臣前被王干臣倒逃银两,久延不偿,控厅收押,尚未追出,昨复赴商会递控,总协理已着候夏口厅移到,再行核办。

饬令送候核办　义茂隆等前因湖南仁发福吞骗□匿,控经商务局移湖南长宝道转饬拘追,尚未断结,兹复赴商会递控,总协理以现在商务局裁撤,卷宗已移交劝业道,已准抄录来略,送候核办。

商会判案　据木商郭□发控余焕卿伯侄揹骗一案,当即传讯,靛未到,两造各执一词,窥其形色,各有屈衷,惟此事始终皆靛之局诈,并串有郭新元,以致如此,今着焕即速将靛交案,焕亦允当,慰郭俟靛到再理。

(《汉口中西报》)

2.商务总会告白

(1908年7月2日)

查部奉,凡商人因事纠葛诉诸商会,由商会邀两造理处,其意义原为入会者而言,敝会组织伊始,初未稍分畛域,今因事务较繁,恐有不周之处,公议自六月三十日以后,凡未经注册入会者,投递节略,概不收受,先此奉闻,请祈谅之。

(《汉口中西报》)

3.商会纪事(饬候邀集询理,商会告示,商会判案二则)

(1908年7月2日)

饬候邀集询理

刘西□前因马□亭拖骗巨款,久延不偿,昨赴商会递控,总协理以银钱纠葛非讯莫明,已饬候邀集询理。

商会告示

告白事　查汉口大小营业,汉口有帮董于帮中商情无不□□,□有一切纠葛,其中细情,亦必烛照无□,本会新增定章,自六月初十日起,凡因来会投递节略者,必须先投帮董,并于节略上注明帮董某某,加盖图章,然后收控,如先未控鸣帮董,又未□□□□章者,一概不收。至定期□询之案,除由本会先期知会两造并邀禀此案帮董外,并应由两造自行邀请各帮董届期莅会,会同评论,以昭公允,务□查照,须至告白者。

商会判案二则

川帮德厚荣之堆栈荣记前四月二十日夜二旬钟失慎被毁各情,经该管事蒋沛灵具略来会,移厅备案在卷。今据药材帮恒春茂等二十六家联控该栈私售大批客货,□火自焚,理应索赔,已经议董蔡、周、吴诸君二次各等因。节略来会,当邀齐两造,情同词异,且均无官据可指,当慰以两造暂退,俟本会调查明白,邀请原议议董改日再理。

前协记绸号所控汪理藩与丸三洋行涂□□一案,今传协记未到。据涂云,前呈白契一纸之地皮,今已遵前判,由族兄等托萧朗山并丸三邵云生价卖与郑芝亭名下,计钱三百串有奇,原约今午立契,由邵姓执贵会□出取约之收条□白契取去,当可对价,责以可否□□。涂云,一二日内该款准由萧朗翁交会可查。并恳此款如到,协丸两下摊还后请□等语,当允。俟文到,再邀三造理结可也。

(《汉口中西报》)

4.论商会与地方官之互为维系

(1908年7月3日)

汉口俯□东南,挟长江以交通洋海,顷□主张铁道之活动,唤起西北之进行,是二长江也。挟二长江以与天下周旋,则汉口者,尤吾中国之流动性也。然流动过激,则反□轻悍,疾无所恃,以停蓄而收泊,而商业乃泛乎?若不系之舟,汉口之商业,有生死一世之势力。吾人之前途,将恃以为救命符也。令人事无所维系,则汉口为水,商业为舟,舟载吾人前途之救命符,水势惠卒,则舟震薄而帆不得转势,且至于覆没。覆没,则失舟之事小,失吾国家前途救命符之害大,此则存亡生死之交关,不可以不念者矣。且夫维系地方者,地方官府之责任也。汉口之为地方,尤关系全国,不啻含有各地方之重,光得一汉口而□之,即可为全国效力。是汉口之地方官,尤宰相之小试,地方官之最可有为者也。然事独揽则势难兼顾,权太分则反不易举,故商会之成立,代商人而坐镇商业,即代地方官而坐镇汉口,又团体维系之,决不可无者也。虽然维系者必有实力以济之,实力者,势力所发挥也,否则势力一有所不给,则商会虽设,其符不灵,而行之稍久,即同虚器,人又将以是观汉口分量之轻重矣。以故欲行汉口之维系,须官力与商力两者势力之进行,均完全而无有少缺,相救而不相害,乃可以共达于公安,不然水火之势成,而官与商各为壁垒,以相战于意见之野。譬之两舟,行急湍,舟相触而致漏□,人不谋补葺而且械斗于船头,胜负未分,舟已没矣。然则维系汉口者,顾不恃官商意见之调和哉?况以新造之商会,虽得政府之特许,至其实力有所发表,犹必恃官力以为支应,则地方官者尤商会势力之保证人也。令地方官或持之,俾不得势力之周转,则商会者,大将军之□身,不足以易一醉,外强终(中)干,□不败矣。故曰:商会者,势力之后起也;地方官者,势力之先□也。商会虽贤,得地方官而效力益愿。韩子有言:莫为之先,虽美弗□,莫为之后,虽圣弗传。此之谓矣。虽然中国之对于一切新政,往往若见儿童之索玩具,其始则啼笑求之,不得,则若有性命之失,然既得之后,三五玩弄,即便弃掷,任其毁折,不复在意,此事之所以不成,而成之亦不足喜也,何也?无护惜之坚持力也。今试假设一辞,令地方官万一与商会交恶,地方诸人必且如风雨画晦,在堂受课之学生,乘其际而怀罢读之意,想不复谋济之以烛矣。嗟乎,至于如此,则商会一行解散,而地方官之势亦成孤立,非汉口之福也。昔者蔺相如之交驭廉颇,其言有曰“秦之所以不敢侵赵者,徒以吾两人在,若两虎相□,必有一伤,赵国危矣”,斯言也。吾愿热心救世诸公□念之,维汉口以系天下。一执之意见,不足存也。

(《汉口中西报》)

5.商会纪事(商会判案两则)

(1908 年 7 月 3 日)

据蔡镜亭控王松泉背据加租一案,并前之住户朱紫垣一并传会,王未到,据蔡、朱所供,情出至诚。然事起于王,非王到案,无从理结。

据□□街泰记轧花机厂与汉阳广和昌楼厅互控一案,今传两造,泰记□朱文琴、广和昌主李家绍、经手柏钧臣一同来会,详询之下,虽各有理,亦颇有不是之处,如广不应冒泰之商务局注册龙字牌样,泰既知,可来会论理,何得聚众强抢广车床板二件。既彼此皆有不是,且系同业,何必参商,广此后务另改牌样,可将原车床板送还,劝慰再三,广允,先当会具结,泰亦允原板送还,完案。

(《汉口中西报》)

6.商会纪事(节略照录)

(1908 年 7 月 4 日)

陈永昌等□沙厂十五家,公愤不平,投明商董某君公仝联名,呈递节略于商务总会。代广利昌□沙机器厂东李家韶品行忠厚,人皆欣羡,乃于五月初间有胡姓客人在李厂定轧花机器十二架,乃系定做龙字牌,下注□记,前日交妥起运矣。忽于昨日有汉口泰记吕芳根纠集汉阳支店刘永泰工匠数十人至李厂,冒伊商标,百般凌辱,强抢轧花床板二块而去,并云已在商务局注册,明日即有差来传究,非罚李补数百金不可。伏查吕厂所造乃系龙字泰记之商标,可见吕芳根所造与李所造各有牌记不一,其情可鉴。而吕等素日之强暴,人皆恨惧,且李遭凌辱,厂工数十人亦惧□,停工两日,则又吃亏不小,况明聚众抢物,暗行借故扒窃,李□□受害非浅,冤屈难伸,只得诉鸣商麦永荣等,又布告同业陈永昌等,以李无辜被害,惧□自愿歇业。知吕等素日横行无法,可拒为□公呈商会协理大人台前,恳移复夏口厅差传泰记吕芳根及汉阳支店刘永太并滋闹抢物一二人等,到案惩办,以儆刁风而安商业。上呈,光绪三十四年五月十八日。

(《汉口中西报》)

7.商会纪事(饬候邀集询理,商会判案两则)

(1908 年 7 月 5 日)

饬候邀集询理

王清魁前将货物卖与同兴泰,近因被其掉换,昨赴商会递控,请予追给等情,总协理以两造各执一词,非讯不明,已饬候邀集询理。

商会判案两则

生员姚锡□控胡瑞□术伙揹算一案，前详询数次，胡并呈有账据三十六本在会，经本会核查，错讹诸多，曾劝以至戚何必□讼，两造未允。今连传二次，胡皆不到，其揹算情形已经显露，姚请移厅究追至再，当慰以身列上庠，名声紧要，戚好情殷，何愿□讼，且该账存会，胡此后万不敢另生枝节，如仍不法，本会可证，案从此结，可矣，姚当□遵具结完案。

汪同善控谭钟夫一案，十九日传谭未到，今传仍不到，本会章程，不论原、被告，经三传不到，当移地方官究办，今已准汪再传谭一次，如仍不到，当移厅究理。

（《汉口中西报》）

8.商会纪事（希候移到集判，指控匿约不认，商会判案）

（1908年7月6日）

希候移到集判　义源前因王培松欠银不给扭厅，经金太守讯明，准移商会理处，兹复赴会递控，总协理已饬希候移送到日邀集评判。

指控匿约不认　长沙开济公司近因□商□□□□匿约不认，昨赴商会递控，恳请追给等情，总协理以事关交涉，宜禀请上宪照会，方为正办，本会未便越理。

商会判案　据冯子玉、熊秀山与欠户徐文波、倪汉溪君等互控一案，前经八大行绅董理调未允，嗣由各欠户投略来会，传讯各词已载前判。今由前之绅董在四官殿续调，又未允，两造催请传案，经邀请，两造均到，经本会总理卢君，议董齐、黄、史、孙四君，帮董杨、俞、萧、杜四君一同详询，窥倪之词色，始而借银本属好意，继见冯熊屡借不休，即生畏惧之心，暗设此谋，收已银是实。然柯、陈两君暨冯、熊等过不慎重，倪果真上股，何冯、熊屡晤，非不见面，即面，亦不决一词，总以问柯、陈是对，即可见两造真情，倪言辞闪烁，早存卸责之心，冯、熊情迫，但求事成，不顾吃亏，是以筵请中证，逼王□泰下股，擅销合同，竭力措本，弄假成真，局破债悬，无可医药，此乃两造之过。事已至此，追悔何及，今惟劝倪既属殷富且为事首，如不合股，当吃亏数千金，方可完案，况顺泰昌生意甚茂，开张四年，有五万金毛利，试问该行本金、人力两属平常，何以尚有如此气象？□此后派一精妥管事，百务维新，着内欠各号银两检账列表，分两等归楚，如往来在五百两以上，不论全数、尾零，分三期归还，往来在五百两以下，皆属小贸，两期必要清结，外该尚有银二万八千余两，作对层收归，亦可得银一万四千余两，再加以账据认真，岂此行无有起色。合股与不合股，孰得孰失，公自评论，理劝至三，倪许以三日回信，嗣劝冯、熊等与各欠户暂回静候可也。

（《汉口中西报》）

9.商会纪事（饬候邀同讯判，商会判案）

（1908年7月7日）

饬候邀同讯判　传瑞芝前托刘光开收银，嗣因被其私入已囊，昨赴商会递控，请予追给等情，总协理已饬候邀同到会质讯评判。

商会判案　华昌公司账房控威华公司胡子安、屠立安揹骗一案，当邀两造到会详询。胡云:非有意延滞,因与敝东小有纠葛,将前起土地被伊索去,今屠又他就,此工程归胡独办,必换立合同,另买地皮方可。至铁车轨路已在预备等情,当询以借轨道加车力,诸多周转,保无延滞,不如原地为妥,至换立合同,请何人中保,工程何时可交,今当会言定,以免又复支离。胡云:俟地皮定准再换合同,立交单。问当在何日,云三日回信,华亦允候信,完案。

(《汉口中西报》)

10.商会纪事(饬令补给核销,移请归案核追,移请归案究追)

(1908 年 7 月 8 日)

饬令补给核销　吴香石前因瑞兴号被汕头连和行拖累,现已折还了结,特赴商会具结,递请销案等情,总协理以检阅并无切结,系临时遗漏,已饬令补结送会,以凭核销。

移请归案核追　德昌祥前因广同兴倒闭,银两久延不还,昨在商会递控,请予追给等情,总协理已准移请夏口厅归案核追。

移请归案究追　复胜谦前买牛皮赴水口卖寓黄大元行,黄给以汉口蒋元顺银票一纸,计银四百四十两,讵到汉,蒋不照兑,在商会递控,邀询未结,刻已移请夏口厅究追。

(《汉口中西报》)

11.再论汉口商会请设商防营事

(1908 年 7 月 9 日)

汉口商会请设商防营,前论既赞成其事矣。然作者闻之,商防营之成立,拟暂募勇丁一百八十人,作者细思,此仅仅一百八十之勇丁,纵极练胆、练心、练气、练智十倍,其能力亦只获千八百人之效用也,即以千八百人之效用,敷设于九省通衢之汉口,而欲其达作者完全之希望,其又奚能?而况乎不必千八百人之效用耶?

不必千八百人之效用,则直百八十人之效用也,至于百八十人之效用,力少则势易弱,弱则不可聚,不可聚而尤不可分。不可聚而尤不可分,一旦汉口有事,危及商业,此一百八十名之商防军,当一面不能,资坐镇不能,首尾兼顾又不能,其能者,耗商会之财力耳,则是百八十人者仍无一人之效用也。

岂惟无一人之效用,而就其耗蚀商会之财力言之,驻扎需款,军械需款,服御需款,操练需款,款之所需,数倍其饷之所需,然则无一人之效用者,且有百八十人之损害,且尤不啻其千八百人之损害也。

是故兵之为用,如服信石者之杀虫,信石之为物,性最毒烈,多亦为害,少亦为害,适于杀虫,则且为利服信石者,取其能杀虫而已。用兵者,取其能杀贼而已,商防军之成立,虽不遽取乎杀贼,然不可无杀贼之预备,故曰:商防军之预备,取其能独立而已。

虽然独立,则断非一百八十之商防军所能也,势必出于添募,添募则商防军虽可独立,而成劲旅,然太阿倒持之患,又政府所深忌,而万不允许之数也。不知天下之思乱者,失业之游民也,无告之贫民也,绝不得志之士民也。其思乱者非果利于乱也,利于乱之,或足以富贵易贫苦也,商人坐拥厚资,譬之金瓯,不自完全而无缺。况商而仕者,何限只一捐输、一报效之劳,欲富则千金,欲贵则公卿。吾家老陶朱何足罕异,而谓其舍现在之安乐破坏之,而更造未来之幸福,失者不必得,虽得,亦不必偿失,必不然也,必不然也。

故曰:天下思乱,商人思治。商人者,具于仇乱之特性者也。具于仇乱之特性,寄兵于商,国家之外府也。且商防军之力厚而可独立,更推而扩充之,于各商埠、各商镇,仿其制以为式,则国家少练兵之费而缓急,尤得所倚赖之利也,不然晨星落落之商防军,吾决其将来之末路,绿营之末路也,更犹不及绿营之末路也。

往读明史,□贼犯关,烽火烛天,式微之际,怀宗谕周后父以家丁护太子南奔,后父泣对曰"臣何敢吝家丁"。吁嗟!泣矣,亦何及矣。

(《汉口中西报》)

12.商会纪事(准予备文移催保险赔银,移请并案究追,请补抛卖芝麻填银等)

(1908年7月9日)

准予备文移催保险赔银

议董汪显述前因大昌店屋在□□保险,近因被灾,久不赔银,昨赴商会递请催办,总协理已准予备文移催,以期速结。

移请并案究追

江西临州县何勋堂前欠汉口各款被控,不止一起,已由该县移解夏口厅押追,兹复有公和生赴商会递控,总协理已准移请夏口厅并案究追,以重欠款。

请补抛卖芝麻填银

黄晴初前与同乡曾福抛卖芝麻,不能依期交货,政令自买以填,共计应补价银九百余两,昨赴商会陈期,总协获(理)以既有乡谊,已饬令商量算账,必易明白了结。

申明地皮未便干预

千总张福堂近为地皮纠葛与刘登五涉讼一案,张近又在商会递控,总协理以系地皮纠葛,非商务可比,本会不便干预,代为调停可也。

商会判案

药材帮恒春茂等共六家联控荣记一案,经本会总协理与名誉调查各议董采之舆论,妥切磋议,据恒等所控,既无实据,又无保险单,碍难令荣记赔偿。等因。兹复邀两造并理案,议董周、叶、吴、冀诸君莅会,一同研询,恒等仍执前词,大众理劝,不惟不遵,反加以恶言厉色,本会实难理结,听凭自便可也。

徐文波控伍善夫叔侄一案,因伍氏下乡未到,改日再传。

信义储蓄银行控李儒臣、杨村父延款不交一案,均未到,无从理处。

(《汉口中西报》)

13.商会纪事(递请提释不准,递控搜洗捉押,批斥通镇堂班陈明自治所章程略等)

(1908年7月10日)

递请提释不准

熊松荫以肇兴公司纠葛一案,业经了结,前赴商会递请提释,曾准夏口厅□以不能保释,勿专□释放,致令为难。等因。函请前来,故仍还押,近复递请提释,总协理以必有他故,未便照允,希赴夏口厅请保云。

递控搜洗捉押

张松□欠广□周乡全货银五十余两,周约多人搜洗伊铺钱物,并捉学徒周昌池,生死无着,昨赴商会递控,总协理以此案情节不轻,已饬赴厅具控。

批斥通镇堂班陈明自治所章程略

查创设济良所,原为不肖□妇虐待妓女,甚至逼良为贱,种种惨状,时有所闻,均有此议,今阅来略,名虽改良自治,其实恐济良所成立后,于各堂班诸多不便,故为自卫地步。盖所呈章程,首条即谓妓女志在从良,为班主所钳制,不愿赴良所者,便可通知来所理事,出场调停等语。夫济良所原为妓女从良所设,如其志在从良,决不愿赴济良所之理,何必由该堂班等巧立名色为之管理,似此名为调停,暗中无非钳制,使之不出范围,仍得施其毒计,居心殊不可问。而第三条所称外来妓女欲搭班者,须缴公费钱一百串一节,尤见歧视苛勒,多所窒碍,未便准行,此复。

移请严行饬追

汪世昌因江西清江县杨绍丰等掣骗银两,久延不偿,昨赴商会递控,恳请追给等情,总协理已准移请江西商务局严行饬追。

商会判案二则

徐文波控张春亭并伍善夫两案,据今徐面云,□□顺记张春亭一案,已遵原议,该银分六、八两期还清,并托夏荣卿函告销案。伍善夫来会,侄汉卿抱病在乡未到,当与徐两造对询,伍□侄汉卿失票之时,普通公司已经停歇,该票又曾止兑,今事隔四年,不问下家,专控我叔侄,与汉上商例不合,□□言甚激烈,余亦难与辩,且汉卿未到,当慰两造,俟汉卿病好来汉,当代请贵帮议董数位公同评理可也。

涂寿卿一案,今来会,当斥以二十二日面供地皮已经售妥,由邵云生来取原契,至迟二十四五日定可合约兑价,何今已二十八日,尚无消息?涂云,前情真实,毫无相欺,因身在押,无从讨信,今求函告萧君,作速屈成,以免久羁,不胜祷切。当准其函告萧君后,仍令还押。

孙□汉一案因大雨,传,未到,未理。

(《汉口中西报》)

14.论汉口之将来

(1908年7月11日)

中国巨埠,苏则上海,鄂则汉口,一为海舶之聚点,一为江舶之聚点,商务之繁,甲于天下。

美利坚之纽约，英吉利之伦敦，何以过是？然据近世之调查，汉口固不下于上海也，不过，汉口商务半赖上海为母财耳。

汉口距上海六百里（里字据英度也），置扬子江北岸，当北纬三十度三十二分，东经百四十度十九分，人口八十余万（据近日调查），为九省总会通衢，湘皖之谷米、煤炭，四川之茶、烟、药材，北部诸省之兽皮、杂物，上海之丝线、海味、人参、樟脑，无时不于此仰鼻息焉。帆影蔽江，星罗棋布，人声沸沸，汽笛呜呜，求之全世界中，舍沪上无能出于右者，则谓其将来为亚洲之桑港，亦无不可。

顾汉口自京汉铁路成后，大异四十年前之局，而商务一变，今年复有川汉、粤汉铁路之开办，商务当远驾前途十倍，此无可疑者。四通八达，江汉殷殷，白皙人种，翩翩并集，昔日地势以长江上游为重镇者，今则变为世界竞争之中心矣。然料其将来所急宜改良，所急宜预定者，请建十议以为当局告。

一曰卫生。汉口之地，五租界中，清洁以英为最，坦平之路，绿树垂阴，憩□球场，举目皆是，洋楼使馆，高耸入云，卫生之道，至精且密，非老大帝国所能及也。正街则非常狭隘，汗气蒸腾，屎积尿流，满巷如一酒馆，肉店之腥气，令人掩鼻而过之，一遭淫雨，厕室之污秽，数日而不得尽，空气不洁，莫此为甚。故入秋以来，厉疫交作传染，殆遍死者日以百计，惨□伤心，诚有令人不可闻者矣。近闻有改良厕屋之议，此亦得卫生改良之要领者，以汉口人烟之密，通衢数里，无一厕屋，行旅商贾最不便者莫如是，即或有一二，悉在隘巷之中，前年某月至有某厕隳数人之骇闻，虽曰此无关乎汉口商务之进步，未始非卫生之阻力也，所亟宜改良者此其一。

一曰警察。警察者，地方自治之模范也。改良汉口，必自改警察始。然汉口警察，办之数年矣，类皆召募市井之辈，而少识字者，警察之形式则有之，精神则否也。改良之法，尤以多增巡士为最善，日本通商口岸，巡士以数千计，故人烟虽密之处，无传染不洁等患，警察之力也。今汉口警察，合计不过百余，以九省最繁最重要之通衢，照料调查，自非此百余人耳目所能及者，即假日本警察行之，力恐不逮，况皆素未训练，不明卫生之规则者乎，所亟宜改良者此其二。

一曰电灯。汉口宇舍毗连楼居者多，晚间灯火用煤油者，十之八九，一遭倾泼，至□焚如，下舍右邻同时被祸，使电灯倡设，则火警之患可免矣。且两家合□，其费其廉，即上下数层，可无倾覆之虑，其便一；通宵达旦，光明如昼，而盗贼无藏身之所，其便二；警兵夜巡，可不举火，其便三。地球各国，凡商业最繁之处，无不视电灯为交通上所必需，近上海仿之而火警绝少，是其明证，独汉口以此为缺点耳，所亟宜改良者此其三。

（未完）

（《汉口中西报》）

15.记武昌省城组织商业近状

（1908年7月11日）

西局段内藩西街路南第三十号铺楼一座，现有某甲承租，开贸萱华楼，以供同胞憩息之需。

中局芝麻□路西陈同泰油漆店现已迁居，其房屋经一巨贾重加修盖，开设永吉估衣庄，至交易之期，则须工竣后再行探告。

（《汉口中西报》）

16.商会纪事(商会判案)

(1908 年 7 月 11 日)

刘西□控周远亭借款不归一案,今日传周未到,察刘年幼忠厚,当仰原中陈幼根以理劝周,早日归还,如有意拖延,刘再投节略,本会当移厅究追。

据李春山控湘潭水兴隆□汉吴客罗寅生购李之麻袋尾银计欠六十余两,屡讨不归一案,当传讯两造。罗云,与李交易已非一次,数无异言。缘今春买李麻袋由太古报关输运至长沙湘号,凭□单在长沙提货,转拨至湘,麻袋每捆计二万五千条,提□□用,每捆有一百五十条,有一百八九十条、二百条不等,共欠麻袋九百余条,照湘函扣算,亏银一百余两,今扣除尾银外尚欠甚多。李云,与罗交易,一无错讹,且报关输运,颇为认真。此次因该轮载麻袋甚多,大小捆不齐,湘号人提货人不□,且中途转拨,岂无偷漏,况彼时长沙麻袋缺货,人所共知,窃者必令责赔偿。当询先时可曾言明此货包交湘潭否,两造云无,当断以一百五十条捆与二百五十条捆相去甚远,湘号提货人过于模糊,罗亦不能失检点之责,今提单已销,货包开□,用去慢说,如此短欠,纵全数错完,亦不能责人赔偿。当劝李罗号吃亏是真,且伊乃代东为事,亦不能过于难为,此银汝彼此认半,令罗付银三十四两,余作李义让,苦劝再三,两造方允,当同立甘结,完案,字存卷,案遂结。

泰记□厂控中桐洋行一案,泰到中未到,未理。

(《汉口中西报》)

17.论汉口之将来(续)

(1908 年 7 月 12 日)

一曰道路。巧□之算起于点线,风化之开基于切近,道路者,国家之枝叶也,故道多□草,孔子决陈之必亡,湫隘嚣尘,贤者叹其地之不可处,道途不治,未始非吾国第一缺点也。汉口之地,街衢宽者不过丈余,窄者仅容并肩,而曲里狭巷更无论矣。西国通制,通商之埠,宁舍多面江,最狭之街市亦二丈,一则新陈之空气可以交换,一则舆马之众可以畅行,法国巴黎街市共有三道,电车、马车各行一轨,而行者无彳亍之苦,文明国固如是也。汉口街道仿此固非易易,若能于正街中展五六尺,行旅既便,空气流通,即火患之灾,亦稍可减断,不至祸延数处,致妇孺毙于焚践之惨也,或谓地缩则有人满之虞,若能尽改洋房,多建层式,房主、商贾亦必乐于从事,则容量之大,尚且过之,所亟宜改良者,此其四。

一曰流氓。西儒谓,文明之国无游民,盖妨害地方治安,以流氓为最甚。汉镇流棍、地痞见于保障者,几于无地不有,光天化日,任此横行,鼠窃狗偷,所在皆是,其借端讹诈为生涯者,散布于租界上下,刓目□胸,屡岁皆见,然犹曰:有警察巡捕以防护之,而不致明目张胆也。愚意以为弭患之法,擒其首恶诛之,惩一以儆百,□几首患既平,群小自熄矣,所亟宜改良者,此其五。

一曰自来水。公共卫生,自来水犹属最要之务,汉口近已仿行,由□国承办矣,此中利益,实难殚述,观异日之效果可知耳,所亟宜改良者,此其六。

一曰报馆。报馆者,文明之表象也。国家之强弱赖之,人民之文野赖之。譬之血脉不通,则病;道路不通,则滞。俾斯麦曰:经营社会者,不可不利用新闻纸。东西各国所恃以发达个人之特性,联合商业之交通者,学校报纸,几有势力平均、缺一不可之势。汉口报馆现在不过数处,销行不过万份,以视上海报界林立,瞠乎其后矣。然其缺点者,多政界之报,而少工商之报,多言论之报,而少白话之报,人民阅报程度,多在幼稚,故销行不广耳。世界开化最速之国莫如美,以七千六百五十余万之人口平均计之,十人中阅报者有二,富强之势可想矣。汉口若能多办白话报,论商业之事,则阅者多而感人速,流通既广,脑质自新,热度既高,进化自速,所亟宜改良者,此其七。

一曰商兵。西人之于商业也,保商有公使,护商有兵轮,且不独谋中国之利而已,借以练习水兵,海道一旦有事,商变为兵,形势利害,历历在目,故无往而不胜也。汉口商务冠于中国,一旦有警,尤为群雄必据之地,其枭匪盗贼,借此为出没者,更无论矣,近本镇商会有设商防营之议(见本报五月三十论说),诚得西人护商之法,又我国政府所亟宜提倡者也,所亟宜预定者,此其一。

一曰电车。交通之埠,行旅艰苦,各国皆然,自电车倡后,而商界之局一变,近日上海仿之,已著成效,汉口街最长,行者之苦,自不待述,诚能如前说,展宽街道以仿行之,成效可立见也,特中国人之性质,难于图始,利于乐成耳。提倡之责,此在商会,所亟宜预定者,此其二。

一曰公园。世界通商之国,莫不有公园以供商旅之游眺,多者十数处,最少者亦两三处,盖人生精力有劳苦,不可无愉快记,所谓张而不弛,文武弗为也。一社会中日熙熙攘攘以逐于商战之场,终岁经营,使不得一日之休息,则社会已成一干燥无味之世界。而天演界中,又何乐有此一分子乎?西哲谓,公园所以供人类之愉快,增心智之发育,以养成国民清洁、优美之资格,故经营不遗余力者,重社会之卫生,非重个人之卫生也。以汉口商业、人类之繁,无一公园以为游憩之厂,在初至中国之西人见之,未有不诧异者也,所亟宜预定者,此其三。

以上十议,诚极简极便之事,果能切实改革,则数年后之汉口,可与上海并驾,衮衮诸公,以刍议为可择乎?愿勿视此为一篇官样文字,则幸甚矣!

(《汉口中西报》)

18.商会纪事(商会判案)

(1908年7月12日)

义源银号控涂少常叔侄延款不归一案,今日请涂,回乡未到,义源□曾子伟莅会。据曾云,涂氏叔侄甚为忠厚,虽内欠不少,外该更多,惜少无力讨归,□介人出仕在外,小号此款,实延缓过久,今惟请贵会文移直隶、河南两商会就近严追为盼。当断以既云涂氏厚道,且知县两省贵款想亦不致塌□,希候涂少常到汉邀会询明,究竟归还可否有期,再文移可也。

孙墨溪、刘子卿联控张桂亭、胡荣堂一案,今日传讯,胡、张皆不到,显系情虚。孙、胡纠葛,据供始末,皆张之串成,且胡又卷逃,非张到案,无从理结,当令孙、刘初三日辰可赴同慎发行门守候,本会传案可将张扭会理询可也。

(《汉口中西报》)

19.商会纪事(移请讯追,移请转详查核,函致扣留夏布)

(1908 年 7 月 13 日)

移请讯追　巴陵朱芷帆前骗协康号银两,久延不偿,近被该号在商会递控,总协理诸君已准移请湖南巴陵县传讯究追矣。

移请转详查核　汉口九九商捐每年收数甚旺,前由前督宪赵札饬劝业道委员调查实数,近因八帮在商会禀陈一切情形,刻已由总协理移请劝业道转详督宪查核。

函致扣留夏布　同泰福近在商会递控郭绍舒等伙贸倒逃,请予究追等情,总协理已准函致鼎盛、荣昌、兴昌,合将郭所存夏布分别扣留。

(《汉口中西报》)

20.商会禀设裁判所

(1908 年 7 月 13 日)

鄂省商会业奉农工商部核准颁给关防,总理李君文藻、协理吕君达先昨特邀集各帮商董提议,拟仿照《汉口商会章程》设立裁判所,以便判断商人钱债案件,各商董咸签字认可,当即议定办法,具禀劝业道暨府县两署,请予批准。

(《申报》)

21.商会纪事(商会判案)

(1908 年 7 月 14 日)

据刘景星控黄之根买地延价一案,前由本会判令去后,黄久无回音,兹刘又具略来会,当邀两造,据呈黄阅,经西人二次丈量图数内,有八百二十余方者,有七百七十余方者,有七百八十余方者,当判以红契八百八十四方四尺,既不足凭,该西人最称□信,何亦有多寡不同,其中隐情,暂置不究。惟劝以两造既素交好,何必较量锱铢,黄君可否除已付价银外另付银数百两?各惜名誉,吃亏了事,两造皆不允,黄准初八日,风雨不移席,请该同股并原中、本会议董再评。

信义储蓄银行控李儒臣一案,前传未到,此次去传,该号元和生已经交保,正看守。

杜青山君控潘恕庵等一案,因人证不齐,未理。

(《汉口中西报》)

22.商会纪事(函请保释,函请调息,递请饬领缴契等)

(1908 年 7 月 15 日)

函请保释

□最利前因被窃,赴警道控,告经夏口厅传案,将其子许丙芝收管,兹赴商会递控,总协理已准函请先行保释,一俟接到复函,即行知会云。

函请调息

陆垂兴猪□号前控任才等纠众逞凶一案，已由商会函请帮董宁联辉妥为调息，兹复赴会控告，总协理仍令宁婉为劝勉，设法调停，总期彼此和好，免致争执。

递请饬领缴契

刘恒泰前欠永昌泰银两，将屋契押在厅署，近已备银千两，特赴商会递请，饬永昌泰收领缴契，总协理已准移夏口厅取还屋契，送刘交领完案。

遵送烟帮章程

恒昌利前在商会递控喻赞臣违章开店一案，已志本报，兹遵批，将烟帮公所章程送商会查核，总协理诸君昨已批答，附卷。

商会判案

准江汉关道移钟祥石牌镇洋货布商恒源□控刘天吉掣殴一案，至该商禀内并未具明银数，来文亦无原、被住址，当访传恒源大即向恒源，已不在汉。据刘天吉山货行与主正和祥经手胡福阶来会同供，向恒源去岁在汉住刘天吉行，正和祥来往，系刘所荐，向年终揭欠正和祥货银五十余两，正和祥追讨，向出一五十余两上条归□汉，刘天吉照兑，□因向前尚欠银四十余两未清，故未允兑，向为此恨刘至□，在厅道两控，不惟无故，刘且不知，今刘来会，乃悉当将票账□□□，向某既如此行为，伊欠我之项，尚求贵会代追为叩，当劝以候向来汉投略再理。

茶商同福生控同元茶行悔盘退货一案，当邀请原议该帮董朱毓堂君、项念晖君暨喻拥云并两造到会，详询之下，各执一词，前经该帮董朱、项两君妥议办法，如同元要货，当照时价稍为加增，为货同元不要货，罚廉则受货如月华楼□席三桌，命项松亭当众陪礼，今同元意货贵，则愿赔礼，同福生意受货必照原盘，纵看情面相让，万不能让过银一两之外，如不受货，罚银二百两作善堂义举，决不要趋席。当照项原议，苦劝再三，两造虽稍有霁色，奈同福生尚有伙伴□□，喻君云须回号磋商。如能和平，必请朱帮董函告本会□□案。

杨颐生控李儒臣一案情与上同。

（《汉口中西报》）

23.商会纪事（饬呈字据核办，商会判案）

（1908 年 7 月 16 日）

饬呈字据核办

夏汝恭近在商会递控汉川窑户袁介夫等骗钱不还，请移究追等情，总协理以既有字据，应责令归还，请希将字据送会，以凭核办。

商会判案

福康衣庄李德风控□□洋行陈□五纠抢一案，先后准江汉关道转禀督宪批会研究，前曾派员调查明白，并请该庄将所失衣箱寸尺暨未缴还各衣之名目、号码开示明确，当可核办。等因。在后久无回复，今邀李莅会研询至再，李云，已还之衣□存厅库，未领未还之衣何色、何号码、何从抄核如云□抄一□，现账据均在道署。并云，前次摊民闹事，系乌合之众□毁某商货物，并未抄抢，即向地方官索赔巨款。今小号系某人亲抢且经官签字，有证有凭，何迁延数阅月，尚未能切实办理，未□长外人□权□华人之公理等语。□□□商以福康□保□勉齐定□未清□□其衣箱搬去，回厅照例追究，惟所失衣箱□是否□系十二口，亦应切实查明，方可办理，仍候详查确数，分别□追。一面函请江汉关将所失衣物细数查案抄移照办可也。

杨镇湖（一作阳镇湖）控吉祥瑞一案，今邀两造，杨镇□因不知移居汉阳七里□，传之不及，吉祥瑞号伙李恭甫张□□□会，据供□名乃李万顺上杨镇调处，照兑银二百两，下尚欠□□两，故将原禀寄转，情缘富美和闭歇，故有此纠葛，当准□□□邀原告再理。

怡生和钱庄控和丰厚茶号黄省三一案，因黄赴抚州未到，未理。

（《汉口中西报》）

24.上海中外日报馆汪穰卿中翰汪颂阁明经致汉口商会函，商会复函

（1908 年 7 月 17 日）

上海中外日报馆汪穰卿中翰汪颂阁明经致汉口商会函　鸿沧先生大人阁下：闻此次鄂省忽发大水，被灾之区甚广，敝馆拟仍将赈款寄，恳阁下代为散放，俾灾黎得沾实惠，或派妥友散放，或即交妥实善堂代放，均候卓裁，想大君子饥溺为怀，当不厌其烦□也。兹特先就敝馆收存账款内拨解一千元交由信大庄发电汇上，到，祈查收代放为荷。将来续有收到，当再汇解，除电达外，合再肃函禀告，敬请善安，弟汪康年、汪洛年同顿，六月十三日。

商会复函　穰卿颂阁先生大人阁下：前由协成交到电示并赈款洋一千元，仰见大君子痌□在抱，□溺由□之至意，钦佩莫名，赈洋遵即交敝会妥友亲往灾重之区核实散放，谨代灾民叩谢！敝会先已派有调查员在灾区调查，即有议董先办急赈，惟灾区甚广，更乞大善长广为劝募，源源颁解，灾民幸甚，敬请仁安，弟卢洪昶顿首，六月十八日。

（《汉口中西报》）

25.商会纪事（遵批凭中理判，递控故抗拖骗，商会判案）

（1908 年 7 月 17 日）

遵批凭中理判

童其玕前与王镜明开贸万泰永拆□店拆伙，致在商会递控，总协理当批令投原中理□，童当凭帮首杨□臣等判每股派银五百五十两，未结，复于某日凭公判每股加银五十两，以昭平允。

递控故抗拖骗

叶乾泰前控许心斋拖骗，业经商会询判，许心斋前已遵断，兹又展缓，叶复赴会递控，总协理已饬赶紧缴租退屋，如届期不让，或出屋时将门窗拆去，即行知会，以凭请厅究追。

商会判案

监生王清魁控同泰行掉真换伪一案，今传两造，王未到，同兴泰行来片云，已经调和。既然调和，王何以无信来，今姑准之候王可也。

刘□晨即景星控黄之报一案，前已理数次，未允，今□邀两造并叶、吴两议董一同理劝，然黄买之地皮，丈尺本属不符，因彼此既称□好，黄可稍为吃亏，当断以除刘已取价银外，黄尚欠银六百九十四两，各认一半，至豫康息金作黄、刘、徐五股分认，黄找银三百四十七两与分认息金各节，经本会当徐文波面拨豫康收账，两造当立甘结，完案，字存卷，案遂结。

怡生和控黄□三一案，前传黄，该号云赴抚州，复据怡生和呈称，和丰厚号伙尚有熊廷益在汉，今日传张，又云不在汉，怡生和尚面请代移厅究追，当准黄照办。

（《汉口中西报》）

26. 商会纪事（递控多称勒讹，催发袖章，商会判案）

（1908 年 7 月 18 日）

递控多称勒讹

勋徒炳前装□巾由蔡甸经过，被厘局司巡多称勒讹，昨在商会递控，总协理已准移请牙厘总局转饬蔡甸厘局，以后遇□巾过卡完厘，须饬司遵照旧章过称，不得刁难勒索云。

催发袖章

栈伙上车接客载用袖章，原为分别良莠，利便行旅起见，前已由商会会商铁路局，未复，复函请劝业道催办，无确音。兹轮车栈帮复赴商会递催，总协理诸君以由会给发是否可行，候再函请劝业道酌办见复。

商会判案

上海商会移送大隆煤号德明控黄舜□拖欠煤价一案，当邀两造，大隆系胡之子炳炜暨代表李毓□来汉，黄舜□因抱病，乃伊子贤□代表，本会并请有汪君炳生、沈君宾笙一同莅会，详询之下，□两造各执一词，然情情尚□无非。胡、黄夙年交好，做此生意，只凭信件，未立合同，当断两造既无合同，须将来往信件并迭次账据携会公览，以便办理。

永昌泰控刘恒泰一案，迭经本会询断多次，刘恒太具限之后，又复□期，深令本会为难。嗣将全卷移厅究追，而刘又央请汪议董炳生君、全安栈主江春池君，仍由本会调结，邀齐两造莅会，刘面交永昌泰现银一千两，将前存该号之印契当会缴销除，该银九百三十五两分六期还清，今年底还银一百三十五两，明年五、八、腊三期，后年五、八两期，每期以月半，每期还银一百六十两，刘自请有江春池、殷明山、方洪发即武昌船厂主三位□保，印单存卷，如此银再□期展限，均由耽保归还。苦劝两造，真有舌敝唇焦之势，永昌泰方允，而刘又以是年底一期万难措缴，幸汪炳生君慨然从权，许为代借，明年三月刘先筹还汪款，两造均允，具结签字，完案。

日商中桐洋行与泰记机厂吕方根互控一案，前由厅移会理调，中桐屡请不到，嗣本会商复夏口厅，厅亦当复该领事。今复准厅函，称日领事已饬中桐将机件送会，任公评理，当具帖邀请两造。今午中桐莅会，问悉此情并索看厅来之公事信件，当又云：我未曾预备，请改日再理。□辞而去。

（《汉口中西报》）

27. 商会纪事（移请移解给领，商会判案）

（1908 年 7 月 19 日）

移请移解给领

孝感县李长江等前借同泰银两久延不还，近在商会递控，总协理诸君已准移请孝感县比传李长江等到案，严讯究追，移解给领。

商会判案

黄澄清控庆大折货号执事任贵卿暨同股张光前、王采芹、□子□等□伙□押一案，当邀齐两造，详询之下，据黄供，任、张、王均帮贸，黄志成同事因三十一年□甫巴陵人□子歆愿出本金六千两，任贵卿招股，伙开庆大折货生意，□任执事，任本银一千两，张本银一千两，王本银五百两，黄亦出本银五百两，统归实银九千两。开张店事，黄从未过问，原立合同，赚钱、折本均以三年揭算，不料今春核算各账，除任、张、谢各股东任意挪用外，庆大外该难抵内欠，当日股东会议除应用红利外，有动用实本者，务当照数归出，任贵卿退位为出入经手执事，公举黄澄清管理，乃□店之后，云归之本均属空言，延至四月初五日，用仁昌祥钱号空票数千余两，一时无兑，彼此停闭，由潮帮将黄扭送厅押，后取保未妥，任、张、王、□亦被押。任经保出外，张罗五月初二日请究与各债户折扣归还，似可了事。复□□子歆不在汉，恐如此了事，伊来汉又生一番纠葛，并请本会设法将黄保释，再移文巴陵将□关汉等情，当断以黄在押，□欠潮建宁各帮款送押，俟本会函知各帮后，再行定准。至移文一节，来略未叙，可否能保释后再为办理。

上海大隆煤号控黄舜□一案，今日黄未到，大隆各信件、账据均交本会，改日再理。

孙□溪控胡荣堂、张桂亭串逃一案，初三断令张初六日□胡交案，嗣到初六，来会面，云胡仍未面，今伊之至戚已请中□某在调，刻日准有的音。今传两造来会，同云，经中□处，胡出洋二百元，孙、刘各出洋五十元，共三百元，再请本会与□兴日商求让等，咨询洋可否带来，张云胡虽有的款，然二百之数尚要求让，孙、刘亦力难措齐，当斥劝再三，张始允代胡交洋二百元，孙、刘□以前执夏传押苦用为词，反极开导，令张代胡加洋二十元，孙、刘各出洋四十元，将新□案了后，胡应找孙、刘项下之款再行核算，两造皆允，面定十六日以前交洋三百元，由本会转交新□日商，取回许州□隆□条，定案。

（《汉口中西报》）

28.商会纪事（移请差传讯追，商会判案）

（1908 年 7 月 20 日）

移请差传讯追

李志源因河南闻吉祥亏欠银两，久延不还，昨赴商会递控，请予究追等情，总协理已准移请河南□州差传讯追，移解给领。

商会判案

上海大隆煤号胡德明控黄舜□一案，今两造来会，各人之信件、账据均皆呈验，当经敝会总协理卢、刘二君，汪议董炳生、史议董晋生、五金帮沈宾笙君研询之下，断以俟本会将信件、账据摘出后再理。

日商中桐洋行与泰记机厂互控一案，前月二十四日，该日商津村胜之辅莅会，语□后，即令将所买泰记掺伪之机件刻日送会，当众指□，伊而允去，□旬余日无音。本会曾催三次，乃回片云：□考验机件必临该号方可。本会照言复厅后，昨又接厅函开准，日商又云未曾预备，辞去。今复邀来会，日商始将前费之机件送会，考核之下，与泰记前送之机件两部均皆不同，碍难理结，本会总协理、诸议董公论，俟本会调查明白，准下礼拜五再邀两造评判。

傅□芝控刘光开一案，今日至富水公栈邀两造，而遍寻此栈无迹，容日俟采确住处再理。

（《汉口中西报》）

29.商会纪事（商会判案）

（1908 年 7 月 21 日）

李基垣控黄锡赓一案，邀齐两造，李供，夙在鹤峰州与州绅周绶卿价买矿并四处，因无资开采，由李阳泰荐黄锡赓订立合同四纸，名合丰公司，山主、银主各执一□，州署与矿务局各存一纸，言明开采得失，山主只分红利，损失杂费均归银东，任事各人皆有薪水，黄□山地生疏，至鹤峰履勘一□，举李为协理，另请谢宝贤、李樵谷同行，往返川资暨履勘各费共计用银一千余两，由李垫用后，只收黄银五百两，从此屡讨不归，开采款亦不发，是此两悬。等因。黄供，与李阳泰并无深交，伊荐立合丰公司合同，云李基垣系伊之弟，且言矿务局开采照会已经办妥，现只验款即行发照，故我由沪□银一万两存汉仁泰钱店，后由阳泰交来红白契各二纸，用去银四百余两，云山尚要履勘开采，因部章未妥，照未便发，当由李基垣等往勘，我又付银五百两，前后共去银九百余金两。今我拟游学欧美，恐误李事，愿将伊之红白契四纸缴出，合同批销，至伊所用九百余金，惟判是听。李除所收黄之九百余金外，尚要三年薪水，下欠花销数百金，当断以合丰公司合同批销契四纸由黄交出，两下所欠，均不找。此后任凭李姓再觅银主，开采万金，黄不过问，两造未允，当令将凭据缴出再理。

监生张毓英控伍善夫、李昆臣，因人证不齐，未到未理。

阳镇湖控吉祥瑞案事，今日单传阳来会研询各节，词均与前同，俟改日邀齐三造再理。

（《汉口中西报》）

30.商会纪事（商会判案）

（1908 年 7 月 22 日）

同发厚与吴小□、余利昌、□泰□、新□、荣光、叶□芬互控一案，经厅询数次，曾具□不结，嗣控于本会，经各议董详询多次，□以账据各执一词，邀□详询，仍如前状，当断以两造□账是否摘出，定准再理。

刘西□控周□亭供款不归一案，前因传周未到，曾令原中陈幼根作速妥□。兹刘又投略来会，询两造，刘供周有意拖骗，本利两悬，且云伊曾言纵还此款，须照原借钱价本利二百元扣算，只应还钱一百五六十串文，利洋九十二元，一概作让，期分三年。等因。周云，借伊祖洋二百元是实，利洋伊祖去世时曾经言过止利还本，因景况窘迫，并无延骗。等因。当断彼此世交，何必纠葛，供洋应还□洋二百元，期分本年七月底、明年五月半两期还清，利洋劝令刘姓义让，借券存会，俟明年周款交清，当即批销，两造皆允，具结完案。

杨镇湖一案今日比期，吉祥瑞未到，未理。

（《汉口中西报》）

31.商会纪事（移送议复核夺，商会答陈鸿翼历陈被水灾节略，商会又答陈□山以订购各货□于天灾请立案给凭节略等）

（1908 年 7 月 23 日）

移送议复核夺

巴商周容和因拟设青茶公所，特条陈章程，赴商会递请查阅等情，总协理以是否妥善，已准移送茶叶公所首董议复核夺。

商会答陈鸿翼历陈被水灾节略

兹因闻得黄冈、麻城、黄安三县所属地方被水灾甚苦，即经派委调查员前往确查被灾情形，一面会商众董预备筹银济之法，一俟调查员复到，□□前往办理，惟虑灾区较广，巨款难筹，杯水车薪，不甚济事耳。

商会又答陈□山以订购各货□于天灾请立案给凭节略

贵□□□□□洋行买办，现因订购各货被水淹□，拟□□□各国□于天灾，准由□董代白股东消□之□□□立□□□，虽已经由大班赴会声明，惟事关立案，究竟义兴隆系何人所开，大班系何人名姓，所买各货系何名色，于何月日存何处，所买计价若干，有无凭单，均未据逐一声明，无从核实，希即详□复会，以凭查核。

商会判案

张毓英控李昆臣、伍善夫一案，伍言明不到，李因比期无暇未到，张之昆季请本会刻日移厅究理，当已准代移。

孙墨溪、刘梓卿控张桂亭、胡荣堂卷逃一案，前已判令三造共出洋□三百元了事。今请日商新兴洋行经手姚万卿到会，将三造所措之数劝之再三，姚方允许，当由孙、刘交到银蚨八十元，张桂亭代胡荣堂交票角三十九千文，市钱二十二千文，合洋五十元，另期票一纸，计洋一百七十元，今暂存会，俟新兴禀请日领事照会江夏销案，将许州、顺德原票取回，与票银核对不讹，即交此洋，当同具甘结，完案。

阳镇湖控吉祥瑞一案，因原告未到，未理。

（《汉口中西报》）

32.商会纪事（庆祝万寿圣典，商会演说筹赈，商会判案）

（1908 年 7 月 24 日）

庆祝万寿圣典

商会总董因万寿之期已届，特柬知各帮商董于二十六日晨刻，各具衣冠，齐莅商会，恭祝万寿，礼毕后就商会领燕云。

商会演说筹赈

冈、麻、安三邑水灾，一切困苦情形，屡登报纸，商务局总理、协理暨各帮董事诸公，前蒙派张君同督宪所委江、李二员踏勘三邑，已深感戴。近又闻开会演说，拟筹巨款数万两以救灾黎，三邑绅耆闻之，已不胜感激云。

商会判案

王舜臣与王干臣黔、汉账项互控一案，不惟情词各执，其言语骇异□讼经数省，忿争三年，舜供，母初在黔，既能将干黔产卖尽，得银五千余两，黔、汉共欠外账，据舜说一万余。经曾经黔之商会理调，作二成摊还，似此已经了结。舜与干谊属同族，宾主多年，既老东去世，自宜格外经营，况舜汉庄经手，又属股东，理应先将外欠设法理清，再与干彻算盈亏，方称正大，何其反与债户通同□讼，己乃置身事外，居心诚不堪问。干既商邀股本在先，何又云系舜之主意，且邀股本系好意，何须彼此忿争，颇为无益。此案欲彻判明白，非移知黔省商会将舜前母该者变卖干产暨原调各情形全案移复本会，并请将乾吉□汉折三当四账之真伪盈亏多寡，方无推诿，俟黔省回文同乾吉到案，再行邀理。

孙何顺控郭文光，因被告未到，未理。

华昌公司账房控胡子安，因胡病，未到，未理。

（《汉口中西报》）

33.商会纪事（祝贺万寿纪盛，移请传解理结，商会派赴黄冈等处调查水灾张君词臣报告等）

（1908年7月25日）

祝贺万寿纪盛　二十六日为皇上万寿圣节，总理卢鸿沧观察特于是日下午六点钟邀集全体议董、帮董，均衣冠整齐，齐赴商会举行祝□典礼，以昭敬□。

移请传解理结　武昌县职官郑子书前欠隆泰钱庄银两，控经道局批札传解，久延未结。近复赴商会递控，总协理以职官欠银不还，殊属不成事体，已准移请武昌县遵道局批札传解理结，以全商本。

商会派赴黄冈等处调查水灾张君词臣报告一　敬启者，昨奉遣赴黄调查冈、麻、安水灾情形，于十七日清晨起程，□冈属马驿地方，见该处长堤溃决，三口江水内灌，遥望堤里，皆成泽国，旁晚抵岸，将行□□栈，即会同冈邑绅耆在黄冈县署面请潘大令，将被灾地处、户口逐一开列，以□照章细查，并得悉潘大令于十二日接奉督宪电，催速筹灾赈，当已函致各区长五日内将被灾户口造齐，以凭办理。迄今□无影响，盖该县民等诚恐抽收丁税之故也，于是暂将被灾地处□图一纸，业已收存，俾资细查，容后奉上。窃黄冈为麻、安下游，水起于麻而聚集于冈，故冈邑受灾最广，户口只可得其大略，万难知其确数，盖冈邑为黄州首县，人民之多，物产之饶，甲于全府。潘大令昨禀督宪，仅云户口约有五万之谱，然阅其县志所载，前数年户口共计六十余万之多，今观县图被灾之处，十居四五，两相比较，其不仅五万可知，在潘大令亦有不得已之苦衷存焉，此中问题，姑勿具论。又于沿途察阅江干一带，棉花、芝麻多被淹没，据舟子云，前日水势更大，可知灾情诚不轻矣。顷已乘舟据图查验□□往麻城，然后转至黄安，归期未可预定，但求得确实情形而已。今□抵黄情形奉达，究竟灾情孰轻孰重及户口大致多寡，遇有邮便，即当奉阅。　六月十八日张词臣自冈邑报告

商会派赴黄冈等处调查水灾张君词臣报告二　敬启者，日前寄上一函，谅经公□矣。兹于十九日由□公颈进□□□头□、辛家冲等一带，□水淹天地甚广，而人口房屋被灾尚少，及抵冈属新洲，即会同绅耆等阅视城垣一周，冲场□多，南水城门陷数十余丈，北水城门冲去十余丈，

中和桥一带概被水淹,房屋倒者甚多,城内之高等小学堂水进近丈,房舍多被冲倒,厅堂沙积数寸,时值暑假,未致淹毙人丁,该学教习江君家离新洲数里,发水时携其子救堤,父子均被淹毙,顷将其尸□出,头没沙底尺余,殊为可惨。次日,新洲绅士等又公举沈子木先生指引查□,周环数十堤,多半冲溃,如被□□复兴□百户洲兆福□□□□药店区,史家湖安康、安泰各□,名目尚多,不暇详□,被水冲者十居八九,每堤或溃数十日,每日或决百数十丈不等,房屋冲陷,人民逃亡,农田被淹,美地沙压,极目一片汪洋,荒凉景况,惨人心目。最可痛者万福□内□约二十余里,横十余里,人民万余口淹毙,难查其数(其生者无屋可居),田地二千余石,均被沙压,不可测底,尸骨遍野,腥闻于天,老携幼,妇抱婴,衣衫褴褛,□泣于道,有老妪数十群,盲跛十余群,伏地□乞,哭声震地,惨不忍闻,沈子木先生为之号啕大哭,词臣亦不禁涔涔泪下。天乎!天乎!何其厄我同胞至于此极也!现兼疫症流行,各村相继毙者,日有十余起,候□道沈致坚□□夏寿康均因被灾回梓,拟急募灾赈以救燃眉。现下江水里灌,水势日增,秋收无望,□□更不堪设想。今实款又仅一万串,杯水车薪,实难普及,惟请诸大善士广为筹款,以苏涸辙之鱼,则公侯万代,不仅灾民□再造已也。词臣拟明日即往麻城之宋埠,其情形如何再当□奉,□绪不禁为灾黎迫切之至,专此敬请大安。按:新洲为黄冈中心点,既有□官,可有绅士,而受灾又以万福园为最重,将来冈邑放赈,必以新洲为大宗,现各区正预备造户口清册呈县,约数日可以告成,容俟续闻。　六月二十日张词臣自新洲报告

递控昧骗　鲍家巷刘乾元拆货店,因买货于刘五相,货银被其昧骗,昨赴商会递控,请予追给等情,总协理诸君已准邀□□理,以便了结。

请领票款　惠怡厚因万顺桂欠票款银一千两,延不清还,控厅,断令缴案移送商会转给,昨赴会请领,总协理已如数交领矣。

码头夫帮议规请示　码头夫帮刘道仁近因议定规章赴厅请示,并称从前每担行李取钱十文,今加取一倍等情,金煦生太守以条规尚可行,惟加取有无窒碍,已准移请商会核明议复,再行出示。

(《汉口中西报》)

34.商会纪事(商会筹赈冈麻安三邑水灾演说,分移究追欠款,商会判案)

(1908年7月26日)

商会筹赈冈麻安三邑水灾演说

二十三日商会开特别大会,商董到者约五十余人,总理卢君登台致词曰:十八日接准江汉关道移开,奉督宪札开,黄冈、麻城、黄安三县水灾,除饬由藩库拨银一万串,派员携往散放外,饬移请本会广为劝募,以资接济。鄙人风闻黄、麻等三县被灾,□即派本会调查员前往确查,尚未返汉,旋准前因,一面与王议董芝芳、孙议董涤甫面商,暂由大昌、采章两家先垫钱二万串文前往散放,已将派员集议各情形,先行禀督宪在案。窃念公家当此经费支绌之时,一经闻报,即拨巨款派员赈抚,上海中外日报馆得信,已电汇到账款一千元。诸君或谊属桑梓,或素称巨商,自应仰体督宪德意,踊跃输将,方不负上台之属望,今将奉札饬筹赈款情形先行宣布,至若何筹措之法,改日再邀公议,演毕。

继起致词者为名誉总董刘观察子涛,对众宣言曰:卢总理所谓由大昌、采章垫款二万之说,

并非彼有此巨款，实由去岁有收回赈淮徐海捐请奖之款七万五千，在此二处存放，故提取甚易，然此款仍须由筹得赈捐内归还，以备将来不时急需。此次黄麻灾巨，筹赈孔殷，承桑观察美意，并允捐助千金，且吾鄂被灾之处，当不止此数，而汉上一隅，独获安全，莫非彼苍留为无限灾黎援手计也？诸君席丰履厚，当思转徙流离之惨，虽我商界，未必尽号素丰，然较之宛在水中者，相去奚啻霄壤。假令汉江泛涨，全镇货物损失之巨，何堪设想，能作如是观，则解囊者多，筹募自易，俟蔡君辅卿回汉，再定期于沈家庙集议可也，演毕。

帮董萧君朗山起而致词曰：今日集议筹赈，系为黄麻三县水灾，但敝县黄陂历年恃上游狮子口大堤为保护，本年上月连日阴雨，二十六日突发蛟水丈余□□该堤冲溃，敝县膏腴百余里，登时尽成泽国，人口淹毙无算，牲畜什物随在漂流，闻者心伤，见者惨目。虽经禀报，未蒙委查，敢祈一律派员查勘，多筹赈款，分润敝邑，俾灾黎同庆再生，是则代阖邑无望穷民心香默祷者也，演毕。五点钟散会。按：此稿昨到时甚晚，因排字工人生病，故未刊出，今特补录于此。

分移究追欠款

施南府恩施县喻□卿等，前串骗万□公银两，私自逃回，控由商会电请施南府转饬究追，兹复赴会递控，总协理诸君已准备文分移，切实究追。

商会判案

李基垣控黄锡赓一案，今黄已将红白契各二纸、合丰公司合同等据一概缴出，而李必欲向黄索取所派定薪水等项，当断以公司既废，焉有筹付薪资，矿果实佳，发达不可限量，且黄今花九百余金加□款等费，已吃亏不小，并未见分毫利益。尔既读书，须惜名誉，况自称夙好，何较锱铢，请将合同缴出，当众批销完案，合同附卷。

孙□顺、拱文光展骗一案，前次邀询，郭意不认，今将郭所措之林逸□、薛□田并另请本会广帮议董李君星垣、唐君朗山暨两造一同莅会，公同理询，郭不惟言无异词，且具十日内筹款照还，限字存会，孙尚不允，因公同相劝，姑候十日后再理。

尹永年控邱和亭一案，邱本在仁义司□押，不知何时保出，今日传讯，邱未到，未理。

（《汉口中西报》）

35.商会纪事（递控攘夺地皮，移请差传讯追，商会判案）

（1908年7月27日）

递控攘夺地皮

聚和福与汪子云为地皮纠葛一案，今尚未结，兹聚和福复以攘夺地皮等情在商会递控，总协理已准邀集询判。

移请差传讯追

振兴公司因被汉川袁介甫串骗银两，屡讨不偿，昨赴商会递请追给，总协理已准移请汉川县差传讯追。

商会判案

协记□号与日商丸三洋行同控涂受青一案，今日涂之族人名正太将自□石码头地皮一段，经中萧朗翁等价卖与郑君芝亭名下，计纹三百两，八月底期票，除业主自收九十两外，银二百十两由受借用，还协记□号银一百五十两，丸三银六十两，下欠协记、丸三尾数均由涂自立兴隆借券受□，当交涂正太保释，取有保□，三造当具结，签字附卷，案遂结。

日商中桐洋行与泰记互控一案，近日函请两造，并另请中外评议员数位，将车式绘图经本会总理公同研询，尚未允，改日再理。

尹永年控邱和亭一案，昨今两日原告皆到，而邱竟不到，准定礼拜三再传一次，如不到当移厅究追。

（《汉口中西报》）

36.督宪饬查酌设商会

（1908 年 7 月 28 日）

督宪据汉川商界公呈请札该县谕设商会等情，当以设立商会，应由邑令查明地方情形，详候核夺，该商等所请大□不合，特饬。

（《汉口中西报》）

37.商会纪事（商会答汪开贵等举胡元珠为驳船帮董节略，商会判案）

（1908 年 7 月 28 日）

商会答汪开贵等举胡元珠为驳船帮董节略　汉口内外河驳船众多，良莠不齐，如有帮董约束，诚大有益。惟所举之胡元珠，现经本会派员调查，不特言先列名递客之汪开贵并不知情，即内河帮亦多不悉，似此冒名混□，殊非切实办公之道，希即邀集内外河驳船帮妥为公议，幸勿再予含混，是为至要。

商会判案　阳镇湖控告吉祥瑞执事张曙楼一案，今邀齐集三造，据李万顺称，系益阳人，因去年与同邑福美和杂货号来往，欠伊货钱共三百余串文，福七月初到汉办货需款，敝号即出有七月底由福美和到汉阳镇湖兑银五百两期票一纸，黄又将此票另将吉祥瑞阳镇湖兑李万顺银二百两之红印投据，嗣将原票退回益阳吉祥瑞母号转福，又退于李。福、李当同到吉号问明来历，云：仅兑银二百两，出有汉号收据。俟收据到时，如数兑银不误。后到秋节，福号又追李前欠之款甚急，福、李两人又至母号再三研问，仍如前言无异，当由李另筹款归福，不料福美和倒闭□，阳镇湖收据始到，李执据兑银，吉号云：福欠我款多，我票收伊账，不允照兑，纠葛至今。等因。询吉祥瑞汉号执事甚张曙楼，云：收到阳镇湖银一百两未批本票，原票退回益阳母号，均皆属实。至李与母号因何纠葛，兑否，均不书。当令具结存卷，断以此款既在益阳，来汉□□，甚属无益，可速具略来会，当代文移湖南商会，就近传吉祥瑞到案讯追此款，移查完案。

（《汉口中西报》）

38.汉口商务总会广告

（1908 年 7 月 28 日）

商战激烈，嚆矢亚东，南洋华侨，见闻较确，心焉怵之，乃由巴达维亚华商商务总会当起，在巴达维亚创设中华商品陈列所，以为推广华货起见，投文内地征求各节。本会为商界交通机关,用特敬告我汉商界诸君,凡有制造各品及日用通行之货,欲往陈列者,可知照本会,本会当邮寄该处,其寄费亦由本会代垫,惟须在中历七月初十日以前。今将巴达维亚来文及中华商品陈列所简章照登报端,伏祈公鉴,并望吾汉诸君赞成斯举,无负华侨同胞一片热忱,幸甚幸甚。

来函照登　巴达维亚中华商务总会拟开中华货品存列会说略

今夫亡身之祸莫大于血竭,亡种之祸莫惨于财□,血竭精衰,民□财尽,则□华盛顿为之君失其□,太公□之相失其治,斯巴达为之民失其勇,各洲土民之惨剧,吾耳闻□,两洋土民之现状,吾目见矣,呜呼!至于如此,其可为耶?其堪问耶?

今天下工商竞争之烈,如怒潮,如狂飑,不惟国家之经营不遗余力,而国民亦自为其生计之故,齐出全力而奔赴之,由是如水银泻地,无孔不力,而其锋锐之□点,实在我国近年以来外货之入百而土货之出一,噫!能几何时而不窃且□也?

工商石以界,必其销流广。销流何以广?必其物品精美而又交通便利,交通不便,虽有良材巧制,无自而致,亦不足以占势力于竞争之界焉。

南洋各岛如我数百万华侨所招殖之地,盖一绝好之销场也,乃按诸事实,惟闽粤二省,稍有区区之灌输,然其细已甚,不足以言竞争。论者动谓中国货物粗拙,不合销流于外洋,不知中国货物具天然之精美,早为吾人所艳羡,如磁器、绣工、茶香、丝滑,人常以得片鳞只甲作鸿宝而秘之,矧近来之日,加鼎新改良者乎?故知土货之不竞于外洋,非居由物品之逊人,实交通不便,梗之也。

即南洋爪哇而论,自昔以英国商务为最,然英商常有矫饰自矜,不屑区区之习气,德商遂乘间而起,别开生面,抱格外周旋迁就之手段,人感便之,不旋踵而德商遂突英商而过之矣。虽德货之不及英货,人皆知之,然因其便也,遂亦乐之。即中国土货向亦颇为爪哇所欢迎,无如交通不便,时有时无,不能源源接踵,俟欲再觅前货,而既无处问津,坐使绝好销场为人所占,惜哉惜哉!

近年以来,侨民爱国之心渐次发达,感恩用土货而塞漏卮,矧复近日,抵制之声,震□耳膜,以用外货为一大耻,侨民当此时际,亦未尝不热血□张也,无如土货不足以供给,不得不忍耻含酸而用外货,固非本愿,虽然,其奈之何?

夫有如此之销场,如此之时机,而不奋起而乘之,作亡羊补牢之策,坐待财穷血竭,有心人不禁痛惜之矣。

天付人以全生之能,乃不能用其能,其亦太负天之生矣。生计者,人生死活之问题也。故上之使竞,尤不若下之自竞之烈。吾人不自谋,更谁为之谋耶?谋之将何如?曰:乘时而尽其天能尔。何以交通?曰:首宜开中华货品陈列会。

陈列会者,盖赛会之缩影也。其作用在介绍出产家之流行,指导贩运家之趋向,唤起销用家之注意。故吾人欲使土货之竞于南洋,非此举不为功也。惟是其费重,其事繁,且搜罗土货又多,转折烦难之处,议者每虑其难行。敝同人悯膏脂之日丧,来日更难,惧机势之难逢,末由自振,是以乘民心之未死,值商会之齐开,乃不虞僭越,建斯举以为各埠倡,而所望救时之君子,齐发热心,匡所不逮,以玉成之行,见南洋之利权重握,祖国之实业日隆,华侨之幸,尤祖国之幸焉!

巴达维亚中华商务总会同人谨布

寄物品赴会陈列简章

一、本会以介绍中华土货为宗旨,故陈列之品非中国所产所造者不收。

二、陈列物类无论天然品、制造品，均得寄本会陈列，惟须有关系于工商为范围。

三、本会系为介绍工商起见，故性质与赛会略异。赛会专求标奇立异，本会则但取工商通品。

四、本会为巴达维亚商会所发起，故会中经费由巴商会筹办，赴会物品由巴商会保护。

五、凡寄交本会陈列之货品，无须太多子，每式中取出准成件或成套之样子。

六、凡交本会陈列之品，宜标码号于物上，另列一总表如下：

码号/货名
货质
功用
售价
运至海口之费
出产地
发行地及店号
每年出产之数

七、凡所标货价，须以寻常售价为，庶日后各商可以向购。

八、凡由出产地运至海口之费若干并所经关税亦纳入标明。

九、凡寄物赴会，须用木箱安置妥善，以防损坏，封面写巴城华商总会收，洋文作。

十、凡寄物赴会免其寄费，即求就地商会代垫。

十一、陈列之地位，出产人无须纳税金，并到巴之驳运费，亦由本会担任。

十二、搜罗物品即托请内地各商会，凡欲寄物赴会者，即交就地商会汇齐，按期由快轮寄来，如或由出产人自行先寄亦可。

十三、各商会汇收货品若干，祈另列清单寄来，并代垫出寄费若干，亦列单示知，以便按数汇还。

十四、本会定于八月二十七日开设，拟展览一月，故物赴会愈速愈妙，在中国发寄之日虽有远近不同，然至迟不得过七月初十日。

十五、陈列品已经本部陈列后，或须移设邻埠，由本会随时酌定，至事毕后即行代卖或当众拍卖，得值多寡，内除出寄费发还就地商会外，其余汇还出产人。

（《汉口中西报》）

39.商会纪事（商会答恒萃控周同昌利己害人节略，准予邀集询理，商会判案）

（1908 年 7 月 29 日）

商会答恒萃控周同昌利己害人节略

来略已悉，邻居被灾，殃及贵号，致数年之心血一日被炬，固属至痛之事。惟调查同昌保险,银只有二十五百两,其被灾之数,不敷甚巨,且其平日声望亦非不肖之徒可比,此次该□失慎,责以先不小心则可,若谓其有心纵火,似觉过甚。本会遇事必竭尽心力,设法察查,务□处□核□且□情□,方下断赔,以期允当。如以揣度之□□声□和不□同□必不甘服,更恐将来设有此类灾事或□□于此□者,又将何以处之?请勿以讹传讹,徒系口舌,转使外人生疑,希知照。

准予邀集询理

夹街万泰永拆药店童其玕与王镜明因拆伙纠葛一案,迭经中人理处,尚未了结,兹在商会递控,总协理诸君已准邀集询理。

商会判案

李义和堂控任永兴一案,原告今日不闻,未到,约定礼拜三再邀。

春和栈控朱璋、彭树源栽诬一案,今春和栈主与接客王伙到会,云:朱、彭现已退萍乡去。至面供各情,尚属至诚,允以朱、彭来汉再理。

(《汉口中西报》)

40.商会纪事(来函照录)

(1908年7月30日)

今奉上电文两纸并中外日报与敝会来往函稿,乞并入贵报新闻栏(事系公益,谅勿□□,各件附呈,务请撰妥)。商务总会,七月初二日。

电文(七月初二日□)　铁□卢鸿沧翁鉴:顷□电汇赈洋一千五百元□乞□收。中外日报馆。

复电(初二□已刻复)　上海中外日报馆□电悉,收到第三次赈洋一千五百元,□允代灾民叩谢□□。

照录上海中外日报馆□颂阁致商会第二次函　鸿沧先生大人阁下:□奉环云,知前汇一千元,业蒙代托妥友亲在灾区核□散放,甚感□□,兹再托沪庄电汇一千元,万祈查收代赈为荷。□□□神不安之□除电达外,合再专函奉闻,敬请善安。弟汪□年顿,六月二十九日。

商会复函　颂阁先生大人阁下:昨奉□函敬聆一□□鄂□□一千元亦已照收,□见博济为怀,有加无已,莫名□佩,前奉电示,当即电□仍系择灾重之区散放,此间筹赈亦甚□□,但灾区太广,嗷雁纷飞,殊令人有不忍闻见之概,吾□惟期举力以从事,庶不负远方好善之殷怀也,专函代灾民叩谢,敬请撰安。弟卢洪□顿,七月朔日。

(《汉口中西报》)

8 月

1.商会纪事(陈明吞款情形,移请查传讯追,判仍原中调处)

(1908 年 8 月 1 日)

陈明吞款情形　日升昌前因命妇胡金氏存有巨款,已赴武昌府陈明,尚未奉批。昨复赴商会陈明,总协理已饬候奉府批照录送会,再行酌核办理。

移请查传讯追　朱□大近在商会递控,船户蒋兴学盗卖客货潜逃,被渔礁泛哨□程世泽击获□□保利等情,总协理诸君已准移请湖南临湘县就近查传,一面着交蒋兴学到案讯追,移解具领。

判仍原中调处　夹街万泰永拆药店童其玕与王镜明因拆伙纠葛,控经商会,邀集询理,总协理诸君以各执一词,判仍邀原中理处,以免讼□。

(《汉口中西报》)

2.商会纪事(移请查明移复)

(1908 年 8 月 2 日)

王培忠在商务总会递控王舜臣、王乾吉挟伙吞谋等情,总协理已准移请贵州商会将讯明情形查明移复,一面关传王乾吉解会质究。

(《汉口中西报》)

3.商会纪事(商会判案,饬禀提验核夺)

(1908 年 8 月 3 日)

商会判案

陈廷庆控□松龄一案,今传讯,原告来信,又在病□,被告亦未到,未理。

□瑞芝控刘光□一案,今传讯,因□已回家去,未理。

任贵□案,本日单传任到会,据所供取保□账情形与黄澄清均符,惟述□大本金□供三千两,任与张、黄各一千两,并无王采芹在内,先时有□姓四千两,□亦系四千两,连我等三千两,共一万一千两,曾立□合同,因买股未交,故合同已经作废。询现同谢等有无合同,答称无,所供与黄澄清均不符。至请文移巴陵,已准代办。转商保释王采芹,当函□□帮,俟复到再夺。

饬禀提验核夺

王培忠前被王舜臣等挟伙□害,业经夏口厅收管,兹赴商会禀称,现因病重请予交保等情。总协理以系由厅收管,应自由赴厅□□提验核夺。

(《汉口中西报》)

4.商会纪事(递控因火勒讹)

(1908 年 8 月 4 日)

萧恒萃前在商会递控周同昌失信,致殃及该店,恳请索赔一案,已志本报。兹萧亦以因火灾勒讹等情,赴会递控。总协理以此案萧前来会递略,即经明白答复在案,希查照。

(《汉口中西报》)

5.盛宫保致汉口商会电照录

(1908 年 8 月 5 日)

冯晓翁、卢鸿翁鱼电,黄冈最重,灾民十数万人,照义赈登户专放,极贫按每口千文,需钱十数万千,如晓翁□与仲翁任事上海公所,拟拨银五万两,克日汇上,不敷之款请商士绅、商会、议董诸君同任,如再不敷,再筹接济,乞速复,宣等,鱼□特。

(《汉口中西报》)

6.商会纪事(商会携款放赈,饬候复询理结)

(1908 年 8 月 5 日)

商会携款放赈　汉口商务总会议董蔡辅卿君、调查员张词臣君已携款二万五千串,定期初九日前往冈、麻、安灾区放赈,不敷之数,由卢经理陆续汇寄。

饬候复询理结　罗藻臣前因任永兴亏欠银两,控经商会,业已断结,兹因任不遵断,昨赴商会递控,总协理已准转致□局,将任交李义和牛皮各货如数送会,以便邀集复询理结。

(《汉口中西报》)

7.商会纪事(准予分移注册,沥陈被水灾状,递控留难勒征)

(1908 年 8 月 6 日)

准予分移注册　洋炭帮万仁和等近因制造洋炭原为振兴商业起见,但规章均照武昌各同业办理,昨赴商会陈明入帮情形,并请分移劝业道、武昌商会注册,总协理昨日已准如所请。

沥陈被水灾状　黄陂县诸绅以该邑前被水灾,特赴商会沥陈灾状,恳予赈济,总协理诸君以所陈各情殊堪悯怜,惟黄冈等县水灾更重,究应如何筹赈得以遍沾实惠,俟与众商董商酌,再行办理。

递控留难勒征　上□昌布号近在商会递称,布匹运销湘黔各省,在汉已完统捐,行至宝塔洲厘局,被司巡留难勒征等情,总协理以捐票果否逾限,致被重征,已准就近移请汉厘局查复核办。

(《汉口中西报》)

8.黄州勘灾记(汉口商务总会调查员述)

(1908 年 8 月 7 日)

呜呼！我黄州冈、麻、安之人民何不幸而遭□水厄至于此极也。溯自丙午大水,而后三县受灾,已不堪言状矣。比年将沙压田地,竭力开垦,冲溃堤圩,渐次条筑,幸而遇有丰年,差堪自保。胡为乎？昊天不仁,降兹大厉于今岁。五月下旬,连朝苦雨,二十八九等日,各处蛟水暴发,崩腾澎湃,水头高约二三丈,平地禾苗,淹没殆尽,漂流坟墓,尸骨遍野,淹毙人丁难以数计,甚至全村冲没,人屋俱杳,惟剩零砖碎瓦,一片荒凉而已,闻者恻然,况亲临其地者乎？云远于前月奉商会饬令调查奇灾惨状,目所亲观,每到一处,骇汗、哀泪为之俱下。迄今,下游水仍未退,如黄冈东河之鲍湖、淋头畈、辛家冲,西河之彭城畈等处地势过低,仍属一片汪洋。其上游已退之处,非特秋收无望,而沙压田地不可开垦者,且以千石计。其末路之民,无屋可居,无粮可食,逃亡过半,所存者老妇、弱女、白叟、黄童及疲□残废诸人,呼天不应,□地无门,嗷嗷待哺,奄奄一息,嗟我灾黎,惟有束手待毙而已。呜呼！苍苍者天,何其□□若斯也。窃查三邑灾情,惟黄冈为最重,麻城次之,黄安又次之。盖黄冈东河上接麻城,名曰□水,西河上接黄安,名曰倒水,水起于麻安,而聚□于冈,□之百川汇流,纵横冲突而下,溃决堤圩不下千百,最苦者为茅□口(冈谚云:打破茅□口四十八□一路走),该堤当水势顶冲,溃决已尽。他如麻城之熊家畈、黄安之尹家河一带,几乎人烟杳如,鸡犬绝迹,可为从来未有之浩劫。统计三县灾地约二百余里,灾民约二十余万,与去岁皖淮水灾情形略同。况大灾之后,继以大疫,该处遗民染疫即死者,一村之中日每十余人,天其□欲杀我黄人乎？今将受灾地处及所堪笔记摘录于后,俾诸大善士观□生怜,解囊助赈,则灾民死而复生,骨而复肉,何莫非诸善士之□也,至一切惨苦细情□□启述,容续报告。

灾情约分三等

极重：　人口(淹毙、压毙多,难查姓氏)

堤圩溃口(口门宽深□□)

坟墓棺木(冲失多)

田地(早稻、木棉全□,或□来沙压之地加宽加厚,或向非沙压,此次沙压,宽且厚者)

房屋(倒塌多)

积水(宽而深,非向来低□□水之地)

次重：　人口(淹毙、压毙少)

堤圩溃口(口门多而浅尚□□)

坟墓棺木(冲失少)

田地(早稻、木棉被沙刷洗,未□□,向未沙压,此次被压,宽且厚者)

房屋(倒塌少)

积水(宽而深,本系地□□水之地,因蛟水溃口,早稻失收被灾)

又次重：　人口(无损)

堤圩溃口(少)

坟墓棺木(无)

田地(早稻、木棉被沙刷洗,未□,已受伤者,间有沙压及无沙压者)

房屋(倒塌无)

积水(无)

计开黄冈东河灾地

钱家堡区　张店区　张店东区　张店西区　刘家集区　叶店区　新洲区　周余堡下半区　三店区　白淡畈区

(以上极重)

旧街区　淋头畈区　淋山河区　破子河区　辛家冲区　夏家畈区　柳林　许家堑　杨家田　打石河　易家河区　柳子港区　□鱼区　炳子港区　上□店区　新集区　徐古区　潘塘区　□鱼村区

(以上次重)

黄冈西河灾地

汪集区　王集区　张集区　李集区　西冯集区　东冯集区　白洋湖区

(以上极重)

彭成下区　彭成东区　彭城西区　马驿铺区　双流地区　洋皮庙区

(以上次重)

周铺区　毕铺区　陶山铺区　曹铺区　毛家集区　仓埠司

(以上又次重)

黄冈最下游灾地

唐家渡　余家浔　□家亭　□口　堵城　松□铺　临江铺　罗家沟　□风司　□□沟　□林铺　刘家集　汪家铺　双流铺　城林铺　阳训司　沙口　街埠

(以上又次重)

黄冈最东乡灾地

长圻上　长圻下　打石厂　南湖　孙家嘴　道人□　三台浔　王家店　孟□桥　浒子口　上巴河　凤凰潭　下□流河　上□流河　李家墩　三里畈　七道河　贾家店　牛车河　铁冶　沙河　横溪□　沙河园

(以上又次重)

计开麻城灾地

七家庙　宋埠

(以上极重)

深沟区　南湖区　拜郊区　汪王区　歧亭区　永宁区　范家□

(以上次重)

麻城最东乡灾地

□夫区　八里畈　曹合区　沙并区　白杲区　柏子区　□家河　石观区　黄市　二里河区　南庄区　木□河　蓝田河(按:此地较远,难以普勘,姑列次重,以待细查)

计开黄安灾地

东乡□左会内尹家河

(极重)

南乡育儿会内洪界山　南乡卓旺会　东行会　蔡子会　五头山

(次重)

按:以上三等灾地,惟极重内受灾甚广,其余次重、又次重,每区内亦有未受灾之处,另有日记二本可查,本拟续录于勘灾记之后,兹因急于赴黄放赈,暂将大概灾地录出以供众览,至一切细情,俟复查后再行补登,阅者谅之。

(《汉口中西报》)

9.商会纪事(移请照催速办完结,拆伙纠葛未清,典商请办附会)

(1908 年 8 月 7 日)

移请照催速办完结　何书林民船前被英商沙市轮撞沉,淹毙人命,控经督宪批,经江汉关照会英领查办,尚未了结。兹复赴商会递控,总协理已准移催江汉关道照催,速办完结,以示体恤。

拆伙纠葛未清　□□万泰永拆药店东童其玕与王镜明因拆伙一案,控经商会,判令投原中理处。王于前日竟不准开门贸易,以致大起冲突,童其玕复据情赴商会递控。

典商请办附会　汉口商务总会早已成立,武穴典商春祥等近拟办附会,特赴商会陈明,总协理已准移请劝业道查照,并一面呈明商部立案,以资保护。

(《汉口中西报》)

10.商会纪事(商务总会宣告奥国商会,商会判案)

(1908 年 8 月 8 日)

商务总会宣告奥国商会

告白事　光绪三十四年七月初二日,奉农工商部宪札,光绪三十四年六月初七日,准外务部咨,奥国师护使函称,奉本国政府函开,西历本年九月五号至九号,在奥国布拉克埠开万国商会国会。此会各国轮流开设,现在开办第三次,前四年在比国,前二年在意国,曾开第一、第二两次。会中宗旨,如通商事宜,遇有阻隔之处,可以统筹善□,并有关于万国工艺劝业事宜,窃转请中国政府行知各省商会,派员与会,仍将派出衔名先期示知,并章程送请咨行,查照办理。等因。查此项赛会以统筹通商善法及工艺劝业为宗旨,现在中国商工等业甫有萌芽,正宜借资考求,计粘章程一,批饬□传知各商,一体知悉。等因,本会奉此。相应将章程逐一抄列于后,□告□商一体知悉,是荷,须至告白者。

计开

第一条　本会照章每二年开设一次。

第二条　凡工商各会欲保护自己利益者,皆可选派代表人前往入会,工商各会司事亦可任便入会。

第三条　入会会费每人应纳法金二十法郎,每会五十法郎,凡纳五十法郎之工商会,可派三人与会,三人以外如欲与会,每人加纳二十法郎。

第四条　所有会中各问题应归本会议论，按照第二条所载之司事人等不得与议，按照第二条所载之代表人可以与议。惟每人只有一票，各事须从多数决定，凡各国代表人其人数在十名以上而另求分议事项者，悉听其便，所议之事仍须从多数定夺，与诸议国须登载册上。

第五条　本会须将议论处所指定。

第六条　宜设立常用委员会一处，专为预备各事暨办理日后施行之事。常用委员会内每国应派正员三名、副员三名，不得过多。

第七条　常用委员会之正副委员，应由各国公会委员中选派。各国总工商会欲行入会者，可有选举权。委员会会员所用之委任票，至下届公会开时即行作废。

第八条　常用委员会会员每人只投一票，各事须从多数定夺。

第九条　常用委员会应设总理一员、副总理一员、办事官或总书记官一员，下届公会应使在何处，应由常用委员会择定，未定以前，常用委员会仍设在北京。

第十条　召集常用委员会一事应由总理主持，凡入会各员内有四分之一请求召集者，该总理即可照办。

第十一条　凡入会会费应照第三条所载办理。

待议各节如下：

一、本会应请入邮便公会各国核减邮费；

一、本会应请各国改良邮便暨将书信罚资消除；

一、本会应请各国将各国电话联络一气；

一、本会应请着各国汇票、汇水改成一律；

一、本会应请各国将各国商订划一法律；

一、本会应请设立万国航路事务所一处，以便审判海上争端；

一、本会应请各国规定赛会事宜；

一、本会应请各国将出产物品应纳关税该归一律。

商会判案

尹永年控邱和亭掣骗一案，今两造到会，所供均多委曲在内，即尹今春在仁义司控邱，而邱将珠勒托程□舟押银一百两还尹，余则分期，此非有意拖骗可知，然尹亦情非得已，总因两造事礼过不慎重此句不明白，至今日掣肘无策。当令邱可于一星期内速请声望素孚之的保，往晋和徐柏泉处妥为恳情，平和了事，而两造可免逼累□讼，当令邱具限备案，以□后效，切切毋任前玩忽。

傅恒顺控陈义记山货行一案，据传供，陈租我屋今已三年，除逐付并今将押租银扣除外，尚欠银一百余两，屡讨不归，索屋不退，已逾数月。陈供，该屋拆坏不堪，我曾修整多次，花钱数十串文，渠不肯认，且租折内失，收我一季租银，计纹四十四两五钱，加此两项，我并不少银等语。情词各执，当断以宾主两不相洽，总以退屋为是，至租金讹与不讹，劝傅不必相争，概行义让，令陈当众具限，定于八月二十日以前空屋交傅，再不必任意迁延，如生异端，听凭究办，完案。（以上系录原稿，有未达处，阅者亮之）

（《汉口中西报》）

11.商会纪事(商会热心善举,函催理结,详请饬追欠款等)

(1908年8月9日)

商会热心善举　夏令久干未雨,热度过高,人民感受□疫,相继死亡,商务会协理刘君热心善举,捐银一千余两,制就时疫要□,施给病家。

函催理结　益大各号前控两湖轮船公司富隆华亏欠巨款一案,业经商会函催王复东观察速结,因账未算明,以致久延,款尚无着。兹复赴会递控,总协理已准再函催王观察赶紧理结,以重欠款。

详请饬追欠款　汪同善近在商会递控湖南澧州以商会不能遥制,不为提追欠款等情,总协理已准详请湖南岑抚宪,札饬严追,以全商本而免塌骗。

递控盗卖号锅　立春恒号前因周菊香盗卖号锅,昨赴商会递控,请予究追,总协理以此案已准汉阳县将人卷解送来会,准与提同询判,希即查照办理。

(《汉口中西报》)

12.商业纪事(川煤运汉,银圆陡跌之原因,石灰窑禀请保护等)

(1908年8月9日)

川煤运汉　汉口□□煤□公司刻因销道甚旺,特在川省本厂添运大批川煤,于日昨运解来汉矣。

银圆陡跌之原因　汉口市上所行之七钱二分龙洋,前因某洋商赴上海买货,专收此项洋钱,以故为之骤增,每洋一元换钱一千一百九十文为止。近数月内陡然跌去四十文,每元兑换钱一千一百五十文,实因某洋商已停收此次银圆故也。

石灰窑禀请保护　蒲圻职商梅玉典在蒲圻县创设石灰窑,历有年所,惟转运武汉发卖,各行户每每积压拖欠,其中受累居多,刻梅君已将亏欠等情禀请商务局,列入商册保护立案。

夏水会议规立案　德记等近设立夏水会制造荷兰水,原为有益卫生起见,但无帮规,恐有减价贱售情事,刻已邀集同帮议定规章,赴商会立案,以昭信守。

斗级加价　内河斗级帮近因百物昂贵,集议加价,大有聚众之势,夏口厅金煦生太守恐酿事端,示谕妥议办法,并请张守戒信臣前往弹压,以免滋事。

□工集议加价　拆货一业以统隶为一大宗,向日□丝工匠,每斤只给工钱,近因百物昂贵,工匠集议涨价,故现在拆货店每日另供给饭食,始得相安云。

请减西货商捐　西货帮董白□□前曾在汉阳府禀请认捐一千八百两,已给谕承办在案。兹因事辞退潘子铭等,禀由商捐局员请府减□三百两,俟收数稍旺再行加缴。

猪鬃暂行停秤　猪鬃一项为出口货物一大宗,近因来源日少,市面缺货,现在猪鬃号一律停秤,一俟货源涌到,再行开秤云。

(《汉口中西报》)

13.汉口商务总会广告

（1908 年 8 月 9 日）

本会注册以六月三十日截止，今将各帮已收、未收之款开列于后，以供众览。

已收各帮全年注册费

□皮丝头帮	十家	银一百一十二两
报关行帮	二十一家	银二百七十八两
局厂公司矿务	八家	银六百零二两加二十四两
江西字号帮	八家	银一百二十六两
茯苓帮	六家	银七十二两
浙宁洋广货帮	四家	银六十两
广帮	十三家	银一百六十二两
名誉议董	二位	银五百两
钱庄帮	一百三十七家	银二千二百二十两
香珠玩物帮	一家	银八十两零五分
药材帮	十七家	银二百一十六两
外埠分会	一处	银二百四十一两四钱七分
科学仪器馆		银十二两
洋油帮	三十三家	银三百九十四两
广福杂货帮	十八家	银二百九十四两
贷帮	十八家	银二百九十四两
麻袋号	一家	银一十二两
太平帮	三十八家	银四百八十三两七钱八分
洋纱匹头帮	一家	银十八两
汇票帮	二十八家	银六百一十二两
西药房	三家	银五十五两七钱
天津银号		银一百八十两
四川帮	二十三家	银二百五十四两
染坊帮	五十二家	钱四百串，计银二百四十两
江西银楼帮	五家	银七十两
洋行帮	十七家	银□百九十四两
蛋厂行帮	四家	银一百八十两
木行业帮	六家	银一百零六两
漆帮	八家	银一百零八两
军装帮	一家	银八两
六帮茶业公所		银二百六十两
浙宁杂粮帮	十三家	银二百一十两

盐行帮	十家	银八十两
茶栈帮	一家	银二十四两
外河粮食帮		银一百六十两

共收洋例银八千六百零七两

已收各帮春夏季注册费

洋广货本帮	十六家	银六十四两
浙江海味帮	十一家	银六十六两
浙江银楼帮	十三家	银一百三十五两
石膏帮	五家	银二十两
绸缎帮	三十五家	银二百四十七两
轮船火车客栈	三十二家	银一百五十两
典当帮	二十一家	银二百零一两
报关行帮	四家	银一百八十两

共收洋例银九百零一(一千零六十三)两

未收各帮秋冬季注册费

洋广货本帮		银六十四两
浙江海味帮		银六十六两
浙江银楼帮		一百三十五两
石膏帮		银二十两
绸缎帮		银二百四十七两
客栈帮		银一百五十两
典当帮		银二百零一两
报关行		银一百八十两

未收秋冬季注册费银九百四十(一千零六十三)两

未收各帮注册费

报关行帮	五家	银四十两
浙江药材号	二十家	银一百三十二两
牛皮行帮	四十八家	银五百八十八两
广东药材杂货各帮	五十二家	银六百四十六两
茶叶徽帮	十五家	银一百二十两
苏绣□□帮	二十五家	银二百八十四两
豆饼帮	三家	银三十六两
江苏杂货各帮	二十七家	银二百二十两
黄丝木油帮	十二家	银一百四十八两
五金锡铁帮	三十四家	银五百□十两
淮盐号		银二百四十两
茶叶广帮	二家	银四十八两
布业帮	十七家	银二百四十两

福建帮	二十家	银一百八十两
浙江杂粮帮	五家	银五十四两
□□帮	七□家	银□百零二两
丝帮	八家	银九十六两
花帮	二十六家	银□百六十八两
参燕帮	十三家	银一百二十四两

共银四千零四十两

(《汉口中西报》)

14.商会纪事(违章递略不收)

(1908年8月10日)

商务总会,凡投递节略者,必盖帮董图章,方予收受,早经牌示声明在案。日昨有应城县邓秀椿二次递略,未盖帮董图章,总协理仍不收受,以符定章。

(《汉口中西报》)

15.商业纪事(牛皮开盘)

(1908年8月10日)

牛皮一项乃汉上之大宗,销行外洋各埠,今川商贩运来汉,前每担售价只十四两有零,日昨开盘交易,每担价涨三十二三两不等,现日商东亚、三井等洋行纷纷往购,均未定盘,则其获利厚可卜矣。

(《汉口中西报》)

16.商会纪事(递请添设□河小轮,饬令斟酌核减,□□助赈等)

(1908年8月11日)

递请添设□河小轮　荣记公司近拟租借小轮六艘,在文昌、武胜、汉阳等门添设码头,仿照利记公司章程办理,以利行旅,刻已赴商会递请立案保护,以□航业。

饬令斟酌核减　码头夫刘道仁近因议定帮规,昨赴商会递请立案,并称每担行李前取十文,今则取二十文,总协理以力钱不应加如许之多,已饬令斟酌核减,以昭平允。

□□助赈　朱隆兴盐行在汉口商会所控杨裕成经手□□□与行□通同作弊一案,昨经商会□公理处,□系杨裕成情□□□□□杨裕成银二百两作为赈□经费,至杨裕成向朱隆兴滋闹两次,着杨裕成店□及经手人□□□到朱隆兴赔礼请罪,并准转发夏口厅立案,以杜后□,朱隆兴始行应允,案遂了结。

商会判案　李义和□控任永兴□案诬控一节,今本会已经三传,任均不到,当详询原告暨原中任宝山、罗藻臣、傅衡山、□□五诸君,所控种种均属任永兴不是。去腊月二十三日既经□合验缴地皮,三十□弓外□牛皮三捆,在厅公□息案禀当堂□□被押人证□□完案甘结,此案已了,明确无疑。何□年因李义和出外措□,延至四月新□莅任,而任永兴擅改□任万兴□控前案纠葛至今，现由李投略来会，屡傅，任又不到会，属玩固已极，当劝李既原中□毋庸焦灼，俟本会再传一次，如任不到，当如所请，将厅存各货□会办理。

本报前录商会判案有“此句不明白”五字注文，系因来稿“事初”之“初”误作“礼”一字，一时不得其解，故特加此，阅者幸弗误会。

（《汉口中西报》）

17.商业纪事（新米来汉，川土价涨，炭价渐跌等）

（1908年8月11日）

新米来汉　汉阳蔡甸□乡一带，今年雨水调匀，较已丰收，乡贩近已□米来汉，挑担售卖，每担值价钱三串六百文，相彼小民□不致有米玉之叹也。

川土价涨　川土一项为药土一大宗，今年川省烟苗被风雨打坏，故收成较往年减半，日前买两，只价钱四百八十文，现在来源日□，街上货缺，每两已涨至五百六十文，凡黑籍中人无不愁锁双眉云。

炭价渐跌　汉口日前湘煤缺乏，炭价每担已涨钱五十文，现在湘煤□至，河下煤船停泊数十号，故现在炭价每担已跌钱四十文云。

禀请设立青茶公所　青茶帮商董周容和等共议在汉设立青茶公所，业经拟就章程十二条，禀请给示。刻奉金太守批示，据禀请立青茶公所是否可行，所议章程十二条有无窒碍，既称已呈商务总会有案，究竟应否给示，候移商会查复核办。

拟□水泥公所　汉阳西门外有土黄宫一区，为泥土之公所，刻因武汉大兴土木，该泥工等集有捐款一千余串文，拟将□址扩充，妥拟章程，即日赴县禀请给示，以备同业人等永守规条。

□□表建修公所　阳夏修整钟表一业向无帮规，每多掣肘之虞，现由同人妥定章程，不准紊乱，如违，分别议罚，并按户抽收钱文建修公所，已赴阳夏两宪禀请立案矣。

西瓜大受亏折　西瓜一项为水果一大宗，现因时疫流行，医生以西瓜最□卫生，□□勿食，故销行极滞，凡贩瓜来汉者，无不大受亏折云。

白兰苦□治急疫　上吐下泻，口噤目陷，四肢逆冷，无法灌药者，取此白兰苦□饮约一两，候气暖回肠，再按□施治，如壮热狂□，则弗服。

（《汉口中西报》）

18.商会纪事（商务总会赴黄冈等处放赈员来函照录，止兑银票纠葛未清，递控盗卖油斤）

（1908年8月12日）

商务总会赴黄冈等处放赈员来函照录　湖济、歆生二兄仁大人阁下：日前偕诸君抵黄，叶东□即乘原船返汉，□已面晤一切，□情想已述及，弟等自初十日□□内河，十一日晓□抵新洲，十二日晨即约本地绅士沈子木、张碧斋二君，偕同人等下□查看，到处荒凉，惨不忍言。至万福园一带受灾更重，□□无不流泪，当即分途散给赈米，约明日早晨同该□□当场兑□□大口□千，小口五百。该处被灾之区与前本会调查员报告亦相符合，惟会中虽备有巨款，以受灾之处计之，尚不济事，极少还需二万金之数，俟赈务稍有头绪，至十四五日回汉再作计划，今已函请永安善堂派善良来黄，同襄诸务，知□□宪，故先敬闻，此请公安。弟蔡文会、汪荣由黄拜上，十二日。

止兑银票纠葛未清　怡生隆福记前向庆余钱店所买汇票，计银一千两，系本镇汇福临庄写和记抬头，向上海晋大照兑，此票系由泰和公付与庆余，票上坐印，究系□福临。现庆余既已停歇，泰和公在厅声请止兑，怡生隆赴会递控，总协理以其中有何纠葛，希邀集钱帮公议明白，再行核移。

递控盗卖油斤　朱致大前在商会递控船户蒋兴学盗卖油斤一案，业经准理。兹复赴会，请再为照会岳州镇提讯，并将程哨官名字更正等情。总协理已准如请更正，移请临湘县知照，并移岳州总镇，札饬速交讯追。

（《汉口中西报》）

19.商业纪事（潮糖涨价，电话公司添置渡江水线，花红亏折等）

（1908年8月12日）

潮糖涨价　白糖、红糖，潮帮杂货一大宗，近自新兴和各号倒闭后，所有糖包一概卖现银，且汉口各钱店往来紧手，故价值陡涨，每担已涨银五钱左右。

电话公司添置渡江水线　电话公司水线自官办以来，向未更换，刻由该公司总理在德国购到十对水线数根，其粗如拳，内□橡皮，外色铅绿，颇称坚固，其价四万余金，于日前来汉。闻刻下水大，不能安设，须俟冬令方可安云。

花红亏折　襄樊出产，以花红为一大宗生意，前次贩花红来汉客商，每百斤须本银二两，到汉即卖价银四两。不料，二次襄樊花红每百斤价银有二两二钱，各客商以前次获利，遂多购买来汉，讵行至中路腐烂一半，近日百斤不过卖钱一串，以致大受亏折云。

烟铺复整规章　汉口水茄商务甚巨，汉阳所开水茄铺户者亦复不少，近恐日久玩生，紊乱帮规，由同人集资演古，以期□理，俾资信守。

洋纱陡涨　汉口近日货利以洋纱为大宗，近以销数异常发达，前价银每百斤八十九两，今则涨至九十五六两之谱，一时囤货多者，莫不获利。

钱帮公所饬兑花票　黄陂街裕泰昌钱店倒闭被封一节，已志本报。兹查悉，该店出有花票三千余串，在外店东现均避匿，闻钱帮公所绅董仍饬令如数照兑，以符定章。

（《汉口中西报》）

20.商业纪事（电灯定期试演，食油又议加价，肇新织造公司成立等）

（1908年8月13日）

电灯定期试演　既济水电公司电绳早已挂竣，电灯原定于八月初一日开燃，兹闻定于十八日试演一次，届时火树银花，如入不夜城矣。

食油又议加价　菜、麻油为日食所必需，日前菜油每斤一百四十文，麻油每斤一百四十四文。现在来源日少，成本太高，各油坊集议每斤加价钱八文，以免亏折。

肇新织造公司成立　汉口一镇,近来公司局厂以及行号相继添设,无一不获厚利。兹闻又有人创办一织造公司,专织线丝绸缎等物,商标肇新,已在桥口内黄家墩地方购就民地数十方,约今冬动工,填土造屋。现该公司暂赁武昌□道岭二十四号房屋,所有办公人等,目下已将到齐,杭、绍所雇染织工匠人等,亦已陆续来汉,又南京购办之白丝,已于日前由招商局轮船装运到汉,共十一包,计重九担零七斤,并闻日前大阪公司轮船亦曾装来数担,故日下即就该处暂设二十余机(机头由日本办来)先行开织,一俟新屋落成,即当迁入,再行推广云。

江汉第一春馆成立　钱、黄等数人合资,欲就洋界一码头东海宴宾楼旧址开一特别番菜馆,商标江汉第一春,所有器具杂物均由上海购办,现已陆续由各轮装运到汉,闻俟荆宜道桑观察赴任后,即行搬入,择吉开张云。

(《汉口中西报》)

21.商业纪事(西帮会议抽收西货捐,兴业银行将次开工,皮业汇解捐款)

(1908 年 8 月 14 日)

西帮会议抽收西货捐　西货帮商捐已由鲍子明等认缴捐银一千五百两,潘鼎臣以其中尚有难行,特会商捐委员商议一切,并□办法,请府核示。

兴业银行将次开工　浙江兴业银行原在一码头租洋房开设,近因办事不便,由该行总理禀请督宪将马路口地皮拨三百方修造银行,刻已订立界碑,□□木石,不日即行开工赶造。

皮业汇解捐款　汉上牛皮□□为□□学堂经费,兹皮业商捐局将本年三月份所收捐银共计二千四百七十两零三钱九分,昨已备文汇解至□务公所核收。

(《汉口中西报》)

22.商业纪事(拆钱市息又涨,茶市今日停止,客栈加价等)

(1908 年 8 月 15 日)

拆钱市息又涨　汉口拆息前因银根活动,每日不过一钱,不料庆余、裕大昌各钱店停歇,以致银根紧急,近日用银千两,拆息又涨至二钱二分云。

茶市今日停止　汉口出口货物以茶为一大宗生意,自四月十六日开市以来,各处茶商运茶到汉发售,不知凡几,兹茶已卖尽,刻由茶业公所定期于今日停止。

客栈加价　汉口客栈向日每日火食钱二百四十文,近来百物昂贵,各栈主恐受亏折,刻议每日加价四十文,以顾成本。

豆腐加价　汉口通镇各豆腐店因成本太高,每块售钱四文,不无亏折,现于十八日一律停歇,议加一文,连前共五文,已具禀夏口厅矣。

药铺送药　芝麻岭中和祥号主刘君心存济世,自制灵丹,凡赤贫无力买药者由刘君核症施药。

(《汉口中西报》)

23.商业纪事(电灯定期开灯,催缴毛骨商捐,谕饬会同办理等)

(1908 年 8 月 16 日)

电灯定期开灯　十八日九句钟,水电公司协办宋君炜臣特请会办黄观察达夫来汉,商议开灯日期,已还,就下月初一日一律开灯。

催缴毛骨商捐　毛骨商捐一项,各□贩多有不落正行,隐漏捐款,曾经并请示禁在案,已志报端,但各行捐款每每不能按时完纳,多延不缴,刻由绅首催缴,以济□公。

谕饬会同办理　西货帮商捐前已奉鲍子明、潘鼎臣办理,因丁寿山系潘鼎臣所举出,此次丁未委办,刻复由潘争□由汉阳府谕饬会同办理,以专责成,而重捐款。

航路发达　永隆□□轮渡公司自楚□小火轮开班以来,搭客甚形踊跃,兹由经理某君添设同泰快轮,以利行人。

川煤畅旺　宝华公司所售之煤,价廉物美,故日来销场畅旺,该公司颇有应接不暇之势,诚挽回莫大利权也。

违禁私开炉坊　洪顺前在沈家庙河租屋开炉提金,锅水流出,有碍卫生,早经关道札饬夏口厅封闭,兹日久玩生,复有某在宝帮私开炉提坊提金,有保卫生之责者,不可不查禁也。

更正　昨报“拆钱市息又涨”一则载云,裕大昌停歇,“大”字系“泰”字之误,查裕泰昌开设黄陂街,封闭已久,合亟更正,以昭核实。

(《汉口中西报》)

24.商会纪事(公请移厅开释)

(1908 年 8 月 17 日)

摊民滋事已由商会出为担任,兹有蔡元喜被包探□获送厅收押,近由刘崇功等递略,谓蔡元喜平日确系良民,毫无不法,摊民滋事之案,并不在场,请移开释等情。总协理以是否属实,能否代移开释,应候查明酌办。

(《汉口中西报》)

25.商业纪事(棉花陡涨,绿豆上市,新米价昂等)

(1908 年 8 月 17 日)

棉花陡涨　武汉棉花一项,销数甚大,近因本年天气干燥,乡间新花多已焦枯,来汉稀少可卜。从前每百斤仅售价十八九两之谱,连日陡涨至二十四两,尚在有加无已。

绿豆上市　绿豆为杂粮中一大宗,近日乡间所收绿豆业已上市,每石约在四串八九左右之谱云。

新米价昂　江夏乡间所有本年新米业已入城挑卖,上米每石约五串□□,中米每石约四串九,下米每石约四串七八之谱,一时闻者,莫不称其价昂云。

银行兑付茶款实数　本年茶市虽无甚利益,而各银行兑付茶款数目,较之往年稍有加增,共计九百万左右,此留心茶务者不可不知也。

湘米大批到汉　武汉米价昂贵，全赖湘米接济，刻闻湘商于十九日运米数船，停泊杨家河一带售卖，米价当可稍平也。

斗级把持被控　内河粮食行近因斗级工人停工加价，迹近把持，昨赴商会递控，总协理已准移夏口厅酌定章程，一面察核传究，以杜争执，而免把持。

烟馆收账　汉口各烟馆近因禁烟限期在即，不能再缓，前已经厅饬造成□册，以便稽查在案，兹各烟馆已纷纷收账，以免届期封禁，致受赔累。

梨业获利　梨果一项为水果一大宗，今年瘟疫盛行，西瓜各□均畏食，惟梨性质甘平，人乐购食，故销数极畅，凡贩梨到汉者，无不利市三倍云。

（《汉口中西报》）

26.商会陈列所倒塌汉口

（1908年8月17日）

商务总会附设之商品陈列所，其洋式楼房系属新修，忽于十四日午后倒塌。当由总协理知照各商董往勘，一面饬传承修之工匠至会，谕令赔修。

（《申报》）

27.商会纪事（移请解汉究追，移请差传讯追）

（1908年8月18日）

移请解汉究追　刘惠泉前欠怡生和等款项无偿，控经商会，将刘送厅收押。今刘在会递略，谓款系该东江海澜所欠，已遣徒在厅，将账算明无异并具结存案。总协理以如果属实，殊属不合，已准移请湖南石门县将江移解来汉究追。

移请差传讯追　余永达前在商务局禀控麻城冯均泰术脱谋骗一案，已历四载，尚未归结。昨复赴商会递控，总协理已准移请麻城县差传讯追。

（《汉口中西报》）

28.商业纪事（湘煤又涨，洋纱涨价，谷麦价值近情等）

（1908年8月18日）

湘煤又涨　湘煤日前每石（计三斛）售钱三百二十文，现在来源日少，价钱渐涨，每石已涨加钱四十文，日后尚有涨无跌云。

洋纱涨价　匹头店以洋纱销数为最，今因底价高涨，市价亦昂，比较于下：前每百斤八十九两，今每百斤九十三两有零。

谷麦价值近情　谷麦近因囤积之户甚多，销场日滞，以致价值日见跌落，河麦近价三元六角，白谷近价一元二三角。又，米业中人云：将来谷价可望落至一元云。

盐号获利　盐斤加价已奉明文，每斤加价四文，汉兴各盐号存货甚多，一时□获重利。

漆油行市　老河口为山货荟萃之所，近来漆油生意颇好，市面价目约在九两之谱云。

新花将到　棉花一项，今年监利各邑雨水甚多，花苗甚旺，现在花已成实，正在捡拾，汉上各商已预筹款前往采办,不日即可抵汉。

土工聚议帮规　武汉黄三帮土工作坊现议帮规,不准同业由泥水作坊雇包填筑基地,并拟集资购地修建公所,俟议妥章程,即禀请夏口厅立案给示。

牛皮涨价　老河口牛皮近来价目甚低,曾跌至十二两,后又时涨时落,昨则市面在十八两有零,羊皮亦渐次加涨矣。

斗级帮开斛　内河斗级帮□司友前因汉上百物昂贵,要挟停工加价,粮食行不允,遂致停斛,当由夏口厅金太守恐生事端,特派弁妥为开导,粮食行始允每石加价二文,刻已照□开斛矣。

(《汉口中西报》)

29.商会纪事(希即查访告知,递控扣留夏布)

(1908年8月19日)

希即查访告知　裴□臣控汪子云□夺诬控一案,迭经商会往邀,因汪已赴广东,无从询理。总协理兹据来略,似匿汉口,但究竟在于何处,希即查访告知,以便再行往邀,或径请夏口厅差传解究,以期从速了结。

递控扣留夏布　郭绍书前开设裕源远夏布行,倒逃同太福银一二千两,久延不偿。近郭运载夏布一百二十四捆,改牌豫丰恒,来汉销售,被同太福扣留。昨周秀松以夏布系伊所卖,已赴商会递控。

(《汉口中西报》)

30.商业纪事(烟叶大批到汉,锯匠齐行,蛋价又涨)

(1908年8月19日)

烟叶大批到汉　烟叶一项,以均州出产为最佳,日前京汉铁路被水冲毁,货车不通,故来源甚缺,兹铁路修复,德荣字号闻已运大批烟叶到汉云。

锯匠齐行　木工锯匠一业向来未立帮规,近日汉镇各业均有帮规,该业同人亦聚议齐行,刻已一律停作,俟议妥章程,即筹款购地,修建公所,并禀请夏口厅立案给示,俾同业一律遵守,免致紊乱。

蛋价又涨　鸭蛋一项,日前每元只售价钱十文,近因蛋厂收买,故价值渐涨,现在每元已涨加钱二文,凡贩蛋到汉者,无不利市三倍。

(《汉口中西报》)

31.商会纪事(移请传追牛骨银两)

(1908年8月20日)

张义源牛骨铺前与桥口广泰牛骨栈往来,结欠广泰银五十余两,许还不还,还曾托王和顺告缓,后竟固执不理,赴商会投递节略,邀询未结,总协理刻已移请夏口厅差传究追。

(《汉口中西报》)

32.商业纪事(车栈生意复旺,山漆价涨,香烟同业整规)

(1908年8月20日)

车栈生意复旺　大智门一带火车栈,前因京汉铁路三汶埠铁桥被水冲毁,火车不通,故车栈生意异常冷落,现在货车开行,车栈生意较前大有起色矣。

山漆价涨　山漆一项为汉口生意一大宗,近因山价过昂,来源日少,现在各漆号公同集议每斤漆涨加价百文,以顾成本而免亏折。

香烟同业整规　汉口售卖英美香烟同业,生意最旺,但无帮规,每有减价贱售情弊,致生意阴受亏累,刻特邀集同业整规,并定价钱,以昭划一。

(《汉口中西报》)

33.商会纪事(交保限期还银)

(1908年8月21日)

黎鼎三前扯周万顺店银两,反逞凶横,控经商会,移厅押追,为日已久,由厅移会,邀询了结,总协理当将周再三婉劝,将黎交保,限至八月底还银完案。

(《汉口中西报》)

34.商业纪事(信义银行又添印钞票,钱店停贸,银市折息又涨等)

(1908年8月21日)

信义银行又添印钞票　信义□□银行在汉开设将近一年,汉口已早印行一元钞票七万张,兹又添印镇江通用一元钞票三万张,芜湖通用一元钞票三万张,业已完工,不日即可发行两埠矣。

钱店停贸　堤口某钱店货本素来充足,自开张以来获利亦厚,近恐受亏折,已暂行停贸,不知后再张旗鼓否。

银市折息又涨　汉口折息,前因银根紧急,已涨至二钱二分,不料近日银根愈紧,每日用银千两,折息又涨至二钱五分云。

油坊倒闭查封　汉阳高公桥某油栈因亏累甚巨,避匿倒闭。昨经职商刘步云等将伊所欠账目□单呈县,禀请究追,李振卿大令当饬差保将其货物、家俱等件查封,一面饬差查传该栈主朱润生到案,以便追缴给领云云。

猪鬃各号开秤　猪鬃一项为出口货物一大宗,前因来源不过,故汉口各猪鬃号均暂停秤数日,兹火车开通,豫省猪鬃涌到,昨复开秤收买,以济销市。

香烟公司开工　两宣香烟公司近为挽回利权起见,特聘请外国技师制造香烟,刻已布置完善,定于今日(二十五日)开工。

(《汉口中西报》)

35.商会纪事（议董返汉解款二万，修整陈列所，饬令电招料理明白等）

（1908 年 8 月 22 日）

议董返汉解款二万　商务总会前派冈、麻、安放赈之议董蔡君辅卿等于日前返汉，因灾区甚广，特续拨二万串解往，以期普及。

修整陈列所　商会陈列所日前忽然倒塌，不足以壮观瞻，总协理诸君昨已饬工匠将破碎砖瓦搬移，另行修整，不久即可竣工。

饬令电招料理明白　郭绍书前运夏布来汉，被同太福号扣留一节，已志报端，兹有周秀松以郭电调赴宁货系伊所卖，赴商会递控，总协理以郭欠项未清，已着令电招来汉，料理明白。

希候查核办理　李正兴等前议定藤枕帮规，赴商会立案，嗣因规条不合，特饬再行妥议，兹已更正，赴会呈明，总协理已饬希候查核办理。

（《汉口中西报》）

36.商业纪事（钱店折半兑票，米市渐跌，新麻二次到汉等）

（1908 年 8 月 22 日）

钱店折半兑票　黄陂街裕泰昌钱店原系董东山邀集开贸，诈称货本一万两，已在前商务局注册，兹开贸未及一年，忽然倒闭，所出花票，闻已议定不日折半兑钱云。

米市渐跌　宜昌府属各县近日米粮价值较前略松，因川湘两省来源颇形充足，且本年年岁甚好，早谷业已登场，闻每石减钱六七百之谱云。

新麻二次到汉　汉口所积之麻均已行销殆尽，各行号已派人至各埠各乡收买新麻，设庄开秤，兹于日前由黄冈、圻水等处运到新麻一千五百石，刻下各埠采办者，均已回汉，为数亦不下二千石云。

猪鬃抛盘受累　出口货物，猪鬃为一大宗，前次洋行所卖出抛盘，计每担银九十八两，现值交货之期，猪鬃价涨每担必须银一百两有奇，故各猪鬃号均受亏累云。

煤炭公举帮董　湘邵煤炭一业为生意一大宗，奈无人代表商情，不能联络。近由该帮公举廉正二人充当商董，经理一切，闻已众谋签同，拟即赴汉阳县禀请立案。

玻璃厂开工有期　望山门外耀华玻璃厂前因出货不佳，刻又聘定德国洋师阿客氏，订立合同，每月薪资三百五十金，于日昨由沪来鄂，现已进厂，拟定八月初旬开工。

造纸厂采购原料　度支部驻汉造纸厂开办在迩，由总理陈观察派委萧通守史凰赴湖南采购原料，一俟运到，即行动工，闻通守已乘轮往湘矣。

电话公司机生触电　二十四日下午三句钟，电话公司机生黄君因□□总□叫新大方栈摇铃过甚，当黄君遵例回铃，不料电力猛烈，致触电气，即时昏迷倒地，人事不醒，幸同班者赶急救起，至一句钟之久方苏，幸保无虞矣。

怡园调班　歆生路怡□戏园前因天气酷暑，暂时停演，刻由□主更易贤乐之周桂宝、张文奎以及左月樵等，俟至解凉齐集，登台开演，所有前唱各角均赴苏矣。

（《汉口中西报》）

37.商会纪事(移送全卷商会询理,移催查复核办,希候移到核办)

(1908 年 8 月 23 日)

移送全卷商会询理　武林洋行伙陈达五与李福康为棉籽纠葛一案,经前厅判陈着衣柜退出,李以数不相符,至今犹未了结,昨由夏口厅将全卷及衣柜八口移送商会,查明邀询理□。

移催查复核办　职商恒春茂等□将药材存于荣记堆栈,因被火烧毁,特向该栈索赔,控经商会,尚未判结。昨复赴道呈控,齐耀珊观察以此案商会如何评议,尚未具复,据禀前情,候移催商会查复核办。

希候移到核办　义兴和管事徐晓山前在厅呈控陈茂川串通太古德吓诈一案,业经金太守准移商会理结,兹复赴商会递控,总协理已饬希候移到核办。

(《汉口中西报》)

38.商业纪事(电灯公司开灯展期之原因,电话公司添置避电机,烟叶自行试办香烟等)

(1908 年 8 月 23 日)

电灯公司开灯展期之原因　汉镇电灯本拟六月底或七月初一律开点,嗣因装备未竣,以故一再改期。刻据该公司中人云,现已定期八月初三日(似不至于再改)准将河街及正街两路先行开点,惟后街僻巷,目下尚未装齐,还须再迟数日方能开点。又云,现下各处所装者,均系金丝□灯,所有□条白光电灯均未装挂,因各户欲装点二百支烛光者居多,而该公司目下所备者均系六百支光,价值过巨,多不愿装。现该公司已于日前电达外洋,购□二百支光者数百盏,不久即可到汉,并闻该公司此项电灯工程一切用度,前本核计约六十万之数,讵现下已用至一百二十余万,可见此等大工一时诚难决算云。

电话公司添置避电机　电话公司自归商办以来,力求改良,刻该公司在德国购到新式避电机件,高约丈余,四团均用铁架,由太古安庆轮装载,闻此机费颇为巨云。

烟叶自行试办香烟　均州生员王钧近为挽回利权起见,拟将该处所产烟叶□润抽筋,搓卷成筒,如香烟式,任人吃食,刻已妥议章程,不日即行试办。

钱店展期兑发存条　戏子街震华字号被庆余钱店拆票牵累,以致停歇,所有银票均退下家,存条每张一串,原定于二十四日照兑,兹赶办不及,展期于八月初五日兑发。

东亚面粉厂开工有期　东亚公司在桥口上新开东亚面粉公司,业已亦机器安全,不日工日即行开云云。

(《汉口中西报》)

39.武昌商业之调查

(1908 年 8 月 23 日)

清水池塘一业,近因百物俱昂,大有不可支持之势。日来特集同业,拟将内堂取资三十,外堂取资二十,茶烟在外,传闻若此,未识能否实行。司门口义顺祥广货店主因家中不和,已将交易暂停,所有来往账项均俟中秋节逐一清理。大朝街明阳四海楼盆汤刻已择定八月初四日开张。又,粮道街中路有马姓商人组织烟庄,其商标□曰马义丰,并于芝麻岭百□巷添置支店,以期发达。

(《汉口中西报》)

40.禀设商会(圻水)

(1908年8月24日)

圻水县令罗庆昌禀,(上略)兹据卑县商务分会总理职衔叶赏清、会董监生胡俊杰等禀称,职等前奉谕应开商会,因创办伊始,□□房屋巨款难筹,暂借城箱同仁堂为开办商会之所,俟稍有积款,酌为盖造。至选举总理、会董、帮董诸人及一切应办事宜,均已悉心按照奉颁简明章程办理,不敢稍有违异。公拟开会日期、试办章程十条,呈恳转详等情前来。伏查该商等经卑职劝立商会之后,均于商务利权,志在振兴,颇能悉心从事,认真组织,期著成效,洵属可嘉。惟据公拟试办章程十条,可否准予照行之处,□涉初创,尚无依据,除此批候转请示遵外,所有呈到章程,理合照录清折,禀赉大人俯赐查核,批示祇遵云云。

附呈章程十条

一、县境系通衢,为邻省安徽英、□,本省罗、麻等邑出入货物咽喉之地,而出产土货尤占优等,应遵部章设立分会。

二、本分会以联络商情、开通商智、扩充商力、调息纷争为要义,凡非商界内事概不干涉。

三、本分会拟于九月初二日开会,以后常会每月两次,以初二、十六为定期,酌议应办事宜,如有紧要事件,另开特别会会议,其年会以每年正月一次,清查上年各款并议接办庶务。

四、选举总理、会董、帮董,资□均遵照部章,其聘请坐办兼书记,有行事之权,无议事之权,俟公议决定后□力施行,是其责任。

五、本分会领袖议事各员:总理一员、会董五员(兼会计)、帮董十员(兼调查)、坐办一员(兼书记庶务)。现因创办筹款无多,故各员不妨兼任,俟异日经费扩充,再行酌添续报。

六、本分会试办经费暂由各行会董□□义务者分行筹任,视贸易之大小,酌量给将,以资开办。

七、本分会自总理以下各员,如有徇贿情□,会董举发,查有实据确证,即公议裁撤另举。

八、凡愿入会者,查明非营业卑贱,亦无倒闭未偿情事,更能恪守会章,酌输捐款,本分会均认为入会之商,一律享商会利益。

九、凡已入会者,有干犯刑宪,侵侮同类,借端招摇,败坏本会名誉,经人举发,查有实据,公议令其出会,原捐之款概不退还。

十、凡商业新□及腐败改良,独力不能胜任者,本分会均应随时会商提倡。

(《汉口中西报》)

41.商会纪事(递控船户割货私逃)

(1908年8月24日)

瑞丰祥由仙桃镇装货运汉,□行户刘正茂与船行樊成楚□定沔邑船户朱大贵船只,立有船契,现船户窃货私逃,特在商会递控,请将行户等根究赔偿等情。总协理令将船契送会,以凭移请沔阳州,差传讯究。

(《汉口中西报》)

42.商业纪事(铜圆充斥之原因,米价陡跌)

(1908 年 8 月 24 日)

铜圆充斥之原因　鄂垣造币厂停铸数月之久,而铜圆之价值不见稍涨,揆其原理,难保无暗中□灌。刻据钱业中人述及原委,上至长沙、宜昌,下至宁、苏、申镇,银价高低不同,往来商旅尤众,即无奸商贩运,谁不知价之轩轾。只就逐日进口轮船而言,若司事,若茶房,若水手,以沪汉之价值,每元有五六十文之悬殊,势必顺来倒去。且铜圆非制钱可比,简便易携,处处便利,□□来源,焉能数计,似此尚望维持商业者鉴诸。

米价陡跌　沙市日来新谷上市,每石价值约一串四五百文,通市米价每石约三串有奇,往后恐尚有跌势也。

(《汉口中西报》)

43.商会纪事(移请传追给领,集议受灾请赈,递控伪造谎骗)

(1908 年 8 月 25 日)

移请传追给领　云梦县钱源顺行东钱燮卿、凭中江少安等借有源茂等银两,延不归还,特赴商会递控,总协理诸君已准移云梦县差传钱源顺行东钱燮卿暨原中江少安等到案,究追给领。

集议受灾请赈　杨炳荣近因孝邑受灾,昨赴商会备陈,恳求请赈,总协理答以来略所陈受灾各处,应否急筹赈济,希候邀集议董查议核办。

递控伪造谎骗　胡长泰因彭鼎臣伪造谎骗,昨赴商会递控,恳请究追等情,总协理以如果属实,准移请夏口厅查酌办理。

(《汉口中西报》)

44.商业纪事(蒲煤畅销,贤乐茶园迁地为良,织布公司开工等)

(1908 年 8 月 25 日)

蒲煤畅销　楚珍煤矿公司近为振兴实业起见,在蒲圻桃花岭地方开挖煤矿,煤质极佳,刻已装运来汉,在横堤同安里内设立分销,价值极廉,购者颇形踊跃。

贤乐茶园迁地为良　七垱贤乐茶园自创办以来,凡百股东莫不贴钱,从未有一贸易□胜□,现由该园梁某重邀新股二万两,将该园迁移于六道桥马路外重新建筑,期与汉上各园争胜,现已大兴工作,大约九十月间即可告竣云。

织布公司开工　马昌湖鸿昌织布公司前因天气炎热暂行停工,刻因秋爽,该执事招集工匠将机件安配齐全,拟于初一日开工。

轮船将次停班　洞庭湖各处近日水势渐涸,只有四尺有奇,所有往来湘省轮船将次停班,拟改驶浅水小轮。

毡业亦甚发达　武昌省城花堤各毡业在各乡市收买羊毛，从前只知大小毛毡而已，现该业郭祥兴等已伙集同业创设新法，力求进步，拟造五色花毡等件，想将来造成，销场必更大矣。

丝头得利　丝头生意汉口近来甚发达，价值亦佳，计挽手牌每担价七十余两，□市价六十余两，操是业者获利颇丰。

红纸作坊议规涨价　红纸作坊亦本镇工业之大宗，该业以纸张原价太低，现今底本昂贵，买卖不无亏折，是以该同业人等在太阳宫所聚议，齐行涨价，以保成本。

棺木作坊工匠议规　武汉各属近来瘟疫流行，死亡无算，以致棺木一项销数甚旺，本镇棺木作坊大获其利，现闻该业工匠等聚议行规，拟向各作坊主索增工价，否则一律停作矣。

（《汉口中西报》）

45.商会纪事（商会答泰和诉控怡生隆□请兑票节略，希候讯明核办）

（1908年8月26日）

商会答泰和诉控怡生隆□请兑票节略　怡生隆福记前控贵商□废止兑□，□票系□福临□印□□□停，而□福临无恙，其所出之票，公议不能止兑，一是以移请夏口厅收回成命，汉上全赖汇票流通，如果本铺未倒□以另有纠葛，将用出之票一律止兑，试问凭何信用？若遽照准，市面将何以堪？至称大通、聚和、上义源期票亦有电饬止兑之事，此乃大通、聚和不守规矩，与本镇无涉，本会只能受汉镇之事，他省或有违章之处，其势不能预闻。贵商援引他处不遵礼法之章，致坏汉市，本会未便允如所请也，希知照。

希候讯明核办　生和昌染坊工匠前与和记绸缎号水夫等纠众斗殴，已由两造控厅，验伤保辜在案，兹生和昌复赴商会诉控，总协理诸君以孰实孰虚，候厅讯明核办，并令各责工人勿再滋事，凭中妥为办理云。

（《汉口中西报》）

46.商业纪事（钱业严防假票，柴炭铺议规注册，船牙筹议创办船捐纪闻等）

（1908年8月26日）

钱业严防假票　汉口钱业所出花票，市面颇为流通，惟有匪徒伪造假票流行市面，实于商务有碍，刻闻钱业集议，一律改用东洋花票纸，以防假冒。

柴炭铺议规注册　柴炭系民间日炊之必需，销数甚巨。本镇柴炭铺亦生意之一大宗，该业向有帮规，近因人心不古，致多紊乱，刻由为首人等在紫云殿聚议，复整旧规，俟议妥章程，即缮具节略，赴商务总会注册。

船牙筹议创办船捐纪闻　夏口各船牙等近由行首邱某邀众筹议，创办船捐，以免催收之难，其章程仿照汉阳办法，开办捐输以济学堂经费，不知能底于成否。

船帮拟请减捐　汉口船行生意向日最旺，每月认缴捐钱百串，近因轮轨交通，生意大形减色，刻闻该帮拟赴地方官禀请减捐，不知能邀允准否。

扇业收庄　葵扇一项为日用所需，今年扇业均获厚利，现在秋凉，扇已无用，所有扇业均已收庄,另营别业。

(《汉口中西报》)

47.商会纪事(会议商捐办法,移请查议核办)

(1908 年 8 月 27 日)

会议商捐办法　督宪近委张尧臣观察总办汉口各帮九九商捐,但恐各帮误会不知,为清查中饱,疑为加捐,特于今日(初一日)在商会开特别大会,声明宗旨并议一切办法。

移请查议核办　刘步云近被朱万茂掣去期票银二千余两,昨赴商会递请作废,总协理以能否作废,俟移请钱业公所首人查议核办。

(《汉口中西报》)

48.商会纪事(饬再妥议呈请核办,集股收回马路)

(1908 年 8 月 28 日)

饬再妥议呈请核办　藤枕帮杨恒泰等近拟定帮规,赴商会立案,并称如有开设铺面,入帮费钱四十串,招外姓生徒,歇业三年,总协理以所议多有耗费把持,尚欠周妥,已饬再加妥议,呈请核办。

集股收回马路　□□兴商公司所租马路前已由议董蔡辅卿等提议赎回,但巨款宜早筹备,刻闻总协理诸君决议,集股磋商赎回。

(《汉口中西报》)

49.汉口商务总会广告

(1908 年 8 月 29 日)

本会自去年接办以来,事务既众,□邀自繁,且蒙前督宪拨给商会地基三百方,□须先行填土,预备建造,其经费亦属不赀。前承各宝号所认之款,已缴者早经登报声明,想荷洞鉴,其已认未缴者亦望从速惠付,以备造册,实为至祷!此外,尚有数帮,既未认款,亦未销号者,或因各董事公务冗忙所致,然转瞬冬季交替在即,亦未便过于□延。倘有意见未合,不欲注册者,本会亦断不相强,事关公益,伏乞商界诸君垂谅为荷。

(《汉口中西报》)

50.商会纪事(移请传追给领,移请查复核夺)

(1908 年 8 月 29 日)

移请传追给领　吉泰祥(一作吉太祥)近因乐大国等该欠银两屡讨不付,昨赴商会递请追给,总协理已准移请黄陂县差传乐大国等质讯究追给领。

移请查复核夺　花帮永兴裕等近在商会投递节略,谓洋商在内地采办棉花有碍花商大局,请设法维持等情。总协理诸君以洋商派伙赴内地采办土货,本为条约所准,惟运花出口,是否独华商完厘洋商不完，抑系华洋一律，俟移请汉镇下厘金局查复核夺。

（《汉口中西报》）

51.商会纪事（饬候到后质明判结，候邀议董议妥，罚款助赈等）

（1908年8月30日）

饬候到后质明判结　周秀松前在商会递控同太福将伊伙郭绍书夏布扣留一案，业经饬令电招郭回汉，料理明白。兹复赴商会续陈，总协理已饬候郭到汉后，邀集质明，秉公判结。

候邀议董议妥　商务半夜学堂出现一节，已志本报，胡承洵等特赴商会陈明立案，总协理以商家子弟本有商业学堂，现正筹款开办，所设半夜学堂于学徒似有裨益，惟街道绵长，学徒夜间往学有无窒碍，候邀各帮议董问明，再行知会。

罚款助赈　杨裕成店伙陈泉前与朱某□同作弊，买朱隆兴□行牌号，合骗□银一千两，杨受伙□□竟执票向朱隆兴□兑银，不料并无其事，近被该行赴商会递控，总协理以杨裕成理曲，特判罚银二百两，以助义赈。

拟建市亭　汉口□亭未兴，前四月间不准设拟，致有摊户滋事之变，兹有李鼎臣等昨赴商会，递请将张美之巷陶圣庵改建市亭，一俟总协理允准，即行开工建造。

（《汉口中西报》）

52.商会纪事（饬候勘明酌核办理，移请传案追赔）

（1908年8月31日）

饬候勘明酌核办理　李鼎臣等近在商会递请将张美之巷陶圣庵改市亭，总协理以所请陶圣庵基地改建市亭，实于居民、铺户均有裨益，惟庙基其地若干方，旧有石碑如何写法，候邀同议董前往勘明，酌核办理。

移请传案追赔　鲍家巷公栈号客椿茂前在商会投称，在怡昌油行下桐油一百元，□周双全驳船至大码头水巷过驳，不料中途被一百一十四号洋驳□□四十余元，该舵工邓性持强不赔等情，总协理诸君刻已移请夏口厅传案讯追。

（《汉口中西报》）

9月

1.商会纪事（移请传商会讯究追，饬令执票索还，希送船契核移）

（1908年9月1日）

移请传商会讯究追　陈华三在商会递控高福升领架造房屋，因不坚实，致被倒塌，压毙小孩三名，伤人数口，高当时愿□伤赔修屋宇，今日久不面，请予邀究等情。总协理当邀，不赴会，刻已移厅传追。

饬令执票索还　鼎亨钱庄刘步云在商会递控朱润生在汉开设祥生油店，借用期票银二千三百四十余两，倒闭潜逃，请将借给期票作废止兑一案。业经批答，邀□议董，公议不能止兑。兹东成庄以收用期票赴商会递控鼎亨掣骗不兑，总协理已饬令执票索还，或将原票送会邀理。

希送船契核移　瑞丰祥前由仙桃镇装货来汉，凭船行樊成楚□定沔邑朱大贵船只，立有船契，不料行至半路被朱窃货私逃。昨赴商会递控，总协理已准移请沔阳州差传讯究，并希将船契送会核移。

（《汉口中西报》）

2.汉镇商会为湖北冈安麻及各府厅州县水灾募捐启

（1908 年 9 月 2 日）

呜呼！前亦一戊申，后亦一戊申者，固六十年循环之劫运也。然丙丁戊三荒相继，则今之视昔，犹难。合亦此汉水，分亦此汉水。汉水者，又数千里为壑之灾区也。然冈、安、麻三邑相形，则此善于彼，为信。是以车前迎冯妇，再捋晋虎则贻讥；堂上问宣王，专舍齐牛而见笑。何者？夏口六区之灾，诚可悯，秋毫一羽之察，未为明耳。今有孙叔敖传神，愿借写生之笔，我是密都统，乞食或怜，垂死之言，义不容辞，情当共谅，爰就调查之所及，勉为代表以相闻。今年五六月之间，嘉禾垂熟，本省荆、宜、安以下大雨时行，西三郡尚报灾成，而汉皋同在下游者，可想。北两邑尚忧波及，而敝厅素称泽国者，可知。以从井救人之身，反为井中人所责，以现身说法之士，而竟无法外意可施，来日大难，故乡托谁。然而一声霹雳雷破山而飞鸣，万斛泉源水随地而涌出，不知何怪，或云舞幽壑之潜蛟，所在居民均似泣孤舟之嫠妇，问兴妖于何处，迹蜿蜒而五穴犹存，忽贻害于邻，封势奔腾而万村并没，哀我梓里，孰若麻安。而况黄冈，尤称浩劫，试游赤壁，一证新闻。方祸水之发难于麻城也，始而急溜旁趋，但借安边为逆旅，继则狂澜尽倒，直指冈邑，为尾闾飞电，甫接于排空，迅雷不及于掩耳。前涛背而后涛种，白马□挟潮来，天水讼而山水蒙，黑风如吹海立。历时不过一两三日，溃堤已尽四十八围，望晋阳之城，不没者三板数，金陵之鼓所忌者，五更浮尸，不辨雌雄，白出蛙翻林影外，前面是何村落，黄金字拽浪花中，或葬鱼腹，以全家有哭声者转称天幸，或逐龙门之高浪，纡点额而争讶神通，或涸复而地更无皮，难控龙宫之□吏，或飞来而沙将没□，难分鳞册之良田。最惨者，新鬼业已烦冤□前和，而陈人尽出；尤奇者，鸡犬相随仙去觅余粒，而飞鸟无声。余臭喧天，僵尸属地，死者已矣，存者奈何，迄今二十万□黎，鸿嗷满野。试问七百里梦泽，乌集谁家，兼之赤日烧空，水益深而火益热，况复黄熊入梦，人愈衰而鬼愈雄。五瘟使者，何来人言？媚鳞介而助之为祟，十二伥神安在？我欲祷甲作而后者为粮，伤哉惨矣，一至是乎。查汉镇居天下之中，万商走集，闻诸公皆穷民之母，众善奉行，须知宣佛号千声，论彼法只成小果，但能拯众生一命，知此身已证菩提。君不见某乡利市官三十万金随鹤化，君不见某省守财虏四十八石应龙求，勘透此关，阿堵物直同粪土，打穿后壁，报恩子即是儿孙。嗟乎！市董见推，书未告成于众，村农赴诉，兴几立败于催租，谁不私父母之乡，胡乃专为他人作嫁，吾尝从大夫之后，未忍更与长吏增忧，敢在下□愿拜奉扬之赐，有如此水，无忘普度之心。

孙迪圃□题、密昌墀代启

（《汉口中西报》）

3.商会纪事(递请保释)

(1908 年 9 月 2 日)

王培忠与王舜臣纠葛一案,控经商会,邀同质讯,仍须俟贵州商会将调处情形移复,并关传王乾吉质实,方可明白。兹王培忠因在厅卡患病,赴厅递请保释。总协理诸君以款项甚巨,即使病重,亦应由厅验明核办云。

(《汉口中西报》)

4.商会纪事(移请移送判结,移请传追给领,商会理事□人)

(1908 年 9 月 3 日)

移请移送判结　任永兴前与李义和纠葛一案,已呈由会,准予集询理结,当移厅请将日前□获李义和堂之牛皮各货如数移送,并饬任永兴赴会□□理处判,以免讼累。

移请传追给领　云梦县□源□行东钱燮卿前该欠源茂□银两,潜逃回籍,昨□顺等赴商会递控,请予追给等情。总协理已准移请云梦县差传究追给领。

商会理事□人　汉口商会理事一席自周仲芬大令去后,继之者为江夏张和笙太守,所有询判各词,莫不一秉大公,细心研究,即华洋交涉,亦毫无迁就,结案甚多,两造无不折服,闻太守曾办某省交涉多年,故明决□慎如此云。

(《汉口中西报》)

5.商会纪事(仍希查确核办,移请解汉究追)

(1908 年 9 月 4 日)

仍希查确核办　蔡元喜前因为摊户滋事一案,已被侦探拿获,送厅讯押,前有同昌等以蔡系安分良民,递请移释,当答候查明在案。兹复赴会递备,总协理诸君以事关拘送地痞,仍候查确办理。

移请解汉究追　□惠泉前代江海澜经手亏欠怡生和等欠款无着,控厅押追。兹在商会递控,以款系江所欠,并□遣徒在厅将账算明,具结存案。总协理以如果属实,江海澜殊属不合,已准移请湖南石门县传江解汉究追。

(《汉口中西报》)

6.商会纪事(商会判案)

(1908 年 9 月 5 日)

两汉洋碱帮万仁和、卜利门等三十家,前与武昌碱帮同茂等七家公议帮规十条,并请劝业道暨武、汉两商会立案等情。嗣两汉碱帮十条帮规外,又加每月牌捐钱三百文,帮捐每包抽钱一百文、每桶抽钱二百文两条,查核与原呈不符,当传万仁和、卜利门两家来会细加详询。据供,前禀陈各处条规乃武汉三镇合帮之规,今武汉各分,此二条乃两汉三十家后议添出,决不敢任意□滥是实。

(《汉口中西报》)

7.商会纪事(饬候讯明核追,米票纠葛)

(1908年9月6日)

饬候讯明核追　朱泰兴前在商会递控胡春山欠银不还一案,业经曾有记等出为调息。昨朱之妻杨氏复赴会递控,总协理以此事何以至今尚未清结,殊属不解,已饬候邀曾有记等讯明核追。

米票纠葛　胡梓桂前以四百石米票向同茂泰押钱一千零五十两,嗣因被其贱售,以私吞客货等词在商会递控。兹同茂泰亦赴会诉明,非私吞。总协理以如果属实,胡未免狡诈,已饬候其来会催控,再行详诘问□。

(《汉口中西报》)

8.商会纪事(移请讯追给领)

(1908年9月7日)

黄陂县乐大国等前欠吉泰祥之款,久延不还,赴会递请究追,总协理诸君已准移请黄陂县差传乐大国质讯究追给领,并赴厅备质。

(《汉口中西报》)

9.商会纪事(商会议董放赈首□,移请饬令照兑,移送押追等)

(1908年9月8日)

商会议董放赈首□

商务总会以冈邑水灾最重,前经先后拨款赈济,尚□期普及,总协理又垫一万串,仍交议董蔡君辅卿于十一日携往散放。

移请饬令照兑

惠怡厚收用世诚和银票五百两,近因延不兑银,昨赴商会递控,请予追给等情。总协理已准移请云梦县饬令世诚和照票兑银。

移送押追

黎鼎三私扯用周万顺店银两,控经商会,移厅讯押,嗣提到会,判令交保,限于八月底交还,黎无着落,总理诸君当仍移送夏口厅押追。

商会判案

陈华三控高福升等一案,近日第二次传讯,高福升抱病未到,而到者仅原告陈华三、被告翁扬仁、地保傅祥发,当询以前次判令傅祥发同高福升在外议赔,今可否就绪。陈供:并未闻伊等一言。翁供:我做此屋,乃包与高福升所做,且高有保人,屋未完工之损失与我无涉。地保则以高姓在病为辞。当判以此案归究虽在高福升,第翁扬仁亦未免有用人不实之处,□在翁、高,两姓速请人妥议赔补异乡为是。今此事傅祥发逾限未妥,本应送厅押究,姑念高福升在病,再限于十日，仍由傅祥发催令高福升从速□事，如再玩忽，当一并送厅，重惩不贷。

李经田等控胡祥顺一案，今韩裕泰、黄荣丰、胡祥顺并胡所谓之印保郭茂盛等一同莅会，各具息□甘结，并请移厅销案，当准如所请。（结附）（未录）

（《汉口中西报》）

10.商会纪事（希候询明核办，移请提案究追，请举砖业帮办等）

（1908年9月9日）

希候询明核办

聚兴乾粮食行近在商会递控汪汉亭欠银二千五百余两不还，既以伪票搪塞，又将抵欠之黄豆五百十四包串通杨鹤卿（一作杨和卿）出面索银，以致转□车税银两等情。总协理以如果属实，未免形同谎骗，于商业大有窒碍，已饬候邀集两造，询明核办。

移请提案追究

信成号前因庞华发欠银两，久延不偿，控厅传案收押。近因尚未归还，昨赴商会递控，总协理已准移请夏口厅案追究。

请举砖业帮办

各帮均设有帮董，如事权太重，自可添设帮办。兹冼干廷等以砖业散漫，拟举潘、欧二君为帮办，已赴商会递请给予照会。

商会判案

周万顺控黎鼎三一案，前五月十八判黎连日觅请的保在外筹还周款，不遵，在案。今黎复投略来会，云：已经请有的保，求提讯释交。当传齐原被，而黎仍狡词无保，周将黎之户契与□票各一纸交会，当给本会收条，黎还押。

裴□臣控汪子云一案，今邀询两造，情词各执，且各均措有据，颇难理结，当判以俟改日将证据汇齐邀理。

（《汉口中西报》）

11.商会纪事（陈诉指控赌博，移请传案讯究，希候询明核判等）

（1908年9月10日）

陈诉指控赌博

庆余钱店执事汪成之前供出陈朗宁等术赌输去巨款，由余□金开单，请商会移究，兹陈朗宁赴会陈诉，总协理于日前邀集询议，再为核办。

移请传案讯究

高福升前包造苗家码头陈华三房屋，工料不坚，竟被压倒，伤毙人口数名，控经商会，邀询不到，总协理移请夏口厅讯究。

希候询明核判

胡梓桂前在商会递控同茂泰将其所押米票四百石瞒价图吞一案，业经商会派员调查，其米系请杨永泰出借字于同昌顺之王云卿，押借银两，并非径与同茂泰当面交割。昨又赴会递控，总协理以核与同茂泰前粘杨永泰所立借字相符，事有经手，已饬候邀杨永泰等询质明白，酌核评判。

商会判案

杂粮帮徐晓山控陈茂川诬买麻袋一案，今邀询两下，情词各执，并有杂粮帮董冯福廷君、潮帮董吴□石君暨陈之同乡□伯周一同研询。据徐供：徐永祥乃我行小倌，今正出行，买□□乃四月之事，请查理。陈供：麻袋实系伊行买卖经手永祥卖去，且晓山曾从旁劝盘成交，后转售与本街罗裕兴麻袋号，有证可讯，至永祥可否在伊行内，我实无从查悉。询永祥今在何处，晓对以不知，问有荐保否，晓对无保，询可寻交否，晓对无从寻交。当判以□此数语，可知陈茂川为徐永祥所骗，祥不出而此案实无了期，晓山今不允交，难辞串骗之责，劝之再三，晓方允交祥到案再理。

恒源大控刘天吉，被告回乡未理。

（《汉口中西报》）

12. 商会纪事（□送巴达维亚埠陈列品，递请另举帮董，递请开设钱庄等）

（1908 年 9 月 12 日）

□送巴达维亚埠陈列品　本镇商务总会日前接得巴达维亚埠（此埠未知是否在南洋群岛，尚容查询）中华商务总会移文，请酌寄商品数种，以便陈列等情。当由□副理备就汉阳铁厂之钢铁一种，又萍矿翻砂及洋炉之焦炭各一种，装作三箱，于十七日（今日）报装招商局之江永轮船运往上海，再行换轮转寄巴城，交该商会验收云。

递请另举帮董　汾酒帮帮董向系商会照会盖禹功承充，近因行将回籍，特赴会告退，递请另举人充当，以维商业而重公务。

递请开设钱庄　刘□珊近因伊东卓小梅备具资本，在汉保安里开设厚大钱庄，特赴商会递请派员调查等情。总协理已准分别函请调查取结办理，一俟复到，再令照章缴捐并移请劝业道发给执照。

递请移追折据　日升昌因胡金氏存有款项，所有折据已入于胡张氏之手，昨赴商会递请移追，总协理已准移请武昌府立传胡张氏，勒缴折据交还，以杜后患。

（《汉口中西报》）

13. 商会纪事（递请详咨注册，移请差传讯追，递控徇私滥举帮董等）

（1908 年 9 月 13 日）

递请详咨注册

两宜纸烟公司近集股本七万元，在汉开设纸烟厂，昨赴商会递请详咨注册。总协理以此事已准夏口厅以应否准予立案移请核复在案，希候详细调查明确，再行酌核办理。

移请差传讯追

周少卿前亏欠周德厚银二千七百余两，延不清偿，昨周德厚赴商会递控，恳请追给等情。总协理已准移请黄陂县差传讯追。

递控徇私滥举帮董

辰、宝两帮前已由刘炳□等公举张光耀为帮董，已经夏口厅移请商会查复在案，兹罗玉麟复赴会递控刘炳□等徇私滥举等情，总协理已准复加查察，备文移复。

商会判案

沈仁记控陈抟九背据一案，今日传讯。据傅达回云，陈抟九刻赴保定有要事，去须月余乃能返里。沈仁记、周祥□、荣茂和等莅会，详询之下，云，陈抟九在家与否，皆无从查察，惟伊家有曾任江西臬司之五老大人，甚行慷慨，前我等六月初二日租抟九铺屋，未成之初，风闻颇承五老大人同三少爷从旁至成，今抟九背约，我等屡至伊宅，又不能与抟九睁面。今该铺屋十日内外可望竣工，沈仁记必搬进屋住，恐与萃英堂生不测之患，务望贵会函知陈宅，恳乞垂怜□艰，准租沈仁记，以免与萃英堂多生交涉，租金一节，照萃英堂加价不误。当判准函知陈府，俟有回信，再行邀理可也。

恒源大控刘天吉，今被告回乡，仍来到，未理。

（《汉口中西报》）

14.商会纪事（递候来汉赴会，移请传追给领，候邀议董酌议等）

（1908 年 9 月 14 日）

递候来汉赴会

庆余钱店伙汪成之被陈朗宁等同赌输去万余金，已供有吴□亭在内，由店东余□金开单送会，总协理诸君邀询未到。兹吴妻游氏在会投递节略，谓伊夫回籍未来，俟来汉再行赴会云。

移请传追给领

同昌和近因王荣发亏欠银两，屡讨不偿，昨赴商会递控，恳请究追等情。总协理已准移请钟祥县传追给领。

候邀议董酌议

冼干廷等前因砖业散漫，赴会请照会潘、欧二君充当帮办一节，总协理诸君以各帮添设帮办皆系□行商请，从无由会发照会之说，是否可行，候邀各议董酌议自（原文缺）。

希候询明评判

周秀松前在商会递控同太福扣留伊伙郭绍书夏布一案，业经批答，饬令电招郭回汉料理明白。兹郭已来汉，昨特赴商会递控同太福信口吹诬，总协理以伊既来会具诉，已饬希候邀同太福询明评判。

商会判案

李义和堂控任永兴□控一案，前经本会四传，任抗不到。嗣由该帮董罗藻臣君暨原调诸君报略，申明此案经前厅何宪判明息销各节在案，当照情移厅。兹准厅移复，油靴、油鞋、牛皮等件一并送会，除牛皮两捆半留存会，待任自领外，余件凭罗藻臣暨原中任宝山、冯万泰、杨修五、傅恒山、李长发诸君一齐交与李义和堂领去，先还别项，当取具领结，附卷。

刘乾元控刘玉相一案，被告仍未到，未理。

（《汉口中西报》）

15.商会纪事(移请催传讯追)

(1908年9月15日)

夏□泰近因唐永和亏欠银两,久延不偿,昨赴商会递请追给,以全商本等情。总协理已准移请罗田县催讯传追。

(《汉口中西报》)

16.闻商会助千金为请愿旅费志喜

(1908年9月16日)

吾闻商会捐千金为国会请愿旅费,吾喜,吾大喜,吾狂喜,吾喜极,吾喜极而悲,悲极而哭,哭极而痛,痛极而感,感极而拜,吾拜,吾百拜,吾千拜,吾万拜,吾拜,吾谢,吾谢,吾颂,吾颂,吾祝,吾祝商会名誉万年,吾祝商会事业万年,作者不恭维人也。令商会无公德心,无爱国心,奄奄忽忽,不具精神,植党营私,破坏公益,使汉口商业永远堕落,不得一战文明、生发活泼之历史,则作者必骂!虽骂而遭商会之忌,斫作者之头,解作者之体,作者之魂魄亦必演公理之阵,结大义之援,盘踞于商会之庭,骂愈狂声,愈令急闻者不得掩耳矣。虽杀作者,作者不惧,奈作者何?奈作者何?作者不恭维人也,其恭维人者,必有以服作者之心灵。商会以千金予作者,作者喜,作者谢,作者不感也,有予之之道,必有受之之道,即无受之之道,而予者已市义,作者以义市,又何感为?又何感为?且作者虽寒人,视千金犹无物也,视千金如无物,而商会则以捐助国会请愿旅费千金,动作者之极感,则又何也?则不见前日会议时耶,吴先生一提议请愿旅费,到会者数百人无一人慨然应,慨然捐,皆默如坐古寺中,作老僧人入定。夫此数百人,人捐一二元已不下千余元,且此数百人中,居学界、居绅界、当要地、赚龙圆者,实占大多数,不似作者一洗贫,卖一文养一家,女儿□寡妇□也。何也?征之于服饰也。其□服饰多纺也、纱也,巍巍然也,赫赫然也,□然商会之在当时犹然默默也,犹未应也,然未应于当时者,已概捐于今日,□未应心已应也,心已应者,亦安见他人之心未应也,曰我未见其捐也,未捐者安知其不更田于捐也,曰旅费得千金,更无须乎捐也,无须乎捐,则捐之义务已不啻商会之独任也。嗟乎!社会无钱,神仙立死,事无论何等,无财力以相济,则仪秦矢舌,责育断腕,义烈之鬼哭于其旁,爱莫能助,得钱则志愿遂,得钱则功业成,此捐之所以宜急,而急捐之所以足感也。以故作者崇拜商界之心,恒于无意中时时流露,为其雄于财而好义,则文明之新事业必多赖其赞成,又不仅在此区区捐助之千两旅费金也。虽然商会一捐千金,而吾属对于旅费之责任即可以免,令吾属前日或出于分捐,则商会乃即以省千金之担任。然则前日之默然不出于捐者,殆逆料商会之必出于捐,故且同出之,以观望也。至于观望,而商会果捐,则吾属得观望之利,而观望实有裨益于吾属,而今而后,吾属且即此“观望”二字,身体而力行之,当更有得,当更有得。惟是吾属得,而天下事去,奈何,奈何!

(《汉口中西报》)

17.商会纪事(筹款开办商业学堂,饬令报知面订合同)

(1908 年 9 月 16 日)

筹款开办商业学堂　商业学堂建立已久,因无的款,故迟未开办。总协理以商战激烈,亟宜使商家子弟就学,刻已决议邀集各帮议董筹款开办,以兴商业。

饬令报知面订合同　刘宝珊因伊东卓小梅在保安里开设厚大钱庄,昨赴商会递请派员调查等情。总协理已饬令报知钱业公所,以便面订合同。

(《汉口中西报》)

18.商会纪事(饬令切实见复)

(1908 年 9 月 17 日)

两宜纸烟公司在铁路外开设纸烟厂,原为挽利权起见,昨赴商会将章程呈核,并称股本七万元业已全数认定等情。总协理以此款是否均已收齐,现存何处,已饬令切实见复。

(《汉口中西报》)

19.商会纪事(商会判案)

(1908 年 9 月 18 日)

福康衣庄李德风控日商五林洋行陈达五抄抢一案,于前月二十三日准夏口厅金移送五林洋行缴存该衣庄衣柜八口并各衣号码簿附粘日商亲笔收条一纸等件,当均照收。今邀李德风并请该帮董罗佑之、石郁章二君单提被告在押陈达五到会,再三详询,据陈供:彼时搬福康衣柜尚有敝行东柴绍暨经理余子昭同去,我因被李德风扭送夏口,至衣柜实系八口九口,有无衣箱,非询余、柴二人不可得知。当劝令李德风将厅送会之各衣先行领去,以免霉烂,改日必邀日商柴、余二君研询明确,再行定案,以免拖累。而李云:我受累已深,非将此案衣数、箱数彻底判明,认我损失,决不息案领衣。当判陈达五还押,改日再理。

恒源大控刘天吉一案,原、被均未到。

(《汉口中西报》)

20.商会纪事(希候邀集评判,商会答夫头刘道仁节略)

(1908 年 9 月 19 日)

希候邀集评判　黄陂街春生钱庄前有源隆和(一作源和隆)洪泰公兴在该庄□有银两,屡讨不还,近在商会投递节略,请予究追。总协理已准邀集该店东蒋绍元到会质讯评判,以顾商本。

商会答夫头刘道仁节略　核阅挑送行李涨价规章,由美□码头至夏口厅署一带为止,其厅署以上至□口,尚有码头几处,□由各轮船码头至本会,约计每石行李需挑力若干,亦详□辨明。希即再将厅以上至□口并由各码头至本会约有码头几处,一并分开,清楚注明脚价,呈候移夏口厅立案,勿得含混迟延。

(《汉口中西报》)

21.商会纪事(商会判案)

(1908 年 9 月 20 日)

刘西□控周远亭展骗一案,前经本会判明,周所欠刘姓洋蚨二百元,分本年七月底、三十五年五月半两期分还清楚,不料今七月底初限即逾期多日,实属玩忽。今传周来会,颇为斥劝,周再三求宽,准定十四日如数归清,不敢再误,姑俟之以观后效。

郭文光控唐蓉星一案,屡传,唐未到。今郭又控于洋务委员吴直□处,今夕集询,郭亲手前交本会与唐蓉星之合同账单全行取去。

徐希圣控庆义昌土号一案,被告未到,未理。

(《汉口中西报》)

22.商会纪事(移请查照办理,饬令查账商办,商会判案)

(1908 年 9 月 21 日)

移请查照办理

童薇塘因周济清鲸吞巨款,昨赴商会递控,恳请追给等情。总协理准移请上海商会知照上海县暨租界会审公堂,查照办理。

饬令查账商办

庆余钱店东余□卿前在厅呈控罗让堂亏银四千一百余两,请将裕顺□行查封一案,经厅移请商会调查,该行是否系罗独开。兹罗楚材亦赴商会递控,并称其弟让堂外出未归,总协理已饬令赶紧理明,查账商办。

商会判案一

余利昌等与吴小浦互控一案,前本会判令举代表核算账日,两造今已举定,本日集会,而余利昌等代表奚为□又抱病未到,未理。

蔡同昌、岳福兴、胡□廷、刘崇功等为蔡元喜被拘请释一案,前本会曾派员调查明确,今邀各保户莅会,均面称蔡元喜实系良民,被差误拘,今公同联保,如有□□,愿甘自坐,并呈印保状二纸,厅尊、本会各一,当判准函咨厅尊,俟蔡元喜开释到会,再行邀领。

刘步云控朱万茂□骗一案,被告逃匿未理。

商会判案二

孙□□控胡荣堂、张桂亭串逃一案,前经本会判明,除孙、刘、胡三姓所缴现洋外,惟胡荣堂名下尚欠新兴日商□裕泰纸行票洋一百元,系张桂亭交会转付新兴。今新兴经手姚禹卿来会面称,此票逾期多日,裕泰抗票不兑,递请究追。今传张桂亭莅会,以理斥责,张准定初十缴齐,不敢再误。

恒源大控刘天吉一案,被告仍未到,未理。

(《汉口中西报》)

23.商会纪事(商会判案)

(1908 年 9 月 22 日)

东成钱号汪九□控鼎亨庄抗票不兑一案,今邀询两造,鼎亨乃代表程少卿到会,供云,鼎亨近实难支,已经停歇,且外银票八千两有奇,非不兑东成一家。据汪云,□市向章,非出票之钱庄,关门无止兑之理。当判令程君今日回号与执事妥商,限以七日内务兑此票,如逾限,仍然必移厅究理。

汪成之控陈朗宁等术赌一案,今邀□莅会,均各执一词,又无证据,何从理结,当判请本会吴议董干廷、孙议董襄其、马君锡五在外妥议□事,以免经讼牵连,是为慰。

(《汉口中西报》)

24.商会纪事(饬令照结办理,再限三日将票兑清)

(1908 年 9 月 23 日)

饬令照结办理　吴正均前代姚信□认还银四百两,已在商会出有限结,昨又赴会递请减七折归还。总协理以前请令为姚代还此数,已属从减,岂□再行减少? 案已出具限结,饬令照结办理。

再限三日将票兑清　鼎亨庄刘步云代祥生油店所出期票,计银二千三百四十余两,嗣该油店倒逃,刘遂不兑,被东成庄在商会控告,判令七月兑清。兹逾期不兑,复赴会递控,总协理已准函催刘步云,限三日内兑清。

(《汉口中西报》)

25.商会纪事(商会判案)

(1908 年 9 月 24 日)

徐希圣控庆义昌上□林子铭、子衡弟兄□当掣骗一案,初八日传讯,被告□□,今两造到案,各执一词,当将林子铭交保,限一星期在外□□此事,逾限不清,定送厅判究,当取有同庆祥保结,附卷。

余□金控汪成之亏累一案,当判以□俟陈□等案就绪后,此案可了。

裴□臣控汪子云一案,今邀两造到会,因今日本会案情过多,评理过久,现已九句钟矣,□两造暂归,容日再理。

余利昌与吴小浦两造所举□□代表暨本会公聘核账专员,今均到齐,当三面约定,俟本会专员将账核明后,再邀余、吴两代表到会,复查定案。

(《汉口中西报》)

26.劝导各帮自行保险

(1908 年 9 月 24 日)

鄂省劝业道刘观察因省城典当各商自行互相保险,颇具成效,各商帮亦应仿照办理,方免利权外溢。昨特照请汉口商会总理卢君洪昶、武昌商会总理吕君达先邀集各商广为劝导,设法推广,以维公益而塞漏卮。

(《申报》)

27.商会纪事(移复土药销数,□明邀同评判)

(1908 年 9 月 25 日)

移复土药销数　商会前准夏口厅移请调查汉口土药销数□何,希即见复。等因。总协理诸君刻已派员将三十二、三十三年土药销数造册,移复夏口厅查照。

□明邀同评判　吴之栋前与周□□等合伙开贸丝行,因□□纠葛,在厅涉讼,已移商会邀集算账。兹有余利昌赴会,谓内□伪捏进出甚巨,非恐□丝业之人不能算明,总协理刻已□□君驻会详查,一俟算明,即邀同评判。

(《汉口中西报》)

28.商会纪事(饬候移请酌办,准再函催复夺,受灾请赈等)

(1908 年 9 月 26 日)

饬候移请酌办

胡子阳等因胡张氏取胡金氏存折,昨赴商会陈明,并称胡瑞中所□做□以及讼费银两均有虚捏,恳请发给胡张氏,以示体恤等情。总协理以能否各拨给,候移请武昌府酌办。

准再函催复夺

益大钱庄前因□隆□经手亏欠巨款,已控经商会,函请王复东观察将账核算见复在案,讵迄今日久,屡次函催不复。兹复赴会递控,总协理已准再切实函催,如置之不理,即禀请督宪饬追。

受灾请赈

黎大钧因黄陂今年受水为灾,昨赴商会递请速筹赈济,以惠灾黎等情。总协理已饬候与众董暨冯观察商酌办理。

商会判案

职商□福田、郑少谷、饶静轩、□冉荣、孙□昌等为四川试用府经历,王培忠因欠款被押夏口厅,今抱病甚深,请本会移厅开释□病,当邀齐诸君询明确实,□取有各□保结,当准咨厅署,俟王培忠开释到会,再行邀领,此判,□存。

孙和顺控郭文光展骗一案,前经本会断明,限十日内由郭文光筹款还孙,嗣郭又转控伊之同乡唐蓉星欠大□款来会,迭传未到在案。今复传讯,据丁回称,郭文光与唐姓之案昨经洋务委员详询,稍有端倪。郭云,俟唐款就绪,当复投理。

(《汉口中西报》)

29.商会纪事(仍候函催理结)

(1908 年 9 月 27 日)

裕顺盐行前因罗让堂掣骗金镯,控经商会,函请盐帮董事熊寿卿详查妥议,以期两得其平在案。兹日久未见议复,该行复赴会递控,总协理昨仍答候函催熊君,早为理结。

（《汉口中西报》）

30.旅鄂商人创设旅学

（1908年9月27日）

郴、桂两帮,在汉经营商业者为数不少,该帮子弟待教孔殷,兹由帮董黄郎山等,拟将公款提拨,在寡堤地方创设旅学一区。闻已公议妥协,不日即禀县开学。

（《申报》）

31.商会纪事(移请传追给领,银票仍饬作速照兑,希另选举帮董等)

（1908年9月28日）

移请传追给领

茶商天聚和因雷光明掣去银两,久延不偿,昨赴商会递控,请予追还等情。总协理已准移咸宁差传究追。

银票仍饬作速照兑

鼎亨钱庄刘步云前借与朱润生之票,因朱倒逃,不肯兑银,已由东成钱庄控经商会,饬令限期照兑在案。兹刘步云复赴会递请,俟讯明朱润生再行措置等情。总协理以朱如果有纠葛,当自向理论,总不能借此宕延,致碍市面,如再不理明,即移厅传究。

希另选举帮董

刘炳□□举张光耀为辰、宝两帮帮董,不理,被罗世麟等以张霸占同祖弟之遗产,不满人口,遽行阻挠。昨赴商会递控,总协理以张不能齐家,焉能持平经理帮事,已希令另行选举。

商会判案一

江瑞麟控杨麓川□骗一案,前传未到,据江云,杨隐匿该号。今本会饬丁在该号延候一日,杨仍未到,□属谬玩。照章,无论何案,三传不到,当移厅究理,姑俟之,以观后效。

孙和顺控郭文光一案,两造到会,而郭再四求宽,请俟唐蓉星款项交出,必了孙款,此时将我交官比追,我更难措手。当劝以尔乃体面商家,如本会送厅,颜面何堪,此项总以速□还是,此判。

新兴日商姚禹卿面控太纸行并张桂亭抗禀不兑一案,今传讯未到。

徐晓山与陈茂川互控一案,传讯两造,徐病未到。

商会判案二

郭绍舒与同太福互控一案,查郭绍舒本汇安之侄,因郭姓于光绪三十年在汉设裕源远夏布庄,系易□田经手借用同太福银二千两,因该庄倒闭,同太福遗伙范云程往郭原籍,坐案两月之久,分文无着。今绍舒办夏布到汉,适范在福星公栈,曾遇追索前欠,绍舒则始以夏布系豫丰恒所办,继许知信伊叔后,又避匿不面,迹近骗串,种种可疑,究竟夏布是否豫丰(恒)所办,同太福是否误扣,自应汇安到案质实为妥。当嘱绍舒迅将尔叔父交案,夏布即当给领,至周秀松来会嚼舌,亦属无益,此判。

胡梓桂控同茂泰钱号一案,查明胡梓桂借同茂泰银一千零五十两,以振华栈之存米仓票作质,期限三月半,无利□还,由潘绳武转托王云卿经手,到期无银,迁延两月,胡又回乡□托倪生茂代为照顾,而久不来汉,王、潘被逼五月下旬将米变卖作抵,亦是正办,不过未向倪生茂商明,稍有未妥。除将两月息银不计外,尚欠同茂泰银一百二十两,归王、潘二人摊还了案,胡亦不得再事纠缠,此判。

李德记控李渔臣霸产一案,传讯,被告未到,未理。

(《汉口中西报》)

32.商会纪事(饬劝缴折移送发还)

(1908年9月29日)

命妇胡金氏前存各票号巨款,已经武昌府详明督宪,奏咨分派,一面饬票号具限缴银,但存折尚在胡张氏之手,尚未缴出。昨胡子杨赴商会陈明胡张氏取折情形,总协理已饬劝令胡张氏将折缴会,移送发还。

(《汉口中西报》)

33.商会纪事(移请给示饬遵,递控租屋不迁,商会判案)

(1908年9月30日)

移请给示饬遵

商会近据土药帮吴华堂递略,请移厅给示一案,总协理诸君以近来汉口街布市官票、铜圆一律通行,每遇交易,□沙壳红尾之弊,以后买卖生姜、百合,均应按照市价,不能再行折扣。至行户秤货,既因生姜、百合均带沙土凝□,应行扣除,每百斤加一加二扣算,自应照旧章办理,刻已移请夏口厅给示饬遵。

递控租屋不迁

恒顺前因陈义记租伊房屋,延不迁居,控经商会,当面询判,取具限字,讵陈逾限仍不迁居,昨传赴商会递控。总协理以陈殊属非是,已催令速迁,延则移厅传究。

商会判案一

朱杨氏控胡春山等一案,查胡春山、李瑞堂是大兴正酒楼开办之人,始而邀朱姓伙买,继又向朱姓借本,一切经手系胡一人,生意自应无亏,既亏至四百余串,朱恐受累,凭中下股,虽未立字,其不愿留之心已见,屡向索本,即应停歇清账,竟延亏折三千串之多,不但不还股本,反要伊摊还亏账,其蓄谋陷害已可概见。今朱已故,其妇贫苦无依,无论所亏多少及原出股本若干,一概不论,胡、李两姓所借之款应令如数归还,免滋讼累,如不服从,定移厅究惩,此判。

李德记控李渔臣霸产不退一案,今本会已三传不到,实属可恶,当移厅押退,此判。

傅恒顺控陈义记霸产不退一案,经本会断明,具限八月二十日空屋还主,今逾限不迁,由傅恒顺复控到会。当传讯两造,原告面称今日在搬,不卜从此退屋否,姑俟之,此判。

商会判案二

张松涛与同庆泉互控一案,查张松涛欠广泰尾银为数无多,理应筹还,何必避匿。同庆泉因尔不面,故将小倌带交保证,无非为索款有着。既经中人李亮臣等调处,自应将就了事,乃控厅控会,累累不休,未免小题大做。今本会断令又复不遵,可仍投原中调息,此判。

吴正钧与姚信□互控一案,本年六月二十九日准汉阳县将全卷移送过会,七月十九日传讯吴、姚两姓,因炎暑回乡未到。今复邀两造到会,各执一理,惟账有可凭,当令吴正钧将自认应还银四百两具限九月十五日交换外,其余由两造自行照账,亲到各欠户核对明确,再行酌理,此判。

刘西□控周远亭一案,今周远亭□交到本年七月底龙洋一百元,当付刘西□,同原中陈幼根□去取有收据附卷,并嘱周君明年五月十五日一期龙洋一百元,幸勿延误,切切,此判。

(《汉口中西报》)

34.市面恐慌

(1908 年 9 月)

鄂省因铜圆充斥,钱价已跌至五钱九分。每洋一元,可易铜圆一百二十余枚不等。各项商店,以银购钱售者,虽一再加价,仍不足以抵制。现各商帮又集议概行改订洋码,或再酌加价值。惟米价现在每担已达六千以上,小民已经不堪,再一增加,则不堪设想矣。

(《重庆商会公报》第 108 期)

35.是谁汉口

(1908 年 9 月)

汉口铁路以内地基被法国强占一节,现关道已照会法领事,谓调查越界筑路一事,经本监督照会停工在案。据禀前情,是商民皆有违言,亟当早图,免得交涉,请急速撤捕停捐,不得任工部局违背租约,苛罚商民,并将办理情形,作速回复可也。

(《重庆商会公报》第 111 期)

10 月

1.商会纪事(筹赈黄陂水灾,商会判案)

(1908 年 10 月 1 日)

筹赈黄陂水灾

黄陂县署今年水灾,贫民流离失所,情殊可悯,由黎大钧等赴商会递求赈济,总协理诸君刻已与众董设法筹赈,以惠灾黎。

商会判案

胡梓□控同茂泰一案,前经本会断令除米价抵还外,尚存麻袋四百条,归王潘变卖,助还胡欠同茂泰尾银一百四十余两。不料胡私自又将所存杨永泰麻袋二百条已取去,今到案反索王云卿处所存之二百条，彼此争论，两不相下，当反复开导，亏本已经亏定，代赔亦由自取，区区麻袋，何必固执，除胡已取麻袋不计外，下余仍归王、潘二姓凑还□款，如有不遵，当送厅惩罚，已签字完案，此判，结存。

徐晓山与陈茂川互控一案，前□厅移会，断令晓山将永祥交案去后，屡传未到。今日传讯，接伊帮董冯福亭君来函云：永祥业已出面。今陈茂川麻袋款已凭中折还寝事，请销案。当复俟陈茂川递略来会息销可也。

李德风控武林洋行一案，前该行余子昭、柴绍两君面允二十四日复信，今日邀理，接武林来函云：该行系关君经理，伙伴不能代答，如有商酌之处，可与关君直接。当复函邀请，俟关君到会再理。

（《汉口中西报》）

2.商会纪事（照请查验核议复夺，移请押迁，组织商余学会）

（1908年10月2日）

照请查验核议复夺　职商林占春等预计成本需十万金，拟集股在武汉设立煤砖公司，收买□煤，制成砖块销售，特赴劝业道递请立案，刘保林观察以所议章程是否允协，据情照请汉口商会查验核议复夺。

移请押迁　李渔臣租李德记房屋霸占不退，控经商会邀询，久延不到，总协理移请夏口厅押迁。

组织商余学会　浙人叶君薇卿、庄君启鸿两志士在歆生路组织商余学会一所，定名曰“汉镇各帮公设商余学会”，以中西国文、图画、算学、音乐各科为宗旨，以便商界中人有志向学者公□之□，可入该会肄业。现已拟定章程，并请商务总会移请劝业、提学两宪，详请督宪饬准立案，并饬地方官保护，其章程俟续录。

（《汉口中西报》）

3.商会纪事（移请核办，函催速复核办，商会判案）

（1908年10月3日）

移请核办

庆余钱店伙汪成之前因赌亏空巨款，由该店东余绳金并请关道札饬夏口厅，将汉阳汪所开翻砂厂查封备抵。兹周文轩赴商会递称，该厂系属伙贸，并非汪一人所开，总协理已准移请夏口厅核办。

函催速复核办

刘夏纷等近筹办□务公司，昨赴商会递请立案，并称股款已由原存之源丰润总号电知汉口协成银号妥为办理，不致有误等情。总协理以未□协成银号切实函知，无从转复，候函催该银号作速查复核办。

商会判案

怡生隆福记控泰和公止兑汇票一案，今传讯两造，各执一理。据福记供：我帮汇票公所章程无止兑之条。况商会自去冬成立,曾□椿兴豫、两宜正、万顺桂三家曾经止兑,后仍照兑之比案可查。泰和公抄有钱业公所章程一纸,又引同时庆余在惠怡厚折息之义源庄票已经止兑之的证为凭。当日两造皆体面商家,如此情形,实难理判,虽呈有钱业章程,不过系一墨条,何足凭信,即万顺桂等卷宗,此时亦难调核,稍缓数日,查明再理。

叶乾泰与段心斋互控一案,查段心斋住叶乾泰房屋,叶自今春向索,段延未退,控厅控道,涉讼不已,于五月十五日经本会判令租金付至五月底止,限定八月底空屋交叶,如逾限不迁,当送厅押究,具有切结在案。今段又以所租之屋未妥,一再求展,情真语挚,并请有印保荣懋和、万昌隆出身担任,因念段亦体面商家,且西律有"养廉耻"一条,是以姑准展限九月底为度,无非两全其美。不料叶坚执前限,反对本会,以恶言厉色,决不再展,本会亦莫可如何,容再邀理可也。此判,保结存。

沈仁记控陈抟九背据一案,陈未到,请汉阳邑绅笃友亲案莅会,询答一切,并将沈仁记租折存会,照黄绅来意与原告说明,未允,候再理。

(《汉口中西报》)

4.汉商追悼继故抚

(1908 年 10 月 3 日)

已故皖抚继莲溪中丞曾任江汉关道,与汉上绅商感情甚深,兹中丞灵柩不日由皖附江宽轮船过汉,汉口商务总会已发知单,邀请绅商界届时至码头迎奠,以志追悼。

(《申报》)

5.商会纪事(商会判案)

(1908 年 10 月 4 日)

罗楚材与余□卿互控一案,查让堂亏欠□余银两,照账有四千余两,前让堂由日本寄回家信,自认亦欠一千五百六十两,让堂与楚材同胞兄弟,并有父在堂,与余府又属至亲,让堂信回时,此款伊父已面允照来信如数还余,语顺□□,令人钦感。奈楚材固执迁延,□卿因庆余亏累不堪,是以禀厅查究,两下失和,先后投略来会。今邀询两造,将罗楚材君苦劝再三,均□商大家,亦要成全孝友,可先付银一千两交余□卿暂收息事。其余让堂所欠,俟让堂回国后,再由□卿向让堂追索,不与楚材相涉,此事两造均已认可,款由帮董熊寿卿交会,此判。

江瑞麟控杨麓川扎骗一案,前三传未到,例应移厅,从宽再传,仍玩固不化,当备文移厅,同温仁齐一并收押严究,此判。

李德风控武林洋行抄抢一案,传讯两造,武林又函复,须过礼拜再到会晤□,当令原告暂回候理,此判。

(《汉口中西报》)

6.会议借款修筑川汉铁路续志

(1908年10月4日)

鄂境川汉铁路因线长工巨,张中堂拟借外债速修,鄂省绅界爰集黄鹤新楼会议,已纪前报。兹悉,是日到会者约有一百余人。有主张承认此议者,谓规划远利非此难于有成;有主张力阻洋债暨官督商办者,举电报商股为比例,云官商合办之局,人咸不愿投资,不可承认;又有以加抽租捐之议,为病民而不可行者。纷扰多时,不得要领,大致以阻借外债并力排官督商办之议为多数。闻须俟汉口商务总会召集全体商界会议后再行决定。

(《申报》)

7.商会纪事(函请查复有无卖空买空,商会判案,介绍新有用书)

(1908年10月5日)

函请查复有无卖空买空

关道齐耀□观察前移请商会调查有无卖空买空等情,总协理当函请钱帮公所董事袁君干臣查明,是否至今尚有卖空买空,据实函复,以凭转复关道查核。

商会判案

王培忠与王舜臣互控一案,前经本会断明,移请贵州商会将王乾吉在该省□息王钰记卷宗移复在案。今王培忠在礼智司看管,抱病甚深,应准陈福田等保释。当函知夏口厅尊,将培忠送会,即转交陈等五家具领,并嘱其切勿远离,如要对质,随传随到,切切,此判。

孙和顺控郭文光一案,今传讯,郭先到,仍旧求宽,云今下午与唐蓉星在吴直□处对质,可卜定案。孙和顺到会,再请移厅将郭某押究,当劝以姑缓数日,观郭唐案如何再移,此判。

介绍新有用书

商务印书局所出新书、新图久已欢迎各界,受益社会,兹又特排咨议局章程并附资政院章程,内分咨议局筹办顺序表、第一次筹办日期表、选举票、投票权、执照人名册、投票簿图式等,□皆研究自□者,不可不读之书也,附志数言,□代介绍。

(《汉口中西报》)

8.钱帮公议不准买空卖空

(1908年10月6日)

钱帮公所总理袁君干臣接商会函,查钱业有无买空卖空情形,当于初九日单知四帮董集议,以后不准再做抛盘,如有违禁私做者,若有亏折,准报明公所一律作废。

(《汉口中西报》)

9.商会纪事(移请传讯究追,照请酌议复夺,商会判案)

(1908年10月6日)

移请传讯究追

张大生因林焕清挐骗银两,久延不偿,昨在商会递控,请予追给等情,总协理已准移请黄冈县传讯究追。

照请酌议复夺

灰帮金玉春等因卖灰不由行户过秤,任听买主自行权量,特赴劝业道呈请整顿,刘保□观察以贸易由行□秤合□皆然,何至灰业不然,惟灰业向用何秤及现在应否改用钱平正秤,刻已照请汉口商会酌核议复。

商会判案

聚兴乾与杨和轩互控一案,查汪汉亭欠聚兴乾银两,与杨和卿无涉,乃聚兴乾收买杨和卿黄豆五十四石,扣汪汉亭之账,损人利己,殊不近情。应令聚兴乾将买豆价除代缴车费外,下余银数限下月初二日如数缴会,由杨和卿取保认领,以便销案,此判。

徐晓山与陈茂川互控一案,初八日传,晓未到,今复传两造,帮董冯福廷君函知,晓病甚重,不能到案,请改日再传,当照原函告知陈茂川,改日再理。

江瑞麟控杨麓川串骗一案,今传讯,被告未到,云赴湖南。据原告云,并无此事,实系避匿。当令原告可捕捉杨麓川扭案再理。

(《汉口中西报》)

10.商会纪事(函请禁买空卖空)

(1908年10月10日)

商务总会据钱帮公所函复,钱业违禁私做抛盘之事,亦所不免,请予重禁。等因。总协理已据情函请关道出示重申禁令,以维市面而儆效尤。

(《汉口中西报》)

11.商会纪事(发给钱店牌照)

(1908年10月11日)

商务总会前移请劝业道发给汉口光绪三十年以后所开钱店十九家牌照,刻已移送到会,总协理诸君当送钱帮公所,转发十九家具领,以昭信守。

(《汉口中西报》)

12.创办保运商会

(1908年10月13日)

襄阳府蔡恒泰等因襄河水道绵长,运商□船装载货物,每被中途盗卖,最为商家之害,邀集同志创办一保运商会，并举张君星耀为会董。

（《汉口中西报》）

13. 商会纪事（递控巡丁诬偷厘）

（1908 年 10 月 13 日）

鸿章绸缎号因运素绸一百余匹，在广益桥被厘局巡丁盘获，以系私货，禀经局员，禀请督宪暨牙厘总局核办，并移知商会在案。兹该号经理人宋凤藻赴商会递控，厘局巡丁捏诬，请予办理等情。总协理以控关巡丁应候详查，与议董商酌核办。

（《汉口中西报》）

14. 商会纪事（准再移核办理）

（1908 年 10 月 14 日）

汪显述前在商会投递节略，请索艮济保大昌火险银两一案，业经邬晋基邀同各造，将所估大昌房屋清单交会办稿，移请关道暨洋街委员索赔在卷。兹汪复赴会陈明前情，总协理诸君已准再移请酌核办理。

（《汉口中西报》）

15. 商会纪事（保运商会递请保护，详请酌核照准，递恳移请立案）

（1908 年 10 月 15 日）

保运商会递请保护　襄阳保运商会蔡恒泰等在商会递请咨移保护，并称张星耀请作总会等情。总协理以该会系何项章程，张星耀有无官职，抑系湖北到省人员，希详细见复。

详请酌核照准　郑君以铭为挽回利权起见，在汉开设光华洋烛公司，昨赴商会递请免缴厘税，总协理诸君以洋烛为民间日用所需，且可以抵制洋货，已准详请通省牙厘总局查核照准。

递恳移请立案　李基垣控黄锡赓开矿不认亏耗一案，业经询结，兹李恐日后纠葛，特赴商会投递节略，恳移请矿务局立案。总协理诸君以此事初未准矿务总局移请办理，不便移局立案，希由该商自将兴讼了结情形，禀请矿务局立案。

（《汉口中西报》）

16. 商会纪事（递控狡诈蒙控，照请查复典商收取利息情形，移请取还移复给领等）

（1908 年 10 月 16 日）

递控狡诈蒙控　福昌恒近在商会递控鼎亨钱店刘步云狡诈蒙控等情，总协理诸君查阅来略，以该商曾欠鼎亨银三千两，除以红契作抵及另交钱货外，尚欠银数百两，是欠银属实，鼎亨在厅控告，系索取余银所致。今谓鼎亨希图挟制蒙控，究竟此事如何调停，被鼎亨如何蒙控，希详述节略并抄控词送会核夺。

照请查复典商收取利息情形　劝业道现因孝感县典商洪顺等与职员方佐清等，因当本九八，利收十足，出入参差，难以定断。昨特照请武汉商会逐加细查，并典商赎当利息钱数应如何收取，悉心酌议，移复核夺。

移请取还移复给领　沈永兴前在南京携带凭条图章等件，不料在途遗失，遍寻无踪，昨赴商会陈明，请予查还等情。总协理已准据情移请南京商会查询取还，移复给领。

红砖帮费章程饬加斟酌　青红砖瓦公所近已议就章程，特赴商会请为移送，并称无论何人添设红砖厂，应缴帮费银一千两，设青窑一座，应缴帮费六十串。总协理以不准垄断苛勒，饬令再加斟酌。

（《汉口中西报》）

17.商会纪事（移请饬差押迁）

（1908 年 10 月 18 日）

丰泰前租李德记房屋，转租于李渔臣开贸钱业，近事已停歇，李德记催令搬迁，置之不耳，在商会递控，邀询李渔臣，亦不到案。总协理诸君刻已移请夏口厅饬差押令李渔臣搬迁，违则传案讯究。

（《汉口中西报》）

18.商会纪事（邀询判令立据）

（1908 年 10 月 19 日）

黎鼎三前因私收周万顺店银，控经警察一局移送夏口厅收押，嗣经厅宪判令出银九十两，黎仍无着，致□还押。近控商会，邀集两造，再三劝解，令黎鼎三书立字据，分期归还，具结，完案。

（《汉口中西报》）

19.书商会诸公鄂境川汉铁路意见书后，为川汉铁路事与商会诸公书

（1908 年 10 月 20 日）

书商会诸公鄂境川汉铁路意见书后　鄂境川汉铁路之□□，吾以一言所□之曰：□□是夫□无论何如，一归官办，则十羊九牧，督办、总办、坐办、会办以及各项办事委员之名称层见叠出，令脑筋中顿失其记忆之□力，□闻□不足以□，而言其有兴□□未一二□□□，而开支已至数十万，皆此等为最有势力，最□怪之□□。吾见□力之可怜矣，商办无其□区于官办矣，商办而□以官办，曰官商合办，即不可免，则亦可见官之不利于路事，而其能力在彼不在此也。况乃路归商办，商之气焰大于民，而其性质□未以异于民，官可督民，民不遽可督官，则商办□□立于官□反对之地位，然事以成为得，因官办而策动商办之进行，因商办而规正官办之进行。官办，商办之赞成也；商办，官办之赞成也。且□□商□铁路身家之关系也，官办□之□铁路不身家之关系，地方之关系也，以地方之观念比较身家之观念，则关系已间一□其情为淡。故路事之责任，委官何如商也，贤虽然商办者，虽所以减轻其繁费，苟急遽举之以相畀付，未得其承认

之坚心，而其众尤浩瀚无□势，且至于急，则相求缓，则相□黄沙漫□，其又奚济，是故□日于君瑞□上吴侍御书，主张少数资本家之担任者，尤数言落落，与作者有同心也。嗟乎！以鄂商之力，任鄂省之路，诸公之心，鄂人之福，然自诸公之意见书出，作者读之，虽极赞扬而喜爱与俱。喜以喜吾商会诸公之勇于拒外款，有以预消鄂人之隐患也，忧以忧吾商会诸公之勇于拒外款，而或至未能遽以巨款□，则路事仍不可以挽回，仍吾鄂人之隐患也。幸矣！今日（九月二十六日）诸公大会解决商办问题，必有热潮飞涨之大资本家一跃而措资百万，横揽路界之霸权，吾鄂人增幸，庆鄂省川汉铁路之成功，可指日待也。临时，作者当亲诣会所，以观其盛，请先言之以相贺，兼决路事之前途。

为川汉铁路事与商会诸公书　商会诸公青鉴：湖北川汉铁路筹办已历四年，开工尚无时日，顷应□张枢相借款官办一电，由教育总会发起，邀集绅、商、军、学各界开会集议两次，亦以各省办理铁路首正名称，湖北向属□昧（如湖北川汉铁路股票收发处，究为官办乎？或商办乎？抑官督商办与官商合办乎？虽极力闭去官权字□，而入股者仍属寥寥），□欲乘□时□凭众决定"湖北商办川汉铁路股分公司"之商号，以为表示借用募集股本之导线，用意至为深远，讵意贵会诸公与会者，甚属寥寥，即与会者，亦绝不发表意见。下走百思不得其解，既而苦求力索，始获诸公用心之所在。重□湖北人在二十二行省中号称开化最早，今年关于湖北全体名誉，骤出两次重大□□，以为湖北人之入学试验，一为国会请愿，一即川汉铁路。第一问题，缘交卷太迟，已归失败，今又续出第二问题，□□公原逆知此题对于湖北学界诸君各有特别关系，必□东得西□应此失彼，不□举正式之□案，姑以噤若寒蝉者，默觇其将卖湖北而主持官商合办，抑保湖北而主筹纯粹商办，以定一般志士国民演说家之程度。□两次会议之结果，自于君□泉□抒意见，独立不羁外，光明磊落之学界诸君□入诸公彀中，举其各□利害之伎俩，和盘托出，极力主持官商合办，间接以迎合意旨，殆不知诸公之隐伺其旁者，然今者究竟如何□□，侦探学界之目的已圆满达到，正宜急起直追，会同绅、学界主持商办之一二□□光重开会议，厚□势力□盾之，以绝大资本俾妄言商力不远，须官商合办者，奔走□汗羞□俯□相顾而连呼则则。矧湖北川汉铁路今日正在危险时代，乘此部办、官办、官商合办三说嚣然未定之时，登高一呼，尚可决归商办，此种机会千载一时，稍纵即逝，开明如诸公者，定当卓见及此。倘□□立于局外冷眼旁观，日纵其侦探之手段，区区诛求心理□量人格，而置生死关键之路事于不顾，是直欺我学界□□穷骨头□龙为役耳。下走亦学界之一分子，且对铁路□关系不薄之人，兔死狐悲，逼人太甚，岂仅为诸公不取，当与诸公必有所以相见也，诸公其有意乎？九月二十一日接鄂友来函，有"□□终占最后之胜利，刘、蔡二君出□担任六百万元之股本"云云，嗣阅《中西日报》，时评栏内又有"商界似大有不洽于中者，恐商办之决议将成□饼"云云，□所闻异辞，未知真相何以，然诸公之迁延观望，不肯负担，已可概见。诸公居汉上之通衢，有资本之团体，即不为湖北铁路计，独不思铁路之性质亦一种商业乎？即不为铁路商业计，独不念铁路与商务有密切关系乎？即不为商务关系计，独不念官办铁路之暗无天日□与商事上以莫大影响乎？今闻纯粹商办之局已成，主持官商合办之人亦哑，良时不再，□任非人，诸公中有怒马独出，愿为湖北商办川汉铁路创办人者，下走□不揣而□代□其进行之手续职责，一言以备采择。

上□鄙人感于川汉路事危在旦夕，特促商会诸公速行筹办，可否登入，贵报来函或代□栏内尚有办法三条，俟□出再行邮寄。此颂。中西报馆大主笔。

（《汉口中西报》）

20.督宪示禁买空卖空

（1908年10月20日）

出示严禁事　照得本道访闻汉镇钱帮往往买空卖空，一遇涨跌，输赢颇巨，形同赌博。近日钱价□跌，因此受苦之家指不胜□，甚至酿出人命，言之实堪痛恨。除分别移行商务总会暨夏口厅切实查禁外，为此示仰钱业人等一体知悉，须知买空卖空有干例禁，如因而为害市□，伤及人命，则情尤可恶，而罪无可□。自示之后，所有以前买卖空盘，未经到期交兑者，均一律作废，以期补救，倘有于此后仍敢私做兑期交者，一经本道访闻得实，定即严拿究办，决不姑宽，勿谓言之不预也，其各懔遵，毋违，特示。

（《汉口中西报》）

21.商余学会演说

（1908年10月20日）

商余学会于二十四日开会，□□具禀商务总会暨提学司，经叶君洋声、□君华□等赞助签名者二十六人，是日开会时，并聘有美国术士演弄催眠术，奇异可观，闻该会诸君拟假茶园演弄，借以筹资云。

（《汉口中西报》）

22.商会纪事（川汉铁路今日开会，商界开会招股）

（1908年10月20日）

川汉铁路今日开会　川汉路事办法前在省城贡院开会尚未议决，兹商界同人多主商办，绅、学、军三界亦有同心，汉口商会总协理刘人祥等特遍发传单，定于今日（二十六日）在后城商务总会开四界全体大会，决议一切办法。

商界开会招股　又一函云，川汉路事主持办法者不一，自议归商办后，各界同人感皆（皆感）鼓舞，兹商界诸君于二十六日假商务总会内开全体议决大会，先数日函开台衔，愿担任招股者，甚形踊跃，闻江苏杨恭甫大令亦担任一千股，业已函开台衔，到张鼎君处矣。

（《汉口中西报》）

23.筹议鄂境川汉铁路大会记，绅、军、商、学各界集会认股，商办鄂境川汉铁路特别大会之决议

（1908年10月21日）

筹议鄂境川汉铁路大会记　九月二十六日商务总会招集四界开全体大会，先由商会议董蔡辅卿君宣布张中堂电意，次申明前此四界未及合会之故，并叙联络各省厚集商力种种利益。次吴心□君演说，部要部办，湖北要湖北办情形，归本以商本为最善，一切由商主持，嗣禀张中堂认可，即开全体大会筹议开办。至借外债一节，则恐湖北不能承认，尤竞竞以竭力认股为入

手。次于浦泉演说，主纯全商办，并申言官办种种敷衍，无益实际，闻者莫不鼓掌。次□□君演说。次皮鹤岭（一作皮鹤龄）君演说，不必申论商办、官办之利害，只要能归商办，湖北不患无办事之能力。其余于浦泉君又复演说，只要四百万元立基础。次密丹阶演说，即称述中西报□□，办事总要大资本家。次刘歆生君演说，一借洋款，全势都归于外人，并誓言愿出经理其事，如绅、学界能争回"湖北民办"四字，愿担任通容，招集四百万，若云官商合办，则不愿与闻。次吴心□君又上演说，种种入股者均认为商不分界限，并认尽力争回。至五点十分会说未毕，即由诸君踊跃承认招股。

绅、军、商、学各界集会认股　又一函云，二十六日，川汉铁路事商务总会内开绅、军、商、学大会，到者数百人，均一律主持纯粹商办，不借外债，拟定先招六百万元作为优先股，以备部中查验。当日已经共认三百八十余万元，其余二百余万元尚未招齐，准于十月底截止。凡我各界诸君子宜速踊跃输将，路事幸甚，中国幸甚！凡热心诸君子愿附股者，请投函汉口商务总会筹办鄂境川汉铁路办事处。

商办鄂境川汉铁路特别大会之决议　九月二十六日，汉口商人因吴侍御兆泰等提倡纯粹商办，特由商务总会出具意见书，准于下午一点钟在商务总会开会，所有决议事件开列于下。

（一）决议鄂境川汉铁路如纯粹商办，不入洋股，不借外债。

（二）公举绅商担任，电禀枢部、鄂督暨京外各大宪，各省同乡，合力主持。

（三）决议每股五元，分优先、普通两种，优先者现交，普通者作五次兑清。

（四）凡入会者一律作为股东，不分本省、外省，官、绅、军、商、学界。

（五）决议改定路线，由汉镇桥口起点，经道人桥、长江埠、应城、京山、钟祥，过襄河，再经荆门、当阳，达宜昌，此为东西干线。再由荆门北出一枝至襄阳，南出一枝至沙市，此为南北支线，南可避汉沙一带之堤险，北可免襄广一带之山险。其详细情形，俟聘定工程师再行实测。

（六）约计需款二千万元，当时到会认股者已三百八十一万一千八百九十五元，余容查明续登。

（七）凡经理人，由出款最多之前三十名以内选举。

（八）事务所暂设汉口商务总会。

（九）章程拟仿《江浙铁路章程》办理。

（十）创办经费由蔡君辅卿、叶君东川担任。

以上十条系临时议决，其详细办法察后续登。

（《汉口中西报》）

24.关宪札饬查案录复

（1908 年 10 月 21 日）

叶乾泰前控乾泰□霸屋不迁一案，控经商会，判令八月底拆让，至期不迁，互争受伤，抬厅请验，谕饬伤愈后，再行讯结在案。兹叶复赴道呈控，齐耀珊观察刻已札饬夏口厅查案录复，以凭核示饬遵。

（《汉口中西报》）

25.商会纪事（商会判案）

（1908 年 10 月 21 日）

查林子铭欠徐希圣汇兑银两，限一星期如数交还在案，今林请中调处，以三成现银，以三成期票，请还此款。徐以亏折太甚，不能应允。本会判令林即万分艰窘，须筹现银八百两，其余限期分还，方可寝事。劝之再三，坚不允从，未免有意拖骗，惟有移厅追究，以惩固执，此判。

查周丹庭欠文泰盛、裕泰源木行银四百三十两，以宝顺祥七月底期票作抵，到期不兑，以致宝顺祥与该伙李士祥争论，其过在周。今来会自知理曲，求展限本月初十日付银二百三十两，二十日付银二百两，将期票呈会，另换保给，始准所请，以省讼累。如逾限不还，定即移厅押追，□谓言之不预也，此判。

（《汉口中西报》）

26.商会纪事（请设同益公局，准予移请饬还，昧良背骗宜惩）

（1908 年 10 月 24 日）

请设同益公局　轮票商田济轩近因代客商买票，昨赴商会递请设一同益公局，以利行旅等情。总协理以此案已准夏口厅移送到会，候详细调查，一定期，邀询评议办理。

准予移请饬还　□文谋在汉打铜街开设长义兴山货皮行，借欠同慎发等银两甚巨，谋在家病故，其兄文恺再四拖延。迩闻同慎发等同赴商会呈递节略，现经理事员张和笙君准予移请黄陂县饬令照数清还矣。

昧良背骗宜惩　苏货帮董彭祥兴前在该店带贸内字号银钱兑交时，被西帮笃庆栈外柜刘和记及侄□银欠银三百余两，前岁和身故，银托凭童鼎泰等还银五十余，许分期交还。昨彭催银照还，银背骗反凶。闻彭已据情禀控商会请追矣。

（《汉口中西报》）

27.汉口商务总会紧要启事

（1908 年 10 月 24 日）

本会闻得各帮商人及擢摸经纪等，因九九商捐设局专办条例过严，致有暂停客货买卖之议，此等有害商业之举，断断不可。盖一经停贸，失利尚为小事，万一变生意外，前途实有不堪设想，故特请各帮诸君转告贵帮商人及擢摸经纪人等，如有不便之处尽可告知，本会自当代陈苦情于上宪，请为变通。想我恤商惠民之上宪，断无不听下情上达之理。本会现定本月三十日五句钟开会，请本会议帮董与各商暨经纪人等均至本会，妥议办法，除发本会告各帮董传单外，恐未周知，特此声明。

（《汉口中西报》）

28.商会纪事(商务总会告白)

(1908年10月25日)

九九商捐,奉文设局,经纪人等,未免疑惑,商允当道,变通从速,本月三十,五钟为准,商暨经纪到会议决,毋听谣言,照常贸易。

(《汉口中西报》)

29.商办鄂境川汉铁路大会纪事

(1908年10月25日)

鄂省绅、商、军、学各界于九月二十六日,在汉口商务总会开川汉铁路决议会,到会者约四五百人,咸主张禀请鄂督电致军机处、邮传部,争归商办。首由吴心阶、刘歆生、密丹阶、于浦泉、皮鹤龄、蔡辅卿、叶东川诸君先后演说。部办借款、鄂办借款之各种隐害,自以争归商办为最善。旋经大众议定,遵照商律设商办,川汉鄂境铁路股份有限公司不招洋股,不借外债,并将路线改定,拟由汉口京汉铁路轨线尾闾桥口地方起点,经道人桥、长江埠,至应山、应城、京山、钟祥,过襄河,再经荆门、当阳,达宜昌,此为东西干线。再由荆门北出一支至沙市,此为南北支线。估计全路约需款三千万元,每股五元,分优先、普通两种,优先限本年十月一次交足,普通分作五次交清,不拘省界。凡愿投资者均认为股东,是日到会,各发起人均竭力认股,当场签名,认定股数共有三百八十一万二千余元,议定暂设事务所于汉口商会之内,办串细章、入股规则,概照《江浙铁路公司章程》办理,其经理人在出款最多之前三十名内选举,并议用"鄂省全体人民"字样,电恳张枢相主持商办,由邮传部派□验款,一面并举代表晋京面谢张枢相主持之功,并办理一切交涉,即敦请张相为此路名誉总理,末由吴侍御心阶等公拟电稿,旋即散会。

(《申报》)

30.汉口行商抵抗九九商捐

(1908年10月25日)

汉口行商抵抗九九商捐,定于明日(初一日)全体罢市,停止贸易。汉口商会今日开会集议调停之策。

(《时报》)

31.商会纪事(商捐请照旧章办理)

(1908年10月26日)

汉口九九商捐原系旧有章程,并非格外加抽,不料各帮误会,谣言四起,商会特于前月三十日五句钟邀集各帮商人经纪等,决议一切办法。闻各商仍多请照旧办理,想必可以变通也。

(《汉口中西报》)

32.商会纪事(商会将举行第二次选举,汉冶萍矿厂开会演说之概略,禀请变通办理商捐)

(1908年10月28日)

商会将举行第二次选举　商务总会去年成立,至今已有一年,有另行举董之利,凡输捐入会者,均应有选举之权,刻闻各帮董事诸君不日将各董举选,以重商务。

汉冶萍矿厂开会演说之概略　汉冶萍煤铁矿厂有限公司近因招集新股,由总办李一琴部□,于初一日在商会邀请各帮商董筵宴,并演说该厂种种利益,分给《招股章程》,俾众咸知。

禀请变通办理商捐　商会因开办商捐,各帮经纪人等误会,不免疑惑,当于前月三十日五点钟在会竭力开导,仍多固执。刻闻议董蔡辅卿等已赴关道禀见,请予转禀督宪变通办理。

(《汉口中西报》)

33.商会纪事(移请给示保护,复议筹款赈济,催缴捐册)

(1908年10月29日)

移请给示保护　汉口商业繁盛,经商人等性质不一,每逢声色赌博之场,往往入其彀中,商务之坏,实由于此。兹歆生街余庆里特设商余学会,昨将办理章程在商会递请给示等□。总协理以细核章程尚属周密,如能认真办理,于商业进步未可限量,已准移请劝业道暨夏口厅给示保护,以维公益。

复议筹款赈济　黄、安、麻三邑水灾,嗷嗷待哺,殊堪悯恻,商会总协理诸君前已筹款赈济,兹因麻城一邑尚多待赈,刻闻复筹备钱二万余串,定于日内前往散放云。

催缴捐册　汉口设立商务总会,经费一切原系各帮捐认。去年所发捐册,未缴会者尚多,今将届选举之期,总协理特□各帮董诸君,无论已捐、未捐,均于初五日以前将捐册缴会,核对填票,以昭人□。

(《汉口中西报》)

34.商会纪事(商会判案,递控扎台诈骗)

(1908年10月30日)

商会判案

罗丹亭所欠文泰盛、裕泰源木行银两,因屡展无期,由该木行具控来会,曾邀询具限分期交还在案。嗣罗收帐未归,一再求缓,允定前月底一齐清还,现又刖案,被礼智司管押,不能分身,已请中人将房屋出押,俟款项到手即了此事。所言似觉近情,姑再缓数日以观后效,如仍宕延,定即移厅押追,此判。

胡云达控胡幼之一案,原告先到,而被告暨中人等均告病未至,且大雨,改日再理。

韩元庆与聂光裕互控一案,今日来会者,两造均系代表,一切案情原委不能周知,无从判断,应令各本人及中证到会再行评理可也,此判。

递控扎台诈骗

怡□正等因陈松山开贸科□通广货店仅有二月，共亏倒货银二千七百余两，昨以扎台诈骗等情，赴商会递控，并称将其残货存于广货公所。总协理以似此有心塌骗，恐难保刖无欠人之款，着候查明共有欠项若干，一并摊还。

（《汉口中西报》）

35.上汉口商务总会九九商捐意见书

（1908年10月31日）

敬禀总协理暨诸位议董先生大人阁下：日昨在友人处□贵会为九九商捐谕帮董，自将本帮窒碍难行之处各呈节略传单一则，仰见先生用心之苦，卫商力坚，维持大局，全活汉民者，无微不至。蒙非商界分子，乃系汉皋游人，际此人心嚣张之秋，读贵会镇静之告，故敢越俎代庖，肃禀于我先生□。按：九九商捐乃厘金外之落地税也，他省无之，而汉口有者，起于同治年间兵燹之后，库币空虚之时，抽之修前江之岸，筑后湖之城，二工告竣，准捐停止，此不过权宜一时之计也。

张相国督楚之时，见此巨款不筹而得，将此款移作两湖书院经费，而商民怨焉。相国见商情不洽，是以广商籍学额，收商家子弟入堂肄业，以□其劳，后城去岁官商争买矣。两湖书院之学□已废矣，今又设官局抽收百货商捐，无怪汉口商民群起抵抗也。汉口为天下雄镇，万货汇集，商民遵例纳厘，属不敢抗拒者，朝命所在，不敢不尽纳税之义务矣。况我朝深仁泽厚，除赋税厘金之外，无一毫取之于民，杂捐又为谕旨所禁。其不能设官局抽捐者一也。

汉口商民之众，帮口之多，甲于天下，旧有认缴商捐者，不过三十帮耳，未认缴商捐者，不可殚数，今一旦设局抽收，百无一□，旧捐者心有所不甘，未捐者心更有不服也。告示为系旧有商捐，无怪商民不信，到处提倡拒抽商捐。商谓设局之后，不□之加，诚如是也。其不能设官局抽捐者二也。

汉口出事未有今岁之多，一见于摊民闹市，再见于湖民□局，暴风□变，流水为灾，附近之州县为沼，远处之商旅裹足。银价日高，百物长价，小民叹日食之维艰，巨商忧转运之不灵，市面萧条，莫此为甚。当轴者应筹维持之方，共尽保护之策，以救商力之不逮。今不但不救，而又设局抽捐以摧残之。其不能设官局抽捐者三也。

九九商捐旧归帮董承办者，一帮熟一帮之情形，一货有一货之价值。本帮自办，商情洽焉，缴费缓焉，起卸便焉，价值随时定焉。今官设局，商情不洽矣，价以例□而缴费重，起卸不便而民怨深，国币虽空，断不得取民怨之款。其不能设官局抽捐者四也。

古之立法者贵简而不贵繁，简则易遵，繁则厌办，此立法之公理也。汉口通商之例，向以往来账簿为凭，行之已久，人咸称便，虽有完捐之家承办者，亦未见有遍发联单、印单、循环簿之事。今设局后，取一货要填三联单，卖一货则记循环簿，缴一捐则单用四联，商民寸阴是惜，谁肯明大义，偷闲而登诸□单簿记也。官办虽以二厘酬劳行家，此二厘之款，行家领之不足以备书记专司其事，规繁商怨。其不能设官局抽捐者五也。

客号到货，验厘起坡，虽行日久，商民相安，内有留拦阻滞情形，控告有司者，时有所闻，况厘局司巡惯以挑愓为能事，今以厘捐而兼办之，后又不知依于胡底也。大货号货多而行大，起坡虽验，尚有联单可凭，徒叹孤行之贩、肩挑之客，专完厘而不能起坡，货完捐而无联单可凭，押货于局去取联单，则云局小而不能容，是以不得不厘捐双完也。完厘起坡，厘票废矣；完捐到行，货售而行又扣捐矣，此必然之理也。小贩无辜遭此重捐之苦矣。其不能设官局抽捐者六也。

汉口商务之巨，前已言之，货色之刖，何止万种，如一帖卖一货，则帖纸捆积，以一帖起一货，则帖款山成，不但中国古今无此苛政，地球万国亦未闻此之办法也。部帖虽分上、中、下三则，货色之名目万难括尽矣。有一帖起卖一货，吾知有富商大贾取货色来源最多，请议上帖以为□断独登之计。无帖者，虽放客账，货到而不能起，还问行用乎？兹运者欲择行售货，而不能由己。何也？自择之行，无帖不能起而卖也。昔之大行家有一帖，各货起而卖焉，今验帖起货卖货，非大资本家行不能开也。又何也？无巨款以请之帖也。由官办，帖款虽多，捐数虽旺，而商家受无穷之累矣。其不能设官局抽捐者七也。

（《汉口中西报》）

36.商捐总局特示

（1908年10月31日）

本局章程各条款中略有参酌，现已邀集各帮行董到局会议利便商民之办法。所有办法未定之先，本局业经传示各巡查，暂缓办公。商民等凡起坡过载，照常贸易，毋庸观望。倘有冒充本局人等在外拦阻者，准尔商民立即来局申诉，以便查办，特示。

（《汉口中西报》）

37.商会纪事（商会判案）

（1908年10月31日）

日商新兴控裕太纸行抗票不兑，已经本会送催经手张桂亭速缴，未缴。嗣张桂亭又避匿不面，当将张之家属交该管地保李治明看管，今张家属被李治明卖放，已将李送厅押追，限初六日交张桂亭到案理楚，此判。

陈华三控高福升一案，前经本会劝断未遵，将高福升移厅押究，经法教士保出。九月初四日，由戴仲华君请本会判令高认赔陈华三洋一百五十元外，所压各物由陈自行清理，款限五日交还，当具结息销在案。今高款久延不交，陈则函面交催，不绝于道。而本会传催，高竟置之不理，间以其母来会搪塞，如此情形，实难理喻，惟有仍移厅拘究，此判。

胡云达控胡幼之一案，今传讯，两造、中人均到，彼此所言似尚近情，惟收约退银，恐前途不允，当劝以多付子金，厚认小费，改日邀理可也，此判。

（《汉口中西报》）

38.商人自治

（1908年10月）

汉口设立地方自治会，已志各报。兹悉该会系商务自治会，其成立之原因，以法人占界而起，以对付外人、保护商务为宗旨，现下入会签名者，极为踊跃，不日即行开会筹议云。

（《重庆商会公报》第 112 期）

39.工业地之汉口

（1908 年 10 月）

汉口者，商业地也。然以其便于百物之集散，故各国之人，并思复以此为工业地焉。盖各种农产之原料，出于两湖及沿江一带者，咸集合于此。如米、豆、棉、麻、牛皮等，率系出口之大宗，今各国人兢欲就制造而后外运。沿京汉铁路所产之豆，制油售于中国，而其粕则运日本。此项中国工厂，已有五六家，而日本人新设之棉花会社、制粉会社，亦规模甚广。制粉之小麦，则来自河南者。小麦在河南本地，价值日腾，而在汉口反日跌，运输便利之故也。要之，中原无尽藏之农产，自京汉路通，遂吸收于汉口之一隅。其近处所蕴之矿物，又无量数，是皆工业之材料，大可利用者也。然则将来非但为中国之工业地，且为东洋之工业地。

（《商务官报》第 26 期）

40.汉口创设商务半夜学堂

（1908 年 10 月）

汉口商会总协理等为增进商界智识起见，发起组织一商务半夜学堂，暂定额百二十名。凡系贸易众人，年在念六岁以下，均可觅保来学，月收学费二元，其卒业期限，随学生志向学习，刻定八月十六日开课。

（《并州官报》第 33 期）

11 月

1.商会纪事（商会判案）

（1908 年 11 月 1 日）

吴正钧与姚信义互控一案，前八月十三日经本会详询，吴自愿将姚代还豫丰、德泰昌两号窄纹银四百两，限以九月十五日归还，余则俟账算明再理，具结在案。至期传案，姚因在籍未到，昨二十三日邀理，而吴又支吾，其词谓三月间曾托友人某与姚说情，付去某号拨票银二百二十两，于四百之中又拨七成扣算，刻只找银六十两完案。种种狡骗，情深可恼。当判以移还汉阳县究理，而吴又遍投各议董，云姚意已愿了，而理事者抗争。今本会齐湘琴（一作齐相琴）君亲询两造，而姚泣陈受吴之委曲，至贵会前判先缴银四百两，下余清账已非我本愿，今吴又如此狡骗，请彻底清账以明我冤，吴则多方驳斥，两不相下，本会亦莫可如何，当从缓再理，此判。

张□阶控杜华山一案，今传讯，张持账来会，而杜在籍未到，询以节略，来云系伊伙萧某所呈，当慰以俟华来再理。

杨玉廷控李衡当一案，因大雨未到，未理。

（《汉口中西报》）

2.上汉口商务总会九九商捐意见书（续）

（1908年11月2日）

一帮有一帮之帮规，一行卖各种之货色，大帮有帖者，不过十数张，小帮有帖者，不过一二张，或有帮而无帖，或一帮而公□，一帮有帖者，指可数矣。一帮之擢摸不可数计矣。擢摸者，或昔之行户，事坏而复□也，或客路宽广、人情款洽而开设也，或商情熟悉到处经营而建立也，资本不大□取用重，用费最轻而受害微，故擢摸者大都徒手而为之，可□全家之命耳。今一旦摈弃□彼等之生路，是故□此和讹言四起，从中推波助澜，欲求汉口安全，不可得也。其不能设官局抽捐八也。

天下之人孰不就易而避难，孰不畏劳而喜安，安则静，劳则怨，此一定之理也。昔日百货起坡，力夫□抬而去，易也；今验捐挑副，而力夫之时间误矣，难也。昔百货过载，船夫帆楫而去，易也；今赴局呈报，难也。昔堆栈起货，栈主只收栈租，安也；今出入另登簿记，起卸填写联单，劳也。故下中社会之人群，不认官设局也。各帮行董，乃有颜面、富贵本充之，如此之人，百事猬集，今无重□而使之呈上接下，以商绅之尊而行稽查之事，办捐者名利兼收，逼令帮董为走狗，故各帮愤愤不平。其不能设官局抽捐者九也。

汉口乃通商之地，华洋居焉。□场守经典而柔远人，遵条约，例应保护，不但三联单办货者而半税免矣，则百货之捐亦不敢过□也，今官设局矣，百货抽捐矣，□款消□归公矣，行户亦无从中□矣，难保巨商大号不挂洋旗矣，何也？洋旗挂□□可免，去费少则中饱多，必然之势也，官一设局，则各国之旗帜必逼挂于我华，衡而主权尽失矣。其不能设官局抽捐者十也。

以上不能设官局各条，就汉口商民之大局而言，与友人辩论三点钟之久，今以笔记而缕呈者，廖备先生之采择焉。蒙谊属旁观，位非商界，商情不达，言之无文，不足以附明公之望，然见市面动摇，商民困苦，欲求汉口之安，市面之静，非先生不能为理也。何也？先生乃系商界巨子，擢汉口商务全权，为商民所仰止，自开会以来，整商规，联商情，判商案，而商民悦服。佥云，商会者，乃立宪之引导线也。我湖北无论收□走卒，咸颂贵会办事之公允，民情可以昌达矣。摊民不便，贵议董演说以安之，湖民不便，开特别大会令以议之，今通镇之商民不便，蒙知先生必出全力以争之，无待赘述也。然争之方有三，试为先生详焉。禀督宪陈商民不便，禀商部诉商民之苦衷，恳祈代奏□□□□，鄂省每年虽减十余万捐款，不过太仓减一粟耳，则商民之累除矣。此其一也。

官收商捐，出数而商不知，是以商民不愿。今将原有三十帮商捐之款，由贵会收之，其款项用以办巡防，设警察，兴商学以及商界应办之事。出入款项，每月登诸报端，列于榜示，以昭大公，官总其成而不掌会计之权，商出其款由会办汉口治安之事。此其二也。

官设局，委员照办矣，联单循环簿已发起，损失亦以千数计矣，因商排抗而不办，则官心不甘，如实办而局不撤，则群商抗拒，如此上下交征利，而汉口危矣。先生际此时艰，不能不用通容手段，周旋官商之间，请撤局，损失之数归商认赔，劝帮董按捐数之多寡稍加，以平官气，率由

旧章。此其三也。(下略)

上书但述商之不便,而未能就两面情形逐一比勘,故多归咎于设局之非,非笃论也,今事已由商会调停,一切照常,可毋庸更议,然因此不免惜我商程度之浅也,记者附记。

(《汉口中西报》)

3.商会纪事(商会判案,照会查缴号衣刑杖,枝江皮龄君致商会张和笙太守书等)

(1908 年 11 月 2 日)

商会判案　江瑞麟控杨麓川扎串一案,今日集询,始知江瑞麟曾借杨麓川银二千余两,系王俊卿经手,许定四月底交还,至期,为杨需款在急,由江之号伙温仁斋向元生和买上海厚大汇券,计银二千两,以抵前项。不料申票不兑,嗣元生和又闭歇,江虽允杨另还,旬日后江店亦停歇,将温仁斋送礼智司管押,无非为抵制杨款起见。前本会迭传,杨未到,今询,其实在湖南未归,现温仁斋、王俊卿系此案关键,详询原委,历述被□各情,并云,元生和管事李儒臣现已交保,当令王、温两君可将仁□往来各户一齐早清。至元生和兑款亦宜速归结,如李儒臣有不遵之处,送到本会,当移厅押究,各花户银两交本会收存汇齐,给两造分领,从速办理,勿延,此判。

照会查缴号衣刑杖　砖瓦公所职员夏际唐近因违示,在文昌门外设局,置备号衣刑杖,被砖瓦帮行铺董赴劝业道呈控,刘仲立观察以向来买卖凭行,何致不准授受,禀如属实,殊为荒谬,已准照会汉口商务总会查明,该公所如有号衣刑杖,迅即催令缴出,毋得妄为苛索。

枝江皮龄君致商会张和笙太守书　(上略)鄂境川汉铁路事,自太守等六人意见书一出,始有今日,仆去矣,颇有乐毅去不忘燕,廉颇老益思赵之状。所祈祷于阁下者,挽既倒之狂澜,作中流之砥柱,百折不回,坚持到底,勿存怠志以贻人羞。仆才疏学浅,何足以放乐廉,乃叨承不弃,执鞭相从者有日。兹值束装就道,而此心实不无乐廉之心,临风拜祝,不尽欲言。(下略)

黄冈喻森君商会议决商办鄂境川汉铁路祝词　今日是我们湖北开军学绅界路事大会决议的日,提起□路事发生的原因,原是因得张枢相屡次电催,所有说的部办、鄂办、官商合办、借外债举办,并不是别□意见,正是激发我们湖北的人,早日决议,早日告成。前已开会数次,不能决议,自商界刘歆生观察六人的意见书一出,拿定商办的主义,遍发传单,今日到会的人这才见得踊跃哪。说到商办,无一个不赞成,比别的办法是强多了的,这话在商界的那一篇意见书业已说透了、说完了,不消再说了。但祝告我们军、学、绅、商四界的人,大家结个团体,出资本的出资本,尽义务的尽义务,抱这个铁路早日兴工,早日告成。铁路一成,一本不止万利,和盘打算,利益均沾。今日为我军界、学界、绅界、商界祝,为我湖北全省人民祝,为我鄂境川汉铁路祝,铁路万岁!湖北万岁!中国万岁!

(《汉口中西报》)

4.商会纪事(商会开会纪闻,商会议定邀免新章传单)

(1908 年 11 月 3 日)

商会开会纪闻　汉口镇九九商捐局所发联单等件,因商民不便,业经由局收回,惟捐款必须认定按缴。(昨初八日)商会开会集议办法,先由总理卢鸿沧翁提议明通止大□悉事情,不恍商界巨子准时,全体议董及来宾诸君俱静听宣布。油帮某某忽言,照旧办理于该帮捐款不利,□驳□争,大有阻止之势,会众纷纷□嗓斥,其一人不应挺□。次由议董蔡辅卿君接议,极言方今天灾迭见,汉市萧条,正宜设法维持,况各处歉收实属有关商务,□使一有摇动,大局势将不可收拾。今幸安静如故,仍愿大众将此捐办妥,俾得安稳过年,则幸福不浅,言词恳挚,洗尽嚣张,其一片维持公益爱精跃跃欲出,汉上商界热心办事者虽多,实难比其能力灵敏。卒之,一言未毕,各帮帮董俱齐声欢呼认可,随请卢君上坛直议以后办法,宣毕,摇铃散会。

商会议定邀免新章传单　敬告者,初八日下午各帮商董均莅会,公同议定商捐,愿仍照旧章办理,除由本会据情移请江汉关道转陈督宪邀免新章外,并请贵帮董转嘱各商照旧进出货物,以平谣诼而维市面,是所至祷。

商务总会启

(《汉口中西报》)

5.汉商抗捐风潮已平

(1908年11月3日)

汉口各行商,因九九商捐设局抽收,爰于初一日起罢市,一律停止起下货物,嗣经关道齐观察、夏口厅金司马会同商捐局张观察、商会总协理,劝谕各商,允将章程不便之处大加删改,行商每售货银千两,折为实收捐银五两六钱,各行商始无异议。刻已照旧起下货物,俟章程拟妥发表,即行缴捐。

(《申报》)

6.商会纪事(商会判案,移请分饬追缴给领,移请饬追兑银等)

(1908年11月5日)

商会判案

彭祥兴控刘承银一案,因刘承银之叔和记均在笃庆栈帮贸,所欠彭祥兴银二百二十余两,曾由刘承银还过银五十两。和记在日,曾请韩祥泰、韩兴发、童鼎泰、日升昶向彭求缓,足见刘姓该银属实。今刘和记去世,刘承银矢口不认,殊属非是。况生意往来,有据可凭,应令刘承银将印折呈会,以便与彭祥兴账目查对,此判。

杨玉廷控李衡堂一案,因两造先后来会,彼此相左,未理。

鸿昌麻行控杜理臣翁□一案,今原告来会,延候一日,被告竟未到,容日再传。

移请分饬追缴给领

□成和因工匠孙守□□□私逃,致厂工不能开办,赴商会递控,请予追给等情。总协理以孙有碍□业,殊属可恶,已准移请安徽芜湖道令饬□□□□□追缴移解给领。

移请饬追兑银

鼎亨钱店欠东成钱庄票银,控经商会邀评,令鼎亨依期照兑,奈鼎亨固执未兑。近由东成复赴商会递控,总协理诸君昨已准移请夏口厅饬差传鼎亨到案讯追,以清纠葛。

照会摊还欠银

科法通广货店前开张仅有三月即行倒闭潜逃，由怡□正将其残货存于广货公所。昨有李照记以该店欠伊银一千四百九十两，立有折据为凭，请予追还等情。总协理已准照会广货公所照账摊还，以重欠款。

着再详细叙明欠银

李席臣前控□捐局委员桑世勋前与伊兴发钱店往来，亏欠银四百余两，□经商会函询，桑君函复凭折只欠伊银三十余两。总协理诸君以李有何凭据，着再详细叙明，以凭核办。

缴账备质

笃庆栈外柜刘承银折欠彭祥兴银两，前岁曾凭韩兴发、童鼎泰等许定陆续交还，兹因刘背议不遵，致彭控经商会理事员张和笙传集两造并中证讯究，刘闭口不认，张诘以尔如非该银，汉镇商民甚多，何独向尔索还？刘当无言以对，又云，彭无欠账（因彭被回录数次，料账被焚）。闻彭将历年来往各账清出，拟缴商会鉴核备质云。

（《汉口中西报》）

7.照录汉口商务总会移请商捐局停办九九商捐

（1908 年 11 月 5 日）

移请事　窃查汉镇九九商捐，于咸同年间因发捻时相侵扰，行商坐贾不能安居贸易，经邑绅胡兆春等就地筹款，建筑堡垣，创议每年由八大帮认捐银四万一千余两，作为岁修暨募兵保卫之费，厥后时世承平，堡垣修固，又改为河工保等善后用款，此皆商人筹款自卫，本无所谓额定捐款也。迨光绪十七年归汉阳府承办以后，虽因公用浩繁，迭荷商明，各商先后加认捐数，而每年除牛皮、棉花两项外，每年报效银十万八千有零，此又□系商人保卫身家急公捐助，在厘金筹饷等项外之实在情形也。本年六月间，奉督宪陈以汉口兵力单薄，拟□募巡防队一营，约需常年经费银二万两，饬令加认商捐以济饷需。等因。札由江汉关道、劝业道转照到会，即经敝会邀集各商迭次会议。维时各该商等以商情困苦，照常认捐已觉力不能支，岂可再加捐款，劝道再三，终无头绪，以故无从报命。是商捐一项，仅令每年加缴二万，各该商等□以无力，未允遵照，况更令一律加缴者乎？正在据情移复之际，即奉督宪将前项报效捐款，札饬专委设局办理，各该商等一闻专委设局，无不惊惶失措，纷纷聚议，淫啄迭起。敝会诚恐因此滋生事端，即一面广为劝导，一面于九月三十日邀集众董筹议办法，以期捐数加多，市面安静。讵十月初一日，贵局分发联单、印簿，□行开办，该商等恐被扣货抽捐，即各停货不动，且有一种素充经纪省，约计不下数万人，虑及从此谋生无路，更不免异常惶惑，以致全市人心大为震动。即驻汉各国官商，因见轮□上下□□□□，亦觉不无□。敝会邀集各□首□设法调停，咸谓九九商捐□□各□借图保卫尽义务，非公家□□□税可比，如一□设局，不特□□□出一种额捐，伊□力难担任，且恐种种留难，更增一番扰累，若伊□出□贸易，无非冀获微利，以供□事□□之□。从前□□较□，□捐亦少，故尚可另缴商捐以尽义务。近年货物出入，除向之税厘已较前加增外，且更筹饷有捐，巡警、堤工、学堂等项，亦无一不各有捐款，即囤货之栈房、贸易之房屋，亦须一一纳捐，皆为从前所无，此中苦情，想上宪亦所深悉。商捐一项，若照原定之数认□，已属十分□蹶，如按照货本逐一加抽九九商捐，力实所有难。惟念鄂省财政苦难，百废待举，不得不勉遵旧章，照前纳捐。若何设局，深恐各商观望，而经纪亦有所借口，请为转请将新设捐局撤去，仍照旧章办理，以苏商困等语。伏查该众商等所称委实在情形，况今年汉口商民先受襄水冲没人货之惨，继遭大风覆船之灾，即此二端，已损失不少，加以近来银根紧急，百物昂贵，日用既繁，耗捐尤巨，凡在商人，无不岌岌可危，目睹情形，深为忧惧。日昨虽荷贵局查悉商情，未可相强，已将所发联单饬收回局，而停办究无明文，未免仍多惶悚。刻已停办货物七八日矣，如竟旷日持久，窃虑因而滋事，若不代为转请，殊不足以恤商艰而安市面。除分移江汉关道、劝业道外，相应据情移请，为此合移贵局，请烦查照。务希垂念商情困苦，准如该众商等所请，转禀督宪，允照旧章办理，救众商于水火之中，汉市幸甚，大局幸甚，祷切盼切，须至移者。

(《汉口中西报》)

8.商会纪事(商会判案，移请严切讯追)

(1908 年 11 月 6 日)

商会判案　杨玉廷控李衡堂一案，今日传讯。杨谓李衡堂借伊官票一千串文，作为信顺恒布店股本，许定开张后即行归还，不料伊店未及两月竟行倒闭，即向索钱，任意搪塞。而李谓信顺恒布店共股本银六千两，分三大股，我与杨共认一股，杨只出银五百六十两，并我本银一千两，尚另借四百四十两，措成二千两，都亏空在账。两造各执一词，又无据可凭，本会实难理判，所幸此事已经金泽生、杨桂圃、吴玉山诸君理论，改日可仍请原议诸君到会，再行评判为要。

移请严切讯追　永兴和在沔阳潘万喻华山行带有钱票一千二百串，不料被贼瞥见，断锁入室，一并窃去。昨赴商会递控，称系被喻华山串窃，总协理已准移请沔阳州某牧严切讯追。

(《汉口中西报》)

9.商会纪事(移催提追给领，商会判案)

(1908 年 11 月 7 日)

移催提追给领　裕昌祥因船户孙明福行窃货物，已扭送水师营，请其移解湖南南州厅讯追，兹因日久尚未归赃，昨赴商会递控，总协理已准移催速提究追给领。

商会判案　高勋控杜理臣、曾怡堂亏空一案，据高供，去春杜理臣出本银二千两，伙贸鸿昌麻行，保荐伊婿曾怡堂管事，至今夏季，伊翁婿共空银四千六百余两。嗣见我有折股之意，复将礼和、益德两款扣留，杜以亏空。乃曾姓所扯与杜无涉，自用只七百余金，遂以礼和、益德两款抵伊之本金。曾供，此事□情已经贵会金、罗诸公调处，着我还银九百两与高东。折股寝事，情词各执，实难臆断，然此既经金、罗诸君调过，原委必周，当改日邀齐一同评判为要。

(《汉口中西报》)

10.湖北京官集议川汉铁路

(1908 年 11 月 7 日)

上月杪，汉口商会集议，鄂境川汉铁路决定不借外债，当场共认三百八十九万一千余股后，又招二百余万股，曾纪前报。现悉，旅京湖北同乡于初一日接到汉商认股报告，回乡京官颇加赞成，爰于初五日召集商学两界，在宣武门外江汉学堂会议川汉铁路□股事宜，以为汉商之后援，当场议定电催公举代表入京。闻在汉所举之代表，教育总会长吴兆泰、侍御陆军学堂监督刘邦骥观察暨法部黄嗣东、密昌墀等，已电复到京，定于初十日首途。

（《申报》）

11. 商会议请裁撤商捐局（汉口）

（1908 年 11 月 8 日）

汉口商会因磋议九九商捐事，于初八日又集各议董、帮董会议，总理卢洪昶宣言云，已与关道齐观察再四筹议，拟仍照前各帮所认捐款办理，禀请鄂督将商捐局□撤，新章亦一概邀免，各商均签名认可，俟商会移文关道转详鄂督核夺。

（《汉口中西报》）

12. 商会纪事（误收铜斤被封，放赈人员起程有期，钱业纪闻等）

（1908 年 11 月 9 日）

误收铜斤被封

德顺祥之店东董汇川因收买来历不明之铜，被官查封拘究，兹泰顺合等以该店曾亏欠贷款，欲代为□冤，昨赴商会递请移请启封，以便收回血本等情。总协理以该会无案可稽，无从核实，已着赴夏口厅呈请。

放赈人员起程有期

黄州府属黄、安、麻三邑水灾，嗷嗷待哺，殊堪悯恻，商会前已陆续筹款前往赈济，兹闻复备钱三万串，定于二十日由蔡君辅卿、汪君志庵前往散放矣。

钱业纪闻

汉口本街因某某等号各庄停歇，此比期各庄兑处之款甚为紧迫，甲、乙、丙三号因周转不灵，业经停歇，共该往来款项二百余万金，业经邀请各商董维持，该店总理已将三庄账据呈送商务总会，□各议董查核后，再议办法云。

移请传追欠款

沔阳州严泰兴欠丁万顺货银久不归还，屡次催讨，避匿不面，兹丁万顺复赴商会递请控追，总协理已准移请沔阳州差传严泰兴等到案讯追，移解给领。

婉劝仍照前议

牛皮帮商董杜青山身故，所欠各家银款俱已了结，惟本帮顺兴长、钱帮鼎亨尚有□□，昨经商会理事员和解，劝令杜青山之弟华山仍请原调人重申前议，了结此事，以全交谊，而息讼端。

商会判案

顺兴长、鼎亨庄与杜华山互控一案，查杜华山所欠鼎亨庄、顺兴长两号银两，既据供称，愿将家中田产房屋变卖作抵，足见有心脱累，与市井负债不偿者有别。顺兴长既已得受水程，又允约期踩田，其欲得田之意已在言外，本会将顺其意。杜华山可将决不可谋之产任意抬算，致令吃亏，总要持平，方能寝事。至鼎亨庄历述苦情，不愿偿田，本会未便相强，将来还银，须照各家所收之数折算，不能厚此薄彼。两造能如此清结，杜青山又当冥感杜华山，亦当体念及之，此判。

傅忠孚与顺泰昌互控一案，前经本会断令，忠孚本月半以前催伊女来汉清揭此款，今已至期，传讯两造，均未到，当改日再理。

鸿昌麻行控曾怡堂等亏空一案，今传讯并柬请金、罗诸君莅会，而被告不到，该□□有意抗骗已经显露，改日本会再传一次，如仍不到，当移厅押究，此判。

（《汉口中西报》）

13. 商会纪事（汉镇各帮商余学会职商刘维庆等投□商会节略，控卷送会判议）

（1908年11月11日）

汉镇各帮商余学会职商刘维庆等投□商会节略　庆等滥□商界，学浅□庸，仅为衣食之谋，罔知远大之计，近数十年见夫环球互市，列国之强弱恒视商战之盛衰，我国商学未精，虽有达士通才，往往狃于习俗，以有限之光阴、有用之精力，尽消磨于声色。□局之伤，一时周转不灵，一蹶而不能复□者，比比皆是，庆等□竞□焉，而引为炯□。方今朝廷百度维新，于各省设立商会，于学堂专列商科，且农工归并一部，可见种植与工艺尤为振兴商务之基。凡为商民保利权、谋发达者，既详且尽，而我商民仍不思振作，不求改良，是自外其生成矣。庆等幸逢开通之时代，幸居汉镇之繁区，又幸获贵商会之维持而提倡之，思得一自治之理由，拟效他国波罗馆及青年学会之办法，阖屋□椽，每于公毕之余，假为游憩之所，中设弹子、洋琴、阅报、书籍等，□□星期毕集，各出问题，实行研究商业主义。不分何帮、异省之人，借收广益集思之效，严订规条，徐图进步。附设日夜学校，延聘英文、东文、国文各教习，以资启迪。俾各行号之学徒，亦得从而就学，故名曰“汉镇各帮商余学会”。非敢以热心教育，沽弋名誉，不过稍分征逐之资，备教学而陶成后辈，乐得宴□之候，假游戏以联络商情。一切经费由庆等自行筹集，毋庸挪动公款。特是本埠商场日□，商务日兴，品流尤为淆杂，诚恐有买托招摇及无业游民借故滋扰情事，用特缮具节略，并抄粘章程八条呈请鉴核，俯允注册保□，并希转咨道宪厅宪一体给示保护，以维公益。

控卷送会判议　四川人□生向希敏前在劝业道控同人炳□号傅荣文措票不兑一案，当经批饬夏口厅将控卷送会询议，兹已送会，总协理诸君刻准邀两造到会，以便秉公议结。

（《汉口中西报》）

14. 商会纪事（汇票帮控追巨款，洋漆油公司呈请专利，碾米公司亏倒巨款等）

（1908年11月13日）

汇票帮控追巨款　怡生和、怡和兴、怡和利三钱庄日昨亏倒，有汇票帮宝丰隆等以该三钱庄与伊帮来往，共倒塌银近五十万，昨同赴商务总局递控。

洋漆油公司呈请专利　广义兴近为振兴实业、挽回利权起见，特制造洋漆油在武汉行销，诚恐被人影射，兹特赴商会递请，详请督宪咨行农工商部注册，以便专利。

碾米公司亏倒巨款　□□机器碾米公司近因周转不灵，遂致停歇，约计外欠十二万余，当由商会总协理诸君将该公司经理人刘煜光移送夏口厅，发交礼智司看管。

函知销案　天兴源欠□帮张顺兴来往银两，张在本邑控案请究，兹两造赴商会□□，业经理事员判令张收田二十五石，具结完案。闻已函知黄陂县□销□案以帮众挽调，数月未了，甫经理事张和笙君一讯即结，贤哉张君，善哉汉口商会。

（《汉口中西报》）

15.关宪移复商务总会筹划九九商捐文

（1908 年 11 月 14 日）

为移复事　准贵总会移，以现奉督宪委员设局整顿九九商务一事，现据各商赴会声称，商情困苦，请即撤局，仍照旧章办理。等因，准此。敝道查九九商捐原系抽取行用，行之已历十年。其前办之时，捐数少者，系在兵燹之后，商务不盛之故。嗣后商务渐次繁兴，捐数即渐次加□。近来轮轨交通又得贵总会极力提倡，商务极为发达，以九九计之，自应捐数益多，济地方一切公用，是以督宪派员设局征收，意在整顿维持，并非渐次增加。讵讹言传出，致有商人停运货物，暗为抵抗之谣，幸赖贵总会出为调停，得以宽容，坐论官商感情，毫无损失。敝道平情论事，整顿商捐无非为募勇筹饷、保护商民起见，正合移□商人保卫身家之语。现值匪帮四出，人心不靖，与其焦头乱□，而后集捐以自卫，不如预为筹划，曲突徙薪之为得也。请贵总会、各行均详加调查，可增者增，须减者减，总期于公有益，于商无所损。如谓行用联票，□局顺从舆情，并无强迫，至设立之与否，在官家自有权衡，亦视乎各行商之能否维持公益，如可以据情转禀，敝道无不尽力。在敝道维持此事，属于整体，无伤商情浃洽，谅为贵总会所深悉，祈可通盘计划，妥议变通办法，以便转禀，请示遵行，则商务既不受影响，而地方亦多蒙幸福矣。相应移请贵总会，请烦查照见复，是荷，须至移者。

（《汉口中西报》）

16.商会纪事（上海商会致汉口商会电，递控纠众勒讹，递请移追丝价银两）

（1908 年 11 月 14 日）

上海商会致汉口商会电　汉口商务总会卢洪翁、刘歆翁诸公鉴：怡和利等三家巨款，牵挤沪庄，虽牵累有限，市面已为遥震，敝会有维持之责，昨与汇丰大班酌商，颇顾大局，或以产业先抵，还期虽远，俟可通融。惟必须贵会担承理处，方能保全。怡生隆如系实亏，亦可一律办理，尊处钱业林立，放款较巨，外项归款，时值青黄不接，若不赶急维持，恐银行拆票接踵逐收，市面何堪设想。只如上月，沪市银根奇紧，银局力任其艰，由敝会向大清、交通、四明三银行商借产业，在汇丰□□抵借二百三十万，复蒙蔡观察电商□库拨洋四十万，借此镇定。揆尊处市景，恐仿佛如敝处上月为尤甚，乞公等素负重望，热心时局，务请赶速主持，倘汇丰等以产业借款为难，尽可电示办法。敝会痛痒相关，遵向该银行尽力商圜，蔡观察保商心炽，已电汉道，请与齐公协商，如何，盼复，沪商会周晋镳、李厚祐，效。

递控纠众勒讹　韩元庆前买永顺典货架家具，改牌福顺，当由该典聂光裕亲立卖契，注明永顺兴往来账项，归聂自行清理。近有公安钱店以永顺欠款勒逼福顺为之代偿，昨韩以纠众勒讹等情赴商会递控。总协理以是衅起于聂，公安系属聂之使令，非询莫明，已饬邀聂到会，以凭评理。

递请移追丝价银两　慎和丝线店在商会投递节略，控江夏县梁华汉领丝不交，恳予移追等情，总协理准移请武昌商会，转请江夏县差传梁华汉到案，讯追给领。

（《汉口中西报》）

17.商会定期开选举大会（汉口）

（1908 年 11 月 14 日）

汉口商会自去年举定总协理、议帮董等任事以来，将届一年，例应更举。刻已定于二十二日开选举大会，由入会各业先期投票公举，至开会日当众发表。

《申报》

18.商会纪事（开会选举，会议账项）

（1908 年 11 月 15 日）

开会选举　商务总会去年成立，兹因一年期满，所有帮董、议董、总协理自应遵照会章，另行选举，刻由商会定期于今日（二十二日）开特别大会，邀集各帮用投票法选举，以昭公允。

会议账项一　怡生和、怡和利、怡和兴三钱庄因周转不灵，以致停歇，惟亏欠甚巨，商会总协理诸君特于前二十日邀集各帮议董，赴会查明账项，妥议一切办法。

会议账项二　汇票帮宝丰祥等前在商会递控怡生和、怡和兴、怡和利亏倒五十万银一案，已志本报，总协理以贵帮受亏如此之多，实属骇人听闻，惟怡生和等三号向来有亏，本镇钱庄多谢绝往来，贵帮何独不闻？本会有保护商务之责，既已递略，自当力为图维，第恐亏空太巨，巧妇难为无米之炊，无从措手云云。

（《汉口中西报》）

19.商会纪事（纸商演戏整规）

（1908 年 11 月 16 日）

刘豫折表纸，汉口销数甚巨，近因来费不多，行定期二十四日在沈家庙演戏，整规□价。

（《汉口中西报》）

20.商会纪事（商会判案）

（1908 年 11 月 17 日）

胡云达控胡幼之一案，胡幼之请代表巴味云将房屋出卖与豫丰公司，议定价银四千四百两，立约后当付价银一千两，许定交老契足价，可谓名正言顺。不料幼之被人煽惑，希图重价，又将已卖之房屋转卖胡瑞记，是一业两卖，处事未免太谬。理应饬令着交老契，姑念废产苦衷，准其退价，须另补杂费洋五百元寝事，当将前立墨约涂销，计缴粤汉铁路股票五百股作抵五百元。惟所退房价银一千两□正金洋行例十月底期，俟此票兑清，即行销案可也，此判，票存。

江瑞麟控杨麓川一案，前经本会断明，令温仁斋同王俊卿速将元生和倒款并各庄户欠仁丰公之款收齐，交会分领在案，今李儒臣久延不归，由徐君栋臣担保，再限七日，亦无不可，如到期不了，必送厅究追，王俊卿系江、杨二姓了事之首，何自欠一千二百余金，反任意迁延，实不成事体。现虽具限八日筹还，不知可否自□，如逾限不清，诸多未便，希早自省之，此判。

鸿昌麻行控杜理臣翁婿一案，前经本会断明，该翁婿未遵，今三传不到，其掣骗真情已经毕露，姑念系体面商家，再传一次，仍不到，当移厅押究，此判。

杨玉廷控李衡堂一案，今日传讯，因被告回乡未到，未理。

（《汉口中西报》）

21. 商会纪事（递控倒骗巨款，汇票各帮催追巨款）

（1908 年 11 月 19 日）

递控倒骗巨款　汉口诚和玉等在商会递控麻城县典商悦来、永成两典倒骗巨款等情，总协理诸君已准移请麻城县查封两典底货备抵，一面查拘典东暨经手之项鹤亭，严究追还，以全商本。

汇票各帮催追巨款　汇票帮宝丰隆等在商会递控怡生和、怡和兴、怡和利三钱庄亏倒五十万银一案，已志本报，兹复赴会催控，总协理以此次被倒华洋官商款项共二百四五十万，汉口银楼甚紧，贵商遭此窘迫情形，更不待言而喻，自应设法严追。但怡生和等号东原籍住处在何处地段，其家产果否足抵亏款，以及他处有无财产，希查明详细开示，以凭移请地方官查封备抵。

（《汉口中西报》）

22. 商会纪事（吴君条林致张和笙太守转商会诸公函）

（1908 年 11 月 20 日）

商务诸公台鉴：弟久在奉天，乡事多所未□，前阅《中西报》载，本年三月汉口大水及某君出险记一首，始悉其惨祸为从来所未有，因遍询父老，研究其故，皆云，汉水入江，分两路，一由汉川直下汉口入江，为干流；一由潜江之吴家改口入潜江而南入江，为支流。有此分流，故汉口从未受此大灾。今春赵次帅不察地势、水性，堵筑吴家改口，向之为二流者，今合为一流，故仅小涨而汉口即受此大害，幸吴家改口新筑未固，即于三月仍复冲决，故汉口今年得以暂安无事。今闻上流为潜江所感，仍复筑吴家改口，则是向之二流仍复合为一流，□腾直下，汉口之后患不堪设想矣。公等领袖大镇应如何为一方之保障，使勿再有今年三月之灾，则生灵幸甚，财产幸甚。再者，铁路商办，务乞公等鼎力坚持到底，勿稍退步，致贻他人之笑，至路线既经公议，由道人桥而京山，路线极为允当，幸勿再改，口究以及早开工为要，恭请□安。

（《汉口中西报》）

23.督宪为绅商等请将川汉铁路改归商办公呈批准咨部文

（1908 年 11 月 21 日）

据呈，已悉。查鄂境川汉铁路，关系重要，工程极艰巨，讨论不厌求详。本部堂前设询问数条，以切实妥筹，有裨铁政，其为鄂省保全利益之苦心，当为该绅商所共谅，乃绅商等答复各条，意多误会，殊乖厚望。惟查原禀，武汉绅商已认股三百八十余万元，可以限期备验。昨据复称，沙市绅商电告又集股一百二十万元，请援照川省成案，改归商办，奏咨立案等情。虽此路概归商办，与前阁督原奏稍未符，但铁路为该省绅商应得之利益，两次认股，统计前后认股已有五百余万元，如果所认不虚，尚征群情踊跃，于路工实有裨益。本部堂忝领此邦，自当为民请命，现已咨商邮传部，应俟部示，再行饬遵。再，此事顷准邮传部来电，本部堂业经电复，并将来往两电发交湖北川汉铁路局，转移该绅商等知照矣，此复。十月二十四日。

（《汉口中西报》）

24.商会纪事（商会决举帮董，移开查明见复）

（1908 年 11 月 21 日）

商会决举帮董　商会一年期满，所有帮董暨议董均应照章另举，已于二十二日开会，用投票法已得□分之二，兹复定于今日（二十八日）下午开会，决定各帮选举一帮董，当众宣布。

移开查明见复　茂康永前因宜昌吉太公之刘纯、谢嘉兴等亏欠汇票银两，久延不给，控□东湖县断，谓款已交□，茂康永所执之票指为虚伪，昨赴商会递控，请予追给等情。总协理以伊究竟有无凭据，候移请东湖县查明见复，照案究追。

（《汉口中西报》）

25.商会纪事（电请查封备抵）

（1908 年 11 月 22 日）

汇票帮宝丰隆等近在商会递控怡生和、怡和兴、怡和利三钱庄亏倒银近五十万，请予究追等情，总协理以为今之计，惟有查怡生和等家产，不使隐瞒遗漏，最为上策。本会有保护商务之责，决不至漠视，已准电请吉安、上海商会，查封该钱庄家产备抵，以重欠款。

（《汉口中西报》）

26.督宪请军机处代奏维持市面办法要电

（1908 年 11 月 23 日）

北京军机处王爷大人钧鉴：汉口自怡和兴等钱店倒闭以后，市面困敝，银根愈形紧迫，钱价逐渐低落，实为近年所未有。良由现银短绌，不敷周转，瞬又届月底比兑之期，若不预筹巨款，分备汉口度支、交通各官银行暨湖北官钱局，查察市情，酌剂盈虚，窃恐各店铺倒塌纷纷，不独汉口市面不堪设想，且虑牵连各埠，震动全局，关系殊属甚大。兹与藩司李珉琛、江汉关道齐耀珊总办、湖北官钱局道员高松如悉心筹议,暂由司库暨官钱局各借拨现银五十万两,共银一百万两,发交汉口度支、交通各官银行暨官钱局分别存备,专供接济市面、维持商号之用。但有相当保押,即可借给,以资用转,俾纾目前之急。一俟市面灵活,再行次第收回归款。惟近年汉口市面交通既广,商务最大,鄂省财力只有此数,转瞬年关,银根愈紧,若该款借拨以后,仍形慌恐,自非由度支部拨济巨款,不足以纾困厄。总之,苟力所能及,断不敢不勉自支持,然全局所关,亦不敢不预为筹计,乞代奏,龙宥。(十月二十七日电奏)

(《汉口中西报》)

27.藩宪拨给维持市面银两

(1908年11月23日)

藩宪近奉督部堂札开,汉口自怡和兴等钱店倒闭后,市面危恐,银根愈形紧急,现值月底比兑之期,前饬该司会同江汉关道、官钱局道各员悉心核议,暂由该库暨官钱局各借拨银五十万两,共银一百万两,发交汉口度支、交通各官银行暨官钱局分别存备,专供接济市面、维持商号之用,合行札饬,札到该司,迅将该库认拨之银五十万两克日拨给,以资周转等情,刻闻已于昨日(二十□日)如数拨交江汉关衙收兑云。

(《汉口中西报》)

28.关宪移商会文

(1908年11月23日)

为移会事　照得本镇自怡和兴等钱号亏倒巨款,市面紧急,现值月底比期,外国银行又闻有收提存款之信,人情惶恐□及,周转不灵,致生险象。现经敝道同高观察禀商督部堂陈,饬发库款银一万两,交存度支部银行及交通银行,以备维持市面。除分移外,拟合移请,为此合移贵总会,请烦查照,会同钱帮董事叶东川、齐相琴、周命之、孙襄其、王芝舫、丁菊生、吴朗庵、汪□庵、任纯斋公同具结领银,担任经理折放,并酌定日期,随时由贵总会及钱帮董事等照数收还,以重公款,仍希妥议详细办法见复,是荷,须至移者。

(《汉口中西报》)

29.商会纪事(商会判案)

(1908年11月23日)

傅荣文与向颖生互控一案,向颖生之父代傅荣文之父□借王姓银两兑交□关税局公款,事阅三十余年,何以从不过问,即念交情,前次在夏口与傅荣文涉讼,已属决裂万分,又何以一言未发,凭中具结,杜后完案,足见毫无纠葛。今向颖生又执远年票据,一再求追王姓,虽请有代表赵子文君来会历述颠末,本会不能信以为实,亦不能决其事出无因,所幸傅姓家中尚存有账簿票据可以调查,俟傅呈验后再行评判可也,此判。

韩元庆控公安一案,今日传讯,韩元庆先到,只求将移厅,语甚激昂,当已允从。随后公安聂光裕复来,公安云,韩元庆既是股东,所兑银票又系亲据,商庄收款,毫无疑实,今韩反向索还,实出情理之外。聂云:此事支离,非将账项理清不能了结,现拟凭中理账,请宽假数日,来会投讯。本会踌躇再三,只好姑缓,再行邀理,此判。

(《汉口中西报》)

30.汉口商界致上海商会电(为维持市面事)

(1908年11月23日)

商务总会转钱业诸董鉴:汉口银根奇窘,公同上请官款一百万两,中国各银行、银号备现银一百万两,由大清银行发交钱业董事,转贷各庄,以维大局,市面照常流通,先电奉慰。商务总会、钱业公会同电。

(《申报》)

31.商会纪事(大清银行控追巨款,面粉公司请发运单,商务总会通告等)

(1908年11月24日)

大清银行控追巨款　流通巷上首晋祥银号近因周转不灵,以致倒闭,昨大清银行以该号倒欠巨款,赴商会递控,请将江西福隆等七户所欠晋祥期票四万两止付等情。总协理已准电请江西南昌府转饬福隆等止付,备抵欠款。

面粉公司请发运单　恒丰面粉公司近为推广销路起见,特赴商会投递节略,请发运单。总协理诸君已准移请劝业道核明发给,以兴实业而广销路。

商务总会通告　顷奉关道齐观察来函内开,昨得京中密电,各署照常办事,人心甚为静谧,王大臣均和衷,无意见,南皮相国甚安康云云,足见外间谣传□□争□冰相□□各说,均是讹谣,万不可信。请贵总会传知商界,勿为谣言所惑,至要至要。等因,准此。相应转告贵董,请烦查照知会,是荷。此布,即请翁议董先生惠鉴。汉口商务总会顿。

着令赴厅控追　李福康前在商会与武林洋行为棉子交涉一案,业经商会移请夏口厅讯断,兹俞德隆以李曾欠银三百余两尚未清偿,昨赴会递控。总协理以如果属实,着赴厅控请讯追。

(《汉口中西报》)

32.商会纪事(递诉银票被倒,递请备案,善堂请追欠款等)

(1908年11月26日)

递诉银票被倒　周委员有怡和利银票一纸,用入永昌厚之手,兹到期被怡和利倒塌,昨永昌厚赴商会诉明,并称禀明赈捐局等情。总协理以既已禀局,必能秉公办理,着候局员批示可也。

递请备案　新街福生号东苏善夫与怡生隆钱庄伙买贺姓地皮,当时曾立有股票,近怡生隆事坏,苏善夫特在商会投递节略,请予备案,以免纠葛。

善堂请追欠款　安善堂前有银四千两存于怡生隆钱庄,被该庄倒塌,昨赴商会递控,恳请追给等情。总协理诸君已饬候并案追缴。

厂屋基地抵押　汉丰机器面粉公司开机以来,生意颇旺,不知如何,周转不灵,以致停歇,刻已将厂中房屋基地抵押,当即据情在商会递请立案。

(《汉口中西报》)

33.商会纪事(鄂境川汉铁路二次大会先声,递陈皮油情形,递控揹货不还等)

(1908 年 11 月 28 日)

鄂境川汉铁路二次大会先声

本镇绅商各界为川汉铁路事,前经开会,筹认巨款,力争商办,曾经公举代表,禀请督宪,核准咨部,归商自办,以符□案,业奉批准各情,迭纪本报。现闻军学各界代表及商界发起代表人刘人祥、叶世□两观察,万昭度、蔡文会、张鼎、冯仁佺四太守,吕达先、杨荣炳、张中行、孙□臣诸□马□日往返函商,拟再假商务总会复开大会,续议招股办法及筹设商办鄂境川汉铁路事务所事宜,并已函电京外官商合□办法,一俟各处函到齐,即行定期开第二次大会并开公举职员会云。

递陈皮油情形

李安和近在商会陈谓刘、李二人皮油情形,总协理诸君以此案刘安记曾兴讼端,迄今未结,既陈明其中实在情形,俟详查□案并询明油帮董事,酌核办理。

递控揹货不还

永兴买办唐永石在义合源等家取去羊皮五百九十余张,不知何故,揹不归还。昨义合源等赴商会递控,请予追给等情。总协理以曾否执有收据,略未叙明,希明白见复,以凭核办。

商会判案一

杨玉廷控李衡堂借钱不还一案,查此案已传数次,杨以借为词,李以股相争,各执己见,均不足信,但此中隐情,误在观望,若早立凭据,虚实不难分辨。总之,衡堂开店在先,玉廷付钱在后,其始意在借,今事坏而移祸于人,于理似有不合。本会判令玉廷吃亏□收本银一半,可谓折中之论。今衡堂反复辨论,总不能分厘不认。据称,俟王树堂到案,再行评论,亦是转念之机,杨玉廷且姑俟数日可也,此判。

商会判案二

鼎亨控舒松山倒塌卷逃一案,查舒松山与陈述山争论公顺仁揭欠鼎亨银两,所说均非实情。舒云,与陈紫亭伙贸公顺仁,下股时毫无蒂欠,究竟有何凭据。述以义记欠款□入公顺仁,理应即时呈明,何以避匿不面,其中难保无隐饰情事。述云,伊只在鼎亨当经手,公顺仁生意一概不知。试问汉上银钱往来之处,岂有不明根底而敢轻于交易乎?况乃兄陈紫亭既是公顺仁股东又是管事,兄弟相商,或将义记私款拨入公顺仁账内,亦未可知,述又何能置身事外。总之,此案支离万分,本会虽不能遽尔决断,而案情已露,俟调查后再行评判可也,此判。

源茂远控益昌和欠银不还一案,查益昌和买源茂远棉花五十包,计银一千四百六十余两,理应货清价净,□是生意正道,即有蒂欠,无非尾零,岂有分厘不付之理。其所未付者,大约□□挪用或者前途未交,亦未可知。至于商量冯愚安知信东家,作为已收花银一千两,恐是一时权宜之计,徐竹屏果此信为收银之据,其设心之险、下手之毒,未免骇人听闻。既是,此银已还,何以又将地皮作抵,□涉冯东泉亏空,皆是抓沙抵水,于事毫无所济。源茂远千金重款,岂肯置之不理，惟念□竹屏、徐栋臣、□乔梓亦体面商家，姑准在外限三日内设法理结。如任意拖延，本会惟有移厅押究，此判。

（《汉口中西报》）

34.官钱局放款维持市面（汉口）

（1908 年 11 月 28 日）

汉口自怡字号三钱庄倒闭后，市面即周转不灵，近因倒塌之店愈多，商情益形艰难，现经官钱局总办高观察将该局存款一百万两发交汉口商会，转借各钱店周转，惟每家只以三万两为限，一面由官钱局汉关道担保，商请各外国银行照常放款，并由关道齐观察函请驻汉四川、河南、裕宁、江西、湖南、天津、交通、大清各钱局、银号、银行经理委员人等，于风潮尚未平靖之时，万勿收提存款，以免牵动全局。闻各该钱局、银号等已复□认可。又闻陈小帅以汉口市面交通既广，商务最大，兹虽拨款一百万接济，然转瞬年关，银根愈紧，若该款借拨以后，仍形恐慌，鄂省实无财力维持，自非由度支部拨济巨款，不足以纾困厄，闻已电请军机处代奏，预为筹计，以免大局动摇。

（《申报》）

35.商会纪事（移请查复核夺，商会判案）

（1908 年 11 月 29 日）

移请查复核夺

邹瑞棠前造伪票，骗取益大钱庄银两，当由□华发缴存银七百两于商会，交该庄具领。兹兴泰钱庄以银系□在该庄借出，赴□禀请发还。金□生太守以伊一面之词，仍难凭信，候移请商会查复核夺。

商会判案

怡和兴等控王干臣逃骗银两一案，迭经本会传讯，始知王干臣被王舜臣牵涉所致，现虽讯有端倪，而款仍无着，即使各债主格外见□，究不能以空言塞责，着即赶紧筹款，限一星期来会理结，如再宕延，定即移厅押究，此判。

黄振泰控胡恒记欠银不还一案，查胡恒记欠黄振泰银一百八十余两，内间虽有胡义兴欠款一百五十两，黄振泰与尔交易时所认系恒记牌，故今日只向恒记索银，据称代人受过，不能赔还。此情不但本会知之，黄振泰亦何尝不知。事问经手，理自当然。本会论事决不苦人所难，恒记可先将本已所欠银两还出，判至胡义兴应还之数，即传来会追究，总要恒记等向黄振泰求情，此事亦不难了结，幸勿固执己见，自取讼累，此判。

（《汉口中西报》）

36.论汉口经济界恐慌之可危

(1908年11月30日)

吁嗟！中国之今日！吁嗟！中国之今日！吾欲哭之而无泪,吾欲叹之而无声,吾欲纵谈其利弊,而一部廿四史不知从何处说起。吾见汉口经济界之恐慌也,吾论之,吾论之,将白钱入车,昔之易一饱者,今且不能已一□。盖自制钱废铜圆兴,千钱并作百,百钱并作十,十钱并作一,一钱不足用,用一钱及十钱,十钱之势不累百,百钱之势善累千。小家子朝持铜圆一封归,揭去皮封,顷刻间王谢家堂燕飞入寻常百姓家矣。汉口市以纸糊会票一张,动辄巨万,然而信义薄于纸,市情纸上谈,十月十五同日倒闭四钱号,亏空五百万金。纸糊灯笼破,故纸堆压人死,纸札大老□,昔时一纸书贤于十从事,今日相□,纸灰白,泪血红,犹不敌秀才人情半张纸。犹一事更可骇,银价□潮金价□,台票一纸购银不及五钱,龙洋一元换钱一千三四百,视当年二倍矣。吾过汉口,市劳力家相与言,日赚六百文,妻孥生冻馁,物重货轻,至矣至矣,然吾乡之劳力家,则又日求二百文无处觅,事之相反,又且若是。吾以汉口之劳力家代表各商镇,吾乡之劳力家代表各乡村,下流社会人生存大不易,遂作如是观,概作如是观矣。至于作者,异乡流落乞丐,为文笔,杖纸席,砚□墨枕嬉笑怒骂,□断□根者也之乎？演成救命,既当敲竹,犹习吹牛,白物一星,恭维到狗。然而,一妻一子,对我成三,日费一元,犹难痛饱,伤心,伤心,人格失尽,温饱何存,早知作人难,恨生时不推到轮回,且向畜生道里去矣。虽然作者之在中国,有作文写字之能力,有茂才秀士之功名,握扇□摇,人曰先生,至尤以厕身学界,有补用教员之文凭,忝袭老爷之名号,作者之在中国自是中流社会以上者也,今自以身代表中流社会以上,超一等加一,虽若天□,然必相称矣。(未完)

(《汉口中西报》)

37.商会纪事(移请查酌饬封,禀指积亏难支)

(1908年11月30日)

移请查酌饬封　安陆源元钱店该欠洪源银两,久延不还,控经安陆县以田房抵押,分限归还。讵该钱庄逾限不遵,昨洪源赴商会递控,总协理以既有田房作抵,应先归贵商管业,候移请安陆县查酌饬封。

禀知积亏难支　同慎发开贸最久,颇具资本,奈去岁牛皮积亏甚巨,前月底德顺厚停歇,以致该行周转不灵,亦难支持。惟行东张春亭为人忠厚,不免受人欺蔽。从前所卖各洋行牛皮千余担,此时骤停,催交迫切。近闻洋行所出上条均应扣除补价,不肯兑付,现在张已将亏累各情禀知商会矣。

(《汉口中西报》)

12 月

1.论汉口经济界恐慌之可危(续)

(1908 年 12 月 1 日)

吾闻西洋学者之言曰:国愈文明,生活愈□。又曰:人类愈进化,财产愈危险。夫天生万物,原以备生人之挥霍,诚令知识进步,足以人事润色造化之文章,厚自奉养,亦如权利义务之相酬,日费万绵,宜也。至于货币,由□帛简,进至用铜,进至用银,进至用金,进至用纸,□较而□轻。盖货以人灵,人不以货灵也。人格愈尊,则信用愈重,指石可以代玉,撮土可以权金,烦纸币以为凭,其人犹有猜心,非信义之至也。虽然此等学说在欧美今日颇为盛行,然穷者极欲其□至于骄侈中国,现□万不容袭之以为□。何也?中国现世学术技艺一无足以及西人,而遽如西人之耗费,譬之购彩票者,彩未得愿,即效既经得彩者之挥霍,必无幸矣。况西人之最侈者,有如法兰西,该国巴黎市面,悉砌以□石,而沿街则时时洒以贵重之香水,其他繁费,犹难殚述。迄今虽犹强盛,而无形之凋敝,则隐已中之。美利坚以富□名世界,号称全盛矣。然今岁夏秋之际,纽约之市倒闭二大银行,致全世界皆受经济之影响,虽其缘因复杂,奢侈亦最与有力矣。是故崇俭以救奢,而人犹当奉行,而况乎其为中国耶?然而今日之人心习尚,则无一不趋于洋,且无一不以洋为恣情之极度,食则洋餐,衣则洋服,居则洋房式,洋其形式,不洋其精神,洋其奢华,不洋其学问,究之,洋国之狗□遽胜于人耶?则洋洋者毋抑可以废然返矣。尤可笑者,青年俊品,黑面肥儿,洋帽华衣,更或西服,背托大辫,不满不汉,不中不西,口□洋烟,沿街□□,若□之在马,若鬼之在狐,靡靡杂杂,浑浑沌沌,嗟嗟若此,可谓服妖,亦云奢渐,无可解脱,虽实超升。更不解者,倡楼伎馆,本□行商酒地花天原可偶到,不晓何人为之作俑,于中交易,遂至成规,堂班解趣,踵事增华,□侈争靡,伎客交困,至于今日,不堪过问矣。呜乎!呜乎!汉口之交通急矣,汉口之形势变矣,汉口之繁华增矣,汉口之用度烦矣,然而银根则非常紧,生意则非常窘,经济界则非常恐慌,大不如前矣,大不如前矣,民生穷蹙,时事难知,万一不讳,汉口奈何,汉口奈何。兴言及此,魂魄欲灰,何以救之,姑且崇朴。

(《汉口中西报》)

2.商会纪事(移请移复核办,移请究追给领)

(1908 年 12 月 1 日)

移请移复核办　吴秉铨在商会递控湖南官钱局出票失信等情,总协理诸君以此项银票因何上兑,候移湖南官钱局核明移复核办。

移请究追给领　协康程宝□在商会递控朱芷帆该欠银两,久延不偿,恳请追给等情,总协理诸君已准备文移请湖南岳州府,即饬巴陵县传朱到案,究追给领。

(《汉口中西报》)

3.商会纪事(商会拨款培修学堂)

(1908 年 12 月 2 日)

商业学堂建设城垣马路,因工料不坚,于上年、今夏先后坍塌二次,久未修理,由商会总协理拨款兴工培修,但工程浩大,告竣之期未定。

(《汉口中西报》)

4.商会纪事(商会传知庆祝,商会申明定章,分移扣留木牌等)

(1908 年 12 月 3 日)

商会传知庆祝　商务总会因初九日乃新皇御极之期,特用红柬布知各帮商董于午刻集会,行恭祝礼以伸庆祝。

商会申明定章　商务总会向章,凡各商号在会投递节略,必须随传随到。讵近日控案,多有派员往邀,延不赴会,总协理昨申明定章,如三传不到者,即行移厅核办。

分移扣留木牌　协和玉等因悦来、永成两典亏空巨款,昨赴商会递控,请予将该典所贩木牌扣留等情,总协理准分移湖南湘阴、巴陵两县,将该典所贩木牌扣留备抵。

商会判案　金维藩控阜昌隆等租屋不退一案,查阜昌隆、同昌祥所住金维藩房屋,宾主相得,已非一日,金前棠退,阜昌隆等意以金在加租,彼即托人婉说,无非冀其可以久居。今郑选卿来会历述屡接东信,重在退屋,并无加租之意。尹晋臣等云,既是不能从商,我等何必相强,惟年关伊迩,迁居不易,定开年正月内搬迁,决不失信。前次改造之款,照账清算,以租作抵,两不相欺,此事二面议定,水乳交融,可望和平了结,幸勿各怀意见,就此结案可也,此判。

(《汉口中西报》)

5.商会纪事(商会公举总理之消息,分送钱业缴呈牌捐银两,准予并案核追等)

(1908 年 12 月 4 日)

商会公举总理之消息　商务总会总理卢鸿沧观察因一年期满,行将告退,惟总理一席尚未举人,兹闻各帮以刘岐山观察资格最深,且熟悉商情,公议举为总理,以维商务。

分送钱业缴呈牌捐银两　汉口光绪三十年以后所开钱铺,现遵新章,每家缴呈牌捐银六百两,共计宾泰等一十九家,统共银 万一千四百两,照章三成分摊,以一成充夏口厅练勇薪饷,一成充警察经费,一成归汉口商会备用,每成应分银三千八百两,现经汉口商会总协理备文分送巡警道、夏口厅查收。

准予并案核追　怡和兴钱庄因周转不灵,以致倒闭一节,详情迭志本报。兹义源号以该钱庄亏欠银两,昨赴商会递请追给等情,总协理诸君准予并案核追。

商会判案　傅荣文控向颖生一案,查此案前由夏口厅移送到会,当经传讯,两造供词各异,未便遽尔决断,饬由傅姓查呈账根票据者,无非求其案有可据,方足以昭折服,岂有听一面之词,诬人以不白之冤。今日邀询查阅,傅荣文所呈电报以及□府药店回信,实无账根票据可呈,皆是朴实说理,再参以傅荣文口供,历诘向姓,二十余年之事,何以从不过问,而向颖生一味蛮狡，不由分说，即有此事，王姓必有可考之据，何以王荣光、赵子文先后来会，所说淡漠，不甚加意，仅向颖生执远年票据无理取闹，殊属不合。本会难以理喻，惟有移厅查究，以儆刁风，此判。

（《汉口中西报》）

6.商会纪事（未便转递禀词，移请核办）

（1908年12月5日）

未便转递禀词　宜昌盐商代表黄耀元等在商会递略，谓宜昌盐局拒票缴银，有违奏案，恳予转禀督宪，以示体恤等情。总协理以督辕设有专收呈词之员，非不准人控诉，应即具禀，未便由会转递，致干包揽之愆云。

移请核办　韩元庆承买聂光裕永顺兴货架家具，改牌福顺，言定永顺往来账目归聂自行清理，昨有公安钱店以永顺账目勒令福顺为之代偿，昨韩赴商会递控，总协理准移请夏口厅查核办理。

（《汉口中西报》）

7.论汉口商务

（1908年12月6日）

国于二十世纪之新世界，若军备不充，不足以立□海外，而商战稍□，尤不足以抵御强邻。近且以其国商务之盛衰，觇国势之强弱，故欧美列强具有世界之雄心者，莫不各逞其商战之能，出资制胜，竞争于酷烈之天演，以□□为甲兵，以航轨为干橹，以开拓商埠为殖民之基础，以吸收资财为剪灭之导线，然则欲保生存于优胜劣败之盘涡中，而自立于不败，首以经营商□，澎涨商力为唯一无二之要点，此□人而知之大势矣。汉口□扬子江流域，当九省要冲，上控荆襄，下□吴越，实中国内□□□之中心点，地势之优胜不可谓不至。轮舟之装□，火车之转运，商贾往来，络绎不绝，交通之便利不可谓不至。洋场数十里，百物如猬集，车水马龙，□诸途肩挑背负盈于道，气象之繁盛不可谓不至。似此发达之商□，经济自可充足而有余裕，然洋商之在内地者，靡不掾□计赢，获利无算，□□而来，□载而往，而我国之商铺中表□之炫□，广告之张□，求其内容，□不空匮，自三怡钱庄倒闭后，相继倒闭之店铺□见而不一见，经济界之恐慌几达极点。其所以彼优胜而我劣败，□使大好金融日流溢于外人，如恒河沙数，不可缕计，而无策挽回于万一者，乞无故哉？不□抵御之方□，甘自居于堕落失败之地耳，试举其数端。

一、以伪□真致遭失败也。中国与外人互市，出入口之货物本未能相平，入口者消耗品，出口者原料品，此中之损失，已有不资之数，然汉口百物荟萃之区，虽此戋戋土货，亦足以与洋货相抵抗。近闻某某奸商，施其狡诈之胆谋，斤斤焉，求一己一时之小利。如茶，汉上之一大宗也，以柳叶入之，大失茶商之信用，致使茶商往购，日本不屑与华人相贸易。如草帽辫，亦汉上之一大宗也，□杂以他料，或短以码数，致使购辫商人，往觅他处。茶也，辫也，吾汉所赖以抵制利权者也，于此二大宗之货，销路顿滞，则凡所谓通商者，于货物只见其入，而不见其出，于金钱只见其出，而不见其入而已，乌在其不败哉！此宜整顿者一。

一、远征之贸易绝少竞争也。国家愈竞争而愈文明，商业愈竞争而愈进步。今日之商务，尤必与外人竞争而始能自全。中国出口各土货，历来装载上海，听洋员购买，近由汉口开通以后，即在汉口听洋员开盘，洋商曰贱则贱，洋商曰贵则贵，反客为主，从无直接出洋自售者，故往往受洋人抑勒，致全国经济尽入外人之手，固无巨大之资本，又无竞争之胆识，乌在其不败哉！此宜筹办者二。

一、商会事宜未臻完善也。地方有商会，实为商务之总机关，其宗旨在提倡商业，渐见发达，其性质乃集合多数者之商人而判决案。论其能力，又必于一般商人之行为，强其执行。故外国之商会，举凡商人之事件，无不代为谋划，譬之今日议纱布，则召集纱业之代表来，明日议丝茶，则召集丝茶业之代表来，公同议决以定价值，其有不愿公议及不正当之行为，商会有禁止议罚之权，故商人穷思极算，必占尽贸易之便利。汉上之商会把持于一二巨绅大贾，小资本商人无干预之权，其性质能力在□一经费，立一处所，调查词讼为□□□私之地，其于□□商□、振兴商业、开通商智、维持商艰诸大端，置之度外，又乌在其不败哉！此宜改良者三。

据此三者，倘能以商会之权力斡旋于上，地方之商人奉行扶□于下，而良商大贾又复能拓其远大□力，鼓其沈发之勇气，集其巨万之□□，将出口之土货，分为公司收买□间之真货物，择其能员前往外洋名埠□售，挽颓风于□危，□元气于将尽，则汉口商业之前途，庶或有豸乎。

（《汉口中西报》）

8.商会纪事（请追欠银，递控欠银倒逃，商会判案）

（1908 年 12 月 6 日）

请追欠银　一码头浙江兴业银行原系铁路要款，兹因收有怡生隆银票，业经倒闭，特赴商会递请追还，总协理诸君已准照案追缴。

递控欠银倒逃　杨正记因同太甡之□锦成亏欠银两，倒闭潜逃，昨赴商会递控，请予追给等情，总协理诸君以欠银倒逃，情殊可恶，本会无差拘之权，希即禀请夏口厅差拘究。

商会判案　李席臣控桑世勋欠银不还一案，查桑世勋与兴发钱号李席臣往来积欠尾银，如李账所开，本利共计四百零七两之谱，桑世勋以利算至辛丑年正月内，讹李姓官票九十串□数七十余两，加之以前还洋七十元，所欠实征，两下固执，争论不休。本会□劝再三，一切姑置不论，桑只出钱二百二十串交了事。两造均已悦服，限期本月二十八日来会交钱，取结完案，此判。

（《汉口中西报》）

9.商会纪事（商会判案）

（1908 年 12 月 7 日）

春生控洪泰公欠银不还一案，查此案本会前次传讯，洪泰公以春生所呈汇票图章不甚符合，并以本票收回为词，当饬追问经手，伊已许交刘泽生到会质讯。今日邀询，洪泰公仅周少良来会，云：东已回沔，春生欠款不甚明晰。令其着交刘泽生而又哓哓力辩，其中显有不实不尽之处。但此票真伪，非刘泽生到案不能清楚，程履臣既不在汉，而周少良又不限交刘泽生，春生欠款岂肯久悬。本会惟有移请沔阳州问传洪泰公典东暨刘泽生等三面环质，自有水落石出之一日，春生经沔阳州催案可也，此判。

（《汉口中西报》）

10.商会纪事[递请扣留缎箱，券(卷)宗移送核办，准予备文移追]

（1908年12月8日）

递请扣留缎箱　大昌等庄因源隆和该欠银两，延不归还，昨赴商会递控，请咨照招商局，将源隆和缎箱扣留，以便抵偿等情，总协理诸君昨已俯如所请。

券(卷)宗移送核办　夹街万泰永折货店主童其玗与股东王镜明拆伙，因嫌股本退少，被王赴该店滋闹，将柜门钉上，不许开贸，控经商会，未结。昨童复赴会递控，总协理诸君以两造情词各执，已将券宗移送夏口厅核办。

准予备文移追　源茂远控徐竹屏昧骗花银，业经商会邀集赴会，判令付给，兹已逾限，仍不交付。源茂远复赴会控追，总协理诸君以徐既逾限不遵判理，惟有移厅传追一法，候备文移厅传追，以全商本。

（《汉口中西报》）

11.商会纪事(电请查封备抵)

（1908年12月9日）

夹街源隆和缎号，因银根奇紧，周转不灵，致亏倒大昌等之款，近大昌等在商会递称，沙市天昌栈内有源隆和分号存货请追等情，总协理诸君已准电请沙市商会查封备抵。

（《汉口中西报》）

12.商会纪事(电致查封备抵，函请查复核办，定期开会选举议董等)

（1908年12月10日）

电致查封备抵

流通巷上首晋祥银号周转不灵，以致倒塌，湖北官钱局等以该号亏欠银两，特赴商会递控，总协理已电致江西南昌府查封晋祥号东产业备抵。

函请查复核办

大清银行等因晋祥银号亏倒巨款，昨赴商会递控，请邀汉阳铁厂等代表□令将所欠晋祥之款核明盖印，以抵欠款等情。总协理已准分别函请汉阳铁厂、萍乡煤局，切实查复核办。

定期开会选举议董

汉口商务总会所有各帮董均已举定，业经揭晓，兹复定期于二十日开会选举议董，已将票函送各帮，令有选举权者迅速投票矣。

榜列商董衔名

汉口商务总会一年期满，有各帮董例应另举，前已开会两次，用投票法，奈投票者仍多未齐，刻已议定，各帮以票数多者为帮董，无票者仍以旧帮董为帮董，当即榜示，俾众咸知。

递追巨款

小夹街洪顺钱店欠钱官局等银两，业经将房屋抵还，惟有宜昌府刘恒升欠该店银三万余两，在商会递控，总协理诸君已准备文移请宜昌府提追给领。

商会判案

元泰等控李斗南等诈骗一案，查元泰等被东昌栈李斗南术买芝麻、小麦等货，收用该庄汇票计银一万余两，因素兑无着，查知所卖之货，系增泰提出，遂指增泰是东昌股东，各家辩论，众口一词。本会揆情度理，增泰提卖元泰各家之货，作收东昌之账，或者有之，若以增泰是东昌伙纪，未免牵连无辜，增泰果系股东，岂能掩饰。要之，东昌是其罪魁，始以本庄之汇票掣骗元泰各家，继又将术买杂粮之提单抵偿增泰，种种诡计，移祸于人。元泰各家所以与增泰为难者，以其提卖伊货耳，不然增泰同是被倒之人，何以反受元泰等控告。此案支离万分，非李斗南到案不能清楚，当判令增泰暨原保之赵鸿□等迅将李斗南查出，交案严追可也，此判。

李振兹控中兴和不由止兑一案，今日传讯，李因此票已回籍清理，仅伊之同栈吴蕴之、刘德卿到会，一切不甚清楚，只云李不日来汉，此票不致无着。中兴和亦深明大义，毫无异词，已允静候。想此事李振兹必善设法弥缝，不致他有交涉也，此判。

（《汉口中西报》）

13.商会纪事（递控倒逃银两）

（1908年12月11日）

夹街源隆和缎号日前因亏空巨款，倒闭潜逃，昨东昌以该号亏欠银两，在商会递控，总协理以该号有无存货，候函请缎业公所查明，以备抵欠。

（《汉口中西报》）

14.商会纪事（商派人会渡江清查账目，移请严切究追，函请查复核办等）

（1908年12月12日）

商派人会渡江清查账目　三怡字号亏倒华洋巨款，业经将本镇欠伊号之款查明，约计有二十八万余两，惟省城有候补人员，尚欠有三怡之款。商董叶东川等复于前十七日派戴、吴两君渡江，清查账目，以便收存公摊。

移请严切究追　同发厚近因吴小浦掣骗巨款，潜逃回籍，昨赴商会递控，请予追给等情。总协理诸君已准移请圻水县差传吴到案，严切究追。

函请查复核办　□昌公司近在商会陈明所欠汇丰银行银十六万两，与邓君纪常纠葛情形，总协理以此款始末情形，本会无从得悉，既称与邓纪常有纠葛，已为函邓查复在案，接到复函核办。

商会判案　元泰等控李斗南等诈骗一案，查此案前已将一切原委讯明，当饬增泰追问原保赵鸿初，着交李斗南究追在案。今日传讯，赵殿甲供称已于十三日专人回山东查访李斗南，并托同乡代为寻觅。元泰等以李获无期，历述被倒苦情，势难久待，意欲责成增泰退还货款。此事颇难措手，增泰提卖各货所得之提单，系李斗南所交，非元泰等所交，是元泰等被李斗南所骗，非被增泰所骗，此中隐情，不待智者而后决，即增泰不应以元泰等之货作收李斗南之账，总要李斗南到案,方可令其各清各款。况李斗南尚欠增泰银四千两,增泰岂肯将已收之账过与元泰。彼此争论,本会难以理处,惟有移请夏口厅差缉李斗南等到案后严追可也,此判。

(《汉口中西报》)

15.商会纪事(候邀议董核办,议设办事所,商会判案)

(1908年12月13日)

候邀议董核办

永丰厚钱号前收湖南官钱局所出银票系怡生隆所交,共计二万两,近怡生隆倒塌,该官钱局不肯照兑,控经商会,函请查复在案,兹已复到,昨吴秉铨复赴商会催请判结,总协理诸君已饬候邀集议董公议核办。

议设办事所

江汉关道因三怡字号倒欠华洋巨款,业经札□候□州判吴尚楷会同商董叶东川等办理,惟三怡账目头绪纷繁,□难办妥,现在商会设立办事所,以便会商一切。

商会判案

源茂远控益昌和欠银不还一案,今日复讯,徐竹屏云事已经中人调处,念徐事太坏,求情义让,只折还银七百五十两,现交银二百五十两,限本月底缴会,余银五百两,分三年还清,议定宣统元年付银一百五十两,二年付银二百两,三年付银一百五十两,均以九月初十日为限,由复和公立票,当在本会具限。源茂远既慷慨应允,足见情深友谊,徐竹屏务要克践前言,幸勿负人而自鸣得意,姑就此完案可也,此判。

江云卿控高少赓一案,据江供,高少赓在伊号经手四年,扯用贷款银四百余两,前九月请中理论,令高还银一百三十两钱四十串文,余均义让,不料迁延至今,分厘未偿。高云,此款非贸民扯用,实系圻水怡丰恒、黄陂廖正兴、宜昌□□号所欠,均有下家可指,且昨将廖正兴交伊,伊竟不理,无非因平日嫌隙,有意与贸民为难,未免牵连无辜。似此供情各执,着将前请之原调各情开呈来会,改日邀齐评理,此判。

黄振泰控胡恒记欠银不还一案,胡恒记已将胡义兴着交到会,胡义兴只云困苦情形,无力可偿,本会开导再三,伊愿再请中人裕兴祥、张鸿顺、德发祥等向黄振泰求情,限三日内回信,恒记之款自认遵办,俟义兴回信后再行邀理,此判。

欧阳□控黄颂眉一案,今传,未到。

万瑞龄(一作万瑞麟)控李焕卿一案,今已两传未到,殊不可解,改日姑再传一次,如仍不到,当移厅办理。

杨玉廷控李衡堂借钱不还一案,查此案本会前次判令李衡堂将杨玉廷之款折还一半,无非彼此体恤,衡堂已允从商,俟玉树堂欠款交出即了此事。今衡堂因树堂不面,仍以玉廷入伙为词,反复开导,矢口不移,本会难以理喻,惟有移厅办理可也,此判。

万瑞麟控李焕卿等掣骗一案,查同康祥与宏昌祥共往来,系程玉山所荐,今同康祥收歇,所欠宏昌祥银两应理程玉山经手归结。据称,伊东李焕卿支展不交,移祸于人,无法可处。本会即传李焕卿,责成还银,决不许其久延,此判。

(《汉口中西报》)

16.商会纪事(请责保荐赔银)

(1908年12月14日)

小夹街洪顺钱店因汉川恒昌和布行与伊店往来,欠有银八百余两,系由刘保新保荐,现在布行倒塌,此银无着,特赴商会递略,请责令刘保新赔偿。

(《汉口中西报》)

17.商会纪事(会同办理怡生隆账项,准予邀集评判)

(1908年12月16日)

会同办理怡生隆账项　流通巷上首怡生隆钱庄亏倒巨款,执事杨子□、戴树庵潜逃,未获,刻已将该庄账目一并缴存钱帮公所,由商会总协理诸君会同办理,分别催收存储,以便日后公摊,借昭公允。

准予邀集评判　永丰厚钱庄在商会请追兆丰公司刘建炎欠款,当准并案核追在案。兹据兆丰公司总理刘建炎陈明公司自有董事,请令清理等情,总协理诸君已准邀集评判。

(《汉口中西报》)

18.商会移复领放官款办法(汉口)

(1908年12月16日)

汉口商会移复关道领放官款文云:前日准贵道移,以本镇自怡和兴等钱号亏倒巨款,市面紧急,已禀荷督部堂饬发库款一百万两,维持市面,移请会同钱业董事叶东川等具结领银,担任拆放,定期收还。等因,准此。敝会奉文后,即会同钱帮董事人等筹议拆放之法。查汉口市面繁盛,值此银根奇紧,需款者指不胜屈,若遇内亏之家,尽人悉准领用。惟公款攸关,经其事者,亦必不肯担任,筹商再四,议定分贷法两种,一为有产借贷,一为无产借贷。如有产借贷者,将值钱之物凭保抵押,无产借贷者,即以放出可靠之账作抵。似此量予限制,当不致被其吞没。然局面稍好之户,偶因周转不灵,需款应急,既有物产可抵,妥保可找,即不愿领此公款。盖一领公款,即须钱业公所报名,一经报名,则全镇无不通晓,深恐亏空声扬,有伤名誉,此中隐情又不得不量为掩饰,以顾个人名誉。是以此次拆放各款多系由钱业公所董事代为出名承领,其所领之款,既有妥保,又有押款,所交押款保单均存度支银行总司,十月底比期拆放估平宝银二十万零八百九十余两,所余银约八十万两,应请留存度支、交通两银行,以备下比期拆放之用,统俟挨过年关,再行连息一并奉缴归款。此次若非由省拨款来汉,则倒闭之铺行,将接踵而起,不可收拾,今虽略闭数家,尚觉无关紧要,市面仍甚平静,相应备文移复,为此合移贵道,请烦查照。

(《申报》)

19.农工商部允湘省组织旅鄂商学公会

(1908 年 12 月 17 日)

工商部因旅鄂湘省官学商各界同人等拟设商学会,订定章程,日前在部呈请立案等情,顷闻该部现已批准咨行鄂督,以其组织同乡旅鄂商学会,维持成业,发达新知,用意实堪嘉□,章程亦属周妥,应准立案。请饬提学司、劝业道转行知照教育会、商务总会,惟总会坐办名称核与部章不合,应饬改为总理等名称,以遵定章而归划一,务乞饬遵。

(《汉口中西报》)

20.商会纪事(分发钱业牌捐银两,商会订期特别会议)

(1908 年 12 月 17 日)

分发钱业牌捐银两　商务总会自光绪三十年厘局定钱业章程,凡新开钱号,呈缴牌捐银六百两,其银三成分派,以一成备本会需用,以一成归警务经费,以一成充厅署练队销款。计自三十年新开钱号共有十九家,应存牌捐银一万一千四百两,每成应派银三千八百两,刻由总理卢鸿沧观察将本会一成交会计处支用,其警务、厅署应得之银,亦已派员分送,以符定章。

商会订期特别会议　广帮帮董韦君紫封、吴君晓湘、曾君芸生、□君喻村等因黄月萝被湖南官钱局扭送夏口厅押追等情,该帮董等甚为不平,按照《商律》三十二条、三十三条赴商务总会呈递节略,兹经总协理诸君允准,订期于二十三日二句钟邀集各帮商董莅会,开特别议会,以凭公同剖处。

(《汉口中西报》)

21.商会纪事(准予并案核追)

(1908 年 12 月 18 日)

义源号因怡兴亏倒银两,延不归还,赴商会递控,请予追给,总协理准予并案核追。

(《汉口中西报》)

22.商会选定帮董新法(汉口)

(1908 年 12 月 18 日)

汉口商会□届另行选举职员之期,送经总协理催令各帮投票,应者寥寥,均因银根吃紧,咸思收场,无意推举董事。昨总协理等以逾限已久,不能再迟,特议定,凡已投选举票各帮,以本帮多数者定为帮董,全帮未投者即以老帮董定为续任,并定于二十日用复选法添举议董。

(《申报》)

23.商会纪事(广帮上商务总会节略)

(1908 年 12 月 19 日)

□将义诚生钱庄倒闭,被□汉湖南官钱局将股东黄月萝扭送夏口厅押追,种种违背《大清商律》理由,条具节略,呈请公夺,以维商业而保良□,不胜感祷。

一、股份。查《商律》第三十二条"无限公司或铺户等欠银向股东铺东追偿并将己名下产业变售封抵",又第三十三条附"股人应照所认股数任其责成"各等语,是无论公司、铺户,如系无限者,设有亏欠,应按各股东所占股数匀摊,自是《商律》中一定办法。今黄月萝系义诚钱店附股之东,照合同入股占二,所欠湖南官钱局及以外各账,除已有着之账收抵外,如有不敷,应令照股分填。今湖南官钱局以义号所欠一万四千两,勒伊一人独偿,并逼取现银,然后省释,情同据索,似非定有《商律》之关及立有商会之地所能任意妄为。月萝人素愚懦,原属可欺,但恐□夺势取,习以为常,则商界人人皆有自危之心,难保不蹈其覆辙。职等为粤帮代表,义难缄默,所冀诸公维持社会免受非法之凌夷,不胜厚幸。

一、担保。查《商律》第五十八条"倒闭之商逃避无踪并无财产可偿,致所欠之债毫无着落,令担保人照券内所保之数认赔,又,借券上署有担认款项者不在此项"等语。是明明借券上署有"担还"字样,或钤盖认保图章,方为保还之据。今信和乾殷倬臣共欠该店银九千余两,毫无保据,竟诬为月萝所荐,勒令代偿。微论月萝力所不胜,即令优为,亦万无平空代人还债之理。况信和乾倒账系丙午年事,历年结算并未拨入月萝账内,显是公共之枯账,可知该店曾与殷倬臣在厅拘讼,并拘其子押追,亦无供牵与月萝账内纠葛,今忽平空架陷,其为择肥串噬情节显然,堂堂驻汉之湘省官钱局,似属不宜出此。

一、责成。查《商律》第五条"合资公司所办各事,应公举出资一人或二人经理,以专责成"等语。是无论公司、铺户,均有经理者任其责成。谢立□系占股本之半,且任该店经理,操纵收放,均有全权,信和乾殷倬臣等所欠借该店款项,信放与否,□由谢立□定夺,岂能遽以月萝一言为凭。如谓月萝系属股东,有资本可为保抵,亦不过借以股本相当之数,何竟借至巨万,不向取保备抵?显系谢立□经理不善,转□诿过于人,虎兕出柙,圭玉毁椟,谁之咎□?归入公账公摊已属异常宽厚,乃反置多数之经理股东不问,而向少数之在外股东勒收,欺罔□强,是非显倒。

一、公款。查《破产律》第四十条"币项公款经商家倒闭,除归偿成数仍同各债主一律外,如系有心倒骗,照律论罪"等语。是有心倒骗者,则治以应得之罪,如非倒骗,则所欠公款,应照各债主一律摊成,立法公平,原无偏忒。今义诚生号所欠湖北官钱局及各外债,较欠湖南官钱局远为多,乃湖南官钱局不遵条例,勒将该局欠款悉数先还,并责之黄月萝一人,与《商律》大相远背。职等本非好为干预,第事关公愤,不平则鸣,如蒙照《商律》,止裁判公欠公摊,则黄月萝应摊款项,职等令其照数遵偿,式无容强为逼押。尚乞诸公酌理,准情秉公禀达各宪,将黄月萝立行提释交商会董事清理,照例摊还,实为德便,须至节略者。商务总会诸位商董大人均鉴,粤帮代表职商吴晓湘、黄榆村、韦紫封、曾芸生敬告。

(《汉口中西报》)

24.商会纪事（拆货店缴费注册）

（1908 年 12 月 20 日）

小夹街□万顺拆货店开市以来，生意日见发达，近特遵照定章缴费，赴商会递请注册，以资保护。

（《汉口中西报》）

25.督宪札饬裁撤商捐总局

（1908 年 12 月 21 日）

商捐总局因各帮反对，故未开办，督宪已札饬归牙厘总局办理，刻将商捐总局裁撤，至各帮商捐闻仍照旧章抽收，以顺商情，各帮无不悦服。

（《汉口中西报》）

26.商会纪事（汉口商界同人为鄂境川汉路事致吴侍御星阶先生函照录，会议三怡账项，禀请发给实收未准等）

（1908 年 12 月 21 日）

汉口商界同人为鄂境川汉路事致吴侍御星阶先生函照录

（前略）候等□迹商界，闻见浅疏，际兹时局维新，惟有力求开通，凡属公益，虽无能力独任，要不敢不抱一成不变之察，宁愿与明贤硕彦共相图□，以期克尽一分子之天职耳。鄂境川汉路事，嗣□九月二十六日与各界同胞议决商办后，今拟复行开会，筹议一切应办事宜。遽以汉口三怡等钱庄相继倒闭，市面震动，人心恐慌，仆等亦因是驰逐商场，不遑他顾，路事之复议遂延搁未行。旋经邮部有电来鄂，令先呈验现款，否则即归部办，鄂民只□之余，同深错愕。窃维大部之意，无非以工大款巨，断难仔肩，若不验款，遽准开办，将来难免徒托空言，有误交通大政，具见部宪周详，□堪钦佩。惟思我鄂当日开会，担任股分之人均系地方绅富，俱各稍有蓄积，量力认股，出于大□□□。况路工开办，循段渐进，将来征收股款，分期举行，认股之人必不难于筹措。若于部办、商办未经定议之前，遽令呈验巨款，是令人聚若大有用之金钱，守候毫无把握之事业，非激之实难之也。稍具人情之知识者，亦知其断断乎不能矣。若果必欲验款，请大部即下商办之明文，吾侪当召集认股绅富，议决每股份银百元，先收二十五元，以鄂省道府州县计之，当不难刻期招集银数百万元，呈验现款，又何不能。至于下余未收之股份银，分期征收，无不可者，民力缓他，筹措自不如是之艰难。至于部办一层，值此国币支绌之际，大约不外乎押借洋款一法，部办既可押借洋款，商办何独不能？且部借易起国际交涉，商办不过商家来往，孰利孰弊，秉轴者当不难于分辨也。刻经二三同志集议筹商，若大部不吝予以商办，将来拟于已筹集成之股四百万外，一面或另行招股，或召集各处乡绅□股，晓之以公益，激之以大义，谅无不乐从之理，总期无勒逼，无□□。若仍不□，再以吾侪个人私产向中外资本家押借若万千，以补助之。如此办法，既无流弊，不但鄂境川汉铁路可观厥成，□□粤汉铁路亦无不可仿以推行也。近日属有人来□□垫款□路事宜，比如一段路成，收回一段垫款，将来逐段告□，□段

□□,大利当前,收股自易,不待□者而后可以逆料也。且商借商还,断无国际交涉之虞,私产私押又无干预事权之弊,顾虑如此周详,当无疏虞。大部若再迟疑,吾侪惟有遍发文告,召集全省父老,同具包□鄂境川汉铁路甘结,无论以何法筹款□□无偏无弊,限年成功,不成则□愿以我众身家性命作偿,绝无怨言。若令□人等以固有之权利,拱手让于他人,则非我鄂省父老所肯心愿也,伏维我公德隆望重,为全部鄂人所瞻仰,路事之关系,想已运筹在幄。倘荷与鄙人等共表同情,出全力以争回商办,不致坐失利源,公之热心,全鄂之幸福也,临□神驰,无任企祷。

会议三怡账项

三怡字号倒欠华洋巨款,业经将本街各号欠伊之款查出,并一面催收在案,州判吴别驾尚楷复于二十七日赴商会,会同总协理诸商议一切办法。

禀请发给实收未准

商务总会据黄陂绅士黎大均等因该县受水为灾,屡次赴会求赈,总协理特禀请湖北赈捐总局发给实收,以便集款赈济灾民,旋奉各宪批示,前已派员赈济,所□发给实收,碍难照准。

商会判案

任维华控张玉卿等术银骗□一案,查熊家全□去岁十二月间借任维华银一千两,原许本年六月归还,虽□红契作质,究系冠玉堂盖印。今熊家全无银偿还,张玉卿理□设法维持,迨任维华向索,而又多方推诿,所以任维华来会□告。兹据张玉卿供称,此事系由王善臣经手,或者有之,至于一切原委,不甚清楚,未免大言欺人,千金重款,岂有不问底细而肯轻于盖印乎?已盖印即不能置身事外,应由张玉卿追问王善臣,将任姓欠款银两催令熊家全赶紧归结,勿任久延,徒欲以空言脱累,恐无济于事,此判。

公记控广太昌顺记结欠货银一案,今日传讯,公记在会守候多时,而贺任齐未到,故未评理,拟缓数日再传。

(《汉口中西报》)

27.商会纪事(递请立案作废,函请提释,商会判案)

(1908年12月22日)

递请立案作废

朱宗文在商会递略,谓□张□进在河南准宁□伙开瑞昌祥纸行,被进将原立合同卷逃,请立案作废等情。总协理诸君以此案须邀同伙谢、刘二人来会,核明簿据,方可办理,未便以一纸空言遽请立案。

函请提释

湖南官钱局因义诚生钱店股东黄月萝亏欠银一万四千两,特将黄送厅押追,兹由议董李星垣等在商会具保,总协理诸君已准函请夏口厅提释。

商会判案

黄振泰控胡恒记欠银不还一案,查胡恒记实欠黄振泰银三十两零一钱八分,胡义兴欠银一百五十两,系胡恒记担保,屡经本会传讯,延展无期,殊属不成事体。今中人张鸿顺等来会,代胡义兴一再求情,当判令胡恒记照数归还,胡义兴既是穷苦无聊,只好折还钱七十串文,均限本月二十八日缴款销案,如再拖延,定即移厅究追,此判。

唐善初控刘恒泰欠银不还一案,查刘恒泰欠唐善初货银二百八十余两,立有期票,理应如数归结,乃是生意正道,逾期分厘未偿,殊属非是。今刘恒泰来会,而犹任意支吾,更出情理之外,着在外妥为调处,限月内回信,幸勿久延,自取讼累,此判。

(《汉口中西报》)

28.商会纪事(递请扣留存棉花香)

(1908 年 12 月 23 日)

程广泰茶叶铺因亏欠巨款,东人远飏,启大钱店查程广泰尚有花香茶叶存栈,特赴商会递略,请予扣留备抵等情。商会诸君已准函请招商局查明所存花香若干,扣留,不准他人出货,备抵欠款。

(《汉口中西报》)

29.商会纪事(代陈无辜受累)

(1908 年 12 月 24 日)

晋兴恒与信昌恒兑票纠葛一案,曾经大清银行等将晋兴恒执事送厅收押,兹有黄百永赴商会代陈晋兴恒无辜受累情形,商会诸君已备文移厅将晋兴恒执事省释。

(《汉口中西报》)

30.商会纪事(商会举定总协理票数,商会复厅尊金太守函,移请查复核追等)

(1908 年 12 月 25 日)

商会举定总协理票数

本月初一日为汉口商务总会选举总协理之期,关宪、厅尊及劝业道派委皆已莅临,以昭慎重,兹将选举各票录下。

被选举总理票数:

宋君炜臣一票,叶君东川八票,蔡君辅卿一票,汪君炳生二票,刘君歆生一票,王君芝舫一票,齐君相琴十八票,卢君鸿沧一票,史君晋笙一票。

被选举协理票数:

宋君炜臣三票,叶君东川四票,蔡君辅卿一票,汪君炳生十票,刘君歆生一票,王君芝舫二票,齐君相琴二票,卢君鸿沧一票,史君晋笙一票,孙君襄其二票,吴君干廷无票,孙君□□一票,蔡君□基一票。

按:以上惟齐君相琴票数最多,故得选为总理,汪君炳生票数亦多,已选为协理。散会时已□□五句矣。

商会复厅尊金太守函

敬启者,奉大示,具悉一一,广帮黄月萝等一案,非由黄月萝出外清理,不能了结。现经敝会议董李星垣、唐朗山二君共立保单,在敝会公保,冯晓青观察亦同在座,当荷认可。应请执事俯准黄月萝一名先行释放,以便令其清账,想贤使君爱民息讼,必无不可也。除谢立齐一名,应俟其邀到妥保再行函请外,此恳,即请勋安。

移请查复核追

小夹街洪顺钱店在商会递控,汉川恒昌和布行曹云村与伊店来往,由刘宝新炭行作保,请追代赔。当经商会令其抄送保字到会,仅于送条折上盖有图章,宝新炭男东物故,自应由曹讯追。现曹在汉川收押,候移请汉川县讯明复夺。

商会判案

吉太祥控乐大国欠银不还一案,查乐大国欠吉太祥银四百余两,屡索未偿,控经本会,移请黄陂县关传乐大国押追在案。今据乐大国之子乐金山供称,此款两次共还□钱二百余串文,实欠银只九十余两。黄品山以账目讹误太多,争论不已。本会细□此案,无论所欠多寡,总要债主力可能支,兹乐大国既在黄陂拖累不堪,足见穷苦无依,似可不必过求,乐金山已认还银九十余两,即请萧朗山诸君妥为议结,一面由会移请黄陂县销案可也,此判。

公记控黄(广)大昌结欠货银不还一案,查此案前经本会移请武昌商会谕饬广大昌,将公记欠款银两从速追还,旋接来文移称,该店欠项,泰记、协康、慎余安等号既已依□收货公记,事同一律,应请通融办理在案,今日传讯,当将此情反复开导。而公记以广大昌系殷实东家,不应以残货作抵,决意不肯收账。本会又婉劝再三,判令贺仁斋将所付货物开一清单,送呈广货公所,听候调处,如稍能变通,即从权了结可也,此判。

(《汉口中西报》)

31.商会纪事(请部颁给奖章,移请传追,递控捏诬诈骗)

(1908 年 12 月 26 日)

请部颁给奖章　水电公司招集股银三百万元,开办以来,成效卓著,众口皆碑。兹总理宋君炜臣在商会投递节略,请咨呈农工商部颁给奖章,现已由商会备文详部。

移请传追　大茂和因云梦县杜永□、林子勉欠伊货银二千六百余两,久延不偿,在商会控追,商会已备文移行云梦县差传到案,究讯给领。

递控捏诬诈骗　曾振兹买与九江荣昌火柴公司,今该公司倒塌,股票被杨惠田措,伊系为董事,以欠银七百两等词在警察一局指告。昨曾亦以捏诬诈骗等情,赴商会递控,总协理以一局究竟准理与否,希详细递略,以凭酌核办理。

(《汉口中西报》)

32.商会纪事(厅宪复商会函,商余学会新杂志,商会判案)

(1908 年 12 月 27 日)

厅宪复商会函

昨示拜悉,黄月萝送请贵总会查收,请与冯观察接洽商办可也,复请均祺,名另具。

商余学会新杂志　(光绪三十四年十二月初四日,礼拜六,第五期,每星期六发行一次)

本会杂志　或有问于仆曰：会务杂志何为而作也？仆曰：本会发起十余人，以个人之心思有限，苟合群之才力无穷。仆谓叶君薇卿：集思广益，为本会之急务，宜如何而始得研究商业之法，讨论为商人之道，且使人人有固续合群之心，不致生涣散失败之虑。叶君曰：唯唯否否。本会每星期拟将各会友之意见汇集一编，以发明研究商业之理想。嗣以本会内部分均待部署，未暇及此，刘君宝余膺任会长，始发表此杂志，仿青年会之格式，而自立一帜者，仆不敏私心窃幸焉，以为有诸君子纂辑此志，自□才□袜线，何敢丁此任，然亦不敢辞者，生平不肯说难字，往往不揣简陋，不畏贻大方之诮。今此志为本会发达之现象，而敢诿辞□不尽其义务乎？虽然仆窃有望于我可亲可爱可胜同胞，一般热诚各会友焉。事□公益，惟愿各抒所见，著于论说，增长我商界智识之程度，以与世界万国竞优劣，不使我中国膛乎独□，更不□焦心苦思，奔走□呼，以□达其目的，且非仅□乎焦心苦思，□呼奔走，以提倡鼓吹为足，以尽本会之义务已也。是则仆之希望所以□□而不能去诸□也，□□之言，或者足为涓滴之助，亦非得已欤。

会友摄影　会长刘君倡议云，前各会所拍电照，殊未尽善，拟再摄一影，□恐会友未□拨冗，一齐惠临，今特另拟一办法，□各会友拍照证书一张，务须于一星期之内，各会友随带该证书□至书上注明之照相馆，各拍一照，此七日内拍齐之后，再饬该照相馆汇撮成总放大，则较逊请到会更为简便，未悉各会友以为然否。

会友加人　每星期投子加入新会友一二十位，前星期又加二十位，可知本会日渐发达。惟刘会长云，会友日增，有三桩意见具列于此：一、会友日多，凡关于本会应研究论讨之事亦随之而加增，足以开本会之智识，长本会之才力，其获益良非浅鲜；一、会友日多，则本会之基础日益坚固，本会之地步占日优胜，庶可无虑涣散之日；一、会友日多，现在经费已足，将来如会中缴用除过，尚有余裕，则可以次第举办会中未办之事。凡我会友如见此志，当请勉力介绍新会友入会，多多益善，源源而来，鄙人不胜幸甚。

出书改期　本会所编《汉口行名簿》，本拟年内出书，所以邀林君昆仲赴沪代表，乃发抄无人，改用铅版，未能尽善。俟各股东汇议，均以持重为合宜，殊乎不必年内出书，即年内编辑完全，明年二月出书亦属不妨。因经议决，公电至沪，原烦林君昆仲部署一切，而此间仍日夜赶办，调查纂编，以冀尽善尽美，尚祈诸君鉴原。

星期演说　请冯、杨、李、刘、宦、吕、叶、史君登台演说，原订定七句钟，请诸君早光，如不吝珠玉，源源赐教，企予望之。

本会通邮　本会前星期到会者百余人，鄙人不胜雀跃，此星期仍请不吝玉趾，驾临赐教，幸甚，新会友十二位，行投子礼。

商会判案

药材帮义远、天祥、同兴、义顺、义祥等行联控禹州汉号时利和与义泰祥串骗一案，今传案查询，情节支离万分，且要证陈永兴转运公司亦无人在此，当令时利和主□保统、义泰祥伙郭已修各补呈节略，改日将五造传齐再行环询，此判。

李席臣控桑世勋一案，前经本会询明，判令桑还钱二百二十串文，将欠兴发尾数一齐扫清，今桑交到龙洋一百六十五元正，当交李席臣具结领讫销案，此判。

黄振泰控胡恒记，恒又转控胡义兴一案，经本会叠次开导，恒还钱五十串文，义还钱七十串文，今日两下如数缴到，当交黄振泰具结领讫销案，此判。（结附）

尹永年控邱和亭一案，七月初十日经本会断定，邱所欠银两分三期归还，本年十月底，一期应还银一百三十两,造经传追,一再求展至本月二十六日缴银。今传讯,保人永茂丝行一并迁徙,不知去向,可谓刁玩已极,似此惟有移厅传究,此判。

(《汉口中西报》)

33.商会纪事(商会传知开交接会,又一函云,移请札催追给等)

(1908年12月28日)

商会传知开交接会　商务总会昨传知各帮议董,初六日乃新任总协理齐君湘琴、汪君炳生接任之吉,务祈届时莅临开会云云。

又一函云　汉口商界全体准于初六日在商会特开欢迎大会,迎新总协理齐君湘琴、汪君炳生进会,主张办理要公,所有卢、刘二君经手未了之公事,现由会中坐办,饬各员赶紧拟齐,以便□交齐、汪二君接收。

移请札催追给　元□等在商会递控悦来兴倒塌巨款,迭经移请麻城县传□讯追,迄无眉目。昨元丰等又赴商会递控,总协理以欠款甚巨,年内为日无几,已准移请汉黄德道札催麻城县速为追给。

递陈纠葛情形　宏大镜庄谢□堂因欠汇丰银行银两,扣票不兑,已赴道厅呈明,与买办理说在案。兹复赴商会递陈一切情形,总协理以既禀明道署、厅署,希静候道厅批示办理。

递陈杂粮商捐情形　黄陂医士罗仕才拟在汉设一戒烟总局,以内河杂粮商捐盈余即作常年经费,曾禀由督宪批饬江汉关移行商会查复在案,兹帮董冯清泉赴会递陈杂粮捐情形,商会诸君已准查明核移。

(《汉口中西报》)

34.商会纪事(递请呈部注册,商会新总协理视事,商会新总协理□言等)

(1908年12月29日)

递请呈部注册　叶乾泰丝线铺前因招牌与朱乾泰涉讼□□,日前有人假冒牌号,致碍商业,特赴商会递请呈部注册,以资保护。

商会新总协理视事　商务总会日前已举定齐君相琴为总理,汪君炳生为协理,兹闻旧总理卢鸿沧观察、协理刘歆生观察已交代清楚,齐、汪两君当于昨初六日到会视事。

商会新总协理□言　初五日星期商会开会,新总协理在会宣言,会中各员对于商会有益之条陈,希将大纲指出,以周鄙人不能云。

商余学会演说节录　商余学会到所诸君,明公益而图进步,将见日就发达,实深预贺,□不素□□短才,许可演说。鄙人自揣,不过暂作千里之马骨也,抱歉多多,今斯会既曰"商余学会",务必增商业及一切学理之发明,欲发明一切学说,当以良知良能为根本。其始也,创立学会,虽为欧化激□,要皆良知一线光明之感□;其终也,凭良馆之功用,以造成完全无缺之人格。甚哉,良知良能功用大矣。鄙人复进一言,以告诸大君子之前者,不忧良知之不生,而患良能之不继耳,是在□□守之,则商业之隆与欧美并驾可操券矣。

(《汉口中西报》)

35.商会纪事（电请电饬严究，水电公司呈请注册）

（1908年12月30日）

电请电饬严究　夔昌火柴公司奉部□予专利，运货赴川行销，因被重庆火柴公司禁止万县买主兴泰祥不准售卖，昨该公司赴商会递控。总协理以重庆火柴公司何得遽背《商律》，禁止来货，已准电请四川督宪电饬万县切实严究，以全商本而广销路。

水电公司呈请注册　既济水电公司禀由前阁督张中堂批准创办电灯，现已□放水管，工将告竣，兹特赴商会，请呈商部注册，以资保护等情，总协理已准将原呈加盖关防，转请商部注册。

（《汉口中西报》）

36.怡生厚联号倒欠滋讼汇记

（1908年12月30日）

赣省钱商润昌祥禀，奉陈少石方伯批。据禀，该商开设润昌祥、惠康两钱店，与汉口怡生和往来汇兑，怡生和共欠润昌祥银五千余两，存惠康银二千六百余两，现在怡生和倒闭，置润昌祥欠款于不问，反向索取惠康存款，并捏付银二千两。商店银钱往来应有字据可凭，所禀如果属实，仅可携带字据赴汉口商会公论，未可率听该商一面之词，遽准立案，着即知照。又，江苏上元县职商万嘉猷禀，奉赣藩陈方伯批，查怡和兴省外各钱铺倒欠湖北汉镇及江西省垣公私各款甚巨，业经委员查封各产备抵在案，该职商被怡兴庄客李砚田倒骗纹银一万余两之多，乘间潜逃，殊属胆玩。仰南昌府即饬南昌县迅速查据讯追，一面移会抚州府，即饬临川县一体缉拿李砚田，并经手双程甫到案严讯，究追给领，毋任匿延。

（《申报》）

37.商会纪事（官商议会预告，函请议董查理，商会新总理特派代表驻会等）

（1908年12月31日）

官商议会预告

虞观察洽卿特由沪来汉，料理三怡之事，已谒当道及商会诸董，闻关道、厅尊暨商董均已答拜，现闻商会新总理拟于初十日设筵在会，以延观察，并柬请关道、劝业道及各商董陪□□办理。

函请议董查理

谢树堂□黄桂泉引□□雷得利将红契押借银两，惟系麦□芳见知。近谢树堂逃匿，雷得利向麦□芳追索，麦□芳据情赴商会递控。总协理查核来略，似觉□枯，惟彼此均系同乡，自应设法调停，候函询广帮议董查理，以免讼累。

商会新总理特派代表驻会

商会新总理接办之始，一切章程大加改良，闻齐君湘琴、汪君炳生各派代表一位驻会办公，如遇特别要公，由代表员用电话报告。现齐君派吴君尚人为代表，汪君派庄君启鸿为代表，于初七日进会。

移请查明酌核

邹瑞棠前因伪造汇票,掣骗银两,被叶□昌扭送商会,询悉,庞华发有□□情弊,当存银七百两在会,日后查明,再□收受,并将庞送厅收押。现庞呈明并无串通情弊,请予给领,刻已由夏口厅移请商会查明酌核。

商会判案

公记控广大昌结欠货银不还一案,迭经本会传讯,一以残货作抵,一以现银收账,反复开导,彼此各执,本会亦未便强,惟有移请夏口厅酌核办理,此判。

源茂远控益昌和欠银不还一案,前经本会刊令徐竹屏折还源茂远花银七百五十两,现交银二百五十两,下欠银五百两,归宣统元、二、三年分还,由复和分出票,每年以九月十五日为限。今徐竹屏遵判,交到现银二百五十两,期票三纸,凭会交源茂远,言明期票将来设有不兑情事,准其移厅传追。两造均已乐从,具结销案,此判,结存。

(《汉口中西报》)

38.湖广总督陈夔龙奏鄂省开办武汉劝业奖进会并附设南洋出品协会折

(1908年12月)

奏,为鄂省创办武汉劝业奖进会并附设南洋出品协会,以扩实业而励商情,恭折仰祈圣鉴事 窃惟商战之世,所贵在下者,群策一心,互争进步。而在上,则奖励之,诱掖之。不惟为富民之术,抑亦为强国之图。近今所谓商业政策是也。东西各国,凡于振兴实业、提倡工商之举,巨细靡遗。综厥大纲,其道有二。有为商业研究之用者,曰商品陈列所,搜集内外诸国各种物品,分类陈列,并调查商品之生产市场之状况,为商业者图利益,求便宜。其目的以地方为主,或一地一所,或一地数所,而于设所之时间为长期。有为商业比较之谋者,曰博览会,其大别凡三:聚一类之器具而比较之,曰专门博览会;集一国之农工出品而比较之,曰内国博览会;遍罗万国之工艺出品而比较之,曰万国博览会。其目的以时日为主,或一年数举,或一年一举,或数年十年一举,而于开会之地位,无定点。盖其提倡之方,奖励之术,使全国人民涵泳于合群竞争之中,而在上则持是,以与各国抗衡。其旨至微,其用甚薄。欧美诸国,凡能力致富强者,罔不由是。武汉居天下中枢,当七省冲要,物产丰饶,甲于海内。向者商智未开,凡西北各省所出生产原料,经汉以达于沪,徒供西商采运而已。比年以来,航轨交通,工业日进,各省富商大贾往来络绎。窃揣商业之趋势,将由上海以入于内地,由东隅以达于中权。数年以往,其纵则有京汉、粤汉干路为之宣泄,其横则有黄河、长江两航路为之灌输。脉络贯通,靡周弗届。谈中土商业者,佥以是为群流汇归之所。武汉之关系商业也,如是。爰于本年春间,迭与司道各员往复筹商,议在武昌省城设立武汉劝业奖进会,其旨在奖励本省之工商各业,而助其发达进步。先就武汉行销内外各国商品,并此外本省商务较繁口岸,如沙市、宜昌、樊城、老河口、武穴等处所行销物品,按类陈列。计大类凡五,曰天产品、工艺品,曰美术品、教育品,曰古物参考品,而外国产品不与焉。有比较必有折中,故始之以审查;有审查必有劝勉,故终之以褒奖。迭饬该会办事各员妥议章程,择期开办。先是,臣接两江督臣咨行奏设南洋劝业会,并派调查员来鄂,请派员组织出品协会。臣以江鄂办法正同,即饬知该会附设出品协会。适农工商部以南洋赴赛物品免税便商为请,渥蒙温谕,准其豁税厘,臣援案电奏,一例免税在案。各商闻之,咸谓江省已沐仁恩,鄂省必邀俞允。闻风忭跃争先,惟该会系属创办,事端纷集,规划频繁。现择地武昌省城平湖门外乙、丙两栈,作为该会会场,其地面临大江,风景殊胜,宾商戾止,足壮观瞻。比月已来,惨淡经营,规模已备,谨择于九月十五日开会,四十五日而毕。至该会开办经费,预计需银圆三万八千元,业经饬由签捐、官钱两局认数筹拨。凡房屋器具及预备诸品,或暂时腾借,或酌量购备,期于足用而止。臣惟斯会之设,以发达本省商力为初义,以联合内国商情为要端,而以扩充海外商业为究竟。审机虽微,收效甚大。江省同时并举,尤征声应气求。臣前准农工商部咨行各省分年筹备事宜表,按之年限,鄂省实为提前办理,当督同该会办事各员,悉心筹办,速观厥成,以仰副朝廷宏奖实业、优予提倡之至意。除将章程咨部查照外,所有鄂省开办武汉劝业奖进会并附设南洋出品协会各缘由,理合恭折具陈,伏乞皇上圣鉴训示。谨奏。

(《劝业会旬报》第 3 期)

39.光绪戊申年汉口商情大略

(1908 年 12 月)

汉口自怡和兴等钱庄倒闭以后,市面困敝,银根紧迫,实为近年所未有。虽去冬经鄂督电请军机处代奏,请由度支部动拨巨款,以济市面,银根似稍见松。惟市面既广,商务极大,杯水车薪,尚难挹注。查汉市土产,若牛皮,若芝麻,向皆为出口大宗,今则牛羊皮市价极昂,洋商裹足不前,货物滞积,其他若米粮,亦异常增值。该埠商民之困苦情形,可概见矣。

(《华商联合报》第 1 期)

40.汉口商务总会章程

[清光绪三十四年(1908)拟定]

兹将汉镇商会所拟普通章程十四章,计九十四条,缮请公鉴,敬祈裁夺。

计开目录

第一章　定名一条
第二章　宗旨一条
第三章　职员四条
第四章　选举八条
第五章　入会十一条
第六章　出会二条
第七章　经费九条
第八章　规制十八条
第九章　议事十七条
第十章　责任六条
第十一章　权利二条
第十二章　办公十二条
第十三章　调查二条

第十四章　报告一条

再将续拟特别章,计一百三十八条录呈鉴核。

计开目录

第一章　义务员分任专员

一、总协理六条,二、议董六条,三、帮董六条,四、会友四条。

第二章　延聘员分任专员

一、坐办六条,二、理事员四条,三、律师四条,四、翻译员四条,五、书记员六条,六、调查员八条,七、庶务员五条,八、缮校员六条,九、收费员五条,十、会计员四条。

第三章　办事员应守规则

一、重人格,二、定时间,三、尽职务,四、化偏私,五、限假例,六、讲卫生。

第四章　议厅简章　计二十二条

一、会期,二、仪式,三、规约,四、禁例。

第五章　理案室章程　计十条

第六章　通商交涉规则　计二十六条

一、账规,二、货物凭单,三、定货,四、押款,五、不测,六、拟还,七、钱业,八、伪商。

本会戊申年拟定普通章程

第一章　定　名

第一条　本会系汉口原有之商会,今遵照农工商部定名"汉口商务总会"。

第二章　宗　旨

第二条　本会以开通商智、协和商情、发达商业为宗旨。

第三章　职　员

第三条　本会职员

总理一员,协理一员,书记董事二员,会计董事二员,庶务董事五员,调查董事二员,理案董事十四员,中证董事二员,纠议董事二员,随时特派员无定名额。

(注)遇有紧要事件须办者,可由全体会员中选举数人专办其事,为临时特派员。倘有事非会中人所能办,须延请外人相助,应临时提议,给以相当酬谢。

第四条　本会在会各员会员无定额

(注)会员宜有定额,此时各帮各行入会与否尚难预定,故暂未定额,须俟各帮各行皆愿入会,届时再行定额。

第五条　本会延聘办事各员

坐办一员,理事一员,律师一员,书记二员,录事二员,缮校二员,翻译一员,司账一员,庶务一员,收发二员,调查二员。

第六条　本会名誉会员

名誉员无定额。

第四章　选　举

第七条　本会选举之法

一、总理、协理

(甲)总理、协理须于董事内公举定两员,然后专请农工商部及申详督宪札派。

(乙)选举总理、协理应照农工商部奏定公举会董格及本会所定总理协理格,印出与选举票,同交有选举权者,依律选举,每年于年会后择期举行。

(丙)凡选任总理、协理,须由全体董事公同推举,其选举须用机密投筒法,以得多数者为总理,其次为协理,如得数相同,则将同数之人由董事再行投票决定。

附总理协理格:

(一)品行方正者;

(二)的系行号巨东或经理人,每年贸易来往为一方巨擘者;

(三)谙习公牍、通晓事理者;

(四)身任董事者;

(五)年在三十五岁以上者。

附机密投筒选举总理、协理法,选举票式如下:

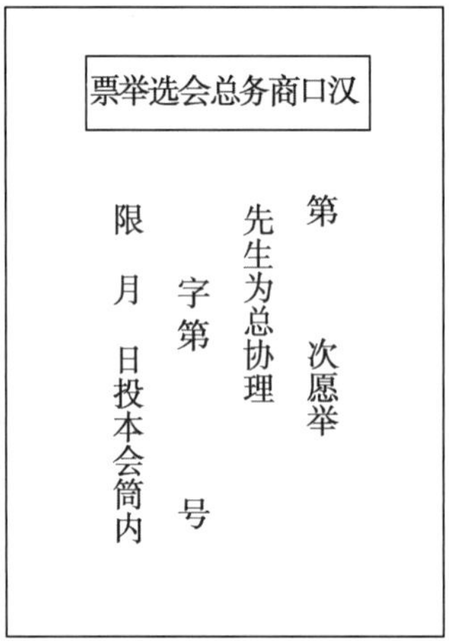

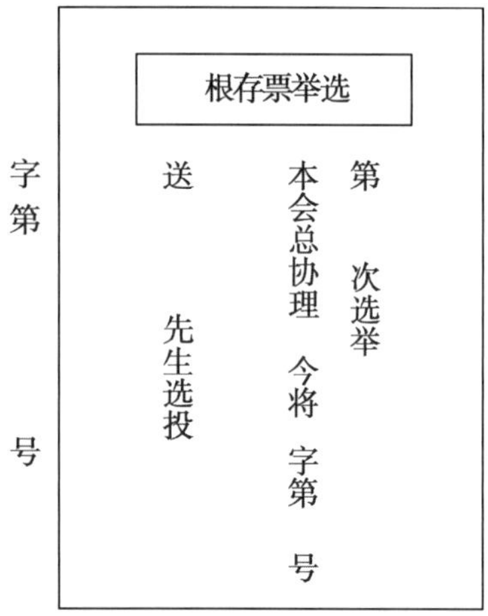

此票背面印有总理协理格,以便投者观览,又另纸印送年在三十五岁以上董事。

名单合于被选资格者　凡遇选举总理、协理之期,先期七日将选举票填写号数,并填限期,分送各董,每人一纸,填明二位,会中即将存根截留,注明某号,分送某人。分发既讫,即将票根严密封固,不可预泄。各董得票填注后封固,送本会报入筒内。届期集众,由坐办开筒点清,对号著名报由,当众宣布核定。

二、董事(即议董)

(甲)董事须由帮董选任。

(乙)凡选举董事,先期七日由本会将选举票分送有选举权者,其用机密投筒法与总协理同。

(丙)董事举定其应充职任,俟选举总协理后,由总协理共同启酌,分司其事。

附董事格:

(一)品行方正者;

(二)的系行号巨东或经理人,每年贸易往来为一方巨擘者;

(三)谙习公牍、通晓事理者;

(四)身任帮董者;

(五)年在三十以上者。

选举议董票存根

第　次选举

议董票存根　诸位议董今将

字第　号

送　先生选举

限　月　日投本会筒内核对

字第　号

汉口商务总会选举议董票

字第　号愿举

先生　先生　先生

先生　先生　先生

先生　先生　先生

先生　先生　先生

先生　先生　先生

先生　先生　先生

先生　先生　先生

先生　先生　先生

先生　先生　先生

先生　先生　先生

为议董

此票限　月　日投本会筒内

三、帮董(即会员)

(甲)如一帮之中其人已为帮董者,经本帮仍举为帮董,知照本会即认为帮董。

(乙)如其人向未充帮董,经本帮或本行举为帮董者,本会亦认为帮董。

(丙)为一帮之中,未经举有帮董,为本会所不及察者,准由该帮自举,归入总会,惟大帮(　　)人、小帮(　　)人,不得论额。

附各帮各行公举帮董格：

（一）品行方正者；

（二）确系在本业经商者；

（三）明白事理者；

（四）已经本会定议认为会友者；

（五）年在二十五岁以上者。

汉口商会选举帮董票

帮　字第　号票愿举

先生为本年帮董事

此票限　年　月　日投入本会筒内

汉口商会选举帮董票存根

帮　字第　号票送

实号

先生选举本年本帮董事限

日内投入本会筒内留此存根以备查封

光绪

年　月　日商务总会给

字第　号

（丁）虽未经众公举，而其人每年担任会费二十四两以上，关心公益，经会友两人介绍，由会众定议许可者，得为本会领袖会友。

附选举权限：

凡帮董领袖会友，均有选举董事之权，惟须捐常年经费在二十四两以上者有之，二十两以内者无选举权。

第八条　总理、协理经选举后禀请农工商部加札委用，并禀请督宪，以一年为任满之期。联举者联任，惟不得过两任以外。

第九条　董事尚未年满，因事不能任职者，可由总协理酌量于帮董中选派暂代。惟遇任满时，仍照正任年满之例，一体更举，以免歧异。

第十条　自总协理以至帮董，经众举定，不得辞职。

第十一条　会友年未满二十岁者，不得有选举权。

第十二条　捐款不交及屡次函邀会议不到者，不得有选举权。

第十三条　自总理、协理以至董事，既经巨鼎，凡遇议事，必须按期到会。有疾病事故不能到会者，总理请协理代表，协理请董事代表，董事请帮董代表，各由本人给予凭信，方能承认。

第十四条　凡望重品优及捐巨款实力赞成本会，经本会会员二人以上提议公举，由本会定议公认者，可推为本会名誉会员。

第五章　入　会

第十五条　凡愿入本会者，须有会友二人联名推荐，并愿认本会常年捐款，经本会董事议定，得多数者，即允其入会。

附推荐书式：

,字　　,　　省　　府　　县人,年　　岁,在汉镇　　帮　　号执事,住　　街,愿入汉口商务总会为会友,查得　　按律经商,循规蹈矩,允遵会章,特为介绍,乞　　商会诸员定议,允行为幸。此请汉口商务总会查照。

介绍会友　　押

介绍会友　　押

光绪　　年　　月　　日

第十六条　凡不归各帮之商，如个人营业者，常年捐费在二十四两以上，亦得为本会领袖会友。

第十七条　该帮或该行曾经公捐会费，有将名单开送本会，认为会友，经公议允洽者，得为本会会友。

第十八条　既经会众公允入会，须自具信约一纸，签名于上。以为入会之据。

附信约式：

具信约　　,字　　,　　省　　府　　县人,年　　岁,现在汉镇　　帮　　号执事,住　　街,愿入汉口商务总会,一切愿守会章,此请汉口商务总会查照。

光绪　　年　　月　　日　　号押

第十九条　凡公司及工厂年捐巨款，赞成本会者，可查照各帮公认捐数，准一人至三人入会为会友，惟三人中只能举代表一人，作为本会会员，其选举权及被选举权一如各帮帮董之列。

第二十条　庄号不在汉口而有分支庄又驻汉者，亦得入本会。

第二十一条　已入会之会友因事离汉，其伙友持有该号盖印之函，代为声叙者，本会可认为代理。倘系分庄换友经理，陈请改名，亦可照认。

第二十二条　凡入会者，其所开设经理之行号及建造经理之船只，均须在本会挂号，盖印图记，其式如下。

（一）水陆各商至本会挂号格式附后。

（甲）行号

某帮某号于光绪　　年开设在汉镇　　街,股东、经理系某某理合挂号,特此声明。汉口商务总会查照。

光绪　　年　　月　　日　　某某号挂号

（乙）船只

某某船于光绪　　年建造在某某江行驶,装载进出等货,船东、经理为某某理合挂号,特此声明。汉口商务总会查照。

光绪　　年　　月　　日　　某某船挂号

(二)会中各商紧要图章,须至本会坐办处盖一空白,以留样式,惟空白印上加书“留样”二字。遇有遗失另换等事再须补盖,以便交涉时核对。其紧要之图章名目列下:

(甲)书柬;

(乙)本号号名;

(丙)银数上所盖之图章;

(丁)回单。

第二十三条　凡鄂属附近之外埠,如举有董事,欲入本会者,一经公同议决,本会可给送某埠之董事照会并本会章程,以便酌量情形办理,惟各埠凡立分所者,津贴本会之费拟分三等:一等三百六十两,二等二百四十两,三等一百二十两。

第二十四条　凡鄂省就近之市镇,其商务较繁者,如就地各商有设立分会,牒知本会者,本会自有联络赞成之责任。凡可以为力及应需臂助之处,自当按照部章酌量办理。

第二十五条　有不得入会者二种:

(甲)营业卑贱者;

(乙)欠债倒闭未清理者。

第六章　出　会

第二十六条　凡议董、帮董、会友有故,自愿出会者,可具函声明,送本会收存,作为出会之证,捐助之款概不退还。

第二十七条　会中有犯下开各项,经会友二人以上举发,查有实据,有全体会员三分之二议定,令其出会,此即令其出会。原捐之款亦不给还。

(甲)干犯刑宪。

(注)非其罪名者不在此列。

(乙)不守会章。

(丙)败坏本会名誉。

(丁)侵侮同类者。

第七章　经　费

第二十八条　本会经费以各帮行号每年愿认之款充用,额分四等:一等二十四两,二等十八两,三等十二两,四等八两。

第二十九条　本会于年会之先,应由总协理、会计董事将全年应用各款编成预算表,于年会时交会中公阅,筹议款项,以备支用。

第三十条　会友既经公允入会,即将所允捐之款,按照期限,交付本会坐办查收,由坐办出具收条,总协理、会计董事、会计员均应签字,交本商收执。

附收条式:

条收会总务商口汉

今收到

实号

先生交到自愿入会

年年捐银　　两整此据

光绪　年　月　日坐办　押

总理　押　会计议董　押

协理　押　会计员　押

字第　　号

根存条收

实号

先生自愿入会　年年捐

银　两整已照收入册留此存根备查

光绪　年　月　日坐办会计员　押

第三十一条　本会应用之款分额支、活支二项。

（甲）额支款由会计董事编列预算表，交会中公议，允认后，须按月预开月计表，送总协理签字后照行。

（乙）活支款用款在一百两以内者，由总协理与诸董事公议，由总协理、会计董事签字照发。若数在一百两以外，须开特会，邀集全体会员定议施行。

第三十二条　本会所收各帮各行会费，按照认定若干、已收若干、未收若干，分别开具清单，每届半年登报布告一次，其开支项下须按月列表，每届年终，刻印清册，分送会友，以征信实。

第三十三条　每月月报结清后，由会计董事交总协理，会同各议董查封一次，并将各项发票、收条、庄折盖查封小戳，以后不得涂改。

第三十四条　每年年会时，由总协理将上年各项用款当众宣告，由会中公众查账人二员查无错误，由查账人签名，榜示本会厅中，并刊印成册，呈报农工商部。

第三十五条　本会存款须于年会时公同酌议，指定某某殷实之钱庄，始得将款项存放。

第三十六条　农工商部奏定商会章程之二十一款应收各费，俟日后揆度情形，公同酌议，遵照办理。

第八章　规　制

第三十七条　凡各商有应议事件具报本会者，用说帖、节略、函信均可称商务总会总协理某某先生，自称某帮某上某某，不得率用禀呈及某宪大人字样，所以别商于官。如须达部，由本会转呈之件，不在此例。

第三十八条　凡各商有事请商会提议，应俟商会允准，由商会邀集开议，不得由各商私发传单，邀人集议。

第三十九条　凡年会中人，不得在商会提议，并不得请商会集议。

第四十条　凡会外人，未经会董公许，不得在商会演说，经公许者，不在此例。

第四十一条　议事时，除应筹论正事外，不得叙寒客套，先到者与后到者，若已在议室内，亦不必起立招呼。一切规则均照《农工商部奏定会议章程》办理。

第四十二条　凡会中所发公牍，理合盖用关防，其寻常函件，由总协理与书记董事商发，其有关于地方公函及交涉事件并会外重大之案须干涉者，必经全体议董查明议决，方可照发。

第四十三条　凡个人有登报声明及与地方交涉各事，不得借商会出名，违者照不守会章办理。

第四十四条　本会为商务总会，凡地方公众事件无关商务者，不得借商会集议，以期各清界限。

第四十五条　本会会友既经入会，应一律相待，即不日素有嫌隙者，亦须言归于好，毋得歧视。

第四十六条　本会章程议定后，如有窒碍之处请改者，必经全体会友三分之二议定允改，方可更换，否则不得遽改。

第四十七条　遇有更改章程之时，虽经公议允认，但未经宣布以前，应须仍照旧章办理，以免纠纷。

第四十八条　凡关系重要秘密之条陈及函信，当未经定议以前，可由总协理公同斟酌，不将本人之名宣示。

第四十九条　总协理以此次各员如有办事不公，经会中人举发者，须有会员六人联名，方可宣告会众择期公议，另举会员四人查之，如查有实际，会众公同定议撤退，倘系农工商部筹委之员，应由本会呈诉。农工商部若未经公议决定，不得用本会之名呈诉。

第五十条　在会各会友有彼此交易文契，两造愿由本会盖印图记代作中证者，总协理酌度情形，随时盖用本会关防，由中证董事签字，应酌收中证费，作为公用。

第五十一条　本会总协理由众公举，自应禀请农工商部如札任事及详请督宪所有移交关防一颗，若遇有地方官往来文牍，随时钤用，以昭信守。

第五十二条　在会会友有钱债交涉，被人控告公堂，出票传押者，本会当随时查确，如该会友实系经营商业致起纠葛，可酌议代为担保，以免拖累，惟未缴会费及债关官款，非系商业者，不在此列。

（注）遇有事故被押者，如议帮董公同议决由本会移请暂保其所保之期，无论事之巨细，以一月为限，如一月尚未了结，则被押者当仍还原押，不得延宕，致碍本会名誉。

第五十三条　本会自后经费充裕，应随时议投商务学堂、半日学堂、方言学堂及商业体操会等事，以期造就人才，振兴商业。

第五十四条　本镇各商有能独出心裁，制造新器或编辑新书，确系有益地方者，或将中外原有货品改制精良，可保中国利权者，准按照部章，由该商报明本会，经本会考核后，具禀农工商部代请立案专利，以示鼓励而杜伪冒。

第五十五条　关涉商务重要事件，虽经会众公议具禀，非奏农工商部及本省大宪批准，不得率行。

第九章　议　事

第五十六条　本会开会议事分常会、特会、年会三种。

(甲)常会。每逢星期开常会,总协理及各董事齐集会所,酌议应办寻常各事,倘事关紧要,虽非常会之期,可由总协理随时邀集董事、帮董会议。

(乙)特会。凡会友十人以上,因事欲开特会公议者,具书送总协理,于七日内邀全体会员开特会公议。

(丙)年会。每年正月开年会二次,由总协理酌定日期,于十日前登报宣告,各董事、帮董、会友务须齐集会所公同定议。第一次年会清查去年账目暨本会预算表,第二次年会宣告各项调查册及公聘办事各员。

第五十七条　开会之日由坐办将所议事件检出,依次提议议决,由书记摘取简要事由登报布告,不得隐匿偏徇,惟遇紧要秘密之事不在此例。

第五十八条　议事之期,除当会外,由会中先发布请帖,如邀请某日几句钟到者,各友务须按时齐到,不得随意迟缓,致误要公。

日　　　句钟请　　　　　　会议　　　　　　事,届时务望早光为盼。

此致议董　　　　先生台照。

光绪　　年　　月　　日　商务总会订

径启者,今因　　贵帮　　　　交涉一事,本会定　　日　　点钟邀集两造评议曲直,阁下系一帮领袖,届时务乞台驾,临会为盼。此请　　　　先生台鉴并候日祉。

商务总会谨订

第五十九条　纠仪董事专任监会之职,于议事之前,务须先时到会,将各员坐位依次陈设,书明某员,以免临时推让。

第六十条　各友到会,先在门房挂号,或留下名刺,以便检查,然后入会,客厅稍坐。

第六十一条　俟全体会员到过半数及所定之钟点已到,由监会摇铃,请各友齐入议室,坐定再摇铃一次,首座起立,宣示本日所议之件,由众依次议决后,再由监会摇铃散会。

第六十二条　本会为商界文明之起点,当会议时,一切仪式须按照本会议厅章程而行,以备肃会规。

第六十三条　会中倘有重要之事待议,须于三日前函告与议之人,免致临时茫然无头绪,至各员所陈意见,书记员可将其意见登录簿内,由首座签名于上。

会总务商

意见书

光绪　年　月　日第　号

第六十四条　议事以可否之多数为决，可者，签名，若事有不便明言者，可用机密投筒法，倘可否之数相同，则由首座秉公而决。

附议事投筒法：

本会内室备有黑白子两匣，如遇不决事件，与议者可鱼贯而入内，各取一子，至首座前投入筒内，可者取白子，否者取黑子，投毕，由首座倾筒内取出，当众数明宣示。

书可认事议

所有　事据

君

君

君　等意见拟

办法未悉

诸翁对于此事如何成可或否请各签名即书可否字样于下

以便从众议决

第六十五条　议事须有次序,甲事毕然后可议乙事,不得先后凌乱。

第六十六条　议事时,只能议论今日提议之件,不得牵入他事,恐致混杂。

第六十七条　辩驳亦议事应有,如有人欲辩驳者,当时告知首座,即起立辩驳,辩驳毕,可将意见录入簿内。

第六十八条　凡提议之事,经众人辩驳后,欲再陈说意见者,仍告知首座,即起立陈说,陈说毕,亦将意见录入簿内。

第六十九条　开会时间除年会外,最多以四小时为率,如本日议事未毕,可由首座商诸各议事择期再议。

第七十条　遇有本会重要事件,不能决定者,可由总协理及全体会员公请名誉会员讨论,定有意见,再交会员核议施行。

第七十一条　凡有议定重要事件,书记员须将所议各节榜示本会议厅,并登会报,俾众周知。

第七十二条　本镇向例,各帮有各帮之董,今当会议之时,须参酌本镇情形,如事在甲帮者,以甲帮之董为主议员,余为与议员,事在乙帮者,以乙帮之董为主议员,余为与议员,临事须提出某帮,以便纠仪分别陈设位次。

第十章　责　任

第七十三条　总理、协理有指定经费,裁定会章,公同决议各事,指挥施行,统筹全体会务之责任。

第七十四条　议董有选举总理、协理及被人选举总理、协理,监察会务,筹议经费,讨论会章,公议决定会务之责任。

第七十五条　帮董有选举议董及被人选举议董,筹议经费,讨论会章,公议决定会务之责任。

第七十六条　帮董及领袖会友有选举议董及筹议经费,讨论会章,公议参定会务之责任。

第七十七条　领袖会友及会友有选举帮董及被选帮董,酌助本会经费,并条陈利弊,以备本会采择之责任。

第七十八条　名誉会员赞成本会庶务及备本会顾问之责任。

第十一章　权　利

第七十九条　本会全体会员应有之权限:

(甲)议举会内人员及聘请办公各席;

(乙)议准人入会及出会之事;

(丙)会议捐款各事及捐款各章程;

(丁)议定会中动用公款及买卖动产或不动产各事;

(戊)调查各帮商务有未发达处随时设法改良;

(己)在会各商有争执之件得以公断调处;

(庚)随时提议改正会章并开办商学商团等项。

第八十条　本会全体会员应享之利益:

(甲)讨论商务利益,条陈当道,并禀知农工商部,以条备采择。

(乙)考察商务利弊及有关紧要消息,随时刊印传单布告会众。

(丙)会中人员有关涉商务,受人屈抑者,查明属实公议,遵照部章第十七条向官长申诉。

(丁)会友有关涉商务事件,不谙中外法律文法之处,可至会中询问研究。

(戊)各帮商务欲谋发达,有应禀请地方官而窒碍不通者,会中当竭力赞成。

(己)会中多备中外章程、法律书籍,与商务有关涉者,供会友查阅。

(庚)会中人员如欲查考有益商务之事,本会可作介绍之处,均为之介绍。

第十二章　办　公

第八十一条　本会应办各种会务及日行各事,应另立专条,公议裁定后,交办事员查照施行。

第八十二条　凡既经入会各商,如有钱债转请本会理处,或请本会代投地方官禀函,均须由本帮董事函送来会,即行公议酌办。

第八十三条　凡各会友投送节略,末后须盖有本号号章,或书柬亦可,并加盖帮董图章。其节略须缮两份,一份交与本帮帮董,一份投送本会,以便提议事易于接洽。

第八十四条　凡钱债轇辖,两造均愿请商会理处,自应即予提议,若止一面请商会提议者,必须查访情由,如果事直受屈,可将情节布告各董事、各帮董,有五人以上之认可,方可开议。

第八十五条　凡经商会允定予提议之件,如总协理及董事、帮董中,有与两造中人,或见弟,或同族,或戚串,或股东者,理合回避,均须先期陈明缘由,缴还请单,即不在无故不到之例。

第八十六条　凡经商会提议之件,务须从速议决,至多以一月为限,不得延搁,如实有仍应展限之处,须布告展限缘由,并非任意延搁。

第八十七条　凡有案请商会理处,总协理交于理案董事及理事员,先邀两造详询原委,由录事将问答逐句登簿。理案董事、理事员及两造均签名于上,定期邀请该帮董到会访问,所有问答,亦由录事逐句登簿,签名于上,即行布告与议诸人,由总协理定期开议时,如尚有疑窦,可再集两造询问,问毕,两造退出议室,由总协理董事公同集议,议决,将缘由布告并登报章,如理屈者愿遵公断,即不必登报,以存厚道。

(注)理案章程详第五章。

第八十八条　凡钱债轇辖,经商会理处,或有不遵,任向有司控告外,其余案件有经地方官移请商会公判者,两造设有不遵,应由本会据情移请地方官核办,一如甲乙因钱债纠葛,乙某须偿甲某,两造已允认,本会公断,主限交银设当限期之内,遇有丙某欠乙某之款,轇辖来会,本会只准各案各论,乙某并不得将应收丙某之款以抵划应偿甲某之款,致生枝节。

第八十九条　会中办事人,如坐办、理事、书记、律师、缮校、翻译、司账、庶务、收发、调查各员,照月优送薪费名目,本会办事员有行法之权,而无司法、立法之权,惟每届集议,坐办须至议厅听议,俟总协理、议董、帮董、会友等议决办法,遵照施行。

第九十条　坐办、理事、书记、律师、缮校、翻译、会计、庶务、收发、调查各员,均由总协理、议董商酌延聘,如不胜任,及有偏徇舞弊情事,为会员查悉,即可公议撤换。

第九十一条　凡遇有节略文件送投本会者,本会聘有收发专员,收到之后,当由收发员出给收条,并不须丝毫费银。

第九十二条　本会所雇佣仆从人等,概由本会优给工食,凡会中人到会议事者,一切伺候差遣毋庸给以小费,以杜流弊。

第十三章　调　查

其细目附见“调查员”项下

第九十三条　本会调查凡两种：有商务上之调查，为寻常调查；有事件上是非之调查，为特别调查。

（甲）商业上之调查为商业之盛衰，行号之盈亏，于年会前由各帮董开送调查董事处，由董事汇成清册编列排印，印成后，分送会中，以资研究。

（乙）事件上之调查，如有关于商业之重大事件，或事在本镇，而事之关系却在外埠，理案者可得明事之缘由交调查董事派人调查，以明底细，其有应给用资之处由会中支发。

第九十四条　本会印有调查册，其应行调查之事分项列表，惟款目繁多，特于调查董事之外，另□专员，以期实行。

第十四章　报　告

第九十五条　本会为通达商情起见，凡事须有报告，今拟照上海会报章程，每月刊印报章一份，送全体各会友，以备阅看，惟须拟定细目，禀经农工商部及本省大宪批准，再行酌办。

本会职员分任专责及办理各种会务条规详章　附：通商交涉规则八条

第一章　义务人员分任专责

总协理

一、措定全体。本会为各商组织而成，总协理即各商代表，凡内而经费，外而交涉，以及一切章程，均须集众计议，措定全局。

二、采决舆论。舆论为本会之根基，凡商界中应兴何利，应除何弊，一切舆论均须虚心采纳，开议时，总协理可从长判决。

三、裁定可否。凡会中关于甲乙交涉之件，经理案董事及理事员邀集两造询明情由，其可否或仍不能定者，总协理须秉公裁之。

四、维持市面。近来利源外强中干，银根到处皆紧，往往因有一二庄号之倒闭，牵动全局者，遇有此种情形，须先时邀集公议，预为维持。

五、讲求商学。东西各国，凡经商者，无不从商业学校而来，我国向无此等商学校，故优劣显分，本会俟经费稍裕，须酌量情形，计议开办。

六、提倡风气。华商之勤劳耐苦为各国所称，惟风气不开，工艺未精，故商务日形衰落，总协理须随时导引，凡有可以开通风气者，须竭力提倡。

董事

一、协赞庶务。会中一切庶务，各董事既经全体公议，分任其事，所应办理者，务须按照本会章程协赞之义务，以副众望。

二、评判舆论。凡各友有条陈说帖以及当场议论，均为本会所欢迎，然从违弃取，贵有权衡，各议董有互相评判之责。

三、酌裁可否。来会董事于本镇情形无不熟悉，凡关于彼此交涉事件，其可否之数或有未易遽定者，务当协力查访，以期是非洞彻。

四、挽回利权。通商以来，利权外溢，不可胜数，各董事于本镇商界上皆有大力，须择其关系之尤要者，次第设法挽回。

五、开通商智。中国商界主保守则有余，言进取则不足，皆知识缺乏之故，此后务须设法开通，使商智次第发达，以谋生存。

六、演说利害。本会议厅设演说台一座，各董事于会议时，将商界上一切利害皆可演说，惟不能演说商业以外之事。

帮董

一、联络商情。中人向无团体，而商界尤甚，以无团体之商人，决不能取胜于商战剧烈之场，帮董为商业之领袖，关系最切，自当悉心劝导，俾各商互相联络。

二、酌更行规。一帮有一帮之规，一行有一行之规，皆由帮董。主持本会为发达商界起见，自须酌量情形，随时更改，以归划一。

三、改良货物。货物为商业上之原质，中国物产甚佳，往往因制造不得其法，以致减色，今宜逐渐改良，为抵制外国输入之计。

四、搜剔诸弊。中国商业向失信用，凡一货稍有起色，射利之徒即以伪品掺入，若不实力禁止，将来货无受主，生计愈蹙，为帮董者，宜随时搜剔，以杜弊窦。

五、输达外情。各国通商以来，外洋之货充溢内地，我商不识外情，故动辙受亏，帮董为商业领袖，宜博访周咨，将外国商情随时输达。

六、考察伪贾。其有托名贾而实非贾者，种种行为近于诡秘，其或介绍外人，不惜卖尽同种，为虎作伥，营业中如有此，帮董须留心查察，通告本会。

会友

一、遵守会章。本会定有详细章程，我辈既愿入会，即为承认本会之章程，一切均须遵守，以肃会规。

二、结集团体。华商之所以不及人者，以无团体之故，同人联络此会，以和协商情为第一宗旨，愿入会者曲体此意。

三、条陈意见。本会以舆论为基础，凡入会者倘有意见，尽可函告本会或当场议论，皆本会所欢迎，惟可否必须，取决于公议。

四、研究商业。中国向无商业学堂，徒以师传其弟，恃为专门之业。今当中外互市，凡我会友，自须加意研究，力求本业之进步。

第二章　延聘人员分任专责

坐办

一、布告会期。凡遇开会，除常会定有会期，无待柬邀外，其余会期，坐办务将开会缘由及应邀与议各员先期知照，特会定三日前知照，年会于十日前登报声明外，又须专人邀请。

二、收受节略。凡投节略，由收发员送阅，如已合格，即嘱挂入号簿，至晚，将本日所收节略交总协理商酌，倘节略略有不能允理者，亦须将不能允理之情由，嘱收发员书明簿内，婉告来者。

三、经理捐款。会友认款，每年定期分缴，当各友付捐时，坐办须写给收据，会同总协理及会计董事、会计员签名，其款式已详《章程》第二十八条内。至若过期未清之款，会计员可开单送交坐办，由坐办酌量催缴。

四、检查庶务。坐办有管理庶务之责，会中办事诸员倘对于会中有不尽天职之处，须随时检查，至日用所必需，如食物等类，及一切应该琐事，均宜与庶务员商酌，随时置备。

五、宣告议案。开会之先，坐办与总协理须将应议之件接洽，由坐办知照与议之人，至会议之日，坐办即将本日应议事件宣告会中，经议决后，再将议决缘由榜示厅前，俾众周知。

六、接待宾客。无论会中会外，凡有宾客赴本会谈事者，坐办当一律优待，其或有须与总协理及各董事接洽者，坐办可派人转知，或约至开会之日，在接待所会商，以重来宾。

理事员

一、砥砺廉隅。本会举聘固属洁身自好之人，万一理曲者以苞苴尝试，务须严行拒绝。如有收受礼物，无论多寡，均属败坏本会名誉，查出即须告退。

二、杜绝偏私。两造到会，无论是否亲故，不得阿私所好，意存偏袒，须守公生明之训，如有达官巨贾，既以钱债到会，一律看待，不得瞻徇，平日谢绝游戏征逐之事，以杜请托。

三、优遇两造。凡遇两造来会，无论体面商人及非体面商人，俱须平心静气详问一切，不得遽以疾言厉色相加，致懦怯者望而生畏，不能细道其详，如遇理屈狡展者，不在此列。

四、速清案牍。凡案件不得积压，经三次提议，必须了结，以免拖累，如因案情疑难，不得已有展限之处，亦当遵照本会第九十七条第二项章程办理。

律师

一、外交。本镇为各国通商之地，凡华界、租界，其有关于交涉之事甚多，设或不慎，主权邦交必有一失，本会遇有此等事件，须由律师守定各国最近通商条约及现在通行之《国际法》，酌量对付，不得颟顸从事，致滋流弊。

二、合同。凡华商与东西商订立货物，合同有送至本会斟酌者，由本会律师将合同详细考核，研其有无包入别种事质及含混处，指溢出本合同范围以外等事，如有上项情节，须将其中关系逐条指出面告，若该商执不能悟，而事有害及公益者，总协理可出相当之力量限之。（注）合同内之宜预防者有四：（甲）碍于两国约章者，（乙）未事前之张本，（丙）有一事而含数质者，（丁）合同后之笼统尾语。

三、辩护。凡华商与东西商，事经涉讼而延不直者，该华商可将始末缘由一切证据投交本会，由律师详细研究，再与原告所控情节逐一比较，如的确查访直在华商，本会可订定日期，由律师上堂代办，惟未入会者不得享此权利。

四、驳议。凡挟嫌害公，有损伤本会名誉及会中人无辜被诬者，首次可将本会宗旨或会中人所抱定理由委婉宣布，如一再不休，律师须依其原文或谤书，逐条据理驳正，以保全本会名誉。

翻译员

一、公文。如通商国进出公文，必关于地方交涉，或由洋文译成华文，或由华文译成洋文，一字一语出入甚大，翻译员须细心斟酌，以不失原文语气为完善，译后，无论进出之件，均须录入底簿，以便查考。

二、信件。凡有各洋商来信，照文译成华文，不得增损原件，及有含混不达之处，以慎交涉。应复者，须由律师起稿译成，再由总协理签名，交收发处节送。

三、合同。会中各商有呈阅东西文合同,或请本会作中证者,加已议定许可,当将东西文及华文逐节录入底簿,倘华洋文有不符之处,翻译员须当场指明,免生枝节。

四、译话。如洋商因事到会,有未谙华语者,翻译员须与理事员一同接待,彼此互译,倘洋商未悉本会章程,亦须详细告知,免致误会。

书记员　事有关于书记、议董者,亦附件于此

一、公牍。凡与农工商部暨地方官及各商交涉文件,一切公牍均由书记员主稿,交坐办总协理核定照缮。

二、书契。凡关涉商务之事件与会中及会外来往尺牍,均由书记员主裁,俟脱稿后,由坐办交书记、议董及总协理阅过照行。

三、会册。本会之册拟立两分,凡入会者,将信约据送交收发处挂号,俟星期前一日,收发处将本星期内会册送交书记,以便录坐册。

四、汇报。本会为开通商情起见,凡事须有报告。今拟照《上海会报章程》,由书记每月编印报章一份,以备阅看,惟须拟定细章,禀经农工商部批准再行酌办。

五、议簿。凡过开会之时,书记员须备有议簿一份,临时登记议决之后,并将所议各节书明缘由,送缮校员誊出,由坐办榜示厅中。

六、记录。会中要事,书记员须随时记录,送缮校员誊出,以便汇报时发布。应须开通商情、发明商智等事,其说帖亦由书记员主稿。

调查员

一、出口。(甲)外国货之进口,(乙)外国货之转口,(丙)中国货之进口,(丁)中国货之转口。

二、进口。(甲)出口之销于洋商者,(乙)出口之销于本国者,(丙)转运货之出口,(丁)土著货之出口。

三、发明。(甲)食物品之发明,(乙)器械品之发明。

四、改良。(甲)工业上之改良,可以补助商界者;(乙)事业上之改良,得以利便商家者。

五、盛衰。(甲)全埠之盛衰,(乙)一帮之盛衰,(丙)钱币之盛衰,(丁)货物之盛衰。

六、盈亏。(甲)一帮之中盈亏关于市面者,(乙)一行号之盈亏关于各商者。

七、帆船。(甲)各帮船只大小之号数,(乙)各行船只装载之货物。

八、案情。凡各商轇轕之件,或虽有证人而暗昧难明,及有事在本镇,而事之关系全在外埠,有非派人专查不能者。(注)其川资与费由本会酌给。

以上八条均为调查员应担之责任,本会备有调查册一本,其调查各事或须随时入册者,或须俟一月编册者,或须俟一年编册者,均望该员照所开各项分别记录,以备会中各商参考,俟每年年会时,应将本会所调查商务情形禀呈农工商部备案。

庶务员

一、整理会场。无论年会、常会、特会,庶务员须帮通坐办,凡桌椅之陈设,坐号之多寡,开会前预备一切。

二、接待宾客。凡有宾客到会者,无论会中会外,庶务员当一律优待,或应备茶点于之处,均须临时吩咐仆役置备。

三、监察仆役。会中所雇夫役人等及各员随人,其勤惰优劣,庶务员须临时监察,以防弊

混。

四、置备器皿。会中应置备之器皿及各员及笔墨零星之件，均由庶务员置办，收发时，须登入记载簿内，将发票交会计员查核。

五、考核日用。凡会中一切日用及膳夫当供，自当不丰不啬，庶务员须随时酌查，核定每日之费，以备列入预算内。

缮校员

一、文牍。凡公文信牍，俟定稿后，由缮校员即时誊出，不得延误。

二、传单。开会传单及议事请柬由坐办先期拟定格式，交与缮校员写就后，归收发处节送。

三、揭示。每事议决后，照本会章程，须将本日书记员所摘取提议之件，由缮校誊出，揭示厅中。

四、议册。开会所记录之意见书由书记员汇集，证明"某日第几星期意见书"字样，归缮校员抄入册中。

五、报告。除账目由会计自行报告外，一切报告均由书记员转交缮校员录出，如有须用印刷新器之处，由本会购置，以省人工。

六、会册。会册由书记录入坐簿后，每月底交与坐办查核，交缮校员正式誊真。

收发处应守定章

一、公文。凡公文出入，均挂入号簿，并注明"某日某刻到"字样，当由收发处立收条，以给来人。

二、信牍。凡有信牍往来，均须注入号簿，或送交邮局，亦须向邮局盖印，以便检查。

三、节略。各商所送本会之节略，收到后，即由收发处呈送坐办，经坐办阅过后，挂入号簿。(注)凡有节略前来投递者，必须见有该号完全图章，如五家十家合投者，亦须盖图章及帮董图记，方可收受。

四、案卷。各商因纠葛事件，或有以紧要字据交本会者，收发处须给以收条，一面将案卷谨藏。至发落后，亦须将所给收条注销。

五、挂号。凡各商有欲入会者，经议定后，可送信于本会收发处，挂入号簿，俟每星期前一日，收发处将会册送交书记员。

会计员

一、出入各账。凡司员薪水、仆从工食及日用开支应收应付，会计员须分项登记，注明根由，逐日无遗，三日一揭，以清眉目。

二、收缴捐款。本会捐款，各会友每年按期分缴，于到期之先，会计员须开列清单，送坐办检阅，若会友到期交款当时须给以收据，本会印有收据，一面即如数收入捐册，交会计议董存庄生息，每季登报声明。

三、预算开支。凡年会之前，会计员须将本年应用之出款分项列表，交与会计议董，由会计议董于年会之日送总协理及各议董公同核算，以便筹定。

四、报告月计。会中收付各账以及存出银行诸款，会计员须综计前一月之账，开列清单，于月之初三日榜贴厅外，以备众览。年终又须将一年之账开列清单，以便大会时报告。

第三章　会中办事员规则

一、重人格。本会为商界之枢纽，且有输入文明、研求法律之责，办事诸君各须爱惜生命，为商界之先导，其有应行防杜者凡四：（甲）洋烟，（乙）征逐，（丙）贿赂，（丁）招摇。

二、定时间。本会办事诸君，每日定七点半钟即起洗漱，早膳毕，至九点钟至公事房办事，十一点半钟午膳，膳毕，至一点半钟办事，四点半钟休息，五点钟晚膳，膳毕，听自便，晚间定十点钟熄灯，不得过迟。

三、尽职务。本会会中办事人员各司其事，即当各尽其职，如应办事件至临会时或应议时尚未整备，即为不尽其天职，若系本省候补人员，既应本会延聘，由本会申请大宪，概不兼差及充幕友等事。

四、化偏私。本会为商界合群起见，凡办事皆须认定本会之宗旨，倘会中各商有与办事诸君有宿嫌旧隙者，入会以后，一切俱须化除，其或会中人有与办事诸君之兄弟戚好者，一遇交涉，亦须准以公理，不得瞻徇。

五、限假例。假例分常假、年假、事假、病假四种，常假定本会常议期后一日，为办事人休沐之期，年假定十二月二十日起至正月二十日止，酷暑随时斟酌，事假病假须临时商诸总协理或各职董，觅妥人以代其职任。

六、讲卫生。凡文明各国，无论所办何事，均以卫生为要点，办事诸君有促进文明之责，卫生亦在所宜讲，如食物之腥秽，衣服之垢污，洗栉之怠惰，有碍卫生，至膳室、寝室、厕所，庶务员均须督饬夫役洗扫，一以洁清为要。

第四章　议厅简章

会期

一、开会议事分常会、特会、年会三种。

（甲）常会。每逢星期开常会，总理、协理及议董定三点钟齐集会所，酌议应办各事，倘事关紧要，不拘常议之期，可由总协理随时斟酌，邀约董事、帮董齐集会议。

（乙）特会。凡会友十人以上，欲开特会公议事件者，可具函送总协理，于七日以内邀集全体议董、帮董、会友，开特会公议决定。

（丙）年会。每年正月开年会两次，由总协理酌定日期，于十日前登报宣告，邀各议董、帮董、会友齐集会所，公同定议。（注）第一次清查去年账目暨本年预算表，第二次宣告去年调查各项及公定办公各员。

二、无论常会、特会，应于三日前将所议事由函告与议之员，以免茫无头绪。

三、议事之期除常会外，由会中三日前发单邀请，如邀请某日几句钟到者，各董务须按时齐到，万勿延迟，致误公要。

仪式

一、纠仪议董为会议时专任监督之职，其有不合仪式者均须纠正。凡议之前，与议各员须先案定其坐次，记明某号某员，以免凌杂。

二、本会议厅设有演说台，台右设议长一席，与演台同向，书记席在左，向演台，左方厅左右依次分设总协理、议董及帮董席，中宽约五尺，议董及帮董席外左右分设各会员席，凡席皆向演台,惟纠仪席左右相向而设在外方。

(注)议时以总理为议长,总理有事未到,以协理为议长。

三、于议厅旁另设长桌,左右分别坐席。一、总理,二、协理,三、坐办,四、理事,五、书记,六、为按日理案议董席,余为帮董及于本案有交涉人坐席,此为寻常议事而设。

四、议事之期,每位桌上均有纸笔,以备议事时各抒意见。

规约

一、凡开议之期,与议各员到会者,须先向签名簿签名。

二、凡开议之期,坐办须先将本日应提议各件检出,揭示议厅。

三、如有人欲提议一事,须先期叙述己意,有会员二人以上愿赞成其说者,签名于上,送总协理及议董阅后,至开议时议之。

四、开议时,与议各员到者已过半数,监会得摇铃,邀各员齐集议厅坐定,再摇铃一次,由首座起立,宣示本日所议之件,由众依次议定,再将案由交与坐办。

五、议事须依次序。如二事之中,甲事议毕,再议乙事;一事之中,甲言已毕,方准乙言。

六、凡在会议时,欲陈说意见者,可离座或起立陈说,陈说毕,应将所陈意见记录簿内。

七、辩驳亦议事所应有,如会友欲将论定之件辩驳者,即可起立辩驳,辩后亦应将意见书记录簿内。

八、凡一案于开议时,经众论定后欲再行申雪者,即可起立申雪,亦须将申雪之言记录簿内。

九、议事以可否孰多之数为准,可者,签名议簿,否者不必签名,倘事有不便明言者,可用机密投筒法,如可否之数相同,则由首座秉公决定。

附机密投筒法:本会内室有黑白子两匣,如遇投筒事件,临时与议各员鱼贯而入,各取一子至首座前投入筒内,可者取白子,否者取黑子,投毕,由首座倾筒取出,当众数明宣示。

十、本日议事未毕,可由总协理商诸各议董择日再议,摇铃而散。

十一、凡本日所议之事,由书记员将各会友所书意见及两造辩驳之语载入簿内,交与坐办,由坐办暨理事将所议各节面商总协理及议董,公同决定后,揭示本会议厅并登入会报,俾众周知。

禁例

一、凡会议时屡逾期迟到或无故不到者,即为不尽职之议员,如因实有事故知照本会者,不在此例。

二、议事贵有次序,原议之件未毕不得牵入他事。

三、会议时当以整肃为主,下列各项均须一体遵守。

(甲)不得喧哗谈论;

(乙)不得起立招呼;

(丙)不得紊乱座次;

(丁)不得忿争怨詈。

如犯以上四项者,纠仪董事应即出而阻止。

四、议员者皆有决定事理之责,不得依违两可,若既不曰可,又不曰否,即为不尽职之议员。

第五章　理案室简章

一、本会设有理案室，置长桌一，环列坐椅，理案董事员坐主位，两造及证人、帮董坐客位，凡与本案无关涉者，不得入理案室。又如，甲案未完成，乙案来友，应在接待所稍坐。

二、凡有事就理者，其节略由收发员交坐办，由坐办核定交于理事员，理事员须斟情酌理，依法裁判，苟能多一分心力，即少一分冤抑，故理事时宜审慎再三。

三、本会理事董事计十七位，按日到会者三位，事无巨细，皆由理案董事及理事员裁核，倘其案未能速定，可改期由原董再理，然以理经三议期为限，理事员须将一案前后之关键撰成判语，签名簿后，送交坐办，约期开会，公议核定。

四、甲、乙两造既愿本会公断，即为允认本会章程，届时必须到会，以备讯问，或实有事故，应准预先知照改期，否则，即作为情虚论，若所理之事只有甲商一面商请者，本会董邀乙商，亦须按期到会。

五、两造既如期到会，理案董事及理事员须先邀原告查问原由，逐一登簿，或听其自录，再由原告签名。继问被告，其登簿签名与原告同，如彼此欲申辩一次，均可听之，惟无论问对申辩，须俟一人说毕方可再说。

六、凡甲、乙两帮有事，须邀两帮之董到会，详询内情及曲直，如所述有未尽之处，应由调查董事调查，俟调查后再行议决，至若甲、乙同在一帮，可询问该帮董后，照前办理。

七、如两造有见证人须查问者，可于查问两造后即问见证人，并询其有无证据，其答后，亦逐一登簿或听本人自录，录毕签名，亦与两造同，如另有证据须暂存本会备核，由本会给与收条。

八、凡案由坐办交会公议时，总协理、坐办、理案董事、理事员及该帮帮董皆须与议，其两造及证人亦须到会听议，自议决后各签名于上，作为议定之案。

九、议定之案由坐办宣布两造后，即将原案之理结情由交书记录存，并揭示大要于议事厅。

十、凡提议，平常一案不得逾三议期，即有一面听从，一面不听从者，可令听从者签名，由本会将案情移请地方官办理。惟听从人不愿移请官办者，听。至若案中之枝节甚多，或关系颇大，实有非三议期所能结者，亦不在此例。

第六章　通商交涉规则

一、账规三条。

（甲）凡各商行号所用流水簿，应请地方官长出示晓谕，均向本会购取，以备整齐规则。（注）此项流水簿，挨次编号，式样皆同，首页即印《流水簿章程》，骑缝处均有本会图章，照市价售，并不多取分文。

（乙）流水簿为出入第一证据，款无巨细，悉具于此，来由去处，注解愈明愈妥。

（丙）分户过清簿为第二证据，滚存簿为第三，送银回单为第四，往来各账有此四项者，为一方面之完全证据，如彼此收存银数及日期针孔相对，为两方面之完全证据。（注）遇有珠错笔误，许其收回冲销，不得挖补涂改及隔页缺页等情。如有此等情事，一经纠葛，即为不完全之凭据。

二、货物凭单。

（甲）提单、栈单经有原运、原栈代表签名，即为不二信据，如货主不守定章，任自出单，将来有事，惟认栈单完全证据。（注）此项提单、栈单一经失落，或被焚窃，如失主系在会者，可由帮董出具相当凭信，本会为之保给，如失主非会中人，须自觅相当货价之保证，向原来代表处照补。

（乙）凡货已出栈单，其存出之权自在执管栈单之人，说或甲客上栈之货售与乙客，而欲向栈过户者，栈主须验明原存栈单，面询货主，或得有货主原全信，方准过户，过户时又须在栈单注明“某月某日过于某户”字样。（注）货凭栈单本可不必面询原主，惟恐单有遗失，故特申布此条。

附栈单式如下：

单 栈

今收到

实号 货 件

来货只计件数照进照出出货之日邀还栈倘有遗失即邀

相当之妥保至本栈挂号照补此照

年 月 日 栈单

根票货存

年 月 日收到

实号 件

字第 号

三、定货。

（甲）凡定货，照通行章程，每百分应先付定银三十三分，如逾额数，即为情借。设或货未交，而卖货者已倒，其逾额之款不在公拟之内。如每百分只付五分或十分者，近于买空卖空，将来遇有到期未交货者，不在正式定货之列。

（乙）凡货已交到而价银未清者，是货主已允认买者分期交价，设买货人于未清期内倒闭，不得追还原货，仅能将未清之银于公拟数内照派。惟全价未付及交易仅一次者，其情形近于拐骗，不在此例。

（丙）凡行号与洋商订定之，如该洋行交有空白之出货单，以备填数盖印，凭单零出者，该行号须将单上应用图记一律盖齐，并将该空白单妥为收藏，以防意外。（注）如单上图记参差不齐，忽有忽无，设遇此单遗漏，或被人冒出，一经纠葛，本会无从为力，惟该行号是问。

四、押款。

（甲）凡押款必有相当货物之栈单或产业之印契，又另有正式之押据及中证担保者，方可为完全证据。(注)凡遇出押行号倒闭,其押款未倒之先,无论巨细,各收户不得将据内已押之物推入公摊,惟余押本外尚有盈余者,则在公摊之列。

(乙)货经押款而受押之户倒闭者,此项押货应听原主人赎回,各收户不得执公摊之例阻赎。惟自倒闭之日起,期逾一月而犹不照赎者,即认为原货主默许公摊,兹将受押收据附式于后。(注)押货之款或输于当时之价及货价相平者,即作为情抵例内论。

附押款收据:

今收到某号栈单　　　　　纸内开存某某货几件,本号已与某栈主接洽,当付押款银　　两,此布。某实号查照。

受押人某某收据

年　　月　　日

(丙)市房押款按照时值议押,每百分之九十分,其租金由受押户收管,如无保险单者,每百分只能押六十分,如遇不测,业主无力赎回其地,即归受押主收管,应附之证据如下:(一)印契,(二)押据,(三)保险单。

(丁)地基押款按照时值,每百分议押五十五分,其押期可延长三年,满三年而不赎回,可由受押人催换卖契,若银息照偿者,不在此例。

(戊)帆船押款无保险单者,照时值每百分中议押三十五分。

(己)凡船只,以有船照关钞保险单者,为有身价之船只,遇有押款等事,即照保险银数为押款之额,如无保险单而押款过三十五分以外者,即为彼此通融,不在抵押之列,其抵押船只之凭据有六:(甲)船只,(乙)关钞,(丙)保险单,(丁)出押人之押据,(戊)代理行之担认据,(己)相当之保。(注)凡有五据而无保险单者,其船只即为未经公共估定之产,如有押款即坐情欠上之抵押物。

(庚)货物押款按照时值,每百分议押六十五分,自押之日起,其期不得逾三个月,满期而犹不赎者,准受押人知照货主,公同认明变卖,惟过时之货及易于霉烂者,不在此例。

五、不测。

凡行号货栈船只遇有不测情事,其字据账簿理应携出,若事前无备,临时仓促,俱被焚去,或系落水,一经纠葛,本会查议时,只能以一方面完全证据为凭。如被焚之家其付划各账有妥实庄号及妥实证人可以质对者,不在此例。

六、摊还。(与定货项参看)

(甲)凡开设公司,照禀定公司章程书明"有限""无限"字样,遇有倒闭,其应偿之数即须援照有限、无限章程,分别处置。

(乙)凡行号遇有倒闭,例应将所赎货物器具等件变价摊还,若事经本会理处,各收户当于三议期内将应收之款开单送至本会,以便照派,若逾三议期而尚未开送者,即不得与于已议之公摊数内。

(丙)凡代客买卖行号,其资格地位是贸易中之介绍人,设该行号遇有倒闭,无论其货已买、未卖,概由原货主照单收售,不得在倒闭公摊之内。

(丁)如有一人而附股于乙、丙两号者,乙号已倒,各收户只能向乙号附股之东家处索偿,不得牵涉丙号全局,致碍贸易,如乙、丙两号系一人独设者,不在此例。

(戊)一族内如有公家设立之行号,必须注册时,注明"某某等合资"字样,如遇兄弟中道分产,仍在本会挂号处声明,若声明以后之亏折,当由开设人理结,不得牵涉已分之兄弟,倘查未分之前已有亏折,即在盈亏公共之例。

(己)往来买卖,设遇倒闭等事,理应于公摊数内分别处置,如下开各项:(甲)实在买卖,(乙)虚盘买卖,(丙)多年买卖,(丁)暂时买卖。

(注)以上数种,要必以该货客获利之丰歉及贸易之久暂为分别办理之要点,惟虚盘买卖,在公摊数内,实无利权。至若名虽倒闭,而行同图骗者,除公摊外,惟介绍人是问。如彼此原无介绍之人,听该收户禀地方官追缴。

(庚)设有人既无行号又无产业,照钱庄往来,出有票据者,此为人情上之往来。如遇拖欠不还,不得入营业中倒闭之例。

七、钱业。

自光绪三十四年起,凡有新开钱庄,必须先递节略,声明东家、营业、籍贯及资本若干,由本会调查董事具结声复,方准注册,以昭慎重。

八、伪商。

(一)凡有拐骗伪商,查有的确证据,公议认为无疑者,应即送请地方官究办,如该伪商外观系体面之人,而央亲友说降,自愿照通商口岸新律,以金赎罪,被骗人亦因情不愿再究者,本会亦可听之,惟须要约之事有三:(甲)担保不再犯之人,(乙)抛弃所习原业,(丙)赎罪金过于所犯事价。(注)此项赎罪金须禀明地方大吏备案,另户存庄,俟有商务上慈善事业,禀请领用。

(二)据《部章》第二十二条,柴米油豆及属民生日用等物,与地方最有关繁,倘有奸商等无故高抬,借端垄断,本会须随时集议,或邀传该商,导以公理,俾得按照市情平价出售,以安地方。

(武汉市档案馆)

1909 年

1 月

1.商会举定总协理(汉口)

(1909 年 1 月 1 日)

汉口商会于初一日开复选举大会,选举总协理。关道齐照岩观察以下各地方官,均莅会监视。对众开投票筒,检查票数,大清银行买办齐君湘琴得十八票,为总办;汪君炳生得十票,定为协理。

(《申报》)

2.商会纪事(候邀询议核办,函催速兑票银,函请派人查账)

(1909 年 1 月 1 日)

候邀询议核办　同和祥等去年被福兴德号倒闭巨款,控经商会,将该号皮油存于公安栈,判令分派,讵有刘安记坚不舒服,以至于今尚未分售。昨同和祥等赴商会递请照断分派,总协理以案延日久,未便再任延搁,究应如何分派,候邀集两造询议核办。

函催速兑票银　永丰厚钱庄在督辕呈控湖南官钱局所出怡生和期票二万两不肯照兑一案,业经督宪批饬江汉关移行商会酌办在案。兹复赴商会递控,总协理已着候接准移文,再行函催官钱局作速兑银。

函请派人查账　怡生隆钱庄倒欠巨款,股东姚守约派代表姚荫生来汉料理账项,并由上海商会来文,请商会维持在案。兹姚荫生以年关在迩,特赴商会请派人理账,总协理已准函请钱帮公所,派妥人出为查理。

(《汉口中西报》)

3.商会纪事(移请差缉究追,函请查照,商会备宴欢迎等)

(1909 年 1 月 2 日)

移请差缉究追

小夹街源和隆缎号亏倒巨款,业经大昌等控追,已由商会移请沙市商会暨江陵县,将该分号查封备抵。讵得函复,分号早已逃逸,近复有庆余代表余□□赴会请追欠银,协理已准移请夏口厅差缉究追。

函请查照

邓奇勋因韦尚文借用汇票号银十六万两,嗣因与伊纠葛,延不清偿。昨邓将纠葛情形详复商会,总协理诸君已准据情函请韦君尚文查照。

商会备宴欢迎

汉口商务总会因虞洽卿观察来汉办结三怡该欠洋款□督宪格外优恤,暨汇丰大办之慷慨,皆赖观察力为□动,在会各董均深感激。昨特备宴商会,柬请中外绅陪坐,闻与宴者,道宪齐观察、厅尊金太守并各商董,共开五席。惟各领事暨汇丰大班因公不暇,未到。

商会判案

永裕、新茂控张德夫欠银不还一案,查张德夫欠永裕、新茂银两,经中人调处,立有期票,理应从速归还,乃拖延日久,分厘不偿,未免负信于人。据称变产了结,许月半回信,永裕、新茂姑候数日可也,此判。

江重卿控高少赓一案,查高少赓帮贸公记放出货银共计四百余两,虽未扯用,究有经手之责,本会亦知高少赓被各欠户所累,判令折赔洋五十五元了事,现已如数交清,具结完案,此判。

(《汉口中西报》)

4.商会纪事(指控伪票图讹,递控□扎抓肥,商余学会会务杂志)

(1909 年 1 月 3 日)

指控伪票图讹

廪生向希敏在劝业道呈控傅荣文出票不兑一案,业经刘仲立观察批饬夏口厅移送商会,秉公调处在案。兹傅亦以伪票图讹等情赴厅禀控,金□生太守批:如果伪票图讹,经商会查明白,当移厅惩办云云。

递控□扎抓肥

元泰公在商会递控增泰钱店与李斗南□扎抓肥一案,业经商会邀集询理,供词各异,而李斗南又逃不到会,以致难以了结。昨元泰公又赴商会递控,总协理已准移请夏口厅□传李斗南到案,严讯究追。

商余学会会务杂志　每星期发行一次,□□年十二月十一□集六期　天印山□主稿

志者,记也。何谓杂志?以事无巨细,杂记于一□也;何谓会务?杂志以关系会务之进步,毋庸涉及外事也。然则会中已立有各项簿记,如有闻必录,会议、演说、日记等□□为不惮烦琐,而必欲滥费笔墨,出此杂志乎?记者曰“否,否”。会友日增,多数莫不关心会务□幸前途

之发达，每星期内保无因公事、己事之繁，而不克分身到会者，是以借此一纸遍行，欲使会务报告于会友也。然则杂志之作，首重报告，固已其逐日到会者，似亦无取乎？此记者曰“否，否”。次日星期提议各事，不得不一一表明，欲使诸会友有所预备，有所斟酌，庶免临事而游移莫决也，故此列会议。再如，来宾演说是何妙理，会友宣讲是何主义，或事前通告，或事后采录，均可登之杂志，欲使□□已到者、未到者，皆有所研究也，故此列演说。此杂志之用，殆合信函传单而并于一纸，且预定到会、散会钟点，非可以空言塞责而视为无足重□之具文也，阅者尚其审诸。

报告

上星期投票公举监察员应□孙、戴菊舫、史夔塘等三君，又公举调查员崔月榆、陈文生、韩薇郎、柴维湘、崔卓卿等五君。

新入会友二十二位，投子合格者二十一位。

仵禹九君演说商战、兵战之比例及泰西商业家之学，有次序，闻者一再鼓掌。

史夔塘君意见书陈说公益捐有结合团体之实效，众皆赞成。

陈荪和、张兆雨二君意见书陈说公益之事拟先筹办医院。

陈耕林君云□荆、襄、郧、宜道傅观察莲峰因公过汉，得闻本会之办法，颇深嘉许，寄语本会，勉图进步。

《行名簿》恐调查不实，公请会友担任复查事，经王子林君认定匹头业谢振声君、认钱业吕叔咸君、认衣业陈文生君、认洋行业罗听涛君、认银楼业周申伯君、认药材。

林创之君在沪新购各种棋式玩具已到。

本会《改良章程》甫经脱稿，议请全体会友发抒意见，逐条修订，以期妥善。

议举仵禹九君任演说员。

《行名簿》各业调查渐次取齐，查无过□船行及武汉三镇著名之制造厂，应否增补，待决。

史夔塘君手订《会友公益储蓄章程》十一条，逐条宣讲，待决。

□议切实调查会友办法，□会友十五位，行投子礼。

以上会议准定星期下午四点半钟开会，六点钟议止，晚餐。

演说

□兰轩先生演公益，杨亦安先生演历史，李远闻君宣讲义务，仵禹九君专讲实业。

史夔塘君讲迷信之不可误用。

王乃畬君、方枚卿君于理化、工艺两科学各有心得，如蒙按期演说，本会极其欢迎。

刘宝□君、叶薇卿君、吕叔咸君、严时庵君、宦□之君、杨千钧君任便宣讲。

以上演说准定星期晚七点开会，九点半散会，届时务请光临，并介绍来宾到会，指证一切，不胜欣幸之至。

今有报名入会十位，预请访查，以便按期投子。

陈明清汉阳人	住蓝金纸店相近	黄幼轩君介绍
周德安上海人	其来新宝买办	倪子祥君
李佩云又	李佩记木厂东	沈祝三君
陈少前安徽人		徐德卿君
黄毅安又		陈仲堂君

罗听涛慈溪人	凤宾银楼经手	魏□齐君
杜黎明宁波人	怡和洋行司事	韩薇朗君
钟寿霖定海人	水电公司司事	朱占三君
陈□山又	美孚洋行司事	韩薇朗君
胡泽生□海人	中□照相□东	朱占三君

(《汉口中西报》)

5.商余学会组织杂志

(1909 年 1 月 3 日)

汉口商余学会系各华商所组织，以研究商业进步为宗旨。现发起人李逮闻、叶东川、严诗庵诸君于初四日开常会时，提议拟将各会友之意见汇集成篇，名曰“商业杂志”，每星期发行一册，当经议决，公推刘君宝余担任编纂事宜。

(《申报》)

6.商会纪事(递控擅卖逼款，希候提讯核办，希候查询核追等)

(1909 年 1 月 4 日)

递控擅卖逼款

戴洪盛木厂在厅呈控何春亭将伊木料卖出，致令停歇一案，业经厅移请商会秉公调处在案。兹戴复以擅卖逼款等词赴商会递控，总协理饬将账目携带来会，以凭核办。

希候提讯核办

德顺厚因借李德昌空票银一千一百四十余两，用□英商开余公司，延不照兑票，由英总领事照会关道札饬夏口厅传追在案。兹德顺厚在商会递控李德昌借票不兑，总协理以既由厅提讯，自必水落石出，希候提讯核办。

希候查询核追

义诚生股东黄月萝因倒欠湖南官钱局银二万两，控厅传案收押，嗣由议董李星垣出具保结，禀由商会函请夏口厅交保理账。兹有同仁和亦以黄倒欠巨款等词，在商会递控，总协理已准候邀查询核追。

商会判案

裕源控熊祥发欠银不还一案，查熊祥发欠裕源银八万余两，裕源将熊祥发所办棉花扣留作抵，于理未始不合，不过熊祥发春间被风灾所苦，此次办花银两系晋丰祥所垫，若以此货全归由裕源扣抵，晋丰祥岂肯轻允，既经中人调有端倪，可仍请原中理处，以昭平允而免纠葛，此判。

王松山、陈明兴、周炳云纠葛被押一案，查王松山与周玉山弟兄银款纠葛，王松山抓殴周玉山扭经夏口厅验讯，将王松山收押在案。今日传讯，周玉山历述与王松山共事情形，愤极填胸，足见王松山所行未免太过。本应由厅办理，惟王、周既是儿女姻亲，又经中人再三商议，除函达夏口厅外，姑准请保在外，限日议结，如逾限不遵调处，仍照旧还押，由厅判断可也，此判。

(《汉口中西报》)

7.商会纪事（移请传讯究追，呈请核示再行知会，商会判案）

（1909 年 1 月 5 日）

移请传讯究追

大庆祥布店有店伙王海珊（一作王树珊）赴河南催收账项，不料王心起不良，竟私收卷逃回咸宁原籍。兹大庆祥赴商会递控，总协理已准移请咸宁县差传到案讯追。

呈请核示再行知会

议董朱立森为补救典业起见，在商会递称典商改为大龙圆写票，以龙圆当，即以龙圆取，照市价出入一律。总协理以每日大小洋价出入宜查照官钱局牌示，不准伙友从中勒，方无流弊，俟备文呈请督宪核示再行知会。

商会判案

义合源控唐允石欠货不还一案，查唐允石欠义合源羊皮银一千百余两，前次在会具限本月初十交还在案。今唐允石交来广大利担保字一纸，内载归宣统元年二月底还银五百两，四月底还银六百零二两二钱，届期由唐允石照兑，倘逾期不兑，以广大利担保是问。当将保单由义合源收领，唐允石前交义合源兴隆字已凭会批销，彼此具结完案，此判，结存。

容鸿藻控李发芝亏空烟土昧骗一案，查李发芝帮贸容鸿藻土店，系王松山所保，李发芝亏空该店烟土有账可考，容鸿藻既向王松山说明，理应责成认赔，以卸保人之责。今李发芝只云告退不贸情事，不认所亏烟土，意在脱累，王松山不但不代为开导，反谓容鸿藻不应诬良窃土，一味蛮狡，辱□不堪，似此夯骗，情有难恕。本会惟有移请夏口厅饬传王松山，着交李发芝，追赔所亏烟土，以逞刁风而安市厘，此判。

（《汉口中西报》）

8.商会纪事（移请传追给领，递控措留印契，倒店□葛）

（1909 年 1 月 6 日）

移请传追给领　黄陂人刘文彬等结欠洪启臣等货银七百余两，延不偿还，派伙往讨，复匿不面，洪启臣赴商会递略，谓其家事优裕，并非无力。总协理以刘实属有心骗账，已准移请黄陂县差传刘文彬等到案，讯追给领。

递控措留印契　华德公司买桥口外地基，在清丈局投税，不知因何被该局将印契扣留。昨赴商会递控，总协理已准分移铁路汉局、江汉关道、清丈局查酌办理，作速见复。

倒店□葛　义成生钱店倒闭，股东谢立齐、黄月萝两相□葛，迭见各报，兹经黄月萝经手收入外该款项，计银九千余两，呈缴商会，经总协理君交湖南官钱局暂存，俟各项收讫，再行摊派。黄因谢立齐仍以乾信协、殷渭生等倒欠之款挟令赔认等情，复请开会，据谢立齐、张俊亭外该虽有五万余金，除已收九千余金外，可作用之款难满二万金之数，非黄月萝将该两家之款赔出不能了结。当经商会各董以此事前经理处，毫无凭证，不能作数，惟除可靠作用之账外，所有难收之款，准其开列清单，由会移请厅宪究追。

（《汉口中西报》）

9.商会纪事(商会闭会开会之日期,商会判案)

(1909 年 1 月 7 日)

商会闭会开会之日期

汉口商务总会自去年赵次帅督鄂时提倡得以成立,维持商务,受益良多。兹因年关已届,总协理遵照于光绪三十四年十二月十九日闭会,于宣统元年正月十九日开会。

商会判案一

吉太祥控乐大国欠银不还一案,查乐大国实欠吉太祥银四百余两,因无款可还,经黄陂县押追存案,今伊子乐金山以事体寒苦,不能多还,向吉太祥再三求让,本会判令折还银一百三十两了事,吉太祥慷慨应允,足见情深友谊。其款由萧朗山诸君代为转交,彼此具结,本会即备文移请黄陂县销案,以示体恤,此判。

朱森茂等控正泰祥等串同霸产一案,查正泰祥、万和祥租住朱姓公产房屋,该东因要盖造,催令搬迁,今春知信,将近一年,正泰祥等安居若无所事,未免有意拖延。房东管业,无论愿租与否,自有操纵之权,衡正泰祥等来会,犹以迁居不易为词,意见甚左。本应判令具限,姑候三日回信可也,此判。

裕源控熊祥发欠银不还一案,查此案前次传讯,判令仍请原中调处在案。今日复讯,查知熊祥发售花银两,除还晋丰祥外,尚有余款,应令先还裕源银三百两,下欠明年不分期归还。熊祥发此时只肯还银二百五十两,裕源亦甚愿,再三开导,彼此各执。本会惟有移请夏口厅酌核办理可也,此判。

商会判案二

王松山与周炳云借款纠葛一案,前次传讯,因案情支离难当,据士公茂等保结,函请夏口厅将王松山保释挽调在案,今原中冯祥兴等调得王松山共欠周炳云银二千八百两,除银一千四百两以货作抵外,字限明年三月初一日交出,下欠银一千四百两另换新字。议将王松山马王庙正街领租房屋一栋暂归周姓收租,作还欠款,以后援照租折扣算。 俟本利还清,即将借券缴出,房屋退归。王姓转租所有前后租折以及行押租金现已凭会交周姓收领,彼此嫌疑俱化,具结了事。本会即备文移请夏口厅销案,以敦和好可也,此判。

源茂隆控沈申甫等欠银不还一案,查沈申甫即豫丰谦店东,与源茂隆共往来结欠银七百二十六两,因年关伊迩,筹款维艰,愿限明年三月底归还。又,豫丰谦经手黄星□欠银七百两,据称被义生祥倒塌受累,所幸义生祥尚有房屋可以作抵,如年内不能归结,愿限明年二月十五日偿还清楚,沈、黄均已凭中具限,宜设法早为弥缝,幸勿久延,自取讼累,此判。

李英俊控雷翔阶捏账揩银一案,今本会传讯,雷未到,然本会定章,被告三传不到,即移厅究办,姑俟之以视后效,此判。

(《汉口中西报》)

10.商会纪事(移请传案讯究)

(1909 年 1 月 9 日)

李儒臣租李□□房屋,开贸元生和钱店,□□已久,延不□□。李儒臣在商会控□三次邀

□□判李□……判结，实系无力偿还。昨经理事张君判乐现还□泰祥银一百两，余作义让，婉劝再三，始允具领，惟现银无出，乐转向萧朗山司事求代垫数月，此案可移销开释。

（《汉口中西报》）

11.商会纪事（递陈附□股本，复准转请商会详咨立案，商余学会会□杂志）

（1909年1月10日）

递陈附□股本

怡昌油行系九股所开，胡树廉只有一股，并无个人私产，曾经钱油两帮赴商会递请维持在案。兹胡树廉复赴会递陈怡昌油行只有九股之一，总协理以前据钱油两帮递陈，已明白答复矣。

复准转请商会详咨立案

广艺兴创设洋漆油公司，原为振兴实业、挽回利权起见，前已在商会递称，转请详咨立案，以便专利，当送□□三□呈据总协理已准备文，并将漆油转呈督宪查核，详咨□□，立案保护。

商余学会会□杂志　每星期发行一次，戊申年十二月十八出第七期（续□闲□志稿）

本会杂志

求本之长者，必□其枝而茂其叶；欲流之远者，必浚其源而通其渠。冀商业之发达，必联络其声气，而详备其报告，此会务杂志之作之所由□也。本会以十数人发起，越数阅月，承各界同人热心赞成，集数之多，将二百人，济济一堂，亦不盛矣。后之日为商业光，为同人庆者，亦将于斯乎基之矣。虽然会以商之余，同人中或因公冗而不克到者，□□详会中之行事，或到焉而未□备者，亦难于临特之解决，若调查，若□举，若演说、投子诸节目，皆本会□星期之所有事也。以杂志弁其端，将使同人了然于心目之间，庶几声气常联，团体永结，则志之为功也，不其□款，故虽按星期一出其等语。例行之报告，而有关于会内之公益者，将□同为书其缘起者如此。至于发明宗旨，解释主义，诸君子有先我言之矣，例不赘。

报告杂事

公华回汉　本会长刘□□君前赴咸宁，于十四日回汉，仍每日到会办事，本学长阮桂芳君亦已到汉任事。

月捐提费　本会月捐，每位二元内提五角，以作公储，所有开支另附草章十条，请即斧正，限一礼拜□还，以备采择。

热心公益　沈祝三□入会未久，乐助玻璃大窗，聊□雨□，同人等方便非浅，洵称热心公益。

本期演说　□冯兰轩君、杨亦安君、李远闻君及会友方枚卿君、王乃畲君、仵禹九君等。

文明□玩　本会前由林创之君自沪购来各种棋□玩具，可借以公余消遣，洵亦养心之一助。

定期开学　本会今年夜课于十八日已放年假，准定己酉年正月十八日开日夜课，请各会友介绍学生。

暂停杂志　时将年节，各会友□多公事，无暇观志，此期刊后，暂为停止，准待新正元宵后照常出志。

投子入会　报名十二位,预望调查,以便临期投子。

(《汉口中西报》)

12.商会纪事(移请提讯追给,陈列所告竣,具结交银销案等)

(1909 年 1 月 11 日)

移请提讯追给

陈大昌在商会递控邬皓臣昧良埸骗,欠钱不还,业经汉阳县差传到案发押,请提究追等情。总协理已准移请汉阳县提案追给,以全商本而儆昧骗。

陈列所告竣

商务总会设在□□门外商业学堂,前进即改为陈列所,陈设本省各属出产,以为研究地步,前因风雨剥□□□□圮,总协理特饬工修造,刻已工竣。

具结交银销案

潘福茂扭控马吉五一案,前由厅委断令马还潘银二百余两,昨经商会理事张君持平裁判,仍照折核算,与厅断相符,马仍混扯,幸有议董谭步云君、王春波君在座,令马年内还现银二百两,其余劝潘暂行□置,两造各遵劝具结,一俟交银,再行移厅销案。

商会判案

曾振兹控杨□□□□讹诈一案,查九江荣昌火柴公司于光绪二十六年由黄□国创办,朱拱之继之,朱故,邓宁波、顾保龄接办,因亏空甚巨,于三十二年十二月间倒闭,经各债主控由九江□□□断令,将该□□□□□贱价偿还欠户在案。杨□田既与该厂共往来,结欠银两应于该厂倒闭时,向经理账务人索还,方称正大。乃事□两年之久,忽持二十九年挽结之废折向售该厂股票之曾振兹追索前欠,实属捕风捉影,有意讹诈,最可异者,又呈出同兴裕代取包封编条一纸,以为今日索账根据,真是想入非非。无论该厂所欠曾否□□,究不应向局外之人无理取闹,今杨□田既不由分说,惟有□请夏口厅□案断结,以惩刁风,此判。

潘福茂控马吉五刁狡昧骗一案,查马吉五结欠潘福茂银四百余两,扭控夏口厅,讯将马吉五交周太兴保□在案。今日传讯,马吉五以所欠之款被客家收无,不能代为维持。经众人调处,除行用子金不计外,现还银二百两了事,其款由萧朗山诸公转交,彼此应允,凭会具结。本会即备文移请夏口厅销案可也,此判。

(《汉口中西报》)

13.商会纪事(答准查账核办,商会判案)

(1909 年 1 月 12 日)

答准查账核办

兆丰机器碾米公司前因亏欠巨款,以致停歇,有裕厚昌赴商会递呈节略,谓该公司欠伊银六千两,请予追给等情,总协理已准查账核办。

商会判案

李英俊控雷翔阶一案,查李与雷翔阶始而交好,因托雷翔阶说合,领熙泰昌本金三千两,赴江西义宁办茶运汉，由雷手销售，迄今已阅数年。现因账尾未清，控经本会，查知所讹之款多系水脚酬劳等项，为数虽有九百余金，然茶市大经纪之难，人所共知，今若概令雷姓退还，未免偏枯，必有不服，故两下开导，令雷翔阶折还龙洋三百五十元整，既可省目前之讼累，又能留夙日之交情，彼此乐从，毫无异意。其款议定由本会帮董项念晖君转交，来函销案，两造已凭会具结，此判，结存。

唐善初控刘恒泰欠银不还一案，查刘恒泰结欠唐善初银二百八十五两，屡经本会传讯，判令折还银一百七十两了事，具限筹还在案，令刘恒泰如数折合估平宝银一百六十五两五钱，凭会交唐善初收领，具结完案，此判，结存。

（《汉口中西报》）

14.开会劝缴商捐
（1909 年 1 月 12 日）

汉口九九商捐刻已并归厘金局办理，惟各商遵缴捐款者甚少，刻关道齐观察特请商会总协理齐相琴、汪炳生二君召集各商，于十五日开会劝谕速缴，以济公用。

（《申报》）

15.商会停止裁判
（1909 年 1 月 13 日）

汉口商务总会以年关伊迩，各局署均将停止办公，爰于十九日闭会，停止裁判事件。俟明正十九日开会，再行照常理事。

（《申报》）

16.商会纪事（商会预备乔迁）
（1909 年 1 月 13 日）

后城马路商务总会因团聚不便，预备迁地为□，刻闻齐君湘琴、汪君炳生与各帮董商议，在四官殿后户部银行间□设立，业已租就栈房，俟开春乔迁矣。

（《汉口中西报》）

17.商会纪事（商会办理未了事件）
（1909 年 1 月 14 日）

商务总会因将近年节，本应于封印之日停止办公，兹经总协理诸君以积压要公甚多，倘不于年内议结，于商务大局多有窒碍，现拟连日赶办未了各件，定于二十四日停止办事。

（《汉口中西报》）

18.筹议辟商场、开套河之计划

（1909 年 1 月 14 日）

鄂督陈小帅前据候补道冯嘉锡条陈，拟将省城南金沙、白沙二洲及汉阳鹦鹉洲等处辟为商场，将省城城外上游老关嘴迤北开挖一口，引江水入夹套，至下游武泰闸小河，以通长江于汉阳洲头嘴，疏浚旧河至河北，并在鹦鹉新洲西北沿堤开河，至拈花寺，以通长江，俾民船得避襄河流水、飓风之险。当经批饬藩司、劝业道、商场局、善后局核议。现已会同议复，略云，请辟商场一节，目下粤汉、川汉铁路接踵开筑，商务必日渐发达，预辟商场自是挽回利权，应即早为规划。惟查铁路停车地位，武昌现已在金、白二洲测定车站基址，至汉阳鹦鹉洲地方因为湖南木帮所占，屡次磋商收回该地建作川汉码头车站，迄未议定。是汉阳车站至今未定基址，应俟川汉铁路测勘定夺后，如能将该地收回，再议。至另辟良港，俾民船得避风涛之险，且获转输之便，实与商场相维系，冯道所陈委系确论。惟长江至大军山下直趋向南，水势湍悍，如甘家河、老关嘴一带，首当冲要，设于长堤开挖一口，两傍修筑石岸，以防泛滥，此事所关甚巨，工程稍不坚固即恐有溃决之虞，应先饬熟悉堤工水利之员，将该地势详细履勘，河道究竟能否开通，地方有无别项窒碍，查明禀复核夺，方有把握，实不敢轻于从事。至疏河之法，冯道既称已与熟悉工程、办有成效者反复商榷，费不甚巨而工可经久，究竟此项工程约估需若干费，能保固若干年，须俟冯道将详细勘估工折呈候核发，再行置议。总之，铁路交通，商贾辐辏，市面必日臻繁盛，布置商场自是及时要务，惟造端宏阔，工程固不易，经营款项尤难于筹划。即如武胜门外通商场地段，光绪二十六年经升督张中堂饬购基址，并于二十八年奏准。乃武昌自开口岸迄今已逾八九年，尚无款筹办已辟之商场，此时公家财力支绌，更何能辟未开之商场。目前粤汉铁路北段码头车站，测定商场两段，一旦铁路开工，即须兴筑商埠，经费尚未易筹，若再规划金沙、白沙、鹦鹉洲等处预为布置，先购地址，开河道，筑石岸，工程浩大，需费亦属不赀。此项巨款，公家从何筹给，应请暂从缓议，俟粤汉铁路大工告成，商务真属繁盛，彼时仅开一堤口工程，尚不难办。夹套之中，上下有水流通，民船即可湾泊，日后武昌商务日兴，再议开挖良港。如冯道所议者，今非其时也。

（《申报》）

19.商会纪事（着自赴厅呈诉核办）

（1909 年 1 月 15 日）

轮船挑夫条规，由夫头刘道仁、周万明等禀经夏口厅移请商会详查核复，业经批准在卷。兹范荣章等以周万明乱规等情，在商会控告，总协理以该夫头□属延宕自误，着自赴夏口厅听候核办。

（《汉口中西报》）

20.商会纪事（移请集讯质究，请定锡箔司匠规章）

（1909 年 1 月 16 日）

移请集讯质究　杨惠田在商会递控曾振兹昧骗一案，业经邀集两造到会询判，因彼此各执一词,无从判结,总协理已照案移请夏口厅传集两造,质讯究断。

请定锡箔司匠规章　汉口百业均定有规章,惟锡箔司匠未定,殊于商务有碍。刻特拟议规章,赴商会递请核定,总协理以此事已准夏口厅移请核复,希候查核移复,以资遵守。

(《汉口中西报》)

21.商会纪事(请饬交案追缴)

(1909年1月17日)

邱和亭欠尹永年银两,控经商会邀询,限期清偿,兹逾限不缴,尹永年复赴商递控,总协理以本会邀询抗不到案,已移请夏口厅饬保交出邱和亭到案。

(《汉口中西报》)

22.商会纪事[商会详请典商改用银圆(附督宪批)]

(1909年1月30日)

商会详请典商改用银圆　为详请事　据汉口典帮首人朱立森、华冕英、施之漳等共同略称,窃查阳夏两属所开典铺,类多□凑而成,自光绪十六年改作二分行息,获利既微,迨至二十二三年叠遭歉岁,满货滞销,售价不足原本,是以和济公、济有豫等典次第收歇。各典以东隅既失冀桑榆,故各坚守至今,不料铜圆通行,钱价日落。前年春季当出本每十文合银八钱有奇,去春虽见减少,亦有六七钱之市,今则跌至五钱二三分,而官票铜圆尚层出不穷,将来钱价之贱,莫知底止。每典存架或数万,或十数万,虽大小不等,而受亏则一,加以百物腾贵,日用房租无不价过三倍,在别业尚可随时加价,以资弥补,惟典铺遵奉部章,二分取息,丝毫不能增加。窃思开典,原为便民,若任其坐受亏耗,势必相率歇业,非惟商受其累,于贫民亦多不便,此董等辗转思维,不得不亟图补救也。近闻江浙两省各典铺,因铜圆充斥,钱价日贱,改当大龙圆,禀奉上宪批准,已早开办。阳夏事同一律,而钱价之贱,较江浙为尤甚,拟请按照旧案,改当大龙圆写票,以龙圆当,以龙圆取。按日牌列大小龙圆市价,零角出入,照市贴水。其有以钱价当者,照市作价出入,一律平允无欺。在当户毫不受亏,而典业免受大耗,商与民似皆两益,董等为维持典业起见,为此缮具节略,敬祈转详督宪,俯赐察核,是否可行,静候批示,再行邀齐同业,妥议章程,禀请示办,恤商便民,德便无既等情。据此,卑会钱价日跌,较前数年相去悬殊,各项商业,凡银出而钱价入者,莫不大受影响,典帮取赎虽皆以钱进出,而行运必需易银,今昔相比,未免亏耗,况各项商业以及他处典当,多有改洋码作交易者,汉口典商,事同一律。贵商等所请一律收当拟改为龙洋写票,以龙洋当,以龙洋取,照□作价,出入一律,系为借图补救起见,自应代为转请。惟当户多系困苦,将来如荷照准,似宜明定章程,按照出入一律之语办理。其每日大小洋价目,尤宜查照官钱局牌示为准,不使伙友人等从中抑勒,方无流弊。除此答外,相应据情详请宪台俯赐查核,批示祗遵,实为德便。

附督宪批:据详,典当取赎一律改为龙圆出进等情,是否可行,有无窒碍,仰北布政司会同劝业道迅速核议复夺,以便饬遵,此□。

(《汉口中西报》)

23.汉口商人之叫苦
（1909年1月）

汉口函云：汉口九九商捐，因办法过于激烈，以致阖镇商家，大动公愤，再议暂停贸易之举，已纪本报。兹闻众商已于日前将所有存放各堆栈货物，悉用驳船起运一空，连日所有外来客货均暂停买卖。上至桥口，下至花楼，各码头夫役以及各商轮码头小工一万余人，因此皆无所事事。区区小民，一旦食用无着，怨声沸腾。刻合众商议，拟仿照四月间摊民办法，每人持香一支，环叩鄂督暨官道之前，求与生路，否则我辈宁死于此，不愿生还云云。至石膏帮、药材帮现又传单集议，此后，如有私相买卖以及起卸货物不愿订约者，立即议罚重金云。

（《广益丛报》第192期）

24.汉口创设关栈
（1909年1月）

汉关税务司安格联君据英商太平洋行禀，拟在德租界内择地建一观瞻，请为核示遵办。安君当查，设立关栈，准其屯积货物，待出售时纳税，或听其转口。此举于税课无损，于商情甚便。其大纲载明于《中英商约》第六款，爰即派员前往查勘，该栈尚属谨慎坚固，自应准其所请。惟本口设立关栈，系属创举，必须先定妥章，以免偷漏各弊。闻沪关所定办法，甚属周密。现拟仿照议订章程数条，申请总税司转呈税务处核示，俟复准再饬开办。

（《南洋商务报》第56期）

25.汉口商况
（1909年1月）

汉市经济，自受恐慌以来，金融市场，日形逼迫，各商家因之难获余利，大都无力支持，即各货物亦陡增价值三倍四倍不等，小民受害非浅，所谓一发牵而全身动是也。兹将汉市物价，详列于下，以见该埠商务之一斑。

汉市若牛皮，若芝麻，皆为出口之大宗。牛皮则各洋商购以运往外洋，刻闻每担已涨至四十两，且羊皮亦骤飞涨，致各洋行目下均不敢购办，货物山积，无人过问。动用庄款，则异常逼索，商人困迫之状，可以想见已。又，汉市以贩售芝麻起家者甚众，今岁收成，既遭欠佳，购办各号，则又因银根奇紧，不敢承买，因此销路益阻。他若米粮，为小民之必需品，迩来寻常白米，增至六元有零，民以食为天，米价如是有增无减，相彼小民，何以堪此。

（《万国商业月报》第10期）

26.鄂督札饬司道会议辟武汉商场条陈

(1909 年 1 月)

为札饬事　案据候选道冯道嘉锡禀称,职道度鄂地之形胜,衡将来之时局,窃有一得,谨约略陈之。夫武汉据长江上游,商务为各埠枢纽。自京汉铁路开,而各国租界扩张至二三里。汉镇龙王庙至桥口,市面日臻繁盛。江汉之间,帆樯林立,亦远胜于前。转瞬间,粤汉、川汉铁路接踵开筑,再阅十年,汉口商务发达,可直追欧洲各国大市场,如伦敦,如纽约也。然默揣情形,将来粤汉、川汉铁路成,商务之发达,多在租界,利权外溢,势所必然。宜于铁路未成之先,预设挽回利权之法。其法维何?一将省城南之金沙、白沙二洲,辟为商场。粤汉铁路火车往来各货,在此装卸。二洲之间有湖,即今之夹套,约长七八里,宽百余丈。前张中堂督鄂时,曾筑长堤围之,应于夹套上游,老关嘴迤北,开挖一口,引江水于夹套,如南京拖下之夹江。下游武泰闸西北静萍煤厂,本有小河一道,开宽挖深,以通长江,则夹套内可通民航,鲇鱼套外可通火轮,此夹套绵长七八里,足容民船数千号,既无风涛之险,又与铁路相连,行旅商贾,不期而集,武昌上游之商场成矣。一查汉阳城南,本有通江内河一道,江水自江头嘴入口,回绕鹦鹉老洲南、西、北三面,至汉阳东流入江。此河年久失修,水涨船可通行,水涸即多浅阻,应就此河挑挖深通,将河西之三里沙、河东之鹦鹉洲辟为商场,将来货船均得泊此装卸。其地就近铁路,又无风涛,若再将鹦鹉新洲西面沿堤,一并开河至拈花寺,以通大江,则商场且益开拓,利益尤大,此应用汉阳上游河道,以辟商场之情形也。且辟商场于上游,既可收莫大之利,移船只于内境,更可防不测之灾。如本年三月初旬,襄水陡涨,坏船无算,淹毙人口千数百,漂没货物千余万。阅二旬,江面复遭风灾,所伤失者,与前略同。盖襄水之患,在船楫拥挤,徙避不及也。江风之患,在一无遮蔽,辄遭沉没也。而江汉之帆樯林立如故者,非不惩前以毖后,实难舍此而之他。异日粤汉、川汉,次第交通,货物之转输日益广,民船之装载日益多,若不早筹一稳着,其损害有防不胜防者。职道有鉴于此,因亲历武汉上游,悉心考察,亦惟有开通河道,自辟商场,挽回利权,预为防险,一举两得,莫便于此。商场既近铁路,又有内河停泊商船,百货交通,起卸灵便,帆樯上下,谁肯舍此隩区,冒险而下泊汉江间者,则上游之商务,不期兴而日兴,外溢之利源,不期挽而自挽矣。至于疏河之法,已与熟习工程、办有成效者,反复商榷,费不甚巨而工可经久。且于决议开河之后,由公家收买两岸民地,即以挖河之土,培高两岸基地,转售商人,可获巨款,不第收回开河经费已也。伏祈俯赐鉴核,采择施行等情,到本部堂。据此,查商场土面,前经升任阁督部堂张,购至武胜门外,为自辟商场,转瞬铁路通行,贸易必益臻繁盛,应即续行规划,以期纲维全局。金沙、白沙、鹦鹉洲地方,于将来停车地位是否合宜,至于另辟良港,俾货船得避风涛之险,且获转输之便,实与商场相为维系。惟造端宏阔,需费必多,虽将来收数可期,而此时款宜预算。除批示外,合亟札到该司道,即便遵照,会同核议禀复,此札。

(《万国商业月报》第 10 期)

2 月

1.商业学堂开办有期

(1909 年 2 月 1 日)

汉口商业学堂校舍落成已历三年,因未筹有常年经费,故未招生开办。现有职商黄训典,自愿每年捐银二千元,以助用费,禀奉鄂督批准,饬劝业道会同商务总会添筹的款,务于今春开办。

(《申报》)

2.商会纪事(商会定期开会)

(1909 年 2 月 1 日)

商务总会定期本月十九日开特别大会,刻由总理齐湘琴观察、协理汪炳生观察遍发传单,邀请在会诸君届期早临,商议改良一切事宜。

(《汉口中西报》)

3.商会纪事(希候移请讯追)

(1909 年 2 月 2 日)

永泰生控王俊卿欠款一案,业经商会邀理,已据王俊卿具限算还,嗣因逾限多日,仍□不理,复赴会控追。总协理以本会无压制之权,实属无能为力。据称,现被三井控□□押且已□俊弟扭送厅讯,希候移请夏口厅传同王俊卿等讯追可也。

(《汉口中西报》)

4.商业学会开年会启事

(1909 年 2 月 3 日)

月之十三日下午五句钟开年会,宣告本年办事之方针,请在会诸公务必光临,是所盼待,此请汉镇各帮。

商余学会谨启

(《汉口中西报》)

5.商会纪事(递控仗势抗传)

(1909 年 2 月 3 日)

义泰祥郭己修在商会递控陈永兴仗势抗传一案,总协理以此案已查照前询判语,移请禹州核办。

（《汉口中西报》）

6.余录（夏口厅金太守通函照录）

（1909 年 2 月 3 日）

敬启者，窃查禁烟一事，朝旨綦严，中外瞩目，现在烟馆虽将禁绝，然必广设戒烟善会，多备戒烟药丸，普及施行，方可禁除净尽。敝厅迭奉列宪札催劝办，当于正月初十日与汉口商会诸君子会同商酌，因议戒烟善会合办则势有难齐，分办则各量其力。查汉口地方轮轨交通，商贾辐辏，各省则建有会馆，各业则设有公所，各帮则立有善堂，在会馆念及寄籍之人痼疾沉迷必思援手，在公所悯及同行之辈废时失业更切婆心。至于善堂者，恫瘝素抱，愿力尤宏，振彼穷黎出之黑籍。倘于会馆、公所、善堂各附设戒烟会一所，其经费足者，额设数十人住会施戒，不足者，额亦减少焉。其次仅施药丸，而药丸愿施之人数亦视其经费多寡以为衡，出于自愿之诚，不关强迫至力。当蒙商会诸君子拍掌称善，询谋佥同，并蒙前协理刘创议建立医院一所，捐助地皮六千万，复蒙前总理卢、今总理齐、协理汪、议董孙君涤甫、王君芝舫、叶君东川、蔡君辅卿、宋君炜臣暨各议董、各帮董公议筹款，创办之法与戒烟会相辅而行。复议即假汉口商会为全镇戒烟善会议事处，群策群力，善念弥纶，此地方人民之幸福，而□厅日夕祷祀以求，幸而得之。其荣施为何如也，兹特亲诣贵公所、会部、善堂拜谒，并订于正月十八日下午一点钟恭请各公所、会部、善堂首士董士惠临汉口商会，公同筹议，期在必成，届时伏乞惠然肯来，借聆大教，语曰：人之欲善，谁不如我？此事较一切善举尤有公益，想诸君子必不吝金玉也，□□不胜祷□之至，敬请善安，并颂新祉。

署理夏口厅金世和谨启

（《汉口中西报》）

7.商会纪事（移请差传追缴据领）

（1909 年 2 月 4 日）

源甡记在商会呈控黄陂县刘炳文达限不还欠银，请予饬追等情，总协理以殊属非是，希候备文移请黄陂县差传刘炳文到案追缴。

（《汉口中西报》）

8.汉商反对水脚增价

（1909 年 2 月 4 日）

《字林报》载十二日汉口电云：长江轮船装货水脚，近每吨增至银一两二钱，汉口各商因各船任意增价，有碍商业，特开大会反对。

（《申报》）

9.商会纪事(议董仍允视事,请提盐款抵债)

(1909年2月5日)

议董仍允视事　汉口商务总会议董史君晋生热心公益,素为众商所钦仰,去年史君因会中任事辛苦,于举议董时已登报告辞,嗣经各帮董仍旧纷纷投票推举,有四五十票之多,可知□望所归,欲辞不得。照商会定章,凡举定议董,不能推辞,现闻各董盼望殊殷,已由总协理专函邀请。据云,蒙史君允许,常川来会,办理会中一切公益矣。

请提盐款抵债　富隆华欠款一案,迭经各钱庄催追,股东王君等以系袁万春管账,非严追袁不可,因将袁送厅收押,嗣经保出,迭请宽限,忽以请提四川盐款为词,希图延展,总协理诸君已议,仍将袁万春送厅管押。

(《汉口中西报》)

10.商捐稽核收支委员

(1909年2月5日)

汉口九九商捐局去冬因各帮反对,归并牙厘局办理,惟催收捐款一切,责成江汉关道主持。兹齐照岩观察特札委查令锦枞为商捐稽核收支委员,以专责成。

(《申报》)

11.商会纪事(函请作速拨款)

(1909年2月6日)

□森记前包造某营房,垫款甚巨,特赴商会请催速拨款,以免赔累等情,总协理诸君已准函请该营员作速拨款。

(《汉口中西报》)

12.商会纪事(希候邀集询理,移请商会询判)

(1909年2月7日)

希候邀集询理　刘春浓亏欠徐文波银两,徐向刘催讨,久延不还,徐文波当开具节略,赴商会投递,请予追给,以全商本等情,总协理已批答,希候邀集询理。

移请商会询判　潘福茂奉汉阳府谕,充杂皮商捐委绅,秦帮马□五在该行卖皮,欠伊银四百两不还,现复瞒捐不缴,将马扭案收押,金太守当移请商会邀集判结。

(《汉口中西报》)

13.商会纪事(希自赴县禀诉)

(1909年2月9日)

魏宣三倒骗大昌等银两,指控魏六斤系魏宣三之同居胞叔,业经商会移请黄陂县传追在案，嗣经集思赴会禀诉，伊父魏六斤系与魏宣三同族，并非期亲，恳予分剖等情。总协理以县官耳目甚周，当不难于查察，希即自赴县禀诉可也。

（《汉口中西报》）

14.汉口商务总会告白

（1909年2月10日）

敬启者，本会前因时值□篆，照章闭会，兹届开印，□有各事均应照常办理，定本月二十日下午两点钟开全体大会，以便商议一切。除传单知会外，特再登报声明，务望诸董先生届时惠临，是荷。

（《汉口中西报》）

15.商会纪事（商会开会）

（1909年2月10日）

汉口商务总会于去年十二月十九日循例停办公事，兹因年节已过，总协理特遍发传单定于今日（二十日）下午两句钟开全体大会，照常办公。

（《汉口中西报》）

16.鄂督饬讲商律

（1909年2月10日）

鄂督陈小帅以中国现值商战剧烈时代，非各商会结合团体，力求进步，终无优胜外人之望，汉口既有商务总会，宜择于商律素有研究之人开会演讲，故特札行该会照知，各分会一体遵照。

（《申报》）

17.商会纪事（示期会同算账，希即自向投理）

（1909年2月11日）

示期会同算账　邓奇勋在关道禀控谢谨堂亏空巨款，业经批饬夏口厅会同商会算账，兹邓奇勋在厅禀催，金□生太守昨已示期，于二十二日在四官殿会同总协理及叶绅、蔡绅，监□并饬谢商请浙帮公正人二员，邓商请广帮公正人二员，到场清算，以期允服，但必须将账簿带齐，以免借口。

希即自向投理　王侯氏在商会控段星齐勾令出屋一案，总协理以氏系泾县人，所租之屋又系会馆公产，且已租住多年，彼此同乡，当无不可□商，希即自向投理可也。

（《汉口中西报》）

18.商会纪事(希自投凭保邻算账)

(1909 年 2 月 12 日)

洪顺钱店控吴柏舟借银不还一案,业经夏口厅移请查理,兹吴柏舟在商会诉控洪顺□讹盘剥等情,总协理以各执一词,非将两造账据先行核对明白,不能理结,希即投凭保邻人等,核明两处簿据,再请本会邀理可也。

(《汉口中西报》)

19.商会纪事(官商会议办法,希即赶紧设法清理,移请差传讯追)

(1909 年 2 月 13 日)

官商会议办法　汉口土帮集齐反对不领牌照,刻闻江汉关巡警、夏口厅传谕土帮正董李子(紫)云等,于昨二十二日邀请祥丰厚、徐筠福、合成、昶记、福大祥等七大家齐至商会商议办法。

希即赶紧设法清理　新安书院因所保清账之胡树□欠项两抵不敷,情急自尽,赴厅报验。兹复赴商会递略,总协理以既已赴厅报验,即应候厅核办,李怡生隆欠项仍望催令各该股东赶紧设法清理,以便结案,幸勿借延。

移请差传讯追　厚余等庄在商会递控陕西安康县吴叙五等,共欠该庄银一万二千七百余两,分厘不还,潜逃回籍,总协理以吴叙五等殊属非是,备文移请陕西安康县差传讯追。

(《汉口中西报》)

20.商会纪事(递请提给缎箱)

(1909 年 2 月 14 日)

江苏会首顾□芝等在商会请提源隆和缎箱,以便早日完结一案,总协理诸君已如请,分别函请招商汉局、太古洋行将前扣留源隆和缎箱交给顾□芝等,与源隆和店主蒋绍元具领,以便作速了案,并希将摊还缘由见复。

(《汉口中西报》)

21.商会纪事(递恳代请保释,递控不兑银票)

(1909 年 2 月 15 日)

递恳代请保释　怡和利钱庄亏倒巨款,管事王省堂逃匿无踪,欧阳武臣系王省堂之戚,又为该庄管账之人,业经夏口厅押令着交。兹欧阳武臣在商会递称,母老家贫,实系因人受累,恳予代请保释等情。总协理以能否可行,姑候查明,酌核办理。

递控不兑银票　永丰厚钱庄收有湖南官钱局期票银二万两,嗣因怡和兴倒闭,湖南官钱局声明止兑,迭经控由商会邀同评议,未结。兹复赴会递控,总协理已准再邀,评议核办。

(《汉口中西报》)

22. 商会纪事（递请电致扣留货船）

（1909 年 2 月 16 日）

海味店同裕等因陕西白河益顺源向伊等号购取各货，不交货银，遽行逃避，已经派伙在白河口将货船查获，请电致光化县，将薛大兴等船扣留等情，总协理已俯允所请。

（《汉口中西报》）

23. 商会纪事（希自投凭查理）

（1909 年 2 月 19 日）

恒源兴在商会递控庆余不允收彼此大款作抵等情，总协理答谓，汉口商业繁盛，遇有倒闭，两家互欠之款是否向准彼此作抵，必有一定章程，凡在经商，谅均深悉。至□泰炳等店是否有贵商股分在内，亦必为人人皆知，所有该商与庆余互欠之款能否悉准照抵，希先自行投凭查理，公论难逃，当易了结也。

（《汉口中西报》）

24. 商会纪事（希即开具清单，希细查明声复，分送戒烟会招牌等）

（1909 年 2 月 20 日）

希即开具清单　海味店同裕等控白河益顺源购货逃避案，业经控由商会电请光化县扣留货船。总协理查益顺（源）薛尽一骗去之各货，究系何项货物，共计值银若干，计装货船几只，大兴之外，其余船户等系何姓名，该船户等所装货物，是否尽系骗去之货，抑尚有他家托其装运者，希即逐一声明，开具清单，送候备文移请，分别追还。

希细查明声复　厚余等庄控陕西安康县吴叙五等欠银卷逃一案，业经移请传追。惟据称，吴叙五有兄吴君俊珖系湖北候补知县，其银系俊珖着伊弟润晨往湘办麻，向该庄用去银两。总协理以欠户既系本省候补人员，就近向俊珖追还，似易得手，但系何官名，寓鄂省何处，有无差委，并希查复，以凭设法究追。

分送戒烟会招牌　商务总会总协理君因夏口厅金世和太守开会集议禁烟一节，已经各帮善堂会馆绅董担任，量力兴办，以全公益，特备戒烟社会长牌多方，按各善堂会馆每处分送一方，以资提倡云。

递恳移请照会转饬退据　驻汉樊城乾盛光钱号被某公司串通义和祥勒退字据，业经在夏口厅洋务公所呈控在案。兹复于二十六日在商会投递节略，恳准移请江汉关道照会某领事，饬退还字据，以伸公法而杜后累。

（《汉口中西报》）

25. 商会纪事（商会仍议设立商业学堂）

（1909 年 2 月 21 日）

汉口商务总会因未建立会所，设在商业学堂，去年年终开会，总协理诸君曾提议迁至四官殿,近闻四官殿屋宇狭隘,仍议设在商业学堂,以资办公。

(《汉口中西报》)

26.商会纪事(传知赴赛衣饰大会)

(1909 年 2 月 22 日)

商务总会总协理齐、汪两君准英总领事函开,准本国万国商务赛会总局咨开,拟于西历四月在伦敦开赛衣服饰物大会,请传知本埠各商,如有愿往入会者,速即备办前去。等因。刻已遍发传单,俾众咸知。

(《汉口中西报》)

27.商会新举总协理

(1909 年 2 月 22 日)

武昌商务总会总协理任满,于二十二日在劝业场开会选举,是日劝业道、武昌府各官均莅会监视,并举工、商两中学堂监督范吉洋、权谨堂两君为临时监督投票选举,吕超伯得票最多为总理,殷友愚次多数为协理。

(《申报》)

28.商会纪事(递控私据银两)

(1909 年 2 月 24 日)

茂亨钱庄以万源酒栈欠银三千余两,控经商会邀询该栈管事吴保卿,诉称,银钱系司账之陈成之私用。总协理以管事岂能置身事外,故将吴保卿交保,逾限无□,移厅传追在案,嗣万源栈主将陈成之送厅收押。兹复赴会递控,总协理以陈成之即使私挪属实,万源栈主与吴保卿不能置身事外,仍望同设法理楚,以免讼累。

(《汉口中西报》)

29.商会纪事(希候详细声复)

(1909 年 2 月 25 日)

乾盛先钱号前在商会递控某公司串同勒据一案,总协理以该公司系何姓名,被逼立字据时有何人在场,希候详细声明,以凭核办。

(《汉口中西报》)

30.商会纪事(移请札饬改差传追,递请扣留摊分)

(1909 年 2 月 26 日)

移请札饬改差传追　麻城县悦来典欠谦和玉银两,控经关道札饬麻城县传追在案。兹谦和玉复赴商会递控，该县差袁锦者与该典同族□票延塌等情，总协理已准移请江汉关道札饬麻城县改差传追。

递请扣留摊分　白河源顺和在汉口同裕号骗去货物，业经控由商会电请光化县扣留，兹有泰顺合以伊欠银五万余两，赴会递请将扣留之货一律公摊，以昭平允，总协理未允所请。

（《汉口中西报》）

31.商会纪事（着令赴厅呈请）

（1909 年 2 月 27 日）

邹瑞棠造伪票，骗取益大钱庄银两，控厅拿案收押。兹遇恩赦，昨有刘小山赴商会递请移请开释等情。总协理以能否准予开释，厅尊自有权衡，着令赴厅呈请。

（《汉口中西报》）

32.商会纪事（商会劝土店户话广告，希候详复核办，接文再行办理）

（1909 年 2 月 28 日）

商会劝土店户话广告　开土店的诸君呀，言禁烟的事，原是朝廷要我中国人自强，力除恶习，所以奉到定章，都从本根上做起。就是领牌照的事，无非想渐渐改换从前面目，我们食□践土，总要体贴□□好意。即如上次诸君来会，说章程许多难行，本会已经开诚布公，破解明白，一面诉夏口厅，也就禀明上宪把那些做不到的事，求得暂时宽限，这就是体贴诸君了。昨日听说有无知小孩胡闹，弄得大家不能做生意，闹出事，各人父兄如何担当得起，本会要将一番苦衷情节，说与大家听听。诸君如有难言之隐，不妨到会□怀相示。我们总想上下相安，极力维持，一切可以当面说说，诸君切莫听信浮言，相率暴动，各有身家，各有产业，各有牌号，何必逞一猛之性呢？

希候详复核办　两宜纸烟公司现已停歇，昨由股东尹子嘉赴商会陈明，并称系与邓、孙两君合股开设等情。总协理以是否订有合同，略未叙明，希切实详复，以凭核办。

接文再行办理　茂亨钱庄在商会递控万源酒栈欠银三千两不给一案，当将该栈私用银司事陈成之送厅押追。兹陈以该欠账系□管事吴保卿指挥等情，赴会递诉，总协理以此事如厅移本会理结，一俟接文，再行办理。

（《汉口中西报》）

33.商会纪事（移请解汉清理，提议三怡债项，土店罢市临时特别会议演说）

（1909 年 2 月 29 日）

移请解汉清理

大庆祥布店伙王树珊在河南盗印□收，潜逃回籍。昨该店赴商会递控，请予追给等情。总协理准移请咸宁县押解来汉清理。

提议三怡债项

三怡字号去冬倒闭以来，迄今尚无端倪，初十日各债主在商会特开会提议，以期早日了结。

土店罢市临时特别会议演说

（商会总理演说）禁烟严厉，本不便于土膏商，然各商既已贸此，中辍、遵守，两望有所难，但烟不禁，国即难强。现新君即位，□志维新，举凡大小臣工，为嗜好被参者，不一而足。朝廷□□何□郑重，邻国亦因是钦敬较前有加，□期收回成命，断不能行。各商既以□□有滞碍难行之□，已由金太守禀商禁烟公所，暂准□改，从缓罚办。是上宪于禁戒烟之中，仍□体恤之意，如再违执，殊觉非是。昨阅有等思□罢市之举，更属操切。要知禁烟罢市与警摊冲突不同，一经暴动，王章俱在，遗累身家，后悔何及，诸君其三思之。

（协理演说）烟之害，禁之难，变通办法，均经总理逐条宣布，毋庸赘述，但为我善除巨害，为子孙除巨害，自非禁绝不可，禁绝之法，非由各土店固结团体，恪遵定章不可。然富商巨贾，资本所关，且责以滞碍难行之事，势所不便，不妨好作商议，设法改良，或合数家筹设公栈，另定章程，变通办理。商会负保卫之责，必当尽力维持，令众商不致受亏。倘仍无知妄□，地方官执法从事，斯时本会断难干预。今特邀集劝导，以免自取其辱，望于明日赶紧先行开市，并望登时公举董事数位，代表一切，随时到会磋商，较为妥善，至要至要。

（《汉口中西报》）

3 月

1.商会纪事（再催比传追缴，递请移请格外断结）

（1909 年 3 月 2 日）

再催比传追缴　广嘉祥在商会递控吴□殷拖骗土银一案，业经商会两次移请武昌县传追在案，迄今日久，未准移复。昨广嘉祥复赴商会递控，总协理已准再催武昌县比传追缴给领。

递请移请格外断结　李世□欠怡和兴银十四万数千，兹因无力偿还，在商会递请移请夏口厅格外断结。总协理以怡和兴倒欠巨款，无从归结，自应赶紧设法，或力难如数，应赴官呈求，未便代为移请。

（《汉口中西报》）

2.论农工商部通饬全国普设商会事

（1909 年 3 月 3 日）

农工商部溥仲璐尚书近以我国商务之未能振兴，实因于无商会以先提倡而资联络。当此商战时代，非由各埠各商多举总董、分董，讲求商业利病，筹办工艺机器，不足以期发达。现在各省工场虽立，其实所需原料每自外洋购入，非惟利权外溢。即制就各物品，多以成本既重，售价必贵，因之销场日益壅滞，若不设法整顿，殊于商业前途，大受影响，决定通饬各该督抚转饬劝业道等，调查该省通商大埠以及内地各府州县，如无商会者，一律设立总会、分会。凡商务之盛衰盈绌，工业之振作扩充，务宜开源节流，力求改良，大为推广，准与本部直接□理，以通商情而兴实业。所有南洋各岛之华侨商埠,亦分饬均立商会,由部照章给发关防,以期通商惠工,兴利除弊,成为全国富强自立之根据矣。

(《汉口中西报》)

3.汉口土膏店公呈商务总会转移厅宪变通办法节略

(1909年3月3日)

谨将变通办理牌照捐,以恤商艰而免扰累各情,缮具节略,呈请转咨厅宪,核准施行事　窃商等自奉各大宪告示暨厅宪屡次面谕,办理牌照捐各节,自应谨遵,曷敢抗违,惟遵办之苦衷,商情之艰难,有不得不冒昧直陈者。如宪章所订代收土膏捐、逐日更换循环簿各节,非求变通办理,实难遵照。设有吸户持照赴该管警局请领凭单,报向某土膏店购买若干两,是警局已注有购买分两与牌照捐之数目矣。而购者或因钱未措齐,或因有事耽延,本日竟未购买,则土膏店实未售卖,此项土膏自无此项税款。抑或吸户舍远就近,报此家购买而转向彼家者,亦属人情之常,则此家之税款绌,而彼家之税款多矣。殆至警局员司稽核账目,两不相符,则土膏店不受漏税之过,即坐舞弊之法,纵令宪恩宽厚,姑念初次,免予深究,倘一再如此,何能屡沐宽免,此土膏店不能代收捐款之苦衷,谅亦早邀洞鉴,拟请将收捐之法,仿报完厘金之法办之。凡吸户持照赴局请领凭单之时,即由警局按照所报数目照数收捐,于凭单上加盖"捐已完纳"字样,然后持照与单投店,购买不必限以地段,亦不必限以某家,听其自行投店,如在一局领单,二、三、四、五局地段内均可购买,土膏店验明单照,如数售卖,再加盖"某某店照数售讫"图章,以为稽核之据。若无凭单而售土膏者,或土膏分两多于凭单数目者,一经察觉,均请以违章售私论,如此则不必设循环簿也,则不必派员司逐日赴土膏店查账也,且可使吸烟数目了如指掌,所收捐款无涓滴偷漏矣。是□可免查账换簿之劳,商无漏捐讹错之累,便孰甚焉。况已蒙厅宪移咨贵会,不查土商现在之存货与将来之进货,又何必限定吸户某家始可购买,又何必使土膏店代收捐款,徒受无益之劳而负无穷之害乎？至营业、贩运、批货各牌照章程,商等照章办理,均无异议。夙钦贵会维持商务,体恤商艰,用特沥陈苦情,伏乞商务总会总协理诸位大人俯赐察核实准,转咨厅宪核准,揭示施行,抑或移咨贵会,转饬遵循,祷切,盼切,谨呈。

(《汉口中西报》)

4.中国各商会函邀美商来华

(1909年3月4日)

中国上海暨江宁、福州、厦门、广州等处商务总会致书于大美国太平洋一带商务领袖员诸君阁下:窃维中美两国地处温带,皆在太平洋沿岸,东西遥遥相对,敝国地产富厚,近年风气渐开,亦颇究心于机器制造之事,轨路盛行内地,原质土货亦相将输出,而悉以上海为进出口之纵枢纽。从前每由他国闻,拨贩运华市销美货固多,美市储华货则尚嫌其少。上年贵国减让赔款,本年又特开禁烟大会,一轻华人之担负,一祛百年之沉毒,义声所布,称颂勿衰,商界感激之余,每以未与贵商直接往来为憾,今欲表见两国之感情,永使团结起见,敝会等特定本年西历四月下旬恭备杯茗,邀请太平洋一带各领袖员诸君光临上海,借□□叙,兼可讨论产□,鼓舞商情。兹查□会□君热心公益，于商务情形研究有素，届时务请弗吝玉趾，光临赐教，如蒙慨允，敝会等自当竭诚欢迎，即在敝国小住，必能即境增□。倘荷□复，请交敝国驻旧金山领事某君转寄，因此君敝会托其照料一切也。

（《汉口中西报》）

5.商会纪事（移请讯追给领）

（1909年3月4日）

茂亨钱庄近因万源酒栈聂炳荣该欠银三千两，业经将该栈司账陈成之送厅押追，嗣因该栈东伙彼此推卸，昨特以欠账推诿等情赴商会递控，总协理已准移请夏口厅传该栈东到案，提同讯追给领。

（《汉口中西报》）

6.商会纪事（函请送回核发）

（1909年3月5日）

源和隆缎号因周转不灵，倒闭潜逃，但欠东昌等各家银两无从归结。昨有愿善堂等赴商会，递请将源隆和案内欠户盖印条据发交转给等情，总协理以前已函请董事代为催收，欠户盖印条据尚在经手人处，候函请送会核发。

（《汉口中西报》）

7.商会纪事（电请派差扣留棉花，函请派人代收，移请传追给领等）

（1909年3月6日）

电请派差扣留棉花　百川盛因新泰福亏欠银两，久延不偿。兹查新泰福贩运棉花在四川长寿县出售，昨赴商会递控，请予电请扣留等情。总协理诸君已准电请四川长寿县派差查截新泰福棉花扣留，以便备抵。

函请派人代收　袁□荣因全发源生意闭歇，特投凭议董唐朗山、李星垣将全发源亏欠各款逐一抄呈，由唐、李二君函请商会派人代收，总协理已照函斟酌派收。

移请传追给领　蔡文弼因杨洪泰拖欠银两，屡讨不还，昨赴商会递控，请予追给等情。总协理已准移请沔阳州差传究追，移解给领。

饬候查酌移复　夫头刘道仁前拟《加力章程》禀由商会移请夏口厅给示一案，当经商会以所议加脚力太贵答复，宜从稍减。兹刘与各挑夫议定略减脚价，昨复赴商会呈明，总协理以是否可行，候查酌移复。

汉口商务总会为襄汉保运商会事禀稿　敬禀者，宣统元年正月二十六日准北劝业道奉督宪札，正月二十五日据光化县欧阳令、老河口筹饷局□□、统捐局史□牧敬电禀称，河口创设保运商会，众商均不承认。现汉总会派来之张令星耀擅改上下两哨收费，所有筹饷、统捐已经报完之货，措不放行，友焱屡劝不允，货船日聚日多，恐酿事端，筹饷、统捐大有关系，请示办法等情。除电饬安襄郧荆道派员驰往□县严禁，驱逐张星耀，刻日回汉，行道移会，因何创设保运会,设哨收费是部章何条所载,是否张星耀任意妄为,抑系商会派令前往,明白声复,□即日将保运会撤销,饬张星耀刻日回汉,听候查办。等因,转移下会,奉此。遵查,此案前于光绪三十四年九月间,据各帮商人蔡恒泰、德厚荣等八十八家以襄河水道绵长,百货往来,须船装运,五月间因□去船户中途掺水、兑沙、短卖、秤盗、放流等积弊,由伊等发起分议,创办襄河保运商会,禀蒙劝业道批准维持,并蒙札饬沿襄上下各州县保护。惟各船户见保运一设,于私不利,遂率地倡言,凡八保运会号货船不装载,一时煽动,旧弊仍滋。今力图改良,拟定章程,并分举熟悉商情之县丞张星耀即张秋槎主持会务,请为转请饬委,以顺舆情等情,来会递略。卑前总理卢□洪□等因张星耀虽系众商公举,究非素所认识,诚恐或有未妥,曾邀会中议董数人查询,并令河口商业较大之川帮德厚荣管事,又即卑会议董之蒋佩林加盖章戳,始为据情移由前任劝业道刘保林查核。所拟草章中有窒碍,移饬妥拟核定再送。旋由各商急请举办,卢道等以河口一带尚未设立商务分会,襄河水道线长,货物往来,佥凭船户运送,船户既有积弊,实于商务大有关碍,自应设法防征,以固商本。究竟船户盗卖货物等弊,应各稽察防闲,方为妥善,自应先行查察明确,再行办称。当于十月二十六日备具照会,发交众商公举之张秋槎前往说细考察,并以襄河水道多险,襄阳道属又令张秋槎遇事就近禀请安襄郧荆道暨光化县指示一切,以全善举。维时一面缮发照会,谆嘱详慎将事,勿稍大意,致生事端,一面分别函致襄阳道、光化县,请体察情形,随时指饬在案。是襄汉保运商会,卑会仅令张秋槎前往考察,仍令听候官为指示办理,并未遽令张秋槎前往开办。嗣于去年年底,风闻河口众商多有不愿,正饬停办,闻即据张秋槎函复查办情形,声明多赖襄阳道一力提倡,给示垫款,并沐咨请陕西、湖北、河南、汉中各道饬属一体保护,而其另具公牍,又曾印有"襄汉商商保运分会"钤记,并有分给保运旗帜,派勇护送货船,商人均愿出资,以济勇食等语。时维卢道等已年满卸事,□衔□以张秋槎即星耀在襄派勇给旗,恐生事端,即电请安襄郧荆道就近饬令撤销,一面电嘱张秋槎遵照销撤,旋准襄阳道施道电复,面询张秋槎,称自详禀。查保运会似应办,另令复。等因。兹施道信尚未到,槎则未见复,即将光化县□襄阳漾电谓,张秋槎设卡抽捐,商人不服,恐生事端,并奉宪台饬由劝业道移知前因,伏查此事,卑会本仅照会张秋槎前往考察,仍令就近禀请官长指示情形,再议办法,并非遽令开办,乃其到襄之后大开场面,是否私自妄为,抑系朦请襄阳道照准,襄汉相距千余里,一时实无从查实。除已再电襄阳道施道、光化欧阳令,请为速饬撤销并电张秋槎赶紧销撤回汉外,理合据实□复,俯赐查核批示,实为公便,肃此具禀,恭请勋安,伏乞□年,鉴。

(《汉口中西报》)

8.商会纪事(广帮商董公复商会函,函请查复核夺,着候查明核办)

(1909年3月7日)

广帮商董公复商会函　去腊初九日,接商会来函,委查调处敝同乡黄桂泉、麦永荣□为谢澍棠持有印契,向雷达利借揭银两,复由黄君、朱君荐引,□君附名知见。等因。兹据黄、麦二君□称,各自有理,弟等无从调处,查谢澍棠君揭借雷达利银两,既有印契作押,自应将该房屋变□抵填。今厅宪屡次传讯,知见人似觉过于□累,且麦君永荣现因全□源生意停歇,筹还债项,困顿不堪,若更以知见人牵连,情殊可怜。特恳阁下函复厅宪,据情详述麦永荣君因本号生意停贸事,现由商会派人追收账项,清理外欠,一时非易了结,故未能到案质讯。候谢澍棠及保人章哲文二君到案,黄、麦二人自应到案质讯云云。

函请查复核夺　王保卿欠□秀山银两,控经商会邀询,凭同中人唐朗山理论,当书立限字为凭。昨复赴商会递称,伊将账算出,并无欠银之事。总协理以如果确无欺□,候函请原中唐朗山查明,见复核夺。

着候查明核办　何万源被戴洪盛木厂倒欠银两,延不清还。昨特以欠银诈骗等情,赴商会递控,请予追给。总协理以此事如何情形,无从深悉,候调查明白,再行酌核办理。

(《汉口中西报》)

9.商会纪事(移请查核办理)

(1909年3月8日)

茶商慎昌等因历年经收茶捐,□受亏折,昨赴商会递请移请江汉关委员收解等情。总协理以所禀尚系实在情形,准移江汉关查核办理。

(《汉口中西报》)

10.商会纪事(移请速为办理)

(1909年3月9日)

百川盛因新泰福欠银,屡讨不偿,禀由商会电请重庆商会,将新泰福棉花扣留,以便备抵。兹百川盛恐未扣留,昨复赴商会催控,总协理已准备文移请重庆商会速为办理。

(《汉口中西报》)

11.通谕各帮限缴商捐

(1909年3月9日)

汉口九九商捐向由各帮帮首随时认定额数,按月缴解汉阳府经收。去冬经鄂督委张道赓扬在汉设局专收,各行商群起反对。嗣经各行商议,自行调查,将盈余之款和盘托出,每年于原认缴之十三万金外,可骤增数万金,是以将商捐局裁撤,归江汉关牙厘局督办。现关道齐观察因查各帮应缴之款,尚有观望欠缴情事。除饬催捐吴委员尚楷速催清缴外,特严定期限,此后各帮应缴商捐,统限于月望前缴清,如逾五日即饬夏口厅传追,以济公用而免拖欠。昨已通谕各商帮知照矣。

(《申报》)

12.邮部调查鄂省筹集川汉铁路股确数

(1909年3月11日)

邮部派员查办川汉路线,曾纪本报,现已查明入告,于宜万一段,路线稍有改易,款项以租股、土药股、盐茶股为大宗,岁入约二百万,除历年动支,现存八百八十一万二百余两。又,查明川汉鄂线资本,如彩票及废票换投,计收洋五十九万七千八百余元,又认股洋五万九千余元,统共仅有六十五万六千九百余元,已开支购地买料等费共洋二十一万六千八百余,实存四十四万一百余元,均存放官钱局,按年六厘生息。按:鄂省官办川汉数年,仅得此款,视彼粤浙相去远矣。外省谓,鄂省无人信矣哉。

(《汉口中西报》)

13.商会纪事(商会复广帮商董函,递控术骗坑害)

(1909年3月11日)

商会复广帮商董函　广帮商董素以麦君永荣言行忠实,曾允该帮首董已经三载,仝帮莫不钦佩。日昨因谢澍堂重复典押一事,累及知见人麦君永荣,该帮同人不忍坐视,乃公恳该帮商董函恳商会转答厅宪,述麦君被骗受累,恳恩原情,持平讯办等情。该帮商董接商会复函照录于下:睹议董先生阁下,前以麦君永荣事,遵嘱函达夏口厅宪。兹接其复书云,麦永荣知见雷达利乃既系拖累,情有可原,请嘱广帮名誉人代为作保,令其到厅,略询数语,即令其取保,不致羁押,并嘱于十九日晚十点钟,用职员之名投□等语。用特先布,即希迅告麦君照办,届时前往,一面先由尊处赐复,以便转达厅署为荷云。

递控术骗坑害　田昆山请方燮卿在上海坐号,亏欠银两,经债主扭送夏口厅收押。兹方燮卿以术骗坑害等情,在商会递控,总协理以此案已准夏口厅移□邀理,希候邀集评议。

(《汉口中西报》)

14.商会纪事(移请查封家产备抵,移请减免炭捐)

(1909年3月12日)

移请查封家产备抵　草纸街福生隆土号亏欠庆生福等银一万七千余两,竟被吴春亭伙同卷逃,控经夏口厅悬赏缉拿,尚未弋获。兹复赴商会递控,总协理已准移请广东潮嘉道转饬大□县,查封廖玉亭家产备抵。

移请减免炭捐　宜昌出产以白炭为一大宗,因东湖县每石抽钱百文,昨有炭商王元吉赴商会递略,请予移请减免等情。总协理以所收不止十分之一,似于商贩大有窒碍,已准移请东湖县酌核减免。

(《汉口中西报》)

15.商会纪事(特别大会,伞店递请缓□)

(1909年3月13日)

特别大会　金太守□生定于二十二日在商会开办特别大会,专以研究禁烟为目的。

伞店递请缓□　打扣巷上首兴泰福伞店前因十日之内起火数次,由街邻日华药馆函请夏口厅将该店发封,并传该东到案,讯限搬迁。兹该店赴商会递请缓□,总协理以此事已由厅限令搬迁,本会未便代为转请,有干公议云云。

(《汉口中西报》)

16.商会纪事(开会考查戒烟,绅董渡江会议要公,移请拘追给领等)

(1909 年 3 月 16 日)

开会考查戒烟　汉口各公所、善堂、会馆、戒烟会由夏口厅金□生太守提倡,已于二月初五日成立,兹复定于二十五日在商会戒烟总会开第一次聚议会,以资研究。

绅董渡江会议要公　八大行绅董由商会传知,奉咨议局筹办处邀请到局,调查岁入岁出捐款,当于前二十三日渡江赴咨议局筹办处会议一切,至日暮返汉。

移请拘追给领　湖南□阳县人陈瑞生在汉口怡□正广货铺骗货潜逃,赴商会递控。总协理以陈瑞生骗货潜逃,殊属可恶,此等骗徒,若不严追,何以全商本而儆将来,候移请湖南□县差拘,究追给领,以全商本。

希候邀集评议　汉口兰染坊一业生意最旺,兹因百物昂贵,各染坊工匠特相约一律停工。昨有坊主邱义昌赴商会递控,称系高福亭等停工把持等情,总协理已饬候邀集评议。

(《汉口中西报》)

17.商会纪事(函询西货商捐情形)

(1909 年 3 月 17 日)

西货帮鲍紫铭与潘鼎臣因争办理捐款,在商会互递节略,总协理以此中如何情形,既无案可稽,未准商捐委员移知,刻特函询商捐委员,查复核夺云云。

(《汉口中西报》)

18.商会纪事(移请传追给领)

(1909 年 3 月 19 日)

同义昌等前在商会递控缪国钧塌骗银两一案,经商会移请黄陂县传追,兹因尚未归结,昨复赴商会控催,总协理已准再移黄陂县差传到案,追缴给领。

(《汉口中西报》)

19.商会纪事(钱店递请减牌照捐,希速料理公款)

(1909 年 3 月 20 日)

钱店递请减牌照捐　汉口新开钱店每牌认缴银儿百两,以充夏口练兵、警察及商会经费,早经前督宪赵次帅批准在案。兹晋元钱店赴商会递请减缴,每牌只认缴银六百两,以纾商力。总协理已准移请劝业道酌核,请督宪示遵。

希速料理公款　鼎亨钱店刘步云前亏空武穴分销盐款十一万两,被盐委赵春林送厅收管。昨赴商会递请核办,以免讼累等情。总协理以伊所立合同,所欠之银,明明写系代解公款,似此情形,如何尚能为力,希速理料,幸勿稽延。

(《汉口中西报》)

20.商会纪事（递控把持不算账项，递请速请移复）

（1909 年 3 月 22 日）

递控把持不算账项　李宝记与胡春山伙开泰兴酒楼，前因朱杨氏指控欠款，即经商会邀集，判令与胡春山将所欠之款如数还清在案。兹李宝记复赴会递控胡春山把持不算，总协理已答令投邻保理论，倘其不服，再声请本会移夏口厅传案讯究。

递请速请移复　杨麓川前拟定锅铜炉坊条规在商会呈明，业经商会移请夏口厅查酌饬遵在案。兹因尚未延复到会，昨杨复赴商会递请速请移复。总协理以此事已移厅，希赴厅催请可也。

（《汉口中西报》）

21.论商政亟宜整顿

（1909 年 3 月 23 日）

中国无所谓商政也。自交通日盛，削弱日形，始愓然于劝工保商之不能膜视，于是内设商部，外创商会，上下联络，锐意振兴，复有商报为之调查，商会为之扶助，宜吾国压抑疲敝之商力积渐而恢张，蓬兴而勃发矣。乃证以去年之现象，巨商倒闭，迭有所闻，即各地市□之贸易，胜利者，十而一二，失败者，则十而八九，历年一岁则退化必增一次，长此不已，其何以堪？论者以为，工商互为表里，中国工业苦穷，销场不广，影响遂及于商家。抑知就商场一方面而论，则取材异地，展转贩卖，未尝不可以操奇□，其所以江河日下，滔滔不返者，殆由内政使然，不得诿为时□之偶然也。今日当道之定法律、□爵赏，凡所以为兴商计，不过虚言美词而已，□病商沮丧之策，迄未蠲除，以此兴商，断乎无济。盖商人之利赖不一端，而莫要于交通利便，今关卡林立，动辄留难，不啻扼□吭而钳其脑，大吏虽三令五申，示惩蠹□，惟若辈既视为利薮，苟非严办一二，断不足以□其流。商人受困于奸胥，货物愆期，常受亏累，而交通之利便失矣。不宁唯是，货物之消用捷速，而后母财子息乃得相乘而相生。自各地杂捐相继而起，物价腾贵，年甚一年，物力既艰，小民相率而裹足，而销场日形困滞矣。循是之故，商业之仅存于中国者，乃不绝如缕，当此民生凋敝，户鲜盖藏，稍能自立者，撙节衣食，□累既久，始获□□，厕身□□，冀逐什一之利，乃因种种弊政，不旋踵而即遭折阅，从此间□生计益无活泼之时。民困既深，由是起而滋乱，商场受其鱼肉，道路因而梗塞，种种损害，商力愈疲，不抉其受病之根，日惟以□削从事，则商人之成本弥重，获利弥艰，即厘税统捐，一必一落千丈，按之国计，曾无少补。处今日而言，整顿舍恤商艰、纾商力外，实无维持之方，以中国得地独优，□产独饶，苟休养生息，着意护持，虽不足与外人争衡，未始不能挽回利权于一二。西儒罗哲斯之言曰：国家□富之事，邦国外侵，不若庶民内讧之甚，庶民内讧，不若秕政时行之尤甚，内讧则不特劳民罢业，戕贼残毁亦由是而滋炽，然犹不及秕政之害也，秕政行则民之身家不保。可知政治腐败必至剥削元气，自促灭亡，握商政之权者，盱衡大局，静验时艰，夫亦可以憬然悟矣。

（《汉口中西报》）

22.商会纪事(递请速查移复)

(1909年3月24日)

协记公司租新码头行驶小轮,被童志典以有碍民船赴道呈控,业经关道批饬厅转移商会查复在案。兹因尚未移复,昨该公司赴商会递催速查移复,总协理饬保详细查明,酌核移复。

(《汉口中西报》)

23.厅署纪事(着赴商会查明理处,递控亏欠巨款)

(1909年3月25日)

着赴商会查明理处　炳泰祥被天福钱店倒塌两银(银两),该店东苏质夫避匿不面,延不归还。昨炳泰祥赴厅指告,请予追还等情,金煦生太守着赴商会投递节略,听候查明理处。

递控亏欠巨款　永大花香行因买花香,亏欠巨款,由谦益钱店等赴商会递控。总协理以该花香行亏欠巨款,理应交还,希候邀集迅追。

(《汉口中西报》)

24.商会纪事(商务总会为票帮天顺祥等与大清银行纠葛一事移复关道文,劝散布帮伙友,开会解散布帮风潮等)

(1909年3月26日)

商务总会为票帮天顺祥等与大清银行纠葛一事移复关道文　为移复事　准贵道移,以大清银行移控票帮天顺祥等诬其前收怡和兴押款,系事后受寄,通同作弊,名誉攸关,请治天顺祥等诬控之罪,否则罚以重款,以□本镇善举等情,移请查核情形见复。等因,准此。敝会当于二月初七日邀集提议,大清银行前做怡号押款,确在三怡未倒以前,当日系敝会议董蔡君辅卿书单作保,证据确□,且有该银行账目可核,并无弊端。至天顺祥等前赴贵道衙门具控,系因怡号之账目自未写明押款字据,又被倒塌巨款,心有不甘,一时怀疑所致。查此事其咎固在怡号司账人等自未将姓写明,然天顺祥等既因此怀疑,即应先赴大清银行查询,或请敝会代查确实,始行具控,方为正办,乃竟率行控告,以致大清银行被诬不甘,移请罚办。本署冒昧,第念天顺祥等已被三怡倒塌巨款,吃亏已甚,其冒昧具控,确系出于情急,究尚情有可原。罚办一层,已由敝协理汪显述亲赴大清银行,代天顺祥等面恳邀免。其大清银行被诬情节,则由会登报剖白,当荷大清银行执事应允。所有邀议此案纠葛情形,并已恳允天顺祥等邀免罚办原由,相应备文移复。为此,合移贵道,请烦查核销案,是荷,须至移者。

劝散布帮伙友　顷闻布帮伙友因被厅尊拘传,意图及早释放,借此聚众喧哗,似此肆行无忌,未免自干尤愆,须知法纪所在,不应妄事逞头,如欲急求消释,只宜婉求周全。本会攸关休戚,何忍坐视牵连。倘因议加工价,公举代表转旋。究竟各有身家,自当慎重其间。务望赶紧解散,免致全体不安。特此剀切奉劝,幸勿观望迁延。

开会解散布帮风潮　晋昌源布店伙因争工价致起风潮,商务总会总协理诸君特于昨初四日下午二点钟开会,邀集布店东伙代表赴会,极力排解,不如若何判结也。

着速催收欠款　流通巷上首晋祥银号去年被三怡倒塌巨款，以致号事停闭。昨号东熊石琴赴商会陈明，并称被三怡倒款无着，不能理偿等情。总协理以晋祥开贸未久即倒，实出情理之外，但查该号内该外欠，足以相抵，希赶速催收，以理欠项。

移请查酌办理　茶业公所长盛川等因督宪奏定新章，所有茶税归茶商经收，昨赴商会递略，并称有碍商务，不能照办，请为变通等情。总协理以能否变通，仍候据情移请江汉关道查酌办理。

（《汉口中西报》）

25.湖北筹办博览会之规划

（1909 年 3 月 26 日）

鄂督陈小帅拟在平湖门外乙栈筹办博览会，饬劝业道妥拟规章，禀复核夺，已纪前报。兹悉劝业道邹元汴、善后局总办金峙生、官钱局总办高佑诸已会议数次，以湖北商务繁盛，物产丰饶，亟应提创赛会，以资比较。但初次开办，一切设备多不完全，范围不能过大。拟先就武汉销行内外各国商品并此外本省商务较繁口岸，如沙市、宜昌、樊城、老河口、武穴等处所销行品物，一并附入，开一劝业奖进会。业经会拟简章十五条，并出品商人报名规则八条，先行禀奉鄂督核准，批饬劝业道移行各衙门、武汉等处商会，并移请江汉关道照会各国领事，转谕洋商知照，一面由劝业道出示，晓谕商民人等一体知悉。

（《申报》）

26.商会纪事（调停布业风潮）

（1909 年 3 月 27 日）

晋昌源布店系陈协彩（江西候补道）、张次章、马老八等伙股，开贸有年，该店于前初二日停闭一节，已略志报章。兹查该店停闭，原闻系该店管事陈松皋平素苛待帮伙，本年□月薪水减半发给，帮伙等不服，均一律停不帮贸，遂相约至大布公所投鸣，该业代表人王明庵即邀同业会议排解。讵料该管事遂邀同店东等联名具禀赴夏口厅并江汉关道等，指控王明庵等聚众要挟，形同罢市，当由道宪批准仰夏口厅提案严惩。厅尊金太守是日晚间亲往大公布所拘带王明庵等九人到署收押卡，所以致通镇布业帮伙大起风潮。初四日，商务总会相邀布业帮伙开会演说，当经总协理并八帮商董叶君东川、蔡君辅卿等善言解劝，饬该帮伙等各归本店，照常贸易，勿得聚众滋事，自取其咎，厅押九人准予保释。该帮伙争辩公所系会议之所，并未聚众滋事，厅押九人亦未干犯法纪，毋庸保释，众口纷争，尚未议妥。嗣由商会总协理定于初五日四句钟开会复议核夺，后事如何，探实再报。

（《汉口中西报》）

27.商会纪事（商会请派代表通函，告知商民往赴赛会，递控擢拦货）

（1909 年 3 月 28 日）

商会请派代表通函　敬启者，敝会现因各宝号东伙不睦一事，拟为和平调停，务请各宝号老板执事为举代表伙友一位,于初五日下午四点钟来会,以便公同会议,望勿却,是荷。

告知商民往赴赛会　商务总会奉农工商部咨开,奥国于西历一千九百十年,即宣统二年,在维也纳开□务会,无论何国何种商品,均可赴赛,中国磁器、珐郎、茶叶、□货,奥国尤酷爱之物,饬即传知。等因。总协理昨特布告富商良工,如有精良前项货品,愿往赴赛者,先期报名本会,由会达部,转咨办理,幸勿观望。

递控攞拦货　叶佩兰在商会递控周老茂借毛华□□歇饼行攞□拦货,请予移究等情。总协理以该行是否早歇业在照例注销之列,九九商捐是否向未照办,候据情移厅提周严切根究,一面调该行□帖,酌办见复。

(《汉口中西报》)

28.鄂藩批查土商困难情形

(1909年3月31日)

汉口土膏商人福康、祥丰厚具禀鄂藩,以土膏牌照捐章有碍营业并种种困难情形,恳将章程酌改,维持商艰。李少东方伯以禁烟乃奉旨饬办要件,诸色人等罔不钦遵力戒,期除痼疾。汉口为中央名埠,自应首先严禁,以为倡率。而禁烟之方法,非由限制营业,不能使吸烟者悉就范围。该职商经商有年,必能仰体此意,恪遵新章办理。如章程内有须斟酌改良者,候饬夏口厅会同商会确切查明,妥填酌办。

(《申报》)

29.鄂省创办博览会之规划

(1909年3月)

鄂督陈制军因西东各国工业之发达,多由于会场比较研求,作其师资。中国地大物博,为五洲最先进之国,历代不乏奇技。武汉为轮轨交通之地,今日已极繁盛,将来川粤汉铁路告成,当更增加。则博览会之设,正亟宜兴办。因以武昌省会平湖门外有官家所修乙、丙两栈,规模宏大,而滨江风景尤佳。现时铁路未通,寄居旅客寥寥,拟将房屋划出若干间,开办博览会,搜罗古今精雅之器及两湖出产著名之物,陈列其内,供人观览,以期振兴工业。但兹事体大,札饬藩司、劝业道、善后局会同妥拟办法详复,以凭奏咨立案,派员开办。

(《广益丛报》第196期)

30.鄂省开办劝业奖进会

(1909年3月)

鄂督陈小帅饬劝业道邹履和、官钱局总办高道松如,就平湖门外乙栈筹办两湖劝业会,目的在比较生产进步之程度,崭新之意匠与生产之发达,以及考查嗜好之变迁,贩路之广狭。武汉商务繁盛,拟先就内外各国在武汉销售各商品并本省商务繁盛口岸,如宜昌、沙市、樊城、老河口、武穴等处所销行物品,开一劝业奖进会,取奖励生产进步之意。业已拟定会场简章十五条,商人报名入场规则八条,禀奉小帅批准,饬即出示,招商承列,并移行汉关道、武汉商务总会，分别照会驻汉各领事，传谕洋商、华商，一体遵章，依限报名入场，以便择日开会。

（《农工杂志》第 2 期）

31.汉口商会提议事件

（1909 年 3 月）

湖北汉口商会于上月二十日开本年第一次大会，各议董、帮董均至场。是日，总理齐相琴提议，以会章未能尽善，拟派员赴南北洋、闽、粤各省调查商会章程。前任协理刘歆生君亦提议，拟建一中国医院，捐地六千方，银一万两，并请前任总理卢鸿昶（沧）君主持其事。惟布置一切，非十余万金不办，当请各帮一律认捐，时签名者有五十余人，约集银六万余两。又，拟刊印捐册，请各洋商捐助巨款，以期经费充裕，事可持久。

（《北洋官报》第 2002 期）

4 月

1.商董杀奸之惨闻

（1909 年 4 月 1 日）

汉口商会董事晋昌源匹头店经理陈某，因其爱妾与小倌范某有染，竟购硝□水一瓶，遍洒范身，登时皮肉硝化毙命。闻该小倌系前办汉口督销淮盐局范季远观察之侄，刻已禀由夏口厅将陈拘案审讯，已革其职衔，大约须照故杀例论偿。

（《申报》）

2.商会纪事（闰月初四日集议匹头店特别会各演说初四汉口商务总会开临时会议，闰月初五日集议匹头店伙事，闰月初九日密绅调□布伙事等）

（1909 年 4 月 1 日）

闰月初四日集议匹头店特别会各演说初四汉口商务总会开临时会议　录下：匹头店伙代表安耀堂、刘秀臣演说　耀堂、秀臣素来帮贸匹头店卫生，现赋闲居，顷承召同伙赴会聚议，经众公举，代表苦衷，敢将曩昔店东苛待情形为诸董先生缕晰陈之。近年来，百物昂贵，日用维艰，同人等依人为生，无非为家室计，而□俸依然，何能度日。去岁，谦祥益店东每对于诸同事，颐指气使，视同奴隶，稍不遂意，呵叱随之，甚至登时辞歇，嗷饭无门，种种情形，未免令帮贸者短气。同人等因向各东求加□俸，以资事吝，不许，改良学徒出师章程，又不许。不得已群公入所集议，蒙各东应允，每伙□俸月四千文一底一面以为例。不意本年正月，有晋昌源店东陈松皋者，独出破坏，勒令各东翻悔前论，以去岁各伙应支者改为长支，于分红内扣除，学徒三年既满，仍须另尽义务三年，须业师应允，方能就事，岁月几何，寒素者何以堪此。用特于二月初四日又在公所集议,公举徐俊卿、王明安为代表,并充帮董之□,整顿帮规,去莠安良,以免各业借口。初八演古定夺,独陈松皋一人横生阻力,当时有正和祥、正太恒两店东理劝,不从。同人知难挽回,因于本月初二日停贸,群赴公所住宿,筹议对付之策。乃陈松皋等竟以聚众滋事危词赴厅□说,致令厅尊带领差役,于黑夜临公所,立将王明安等九人拿押捕卡。同人等因王明安等无辜冤押,群情洶惧,莫知所从,敢祈一视同仁,亟为拯救,感戴无涯。

闰月初五日集议匹头店伙事　据协同庆代表李伦阶称,同人所不能认者,佥谓肇祸之基由晋昌源店东苛待同人所致,故当时仅晋店一家停贸,初未与各店东为难,不意各东恐相率效尤,竟联名以结党敛费大题赴道厅俱控,以致捉董收押,是各店东故与各伙为难,各伙之所以不能不停贸集议。同人等公举董首,每人月仅捐钱一百文,既□供董首,薪俸有余,更留充善举,规条所载,并非虚语。何谓敛费?同人等赴公所集议,并未为非。何为结党?以良民而诬为匪类,同人何能甘心?敢祈诸公迅将无辜之王明安等设法保释,以安众心,所有善后之方,自当唯命是听,公议裁夺。

闰月初九日密绅调□布伙事　布店帮伙停业风潮□由商会总协理会同谭步云、王琴甫、杨松甫等与三十六家布店帮伙代表人聚议,勒令各店帮伙等暂时上柜贸易,其风潮尚未平息,王明庵等六人亦在押未释。闻密绅丹阶出为调处此事,昨初九日下午又在商会聚议一切办法,其详细情形,俟探实再报。据至德□代表吴受益称,敝帮伙友甚多,良莠不齐,变通规章,一为议加薪工,一为革除败类。议定每人月捐钱一百文,供给公所费用,公举代表经理一切会议事务。去岁,当定章之时,东伙认可,请□演古定夺,有王芹甫可质。查向来薪章,一月用钱三千者,一底一面可得钱六千文外,照薪俸分红,因不敷用,议初每串加钱五百文,底红一切,照旧遵行,不过三个月。今二月由晋昌源陈松皋改议,将去岁所加之钱作为去岁支用后,只认每串加钱五百文,既无向所出之底子钱,又不能再分红利。两相比较,名虽议加,实则核减。去岁所举代表四十三人,今年已辞去三十六人,同人等因此寒心,于是群赴公所议事。不料和记吴玉山同金泽生商议,定要照陈松皋所议而行,不然即行闭市,不交兑款。市面恐慌,即归罪于伙友,以为抵制,想伊等居心叵测,贻祸匪轻。□祥益李心哉面禀关道,以伙友结党敛费,停工罢市等词具控,夏口厅尊不由分说,即将王□等收押捕卡,待之如匪人,究不知王明安等所犯何罪。昨蒙诸位先生命举代表,磋商此事,同人等意欲贵会先将王明安等保出,以安人心,再与各东妥订章程,未加能否照准。

至德太和记帮伙代表傅星阶演说　星阶帮贸至德太和记有年,今承召赴会集议,同人特举代表苦衷。窃谓本镇匹头店东苛待同人者多,不过谦祥益、晋昌源两家为尤甚,即星阶一年□俸□只二十余千,店有正账足据。际兹米珠薪桂,一家数口,何以聊生,言之未免寒心。王明安经众举为帮首,热心维持,竟被逮押捕卡,与盗贼同居,帮贸何辜,遭兹惨剧。承谕令于明午每店同人各举代表一人,赴会磋商,足见贵会体恤商艰,无微不至。惟充代表者,即为店东所忌,风潮既息,定遭屏□,则终身无人过问,况有王明安为鉴于先,同人碍难遵命,委曲下情。尚祈诸君鉴原,是幸。

总理演说　诸君演说已毕,深悉贸易之难,上父母下妻子,嗷嗷待哺,值此薪桂米珠之时,所入不敷所出,意欲变动旧规,稍加薪资以□身家,此亦人情之常。诸君既已妥订章程,理应向本会声明,以定可否。今因晋昌源陈松皋破坏其事,遂停贸集议,以冀挽回,然一唱百和,迹近罢市,金太尊有地方之□,闻此风潮,当将王明安、徐俊卿传讯,因执拗不从,始行收押,随后派兵弹压，无非为保卫商家起见。诸君现欲保释王明安等，或可释放，□任意暴动，王章俱在，后悔难追，勿谓鄙人言之不预也。

移请差拘究追　德和福店伙董静夫近因将经手放出银二千三百余两，私自收用，潜逃回籍，昨德和福以私收入己等情赴商会递控，总协理以店伙收账入己最为商业之害，情殊可恶，已准移请孝感县差拘究追，移解给领。

移请传追欠款　德和福拆货店近因孝感县孙少兰亏欠货银，久延不偿，请予移追等情。总协理已准移请孝感县查传孙少兰到案，讯追解领，以全商本。

移请照会查照放行　顺泰行前因江水退落，有舶船被税关禁止放行。兹江水渐涨，昨赴商会递请移请弛禁，总协理已准据情移请江汉关道照会税务司查照放行。

着候移知核办　兆丰机器碾米公司帮伙□维舟前因放出之账未收，当将其□陈禹州收押。兹陈禹州在厅并请提释，前厅金太守以戴□舟□否现已收账返汉，自赴商会递略，究竟所收之账能否了清经手放出之项，并该□民应否开释，候商会移知核办。

（《汉口中西报》）

3. 商会纪事（移请传追给领，议董蔡君辅卿为布帮事之演说，协理为布帮事之演说）

（1909 年 4 月 2 日）

移请传追给领　黄陂人柳文彬在汉该欠洪殿臣银两，潜逃回籍。昨洪赴商会递控，请予追还等情。总协理已准移请黄陂县差传柳文彬到案讯追，移解给领。

议董蔡君辅卿为布帮事之演说　今日总协理反复演□，诸君务要三思，近来汉上议改行规，相率成风，宾主稍有不合，即起冲突，此等恶习，最为当道所深忌。汉镇乃五方杂处之地，良莠不齐，一旦有事，此也闻风而来，彼亦□口而□，人情浮动，市面恐慌，防范不严，几生事端。诸君整顿行规未始不可，但章程既未通行，即不可操切从事。现陈松皋一人破坏，诸君遂全力抵制，究非文明办法。金太守爱民如子，嫉恶如仇，当将王明安等九人带署收押，无非冀其解散，某等谊属同胞，曷敢漠视，遂同叶君东川向太守恳情，几至舌□唇焦，始蒙释放五人，尚有四人在押，诸君欲为保释，务望各安生业，由商会柬邀代表到会，磋商章程，决不令诸君向隅，再由商会同各代表具保王明安等。金太守升任在即，甘棠遗爱，在此一举，望诸君勿暴动而躁进，此则鄙人所深愿也，历历言之，不觉汗下，希诸君共谅之。

协理为布帮事之演说　诸君集议变动章程无非为衣食□见，发端之始，举凡东伙，务须□之以声气，出之以和平，店东亦犹夫人耳。时势艰难，未尝不知，凡我同胞，无贵无贱，诸君所欲言者，本会可以代为言之；诸君所不能言者，本会亦可以代为言之。今因晋昌源破坏所订章程，不向本会声明，遽行集众抵制，虽未滋事，其形可疑，虽未罢市，其□已露，摊民见于前，土商发于后，诸君再蹈此辙，地方官决不应允。金太守收押王明安、徐俊卿，无非为杜渐防微，何尝与诸君故意作难。为今之计，务要各安其业，各司其事，由本会商各布号，索举代表，妥议章程，决不厚东而薄伙，亦决不强伙而凌东，两相平允，自能相安于无形。本会有保商之责，禁之不能，听之不可，愿与诸君□商。

（《汉口中西报》）

4.商会纪事(递控背兑凶伤,奉文再行酌办)

(1909 年 4 月 3 日)

递控背兑凶伤　信和裕因张兴隆之张玉山出票不兑,反被凶伤,控经夏口厅移请商会判断在案。兹信和裕复在商会递控,总协理以此案已据夏口厅移请判断,俟移到,邀集评议。

奉文再行酌办　鲍紫铭与潘鼎臣争办西货商捐,控经关道批饬夏口厅会同商会查复。昨鲍复赴商会递略,总协理以其中如何情形,本会无案可稽,无从深悉,着俟奉文再行酌办。

(《汉口中西报》)

5.商会纪事(接复再行办理,递请变还倒款)

(1909 年 4 月 4 日)

接复再行办理　石膏帮董陈永兴等在商会递控应城石膏公司王定标强勒买卖,踩抬价目,请予裁撤等情,业经商会移请劝业道查核见复在卷,兹尚未复到,昨王定标将设立公司情形赴商会陈明,总协理着俟接复再行办理。

递请变还倒款　怡生隆欠款亏倒巨款,至今尚未了结。兹该钱庄股东朱履和在商会投递节略,请将伊伙开之福和兴股本银两抽出,变还怡生隆所欠倒款,总协理以此案系由钱帮公所督同查账,候函知公所查明,一面移请夏口厅核示。

(《汉口中西报》)

6.商会纪事(递控借端把持)

(1909 年 4 月 6 日)

蓝染坊高福亭前因停工加价,业经夏口厅传集收押,并由厅明白定断,取结完案。讵高竟抗违,不许张义昌等六家开工,并使谌和德毁闹,由张义昌在商会递控。总协理以高有意把持,希候移厅传集谌和德提同高福亭集讯究断。

(《汉口中西报》)

7.商会纪事(函询查复核办)

(1909 年 4 月 10 日)

泰昌亨牛皮行执事李安和因舞弊鲸吞,被管事周伯常控由洋务公所送夏口厅管押,李安和在商会递控,捏诬含冤,请予剖白等情。总协理以果否属实,候函询洋务公所查明见复。

(《汉口中西报》)

8.论农工商部通饬全国普设商会事(续)

(1909 年 4 月 13 日)

嗟呼！今日之势,既不能禁各国之通商,亦惟有自振其商务而已。盖吾国多出一分之货,则洋商少获一分之利,吾民得以自食一分之力。欧洲自托□斯特之风行,而商务日盛。托□斯特者,英人倡之,所以联合各公司以厚竞争之力者也。自是而美,而法,无不视为商战利器,而博览、赛珍诸会,皆托□斯特之被动力也。

近者,农工商部溥仲璐尚书有通饬全国普设商会之谕,伟哉此举！此诚振兴商业之基础,挽回利权之急务也。何者？吾国商人,类皆学不能为士,力不能作农者,乃始置身于商耳。既无经济之书以研究,复不团聚以考察货物之本源,谬说相传,遂视为不学而能之事。计□虽工,而团体不固,阅历虽多,而学问不足,其盈虚涨跌之故,亦皆听之于气数,而凭之于命运。故巧者获利盈万,而拙者相视坐食,既无商会以通其情,反守诈虞以相倾轧,坐令洋商觊觎,得以竭吾国之金钱,商业焉得而不困乎？

夫中人之亟亟于购洋货者,谓我之货不及彼之精也。彼有商会以研究我之所好,而岁岁输入之。我之商无会以察彼之所好,而一二巧者,不过以天然物品输出口外。在我,则视为最大之利益;在彼,则视为无上原料货。彼再以我之原料而制造润色之,以售吾国之商民,其获利正不啻数十倍也。西人谓我有生货无熟货,盖彼之熟货皆我之生货为其元素,且近年吾国之商民出口者,各国禁之尤严,既无取悦洋商之货,又无商战之合群,现在者不能复去,去者渐次归□,始求利而终折□矣。近年以来土货出口者日减,洋货进口者日增,今据西人之报告比较于下:

进口洋货

货名	年份	总数
铜片/砖	光绪三十年以前	九万九千九十七担
	光绪三十年以后	二十八万三千九百十一担
白铅	光绪三十年以前	一万零九担
	光绪三十年以后	一万四千三百三十六担
吕宋/□卷烟	光绪三十年以前	二百五十万两
	光绪三十年以后	四百二十五万两
面粉	光绪三十年以前	七十六万六千三百廿四担
	光绪三十年以后	九十三万七千九百十六担
靛	光绪三十年以前	一万一千八百十八担
	光绪三十年以后	一万一千八百二十九担
煤油	光绪三十年以前	八千四百九十九万八千三百三十五加仑
	光绪三十年以后	一万五千六百八十九万一千三百十五加仑
杂□	光绪三十年以前	三百二十万二千九百八十担
	光绪三十年以后	三百七十万七千五百六十三担

出口土货

货名	年份	总数
丝(上海)	光绪三十年以前	一万零六百七十担
	光绪三十年以后	一万二千七百五十四担
茶	光绪三十年以前	一百六十七万七千五百三十担
	光绪三十年以后	一百四十五万一千二百四十担
铁(云南)	光绪三十年以前	一千四百八十五担
	光绪三十年以后	廿万一千八百四十八担
野丝	光绪三十年以前	一万六千七百六十三担
	光绪三十年以后	三万三千五百二十七担
丝(广东)	光绪三十年以前	三万三千三百十担
	光绪三十年以后	三万三千三百十担
草帽□	光绪三十年以前	八万七百二十三担
	光绪三十年以后	八万六千一百十担

据此表观之,则我之出口货或加或减,所获之利亦有限,彼之进口货日加一日,中国利源安得不竭?然则挽救之法,将以何事为最亟乎?曰:设商会。

然而开办之始有两主义焉,一则剔除内弊,一则考察外情。中国商人有公德者颇少,心志不齐,各怀自私自利,一物之畅销也,则争相□价,制为伪货,以互相欺诈,只顾一时之利而不□计后日之名誉也。虽有富商大贾,亦牵连不得不效其故智而与之同流合污。洋商恶其狡诈也,群相停购,而遂亏本无□,此近来沪汉商民之实况也。若商会之设,必由督抚饬劝业道,务宜汰去此习,则剔除内弊之说是也。

曰考察外情者,中国近来洋货畅销,华货日减,夫华货减之原因,以华货不及洋货之精也。况近年以来洋货遍于吾民之用者,沪汉各埠,皆能仿造,若能办理得法,亦何尝不能收回已盗之利觇?吾民之所好,采各国之市情,减价出售,则洋货不待抵制而自减,吾民亦不乐于购洋货矣,此考察外情之说是也。

总之,商会者,挽回利权之见端也。通商以后,洋货充斥,既不能禁民之不用,又不能禁彼之不来,若能自振精神,合官民之力,精心擘画,以联商气,讵不能收取商业之效果乎?吾愿各省大吏,互体政府之意,于商会一举,极力提倡,或颁商报,多建商学,以期商贾之志日增,或造博物院及博览会之类,出九洲物产以供万国取求,收已去之金钱,保将来之商局,由府而州,而县,而乡村,谆谆于商会之是图,以改□日之陋习,则中国商务,其庶有豸乎?其庶有豸乎?

(《汉口中西报》)

9.商会纪事(邀集妥议章程,递请移请保释)

(1909 年 4 月 13 日)

邀集妥议章程　大布帮伙因争价停工,致起风潮,迭经江汉关道移请商会理处,尚未了结。

总协理诸君刻已议定布伙等章程八条，于二十一日下午邀集各店东及店伙代表赴会商议，一俟议决，即行移厅将王明安等开释。

递请移请保释　米春阶在有益钱店代店主刘□卿□□太记拆息银两，至期倒逃，被获，送厅收押。昨伊父米□廷以伊子系被冤押，在商会递请移请保释。总协理以欠户倒逃，经手被押，并非平空被□，案非本会移送，未便代为请保。

（《汉口中西报》）

10.商会纪事（互呈具结完案）

（1909年4月14日）

情因李安和在泰昌亨行经理杂货，代□各油，亏空千余金，复□支四百数十千文，经东催查，不应置之不理，且肆口吹诬，到处控诉，种种不情，□凭商会公同理斥。自知情亏，不敢再行狡辩，愿判罚洋一百元，限三月初二交案，充作戒烟经费。□□泰昌亨、源大昌两行，服礼月饬常，经公屡劝勉，允不予深究，公具。

（《汉口中西报》）

11.商会纪事（炀铜炉坊□呈章程）

（1909年4月15日）

炀铜炉坊一业为汉口商务大宗，前因议立帮规，在商会递请立案，曾经商会移请夏口厅酌核饬遵在案。兹赴会□呈章程，所载捐款暨学徒工资各节，总协理昨饬令赴夏口厅催请核示，以资遵守。

（《汉口中西报》）

12.商会纪事（递控挈骗潜逃，沉船索赔纠葛）

（1909年4月17日）

递控挈骗潜逃　晋大钱庄在商会递控张文轩挈骗伊银七千余两，潜逃回黄陂县原籍，请予查拘封抵等情。总协理以汉口为通商大埠，商业最盛，此等惯骗之徒，若不移查封追，何以儆将来而安市面，特备文移请黄陂县拘究查封追缴，股东何植三查询。

沉船索赔纠葛　协记经理黄雨薪□顺兴昌昌泰小轮，去年在岳州沉没，但原立租字如有□遇风险，租主愿赔银三千两之语。近黄不肯认赔，昨顺兴昌在商会递控，总协理以昌泰沉没自应照原字议赔，今黄置之不问，未免失信，候移请夏口厅提黄到案，查询究追。

（《汉口中西报》）

13.商会纪事（希候核明簿据）

（1909年4月18日）

洪顺钱店递控吴柏舟央借银两，立有借券，嗣据吴柏舟诉控洪顺钱店□讹盘剥等情。总协理以两造情词各执，非将两造账据核明不能理结，希即投凭保邻，核明账据，再请邀理。

（《汉口中西报》）

14.商会纪事（移请差传究追，欠款将了，希候再邀评议核复）

（1909年4月19日）

移请差传究追　慎和钱号去年在商会递控梁华藻吞骗货银一案，业经商会移请武昌会传追，迄今日久，尚未追给，昨该号复赴商会递控。总协理已准再移请江夏县差传究追。

欠款将了　洪顺钱店在商会递控吴柏舟欠伊银两，有借券可凭，当经商会令投街邻算账在案。兹闻由王君质夫等出为调处，吴柏舟愿还银一千四百两，以免久讼。

希候再邀评议核复　永丰厚钱庄，收有湖南官钱局期票□一万两。湖南官钱局以系代怡和兴所出，嗣因怡和兴倒闭，此票不兑。迭经控由商会邀议，尚未了结。兹永丰厚续赴商会递控，总协理已准候邀评议核复。

（《汉口中西报》）

15.商董被诬之骇闻

（1909年4月19日）

汉口商会布　值年董事陈某经理晋昌源生意将近旬年，陈某即山西巡抚陈中孚之侄孙，小倌范某即范季远观察之侄。□师徒均系世家忠厚人物，且陈姓与范姓重迭戚谊，况陈某于丁未冬将妾搬回故里，范某仍在伊店就贸，何至有此污不足道、惨不忍闻之行为。其所以遭此骇闻者，皆因通镇布帮店伙停市，不知何人败人名誉，以至于此。故特登此，以白被诬之骇闻。

（《申报》）

16.商会纪事（移请传案讯追）

（1909年4月20日）

赵光敏在商会递控李砚山欠伊银一千九百余两并欠周□三银二千六百余两，李砚山当将营口五千银货提单交给伊两家摊还。不料周□三将提单令伊伙未晴甫持往营口提货，私自将银收用，总协理已移请夏口厅传追。

（《汉口中西报》）

17.商会纪事（移请传案追缴，递控店伙挈骗）

（1909年4月21日）

移请传案追缴　谦泰丝行近在商务总会投递节略，谓麻城县彭世宜狡骗货银，有行账可凭，请予传追等情。总协理已准备文移请麻城县传案追缴，以全商本。

递控店伙挈骗　何裕德因店伙张文轩在汉挈骗晋大各庄银七千余两，潜逃回籍，昨赴商会递控，并称伊实不知情。总协理以此案前据晋大等递略，业经移请黄陂县传追在案。据称，向未预问店事，希候邀会查询。

（《汉口中西报》）

18.商会纪事（邀集评议倒款，复邀布店东伙评议）

（1909 年 4 月 22 日）

邀集评议倒款　永大茶行东谌少山因花香亏折，亏欠谦益等银十二万两，无力措还。特赴厅自行投首，发交礼智司看管。兹由谦益等在商会递控，总协理诸君特于初一日邀集两造赴会评议，以期速结。

复邀布店东伙评议　晋昌源布店伙因争价停工，致起风潮，业经查拿王明安等到案收押，迭经商会邀集评议，所订章程八条，店东只准加价一条，余均不允，故未议结。商会总协理复于初一日下午邀集各店东及各伙代表到会，评议一切。

（《汉口中西报》）

19.商会纪事（筹款修建会所）

（1909 年 4 月 23 日）

汉口商务总会，自赵次帅提倡得以成立，尚未设立会所，暂借由义门外商业学堂办公，近以商业学堂开办在即，行将迁移。闻总协理议筹巨款，在熊家巷修建会所，以资办公。

（《汉口中西报》）

20.商会纪事（递请设法维持）

（1909 年 4 月 24 日）

出口货物以红茶为大宗。兹六帮茶叶公所，以上年红茶销数不旺，各茶商生意已阴受影响。今俄国骤加重入口茶税，殊于红茶销路大有窒碍。昨赴商会递请详部设法维持，以兴商务。

（《汉口中西报》）

21.商会纪事（调请提回缎箱，函请见复核夺，递控昧良肥倒）

（1909 年 4 月 25 日）

调请提回缎箱　源隆和缎号于去冬倒闭，亏欠各钱铺银两，由商会函嘱招商局及太古，将该号之缎箱扣留等情，已纪前报。兹闻此事□□眉目，由商务总会函咨招商局及太古，已于昨日（初四日）由祥盛缎号将该缎箱如数提回云。

函请见复核夺　华记公司在省城价买任林堂坐落秋溢州皇堤东首□地，近被江夏县在该地竖立界碑。昨赴商会递略，并称已过户完粮，无别项纠葛等情。总协理以伊既过户完粮，则事无纠葛，何以江夏县忽在地竖立界碑，究竟是何缘故，候函请江夏县明白见复核夺。

递控昧良肥倒　刘钧之在商务总会投递节略，控汉阳县胡春成昧良肥倒，请予移追等情。

总协理以胡春成殊属非是，候备文移请汉阳县传案究追，以全商本。

（《汉口中西报》）

22.商会纪事（鬃业整规递请给示）

（1909 年 4 月 26 日）

鬃业陆垂兴等近因整顿帮规，昨将所拟章程在商会递请移厅给示，并称如有添开者，入帮费钱五十串，外帮入帮者，帮钱三十串。总协理以所拟入帮钱文，似觉太多，殊未妥善，着令斟酌妥议复会，以凭移请夏口厅给示遵守。

（《汉口中西报》）

23.老河口商务分会成立记

（1909 年 4 月 26 日）

老河口上连秦豫，下通荆襄，为往来之孔道，扼南北之要冲，地袤百里，人萃八方。辐辏纷纭，贾客云集，长江上游一大商场也。惟是商务既盛，非有完全机关以为之□□，则必商情涣散而不团结，将恃以为商战之利用者，果何以耶？

朝廷有鉴于此，诏令各行省设立商会，以为振兴商务之基础，并详订章程，俾资遵守。于是，雄镇大埠总会分会以次成立。我湖北之精华，咸聚萃于汉口。汉口者，实全国商务之中心点。岁丁未十月，汉口之商务总会，首先创设，时督鄂者，次帅赵公也。帅意以谓，内当财政支绌之际，外值商战剧烈之秋，苟欲商务发达，要当急起直追，次第以谋整顿，爰高瞻远瞩而企念于我河口镇焉。维时适施公纪云，奉命观察襄阳，将之任走谒次帅。次帅遂以河口商会责成之。施公抵襄后，即函谕河口帮董倡办并发《总会章程》一册，以资借镜。李君寿亭，商界之翘楚也，知商会之关系，于商务前途者甚重大，乃上体宪意，下度商情，集商界志士，互相研究参订会章若干条，相会址于长盛街之□，鸠工庀材，粉□涂丹，不匝月而商会成。凡所谓议事厅、接待室、理案室、讲演堂者，罔不并并备具。今年春又二月九日，观察施公莅郧，商界同人衣冠齐集，行开会礼。礼毕，观察为演说商会之宗旨及商会之性质若何，又选举总理、协理、理事各员。总理即李寿亭君也，协理为宋君子奇，理事为张君子贤也。来宾依次各有演说，忽□□一声，壁上正钟，格格三下鸣，盖已日半西偏矣，旋即摇铃散会。是日也，冠盖相望，觥筹错杂，诚河口商界二百年来，未有之创举也。记者躬逢其盛，无以为祝，谨为诸君子正告曰：国家经济困难，万无以敌外人财力之雄富，一日千里，尚恐胜算难操，若犹群情涣散，团体不坚，纵此日商会已立焉，能保持久远乎？然则团结之力不可弛，信义之心不可忽也。审矣，尚望共念时艰，勉撑大局。勿倾轧，勿偏党，庶几利权有挽回之一日，而商业前途可永期其发达。记者不敏，特泚笔而述其□末如此。

（《汉口中西报》）

24.商会纪事（移请酌量宽限）

（1909 年 4 月 27 日）

怡生隆钱庄亏倒巨款，伊东公举代表姚荫生来汉，今尚未了，业经夏口厅限三日清。兹姚荫生赴商会投递节略，谓外账难收，□□宽限等情。总协理已准移请夏口厅酌量宽限，仍将外欠之账早为催收，以期速了。

（《汉口中西报》）

25.商会纪事（递控卷逃油银）

（1909年4月28日）

仁记煤油号有刘恒裕在该号买油该欠油银，卷逃回籍，昨该号在商会递控，请予移追等情。总协理已准移请汉阳县差传究追，移解给领。

（《汉口中西报》）

26.商会纪事（交保候邀查理，移请差提究追）

（1909年4月29日）

交保候邀查理　广嘉祥土膏店在商会递控吴国柱拖骗土银一案，业经武昌县将吴国柱与该店经手刘□楼解送到会质询，各执一词，未能评断。当将吴国柱交保在案，兹广嘉祥复赴会控催，总协理已准邀会查理。

移请差提究追　光裕等因船户刘春甫掣骗银两，延不清还。昨赴商会递控，请予追给，以全商本等情。总协理已准移请夏口厅差提刘春甫到案究追。

（《汉口中西报》）

27.商会纪事（递控贿差延场）

（1909年4月30日）

□周因黄陂县陈泰和欠伊银两，久延不偿，控经商会移请黄陂县传追在案。兹复赴会递控陈泰和贿差延塌等情。总协理已准移请黄陂县勒传究追，以维商务。

（《汉口中西报》）

28.鄂省劝业奖进会之内容

（1909年4月）

鄂省开办劝业奖进会陈列品物分为四大部。甲、天产部，凡农产品、林产品、矿产品、水产品之类皆属焉；乙、工业部，凡机器制品、人工制品之类皆属焉；丙、美术部，凡细工物、雕刻品以及刺绣、绘画、造花之类皆属焉；丁、教育部，凡教育、图书以及各种科学用品之类皆属焉。其入场陈列之物，均须注明卖品与非卖品，来自外国各品，陈列须在各部内国品之后。所有新发明物品、改良土货、仿造洋货、独出意匠各物品，一经审查员审定，得由劝业道详请督院，分别赏给一、二、三等赏牌执照。现该会定于四月初一日开幕，以两月为期，所有会场费用，均由官筹备，不向商家分派云。

（《大同报（上海）》第11卷第9期）

5 月

1.商会纪事(移请比差勒追)

(1909 年 5 月 1 日)

董熙奎在商务总会递控刘品三掣骗巨款,请饬移追等情。总协理诸君已准移请兴国州比差勒传刘品三到案讯追,以全商本。

(《汉口中西报》)

2.商会纪事(递控匿契图诈)

(1909 年 5 月 3 日)

张佐廷遣丁刘升在厅呈控崔澄洲藏匿契据,借端图诈一案。业经厅尊批准移请商会理判。兹因尚未了结,昨又赴商会递控。总协理以此案已准夏口厅移会理结,希候邀集评议。

(《汉口中西报》)

3.商会纪事(递控恃众图赖,递请折数销售花香)

(1909 年 5 月 4 日)

递控恃众图赖　美术研究所陶□□在商会递控同业□主李荣齐恃众图赖等情。总协理以贵所承办同业图画,既已凭中立有合同,□被反悔图赖,不难执据投理。如须由会传理,则□内列名之左月楼系□女伶,殊多不便,难为传理,着□□投理,当易了结也。

递请折数销售花香　永大茶行东谌少山,因花香亏折,欠谦益等银十余万两,无力措还。特赴厅自行投首,发交礼智司看管。昨在商会递请将所存花香折数销售,以便济还欠款等情。总协理以伊所欠巨款,急应设法归结。候函请□中,凭同各债主,将花香如数变卖,以便择还各债云。

(《汉口中西报》)

4.商会纪事(开会集议商捐)

(1909 年 5 月 5 日)

汉口各帮九九商捐自归牙厘总局办理,大加整顿。江汉关道齐观察曾移请商会,切实调查,俾和盘托出,以济要公在案。兹商务总会定期于十六日开会,邀集各帮,□议一切,以便移复关道查核。

(《汉口中西报》)

5.商会纪事(着赴商会递略理判,递陈冤押情形)

(1909 年 5 月 6 日)

着赴商会递略理判　苏子金在厅呈控石致美改伊账目,侵吞银两一案。业经前厅批令自赴商会呈请核账理处。兹因尚未了结,昨石致美在厅禀诉,冯□轩司马以伊究竟有无改账侵吞之事,着赴商会递略,听候理判。

递陈冤押情形　朱春阶在有益钱店充当经手,向谭太记折息借有银两。不料有益钱店倒闭,谭太记将朱春阶送夏口厅押追。兹朱春阶赴商会递陈折息已付,系被冤押等情。总协理以既据□□,其中如何情形,姑候查明核办。

(《汉口中西报》)

6.商会纪事(递请关传究追,递控挈货倒闭)

(1909 年 5 月 7 日)

递请关传究追　阜祥钱庄萧莪山因周政卿、桂荪父子借银三千二百余两,避匿申江,当致信催讨。许来,未来。昨在商会各控,请予关追等情。总协理以周前许来之信,究如何写,希切□声明,以凭关传究追。

递控挈货倒闭　胡镜清在商务总会递控随州丁玉亭挈货倒闭,请予究追等情。总协理以胡镜清殊属非是,已准备文移请随州差传究追,以全商本而儆效尤。

(《汉口中西报》)

7.商会纪事(准予木帮注册,移请立案给示)

(1909 年 5 月 9 日)

准予木帮注册　湖北金寿木帮总董刘西涯大令,以该帮商业日臻进步,时为外帮所窥。□讼争无日休息,特开帮会议,遵照新章,每号缴洋二百元,呈请汉口商务总会注册,以期保护。业蒙照准,计开注册商标共计二十三号:恒兴益、恒兴盛、兴茂祥、兴茂成、兴茂盛、晋恒□、益恒丰、永丰太、晋丰太、裕丰太、太昌恒、同生福、新昌恒、益丰太、□丰乾、乾丰厚、乾太丰、厚生祥、益成元、益成兴、益成福、善发长、裕新仁。

移请立案给示　猪鬃帮陆垂兴等前立帮规。议定新开者,缴入帮费钱五十串;外帮入伙者缴入帮费钱三十串。在商会递请立案,商会以所议未妥,着令再改。兹已改定续陈,总协理刻已移请夏口厅给示,以资遵守。

(《汉口中西报》)

8.商会纪事(递称无辜受累)

(1909 年 5 月 10 日)

徐云章欠庆余钱店银两,徐云章称,系与王俊卿伙贸。当经商会调查明确,已移厅差传讯断在案。兹王俊卿在商会递称,并非伙贸,实系无辜受累等情。总协理以案已移厅,着自赴厅投诉。

(《汉口中西报》)

9.商会纪事(希仍执据投理)

(1909 年 5 月 11 日)

美术研究所陶□佣复在商会递控同业□主李荣齐图赖等情。总协理以案已控经敝会批令,执据投理。想李荣齐既立合同于先,绝不能翻悔于后,贵所并未查照本会答复办理,复又请为饬传,未免固执,希仍执据投理。被告李荣齐果仍一味图赖,则是不畏公论,有意固执,应控请地方官传究。

(《汉口中西报》)

10.商会纪事(希照前判办理)

(1909 年 5 月 12 日)

方燮卿在商会递控田坤山抗□延塌等情,总协理以案经明白询判,因两造账目相去悬殊,非集原中核算,难以得实。当令两造案内要证再行评理在卷。迄今日久,均延不邀证,仍希照前判办理。

(《汉口中西报》)

11.商会纪事(递控串保夯骗)

(1909 年 5 月 13 日)

黄俊亭在商会递控殷泽昌父子串保夯骗等情。总协理以长沙会馆朱毓棠前在厅取保之殷渭生病重回湘,不能即到。已据朱请,由会转移厅查照,并经朱催令殷之父殷泽昌来汉投到,所有贵商应收欠款,希自向殷泽昌催讨。

(《汉口中西报》)

12.商会纪事(派员调查核办,希候察酌办理)

(1909 年 5 月 15 日)

派员调查核办　乾盛光在商会递控桂坤记伙同某公司串□勒据,请移行关道照会某领事饬退等情。商会当派调查员沈君梅轩,调查明确,陈明核办。

希候察酌办理　鼎亨钱店刘步云,因亏欠盐款,在厅收管。兹在厅供称,舒松山亦有狡骗伊银两情事。业经厅尊移请商会查复在案。兹舒在商会递诉,并称其无辜受累。总协理以是否属实,候查核卷宗,察酌办理。

(《汉口中西报》)

13.商会纪事(递请移行重申禁令)

(1909年5月17日)

汉口戒烟总会,自前厅金太守提倡得以成立,并在各善堂设立戒烟分会。兹培心善堂以领丸人日少,恐有私售烟吃情事。在商会递请移厅重申禁令,商会已准函知各分会派员调查,一面移请夏口厅重申禁令并嘱勉力图维,毋得功败垂成云。

(《汉口中西报》)

14.论信义银行之恐慌由于商德缺乏

(1909年5月18日)

甚矣哉!商德之不可不急讲也。吾人皆知二十世纪为商战剧烈之时代,汲汲焉,营商业,订商法,立商会,讲商学,不可谓非经济之进步,然其中有一绝大要点焉,商德是也。商德二字,其义极广,其理极微,若以论理法□之,非一二语所能尽,吾今为缩小其范围,即以银行言之,吾再为缩小其范围,即以信义银行言之。

银行者,全国金融界之交通机关,即商战之营垒与戈矛也。营垒,必期其坚;戈矛,必期其利。故银行愈发达,则金融愈活跃,而商战愈优胜。近年以来,吾国之银行几遍于二十二行省,而或兴或败,或坚实或虚弱。其原因虽甚复杂,而社会之信用与不信用,视乎商德之完全与不完全,则可一言而决者也。

信义银行之开设武汉也,由度支部批准立案,创办者为马湘伯、尹寿人等。闻湘伯等乃上海各处绅富,长江一带各钱庄、银楼、典当、洋行、铁路公司、造纸公司及各大实业公司,无不有该绅等存款,资本富厚,办理有绪,故行业颇见兴旺,乃不意忽生此惊人之风潮(详情已见连日本报),幸各大吏与军警竭力保护,不至酿成暴动。而该行内力素充,迅速兑换,亦绝不至有倒闭之祸。然而市面已受惊恐不小,今虽浪静波平矣,该银行已照常营业矣。而痛定思痛,追溯风潮之所由来,关于商德之缺乏者,约有二事。兹特表而出之,以释群疑焉。

一、由于店伙之挟嫌造谣也。前十余日,本报即载有信义银行赏格,大意谓:“本银行在汉口开办以来,办事极为认真。凡有不守行规及亏欠款项之伙友,无不立即开除。乃风闻近有已开除之劣伙,在外滋事造谣,布散传单,实属不法已极。如有拿获此种造谣惑众之徒,请即扭送本行,当酬洋若干云云。”□此劣伙谁乎?当其同伙贸易之始,未尝不诩诩然,自矜于人曰:我某行总经理,我某行副经理,我即商界之一份子,现在商界当如何整顿,如何扩充,始可卓立于商业竞争之时代。吾闻此言,未尝不欣慕其人,以为是不独有经商之才,并具有经商之德也者。不料口与心违,所谈者仁义之言,所行者盗贼之事。既以不守行规,或亏欠款项,被人开除矣,固宜匿迹销声,革面洗心,别营生活,而乃不自愧悔,造谣滋事,以个人之私嫌,欲损坏全行之名誉,致牵动各省之市面店伙之心,尚可问耶?心不可问则其□可胜诛也。

一、由于兑票者之嚼舌,致呼动全市也。闻某日晚有米客持票若干,投柜兑洋。行伙以钟点已逾(该银行向例下午六点钟封柜),拒之不兑,与该米客互相争执,大起冲突,遂至摇动市面。夫米客之不按钟点强行索兑,固属无理取闹,然为行伙者,当以行规明白指示,婉转劝谕米客，虽横未有不屈服于理者，何至遽起恶感情。吾意该行伙于该客兑票时，必掉臂不顾，或出忿戾之言，令该客难受者。盖吾国市侩积习，营业略有起色，则经理者价值愈高，盛服高坐，顾盼自豪。如遇近地绅宦或富商巨贾与之交涉，则略假辞色，勉强招待。若村夫野老与外来□□，则睨而视之，不屑与之言，甚或以恶声相加。此皆由于未受商学教育，不讲商德，乃有此恶习也。夫平易近人者，圣贤之大德。况银行有无相通，交涉最繁，皆有平等对待之事。司其事者，□已宜如何慎重待人，宜如何款洽，而后可免于飞语之伤，意外之变。今信义银行之恐慌，大率商德缺乏所致。虽无碍于该银行之前途，要可为各银行之车鉴也。若夫吾国金融界之亏弱，此又为恐慌之大，原因言之甚长，故不欲多言，令人短气，且非本论范围所及矣。

（《汉口中西报》）

15.上海商务总会为湖北毡呢厂事致新加坡中华商务总会函

（1909 年 5 月）

敬启者，接准湖北毡呢厂严道台开，第咨开，案奉升任湖广阁督部堂张定议，在湖北省城创设毡呢厂，借兴实业以塞漏卮，蒙湖广督宪陈委本道总办厂务兼招商事宜，当经妥为筹划，厘订章程，于上年十月禀请奏报开办在案。南洋群岛不少，闽粤侨商类擅理财之策，兼怀爱国之忠，敝厂秋间成立，获利可操左券，股东准兼协董，不啻自为经理，既沾常息，余当遵办。其海内商会诸公，对于此事，如有意见，或别项事情通信贵会，嘱华商联合报代递者，亦当遵即代寄，以上慰贵会诸公之廑虑。所有内地商会所在地方，稍缓，当就所知，先行录呈。现在敝报已登日报，广征海内外各商会同人录，络续登报。惟现在各处见寄者，均未载明会员之号及职业、住址、通信地方，尚当备列表格，函请各处照填详细，云其海外各商会并求代为函征，嘱其径示，是所至幸。前寄敝报，蒙为介绍，感感。贵会为海外商会领袖，会员多至千余人，苟得热心诸公登高一呼，当必能日见推广。惟开办之初，编辑者仅有数人，以致第一期既无目标，又多误字，诸未完善，负疚滋深。现在方遍征同志，次第改良，第四期加海内外商会纪事，第五期拟加海内外商会同人录，第六期更拟加交涉案卷，以期日就进步，倘荷公等随时教正，则更欣幸，谨此奉复，敬问公安，诸维爰鉴，不备。

（《华商联合报》第 6 期）

6 月

1.华商银行认股之踊跃

（1909 年 6 月 2 日）

汉口商会于初九日开全体大会，劝集华商银行股份，是日到会者二百余人，首由上海华商银行事务所派来代表李云书、陈子琴二君，演说中国华商银行组织之历史及各端口认股之情形，次由汉口商会总理齐相琴君演说银行成立之不可缓及银行营业之必获利，当场各巨商认定股款计有一百万元云。

（《申报》）

2.商余学会批准立案

（1909 年 6 月 3 日）

汉口商余学会干事刘维庆、叶墉等刻将该会一切章程禀请夏口厅转详立案。当奉冯司马批示云，中外各口互市已阅五十余年，大利外溢，商务迄无振兴之一日，推原其故，皆由素无商学，又不知联合团体，组织公司，即有一二仿效外人从而创办，而章程未善，自私自利之见又多横亘于中，以致一败涂地，不可收拾，人皆视为畏途，商务愈无起色。该职等联合同志创设商余学会，屏除一切恶习，以合群讲学为入手方针，去损受益为将来目的，洵属识见宏远，热心公益。现在日事扩充，复公立一商业学堂，查阅章程均臻妥协，应准据情通详立案，以谋久远。

（《申报》）

3.教育展览会之先声

（1909 年 6 月 8 日）

湖北学务公所现联合省城内外官私各级学堂创办教育成绩展览会，假善技厂为会场，陈列各学堂教育器械、标本、仪器、课程。其经费由学务公所筹拨，并设正副会长一员，总理一员，协理五员，庶务、收掌、陈列、会计、书记、审察若干员。定于七月十六日开会，八月十六日闭会。其有独出心裁者，得由会长分别给予奖牌。

（《申报》）

4.工业教员讲习所招考

（1909 年 6 月 17 日）

鄂省学司前详准大吏，在省垣创办农工商三教员讲习所。现农商两所已招生开学，工业亦亟应组成，以期造成实业。师资业已勘定，昙华林停办之支郡师范学堂为校舍，出示招生。额定六十人资格，须在简易师范、预备中学、高等小学毕业者方准报考，以三年毕业限，五月初十日截止报名。

（《申报》）

5.信义银行恐慌之现象

（1909 年 6 月 20 日）

汉口夏口厅出示云，信义储蓄银行前因挤兑花票，几至倒闭，仰蒙关道宪顾念小民血汗微资并维持银行前途，毅然担任兑票，现已陆续兑清。彼时无知痞棍妄冀邀求担任存款，多端煽惑，借思纠众生事，经关道宪暨本厅明白晓示不能担任理由，随饬该行清算账目，着将零星储蓄存款先行筹兑,并禀明关道宪禀请督宪,将该行总理尹克昌、李禔咨提来鄂,将各存款一律开兑清楚,函电交驰,至再至三。其为尔存户人等办理此案,实已无微不至,乃昨又有生事棍徒遍街粘贴匿名告白,种种失实,无非欲惑众,滋生事端,得以于中取利,实属贻害市面,扰乱治安,除饬缉勇差役严密查拿并移巡防营、巡警局一体严密查缉,尽法惩治,决不稍从宽贷。

(《申报》)

6.铁厂赔偿撞沉土船银两

(1909年6月20日)

汉口赣帮土商曾悦来号前用民船满载烟土运汉,行至江心,被汉阳铁厂津通轮船撞沉,控经商会夏口厅、汉关道各衙门,久未断结。嗣在农工商部呈控,由部札饬湖北劝业道查办。近劝业道邹观察特会同商会,劝令铁厂赔偿银三千两了息。

(《申报》)

7.汉口拟组织茶叶公栈

(1909年6月23日)

汉口茶业为商务之大宗,近来年年失败。今岁茶市闻较曩年尤坏,从开盘日起,计宁州茶销去十万箱,尚存二万箱,两湖茶销去四十一万箱,尚存八万箱,最低价值售至八两,而成本须十三两余。除祁门茶、安化茶通盘核算,亏折约二百万以外,各茶商以年年有害无利,来年决计改业。现商会协理汪炳生君拟禀请农工商部设法挽回,由部商借邮传、度支两部银一千万两,组织公栈,来年先将各色茶囤积,不准减价,再由各茶商出款维持。闻其公栈拟用交通银行新建之大堆栈云。

(《申报》)

8.创办大金工厂计划

(1909年6月28日)

鄂督陈小帅因铁丝、铁钉等金工物件销路甚广,自各国输入此种铁货后,物美价廉,遂致利权外溢,现拟官商合集股本银五十万两,在省垣创设大金工厂一所,专制铁、铜等项器物,以期挽回利权。昨特札饬劝业道邹道履和妥议一切开办章程,以便咨部注册开办。观察奉文后,择就望山门外白沙洲空地,绘具图说,详复督院核办。

(《申报》)

9.张星耀革职查办

(1909年6月30日)

湖北试用县丞张星耀,性喜多事,向不安分。本年正月至光化县属之老河口镇,擅称奉汉口商务总会委设保运商会,募勇收费,以致众情汹汹,几酿事端。当经光化县及老河口筹饷、统捐两局委员电禀鄂督,即由陈小帅电饬署安襄郧荆道施纪云就近派员会县,驱逐张星耀回汉。旋据施道查复谓,张星耀即张秋槎,实有设船挂号、刊刻钤记情事,且汉口商会只令前往考察,并非令充委员,张星耀业已闻查避匿等语。陈督以保运会既经撤销,饬令该处查照部章开办商务分会,乃张星耀竟敢不知敛迹,又复入京,前赴农工商部请设襄汉商船公会。部中以所列商号未盖戳记,恐非公认,未予批准。遂又回老河口,行踪极其诡秘。复经鄂督访闻,恐其又有惑众敛钱情事,电饬该处营县严密访查,现已查传到案,即日押解到省,鄂督当即奏请革职,发交武昌府审办,业已奉旨照请矣。

(《申报》)

10.汉口大信银行之查封

(1909 年 6 月)

汉口自信义储蓄银行兑票风潮之后,关道齐观察于华商所设银行钱庄,极为注意,除嘱商会派调查员访查外,并派员密查。因见报纸载有大信银行先行交易,择日开张之告白,当查该行既未禀地方官立案,亦未奉有部文注册,擅行开贸,有违定例,特将该行总理尹湘琳传至道署,诘问实有资本若干,已收存款若干,尹自称系指分湖北试用道有资本十万,分存于某某三钱庄,已收存款数千。齐观察立派员至三钱庄,饬将大信存银提放于大清银行存验,该三钱庄支吾其词,显系串同扎台,意图倒骗。复经调查,该行账据已收零星存款二万余金,并在行内查获空白未填之钞票二十余万张。齐观察遂饬将该行总理尹湘琳发交夏口厅看管,行屋发封,勒令将各户零星存款缴案发还。闻其股东中,如黄幼轩、程某等,均系体面官商,自事发后,已竭力筹款,将外存之银,如数缴出,由夏口厅示谕各存户凭折具领。奚在旒曰:银行为商业之祖,亦为商界中最当谨慎从事之业。此而可以小小资本,掩耳盗铃,冒昧开办,是尚有何业不可掩耳盗铃,冒昧从事乎?幸也。当道诸公能早为觉察,不使贻毒社会,是诚商界之福也。虽然商界唯有此程度,始有此现象,且不能自治,则遂为官界干涉,履霜坚冰,其来也渐,是庸非商界之悲乎?或曰此破坏商界之良剂,银行之蛀蠹也。吾商界当鸣鼓而共攻之。

(《华商联合报》第 7 期)

11.汉口信义银行之倒闭

(1909 年 6 月)

上海信义储蓄银行,系马湘伯、尹寿人等所办,于汉口、武昌等处皆设有分行,发行钞票及收储蓄存款,为数甚巨。兹次为钟某等在汉镇散布传单,谓该行资本甚虚,所发钞票并无现款存贮等情,致执有该银行钞票者,皆纷纷前往兑取现洋,一时拥挤不开。该银行竟无以应付,当即禀请汉关道派勇弹压,暂行关闭,一面电致上海总行,请运现银往彼收兑。又以上海之款,一时难到,另由汉关道与上海总行商定,暂借官款,先行收兑,并出示晓谕,以定人心。然刻下谣诼未息,尚有储蓄存款,未曾清楚,正不知如何结果也。

冕曰,自国家坐失币制权以来,外国钞票乃纷纷行用于国中,国人忧之。于是自设银行,自行钞票,是固亦收回权利之事也。然西人则甚嫉之,乃不肯信用吾中国银行之钞票,是则凡为中国银行之主人翁、办事人者,极宜格外谨慎,务从实际,切勿滥发,庶以维持吾银行信用,此为当也。何期当此纸币如蝴蝶乱飞之日,忽来汉口信义银行天空霹雳之一声,从此不第无以间执外人之口,且何以再震国民之气?于戏,此岂今日所宜有之事乎?吾愿自今以后,凡已办银行及欲办银行者,皆以此为儆。

(《华商联合报》第 7 期)

12.移请苏商赴汉赛会

(1909 年 6 月)

苏垣农工商局接奉湖北劝业道移开,案奉督宪札饬会同筹办赛会,业经敝道等勘明,省城平湖门外乙栈,规模宏敞,开办武汉劝业奖进会,拟定简章细则,详奉批准立案,暂以武汉为限,其各省所出品物产为搜集比较,以扩增智识,改良制造。因调查贵治工艺勃兴,复经贵局提倡,日增发达,对于敝会,尤必共表同情,仰承相助,合行备文,连同告示、简章,一并移请贵局查照,希即分别移行商会暨各局厂,并晓谕各商,如有制造各种优美物品,饬令于会期前运至鄂省奖进会陈赛,以兴实业而示观感。其因道路辽远,到会后期者,敝道等亦必接待,设立陈列,以答雅谊,仍希从速见复。当经该局分别移行商会,一体知照。

(《北洋官报》第 2092 期)

7 月

1.筹还建筑审判厅经费

(1909 年 7 月 6 日)

武汉各级审判厅修建费系由官钱局借款五万两,夏口厅向三井洋行息借银六万两济用。其三井借款已经夏口厅指款,分期归还,官钱局之款则由鄂督饬藩司、盐道在库存杂款内分任筹还。盐道马积生观察奉文,遵在库存外销之淮盐局商捐杂款项下拨银二万两,解交官钱局查收,其余三万则俟藩司设法筹还。

(《申报》)

2.鄂省水灾情形续闻

(1909 年 7 月 10 日)

(上略)汉口商会总协理齐相琴诸君,因后湖贫民平时多恃挑抬为生活,现被水淹,谋食甚难,各行号又因雨停止,起下货物,终日嗷嗷,情殊可悯,诚恐铤而走险,有害市面。爰禀由鄂督在筹振局拨款三千串,官绅复合筹七千串,于十七日散放急赈,按名给钱一千,小孩半之。复禀由关道禀准鄂督,饬统捐总局电知沿途厘局豁免米厘,以扩来源而裕民食。

陈小帅以现在米谷来源日少,价值飞涨,亟应由官购米平粜,以抑市价,业饬藩司、盐道、江汉关道、筹赈局、官钱局通同筹款，体察情形，约需米若干万石，即行委员驰往产米之区采办，运回平粜。闻李藩司等拟借拨铜圆五十万串，分往湘、赣、皖三省购籴，不日委员前往并派兵轮拖运。

（《申报》）

3.鄂属水灾之现象

（1909 年 7 月 23 日）

武昌沿江堤高处与水相平，低处已被水淹。陈小帅以该堤关系紧要，特于日昨亲自出巡，从望山门外江干起，或乘马车，或坐椅轿，周历文昌、平湖、汉阳、武胜各门至营坊口止，沿途谆诫防护人等加意抢险，如再下雨即招工加筑，以免江水倒灌入城。汉口后湖长堤，日前因风雨，危险异常，幸先事购有抢险材料，又经富商刘歆生出而担任招集土工等千余名，会同督防委员千总张朝禧，连夜竭力抢救，将低者修高，松者筑紧，故得庆无恙。现在汉口官绅富商已设有筹赈所数处，或募捐，或借地演戏筹款，但目下商力凋敝，集资无多，以赈汉口之灾则有余，遍济各属之灾则不足。又，旅汉之日本人，如橘太郎思明氏、熊谷氏，刻均各捐百洋助赈，而商务总会、商务善会、赛马公会各团体亦竭力劝赈，惟灾区广大，博济为难。（下略）

（《申报》）

4.武昌信义银行经理吴剑丰预拟呈请代奏稿

（1909 年 7 月 23 日）

武昌信义银行倒闭一事，各报言之甚详，本报亦曾记其崖略。此事于我国银行信用之前途大受影响，吴君剑丰有鉴及此，力顾大局，亟为营谋。闻已央人介绍，招有股本十二万元，有此接济，大可维持。谁知一蹶之缺，宽难复起，吴君至此愤不欲生。昨由友人寄来其所，自拟挽联云：无术挽狂澜，徒备形骇衣冠误存人世，宁速死庶能自解；弥天皆恨事，未全忠孝节义有玷清时，欲补过尚待来生。噫！吴君之志亦诚，可悲哉！另有其所自拟呈请代奏底稿一纸，特为排登，将以见吴君之绝少私弊，专为公益，其心地光明磊落，为近今不可多得，殊令人钦佩，不置云尔。（本馆特注）

具呈武昌信义银行经理候选道吴剑丰，为银行破坏，补救无术，自愿绝食，捐生请饬维持并分别惩处，呈请代奏事　窃维中国国家之不振，首在财政之无方，故举办诸事，每以经费难筹，动生阻力。论财政之发生固非一端，然大本大原莫过信用二字。故孔子谓“自古有死，无信不立”，圣人之言，良不我欺。近自新政日兴，于生财一道，力图补救，故有农工商部、度支部之设，保护维持，以冀振商生财，用纾危困，而财政机关，其流通周转尤以银行为重要职。未尝学问亦颇究心。于此，前年由都察院正奏具呈要政六事，当蒙降旨交议，意在推广银行，力图发达。适于光绪三十三年十月来武汉省城，正思组织银行，忽于席间遇候选道尹克昌将设信义储蓄银行于武汉，邀职入行办事。查尹克昌先于三十三年八月初一日在镇江已经开办，又续在上海开办，已于本年八月二十三日奉度支部批准给札，并十一月初三日重行给札均在案。读度支部札开，尹克昌集资二十万元，先凑足十万元开办。又据尹克昌声明，系由职道纠资创办，并非股份公司,自应由职道总理行中一切事宜,款项出入盈亏,即由职道担任其责等语。职细阅札文,均属确实,而开设已有两处。又,尹克昌于本年十月二十一日在汉口开办,复于本年十一月初九日请职在武昌开办,以职为武昌分行总理。当时度支部商务银行则例,查日本储蓄银行,但须资本三万元以上,则尹克昌所集资本总额已觉有余。武昌系由汉行分支,本可随时挹注,亦未另请资本,此职办理武昌分行之实在情形也。自武昌开办以来,信用尚为昭著,存款亦属踊跃。而尹克昌不仅未将资本分给,且时向武行拨款,盖武行之款乃存户储蓄之款。武行司友人等惧其提款他去,难于收回,即议放款与大成漂染织机公司,以兴实业。又附设大亨钱庄,以便周转。在武行谨慎办事,向无风险及损伤信用之事。而尹克昌任性使气,虚浮不实,办事用人诸多危险。职亦窃滋恐惧,因与重订合同,除尹克昌担任资本二十万元外,所有武行用人办事,归职专担责任,如因他行用人办事不慎,以致牵动全局,则职亦不负责任等语。合同彼此签字,无可伪造,此职专办武昌分行及放款公司钱庄之原因也。及前年冬去年春,由总行添设宜昌、长沙、湘潭、常德、芜湖各分行,始议添招股本。至去年冬季,有河南候补道李禔入股十万元,由尹克昌及职等举为总理,并具呈度支部立案。又请在天津验资取保,当由直隶总督咨复,并呈请移镇行于汉口各在案。去腊李禔来汉,自驻河街行内度□,连日调查账目并登报宣布为总理及名片、照片皆自题"总理"字样。今年正月中旬,李禔复回北京接眷,旋丁父艰,因未回行,此举李禔承充总理之实在情形也。(未完)

(《大公报》)

5.武昌信义银行经理吴剑丰预拟呈请代奏稿(续)

(1909 年 7 月 24 日)

然汉口河街银行仍系尹克昌办事。前因尹克昌与镇江造纸厂工程司钟勉之构□,钟即遍发传单,毁坏尹克昌名誉,兼及信义,因而上海信义银行大起风潮。前三月二十一夜,汉口河街行内夜间九时有人坚欲兑票,遂与司事人等口角,因即出门呼号,谓信义已经倒闭。当时市上全体震动,换票者拥塞街道,不由理论。其时,巡警、夏口厅均出弹压,此以二区委员刘家怡用刺刀扑击,而愚民遂谓,既不兑票,反以刺刀杀人,其势尤允,此滋扰益烈之原因也。至次日,出示分途兑票,营勇弹压,始行□散,遂连日发兑钞票。而职本武昌经理,当时武昌绝无影响。其夜二更时,闻汉行之警力顾大局,急赴汉行镇定。至二十二早天明时,武昌江夏县王士衡即向武昌行内搜掠殆尽,封钉而去。而汉口警察、二区委员、知州刘家怡亦倡议封门,宣言于众,谓信义并未立案,全无资本,毋庸保护,此证实信义倒闭之谣之原因也。比幸江汉关、夏口厅出示晓谕,一面兑票,一面安慰存户。此时李禔尚在北京,而尹克昌已先数日回上海。职以事关全体,即函电交驰,催李禔、尹克昌等筹款接济,亲来料理,并叠次派人守催。而李、尹两人一味推诿延宕,职一力支持至有月余之久,款固无有,人亦不至。先是尹克昌将股款全归上海、镇江两处,自□停歇。尹系原来发起之人,本无推卸之理,职即禀夏口厅及江汉关道详陈情由,请其转禀湖广总督关提李、尹二人来汉。而该道厅巡警等但知派员将职严行看守,若有重大罪名在。职本力顾公益之人,遽以小人无赖相待,时刻防其逃走,以致不能设法周转。窃念职稍知自爱,何以堪此。旋据江汉关道齐函称,已由鄂督派员前往提解李禔即日来鄂,然候之已逾一月,尚不见来,何以官力仅足以及职身而不能及李、尹?此人情之大不可解者也。况李禔坐拥家资数十万，明明承充总理，事至危险，何能任其逃卸？盖李之进退左右，全以直隶候补道洪恩广、洪祖述为谋主，洪等利其家财，帮同图赖。原李本拟携资南来，发兑存户，改良办理，竟为洪等所阻，私心包庇，破坏公益，居心不正，已可概见，此又破坏之大原因也。窃以中国银行风气初开，信用未著，遽尔破坏，何以示信天下？适以见笑外人，益使外国银行膨胀势力，故职宁忍辱受耻，一身担任，以冀保全。（未完）

（《大公报》）

6.武昌信义银行经理吴剑丰预拟呈请代奏稿（续）

（1909 年 7 月 26 日）

查信义银行，除上海一行已有纸厂抵押，尚有存款外，其余武汉及各行合计，所需现款不过十余万两，即可一律救全，尚有放出之债可资抵偿，故职电禀求部保护，并地方官、商会请其暂行垫款，强为维持。及□李禔筹款，另觅新股东承顶接办。积月余之焦思苦想，呼号乞救，竟无一人为此义侠之举，许为救护者，只以推却畏避，坐视其弊。合中国之官绅、商界以暂垫十数万元之款，即可维持中国银行前途，保守全体信用。不谓此志竟不克偿，徒以日夜辛劳，微力强支，日就危险，遂致牵动各行，全局瓦解，则中国人心之薄弱实堪浩款。且既经部中立案，许为保护，此而无信，又将何以善后？则前此注册已属空文，部中保护又成故事。况储蓄本慈惠之举，岂可使微贱小民受其损伤，以数千百家身家性命所系，念之心恸。无如职自惭愚陋，既无政炳，复无□权，坐令倒闭，心滋愧愤，则已无心人世。窃愿绝食捐生以自赎，图救无效之罪□，各国商家银行设有恐慌，国家银行为之救济，国家之力不给，且借他国银行之力以救济之。其所以维持信用，已成上下一体。窃慨中国官商见利则避，见害则避，遇患难则思推诿，遇公益则避若蛇虎，此而不惩，安有人心？仰维朝廷立宪伊始，事事振兴，当商战剧烈之场，正力求进步之□，决不可因一二商民办理不善，遂致国家信用一旦损伤。伏想一面饬地方官暂拨官款，接济镇定市面，一面将发起之尹克昌及总理信义银行之李禔查抄家产，抵偿存款。李禔素称殷实，以一家之财产保无数穷人之财产，庶无不使存户一人受丝毫损害，所谓“一家哭，何如一路哭”，此必欲保全之理由也。（未完）

（《大公报》）

7.江、浙、皖、鄂筹办荒政汇志

（1909 年 7 月 26 日）

（上略）汉口商会诸君，自闻沔汉不靖，深恐各地饥民借荒酿变，爰将连日筹得赈救甘肃旱灾之款，提五千串移作汉沔两邑赈款，以救切近之灾。

（《申报》）

8.武昌信义银行经理吴剑丰预拟呈请代奏稿（续）

（1909 年 7 月 27 日）

又一面招商承办，截清前后，或改归官办，或官商合办，但保存信义二字，庶不见笑外人。

并请将意图破坏、有心滋扰之地方官,如湖北候补知县署江夏县王士衡,湖北候补知州刘家怡,直隶候补道洪恩广、洪述祖等严行□办,并将该道、该州县等损伤银行信用,勒令赔偿,摊还存款,毋令存户人等有折扣损害之虞。庶几昭明大信,维持商业,保护国家财权为益之大,岂胜枚举。至刘家怡弹压发兑钞票,私窃钞票数千,当以官势压力,莫敢申诉,此尤当严惩者也。其各行司友人等,如有逃匿不出及侵蚀银两,蒙混账目,一体饬各地方官严拿惩办。则法律明而信用著,于中国银行,立振初基,则职死之日犹生之年也。职命等鸿毛,死不足惜,自问自省,本无私罪,聊以为救护不力,推却趋避者戒。所有职经理之武昌分行,内外两抵,除应用开支外,实无亏空。若以股款匀摊,则更有赢无绌,凡司友人等一一在行,账目、图书、银钱均扣存江夏县,可以查验。所有开办及破坏情由,理合具呈,伏乞圣鉴,哀怜愚氓,饬地方官即速施行,分别悉办惩处,以正人心,则中国实业幸甚,全国小民生计幸甚,谨呈。(已完)

(《大公报》)

9.续夏口厅冯丞贤详呈汉镇各帮商余学会章程

(1909 年 7 月)

第一章　定　名

第一条　本会由汉镇各帮商人组织而成,每日公毕余暇,讨论商业,附设学堂,以培商才,故名曰商余学会。

第二章　宗　旨

第二条　联合商情,启发商智,以保自有之利权。

第三条　研究商学,陶铸商才,以定自强之方针。

第四条　维持公益,改良社会,以立自治之基础。

第三章　入　会

第五条　凡入本会,不分省界,先经会友一人介绍,俟调查合格,再行投票公决,经众认可者,即行函请入会。

第六条　会友资格,以熟悉商务、品行端方而能热心公益者为合格。

第七条　入会时,由调查员、介绍员交付愿约,令其填写籍贯、住址、事业,存会。

第八条　会友缴经费每月两元。

第四章　职　员

第九条　选举职员二十六位,各资格,表列如下:会长一位,才识开展,事理通达;副会长一位,顾虑周详,勤劳赞助;校长一位,品端学粹,心平气和;评议四员,识见高旷,持论公平;监察二员,正直无私,遇事敢言;会计一员,心地光明,精于榷算;书记二员,熟谙公牍,优于文理;调查四员,久经商务,熟悉人情;庶务四员,任事勤劳,不厌烦琐;招待六员,谦恭近人,熟于会务。

第十条　名誉赞成员,无定额。凡会外有愿为本会尽力或捐助本会经费者,本会议决推为名誉赞成员。

第十一条　本会聘任办事各员，所有资格，表列如下：坐办一员，品行端方，处事周密；监学一员，品端学富，教法严明；教员无定额，循循善诱，各擅专科；司账一员，遇事勤慎，书算详明。

第五章　选　举

第十二条　会友均有选举职员之权及被选举之权。

第十三条　各职员任期，一年更选一次。

第十四条　选举职员由全体会友投票公举，用秘密投筒法统计，以得数较多者当选，如得数相同者，以掣签法定之。

第六章　经　费

第十五条　本会经费以各会友月捐及学费充用，分额支、活支二款，列下：甲、额支款由会计员编列预算表，经会众公议允认后，按月预开月计表，送会长签字，随时照行；乙、活支款如在一元以内者，由会计员斟酌支用，五元以内者，由职员谈判会决议，五元以上者，由星期会凭众公决；丙、无论额支、活支，非经会长签字，不得支付，关于学堂之用款，须如校长同为签字。

第十六条　所收学费系为扩充学堂之用，俟会中经费充裕，即将学费逐渐减收，以期教育普及。

第十七条　每月终将出入各款结清后，会计员交会、校长查封一次，以昭核实。

第十八条　每月月报查核后，由会计员将各项发票往来庄折查封一次，然后将月报逐款表示会所，俾众咸知。

第七章　规　制

第十九条　现设初等商业学堂，分预科、本科两班，如有不合本科程度者，先入预科。并设夜课，专修算数、英文等科，俾日间有职业者，以资补习，另有详章。

第二十条　会议中设演说台，每星期延请高明来宾演讲新理，以开智识。

第二十一条　书报室备有书籍、图书、小说、报张，以供探讨而扩见闻。

第二十二条　会话室无论同业、毕业者，均可接谈交易，介绍买卖，极为便利。

第二十三条　应接室布置整齐，器具精洁，以供来宾浏览而表欢迎。

第二十四条　体操场除学生按课体操外，会友均可随时肄习，以便运动而振尚武精神。

第二十五条　游戏所设有弹子、风琴及中外棋具等件，以资消遣而便活泼心志。

第二十六条　操场余地搭盖草亭，多植花木，俾会友来宾可以随时游览，以沾空气而益卫生。

第八章　会　期

第二十七条　每星期日开寻常会，会友均须齐集，凡会中应兴应革等事，以便是日定议。

第二十八条　每逢星期三、六开谈判会，职员均须齐到。凡寻常会议决之事及会中应办杂务，均于是日筹议实行。

第二十九条　每年岁首择期开年会，以宣告昨年之成绩，并求本年之进步。

第三十条　如有特别大故，须全体公议者，可先期传知会友，开特别会，以决从违。

第九章　权　责

第三十一条　凡为会友者，均可发抒意见，并有协订规则、稽查财政、维持会务发达之权责。

第三十二条　会长为全会之代表，凡公同决议各事，指挥施行，并有筹划经费、担任全体会务之权责。

第三十三条　副会长有协助会长执行会中一切事务之权责。

第三十四条　校长统筹学务，凡关于学堂举革各事，协同监学交谈判会议决，主持进行之权责。

第三十五条　评议员有评判众议、裁酌可否之权责。

第三十六条　监察员有监临会场秩序、稽查会务弊端之权责。

第三十七条　会计员有综核度支、主持收发之权责。

第三十八条　书记员有掌理簿记、核办文牍之权责。

第三十九条　调查员有探访确实、报告详明之权责。

第四十条　庶务员有布置会场、督率职司之权责。

第四十一条　招待员有欢迎来宾、应接会友之权责。

第四十二条　凡经会众公决交办各事，坐办有随时实行及督率司事、夫役之权责。

第四十三条　监学员遵照本校定章，切实施行，如有未尽妥善之处，随时商改。

第十章　利　益

第四十四条　会中常演新理，交换智识，以图商业之进步。

第四十五条　会内人员有关涉商务屈抑不平之事，查实公议后，本会代为申辩。

第四十六条　会友有关涉商务之中外文件解释不明之事理，可请会中代为翻译讲解。

第四十七条　会中人员如欲考查有益商务之事，本会可作介绍者，均为之介绍。

第四十八条　凡于本会历有功绩之员，得享本会之利益者，列下：甲、如因久病无力就医者，本会酌给医药之资；乙、身后遗孤查系赤贫者，本会担任习艺费，或入本会学堂肄业，免缴学费；丙、遇有父母之丧，无力安葬者，本会酌助；丁、如遇喜庆大事，本会公诣庆祝，制送匾额一方，以志贺忱，不受接待；戊、如有特别功绩于本会者，当放大本人相片，恭悬议厅，以资观感而表敬爱。

第四十九条　凡会友之子弟入本会学校肄业者，较他生减四分之一。

第五十条　会中所有书报及一切游戏玩具，会友各从其好，均有应享之利益。

第五十一条　各帮于会友中得选举一议员，为本帮之代表。

第十一章　义　务

第五十二条　会友皆有扶助本会发达，担任本会经济之义务。

第五十三条　发起斯会，原以化损为益为宗旨，凡入本会者，皆应遵孔子修身之训，一切嫖赌恶习，均当屏除，有互相劝诫之义务。

第五十四条　凡会友素守本分，一时失业者，会中当极力介绍，以维生计。

第五十五条　遇有参商意见不合之处，同人当居间排解，以泯猜嫌而固团体。

第十二章　出　会

第五十六条　会友自愿出会者，可具函声明理由，送本会收存，作为出会之证，捐助之款，概不给还。

第五十七条　凡会友中有犯下开各条，经会友二人以上举发，查有实据者，会中公决，令其出会，原捐之款，亦不给还。甲、干犯刑宪者；乙、不守会章者；丙、败坏本会名誉阻挠公益者；丁、侵侮同类，破坏团体者；戊、行止有亏，为同人所不齿者。

第十三章　报　告

第五十八条　每星期六将一星期内提议各款印单报告会友。

第五十九条　会中所立各项簿记、杂志，逐月汇辑成编，分送全体各会友，以备阅看，惟须另筹经费，详定细目，再行酌办。

第六十条　每年终将全年出入银钱，逐条详列报告会友，以征信实。

第十四章　会　所

第六十一条　本会所暂赁歆生路余庆里内新屋六幢，一俟筹有的款，即行购地建筑，以为永远之计。

第十五章　附　则

第六十二条　以上章程经全体会友于己酉仲春订定，将来会务发达，因时制宜，再行修改，俾臻完善。

（《湖北官报》第59期）

10.汉口商务总会开欢迎会之原因

（1909年7月）

汉口商会因修律大臣派朱部郎汝珍至武汉考察商务，已于日前到鄂，在武昌商会调查一周，爰于十五日至汉，开会欢迎，所有议董、帮董均衣冠莅会，由总协理齐相琴、汪炳生二君为临时主席，部郎当将法律馆新刊之《商习惯问答书》遍赠到会各商云。

记者曰：朱部郎此次至汉投赠各商《商习惯问答书》，非犹是前日道经上海所发布之铅印本习惯问题耶？则部郎之所为，洵可谓之习惯矣。虽然年来各处商会遇有某大员至，莫不开会欢迎，亦不可谓非习惯也。

（《华商联合报》第10期）

11.汉口怡和利欠项商会不允私偿

(1909年7月)

前办鄂省白沙造纸厂,总办程子大观察曾挪用汉口三怡钱庄银四千余两,经鄂省饬令归结,而程以三怡曾欠矿政局前总办魏观察允恭银四千两,拟私相划抵,已禀经鄂督核准在案。现汉口商会诸议董因怡和利三庄外欠之款均作三成摊还,何以魏存之款独得本利全清,未免贻人口实,是以呈请鄂督,仍饬程道将欠款如数还出,不允私相抵偿魏道之款,则照公派摊还,以昭公允。

记者曰:官款得以本利全清,商款均作三成摊还,此其不公孰甚,故汉口商会诸议董据情呈请鄂督也,吾不知鄂督对此当何如。

(《华商联合报》第10期)

8月

1.照派汉绅襄理奖进会事

(1909年8月7日)

武汉劝业奖进会,现在改章办理,总会办卞、高、黄三观察迭次会商办法,以汉口为商埠巨镇,所有商人报名,并劝导各商赴会事宜,非在汉口另立机关,不足招徕商品。现拟在汉口择适中地段,设立出品所,照请俞绅、马绅为出品员,并由坐办胡子笏与汉商会各董筹商一切章程,俟禀奉督批核准,即行开办。

(《申报》)

2.日人对于中国工商业之计划

(1909年8月12日)

日人对于中国企业之计划,迭志本报。兹闻日政府以中国长江一带土脉膏腴、转输便利,亟拟从事调查,以为入手方法。闻已特派武弁某及一等书记官阿部守氏前往扬子江上下游调查农业之种类及工商业之况状。一俟报告造齐,即拟招商集股,从事于工商业,并拟以汉口为中心点云。

(《申报》)

3.札饬妥议改良茶务办法

(1909年8月12日)

农工商部札上海商务总会文云,据安徽茶商单致中呈称,汉口茶叶公所接准商务总会照会，奉部札，发华洋茶十二种，仰众商考验设法改良。等因。经董事传知各商，开会集议，六帮均有代表到会，就中最注意者惟茶栈中人。而茶栈素分两湖、宁祁两派，最注意者又推宁祁茶栈，其性质系代宁祁茶号售茶，不惜为同业百计求全。前年购印度锡兰各色红茶自行研究，刊布传单，此次又在公所详加试验，表面以印锡茶为胜，内容远逊华产，独惜明知缺点，卒不改良，良由茶栈、茶号、茶户分为三橛之故，不能联成一气，未可与议改良联之之法，莫如设立总公司，兼出产、焙制、运销而包举之，最重尤在出产，一面买山种植，重用肥料，以图远效，一面向茶户租赁原树，代培试办，以收近功。惟商力不足，可否由部拨款，倡设制茶官局，抑将公款借与妥商或茶栈承领，专归商办，并详述掺杂劣茶之弊出于洋商，非出于华商各节。附呈宁祁新茶、统希钧鉴等情前来。查华茶为出口大宗，近年销路衰减，前途岌岌可危，本部有鉴于此，节经札行各议员照会各驻使，考求中外茶业得失，遇有论说可采者，无不甄录通行，以期集思广益，渐求挽救之方。本年奏定筹备事宜，亦有讲习茶务、调查茶市、改良茶业各专条，该商单致中所陈三橛联成一气之法不为无见。惟兹事体大，非合力通筹，必不足以资补救。上海为茶市中枢，各帮商董见闻较确，利害盈亏，尤有密切之关系，合即抄录原呈，札行该商会，即便遵照，传集各董事悉心详议，按照原呈胪陈各节，通盘筹划，拟定切实办法，迅速禀部核夺。

（《申报》）

4.荆楚水灾筹赈近况

（1909 年 8 月 14 日）

武昌府属兴国州，民俗犷悍，时有械斗巨案，现因被水，灾民丛集，大有蠢动之势。该州牧汪文钧已电禀督院，饬督中协派督标操防营兵百名，开往弹压，以期防患未然。武昌、汉阳两埠城外，各有由汉沔来之饥民数千人，盘踞不散，官场欲勒令各回本籍，又因难觅大批船只，是以分日押令回籍，沿途不准登岸。沔阳州牧张清刻因境内迭出抢案，经李少东方伯详院撤任，改委谳局承审委员知县左功溁前往署理。孝感县水灾，民食缺乏，由县令徐冠瀛禀恳省吏，饬筹赈局拨钱二千五百串，购办白米四百石，委知县李绪远解往放赈。又委知县孙记桂在汉购米五百石，解往汉川县散放。知县曾纪隽、余云香等，则解钱米分往嘉鱼、潜江、天门、沔阳等州县接续散放，而汉川、监利、潜江三县，复由汉口商会各续拨钱一千串，公安、云梦、石首、应城四县，亦续各拨钱二千串，派公正董事携往散放，俾穷黎得以存活。闻江陵县灾民共有三万余人，官场先拨钱三千串往赈，每人只得铜圆一枚，灾区广而赈款绌，呜呼，惨矣！且自六月初二放晴，至今尚未降雨，疫症大作，高阜不免旱灾，昨鄂督又饬武汉一厅两县出示禁屠，设坛祈雨矣。

（《申报》）

5.商会纪事（移请传究冒牌）

（1909 年 8 月 17 日）

人和轩丸药铺在商会递控□日衢在沙市假冒伊号牌名，售卖丸药，请饬传究，以重商标等情，总协理已备文移请江陵县传案讯究。

（《汉口中西报》）

6.商会纪事(代表禀请办法)

(1909 年 8 月 19 日)

六月廿四日上督宪禀　具禀,江西商务总会代表聂凯阳为三怡倒案,不定办法,终无了期,据实陈明事　窃代表此次谬承赣省商会公举赍文来汉,□与此间会众接洽,意图将怡案速了。旅汉两月有余,面恳函催,始于本月十七日开会一次,而票帮各债主并未到场。所议收账变产缴款各节,虽为题中应有之义,而办法不定,终觉犹移,□据格□时形,责以收账,而诸伙未释,纠葛尚多,责以变产,而案未□了,无人敢受,责以缴款,而在押求人咸以款巨案悬,大□有难填之势,种种窒碍情形,皆办法不定有以致之也。前汉商□赣商不从,致烦□虑,屡颁文告矣。今赣无异议,似不应再有迟疑,且议办议了之权,莫不汉会是□,代表再四筹维,欲了此案,必定办法。惟先将三怡进出款项通盘核算,划定成数,□形不□,责令怡号东伙设法补□,然后邀集全体会员并各债主开会公议,议妥立案,并将三怡东伙邀恩保释,所有收账、变产、缴款等事,一依议定办法酌定时期,以防延误,倘敢逾限,归案还押,如□债主不肯放松,□已查抄,又复革职,押追日久,无效可言,法当具罪,是亦可已,况犹责该东伙以缴款乎?似此办理则有法可遵,有程可赴,了案不患无期矣。否则,日言怡案成效难□,月复一月,年复一年,不知伊于胡底。况人事有变迁之候,产业有朽败之忧,□账有转黑之□。虽□严治怡之东伙,而债主之损失实已多矣。□□□□商以□□□持,争讼已久,□赣中商会排解,舌敝唇焦,□定合办之□。今□迭接专函,采询□法□词□命,惭悚殊深,非不欲及早□□事从实告□□款了□之说,又将大起风潮。是赣已协从,而汉不定□,赣商必□振有词,□业已化争执为和平。兹复反和平为争执,是谁之咎?敝代表久稽旅馆,无法求全,不能不作归计。为此,据实陈明,并将前上汉口商会意见书,□具清折,呈乞宪台鉴核作主,批行江汉关、夏口厅会同商会速定办法,实为公便。

督宪批:三怡亏倒之案,日久尚无头绪。该代表所谓不定办法,终无了期,颇有见。仰江汉关道转移汉口商务总会,即日与该代表再行详细商榷,酌定办法,禀候核夺,切切。此批。清折存。

(《汉口中西报》)

7.商会纪事(发给钱庄执照,递控诈骗嫁祸)

(1909 年 8 月 20 日)

发给钱庄执照　晋元、荣康、寿康、德义兴、永大源等五家开贸钱铺,业经遵照新章,各缴照牌捐银八百两。由商会移请劝业道发给执照,交由公所首士具领,照章贸易。

递控诈骗嫁祸　信义银行李禔,被吴剑丰具控。当经关道转禀督宪委员,咨提来鄂。近李禔在商会诉控,系被尹克昌诳入股本十万元,并未接充总理,实系尹克昌嫁祸等情。总协理以此案系奉大部咨饬查究,信义银行一切情形确系如何,希候调查,秉公具复。

(《汉口中西报》)

8.论度支部饬官商行号限期收回纸币事

（1909 年 8 月 21 日）

自挽救国内钱荒之说起，而铸造铜□不旋踵而遂成一铜圆之世界；自抵制外人钞票之说起，而发行纸币不旋踵而又成一纸币之世界。然而铜圆虽所在充斥，尚有价值之可言；纸币苟一朝决裂，实无价值之可言。盖纸币全恃信用以流行，万一信用失坠，则虽有千百万之纸币，曾不足以当一二枚铜圆之用，故纸币之利百倍乎铜圆，而纸币之害亦百倍乎铜圆也。今者铜圆之流毒已积而愈深，而纸币之为患则隐而未发，则欲防祸于未然，避危于无形，非亟筹尽美尽善之办法不可。

而目下度支部之对于此事，则拟饬令全国官商行号，将已经发行之纸币一律收回，此后统由大清银行一家颁发（见本月初七日报），以颁发纸币乃国家之特权，宜操诸国家银行，以归划一而示限制。此固步武乎东西各国之成法，而非吾国所戛戛独造者也。虽然吾国之实货久为他国吸收殆尽，计其所存不过十中之一二。其各地商场之所赖以周转、勉为支持者，只此官商行号所发之纸币而已。职是之故，少数之实货已成为纸币之补助品，浸假于官商行号之发行之纸币，皆令刻期收回，则不宁使海内商民骤失数千万之巨款。其影响所及，不第银根愈紧，倒闭愈多，致商务有一落千丈之势，即国家之租税亦将无从挹注，而酿成极大之恐慌，此时上下交困之情形，当必不堪设想。借谓着手之初，当先于国家银行增加极大之资本（事见本月十二日时报），以为储备。然试问当此财政困难达于极点之时，又何从得此极大之资本者？即使有之，亦恐其储备之类，不能当所出纸币之额，而所出纸币之额，不能当各官商行号现有纸币之额。万一浮言倏起，必将蹈近日信义银行之覆辙，而全局之败坏乃至不可收拾。匪直此也，旧纸币既扫数收回，新纸币又推行未广，则际此青黄不接之时，外人纸币必乘机灌入，而于吾国金融界上骤增百倍之势力，空穴来风，漏舟注水，其设策之左，未有逾于此者也。

然则收回纸币之举，不能强诸外人。而第以令本国之官商行号，则必群起反抗，而不能达其收回之目的（反抗之事近已见于天津商界）。即使政府出其雷霆万钧之压力，而迫以不得不从，然此举仅以施之本国之官商行号，而不以施诸外人。是惟恐外人纸币之流行不广，而用此为□鱼□爵之□也。况纸币之为官商行号所发行者，一旦欲其收回，非预筹有相当之实货不可。而试问现时之官商行号，又孰非外强中干左支右绌者？此而欲强其收回，是无异因铜圆之充斥，而欲强政府以收回也。夫诚知铜圆之收回在政府不能办到，则知纸币之收回在官商行号亦不能办到。若是乎，收回之说殆犹是一空文，而未必果能实行耳。

然则，纸币之充斥，□可任其长此终古，而不必□及收回乎？曰：否。收回者，只可图之以渐，而不可出之以骤者也。试即日本之□事说之，日本当初设银行之际（在明治五年），今凡欲设商立银行，在其资本无论多至数十万，少至五六万，皆纳其十之六于政府，由政府付以证书，准其发行，加于原额十倍□纸币。然民间信用不坚，往往一日发出纸之额与兑换现银之额相埒。政府病之，而无可如何。至明治十五年，始从松方正义之请，备足现银，将纸币全数收回，以发行纸币之权统归于日本银行（日本之国家银行）一家。盖政府非不欲遽行收回，然当时财政亦如吾国之支绌，固不能不需以时日，俟诸数年之后也。是故为吾国计，宜先用种种限制之方法，以为收回之预备，限制之道。或查其资本若干，令所发纸币之数不得逾其所有资本之数；

或令其将所出之纸币呈由政府加盖图戳,始准发行;或用连环保结之法,令同业数家互保,始准发行。迨至国家银行之资本足以敌全国官商行号之资本,国家银行所出之纸币足以敌全国官商行号所出之纸币,夫而后,乃可从事于收回之问题,而不至有意外之变患也。谓予不信,请以质诸当代之财政学家。

(《汉口中西报》)

9.商会纪事(催收三怡欠款,□念□□)

(1909 年 8 月 21 日)

催收三怡欠款　三怡亏倒一案,所有欠人、人欠各款,□□清理,分别抵摊。昨闻商会以案内各欠户多有□□□□□□,即派员分头催缴,以期巨案早结云。

□念□□　汉口疫症盛行,铺户居民多有以□□□□□之举者。商会□□拟请传知各铺户居民,将此项耗费移作本省赈捐,化无益为有益,是亦极大之善举也,岂止驱疫而已哉?

(《汉口中西报》)

10.安徽茶商单致中改良华茶说略

(1909 年 8 月 22 日)

敬略者,窃四月二十八日汉口茶业公所接准商务总会照会,本月二十四日奉农工商部札开,查近年华茶输入外国之数逐渐减少,大半由于华茶不洁及奸商舞弊所致,不速整顿,将来日趋日下,实与我国茶叶前途大有妨碍。并颁发华洋茶十二种,仰众商悉心考验,设法改良,俾出洋华茶销路日见起色各等因。仰见堂宪维持茶务、挽回利权之至意,捧读之下,钦佩莫名。比经茶业董事潘汉傅传知驻汉茶商开会集议,是日,六帮均派代表到会,商亦与焉,就中注意此事者,仅茶栈中人。而茶栈素分两湖、宁祁两派,最注意者又推宁祁茶栈。盖两湖栈之性质,代两湖茶号售茶者也,其茶端由各号备足本资,不假茶栈垫款,投此投彼本无定向,谓之街茶箱额最多,人心至散,其得失与茶栈毫不牵连,如厚甡祥、熙泰昌等栈是。宁祁栈之性质,代宁祁茶号售茶者也,先期遣人专驻出茶之区,招接字号,遇有资本不给以及沿途运费、关卡、税厘,全赖茶栈接济,此项垫款每岁动需数十万金,其得失与茶栈大有关系,如天保祥、新隆泰等栈是。是等茶栈不惜热心苦口,为同业百计求全,闻其前年已购到印度、锡兰各色红茶,自行研究于华洋短长之处,略见 ·斑,刊刻传单,分告各号。此次又在公所详加试验,当取我中等华茶与印锡互相比较。就表面上观之,印锡茶苗条结练、洁净整齐,做工自着特色;至内容,则其色虽红而见枯,叶虽嫩而带硬,水似浓厚,嗳之不甘,味无清香,嗅之转浊。比我中等华茶瞠乎其后,遑论高等,可见吾华土壤膏腴,物产深得地利。其一种天然美质,实为全球所无,独惜栽培不力,采制不精,诚为缺点。明知缺点而何以卒不改良,良由茶栈、茶号、茶户分为三橛故也。试分言之,茶户不识不知,锱铢竞惜,平时不加灌溉,临场又省人工,但求博取钱文,不愿货色优劣,因陋就简,省事为佳,习惯自然,牢不可破矣。茶号掷资营业,原想谋利,乃年年蹉跌,岁岁滞销,不得不求成本之减轻,以作贱沽之张本。既欲价廉又欲货美,势必不能。况茶户负戴而来,既已大同小异,若不兼收并蓄,便成明日黄花矣。茶栈为华洋交易枢纽,讵不为同胞力争上流,奈来源杂沓，好丑并陈，价之高低尚有微力，货之高下爰莫助之。纵有一二有心人出而维持，然茶号以数千计，茶户以数万计，安得家晓户喻而劝之耶？此之谓三橛，不将三橛联成一气，未可与议改良。何以联之？莫如设立总公司，兼出产、焙制、运销而包举之，最重尤在出产。一面买山辟地、种植新茶、重用肥料，以图远效，一面向茶户租赁原有之茶树，代加培植，先行试办，以收近功。可用人力者用人力，宜用机器者用机器，总期精益求精而后已。期以四五年新种之茶既成，租赁之茶退还各户，彼见公司生涯日有起色，自然亦步亦趋，不击自动。天下事，人代为谋，不若己自为谋之亲信也，教之以利，不若自趋其利之真切也。谓予不信，试征之天保祥近年之包庄茶，又征之祁门本年之新现象。包庄茶始于戊申，乃俄商阜昌洋行欲买一绝顶之品，半贡俄皇，半试销路，因市上无此妙品，先出定银，特托天保祥代办。该栈派人往祁门设厂，首行租赁茶栈之法，焙制别具心裁，特未用机器耳，祁门各号莫不笑而非之。迨此茶出洋，俄皇大加奖赏，投售者亦一扫而空。次年定额加倍，又不够销。本年正月，法商慎昌洋行亦向该栈订购，到汉之日与阜昌平分，给价照市上最高之盘另加十两，并立合同，此后箱额只能加增，不能减少。祁人闻之，逐有十余号仿照办理，究不及此茶之精致。各洋行亦复纷争抢办，价值竟标至八十两以上，实为从来所仅见。讵非提倡之力欤？此犹小效焉耳。苟有资本充足之公司，不拘宁祁、两湖，先择一埠入手，逐渐推广他埠，其应响必更神速。惟商力实有不足，可否恳求堂宪倡设制茶官局，令各商保荐精于茶务者，效力其间，假以权柄，专其责成。否则，将公款借与妥实商人，或茶栈承领，专归商办。查山陕资本家开设票号，其法大率类此。此系公款，自当按年缴息，分年拨本，俟公司发达，仍须酌提报效。抑或官商合办，于公司两字亦属名实相符，所虑分头招股，久稽时日，有始无终耳。夫有公司方可言改良，既改良方可立公栈，而压磅贬价之风自息，此不过撮其大要而已。如蒙核准，决定方针，明示办法，再当联合同志妥拟详细章程，具禀立案。目前非不欲尽其辞也。尝见吾华每办一事，其虚拟之条陈未尝不善臆断之，宗旨未尝不佳，大抵纸上空谈，不求实济，甚无谓也。兹事体大，无的款资助，虽日言改良，恐终无可改良矣。至于掺杂劣茶一节，其弊实出于洋商，非出于华商也。从前印度、锡兰之茶，外洋无人顾问，贩运者利其价廉，始用华茶三七相掺，继用对掺，暗将饮茶之人口味转移，遂公然以印锡之产自着商标，并欲驾乎华茶之上，甚且腾布报纸，反斥华茶有害卫生，所谓作贼之人诬人为贼，殊堪发指。匪特此也，请言花香，查制造砖茶之料，名曰花香，即红茶末子，茶叶可于出洋之后，零售之时播弄手脚，砖茶必经压制而成，非从地头掺入不可。光绪十五年，为印锡花香来华之嚆矢。其初来也，数目不多，假称转口之货，原货出口，例不纳税，海关税司遽徇其请，任便出入，逐年加增，今已积至二十余万担，实为一大漏卮。无论夺我商务甚巨，即瞒我税款数已不资，夫转口之货系原物原包，不另改装之谓也。今既以花香制成砖茶，是犹棉花织成布帛，名目已自不同，何得诳称转口，应请咨商税务处，饬下海关税司严加禁阻，抑或科以进口重税，出口又照砖茶一律征收，庶几挽回利权也。花香如此，推之茶叶作弊，咎属伊谁，无待蓍□矣。噫！吾华商务困难已达极点，茶叶尤觉可危，不亟自谋，将无噍类，深恨人心不齐，眼光如豆，任其自澌自灭，以至于今幸逢堂宪大人俯恤下情，将施拯救，不揣冒昧，敢贡刍荛，敬述大概情形，伏维亮察。惟商久居市井，自愧词意多乖，或须面质之处，一蒙呼召，谨当匍匐渎陈，附呈宁祁新茶四罐，统希钧鉴，合并声明。谨略。

(《申报》)

11.商会纪事(递控广账不算)

(1909 年 8 月 24 日)

西帮马宜春等经理帮中账目已历年所,不知因何事故,将账匿不肯算,昨被福昌永在商会递控。总协理以伊彼此同业,自应互相和睦,以期商业日有进步。若将帮中账目匿不交算,殊非平允之道。着即投理,公论可凭,马不致无理固执也。

(《汉口中西报》)

12.商会纪事(递控贪利抗捐)

(1909 年 8 月 26 日)

陆垂兴猪鬃号近在商会递控万丰恒行户宁均贪利抗捐,请更章,以重捐款等情。总协理以万丰恒行户宁均承办九九商捐系奉道台谕委,其如何更章,自应赴道呈请批示祇遵。

(《汉口中西报》)

13.商会纪事(移请发给牌照)

(1909 年 8 月 27 日)

钱帮公所近据立豫缴呈牌照捐银两,当代在商务总会递恳移请劝业道发给牌照,以便开市等情。总协理已准备文移请劝业道发给牌照,以便择吉开贸云云。

(《汉口中西报》)

14.商会纪事(着令设法筹济,递控学徒偷窃货物)

(1909 年 8 月 28 日)

着令设法筹济　孝感县属,今年受水为灾。已由汉口商务善会垫款三千串,拨给该县散放。兹有前署□恩府黄□枢等以赈款不敷,赴商会请添等情。总协理以本年鄂省水灾前由汉口商董垫款赈济,此时垫款尚无着落,即令赈款不敷,有何款可添贵□,既为一县之望,着令自行设法筹济。

递控学徒偷窃货物　锦云成绸缎号近在商会递控学徒宗燮堂,偷窃货物,请予究追,以儆效尤等情。总协理以学徒行窃,殊属可恶。惟宗燮堂既已由警察一局送厅收押,着自赴厅禀请究追。

(《汉口中西报》)

15.记汉口黄豆与牛庄豆油之关系

(1909 年 8 月)

汉口黄豆者,产于湖北省各府县乡村,以汉口一埠之销出额最巨,豆业商人,遂以汉口黄豆称之焉。常年豆产额,据去年与前年之调查报告,自三百万石达于四百万石。此豆在湖北本省销售以外,又南运至湖南,北运至汉口。然湖南所销,以内河桨橹之划运,只湖南北边数府之销售而已。其至于汉口者,则大宗以轮船载运至上海。由上海分售之途,大别有二:一即上海本境之销售,二复转运至外洋。兹汇记其大概之数如下:

湖北本省	全年销七十万石
湖南	全年销六十万石
江西、安徽	全年销五十万石
上海复转口	全年销一百二十万石

按:今岁销豆情形与往年迥异。推原其故,云为湖北之豆,运往湖南者,培多于昔。以湖南去年豆收甚歉,致湖北之豆骤增去路。而由汉口运销于东南各省者,遂有供少求多之慨,价格亦随之增长,而后应响及于上海豆油之销路。

夫上海所售之豆油,大都来自牛庄。今年虽进口之货较多于昔,但因汉口豆南运之故,而长江一带,所有之豆,遂不足以供榨油之用。豆既不足以供榨油,则长江上下游油产额遂因此减少,而上海各商号载运之牛庄豆油,即从此称旺销矣。

闻上海之业牛庄豆油者云,近来有南京销场,且其所去之货额甚多,其故即如上所言,汉豆南运,赣皖乏货,转购牛庄豆油于上海,为挹此注彼之计。查月初旬日之中,其价自七两二钱涨至七两七钱五分,此尽为多一南京销路故也。

(《华商联合报》第 12 期)

16.新加坡华商总会为湖北毡呢厂劝股事复上海商务总会函

(1909 年 8 月)

金箴、子均仁兄大人阁下:敬复者,接准台函内开,准总办湖北毡呢厂严道台咨开,案奉升任湖广阁督部堂张定议,在湖北省城劝办毡呢厂,蒙湖广总督陈委敝道总办厂务,特派前充江南暨南学堂会计员叶崧会同梁委员前往南洋劝导,招集商股,咨请分移,妥为照料。等因。相应给函介绍,到祈接洽,并希转函各埠商会,一体照拂。等因,并准严道台、汉口总商会移同前来。查叶君系由巴城来坡,面述该厂办理情形,及巴、泗等埠,认股数目,颇为详晰。当经敝会集议,以坡中现时商况冷清,集股殊难,惟事关振兴实业,不得不勉力而图,遂由与议各员,随量签认,并遍布广告,劝承认购,未悉将来能否如愿。知关锦注,特此复陈。兹因叶君回国之便,用渤数行,顺颂团安。

(《华商联合报》第 12 期)

17.汉口浙宁银楼帮创设同业保险公会请商会移夏口厅立案并附章程

(1909 年 8 月)

敬略者,窃敝帮银楼开设汉镇,已有十三家。其牌号曰宝成,曰天宝福,曰同震,曰庆云,曰宝华,曰天成,曰同蔚,曰同春,曰丹凤,曰天宝生,曰庆和,曰凤宝,曰宝庆。窃见本镇栉比尘连,火灾易肇,商贾辐辏,火患难防,自保险风行,公司林立,全镇权利付之外人,每岁漏卮,讵止少数。在投保者着意防灾,不惜年年之输款,在失慎者无心酿祸,原难刻刻之提防,既不幸回禄,顿遭尽付一炬,复何堪多方挑剔,不允全赔,此则人情所难堪,亦商界所公愤者矣。商等有鉴于此,爰集同乡同业决议,自保自赔,发起在光绪戊申之秋,成立于宣统纪元之夏,计赞成者十三家,定章程者念五款,妥筹经费,互相调查,永保同业之太平,略仿西人之办法,于挽回利权之中,仍寓守望相助之意。惟法期经久,事贵图终,必借贵商会竭力维持,更仗地方官尽情保护。兹特谨具节略,抄附章程,伏恳总协理先生俯赐削改,不厌周祥,并求移请地方官准予备案,以垂永远,则感佩恩施,同深颂祷矣,商等无任迫切待命之至,谨略。章程列后。

(一)本会系旅汉浙宁银楼帮同业所组织,以挽回利权、永保平安为宗旨,故定名曰浙宁首饰帮永安保险公会。

(一)本会创立伊始,必须积储充足,方足以取信用,公议每店各先垫经费洋例纹一千两,其银仍归各店自行立户存储,不计子金。俟保费积有成数,即将各店所垫经费洋例纹一千两如数无利拨还,以昭核实。

(一)本会专保本帮同业火险,不保外行,以示限制。

(一)本会只保房屋以及生财、装修、衣箱、铺盖等件,此外,金银珠宝、钱洋银票,例不承保。

(一)各店保险既归同业自保,所保价值,宜归核实,不必虚假。

(一)各店保险均须将款项开列明白,房屋几栋保银若干,洋楼一座保银若干,装修保银若干,器皿保银若干,衣箱、铺盖保银若干,俾本会照来账登簿,免得蒙混。

(一)保险价目每年每千订定实价洋例纹二十两,概不折扣,以昭划一。

(一)赔款亦每千以洋例纹计算,惟九五扣佣,以充本会经费。

(一)各店所缴保费统归司年经手,须即掣付收条,以资信守。

(一)设遇不测,应赔之款,除搬出各物抵销外,须即如数赔偿,以昭大公。

(一)救火一切费用均归本公会开销。

(一)候自来水装妥,每家装入大龙头一个,备大皮带一条,其款亦由本公会担任。

(一)同人在场督理,一见火势逼近,宜见机拖水龙进内灌救,倘各处水龙果能为本公会竭力施救,本公会宜酌给酬资,以示鼓励。

(一)各店闻警锣,即须登高瞭望,恐在远处更夫失于报锣,或缘夜深,同人均已安睡,今订定,上街失慎无事之家,宜赴下街各店报信,下街失慎无事之家,宜赴上街各店报信,以期迅速而免迟误。

(一)每店各给打彩四幅,油衣两件,皮靴两双,灯笼六管,竹帽两顶,号衣两件,腰牌两块,麻绳两条,太平杠一根。遇事,柜友前去督理,须执打彩,栈司须用号衣、竹帽并悬腰牌,夜间更须高擎灯笼,俾可认辨,而免混杂。

(一)如遇有事,每店须各派柜友三人、栈司两人,惟年幼学业未满者,不得滥竽充数。倘热心公益,能派多数人群来救护,尤为感佩。

(一)各店后户须贴招牌,夜间遇事,须加悬牌号、灯笼,以便记认。

(一)保险章程,本不准搬动物件,第本公会系同自保,为同谋公益起见,自宜变通办理。另拟搬运规则八条,以防流弊。

(甲)搬物须分先后,先请圣堂以及招牌、账簿、图章等要件,次取店中陈设各物、柜友衣箱

铺盖,再次取作坊衣箱铺盖、手用家伙;

(乙)搬物出外,每家宜派柜友押送,免致路上劫夺;

(丙)搬出各物,宜寄顿一处,事后须即公同点明登账,并轮派栈司数人看守,以免遗失;

(丁)受惊未殃及之家,宜将搬出各物仍由本公会派人帮同搬回;

(戊)如因火势所阻,不能运物至同业处,或暂寄同乡,或借顿外帮,均宜派同业柜友接收,免致舛错;

(己)同业各家各备号筹一百根,如遇搬动物件,每栈司每名给号筹一根,次日由本公会照筹每根给钱五百文,如未搬动,其到场栈司,亦每人给钱二百文,以酬其劳;

(庚)搬出各物,设有遗失,应由本公会酌赔;

(辛)搬出衣箱器皿等件,物有美恶,价判低昂,须待事后公同估计,务求平允。

(一)各家保险的于每年十月底一律转期,以免参差,雨闰不计。

(一)每年收存保费息照长年一分计算,归同业十三家匀数分存,以昭公允而裕积储。

(一)本公会既由同业自行设立,嗣后如有新添同业,须遵照光绪三十三年六月间禀请夏口厅立案章程,离旧同业三十家以外,设遇不测,以免波及。

(一)所收各号保费,由本公会扣存九五,俟积有成数,再行议作同业同人公益之用。

(一)本公会业已成立,宜抄章程,备具节略,请商务总会转移夏口厅立案,以昭慎重而免迟误。

(一)《保险章程簿》宜一式抄录十四本,每家各执一本,如有新添同业,另行照式录交存执,又一本每年轮交值年经理藏收,以备查核而资遵守。

(《华商联合报》第12期)

9月

1.商会纪事(着候奉批再行知会)

(1909年9月2日)

已故江宁藩司继方伯之妾李氏,前有银二万二千两在汉口大德玉票号存放。近因银折被陈氏取去,兹票帮蔚泰厚等以现在江督饬提此款,特在商会递称,非缴到存折,不能付银,请为详移等情。总协理已准查酌详移,俟奉江督宪批批示,再行知会。

(《汉口中西报》)

2.商会纪事(札饬议复核夺)

(1909年9月3日)

农工商部前据安徽茶商单致中等所陈三橛联成一气之法,于中外茶业盈亏之故,深切著明,足资采择。惟事体大,必须合力通筹,方可渐图补救,刻特抄录原呈,札饬汉口商会,传齐各帮茶商董,悉心评议,拟定切实办法,禀部核夺。

(《汉口中西报》)

3.商会纪事(递控擅立帮规,三怡代表刘锡瑞开具怡案始末说帖)

(1909 年 9 月 10 日)

递控擅立帮规　帽帮工作陈本训等,近因议立帮规,凡外帮司友须缴入帮费钱二十串。业经在商会递请移厅给示在案。兹彭可亭以擅立帮规等情,在商会递控。总协理已准邀集到会,妥商办理。

三怡代表刘锡瑞开具怡案始末说帖　光绪三十四年十月望日　三怡联号同时亏倒,牵动各岸,惟赣省更受影响,迨至腊□,见陈督帅咨赣抚宪大文开,□取江西境内查封产业,并将其倒欠江西官商及人欠该店各款悉数查出,一律咨交湖北转交商会,会同江西官商债主尽匀平摊。等因。赣商随起风潮,遍发传单,约开特别全体大会。赣抚宪闻知,即令商会总协理止其开会。于是,总协理商请抚宪,以赣产摊了赣债,当邀允准。自此讼端一开,相争无已。今春三月,代表由汉返赣,呈递节略。经赣会一再劝解,大力转旋,始允归汉合办。于是,商举聂、雷二君为代表,赍文来汉,以图速了。因知此案归蔡、叶二君专办,数与熟商。五月下旬,二君与江西商会代表有言,拟将三怡各处产业先行变价,积成现款,以定成数,再请各债主公同妥议等语。当将此意转告怡东黄桐生君,由是请魏君绍唐前赴扬州,力图变产,迄今一月有余,尚无成议。案未定局,受者无人,其难可知。又,吉安产业亦经派人分期办理。前接黄君铭轩来电,据称,□全在县,求督咨抚,电饬变产可办否,难,云云。似此情形,即能禀请督宪准咨,而案未宣布,恐赣省债主不免怀疑,安肯听其售卖,其难又可知。即如怡东筹款缴款各节,非不四处专函,求援乞助。昨观其回件,推诿者有之,半允半卸者亦有之,□有谓巨款□□填一经又有一□,必俟案有成议,再当量力助资等语。况在押求人□□信之,前月十七开会之日,蒙诸公见示,先将款项筹妥,俟结案再□。否则,存不支取,此言不□无理,然出于无案之人,则事属可行。至于三怡之案,非等寻常,人皆闻而生畏,一言无济,则彼此之千万言,皆为绍尤取□之资。是案未定,而求人则虽若登天,何如案既定,而求人则较有把握。何也?办法一定必登报声明,使人人知□案。如何了法,则由疑生信,□友自起玉成之心。□之托故推辞者,今则□□□□□,至定案之后,尤必取保怡东□□□□二君,现已邀请孙逸标观察具结保释,遵限了案。倘玩视逾限,依然归案还押,决无异言。怡生和管事刘笃珊现蒙保释在外,清厘账目,晰夕不□。□岁十余□追讨□虚日,以期仰副上怀,亦可以廓清切身之累。第以三号之事,实在刘笃珊一人,无论力难胜任,实有不能兼顾之苦。如怡和兴晏建德经手事件较多,吉人公司地皮是其专理,其中□□,不易划清,此人不□,则数万金的款,放置于地皮之中不能作事。有着之款闹成无着,良其一也。湖南□洲之田,价值万余金。附近更有新开之亩,虽有受主,非晏出而交涉,不独受人愚弄,更恐买主生疑,此其二也。又,赣省有祥安轮船与惠怡厚合股,必亲自结清修整船费,庶可脱顶于人,又能得数千金的款,此其三也。晏之本籍房产早经标封,虽可变卖,须觅受者,必晏亲我族□,急图变脱,亦系正当的款,此其四也。□有进出款项,不能假手他人者,必自行理落,且见面催账,必吃紧多矣,此其五也。前次开会蒙总协理及列公等允将建德保出,清理一切,以便再行筹缴限款,时已请妥。阜昌隆晏家秋、同裕兴曾振□、三盛行刘仁山均愿盖用图章，赴会画押。至怡和利王省堂脱逃，久为人所不齿。其查封房产，应候案定之日，请官变价，亦为有着之款。惟该号能办事者只欧阳武臣，其余各伙或走或归，几同星散，必保释武臣，则讨账各事庶无遗误。亦早□定安保祥记广货号项益之画押盖印，均所乐从。问吉安收存现款，系归庐陵县经管，亦宜及早清理，庶无他虑。此外，尚有变产现款，存放各处，不独无息可图，更觉散无归宿，暗中损耗，实非浅鲜。以上所陈，皆实在情形，早在诸公洞鉴之中也，若迁延不了，则□巨案悬，终觉非计。况赣商协从，业已久归和好，此次再不定议，则分了之说，赣必大放厥词矣。务望统筹全局，划定办法，会议平允，然后禀请督宪□会关宪厅宪核准立案，并邀恩将三怡东伙全行保释，感恩图报，刻不能忘矣。伏乞明鉴，施行须至。说帖者七月十三日上。

（《汉口中西报》）

4.武汉举行立宪纪念日祝典

（1909年9月12日）

湖北宪政筹备会同官宪政研究会、武汉两商务总会、教育总会各团体，日昨在筹备会事务所开会集议，以本年八月初一日为德宗景皇帝颁布预备立宪明诏周年纪念期，拟发起立宪纪念日祝典，传知武汉官、绅、学、军、商各界齐于是日同深庆祝。刻已决议办法，由各团体公呈鄂督，札饬武汉各官衙局所标营一律举行，期导扬圣德，并议定用黄色灯彩书“立宪纪念”四字云。

（《申报》）

5.商会纪事（移请饬速请款）

（1909年9月16日）

至德泰和记近在商会递略，谓通城县人戴华□与伊店银钱来往，系由恒升祥益记东葛尧臣当面承认，追戴来汉代缴货物，执有葛亲笔信，据后并盖有图书，欠款不偿，请予究追等情。总协理以葛有失信义，已备文移请通城县饬速还款，以昭名誉。

（《汉口中西报》）

6.添辟后湖商场之计划

（1909年9月17日）

汉口商务近年日渐繁盛，各绅商因拟以后湖增辟商场，但该地绵亘数十里，积水汪洋，欲兴修成市，自应从开辟马路入手。现由商会总协理及诸董事发起，拟就城垣马路，上自桥口水电公司上首起，下至刘家庙京汉铁路车站止，兴筑马路二十六条，每条长约四百丈，阔四丈，又修横马路五条，每条长约二千六百丈，统共马路约一百二十里。工竣后，再划分亩数，营造房屋。但后湖之地业主众多，须得公众认可，始能决议。刻已拟具章程及意见书，定于初六日假商会开会，邀集各业户会议公同让地修路规则，再禀当道立案开办。

（《申报》）

7.商会纪事(递控私挪栽诬)

(1909 年 9 月 18 日)

源成公司因唐黻廷私挪款项,被康子茂等不凭印据,诬系该公司所挪,纠率多人,将该公司栈内器物一并捣毁,并殴伤栈伙马成麒等。刻特开具节略,在商会递控。

(《汉口中西报》)

8.商会纪事(会议开辟马路事宜,移请查酌办理)

(1909 年 9 月 19 日)

会议开辟马路事宜　汉口为九省通衢,商务日见繁盛。汉上绅商以后湖之地绵亘数十里,积水汪洋,殊为可惜。拟辟横马路五条,直马路二十六条。前已邀集后湖各业主商议办法,订有暂定草章。兹复于今日即初六日二点钟,在英租界后城马路商务总会开特别大会,决议一切办法。以便禀准层宪开办。

移请查酌办理　禁烟公所委陆大令承先,在汉设立土药公栈,抽收土膏。为稽查土数,寓禁于征起见。汉口各土膏店,以土膏章程殊多不便,昨赴商会递请移请变通,以示体恤等情。总协理已准据情移请夏口厅暨官膏局查酌办理。

(《汉口中西报》)

9.商会纪事(递请发还扣留存货,请发牌照)

(1909 年 9 月 21 日)

递请发还扣留存货　阮吉生近装运绸货,原议来汉口下厘局完捐。不料,行至沙洋厘局,货被扣留,在商会请予发还等情。总协理已备文移请汉口下厘局查明,按货扣捐,即行发还。

请发牌照　钱帮公所近因倪君子□集有本金,拟在汉开设春余钱店。昨在商会递请移请劝业道发给牌照开贸等情。总协理已嘱候调查明白,再行收费,给照开贸。

(《汉口中西报》)

10.留日湖北学生函商鄂路办法

(1909 年 9 月 21 日)

致汉口商会书:

敬启者,天涯奔走不遑遣一价,青鸟□候景福父母之邦,赖硕划左右维持,财源恃以无匮。异域羁旅,感何如之?属有恳者。吾鄂待修之粤汉、川汉两大铁道,实国中枢,以地大物博之中国,水陆总会于汉口,铁道一成,伦敦、纽约将来殆亦难方其繁富,故此,路成否影响于吾国者甚巨,吾鄂尤巨,早成一日,则吾国、吾鄂即早受一日之赐。诸公皆理财国手,谅在洞鉴之中,无待弟等之喋喋也。枢相张公督鄂有年,为不欲大利久悬,太阿倒持,于二线或奏准开办,或赎回自办,望吾鄂人者良殷,而维国权者甚巨,乃荏苒数载,集款不满四十万,开办尚遥遥无期,致邮部欲改归部办，张公望鄂之心将成画饼。于是愤吾鄂人之不赈，虑大利之终弃也，乃借款于英、法、德、美四国，合同内容虽云略优于津浦，然六、七、八三条，查账由外人，工程由外人，材料虽归汉阳铁厂供给，认可权仍操之外人，是则铁道之重要权限，尽操外人掌握中矣。诸公果知铁道与商业之关系，必能知铁道主权与商业之关系。大抵国际交涉猛于豺虎，卧榻之侧何可容他人鼾睡，彼外人既据我铁道实权，则其运输赁金之低昂，任意垄断，力既足以竭我膏脂，左右商业，而转贱我如鹿豕，骄横凶狠，暗无天日。汴洛、沪宁殷鉴不远，失今不图，后悔何济？虽然欲拒外债，非自筹的款，则别无抵拒之法。吾鄂力量固薄，不能肩此巨款，然与其捐于外人，为虎附翼，曷若公诸各省集腋成裘？况以武汉三镇之殷富，亦未见其绝对不能乎。弟等愚见，祈诸公于商会提议，仿沪杭甬办法，以五元为一整股，不分满、汉、蒙、藏、回、苗，通国之人皆可入股，俾众志成城，利益普及于吾国。夫沪杭甬铁道及京汉铁道，较之川汉、粤汉铁道，其利益之厚薄，奚可同年而语，而其成效已如此昭著，若入股于川汉、粤汉铁道，其利益必倍蓰于京汉及沪杭甬。诸公据商会上游，登高一呼，众山皆应，若蒙鼎力维持，众志齐一，能集款千万以上，则外债自可立拒，岂独吾鄂之□，实吾国吾民无疆之福，诸公鸿名自当永于金石矣。义之所在，利之所集，名之所归，时乎不再。若过此不图，则川汉成后，一通滇，一通藏，直入英法之势力范围。二国阴谋有年，路人皆知，益之以德美利益均沾之借口，神州陆沉，岂独吾鄂无宁岁哉？呜呼！覆巢之下，必无完卵，自今以往，恐堂堂帝国可敬可畏之商权，悉被外人掌握，如犹太遗民，转以金帛，而供俄人之杀戮矣。谨函达左右，务恳广运鸿力，和衷共济，不胜拭目待命之至。

（《申报》）

11.商会纪事（递请移请给示）

（1909年9月22日）

汉上漆业为生意大宗。向日所定帮规，所有各色漆原有一定价钱。兹因日久，人心不古，每有阳奉阴违，致生意□受亏□，刻由□福祥等公同商议，划定价目。昨赴商会递请，移请夏口厅给示，俾资遵守，以免紊乱。

（《汉口中西报》）

12.商会纪事（递陈并非总理）

（1909年9月25日）

信义银行创办于尹克昌，□由李道□入股十万元，该行系推为总理。当禀由江汉关道禀，由督宪咨请北洋大臣□□解来汉，兹李□复在商会递略，系被尹克昌诓股嫁祸，并非总理。总协理刻已派员调查，一俟查明，即行酌办。

（《汉口中西报》）

13.鄂督请拨武昌警政经费

（1909年9月25日）

鄂督陈夔龙奏，湖北省城开办警察，实始于光绪二十八年，视各省较早，初仅照拨原存保甲经费三万六千余串文，创办衙署捐、房捐、铺捐□二万八千余串文，并由善后局每年借拨他项捐款五万余串文，综计各项约十二万串文之谱。其时事属创始，勉植初基，局用既不甚多，钱价亦尚未落，以收抵支，不至十分竭蹶。继由省城推及汉口，则就地筹款，其多数皆捐自商民。嗣因推广汉口警政，并经划租界附近官地，商捐力有未逮。光绪三十二年六月，经升任督臣张之洞奏准，援照上海成案，由江汉关税款项下每月酌拨警费四千两，按年报部核销，借补商捐之不足。汉镇赖此官拨的款，近年加派巡队，添布局区，警务渐有起色。省城则仍系原拨保甲经费及前筹之衙署捐、房捐、铺捐□，向由善后局借拨各项捐款，或改拨他处济用，或已奉文停收。原有指用之款，大半无着，以钱兑银之数，折合尤低，后虽续拨人力车捐一款，为数无几，仍形支绌。臣莅任以来，综核该公所报册，省城内外五局十五区，现在月支总数以捐拨之数相抵，实在不敷过半。其不敷之款，由官钱局暂时拨借，或向商号息借，积累日重，筹还愈难。查光绪三十三年奏设巡警道员缺，至光绪三十四年，复遵部章，将省城警察局改为警务公所，派委各员分科办事，较之创办之始，日有扩充。武昌为省会要区，附郭滨江，市廛栉比，兼以粤汉铁路渐次开工，商场愈形繁盛。迩年划段站岗，分局分区，次第成立，组织既日求完密，用费自日益加增。本年巡警道冯启钧回任以来，臣复饬其体察情形，核实撙节，所有应裁之费、可并之员，节经禀请裁并在案。据该道开呈收支总数，计每年实需银十三万七千六百余两，一再统筹，委属再无可省。目下入款约共银五万七千九百余两，出款实不敷银七万九千六百余两，自非设法筹足支给，惧无以植政本而竟前功。经饬湖北布政使司、江汉关道、湖北善后局司道会同巡警道妥晰筹议。查有光绪二十八年续案裁撤绿营，节存兵饷一款，经升任督抚臣等奏明，留于本省，专供募练巡警军之用，当奉敕下政务处议准，奏奉朱批：依议。钦此。旋准户部咨行，将裁兵应节之饷，专款存储，听候部拨在案。现拟仍照奏案，就节饷存款项下，按年动拨银四万两。再查上海本年推广巡警，复经两江督臣奏明，由沪关加拨经费，江鄂事同一律，拟仍援案，请由江汉关税款项下，按年加拨银四万两，共银八万两，以济武昌警政要需。据让司道等会详请奏前来，合无仰恳天恩俯准，饬由司、关两库自本年起，按年各拨银四万两，以备武昌警察经费，俾常年用款有着，得以规经久而利推行，以期仰副朝廷惠民生保之至意。八月初三日奉朱批：该部知道。

（《申报》）

14.商会纪事（移请差拘究追，递控不兑汇票，投呈私亏公款）

（1909 年 9 月 26 日）

移请差拘究追　光裕钱庄在商会递控船户陈忠顺伪造卖货清单，在该庄掣骗钱文，潜回汉川原籍，请予追给等情。总协理以该船户伪造掣骗，情殊可恶，刻特备文移请汉川县差拘究追，以儆诈骗。

递控不兑汇票　长源前在沙市收用同震汇票一千两，原议来汉兑银。日前派人向同震照兑，不知何故，不肯兑银，长源在商会递控，请予追给等情。总协理以生意往来收用汇票，原重信实，现在彼此无恙，何致见票不兑，着令自向理索，如再不兑，再行邀集理判。

投呈私亏公款　汉口福建会馆所有进款账目据系王某经理，讵有开香店之□某为之串通，共亏二千余金，惟有浮开账目，借资搪抵。现经同帮查知，以此款是春秋祭典之需，关系甚大。

刻已在商会投呈节略，不知如何了结。

（《汉口中西报》）

15.商会纪事（着令妥议见复核移）

（1909 年 9 月 27 日）

□福祥等前在商会递称，所议漆业价目，请予移厅给示一案，已志本报。总协理诸君以漆业价目涨跌不时，安能划一，所议尚未周妥，已着令妥议见复，以凭核移。

（《汉口中西报》）

16.汉商会议后湖开辟马路详情

（1909 年 9 月 27 日）

汉口巨商刘歆生等，为后湖开辟马路以兴市面事，于初六日假商会开会，邀集各业户开全体研究草章大会，到者二百余人。先由夏口厅冯司马演说修路之利益，次商会总协理暨商学各界绅士演说暂定草章，共计四十一节，内有一二节尚待折中，余则均无异言。若别有意见者，准于按日四点钟至工程办事处从长计议，并定于本月十三日再开全体大会一次，宣布实行章程。

（《申报》）

17.商务分会侵越行政权

（1909 年 9 月 27 日）

湖属武康县绅商陈可法等，以该县商务分会现已组织成立，公举总理，拟呈简章，环请札道立案札派等情，具详抚宪，当奉增中丞严词批云，该处设立商务分会，自应呈县，详请核咨，何得径自率请查核，所拟章程诸多不合，并有理案、问案等名目，尤属侵越行政之权。即欲调处商界争端，亦仅能由该会协议和息，不得受理诉讼，且所举总董蔡维翰，前经巡警道禀请，饬退□董并饬县查复在案，是蔡维翰之能否举任总理，应由该县察看，一并详夺。所请未便照准，仰劝业道转饬遵照，件均发还。

（《申报》）

18.商会纪事（委充签捐局会办）

（1909 年 9 月 28 日）

湖北签捐局会办王元常观察前因总办钱绍桢观察由督宪委署□□道篆□，所遗总办一差，已委王观察接充，至会办一差，则复由督宪札委卞□昌观察接充，以专责成。

（《汉口中西报》）

19.商会纪事(整顿水巡)

(1909 年 9 月 30 日)

汉口内外河,帆□林立,原设有水巡警察委员办理,嗣因前有划夫刘□生等勒索搭客,汉上各商号以系水□不力,递请商会移行警察总局整顿在案。刻闻坐办已札饬水巡何委员认真整顿,以重警务。

(《汉口中西报》)

20.汉口商务总会总协理议董表

(1909 年 9 月)

职务	姓名	字	籍贯	年龄	职衔	商帮	营业	地址
总理	齐贤	相琴	湖北汉阳	六十一	花翎盐运使衔	钱帮	户部银行	同大钱庄黄陂街
协理	汪显述	炳生	浙江镇海	五十七	花翎运同衔候选同知	洋行帮	太记号东经理、日清公司大阪航业	马王庙河街
名誉议董	蔡宗昌	辛城	湖北夏口	五十一	四川候补道	典帮	裕隆典东	久如桥
名誉议董	万昭度	□伯	湖北汉阳	三十四	安徽候补道	饮片帮	万鹤龄号药铺东	汉阳西门
名誉议董	殷洪钧	答渔	湖北江夏	三十五	候补道衔江西试用知府			武昌水陆街
名誉议董	景贤	维行	江苏太仓	五十二	花翎二品衔候选运同	洋行帮	瑞记洋行正金银行	大智门
名誉议董	邓奇勋	纪常	广东南海	六十八	花翎三品衔候选道	茶叶栈帮		汉昌里
名誉议董	毛叔丹	澍棠	湖北咸宁	四十二	花翎盐运使衔即选知府	趸头帮	葆和祥趸头	黄陂街四官殿下首
名誉议董	陈桢	心斋	浙江上虞	四十六	花翎知府衔	钱帮	大丰银号	黄陂街
名誉议董	黄训典	翰臣	湖北咸宁	五十四	江苏候补道	广福帮	黄志成杂货行号东	老水巷
会计议董	张德华	理耘	浙江余姚	四十五	花翎同知衔	钱帮	衡源钱庄	大新码头下
会计议董	罗良起	佑之	湖北汉阳	五十四	候选同知	衣帮	吉泰衣庄	五彩正街

续表

职务	姓名	字	籍贯	年龄	职衔	商帮	营业	地址
书记议董	卢洪昶	鸿沧	浙江宁波	六十四	布政使衔 江苏候补道		交通银行经理	住汉阳
书记议董	朱立森	保三	安徽休宁	三十九	举人、 内阁中书	典当帮	裕隆典当	雷祖殿
庶务议董	刘人祥	歆生	湖北夏口	五十二	候选道	洋行帮	刘万顺东、 东方银行经理	一码头本行
庶务议董	汪荣	志安	安徽歙县	五十三	知府职衔	钱帮	义通祥钱庄 经理	花楼口正街
纠仪议董	宋炜臣	渭润	浙江镇海	四十三	二品顶戴 候选道商部 顾问官	洋货帮	水电公司 总经理	洋火厂
纠仪议董	朱振彩	毓棠	湖南醴陵	六十七	三品顶戴 候选道衔	茶叶帮	湖南会馆首士	住本会馆
调查议董	谭登瀛	步云	安徽太平	五十一	花翎同知衔	趸头帮	致和祥趸头	黄陂街
调查议董	汪谦亨	益征	安徽休宁	五十九	花翎同知衔	广福帮	汪世昌号 杂货行	中码头
调查议董	刘准经	鹄臣	湖北江夏	四十九	同知衔	土号帮	祥丰厚土号	凤麟街
调查议董	余长治	永清	湖北汉阳	四十四	花翎同知衔	绸缎帮	和记绸缎号	黄陂街
中证议董	周鲁	命之	江西吉安	四十三	盐运使衔	钱帮	裕厚德钱庄	四官殿下
中证议董	蔡绍荣	永基	浙江鄞县	五十五	花翎候选道	洋行帮	华昌洋行	十大家
理案议董	叶世濂	东川	湖北汉阳	六十	花翎盐运使 衔候选道	钱帮总董	万泰公钱庄	黄陂街
理案议董	李显晖	星垣	广东四会	五十四	花翎盐运使 衔候选道	茶业帮	太古洋行	小关帝庙 厚甡祥
理案议董	孙铭新	涤甫	浙江山阴	五十六	花翎知府衔	绸缎帮	采章缎号	黄陂街
理案议董	唐国昌	朗山	广东香山	五十二	花翎候选道	洋行帮	麦加利银行	小关帝庙 厚甡祥
理案议董	吴祖栋	干廷	安徽黟县	五十四	花翎盐运使 衔	油行帮	春源油行	鲍家巷

续表

职务	姓名	字	籍贯	年龄	职衔	商帮	营业	地址
理案议董	蔡文会	辅卿	湖北咸宁	四十五	浙江试用知府	浙宁海味帮	蔡同泰参号东	黄陂街
理案议董	孙美瀚	襄其	安徽黟县	四十三	花翎同知衔	钱帮	怡甡钱庄经理	鲍家巷
理案议董	史致容	晋生	浙江镇海	四十六	江苏补用通判	洋油帮	顺记洋油号	永升平河街
理案议董	王绍周	芝舫	浙江上虞	四十七	花翎道衔	钱帮	大昌钱庄	黄陂街
理案议董	柳肇玉	璧田	山西祁县	四十四	花翎四品候选知府	票号帮	长盛川票号	黄陂街
理案议董	丁昌成	菊生	浙江余姚	五十四	花翎三品衔候选清军府	钱帮	承丰钱庄	打扣巷
理案议董	蒋家澍	沛林	四川巴县	三十六	候选知府	四川帮	德厚荣字号	夹街五桂巷下
理案议董	俞崇敬	清臣	湖北汉阳	五十一	候选知府	油行帮	泰丰油行	鲍家巷上
理案议董	盛炳纪	竹书	浙江镇海	五十	中书科中书	浙公司帮	宁波会馆首士	久如桥本会馆
理案议董	冀麟书	启文	山西平遥	四十六	花翎盐运使同衔候铨通判	票号帮	蔚丰厚票号	田家巷河街
理案议董	郑昭	似松	浙江镇海	五十二	中书科中书	杂粮帮	大和堆栈	流通巷下

（《华商联合报》第 14 期）

10 月

1.商会纪事（函请查账见复核夺）

（1909 年 10 月 1 日）

义源正□集源前被怡和兴钱庄亏欠存款一千四百余两，控经商会，尚未追给，昨又在商会递控。总协理以伊来略与前略银数不符，究竟因何纠葛，候函请钱帮公所查账，见复核夺。

（《汉口中西报》）

2.商会纪事(递控故意拖骗)

(1909 年 10 月 2 日)

蔡同康拆货店,去年因外欠难收,周转不灵,早经停歇,所有欠款,尚多未清。近在商会开具节略,递控孝感嘉鱼县人姚静庵等故意拖骗,请予究追等情。总协理刻已准移请孝感嘉鱼等县饬令如数还银,以全商本。

(《汉口中西报》)

3.后湖开辟马路第三次会议

(1909 年 10 月 3 日)

后湖开辟马路,十三日复在商会开第三次业主全体大会,因时值节关,到者仅百余人,所有原拟草章,均经大众签名认可。惟张桂笙君提议,谓购地抽费等条事属公益,办法须臻平允,勿使小户业主吃亏,比经发起人宋渭润、刘歆生两君声明,事关大局,将来办事人员均由大众公举,办事细目亦应随时斟酌妥善,方可实行,断不使小户业主吃亏,独断独行。又经反复解释购地抽费等章程公允之理由,况业经多数大小各业主签允认可,亟应早行定议,进禀开工,勿误汉口商业发达之前途。旋经夏口厅冯司马演说,略谓后湖开办马路为最大之事,断不可操切,亦不可因循。本月初六日,业已开过第二次研究大会,今开第三次结局大会,其抽费各节,大致业由刘、宋两君剖解明白,□属酌中办法。总之,马路不可不办,不可因办事细目牵碍大工,耽误时日。诸君既皆认可刘、宋两君,亦不可迟误,竭力兴办,于商业、民生大有利益。倘有未尽善之处,尽可随时至工程办事处声明,凭众研究磋商,总期舆情相安,公私并益,勿使小户受损。此会即为兴办后湖马路之结题,准即开办,勿再迟延。

(《申报》)

4.商会纪事(蛋业请立帮规)

(1909 年 10 月 4 日)

汉口蛋业亦生意大宗,惟未立有帮规,恐人心涣散,不足以图进步。刻由江同兴等拟定帮规,特赴商会投递节略,请予立案,并移地方官给示,以资遵守。

(《汉口中西报》)

5.商会纪事(查明核移饬遵)

(1909 年 10 月 5 日)

灰帮梅玉典请抽石灰捐,以充公用一案,当经江汉关道移请商会查复。兹梅玉典复在商会投递节略,请予立案。总协理以此案已准关道移查,候派员调查明白是否可行,核移饬遵。

(《汉口中西报》)

6.商会纪事(江西商务总会代表刘锡瑞通告三怡官商债主)

(1909 年 10 月 6 日)

敬启者,前月十八日,承贵商会集议三怡办法,议定保护东伙出外办事,限三个月收账变产,俾免此案拖延。旋将所议上□府□□□□邀准代表,已报告江西,而江西又复函催切实办法。□□□商界候教多时,分办、合办之方针,□候贵商会数言而定。现代表□□月内明白通报,勿再蹉跎。代表已将各情函□贵商会总协理,请其核示,敝省商界对于此案意见,以为不定办法,终无了期,不□成□,终非办法。务将三怡欠人总数若干,所有可收之账、可变之产、可筹之款切实调查,确数酌定,方能办到。尺寸约有几成,开会公议极少,□以几成为限,限□□能多数之款,亦□□其所有,仍归一律加摊。如果开诚布公,签字调决,则赣商界自当听命合办,无复异言。如果□□□□毫无答□,既延时日,更受暗亏,则赣商同居怀□之地□□可□□各□何必□□□□□□□□□设有□□□□□□□商□□□□□□□□待命数月,不愿再延。以上□□实情代表□□贵商会总协理□之不得不再行通告,倘蒙俯察江西商界舆情,择期邀□□商界诸君,查明三怡出入等款,会议成数,俾可限期了案,不致鄂、赣两商界始终各执一见,□代表来此候教数月之苦心,□□代表之所议□以祝者也。如何开会集议,备文□复之□□,俟大裁,不胜迫切□延之至,专□敬请台安。

江西商务总会代表刘锡瑞谨启

(《汉口中西报》)

7.审判见习所开庭

(1909 年 10 月 6 日)

夏口厅冯司马因迭奉上宪札准大部行筹议各级审判厅,汉口为通商口岸,应于本年成立。爰在厅署西首附设汉口商埠地方审判见习所,现已工竣,由臬台委派推事、庭长、录事、典簿各员到厅。特遵章择于本月十九日开庭,以期司法独立之基础。

(《申报》)

8.商会纪事(移请秉公办理)

(1909 年 10 月 9 日)

浙江兴业银行前在督宪赵次帅任内,禀请在歆生路城外拨给官地三百方,以作建筑银行地址,早经批准在案。近官钱局与筑堡垣官地,不知如何,在该地栽立碑界。兴业银行在商会以栽立界碑等情递控,总协理已准移请官钱局秉公办理。

(《汉口中西报》)

9.商会纪事(递控抗传匿账)

(1909 年 10 月 11 日)

何德培前与张文轩伙贸,被张亏欠银两,控经商会,邀询不到。昨何以抗传匿账等情,在商会递控。总协理已准再将张传案,如延不到,即移夏口厅差传究追。

(《汉口中西报》)

10.鄂属水灾赈抚事宜汇志

(1909 年 10 月 12 日)

湖北安陆、荆州两府属各州县今夏大水为灾,曾散放急赈在案。讵八月初旬,荆、襄两河又涨水二丈余,涸出之田复被淹没,人民乏食,现象恐慌。昨安陆府张守、荆州府斌守均通禀鄂督,请再散放急赈,一面多购米粮平粜,以免变生意外。已经陈小帅核准,饬筹赈局体察情形,酌核办理。该局因现在米谷难购,详由小帅奏准在天津、保定一带购买杂粮,由火车运鄂,免收运费、捐税,特委派知县吴炳奎、王家桢二员前往,先行采购一万五千石,已电咨直督,请饬关局验明放行。而直督端午帅因念鄂灾奇重,特又捐助银一万两拯济,此款即在汉关应解北洋、淮军协饷内划拨,昨小帅即已致电申谢矣。又,湖北常、振两捐,截至本年七月限满,现小帅已奏准再予展限一年。惟是赈款虽筹有成数(计在官钱局添印钞票二百万串,共有赈款二百余万),而赣、皖均已禁运米粮来鄂,曾经小帅屡以川楚唇齿电致川督赵次帅,求开米禁,次帅以绅民阻挠为词,不允。昨汉口商会特联合绅商百余人,公电恳次帅弛禁,以二十万石为限,次帅情不可却,已复电允可,惟不能限定石数,兹将电文录下。

汉口商会上川督电　成都赵督宪钧鉴:湖北先淹后干,早晚谷杂粮均失收,湘之西湖一带又水荒无米,安徽、江西复阻禁,鄂民乏食,祸变堪虞。川鄂唇齿,鄂乱,川不能独安。闻川东年丰,请饬夔关弛禁,准鄂商购米二十万石济急,由驻汉川商德厚荣等承办,照章完厘。已电请鄂督宪,电恳如蒙恩准,即请护照往购。乞先电示。汉商会总理齐贤等叩。

川督复电　汉口商会齐相翁电悉鄂灾,时切关怀,特为奏明,暂时招商运米往粜,以资接济,数目不能预定,渝、夔设有专员,无论川、鄂商人,尽可前往领照,遵章办理,毋庸在鄂请照。川督。　(个)

(《申报》)

11.商会纪事(移请并案究追)

(1909 年 10 月 18 日)

厚昌隆因张文楚该欠货银,逃匿不面。兹查悉张文楚被广泰粮食行因另案在商会扭获,送至工程局收押,昨赴商会递请移请追给等情。总协理以张欠银逃匿,大属非是,已准移请上海工程局并案追究。

(《汉口中西报》)

12.湖北水灾筹赈事宜汇志

(1909 年 10 月 22 日)

湖北今夏水灾綦重,中秋后荆、襄两河又发大水二丈有余,遂使涸复之处复被淹漫,致二十余州县秋后颗粒无收,灾民露宿风餐,区域愈广,赈抚愈难。现在四川虽开米禁,准运二十万石，但武汉人口过众，日需米六七千石，计算不足二月之粮，而外州县待赈之人日亦需米粮数千担，情形危迫，后患方殷。昨陈小帅以现虽派人在奉、直一带购办杂粮，接济灾区，惟直隶现奉旨只准购运玉米二万石，而奉天之粮价值又昂，虽已派员往办，终恐不能多购。特电商汴抚吴仲帅，准在信阳一带采运大小麦数万石，以资接济，业饬由筹赈局委派知县孙记桂携款往汴先行购运一万五千石。又以现时虽有赈款钱二百余万串，但一经分散灾民，所得者甚微，转瞬隆冬，势必滋闹，震动大局，不能不预行广筹赈款。特遴委知县金崇爵、周焴、张赓陛、吴凯元等，会同夏口厅丞冯赟，于初四日在汉口商会开特别大会，邀集各帮商董、经纪人等会商筹款办法。凡有慨捐巨款者，立即禀明鄂督，奏请奖叙，并可照外办章程移奖亲友。闻是日因雨，各商到者寥寥，其到会之人又以本年市面清淡，物力艰难，前曾由商务善会垫款十余万串助赈，现在尚未归垫，故众人均有难色，所捐之款仅万余元而已。

（《申报》）

13.本馆特别广告

（1909 年 10 月 22 日）

本协赈所开募鄂省赈捐以来，应者殊寡，迭经汉口商会函催，实属无款可解，惟本协赈所前日经募甘肃赈捐，除已解外，尚余五千余元，刻下甘省灾荒业经各团体热心捐助，民困稍纾，只得移缓就急，将甘肃未解之款移解汉口，昨已将所存五千元交上海商务总会，请其汇解灾区，借资补助。

申报馆协振所启

（《申报》）

14.商会纪事（着候查明核追）

（1909 年 10 月 24 日）

稻香村前租王殿臣铺屋开贸，今已让屋，被王将押租不肯退还。昨赴商会递请追给等情，总协理已着候查明核追矣。

（《汉口中西报》）

15.商会纪事（商催追缴欠款）

（1909 年 10 月 25 日）

春生荣前在商会递控何介丞欠钱不偿一案，业经商会备文移请贵州贵阳府传案究追。迄今四月有余，款尚无着。春生荣复在商会催控。总协理已准再行函催贵阳府，作速传案追缴，以全商本。

（《汉口中西报》）

16.商会纪事(移请传追给领)

(1909年10月26日)

协记公司前因黄雨薪等租伊昌泰小轮行驶,订立合同之时,原议如有失事即赔银三千两。不料去年在岳州沉没,被黄雨薪等不肯赔偿,昨赴商会递控。总协理已准移请夏口厅传案究追给领。

(《汉口中西报》)

17.商会纪事(递控侵吞赈款)

(1909年10月28日)

同利公司前雇帮伙洪尧臣经理账务,近被洪将账款侵吞,昨赴商会递请传追等情。总协理以如果属实,自应责令赔偿,但洪究因何人保荐,已着令详细声明,以凭核办。

(《汉口中西报》)

18.本部会奏议复鄂督奏武汉劝业奖进会与赛商品分别征免税厘折

(1909年10月)

奏,为遵旨议复,恭折会陈,仰祈圣鉴事　宣统元年七月二十四日准军机处抄出,奉旨,陈夔龙电奏武汉劝业奖进会,请将本省、外省一切与赛商品概免税厘等语,着该衙门议奏,钦此。钦遵前来。原奏内称,武汉近来轮轨交通,营业日益发达,而工商耳食,囿于一隅,识见不广,非多方研究,不能进而与世界相竞争。本年春间,饬劝业道等于武昌省城筹设武汉劝业奖进会,示之提倡,为将来赛会之练习。定期九月内开会,同时知照邻省酌备商品,赴会陈列比较。南洋出品协会,亦即附于奖进会内同办,有交相为用之益。届时再往列会,合无仰恳天恩俯准,敕下度支部税务处立案。凡关乎武汉劝业奖进会本省、外省一切与赛商品,概免税厘,以励商情而振实业等语。查本年七月,臣等议复南洋筹设劝业会及赛物,请免税厘折内曾声明,各省赴赛物品,可仿照通例,准其以三联单报运,沿途免征,于出口时在经过第一关出具保结,限期运入会场,中途不得私卸私售,违者倍罚。凡在场沽售与转运他处销售者,照章补征税厘等情,钦奉谕旨,允准。当经臣处详拟各省赴赛物品三联单,出具保结报运,沿途关卡不征税厘暨在会场内分别征免办法章程二十条,作为暂行试办之章,通行各省督抚转饬遵照在案。其章程纲要,系运场须按限期,私售应即倍罚,遇有夹带影射,务令扣留惩办,第为陈列备观之用,免补税厘,迨至赛品离场之时,必须查封,凡有销售,一律补征,既以宏奖劝提倡之旨,仍防有关碍税课之虞。现湖广总督于武昌省城筹设劝业奖进会,并附属南洋出品协会,用意既已从同,办法未便歧异,所请本省、外省一切与赛商品,概免税厘之处,应即按照臣处所拟《南洋劝业会联单保结报运分别征免章程》等办法办理,以昭划一而重税则。如蒙俞允,即由臣处咨行遵照。所有遵议缘由,谨恭折会陈,伏乞皇上圣鉴训示。再,此折系税务处主稿,会同度支部、农工商部具奏,合并声明。谨奏。宣统元年八月十三日具奏,奉旨:依议。钦此。

(《商务官报》第26期)

19.汉商集议开辟后湖马路

（1909 年 10 月）

湖北汉口巨商刘歆生、宋炜臣等拟开辟后湖马路，以期渐成市廛。日前假总商会，邀集后湖各地主会议研究所拟草章，令众人发表意见。计是日到会者有二百余人，夏口厅冯司马亦到会监视。当经众业户议定，以所拟草章四十一节内，有一二节尚待折中，其余均无异言。并由商会协理汪炳生君宣言，谓诸君如尚有意见者，准于一星期内赴长源里马路工程办事处，会商发起人，从长计议，以期尽善。再于十三日开大会一次，宣布删改之草章，以便禀官动工，届时不到者，作为默认，俾得早日动工，招致各灾区壮丁万人，以代赈济。

（《北洋官报》第 2219 期）

11 月

1.商会纪事（准予备案）

（1909 年 11 月 1 日）

驻汉浙江生意最为发达，兹该帮为联络商情起见，特在忠义节烈祠上首建设浙江公所。昨拟定章程，赴商会递请备案等情。总协理以所议章程尚属妥协，已准予备案矣。

（《汉口中西报》）

2.武汉劝业奖进会开办

（1909 年 11 月 3 日）

陈制军以武汉劝业奖进会为协赞南洋赛会，奖进商业，鼓励商材起见，故不惜筹挪巨款，督率经营，力求规模宏博，为鄂省兴商之诱掖。十五日为开会之期，制军于清晨到会，司道府县文武各官、汉口各国领事、洋商暨武汉绅富商董亦依次到会。十点钟时行开会礼，有军乐队奏乐，陈制军命该会总办黄道以霖代演说训词，劝业道高观察与武汉两总商会、总协理均有演说词，车水马龙颇极一时之盛。十六日起，即准士民人等购入场券，进会游览，每人需铜圆三枚云。

（《申报》）

3.商会纪事（递请移请免修菜亭）

（1909 年 11 月 4 日）

四官殿北边一带房屋，前因近邻失慎，尽付一炬。关道齐观察拟在该处建造菜亭，特移夏口厅警察总局备价，将地收回。兹有万寿宫等各房东不允，刻特在商会递请移请关道免修菜亭，以便仍造房屋云。

（《汉口中西报》）

4.商会纪事（函请查核办理，移请饬传来汉料理）

（1909 年 11 月 6 日）

函请查核办理　猪鬃帮陆垂兴等前因捐款，日有起见，特与□□竞争，拟每年愿缴捐银三千两，控经关道批厅传集质讯，禀复在案，兹宁联辉等以陆垂兴等有意阻挠抗捐，昨在商会递控。总协理以此事既经禀奉关道批厅查复，着候函请夏口厅查核办理。

移请饬传来汉料理　吴柳廷在商会递控河南白聚盛号白锦堂肥倒昧骗，请予移追等情。总协理以有碍商务，刻特备文移请河南周家口商会，饬传白聚盛东伙来汉，料理明白，以重信实。

（《汉口中西报》）

5.商会纪事（移请传究违章）

（1909 年 11 月 7 日）

洋碱一项为日用大宗，该帮前已邀集同业议立规章，递请商会立案。兹有义顺和违章贸易，洋碱帮特赴商会递控。总协理已准移请夏口厅传究。

（《汉口中西报》）

6.商会纪事（递控抽取鱼捐不公）

（1909 年 11 月 9 日）

汉阳鱼捐系李金榜抽收，以充公用，近有张大敏以鱼捐一项每年约计可收钱三千二百串，李金榜造据搪抵，办公不公，当据情在商会递控，不知总协理以若何评判。

（《汉口中西报》）

7.商务总会纪事一

（1909 年 11 月 11 日）

郭家巷大有栈义成福前在□景街王书堂所开顺记字号内购买棉花十四包，计重二千余斤，并存伊号钱六百余串，约定在罗安□交货。讵王书堂至信阳时，竟将钱货卷逃不面。现由义成福查获，此货在元顺公司，已于日昨赴商务总会呈递节略，禀请究追。

（《汉口中西报》）

8.商务总会纪事二

（1909 年 11 月 11 日）

余普明前在□源油行购买桐油二十桐，价银未付，即行卷逃，被立泰扣留。该油行以系串骗,昨特借具节略,呈请商务总会移请厅署传究在案。兹据立泰复陈各情,自愿将提单退出,刻总协理已备文移请冯司马消案免传,以省拖累。

(《汉口中西报》)

9.湖北铁路协会成立详纪

(1909 年 11 月 12 日)

湖北咨议局教育会、宪政筹备会、武汉两总商会各职员暨留日学生铁路会代表张伯烈、夏道南二君,于二十三日假鄂省教育总会议场开会,集议组织铁路协会,专以拒借外债,集款自办为目的。午后一时,开会到者约百数十人,首由张绅国溶宣布开会宗旨,次由吴绅兆泰演说借债之害与鄂人担负之重,次又由张绅国溶演说组织铁路协会之目的,又次由张伯烈君演说争归商办之利益。演说毕,当经举定刘心源为正会长,吴兆泰为副会长,决定于十月初二日假汉口四官殿开绅、商、军、学各界大会,筹集股款,并拟定致北京邮传、度支两部电稿,附录于下。

铁路协会致邮、度两部电:

湖北商办铁路协会业已成立,现正筹备的款,公恳大部取消川汉、粤汉两路借款草议,查照去年鄂督咨案,准予商办完全权限,以顺舆情而维大局。

刘心源、吴兆泰、李哲明、张国溶、吴庆焘、杨化龙、夏寿康、刘人祥等二十人公叩

咨议局致邮、度两部电:

粤汉、川汉借款关系大局安危,鄂人全未预闻,誓不承认。现已组织湖北铁路协会妥筹办法,谨合词公恳大部主持撤销借款草案,余详公呈。

湖北咨议局议长吴庆焘等公叩

(《申报》)

10.商会纪事(移请详请给谕承办,移请传追商会欠款)

(1909 年 11 月 13 日)

移请详请给谕承办　职员宁联辉前与陆垂兴争办猪鬃毛骨商捐一案,业经控道,批厅查复,兹宁联辉每年愿缴捐缴共三千两,昨在商会递请移请给谕承办等情。总协理以伊甚是急公,深堪钦佩,已准移请夏口厅详请关道给谕承办,以重捐务。

移请传追商会欠款　李兰庭近在商会递控黄陂县胡万隆在该店买货欠银五百余两,屡向催讨,延骗不还,请予移追等情,总协理已允备文移请黄陂县差传究追,以维商务而儆延骗。

(《汉口中西报》)

11.商会纪事(移请转移札饬追缴,漆号递请分年还债)

(1909 年 11 月 15 日)

移请转移札饬追缴　怡生和钱庄去年倒欠巨款,至今无着,兹因衡阳大成昌管事曾积德结欠银两,尚未偿还,昨赴商会投递节略,请予移追等情。总协理以欠银不还,大属非是,已准移

请江汉关道转移衡永道札饬衡阳县传案追缴，以抵欠款。

漆号递请分年还债　万盛长漆号谌开亭以内该外欠，赴会递请分年归还等情。总协理以谌开亭欠人银二万一千六百余两，内存仅一万一千六百两，不敷甚巨，有无房屋可抵，着向各债主商议理结，毋得心存延骗。

（《汉口中西报》）

12.商会纪事（移请传追欠款）

（1909年11月16日）

三怡字号去年亏倒华洋商巨款，至今尚未归还，兹有冷茂等七家尚该欠三号银十余万两，昨在商会递请追给，以便抵还欠款等情。总协理已准移请夏口厅差传冷茂等到案究追。

（《汉口中西报》）

13.商会纪事（移催传追定丝银两）

（1909年11月17日）

慎和丝线号在商会递控武昌县人梁□汉欠伊□丝银两，当经移请武昌县传追在案，兹日久未了，慎和复赴会控追。总协理已允移催武昌县传追解领，以重欠款。

（《汉口中西报》）

14.商会纪事（允催偿还货银，递控吞蚀公款）

（1909年11月18日）

允催偿还货银　昌记因萧洪发、萧宗发在伊号赊买货物，所欠之银，图骗不偿，据情赴商会递控，请予移厅究追等情。总协理已允催令萧洪发等如数偿还，如敢借延，即行移请夏口厅传追，以全商本。

递控吞蚀公款　刘星阶等前遣家丁张福在审判见习所呈控谢炤齐、王保元侵吞会馆房租等情，业经民事庭判令，赴商会邀集同乡暨帮董清查理处，以免对簿公廷在卷。兹复以吞蚀公款等情在商会递控，并称议董俞清臣调处未结。总协理以议董既在调处，必能知其详情，候函请查明见复，以凭核办。

（《汉口中西报》）

15.商会纪事（移请传追倒款）

（1909年11月20日）

魏弼臣近因武昌县人雷朗齐倒欠伊银一千余两，屡向催讨，延不偿还，特以亏倒昧骗等情在商会递控。总协理以雷朗齐殊属非是，已允移请武昌县传案讯追，以重欠款而全商本。

（《汉口中西报》）

16.商会纪事(递控霸占会馆,移请秉公调处)

(1909 年 11 月 21 日)

递控霸占会馆　王子樵等近在商会递控久大钰等霸占中州会馆,请予评议等情。总协理已允邀集到会秉公评议,但有无碑文可据,抄送来会,以凭考证。

移请秉公调处　十月初六日劝业道牌示批商号允安久记控黄福庵一案,禀悉,该商将铁车铁路五十部租于同德公司,凭中立有租字合同,该公司理应年清年款,何得不待期满,以只用二十乘为辞,如果属实,殊属非是。现据该商续禀商会,已蒙批示,候邀复判等情,候本道移请商会秉公调处可也,此批。

(《汉口中西报》)

17.商会纪事(移请差传讯追,递控掣银倒骗)

(1909 年 11 月 23 日)

移请差传讯追　彭秉臣前在湖南宁乡傅成才加购米一百余石,价银已付。近被傅将米措延不交,昨开具节略,在商会递请追给等情。总协理已准备文移请湖南宁乡县差传傅成才到案讯追。

递控掣银倒骗　锦盛隆近在商会递控武昌县人何俊亭在该店掣用银两,肥倒昧骗,请移究追等情。总协理已备文移请武昌县传案究追,以维商务而儆狡骗。

(《汉口中西报》)

18.湖北商办铁路协会举定职员

(1909 年 11 月 23 日)

湖北商办铁路协会于初六日在汉口四官殿开选举职员会,咨议局全体议员、武汉两商务总会、教育总会诸职员均到会。其余绅、学、军、商四民人等来会者,须缴会费一元,领选举券一纸,到者数及千人。首由假定正副会长刘心源方伯、吴心阶侍御宣告卄会宗旨毕,来会之人鱼贯至投票所投票,先举正副会长,次举赴部力争废约代表。当举定刘心源为正会长,刘人祥、万昭度为副会长,赴部争废借款草约之代表则举定吴兆泰、密昌墀二君。旋经众议,以吴、密二君虽直声素著,此行必克尽厥职,惟年力较衰,诸事尚需人辅助,因以东京留学生所举代表张伯烈君学富力强,善于应对,且此次拒款筑路为张君所发起,奔走呼号,尤具热心,爰续举张君同往,以资臂助。至会中书记、庶务、会计、评议、劝募各职员,闻须俟初七日开会决定。

(《申报》)

19.筹经费说

(1909 年 11 月 24 日)

立宪国之举行新政,经费其急需哉。谨按其学义,经者,道之常费者,散财用也。进而思之,财用之散,必循其常道,方不至于虚縻已甚,致富源之涸,使全国之人坐而患贫,而无能为计甚矣。夫朝野上下,事业浩繁,无论如何猷为,凡未筹有经费的款者,即难以奏厥成功。试一观文明诸国,宪政何如其裁度,财政何如其发达,弊政何如其改革,其奏成功也易,其筹经费也,无竭蹶之难,亦无丝毫之滥,故论经费之原则有三:曰政治,曰国法,曰经济。此其大纲也。举凡支用经费时,罔弗依一定之公例而行者,苟失其公例之所依,而库款滥支,就令国币裕如,贫未尝有所患,经费虽曰易筹,其去亏空也不远矣。若夫中国现时,庶政待举,一切变法维新,每苦于经费之无所出,中央政府亦曰掌国家度支也,其如财政奋绌何?呜呼!丝乏而帛需多,米缺而粥食急,谁其能作之者?今而明知其有弊窦,又不能遽为杜绝,不得已先拟一清理之策。于是,觇国者佥曰:中国财政其将设法清理矣。前此弊窦之所在,无难一扫而空,使抉出真财源以筹备国家经费,谁则不为欣祝者,虽然,清理财政诸当道果能为国家度支持筹,以经费之大用为急务,而先别其原则乎?不审乎此,但曰经费作正开销,于无可节者之中减之又减,勿使虚縻中饱,则可也,亦何不研究财政学,群为之计论,而先释然经费公例之原则乎?

夫所谓政治上之原则何?言支出经费所有事,当计较□治□利害,以定支用与否也。此中之要点,各国想有同然矣。即性质上之必要,则曰经费者,国家行政所必需而不可一日缺乏。其范围分二端,以私人不能之欲望与私人可能之欲望为断。至如收入之权衡,多寡之数,准以民力国势,则无顾此失彼之患也。若徒增加其经费,不念民力难堪,将必阻社会之发达,若徒节减其经费,不思国势之现象,将必致国运于不振。又如支出之权衡,须求其至当,国防、实业,不使有所偏倚,然后可。若非范围之普及,谓国家经费取之于全体,即当为全体用之,稍容于私不可也。试观中国所筹经费事,亦计及政治上之原则否?(未完)

(《汉口中西报》)

20.商会纪事(着候查明给照开贸)

(1909年11月25日)

钱帮公所近在商会递称,钱□廷筹有本金,拟在黄陂街新开一汇裕钱店,请发给牌照,以昭信守等情。总协理已着候调查明白,再行给照开贸。

(《汉口中西报》)

21.筹经费说(续)

(1909年11月25日)

夫所谓国法上之原则何?言支用经费之烦,当依国法以为定也。立宪之制度,确有其定则,非专制者所得袭。如议会者,财政上立法监督也,英创其始,各文明国踵其后,而谁则间之,量出以为入,自无或异议矣。又如支用经费之权,操于国务大臣,其可也,然必得大藏大臣具管理财务之全权者承认之,方能限制其滥用之弊,使不至于虚耗,所谓行政监督是也。若夫预算于经费未支之时,决算于经费既支之后,是固不可疑者,日本以预算付之帝国议会,决算付之会计检查院,所谓司法监督是也。今中国因筹备立宪事宜,以振顿财政,亦念切国法上之原则否?

夫所谓经济之原则何?言支用经费,当有以利于经济也。不言利经济,而徒曰经费,未见其可者。如经济之使用，谓经费支出，当分别其生产与不生产，而莫敢统一之也。又如经费支出之场，所谓其所支用者，必随时与地以定之，而后金融无或变动也，否则盖难言之矣。若夫经费与生产力之关系，尤其最重要者，不□国民之能力，而漫议支用经费之多寡，财源能无立涸乎？近中国欲致于富强，而坐视货弃于地，如有所甘心焉，亦曾加意于经济之原则否？

甚矣，夫经费云者，其发达之形迹，随时运为变迁，故今之世文明愈进步，则经费之范围亦愈见其扩充。公债时所不免，户口久已增加，物价因而腾贵，是皆发达经费之原因也。中国宪政前途，事事待办，为列强视线所专注，特以经费不足，观望周章，无可如何，伊谁之咎欤？循常道以散财用，其事实理由，综古今中外而莫或异，我清理财政之部局，尚冀聆鄙言而反复思之。（已完）

（《汉口中西报》）

22.汉口商会改期选举总协理

（1909 年 11 月 26 日）

汉口议办商务总会，选举总协理等情，已纪本报。兹悉，该会原议于十二日在商务局选举，是日因浙苏湘各帮商人会议路事，到局者甚少，故仅举定各帮商董数人。

（《申报》）

23.商会纪事（递控霸屋抗租）

（1909 年 11 月 27 日）

朱光□近因陈松亭租住伊之房屋，霸占抗租，在商会递控，请予移追等情。总协理以现正议借房东一月租金充作赈款，未可令住户如此。昨已允移请夏口厅饬传陈松亭到案，勒令付租退屋，以儆效尤。

（《汉口中西报》）

24.商会纪事（订期开会举董）

（1909 年 11 月 28 日）

商务总会一年期满，自应遵照会章另行选举。兹订期于二十二日开特别大会，先举帮董，俟帮董举定，再举议董，俟议董举定，即于议董中举总协理，以符会章。刻已将选举票函送各帮有选举权者，于二十日以前赴会投票。

（《汉口中西报》）

25.商会纪事（商会告知被告牌示）

（1909 年 11 月 29 日）

为告知事　照得近来会中应理之案甚多，均系挨次邀集，原被告每不能到，以致可结之事，无从询理，转烦原告□促，此后务望一邀即至，幸勿耽延自误，倘仍延不遵邀来会，则本会惟有将邀过三次不到之人移厅传究。彼此案不能结,俱受差传之累,乃系来会迟延之误,非本会办事不速也,此布。

(《汉口中西报》)

26.湖北商办铁路协会开会筹股

(1909年11月30日)

十三日,鄂省商办铁路协会各职员邀集绅商,复在四官殿开会筹集股款,到者约千余人。首由会长刘心源君宣布开会宗旨,大致谓非筹现款四百万元为根据,则部中必谓我为空言争执,故此会以筹款为第一要义,无论认股多少,分五年缴清云云。次由夏道南君演说在汉口设立机关部,以为集股总汇。又次由副会长刘歆生宣布此路之利益,并认股十万元,以为倡率。万副会长昭度亦申明已认五万元,各界遂相率签名认股,总计有五十万元。闻是日之会,汉上各巨商均已到场,而认股只有此数者,一因市面清淡,一因旅汉外省商人不免心存观望耳。

(《申报》)

27.汉口组织纱业公会叙言并简章十条

(1909年11月)

廿世纪之世界,一商战剧烈之世界也。泰东西各国之富强,莫不借力于商,此尽人所知。然同一商也,彼何以占优胜,我何以处失败?无他,则以彼能结大团、合大群,我则人人存一自私自利之心,各不相谋,安见其不归于失败也!近年朝廷设商部,各省立商会,无非以唤醒我商民,结大团体,以谋商业之发达。故迩来各大市镇,某帮立公所,某业设议会,日报所载,无日无之。即在本镇百货丛集,莫不各有其聚会处,上者姑难悉数,即至发匠缝工,亦莫不有会所,即莫不有团体。独我棉纱一业,竟付阙如,且同业中尔诈我虞,向不知公益为何事,受外人之欺侮,为客号所播弄,种种障碍,笔难罄述。以往来遍数行省,流出岁数千万之生意,泄沓若是,以较各帮,能无愧死。兹幸同业各号,咸引为耻。前日聚议创设公会,大家赞成,草拟各条,即系酌为损益,其应如何畅消土货,以励实业而塞漏卮之处,统容开会后再行研究。总之,事在必成,只须大众热心,幸勿一旁冷笑也。各条列后。

一、本会定名曰纱业公会。

一、暂假太平会馆为议事处,俟置有相当房屋,再行移迁。

一、开办经费,暂由各号垫用。现在所需无多,俟开会后议定如何捐派,再行照办。

一、本会以讨论市面、互相友爱为宗旨。

一、同业中应公举一人为帮董,一切细目,应候帮董酌定。

一、同业中须派值年理事二人,会中银钱出入,均归经手,以一年为满,再行轮派。

一、举出帮董后,应咨报商会注册,以便接洽。

一、本会仿照上海茶会办法,每日上午十点钟到会聚谈,可以随便叫货,以资通融,详细规划另订。

一、同业遇有不平之事,系在生意之利者,可以随时商会聚议,由帮董及同业力为辩护。

一、不愿入会者,听。

上列各条,即希指正。兹订于二月初十日,在太平会馆开第一次会议,凡属同志,务即贲临。

(《华商联合报》第 18 期)

12 月

1.商会纪事(移请传追倒款,递请免提公款)

(1909 年 12 月 3 日)

移请传追倒款　丁培德近在商务总会□控沔阳州李达夫倒骗巨款,请予传案究追等情。总协理刻已允移请沔阳州差传李达夫到案,究追给□,以全商本而惩倒骗。

递请免提公款　典商陈恒庆等近因汉阳县存放公款生息行文提取,昨特备银票一万二千两钱八百串赴商会呈缴,并请将下余公款移请免提等情。总协理已准将缴到银钱移归汉阳县核收,一面将下余公款移请免提矣。

(《汉口中西报》)

2.铁路协会劝导商界之热诚

(1909 年 12 月 3 日)

湖北商办铁路协会诸绅日前在汉口四官殿开会,邀集汉上商界劝认路股。讵是日到会之人虽众,而所认之股仅五十万元,诸绅大失所望。兹复于十六日仍在四官殿开会,邀请商界巨子再行集议,劝导多认股款,务期集有四百万元之数,方可请代表北上,与部争回自办。先期刊发传单,布告众商,略云,鄂路协会集款一事,昨在四官殿延请本省绅富不下百余人,到会者不过四之一,认股者不过五之一,然已集有的款至五十万之多,人心踊跃,即此可见。其余未到诸公,定于本月十六日二点钟再行集议,到期务乞赴会认股,一火铸成,勿再游移,致失机会。总之,此款早定一日,则代表早行一日,事机得失,间不容发,下笔涕零,生死维命,如十六日不到,惟有踵门叩请而已。万扔伯、刘歆生、张伯烈、吴兆泰、刘心源、密丹阶、夏道南、黄翰臣、刘鹄臣、杨金门、徐荣廷、汪志安、蔡辅卿、叶东川、齐相琴、刘敦伍、张琼峰、苏善夫、周秉一、刘秀三同启。

(《申报》)

3.汉口商务总会选举帮董(汉口见闻录)

(1909 年 12 月 4 日)

商务总会一年期满,自应遵照会章,另行选举。兹定于今日(二十二日)在商会开会,当众开筒视票,以多数者为帮董。一俟帮董选定,再行选举议董。

(《汉口中西报》)

4.会长拜谒帮董

（1909 年 12 月 6 日）

商办湖北铁路协会早已成立，所有绅、商、学、军各界均争先认股。惟值代表晋京，必须先筹的款四百万两存于银行，方可晋京。正会长刘廉□心源特于前日在各帮拜会帮董，教请筹缴的款，以期代表早日北上。

（《汉口中西报》）

5.商会纪事（补投选举帮董票）

（1909 年 12 月 8 日）

二十二日，为商务总会选举帮董投票之期。总协理当众开□检票，间有数帮并无一票投入，亦有投票太少者，未便定选。兹复展限于今日，即二十六日截止。函催各帮照章补行投票，以便列榜，用昭公允。现闻改期二十八日，再由帮董内选举总协理云。 （音）

（《汉口中西报》）

6.商会纪事（递控勒据斗诈）

（1909 年 12 月 10 日）

樊城驻汉乾盛光钱号因开德公司串通桂坤记纠率王质夫等十余人，向伊诈称，桂坤记之货被赵永升盗卖，银送在乾盛光，勒逼退出字据，控经商会，移请关道照会美总领事究办，近已由桂坤记书立字据，乾盛光刻已据情在商会递控。

（《汉口中西报》）

7.商会纪事（筹本新开钱店）

（1909 年 12 月 11 日）

汉口轮轨交通商务日见发达，兹有陈君仙舟，筹集本金，拟开一钱店，商标“立大”，刻已备办牌照捐款，赴钱帮公所，陈请转恳商会移请劝业道发给牌照，以资遵守。

（《汉口中西报》）

8.商会纪事（移请查复核办）

（1909 年 12 月 13 日）

驻汉樊城乾盛光钱号在商会粘呈字据，递控开德公司串通桂坤记勒逼关诈，请移关道照会美总领事究办一案。总协理以事关交涉，未便含糊，惟称桂坤记系被襄阳县传解，始央出魏同兴等书立字据，是否确有其事，俟移请襄阳县查明见复，再行核移。

（《汉口中西报》）

9.商会纪事(着候查明给照开贸)

(1909 年 12 月 15 日)

汉上钱庄生意日见畅旺,兹有陈君仙舟集有本金,拟在黄陂街新开一立大钱店,昨由钱帮公所在商会请发牌照,以资遵守等情。总协理已着候调查明白,再□行请劝业道给照开贸。

(《汉口中西报》)

10.商会纪事(移请差传究追)

(1909 年 12 月 16 日)

赵庆文在商务总会递控左季芝欠银不还,计图减折,请予究追等情。总协理以欠银图折,殊属非是,候移请陵西县传案究追,以重欠款。

(《汉口中西报》)

11.商会纪事

(1909 年 12 月 16 日)

职商黄永九前租用胡梓安车轨填华昌洋行基地,不知因何被胡掣肘,致工程不能连竣,昨在商会递控,请予评判等情。总协理以究竟孰实孰虚,候邀集开导,和平了结。

(《汉口中西报》)

12.商会纪事(商务总会拨款赈灾)

(1909 年 12 月 17 日)

武昌府属咸宁县七都等处,因前被水灾,饥民流离,待赈孔殷,商务总会特拨钱五千串,交议董蔡辅卿领往咸宁被灾各处散放,以惠灾黎,当于日昨乘翔关小轮往矣。

(《汉口中西报》)

13.商会纪事(移请查复核办,着查下落移请拘究)

(1909 年 12 月 18 日)

移请查复核办　镇昌海味号因在沙市运糖来汉销售,汉镇筹饷局不准分销,特赴商务总会以货□□恳等情具控。总协理以沙市糖如何新章,允移请汉镇筹饷局查明,见复核办。

着查下落移请拘究　庆和银楼前被朱耀臣以伪票购买金镯,被朱□骗而去,兹查悉,朱系安徽人,昨赴商会投递节略,请予追给,以全商本等情。总协理以行使伪票,实为商业之害,情殊可恶,已着查明朱之实在下落,再行禀会,以便移请地方官差拘追究。

(《汉口中西报》)

14.商会纪事(商务总会新举帮董名单)

(1909 年 12 月 18 日)

商务总会新举帮董□篆开列如下。

银行帮:卢鸿沧,现任议董。

票帮:张宜斋,现任议董;任晓初、马友文、余□甫。

洋行帮:景□行,现任名誉议董;刘歆生,现任议董;韦□封,现任帮董;汪炳生,现任协理;唐□山,现任议董;李星垣,现任议董;陈兴九。

钱帮:齐相琴,现任总理;王芝舫,现任议董;周俞之,现任议董;□百永;叶东川,现任议董;张经耘,现任议董;张春亭,现任议董;熊树勋;丁□生,现任议董;孙襄其,现任议董;胡子孺;黄宾如;汪志庵,现任议董;孙理和;胡光瑞。

浙公司帮:盛竹书,现任议董。

典当帮:朱宾珊,现任议董;程万斋;华蔼夫,现任帮董。

茶叶行帮:朱毓棠,现任议董;何季丞,现任帮董;沈文田,现任帮董;陶翰卿;余永清,现任议董。

广帮:容静如,现任帮董;吴晓湘,现任帮董;叶月波;张芍田;闻式如,现任帮董。

广洋杂货帮:宋炜臣,现任议董;吴佑人,现任帮董;余宪□,现任帮董。

油行帮:吴干廷,现任议董;俞清臣,现任议董;汪泉如,现任帮董;陈达夫,现任帮董。

洋油帮:史晋生,现任议董;涂芝光,现任帮董。

衣装帮:罗佑之,现任议董;石郁章,现任帮董。

四川帮:蒋沛霖,现任议董;周敬亭。

广福杂货帮:汪益□,现任议董;□季贤。

匹头□纱帮:谭步云,现任议董;范阶平,现任帮董;李兰轩,现任帮董;王春波,现任帮董。

浙宁杂粮帮:郑□□,现任议董;马咏棠,现任帮董;阮文衷。

纸□□帮:蔡辅卿,现任议董;陈□渊。

土膏帮:刘鹄臣,现任议董;李紫云,现任帮董;彭玉田,现任帮董。

淮盐公所:朱戟门;麻芝□,现任帮董。

盐号帮:罗文峰。

浙宁银楼帮:沈文兴,现任帮董;童□溏,现任帮董。

江西银楼帮:胡福生。

福建帮:卢千经,现任帮董;王□元,现任帮董;苏玉川。

五金帮:□景景,现任帮董;沈宾笙,现任帮董;易孝珊,现任帮董。

太平帮:崔□如,现任帮董;王琴甫,现任帮董;黄□秋,现任帮董;胡屏山,现任帮董。

参燕帮:张仰□、刘福亭。

药材行帮:张幼彩,现任帮董;刘仁山,现任帮董;袁显仁,现任帮董。

牛皮帮:张碧□,现任帮董;杜松山;徐金门。

内河粮帮:冯福廷,现任帮董。

外河粮帮:何心斋,现任帮董。
报□帮:王寿臣、张□生、黄筠□。
海味帮:施饶水;包炳□,现任帮董。
江西帮:刘家琳,现任帮董;刘□封,现任帮董。
浙宁药材帮:童梦槐,现任帮董;凌少村,现任帮董。
西药房帮:项松茂。
苏绣帽帮:苏善夫;彭可廷,现任帮董。
山货帮:汪仁斋,现任帮董;黄玉堂,现任帮董。
□染帮:张为春。
烟叶行帮:俞采臣,现任帮董。
棉花帮:范阶平,现任帮董;黄凤笙;朱□亭。
西皮货帮:鲍紫铭,现任帮董。
□皮丝头帮:□□山,现任帮董;潘鼎臣,现任帮董。
丝线帮:朱戟门,现任帮董;朱慎□,现任帮董。
山货油帮:吴煜亭,现任帮董;郑夔卿,现任帮董;萧秀山。
黄丝木油帮:李伯□;熊□□,现任帮董。
布竹帮:陈勋臣;刘海澄,现任帮董。
面粉帮:□梦卿,现任帮董。
转运公司帮:徐晓峰。
轮□帮:朱铭敬。
汉川帮:毛玉咸。
漆帮:□□周,现任帮董。
图书□器帮:汪梓琴。
油□帮:余云山;姜殿□,现任帮董;徐荣亭。
茶业公所:潘尚璞,现任帮董;诸众之,现任帮董。
建筑帮:沈祝三。
羊毛杂皮帮:邹孔怀,现任帮董。
茯苓帮:汪岩峰,现任帮董。
木行帮:胡春舫,现任帮董;莫福田。
西烟帮:□瑞亭。
饮片药帮:何韵涛、周尚文、夏懋生。
石膏帮:陈立斋,现任帮董。
煤炭帮:胡端阶。
棉纸帮:黄从□,现任帮董。
豆饼帮:陶□民,现任帮董。
毛骨帮:陆鸣凤。
猪行帮:彭子怡。
蛋竹帮:唐万顺。

彩票帮：邱炳山。

藤枕帮：李□明。

径启者：本会定于十一月十一日下午二点钟开会，选举议董，已将所举帮董姓名开上，并选举票一纸。请各帮董事于现在议董、帮董及新举帮董中，选定合于选举票背面所开诸格者，将其姓名书于选举票。惟人数不得逾三十一名之外，此票限开会前搜全本会瓯内，俟开会日，当众检票，以多数者举为议董，选期不复展限。届时务请莅会监视，是为至盼。

商务总会谨启

（《汉口中西报》）

15.商会纪事（移请差传讯追）

（1909年12月19日）

泰丰等近因永丰庆执事彭宾鸿该欠银两，延不偿还，所有永丰庆家俱被李鸿卿私搬而去，控经新洲粮捕府，已将彭传案收押。惟李鸿卿在逃，昨在商会递控。总协理已准备文移请新洲粮捕府差传李鸿卿到案，提同彭宾鸿质讯究追。

（《汉口中西报》）

16.商会纪事（递控关诈蒙骗，递控抢账装伤）

（1909年12月20日）

递控关诈蒙骗　徐文明因亏欠厚德银两，被张楚方控系股东，业经夏口厅关传到案收押，并申解省城高等审判见习所讯究在案。兹徐文明在商会递控张楚方关诈蒙骗等情，总协理以准武昌高等审判见习所移查见复，希知照。

递控抢账装伤　商家瑚与祥美和因银票纠葛，被祥美和在厅指控纠众凶伤，业经传讯在案。兹商家瑚在商会递控祥美和抢账装伤等情。总协理以此案两造在厅互控，候将慫□情形移厅核究。

（《汉口中西报》）

17.商会纪事（请议抽捐助赈）

（1909年12月21日）

商务总会前议借阳夏房租一月，以充赈款，原系一时权宜之计，业经禀奉前督批准，示谕遵办。兹黄绅训典热心救灾，复函请改抽绅富捐。总协理特于日昨函请黄绅到会，筹议一切。

（《汉口中西报》）

18.商会纪事（递控借公图占）

（1909年12月22日）

王子樵在商务总会递控久大钰租居覃怀公所房屋，借公图占，请予究追等情。总协理以是否属实,候催覃怀公所首士将契据送会,以凭核办。

(《汉口中西报》)

19.汉口商务总会协理汪炳生辞职函

(1909 年 12 月 25 日)

鄙人附名商会,自□粗庸。今岁承全体公推,谬膺协理,幸得齐总理精详妥慎,□□不辞,各议董赞助匡扶,安然期满。抚衷自问,实于全会无功,徒负虚名,已滋心疚。所以然者,鄙人虽常川到会,苦于经理日清公司,抽身鲜暇。凡外邦规例,一有责任,向来不□旷荒,蹈常□离,即须辞退。鄙事犹小,而戚友倚赖为生者,实□有徒,且自办戒烟会,效果渐充,益图进步,更不欲顾此失彼。兹当选举期近,特□□□□诸公俯念前情,万勿再举,协理既难胜任,则总理不言可知。本会为全镇商业机关,断不容□厕其间,贻人口实,愿合界同胞一再谅之。抑鄙人更有进者,□定章,总协理岁须更换,不出议董范围,原系轮班值年,并非迭为升降,群策群力,同德同心,实业研求,公理评断,全恃各议董劝善规过,以补总协理之不及,非如官场之接任复任。不在位者,不谋政也,我商界一体联群,和衷共济,其已得总协理者,毋庸再推,其未膺总协理者,例应公选,轮流更替,劳逸平均,明达诸公,当不以斯言为荷,汉特白。

汪炳生谨告

(《汉口中西报》)

20.亏银不理

(1909 年 12 月 25 日)

德商瑞元洋行控汉口分行买办孙文卿不理亏银一案。昨日午后由廨会讯,原告延律师上堂,声称孙由李厚禧担保银一万两,所有客家定货亏损,悉归孙担任,共计亏银二万银两,请追讯之。孙供,此案曾在汉口涉讼,已由汉口商会理劝,还银二千两,料理清楚,求察实。谳员核供,会商德师,副领事判孙还押,候补传人证到案再讯。

(《申报》)

21.商会纪事(移请解款备还洋商,移请传追解领)

(1909 年 12 月 26 日)

移请解款备还洋商　三怡钱庄欠华洋巨款,业经汉口商会将汇丰银行之款议妥,分期交还,惟届还银期近,亟应早为筹备。商会总协理刻特移请武昌府,着将所收三怡欠款一并解会,以备抵还。

移请传追解领　汉丰公司因黄冈陈明金该欠银两,久不偿还,昨赴商务总会投递节略,请予移追等情。总协理以欠银不偿,大属非是,已准备文移请黄冈县提陈明金到案讯追,移解给领。

(《汉口中西报》)

22.武汉商界吁请缓办印花税

（1909 年 12 月 27 日）

湖北创办印花税，系分四期举行。第一期为武昌、汉阳两属，已于十月十五日开办。兹闻该属各商民以捐税繁重，无力再缴，故开办将及一月，尚无一人购用，其奉行者惟官、学、军各界而已。现武、汉两商会据众商沥陈下情，已详请藩司及管理印花税处，恳予暂从缓办，未知能邀准否。原文节录于下：近来国用匮乏日甚，商民食毛践土，苟可筹措，当无不设法赞成。惟是事关创办税捐，必须大众认可，方无阻碍。前奉颁发印花税章，当即分发阅看，一面分别邀众开会，公同商议。佥以武、汉商业除厘金关税之外，有房铺捐，有烟酒糖捐，有育婴敬节捐，有学堂江河工捐，有筹防保甲警察等捐，不下二十余种。而汉口又有他省所无之九九商捐，种种捐输，无一非商民之膏血。以故近来百物昂贵，商情益形艰窘，因之倒塌之事层见叠出，市面之空虚，商力之困疲，已达极点。加以今年各处水灾，百万哀鸿，嗷嗷待哺，筹捐振济，纷至沓来。值此时局艰难，正虑罗掘，计穷点金乏术，若再责成输纳印花税捐，实属力有不逮。为此移请转详，暂从缓办云云。闻署藩高方伯与管理印花税处杨观察，接据商会来禀，即往谒杨护院商议此事，谓该商会所陈地方困苦各节，固系实情，惟现值公家财政奇绌，土税需款弥补，舍此别无善法，且事关奏案，万难展缓，拟仍用劝导主义，促令实行。

昨日，署藩高方伯已照复两商会文云，印花票税系专为民间各项契据票簿贴用，与他项税捐性质不同，如《税则》内载，"至多者不过贴印花一千文，少者仅二十文"，且责成总发卖人经理，洵属办法宽简，不扰不苛。细绎度支部原奏，内称，现拟印花办法，但求养成人民贴用印花之习惯，不能预计国家岁入之巨款。湖北所定渐次推行章程，亦并不遽求速效，本年灾情匪轻，商务固形减色，然按之《税则》，必须有某种契据，始贴用某则印花。是纳税之多少，原视商业之盈虚为增减，初非强贫民必立契据，必贴印花也。即以当票论，票面银钱数目在十千文以内者，并可不贴印花，他种类是实与贫民无涉，尤与灾区无干云云。

（《申报》）

23.商会纪事（筹款赈恤被火灾民）

（1909 年 12 月 28 日）

后湖歆生路外棚户，多系各邑被水饥民居逃此地，不料于前十二日夜失慎延烧，二千余户露宿风餐，最为可悯，汉口商会总协理刻已提议筹款散放，以救灾民。

（《汉口中西报》）

24.商会纪事（评判）

（1909 年 12 月 28 日）

万盛长因上海大顺义该欠银两，延不偿还，控经商会移请上海商会传追在案，迄今日久，尚未追给。兹有万□□以万盛长亦欠伊银两，至今无着，特赴商会递请，将大顺义之款追还，以资备抵。

（《汉口中西报》）

25.商会纪事(邀集验据评判)

(1909 年 12 月 28 日)

庆懋隆在商会递控同源福在该店买货□银串骗,请予移究等情,当经允究在案。兹同源福赴会诉称,买货付银,有收条可凭,并无串骗之事。总协理以是否属实,已允邀集验据凭判。

(《汉口中西报》)

26.商会纪事(着候查明给照开贸)

(1909 年 12 月 28 日)

汉上钱庄生意日见发达,兹有钱君宜廷筹有的款,在黄陂街新开一汇裕钱店,昨由钱帮公所在商会呈请发给牌照,以资遵守等情。总协理已着候查明,再行详请劝业道给照开贸。

(《汉口中西报》)

27.商会纪事(赶办交代事宜)

(1909 年 12 月 29 日)

汉口商务总会一年期满,自应遵照会章,另行选举。所有帮董、议董均已先后举定,日内即行开会,选举总协理。总理齐君相琴、汪君炳生,均不愿连任,刻正赶办交代一切事宜。

(《汉口中西报》)

28.商会纪事(外埠钱庄遵章注册)

(1909 年 12 月 30 日)

汉口商务总会,凡各商号均须遵章赴会注册。兹有樊城驻汉乾盛光钱店,刻已遵照定章赴会缴费,呈请注册,以资保护。

(《汉口中西报》)

29.州县官又多一赔累

(1909 年 12 月 30 日)

汉口三怡钱庄倒塌巨款,产业不足变偿,故将店东黄氏世藏珠宝、古玩、衣服、器皿编配彩票六万张,名为公益彩票,前定随十一月份湖北签捐正票开彩。现因购票者均以珠饰、衣服不如他项彩票可得现钱,销场阻滞,而开彩之期转瞬已届。经理该票之汉口商会总协理,遂大形恐慌,移请汉关道吴观察转禀鄂督,将该彩票提出二万号,派销省内外各署局、学堂、标营及各州县官,以资维持。闻杨护院已经批准,是不啻又添州县官一赔累之具矣。

(《申报》)

30.汉口商务总会新举议董票数

（1909 年 12 月 31 日）

汉口商务总会新举议董票数：蔡辅卿君八十四票，刘歆生君八十二票，卢鸿沧君七十四票，齐相琴君七十三票，汪炳生君七十三票，孙□甫君七十一票，王芝舫君六十八票，叶东川君六十七票，吴干廷君六十四票，汪志安君六十二票，史晋生君六十二票，宋炜臣君六十一票，孙襄其君五十三票，俞清臣君五十一票，丁菊生君五十票，周命之君四十七票，罗佑之君四十六票，李星垣君四十一票，谭步云君三十八票，张理耘君三十七票，张春亭君三十七票，唐朗山君三十六票，朱保三君三十五票，张宜斋君三十四票，蒋沛霖君三十二票，郑似松君三十二票，盛竹书君三十一票，李紫云君二十六票，朱毓棠君二十四票，徐荣廷君二十二票，汪益征君二十二票，朱戟门君一十九票，吴佑人君一十六票。

所有名誉议董，无论有票无票，概有被选总协理之权，故不录票数。

（《汉口中西报》）

31.农工商部饬上海、汉口、福州商务总会整顿茶业札文

（1909 年 12 月）

为札饬事　接据驻德代办参赞沈瑞麟申称，据德国勃雷门商埠茶商福仑函陈，近来华茶运欧情形，所论不为无见。际此各国商战之时，亟宜设法改良，保全名誉。因饬委照译汉文，呈请转饬上海、汉口、福州三处商会，劝谕茶商，定章查验，以挽利益，据文申请，察核施行。等因，前来。查华茶掺伪滞销，遂至退居人后，亟宜设法整顿，以保利权。该参赞所陈各节，系为畅销华茶起见，合行抄录德商原函，札饬该商会总协理等遵照传谕茶商，嗣后运茶出洋，务宜改良，勿蹈故习，切切此札。

（《商业杂志（绍兴）》第 1 卷第 1 期）

32.武昌自开商埠入手办法

（1909 年 12 月）

湖北武昌省城，现在拟开完全商埠，日以调验契约为入手办法，并应设立清丈局，以专责成，由鄂督札委江夏县王令士卫，会同委员办理，已于十八日出示晓谕云：照得本县奉督宪札饬，会同委员开办江夏县商场官地清丈局。所谓商场者，系指省城南北两路附近粤汉铁路一带官地而言。所谓官地者，系指该处官有地亩而言。将来分划区域，平治道路，统一建业，皆商场必办之事，此时先从清查买卖、明定界址入手。本县今年通饬各业户抄契注册，续发开方图纸，饬各业户自绘管业方数，呈县存案者，即所以为清丈之预备。本局办法，以固守主权，严禁侵盗，保护业户利益，规定商场基址为宗旨。兹当开办之初，百端待理，又当以调集各业户契约为入手之第一着，合行出示晓谕，为此示仰商场界内各业户一体知悉。凡田地屋基契约，曾经印税，已抄契赴县注册者，限于十一月十五日以前，按照契载界址，自立石碑，并自绘管业方数详图，以及碑石块数，赴清丈局呈报。有未抄契注册者，限于十月内，将原契抄契送局，验明注册，

印契当时发还。其契约未经印税者,无论已未注册,限十月内,将原买契约及《新章》每两九分应纳税银,呈缴清丈局,由局印发收照给执。至于祖遗产业,未经买卖,并无契约者,亦限本月内,赴清丈局报明坐落界址、方数,逐一注明,均于十一月十五日以前,定界绘图,赴局呈报,听候分别段落,示期清丈,不许一户漏落,不许一户逾限云云。

(《东方杂志》第 6 卷第 12 期)

33.湖北鄂督赏给出品奖牌

(1909 年 12 月)

湖北武昌乙、丙两栈开办武汉劝业奖进会,现届限期,闭会在迩。前曾停览三日,将各项出品审定优劣,以凭定奖。兹鄂督陈制军不日北上,此会系其提倡,故拟于二十五日上午九点钟亲临该会间壁炮队营内,当场发给出品人金银牌,以示鼓励而兴商业。昨由该会坐办黄伯雨观察遍发传单,谓是日无论何人入场,一律不要入场券,惟军、警两界人着官衣,其余人等均须着马褂,以隆盛典云。

(《大同报(上海)》第 12 卷第 21 期)

34.武昌审判厅与行政官署划分界限

(1909 年 12 月)

鄂督近接大部咨称,现设审判法庭,应有独立性质,自以从新建筑为合宜。如财力实有不济,仅可就各项闲废公局处所酌量改修,不得于现在之各行政官署混合,以清界限。闻制军业已札饬臬司遵照办理矣。

(《大同报(上海)》第 12 卷第 21 期)

1910年

1月

1.棚户火灾后造谣滋事

（1910年1月1日）

汉口后湖基地现经商董刘人祥等禀准当道，由商界筹款，自辟市场，先行修造马路，以期逐渐成市。但该地现由贫民搭棚而居者，不下二万户，屡请警局催令拆让，遵者颇少。十二日夜半，水电公司水塔旁某姓棚户因燃柴御寒，致肇焚如，其时北风甚劲，延烧至二里余外之济生堂厝屋侧始熄，约共焚去二三千余家，焚毙男女大小人口十七八名，并有一青年男子因火近身，情急投入济生善堂前水塘内溺毙。火熄之后，各灾户窃窃私议，谓恐系刘商等因催彼等让地之故，暗中使人纵火，痞匪等又从中怂恿，遂集男女老幼千余人，拥至英界一码头怡园戏馆对面，将刘君住屋及租出之屋门窗、什物概行捣毁，其势汹汹，英界巡捕均作壁上观，不敢拘捕。当由刘君用电话通知汉关道吴观察，夏口厅冯司马、都司马都戎立带汉防缉捕各营兵丁到场弹压，众始呼啸而散，旋由吴观察遴派巡防队第一营驻扎后城一带防护。次日委警局员弁查明，被灾极贫之户先放急赈，又由商董徐绍勋、黄鹏举二君捐钱米若干，分途发放。盖因各棚户均系寒苦小民，一旦被火，即风餐露宿，栖止无地，饥寒惨状，实堪悯恻也。兹将汉关道示禁灾民滋事文告录下：

后湖棚户昨夜失火，延烧多家，本道亲临救护，见各户男妇纷纷逃避，啼声遍地，惨不忍闻。兹由本道筹款派员，先就极贫之户暂放急赈，俟查清户口，再行禀请督院酌给赈款，以资拯救。至是晚火熄后，竟有匪人乘机鼓惑灾民，闯至刘万顺家滋扰，并毁附近各店铺物件，殊属不法已极。除饬夏口厅会营查拿务获严办外，合行晓谕被灾各户，尔等务须各安本分，仍守执业，毋稍滋事，致干查究。

（《申报》）

2.商会纪事(复行开会选举)

(1910 年 1 月 1 日)

后湖马路工程已于上月二十三日在商会开第四次业主大会,选举总、副理暨各办事□,并提议收款、垫下款各办法,众皆赞成。兹复定于今日,即二十日一点钟,在商会开第五次业主大会,投票选举办事各项人员,所有前次所投选票亦于是日当众开简,宣布定事,以便□日禀报领款开工云。

(《汉口中西报》)

3.商会纪事(递请拨款赈济穷户)

(1910 年 1 月 2 日)

江晓时近在汉口商会投递节略,请拨款赈济汉阳各属被水穷户,以示体恤等情。总协理诸君以各属灾区业经拨款赈济,现在并无款可拨,所请碍难照准云。

(《汉口中西报》)

4.商会纪事(商会移夏口厅文)

(1910 年 1 月 2 日)

为移请事　准贵厅移以据祥美和纸行职商莫德凤、杨梓材赴道据控集稼嘴鼎新永钱店之商家瑚,去岁九月因银根紧迫,将该店所出九月半估平票□八百零七两六钱,又九月底估平票银四百十九两,向伊店认息,移取现银,伊开信茂隆折货店之商□□□保鼎新永旋即倒闭,追索不耳,请饬传追等情。由道专饬厅传讯两造,情词各执,希即调取两造簿据,核算明确赐复。等因,准此。正邀理间,接据鼎新永以伊店因被朱春阶掣去银票二千余两,拖累停歇,所代各往来打出银票臭不退还,找尾楚结。惟祥美和收付两抵,欠空票银一千二百余两,存实纹五十余两。因该行不能讲票退转,致伊店不能将尾找清等情,来会略诉,并据莫德凤、杨梓材以前情来会递控。敝会即于十月十三日邀集两造,调同赈簿,逐加核算。询据莫德凤、杨梓材答,与鼎新永银钱来往不□折据,及所付折票银一千二百余两之多,均是自收现卖,并无拨兑下家,似均无此办法查验所早总账。不惟鼎新永一户首页无目录,亦独无号数,显系临讼添造破绽,且鼎新永呈出祥美和所开照折换结抄单一纸盖有"祥美和"印戳,莫德凤等又称伪造,止在□询及两造争闹言忙之际,而该□忽然不见,当经搜查,又在祥美和带来伙友贺方金身旁地下寻出,业经扯碎,尤是杨梓材等见此情虚,有意乘忙抽□者,种种□鉴,案已不判自明。惟莫德凤等再三□辨,姑判令莫德凤等再缴流水账簿,邀集中证并请银帮会董公议去后,嗣于二十一日复□询理,莫德凤等仍未将祥美和流水账簿及与鼎新永往来折据交出,经敝会钱帮议董公同查核,莫德凤前次所呈之□,破绽甚多,显不足凭。又查阅鼎新永交出之账及祥美和抄单,则为数尚符,照单结至冬月初六日止,应欠祥美和银一百七十余两,照账又加洋款,结至二月二十八日止,则实欠银五十余两。祥美和所执之鼎新永票据十六张,计银一千二百余两,系向该店借用之空票,理应退还,而莫德凤等坚以此票已折付现银,为何争闹,不服评议,然该店既无流水可稽,又无折据可凭，实属有□账图诈，若不移请彻究，实不足以昭折□而期连结。相应□□词检同簿单备文移送，为此合移贵厅，请□查照，希即将簿单核收，一面差传莫德凤、杨梓材彻讯，定断究惩，见复是荷。

（《汉口中西报》）

5.商会纪事（押迁违章草药店）

（1910 年 1 月 4 日）

药店定章，凡开贸之家必须相隔十五家，始准交易，兹有胡道生堂在黄陂街新开药局，有违定章，由万鹤龄在商会递控。总协理刻特备文移请夏口厅饬差押迁，以符定章。

（《汉口中西报》）

6.商会纪事（递请移请示禁冒牌）

（1910 年 1 月 6 日）

章义泰仁向日制造金钱橘饼销□□在，近因有人假冒牌名，所有金钱橘饼□以石灰，殊于销□大有妨碍，昨赴商会递请移厅示禁等情。总协理以假冒牌名最为商业之害，已允移请夏口厅给示严禁矣。

（《汉口中西报》）

7.商会纪事（移请传追欠款，递请备案作废）

（1910 年 1 月 9 日）

移请传追欠款　宛相卿前欠长兴义银两，控经商会邀集，判令如数偿还在案。讵宛相卿违断抗骗，长兴义复查悉宛相卿在河南□城县开贸牛皮行，在商会递控。总协理已准移请河南□城县传案究追解领。

递请备案作废　怡生隆福记去年倒闭巨款，尚有六千六百三十三号期票一纸，计银五万两，近因遗失不见，恐有后患。昨赴商会递请江汉关夏口厅备案作废等情，总协理诸君昨已允如所请。

（《汉口中西报》）

8.商界欢送国会请愿代表

（1910 年 1 月 11 日）

十六省国会请愿代表定于二十六日到汉乘车北上，昨汉口商董张济芳特发起联络各界，届时至车站欢送，兹录传单如下：

敬启者，二十六日为十六省代表诸君北上之期，其宗旨在要求政府请缩短开国会之期限，实行立宪，救危亡而希幸福，无论何界同胞，凡属国民，届时理宜至车站恭送行旌，幸甚幸甚。

商界国民张济芳等谨启

（《申报》）

9.商会纪事(移请传追欠款,移请查复核办)

(1910 年 1 月 12 日)

移请传追欠款　河南人张万宗前在汉与广盛和来往,该欠银两,延不偿还,昨广盛和在商会投递节略,请予移追等情。总协理诸君已允备文移请河南临颍县差传张万宗到案讯追,移解给领。

移请查复核办　镇昌海味号前由沙市贩糖来汉,被汉口筹饷局不准分拨,昨以货□本恳等情在商会递控。总协理以究系如何新章,候移请汉口筹饷局查明见复,以凭核办。

(《汉口中西报》)

10.商会纪事(报关公会递请立案)

(1910 年 1 月 13 日)

汉上报关一业,共计三十家,近由张兆□等为固结团体起见,特组织报关公会,已在洪益巷设立会所,所有常年经费均抽货捐,昨在商会递请立案等情。总协理以所抽捐款是出于客,抑出于己,略未叙明白,无凭查核,已着令明白切实,见复核夺。

(《汉口中西报》)

11.商会纪事(复请赈济灾民)

(1910 年 1 月 13 日)

江晓时前因汉阳县属被有水灾,在商会拨款赈济,曾经无款可拨,明白答复在案。兹江晓时复赴会递略,请予拨款赈恤等情。总协理以如果受灾奇重,实须赈请济者,赴地方官衙门禀请查核,详请上宪办理。

(《汉口中西报》)

12.武汉各界欢迎国会请愿代表

(1910 年 1 月 13 日)

十六省国会请愿代表于二十四日由沪乘轮抵汉,二十五日汉口商会诸董在本会开欢迎大会,湖北咨议局诸绅亦假汉口商业学堂开会欢迎,商办铁路协会诸职员则在四官殿事务所设筵恭饯代表,到者有罗杰、刘善渥、孙洪伊、张铭勋、王法勤、钟福庆、于定一等七人。闻是日在商业学堂开会时,有湖北咨议局吴议长庆焘曾自撰《送代表入都序》,颇有人议其措词失当者。各代表在汉奔走一日,应各团体之召。二十六日辰刻乘火车北上,是日风雨交集,各界往送者犹有千人,吴议长序录专件栏。

(《申报》)

13.再志国会请愿代表由汉入都

(1910 年 1 月 14 日)

各省所举请愿国会代表抵汉情形,已纪前报。兹悉,各代表于十一月二十四日到汉口,二十五日午刻,汉口商会开茶会饯送,由孙伯兰君宣布速开国会宗旨,商会同人均皆赞成,欢声雷动。次日复公送至车站。是日,代表诸君又被湖南学界留住一天,至二十七日趁常车晋京。按:以上情形已见前报,惟起程赴京时日不同,姑再录之。

(《申报》)

14.商会纪事(递控抗租霸产,移请传追欠款)

(1910 年 1 月 14 日)

递控抗租霸产　王锦源前在商会递控陈天祥租伊房屋,延不搬迁还租等情,业经商会邀集到会,限冬月间搬迁还租在案。讵陈违断不遵,昨王复以抗租霸产等情在商会递控。总协理以陈殊属非是,已准备文移请夏口厅饬差押迁还租矣。

移请传追欠款　汉丰公司因黄陂县人陈明金在该公司赊买面粉,欠有银两,久延不偿,开具节略,在汉口商务总会递请移追等情。总协理刻已备文移请黄陂县传追解领,以全商本。

(《汉口中西报》)

15.商会纪事(移请传追解领)

(1910 年 1 月 15 日)

吉祥奎因河南人张瑞林等该欠银两,拖延不偿,控经河南商城县传案未到,昨以贿差弊塌等情在商会递控。总协理以传案不到,请为贿塌,恐非无因,已准备文移请河南商城县比差勒传到案究追,移解给领。

(《汉口中西报》)

16.商会纪事(提议筹办国债会捐)

(1910 年 1 月 15 日)

自有外人监督我国财政之说,天津商会首先倡办筹还国债会,海内热心志士均各闻风与起,组织国债会,借以清偿外债,以为挽救危亡之策。汉口商会亦表同情,刻闻总协理诸君提议不日开会筹办,姑志之,以布先声。

(《汉口中西报》)

17.商会纪事(着候查□移请核办)

(1910 年 1 月 16 日)

□炳钧因陈光卿将伊货银存于张□记鸭毛□□□不给,控经湖南邵阳县移请夏口厅查复,当经厅尊转□商会调验该行账簿在案。兹复赴商会递控,总协理以此案已准夏口厅移请调查,着候查明该行账簿,再行移请夏口厅核办。

(《汉口中西报》)

18.商会纪事(移请传追欠款)

(1910 年 1 月 17 日)

同慎等因李达齐、李芳卿该欠银三千八百余两,拖延不偿,控厅传案讯追,交保调偿在案,迄今日久,尚未偿还,昨赴商会递控请予移追等情。总协理已准备文移请夏口厅传案讯追,以重欠款。

(《汉口中西报》)

19.鄂督通饬集议筹还国债会

(1910 年 1 月 17 日)

杨护院自准直督陈制军通电后,当以中国赔款之重,久为大局之害,薄海臣民咸思设法挽救,以维财政。今天津商会既首先创议组织筹还国债会,鄂省官绅商民自必共表同情,踊跃从事。惟事关重大,究竟如何办理,必须斟酌妥善,方能有利无弊。昨特通饬全省司道府各衙门、各局所暨武汉商务总会,并札行咨议局,一律先行知照,如有妥善办法,务即各抒所见,详细呈复,以凭核夺。

(《申报》)

20.商会纪事(递请转禀拨勇巡防)

(1910 年 1 月 18 日)

时届冬令,宵小易生,汉口钱业公会为维持市面起见,特在商会投递节略,恳予转禀督宪拨派营勇过汉,以资弹压等情。总协理已允转禀督宪拨勇来汉巡查,以缉匪类而重冬防。

(《汉口中西报》)

21.商会纪事(移请提同讯追,递控掣货潜逃)

(1910 年 1 月 19 日)

移请提同讯追　泰丰等前被永丰庆执事彭宾鸿掣骗银两,潜逃不面,所有永丰庆货物等件由李鸿卿私撤而去,控经新洲粮捕府将彭传案收押,惟李鸿卿在逃。昨泰丰等在商会递控,总协理已允备文移请新洲粮捕府差传李到案,提同质询究追。

递控掣货潜逃　德昌祥因庄同盛在该店掣去布匹,潜逃汕头原籍,昨赴商会投递节略,请予追还等情。总协理以掣货潜逃,情殊可恶,已准备文移请广东汕头商务总会将货截留,务获解领。

(《汉口中西报》)

22.商会纪事(两湖轮船公会递请立案)

(1910年1月20日)

利记公司等公议设立两湖轮船公会,已举定总理,并在后湖济生善堂设立办事所,刻特拟议章程,赴商会递请分移立案,以资保护等情。总协理以所议章程内有二条尚欠斟酌,昨已嘱□各公司盖印汇齐,送会核办。

(《汉口中西报》)

23.三怡破产案之近闻

(1910年1月20日)

汉口三怡钱庄亏倒官商巨款一案,现派往扬州查其店东黄家瑜产业之李文石观察回鄂,移知署藩高方伯,谓黄氏在扬产业,除扣还扬欠外,约存现钱二万一千串文,现银四五百两,尚有住屋四所、小轮一只,约值银二万七千四百两。高方伯以现钱现银应即详请护院咨请苏抚提归鄂省并案摊还各欠。其住房、小轮等项,应否照值变价汇鄂,特饬武昌府伍守、夏口厅冯丞会同汉口商会妥议具复。

(《申报》)

24.商会纪事(条陈助赈章程)

(1910年1月21日)

本省各属水灾,凡热心善士均各捐助赈款,以救同胞。兹有陈君筹训赴商会投递节略,议定办赈章程,并愿捐助巨款,以资提倡。总协理以所拟章程殊堪钦佩,至愿捐巨款,即请交商务善会查收,幸勿徒托空言云。

(《汉口中西报》)

25.商会纪事(钱庄请发牌照)

(1910年1月21日)

汉口钱业生意日见发达,兹有大资本家齐君渭德拟在黄陂街新开一钱庄,商标“聚川源”,昨特赴商会递请详请劝业道发给牌照,以资遵守。

(《汉口中西报》)

26.商会纪事(递请移请保释)

(1910年1月21日)

朱春□前在有益钱店当经手,向□太记拆借银一千八百两,不料该店倒闭,店东刘殿卿逃匿,致银无着,控厅传案收押。兹因伊母病在垂危,昨在商会递请移请保释,调治母病等情。总协理以既欲出外调治母病，着具连环□保，赴夏口厅□承开释可也。

（《汉口中西报》）

27.商会纪事（移请传追欠款）

（1910年1月22日）

余永达近在商务总会投递节略，谓麻城县人冯均泰在该店买货欠有银两，拖延不偿，请饬传追等情。总协理已允备文移请麻城县饬传到案，究追解领，以全商本。

（《汉口中西报》）

28.商会纪事（递控恃强违约）

（1910年1月23日）

吉兴公司经理缝纫机器人王绪臣原与各袜店定有期约，收买货物，近在商会递控众袜户恃强违约，勒令收货，请予究办等情。总协理已移请江汉关道照会德领事转饬该洋商理处，并一面移请夏口厅查照。

（《汉口中西报》）

29.商会纪事（总理暂缓理事）

（1910年1月24日）

汉口商务总会前遵会章，另行开会，用投票法选举总理，已举定卢鸿沧观察为总理。兹因部札尚未到汉，卢鸿沧观察年内尚未接事，闻定于明年正月开会时，再行到会接办。

（《汉口中西报》）

30.商会纪事（收银摊还各债）

（1910年1月26日）

汉口晋祥银号前因周转不灵，遂致倒塌，亏欠官钱局等银六千余两，当将其东熊石琴送厅收押。嗣在商会递称，江西原籍某号尚欠有银一千二百两，由商会派员收回。总协理议□按账摊还，以昭平允□。

（《汉口中西报》）

31.商会纪事（商会热心赈灾）

（1910年1月26日）

本省各属水灾饥民均纷纷来汉谋生，近因年终，由商会总协理诸君特筹备巨款，函请夏口厅尊，分别给钱，遣送回籍。兹闻商会已垫出钱十万串，银四万两，惟灾民太众，尚虑不敷，所望热心好善者速解囊相助,以救同胞也。

(《汉口中西报》)

32.商会纪事(移请传追欠款)

(1910年1月27日)

□康钱店近因黄冈县人何润生与伊店来往,亏欠银五百余两,在商会投递节略,请予移追等情。总协理已允备文移请黄冈县传追解领,以全商本。

(《汉口中西报》)

33.商会纪事(派员巡防)

(1910年1月31日)

营务处札饬管理探兵委员宁游击宝珍札饬事　案奉□理湖广督部堂批,发汉口商务总会详,据汉镇钱业公所钱业公会略称,汉口地方隆冬岁暮,宵小渐滋,请酌派营勇□巡弹压,以资保卫一案。奉批,汉镇五方杂处,时届隆冬,更宜加意防范,前已札派铁路营弁兵两队分扎华景街、大智门一带,保护弹压,稽查在案。查各路巡防第四营有保安□地之责,应如何酌派弁兵分段巡防之处,应由各路统领陈士恒体察情形,会同地方官妥为办理,希北营务处分别移行遵照,并□汉口商务总会知照,此致□详抄发。等因,奉此。查此案前准汉口商务总会文开,当经照会右路统领查照办理,并查复□照暨行饬该员遵照,妥为弹压防护各在案。兹奉前因,除照会汉口商务总会右路统领查照办理外,合行札饬,札到该游击宁宝珍,即便遵照,妥为弹压,切实防护,毋得稍有骚扰,致干未便,切切勿违。此札。

(《汉口中西报》)

2 月

1.商会纪事(违章呈缴牌照费银)

(1910年2月3日)

汉口生意以钱业为最旺,兹有万君瑞麟自备资本,拟在马王庙租屋开贸钱店,特备牌照费银八百两,赴商务总会呈缴,并请移行劝业道发给牌照,以资遵守。

(《汉口中西报》)

2.商会纪事(移请提释完案)

(1910年2月4日)

黄永九承办大智门填土工程,被工头胡梓安以措工贻害等情,在夏口厅呈控,当经厅尊传讯收押在案。兹黄永九在商会投递节略,谓系被工头控告诬陷,请予提释等情。总协理刻已据情函请夏口厅冯司马提释完案,以资□□。

(《汉口中西报》)

3.商会纪事(告知免收照费)

(1910 年 2 月 5 日)

□□菲律宾马尼拉地方于明年二月初十日举行赛会,当由美费使照会外务部,咨请农工商部通饬商务总会。转告知商人前往赛会在案。惟在各地方领事署领照,近复议免收照费。农工商部□到汉口商务总会总协理已告知赛会商人,一体查照。

(《汉口中西报》)

4.劝业场将举行给奖式

(1910 年 2 月 14 日)

鄂省两湖劝业场近年生意日渐起色,兹劝业道高佑诸观察以各商在场营业,朝来暮往,较之在市肆贸易,尤为辛劳,拟分别给奖,借资鼓励。业饬管理该场委员晋太守龄会同武昌商会总协理将在场各商切实调查,如系价廉物美,或改良制造已有进步者,分晰据实具复,以便制备奖牌,于灯节后开市时,举行给奖式,以昭荣誉。

(《申报》)

5.商会纪事(开工建筑后湖马路)

(1910 年 2 月 15 日)

商务总会前议在后湖开辟马路二十五条,已与各业户议妥,禀由护督宪批准,并札委知县刘承绪监修。刻因饥民汇集,亟应以工代赈,当于去年腊月二十八日在乙□张家湾地方开工破土,已将日期申报各□查考。

(《汉口中西报》)

6.商会纪事(递恳移请变通警章)

(1910 年 2 月 16 日)

局定章,凡起卸竹木,均有一定时刻,木商周茂盛等以为不便,特在商务总会投递节略,恳予移请巡警道变通警章等情。总协理以事关警政,本会未便干预,着自赴警察局呈请核办。

(《汉口中西报》)

7.商会纪事(移请归案核办)

(1910 年 2 月 17 日)

陈延庆亏欠巨款,业经夏口审判见习所传案,发交□□□看管,兹有永丰厚钱庄赴商会递称陈延庆欠伊银两，请予究追等情。总协理已移请夏口审判见习所提另案在押之陈延庆归案核办。

（《汉口中西报》）

8.商会纪事（报关公会递请注册）

（1910 年 2 月 17 日）

报关行为固结团体起见，特在□捐司隔壁巷设立报关公会，已举定总副理赴商会递请注册，以资保护等情。总协理以该帮共有几家，嘱令盖印送会，以凭核办。

（《汉口中西报》）

9.鄂省预备选举纳税多额议员

（1910 年 2 月 18 日）

鄂省应选纳税多额议员，刻经署藩高方伯委派郭通守在璜充管理员，就省垣兰陵街官房设立互选事务所，一切事宜，遵章饬由武、汉两总商会办理，惟互选日期部章定于二月朔举行，现计时日迫促，非赶速调查合格人员，分别造成互选人名册，必致有误选期。昨高方伯特出示晓谕绅商士民人等谓，鄂省风气素号开通，商务尤称繁盛，其年纳正税或公益捐占额多数者，当不乏此项合格之人，将来互选定后，咨送资政院汇开清单，奏请按额钦选为资政院议员。凡在湖北境内合格之纳税多额人，须知此系朝廷优待人民之意，故特定资政院议员名额，为数千年来未有之盛举，慎勿怀疑过虑，观望不前，致碍宪政进行之初步。

（《申报》）

10.商务总会传单

（1910 年 2 月 18 日）

专启者，案准政司高移开，奏办选举资政院议员章程载明，互选纳税多额议员，互选人每省以二十人为限，应以布政使为监督，会同商务总会筹办，请即照章办理。等因，准此。查院章每届选举年分二月初一日，在各省城行之，宣统二年系属互选年分，是本年二月初一日即为举行互选是项职员之期。所有各帮纳税额数，均须于本年正月初十日以前调查完竣，据实报告，方足以资比较而免迟误。贵帮每年纳税额数如何，以何人为最多数，务乞查明，开具履历，赴互选事务所（现设长街）或赴本会议事处报名入册，事关选举，幸勿观望为妥，此启。

（《汉口中西报》）

11.商务总会复花包帮函

（1910 年 2 月 18 日）

专复者，前接来书并帮规一纸，忻悉，贵帮情愿入会注册，正拟将帮规代为修改，移具备案。讵未经开列之胡永发等，以不顾公理、蓄意奸险等词呈控，本会开会评议，两造各执一词，未便遽尔判定，原拟调查明确，再行斟酌帮规，一体附会。今日又据义福生呈称，向来分销合兴公司承包纱布□□脚花纱头等货，补请注册，核与贵帮仅有二十五家之说，殊不相符。查商店入会注册，本为联络群情、振兴同业起见。凡膺帮董之选者，总宜一视同仁，不分畛域，即新订帮规亦不可稍滋流弊。贵帮入会之初，同业多以向隅为憾，如不公议妥洽，恐将来争讼不休，贻□垄断，于贵帮名誉大有关系。兹特将章程送还，务乞邀集全帮，刻日协商，彼此消除成见，共图维持之章。是则本会所望于贵帮，而亟愿其无党无偏，合衷入会者也。至章程词意诸多不妥，亦希详加审订，期于尽善。缘既有人控诉本会，即不侧酌改。专此□答，顺颂公安，鹄候玉昔。

（《汉口中西报》）

12.商会纪事（移请传案究追）

（1910年2月18日）

盛榨油公司在商会递称，在河南正阳县梁汉□行收买芝麻，被该行亏扯钱文，延骗不偿，向讨反被凶殴，请予移追等情。总协理以如果属实，殊属不合，已备文移请河南正阳县传案究追，以儆将来而安远商。

（《汉口中西报》）

13.商会纪事（递请房屋抵债）

（1910年2月19日）

商会定章，凡三次邀询不到者，即移地方官讯判。李世勋因欠集义生银两，控经商会，邀询不到，当经移请夏口厅传讯在案。兹李世勋在商会递请，愿将房屋抵债。总协理以既愿□会议结，允冉邀询理□。

（《汉口中西报》）

14.商会纪事（递控诳借潜逃）

（1910年2月20日）

天暨福在商会递控同乡徐有□捏情诳借，盘店潜逃，请予移追等情，总协理以据称有借字，希即抄送来会，以凭移请宁波商会，勒令徐有□速即来汉理结。

（《汉口中西报》）

15.商会纪事（垫解租捐头批银两）

（1910年2月20日）

汉口商务总会以上年鄂属水灾需款赈抚，前奉督宪饬借阳夏等处房租一月，拨助赈款，业经劝令各房东遵照在案。兹因此项租捐所收无几，而被灾各区工赈□三项需款甚迫，刻由该总会垫解银四万两作为头批租捐，一面移请夏口厅转禀护督，电部立案。

（《汉口中西报》）

16.商会纪事(督加札委充总理)

(1910 年 2 月 21 日)

汉口商会总理一年期满,自应照章另行选举。已举定卢鸿沧观察为总理,去年因各札未到,故未到会接办。兹护督杨□□已加札委充总理,定于十九日到会办公,以昭慎重。

(《汉口中西报》)

17.商会纪事(递请移释免累)

(1910 年 2 月 21 日)

施沛之前因亏欠银两,业经江夏县传案收押,兹在汉口商会投递节略,请予移释等情。总协理以施□所欠汉上各庄之银尚未了结,所请移释之处碍难照准。

(《汉口中西报》)

18.商会纪事(移请截货并追,递控昧骗反诬)

(1910 年 2 月 24 日)

移请截货并追　德昌祥在商务总会投递节略,谓庄镜明在该店买货,私自潜逃,请予移追等情。总协理已备文移请汕头商会将货截留,并移地方官究追,以全商本。

递控昧骗反诬　程万兴在商务总会递控潘鼎臣欠伊银两,昧骗不偿,反在夏口厅诬控,请移□究等情。总协理以既在夏口厅控告有案,即将堂判抄送到会,以凭核办。

(《汉口中西报》)

19.商会纪事(公举办理粥厂事宜)

(1910 年 2 月 27 日)

汉口饥民汇集商务善会,特筹的款分拨阳夏各善堂施粥,以救饥民,惟事务殷繁,公举汪君志庵为总理,周君秉□、蔡君辅卿为协理,办理一切事宜,不辞劳瘁,可谓热心矣。

(《汉口中西报》)

20.直隶宪政研究会致武昌商务总会论速开国会书

(1910 年 2 月 28 日)

诸大君子公鉴:敬启者,自通商互市以来,各国竞出其经济战争之实力,租借我土地,垄断我商权,愚我政府,欺我人民,互争借款以干涉我路政,诡词合辩以攫取我矿产。近如《中日新约》,将东三省之利权全归日人之手,是□鲜我矣。海牙平和会闻将提议监督我之财政,是又埃及我矣。呜呼!民利国权,日有摧削,瓜分惨剧,近在眉睫,俯仰危局而不思有以拯救之,坐视宗国沦亡,凡我国民,当必不忍出此,然则救亡之道将奈何?亦惟有取世界共同认定之立宪政体以移之我国而已。我先皇□明诏天下，招集国会，期以九年，苟外患不生，时局无变，则未始不可循照定章，徐为筹备。无如陆沈之劫已伏，目前兼程并进，已有日暮□远之忧，矧□转因循，大局宁有济乎？与其延宕时日，议院未立而国先亡，何若变更前期，即开国会，或可挽回于万一，此各省士绅所以有要请政府速开国会之议也。窃知我商界诸同胞亦皆国民之一分子，必能急起直追，互为策应，谨即国会开设之迟早与全国商业之关系，为我诸同胞，一一陈之。

（《汉口中西报》）

21.商会纪事（新总协理到会办公）

（1910 年 2 月 28 日）

（汉口）商务总会遵照会章一年期满。举定卢君鸿沧为总理，蔡君文会为协理。去年因部札未到，故未到会。兹因今日开篆，总协理当定于今日（十九日）到会办公，以重商务。

（《汉口中西报》）

22.农工商部批汉口燮昌火柴公司呈请立案由

（1910 年 2 月）

据呈已悉，该公司请照原案，仍用洋硝磺一节，查设厂制造火柴，原为塞漏卮、挽利权起见，改用土磺，亦抵制洋货之一端。该公司既奉湖广总督转饬，自应遵照办理。惟土磺货劣价高，恐工本骤增，销行或滞。查该公司原呈江汉关道奉湖广总督札开，有饬武汉硝磺官局委员径向该公司筹议办法，另案呈请等语。除由部咨行湖广总督转饬硝磺局改良制法、酌减磺价外，仰该公司自向硝磺局妥议办法，即便遵照可也。此批。

（《商业杂志（绍兴）》第 2 卷第 1 期）

23.汉口商务总会总协理任事

（1910 年 2 月）

汉口商务总会总协理齐相琴、汪炳生二君，于去冬一年期满，照章应行更替，由各商董选定卢洪昶、蔡文会二君继任。因时值年关，闭会在即，故未接事。兹于十九日开会，新总协理即于是日行任事礼，各议董、帮董，亦齐集议事，以谋今岁商业之进步。

不觉口，数中国通商大埠者，自来必曰，上海滩上，上海滩上。乃自京汉铁道开通，汉埠商务日见发达。上海滩上之市面，相形大为见绌，逐渐有降居第二之势。盖以汉口之位置言之，在于扬子江之中流，与汉水合流之所，上通云南、四川、贵州，下达江西、安徽、江苏，互相联络，南下湘水，而直通湖南、两广，北溯汉水，而至于河南、陕甘。一出铁道，则直走京师，而粤汉又有骎骎欲通之势。四通八达，诚中国唯一之雄镇也。因此之故，华洋货物，麇集寄留，汉口遂成为中国之一绝大市场。卢、蔡两君，宜何如会同各帮各业，联合商界，乘此地利，以放华商之异彩。

（《华商联合会报》第 1 期）

24.湖北武昌商务总会复本馆函

(1910 年 2 月)

敬复者,前奉华函并收到海内外商会同人录表格十册,捧读之余,曷胜欣幸。华商声气不通,情势涣散,贵馆热心联合,钦佩莫名。比因敝省创办劝业奖进会,敝会应尽协赞义务,筹办出品,事极繁剧,贵馆调查之件故未能一时填送,现奖进虽已闭会,尚多未了之事。正复信间,接准函催。兹将敝会同人衔命年籍、业务、住址分别填注表格二册,寄呈台览。各处分会多未成立,间有设会之处,均附属于汉口商会,至商业情形,无论土产输出,外货输入,武昌省城向系过载转运,落地货物仅有十分二三。敝会虽尽赞助之心,竭调查之力,终莫能得其端倪,惟事关公益,容再查明奉闻。

(《华商联合会报》第 1 期)

3 月

1.鄂省展缓纳税多额议员互选日期

(1910 年 3 月 2 日)

武、汉两总商会刻以选举资政院纳税多额议员事体重大,非详细调查,不足以昭公允。现已届宣示人名时期,而调查甫经着手,且外府州县调查更需时日,故公呈鄂督,恳电商资政院展期两月,以二月初十日为宣示之期,四月初一日为互选投票之期,当经杨护院核准,转电资政院请示,闻已奉到,复电允行。惟此项展缓日期,仍以本届选举为限,下届不得援案办理。

(《申报》)

2.商会纪事(递控赌差拖骗)

(1910 年 3 月 2 日)

吉祥□近在商会递控河南商城县人张瑞林欠伊货银,控经商城县传追,讵张瑞林贿差拖骗,请予移追等情。总协理已允备文移请河南商城县比差传追给领。

(《汉口中西报》)

3.直隶宪政研究会致武昌商务总会论速开国会书(续十九)

(1910 年 3 月 2 日)

一、国会不开,不能实行保商之政策也。无国会之国,必无责任政府,无责任政府之国,必无行政之方针,即必无确定之商业政策。目近世纪以来,经济战争日益剧烈,各国皆以讲求商业政策为立国图强之首务,而其政策之如何,每随国境时代而殊,有不能强同之势,必因世界之趋势，统计全国商业之现在与未来，以谋改良进步之方法。而我国近年以来，海外之商业既已不能扩张，内地之商业又复日见摧萎，全国之商权几尽在外人之手，凡我商人将并陷于劳动者之地位，数年以后当无一人有资本家之资格者矣。至此而犹曰“中国不亡，我国人民不为外人之奴隶”，亦强□耳。夫以中国之地域，地味肥沃，物产丰饶，占天然之优势，中国商界人才勤勉刻励，亦具有优等之资格，何难巍然成一经济独立之国家，何以败退之现象至于如此？揆厥原因，盖外人之商业有政府以为后援，吾国之商业，我政府反多障碍，币制不足定，商法不足行，关税不□改良，金融机关之不完备，无一不足以绝我商人之命脉而阻商业之进步。夫国家对于商业，何以无确定之政策？则以政府无确定行政之方针故。政府何以无确定行政之方针？则以无监督政府之机关政府不负责任故。此即行政之关于商业者言之不可不速开国会者也。

二、国会不开，不能实行整理财政也。今欲植国基于不敝，其第一着手即当以整理财政为本源，然非于代表民意之机关实行监督财政□，则财政终必无整理之一日。我国财政素如乱丝，数年以来，内而度支部曰清理财政，外而各省督抚亦曰清理财政，而内外皇皇，现一种惊惶恐怖之状况，而终不得一正当确实之策。鉴积弊已深，以官吏监督官吏，固未有能济者也。然财政之不理，其祸卒中于国家，而其害先及于商界。数年以来，新政繁兴，故收入之途亦广，而吸取小民之脂膏，徒饱贪吏之欲壑，罕用于生产之途，半耗于虚牝之地，一切行政，非常挥霍。独至筹一大宗正款为维持实业之用，则司农仰屋大于兴嗟，而必无以应，况为济一时之需，则滥铸铜币以取赢，既而值价大落，而商人蒙其害。为补既亏之款，以官立银行为周转，异时纸币无灵，而商业又蒙其害，至于因缺款之故，以强制之力增加商人之担负，尤所易见者也。夫使国家用款并以偿，虽实际我商家虽受目前之痛苦，或犹有将来之乐利以相归，更受一方之损害，或犹有他方之利益以相抵，则亦何害？惟观我国之财政，以一纸造报，上下相蒙，而其□已归于无，何有之乡？竭□愈多，度支之空乏亦愈甚。政之不兴，事之不举， 如往昔，吾商人血汗之所得者，并以献之国家，亦恐无济。况今日海陆军之筹备，新官制之将行，国家经费较前必骤加数倍，使仍在一班官吏之滥用，极其流弊，不至举国财政濒于破产之势不止，而商业更不可问。立宪各国之财政预算案，必经议院之通过，然后施行。盖我民自起而监督财政，利害之关系既切，而监□乃有实力也。此以财政之关于商业者言之不可不速开国会者也。

（《汉口中西报》）

4.武昌商务总会致汉口商务总会书（为续开国会事）

（1910 年 3 月 2 日）

敬启者，国会请愿之举，发起于去年秋冬之交，各省咨议局先后响应，各举代表入都吁恳，不谋而集者，二十余省，属有血气，愿望皆同。去年十一日，各省代表过汉，贵会首先欢迎，敝会亦依尔末光，借得瞻仰诸代表大君子之言论。平正讲演之际，举坐涕零，佥以国势日危，权力日削，鲸吞虎视，逐逐有加，政府苟且偷安，不为国民计。长久之道，舍速开国会以外，我辈生命、财产别无自救之途。时势所趋，迫不得已，诸君子固已知之，无待赘述。客腊二十日，上谕发布请愿之举，未□俞允，举国人士咨嗟太息，若婴儿之失慈父母。敝会以为此意中事，不足为惜。所惧者，不允之后，更无为继耳。夫环球各国之开国会，皆拼无数之头颅，杀无数之脑筋，力与政府战，而后得之。倘中国人民一请即允，则其价值既远不如东西各先进国，其后效亦必瞠乎其不相及。故一请不允,正足征国会之可□,非吾民失意事,趁此急起直追,视我辈之能力何若。近见浙江教育总会、农务总会先后电请枢府收回成命,直隶、吉林、安徽等省复由各团体组织请愿,即开国会同志会,人心不死,望尘相奔,彼此相同,已可概见。□绎客腊二十日上谕,于国会速开意旨,并无法绝闭拒之,又惟斤斤以人民程度之不足为虑,圣明在上,原极俯顺舆情,若竟喘息坐安,是甘以程度不足自居,既无以慰先皇在天之灵爽,复无以答今皇上及摄政贤王之德意。较之东西各国人民,视国会如性命,不能不愧汗颜赭矣。敝会以居今之世,救亡之策,只有速开国会一途,在我商界中尤为切要。盖以商民之不得政府保护久矣,各国以商业政策鱼肉我同胞,政府受其愚弄,复畏其威力,税率则出重而入轻,交涉则屈内而伸外,此犹曰国势危弱,政府处此尚有不得已之苦衷也。若夫内地商人,孰非平等?乃亦右□族而摧小商,□征敛而无救护,商律既不完全,裁判辄多偏袒,以武汉一隅而言,厘捐常受苛索之累,债项显有官商之分,当轴之不可恃,昭昭在人耳目,虽有百喙,莫能代辩。我辈值此时艰,不能不急自为谋,人人各自为谋,势如散沙,终无可救,则必聚散而为整,合众以从同,鉴前车而慎来轸,我辈之所以馨皆祷祝国会即开,而不能稍缓须臾也。呜乎!漫漫长夜,见大日以何年,耿□此心,誓海山而不改。敝会拟约各团体组织请愿国会同志会,为各省咨议局请愿代表之后援,不达目的,不隳斯志。贵会为汉口之总机关,呼应既灵,魄力尤巨,热心宪政,素所钦仰,此举想必乐为赞成,可否俯允联合组织请愿国会同志会,尚希赐复。如蒙允准,即祈酌定日期,约各团体开会商筹进行办法,至开会地址,无论在省在汉,统候钧裁。敝会附□情殷,一切惟命是听。近来屡接京电,各省代表持志甚坚,百折不渝,赓续请愿,势在必行,明达诸公,谅无不乐为协助也。专□奉布,敬叩春安,鹄俟回玉。

武昌商务总会谨上

新正二十日

(《汉口中西报》)

5.商会纪事(核请传追给领)

(1910年3月3日)

永盛长店□开亭在商务总会投递节略,控上海大□□与该店来往,欠有货银,狡骗不偿,请予移追等情。总协理刻已备文移请上海商会传追解领,以全商本。

(《汉口中西报》)

6.直隶宪政研究会致武昌商务总会论速开国会书(续十九)

(1910年3月3日)

三、国会不开,不能防止滥征租税也。吾民有纳税之义务,即不可无承诺之权利,以文明国之公例言之,固未有夺其权利而专责以义务者也。夫国家行政经费,必以人民所纳之租税为入款大宗,此无论专制国家与立宪国家所同然者也。惟专制国之租税,由政府之强制,故税法恶劣而民力困,立宪国之租税,必国民之承诺,故税法善良而民力抒。然欲得国民之承诺,不能执人人而问之也,必有国会以为代表民意之机关。盖同一租税也,甲国行之则有利,乙国行之则有弊;同一租税之征收法也,前日行之则有益,今日行之则有损。不独准诸法理,更当考诸实际,政府之为民谋,诚不如吾民之自为谋也。我国家征收租税,向无定章,自近年变法以来,尤为一大弊政,关卡林立,名目歧出,但以济一时之需,而民力之能胜与否,税法之适当与否,皆所不计。是故租税者,必无妨于财产之发达,而我国之租税,则若惟恐其发达也者。租税者,必无妨于交通之便利,而我国之租税,则若惟恐其便利也者。谓于赋课之中,隐寓□止之□意,而被禁止者,却在常品。谓于征收之中,略有保护之作用,而被保护者惟外商。且政府以种种名义,攫取小民之资财,而下级官吏复各出其贼民之手段,留难侵蚀,借以为肥己之计,人民困于权利之不敌,任其剥削而莫敢谁何,感受此等痛苦,尤以我商界为甚。夫前此既有之厘卡、杂捐,已足摧残一国之□业,□无复存活之余地,而国家复□□讲求加捐加税,百方取盈而未有□今。凡百税则,一无整理,而田房税契之增加,印花税之实行,朝廷督促之于上,督抚劝行之于下,又复不可缓矣。夫我国之商业,正在幼稚时代,保护而维持之,以当世界商战之场,□犹不免于劣败,况复以此种种租税重困之乎?虽今后国家行政之经费必有加而无已,商民担负之租税亦必有增而无减,是固无如何者。然租税之输纳,固为人民当尽之义务,而义务与权利实相互而生者也。立宪各国,凡国家加征租税,必须代表民意之国会承诺,而后乃能实行,是以无滥谋之弊,而租税乃不为病。□即租税之关于商业者言之不可不速开国会者也。

四、国会不开,不能救济条约之失败也。夫人民之当参与条约□以条约既经公布,而人民必须遵守,与国内法律有同一之效力,其利害影响于人民者甚巨。况近世以来,列强以条约竞争,其所注重之点□在商务,是条约之与商业界尤有密切之关系也。我中国处列强胁迫之下,失利丧权,□□难数,在我商界首当其冲,其害尤烈,故国家定一次条约,商家必剥去一种权利,中国之利权几何能任政府之一再割弃而不尽耶?华商日病,外商势力弥满内□,皆是故也。然历次条约之失败,外部之失职固□无可恕,而无国会之政府与外人缔结条约,绝对不能占胜利,亦未始□世界之公例。盖彼以有方针、有宗旨之政策,而□我□无□□□□之政策而应,胜败得失,判然立决。试浏览我国近数年之外交历史,能不为之痛心哉?夫吾民竭毕生之心力,□血汗,涸脑筋,经营一事而不足,政府不动声色,不费唇舌片言,断送而有余。使非早开国会,人民皆有参与条约之权,则大地神州尚有我华商生存地耶?此就条约上之关于商业者言之不可不速开国会者也。

以上四点,言之虽未能尽,而早开国会一事,与吾商团体有切身之利害,□固不待智者而后知也。吾人果甘心如犹太商人为无国之民斯已耳?若犹眷念神州,系心家国,则当□合景从,联袂而起,对于政府□强毅之要求,非得勿休,非获勿止,纾商困以植国基,保土权而维宪政。在此□□敝同人区区愚诚,想当共□。今各贵会代表为讨论商法事集于沪上,此诚难得之盛会,用敢不揣冒昧,陈书于诸人君子前,伏□转致各贵会并通告今日未到会之各商会,□□组织联合请愿,以求达速开国会之目的,不胜翘企待命之至。

直隶宪政研究会同人□启

(《汉口中西报》)

7.商会纪事(议设国会请愿同志会)

(1910 年 3 月 4 日)

各省咨议局代表于去年北上呈递国会请愿书,嗣奉□上谕,未邀□□允。近接京电,各代表仍议赓续请愿，武昌商会拟即邀各团体组织国会请愿同志会，特函请汉口商会联络一气。汉口商会总协理诸君亦表同情，日昨开会提议，已允备文照准矣。

（《汉口中西报》）

8.商会纪事（会议筹款赈济饥民，又一函云，筵资移助春赈等）

（1910年3月6日）

会议筹款赈济饥民　商务善会前因饥民会集，特筹的款分拨阳夏各善堂，分段设厂施粥拯救。兹因粥厂停止，值此青黄不接，远处饥民未易遣散。总理汪君志庵，协理周君秉□、蔡君文会定于二十五日午刻，邀请各大善长齐集沈家庙，会议筹款赈济，以免流离。

又一函云　商务善会议定所借房租，以备办理赈济灾民之用，乃□者未及十四分之二，故该善士定期二十五日在沈家庙会议催收房租及筹灾民善后一切事宜，昨已遍发传单，俾众周知矣。

筵资移助春赈　本省水灾奇重，灾民逃荒来汉者，不下十余万人，商务善会前劝各商号，将春酒筵资移助春赈。兹查有景君杂行、金龙面粉公司移赈捐洋一千元，燮昌公司移赈捐例纹三百两，美最时赈房移捐赈钱三百串，王君柏年移赈捐钱五百串，李君慎余移赈捐洋一百五十元，可谓热心善举矣。

清理积案　商务总理卢鸿沧观察、协理蔡文会太守于十九日到会接办。惟查积案尚有多起，刻已定□日邀请两造，□各帮董询判理结，以免积压。

（《汉口中西报》）

9.商会纪事（移请比差传追）

（1910年3月7日）

白□盛在商务总会呈控武昌县人何均亭欠伊货银，业经在县呈控，何均亭贿差弊塌，以致案证无着，请移追给等情。总协理刻已备文移请武昌县比差传追解领，以全商本。

（《汉口中西报》）

10.商会纪事（善堂发给灾民路费，德商助赈饥民）

（1910年3月8日）

善堂发给灾民路费　此次资遣回籍之灾民，大口一串，小口五百。昨日（二十六日）由商务善会将此项现款送请各善堂代发，照该灾民所领粥券发给。

德商助赈饥民　汉口饥民会集，各善士均解囊赈济。兹有德商瑞记洋行大班亨斯、佩景那二君目睹哀鸿，心焉悯之，捐助洋例银，已交商务善会代收。凡我同胞，所愿慷慨乐施也。

（《汉口中西报》）

11.武昌商会总协理联任

(1910年3月9日)

鄂省总商会总协理吕达先、殷有于两君刻届任满，于二十二日开选举会，经众董事投票，仍选吕、殷两君联任。

(《新闻报》)

12.商会纪事(派员赴赣催款)

(1910年3月10日)

三怡钱庄倒欠华洋巨款，所有原籍变产之款均拨归汉口商会理结，惟至今江西原籍款项尚多未解来汉。商会总协理以此案久悬，刻复派员赴赣催解，以便摊还云。

(《汉口中西报》)

13.商会纪事(小轮公会复请立案)

(1910年3月11日)

利记公司为固结团体起见，邀集同业设立小轮公会，在商会递请立案。当经商会以所议条规尚未妥协，嘱再妥议在案。兹复议规条在会，呈请立案，总协理已允查核办理。

(《汉口中西报》)

14.商会纪事

(1910年3月13日)

汉口钱业日旺，兹有朱、梁二君筹备资本，拟开钱店，商标"同福"，特□捐款在钱业公所，请转请商会移行劝业道发给牌照。总协理已允派员调查明白，再行移请发给，以资遵守。

(《汉口中西报》)

15.商会纪事(移请禀公评议)

(1910年3月13日)

阳泰周□绥前向上裕海新经理周人伦定购洋□一千五百包，近因货价渐涨，周人伦拖延不交，周□绥赴商会递控，请予评判等情。总协理以措货不交，殊属失信，已允移请上海商务总会邀集秉公评议。

(《汉口中西报》)

16.商会纪事(汉口商务总会举行特别大会)

(1910年3月14日)

汉口商务总会正月二十二日，新举总理卢君、协理蔡君任事，开特别大会。演说词：

旧总理齐君相琴演说。今日为本会新举总协理卢、蔡二君莅任之始，所有会内事件，均已先期交代清楚。鄙人不敏，客岁谬承诸君推举承任总理。匝年之间，幸无陨越。今卢君系再任，蔡君素具热心，举凡我界利弊，靡不洞彻于怀，应兴应革，自能措置裕□，尚希诸君群策群力，共任维持，俾令全镇市区日见振兴，是则鄙人所馨香默祝者也。

新总理卢君鸿沧演说。鄙人前次谬充总理，诸多遗物惭□殊深，今诸君仍不以鄙人为无才，复推举，敢不竭尽心力，□勉从事，以期无□。惟身任帮董者，有怀负一帮义务之责，身任总理□，有□持全会公益之心。今而后勿望各议董常川到会，以□□□磋商，设有鄙人偏见之处，不妨忠告□□和衷共济，鄙人故不敢固执己见，自以为是。而诸君于会议之时，亦切不可依违两可，退有后言，使总其事者独□不□□失诸君爱我本意。今与诸君约，鄙人每日上午十点钟到会，十二点钟去会，下午四点钟到会，去会无定时，星期日，诸君有愿赐教者，尽可莅会畅叙，一律欢迎。非有大故，不开特别会，以免废时失业，谅亦诸君所乐从也。抑更有请者，鄙人每见汉上生意亏折，出于意料之外者固多，出于用人不当、自失检点者亦复不少，尚希诸君互相劝勉，随时审察，俾职司账务者咸知警惕，庶免东□受累，补救莫及。由是行之，将见市□日畅，与商业日质之诸君，当不□汉斯言。

协理蔡君演说。鄙人旅汉有年，前承各帮推爱，代表群商，已非一日。然每以息事为□，遇有账项纠葛，莫不任劳任怨，和平处结。今又谬蒙诸君推举协理，深惧弗胜。虽会内应办之件甚多，窃以为理事亦会内紧要之一端。鄙意旧管之案，应从远设法清厘，可了者了之，间有不听理劝者，即分别移请地方官秉公核办，以清厘牍。此后新收来略，既由帮董加盖信章，则案内情形必知底蕴，邀理之日应由两造帮董偕同莅会，秉公商判，俾市少沉冤，案无留牍，金融信用不致阻滞，鄙人有厚望焉。

（《汉口中西报》）

17.商会纪事（移请传追解领）

（1910年3月14日）

姚水茂在商务总会递略，谓黄陂县人江永有欠伊货银，屡向催讨，反敢欺异凶骗，移请传追等情。总协理已允备文移请黄陂县传追解领，以全商本。

（《汉口中西报》）

18.商会纪事（着候查明酌核办理）

（1910年3月14日）

冯月卿前在□□□□两洋行保有火险，去年腊月被火延烧，所有家中货物尽付一炬。近因保险费银至今未赔，昨赴商会递请，函请律师转向该行索取等情。总协理以究有保险费若干，据详叙明，无从查悉，已着候调查明白，再行酌核办理。

（《汉口中西报》）

19.商会纪事(移请传追货银)

(1910年3月19日)

□义泰拆货店东魏弼臣在商会递控武昌县人□朗□欠伊货银四百九十余两,派店□吕培春等前往催□,反诬为□□□□武昌县看管一案。总协理昨已允移请武昌县传追至吕培春等,如果受诬,自行复厅呈控可也。

(《汉口中西报》)

20.商会纪事(函请填送纳税多额)

(1910年3月20日)

商务总会致各帮董请即填送纳税多额一事,前由本会烦请□董将贵帮纳税数并姓名、籍贯照□填送,现在送会者寥寥,宣示期近,未便久延,□祈从速查照,遵式填明送会为荷。此致

(《汉口中西报》)

21.商会纪事(理案新章)

(1910年3月20日)

商会协理蔡君辅卿昨在会与坐办高君济川、理事孙君襄其磋商,嗣后各商所递节略,二天之答出,旋即邀讯,明期七天了案,力洗从前积压陋习,众以为然,并另订章程,即日实行。

(《汉口中西报》)

22.农工商部答武昌商会汇志

(1910年3月20日)

为□饬事 案准东三省总督、吉林巡抚咨称,吉省□□丛生,自设山□局以来,风气大开,咸知囚利乘便,各处乡民来□□种,为来年放养之计者,络绎不绝。现于研究柞□之中,又发明嵩□饲□之法,即以□□之种移放嵩柳叶之上,既较□叶为肥,柳□亦较□□为大,且可夏秋两季饲□,较之□□,工省利倍,并将饲养栽种各法编成报告书,咨送核办。等因,□来。查山□项,销场最广,久为东三省天然之利,此次发明□□□□之外,更可添饲柳□,简便易行,获效尤速,各省亟宜仿照饲种,逐渐推广,殊于民生衣被之□良有裨益,为此发给原书,札饬该总会遵照,切筹仿办可也。又,宣统元年十二月十七日,准军机处片交军机大臣钦奉谕旨农工商部奏,遵章预筹次年农工商政实行办法一折,又奏宪政编查馆原单所开应行酌核更定各节,已量为变通,亟为筹办一片,均着宪政编查馆知道。钦此钦遵。传知到部。除分行外,相应恭录谕旨、抄录原奏并第三年筹备事宜清单,札行该商务总会钦遵办理,并传知各分会一体遵办可也。又,农工商部第三年筹备事宜清单:

(甲)农政项下,调查内地丝业情形,调查内地茶业情形,通饬各省筹设农林学堂、农事试验场,各省农务分会以次举办,推广蚕业讲习所,推广茶务讲习所,颁布棉业图说,颁布奖励棉

业章程。

(乙)工政项下,开办化分矿质局,施行划一度量,权衡各种细章,颁行度量权衡新器,划一京外官衙局所度量权衡,划一各省城各商埠度量权衡,颁布矿务新章,编订工会规则。

(丙)商政项下,调查各省出产商品,通饬各省调查商品出入详细数目、商务衰旺,编成报告,通咨各出使大臣,将各商埠侨商人数、商业列册报部,推广保险办法,商务总会以次设齐,颁布保险规则,颁布运输规则。

(《汉口中西报》)

23.商会纪事(假设物产会所)

(1910年3月22日)

商会协理蔡君辅卿前接湖北出品协会来文,请择适中之地开设物产会所。等因。遵即假定熊家巷口茶业公所以为办事之区,大约日内即行开幕云。

(《汉口中西报》)

24.商会纪事(酌奉批不遵行)

(1910年3月23日)

孙星垣前与袁□二君各出资本,伙开贸源长铁号,近因意见不合□中拆□,昨赴商会陈明,并称已禀请江汉关夏口厅立案等情。总协理以拆伙之事,既据禀请江汉关夏口厅立案,着奉批示遵行。

(《汉口中西报》)

25.商会纪事(买卖空盘之□□,又一函云)

(1910年3月24日)

买卖空盘之□□　□□买卖空□,早经□□出示严禁。兹某职商因与□□洋行□货空□,赴江汉关□□讼,吴□邦观察批示,查□准总领事照会,以□□洋行与该职商定购皮油一百五十吨,均已逾限,该职商递交□□一□□斤,今据□称,已□陆续交□□欠□十余□未交,核与□会所欠数目不符。案经□□经理□□提议□□妥办完结。本□查买空卖空久□例□,该职商前□□□□□行□订皮油,当时既无存货,何得□□交□,以致现在货缺价□□从照□□受□□□□咎由自取。第念汉镇地方,往往因抛盘生理,亏累太重,致使□□败产,害不胜言,若不设法维持,殊于商业大有防碍。应由厅转移商务总会妥议章程,送道照会各国领事,转饬洋商遵办,以维商务,仰夏口厅分别办理。

又一函云　皮油一项,乃湖北出产大宗,洋商购之最多。去岁经售此油之行号与洋商做定抛盘,不料年岁不佳,收成歉薄,以致无货可交。迨□客感洋商不能再待,遂请该国领事照会夏口厅,请其与有交涉之户传案究追。据该行号等称,未领定金,照外国商律仅有监禁六月之罚,故刻下厅署已有两家在押矣,闻此项□□尚有数十万之巨云。

(《汉口中西报》)

26.米厘又有暂免三月之信

(1910年3月24日)

湖北各处入春以来,米价飞涨,大有每斗千钱之势,闻其原因系由湘米来源不丰,而沿途厘金关税所费又重,利少捐多,商民视为畏途,以致呈此现象。刻武昌商会特禀请督院,援照去秋前督陈小石制军因灾奏免米谷厘税三个月成案,再行电奏将鄂省米谷厘税暂免数月,俟价值跌落后,再照旧征收。闻杨护院当商之藩司、统捐局,有允免三月之意。

(《申报》)

27.武昌商会电

(1910年3月24日)

北京军机处、外务部、度支部、邮传部、王爷、公爷、中堂大人钧鉴:川粤汉鄂境铁路股款,业经足额创办股第一期全数缴齐,亟待开工,望即明白宣示,若借款草约不立作废,国权、民气两俱有伤,务恳极力主持,成全鄂路,不使竟落外人手,顶感无极。

武昌商务总会吕达先等公叩

(《汉口中西报》)

28.商会纪事(递控私买货物)

(1910年3月25日)

刘乾元折货店主刘晋三前因生意停歇,特将店内货物存于潮嘉会馆,备抵镇昌等各款,近被许彤阶将货物私买,昨赴商会递控。总协理以所存货物究竟值银若干,未据叙明,无从查□,已着令详细开明,以凭核办。

(《汉口中西报》)

29.商会纪事(着候查明给照开贸)

(1910年3月27日)

钱帮公所因樊丹阶拟在黄陂街□开源昌钱店,赴商会递请发给牌照,以资遵守等情。总协理诸君已着候调查明白,再行详请劝业道给照开贸。

(《汉口中西报》)

30.商会纪事(萍煤拨作赈款)

(1910年3月28日)

□遣社前因灾民汇集,设厂施粥,计用萍乡矿煤二百吨,约值洋例纹一千一百五十两。昨由盛杏荪宫保函致商务善会,请将此项拨作赈款,以惠灾黎云云,该会遵即查照。

(《汉口中西报》)

31.鄂督筹平米价办法

(1910年3月28日)

鄂属近日米价飞涨,其故均由来源缺乏,日前武汉商会呈恳督院请暂免米谷捐税,俾商贩得以减轻成本。兹已经杨护院核允,据情电奏,拟通饬鄂境统捐局卡,将本省向收米谷捐税一律暂免征收三个月,以期商贩闻风,来源畅旺,米价可冀渐平,人心庶可安定。当于十二日准枢府来电,本日奉旨,杨文鼎电奏,湖北米谷歉收,向资外省接济,请将鄂境统捐局卡向收米谷捐税一律暂免征收三个月等语。着照所请,该部知道。钦此。杨护院恭奉电旨后,以米谷捐税,现虽暂免,惟湘省现亦奏准禁止米粮出境,所有运鄂米石应比照军米办法,酌定数目,亦系困难问题。故立即电商湘抚岑中丞,谓武汉三埠日需食米五千石,以六个月计,共需九十万石,方敷民食,被灾各属尚须由武汉接济者,不在此数,第念湘省米价亦昂,如果尽鄂取盈,于湘省民食不无窒碍。兹统筹兼顾,核减三分之一,每月以十万石为率,饬善后局刊给三联护照,交汉口商务总会饬商领运,无论中外商人均准由湘运鄂,惟不准由鄂转口,以六个月为限。鄂省灾区既广,米谷腾贵,务求如数俯准,免予核减,俾全大局云云。护院又恐湘抚不允每月十万石之约,爰复电达外务部,谓汉口为通商要埠,华洋杂处,工厂林立,需米甚多,万一民食不济,难免变乱,有妨治安,仰恳钧部电达湘抚,如数准运,以资维持。

(《申报》)

32.商会纪事(移请差传解究)

(1910年3月29日)

阜祥钱庄萧义山前因周政卿父子该欠银三千五百余两,避匿申江,延不来汉清偿,控经商会,开传未到,昨赴商会递控,请予追给等情。总协理以欠银不偿,殊属非是,已允备文移请上海县差传到案,解汉追究。

(《汉口中西报》)

33.商会纪事(公举承办南洋协会赛品)

(1910年3月29日)

南洋协会总办高佑诸观察以南洋赛会各品须由□承办,以便运往列赛,故特照请商会总协理充当斯任,蔡辅卿君以事务烦多未暇顾,是以开会□举宜□广货号执事吴佑人君(系商会帮董)承办,旋即复知协会高观察,并给吴君银四十两,以资办公云。

(《汉口中西报》)

34.商会纪事(函请具领运单)

(1910 年 3 月 29 日)

武汉米价日昂,由护督奏准免征三个月米谷厘捐,惟湘省月运米十万担,已由护督饬善后局颁发护照到汉口商会。总协理刻特函请内外河粮食帮董,传知各商领赴湘省运米来鄂,以资接济。

(《汉口中西报》)

35.商会纪事(犒赏炮艇弁兵)

(1910 年 3 月 30 日)

汉□水师王游□前举派拨师艇八号解送饥民回籍,弁兵沿途护送,弹压得力,尚无□□,均已由汉口商务总会每船发给龙洋八元,折办□席,以示鼓励。

(《汉口中西报》)

36.商会纪事(函请查复核夺)

(1910 年 3 月 30 日)

周恒顺机器厂前有汉阳针钉厂在该厂购买机器,立有合同为凭,近因久不领货付洋,昨赴商务总会递请移请领货付洋等情。总协理以既已立有合同为凭,何以久未领货付洋,其中因何事故,候函请针钉厂查明,见复核夺。

(《汉口中西报》)

37.商会纪事(递控挈货潜逃)

(1910 年 3 月 31 日)

张志成丝线店因汕头人庄明镜挈骗该店丝货,潜逃回籍,控经商会电请汕头商会,转请汕头关道派差将丝货截留,迄今日久,尚未给领,昨赴商会递控。总协理以挈货潜逃,实为商业之害,已允备文移催,一俟复到,即行知会前往领取。

(《汉口中西报》)

38.武汉劝业奖进会

(1910 年 3 月)

此会原拟四月初一开会,因预备未尽妥善,故延至九月十五始开,会期定一月,在吾国劝业之会,以此为嚆矢,闻其成绩尚佳云。

(《国风报》第 1 卷第 3 期)

4 月

1.商会纪事(函请查核办理)

(1910 年 4 月 2 日)

王赓堂前在江夏县控施□滋欠银不偿等情,业经江夏县移请汉口商会查复在卷。兹经商会议董叶东川调查施之账目,并无王名,总协理刻特据情函请江夏县查核办理。

(《汉口中西报》)

2.商会纪事(递请发给运米护照)

(1910 年 4 月 2 日)

武汉近日米价昂贵,护督特发赴湘运米护照,交由商会转发内外河粮食帮具领,兹有黄、孝米帮徐茂盛等赴商会递请发给护照,运米二万担来汉,以平市价而维民食。

(《汉口中西报》)

3.商会纪事(总理会汉)

(1910 年 4 月 3 日)

商务总会总理卢鸿沧观察前因赴沪,所有商会一切案件悉由协理蔡辅卿观察兼理,兹已公毕,当于日昨到会照常办公。

(《汉口中西报》)

4.商会纪事(议办赈米平粜)

(1910 年 4 月 3 日)

沔阳、监利各邑饥民,去年因逃荒来汉,业经商务善会筹款分拨各善堂设立粥厂,资遣回籍。惟灾区太广,米价昂贵,商务善会刻复议劝募□款办米,运往潜、沔各邑平□,以救同胞。

(《汉口中西报》)

5.商会纪事(酌赴商会请查理判)

(1910 年 4 月 4 日)

吴和□因舒余鑫在石码头开设烟店,有违定章,昨赴夏口厅指控,请予传案讯断等情。□□□太守批示,此案现据舒余鑫□称,伊所开烟店,相距该号□店已隔八家,核与来禀,各执一词,究竟孰是孰虚,着□自赴商务总会略请调查理判可也。

(《汉口中西报》)

6.李大令移交商会裁判曲直

(1910 年 4 月 5 日)

恒兴钱店张永祥与木商瞿鸿逵互控一案,瞿鸿逵说张永祥与堂兄瞿渔筌伙买恒记木行,张永祥说是与渔筌、鸿逵兄弟共银钱往来,两造各执,未知孰曲孰直。江夏县李振□大令于二十四日移交武昌商会裁判,商会总理吕君达先、协理□君尔□、木业帮董严君芹初约于二十五日刻会同裁判,以昭公允而免纠葛。

(《汉口中西报》)

7.商会纪事(移请传追欠款)

(1910 年 4 月 5 日)

姚水茂在商务总会递控黄陂县江永有欠伊货银,向江催讨,反敢欺异凶骗,请予移追等情。总协理以如果属实,殊为商业之害,已允移请黄陂县传追解领,以全商本。

(《汉口中西报》)

8.商会纪事(函请查复核办,递控掣货潜逃)

(1910 年 4 月 6 日)

函请查复核办　林昌、升昌两衣庄号东陈□修去年倒塌信顺和银两,延不偿还,控经夏口审判见习所,将该两衣庄查封。兹信顺和欲将该庄衣物变□抵款,昨赴商会禀明。总协理以所存衣物究竟值银若干,已允函请议董罗佑之查明,见复核办。

递控掣货潜逃　恒兴机器面粉公司在商会递控□友三掣□伊货,亏倒潜逃,请予移究等情。总协理已允移请河南确山县差传□友三到案,严追究办,以儆效尤。

(《汉口中西报》)

9.商会纪事(禀请咨免湘省米捐)

(1910 年 4 月 6 日)

汉口商务总会总协理卢、蔡两观察以汉镇地方近日米谷货少,价值昂贵,虽奉护院奏准,免收鄂省米捐三月,而武汉民食向恃湘省为大宗,若非电请湘省并免厘捐,则商民仍裹足不前,武汉粮价一时势难平减。特具禀督宪,拟请电商湘抚宪,将湘省卢林潭赈厘捐及渐加河岳厘照鄂省并免三个月,并电请四川、江西、安徽等产米邻省,一律饬将米谷运鄂省销售,不准阻禁,以全邻谊而救鄂灾。

(《汉口中西报》)

10.商会纪事(批准咨免湘省米厘)

(1910年4月7日)

汉口商务总会总协理等因汉上粮缺价昂,禀请咨商湘抚并免米厘各节,已见昨报。顷闻奉杨护督批,据禀已悉,查鄂省连年被灾,痛深创巨。近来米价□昂,本护部堂至为悯念。业经奏奉□旨,准免本省米厘税捐三个月,并商□南抚部院关念鄂灾,特准援军□不□之例,酌允月运湘米,以济民食各在案。兹复据禀各节,所请咨商湘省并免卢林潭赈厘捐及渐加河岳厘三个月暨咨请邻省弛禁鄂运等情,应候咨呈湖南抚部院暨邻省督部堂、抚部院,查酌办理,希北布政司会同筹赈局转移商会知照。此致

(《汉口中西报》)

11.商会纪事(移请转移传追)

(1910年4月7日)

大成在商务总会递控广济县人张子璨欠银不偿,请予移追等情。总协理已移请武穴商务分会转移广济县传案讯追,以全商本。

(《汉口中西报》)

12.商会纪事(着候查明给照开贸)

(1910年4月7日)

钱公所因李君协熊集有本金八千两,拟在田家巷新开一协昌祥钱店,昨赴商会陈明,请予详请劝业道发给牌照等情。总协理已着候调查明白,再行详请劝业道给照开贸。

(《汉口中西报》)

13.商会纪事(结案明连)

(1910年4月7日)

商务总会协理蔡君辅卿新岁接事以来,担任理案诸件,任劳任怨,极力排解,值日诸董皆按期而至,裁判之案剖决如流。闻此两月间,共结案有百余起之多。说者谓,蔡君平日当八大行绅董时,排难解纷,深得此中要窍,故于理案一事,较他人自占优胜也。

(《汉口中西报》)

14.汉关禁止现银出口之原因

(1910年4月8日)

关道吴观察顷准汉口商务总会函称,本年因川省汇费昂贵,所有兑川银两均系由汉运载现银,计陆续已运去银二百数十万两,现银甚为短绌。昨日某轮出口又有现银一百余万,由宜昌

转运入川,遂使拆息飞涨,市面异常恐慌,几乎周转不灵。自非禁运出口,不足以纾目前之急云云。当以汉口市面近因各处水灾甚重,米价昂贵,全赖银根周转,现银既已奇绌,若再任令出口,实与商务大有妨碍。爰即函致税务司查照严禁,并出示晓谕商民人等,如赴四川购货,尽可由商号汇兑,所有装载轮船出口现银,如已报关者,即行收回,未报关者,万勿再报,以维商政。

(《申报》)

15.鄂人陈诉商会总理违背章程

(1910 年 4 月 8 日)

鄂人瞿鸿宾以武昌商会吕达先违背部章、会章,陈请咨议局审查办理。原书略云,按商部奏定《商会简明章程》第十五款云:凡华商遇有纠葛,可赴商会告知,总理定期邀集各绅秉公理论,从众公断,如两造尚不折服,准其具禀地方官核办。再查《武昌商务总会章程》第八章权限内甲项云:商家如有争执事件,应先由本帮会董妥为调处,倘未能允洽,可到本会邀集办公各员暨会董公断了结,不必径赴地方官衙门控告。部章、会章何等详明,乃有武昌商务总会总理吕君达先者,不守章程,本年正月二十七日收到该会议董恒兴钱店东张永祥等控恒泰福一案,遽于二十八日移请江夏县差传瞿涣奎、瞿耀堂、瞿畏三等押追。时涣奎等尚在南京清理欠项,鸿宾因属徐君毓华往总理处,代为要求遵章召集商会公同处理。该总理要以三事:一须代表人殷实,二须代表担任偿还欠款,三须确指的款或不动产。查部章、会章,总理召集开会,均不须明定条件,不知该总理何所依据,而为此不情之要挟,是明明违背章程也。夫部章为国家保护商民之法律,会章为商民自治团体之规约,凡属商家俱宜恪守,况以该总理为商民代表,有执法之权,兼充议员,有立法之责, 言 动,尤当谨遵法律。闻吕君家世刑名,自是明通法理之人,宁不解此?只以张永祥系该会议董,溺于私情,遂昧公理,不遵部章,是目无国法,不守会章,是目无商界全体。贵局章程第二十八条语意懔然,吕君亦当自省也。鸿宾从海内法学家游,略闻法理,非法言不敢道,窃以该总理处理张永祥控告瞿姓一案,种种违法,章程几同虚设,鸿宾为维持法律起见,不得不据实直陈。想贵局为立法机关,事关商律,谅必虚公审查,照章办理,万不至视为私人诉讼而漠然置之也,披沥上陈,敬祈公鉴。

(《申报》)

16.农工商部咨各省商会商务改良简章

(1910 年 4 月 9 日)

农工商部□武昌商会义 为□饬事 准外务部咨开,西历一千九百一十一年为义国中兴五十年大纪念会,因此举办万国赛会。该会分设两处:一在罗马府,开设古玩及新制美术赛会;一在都朗,开设□□赛艺会。由义国文使照请派员赴赛前来,相应咨行贵部查照。等因,并附洋文章程到部。合摘译章程,分别札饬,札到该商务总会,即便转知分会,晓谕各商遵照,并将赴会各商报部转咨可也。

农工商部咨各省商会商务改良简章:(甲)人才。人存政举,人亡政息,人才之关系于国家,无论古今中外,莫不视为盛衰以觇强弱,我国实业界中,或农,或工,或商,或矿,或美术,其中无奇能□长一□士，此宜亟图改良者一。(乙)新法。物愈产愈多，法愈出愈奇，或学自外洋，或自出己见，所出之法可以助军国，可以厚民生，可以挽回利权，若不出问世，名山终老，良法失传，劣败如此，此宜亟图改良者二。(丙)制造品。洋货畅销，土货几于无人过问，即有改良仿制品物，如香水、香皂、汽水、纺织等类，亦难与洋商争胜，此宜亟图改良者三。(丁)印刷物。便民利用，莫如印刷，如各种书报、电牌、图画、□头之类，杂以五色，配以花边，既可美观，又即神速，助进文化，厥力甚伟，此宜亟图改良者四。(戊)化学药材。我国药材，无物不有，特化学未精，故□色医药日用所需各品，多转贩于外洋，近日有志之士多方研究，亦有能自行制造，为数尚少，难塞□漏，此宜亟图改良者五。(己)教育器具。教育贵于普及，器具必要精良，我国学堂渐兴，所需教育品物，购自外洋，为数甚巨，近日如粉笔、动植物标本、图画等，多有仿制而未能推广，此宜亟图改良者六。(庚)美术。美术与货品之销流极有关系，货质□佳，装潢不美，无以生买者之感情，则销路畅必滞。东西各国，至微之物，其装璜亦极美丽，故不胫而走遍五洲。我国实业家不讲装璜，是以日形退化，此宜亟图改良者七。(辛)工厂机器。人工造物迟而□，机器造物□而精，洋货之销畅，用机器之速也。我国机器厂寥寥，工艺之所以不发达，此宜亟力推广者八。

(《汉口中西报》)

17.对于湖北出品协会与汉口商务总会之希望

(1910年4月9日)

周中国皆地也，而言商埠者必数汉口。夫可乐之地，莫汉口；若可悲之地，亦莫汉口。若极口腹之娱，恣耳目之欢，广衢华厦，高车大马，无所之而不适，穷□僻壤，黄童皓首，咸欲一至以为快。中国之乐土，有逾于汉口者乎？民有荣色，野有饿莩，啼饥号寒，鸠形鹄面者，举目皆是，而市面经济之恐慌，商业之堕落，又有江河日下之势，愚者有饮泣而无控诉，智者亦有叫号而无抵抗。中国之悲境，有逾于汉口者乎？被服也，饮食也，居处也，三者无不适之。谓乐究其役，匕者为何？曰：生计问题而已矣。天下有强权无公理，强权者，攫取被服、饮食、居处三者之武器也。被服、饮食、居处之乐，极于汉口，故攫取之便捷，强武亦极于汉口。究其逐匕者为何？曰：生计问题而已矣。二十世纪者，生计竞争之时期也。中国者，生计竞争之地点也。而其竞争之潮流，则汇聚乎汉口，是故生计竞争之剧烈，莫如二十世纪，莫如二十世纪之中国，尤莫如二十世纪中国之汉口。然则汉口在中国之位置如此其重要，而商界之对于汉口宜如何奋兴，即记者之对于商界实存若大之希望也。

外国人于农工商也，常比较，常竞争，常进步，故生计恒居于优胜。中国人之于农工商也，常隔阂，常涣散，常固闭，故生计恒居于劣人。外国□其败胜恒之势，奔轶而东，而陵□吾汉口。汉口之人，外淬强敌之锋，内□靡敝之俗，虽复振□号呼，相与支柱，而势常处于不胜，不亦可悲乎？

此次江宁发□南洋第一次劝业会，将以通隔阂，聚涣散，祛固闭，比较竞争，改良其农工商，舍全国人之力与外国人相见于生计竞争之场。是南洋劝业会之设，受益者固非一方，而吾汉口尤当特别注意。盖汉口者，全中国之代表。汉口之出品不足观，则外人将举之以概其余，而南洋劝业会之声价为之锐减，□特声价锐减而已，彼外人且将挟其经营属地之殖民政策，施于印度与南洋群岛者，以施于汉口，胥吾之主权而攫夺以去。出品协会者，所以表暴其农工商品之优劣，自改良以求与外人竞争，毋令外人得施其殖民侵略之政策也。且日本凡赴外国赛会，必组织出品协会，今其农工商业已有侵入世界各大商埠之势。中国无出品协会，故偶一赴外国赛会，无不贻讥邻国。汉口为外人所瞩目，今日之出品协会组织完全，他日若赴外国赛会，必能□其旧辱。由前而言，湖北出品协会可谓为主权保存会，由后而言，湖北出品协会可谓为世界赛会预备会，非仅为南洋劝业会之预备机关已也。我湖北出品协会之关系，显如是其重且大哉。

自去秋明降谕旨，谆勉南洋劝业会，以树各省之模型，而南洋劝业会遂为全国人视线之所集，官、绅、农、工、商、学、军各界，均不仅以地方赛会之规模期望南洋劝业会，而深愿南洋劝业会之内容，力图恢扩，以成全国博览会之巨观。在斯会之任事者，固应规划宏大，布置周详，求所以□足内国人之奢望，而震动外人之心目。然吾人窃以为关于此举，非特劝业会自体之责任加重，即为劝业会辅助机关之协赞会，其责任亦因之加重。何以明其然也？赛会一事，在各国固已盛行，在中国则为创举，旧社会思想单简，不计及远大之利益，故对于今日之劝业会也，其乐于趋赴者，固不乏人，其毫不注意者，亦居多数。立于劝业会之主要机关者，虽热心任事而鞭长莫及，不能强多数之不注意者，以相与图功，欲救其弊，非协赞会之责而谁之责也？且观于《协赞会章程》内所定之事务，一曰关于筹备出品事件，二曰关于游戏馆院设备及招徕事件，三曰关于招待外宾事件，四曰关于筹划观览便利事件，五曰关于增进会场盛况事件。是实举会场一切内容之美富、外观之灿烂，且使观览者纷至沓来，毫无阻滞之患，均为协赞会是赖。故协赞会之对于劝业会也，可如寻常之组织团体，前者发起，后者赞成，赞成以后，仍立于消极之地位也。何也？寻常团体之赞成者，对于团体以内之事，常可以挂名赞成，而实不负责任，若协赞会之于劝业会，则固确分权限，而于所分之权限以内之事，万不能不负责任也。倘协赞会于权限以内之事，不能尽其责任，则他日之劝业会会场，出品如晨星之寥落，观者亦裹足而不前，是不但南洋劝业会之耻辱，实全国官、商、农、工以及教育、军事各界之耻辱，且不惟贻耻辱而已，南洋劝业会一经失败，则再有提议及劝业会者，群将谈虎色变，而后此之中国永无开劝业会之一日，即全国实业永无发达之一日，其他各种器械亦均无改良完备之一日，岂非今日之挂名协赞会者阶之□乎？而非所论于吾湖北之出品协会云。

湖北出品协会久已组织完善，通饬各府组织物产会，各官绅竭诚赞助，他日必能为会场生色，况去年奖进会之开，实各省所未有，其物品之美备、构造之精良，中外人士来观者，皆赞美不绝于口。此次前赴南洋，得占优胜，其于营业名誉发达昭著，较之谨限于本省一隅者，相去不啻什伯，吾商界宜如何更加踊跃也。总之，劝业会之发达与否，全视各属之出品会(物产会)与各省之协赞会能否实心举办为断。盖他日劝业会场所陈列，即今日出品会、协赞会之所搜罗者也。吾愿今日主持出品会、协赞会诸君，不拘拘于小利，不规规于目前，认定宗旨，热心奖励，尽力搜求。凡业工商者，自能竞争改良而乐输于会场之上，则他日劝业会之陈列，必且瑰伟奇丽，无奖不备，其名誉将与欧美各国之博览会并驾齐驱，不独汉口之实业飞翔于二十世纪之生计界，而全中国之人亦得被湖北之鼓动力而闻风兴起矣。

(《汉口中西报》)

18.商会纪事(移催照案追缴,递控盗卖捏报,递控汇账图骗)

(1910 年 4 月 9 日)

移催照案追缴　李茂盛在商务总会递控麻城县徐立□亏空潜逃,请予移追等情。当经移请麻城县查封备抵在案。兹李茂盛复赴会控追,总协理已允移催新任麻城县照案追缴,以全商本。

递控盗卖捏报　贺元泰由湖南装油来汉,被船户陈金友在途盗卖,捏报船遭沉没,昨赴商会递略,请予移追等情。总协理以盗卖捏报实为商业之害,已允备文移请湖南湘潭县差传陈金友到案,究追给领,以全商本。

递控汇账图骗　何德培因张文轩欠伊银两,与伊案讨,延不偿还,并将账据措匿,不允结算,特据情在商会□控,请予追给,以儆狡骗等情。总协理当答以候邀集询判。

(《汉口中西报》)

19.商会纪事(移请给示)

(1910 年 4 月 10 日)

职商宁联辉因承办猪鬃毛骨商捐,每年认缴捐银三千两,讵各行门近日多有拖延不缴情事,以致捐款难收,昨赴商会递略,请予移请关道,给示晓谕等情。总协理以事关捐款,已准如所请。

(《汉口中西报》)

20.商会纪事(禀恳移发护照)

(1910 年 4 月 10 日)

黄、孝、中米帮周永发等在商会递请发给赴湘运米护照,未蒙允准,□与内河帮首冯福田等相商,请予分运,冯亦不愿,以致不服。昨由帮董朱长明等赴夏口厅,禀恳移请商务总会发给运米护照,以昭公允。

(《汉口中西报》)

21.商会纪事(递控违章开贸,移催传追解领)

(1910 年 4 月 11 日)

递控违章开贸　烟帮定章,凡开贸烟店,必须隔八家方准开贸,烟帮公所在商会递控舒余鑫在石码头开贸烟店,有违定章,请予□究等情。总协理以此案已准夏口厅移请理处,希候邀集评判可也。

移催传追解领　春生荣在商会递控贵州何介丞欠银不还,业经商会移请贵州贵阳府传追,迄今仍无着。春生荣昨赴商会催控,请予移追等情。总协理以欠银久延大属非是,已允备文移催贵州贵阳府差传何到案,严切讯追,移解给领。

(《汉口中西报》)

22.商会纪事(移请传追欠款)

(1910年4月13日)

润记洋油号因店伙李德高挪骗银两,拖延不理,控经夏口厅传追,尚未了结,昨复在商会递控,请予追给等情。总协理已允备文移请夏口厅差传李到案讯追,以全商本。

(《汉口中西报》)

23.商务善会不受奖叙感言

(1910年4月14日)

天下事,有所见在此而所感在彼者,其惟汉上商务善会力辞奖叙之事乎?夫商务之中有善会,以慈悲惠爱为宗旨者也,则凡人之情,感于目而触于心,果可以用其慈悲惠爱者,当必宏愿力以仁之,缨□匍匐不为遽,摩顶放□不为惑,惟其愿力之达而已,愿力已达,此外便无所希望。然则善会之力辞奖叙,亦人意中事,抑胡见之而生感哉?善会犹是人也。世之欲宏愿力,如善会者何限?且位置优于善会、负担重于善会者亦何限?而竟让善会中人独步也,是则不能无感焉,曷言之慨。自去岁天降鞠凶,下民无辜受虐。一病于夏雨为灾,滨江、汉临二十余州郡,悉遭淹没;再病于中秋以后,江、汉同时盛涨,洪水如猛兽逼人,而京、沔、天、潜一带,受灾之重,遂为数十年来未有之局。呜呼!我生不辰,遂天遣怒举,百万人民之生命财产尽付之洪流巨浸之中。□乎!遍野哀鸿,呼号载道也。乃朝廷虽有轸恤之□,而苦于币银之无多,疆吏又妄分畛域,而为斯拦绝之陋举。然则吾民之不至转死沟壑者,□谁赖赈,乃始而筹垫十余万串分拨急赈者,善会中人也,继而与筹赈局决议商借阳夏房租一月源源解济者,亦善会中人也。迨至岁□,饥民汇集汉上求食,建议施粥,慨筹巨款二十余万串,俾□□□□之时,饥寒交迫之际,集数十万生灵于一隅,不至为流离所迫,铤而走险生变者,亦善会中人也。至今□粥款渐尽,大吏筹议资遣,更以六万无着之款慨然任之,使民得归故里,仍复□业者,亦善会中人也。夫国家当饥馑□□之时,万民□□,丧乱堪虞,善会具如此之压力,发无上之慈悲,□□力济巨□,俾商民□□。其于国家,不啻□危亡之□如苞□;其于□民,何异□□席之上于水火?古人云:救灾□邻国之□也。如善会其人,非国家之□哉?则大吏之拟请奏咨奖叙,固善会诸公应有之荣也,安而受之,谁曰不宜?乃众口同声,咸以赈急救贫为分内应为之事,谓□邀奖叙,大负初心,善哉乎言之。如善会诸公之意,岂不曰人之欲□谁不如,我且以□沽名,则所谓善,犹自外□乎,所贵为天下士者,固宜如此。虽然,其亦可以愧夫世之身膺社稷人民者矣。世风日下,仕版中人,蛇神牛鬼,一味□营,不知□共尔职之谓何,而惟得陇望蜀之是幸。无论身任何职,所办何事,晨夕经营,只在官阶一方面,国步艰难可不顾,民间疾苦可不闻。恤□保奖一开,得置身其中,便县可以升府,府可以转道耳。孰是□民膏民脂之戒,而恫瘝在抱,念天职天禄之重,而心聚国家,日□尽其职分者,明臣史可法有云:当今之世,诸臣但有罪当诛,全无功足录。今之时与史可法之时有异耶?其无异耶!欧风亚雨,天地改观,四顾山河,此租彼借,衰□诸公平日慷慨期许,其所自负者何如?一旦身任国事,应如何枕戈泣血,力□国耻。铁路之修,为挽回利权也;警察之办,为讲求治安也;学堂之设,为造就人才也;军备之兴,为扬树国威也;鸦片之禁,为振作民气也。一切新政,何一不可引为分内之事,□可假一督办、帮办之名,遂为□滥居奇之地乎？胡不以善会所自处者处之耶？不能以善会所自处者处己,必不能以善会所肩任者任事,吁其如此之心肝,而欲济万难之局,何异北辙而南其辕乎？曾文正公云:莽莽斯世,求一利则居后,害则居前者,已渺乎不可得。有心人蒿目时艰,能不感慨斯言哉？然则善会此举,诚晚近之翘楚,仕□之官箴□。斯人也,斯事也,岂徒可为下寮末秩之鉴哉？资政院诸公如有要鉴于此,则于前日互选之事,何至始而运动□争,终成拍案之激烈哉？

(《汉口中西报》)

24.商会纪事(电复银松弛禁)

(1910年4月14日)

汉口商会前因川商提去现银百万,以致市面银根奇紧,特请江汉关道阻禁现银出口,近接渝会商电请弛禁。等因。总协理当电复渝商会,刻下银根奇紧,一俟稍松,即行弛禁,请转致为盼云。

(《汉口中西报》)

25.商会纪事(请发办米护照)

(1910年4月14日)

举人朱君长明因黄、孝、中三帮米粮缺乏,民食维艰,昨赴商会请发护照,以便赴湘采办等情。总协理以督宪所发护照现已发完,俟续禀督宪发给,再行查核办理。

(《汉口中西报》)

26.商会纪事(总理赴部)

(1910年4月14日)

商务总理卢鸿沧君奉邮传部徐□人协揆之电,饬速赴都面询交通银行一切。当即遵照,于初四日趁火车就道。所有会中事宜,统由协理蔡辅卿君施行云。

(《汉口中西报》)

27.商会纪事(派员办理平粜事宜)

(1910年4月16日)

商务善会因沔阳沙湖一带水灾奇重,米价昂贵,值此青黄不接之时,亟宜筹款采办米谷平粜,以维民食。刻特派杨君懋堂、张君济洲装运米谷三千余担运往设局,办理平粜事宜,以救同胞而免饥荒。

(《汉口中西报》)

28.川商会请弛现银出口禁令

（1910 年 4 月 16 日）

汉口前因现银输入四川过多，故禁现银上运。兹商会接重庆商会来电，据各商报告，贵处阻银出关，国宝源流向无禁阻之例。近年川银运汉不计若干，从未禁阻，今因川银奇紧，该商等始运川接济，若令互相隔膜，自必两面受伤。贵会主持公道，务望弛禁通行，以全大局，并速赐复，以安众心云云。当经汉商会查得，连日由上海进口之银甚多，所有阻银运川禁令，业已自弛，爰即据情电复该会查照，以睦邻谊。

（《申报》）

29.商会纪事（报告开班平粜日期）

（1910 年 4 月 17 日）

商务善会因沔阳沙湖一带水灾奇重，特派杨懋堂、张济洲两君运米谷三千余担前往平粜。兹接来函报告，已于初四日开办，每米一升钱五十文，谷一升钱三十文。惟桐海口一带，饥民剥食树皮，言之令人于邑云。

（《汉口中西报》）

30.商会纪事（开会提议公益彩票）

（1910 年 4 月 17 日）

三怡钱庄倒欠华洋巨款，所有珍珠、金饰等件，由夏口厅会同商会详请前督批准，设立公益彩票，奈至今尚未卖完。商会总协理诸君定于今日邀集各债主到会提议一切。

（《汉口中西报》）

31.商会纪事（派员调查实业）

（1910 年 4 月 20 日）

商务总会准夏口厅函开，奉调查局札饬调查宣统元年实业店号共有若干，特送表册五纸，请查明填注还厅，以备汇□。等因。总协理刻特派员调查明白，以凭填注，移送过厅，转申调查局查核。

（《汉口中西报》）

32.《汉口商务报》停版之原由

（1910 年 4 月 20 日）

《汉口商务报》系在大成公司代印，因宗旨激烈，被夏口厅冯筼所诟病，即借登载杨度新闻为词，借题发挥，施以阴险手段，不准大成公司代印。兹悉，该报馆经理人宛君以登载杨度并未干犯报律，地方官不应干涉，如有疑难问题，只可与该馆直接辩论，□□□□□□不准刷刊，办事未免糊涂。查冯箕曾无端封禁《江汉日报》《繁华报》，及后任之何蔚绅封禁《汉报》，金世和封禁《湖北日报》《江汉日报》。值此预备立宪时代，庶政公诸舆论，此风万不可长。是以缮具陈请书，于昨日投递咨议局核议，以便据理力争云。

（《时报》）

33.商会纪事（派员赴赣提取存款）

（1910年4月21日）

三怡钱庄倒欠华洋巨款，迄今日久，尚未了结。商务总会查江西庐陵县该庄存款尚有三万余两，总协理诸君刻议派张词臣君赴庐陵县提取来汉，以便摊还各债，借昭平允。

（《汉口中西报》）

34.武昌商会新举宣统二年各帮会董衔名职业籍贯一览表

（1910年4月25日）

劝业场会董二员：候选布政司经□张楫，开设益□恒油坊，经理劝业场商业，江夏县人，被选为议董；候选县丞唐际清，经理劝业场商业，江夏县人，被选为议董。

典帮会董一员：四品封职朱绶荣，经理源生永典当，大冶县人。

钱帮会董三员：江西补用知县张永祥，开设恒兴钱号，江夏县人，被举为议董；候选巡检□芳富，开设立成号，江西丰城县人；安徽试用从九□椿，开设□□□钱号，汉阳县人。

江夏木帮会董三员：同知职衔刘赓云，开设大生恒木号，江夏县人，被举为议董；附生严中夔，经理厚生福木号，武昌县人；候举知县刘延祺，开设刘兴泰木号，江夏县人，被选为议董。

金寿木帮会董二员：江苏候补县丞刘□庚，开设刘□记木号，大冶县人；□部郎中殷应兆，开设□久记木号，大冶县人。

祁阳木帮会董二员：从九职衔李国珍，经理祁阳木帮公务；候选从九杨昭□，开设合泰□木号，湖南祁阳县人。

衣帮会董二员：河南补用县丞张廷桢，开设乾□衣庄，江夏县人，被举为议董；州同职衔□锦馨，开设□记衣庄，江夏县人。

布帮会董一员：□附生叶佩兰，经理布帮公务，江夏县人。

粮食帮会董二员：从九职衔□英，开设□同发粮食行，江夏县人；从九职衔□□翰，开设鼎新昌粮食行，江夏县人。均举为议董。

米帮会董三员：□品职衔刘希贤，开设刘祥兴米店，举为议董；候选县丞谢文□，开设谢□盛米店；□贡生任文锦，开设元丰泰米店。均江夏县人，被举为议董。

油帮会董二员：附贡生张椿荣，开设谦益恒油坊，江夏县人；候选从九郑鸿宾，开设□泰亨油坊，江夏县人。被举为议董。

酒席帮会董二员：候选巡检田鉴清，开设荣昌酒坊，江夏县人，被举议董；候选从九林□青，开设同森酒坊，江夏县人。

杂货帮会董三员：五品职衔许宗贵，经理天裕杂货号，江苏上元县人；候选从九伍昆，开设亿丰杂货号；江西补用府经历王光荣，开设衡兴福杂货号，江夏县人。

纸帮会董二员：候选中书科中书曹诚忠，开设曹庸斋纸店，安徽绩溪县人；从九职衔□仁成，开设松华□纸店，江夏县人。

玉器帮会董三员：从九职衔郭鸿□，开设新泰祥玉器店；候选从九杨聚富，设□杨洪兴玉器店；从九职衔丁学裕，开设万发祥玉器店。均系江夏县人。

江西银楼帮会董一员：从九职衔吕光申，开设吕日新银楼，江西丰城县人。

铜货帮会董一员：四品职衔易之良，开设易正大铜货号，汉阳县人。

木器帮会董二员：候选县丞□殿文，开设□万顺木器铺，江夏县人；从九职衔袁自福，开设袁天兴木器铺，江夏县人。

烟帮会董二员：守备职衔梁登瀛，开设梁同□烟店；□□职衔刘家珍，开设刘三善烟店。均系江夏县人。

鞭炮帮会董二员：从九职衔周全福，开设周裕顺鞭炮店，江夏县人；候选从九祝之焜，开设祝恒茂鞭炮店，江夏县人。

砖瓦帮会董二员：从九职衔朱荣□，开设朱复□砖瓦行，江夏县人，被举为议董；附生马吉祥，开设马正顺砖瓦行，江夏县人。

金口砖瓦船帮会董一员：优附生吴庆云，开设吴庆记砖瓦船行，江夏县人。

蒲圻灰帮会董一员：候选从九李炳南，经理蒲圻灰帮公务，蒲圻县人。

嘉鱼灰帮会董一员：附生李济清，开设李升恒灰行，嘉鱼县人。

盐帮会董一员：候选巡检戴鲲，开设戴华兴矿店，江夏县人。

（《汉口中西报》）

35.敬告各省商会请联合请愿书

（1910年4月26日）

径启者，同人等受父老兄弟之重托来京请愿国会，迄今逾数月矣。客冬上书，既归无效，当时同人筹议继续进行之策，佥谓国会一事，为立宪国最重大之问题，断非少数人所得而私，必当萃全国之精力、才智，集于一途，乃克有济。此间人等，近日在京所以披露悃款，征求声气，而有国会请愿同志会之组织也。夫同志会设立之要义，首在结合各界赓续请愿。今此会规模既已粗定，各省代表亦先后到京，连日集议，皆以各省商会最多热心爱国之士，若能连举代表来京同时并举，政府必有改统之心，吾侪益无孤立之惧。况现今世界大势，渐趋经济主义，我国政府之于商团，注视尤□。若以代表团名义通函各省镇商会，请□出援，庶亦诸君子之所不□□矣乎？夫吾国即开国会之有大利，与吾国有确能即开国会之理由，国中人士论之详矣。同人等近于刊布《同志会意见书》中，尤为批□导□，使之无可借口。诸君子取阅，自知无待□陈，今日所欲与诸君子剖论者约有两节。

（一）当知吾侪即开国会之目的决无难达。盖吾国立宪诏旨，颁布频仍，衮衮诸公，皆知时间□□，舍立宪无以救亡，薄海人士盼望实行立宪之心理亦不谋而合。故去岁仓卒发起，各省代表奔集京师，要求即开国会者至十九省之多，盛矣哉，前此未尝有也。虽我皇上审慎为怀，不遽俯如所请，然明诏所颁不有曰“朝廷实深嘉悦”乎？此其无极端反对之慧，可知彼诚见吾侪连袂而来，非有功名富贵之可图，不过怅触时局，欲急起直追，共图补救，精诚所感，不忍大拂乎吾民之情也。同人等默喻此意，既不懈而益勤，一时爱国志士，益相与讨论研究，目的既同，心志斯坚，此两月以来，各省同志会支部所以同时成立，而赓续请愿之声所以大震于全国也。盖政府所挟以为口实者，不过谓吾民程度不及。其实程度之说，本无一定标准，《同志会意见书》已详论之。今吾侪果能热心毅力，持久不懈，则反对者且将失据，而请愿之目的固无虑其不达矣，此非虚播之词也。数年以前，国中之反对立宪者比比皆是，今何以反舌无声？比年以来，国中之请开国会者，□落可指，今何以翕然响应？非其心理之果有异同也，向惟昧于立宪政治之真理，故疑虑滋多，畏阻不前耳。顷自国是大定以后，上而政府知非立宪不足以图存，下而人民知非开国会不足以救亡，相激相□，以至今日，所谓虽有磁基，不如待时，时则既然，虽有第二□特□出，恐亦不敢扬专制之余焰□。□我德宗景皇帝，庶政公诸舆论之诏□也，所□我国民舆论不一致耳，果一纸矣。以监□摄政王之资明，安知不俯察民□立沛□□召集国会乎？况乎今日京内外大僚，能知速开国会之利者，亦甚有人，闻不久将有联衔入奏之举，官民合德，上下一心，故吾国要求即开国会一事，下观人情，默察天心，而知必有沟通心理之一日，惟观吾侪之奋励何如耳。

（二）当知国家立宪，与商人有特别之关系。按，各国前代其民之要求立宪最力者，惟两派人：一为政党，一即商人。因政党者，原以政治为生活；商人者，则别有财产上与商业上之利害。故国家若能整顿政治，则商人受保护之利益者不少。否则无正当之保护，商人之受害必烈，而欲立足于商业竞争之世界难矣。此所以欧美各国对于商务，皆主张保护政策，以与世界争衡。英国之商务素称霸于世界，因其国政府对于商业取放任主义，近乃大受德、日、美、法商战之摧挫，现亦改弦易辙矣。从可知，今日世界无不以工商业为立国之根本者。夫商人既一跃而居国中最重要之地位，则国中政治之得失，自与商人有特别利害之关系。故吾国今日国会请愿之事，尤应以联络商界为中坚。盖吾国人近来实业知识渐发达，商界中尤多具有研究政治之热心。况最近又有湘、鄂、苏、直、粤五省商会联络请愿之成议，并闻鲁、赣两省商会现已举定代表，克期北上，则各省商会之必能踵其□举，无待同人等之鲲□过虑者。但流光如驶，国事日危。若吾侪早请愿一日，则速开国会之□，可早养成一日。询谋既已佥同，众志可期成城。此同人等所以急望各省商会共举代表，大举请愿，而尤望彼此相约于四月中弦，开联合会于汉口，同时北上，借收联络接洽之效益，矢同舟共济之心，于商业前途影响必大，于国家前途裨益必多。除驰书敬告湘、鄂、苏、直、粤各商会，请其发起联络外，拟请贵会直接径函五省商会，彼此约定期间，一面函告武汉商会，属其预备一切开会事，相互联络，相互督促，俾无误四月上呈之期，商界幸甚，大局幸甚，同人等不胜翘企待命之□，专□即项任安。

北京请愿国会代表团同人孙洪伊等公启

（《汉口中西报》）

36.商会纪事(复运米谷赴沔平粜)

(1910 年 4 月 26 日)

商务善会前接杨懋堂、张济洲两君由沔阳沙湖来函,谓桐海口一带树皮剥尽,情殊可悯,刻复筹款购办米谷□行运往沙湖一带,减价平粜,以救同胞。

(《汉口中西报》)

37.商会筹办平粜

(1910 年 4 月 27 日)

九江米价涨至八九千之□,居民异常恐慌,详志前□。嗣因小池口等处地方,时有抢米之事。刻闻河市虽有米四千余石,而奸商市侩奇货自居,不肯稍抑价值。兹商会鉴于长沙、南京事宜,特先□预为防范。若使请公家酌拨款项,缓不济急,势所必然,不如自筹的款,赶速赴□道署,请领护照,至姑塘购运来浔,平价出售,以济民生,较为□速。

(《汉口中西报》)

38.商会致藩宪函

(1910 年 4 月 28 日)

(前略)三怡案内公益彩票,诸荷代销代售□仰团力热忱,敝会同人无任□感。其开彩之期屡次更改者,实因销场阻滞,设法俱穷,原冀多售一张即多集一款,债主有益,倒户乐从。乃数月以来售数仍未及半。若再延缓,既难□债主之希望,又□免销户之诘询。现敝会公议拟准定三月分照湖北签捐局正票对号单发彩,不再改期,相应飞布,祈恳牌传知,一体遵照。凡购买此票者,均以本月签捐正票开彩号码为准。一面仍祈将汇收票价迅速□送敝会,俾得并汇公摊,实于维持通变之谊,大有裨益,共惠所昭,声声颂祷。(后略)

(《汉口中西报》)

39.武昌商会法律谈

(1910 年 4 月)

鄂人瞿鸿宾以武昌商会总理吕达先违背部章、会章,陈请咨议局审查办理。原书略云,商务总理吕君达先者,不守章程,本年正月因恒兴钱店东张永祥等控恒泰福一案,移请江夏县差传瞿涣奎、瞿耀堂、瞿畏三等押追。时涣奎等尚在南京清理欠项,鸿宾因属徐君毓华往总理处,代为要求召集商会公同处理。该总理要以三事:一须代表人殷实,二须代表担任偿还欠款,三须确指的款或不动产。查部章、会章,总理召集开会,均不须明定条件,不知该总理何所依据,而为此不情之要挟,是明明违背章程也。贵局为立法机关,事关商律,谅必虚公审查,照章办理,万不至视为私人诉讼而漠然置之也。

按曰:一私法上之关系,不控告于司法衙署,而陈诉于咨议局,无论该总理要求条件之正当与否，而某君事不干己，插身参与，徒以法律门面语，哓哓好辩，亦多见其不知谅矣。

（《华商联合会报》第 5 期）

5 月

1.商界纪事

（1910 年 5 月 1 日）

织绒一业日渐发达，该帮首等公同酌议，在城□巷改建公所，另举总董、协董，并赴商会注册。一俟公所告竣，即行演戏祀神。

（《汉口中西报》）

2.商会纪事（移取履历）

（1910 年 5 月 5 日）

劝业道奉督宪札准农工商部咨称，汉口商务总会总协理业经卢鸿沧、蔡文会接充，其履历及选举票数，尚未报部，请饬造送。等因。高佑诸观察刻已转知商会卢、蔡二君遵办。

（《汉口中西报》）

3.商会纪事（请发牌照）

（1910 年 5 月 5 日）

汉口钱业今年新开者已有数家，兹有樊君丹卿集有本金，在流通巷下首开设燮和钱店，当报明钱公所赴商会递请，移请劝业道发给牌照等情。总协理已着候调查明白，再行给照开贸。

（《汉口中西报》）

4.武昌商会征集茶商出品之大纲四则

（1910 年 5 月 6 日）

武昌商会征集茶商出品之大纲四则：（甲）茶行之□织及其销售方法，（乙）装制法及其用具，（丙）茶业输出之方法及在外各国贸易志概况，（丁）公共团体之组织及其极力改良方法。

（《汉口中西报》）

5.商会纪事（劝募急赈）

（1910 年 5 月 7 日）

商务善会在沔阳所属之沙湖、彭家场两处开办平粜，只收半价，极贫者，概行助赈并给籽种,原议以四万金周□为限,奈现在款将用完,但灾情奇重,万难中止。刻特遍发灾启,劝募急赈,以资接济。

(《汉口中西报》)

6.商会纪事(商会移请传追欠款)

(1910 年 5 月 12 日)

殷泽昌前在汉开设钱店,亏倒湖南源茂德等银二万八千两,拖延不还。源茂德等近在湖南商务总会投递节略,请予追还,以全商本等情。刻由该会总协理备文移请汉口商会传案讯追,以重欠款。

(《汉口中西报》)

7.商会纪事(函恳拨款维持市面,移请查封备抵)

(1910 年 5 月 17 日)

函恳拨款维持市面　汉口市面自湖南民变后,大为摇动,倒闭之事,层见叠出。近届月半比期,谣言愈多,恐多挤倒。汉口商会总理卢鸿沧、协理蔡文会两观察昨特函请督宪拨银二万两维持市面,以顾大局。

移请查封备抵　承□等被胡同升首饰店东胡润明等亏倒银十余万两,延不措还,昨赴商会投递节略,请将胡之家产查封备抵等情。总协理以亏倒巨款殊属非是,已允备文移请江西南昌县查封胡之家产备抵,以重欠款。

(《汉口中西报》)

8.武昌商界之国会热

(1910 年 5 月 17 日)

湖北绅、学各团体对于国会请愿事,除由咨议局举派陈君登山入京外,绝无人提及举派代表之事。近因江苏代表之方君过鄂,极力游说,又迭接留京代表函电,敦催速举,以便于四月二十日续上请愿书,乃由武昌商务总会发起,邀集咨议局、宪政筹备会、教育会、汉口总商会各团体职员,于初五日在武昌商会协议续派代表克日入都。

(《申报》)

9.商会纪事(递控窃票潜逃)

(1910 年 5 月 18 日)

陈裕昌因店伙□楚善将该店之票数百串窃负而逃,私回荆门州原籍,特在商务总会递控,恳予移追等情。总协理以控关店伙窃票潜逃,自应严究,候移请荆门州差传究追,以儆效尤。

(《汉口中西报》)

10.商会纪事(开兑彩票)

(1910 年 5 月 18 日)

三怡字号之公益彩票已于前月附于签捐征票开彩,昨经商会传知各得彩人,准于初十日在该会内凭票兑彩云。

(《汉口中西报》)

11.商会纪事(函请停止平籴)

(1910 年 5 月 18 日)

沔阳、监利各邑水灾奇重,商务善会前筹款四万串,派杨懋堂、张济洲两君赴沔阳沙湖一带设局平粜,米每升售钱五十文,谷价售钱三十文,饥民咸感激不已。奈近日汉口市面倒闭之事层见叠出,以致捐款难筹,当由商会函请杨、张两君刻日撤局,停止平粜矣。

(《汉口中西报》)

12.商会纪事(移请传追欠款)

(1910 年 5 月 19 日)

义盛祥因麻城县黄泉斋欠伊货银,久延不偿,在商会递控,请予移追等情。总协理以如果属实,殊为商务之害,昨已允备文移请麻城县差传究追,以全商本。

(《汉口中西报》)

13.商会纪事(递控背据拍骗)

(1910 年 5 月 19 日)

黄陂街源茂隆钱庄亏倒百余万,以致生意停歇。兹该庄以同善等亦欠伊银两,近忽背据拍骗,昨赴商务总会投递节略,请予判断等情。总协理以是否属实,候邀集质询评判。

(《汉口中西报》)

14.商会纪事(订购大批洋米)

(1910 年 5 月 20 日)

商务总会以武汉米价仍未大跌,民食维艰,昨闻又在洋行订购西贡熟米二十万石,其价值每石□定四两三钱,限一月运汉交货。

(《汉口中西报》)

15.商会纪事(筹解《国民公报》经费)

(1910 年 5 月 21 日)

国会请愿代表因晋京上书请愿,未邀□允,特在京组织国会请愿团,并议开办《国民公报》,前已将章程一切函寄汉口商务总会。总协理诸君刻已会议筹备开办经费,以便解京核收。

(《汉口中西报》)

16.富商刘人祥将入法籍

(1910 年 5 月 21 日)

汉口富商刘人祥由立兴洋行买办囤积地皮起家,现有资产值一千余万,惟其地皮之在后湖者,颇多纠葛,刘因此托名洋商,以资抵抗。日前有任鲍氏具禀鄂督,控刘侵占其地,请饬拆让。当奉瑞制军批云,查此案前据江汉关道两次具禀,该氏控争之地,业经断令充公,则此地已与该氏无涉。至刘人祥串挂洋旗,捏契图占,早已讯供确凿,是其心术险诈,直一地方无赖之尤,免予究办,已属格外从宽。若如来禀所称,尚敢霸踞不让,尤属胆大妄为。仰江汉关道严饬夏口厅押迅令速拆让,立界充公,限五日内禀复,如敢挺抗,即照会法领事签字提讯,禀请从严惩办。刻闻刘人祥见此批后极为惶恐,并以其地产尚有与公家交涉之事,深虑瑞督临以不测之威,致损颜面,特力求某领事允其入籍,将所有产业概行过户与洋商,以资保护。

(《申报》)

17.华商联合会致武昌商会函

(1910 年 5 月 24 日)

敬启者,华商联合会自光绪三十三年海内外商会代表惠临敝埠,讨论商法,时与上海商会诸公提议举办,拟有简章,当经内外并举,印刷分布。内地则由上海商会为总机关,外洋则由新加坡为总机关,以冀实行联合,早观□成,并以事关公益,惟恐酿成私见,经上海商会与新加坡商会订立签名册一份,言明赞成各会□签名后,盖有各本会关防,一律作为发起,并无先后分别。其详细章程则须由各会公议,未便卓举从事。盖当时办事诸人慎而又慎,其苦心孤诣,固当为知者之所共谅。至去年十一月商法第二次讨论,上海商会总理周君金箴及前总理李君云书与各代表提议,以为时已久,而盖名签印者,南洋仅有泗水、巴达维亚、梭罗、日惹、三宝□、渤良安、安澜、峇厘、缅甸、坤甸、槟榔屿、霹雳□、兰莪、小吕宋、望嘉锡,内地除上海商会外,仅有汉口、烟台,而上海商会与新加坡商会事务既多,未能专办,决议以此事责诸华商联合报馆办理,内附设华商联合会事务处。等因。敝馆同人以兹事体大,深惧不克,未敢直任,且以办理报务一年以来,李云书部郎及敝馆财政部主任陈良初中翰,联合部主任陈君贻明、贻经兄弟,掷资八千金,复由金雪滕君、江觉齐君,分任□□调查义务。而所收效者,不过同人录表格及进出口货简单调查,而一时又复参差,迟早未能一致,仅有交通信札计三百,数十埠之商会来往号数几近二三千,稍足自慰。一旦兼办会务,自必更难,继以联合为当今要图,此会若成,则是合海内外商会而成会,团体既大,群智日进,其收效非但比诸本报一部分为大,必当比诸一部分各立商会之为大。且敝报之设,其初名曰“华商联合”,亦无非欲借千虑之一得,达之尺简,以为海内外交通之机关宗旨。既有同名称,又同□,对于此事,揆情度理,均无可以旁贷,乃集议改敝报为《华商联合报》,而于敝馆之内设华商联合会开办处,并由敝馆将从前华商联合会签名册照□

铜模上，连简章印订成书，名曰“华商联合会签名册”，分寄各商会，其已签印者，可即此以昭信守，其未签印者，可照此一式办理。兹查贵会于前次上海商会寄奉简章后，尚未允同发起，特将此项签名册奉上，并附签名纸一张，以相上□。如荷俯允，还希赐弁数言，照□会章，迅赐寄示，俾可随到随印，续行分寄，以表热忱而昭大信，至于简章中如有未合，亦希各抒所见，迅赐改正，俾可参决多数。将来如有详细章程，亦请各先筹拟示知，多至百条数百条，少至八九条或三四条均可，随便指示。（后略）

（《汉口中西报》）

18.上海商务总会致汉口、武昌两商会电

（1910 年 5 月 24 日）

顷康特璋君来述，贵会假商学堂为各会国会请愿代表招待所，感甚。惟本埠代表沈君已航海北上，在京候教。沪商会，咸。

（《申报》）

19.汉口商会征集赴南洋赛会物品

（1910 年 5 月 25 日）

性安	石章、铁字画屏
魏福茂	牙粉
英记公司	各色锦花布
祝宏盛	锡□
祥云	桌椅、□□、面盆
陈□生	□□各宗机器、模型
毛正昌	文昌阁一□
徐万发	山水斗方
指日升	各种□绒帽
□康□	各种胡□布匹
劝工院	各种杯盘桌布匹□毯
广□记	玻璃花罩
周炎□	火□画
周鼎孚	压花机
李□□	各种□刻□屏
余大□	□米机
泰记	轧花机
□记公司	机器伞

（《汉口中西报》）

20.商会纪事(电请扣实备抵)

(1910 年 5 月 26 日)

恒裕等被四川人裕丰泰倒欠银四千余两,延不措还。兹□悉裕丰泰交银清元船户贩有药材、洋油在夔府经过,昨赴商会递控,请予扣留等情。总协理已允电请四川夔府派差将货扣留,以资备抵。

(《汉口中西报》)

21.商会纪事(拨借银两济市)

(1910 年 5 月 26 日)

汉口银根奇紧,倒闭之事层见叠出,前由商会禀请督宪拨借银一百万两,业经督宪电请度支部在大清银行拨银二十万,官钱局拨银三十万,故此月半比期,市面流通倒闭之事不经见云。

(《汉口中西报》)

22.汉口商会征集赴南洋赛会物品(续昨)

(1910 年 5 月 26 日)

马公亮　各种香粉
郑炳兴　铜货
益清公司　牙粉、它参
熊允兴　青铅
广艺兴　吧哩吐油、洋铁瓶
周清雅　桌椅、琴□
姚春和　洋鼓、喇叭、铜器
张和泰　湖□
裕昌祥　各种布匹
肇兴公司　时花绸缎
天香□　香粉元蜜
林万兴　钢丝、铜丝、洋伞
周祥泰　指挥刀大号
蔡同泰　桂耳、银耳、青麻、白麻
韩广兴　钢丝、器皿
顺昌　小机器一架
彭时茂　天秤
熊文质　木质雕刻模型
祥兴公司　各种香皂

(《汉口中西报》)

23.商会纪事(准予移请立案)

(1910年5月27日)

浙江兴业银行前禀准前督赵次帅购买马路口官地三百方建造银行,兹因尚未开工,恐被人侵占,特栽立界碑,赴商会递请移请江汉关夏口厅立案等情。总协理诸君昨已准予所请。

(《汉口中西报》)

24.鄂省请愿速开国会同志会成立

(1910年5月27日)

湖北续举余德元、黄炳言二君为第二次请愿代表,一面组织请愿速开国会同志会,以为筹备进行机关。兹于十二日开成立大会,绅、学、商各界到会者约有六百人,遵章报明警署派巡官二员到会监察。二点半钟时开会,因系武昌商会总理吕达先君发起,特举吕为临时主席,当由吕君首先报告开会宗旨,次由咨议局副长张君国溶报告同志会草章,旋即选举职员,用投票法选举。计选定干事长一人吕达先,书记员二人汤化龙、张国溶,会计员二人殷友于、陈传礼,庶务员二人李国镛、邢家烓。闻该会事务所已议定附设宪政会内,以资便利。

(《申报》)

25.汉口商会征集赴南洋赛会物品(续昨)

(1910年5月28日)

仁寿堂	丸散
震亚公司	牙粉、天然墨
□新	珠珍
广成云	木瓜、正断
吕大顺	山茶
厚生祥	春茶
兴商公司	茶砖
厚□祥	各种茶
广泰和	各样玻璃瓶
正记公司	西式□
李洪顺	军装铁器
道生氏	洋烛、洋皂、花粉、香水
荆油公栈	皮油
牛同兴	剪子
仙源公司	各种茶样
潘福昌	大小羊皮、狗皮

光华公司　洋烛

（《汉口中西报》）

26.汉口商会征集赴南洋赛会物品（续昨）

（1910 年 5 月 30 日）

福昌公司	相片
沈永兴	军器、皮件
磁药公司	彩花磁瓶
杜永兴	机器印花布
燮昌公司	洋皂、洋烛
向洪盛	大小铁火炉
至德泰和记	各种布匹
秦义和	各种钢铁器
祥盛公司	肥皂
蔚华公司	印刷
夏祥泰	各色鄂绸
广昌升	藤床轿
段义泰	金丝绒
广顺泰	各种藤器
陆怡兴	猪鬃
天孙景	纬布

（《汉口中西报》）

27.商会纪事（移请速拨借款）

（1910 年 5 月 31 日）

商务总会移司局文略云，案查昨因汉口三月底比期，银根奇紧，倒闭之案层见叠出，商情恐慌，转瞬四月比期又届，深虑周转不灵，多生事故，于市面大有关碍，即经敝会□请贵司局转禀督宪，拨借库款银一百万两来汉维持市面，业荷俯允照办，并允先拨银五十万两暂为救济，余款仍候敝会请拨解在案，凡在商民，无不同深感激。兹查四月比兑已近，应请将允拨之数先行解汉，以便折放而资维持。相应备文移请，为此合移贵司，请烦查照。希将允拨库款暂先拨五十万两过汉，交汉口大清、交通两银行收存，由敝会担任折放，按期收回本利，一并解还归款，断不任稍事宕延，有负督宪暨贵司局重念商艰，顾全大局之至意云云。

（《汉口中西报》）

28.请看汉口商会之估价彩物欺人

（1910 年 5 月 31 日）

敬告者，本号经售各省彩票，湖北票购自上海分销处，按月定销四十张。去年十月份搭销三怡票，四页内有一张系一万八千三百九十八号，本号售于钱君，于今岁三月照湖北签捐票开彩，果中三标，钱君不胜欣喜，□号友二人向汉口领彩，当给川资四十枚，且言稍贬其价出售亦可。不料汉口无过问者，携至上海向玉肆店估价，俱云三百元不值。于是带还善地，物归得主。钱君怒从心起，声称汉口商会素所信义，以估价三千元之物，□有一成不值之理？显系尔二人舞弊，声势汹汹，将招牌什物捣毁一空。本号受此奇辱，无以共白，为此特登报纸，一以明本号之冤，一以告同业者，毋以商会为可恃，嗣后再有得物彩票，切勿经售而自贻伊戚焉。

（《申报》）

29.汉口商会上（四川）督宪（赵）电文

（1910 年 5 月）

赵督宪钧鉴：汉口存米无多，沪、赣、皖省均以禁米出口，无从设法，且离新尚远，人心惶恐。拟恳仁宪电饬万、夔等属，顺发护照，准运米二万石，借此接济，以安人心。敬乞电示，以便电万购办。

商会禀叩

（《四川官报》）

30.（四川）督宪（赵）复鄂省咨议局等电文

（1910 年 5 月）

武昌咨议局、汉口商会诸君鉴：电悉。川东小春歉收，夔、万米早空，斗至二千钱，人心惶恐，现正设办平粜，自顾不遑，无暇他及矣。川督院，养。

（《四川官报》）

6 月

1.商会纪事（代表赴宁调查赛会）

（1910 年 6 月 1 日）

南洋劝业会，二十八日开幕式。武汉物产会出品，当已由南洋运输所转运赴宁。汉口商务总会协理诸君，刻特派张云达君为代表，赴南洋劝业会场调查一切，以资研究。

（《汉口中西报》）

2.商会纪事(拟设公证会)

(1910年6月1日)

商会接外国商会函开,以近来华洋通商,每因定货不交,致酿交涉,拟设一公证会,举华洋商界老于阅历者充当议员,以便遇事裁判云云。总协理刻正磋商一切,以定行止。

(《汉口中西报》)

3.商会纪事(会商购米平粜)

(1910年6月3日)

督宪瑞莘帅以米粮来源不旺,布上之价日见□贵,于是札饬盐道金观察、劝业道高观察、汉黄德道齐观察、汉阳府赵太守、江夏县李大令、汉阳县张大令、夏口厅冯司马日昨均至商会,与总理卢君、协理蔡君商议筹款前往外洋购米,来汉平粜,以维民食。

(《汉口中西报》)

4.论汉口官商各界宜欢迎日本实业团

(1910年6月5日)

今值世界沟通,万国比邻,交谊与交涉不可不加意研究。然交谊与交涉二者,相需而亦相反。何谓相需?必国与国之交谊分外亲睦,然后国与国之交涉均可彼此通融,和平办理,此所谓相需也。何谓相反?交谊者,国际之私情也;交涉者,国际之公理也。私情无妨从厚,公理必须持平。若公理不得其平,则宜力争之,一争不获,至于再,再争不获,至于三,甚至于以干戈从事,亦所不恤。非若私情,徒以杯酒言欢,作个人之漫游,毫无政治上之观念也,此所谓相反也。

呜呼!我国自海通以来,交涉着着失败,固由天方授□□可与争,亦吾国当局诸公不谙交邻之道,有以致此也。其与外人交涉也,失之激烈者十之二三,失之畏葸者十之七八。而所谓国与国之交谊者,又忽焉不讲。无惑乎国势不振,而外交日见其困难也。顷岁以来,日美两国,朝野上下,选派官绅□相往来,考察政治及农、工、商等界实在情形,名曰"观光团(实业团)",或数十人,或数百人,诚以互换智识,增长见阅,于文明进步影响非细,此以国际交谊论,固当共表欢迎,特别优待者也。故去岁美国观光团游日本两次,而日本皆欢喜异常,饮宴陪观,殆无虚日,及日本实业团游美,美人亦以优礼报复之,是以两国士绅□诚接洽,于邦交融和收效匪浅,日美外交手段之巧,固如是哉。

且日本之注重交谊,非独对于美国如是,而对于中国更有过之无卵及焉。我涛贝勒之赴日本也,日本欢迎之;我东三省实业团之赴日本也,日本亦欢迎之。盖中国与日本仅隔一衣带水,风俗人情较为相近,固宜互相策励,互相团结,以争胜于全球。日本朝野官绅,其庶乎得邦交之道者矣,我中国安得不以日本为法而注意此举耶?

故此次日本实业团之来我国也,记者以为我国官商皆宜极表欢迎。闻前至天津时,我国官商对于实业团诸君开欢迎会,主宾欢洽,颇称一时之盛(见二十二日本报)。其至北京也,官绅之在车站欢迎者,冠盖相望,络绎不绝,□门一带极形热闹(见二十四日本报)。官界、商界、报界均设宴款待,此固见中日邦交之辑睦。而我国衰匕诸公,其注重国际之交谊,未尝不日有进步也,记者盖绝对赞成之矣。

虽然汉口为通商巨埠,今该实业团至汉,官、商各界尤宜尽情欢迎,庶足见我官绅交邻之善,我商界程度之高,且观日本实业团诸君之随地考察,精益求精,振兴实业,扩张经济,不遗余力,吾人对之,宜如何奋发也?先哲不有云乎,"舜人□,我亦人也,有为者亦若是"。然则吾人之欢迎日本实业团,不特有裨于中日两国之交谊,并可鞭策我国实业之进步,一举而数善备焉,我官、商各界其亦加之意乎?

(《汉口中西报》)

5.劝业宪移武昌商会文

(1910年6月5日)

为移会事　本年四月初八日奉督部堂瑞札开,宣统二年四月初六日准农工商部咨开,宣统二年二月初四日接准咨送崇阳茶务局委员徐令嵘所著《茶山图说》暨《茶业说明书》到部,查华茶销数锐减,亟应设法整理。上年十二月间,本部奏准于产茶省份设立茶务讲习所,以资整顿。业经通行各省,一律办理在案。此次送到《茶山图说》暨《茶业说明书》,本部详加察阅,于咸宁、蒲圻、崇阳、通山、嘉鱼等处各茶山□勘形势,绘具图说,罗列茶业种类、性质暨茶商行户□户历年情形,至为详晰,附陈整顿办法六条,亦属颇有见地。整顿茶务自必以设立总公司为入手办法。(未完)

(《汉口中西报》)

6.劝业宪移武昌商会文(续昨)

(1910年6月6日)

总公司果能成立,而设会研究,保存□户,拟定商标,减轻税则,禁止洋商入山采茶各节,方能次第提议。武汉为茶务荟萃之区,应由贵督转饬劝业道会同武昌、汉口商务总会,邀集茶商迅速妥为筹议,按照徐令所陈各节,即就现在各茶栈集合总公司,议定划一办法,报部核夺。徐令调查情形颇有心得,应饬令一并集议,俾与各茶商互究利弊,共筹整顿事宜。除咨复度支部备案外,相应咨行便照转饬办理可也。等因,到本署部堂,准此。合亟札行,札道即查遵照,会督妥议,详候察核,切切此札。等因,奉此。除行知徐令外,相应备文移会,为此合移贵会,烦为查照。至如何筹议整顿办法,容俟茶商到齐后,再行邀集开会妥议,详请察核,须至移者。

(《汉口中西报》)

7.商会纪事(着令叙明查核转详)

(1910年6月7日)

益济利记公司近拟仿照利记轮船行轮章程在长江一带行驶小轮,赴商会递请邮传部发给牌照,以便开班等情。总协理以利记究系如何章程,本会无案可稽,无从查悉,已着令切实叙明,以凭查核转详。

(《汉口中西报》)

8.再论汉口商界欢迎日本实业团事

(1910 年 6 月 8 日)

近世实业团组织之原因与此次日本实业团来游之关系,记者曾屡著论,以忠告我国人注重此举矣。然前所论者,皆偏重于国际交谊一方面,而于商界直接之利益或有未经道破者,兹且就题论题,为我国实业家鞭策。

今日之世界,商战之世界也。商战优胜者为强国,商战劣败者为弱国,不知商战之关系而闭关锁港以自封者,诚不国矣。孙子云:知己知彼,百战不殆。然则□操商战之胜算者,无他,惟求其知己知彼而已。知彼商业之所以兴而急思效法之,此所谓积极之利益也;知己商业之所以衰而亟图改良之,此所谓消极之利益也。合积极与消极两利益而统归纳于振兴实业之一途,商界安得不日盛,国势安得不日强乎?

此次日本实业团来游我国也,彼固调查我国之物产,考察我国之风俗与人情之好尚,以施彼商业之方针,直接利益固若在彼而不在我也,即我国官绅之欢迎优待也,亦不过尽地主之谊而已,□邻国之欢而已,亦若与商界无甚关系。然而,事以对号,而其真理始明,物以比较,而妍媸乃见。故记者以为,日本实业团之来游,其影响于吾国实业界者厥有二端。

一、可以破商人故步自封之积习也。今日所贵乎商界者,能吸收外国之财力以增长本国之经济耳。东西各国,每以物品之畅销于外国者为荣,不仅以行销于本国者为□,我国商人则但求能销售斯已耳,即或此省之物能行销于他省,则以为尽工艺之能事,不复更求进步焉。呜呼!此中国商务所以难与东西列强并驾齐驱也。今日本商务已有蒸蒸日上之势,而实业团诸君犹过都越国,孜孜考察,不厌求详,无非欲商务之振兴以扩张经济势力耳。我国商界观之,宜如何感奋兴起也?顺吾国商界因日本实业团之来游,□从前因陋就简、畏难苟安之故态悉扫除而廓清之。

一、可以除商界夜郎自大之陋习也。中国商人,每诩诩然,自鸣于外人曰:“我国土地肥美,物产富饶,天府之国,吾人据而有之,彼外人者,安能与吾争胜乎?”即各国商人时或涌战而去,而吾国取之不尽,用之不竭,彼亦无如我何,噫,此真井蛙之见也!土地肥美而不善种植,物产富饶而不能保守,徒令利弃于地,物夺于人,欲国之不亡,岂可得哉?以日本天然之实业(如农林、矿产等类)与中国天然之实业较,日本固瞠乎后矣,何以日本之实业日新月盛,方□未已,而中国之实业绵绵延延,毫无起色?吾人试返躬问之,能勿愧于心乎?顺吾国商界因日本实业团之来游,举往日一得自矜,夸奇斗富之谬见一□悟而改良之。

凡此者,皆于商界有直接之利益者也。然则吾汉上商界之欢迎日本实业团者,固欢迎日本实业之发达,亦即欢迎我中国实业之发达也。若夫中日邦交之亲睦,北京报界、学界诸公已详言之,兹不赘。

(《汉口中西报》)

9.劝业宪移武昌商会文

（1910年6月8日）

为移请事　案查前奉农工商部奏准颁发《商船公会章程》十八条并船旗、牌照各式样，系为保护航业，挽回利权要政，自应遵照办理。现查江苏、安徽、江西等省，均经成立奏准颁发关防在案。湖北势据上游，航业最盛，亟应组织此项公会，以便商情。因思贵会信义素孚，热心公益，于汉上各帮情形最为熟悉，相应抄录章程并船旗、牌照各式样移送贵会，烦为发起。至应如何遵章选举等事，均希妥筹见复，足□公谊。为此合移贵会，烦为查核，须至移者。

（《汉口中西报》）

10.商会纪事（递控卷逃）

（1910年6月10日）

吴方润前与彭厚堂合伙开贸，所有货物、银钱均交彭经理，不料彭心起不良，将货物、银钱一并卷逃天门原籍，昨吴在商会递控，请予追给等情。总协理以彭卷逃，殊属非是，惟合伙开贸，究有何项凭据，已着令切实叙明，以凭移请究追。

（《汉口中西报》）

11.商会纪事（嘉鱼灰帮□清议书案，函请查复核办）

（1910年6月11日）

嘉鱼灰帮□清议书案　来书阅悉，此案情节重大，各执一词，究竟孰是孰非，本会碍难□揣，两造帮董均应尽消嫌弭讼之义务，万勿存恃强争胜之私心，如能和平了结，本会实深企幸，倘仍相持不下，则实究虚坐，律有明条，希即静候嘉鱼县秉公核办，本会未便据两造空言，率尔移文，此答。

函请查复核办　信顺和钱店因陈道修开设林昌、升昌两衣庄亏倒银两，延不偿还。业经控经夏口审判见习所将该衣庄查封，但至今尚未将备抵衣物变价还款，赴商会递控。总协理以该衣庄所存衣物究竟值银若干，欠款共计若干，未据叙明，无从查悉，已允函请议董罗佑之查明，见复核办。

（《汉口中西报》）

12.商会纪事（灰帮议论抽商捐）

（1910年6月11日）

灰帮梅玉典等前禀请江汉关道委员开办灰捐，道宪以是否可行，当经移请商会查复在案。兹梅玉典复在商务总会递请，愿每担抽钱四文，以充公用等情。总协理以该帮是否均已承认，昨已嘱令盖章送会，以便核办。

（《汉口中西报》）

13.武汉官商欢迎日本实业团

(1910 年 6 月 13 日)

日本实业团于四月廿九日抵汉,武汉官、绅、商、学各界均赴大智门欢迎,初一日该团照所定行程日表,至各公司局厂参观。是夜,汉口商会与招商局联合,假正金银行景小楼君住宅开欢迎会。由日领松村君率该团到会,华商到者二十余人,公推商会总理卢鸿沧、招商局总办施紫卿两君为主席。入席之前,中日绅商合拍一照(因在夜间用电光摄成),一时宾主杂座,淆酒纷陈,甚为热闹。旋由卢鸿沧君起立读颂词,日领事署吉原书记以日语译述之,实业团长近藤君敬致答词,吉原君复以华语译之,词毕,合座拍掌而散,计时钟,已十一点矣。初二日,该团往谒鄂督,由瑞制军饬在平湖门外乙栈开午筵款待,宾主交欢。是夜,日领松村君复招请中日官绅张宴。初三日上午七点钟,该团遂乘轮下驶往宁,闻须便道至大冶县察看矿山云。

(《申报》)

14.藩宪照会武昌商会文

(1910 年 6 月 16 日)

为照会事　奉署理督部堂瑞札开,本月二十日接准资政院皓电开,本院奏定钦选议员并先期召集资政院,业于四月初一日钦奉上谕,钦选各项议□,着以本年八月□十日为召集之期。等因。钦此。于□七日钦奉上谕,前经降旨将宗室、王公、世爵等应选资政院议员人员,分别选定,□经豫定□集日期,令该院各项议员届期一律齐集。兹据资政院奏请续行钦选议员开单呈览折,所有单开之纳税多额,互选当选人□系以□李□钰、周廷□、林绍基、席绶、王佐良、宋振□、李□□、罗乃馨、王鸿图为议员。该员等务各按照定期,与上次钦选各项议员暨各省互选议员一律齐集,豫备开院并各懔遵前旨,竭诚协赞,有厚望焉,将此谕令知之。钦此。同日钦奉谕旨,资政院奏各省咨议局互选该院议员一律选定开单呈览一折,知道了。钦此。本院除将开办事宜敬谨筹备外,相应先行电咨查照,希分别转知钦选纳税多额议员暨咨议局互选资政院议员等一体钦遵,届期齐集。等因,前来。查钦选纳税多额议员,鄂省当选人未蒙与选,所有咨议局互选资政院议员胡柏年等五名,类系籍隶沔阳、圻州、武昌、兴山、孝感等州县,诚恐未及周知,亟应由局分别移会,一体钦遵,于本年八月二十日以前依期齐集,以重□典,除札行北咨议局查照外,合并恭录札行,为此札仰该司即便钦遵,□知商务总会查照。此札。等因。咨院行司奉此合亟备文照会,为此照会贵总理、协理,请烦查照□荷,须至照会者。

(《汉口中西报》)

15.移请商会算账理结

(1910 年 6 月 17 日)

高松祥与张义顺伙开沧海茶楼,嗣因账目纠葛,控经夏口审判见习所札委礼智巡检督□算账在卷。讵两造争执不休,复赴督辕、臬辕上控,业经批行见习所讯断,昨经民事厅复讯,仍供词各执，当判候将卷宗移请商会算账理结，以免经讼。

（《汉口中西报》）

16.李大令照会武昌商会文

（1910 年 6 月 17 日）

为照请事　案准湖南常德府谭移开，案据金寿帮职商周清汉、贺水之、刘焕之，金寿木总，监生范徽琳，三堂八省职董张立墉、蔡正潜、王继昌、刘凤标，职商徐万新、涂元□、宋□亭、沈干亭等以耽承商款，公恳移咨，以维商务事。禀称，职等金寿木帮，木业最多，上由苗河贩运，下至扬州发卖，所有汇兑款项，从无蒂欠，久为上下各钱号所信任，历数十年无异。去岁有同帮乾丰厚、厚生祥两记经手朱春臣在苗河办木欠五十二块，木码三千两有零，外桐板杂木等件，陆续□用常德裕恒益、惠庆裕、万泰恒，洪江晋泰祥、庆荣祥、萧庆昌、林恒泰各钱号三万余两，立有乾□厚票据可凭，抄单呈电，向例概归汉兑，不料该两记谣有风潮，以致汉票退转，各钱号遂俟该簰抵常，阻泊德山，业经半载。该管事春在汉两次磋商未就，欲兑无银，求卖无主，势处万难，迭央乡馆董事金寿木总及八省三堂绅董并各行职商磋商再四，适值职等三记簰抵常埠，职等谊切同帮同业，不得不力为耽承，因同各绅董妥议，向各号求情，职等出具耽承字据，准其将簰运至汉埠兑银。春簰请各号另盖裕顺泰斧印，派人押运关票码单，概交各号收执，以释各号之疑。各号按款摊派，行江关税，交春自理，途中倘遇风水险阻，与各号无涉，两造均已允服。窃思两记只该常、洪各号银二万两，该簰到汉埠，除偿还各号欠款外，红息不算，尚余万金，诚恐汉地另有别款，以致各号该款久悬不付。两记风潮已久，簰阻德山六月，该管事春到商远汉，磋二次，其声名早已播，如有欠款，应早有人来常□，各号之豫防不得不密，职等耽承之责不得不周。爰是请各绅董联名具禀恩宪，念在商务艰难，力为维持，虽经职等耽承，请恩移交江夏县照会武昌，一俟该两记簰抵汉埠，或往下运，或经汉卖，准予先将职等耽承常、洪各号该款清偿，其有赢余，仍归该记。设或另有别款□出，亦望商会竭力维持，务将常、洪各号该款如数先还，以释职等耽承及各绅董维持之责，免致该款欠延，有碍职等木业上下汇兑之机关，职等不胜祷切之至。是以公禀台前，赏准施行，以德商便，公沾上呈，计抄木码票数单一纸等情到府。据此，相□移会，为此合移贵县，请烦查照，照会武昌商会极力维持，务将该职等耽承常、洪各号该款如数先还。等因，计粘单一纸到县，准此。拟合备文照会，为此照会贵会，请烦查照办理，并祈将查办情形移复过县，以便转移，望切施行。

（《汉口中西报》）

17.商会纪事（着候详查核办）

（1910 年 6 月 20 日）

田子常在益大钱庄帮贸，因假账浮支数至三万余两之多，被店东蔡辛臣观察查出，禀送夏口厅押追。兹田以伊并无假账浮支情弊，昨开具该店历年账目，赴商会陈明。总协理已着候详查明白，再行核办。

（《汉口中西报》）

18.商会请办平粜之结果

(1910年6月20日)

鄂省近日米价仍加涨不已,熟米每石售钱十一千左右,其故实因来源不畅,长此不跌,穷民何堪设想。迭经官绅会同筹商,惟有清查户口筹办平粜一法,尚可救济贫户,亦可杜痞匪借荒滋事之渐。昨武昌商务总会特会同筹振局具禀鄂督,请将官办之西贡米石存积汉口者,提拨两万石至省,分发各善堂设厂平粜,以济贫民。其亏耗之款,由官绅合同设法弥补。当奉鄂督核允,饬暂提拨万石发交常平仓备粜,一面札饬巡警道、武昌府会同绅商筹议详细办法,总以惠及贫民为要。

(《申报》)

19.筹赈局移请会办平粜

(1910年6月24日)

案照武汉等处近来米缺价昂,前办西贡米石业经到汉,亟应减价平粜,以维民食。现奉督宪札,以武昌商会禀请拨米平粜应改为由官督办,饬由司道选派得力委员□同商会绅董分设六厂,定于本月十一日一律开粜。惟清查户口□一时赶办不及,应先零办五日,每名不得过一升,以应急需而示限□。一面责成巡警道分饬各区,会同委员绅董将贫民户口调查明确,造具底册,□给贫民粜票,务于五日内办理齐全。即自本月十六日起,按票给予粜米,停止零售,俾归划一。抄发光绪三十二年原办平粜章程,饬即仿照办理。等因。遵经由局酌定章程,出示晓谕在案,所有经理粜米事宜,自应分区□委委员会同商会绅董均实办理,以专责成。查有后区郭令继祺、后区李令文□、中区俞牧廷恩、前区吴倅绩凝、下区漆令滨、上区连令炳,以派委管理该处□厂,月支夫马银圆三十元,由局照数给领,以资办公。除札委并呈报移会外,合就移会,为此合移贵会,烦为查照,办理施行。

(《汉口中西报》)

20.商会致陆军炮队协统函

(1910年6月24日)

敬启者,据□商孙世茂呈递节略,内称,贵协统于光绪三十四年监修□阵营房,勒诱该职承办砖瓦,该职免强应允。迨砖瓦办齐后,与贵标统当面□账,除已将收外,尚实欠钱六千零二十串文,屡次案讨,该标统以上款未发为词,迄今二年,分文未获,命本□关,碍难久悬,恳速开会评议等情。用特据情函达贵标统,如实欠孙世茂砖瓦钱六千余串,即祈迅速筹还为荷,□此奉布,敬请升安,立候回玉。

(《汉口中西报》)

21.上海商务总会移武昌商会文

（1910年6月24日）

为移请事　案准上海永康人寿保险总公司代表李薇庄观察厚礽，虞洽卿观察和德，丁价侯观察维藩，□润璋观察□，金琴孙太守清□，董杏荪太守杏孙，□□之太守烟，徐生棠司马华呈称，窃人寿保险，其宗旨与储寄银行相同，而兼具恤寡慈善事业，故西人目为最高等之营业，国家保护，比例于银行。年来风气大开，各国之来华分设者，公司林立，利源外漏，岁且不资，沪上商界同人有鉴如此，发即招集华股贷本金五十万两，创设永康人寿保险总公司，专为维持公益、挽回利权起见，妥订章程，禀由贵总会核准，呈奉农工商部注册，须给执照，以资信守在案。现拟妥派经理□士，分赴沿江沿海各口岸暨各内地设立分公司，承保人寿，照章营业，冀收推行尽利之效。因思人寿保险收资承保实难维护，危险之中□寓储蓄存款之意，其事极有利益，其责亦极郑重。分立公司，人地生疏，必须由地方官长临时保护并使各界信任，方臻妥善。敝董等合词仰恳贵总会，备文分别照移各该□治之商会暨府道县宪，出示晓谕，妥为保护，以维远商而安营业等情。到本总会，准此。查人寿保险创自欧洲，推行中国。从前华人均同洋人所立公司投资购保，利权外□，殊复不少，况投资保险□有储蓄之意，中国现在银行一业初在发展，储蓄规则尚未完全，民当无处可藏，财团因而不固。该公司为挽回利权、倡导储蓄起见，集股设立总公司，由敝会核准，呈奉农工商部注册给照在案。兹复在各埠开设分公司，自是推广招徕、厚用民生之意，将来推行尽利，户有储蓄，其于地方治安亦多裨益。据呈前因。除分别照移外，相应备文照会贵会，请烦查照，希即妥为保护，以维远商而资生业，实窃公谊，□切施行。

（《汉口中西报》）

22.武昌商会拟定各粜厂办事细则

（1910年6月25日）

武昌商会拟定各粜厂办事细则：

（一）每区设厂由就近各善堂分别认定，协商承办。

（二）各善堂应于所认定之粜厂遴派妥人经理。

（三）每粜厂应公推一人为总经理。

（四）每粜厂内应按照承办之各善堂分设粜柜，各专责成，如四堂共办一厂，则设四机，或厂中承办之善堂过多，愿合同设柜者，亦□其便。

（五）各粜厂领米应由承领之善堂于领米凭证内加盖图章。

（六）各粜厂领米到厂应会同委员过磅。

（七）各粜厂量米须警务公所颁发之升斗。

（八）各粜厂由商会写给支钱折一扣，如需用款，随时在商会借支，不得动用售米之款。

（九）各粜厂领米款内均由总经理填写凭单，向平粜公所领取分交。

（十）各粜厂均于每日上午六点钟开厂，下午一句钟闭厂。

（十一）各粜厂应于验票收钱后在粜票上盖一“发”字，按照买米数目给票为凭，票上注明升数，各粜柜于收票后按照升数挨次发米。

（十二）各粜厂按日将售米铜圆送交商会指定之典铺收存。

（十三）各粜厂每日所收铜圆应于封皮上加盖承办善堂图记。

（十四）各粜厂每日送钱交存各典，至迟以下午七点钟为限。

（十五）各粜厂按日将售米石数及所收钱数开单报知平粜公所及商会。

（十六）各粜厂每一旬结账一次，须开具领米、售米、收钱、用钱细数清折，报知平粜公所及商会。

（十七）各粜厂司事以八人为限，杂役以六人为限，均由各善堂会同雇用。

（十八）各粜厂除司事及应用杂役应酌给薪工外，其他不得开支薪水夫马。

（十九）各粜厂每日伙食每名钱一百六十文，下饭每名钱一百廿文。

（二十）各粜厂每日闭厂后须留妥人看守。

（《汉口中西报》）

23.商会纪事一则

（1910 年 6 月 30 日）

武昌商会答王家瑞早递议书一案云，据称乾丰厚木号上年赴苗购米，借欠该钱号银一万七千五百两，至今分文未偿。同日并据朱荫□、高耀庚同递节略，并称乾丰厚借欠慎昌钱店银一千八百余两，宝兴钱店银四千两俱未清还。经手余丽生避匿不面，号禀纪润明支吾延宕，闻号□将次抵汉，恳请□封各等情。究□乾丰厚号□何日可到，余丽生避匿何所，纪渭桥、纪润明现在何处，希即调查确实，通告本会，以便邀集到会，质讯明确，再行评议核办。

（《汉口中西报》）

7 月

1.商会公文

（1910 年 7 月 1 日）

劝业道移武昌商会照会三宝垄商会催缴湖北毡呢厂股款义　（前略）据称商股未齐，恳赐设法，由泗水等处商会既经认有多股，该厂现已出货，成效渐著，已认之股似不至再有观望，自以赶紧催收为上策。等因。查武昌商务总会今年新与南洋各埠中华商务总会联合，相应移请照会武昌商会行文三宝垄商会，催将前认敝厂股份迅速收齐汇缴，以维实业各等因，准此。相应备文移请，为此合移贵商会请烦查照，分别移催，迅将前认□呢厂股款，迅速汇缴，实纫公谊。

（《汉口中西报》）

2.商会纪事(请发钱店牌照)

(1910 年 7 月 4 日)

汉口钱店今年新开者已有数家,兹有张君汉海集有本金一万二千两,在黄陂街开设天益成钱店,昨由钱公所在商会递请详请劝业道发给牌照,以资遵守等情。总协理已着候调查明白,再行详请给照开贸。

(《汉口中西报》)

3.商会纪事(递请移释)

(1910 年 7 月 5 日)

吴任甫、张明洪因开架子楼被夏口厅查获,业经传案讯押,兹有冯清泉以吴仁甫等系属牵累,赴商务总会投递节略,恳予移释等情。总协理昨已着赴夏口厅具禀呈诉。

(《汉口中西报》)

4.督宪移武昌商会文

(1910 年 7 月 5 日)

为移知事　宣统二年五月十八日,据□备仓委员补用知县崇善禀称,窃知县奉宪台面谕,鄂省购买赈米现已来汉,令即起运入仓并分拨警察各区平粜。等因,奉此。知县遵即于五月初十日起至十七日止,赴汉会同过磅委员罗巡检□、官渡局委员王布库大使国香□商会等,共由汉拨自西贡米一万九千八百袋,内拨交警察前区共米一千八百袋,中区共米一千袋,后区共米一千三百三十袋,上区共米四千袋,下区共米一千四百四十袋,总共拨各区米九千五百七十袋,下余米一万二百三十袋,均存在仓,听候拨用。所有由汉运拨各区现存仓各数目,理合开具清折,禀请查核转禀。在此次均系商会派人眼同罗巡检过磅,仍系原色存仓,毫无散失,合并禀明,计清折一扣等情。据此,查此项米石经该员已拨武昌警察各区米九千五百七十袋,下余存仓米一万二百三十袋,除呈报督宪并咨会筹赈总局外,相应移知。为此合移贵商会,请烦查照办理,是荷。

(《汉口中西报》)

5.湘藩函催商会查复华商损失

(1910 年 7 月 9 日)

署湘藩谭方伯会同长沙关道吴观察函致商务总会云,查本年三月二十七日奉抚宪杨札开,此次长沙匪徒滋事,焚毁衙署,波及外国码头,趸船、行栈所有损失实数,亟应确查办理。兹据汉口商会总理卢道洪昶等禀请照会领事转饬英商怡和、太古两公司,将被焚之进口货,通知货主,限期将提单呈交商会备查,被焚之出口货由商会向该行索取底簿,抄呈备案,并出示晓谕货主,限期缴验沿途厘票及原来货价发票,统先由商会发给收条,俟考核相符,所有进出口货之水脚、关税、厘捐、栈租、搬力、保险等费,再行照数赔偿等语。到院。为此札饬该司道即便查照办理。等因,奉此。当经照请商会查照抚宪檄饬事宜,妥为办理在案。迄今已逾一月,谅已调查明晰,相应缄请商会迅速详细开单具复,以便核办。至应给赔偿银两,现奉抚宪面谕,业经筹有的款存储备拨。一俟商会复□,即行呈明抚宪,分别按数付给,或送由商会转给,断不至无着,并希转饬各货主知照。

(《申报》)

6.武昌商会上鄂督说帖

(1910年7月10日)

敬呈者,窃据米商沙正顺等呈递节略内开,情□本年二三月间商等奉命赴赣购米一万余石,行至姑塘,被禁月余。五月初九,准放泊湖口,迄今又二十余日。耗费已巨,苦实难支。前蒙禀求督宪电商江西抚宪饬放,未允。惟查复电内有该商会所称三月以前购齐,殊不足信。浔属现拨官款买米,无米可买,请饬就赣变价等语。不知商等前赴各埠买米,代办行店既有清单,经过税局有税票,昭然可查,万难蒙混。至就赣变价一节,已蒙督宪谕筹赈局电致湖口税局委员,遵照江西抚宪来电,由官给价收买。讵税局自接电后,传知商等云,刻下江西禾稼丰象已成,且积米尚多,谁来收买。并云安徽等处米船皆经来电照放,若湖北再得督宪一电自易转圜,□商等回鄂设法等语。商等情不得已,星夜奔回鄂城,特再呈请转恳督宪,俯念商艰,再赐电商江西抚宪,迅饬放行等情前来。查沙正顺等购赣米,既有清单,税票确□可凭,是否三月以前自不难于查验。惟此时将届秋,赣乃产米省份,湖口又米商荟萃之区,米谷囤积必多,不至再虑缺乏。且安徽等处来船既经放行,湖北事同一律,自可援照办理可□。仰恳宪恩,再赐电商江西抚宪,迅饬湖口税局委员,将沙正顺米船赶紧查验放行,或由宪台檄委专员驰赴湖口,查明鄂商所办之米久泊湖口,无处销售,实在困苦情形,就近禀请江西抚宪电饬税委,克期验放之处悉听宪裁。所有接据鄂商呈恳电放赣米缘由,理合呈明大人,俯赐查核示遵,职会不胜悚惶待命之至。

(《汉口中西报》)

7.商会纪事(递控船户盗卖客货)

(1910年7月11日)

蔡恒泰由老河口彭义顺船行□吴义元之船装油来汉,不料船户吴义元存心叵测,将货盗卖,私自潜逃,蔡恒泰特赴商会递控。总协理以如果属实,殊为商务之害,已允移请光化县饬船行彭义顺着交吴义元到案究追。

(《汉口中西报》)

8.商会纪事(移请立案保护)

(1910年7月11日)

□□□机器面粉公司自开机以来,生意最为畅旺。兹遵照商律,昨赴商会递请注册,并详请立案保护等情。总协理以事关商务，自应准予注册，一□备文移请劝业道立案，以资保护。

（《汉口中西报》）

9.商会纪事（移请传追欠款）

（1910 年 7 月 12 日）

黄陂街万泰公钱庄因周子亮与伊店来往，欠有银两，业经亏倒，近复改牌另资，特赴商务总会呈请移追给领等情。总协理以如果属实，殊为商务之害，已允移请汉阳县差传究追，以全商本。

（《汉口中西报》）

10.商会纪事（准予分移立案）

（1910 年 7 月 16 日）

职商万泰公等为公益起见，特邀集黄陂街众街邻筹有的款，设立商防保安会及体操会。昨赴商会投递节略，请予分移劝业道、江汉关、夏口厅、警察局立案，以资保护等情。总协理以事关公益，已俯如所请。

（《汉口中西报》）

11.鄂督仍恳赣抚验放赈米（武昌）

（1910 年 7 月 16 日）

鄂督致赣抚电云，查前据武昌商会禀，奉饬办平粜，曾托米商沙正顺等赴赣购米事，在三月以前，行至姑塘被阻等情，于四月二十日间禀经电商验放。旋奉复电，以该商会所称三月以前购齐，殊不足信。浔属现拨官款买米接济，尚苦无米可买，请饬就赣变卖。等因。当以贵省需米甚切，禁令綦严，未敢再作发棠之请。乃顷接湖北咨议局函，据米商沙正顺等函称，前赴各埠买米，行店既有清单，经过税局又有税票，如非三月以前，何能蒙混？现由姑塘放□湖口，又已月余，耗费不赀，困苦万状。昨经湖北筹赈局电致九江关湖口税局，请其由官收买，以免候久，愈亏商本。乃接复电云，浔郡惟有绅商平粜，此外并无官款可以给价收买。并奉税局传知商等云，刻下江西禾稼丰象已成，且积米尚多，谁来收买各等语。则是不欲买明矣，而仍措不放行，以致进退两难，函请设法援救等情。查该米商守候至两月之久，既不放行，又未由官收买，进退维谷，情亦堪怜，兹不得已，复又据情续商务，祈即派委员驰赴湖口查办清单、税票，如果实系三月以前，应请收回济粜鄂省，倘贵省仍需米甚殷，则请俯就前言，由官发价收买，并将内地所收统捐钱又发还，以免久候而示体恤，尚不知冯中丞如何裁复也。

（《申报》）

12.商会纪事三则
（1910 年 7 月 22 日）

商会纪事一

孙世茂为杜标统传荣建筑营房所用砖瓦价值久未清结，呈经武昌商会函询该标统及函复情形均见前报。兹闻砖瓦帮会董有函致商会，谓此事必杜标统与寇军需官到会质问，方足以昭折服而杜讼端，吕超伯君拟即订期开会评议后再夺。

商会纪事二

武商会答乾丰厚号东呈递议书一案云，此案前由湖南常德府移经江夏县照请本会查办，当经派员调查。嗣据乾号等钱庄同递节略，呈恳封□，又经批答在卷。据呈前情，究竟朱春城经手贩运木□何日可到，实在价值若干，希候该□抵鄂，即时报明，本会派人勘估明白再行开会评议，酌核办理。

商会纪事三

黄梅县移武昌商会文其一云　为移复事　准贵会私开，据祈阳木商曾喜善即衡记，曾鸿章即成记呈开，商等贩米至黄梅县属□坪镇地方投行发卖，上年有蔡价卿凭行项和盛买衡记木钱八百五十余串，成记木钱三百五十余串，除已收外，实欠钱八百一十串文，屡讨不还等情，移请迅速传追给领。等因，准此。查此案控经敝县准理，迭次勒限催传在案。兹准前因，除再严比差役勒传讯追，以期从速给领完案外，拟合先行备文移复，为此合移贵总会，请烦查照。

其二云　为移复事　准贵会移催木商杨翰廷呈控梅连兴延骗一案，移请迅速勒传梅连兴到案押缴给领。等因，准此。查此案控经敝差县传胡攀友即合兴缴到银票二纸，计它纹银二百两，又周凤池名下所缴银七十四两五钱，一并交给杨翰廷，当堂具领，取有领徐状。其余欠款亦经勒差催传，复讯究追各在案。兹准前因，除再比夫勒传讯明，严追给领完案，拟合备文移复，为此合移贵会，请烦查照。

（《汉口中西报》）

13.慎重公司立案办法
（1910 年 7 月 23 日）

农工商部札武昌商会文云，案查设立公司，原以提倡实业，裕国利民，经本部奏准厘订简章，必先将艺业资本及一切详细章程通饬各省商会，详加考核，注册立案，并饬地方官加示保护，以资提倡而杜流弊。近查各省商埠所立公司，多有不问实业与否，往往私自开设，并不呈案，殊于“公司”二字名义大相违背，且有奸商驵侩，假立公司名目，招骗股款，贻累商情，若不预为整顿，于实业前途阻碍非浅。嗣后凡有设立公司者，无论何项实业，必须先行由会查验，并将营业地址，资本多少，办事人数、姓名及厂内一切详细条规详加审定后方准立案开办，如有不遵定规，擅行私立，准该商会报部，严行查禁，以保商情而防流弊，合就札饬该商会查照办理。

（《申报》）

14.商会订期勘估号簰

(1910年7月24日)

乾丰厚本号前因借欠各钱庄银两,经武昌商会允准,勘明簰价再行评议各节,两见本报。兹悉经手贩运木簰之朱春城已将簰运抵省城,由吕超伯君函请木帮董订期前往,会同勘价,以便将如何□还借欠办法开会评议。

(《汉口中西报》)

15.农工部答武昌商会文

(1910年7月24日)

为札饬保护事　实业司案呈据湖北试用知县□式梅禀称,领得资本八千两,在武昌大堤口下开设机器面粉公司。又称,在该处购得基地建筑屋厂,拟定规章于宣统二年八月开工,恳请注册立案,并请饬武昌商会注册认为商标等情。早□章程一本到部,本部查阅章程相符,准予注册,□□有振,相应抄录章程札饬商务总会烦为查核,遵照商律保护并移各分会一体遵照。

(《汉口中西报》)

16.度支部答武昌商会文

(1910年7月24日)

为札行事　据京师商务总会禀称,查各省现行用通常纸币多未限定,及各埠通商市镇发行纸币亦不能划一,并请饬以□银币通行之日为始,所有从前各商发行之纸币,陆续兑换银币,收回纸币。未发行之纸币,无论何种,概禁止行用。等因,到部。合就札饬,札到该商务总会,遵照办理可也。

(《汉口中西报》)

17.商会纪事一

(1910年7月29日)

高耀庚等递请议书一案,当经总理吕超伯考察,前据朱春城呈明号□抵埠,当经函请金寿帮帮董前□会同勒佑,希候勒佑明白,具复到会,再行开会评议,酌核办理可也。

(《汉口中西报》)

18.商会纪事二

(1910年7月29日)

鄢时敏禀,奉答此事前□帮董报告,当经函请警务公所开释,旋闻该商已经罚洋一元了事,何以于□罚之后又有辨□。即据该商所称失去铜茶船三个,事属细微,毋庸深究,且既已认罚于先一日,又何能讲□于后。惟据称,昨又有□勇到该店违闹,如果属实,希即□勇号数记明,呈报本会,函请警务公所查办可也。

(《汉口中西报》)

19.商会纪事(递控诱哄□害)

(1910年7月30日)

曾祥玖等在商务总会递控□道衡将楚安公司之东成、康济两小轮船价租与伊,接装各货往来武、黄等处,近被□阻卡,不能开班,请邀评理等情。总协理以所立租字如何,□法□准抄附,无□查核,希即抄录租字送会,以凭核办。

(《汉口中西报》)

20.汉口商家被控亏欠票庄之巨款

(1910年7月)

汉口熊家巷慎余钱庄,原系刘耀亭合股贸易,向日生意颇旺。近因前月十九日大火后,市面银根奇紧,周转不灵,遂于上月比期停歇,约欠票号银五十余万金。惟刘系殷实商家,尚有房地作抵,所有代收湖北铁路协会路股,均已缴入大清银行,并未倒塌。现查人欠该庄之款,尚有六十余万。业经开单送呈商会请追,想被逼倒闭者,将不止数家也。

遁庵曰:各埠钱庄倒闭,大半因存户提取欠款,而放出者一时不能收还,周转不灵,致酿此祸也。须知商业既遭不幸,则无论欠人、人欠,两者皆当清偿,斯为准理平情之办法乎?

(《华商联合会报》第11期)

21.汉口商业学堂之立案

(1910年7月)

职员何其淦等联合,同于汉口商埠开办商业补习普通学堂,以瀹商智,特在夏口学务局禀请转详提学使立案。汪元秉大令以该职员等用意宏深,殊堪钦佩,所拟章程亦甚妥协,候即转禀学宪立案。惟堂长、经理、监学各员,宜早订定,并补开职衔存卷,以备稽核。

遁庵曰:铁路交通,而后汉口一埠,握长江之上下游,为全国之中心点,即上海亦形逊色,然使不为培才之计,他日商务,必仍操诸外人之手,商业普通学堂之设,可谓亡羊补牢。

(《华商联合会报》第11期)

22.鄂省之实业志

(1910年7月)

汉口出口货以茶为大宗,今岁洋庄放盘收买,而出产又少,故茶商能合团体,并不减价招徕,获利遂厚。闻本年与去年茶市比较,其进货数目虽少三四成,而获利反较去年增多十之二三。其销售最旺者,以俄国阜昌茶厂为第一。至土业,则自去年开办牌照捐后,获利几为百业之冠。近因银根吃紧,销路不如去年之旺,各土庄争相减价售。现刻下川土每百两售现盘六十两至六十五两，较去冬今春几缺去二十余两。如福康、徐均、福合成三庄存土值二千余万，现在须亏赔三四百万。犹幸去年获利甚厚，可以抵补，不致大受亏损也。

遁庵曰：近日茶业一落千丈，此识者所共知也。今汉商以结合团体之故，不肯贬价，因而获利可见。凡事未有不爱群而能自立者，吾愿各茶商勉之，尤愿一般之商人共取法之。

（《华商联合会报》第 12 期）

8 月

1.商会纪事（移请提案省释）

（1910 年 8 月 4 日）

广义安因包武汉审判厅工程委员杨葆初从中舞弊，以致被□羁押，外债迫急，议董唐朗山在汉口商会呈请转移给领提释等情。总协理以此案前据广义安来会递略，已允为调查核移在案，查此项工程现归武昌府承办，广义安领价包工，其中既无私弊，遽因委员弊□滋生，累及包工，请武昌府体□，将所欠垫款如数给领，一面将广义安□案省释，以恤商艰而分皂白。

（《汉口中西报》）

2.大生恒倒闭之影响

（1910 年 8 月 23 日）

镇郡大生恒木号倒闭后，欠款甚多，与武汉各商俱有牵涉。武昌商会遂于十一日致镇江商会电云，灰电悉。大生恒各埠货产均应按照债款数目统计匀摊，万不能分省界，请勿遽行分派，致滋纠葛。武昌商会，真。

同日复致镇江丹徒县电云，佳电谅达左右。大生恒武汉债户已起程赴镇，该木号镇埠存货，扣留匀摊，以免偏枯而滋纠葛。武昌商会，真。

汉口商会闻信后，并致武昌商会函云，据阜昌隆、晋康、生裕、大昌等钱庄来会略称，以江夏县大生恒木号主刘舜之肥骗各该庄等银两，共计估平宝三万九千九百余两，已略蒙贵会将刘舜之一名送荷江夏县押追，并将该号所存木货及房屋等项先行发封，一面由贵会分电金陵、镇江等处，查封大生恒货账，催收备抵。惟刘舜之所缴账本系属伪账，其逐年真账概未缴验，所指存货外账、房屋、地皮等项，亦仅凭刘舜之信口开报，其中多有遗漏，恳为函请贵会始终成全，迅调真账，尽数抵偿，并于贵总协理及诸董处先为道谢等情前来。敝会查大生恒木号近年生意甚属发达，论理不致亏倒，今遽出此，殊于武汉商业大有关碍，幸荷贵会迅速维持，将刘舜之送县收押，一面分电封其货账，使之无可遁匿，各债主账款或不致遽归无着，凡属商家无不同声称颂，当不仅债主感激也。谨先为阜昌隆等代鸣谢悃，仍乞转恳江夏县尊力追真账，并究其遗漏未报之产，以便公同摊抵，幸勿稍延从宽，致开效尤之门，至祷至祷。

（《申报》）

3.汉商创办商团益智会

（1910 年 8 月 28 日）

汉口商董宋炜臣、蔡辅卿等刻集同志，组成商团益智会，以营业余暇研究各种实学，公举总协理各一人、书记会计各二人、理事四人、会董八人，以资督率会员，现暂定额六十名。凡入会者须在汉上有正当营业，由本帮董事介绍者，方能承认，并须年缴会费银十八元，每星期日敦请精于各科学之士讲授一切。现已租定歆生路房屋，于十七日开办矣。闻来会之人异常踊跃，几逾定额三倍。经理者，以诸人向学情殷，未便阻其上进之志，刻正筹划扩充办法。然于此可觇汉上商界程度之进步矣。

（《申报》）

4.鄂省倡行新币

（1910 年 8 月）

鄂督以鄂省一切行政经费，向有用银、用洋、用钱之别，用银之中，平色不一，又有库平、估平、湘平等项名目，册簿混淆，勾稽不易，最为今日清理财政之障碍。现经度支部奏定币制，以银圆为本位，颁行划一条例，统按元、角、分、厘计算，直截简当，可省无数纠葛。所有外省用款，自应酌照条例，择要先行厘定，以免参差。凡鄂省各衙门、局所、学堂、军队、工厂，一切公费、薪水、饷需等项各款，应各就其原支数目，或银或钱，是何平色，按照市价，折兑库平足银，再按库平一两，易银币一元五角之数，分别折合，截去畸零，统自七月份起，改发鄂省通用银圆。其向扣减平者，仍先按数扣除，就其实支数折算，向支银圆者，毋庸更改，以为推行新币之先导。除电达度支部查照外，并行藩司、清理财政局遵照办理。

（《国风报》第 1 卷第 18 期）

9 月

1.汉市银根艰窘之一斑

（1910 年 9 月 12 日）

汉口市面近年日渐衰败，今夏四月半比期，各业皆有不能周转之势，乃由湖北藩库与官钱局拨借银三十万，大清银行拨借五十万，交汉商会折放维持。其藩库之款，约期三个月归还，扣至七月底，已经逾限。而汉市复因上海钱业倒塌多家，大受影响，周转颇觉不灵，事非初料所及，以致各放出官款难以依期收回。刻汉商会已禀恳督藩两辕，请展限三个月，于十月望左右如数收还。闻王护院与高署藩熟商以现在公家待款甚急，不能久延，只有允展一月之说。

（《申报》）

2.劝业道调查汉口面粉公司

（1910 年 9 月 13 日）

劝业道移武昌商会文云，案准贵会移开，准贵道移请调查遐龄、鹿龄、真崎、亚龄、万丰等五家在汉口筹设武汉夏机器面业公会，拟订帮规简章情形，移复核办，计抄单一纸。等因，准此。并据亚龄以前情来会递略，敝会当派调查员往查去后，旋据查得，亚龄设在武昌省城内，遐龄在汉阳府城内，鹿龄、万丰均在汉口，以上俱系中国商人所开。惟真崎则在汉口歆生路，系东洋商人开设，并查得该公司等先在鹿龄设立公会办事处，所行办法与禀定章程似相符合。据该帮首李玉卿等称，禀请设立，原为遵守章程、推广生意起见，并无借公营私情事等情，查复前来。敝会查该公司等设立公会，无非希图联络，振兴商业，所拟章程尚属妥善，自应准予所请办理。惟真崎既系洋商，似应另行办理，询据该公司领首人谓，洋商不列一起，亦无不可等语。除移复汉口商会外，相应移复查酌办理，是荷。等因，准此。查此项公会大部尚无定章，该公司等互为联络，借振商业，未为不可，但未便遽予立案。至有洋商在内，将来恐生轇轕，所有真崎一家暂缓列入。除移会汉口商务总会转饬遐龄、鹿龄、万丰遵照外，相应移会贵会，烦为查照，希即转饬亚龄遵照办理。

（《申报》）

3.劝业会审查长与商会往来电（为审查茶叶事）

（1910 年 9 月 14 日）

审查长杨侍郎电　上海商务总会前电，托会同汉口商会，公举茶叶商董来宁襄同审查，如已得人，希敦促速首途。丝业施子英观察，亦请速来。希转达，并先电复为幸。士琦，俭。

商会复电　劝业会审查长杨钦宪鉴：俭电敬悉，转据茶业会馆复称，推举金董廷蔚前往相助。惟茶务匆忙，不克久住，乞电钦宪，何日审查茶叶，预期电知，即趁火车赴会验茶，器具应否备带，并乞示遵等语。谨代电陈，祈示复。沪商会职道周晋镳知府、邵廷松叩，虞。

杨侍郎复电　上海商务总会虞电悉，茶叶现正着手审查，董事金君盼切速来，借资相助，并嘱备带验茶器具为要，至川资津贴若干，能代商定亦可。士琦，蒸。

（《申报》）

4.劝业道预备招待美实业团

（1910 年 9 月 30 日）

美国实业团准于二十七日抵鄂游历，刻下汉口商会预备招待，穷极奢华，以博美团之欢心，并预派颜仲三、刘宝余两君至南京下关迎迓，湖北劝业道高观察因美团游鄂日程，定于二十九日至武昌考查，各局厂在乙栈谒制府留宴。现劝业公所设在丙栈，与乙栈隔邻，特饬公所商务、庶务各科员，预将乙栈铺陈美备，于栈外修建大木屏，与旧有两牌楼均缀以叶，遍设电灯，以备欢迎而便联络。

（《申报》）

5.维持汉口市面

(1910 年 9 月)

汉口银根奇紧,大局堪危。前由总商会禀经鄂督,在湖北官钱局拨银二十万两,并电请度支部,在大清银行拨款三十万两,交商会息借可靠商人,市面赖以稍安。兹商会又以市面情形,仍形恐慌,爰移请藩宪高方伯转请督宪,拨借库款银一百万两来汉,维持市面,业荷允照办,候陆续拨交大清银行,转由商会经手息借。一俟大局稍定,当由商会备数交还。

(《蜀报》第 2 期)

10 月

1.美实业团游鄂初纪

(1910 年 10 月 4 日)

美国实业团原定于二十七日由宁来鄂,武汉官、商、学、绅各界团体均预备至招商局码头欢迎。并预派颜仲三、刘宝余(商界代表)、胡瑞霖(官界代表)三君赴宁恭迎,其接待秩序,定于是日下午七句钟在美国饭馆开餐,八点钟在英国波罗馆开官商欢迎会。讵二十六日晚,官商接待美团领袖,劝业道高佑诸观察、汉阳铁厂总理李怡琴部郎、汉商会协理蔡辅卿君接胡瑞霖君由九江来电,谓美宾历查勘大冶铁矿及水泥厂,抵汉时过夜半,在船住宿。是晚茶会,嘱电达请免。二十八日早仍在美孚码头登岸,会晤各界毕,顺乘小轮,看杨子厂,回寓。又,张安帅派曾观察伴送来宾,乞佑翁转禀督宪云云。至美宾经游道路,计自花楼正街起至鲍家巷正街止,又由四官殿河街起,直出租界至一码头歆生路等处。各华商行店字号现均结彩张灯,高悬中美旗帜,以表欢迎之意。至来宾抵汉后情形容俟续报。

(《申报》)

2.陶薰臣又断指矣

(1910 年 10 月 9 日)

美国实业团莅鄂考查及欢迎情形已详前报,兹美团于初二日北上,农工商部派知县朱礼琦,民政部派郎中张仁前来迎接,汉商会亦派颜仲三君伴送。是日,驻汉美领事、各美商,汉关、劝业二道各文武及商会协理、议董等,均至站恭送。开车时中国官商排立车站之前,拱手为礼,美商脱帽摇巾,如蛱蝶之飞舞,汽笛既鸣,群呼中美两国万岁,并将行车拍照,以志去思。闻初一日午后三句钟,众商在跑马厅开欢迎会时,有一武夫遍身血迹,昂然而入,众人愕问其故,则去年断指争路,誓拒借款之陆军四十一标目兵陶薰臣也。兹又自断一指,欲于席间激动中外官商,以谋中美联盟之速成,当经众人阻之,曰:今日之欢迎会,乃联感情,非去岁铁路协会可比,若以此惨剧呈于美团之目,必致不欢而散,且邦交之事断不能出以激烈手段,不独无益,必徒为人笑，当命人扶之出，送往医院调养。

（《申报》）

3.湘鄂商会反对剪发

（1910 年 10 月 26 日）

鄂省总商会因剪发必致易服，华货定然滞销，特倡反对之议，通函各省埠商务总分会，协筹对待方法，并征集意见书。兹接湖南常德商会复函，大表同情，略谓，自海禁大开，流出金融每年不下数万万，商界损失既多，全国受其影响，如果改易服制，外国毡呢等货输入无穷，我国即有工场亦难抵制，而况制造之厂资本不厚，出货无多，利权、民命必至大受损伤。吾侪宜先事绸缪，期全亿兆人之生计。尊处既经发起，当必筹划完全，必不使上侵国权而下伤民命，若合众会以资联络，海内外谅表同情，敝会既佩鸿猷，窃愿附名骥尾。

（《申报》）

11 月

1.汉商会请款维持市面

（1910 年 11 月 11 日）

汉口近日倒闭兴泰裕、万泰公等钱庄，市面岌岌可危，现商会总协理蔡文会君，以本年三月汉市因银根吃紧，曾经公家在藩库、官钱局库合拨银五十万两，转交商会借贷，以资维持。刻此款尚未收还，市面又起恐慌，其情形较三月间，更形危迫，原借官款万难收回，是以具禀督院，请予展缓两月，并请饬由官钱局再添拨银五十万统交商会，照原章转放。当兹公家财力奇绌之际，未谗鄂督能照允否。

（《申报》）

2.鄂督维持市面之规划

（1910 年 11 月 12 日）

鄂督近以武汉市面银根奇紧，商号亏倒者迭见，现在开铸新币，既尚无期，若不添铸旧银圆接济，实属岌岌可危。近查奉天、津、粤等省，均请添铸旧银圆有案，鄂省情形更迫，需用尤殷。特于日昨电致度支部，拟请在湖北分厂暂行添铸旧银圆，以济急需。一俟部中新模颁到，开铸新币有期，立即停止，以清界限。尚不知度支部能核允否。闻鄂督又以现在银根枯窘，本月月半、月底两比期，尤为吃紧，如不设法维持，市面必大骚动。昨特面谕藩司，转饬商会，略谓，官商各款存放各商号为数甚多，倘同时提取，必致掣动大局，不如量予从容，仿北京钱市分期办法，此比期内总以暂不提取存款为是，俾得支持危局，公私均受其益。昨汉口商会已遵饬刊布通启，力劝各放款之家同心维持矣。

（《申报》）

3.鄂人仍请即开国会之盛况

（1910年11月16日）

汉口国会请愿同志会联合武汉各团体，拟于十月十二日至督署请愿明年即开国会一节，已纪前报。兹闻同志会赴督署请愿，诸人先于十一日在汉口岭南会馆取齐签名，其余各团全体名册，则均先期送至同志会，以便汇齐呈院。惟汉口商会、武昌教育总会，因党派竞争，竟置此事于不顾，经同志会于初十日函催，始行造齐送到。至改定请愿呈文，仍由张国溶主稿，先经油印，遍送各团，斟酌修改，各团上院时，每团以“请愿速开国会”六大字之旗帜为前导，计三十六团帜，分五色随风招展，极有可观。各请愿人与代表等并制有徽章佩于胸际，上书“汉口请愿速开国会同志会”字样。十二日上午十一句钟，齐集咨议局，排队直赴督辕，由张国溶、吕达先两君衣冠徒步前导，秩序颇为整齐。当经瑞制军传代表进见，力陈国势危迫，时不我待情形，闻制军已允联合各督抚，再行电奏矣。

（《申报》）

4.鄂省官商维持市面之规划

（1910年11月19日）

鄂督因近日武汉银根吃紧，商号倒塌累累，非得大宗银圆周转，不足以救济市面。日前特电商度支部，请就造币鄂厂暂铸旧式银圆，业经部中核准，由该厂代铸，资本则归鄂省自筹。昨鄂督特饬令藩司高方伯，暂在度支公所拨银二十万，藩库拨银十五万，又饬劝业道高观察暂在官钱局拨银十万两，合成银四十五万，一并交铸。又以从前银圆局旧章，凡各署局厂所暨武汉商民有愿以生银附铸者，均准代铸。兹特饬藩司移行各署局、所、劝业道照会武汉商会，如有愿用生银搭铸，均准查照旧章办理，以便合为一批铸造。并以部派造币鄂厂总办李观察经野请假，在皖省梓里养疴，帮办王部郎树藩到差尚需时日，特暂委湖北候补道袁观察励桢为监造员，督同该分厂员司即日动工，以救市面而资流通。又，汉商会协理蔡文会君以上月底钱庄倒塌者甚多，曾经瑞帅谕饬官商，所有存款一概缓提，但本月望、月底为两大比期，大势岌岌可危。若不设法先事维持，汉市必不堪设想。爰于初十日亲自渡江禀谒藩台劝业道，妥议维持方法，闻拟由官担保，息借洋款。

（《申报》）

5.鄂省官商交困情形

（1910年11月22日）

汉口市面自上海源丰润停歇后，情形甚为危迫。近因十月比期已届，由汉口商会禀请援照春间成案，借拨官款一百万两，发交商会转放，借资维持等情。昨奉鄂督瑞莘帅批云，查本年四月间，汉口银根奇紧，商情惶急万分。曾据该商会恳请借拨官款一百万两，以救市面，当以鄂款奇窘，本属无此财力，且平粜本钱一百万串，原议官商各筹一半，乃迭经司道谆劝，汉口诸商迄未遵办，所有购办洋米价银一概诿诸公家筹付，愈觉支绌万分。惟体察汉口市面情形实甚危急，亦不得不设法通融，随与司道筹商，减为借拨银五十万两，由湖北官钱局借三十万，电商度支部饬由大清银行借拨二十万。其外间仍号称百万者，乃系平市面、安人心之计，案卷可稽，不容牵混。维时官钱局三十万业已全数借给，大清银行之款，虽未照借，而迭由藩司向商允将到期应收之款数十万两，通融转放，未经收回，亦未始不系官为维持之力。九月以来，沪汉源丰润、协成同时停歇，此外各处商号倒闭者层见叠出，本部堂早经虑及十月比期，市面危急久已，饬由藩司分致江汉关道官钱局暨大清、交通两银行仿照京城分期办法，将到期应提之款暂缓提还，是汉口各商虽不能顾公家之急，而本部堂之于各商设法维持，不谓不力。兹据禀请拨借巨款，无论前债尚未清缴，未免类于发棠，然使公家财力有余，亦何惜不为此通融之举。无如上年水灾，工振粜三项，挪垫甚巨，即如武汉平粜一事，原购之洋米减价发售，至今未尽耗折之项，不下数十万两。兼之从前善后局息借华洋各商之款，除陆续归还外，尚欠二百四十余万两，今冬到期，应还之款计一百数十万，利息尚不在内。现方筹议，借款还款，以济急需，更何能为此舍己芸人之事？好在借款、还款如有成议，则汉口华洋各商可以收回本息二百万，上下市面有此大宗，现银亦足以资周转。所请拨借巨款之处，应毋庸议，仰北布政司会同江汉关道转移知照。

（《申报》）

6.汉镇维持市面之一斑

（1910 年 11 月 24 日）

夏口厅王司马奉汉关道齐札开，买空、卖空大干例禁，无论银钱、货物皆足以扰害市面，其理一也。汉镇商家每以空盘交易，直至临时价值增减，无货交付，聚讼盈庭，拖累无已，破产倾家，可立而致。本年皮油纠葛之案层见叠出，官商极力维持，尚未了结清楚，可为殷鉴。亟应严切查禁，以维市面。除移汉口商务总会转饬各帮帮董极力劝导禁阻外，合行札饬，为此札仰该厅即便遵照，出示严禁，一面传谕各帮帮董极力劝导，嗣后无论何项生意，务须现货交易，不得买卖空盘，倘该商等再蹈前辙，或阳奉阴违不顾利害，一经访闻或被告发，定即照例予以应得之咎，决不宽假。等因，奉此。除移商务总会传谕各帮董极力劝导外，合亟出示严禁，为此示仰汉镇商贾人等一体遵照。

（《申报》）

12 月

1.忙哉劝业公所

（1910 年 12 月 7 日）

湖北劝业道向无衙署，其始仅就已裁之牙厘局房屋设立劝业公所，以为科员办公之地，继而迁徙，附设于铜圆局内，今夏又迁往平湖门外丁栈。兹劝业道高观察以公所设在城外，殊多不便，现在度支公所已由已裁之善后局迁进藩署，空出之善后局房屋堪以改为劝业公所。业已禀准鄂督拨款修葺，竣工即行乔迁矣。

（《申报》）

2.新堤商董禀请创设商会

（1910 年 12 月 13 日）

湖北上游与湘毗连之新堤镇，襟江带湖，帆轮云集，商务甚繁，现该镇商董魏国勋等邀集同志拟设商务分会。业已议定简章，呈请武昌总商会备案，俟举定职员后，再行禀请劝业道，咨部颁发图记。武昌总商会吕总理达先以所拟章程大致周妥，特嘱其将各项职员照章举定，开具选举票数及履历清册，一并牒由本会核转，以符定章。

（《申报》）

3.鄂藩提倡通用浙江龙圆

（1910 年 12 月 18 日）

浙省茶商聂立富等刻携浙江银圆局铸造之龙洋一万余元，来鄂购买茶叶，讵非贴水，不能通用。该商乃具禀鄂藩，求示谕武汉商人，破除省界，一律通用，以免亏耗。署藩马方伯以各省制造龙洋，原为便利商民，以辅金融之不足。兹据该茶商所禀各情，不惟不便商民，且实阻碍商务，殊属不法。昨特出示晓谕，武汉各大小茶店及各钱铺市面一律通用兑换，其价值高低均照本省核算，不准故为抑勒，以维圜法而恤商艰。

（《申报》）

4.印花税实行推广之计划

（1910 年 12 月 22 日）

武汉于去腊开办印花税，因商民反对，故议由官家起先实行，以为商民倡率。现忽忽一年，只收官、学、军各界所缴税钱二万余串，汉口、武昌商民购用印花税款仅只一千余串。署藩马方伯以省垣市面较小，整顿之策应从汉口着手，特檄管理汉上印花税事务之夏口厅王司马国铎、筹饷专局委员志刺史琦，传集承售印花之总分发卖商人，邀请绅商、董事开会，筹议切实遵行，务使购者踊跃，巨款立集，以裕度支。并饬其晓示商民，谓方今十税，签捐骤行减色，举办新政惟恃印花税畅销，庶资挹注。倘不遵章奉行，一经查出，即照部定《印花税则》第八条则例惩罚。

（《申报》）

5.两湖米捐改良之商榷

（1910 年 12 月 31 日）

两湖赈粜米捐，自设局以来，所收捐款原定专供湘、鄂两省凶年赈粜之用，嗣湖北因粤汉铁路局经费无出，经张文襄奏请将鄂省应得一半捐款拨充铁路经费，不能挪作别用。兹湘抚杨中丞以米捐总局虽设于湘之城陵矶，然非出口要道，故鄂湘各处复广设分卡，节节盘查抽厘。米商殊不堪其扰，特备具议案，交由湖南咨议局议决改良办法，设局五处，扼要稽征，其余各分卡一律裁撤，以期功归实用，款不虚糜。现经该局开会议决，呈由杨中丞咨商鄂督核夺会奏，并经湘抚札委财政公所帮办袁观察学昌来鄂面陈一切，以免阻力。闻已得瑞制军之同意，允其会奏。至此次米捐改章后，每石须加抽钱二百文。湘得百二十，以为此次赔款之需；鄂得八十文，以为荒赈之用。

（《申报》）

1911 年

1 月

1.汉口商人妥筹自卫政策

（1911 年 1 月 7 日）

汉口巡警近因经费支绌，裁减岗位，以致照料不周，窃盗蜂起，拦街劫抢之事时有所闻。日前，各帮商董会议，以巡警既不能保卫治安，应亟设法自卫。现在各街巷组织之商防保安会，成立者已十有六处，该会本为救火而设，经费均极充足，刻拟由各会各募巡丁数十人，公举都司张朝熙、抱总马正魁带领常川巡缉，护卫各巨商取兑银钱，遇有火警示，随同弹压，以辅巡警力所不逮。昨特拟情禀请夏口厅核示，王司马当以该职商等招募巡丁，公举张都司等管带巡缉，原为绥靖地方起见，殊堪嘉许，应准转详立案。惟查张都司等均系职官，既系札委管带，自应移驻厅署，由本厅节制。所有月薪杂用，该职商等既经筹议致送，仍应如原议办理，候移请汉阳镇协分别札委可也。但各商帮现在颇有人倡议，拟将商团极力扩充，此后即停缴巡警捐，斯议果行，官商必须大起冲突矣。

（《申报》）

2.汉商会新举总协理

（1911 年 1 月 21 日）

汉口总商会协理卢鸿沧、蔡文会二君刻届一年任满。各议董、帮董均已另行选定，日昨照章投票改选总协理，蔡文会君得票最多，升任总理，绸缎帮董孙涤甫君得票次多，定为协理，已由劝业道报部，加札委派，以便任事。

（《新闻报》）

2 月

1.汉口罢市风潮始末记

(1911 年 2 月 2 日)

去冬汉口罢市一节,屡纪专电。兹得访友详述始末云,汉埠英租界二码头江边于腊月二十一日薄暮,有人力车一辆拖载一西人,到彼下车,讵西人去后,车夫忽倒地不起,英捕房西探某见状,询系患病,随召印、华捕各一人,将其抬往捕房附设病院医治。时有数车夫在旁,疑为印捕踢伤,一时谣传殆遍,而该车夫到捕房后,未及服药即已毙命。西医见其猝毙,疑系鼠疫传染到汉,随经验明病源,属于气厥,始命人抬往英界外后城马路,嘱华警察召人认领。缘汉上业拖车者均住在后城外也,不料各拖车人暨填筑后湖之土工人等,已为前谣所惑,众口一词,谓为踢伤毙命,而罢市风潮已伏线于此矣。

车夫名吴一狗,湖北应城县人,年约三十岁,其家属均住后湖,闻信前来抚尸大痛。时值昏夜,围而观者数百人,而痞徒又煽动尸亲,当夜将尸抬至捕房图赖,初意无非要索恤金,孰知围观之人愈聚愈多,人声鼎沸,滋闹颇甚。印、华各捕不能禁制,反被击伤,乃由捕头电请夏口厅王国铎派防勇百余人,前来弹压,一面带同刑仵驰来相验,委系病死,毫无伤痕,特赏薄棺一具,装殓钉封,命差勇押送出界。于是,一班苦力人等大愤,谓官袒洋人,我辈此后在租界营生,性命殊属危险,遂倡租界车夫次日一律罢业之议,如违众者,必攒殴之,此议既定,时已深夜,众遂散归。而弹压各文武见众已散去,以为安静无事矣,亦即各分途回署。讵二十二日辰刻,后湖一带有人鸣金聚众,召集各车夫、土夫实行罢业,是晨租界遂无一乘人力车,后湖内亦不见一辆土车行动矣。

是日,车夫既罢业,好事者无不趋至英界观看,苦力人等遂随众拦入,痞匪又从中煽动,各挟石子,于上午十钟之际,蜂拥至捕房前,投石如雨。各码头挑夫又因礼拜,进出口轮船稀少,无货上下,且因平日与印捕积怨已深,亦群起附和,呼喝之声势如潮涌。各印捕闻变,均调归捕房守卫,各马路竟无一捕弹压。而华界之人又纷纷闻声往观,于是租界内人山人海,几至拥塞不通。

当围闹捕房之际,捕头于楼上陈巨炮二尊,各印捕概执枪守卫,故□民均不敢逼进滋闹,惟在远处投石呐喊,而行路之西人多被石击,匿不敢出。有某国领署文案谢某之子谢景堂君已改西装,经过歆生路时,被众掷石追逐,谢即向鸿昌洋货号内躲避,众复追入该号,主人阻之,众痞大怒,立即抢毁其店,间壁之同昌、天佑两洋货店亦被众痞以借刀枪为名,顺势抢毁,损失甚巨。至是租界内各商店、戏园等遂一律闭门(洋商行店是日适因礼拜停市)。各痞徒既抢三店,胆气益豪,竟欲劫某军装行,迨至门首,已有人持枪警备,遂不敢动手。时英领法磊斯君因风潮甚大,华官弹压不下,特调停泊汉江之英国各舰兵登岸防守领署银行,并请该舰司令官率兵一队,约五六十人,鼓角负枪,巡缉弹压。不料走至一码头,华人阻其前进,投石乱击,大声呐喊。英舰司令官即令各兵站立,先放一排空枪,各华人良莠不齐,有滋事者,有随观者,闻枪声皆反奔。

英兵见之大笑，乃前行未数武，各华人又阻其进，掷石如前，英兵遂装弹开枪，此一响应声而扑者共二十一人，伤十四人，毙七人（已毙之七人，惟二人系商界中人，余均苦力，其受伤之人抬至医院。次日，又毙三人，共毙十人。尚有二人伤势甚重，命亦难保），余人遂若战败之军，如潮而退。

汉上文武闻租界警报，即于十一时调防军、巡警二百余名前来弹压，而汉关道齐耀珊观察因太夫人生辰，贺客正盛，故迟至十二时数十分钟，始带十余护勇行抵租界。时汉阳协夏口厅等各文武皆已先至，迨齐道台至，与众文武言：我们出去劝散不行，再请大帅的令。各文武唯唯随之偕出。适遇英兵枪毙多人，众□民反奔，正与诸文武遇，衔其袒护洋人，验尸不公，遂举石击官，齐关道、陈汉协首当其冲，一伤左目，一伤鼻端，其余各文武无不受伤，以夏口厅王国铎受腿伤为最重，当经防勇护兵极力救护，仍返洋务公所。而齐之面部已肿起血流，大呼了不得、了不得，即以电报、电话，双方告急于瑞督请兵，又自乘快轮往谒制府，而众□民因洋兵已过，复聚哄闹。于是，华街与租界毗连各处店铺，皆惊骇罢市，大有变乱之象焉。

鄂提张军门闻警，立调二十九、四十一两标军队，预备出文昌门，整备船只，专候制府命令，渡江往汉。适齐关道乘轮来，血面模糊，入谒瑞督，又大碰钉子。惟瑞督以事已如此，非兵不能平静，即令张提率新军前往和平弹压，以解散为宗旨，并颁大令一支，如有不散者，格杀勿论。又派藩司、交涉司、巡警道、劝业道立刻渡汉，会商官绅领事，妥慎办理。张提之军用轮船八只渡江，于两点一刻由英界码头登岸，讵最先上坡之两兵士、一排长竟被亡命之徒，出其不意，以扁担击伤。各兵乃蜂拥而上，获住两人，闻即该码头夫役。张提随即调度各兵驻扎各华洋交界街口，只准人出租界，不准入界。又派两营分作六队，鼓号巡查各处，所经之地，□民不敢呐喊，亦不敢投石，惟站立两旁观望，而捕房之围遂解。英水兵亦由施交涉使与英领商令各归兵轮。所有枪毙之尸，经夏口厅命人升至洋火厂暂殓，均各验明伤痕，拍一小照，以备将来交涉。（未完）

（《申报》）

2.汉口罢市风潮始末记（续）

（1911年2月3日）

军队既到，鸣鼓吹号，□民莫不镇摄。然好事者，欲观其究竟，不遽散归，租界内犹拥挤异常。而鄂督、汉关道、夏口厅、商务总会之告示纷纷张贴，大意谓，不准谣言惑众，自有官为料理，倘至八点钟后，定即严行驱拿，如敢抗拒不遵，准其格杀勿论等语。惟商会连出三道告示，语尚平和。故好事者均遵示而散，不到八时已恢复安宁之象。至华界各商店，是日均拟一律罢市，幸总商会请各保安会会员戎装梭巡，力任保护，故痞徒志不得逞，市面安静如恒。

二十二夜，租界得军队巡缉之力，华街得商团保卫之功，幸无他变。二十三日辰八时，租界一带店铺犹不敢开门，人力车亦未上街，张提乃会同商会总理，并率各军官剀切劝导，谓有陆军在此保护，如有损失，惟我是问。各商始有恃无恐，遵谕开门，又召各车行主至，开导一番，随命晓事军官，带兵随之，往召各车夫，有拖车至一码头者，赏铜圆百枚，各车夫见钱心动，齐拖车出租界，遂得照常行车。总商会因此事已成交涉巨案，若无知□民再起暴动，则交涉必归失败，故于是日派员在太平会馆帝王宫开会演说，劝各苦力静候官绅秉公办理，切勿暴动。如外人无相当之赔偿,即以文明抵制对待,皆悦服而散。是日,绅、商、学界三十六团代表又在小关帝庙会议,公举商会总理蔡文会君为各团总代表,请制府派员复验吴一狗之尸,并请按照约章,与英领交涉,诘责其不应擅调水兵,开枪击毙华人性命,瑞制军允之。二十四日,札派提法司梅光羲、交涉司施炳燮,会同汉关道商会总理暨诸绅董,带同华医、西医、军医、仵作人等,于五点钟时,诣后湖济生堂复验。尸母、尸弟均在旁观看,将棺揭开,抬出尸身,当众检验四次,并无伤痕,委系因病身死,诸绅商始无异词。闻复验时,各官恐有人滋闹,陈兵护卫,如临大敌云。

梅法使等复验吴一狗尸身之后,当日即晋谒鄂督,面陈中西医检验情形。制军谓,既属病死,应令夏口厅王丞勒令尸亲领棺安埋,不准妄生希冀,要求抚恤。其被洋兵击毙之人,虽属良莠不齐,而洋兵径行开枪轰击,殊背公理,爰札饬交涉司施炳燮,会同汉关、巡警二道查明已毙受伤各人,向日作何生业,是否安守本分,即由该司酌量与英总领事,据理谈判,责令将擅行开枪英兵,处以相当之惩罚,所有伤毙各人,亦应索偿恤款,庶免有碍中英商民感情。

英总领事法磊斯君于二十四日六时,柬请各国领事官,在英署会议对付此次交涉办法。闻法、比、丹各领事谓华人排外思想日益扩张,非练西商团,遇事不能策应,拟联合各国西商,组一枪会,每星期六在跑马厅练习打靶,以资自卫。各领均赞成其说,至对于华官之交涉,则事涉秘密,未闻其详。

瑞制军二十二日闻租界风潮后,除派司道并调大兵渡江弹压外,以省垣人士对于兹事三五成群,互相传说,恐匪徒从中煽惑,扰害治安,特饬张统制、黎协统派拨三十一二两标及辎重、工程各营,分驻各署局厂厅及十城门火药库暨教堂洋员住宅,以资保卫。并派兵六队,昼夜梭巡城厢内外,直至除夕,始行撤回。汉阳各教育堂亦责成汉阳协陈士恒调拨绿防营兵,驻扎保护,又饬巡警道遴派侦探在武汉三埠查拿造谣惑众之徒,又调长江舰队楚同、楚有两舰,停泊江面。防备之周密,为向来所未见,偌大风潮,遂归消灭矣。

(《申报》)

3.汉口商会电文

(1911年2月3日)

北京电　满洲因疫死者,蝉联不绝,北清亦未稍停,所未波及者,独山东耳。又,青岛检疫,海陆均甚注重。

北京电　汉口商会请黄河以北之火车勿南行。

(《时报》)

4.劝业道组织桑园原因

(1911年2月6日)

劝业道高佑诸观察以树桑为当今实业急宜研究之学,特在柏子湖地方勘定平原一方,创办桑园,建筑房屋,开塘运土作园,以为农林学生及实业家实地之考验。闻此项工程约须钱五千串,系在勘矿缴照积存项下拨用,刻已满植桑秧矣。

(《申报》)

5.鄂省将开农业展览会

(1911 年 2 月 9 日)

鄂省农业高等学堂监督善仲泉观察近与劝业道高佑诸观察筹商,拟于该学堂左侧隙地建筑陈列室,内列培养细菌、昆虫研究、植物病害、动物病害及农具农品肥料之类,拟于今秋农隙时开湖北第一次农业展览会,征集全省农产物,以资比较而促进步。现已会详鄂督批准拨款筹备矣。

(《申报》)

6.汉市去岁商业之盈亏

(1911 年 2 月 16 日)

汉口各行商业,去岁折本者众,获利者少。兹据老于商业者云,总核各行胜败,以土业获利为第一,钱业第二,拆货帮第三,丝业第四,洋货匹头第五,布业第六,药材第七,计此七行,惟土业盈余约有五百万,钱业不及百万,余皆数十万、十余万不等。其亏折者,以牛皮帮为最,年终遂有停市风潮,猪鬃帮次之,绸缎又次之,油帮再次之。而米业及彩票业则全体受亏,无一获利,盖因自去夏以来,官运洋米百余万,至今尚未售完,业米者致无生意可做,而彩票则销路壅滞,已成弩末。现各商莫不忻羡土业之有胜无败,惟惜其不能恃久耳。

(《申报》)

7.武汉防范鼠疫之周密

(1911 年 2 月 17 日)

汉口刘家庙验疫公所之医员,除以陆军军医派充外,现又聘定法国医士梅尼、留英卒业医学博士王进歧两君,会同检查长叶于阑君,监视检察。并以重资在上海聘定张仁吉、杨缦云二女士到所,专查妇女疫症。刻下北来旅客闻知此事,深恐一经医生指为疫病,勒令入所诊治,不无疑惧,故多有在汴鄂交界之信阳、确山、广水各车站先行下车,绕道抵汉者。昨被防疫公所查悉,特派医生赴信阳、广水各站拦验,一面请鄂督及汉口总商会分电邮传、民政二部,直隶总督恳其派医,就京汉路、津京各站,先行查验搭客,如无疫病,方准买车票南行,到汉时仍派员查验一次,以昭周密。又闻防疫公所检查长叶君以北来旅客及货物过多,仅此十余医员,实属不敷分布,业已商允张提台,在各标营挑派曾在军医学堂毕业之医兵二十名,充当助手,每月除应支薪饷外,加给津贴银五两。

武汉各警区,旬日以来,已收买鼠子一万二百八十四头,以每头铜圆二枚计之,合钱二百余串,刻已在省垣城外石牌岭山上开挖深坑,洒以消毒药水,一并掩埋。惟瑞督以武汉人烟稠密,户逾百万,藏伏鼠子必以亿计,今只捕获此数,是皆巡警未能家喻户晓。爰复饬巡警、汉关两道,转饬武汉厅县警区,多出白话告示,劝民勤于捕鼠,由各区给钱收买,不准稍有留难。又饬巡警道,督饬卫生、行政两科长及清道、保安各股员,认真清理街道,检查市售食物,如有腐鱼、臭肉等项,即行收没入官,随时掩埋,以绝传疫之媒介。

(《申报》)

8.商会新总协理任事之态度

（1911 年 2 月 24 日）

汉口总商会本届总协理，已于去腊经各帮举定蔡辅卿、孙涤甫两君充任。兹于新正十九日接事，特柬邀官、绅、商、学各界同莅总会，共襄盛举。下午四点钟入席，宾主酬酢，备极欢洽，当有前协理汪炳生君，因去年太乙堂药局、老万兴酒栈等纠葛案，未能办结，意颇愤愤，当场欲辞议董之职。而浙帮中人，又多不满意于蔡总理，故该帮议董盛竹书等三君，亦继之宣言退会。蔡总理见此情形，深恐江苏帮亦步浙帮后尘，则大局瓦解，立即登台演说，大意谓，诸君不可各存意见，太乙堂等改日开研究大会以决之。其词极谦和柔媚，大有摇尾乞怜之概，而江浙帮积怨已深，多拂衣不顾而去。

（《申报》）

9.鄂督饬司整顿契税之原因

（1911 年 2 月 25 日）

湖北各州县契税一捐，每年约共征银二百万两，专供地方薪饷、公益之用，而各州县办理不无弊端，是以积欠甚夥，纵委员前往，守提坐催，亦不能扫数解清。客岁咨议局提议此项问题，呈请清厘契税积弊，急宜划定征解例规，公布各属，俾资遵守一案。昨经瑞制军核准，札饬藩司照刊规则多本，转行各属遵照。

（《申报》）

10.督院瑞奏湖北省城商埠各级审判厅依限成立折

（1911 年 2 月）

奏，为湖北省城商埠各级审判厅均依限成立，恭折具奏，仰祈圣鉴事　窃查宪政编查馆奏定逐年筹备事宜清单内开，第三年各省省城商埠各级审判厅，限年内一律成立，等因。遵经督司克期筹办，并将办理情形于历届奏报筹备宪政成绩折内陈明在案。查湖北本年应设各厅，省城计设高等、地方、初级各一厅。按照法院《编制法》并参酌地方情形，高等审判厅内分设民、刑各一庭，地方审判厅内分设民、刑各一庭，初级审判厅内分设二庭，并照章配置，各级检察厅仍独立行其职务。嗣准法部颁发《奏定法官考试章程》，湖北系交通便利省分，应由部考试分发任用，当经饬司招录申送，赴部投考。除高等审判厅厅丞、检察长由臣遴员奏保，业已钦奉简放试署外，其余应设推检各官六十四员，先期咨部照额分发，并饬司将应设典簿、主簿、录事等员暨承发吏，驻厅司法、警察、庭丁人等分别考试、派充、招募、雇佣。其关于审判事宜各项单行章程，亦由司陆续拟详核定，通饬遵行。至各处厅署，如宜昌、沙市两埠各厅，汉口地方一厅，省城、汉口初级两厅，或尚未竣工，或竣工而尚待修改，均分别租借合式房屋，布置就绪。本拟十二月初一日开庭，嗣因分发法官甫于十一月三十日给凭，且分发仅止三十余员，限内到省者又甚寥寥，实属不敷，分设年内，为日无多，未可迟误。复经电商法部，查照《奏定试办章程》"用人"条内所载四项资格，在于鄂省候补人员中按格遴选，暂行派委代理，俟法官补发到后，陆续更换。即改期于十二月十六日将各厅一律开庭,所有原设之督审处及江夏、夏口两厅县审判见习所均先期裁撤。惟查高等审判厅为外省最高之审判衙门,从前应交发审局办理之京控、上控以及提省翻控各案,均归该厅审判。现照馆章,未设审判厅,地方招解到省之案,亦归该厅审勘。是一厅实兼院、司、发审局三处之事,范围较广,职务更繁。鄂省高等审判厅现在仅设民刑各一庭,恐有日不暇给之势,将来尚需增设数庭,且各厅推检,如有特别事故,照法院《编制法》所规定,得派候补推检代理。此项候补法官,亦应照章设置,均由臣督司察酌情形,另行妥筹办理,以副朝廷慎重司法之至意。兹据署湖北提法使梅光义详请奏咨前来,除咨部外,谨恭折具奏,伏乞皇上圣鉴。谨奏。

(《湖北官报》第 7 期)

11.劝业道高移送汉口商会奉农工商部答发茶样文

(1911 年 2 月)

为移送事　宣统二年十二月二十四日,奉农工商部札开,前准驻英李大臣咨称,饬令商务随员购到茶样十一种,皆为英国最行销之品,咨送查照。等因,前来。查中国近年茶务疲滞,亟宜整顿改良,兹由李大臣自英选购茶样各种,足资比较。除咨复李大臣外,合将茶样及装潢各式分寄,仰即传知各茶商一体研究,以广销路而挽利权,是为至要。此札。等因。附茶样一包,奉此,相应备文移送,为此,合移贵会,烦为查照。希将移送茶样,转交茶业公所,传知各茶商一体研究,以广销路而挽利权为荷,须至移者。

(《湖北官报》第 9 期)

3 月

1.武、汉承修铁桥之规划

(1911 年 3 月 3 日)

武、汉虽一江之隔,然遇飓风巨浪,即大轮亦不易过渡。去岁,瑞制军继续张文襄之议,拟于汉江、襄河各建铁桥一座,以便三镇交通。嗣因估计需费千余万,款巨难筹,乃议改建铁练船,藉电力以通航。后又因论者以铁练横江于行舟有碍,且危险之处甚多,故制军又提议招股五十万元,定造大轮船两艘,往来过渡。嗣电商邮传部,讵不赞成斯议。复电谓,现川粤汉路归部修筑,必须在武、汉建造江桥,以便川粤与京汉连轨云云。瑞制军恐将来部中将桥造成,则轮船必无人过问,是以仍持建筑铁桥之议,与诸绅会议妥协,借贷外款办理,以免部办侵夺本省利权。闻已饬藩司延聘汉阳兵工厂总工师格拉森兼充工师,月支洋例银五百两为薪水,暂由藩库动拨。

(《申报》)

2.议设汉口商务大臣

(1911 年 3 月 12 日)

农工商部杨侍郎提议,汉口为中国商务之中心点,近来上海商务之潮流日趋于汉,以致外人之经营汉口颇有一日千里之势,华商力量单弱,团体未坚,不足以资抵制而臻发达。刻拟由部奏派一实业界上资望最深、信用最著之人为该埠商务大臣,专以提倡保护为政策。

(《大公报》)

3.汉商会力祛隔阂之一斑

(1911 年 3 月 13 日)

汉口总商会向章,凡商帮因事来会递节略者,一面答复,一面悬牌告白,惟告白不能多挂时日,一班递节略之人,未得及时阅看者颇多。若托会中人役抄录,又不胜其把持苛索,其弊较衙署尤甚。现经协理孙涤甫君重订章程,自本月起将逐日各节略答词,除悬牌一星期外,另抄一本存收发处,以便递节略之人随时自行抄阅,并严禁会中人等阻止需索,以除隔阂而祛积弊。

(《申报》)

4 月

1.督院瑞准农工商部咨复汉口商务总会众举蔡文会为总理等文

(1911 年 4 月 1 日)

为札行事　宣统三年三月十三日准农工商部咨开,宣统三年二月二十六日接准咨开,汉口商务总会总理卢洪昶、协理蔡文会一年任满。此次由众遵章另举,以蔡文会为总理,以孙铭新为协理,造具履历,由湖北汉口商务总会呈请转咨札委。等因,到部。查蔡文会、孙铭新既由该总会投票举充,核与成案相符,应即照准,加札委用,相应咨复查照,并将附去札文二件,饬道转给祗领,可也。等因,到本督院,准此。所有札文二件,合行札发,札到该道,即便遵照,分别转移,祗领具报。

(《湖北官报》第 65 期)

2.赴东实业团记事

(1911 年 4 月 17 日)

上海商会于前月中旬接商部札知,日本各商业因上年来华游历,极蒙优待,现拟邀请京、津、汉、宁、苏、沪、杭、粤八处实业家来东游历,以中三月初为期。等因。兹悉,各埠实业家均已到沪,十五日齐业商会议事,计列会者,北京商会、汉口商会、湖南商会、杭州商会、苏州商会、上海商会。先由沈仲礼君宣布意见书,因为期太促,必须先行筹备一切,布置妥洽,以昭慎重。全体赞成,旋公议电禀商部,声明时间太促,未及筹备。又,南京、广东、天津均未派代表前来,人数太少,决请改期,限定八月中旬,各埠实业团会集上海,九月初旬就道。次议定于上海设立赴东考察实业团事务所,以便编辑印刷之件及预备研究一切事宜。公议通函指定之八埠及现今加入之湖南商会担任,各就本省调查土产出品商务情形,以精细详确为旨,至迟以三个月为限,将调查各节寄至上海事务所,以便编辑成书。又议请商部拨助经费,又议现须设立事务所,即须筹备经费,拟暂由上海商会垫用,俟后再由各会公摊,此十五日会议之大略也。闻十六日又经集议,已将事务所成立矣。

(《时报》)

3.汉商会赴日游历员起程

(1911年4月17日)

汉口总商会因日本商团邀请我国实业家赴该国游历一事,现已公同决定派议董张寿波君、干事员袁国桢君,于十一日晚乘怡和公司之隆相轮船赴沪,与各埠所派游历员聚齐,一同东渡。闻张、袁二君起程时,由武、汉两总商会总协理蔡、孙、吕、殷设筵和□饯云。

(《新闻报》)

4.柯大臣一线生机(汉口)

(1911年4月28日)

驻鄂督办土税柯大臣逢,前将所收土税及历年私蓄各款共　百五六十万,存于汉口义源钱庄,盖以该庄系合肥李氏所开,必千稳万妥也。讵京沪义善源搁浅,汉口义源亦被牵动,所有李氏在汉口地皮、房屋归余庆公司,经管之产业概为邮部查封,备抵公款。柯氏下手稍迟,竟无丝毫产业可抵,因此大为焦急,设尽方法,始将汉口义源管事人某联络为己所用。闻昨日义源管事,已在汉口商会投递节略,谓余庆公司产业,按照时值计算,约值二百万,除即抵还邮传部、交通银行押款七十万外,其余应作为抵还土税总局柯大臣之需,请由商会电部核办。该会总协理蔡文会君,以如能照此办理,实于□款私亏两有裨益,但事关达部,究竟余庆公司产业按照时价果可值银若干,候调查确切,再行如请转禀云云。想柯大臣闻之,谅必转忧为喜也。

(《申报》)

5.督宪瑞札北劝业道、湖北农务总会、武昌商务总会、汉口商务总会文

(1911年4月)

为札行事　宣统三年三月初五日准农工商部咨开,宣统三年二月初八日接准京师劝工陈列所文称,案查本部奏定分年筹备事宜清单内开,载工业试验所附设理化研究会等语。查工业试验所已经开办,理化研究会尚未设立。查理化学理精深,课目繁赜,且囿于专门,范围狭小,推扩极难,不若将理化研究会名目改为工商研究会,取义较觉赅括,收效亦易普及。查直隶劝工陈列所内附设工商研究会,已历有年,每届会期,工商界人等悉集该会,讲求改良,立法甚善,

本所拟仿其例,将筹备单内应设之理化研究会改为工商研究会,以收集思广益之效,酌核章程,请查核分咨。等因,前来。除由本部核准立案外,相应刷印原拟章程咨行贵督查照可也。等因,到本督院,准此。除分行外,合就札行,札到该道、总会,即便移行查照。

计抄章程

工商研究会章程:

第一条　本会以研究工商各项实业,条陈所见,以备采择施行为宗旨。

第二条　本会附设于农工商部京师劝工陈列所。

第三条　本会设正副会长各一员,无定员。

第四条　本会于每月第一星期日开会一次,如有重要事件,得由会长招集临时会,各会员于每会期中至少须提出议案一件。

第五条　本会议决事件用本会名义缮呈说帖,呈堂核办。

第六条　会员除会议事件外,得以暇时编纂关于实业各项要书。

第七条　本会为开通工商智识起见,得随时呈请组织工商讲习会或评议会。

第八条　本会遇有关于特别调查及须共通协议之事项,得以本会名义通函各省劝业道及农工商等会。

第九条　本章程经部核准立案后,应请行知各省督抚、劝业道及农工商等会。

第十条　本章程有未尽事宜,得随时增订,呈部核准。

(《湖北官报》第 58 期)

6.汉口审判厅之司法权

(1911 年 4 月)

汉口地方初级审判两厅,于去腊月开庭。因遵照部章,凡属华洋互控案件,仍暂照旧,由夏口厅衙门照约办理。然此系指华人与洋人控案而言,其华人与住在各国租界内之华人,因事互控,本非华洋交涉,应由审判厅受理。遣司法警察持票送请领事签字后,即可逮捕传讯。讵近日迭有华人控诉租界内华人案件,审判厅命承发吏、司法警察持票赴租界请领事签字,各国领事均不允签行,谓向例只夏口厅有权出票,请领署签字。今审判厅实不便在租界行其逮捕之权,当经审判厅长会同夏口厅丞,往谒领袖领事,申明中国现在司法独立,特设审判厅,专理刑民诉讼。凡属华洋交涉控案,亦应归审判厅办理。至华人控诉租界华人,则审判厅现时确有逮捕之权。争执良久,该领事仍不允从,坚言有违向章,非得有该国政府及公使命令,不能承认。厅长无可如何,业经禀梅法使、齐关道,据情禀明鄂督。闻已议有变通办法,此后凡有华人控告案件,如原告或被告,有一人住在各国租界者,援照华洋互控案办法,仍归夏口厅办理,如先赴审判厅起诉,或业经审判厅审理,尚未判决,旋又牵涉在租界之华人,不得不传案备质者,亦得由审判厅移送夏口厅衙门办理。查汉口全镇,长不过二十英里,半属租界,半属华街。向来夏口厅受理词讼,华洋交涉居其四,华人与租界华人互控居其三,下余则内地华人互诉之案。今华洋交涉,仍归夏口厅办理。识者已谓有背司法独立之义,而租界华人互讼案,审判厅复不得过问,则该厅将无事可办矣。司法独立云何哉!

(《法政杂志(上海)》第 1 卷第 2 期)

5 月

1.鄂督饬核刘人祥财产

（1911 年 5 月 10 日）

鄂督瑞莘帅据咨议局呈复刘人祥借款一案，当即札复，略称，此案既经度支部议奏责成商会出名经理，随时呈报核办，不必由官吏与洋商直接奉旨照准，是商借商还办法已定。兹咨议局所呈办法前提三种，第一种与第三种与部议宗旨未能符合，其第二种前提，所谓商会为借款主体，仅借债条件由督院稽核等语，似与部议责成商会出名经理之旨相近，惟细绎度支部原奏，随时呈报核办一语，断非仅指借债条件而言。且部电内称，地皮产业是否足敷还款，应由督院详细察核，再行办理，是刘人祥所有地皮产业之坐落方亩以及红白契据，均应先行调查，逐一勘验，核实估价，究竟于还本还息年限期内，能否确有把握全数变还，不致亏短压搁，致生纠葛。俟此次规画决定，始能开议借款。本督院有随时核办之责，断不能以商借商还，即听商会自为处置，万一本息无着，以刘绅个人之债务贻鄂省交涉之重累，既非本督院极力维持之本心，亦咨议局所不愿闻也。除札饬北劝业道、江汉关道，查明刘绅地在租界内者若干，在租界外者若干，调验契据，丈量方亩，地产价值能否保本，租赁收入能否保息，仍一面转饬商会议定担负办法呈候核办外，为此先行札复咨议局查照。

（《申报》）

2.鄂人争路之函电

（1911 年 5 月 23 日）

武汉各团体于十六日致内阁及邮传部、度支部电：鄂境商办川粤汉铁路，上年二月十四日奉部批准其设立公司自办，并蒙湖广督院奏咨成立公司日期，现正力策进行。顷闻邮传部仍指粤汉铁路借款，鄂人决不承认。

湖北商办铁路公司、铁路协会、咨议局、武汉商会、教育会、宪政筹备会公叩

（《申报》）

3.提学司王移汉口中等商业学堂仿照武昌商堂办法文

（1911 年 5 月）

为移复事　案准贵堂呈称，窃敝堂前奉钧移内开，按学部奏定《征收学费章程》第十节，学生所用书籍、笔墨、纸张、石板及操衣、靴帽等件，由学堂代为购买，学生缴费具领，其能自行如式购办者，听第十三节。本章程发布后，京外各学堂添招新班，一律照办，拟自宣统三年正月开学之日起，切实遵行。省城学堂，无论新班、旧班，不准稍有歧异。又，各学堂征收学费，凡程度相等之学堂应归一律办理。所纳学费数目均应照章缴纳，不准随意增减，每年均以十二个月计

算，闰月免收。应缴不缴者应令暂不入堂，以免拖久。收入之款均列入四柱清册实收项下计算。又，原拟定办法内开，其学生膳宿等费（盐油、茶水在内），除师范学堂外，概由学生自备，不准学堂津贴。以后无论何堂，所有被服、书籍一切悉照部定新章，概由学生自备等语。奉此，查敝学堂征收学费，均经列入清册，实收项下为敝堂额支之款，历经遵报在案。惟前年开办中等预科，征收学费，每人每月银圆一元，去年添办本科，每人每月则征收二元。兹奉前因，并查武昌商业学堂近已奉谕，中等商业学费减为每人每月一元。按：该学堂向例不分预科、本科，统收学费一元五角，本年议减亦无本预科之分，盖同一中等程度不应轩轾其间。又，查寄膳宿，各学堂膳宿费，武汉生计稍殊，征收亦不无轻重。今年武昌商业学堂膳费仿照铁路食堂办法，均令学生直接厨丁，另收杂费每人每月六百文，以为灯油、茶水之需。敝堂教员会议，佥以为同一商堂，万难两相歧异，现拟减收中等商业学生学费每人每月银圆一元，以十二个月计算，不分本科、预科，其膳费已照武昌商堂办法而拟，另收杂费每人每月银圆五角，以十个月计算，专为灯烛、茶水之用。除油印讲义、月考用纸外，所用书籍、笔墨、纸张、石板及操衣、靴帽等件，均归学生自备，以符不准学堂津贴学生之实，免同一学堂收费两歧之事。惟是连年灾歉，生活日艰，学生多系寒素，此次拟仿武昌商堂办法，尚有赤寒学生要求免征杂费者，敝堂接奉新章，不敢妄为津贴所有，拟将中等学生学费一律征收银圆一元暨杂费另收五角缘由，理合具文呈请，俯赐详晰，批示祗遵。等因，准此。查贵堂征收学费从前虽有预科一元、本科二元之区别，刻既拟仿武昌商堂办法，一律每人每月收银圆一元，书籍、笔墨、纸张、石板及操衣、靴帽等件均归学生自备，尚与新章相符，且按之纳费章程自一元至二元之例亦无不合，自应与武昌商堂办法一律减收，以昭公允。至杂费一项，既不便违章津贴，亦当如数照收。希即转饬各生遵照，相应备文移复贵学堂，烦为查照施行，须至移者。

（《湖北官报》第 86 期）

4.署巡警道黄据汉镇警务长公所详退让官街一案移请汉口商会议复文

（1911 年 5 月）

为移请事　宣统三年四月十四日，据汉镇警务长转据五区区长禀称，汉镇地广人稠，街巷窄狭，不独交通不便，一遇火警，往往延烧多家，不可救灭。光绪二十四年，经前升阁督宪张奏定，此后遇有失慎地方，凡临街房屋建修时，应让出官街三尺，永为定例。等因，通饬遵行在案。宣统二年五月，汉阳白鳝庙四川柏木船失慎，跨烧汉镇集稼嘴上下房屋多间，并有焚毙人口情事，又奉督宪瑞札饬重申禁令，仍须遵照旧章，各业户遇有起造房屋，务须遵章退让三尺，不得违抗。等因，各在案。其为民防患，法良意美，至无以加。无如人类不齐，其奉公守法者固肯遵章退让，而逞刁取巧者往往任意抗违，警员每遇此事，极费唇舌，推原其故，盖因横街侧巷以及小街小巷屋宇地面窄狭者多，若一律比照大街，令其让地三尺，似若苦人所难，是以办理仍多棘手。宣统元年，经汉镇商会各董议以大街拟宽一丈六尺，后街拟宽一丈四尺，堤街拟宽一丈二尺，大巷拟宽八尺，小巷六尺，移经前坐办徐会同前署夏口厅冯转禀关警宪立案。数年以来，各区均系照此办理，盖于凛遵宪章之中，仍寓俯顺舆情之意。然此禀未经详院有案，未便始终执以为凭，况所拟各等丈尺，亦觉太狭。查汉镇大街原宽虽云窄狭，然去一丈六尺，实不甚远，至后街、堤街、大巷，甚至有宽于所拟丈尺者以为准，即使汉镇房屋全数改造一周，亦与旧规无异，殊非慎防火患，求便交通之法。第所拟无论各地，应让若干，总以街巷所定丈尺为衡，意在齐整市间，法殊可采。惟大街须以宽足二丈为度，盖以现在情形，量之约宽一丈四五尺，若再推广五六尺，令其两边分认，即可恰如定式，核与院定尺寸，亦属相符。至中小街巷，应让多寡，原章未及明示，此次议一并酌定丈尺，以免时时争执。兹拟凡街分为大街、中街、小街三等，巷亦分为大巷、中巷、小巷三等。大街应宽足二丈，中街一丈六尺，小街一丈四尺；大巷宽足一丈二尺，中巷一丈，小巷七尺。若自产所留私巷，并非往来过道者，应听其便。所有丈尺，总以工部营造尺为准，责成各建造户须在未经之先，来区报明，由区员眼同丈量。如原有街巷，而宽不及定章丈尺者，所欠若干，责令两边分认。譬如屋临大街，原宽只有一丈四尺，甲乙两户对居，甲如先造，则令甲先让三尺，其不敷之三尺，候乙户后来修造，再行照让，但所让之地，初次不得过三尺，如已让三尺，而街宽仍不足数者，应于下次修造续让，余俱照此类推。至街巷原宽已及定章丈尺，或更比定章宽阔者，拟即无庸令让，但该业户只能依照原契原墙建修，仍不许稍有侵占。如蒙核定，即将全镇所有街巷，刻即分出等级，某处为大，某处为小，列表刊单，预先挨户给示布告，俾于临时无可借词，似此办法，在经理丈尺之员随处皆有定章可循，无须临时筹酌，在业户屋犹未造，已先知将来应让多少，不敢任意混争，较诸商会议拟章程，稍觉周密。至四、五两区，将来新辟市场，其街巷应宽若干，应再由官划定，不在此章之列，恳请转详等情。据此，知县伏查汉镇街巷，窄狭滞碍交通，前蒙前阁督宪张厘定规章，两旁居户于改造房屋时，各退让三尺，法至良美。兹该区长等以小巷居户地面狭隘，若令一律退让三尺，执行颇觉为难，会商禀请划分街巷尺码各三等，查与原章尚无不合，恳请转详等情。据此，查退让街巷，事关公益，该区长等所拟办法，有无窒碍，何处为大街、中街、小街，何处为大巷、中巷、小巷，应由夏口厅暨汉镇警务长会同汉口商会与夏口厅城自治会筹议妥协，以归划一而利交通，除咨江汉关并行夏口厅外，相应备文移知。为此合移贵会，请烦查照，希即会同议复，以便转详立案，是荷，须至移者。

（《湖北官报》第 93 期）

5.湖北红茶庄一览表

（1911 年 5 月）

湖北所产红茶，以羊楼洞及聂家市为最多。现值出新之际，各茶庄纷纷至产地收买，运送汉口销售洋庄，以博胜利。故茶庄之多寡，茶市之盛衰系焉。兹将各处茶庄牌号，详细调查，列表如下，以资吾闽茶业同人之研究而参考焉。

设立地	各庄牌号
羊楼洞	大昌玉、永吉泰、谦益盛、永隆祥、长盛川、锦兴福、祥泰和、德巨生、晋丰泰、祥兴永、中兴华、生记、兰斯馨、顺记、大丰祥、德昌隆、昌记、寿康义（共十八家）
黄沙堰	顺记（一家）
羊楼司	庆生荣、永盛春（共二家）
聂家市	德泰丰、庆丰泰、德生和、德盛祥、谦记、春盛祥、兴泰恒、大昌祥、义和兴、怡德丰、德茂祥、怡泰昌、春生和、德盛和、春茂和、德生春、大义生、德和源、春生华（共十九家）

续表

设立地	各庄牌号
白荆硚	兴泰祥、大德祥、永顺祥、洪盛祥、德泰祥(共五家)
云溪	祥泰昌、致祥和、泰昌、泰记、和记,尚有二家牌号未详(共七家)
临湘	同兴福(一家)
咸宁柏墩马硚	长盛川、隆泰昌、同春隆、同昌和、同春义、同隆远、兴泰祥、乾泰昌(共八家)
崇阳大沙坪	同春荣、大德生、同兴义、天德义、德昌祥、谦源祥、大昌玉(共七家)
宜昌	泰和合、和丰厚、义诚生、有余福、大生恒、蔚华隆、广裕益、志成公司、仁华公司、鹤立公司、合立公司、彝新公司(共十二家)
以上各号(十处)总共八十家	

(《福建商业公报》第 22 期)

6 月

1.商会纪事(移请踩缉究办)

(1911 年 6 月 1 日)

黄陂街仁昌祥匹头店黄姓厨夫,因送布值钱八串三百,被人谋害,商防保安会在汉口商会递请分移踩缉等情。总协理以此案系刑事诉讼,非商会应行干预,又非保安会所能越俎,事已禀官查缉,自应设法缉究。惟称汉口各店派伙送货取钱为每日常有之事,巡警为保卫治安而设,如使长此因循,似于地方大有关碍,候移请地方行政衙门暨警务长公所认真巡缉,务获究办,以安商业。

(《汉口中西报》)

2.商会纪事(下厘增加比较)

(1911 年 6 月 4 日)

汉口落地兼统捐局每年比较合共一百万有零。兹闻督宪以汉口商务日盛一日,该局收数目自必有增无减,特于日昨面谕该局总办邹太守,每年加统捐比较六万,加落地比较二万。该守因出自上意,不敢置辩,业已遵照办理矣。

(《汉口中西报》)

3.中美实业联合之实验

(1911 年 6 月 4 日)

去岁,美国实业家、资本家来华观光,业由各省商会优礼欢迎,实为中美实业家联合之起点,兹由两方面定议,并经上海商务总会发起,各省商会合办合资,创设中美轮船公司及中美银行。近闻制造新船业已下水,高悬龙旗,行驶欧美各洲,为中国航业第一次发现于大西洋、大平洋、地中海、印度洋之创举。旋由广东商会举郑君陶斋,汉口商会举卢君鸿昶(沧)来沪会集,初六日下午,本埠商务总会柬邀寓沪绅商公议,推举一资望素孚、品学兼优者赴京,到农工商部、邮传部禀请注册等事。继由众人公举沈仲礼、苏葆笙两君为全体代表,克期起程,赴部禀商《中美合办章程》及《中国国家保护法》《特别奖励法》及完全利益,为他日中美联合之模范,并经各绅商敦促沈君起行,故将公立医院事,暂由王西星、王培元二君代理,赴东实业团筹备事宜,由沈君门生朱君仲宾代理,定初十日乘新铭轮北上。

(《申报》)

4.鄂人争路之消极观念

(1911 年 6 月 4 日)

汉口商会昨电邮部,免改川汉路线已默认鄂路收归国有,其事备纪昨报。兹闻商办铁路公司总理黎大钧,又于前日开董事会集议时,众董事以路既收为国有,湖北固应抗争,惟此事目的是否能达,尚在不可知之数。现在公司所雇用员司测绘学生,共约卅人,应暂行裁汰,以节用款,只留经手十人,办理报销表册。并以商办之局势,已无挽回之望,此时之争,譬如人子之见亲有疾,虽垂危,亦应图医救,以八月间为定,如其时不能争图,则将各股东所缴之款,概行退还,以全商本,不必将现金移交于官,而领其无信用之债票。盖鄂路公司自开幕以来,所用皆铁路协会会员所捐之金,并未动用丝毫股本,与他省之已经开工者,情形大不相同也。日前鄂人之购买铁路股票者,骤闻路归国有,公司又不开股东会,不免疑虑纷纷,至公司探听消息者,踵趾相接,公司管门者以烦于应答,屡以恶言相向。昨见有一人至铁路公司门房问曰:“请问,今日开会否?”守门人反厉声诘之曰:“开甚么会?”其人又问曰:“前天、昨天开会否? 明天果否开会?”守门人尤厉声曰:“都未开会。”一种怒色令人可畏,其人出而叹曰:“说甚么商办铁路的性质不染官派,今来探听开股东会,即受此一种特别大老官派的辱,勿怪政府说商办不如官办云。”

(《申报》)

5.沪道移总商会文

(1911 年 6 月 6 日)

上税大臣追缴存款 本年四月初五日,奉南洋大臣张札督办土药统税事务柯咨,据汉口职商义源钱庄禀称,窃商庄联号搁浅,不得已停贸清理,当经缮具账单,略呈汉口商会,并陈明各理各账办法,转详督宪恩予维持在案。查商庄欠人、人欠各账,经商会公同稽核,收付差足相抵。所该公款,以钧局土税一项,是为大宗。目前清理入手,除收欠还存,别无善策所虑者,商庄所放本街之账,催收或不至为难,惟有经放上海联号义善源银三十六万两,芜湖宝义长等银十万两,南京宝善源银三万两,值此清理吃紧,深恐该联号等借词延寄,置商庄存款于不问,不知商庄所放联号之款,乃系邮局公款,实非别项存款可比,急候归还,断难稍缓。商庄停贸清理,仰蒙宪恩逾格垂谅,不加严谴,感激万分。倘该联号等将商庄所存之款,有意拖延,不但商庄无从清理,亦何以上慰宪廑乎?商庄情急无奈,谨将粘附账单一纸,伏求大人恩准。据情电咨两江督宪,分别札饬该联号等,迅速将所欠商庄之款,克日汇还,以重公款而清界限等情。据此,查本总局存放义源商号银两,均系报部公款,现虽陆续追缴,尚少一百三十余万。此外,各分局交由汉号解款,以及汴粤等埠联号存解之款亦有三十余万,为数甚巨,未便久任延宕。既据禀报上海、南京、芜湖三处,联号共有放款四十余万,自应提归汉号,以清公帑。除原禀批示外,相应咨请,查照粘单所列各款,分别札行严催,以免延宕,足纫公谊,仍祈见复施行。等因,并抄粘到本大臣,准此。除分行外,合行抄粘,札道移行该商会查照办理,呈复核咨。等因,奉此。合就抄粘转移。为此合移贵总会,请烦查照,办理施行。计抄粘:上海义善源该银三十六万两零;南京宝善源该银三万三千两零;芜湖宝善长该银七万二千两零,又,协成该银一万六千两零,又,泰康该银一万两,又,泰生该银五千两,以上芜湖四户约共该银十万两。

(《申报》)

6.劝业道致武昌商会函

(1911年6月9日)

顷奉督宪函开,美团报聘编制成行,非十个月不可。粤沪商会均举代表赴京,商承农工商部、度支部速定办法。汉口商会亦应派人,鄙意以派卢道台洪昶前去为宜,请即转达武汉商会,即举卢道会同粤沪代表入部妥商,想武汉商会诸君亦当以为然也。等因,奉此。除函致武昌商务总会外,相应转达,希即查照,见复是荷。

(《汉口中西报》)

7.农工商部答武汉商会文

(1911年6月10日)

为通饬事　宣统三年四月二十一日准民政部咨称,据奏派万国卫生博览会赴会监督呈称,此次卫生会集万邦之精萃,尽世界之大观,规模甚宏,效益甚溥,东西各国专门学家咸来与会。各国除派专员办理会务外,其有关系之各官署均派员观览,至工商实业家自行来观者,更居多数,拟请分咨等情。查卫生一事,至为重要。所有关于实业、交通、教育、军事等门,应行考求之件,皆吾国现时切要之端,而该会至西历本年五月开会至十月底止,为时甚久,足资研究,相应咨行查照,派员前往,□分行各处商会,劝令实业家前往参观。等因,前来。查德国举行卫生博览会,我国实业家尤宜前往参观,俾资研究,为此通饬,札到该总会,仰即传知各商,劝令实业家前往该会参观可也。

(《汉口中西报》)

8.商会纪事(会议请改路线)

(1911年6月12日)

张国本等风闻川汉干路改由广水起点,窒碍多端,在汉口商会呈请转请大部,仍不改线,以维商务等情。总协理以川汉路线原议以汉口为起点,如果现拟改道,不特种种窒碍,且统盘计算,于经费既不能省,而于汉口市面则大受影响,利弊相形,自应设法力争,以期挽回。希候复加确核,禀请上宪转禀大部,仍照原议办理,以顾大局。

(《汉口中西报》)

9.鄂督属意卢洪昶为游美团代表

(1911 年 6 月 14 日)

瑞制军昨谕劝业道高松如谓,美团报聘编制成行,非十个月不可。粤沪商会均举代表赴京,承商农工商部、度支部速定办法。汉口商会亦应派人,鄙意以前汉商会总理卢道洪昶前去(卢现充汉口交通银行总办及萍乡煤矿等差)为宜,请即转告武汉商会,即举卢道会同沪粤代表入都妥商,武汉商会谅必共表同情云云。昨劝业道特遵饬函达武汉总商会,该总会诸董等亦颇以为然,惟卢以事繁为辞,故尚未定局成行。

(《申报》)

10.商会纪事(汉阳张国本等上商会节略)

(1911 年 6 月 14 日)

为卖地失业,改道失望,缕陈利便,恳请转申下情事 窃民等土著,汉阳三里坡拈花寺等处,耕种兼贸,世守未迁。光绪三十一二年间,前县主戴接奉督宪札,以川粤汉铁路勘由此二处为起点,渡江之要区,饬购地皮,预备需用。县主会同绅耆晓以大义,饬民等将地契卖领取官价,民等因思公家要政,利民兴疆,更于民等地方开辟商场,广开生计,既不争嫌价微,益当慷慨奋勉,以尽食毛践土,报效于万一。兹闻川汉干路改由广水起点,粤汉渡江拟由江夏徐家湾搭桥,横接夏口刘家庙,两路皆移,不禁生嗟。民等俗子庸夫,识见不宏,当初地卖铁路满□地面转兴有力者,推广商务大志者,借以挑抬,产业虽卖,利益未失,却不防今日变更若是,使民等久望尤求。然愚者一得之见,用敢冒昧陈之,川汉起点广水,汉口商务冷落,粤汉改□,窒碍诸多,统筹全局,应照原议,以三里坡为川汉起点,粤汉车轨以江夏白沙洲直射汉阳拈花寺。虽隔一江,而江面窄狭,江心久淤成洲,已历二十载,冲流未动,莫非天现图形,预指迷津。张文襄公饬挨白沙洲江边建立矶头三具,注意于该处架桥,直渡汉阳赫山□药厂,再搭铁桥以渡河,河身极窄,稳渡汉皋,工少费节,居安无危,舍斯道而不由,殊觉失当。若粤汉改由徐家湾越江至汉,危险不堪设想,江宽岸远,流水洪涛,且间于各国租界,长江轮船,上下行使,周旋不及,巨患即生。而况京汉、川汉、粤汉三处车轨均以刘家庙为汇归,于开车、停车拥挤混淆,良莠难分,货捐偷漏。就不若仍照原议,分道扬镳,于民利不失,于捐税易查,国计民生,两有裨益。武汉三大镇,足壮观瞻,江浒名区,重添图画,商业日臻繁盛,利权不致旁落,即穷檐小户,各得生理。在今日改弦更张,大变头绪,不惟不信于民,且与原案过异,欣逢督办四省铁路大宪□临鄂渚,路线必能定一。民等浅见所及,是否允协,理合呈略贵商会,恳将下情转告上闻,以备采择,则民等不胜翘首待命之至,上呈。

(《汉口中西报》)

11.汉商请改路线之意见

（1911 年 6 月 17 日）

汉口商会总理蔡君文会前闻邮传部拟将川汉铁路改由应山县广水站起点，有碍汉口商务之发达，业经电致盛、端二大臣，请免改线，仍由汉口刘家庙起筑，尚未奉到二大臣复示。兹汉口商人之囤有后湖、孙家矶、刘家庙等处地皮者，闻知改线之议与其地产大受影响，将来车站在广水，汉口地价必为大贱，是以各地贩大为恐慌，开会公举张国本等呈请商会、劝业道转呈邮部，不可改线，以免窒碍。一面举人携资赴京运动。闻汉商会蔡总理以川汉路线改道，不特种种窒碍，且统盘计算，于建筑费既不能省，而于汉口市面则大受影响，利害相形，自应设法力争，以期挽回。本会前已据情电禀，应再禀请督院，转咨大部，仍照原勘之线办理，以顾大局。

（《申报》）

12.武昌商会移江夏县文

（1911 年 6 月 18 日）

案据粮食帮帮董冯兴发、方同发、韩福茂、鼎新昌呈递节略内开，窃振兴实业即富国之本源，联络商情尤兴业之基础。武昌省城望山门外，买卖粮食，行店林立，嘉道年间向有合群旧规，迨遭兵燹以后，数十年来规章紊乱。嗣由同人免力筹捐，建造会所，重订规则，禀奉前任江夏县宪陈示谕有案。近因人心不古，日久玩生，同行遇有事故，彼此意见参差，诸多隔阂，非有整顿良法不足以挽颓风而资联合。兹经邀集同志公议帮规八条、行规五条，理合呈请核定，移请江夏县立案，出示晓谕等情到会。敝会查核所拟帮规、行规间有不合之处，逐条核改妥协，发给该帮董等展转传观，由各同行认可，签字盖章，呈恳转移前来，相应照抄规条，备文移请。为此合移贵县，请烦查核立案，出示晓谕，俾资遵照。

（《汉口中西报》）

13.武昌商会移皖藩文

（1911 年 6 月 18 日）

查敝会议董任文锦，熟习商情，精娴法律，评议商务事件素称得力。前因就职府经，指分安徽，到省多时，迄未回鄂。今又由帮董中被举为连任议董，敝会事务甚繁，评议需人，拟请贵司迅赐饬令府经任文锦克日回鄂，就敝会议董之职，俾获临时会议，借资臂助，并祈免予扣资，以示体恤，相应备文移请。为此合移贵司，请烦查照饬遵，仍乞见复是荷。

（《汉口中西报》）

14.商会纪事（丝商呈请分移保护丝客）

（1911 年 6 月 21 日）

生大丝行以日前在沔阳采办新丝，被该处匪人所劫，特纠集同业，赴商会呈请，分移沔阳各地保护。总协理以事关抢劫,须俟移请沔阳州饬捕,将赃犯缉获,究追惩办,并候分移天门、汉川两县□,饬地方巡警及地保人等,嗣后遇有丝客到境,须随时认真保护,以惠商旅云。

(《汉口中西报》)

15.商会纪事(钱商备案不准)

(1911 年 6 月 21 日)

熊、李二君在新街开设兴发厚钱店,特赴商会呈请备案。总协理答以汉口新开钱店向来多由钱公所具略声请,今来略究系何人所递,未据具名,殊与向来办法不甚相合。况此事曾有人来会投函,谓兴发厚早年倒闭有案,□出空票甚多,究竟兴发厚是否倒过,现在已否私出花票,伙东是否切实,资本是否充足,希候钱票帮董事按照章程逐一查明,据实复会,以凭核办。

(《汉口中西报》)

16.商会纪事(又有请争川汉路线者)

(1911 年 6 月 21 日)

川汉铁路起点路线原议自汉阳起点,日前铁路收归国有,风闻川汉干路改由广水起点,于汉口市面大受影响,当经张国本等在汉口商会陈请设法力争,以期挽回。兹复有胡文敏、徐少卿等赴会陈请力争。总协理已允准核转,请上宪电咨邮部,仍照原议办理,以顾大局。

(《汉口中西报》)

17.商会纪事(花帮陈请取花厅)

(1911 年 6 月 22 日)

棉花一项为汉口商务大宗,惟西、怀、苏、浙四帮以汉口各花行每有挪秤欺客情事,殊于花业前途有碍,刻特邀集四帮公议,取缔各花行。嗣后买卖棉花一律公平,不准挪秤欺客,刻特在汉口商会陈请移行夏口厅出示严禁,以肃帮规。

(《汉口中西报》)

18.武昌商会上阁电

(1911 年 6 月 23 日)

北京内阁总理大人钧鉴:直省咨议局联合会呈都察院奏上阁制民兵两折,系全国臣民尊君爱国之热忱,乞代恳天恩,明降谕旨,以固邦本而顺舆情。

武昌商务总会吕达先、殷尔□等叩

(《汉口中西报》)

19.商会维持金融之传单

(1911 年 6 月 26 日)

启者,即日官钱银局突有多人持票换银,极形拥挤,查官钱银局历行银币,向为各界所信用，其预备基本各金及存放各银号为数甚巨，胡起猜疑。凡百生意均赖转输，一日群起争收，未免应接不暇，即商场亦大受影响，用特通行布告，以各行商存有纸币，尽可照常行用，随时找换，不必急于一时，幸勿误听谣言，致碍大局，幸甚。

广州商务总会谨布
宣统三年五月十六日
（《汉口中西报》）

20.厅署纪事（移请商会查议）

（1911年6月29日）

漕坊帮与宏兴祥等在初级检察厅控粮食帮冯福廷等主使贮箕纠众把持，请饬传究一案，当经传讯，并将王善连收押在卷。兹冯兴祥等复在厅拆控，批云，查贮箕等自食其力，该商等何必与之较及锥刀之末，相沿成例，如何不可，据尔一面之词，已移请商会查议矣。该商等务须遵议，和平了结，无得胶执成见为要。至协顺和漏捐事，不与此案相涉，现已另案核办，仰即知照。

（《汉口中西报》）

21.商会纪事（商会维持商务之卓见）

（1911年6月30日）

商会总理蔡观察、协理孙都转闻川汉路线有更改消息，以为事果实行，则将来汉口商务定必大受影响，已将其中利害详晰禀请督院电告邮部，稿如下。

敬禀者，窃以经营铁路为运输之机关，利于国，尤必利于工商，工商利则国无不利矣。迩者京、沪报载，鄂境川汉铁路拟由宜昌经襄阳，接广水京汉干路，意在收西北之利源，为铁路自身之收益，所以为铁道计者，固善，而汉口商务实隐受有无穷之影响。凡属营业者，身命财产所关，莫不惊惧，纷纷陈说。职会为商务机关，观人心之惶惑，故不揣报载之真伪，而权其利害所在，不得不缕晰陈之。汉口为通商大埠，其工商之发达，赋税之增加，借水运交通，上下游之货物恒集聚于汉口，再陆运上。如前督办四省铁路大臣张文襄公铁路政策，京汉直达汉口，粤汉直达武昌，川汉直达汉阳，交通广而运输便，其增进于国利民福者匪浅。顷阅各报所载，川汉路仅建筑宜昌至广水一段，舍宜昌至汉阳一线于不顾，是川汉铁路于汉口一方面，犹臂之与指□不相关也。查宜汉一线，经路局测定，计长二百英里零，合华里长六百余里，即改由荆门至汉阳，亦不过二百四十余英里，合华里长七百二十余里。距离短而成功易，经费省而运货廉，既便运输，亦可夺外人航路之利权，利国利民，莫善于此。至宜广一线，计长二百八十余英里，合华里长八百四十余里，广水至汉口，计长九十余英里，合华里二百七十余里，统计路长一千一百余里。川汉输出、输入之货，宜昌以上无论已，宜昌以下，陆运则远而运费巨，反不若水运之为便。以为汉口西北往来之货物，无须取道于汉口，设襄阳至南阳，北接郑州，路线一通，西北之货物亦无须取道于襄广。是该干线对于汉口不能便宜昌以下之运输，对于广襄不能收汴陕西北之利源，于交通上、经济上，殊难达完全之目的。况汉口为九省通衢，工商林立，精华萃聚，赋税甲于天下，一日影响于工商之经济，想亦非建设铁路之本意也。国家所以建铁路者，运输广则工商便，工商便则国用舒，如专筑宜广一线，将来汉口商务之消极，可断言矣。观于上海前事，可知职商等见囿一隅，虑求一得，只知有商务，其他则如蟪蛄之不知有春秋，蜉蝣之不知有朝暮也。不揣冒昧，仰恳大人俯念民为邦本，明定川汉路线，职商等无论宜汉路及宜广路之为枝为干，惟以便运输而保商民为长久希冀，理合绘具简明图说，呈祈宪台，俯赐察核，并恳电咨邮传部，所有川汉路线仅筑宜广一带之说，如系误传，询属汉商之幸，应恳明白批示，借释群疑，若果定为计划，仍乞宪恩维持商酌办理，以顺商情，实为公便。（下略）

（《汉口中西报》）

22.汉口商团致闽商会电

（1911 年 6 月）

福州总商会本念五日，接汉口各商团来电云，福州商会转各团体鉴：联合会呈请代奏二案，无保国救亡至计，折上留中，殊非立宪国公例。拟联合各埠公电内廷，恳奏请明降谕旨，以慰商民，贵处赞成出名否，祈示复云云。闻该总商会已据情转至各团体矣。

（《福建商业公报》第 24 期）

7 月

1.商会纪事（代表代缴银票）

（1911 年 7 月 1 日）

代表姚君荫生在商会递称，为怡生隆代缴还河南官钱局银两、股票，请予收存，归还结案等情。总协理以缴到归还河南官钱局估平宝银四千七百三十六两五钱九分，同心公司股票二十三纸，计价银二千零三十两，已暂为收存矣，正转请河南官钱局间。接据该局驻汉总理姚仁光以怡生隆前欠伊局估平银一万五千两有曾，由前任夏口厅金傅报贵代表供明，愿还八成。嗣因评交不交，不凭证言明，拟将方大砖厂变卖，以两万金以外之数为度，待售出后，以半价归还伊局。昨闻砖厂净售银二万四千两，照前议，伊局应收银一万二千两，今以地皮股票作银二千两零，并现银四千七百余两作抵，实属与前议不合，应请秉公主持等情，来会递略。核与贵代表所陈两歧，究竟当日如何议定，非彼此当面质明，不能结案，希即赶紧来会，以凭面议了结。此复。

（《汉口中西报》）

2.商会往来函电录要

（1911 年 7 月 4 日）

宜昌商会致武昌商会电

武昌商务总会鉴：已完统税土药不再转运，土商认缴牌照捐款，委员勒令再补新税，查与部章不合，请转禀藩宪、劝业道宪示遵。

宜昌商会

武昌商会致鄂藩函

敬启者，顷据宜昌商会电称，已完统税土药不再转运，土商认缴牌照捐款，委员勒令再补新税，查与部章不合，请转禀藩宪示遵等语。查本年四月二十六日，奉尊处转奉督宪瑞札，准度支部复湘省咸电载明，土药办法已经落地，存积行栈铺户之土无庸补税，以免骚扰。等因。是新定税章，不再转运之土药一概不补新税。宜昌土税委员勒令不再转运之土药加补新税显系有违部章，究应如何办理，务祈□□剀切指示，因宜昌商会盼电甚急，并乞迅速赐复，以便转达前途遵办。

鄂藩复武昌商会函

敬复者，顷接台函，敬悉一是。查土药之应否补足加税，以曾经部局否收足新加统税为断，如果新章前已缴部局旧税并缴清牌照捐款，存在公栈者，尚可援照度支部咸电，作为落地土药，免补新税，其仅完旧税，未于新章前照完牌照捐之土，即不能以已经落地论。至纳税后是否不再转运他埠，现在既办统收，即可不加区别，祈查照转达。

武昌商会复宜昌商会电

宜昌商会鉴：已据来电，函询藩台，顷准复称，土药如果新章前已缴部局并缴清牌照捐款，存在公栈者，尚可援照度支部咸电，作为落地土药，免补新税，其完税未于新章前照完牌照捐之土，即不能以已经落地论。至纳税后之是否不再转运他埠，现在既办统收，即可不加区别。等因。祈查照。

武昌商会

（《汉口中西报》）

3.农工商部答武汉商会文

（1911年7月6日）

为札饬事　案查本部奏定注册章程内载，凡商人经营贸易，一经注册，即可享一体保护之利益等语。查各省公司行号，凡已赴部注册者，历经咨行各督抚并饬各劝业道妥为保护在案。现在各省商业关于钱债等项事件日益繁多，往往有未经注册公司行号，遇有各项纠葛，始行来部禀请核办，该商等既未预先在部呈明注册，本部无案可稽，即不得与注册者享保护之利益。发去《公司注册章程》一本，合行札饬到该商会，仰即转知各分会，按照《注册章程》传知各商等，所有各项公司或商业行号，一体到部，遵章呈请注册，以便立案而行保护。

（《汉口中西报》）

4.商会纪事（商会特别研究会纪事）

（1911年7月13日）

汉口商务总会于十六日下午四点钟开特别研究会，到会者共有数十人，会场整秩，四点二□钟摇铃开会。首由总理蔡辅卿观察报告开会宗旨：一议研究印花税能否推行，请各帮董、议董各书意见;二议研究赴东游历,请各帮担任义务调查;三议研究中美合办轮船招股事宜。报告毕,由卢鸿沧观察登台演说中美交接之起点及联合之原因。一、开办中美银行;二、中美轮船公司;三、中美商品陈列□。洋洋千余言,大旨以认股为先,众皆赞成,至七点钟始行散会。

(《汉口中西报》)

5.商会添举渡东实业团代表

(1911年7月13日)

上海商会邀集各省埠商会组织赴日游历实业团,前已由汉口商会举定会员袁滏臣、张玉涛二君赴沪,结伴东行。嗣由上海商会代表沈敦和观察以启行之期须改在秋初,故张、袁两君复行返汉。兹闻汉商会又添举对日贸易素有经验之苏善夫为代表,定于七月间一同赴沪,结伴起程。

(《申报》)

6.商会纪事(汉口商会议董盛君炳纪上总协理意见书)

(1911年7月18日)

窃本会前奉藩宪移称,鄂省印花税已列入四年预算案内,事在必行,属本会□议推行办法。等因,前来。据众商以武汉印花税尚未举办,独我商人纳捐收执票,捐局勒令加贴印花,照货输税,偏枯已极,大动公愤,纷纷略请设法取销,以恤商艰云云。是以本会今日开会集议,陈大令立村亦莅会筹商办法,在官言意固在于必行,而商人□于近年商务之衰落,商情之困苦,各有□不承认之意,议帮董为各帮代表,情形既□,缄默难安。炳纪窃合两方面□权利害,则今日汉镇市面困难至此,固非创行印花税之时,而厘局收执□勒完印花税,实有即应取销之势,请为我总协理缕晰言之。中国印花税事属创举,必商民有乐于遵守之□,斯官吏有易于率□之法,机会既至,法制自行,不待强迫民情,自有出于习惯者。□今日□方等税是也,不如审事机,不量商情,遽欲借命令以实行,恐□年九九商捐之风潮将复见于今日者。(未完)

(《汉口中西报》)

7.商会纪事[汉口商会议董盛君炳纪上总协理意见书(续),汉口商会议董沈君宾笙上总协理意见书]

(1911年7月19日)

况调查各省,均未实行,若官界欲以汉镇为入手之地,商民将执此为借口之资,殊非体恤民艰之意。故纪非谓印花税之必不可行也,然必待商民艰窘苦况渐有转机,始可将其中条类研究利害,分别缓急,逐渐推行,以为财政扩充之计划则可耳,若今日,实非其时也。至于厘局取执票独贴印花税,在厘局以为纳税方可领票,在我势力范围之内,勒令自然较易,然既缴货捐,复税印花,愚民无知,必将哗传为加厘者,谣诼频兴,枝节横生,恐非捐局之福也。况查捐票所列名目已多,再加此税,实近纷扰,如陈太守所言,收执票即是提货单,此言尤未免误会。查奏定税则第二条第一类,提货单、发货单列为两种,当度支部规定税则之时,岂不知有厘局收执票乎？乃列提、发二单，而不列收执票者，显以收执票有各地方大宪印信可凭，汉口系用藩宪印，若必再税印花，方昭信用，岂以藩宪印信为不足凭耶？是印花税，即使畅行全镇，而捐局收执票亦不在税则之内，况欲藉是为发轫初基，无怪商情不服，而力求取销也。总之，国家筹设印花税，原以裕国便民为主，若未能裕国，徒属病民，既非朝廷周恤商民之至意，而印花税前途必有大受其影响者，故不如迅速取销，得留为他日逐渐推行之地也。本会有维持商业之责，如果鄙意所陈未□宪鉴允唯，自应由二公或全体上请商部，设法维持，以恤商艰而苏民困，亦本会应尽之职务，固有之权限也。纪，议董一分子也，管见所及，率陈大略□二公核夺施行。（完）

汉口商会议董沈君宾笙上总协理意见书　启者，十六日开议印花税一事，群情不洽，碍难知帮奉行，盖使阖镇尽知，恐酿变故，曾记当年九九商捐事否耶？然则应请禀复上台，不特不能奉行，且于厘金执照上误贴印花，速宜取销，则于地方大局幸甚。若请泰西奉行印花，而其向无厘金，民何不乐？今于厘金未先□免，即□骤行印花，乌足取鉴。且印花税既奉君命，理应全国风行，今知京畿大埠俱未试办，欲始于汉，而汉岂能认此？幸祈有道勿以旧日观，无论何项捐目，官呼绅应，漠不知病商瘠民者也。今印花税官欲行而众商不遵之情形，或劳二公赴院一行，最为切当，否则当开大会集议，禀请商部诉以艰隐，务使中止而已，盼切祷切，□□祇请均安。

（《汉口中西报》）

8.商会纪事（汉口商会议董史君晋生上总协理意见书）

（1911年7月20日）

汉口商会议董史君晋生上总协理意见书　兹启者，十六日开会为印花税一事，奉藩宪特派陈委员到会演说，准欲实行，不知各商受厘金局强迫加贴印花，群情愤愤不平，只恐□成变故。此事鄙人上年曾经驳复，实为商界极大关系，一经实行，窒碍甚多，将来以真乱伪，层见叠出，如本镇五方杂处，更较他处尤甚，不特实行之难，急拟将厘局加贴印花先行取销。查各国皆有印花税则，厘金杂捐一概豁免，商人所以乐从者。我国各捐有增无减，只如鄙人所到南北各埠，商捐一道，系汉口为冠，他处并无如此之重，皆因历来官创绅随，从无驳复之故，以致愈加愈多，近年经营困难，略知其情。前三年增添九九商捐，几乎闹成大变，鄙人等多方解散，而阁下亦所原手。今则厘金局将印花先行强迫加贴，无此情理，众商沸腾，抑有风潮，彼此在会，恐属较前不易。目下众商皆仰望贵总协理必有对付之策，原属台端深明众情，合镇大局必亦顾全，在会诸君子久知案情，必有成竹在胸，应当如何禀复，急拟从速驳诘。如天津、上海欲行不能，亦是商会具禀所阻，迄今未行，若本镇首先实行，不独天下人唾骂，即本会同人仍以为情乎？鄙人思之再三，尚须开全体大会，说明印花税实行各帮应如何对付之法，一一周知，庶免群人掣肘。待开会众商共议，应急具禀。否则，台端尚须上院将各处均未实行，本镇碍难独行，近年市情困难，彼此恐效从前风潮，其中利害，不能不禀，想上宪体恤商情，不至骤行，将厘局先行取销，出自贵总协理应尽之义务，倘或不准，亦应电禀商部并内阁。总之，国家税端无独一地方之办法，阁下等思之尤熟，鄙人既为议董，阖镇大局为特告明，尚望酌裁行之，地方幸甚，众商幸甚，无待鄙人琐□也。专此奉布，即请公安。

（《汉口中西报》）

9.商会纪事(议修三人马路)

(1911 年 7 月 21 日)

商务总会奉巡宪文,拟在汉口修筑马路三条,以接城垣马路,便于转运货物。一由张美之巷起至招商局止,一由满春起至集稼嘴止,一由苏湖公所起至鲍家巷止。经商会移交董事会通告全□议员议决,以便筹款兴造。

(《汉口中西报》)

10.商会纪事(答商会具结盖印)

(1911 年 7 月 22 日)

杨祝山等在商会递称,龚济川被都司误作架子楼之龚□□拿获,解省押办,请予详请保释一案。总协理以据称龚济川确系钱业世家,近与王俟三伙贸德兴隆山货行,亦与下流人物绝无往来,误作架子楼之犯,督宪除暴安良,故饬查拿惩办。倘龚济川所贸山货偶有不妥之处,即与宪法有违,势不能阻不拿办。本会虽有代达商情屈抑之责,而事之属实,亟应预先辨明,方可免上宪驳斥。贵商等既深知龚济川平空被累,希即出具切实保结,加盖片印送会,以凭核明转请。

(《汉口中西报》)

11.官商合力整顿布业

(1911 年 7 月 24 日)

大布生意原为正当营业,各商设法取巧,动辄悬灯结彩,减价争售,使同业大受影响,致有不堪设想之祸。夏口王木斋司马以于商业大有妨碍,昨特出示,严禁张贴三十六家布店门首,俾各家一律遵守。

大布帮首正太恒等前因同业紊乱帮规,致各家大受影响,与商会会同设法整顿,禀请劝业道立案给示。兹恐人心尚有不齐,不免阳奉阴违,特聘请马君吉五为稽查,每日上下梭巡,如仍有贱价乱售情事,即报由同帮公同罚惩。

(《汉口中西报》)

12.商会纪事(商会移鄂藩文)

(1911 年 7 月 26 日)

为移请转详事　案准江汉关道移准贵司函开,推广印花税一事,上年列入预算,议增岁入银十万两,关系甚巨。日前奉到院饬,敦促进行,已委陈令宗扬来汉筹商,请为设法维持,以收实效。等因,转移到会。并准夏口厅函同前因暨鄂豫火车货捐局移,以前项印花税,拟于六月初一日起遵章贴用,请转知各商遵照。等因,各准此。卷查开办印花税一事,曾于宣统元年秋间,准前藩司李照会,即经敝会开会集议,当因武汉市面艰窘,捐务纷繁,若再加抽印花税,商力实有未逮,业将商业困难情形移请缓办在案。兹准前因。如果近来市面略有起色,商力较前舒展，自当仰体宪意，设法遵办，以济国用。敝会奉文后，复经邀集全体商董开会，公同商议，一面邀请委员陈大令莅会开导，以期得就范围。无如众商董佥谓此项印花税，各国创办章程系免厘征税，既贴印花，其余厘金杂捐概行豁免，商人所以乐从。汉镇地方，除厘金、关税之外，尚复房屋有捐，烟、酒、糖有捐，更有各种附抽之学堂捐、育婴敬节捐、江河工捐、筑防捐、警□捐、号捐、九九商捐等名目，□此捐务繁多，已虑罗掘一空。况现值湖北各属多被水灾，□市较前益形清淡，即未加征印花税，商业人等已属支持不易，如再加征此税，尤觉民不聊生矣。查通商以津、沪为先，函询京师、天津、上海各埠，印花税一项又均未实行，以彼比此，本镇实未便独令向隅，惟有俟津、沪开办之后，或汉市商业稍有转机，再行次第进行，恳为转请缓办。并据众人声称，印花税一事，汉商尚未遽认遵办，现在汉口厘金局遽先于完纳厘税收票上加贴印花，逼令承认，以致时起风潮。此事在局委以奏定章程有提货单、发货单，价值合制钱十千以上，贴印花二十文为止一条，是以加贴。其实印花税即使奉行，发货单与厘票大有不同，亦不能任意误会。且查章程第三条，凡关系国家或地方公益善举事业所用之据，均不贴印花。厘票钤有贵司印记，实属关系国家，既与民间寻常票据不同，亦与地方公益等据有别，如再□贴印花，实于章程未合，若不即行取销，则完厘之人，未免疑为厘上加厘，横生枝节。现在众人愤激，并乞转请赶紧取销，以安商业各等语。维时陈委员在座，目击商情迫切，喻无可喻，想已将当日开会情形转陈左右。敝会正据情移请间，又迭据敝会各议董以厘尚未免，印花税万难遵行，厘票加贴印花税，尤为于理未合，应速请取销等情，先后续递意见书前来。敝会查近来国用匮乏，筹捐济助本为人民应尽之责，印花税一事如果商力舒展，苟可筹措，当无不竭力赞成，以济急需。惟本镇厘税二项以及一切附捐名目繁多，实为他省之冠。现值鄂属多被水灾，汉市生意清淡，即寻常应完之厘税，已觉难以支持，如再令加完印花税，实属力有不逮，且查此项税款，京师、津、沪各埠均未实行，独令汉商先行仿办，亦觉迹近偏枯，无怪众商人有所借口。敝会代达商情之责，既据众商力请将印花税从缓开办，细核所陈，确系实在情形，若不据情转请，仍令照捐，不特势难从命，且恐前年九九商捐之风潮又将现于今日。除移江汉关暨汉口统捐局、夏口厅外，相应据情移请。为此合移贵司，请烦查照，希即俯准转详，将汉口印花税暂缓开办。一面饬将“厘票上粘贴印花税票”一节赶紧取消，以苏商困而顺舆情。想上宪关怀大局，洞悉商艰等荷，俯如所请也。临□无任盼祷之至，须至移者。

（《汉口中西报》）

13.商会纪事（商会议董苏善夫君意见书）

（1911 年 7 月 27 日）

总协理先生钧鉴：敬启者，十六日所请印花税一案，以鄙意揣度，决难实行。窃思汉口商界，日见冷淡，几有一落千丈之势，当此时代行税项，恐非国家地方之福。夫印花税为各国通行之政，固不待言，抑试问各国有此厘金之政策乎？厘金□自胡文忠公之手，亦不过暂行于军兴之时，作为权宜之计耳。孰知蹉跎蹉跎，至今□去，现已□□滞□□□日大，商民等无不切□恨之矣。今前虎未驱，后狼又进，嗟我商民，更何以堪？若云国民既享权利，自必应尽义务□矣。察各国税捐较之中国，诚不啻倍徙，而国民肯踊跃□将者，以其有权利在也，而吾国国民所享之权利果何在乎？即有一二利民之政，亦犹未臻完善，今又加此税项，是欲操□蹄□□□□也。

况堡垣、江岸两项捐款,今尚陆续征收,彼堡垣既成马路,江岸早已竣工矣,吁应减者未减,而不应加者今又逐渐诸加,亦岂人情也哉?至云自吾汉口试办,则更非善策,且吾汉口从未试办一新□,如陆军、警察等善政,皆从北洋办起,岂畿辅重□仅应试办善政,而我汉口则应成一反比例耶?□奉岂无人,吾总协理二公其好自为之,是所愿也。□此,□领公安。

(《汉口中西报》)

14.商会纪事(商会议董吴干廷君意见书)

(1911年7月28日)

总协理先生大人台鉴:兹者日前藩宪委陈大令到会商议印花税实行办法,是日各帮议董虽未十分到齐,然多有持完过厘票又印花税,群相责问,会中莫能以对。当时展阅印花章程,并无国家税过厘票而再重征,今鄂由厘局代贴试行,未免有背章程,无怪商帮责有烦言。查印花创自欧西,彼国商民遵从贴服者,以其无各种杂捐,官府亦无苛扰商民之害,若我国则不然,非但税厘重复,而且此省与彼省又多不同。就鄙人耳闻途听,我湖北税捐名目无有少于别省者,况迩来商场困苦,已达极点,通商大埠如直隶省之天津、江苏省之上海,均与湖北之汉口同病相怜,商力实处难支之势,正赖各省大宪及地方官长体恤商艰,维持商困,庶可挽救万一。乃以身负重疾深痛之商民,何堪再加意外之灾祲?况朝廷重视商业,各省设立商会,而商会俱有维持之责,鄙人忝列议董,自问不能缄默,谨为我总协理先生陈之。中国印花并非不能实行,惜乎未到立宪之时耳。将来若欲实行,似非灭除种种别项税捐名目而定统一税章,决不能收效果。盖税捐杂复,商民隐忍,不便甚多,不若即早更章,豁免一切税厘名目,实行印花,酌定税则,晓谕天下,各省一律,自无歧异,所谓利国便商两有裨益。公等既为商界总代表,自不能不将下情面禀大宪,必可邀恩取销缓办,庶免暗生风潮,商民之幸,亦地方之福。抑或大宪不准所请,骤由鄂省强迫举行,汉口商会实难担此责任,况天津、上海各处商会来函,均言窒碍难行。汉口商会亦可援被电禀商部,仍从缓办,更不致有病民之虞也。鄙人特将意见详陈前来,尚望明公裁酌施行,专此布丰,即请公安。

(《汉口中西报》)

15.布政司余署巡警道祝会移江汉关汉口商会统一警费办法文

(1911年7月)

为会衔移知事　照得武汉警费收支畸零,名目繁杂,有各局署协拨代收之款,有警署经征之捐。现值统一财政,业经会商议定,自宣统三年六月初一日起,凡属武昌、汉镇、汉阳支款,统由警务公所各照预算数目,按月赴度支公所汇领分发。收款如江汉关协拨之留支添警经费、代收之河街清道捐,汉口商会分拨之钱业牌照捐,汉口上下统捐局、筹饷局代征之防号捐,汉阳鹦鹉洲竹木统捐局代征之竹木团防捐,汉阳县代收之竹木四厘捐、协助之缉捕经费,均按月径解度支公所。他如汉阳城关之铺户团防捐,原系汉阳府经征,本年二月始归警务长公所管理,捐票仍用府印。未免两歧,应改由汉阳县经征,径解度支公所,捐票由县制备,呈盖巡警道关防,转发填用,票根随时缴销。此外,警署经征各捐均解交警务公所转送度支公所核收。凡解度支公所之款，照数开送警务公所一份，解警务公所者开送度支公所一份。统捐、筹饷各局尤须将征收正捐数目及代征规则随数造册，分类注明，并将代收钱数填入大票骑缝之上。其各署局六月以前款项截清数目，仍照原案拨送。如有蒂欠，由警务公所移知度支公所催收，以清眉目而期划一。除分别移行外，拟合备文移会。为此合移贵道、商会，请烦查照办理，是荷，须至移者。

（《湖北官报》第 139 期）

8 月

1.商会纪事（移请劝行印花税）

（1911 年 8 月 1 日）

印花税一项今年列入预算，经藩司委陈宗杨大令来汉，会同夏口厅在商会提议推行，各帮董以市面艰难，陈请从缓开办，复经商会移请藩司缓办在案。于方伯以提货单、发货单粘贴印花，系奉奏定章程，未可从缓，特备文移复汉口商务总会，请开导商帮实行印花税，以符算案。

（《汉口中西报》）

2.商会纪事（禀请饬催缴款）

（1911 年 8 月 4 日）

阜通钱庄等在商会递控汉阳针钉官厂未交与华侨梁祖禄接办之先，总办李某欠款不偿，请移藩司究追一案。总协理已允禀请督宪饬令将所欠之报如数清还，勿任拖延，以全商本。

（《汉口中西报》）

3.商会纪事（代表赴东游历确期）

（1911 年 8 月 5 日）

汉口商务总会举定代表张玉涛、苏善夫、袁□城三君赴东游历，刻正调查本省各属土货出产，以资研究。一俟编定成书，即定于七月二十日内由汉搭轮起程赴沪，再行结伴东渡，以资考察。

（《汉口中西报》）

4.商会纪事（会议印花问题）

（1911 年 8 月 6 日）

余寿平方伯照会汉口商会，略谓，印花税一项，务期实行，以裕一切要需。等因。总协理又集合各帮董在会开议，众以各埠未行，不为照允。经总理蔡辅卿君登台演说，谓现在国家经济困难，此举原出于不得已，望我各帮诸公，勉为其难，以尽国民义务云云。旋有糖帮答曰：印花税如果实行,而度支公所所给之印花(米糖每包贴一张印花,计钱六百文;洋糖每包贴一张印花,计钱四百文;结糖每包贴一张印花,计钱二百文)应行免贴,盖系税上加税,各国恐无此例也。蔡以其时天气酷热,复行登台演说,请各帮仍具意见书于三日内送会,以凭汇核移复,遂乃摇铃散会。

(《汉口中西报》)

5.商会纪事(拆货帮上商会总协理意见书)

(1911 年 8 月 7 日)

印花税一事,敝帮赤白糖贴之久矣,每张取钱三百、四百不等,与捐合为三厘,两抽钱,则一如售糖一包,汉口有十一道关卡,处处留难,不能活泼一步。伏思设厘金之时,煌煌上谕,候军事静而停收,加江岸捐之时,堂堂告示,候工竣而停止,迄今数十年,不惟未见其停且逐年加多,今又新加印花税,贴之税厘票上,殊甚诧异。夫加税必先免厘,厘既未免,复于厘上加捐,捐上加税,税上又加各种杂捐,兹又于各种票上新贴印花税,重重叠叠,商民脂膏几何,不知此取税之法效之何国,乃际此商民困难之时,当道不加体恤,反行强迫手段,此固商民所不解也。欲不遵,则迹近违抗;欲遵办,则力有不逮。为今之计,祇请转禀上宪,将各种税厘捐归并为一,某货统计需钱若干,不另加税,俾商民一税之外听其所之,似于国课、商情两有裨益,是否有当,伏候尊裁。

(《汉口中西报》)

6.商会纪事(奉饬料理银行欠款)

(1911 年 8 月 10 日)

宣统三年闰六月初五日,奉督宪瑞批,据监生刘万丰等禀恳饬速了信义银行存款由。奉批:该监生等皆信义银行存户,款被亏倒,守候两年之久,尚无丝毫着落,衡情固属堪悯,但陈守昌年既非银行执事,又非股东,本与绝不干涉,此次出而清理,系为热心救友起见。该监生等认明宗旨,度必感激,不遑来禀,乃不以为德,转指陈守为故意推延,语殊失当。他如存户石占奎等竟往陈守寓所公然滋闹,举动尤为乖谬,本督院现已饬令陈守会同武、汉两商会妥议办法,一俟办(法)议定,即当大张晓谕。无论何项存款,将来决不落空,其各静听后命,勿再误会饶舌。仰北劝业道转行陈守,速遵前批办理,并移武、汉两商会传谕该监生等知照。此批。

(《汉口中西报》)

7.商会纪事(余中丞致商会函)

(1911 年 8 月 10 日)

前承枉顾,饱饫教言,幸甚幸甚,税票贴印花事,本为原章所无,既经贵总会要求,自可取销,以副雅命。此项印花系奉旨开办,经议实行之件,所有提货各单,自应概行遵贴,前经面订,另行设法。刻已与各税局约定不在税票上加贴,但令于货价定例时,即予售给合例印花一枚,贴在货单之上,并由各局另加专贴货单,不贴税票戳记。如遇货单不全,即可交与商人自行携归,贴在单上。似此斟酌变通,于遵守部章之中仍免重征违例之弊。贵商会主持大义,必所赞同,且此项印花为数本微,商困纵深,似亦尚可勉力,并祈切实劝导云。(后略)

(《汉口中西报》)

8.推行印花税之不易

(1911 年 8 月 15 日)

湖北创办印花税,由汉口商会总理蔡文会君开会劝办,众商咸谓税捐票据上加贴印花,乃系捐上加捐,纷纷群起反对。蔡乃据情移复藩司,日昨藩司又移文到会,略谓,税票贴印花一事,本为原章所无,既经贵会要求,自可取销。惟此次印花系奉旨开办,经议实行之件,所有提货、发货各单,自应概行贴用。刻已饬令各税捐局不在税捐票上加贴,但令于货价定例时,即予售给合例印花一枚,贴在货单之上,并由各局另加专贴货单,不贴税票戳记。如遇货单不全,即可交与商人自行携归,贴在单上。似此斟酌变通,于遵守部章之中仍免重征违例之弊。且此项印花为数本微,商困纵深,似亦尚可勉力,并祈切实劝导云云。现汉商会又集各议帮董会议,闻惟糖、烟各帮坚持反对之议甚力。

(《申报》)

9.商会纪事(批答一则)

(1911 年 8 月 16 日)

徐君钧等在汉口商务总会催控王云程等舞弊□□,请移厅究办一案。总协理答谓,此案久经本会移请夏口商埠地方审判厅提讯严追在卷,既称厅饬承乏吏传王云程未到,已由嘉初洋行将王云程扭禀法领事,转送夏口厅提讯取保,是案已关涉洋务,自应即归夏口厅讯断,希候抄录前□移函,移请夏口厅复提王云程,传同原告,□讯严究可也。

(《汉口中西报》)

10.谨告汉口商界急宜组织商团

(1911 年 8 月 17 日)

今何时乎?非外患迭乘,内乱纷起之时乎?瓜分之说,喧腾世界,昏聩之政府,又复滥借外债以促灭亡,横施压制,严挫民气,国民之反动,在在皆足以生变,既无国民外交之可讲,又乏民团之自卫,一旦事起,我商界之损失,当什伯于其他各界,可断言也。何也?商界之生命财产,悉寄托于商场,不幸而秩序扰乱,保护无从,叹立足之无地,亦已迟矣。我商界诸公即不为国家之大题目计,亦不自为计乎?曷不思患预防,自图治安,而乃釜鱼梁燕,恍若春水夕阳,不自知其祸患耶。噫!偌大之汉口,仅仅一体育会,吾不暇为汉口商界耻,而为汉口商界危也。虽然汉口体育会之不发达,商团之不易组织者,盖亦有原因在。

一、提倡之无人也。物理之公例,由上而下,其力省;由下而上,其势难;平流,则亦迂而缓也。商界之领袖,厥惟商会及各帮之董事,乃大腹诸公,率多肉食,罔识利害,惟浑浑噩噩之自安,间有一二识明心热,扶持体育,不惮牺牲其资财而补助会务者,乃鄙夫者流,或且非笑之下,次则秉有一腔之热血，又不足以号召而收一呼百应之效，坐是则汉口体育会仅留稚形，商团前途乃属渺茫也。默猜诸领袖之意旨，非不知时事日急，或以为我年已迈，当不至身受其厄，或以为挟资，既当退归田□，足娱晚景，即不然顺民可作，何必自苦纷扰。讵知急已燃眉，恐不我待，韩国前车，正是我镜，古有桃源，今无其地矣。上海商团创自虞洽卿先生，现今各帮均急起直追，分立商团，岂上海各商董之智不及吾汉口诸公乎？抑亦诸公不加详察耳？故汉口之体育会，自为生死，遑论商团。说者谓上海、汉口商界之程度，于此可以比较焉。

一、经济之困难也。由前之说，领袖各董既不提倡于上，体育会诸君能力薄弱，或图进行，或该商团器械需费若干，将何从而措筹，欲出之于会员个人，则力有未逮，拟谋之于各帮，其为难情形上已言之。况乎逐年漏卮，溢出外洋，内国经济困兆屡见，各业银根又复急迫，社会之影响，涉于个人，筹款既不易，亦何望其扩充更张哉？殊不知扩张体育会，组织商团，无异保险事业也，补助会费团用，亦无异于投保险费于保险公司也。店铺资本虽支绌，保险费必不减省，吾不解何以一涉会团，即诿为无费也。夫利害未明欤！

(《汉口中西报》)

11.谨告汉口商界急宜组织商团(续昨)

(1911 年 8 月 18 日)

一、商智之未普及也。处今日商战之时，国势之强弱，当以商业为比例，苟商界同人深明乎？体育之不可以不讲，商团之不可以不立，众志成城，岂一二顽固之商董所能压制！则第一之问题，可以毋庸研究，节省个人之花酒、麻雀费及香烟、雪茄费，以允会团之经费，绰乎余裕。第二之问题，亦可以无虑，无如热心毅力，惟居少数，其他则富于依赖性，不自振发，唯唯诺诺实占大半，可毋庸为我汉口商界讳也。

有此三大原因，然则我汉口商界永无奋兴之日乎？将为弱者肉而任为强者食乎？印度、波兰无营商地，驱逐华侨，为前车辙。我汉口商界诸公，自甘阅历此中之景况乎？吾知必不然也。汉口为九省之通衢，火车轮船之中心点，握全国商务之枢纽，有此地灵，岂无人杰？前者领袖各董审查未真，各处商团亦未盛立，无表□□□□，故□□莫□□□瑞督提倡于上，江浙诸省之内□□□亦且林立，是非实力提倡体育，结合商团，不足以维商务而强国，势已明明，可见上海逐次之禁烟及罢市等，有商团之弹压，其镇静何如？吾汉口吴一狗之事，商团未成，伤害人民，损失财产，又何如？其佐证之确实，又明明可见。吾知各商董知之既明，有不行之维力者，当仁不让。其第一之原因已不难解决，第二之原因亦即可随第一而立决焉。在上既竭力倡之，草风必偃，凡在其势力范围之内，当无不薰沐其主义也。所有第三之原因，亦可逐渐促其进步，行见军乐、锵锵军旅，扬扬军国，民之壁垒矗立于汉口，长江流域悉为保障，其荣誉为何如也。况乎汉口商界，经热心诸君子发起，办有体育会，成立二年，效验卓著，扩而充之，改为商团，尤为事半功倍，举商界诸公曷兴乎来。不才谨九顿首以待。

(《汉口中西报》)

12.武昌商会特别布告

（1911 年 8 月 18 日）

为布告事　顷据湖北大冶水泥厂股东陈□庵太守函开，敝处代担信义银行债款一案，沪镇两行欠款均经理清。兹专返鄂垣，接续理清武汉等行债务，议定办法，除存户银在三十两以内者，全数付给现银，其余每户存数但在三十两以外者，一概换给水泥厂凭单，分十五年拟还，已禀奉督宪批，由敝处酌定发款发单日期，呈候督宪核准给示，再行登报宣告。合将拟定日期并拟定办法抄单函送备案。等因，为此。牌告武昌信义银行各存户一体查照，后开各条，静候定有确期，即将呈款折据持往缴验，以凭分别发银发单为要。此布。计开陈□庵太守代□武汉信义银行债款摊还办法十二条：

一、武汉等行计欠各存款条约十一万金，遵照原案，仍由湖北水泥厂全数担任，分十五年拟还，即凭该行存款按期支取。

一、零星小户，每户存银在三十两以内者，原应按照沪镇办法折给六成现银，仰承督宪意，俯念贫寒，遵饬全数发清，以资体恤，其余每户存数但在三十两以外者，仍照大款一律换给水泥厂凭单，分十五年担任，以示限制。

一、各户债款专以担任原存本银为限，所有利息一律概免计算。

一、镇江造纸厂备抵一项，原案统计全体债款一律均拟，旋因该纸厂股东及上海各垫户意见各执，拍卖无期，遵奉督宪示谕，分界办理，已将纸厂一项划归沪镇，以免牵制，所有武汉存户各款，全数以水泥厂红利，分十五年担任拟还，当订明将来纸厂拍卖，无论亏耗若干，不得累及武汉等处，但武汉各存户有自愿折耗分及纸厂摊款折，准将水泥厂凭单持赴上海四马路信义存户公会，与该代表接洽，按照拍卖所得之数摊换现银。

一、凡存户，不论官民绅商，存款在三十两以上者，统按十五年摊还，一律办理，不得要求特别节外生枝，俾免纷歧，以昭平允。

一、信义倒款并无洋商交涉，倘有存户冒称洋款或记名洋商用人，希图要挟者，概不担任，以杜诈伪。

一、该行倒闭之后，各分行经理人倘有私收存款及捏填存簿等弊，除将该款不列担任外，并查明舞弊之人，随时禀请严追，责令清偿。

（未完）

（《汉口中西报》）

13.商会纪事（落地兼统捐局致商会函）

（1911 年 8 月 20 日）

敬启者，准度支公所函开税票贴印花一事，昨经汉口商会要求已准取消，惟此项印花系奉旨经议实行之件，所有提货、发货各单，自应一律遵贴。现与商会面订，另行设法，不在税票上加贴，但令于货价合例时，即予售给合例印花一枚，贴在货单之上，并由各局另加专贴货单，不贴税票戳记。如遇货单不全，可交与商人自行携归，贴在单上。似此斟酌变通，于遵守部章之中仍免违例重征之弊。除函请汉口商会仍切实劝导遵行外，相应函达，即希查照办理是企。等因，准此。查此案业经度支公所函请贵总会切实劝导遵行在案，敝局当即刊刻戳记，发给各分卡。自本月十六日起，凡来局完纳捐税，均令其将货单交出，粘贴印花，倘货单不全，即将应贴印花加盖，专贴货单，不贴税票戳记，交与商人自行携归粘贴。除遵行外，仍请贵总会切实劝导，不胜盼祷。(后略)

(《汉口中西报》)

14.商会纪事(商会答苏洋广货店词)

(1911 年 8 月 21 日)

汉口苏洋广货为生意大宗，惟同行每有拍卖贱售情弊，议整帮规，在汉口商会呈请移厅示谕一案。总协理以各项营业，市价涨落虽有时不同，而同帮均须一律，方足以昭划一而免破败。是以定例有市肆评物价之条，今贵商等谓，同帮中有以拍卖为名，故意放盘贱售者，似此价不公平，殊属有害市面，自应严切整顿，以期大众一心。希候移请夏口厅示谕，贵同业等嗣后门售货价务须照市公平，不得彼此歧异，即有收歇之户，须将残货销脱，亦应商明同业，公议办理，不得任意贱售，有违定章。(下略)

(《汉口中西报》)

15.商会纪事(商会移鄂藩文)

(1911 年 8 月 21 日)

为再移请事　案查闰六月十四日，准贵升前司余以印花税系奉旨遵行，上年咨议局议决，列入预算，进款银十万两，此次通饬全省切实推广，不苛不扰，并准酌择缓急，从不丝毫抑勒，仍希晓谕商民，踊踊输将。所云汉口统捐局厘贴花均经更正，现在办法系遵奏定章程，发货单、提货单两条应贴印花，分别办理，如无货单，就货估价，饬令补贴印花，移请查照，劝导遵行。等因，并奉函嘱谆谆，准此。敝会捧读之余，复经函商各帮，再三开导，一面邀集全体商董定期开会，公同筹议，以期逐渐推行。无如商众佥谓印花税一事，固为立宪国应有之捐，凡属商民，如果力苟能支，理当竭力赞成，以济急需。(未完)

(《汉口中西报》)

16.商会纪事[商会移鄂藩文(续)]

(1911 年 8 月 22 日)

惟立宪国无厘金、杂捐之纷扰，今欲实行印花税，应请将各项杂捐一律豁免，再行开办，俾符加税免厘之例。倘厘捐未免，即加征印花税，不特汉商应完之各项税捐名目繁多，值此大水为灾，市面清淡，已觉力有不逮，若再加完印花税，更属无可聊生。盖此次奉文加税，各厘局雷厉风行，维谨遇有完厘之货，无不勒令加贴印花，该商等货船到埠，或船未起，或肩负在途，稍涉抗违，即被饬扣，风波窃盗，种种可危，饮泣含冤，委实苦无可诉。况查《印花税章程》内有提货单、发货单一条，夫提货单自指商家提归之货单，发货单自指商家发卖之货单，如两单均加贴印花，则一进一出，岂不均须加完税项？且商家运货到埠，进栈之后，无不辗转分拨，即无不有提

货、发货之单,今令按货价合制钱十串以上者,加贴印花,则完税将无次数。(未完)

(《汉口中西报》)

17.武昌商会特别布告(续念四)

(1911 年 8 月 22 日)

一、该行钱洋钞票当倒闭时,已由地方官会同商会发兑清楚,惟查核行司事人等,有将行中未经发行之票窃出寄顿等,应照沪镇办法,钞票一律作废。

一、北京分行尚多外欠可抵之款,应请勒令该分行经理尹茂林赴京自行追抵,其不敷之数,一俟查明,再由水泥厂照案担任办理。

一、长沙分行报告账目弊混滋多,查该经理张瀛私亏尤巨,账略既不可凭,实属无从担任,且张瀛现复逃避南京,屡招不到,应请传到案,押令回湘,将该行存欠逐一理清,再行酌办。

一、此次担任全体债款共计十七万金,原案增出一万四千余金,系为保全商业信用,并免该行股东及各经理人拖累起见,故专以摊存储各款为限,所有该行股本及经理人筹垫之款不在担任之列,概不得无理要求。

一、各行经理人等亏蚀之款为数甚巨,除尹湘琳现已在押,应请从严追惩外,余俟查明后,再行禀请提追,并各衙门封存该行押款等件,恳请一并发交敝处,以便清厘,俾资弥补。

(完)

(《汉口中西报》)

18.商会纪事[查复并无收买黑货要函,商会移鄂藩文(续)]

(1911 年 8 月 23 日)

查复并无收买黑货要函

架子楼陈转运被督宪访拿解省,委陈介庵太守讯,据该犯诬扳董义兴、黄志成收买伊之黑货,督宪饬夏口厅照会商会,查明有无其事。兹经商会函请拆货帮董查复,该店均系正经营业,并无收买黑货情实。兹将来往之函抄录于下:

商会致拆货帮董函　略谓,闰六月十九日,准夏口厅移,以奉督宪札,据承审架子楼一案,委员禀讯,据匪犯陈转运供称,伊节收买黑货,实系卖与董义兴、黄志成各店,大半由王先生经手等语,谅不尽属虚诬,应请查办等情。禀奉批示,由厅照会商会,将董义兴等铺销受黑货情形查明,据实禀复核办。等因。转请遵照督宪檄饬,切实查明,刻日移复过厅,以凭转禀核办。等因,到会,准此。查董义兴、黄志成两拆货店开设本镇,历有年所,每年往来生意为数甚巨,其平日名誉尚优,究竟有无销受黑货之事,敝会实无从深悉。执事为拆货帮领袖,此中情形,谅必深知,既奉上宪饬查,敢乞执事遵照宪饬,秉公切实查明复会,以凭转复核办。事关督宪饬查之件,务祈从速查复,是为至盼云云。(未完)

商会移鄂藩文(续)

即以汉口白糖一项而言,按照现章,厘、税、捐三项并征,加以各色杂捐,已须完纳十一道矣,似此旧税未除,新捐叠起,商业将何以安?总之,提货、发货各单加贴印花税一条,各省皆未照办,独令汉口商人吃此巨亏,未免公道全无,不量予变通,从缓开办,委实民不堪命。再,提货单一项，系装载轮船之货，始有洋行之提单，若自雇民船运货，向以船信为主，并无提单，如就货估价，则司巡人等究不免上下其手，多所抑勒，此后商人更将受累不堪。汉镇为通商大埠，从前各捐加增，以致挂洋牌者日多，自商会成立，再三劝导，始得渐就范围。此次创行印花税，如不俟加免厘税后，再行加税，或酌量变通缓办，诚恐各商故智复萌，亦非捐务之幸。且章程所载，均属大纲，不甚明晰，以故藩宪来文有开办之始，间有外局误会之语，可见事未详察，实不免误会纷扰。是印花税即欲实行，亦应请藩宪饬派熟悉商务之员，将各项细则逐一研究，果能毫无窒碍，再当逐渐推行，以副藩宪酌择缓急之意，恳为转请缓办，以恤商艰等情。（未完）

（《汉口中西报》）

19.商会纪事（夏口厅移商会文）

（1911 年 8 月 25 日）

架子楼陈转运诬扳董义兴、黄志成收买黑货，督宪饬厅移请商会转请拆货帮董买季贤查复并无其事，已见各报，夏口厅移请商会原文补录于下：

为移请事　宣统三年闰六月十八日奉督宪瑞札开，案据陈守树屏等禀称，窃奉饬提讯夏口厅获解王福等供出王成先伙开大架子楼，匪犯陈转运并得受规费，水巡稽查叶银狗当即督同王令笃基、方令毓桂前往江夏县监提二犯，悉心研讯，并提王福、陈明忠、郑德鸿当堂质讯。据陈转运供，先帮赵瞎子、陈朗斋收黑货，因陈朗斋潜逃病死，遂同王成先在老兴巷租屋开设和记架子楼，收卖搭毛罗喜、黄么子们黑货，卖与黄志成、董义兴杂货铺。午节开销，各处规费亦与王福、王成烈伙开迎江巷架子楼数目相等。王福、陈明志、郑德鸿供称，陈转运、王成先所开架子楼实为二大架了楼之 ，确无疑义，惟王成先在逃，账本未交，该犯所供出货价值为数无多，显系恃无抵质，避重就轻。又，该犯初供黄志成店专销伊等架子楼货物，与王福前次供情略同，知府等以黄志成店系本地著名绅富所设，疑该犯挟嫌扳诬，或假声势躲闪，曾加斥责，并迫问实在销赃处所，再四研鞫，始认分售与董义兴杂货店。惟坚称黄志成实销此项货物，且大半系王成先经手，言之□□，知府等既确有所闻，自未便壅于上达。且访查向来汉口架子楼囤聚黑货，实有种奸商暗自销纳，缘成本既经出售，便易积久，遂成特别垄断，亦间有因此暴富者，商会首领或碍于情面，□于祸害，明知而不举发者，远方商旅遂长受此无形亏耗而无可呼吁，此又不尽归咎于□窃之横行、差勇之纵弛也。此次该犯所供董义兴与黄志成各店收买货物情事，谅不尽属虚诬，至租赁开设架子楼，房屋主人尤属无可宽免，拟请札饬夏口厅，先将陈转运所租老兴巷房屋与王福原租十人馆房屋一并查封充公，一面会同商会首领，将董义兴与黄志成各店收买架了楼货物情形查实，从严详办，以儆将来，并饬各商帮妥议查禁收买黑货章程，具禀定案。（未完）

（《汉口中西报》）

20.商会纪事［商会移鄂藩文（续）］

（1911 年 8 月 25 日）

与其空事逼迫，徒激众怒，何如据实转陈，以安市面。相应再行移请，为此合移贵司，请烦查照。希即俯念汉商艰窘已达极点，准予转请，将印花税暂缓开办。一面饬派熟悉商务之员，将《印花税章程》逐一研究，分别缓急，以期逐渐推行，俾苏商困而顺舆情，实为公便。再，顷准湖北咨议局函开，上年试办预算，只议岁出，其岁入之部，因国家税、地方税未分，但交参考，不交议决，故去年咨议局之预算，于岁入一门均未置议，印花税系岁入之一款，其未经局议，更无待言。等因。合并移□，须至移者。（完）

（《汉口中西报》）

21.商会纪事［夏口厅移商会文（续）］

（1911年8月26日）

陈转运一犯，仍候夏口厅缉获王成烈、王成先到案质实，请示核办。叶银狗供，系夏口厅水巡稽查。去年三月，奉商会谕，驱架船殆尽，本年奉裁回家，患病，并未收受架子楼规费。据王福供称，并不认识，听闻王承烈所说账簿内亦无此名，查该犯前充夏口厅水巡名目，确系四月裁撤。王福前供，伊午节得受规费钱四串文，既系得之，传闻未能指实。该犯现实患病，拟请暂交确保调治，俟王成烈到案质实，如确有收受规费情事，再行并案惩办，是否有当，伏乞核示等情。据此，除批示：据禀已悉。查王福在十人馆所开架子楼，前经饬据夏口厅会同马都司等查复，业已搬去，无从查封。王福原供陈转运在中码头水巷架子楼房屋亦经夏口厅查明，早已用砖砌闭，并无人居，询诸房主，称无租给陈转运居住情事。现既讯据陈转运供明，系在老兴巷租赁淮盐局司事刘姓房屋开设架子楼，由董义兴作保，其所收黑货即分销于董义兴、黄志成等店。此等租开架子楼之房主、销售黑货之商铺，最堪痛恨，昨已分饬巡警二道照会商会，妥议章程，严行取缔。陈转运所租房屋、所销黑货既有房主姓氏、商铺牌号所指，断非虚妄，候札饬夏口厅即将刘姓房屋查封充公，并由厅照会商会，将董义兴等铺销售黑货情形查明，据实禀复核办。陈转运一犯仍严行审讯，□供禀办，未便仍其狡延。至叶银狗，虽系已裁水警，惟前据巡警道所禀，该犯声名甚劣，未便率准交保，厅仍收押，候王成烈到案，再行质办。仰即遵照，□供单存，除印发外，合亟札饬，札到该厅，即便遵照办理，毋延特札。等因，奉此。相应备文移请。为此合移贵总会，请烦遵照督宪檄饬，希将董义兴等铺销受黑货情形，切实查明，刻日移复过厅，以便转禀核办，望切望切！（完）

（《汉口中西报》）

22.商会纪事（调查各团正副会长姓名）

（1911年8月27日）

商会订定预备赴东考察实业之张寿田君，因全国商会联合前往日本之期已近，所有武汉各团正副会长姓名及成绩，亟应□辑，以备分送日本诸埠商团，于日昨即亲赴各团调查。

（《汉口中西报》）

23.商会纪事(印税问题)

(1911 年 8 月 28 日)

商会以财政艰难,实行印花税,以裕一切度支,会议数次,各帮董等请予代陈藩司,厘票、税票应恳免贴印花,余则概遵定章奉行。经总协理等据情移复,由升藩余中丞认可,当即函知各帮查照。乃现在统捐局及筹饷局之厘税票仍然贴用,各帮以未遂目的,不负税上加税之累,纷纷递略。商会于初三日特开大会,到者约一百余人,群询前议既经藩司认可,何以厘票、税票粘贴如故?总理蔡辅卿君宣告来往文移毕后,即云此事如斯办理,未见效力,请各帮诸君将粘贴印花之厘税票汇齐,从速送会,俾使备文移请藩司核复,再行传知。

(《汉口中西报》)

24.商会纪事(商会举定赴东考察实业专员)

(1911 年 8 月 28 日)

商会奉农工商部札,饬选妥员,联合全国商会结团赴日本考察实业。遵于日前开会投票,公举前充商会总理、交通银行总办卢鸿沧君,前充商会协理、日清公司买办汪炳生君,并皮业帮董张碧泉君为考察实业专员,由总理蔡辅卿君会同协理孙□甫君电知农工商部及上海商务总会。

(《汉口中西报》)

25.商会纪事(商会考察实业专员定期起程)

(1911 年 8 月 29 日)

商会公□□□□□考察实业专员卢鸿沧、汪炳生、张碧泉三君,一切定于□三日起程。总理蔡辅卿君、协理孙□甫君,令庶务□□君预备酒席,在商会举行公饯。

(《汉口中西报》)

26.汉口将有大博览会出现

(1911 年 8 月)

政府以宣统四年为中国筹备宪政五周年纪念日,欲于汉口开全国产业博览会,其规模似较去年之南洋劝业会再增一倍,由农工商部特派委员赴日本调查一切。该委员会等已于本月初九日至日本东京逐细调查。闻俟调查员回国之后,即订立一切章程办法。

(《大同报(上海)》第 15 卷第 25 期)

9 月

1.堂堂京卿顾亦收买黑货耶

（1911 年 9 月 3 日）

汉口黄志成拆货行，乃江南存记道员报效巨款，恩赏四品京堂之黄训典所开，已历五十余年，获利无伦，于汉口杂货商帮最有名誉。乃近日鄂督拿办著名架子楼收囤贼赃之陈转运，派委陈守树屏审讯，该犯供扳所收黑货均转卖与黄志成及董义兴（亦著名杂货行）销售。鄂督以已正法之架子大王王顺等前供亦有黑货转卖黄志成之语，恐系挟嫌扳诬，假声势以为躲闪地步，故置之不究，今陈犯亦在堂供扳，所言谅不尽虚，特饬汉口商会总协理查复核办。该总协理蔡辅卿等亦不敢开罪京卿，当照请拆货帮董贾季贤调查。闻该帮董以当道如果有意查办，自应饬官厅查其来往账据，即得真情，乃饬商会查复，明系官样文章，爰为洗刷干净，函复蔡总理转禀督院，请毋庸置议。闻日前黄京卿因此大为恐慌，昨具呈辩诉。瑞制军当批：以该职在商界中颇负时望，谅不致有此不规则之行为，惟黄志成收买黑货，前获正法之王福曾经供及，不仅陈转运一人为然，该犯等与该职无所嫌怨，断非凭空诬指，或店伙贪利贱买，欺主肥己，该职亦不能保其必无案，已饬查虚实，自能分晓，毋庸急渎云。

（《申报》）

2.汉商会集议印花税

（1911 年 9 月 3 日）

汉商会前准藩司来文，转知各帮董，共体国家财政困难，实行印花税，以裕一切度支。曾经开会集议数次，各帮董等请总协理代陈藩司，厘票、税票应恳免印花，余则概遵定章奉行。经总协理据情移复，由余升藩认可，当即函知各帮查照。乃现在统捐局及筹饷局之厘税票仍然贴用，各帮以未达目的，不负税上加税之累，纷纷函问商会。于是初三日特开大会，到者约一百余人，群询前议既经藩宪认可，应即实行，何以厘票、税票粘贴如故？总理蔡辅卿君宣告来往文移毕后，即云此事如斯办理，未见效力，请各帮诸君将粘贴印花之厘税票一并汇齐，从速送会，俾便移请藩司查核，俟有复文，到时再有传知。

（《新闻报》）

3.黄京卿收买黑货详志（一）

（1911 年 9 月 8 日）

汉口黄志成拆货店东、四品京堂黄训典因私通架子楼，收买黑货，经鄂督查知，饬关道夏口厅照会商会查办。旋黄上禀自辩，奉督批：着静候查复核办，毋庸急渎。各情迭志前报，兹将是案始末详情分志于下：

黄训典之历史　四品京堂黄训典，湖北咸宁县人，在汉口经商已数十年，初在打扣巷开黄志成杂货店，资本一二十千金，不数载忽致巨富，拥资二三十万，遂扩充营业，改黄志成为拆货行，另于汉口、武昌开两大杂货店，商标天福，营业日臻发达，于武汉首屈一指。然官商以其暴富，颇多疑之，前鄂督张文襄微有所闻，每借新政乏款，勒令报效经费，黄为人狡猾，虽允捐输，然须先奏报而后缴银，于是迭保以道员，分省补用，两宫回銮，黄又报效万金，特旨赏二品衔，交军机处存记。近又捐助汉口商业学堂及本籍学堂经费，由鄂督奏请，赏以四品京堂候补。

架子楼之内容　汉口有种架子楼者，开设偏街僻巷，主之者类皆劣弁蠹役、巨痞恶棍，几攫窃、扒手、大小摆队在水陆窃来之物，汉口名为黑货，均送往架子楼，以最贱之价囤买，贵如珠玉、绸缎，贱如谷米、铜铁，为市上交易所有者，一概收受，但架子楼收此黑货，不便明卖，须勾通各业奸商陪中，为之销纳。有人调查，汉口全镇大小架子楼多至一百余家，而水上架子不与焉（水架子乃船只所做）。内中交易最大者，以已正法之劣弁徐升兄弟、王福父子暨已获未办之陈转运等推为巨擘，彼党均尊之为架子大王，闻其黑货日有百余金之值。徐升之架子楼开在中码头水巷，王福之楼开在石人馆，陈转运之楼开在老兴巷，所收各种杂货均由黄志成专销，黄店遂成囤聚黑货总汇，其成本既轻，□售便易，较他店实利市三倍，积久自成为大富矣。有董义兴拆货店涎黄店之利，近亦为陈转运担保租屋，开架子楼支店，所收黑货即分销于董义兴，定立合同，别店不得搀夺，董亦因之致富。历来商会首领或碍于情面，或栗于祸害（架子楼皆盗贼为之党羽，如与为难，即被仇害），明知之而不敢举发，商界遂长此受无形亏耗，竟无可呼诉之地矣。

查办黄店之由来　瑞督初莅鄂任，访悉，汉口在公员役、差保包庇架子楼，为商旅害，即首先拿办最著名之徐升等一门三凶正法，以期惩一儆百，一时架子楼纷纷时歇。讵大利所在，法难禁制，不久故态复萌，王福等人仍各理其旧业。今夏瑞帅遂又拿办王福父子正法，抄家充公，讵查其账本中所载多与黄志成有关，承审官以黄训典位尊多金，意图结欢，置不究问。嗣王福在法庭供出，有所收各路黑货专销黄志成等语，承审官反斥其挟嫌诬攀，假声势以躲闪。兹鄂督又将陈转运逮案，其账本则为伙友王成先携逃未交，承审委员陈守树屏追问其赃物实销何处，再四研鞫，始认实销与黄志成，并分售与董义兴，言之凿凿可据，陈守据实上陈。且谓访闻汉口架子楼囤聚黑货，实有一种奸商暗中销纳，积久遂成特别垄断，因而暴富者颇不乏人，此次陈犯所供黄志成各店收买黑货，与王福等所供情形相同，谅不尽属虚诬，至租赁开设架子楼房屋主人，尤属无可宽免。拟请查明充公，一面札饬关道、夏口厅督令商会总协理，将黄志成各店收买赃物情形查实，从严详办，以儆将来，并饬各商帮妥议查禁收黑货章程，禀明立案，以维商业。当奉鄂督批示照准，札行道厅查办，并由巡警道立将陈转运所租老兴巷淮盐局刘姓司事之房屋封闭充公矣。

（《申报》）

4.黄京卿收买黑货详志（二）

（1911 年 9 月 9 日）

商会总理之偏袒　汉口商会总理蔡文会亦咸宁人，与黄同乡，素来感情甚笃，接到夏口厅照会后，即拟为黄洗刷辩白，协理孙涤甫与二三议董均不承认，蔡不得已，乃命拆货帮董贾季贤查复,盖以贾黄□谊极深,必可敷衍过去也。昨贾复文到会,虽力为遮盖,然因不善为文,未免欲盖弥彰,蔡意拟为更改移复,诸董事均不允。乃于日前集齐各议董、帮董会议,黄闻经众会议,先日遍赴各董处作揖打拱,摇尾乞怜,洗尽京卿阔派,可笑之至。嗣闻会议时袒之者虽多,而恶之者亦复不少,致未决议。

(《申报》)

5.商会纪事(商部札饬选员东渡)

(1911 年 9 月 10 日)

农工商部于宣统三年闰六月十五日准外务部咨称,闰六月十三日准日本伊集院函据日本实业家等函称,现经准备招待五十名来宾,祈转达前途,务使此次渡日实业团满足此数等语。当以此事业经上海沈仲礼君等尽力斡旋,定于中历九月初三日,由上海乘日本邮船社会春日丸东渡。所有各商会如愿派人加入渡日实业团内,必须慎选于商业富有经验之人,已札饬汉口商会遵照办理。

(《汉口中西报》)

6.农工商部答武汉商会文

(1911 年 9 月 15 日)

宣统三年七月十七日,准内阁片交钦奉谕旨农工商部奏,遵章预筹第四年农工商政实行办法一折,又奏宪政编查馆□单所开应行酌核更定各节,已量为变通,亟为筹办一片,均着宪政编查馆知道。钦此钦遵。传知到部。除分行外,相应恭录谕旨、抄录原奏并宣统四年筹备事宜清单,札行该商务总会钦遵办理,并传知各分会一体遵办可也。农工商政第四年筹备事宜表:

(甲)农政项下,调查内地丝业情形,调查内地茶业情形,通饬各省筹设农业学堂、农务试验厂,各省农务分会以次举办,推广蚕业讲习所,推广茶务讲习所,颁布棉业图说,颁布奖励棉业章程。

(乙)工政项下,开办化分矿质局,施行划一度量权衡各种细章,划一京外各官衙局所度量权衡,划一各省城各商埠度量权衡,颁布改良矿务新章,编订工会规则。

(丙)商政项下,调查各省出产商品,通饬各省调查商品出入详细数目、商务衰旺,编成报告,通咨各出使大臣,将各商埠侨商人数、商业列册报部,推广保险办法,各埠商务总分会以次设齐,颁布保险规则,颁布运输规则。

(《汉口中西报》)

7.汉口商务总会宣统二年经收各帮款项数目表

(1911 年 9 月 18 日)

(汉口)商务总会宣统二年经收各帮款项数目表:一、名誉议董毛树棠君津贴洋例纹二百两;一、名誉议董殷答鱼君津贴洋例纹一百二十两;一、名誉议董陈心斋君津贴洋例纹一百二十两;一、名誉议董景维行君津贴洋例纹一百两;一、燮昌公司津贴洋例纹二百两;一、既济水电公司津贴洋例纹二百两;一、萍乡煤矿局津贴洋例纹一百两;一、公司局厂洋例纹五百七十二两;一、钱业庄号帮洋例纹一千七百五十八两;一、西票号帮洋例五百五十二两;一、典当帮洋例纹四百零二两;一、米行内外河帮洋例纹三百二十两;一、盐行盐号帮洋例纹三百二十两;一、油行油坊洋例纹二百六十四两二钱五分;一、茶叶行帮洋例纹一百二十四两;一、洋行洋例纹三百七十两;一、广东木厂帮洋例纹四十四两;一、西水烟通帮洋例纹八十四两;一、蛋行帮洋例纹一百五十八两;一、陈瑞文君特捐洋例纹三百两。(未完)

(《汉口中西报》)

8.汉口商务总会宣统二年经收各帮款项数目表(续)

(1911 年 9 月 19 日)

一、太平通帮洋例纹四百零八两;一、绸缎号铺帮洋例纹四百零九两一钱一分;一、木业行号洋例纹九十两;一、黄丝竹号帮洋例纹一百一十二两;一、棉花行号帮洋例纹二百四十四两;一、丝线号帮洋例纹一百一十四两;一、墨业帮胡开文、鲍乾元洋例纹二十四两;一、黄州字号帮洋例纹五十二两;一、米炭杂货帮洋例纹五十两;一、江西字号帮洋例纹二百三十六两;一、湖南益阳帮洋例纹四十八两;一、山西布帮洋例纹二百四十两;一、衣店帮洋例纹一百四十八两;一、山货油帮元年注册洋例纹八十两;一、书局仪器帮洋例纹一百七十二两;一、轮船火车公会帮洋例纹一百三十二两七钱九分;一、牛皮帮洋例纹二百九十两;一、海味洋例纹一百二十两;一、西杂皮帮元年注册费洋例纹九十六两。(仍未完)

(《汉口中西报》)

9.汉口商务总会宣统二年经收各帮款项数目表(续)

(1911 年 9 月 20 日)

一、麻袋帮洋例纹二十四两;一、香料帮玉颜春洋例纹八两;一、洋广货帮洋例纹七十八两;一、茶叶公所六帮洋例纹三百六十两;一、棉纸通帮洋例纹二十四两;一、上街广货帮洋例纹一百一十四两;一、苏货帽帮洋例纹一百九十八两;一、麻行帮洋例纹四十七两七钱;一、石膏帮洋例纹四十八两;一、饮片药材店元年注册费洋例纹百二十两;一、五金通帮洋例纹三百二十四两;一、浙宁木作厂帮洋例纹三十二两;一、土膏帮洋例纹二百七十八两;一、外埠银行洋例纹四十二两;一、广福杂货行帮洋例纹一百□□□两。(仍未完)

(《汉口中西报》)

10.汉市一斑

(1911 年 9 月 20 日)

汉口商务以钱业为最旺,向年钱庄不下一百四十余家,三怡亏倒后,市面震动,倒歇者已有十余家,及源丰润、义成源倒塌,牵动市面停歇者,复有二十余家,加之连年水灾、火灾,钱业日益零落,现只有九十余家,市面之坏可概见矣。职商查子富等在汉口警务长公所呈请在后城马路及大智门歆生路一带添驶橡皮车,利便行旅,且可不损马路,自较铁轮车为胜,殊形拥挤,颇碍交通。原有铁轮人力车,业经本公所饬令修整改良,以维车业而重路政,能否添设橡皮车辆,应俟察看情形再行核夺,目前暂毋庸议。

(《汉口中西报》)

11.汉口见闻录

(1911 年 9 月 20 日)

(汉口)商务总会常年经费,全赖各帮注册银两,以资挹注。讵木帮去年所认之注册费,至今分文未缴。总协理以各帮若照如此拖延,商会何能久远?特催木帮董事胡敬文君迅速催收缴会。

(《汉口中西报》)

10 月

1.巨商息借洋款将成

(1911 年 10 月 1 日)

湖北刘人祥以后湖地皮抵借洋款三百万,磋商已久,未能定议。因此款须归国家担保,鄂督虽已奏明,然究不知刘人祥之地皮是否足抵三百万,特札派劝业、巡警两道调查,两道以此事须负责任,又派委员四人估价,以致迁延日久,不能定局。现闻运动息借此款之洋行买办汪某,近又运动汉口商会协理某君,许以特别利益,并允此事办成,该行汉口分行买办即归彼充当。该商会协理乃为极力运动,由商会转向鄂督担保,并闻所派四员亦将许以各项利益,以免从中反对,大约此项洋债不久可望告成。然瑞督一片郑重之心,将尽付泡影,将来无数纠葛之事,恐于此胚胎矣。

(《申报》)

2.商会纪事(商会与张万兴之纠葛)

(1911 年 10 月 1 日)

张万兴与店东张沂庵因亏负巨款潜逃,然充其所有,尚能按成摊还,只以重复典押契约甚多,以致纠葛丛生,赴厅起诉者竞接踵而至。虽皆准予传究,而能立即判决者十无一二,所有大致情形迭载各报。兹悉,赴厅呈诉之罗忠辅以所押王府口房屋已奉查封,惟严李氏亦曾押过此□,罗恐其外尚有重复典押情事,乃一面请厅照□席判决律速予判决,一面具呈警务公所立案。但王府口房屋张沂庵曾添改契约价目,向汉口商会朦押银数千两,王月庄观察征闻及此,以为纠葛既多,即不便遽予立案云。

(《汉口中西报》)

3.商会纪事(请办迷骗匪徒)

(1911 年 10 月 2 日)

椿兴豫在汉口商会控孙小波等迷拐其学徒手内票银,请移地方审判厅究办一案。总理以来略并钱业公所另略一并读悉,据称,匪犯孙小波等与在逃之游矮子等辄乘贵庄学徒谢倌执转银票赴他庄照兑,胆敢着其迷至栈房,置诸床下,搜去银票,属实情凶势恶。虽当时已在孙小波身上搜获原票十张,然尚有四张未获,计银二千三百余两,游矮子等又未并获。似此伙同迷人取财,例应照强盗,不分首从办理,厥罪甚重。汉口五方杂处,商业繁盛,各业派徒送银无时不有,近来拐匪案时有所闻,若不切实追办,将何以安商业而儆将来?既已将扭获之孙小波等六名送请审判厅讯究,究竟该犯等当日如何迷取票银,希候移请审判厅从严根究,照例办理,一面由本会将失票情由移请江汉关道照会驻汉各国领事府知会各洋商教堂,切勿收用,暨移夏口厅审判厅给谕照兑,并请严缉逃犯游矮子等,务获,一并究办。

(《汉口中西报》)

4.商会纪事(银楼搁浅请款)

(1911 年 10 月 3 日)

同震、同蔚、庆和三银楼在汉口商会递称,因市面奇紧,以致搁浅,承为垫款一案。总协理以本会因上年奉文办理平粜,尚有亏累,并无余款,来略各节系由本会协理与诸董等在外商明办理,实为顾全市面起见,故为设法维持。除经会计处代收各庄垫款出给收条外,希知照。此复。

(《汉口中西报》)

5.劝业道移武昌商会文

(1911 年 10 月 3 日)

奉督宪瑞札开,据湖北汉黄德道、江汉关监督齐道禀称,窃准职关税务司函称,兹当整顿茶务之际,适遇印度工人滋事,并有别项缘因,其茶不能增长,而锡兰亦因低处改植橡皮树,茶亦较减,今日世界因茶大增,全球所产之茶不敷全球人之用,以伦敦客冬茶价飞涨及今年价又加高观之,即其确据也。然华茶市面则因诈伪而日坏,兹查茶之一项,前经各茶商议规改良,定有茶未到埠,不能送样。至章程,九江业已遵守,颇有成效,其规条足可赞美,买主所收之货,常与合同所订之样相符,无所争论。(未完)

(《汉口中西报》)

6.劝业道移武昌商会文(续)

(1911 年 10 月 4 日)

是以彼等既不费事,又不费时,亦不靡费,欧洲茶商知九江茶邮寄之样即有可靠,喜其有信,更加乐购,而其茶之成色亦年好一年。唯汉口茶商不曾常守此章,去年所交大批之茶,货样不符者,已有数起,凡关于茶业之人,如茶贩,如外国茶商,均受其累。卒之,其货样不符者,仍由卖主愿作折扣了事,特所扣者,尚不敷数耳。在彼无信实之茶商,固无所损,而买主当时偶不经意,未及察出,运至外国即至受亏,外人见茶不对样,多不满意,汉口茶之声名即至败坏。夫外人买茶必先收货样,然后订买,华人作伪,显然易见,即如汉口茶贩正议买时,其茶样已由西北利亚寄去。故屡有茶未到欧,业已凭样售出者,苟大批货不对样,则伦敦茶行必被人索赔,而其最不便者尤为买茶之人,因此茶与他茶掺合,若成色不对,则他茶亦不合用故也。汉口上、中、下三等之茶,外人皆买,即系掺合之用,此系新出之销路,倘货样难靠,则此新销路将无华茶之位置矣。夫货样不符,实为华茶之大害,此可不言而喻。凡生意之失去主顾者,必因其不公平,其能招徕主顾者,必因其公平,虽作□样者,系制茶人故为欺骗,图一己之私利,咎在彼一人,然其获利者一时,而华茶即全体受其亏。汉口茶作伪最多之处,如通山、崇阳、羊楼洞、大沙坪、聂家市皆是,应请转禀督宪出示,谕知汉上茶商,应如九江各商,恪遵前章,大批未到,不准送样,违即严办。其有故意交货不符者,除严罚或竟全行充公外,并在本关当众惩办,以儆效尤,倘有茶未到而即送样者,以违章论,如二批有争执货样不符之时,亦可由本关验货□评定。现在外人之欲购茶者极多,第二批茶已将到,货样不符者恐更多,应请速为出示,禁止作伪,方能保全此项贸易也。等因,准此。职道查中外通商首重信用,如果茶商样货不符,必致损失名誉,败坏茶业,于中国利权大有关系。除咨北藩司、劝业道并谕知茶公所查照办理外,理合禀祈核示谕饬遵,以维商务等情。到本督院。据此,除批:据禀已悉。查茶叶为中国出口大宗,近来销路日疲,正应研究利弊,设法推广。兹该关税司函称,印度、锡兰茶树皆已减种,是我华商扩张营业之绝好机会,即在此时若因货样不符之故,致不能见信外人,遂使华茶名誉为此少数作伪之商人所累,可恶孰甚。应由北劝业道先行出示严禁,以顾名誉而维茶业,一面会同武、汉两商会及茶业公所妥筹防弊章程,详候核饬遵守。(后略)(完)

(《汉口中西报》)

7.汉商力争川汉改线

(1911 年 10 月 9 日)

鄂境川汉铁路路线前经张文襄公奏定,以汉阳为起点,此次邮传部重改路线,竟以广水为起点,以致各商帮纷纷至汉口商会陈述意见,佥谓,本镇商务兴衰,在此一举,利害所关,未容缄默,拟恳转禀请以汉口为起点等语。当经该会总协理,据情分别转禀邮、商二部,督办大臣,鄂督各在案。兹阅时已久,未□批示,则是下情难以上达,现因各商帮一再催促,总协理特定于八月十七日在会开全体大会,互商进行办法,以便协争。

(《申报》)

8.商会纪事(决议争改路线)

(1911 年 10 月 10 日)

川汉铁路线原议由汉阳起点,铁路收归国有,改由广水起点,汉口各商帮在商会呈请转禀邮、商二部及督办、会办铁路大臣转□,未邀允准。十七日下午一点钟开会,到者数十人,会场整秩。公同决议,仍禀请督办、会办大臣,力争不必改线,仍以汉阳起点,以维持汉口商务大局云。

(《汉口中西报》)

9.中国革命消息

(1911 年 10 月 19 日)

汉口商会初允助革命军饷二十万,后又再加二十万。

(《时报》)

11 月

1.汉口受灾商民致函本埠商会

(1911 年 11 月 12 日)

(前略)二十一日革军渡江,力任保护,各商之逃始止,且有已逃而仍搬回者,数日内均相安于无事。自本月初六日,水师萨统制照会各领事,谓初七日各军舰将开大炮,与革军大战,各商乃纷纷往青山、阳逻等处躲避。初七日水师并未开驳,惟岸上官军,逐日与革军接战,汉口自此渐归官军收复。窃以革军莅汉,尚知保商,况属官军,其保商似不待言。孰意初十以后,冯军统国璋纵令军士放火,肆行抢劫,并不准保安会救火,有救火者,当被枪毙三人,连烧三昼夜,自桥口以至蔡家巷,统计不下数万家。该处为汉口最繁盛之区,其间财产,二十一省之客民居多,乃均一焚而无遗,且伤者伤,死者死,凡老幼妇女之被枪毙、焚烧者,殆不可以数计。即古之恶贼如黄巢,亦未有如是之毒虐也。商等都系经商汉口,乃一切财产、房屋尽被焚毁,且父母、兄弟、妻子流离散失而不可复见。商等遭此大劫,无所归依,现拟结一难民团,不问其为何政府也,但知有抚我者而归附焉。惟商等烬劫余生,能力薄弱,窃恐呼吁无灵,不能不求将伯之助。贵会为各省商会领袖,为此缕述情形,沥血痛告,务恳贵会将函刊入沪上各报,一面发传单,遍告各省商会,以收臂助而救残生,命悬呼吸,事在速成,无任感激,仰企之至。

(《申报》)

2.华洋义赈会垫款赈救汉口难民

(1911 年 11 月 14 日)

本埠华洋义赈会,日前接得英国教士李提摩太君转交汉口德商施理定君,为汉口难民乞助专函一件,当开董事会公同商议,佥以义赈会所筹之款,乃备赈救水灾之难民。汉口难民其受苦,乃由于兵火情事,虽有不同,然其迫切,则殆过之,因议决垫拨银一万两,专救急难,如用有余款,仍归义赈。一面函请寓汉外人教士福斯德君为该会代表,与主教罗志君,英美烟公司经理克孟夫君，华人史晋生、盛竹书、王柏年三君，与施理定君会同商议，协力办理施放事宜。并电询汉口需米、需银，如需现银，即由该会汇银，如需米粮，即由该会采购部董事采办运送。仍再劝募救济汉口兵灾捐款，凡我同胞有哀念汉口难民惨状，解囊慨助者，请将捐款送二马路礼和洋行楼上华洋义赈会，并书明汉灾捐款。施理定原函译文录后。

李投摩太君惠鉴：汉口华界扰乱之状，谅阁下已有所闻。各处延烧，毁及大半，现火势仍未熄，恐其余未毁之处，亦将波及。附上中国《中部日报》一纸所载被灾情形，确非言过其实。仆于该报所记官军残虐之事，不敢谓其尽然，盖革军预匿屋中，向外开枪，官军欲驱之外出，遂毁及房屋，然无论若何延烧，及为何事焚毁，其全境已成焦土。故无家可归，而饥寒冻饿者，有数十万人之众。即本邑素封之家，平日常解囊济施者，今亦与贫民无异，甚有毫无希望者。此处西人甚少，即有所设施，亦无济于事，故不得不急查各处襄助。闻阁下对于此种善举，颇共热忱，爰特肃函敬陈，想阁下必能转请各处慈善之士，组织一会，广求振助，其功效当较仆等为大也。灾状迫切，望勿稽迟，本境米粮早已稀少，因邻近各处战争未已，即所存米栈，亦多被毁，西人粮食存者无几，且仆役多数逃亡，无供奔走驱策者，诸多不便。故米粮一项，与银钱、衣服、芦席等俱为急要之用也。九江一带，革军见有装载粮食等物，均须扣留搜查，然届时运粮食等物来此，仆若知其船名，当不难领一执照。转瞬寒冬，彼难民等不知若何困苦，仆今竭力设法组织善会，借尽我之心力耳。

九月十三日汉口施理定启

（《申报》）

3.武昌内政之一斑

（1911年11月18日）

黎都督之示谕

都督以我军政府办事，凡百公务，贵神速，不贵迂缓，特通饬所属办公人员，以后如有要公，一遇命令颁下，即应速行照办。如有本能遵办之处，亦应速行禀明理由，由记者告我汉族办公同胞，尚其力除□政府之恶习惯哉。

黎都督之布告

照得我军起义，何等正大光明。连日抢劫放火，查来俱系敌人。昨已四围包裹，誓灭此等贼兵。纵有跳梁小丑，务须斩草除根。顷得电传真信，伪主已失北京。谕尔商民人等，毋庸惶恐失惊。设有□□奸细，速报本督知音。送来军械火药，一律加重赏金。湘兵又来助我，大家格外放心。望即开门贸易，勿得四散逃奔。本督悉心保护，照常日夜逡巡。敌兵剪除既尽，往来即是我军。如敢自相骚扰，拿获严惩不轻。

黎都督饬造各部人员表册

都督以各部部长由都督府亲派札委外，其余各分课课员，由部长遴选委任，应由部造具姓名一览表，以资查核，而重要公。十四日已命各部刻日照办矣。

黎都督订定通行湘票法则

鄂督自起义后，湘军即行响应，现又派大队来鄂，湘票即应通行于鄂垣，都督特定一最善办法：（一）湘官票专在劝业公所兑换处兑换；（二）湘官票非湘省军士所持，不得兑换，以免商人渔利及假票;(三)湘官银票每银一两换铜圆一串六百文,银圆票每银一元换铜圆一串二百文,钱票照数发兑。

黎都督广集贤才

都督以省垣投效者日众一日,虽已添办第二集贤馆,然有外省志士,因无人介绍,致不能入城投效者,是以贤才少有向隅之叹。特于十四日派员在文昌门外皇华馆内照第一、第二集贤馆办法,专集各省远来贤才,庶几始符集贤之初衷,而不负远来之热心云。

黎都督优恤军士

都督以我军起义以来,秋毫不犯,老兵之功居多,特饬军务部军需科预算八月分老官佐目兵恩饷数目,即令理财部照发,以资鼓励。

又一函云:我军起义各营,八月份饷银均未发给,昨都督特命各营将旧军士名册送呈,每名发给恩饷十元,以示优待。

黎都督整顿军需

迩来军务重要,需要孔殷,亟宜多备钱票,以济要需,都督饬理财部将官钱局未经编号纸票逐一编出,俾资周转,所编号码当即随时申报,以凭存查。

黎都督饬查城闸

都督日昨札饬临时警察筹办处迅速饬员,至各城查看城闸,随加修整堵塞,以杜奸细偷出偷入之弊。高总理当派调查员至各城有闸处所查看一周,东濠、七星、万年、平湖等闸,现在水中,尚未开闸,似可无虞,惟津水、通湘两闸水不盈尺。津水闸虽有铁栏,业经朽坏;通湘闸高六七尺,能通行人。定急速于闸门内外装上铁栏,加以闸板,较为稳固,当派人赶紧照办矣。

黎都督犒赏湘军

湘军数千人于十二日晚及十四日早先后到省,业由军务部派员招待,在平湖门外乙、丙两栈驻扎。十四日午后,都督即派员解送酒肉,前往犒赏,旋于晚五点钟时,湘军各管带官同到都督府禀谢,并面陈湘省军事,一点余钟始行返营。

又,湖南义军于十三日傍晚时分先到一标,后复于夜半一点钟又到步队两标,至十四日下午又到一标,合计前后人数已一万有奇矣。

(《顺天时报》)

12 月

1.武汉最近之闻见

(1911 年 12 月 11 日)

(前略)汉阳有项某者,冒充汉口商会司事,向礼记栈房购米二百余担,并付以现银,即欲出货,该栈司事详加盘诘,知为北军所派,乃谓须有汉口礼记账房凭据方可出货。项某以大言恫吓之,该司事仍不允项,乃悻悻而去。呜呼,何汉奸之多耶!

(《申报》)

2.武汉最近之闻见

（1911 年 12 月 14 日）

（前略）欧阳鹤串同某国洋人延某，将汉阳商人栈货向各洋行盗押，已被拒却。乃近日复假造商会护照，伪刻钤记，加印据上，又向捷成各洋行等押买。该行大班及买办，均以严守中立为宗旨，婉言拒之。该行大班、买办等，其高尚诚不可及，而该洋人何自人格若此耶！

（《申报》）

3.武昌革军之铸造铜圆

（1911 年 12 月 20 日）

武昌革军现因需用铜圆甚巨，此次于武昌铜币局再开始铸造铜圆，闻一日所铸，达约二百万枚之谱云。

（《顺天时报》）

4.汉口大遭兵火之调查

（1911 年 12 月 25 日）

汉口商店住户被野蛮狠毒之清军于九月内连次纵火焚烧，乘机抢夺，计其损失约在三兆之谱，诚浩劫也。兹由本馆第二特派员与久住汉口华界之某巨商及亲友多人，同至焚毁之各街巷详细调查，报告如下：

花楼河街于九月十二日、二十八日两次焚烧，惟有自洋行口至招商局之一、二号栈房及公事房均未烧毁，其余荡然无存。自招商局至蔡家巷口之二洋栈则均无恙，以上一直至米厂河街全行焚毁，日清公司上栈亦在内，此为商业最盛之处也。由米厂河街起，延芦席街、龙王庙，均已焚烧，所留者偶然有之，均系小屋。由龙王庙一直至中马头河街亦均烧毁，以上鲍家嘴流通巷一直至沈家庙亦尽成灰烬，惟金庭公店、新天宝银楼等二十余家幸免殃及。五采街仅留谦祥益西号一家，自该处以至绍兴会馆，惟有淮盐公所尚未全烧，以上一直至武圣庙、大通巷为止，均被焚烧，自此以至桥口则均无恙，其中杨家河一带焚去数十家。又，同丰当早于九月初四夜烧毁。桥口以上之汉丰面粉厂、东洋面粉厂机器间，培德公司则均未烧。此外，小屋被焚者不计其数，至水厂机器间虽未焚烧，因受弹击损。

正街花楼起至张美之巷保和堂止，均未焚烧，以上一直至鲍家巷均毁，仅留鲍家巷口一带数十家，其间大丰庄则于十月初四夜烧毁。回龙寺、大清银行一带则均未烧，四官殿后面及戴家庵均已烧去，仅留三四家，惟道署、夏口厅署均尚无恙，夏口厅前有数家亦未焚毁。自道署一直至青龙街，则均烧去，惟有清真寺及梳子街数十家未焚，以上帏子街、大夹街、小夹街、十方庵全行焚毁。九如桥宁波会馆、元宁会馆、琴溪书院、三皇殿则均未焚，其间只有住屋十余家未烧。又，安徽会馆亦付一炬，药土殿则未焚。山西会馆于十月初三夜焚烧，面前一带住屋与岭南会馆及该会馆面前住屋数十家均未烧，以上大火炉地方，尽行烧去。惟绍兴会馆后面之养病所则未全烧，审判厅即老三府衙门亦未烧毁，以上一直至大通巷为止，未烧者亦已不多。自此以至桥口则均无恙。

后花楼至张美之巷以上,均尚无恙。由堤口起至花布街则均被焚,太平会馆及会馆前数十家,又,江西会馆及会馆前面一带数家未焚。福建庵与南城公所、齐鲁公所亦未全烧,江苏会馆则已烧毁,以上横地一带均焚,所留无几。三元殿、满春戏园及其间数十家未被烧毁,以上一直至大通巷后面,并有大通巷至桥口亦均无恙,其中虽有被焚者,亦属无多。

后城马路张美之巷后面有数十家未□。济生堂、电话公司均烧,济生堂、寄柩所及杏初里、萧家园亦均未烧,文明新舞台虽受弹伤,并未烧毁,后城警察总局亦未全焚,以上则均被烧毁,商业学堂亦在内。惟大观音阁未焚,苏湖公所虽受重伤,亦未毁去,以上铁路营一带及四明公所劝工院,一直至桥口,亦均无恙。

(《申报》)

5.武汉最近闻见录(第二特派员函述)

(1911 年 12 月 31 日)

初六日为西国冬至节,一码头直街福音堂女公会正聚集教友百余人诵经祝祷。讵有北军五六人意欲入内观看,守门者阻之,兵不服,硬行闯入,守门者大呼,诸教友即出外唤捕,拿住三人,余被脱逃。乃该营队官旋到捕房将三人保出,犹复出言不逊。英领事大怒,函知段祺瑞严词诘责,段不得已,将三兵于初七日以军法从事。

民军已派大队前往黄河铁桥驻守,阻截北军归路,闻预定十五日可以齐集。此间得信,端方首级三日后可解到鄂垣。初七日黄陂一带及小村土山皆为汉军夺获。近日北军易服逃归家乡,日有数百人。初七日沙宜防营兵士趁大元船返里者,又有三百五十余人,往下游者一百余人,而渡江投入汉军者尤纷纷不绝。

(《申报》)

1912 年

1 月

1.都督府批示

（1912 年 1 月 11 日）

前汉口商会总理卢洪昶呈批禀悉，民国建立，咸与维新，断不欲瘢索毛举，罗织无辜，蹈异族残民之旧恶。该前总理人品端谨，本都督向所深悉，所禀各节，亦属实情。此后加勉谨慎，远避嫌疑，则人言自息，其自励毋恐。此批。

（《申报》）

2.规复汉口商场之硕划

（1912 年 1 月 26 日）

汉口华界房屋烧毁十之六七，清军退后，商董刘歆生、宋炜臣、李子（紫）云、韦紫封等筹议规复市面之策，拟先将商业最盛之黄陂街、河街市房修复，然后徐图建筑其他街巷。计河街由招商局起至襄河大中马头止，黄陂街由大董家巷起直至武圣庙止，所毁市房不下三千栋，该处街道本狭，现在应放阔街道。议定设一汉口兴市建筑公司招集股本二千万元，无论华洋商，皆可入股。凡在该地屋基，各令退出四尺，作为公共马路，所有市屋俱建三层楼，以省基地，其三方俱用砖墙，墙外不露寸木，庶足消弭火灾。其地主不愿令建筑公司代造者，须先将屋样绘图送市政厅核明，方准兴工，以免式样纷歧。其由公司代造者，将来告竣，或按价收值，归还原主，或收租金若干，限年核算扣回。闻各商董均赞成，现正妥筹办法及招股章程，指日发表。其黄陂街接近花楼一段市房，并准于西历三月间开工建筑，以该处系华洋交界地点，商务最盛，故亟须恢复也。近有某国工程家闻悉此议，运动垫款，包修以上街巷，道路与房屋只索价一千八百万金，商会中人以关系甚巨，尚未许之。

（《申报》）

2月

1.实业部通告汉口商民建筑市场文
(1912年2月2日)

为通告事　奉大总统孙命,鄂江起义以来,战事倥偬,凡百生业,咸受影响,商家贸易尤遭损失。而汉口全市为北兵焚毁,其惨酷情形,本总统蹙焉悯之。幸今者东南底定,民国肇基,商务为实业要政之一,亟应恢复,善后各事尤宜审慎,须立永远之计,毋为权宜之策。兹据汉镇商民张崇、吴沛霖等呈请筹办汉镇商务,建筑市场等情,本总统察核情形,尚属可行,爰审定办法,先清丈被焚各家基址,即行登录,经地主议定地价,每年由公司纳租于地主,地主须按照所定地价百分之一纳地税于国家,径由公司缴纳,由租内扣除,以一事权。他日国家因公需地之时,即照现定地价,随时买收,豁除前清给发官价之苛例。凡我国民,仰体时艰,咸知大义,和衷共济,庶几商业之日兴,勠力同心,相跻共和之郅治。特发通告,俾众咸知。

(《申报》)

2.汉口已为中立地矣
(1912年2月4日)

汉口一隅,自遭北军纵火焚烧后,一片瓦砾,令人伤心惨目,欲求恢复,实尢良策。前经商务总会函请天津商务总会,将庚子之役所有善后办法抄寄一份,俾资借镜。无如兵燹之后,财政困难,无米之炊,巧妇难为。兹闻总理蔡君辅卿及宋君炜臣、刘君人祥拟向旅汉各银行及各资本家以商会名义暂借一千六百万元,以便修造市房,其路线与租界洋街同一办法,曾经具禀鄂军都督转电南京临时政府,恳祈指示。当由程君德全函商黎副统,以汉口市政问题为万国所注意,此次被兵燹后,宜规划妥善,房屋若何建筑,道路若何修理,须先行绘图,俾人民有所遵守,想尊处必有同情。本部拟派工程师即日来鄂,与公筹议应如何下手。顷闻汉口来人言,该处已有商人建筑房屋,恐规划不良,滞阻善政,且致遗万国之讥评,可否由公处暂令停止作工,以重市政而壮观瞻云云,当经黎副总统转饬汉口商务总会知照。而蔡总理等以民国政府既已担任维持,惟现在战和未定,人心不静,深恐将来有第二次之纵火,商人生命、财产关系至巨,拟将汉口作为中立地。昨又具禀黎副总统,略谓,汉口为华洋荟萃之区,汉阳乃工厂林立之所,商务繁盛甲于中国,自经此次兵燹,汉口房屋几被烧尽,汉阳财产亦多损失,糜烂情形,惨难言状。嗣因停战议和,北兵撤退,各商陆续回汉,深望和议早成,共谋善后,以图振兴。乃停战期迫,和议尚未发表,未来者率多裹足,已来者咸有戒心,商业凋残,华洋交困,且值此旧历年关,正商人清理账务之时,若再展延,则房屋既失于前,账款又耗于后,摧残殆尽,祸有不堪设想。为此,商等一再集议,拟请仿照欧西市政办法,转恳两方政府,汉口、汉阳东至长江,西至蔡甸,南至沌口,北至滠口,划作中立地点,不再开仗。至保护治安,则由市自募警察妥为办理,俾在汉各商得以安业，市面亦得流通，庶阳夏商民或尚有一线生机。伏思副总统此次举义，原为生民请命，决不忍阳夏生灵再受涂炭之苦，用特冒渎钧听，倘蒙伏念商艰，准如商等所请，将汉口、汉阳分划界限，作为中立地点，不再在此间开战，并求迅赐电达大总统，转饬驻沪伍代表，咨照清国唐使，即日宣布，以苏商困而惠民生，不胜感激待命之至云云。现在汉阳北兵宣告反正，民国政府已委刘某充汉阳府知事，徐某充汉阳县知事，均于元月二十九日接印。所有各绅均在府城隍庙集会，筹议善后事宜，公举朱孔阳为总经理，又举参赞二人、书记五人、庶务六人，当造具名册一道、呈文一扣，派代表李削清渡江投递，以期联合。至汉口地方，清政府之江汉关巡警道、夏口厅均寄居租界，商会除办民团外，刻已组织商会巡警，仍照清政府原先之区域，按段分配，一切办法皆系中立云。

（《申报》）

3.武昌黎副总统电（转汉口商会电）

（1912 年 2 月 8 日）

南京孙大总统、上海伍外交总长、各省各总司令、湘阳季招讨使、各省都督鉴：据汉口商会转段军代表徐树铮筱电称，京电政体已决，现袁内阁、伍代表正在会商条件，不日想发明谕，段军帅七夜已北行，诸事可望圆满。北方军队筹划回京，已有开赴马厂者，我辈已推诚相信，决不再作战备。贵处命令必能行及各处，固无他虑，即有一事未能体会吾辈意，向至起冲突者，弟等甘心束手待毙，决无怨言，请以此意代白诸同人为感。昨晚，广水镇有土匪勾结不肖兵士，放火图掠，致酿鼓噪，以此间兵力无多，又军帅启行，故未敢力禁，仅于天明时追获数匪，询系熊联七党羽。日前由刘鸿皋君约定布置者，当以布置在情意未密以前，不为无理，尽数纵去。又以据刘君言，先来解散，故未力防，以致地方受累。军队之祸贻及无辜，吾辈军人宁不愧死。刻下吴君北行，弟留此间，会同绅耆商会调查议商，以重民产，断不令有无告之苦，俟兵士退后即严查重办，不稍姑息。又，黄关道处，已电饬照札办事，但全局之外交未定以前，一切仍宜照旧章办理，俾免外人借口等语。特此转达。元洪，歌。

（《申报》）

4.汉口市政谈

（1912 年 2 月 11 日）

夏口知事通告　为通示遵照事　照得商场、街市理应厘订宽宏，庶得交通便易，有益卫生。查从前汉口全镇，大小街巷，毂击肩摩，时形拥挤，然旧制窳败，久应改良，现遭兵燹，全镇俱焚。此后房屋正宜精求建筑，道路尤当规画扩充，俾得改革妥善，共图商业便利，免贻外人讥评，是以市政问题亟应提前解决。本知事顷奉都督面谕暨临时中央政府电商规画，不日由宁派工程师来鄂（按：李四光等业已抵鄂），公同筹议。等因，奉此。合亟出示晓谕，凡尔商民，即将原有基址各自清理，毋得即行修造，致使后来拆换，应候清丈图绘，再行示知修理，免碍善政而壮观瞻。至所有被焚区内，破坏墙垣，势将倾塌者甚多，倘不速为拆毁，一经陨倒，必致有伤行人，亦应由各该管业主急为自行拆去，共图保安。除移汉口商务总会外，为此出示仰即遵照办理，勿违,切切特示。

商务总会小启　敬启者,昨准西商商会主席亨斯佩君递来英文信函,经敝会译成华文,略谓,对于将来行用中国庄票问题,中国各埠之西商商会均经注意研究,本会亦曾于本月之二十六日开特别大会讨论一过矣。行用庄票一层,因受中国近事之影响,实有更张之必要。故该日之会于详细审查各方之利益后,决议办法如下:汉镇华人交易,只收现银或收庄票,以三日期为限。此项办法从一千九百十二年二月十九日起实行,为此专函知照,祈转请贵会各帮董,知照各商一体知悉等语。除分致外,用特转函转达,即祈查照,是荷。

(《申报》)

5.南北磋议共和要电

(1912 年 2 月 12 日)

黎副总统致南京政府电,火急,南京孙大总统、各部长、参议院及上海伍代表鉴:顷接祺瑞由保定发汉口商会转来码电开,弟今日方到保定,昨在信续发一奏,催决政体,当已入览。优待条件,所争者只虚名,希执事主持速决,以定大局。但政体解决,善后纲领亦须预筹,方免紊乱秩序,启外人干涉之阶。已电询孙、黄、伍三君,略语,政体解决已有端绪,善后手续自应预筹。鄙见宣布共和之日,两方政府同时取消临时大总统,并须预行推定,自临时政府必要人员及临时政府暂设地点,应由两方公同商定,即以退位之时,为共和临时政府成立之日,庶统治机关不致中断,而方不致陷于无政府之危险。诸君如以为然,即请将应推之大总统及临时政府必要之人员与地点迅速电示,俾与北方军界公议,免相猜疑。现在南北军民均联络解决,望将善后纲领迅示,以便催促宣布。瑞才疏身弱,决无希图,俟国利民福之目的达到后,当即解甲归农,藉藏鸠拙,区区微忱,统希鉴原云云。因事关全局,希速议决复示,以便电转元洪。

(《申报》)

6.汉口商务总会广告

(1912 年 2 月 23 日)

启者,本镇自遭兵燹,元气大伤,钱庄、票帮概行传歇,瞬经数月,商务阻滞,良用疚心。其所以观望不前者,大局未定,无怪其然,现在南北一致,决无战争,近奉都督照会,筹办市政,招集旧商,以便徐图恢复。本会决议非得钱票帮诸君陆续言旋,无从清理,为此,特登《申报》《神州报》,布告各帮诸公,幸即□返,重理旧业,以振兴金融机关,尽壬子阴历正月半前到汉为□,万勿一再迟延,观望自误。事关大局,想诸君冀复旧观,决不忍环球注意之区任令废弃,联翩来归,无任跂□。此白。

(《申报》)

7.大总统令内务部筹划兴复汉口市场

(1912 年 2 月)

据汉口绅商宋炜臣等呈请改良商场,寓赈于工,并请设立建筑公司各由,绘图具说前来,所陈各节不为无见。此次武汉首义,汉口受祸最酷。□清政府迫于人道,尚拟事定赔偿,民国政府对于汉口市场兴复问题提倡补助,自是应有之义。本大总统尤深同情,惟汉口为水陆要冲,铁路、航路俱以为集合点。该绅商等所拟规模,未免限于市廛一方面,于各路停车场与轮船系留所衔接方法,以及电车市厅等项,尚缺完全计划。内务部于市政、土木各事有统筹全局之责,希即迅速筹划,与该绅商等妥为接洽,务使首义之区变为模范之市,有厚望焉。原呈二件、图一幅,并发此令。

(《临时政府公报》第 10 期)

3 月

1.新汉口建筑章程

(1912 年 3 月 2 日)

汉口建筑筹办处刻将马路测绘完竣,所有市房亟应盖造,于是,拟定章程八条,当即宣布,俾业主有所遵行,兹将原文录下。

为通告事　照得汉口市政改良建筑,前经中央政府内务部电商鄂军大都督迭次晓谕往案,兹当筹办伊始,亟宜清理全镇地址,划分街道及房屋式样,以资建筑,除由本筹办处派定测绘专员测量地段,绘图贴说外,相应通告本镇各业主,限于一月以内将红黑二契检齐,赴本筹办处报验注册,俾资区划,克日修造,以兴市政而便商廛,慎勿迟疑观望,致误市机,切切此告。

(一)本处设调查、登记二科,会同汉口商务总会人员办理。

(一)本处调查登记原为清查各地段坐落方数,以便筹划。

(一)本处派测绘员测量全镇地段,绘图贴说,以便规定街道马路。

(一)各地主须带红黑二契来本处验明,登记注册,原契当即交还。

(一)各地主倘有地皮或契据遗失等情,务将事由报明本处与地方行政专管官,以便核商办理。

(一)各地主至本处报验契据不取杂费分文。

(一)报验契据以阳历三月二十日为满期。

(一)本处设在汉口一码头邮政局间壁。

(《申报》)

2.恢复汉口市面之办法

(1912 年 3 月 4 日)

上海商务总会于三月二号通告各业董事云:顷准驻沪通商交涉使署函开,准鄂省外交司径电开,奉都督谕,汉口市面烧毁各银号钱庄,至今不能回汉接续贸易,实因该埠欠款计千万两,回汉恐难应付。兹照欧美法规,特别通融维持,限六星期内来汉商量偿还之法,不得即索现银,以出示日起，逾二星期不到汉清理，即视同倒闭，应受取缔，将来仍追还欠款，不准再在汉营业，商之汉口各外国银行，均表赞成。除谕饬汉口商会传知商董遵照外，即请尊处传知商董转谕各商，依限来汉，至商务总会报到接洽，毋任观望自误等语。合亟奉闻，务祈查照办理。等因。相应转达贵董查照，分别知照为荷。

（《申报》）

3.新汉口之大建筑

（1912 年 3 月 26 日）

鄂都督黎示谕，照得汉口自遭兵燹，阖镇财产俱付灰烬，前经中央政府电商本都督，饬设汉口建筑筹办处，改良市政。业经开办在案，惟兹事体繁重，特由本都督照会汉口商务总会，公举参议刘绅歆生、宋绅渭润等会同筹办处人员，切实磋商，以期完善。盖汉口系通商巨埠，全国中心，稍有知识，莫不企改旧观，求完美之建筑，壮万国之观瞻，全在此举，断不能因陋就简，坐失时机。现据该员等决定全镇马路及一切办法，抄呈前来，尚属妥善。除将开办情形申报中央政府外，诚恐各业主误会改良主义，致生疑惑，亟应出示晓谕，并将决定条件及马路图式榜示通衢，以便周知，切切此示。

一、拟定河街马路一条，最窄处宽十二丈，其他马路宽十二丈、十丈、五丈不等。

一、马路拟东自一码头起西至硚口止，南自河岸起北至铁道止，将来北须辟至姑嫂树，南须辟至万家庙江岸，东须辟至谌家矶河岸，西须辟至韩家墩。

一、拟仿青岛估价办法，将旧日之繁盛僻静与将来之繁盛僻静地段，一律估定价值，以便依次按价掉换，并不折扣。（此项办法原图民间便益，公家并不收买）

一、现所规定铁道以内街道约占地十七万方丈，除旧有街道一万七千方丈外，不敷之地由公家购地赔偿。

一、街道规定外，公家应留出地方，作建筑夏口县署、警察署、中小学堂、市商议院、建筑公司、小公园等之用，至大公园，可在僻静之地建设，劝工厂、鱼肉菜市场、厕所等须照已定图式于适中处分设之。

一、汉口建筑筹办处即派专员勘定将来不易之街衢、堤岸，立定界桩，作为公地。凡公地圈内之建设，如电车、电灯、电话、自来水、自来火等项，应由鄂军政府许可之公司举修，无论人民与他公司，均无建筑之权。

一、勘定街道以后，其在两旁界外之地，准人民与公司修造房屋，惟须区为两类，分别办理：

（甲）暂时之房屋。如屋基占地甚小，仅用竹木、皮□等料造成，专为庇护穷民之用者，准人民暂时修造（只能在偏僻缓修之处）。

（乙）永久之房屋。如屋基占地甚大，须用砖石、巨木造成者，则营造该房屋之人或公司，须将图稿送建筑筹办处核准，当给营造凭单，方可动工。

一、凡人民组织房屋建筑公司，必将该公司一切章程呈内务司暨建筑筹办处批准，方得成立。

（《申报》）

4 月

1.湖北财政之悲观

（1912 年 4 月 5 日）

前清时,汉口厘金统捐一局收数甚巨,为湖北入款之大宗,民军起义后罢免征收。前月,鄂都督以财用不足,饬理财司与汉商会议定开办临时过境销场税局,尽除前清一切苛勒积习。凡货物之在本地销售及运往他埠者,概照海关税则估计,值百抽二,自缴捐以后,在本省境内,无论何地,概不重征,计开办之初,每日尚收捐钱四五千串不等,与前清时所差不远。讵近日收数忽大跌落,每日只收钱千余串或数百串,闻其原因,系因开办时正当阴历正月中下旬,各处商贩均须办货,故过境税捐尚旺,近则惟恃武汉商店之运输,而汉口商铺已十焚其七,因不能建筑房屋之故,甚难复业,其存在者,又以时闻兵变谣言可骇,亦不敢多办货色,是该税局收数一时断难复旧。理财司以该局用人甚多,月耗公款甚巨,拟即归并筹饷土膏局兼办,以节经费。

（《申报》）

2.汉商谈话会纪事

（1912 年 4 月 8 日）

旅汉甬商领袖盛竹书君,已于三月三十一号由沪回汉,即至商会与各帮领袖开谈话会。据云,临时政府国务员业已发表前次汉商苦衷,可以要求政府抚恤,众皆称是。次日,复由盛君至商会登台演说,将汉商过去、未来以及目前之种种困难情形发挥殆尽,听者动容,并由盛君拟就被灾各商,公呈黎副总统转达中央政府文一件,以期达其目的。四月四日,复由该会总协理与盛君过江,面谒黎副总统,筹商善后办法,兹将公呈录下。

谨略者,窃商等向在汉口设立各项商业,贸易通市,自去年民军起义,始则不无惊惶,群相迁避。继幸民军竭力保护,安谧如恒,人心转定,故已避者复回,未避者安居,得以照常营业。孰知厥后战事剧烈,北军进汉,焚烧房屋,商等仓皇出奔,皆孑然一身,所有货物、生财、器具尽付一炬,即有一二幸免者,复遭土匪乘机抢掠,同归于尽。且有办货内地,放账外埠,一时同受影响,以致亦难收拾。洎乎民国成立,大局已定,商等先后齐集来汉,满望整理各事,渐图恢复。无如欠人之款,亟须应还,被欠之款,其在外埠者,音讯杳然。本处各户同病相怜,均无着落,即或稍有余留之货,值此金融困难,亦无从变价,种种受困,窘迫万状,加以住屋既毁,容身无地,有寄寓客店者,有栖身船上者,一月以来资斧告匮,不特无以营业,并亦无可谋生。此中苦况,商等固不及料,即当日起义诸志士,亦不图有此惨旬也。若不赶筹良法,以善其后,行见坐以待毙,窃商等财产既损失于前,生命复牺牲于后,茫茫后顾,何以为计?故特不揣冒昧,据实沥陈,伏乞贵会吁请黎副总统俯念商艰,电达政府,拨款拯济,想黎副总统保商恤商,无微不至,必蒙设法维持,俾商等得以弥补残局,重振事业,出自鸿施,不胜屏息待命之至。谨略。

(《申报》)

3.汉皋新纪事

(1912年4月12日)

汉口商会日昨通告,各商以邀求抚恤,市商业举代表,于本月四号面谒都督,公求电达政府。顷蒙都督委夏君炎甲来会述及,往返电商恐无速效,拟由都督备正式公文,嘱本会派代表亲自赍呈,俾可面陈苦情,仰见都督体恤商艰,无微不至。第此次代表入京,为众商请命,关系非轻,必须妥为推举,方昭慎重。兹定于本月九号,即阴历二月二十二日下午二句钟开会公举云。

汉市向以茶商为大宗,本届茶帮已纷纷到汉,向住太原栈、宏昌栈等处。第该栈等今化劫灰,现该帮茶商均在熙泰昌茶栈居住,不日即可进山开庄。票帮闻信后,天顺祥、百川盛、蔚长厚等亦均向商会挂名报到,大有重整旗鼓之势。

(《申报》)

4.记鄂省欢迎孙中山情形

(1912年4月12日)

都督府特派顾问官彭汉遗、夏道地两君,于初七日乘楚有、楚同两巡舰,往下游武穴田家镇一带候迎行旌,俟孙公座舰到后,即尾随返鄂,并饬田家镇、青山及省城凤凰山各路炮台升旗鸣炮,以昭敬礼。又饬武昌同盟会支部军务、内务两司铺设行台,择就旧盐道署及甲栈二处,听候孙公住择。又,顾问官孙武亦在汉口河街特备行馆一所,以备来汉驻节之用。盖以汉商会及各市民均拟开欢迎大会,孙公必来汉口一游也。又饬军政警学各机关人员、兵士、学生届期均穿着礼服,振刷精神,恪恭将事。

(《申报》)

5.黎副总统维持汉口商市之文告

(1912年4月12日)

为示土传事　照得富国莫要于通商,通商莫先于立市。中国商务不能发达,由于市道素少讲求,然如周官所制,司市次叙分地,而经市县师量地辨物而制域,则市廛区画建设之权应归国有,可知匠人营国九经九纬,经涂九轨,环涂七轨,纵横有定衡,□狭有定式,则市道之整齐可知。《尔雅》四达谓之衢,五达谓之康,六达谓之庄,七达谓之剧骖,八达谓之崇期,九达谓之逵,聚集愈繁,容积愈阔,则市道之宽广,可知当代经商之远谟,早寓列邦开市之法意。近百年来,五洲大通,商战剧烈,每于要□当道、财货集合之点开辟商埠,吸邻邦之精髓,握环球之利权,考其着手之方,则以场面之广阔,廛舍之整齐,空气之流通,法式之精美,不惜弃地于市,以博社会之欢迎,使商贾皆欲藏于其市,行旅皆欲出于其途,是以能角富争雄于世界。远观于各国都会,近观于各省租界,是其明效大验。吾国以市政不修之故,致洋商裹足不入,不惜捐弃金钱,另辟市场,而华商反托庇于其宇下,是诚吾国商界之大耻。汉口以全国水陆之中枢,四通八达,天然第一绝大商埠,从前街道湫隘污秽,灾疫时作,而栉比鳞次,无法改修,早为中外通人所诟病。适有上年兵燹之厄,民国政府乘兹时会,遣派工师开设建筑公司筹办处,绘图□说,将汉镇市道全体改革,焕然一新,为吾国第一次开辟商埠之伟大事业。凡属商业中人,应如何协力赞成,俾与东西各国操奇制胜。乃闻近日商民颇生异议,或谓弃地太多,或谓尖形不便,或谓拆卸耗工,调换滋扰,种种偏见曲论,均由不识时务、不明学理之故,诚恐该商民等辗转误会,不得不剀切言之。汉镇前阻江汉,后绕湖溪,地面似不及京、津、上海之阔绰,然旧时汉市只一万七千方丈,今则拓至十七万方丈而强,且姑嫂树、万家庙、谌家□、韩家墩等处,周□所至,皆足为他日拓殖之准备,则此宽十数丈之路线,何靳此而忍弗能予?观于伦敦之五层楼,而知该公司所留之地绰然有余,观于香港之填海为市,而知后湖低洼之地皆属可用,此弃地太多之可无虑也。民居以深藏为宜,商店以显露为贵,冲繁是其趋势,断无欲赢为恶嚣之理。至于尖形商店,居夹道之前提,邀三方之环顾,以视正街,平面仅得一方之视线者,其利市奚啻三倍,此尖形不便之可无虑也。安土重迁,畏难惮改,此吾国人之惯性,以营个人之私业尚且不可,何况大局所关,岂能曲徇迁就。以商民学术之未精,阅历之未遍,既无世界之观念,安有全局之统筹?如谓就原有之路线,则杂乱而不成章,如谓缩当街之房屋,则减裂而不适用,不知灰烬之余,势难仍旧,拆卸之工,万不能省。该商等原有繁盛或偏僻之地,概由公司按方估价,依次掉换不敷之地,由公照赔,不过移步换形,于该商等并无损失,亦何固执而不为此?明知民穷财尽,何忍过事铺张?惟今日之新造尚易,他年之改作更难,与其苟安寒俭,丧失无数之利权,不如权用生产的外债,忍一时之痛,收数世之利,尚不失为一劳永逸、事半功倍之计,此拆卸掉换费滋扰之可无虑也。然其必须改建之理由则尤不止此者。一则五都之市攘往熙来,汽电马车分途并进,稍形梗塞即有意外之虞。香港电车之伤亡人数可为殷鉴。若照新图,则车马行人各有界线,均留余地,可无危险之虑。一则旧时火警,动辄延烧千百十家,皆由街巷逼窄,致救火者不便往来,受火者无路逃避,每每伤亡之惨,狼藉不堪。若照新图,道宽而墙高,火力既不能延烧,且救火与避火者通行无阻,可无灾殃之虑。一则繁盛之地人烟稠密,一切残剩、渣滓、污秽腐之物质,亦与之加增,为比例差,疾病易生,传染最速。从前,此汉镇时疫及各处鼠疫喉证,职是之故,若照新图,市面既宽,沟渠既洁,得以吐纳空气而无烟火、淤湿、毒气之熏蒸,可无妨害卫生之虑。一则旧时街道错杂横斜,形式既不雅观,歧途易于迷失,销场冷落,商力脆薄是其一大原因,今若筑室而道谋,势将削足而适履,徒费巨款,贻笑大方,而商旅仍然不利不便。若照新图,则街衢洞达,一览易了,纵横经纬,货别隧分,洋商华侨闻风争至,可无阻滞营业之虑。以上各端,特其大较。此外,各公园水电等项应有尽有,必须有丰亨豫大之财力,荡平溥博之地形,庶足以发扬商务之精神,规制人民之秩叙,光大中华之名誉,开拓列强之观听。当此炫异矜奇、夸多斗靡之世界,夫岂拘文牵俗、因陋就简者所能为功。语曰:论至德者不谐于俗,成大功者不谋于众。又曰:凡民可与乐成,难与虚始。此为专制时代人民程度不足者言之,不谓今日民国共和,而我最开通、最繁盛之商埠人民,仍为此杞人之过虑,岂杲程度之不足,抑亦私利之所蒙?果如所言,则是开辟市埠、改建商场之事,洋商能为之而中国不能,青岛能为之而汉口不能,毋亦自虑卑弱,甘居人下,永无增广势力范围与列强并驾齐驱之日耶。须知世界文明程度日高,权利竞争日亟,小市为大市之所并,弱商为强商之所役,积久不振,必至入其罗网,吸尽脂膏,穷蹙以至于亡。该商民等毋得畏全盘翻动之劳,贪一时省事之利,知二五而不知一十,以坐昧经国大计。

今日之事,非改头换面、破除从前陋习,不足以开风气;非捐弃金钱、牺牲土地,具宏远之规模,谋商情之便利,不足以挽利权。是以本都督不惮改革之烦难,不惜成本之浩巨,全力专注,以伫候汉市之观成,为吾国经营市埠之发端,而他日中央都会之模范。现在事势已定,无可转移,诚恐该商民等未尽周知,是以申明诰诫,本盘庚告民之意,为司马谕蜀之文,尚其范我驰驱,共图进取,毋谓陋劣之商场,楞薄之财力,得以生存于天演商战之世界也。其各凛遵毋违,切切特示。

(《申报》)

6.汉商会维持市面策

(1912年4月13日)

汉口市面向例,外帮倚钱帮为周转,乃自民军起义后,收款还款,两无着落,商务总会于日昨要求黎副总统,其条件如下:

(一)请现款。今日钞票拥滞,现银缺乏,急宜维持市面,以现银补钱票帮之不足,金融流通,转圜自易。

(二)求抚恤汉口为起义之区,又当交战之冲,无论何业商民,惨苦几难言状,不有抚恤,无以慰众心而固生计。

(三)请速建筑。查回汉商民,现几无立足之地,行号群趋租界,铺店支棚为生,且有无屋可栖、泊船傍岸者,外溢中虚,实非久策,急宜规定建造,可以镇观望者之心,免致久困,益增商累。

(四)请缓催欠款。前清银行及官钱局折放款项,拟求从缓催收。各存户分存数目,拟劝从缓提取,俾银钱各业可纾目前之急,而无竭蹶之虞,各帮赖以周转,市面即可流通。其未经损失各商家,尤须催令赶速还款。

以上四项,统乞副总统出示晓谕,限期担承,稍展时日,以期顾全大局,藉兴市面。

(《申报》)

7.汉商会通告各业主文(为建筑马路事)

(1912年4月30日)

启者,前因本镇建筑马路事,曾奉黎副总统示谕,查内有该商等原有繁盛或偏僻之地,概由公司按方估价,依次掉换,不敷之地,由公照赔,不过移步换形,于该商等并无损失等云。在副总统固属体恤民情,然研究掉换之点,恐生纠葛,况既筑马路,其旧地之移动,决非在数步之间,改弦更张,大相径庭,即移步换形,亦不可得。窃恐头绪既繁,窒碍良多,曷若将城马路以内之地划归公家,出价收买,然后再由公家转卖与业户,尚属有利无碍,姑就管见所及,仍希本镇各业主公同研究,以期尽美。夫值兹经济困难,估价买地,需款浩大,何来现银?今可由建筑筹办处特制地产券,专为本镇买卖地产之用。按地段之繁僻分别等级,定价值之高下,注明券上,以给业主,而公家卖出之地,亦只收地产券,一概不取现银,使有券即有地,在公家不失信用,而业主仍可持券向公家购地,周转亦甚便捷,其利一也。业主或有不欲重新建筑,或因欠人款项,力有未逮,可将此项地产券转售与资本家,由资本家仍向公家购地,则此券虽专为购地之用,实与现银相去无几，市面亦得借以活动，其利二也。业户地产抵押银钱，固属常情，甚或甲抵与乙，而乙复抵与丙，辗转相抵，年复一年，清理无日，今则可借地产券而清纠葛，其利三也。地有繁盛偏僻之分，价有低昂之别，发给地价时，可于券上填写原地之坐落方数及价之贵贱，将来先尽原主购买，则地价进出既归一律，而地主又免竞争，其利四也。开拓马路，胥赖空旷官地为之补助，然除街巷官路外，其余官地多在偏僻之区，补偿必多争执，今用地产券，则逐段推移，融化全局，疆界胥泯，则官地可消纳于无形矣，其利五也。凡有畸零不敷建筑地段，可由业主持券向就近业主归并买卖，则可化零为整，各适其用，又有大块地段不便分割者，既由公家用地产券收买，即可分券填给，则化整为零，周转亦便，其利六也。地产契据，当兹改革时代，正需更换，今即于购地之际，一律给予新契，似较简便，其利七也。凡基地经公家发卖，其地形自可由公家规定，将来建造业户，□就地形之广狭，定房屋之形式，则可取整齐划一之效，其利八也。综此八利，似可进行而无妨碍。第入手办法，首在丈量，丈量之道，须多派熟识情形人员督饬各图保正，并带同住户、业户与左右四邻，按段逐户吊验契据，明白丈量。若马路动工，界石泯没，窃恐无从究诘办理，更形棘手矣。敝会为地方公益起见，故不避越俎之嫌，而陈一得之愚，是否可行，尚祈各业主会议斟酌，函知敝会，以便会同呈请黎副总统裁夺施行，勿延为盼。

（《申报》）

5 月

1.业主会行将解散

（1912 年 5 月 13 日）

业主集合会因反对汉口建筑马路，叠经呈请黎都督停工，未邀允准。惟各业户心多不平，啧有烦言。正干事金次坪、副干事冯墨生连日会议，以此事万难转圜，诚恐意外生事，不如将会解散，以免担负责任云。

（《国民新报》）

2.业主会开会详记

（1912 年 5 月 15 日）

业主集合会于十三日在福建巷开第四次全体大会，到会者四百二十余人，首由正干事金次坪宣布开会宗旨，次由副干事长冯君墨生报告初四日代表黄君笃友等谒见都督，传达业主损失情形，副总统深为悯恻，并谕以修筑马路势在必行，绝不使我人民有丝毫损失。等因。惟禀呈七件，未蒙批示。曾同武昌干事李、汪二君渡江禀见，由唐某接洽。据云，马路期于必修，刻难延缓，遂告辞而去。蓝君希周云：抵制马路恐办不到，莫若赞成修筑，徐图补救之方。黄君笃友演说，都督已交省议会议决。该会拟邀业主代表及商会诸公磋商办法，惟马路一日不修即损失甚大，诸君可否即时解决。此言一出，大拂舆情。

周君允斋云：建筑马路，我辈之不赞成者，亦非无自。（一）建筑处不与人民接洽；（二）街道前让后展，以后湖荒地享前街权利；（三）不应先拆未烧之屋；（四）建筑必须借债，还债之法仍间接取诸吾民；（五）每以英伦敦、美纽约比汉口，一言不合，辄加我辈以不开通之名；（六）以江河两岸做青皮地固妙，但原住两岸之人以何法安置之？（七）此时以贱价买来之地皮，将来以贵价卖去，迹近垄断。我辈所以反对修筑者不过反对此不良之办法而已，但最近之害如盗贼、水火，警察之防范虽周，大街小巷臭气逼人，于卫生大有妨碍。西人每以租界为天堂、华界为地狱者比也，则马路之当修，不待烦言而解矣。依鄙人之愚见，愿与诸公共酌之。（一）业主团体不可误听谣言，致会解散；（二）不可存个人意见；（三）都督不许人民吃亏，要思不吃亏之办法；（四）办事之人要认真。周君所言，利弊如□。

朱芑臣君谓，修马路当研究着手之办法。周允斋又云：（一）借款要中央政府担任；（二）估价还地必须平均；（三）不拆未烧之房屋；（四）筹办处办事人员要认真任事；（五）汉口人民公举正人，实行监督；（六）会馆要归业户。

言至此，全体起立赞成，各团联合会戴仲华君亦愿尽义务，同负责任云。时已六点钟，始摇铃闭会。

（《国民新报》）

3.联络商会之通论

（1912年5月15日）

夏口徐知事示谕云，案奉实业司谕开，照得各属设立商会，非仅以通商情、保商利为能事，凡须于剔除内弊、考察外情二大端实力奉行，始能收商会之实效。现在民国缔造伊始，国计艰难，民生凋敝，欲振兴一切，必先于商务着手。而振兴商务，端赖商会为之筹划。其已经设立之处，务望诸员并心一志，力求整顿。其未经设立之处，应由地方官会同绅商，于所属城埠、镇乡商务较盛之区，因势利导，先行筹办，一俟商务发达，即可次第推行。查近来各属呈请设立商会者，日不乏人，足见民智开通，渐知兴商务为当今之急务，惟热心公益、认真办事者固居多数，而借商会名义苛扰商民者，亦在所不免。本司鉴兹流弊，应急预为之防，嗣后如有呈请设立商会者，务将设立情由、办法、手续报明应隶属之商务总会，转咨本司核夺，以免分歧而资联络。为此谕知仰该知事迅即遵照，出示晓谕。为此示仰阖属商民，以后如有呈请设立商会分会者，迅将设立情由、办法、手续具报商务总会，再由商务总会转呈实业司查核办理，以资联络，务得违误，切切此谕。

（《国民新报》）

4.官钱局总理之政见

（1912年5月16日）

日前，理财司以武昌商会总理吕达先经验、才识久为地方所信仰，堪膺官钱局总理之任。遂经都督委任，饬即到差视事。该总理以官钱局为全省金融界之总机关，事繁责重，关系至大，特与理财司长议定办事大纲四条：（一）汉口官钱局此时不必另设；（二）与财政司另定条件，划分界限；(三)限六个月清理以前账务，筹划以后办法；(四)六个月合力筹备资本六百万金款，方能开办。闻已由财政司将前四项条件明都督核准矣。　(桀人)

(《国民新报》)

5.商会改订注册费

(1912年5月16日)

向来商会注册，上户缴册费银三十四两，中户缴册费银一十八两，下户缴册费银一十二两，各商久已遵行无异。近因兵燹之后，元气大伤，总协理等为体恤商艰起见，约集各会员公同决议。嗣后注册立案，酌量分为四等：上等缴洋二十四元，中等缴洋一十八元，下等缴洋一十二元，次等缴洋八元。已禀请黎都督示谕各行号、商店，一体遵照实行。

(《国民新报》)

6.小轮公会成立

(1912年5月18日)

两湖航业日见发达，近为团结团体起见，组织小轮公会，已举定王仙舟为正会长，张云樵、向治丞为副会长，拟定简章，在实业公司呈请立案。会所暂设大朝街，现已拟定汉口黄州会馆为会所，不日即行迁移云。

(《国民新报》)

7.业主会之决议

(1912年5月19日)

业主集合会于前十三日在福建巷开会集议办法。业经共同认可，兹复于昨十七日下午一点钟在福建巷开会，由正干事金次坪君报告前日汉口各团联合会长周允斋君所议办法六条，次由王开廷、蓝希周、周允斋、邓倬云诸君再三磋商决议办法八条：

(一)借款要中央政府担任；

(二)路线要缩减；

(三)地价由公估价，方无损失，仍以前清清丈局章程为标准；

(四)地皮归公须交现银，不要地方票；

(五)上下房屋不拆，凡有大工程者，路线须设法偏让，其小工程不能偏让者，照价赔偿；

(六)业主于建筑税则一切，须有众议权；

(七)江岸、河岸修筑马路，建设滑坡，兼筹船户停泊办法，以免危险；

(八)自由盖造房屋，惟服从军政府改定形式，沟渠巷道。

众皆赞成，定于初五日上禀都督，要请批准施行。如不能邀允，即自由动工建造房屋，以谋生计，绝不再延。议毕，至四点钟散会。

(《国民新报》)

8.财政出入最近调查表

（1912 年 5 月 20 日）

财政司握全省度支总纲，自起义以来，按月报销，均经清算明晰，刊送详表，榜示局门，以昭大信。兹届四月份造报之期，昨由该司副长邀同各机关人员赴都督府核对出入各款，针孔相符。特预先调查列表于下。计开：

三月底挽存类：现银无，洋币一万零百二十元，钱二千七百九十五串。

四月份收入类：现银一百二十万二千六百九十三两六钱五分，洋一百八十二万五千九百零七元，钱八十七万八千二百五十三串零九十四文。

四月份支出类：现银百二十万二千六百九十三两六钱九分，洋百八十二万二千七百二十二元，钱八十七万五千九百零四串。

四月杪宝存类：现银无，洋一万三千百八十五元三角五分，钱二千二百四十九串零三十七文。

（继人）

（《国民新报》）

9.马路又有改革之消息

（1912 年 5 月 21 日）

汉口市街建筑处，业经规定，街道马路实行开工。嗣因业户反对，前派代表黄笃友等晋见都督，要求罢工，未能邀允准。当派王开甲、罗鸿升两君来汉，分赴汉口商会业主会调查。兹闻王、罗两君业已禀复都督，请将马路酌为改革，以顺商情云。

（《国民新报》）

10.军政府咨复官钱局银圆纸币数目及产价银案

（1912 年 5 月 24 日）

为咨复事　前准贵议会咨开，据汉口商务总会函称，票洋一项与钱元办法两歧，以致汉市周转不灵，倘不及时维持，现象恐慌，将失信用，实为财政之大障阻。兹特缮具说帖呈核，应请速开正式会议，议决办法，于商民裨益良非浅鲜等情。饬由理财司转饬官钱局，将发出银圆、铜圆数目并准备金之多寡分别列册咨送，以备参考。除将汉口商务总会说帖另抄附送外，相应备文咨请查照施行。计抄送汉口商务总会说帖一份。等因，准此。当即谕饬财政司按照来咨开具各节办理。顷据该司呈复，当经转饬官钱局去后，兹据复称，查官钱局自起义以来，用出纸币颇多，刻间库款支绌，万难平均银洋、纸币价值。且自起义以后，所存生银、银圆、铜圆并各种纸币各数目曾经呈报在案。嗣以陆续奉饬提拨军需之用，现在库内生银、银圆、铜圆随收随支，所存无几。兹仅将四月八号止，所有属局各种纸币原定数目以及行用库存各款目开具清册，呈请转咨等情。据此，属司查官钱局以前存款本属无多，所有武汉及外县房屋、地皮约计本钱二百万两，即其票本。奉饬前因，理合具文呈复，伏祈照验施行等情。据此，除将该司所呈官钱局银圆、钱票数目及产业价银另册咨送外，相应备文咨复，请烦查照。今将湖北官钱局原定各种纸币数目至中华民国元年四月初八日止，行用、库存各数目开具清册，咨请查核。计开：

原定数目

一串制钱票二千零六十三万二千七百串文

五串制钱票二百万串文

十串制钱票一百万串文

一元银圆票五百八十万零五百元

五元银圆票一百万元

十元银圆票一百万元

五两银票二百万两

十两银票四百万两

行用数目

一串制钱票一千八百零六万七千七百四十七串文

五串制钱票四十七万一千四百二十五串文

十串制钱票二十七万零九百九十串文

一元银圆票四百三十九万一千六百七十元

五元银圆票四十二万三千九百九十五元

十元银圆票五万一千九百四十元

十两银票九万七千三百八十两

库存数目

一串制钱票十一万六千七百三十六串文，发出一串样票七百五十九串文，销废一串票一百七十七万二千六百五十八串文，一串破票六十七万四千八百串文；

五串制钱票一百五十二万六千串文，发出样票二千五百七十五串文；

十串制钱票七十二万七千串文，发出样票二千零十串文；

一元银圆票六十一万零八百五十二元，销废一元票十七万七千四百七十八元，发出一元样票五百元；

五元银圆票七万五千元，未编字号五元票五十万元，发出五元样票一千零零五元；

十元银圆票三十四万六千元，未编字号十元票六十万元，发出十元样票二千零零六十元；

五两未编字号银票二百万两；

十两银票七十万零二千六百二十两，未编字号十两票三百二十万两。

续订之数未悉

已经编写数目

一串制钱票八十七万一千串文

二百文小票七万四千串文

已用数目

一串制钱票八十七万一千串文

二百文小票三万五千五百八十七串二百文

库存数目

二百文小票三万八千四百一十二串八百文

（《国民新报》）

11.建筑办法之纷陈

（1912 年 5 月 25 日）

汉口改良建筑规划进行一切手续，业已纷见前报，凡商人意见不协者，副总统无不曲予成全。昨闻又有任君春山等联名报告谓，建筑处对于商人颇有横行压制舞弊情事，请准其自造，复其建筑，以免迁延而安生业等情。又有业主限定法等以兴建马路一事，与伊等多有妨碍，请仍旧原址盖造，取消筹办处，以利进行。而舒君龙甲则续陈种种不能改筑之理由，亦请取消建筑，听民间自造。黎公总核该商民等所禀，无非注重目前，忽其远大。要知建筑之举原为吾民谋万世之利起见，所有规划马路建筑一切图式，如有磋商办法，不厌求详。昨特照会商会与该业主接洽劝导。至称建筑处总理有操切之处，验后密委干员查明核夺。

（《国民新报》）

12.建筑汉口之电商

（1912 年 5 月 26 日）

汉口据全国之中，商务繁盛，久为中外所声誉。兹副总统昨电中央政府，谓汉口市面亟应恢复，以维商务。业向洋商议借款二百五十万镑，约九三五或九四交长年厘息，二十五年还清，六年后还本息。如中央认可，款即现付云云。

（《国民新报》）

13.关于建筑之嘉言入告

（1912 年 5 月 27 日）

汉口建筑筹办处开募以来，对于各业主商民感情甚薄，故呈报之案已见多起。昨闻李君祝惠又呈，该处非持论太过，即失于过激，暗让风潮，势成鉴柄，亟宜审时度势，平允维持。黎公深嘉其议，旋将所呈各条发交市街建筑处公同研究，以副建言之热心云。

（《国民新报》）

14.示谕照款归结

（1912 年 5 月 27 日）

夏口县知事徐　为出示晓谕事　奉内务司谕开，案奉副总统谕开，照得汉镇为通商大埠，自兵燹后，各商皆纷纷逃避，市面几乎无存，商务零落已达极点，现在大局已定，应筹兴汉口市政，招集旧时各商，清理账项，调查损失，以便设法重整事业。至发达市面，端赖金融活动，银号、钱庄尤须从速招集，特别维持，以期挹注，各帮借资周转，商务始能振兴。业经本都督拟定办法，招集银钱各商，限期来汉，示谕在案。现据汉口商务总会报告，银钱各帮均已陆续回汉清理往来账项，头绪纷繁，调查损失自为入手办法，在汉言汉，损失固属一律，均有应直接、间接之分，而各处情形不同，尤当有本埠、外埠之别，除洋商借款已另有办法不计外，远而各毗连，近而外府州县乡镇口岸，向与汉商有银钱交易，所欠之款自应一律照款归结，不得借词推展，意图倒骗。倘有奸商狡猾，其原贸地方未遭损失，或置原贷于不理，向别地运用现银，或借兵乱以为名，隐瞒账项，希图脱卸，则是居心狡诈，既失商人资格，一经查觉或被告发，除勒追欠款并即照律治罪。本都督以恤商保民为宗旨，此等积弊不除，不足以维商业而资整顿。除分咨各省都督严申禁令并通饬本省各地方官转饬遵照外，为此出示晓谕，仰各埠商业人等一体知悉，凡向与汉口各帮有往来账项，应还之款务各□发天良，从速归结，俾损失之家得资周转，徐图重理旧业。事关中外全国商务，实非浅鲜，慎勿再蹈从前积习，致干重□，其各□遵毋违。等因，奉此。合亟出示晓谕，仰商业人等一体遵照毋违，切切特示。

（《申报》）

15.工业总会之劝诫

（1912 年 5 月 31 日）

湖北工业总会成立以来，对于工业之提倡整顿颇有成效。兹该会会长朱君曾在美国留学，熟悉工人之强横，颇为失业窒碍，又目击中国制造恒落人后，特于今日（二十八）出白话布告一纸，其大致：（一）欲工人制造条件胜于外国；（二）劝工人宜时常与总会接洽研究；（三）工人宜各守法律；（四）不要同盟罢工；（五）彼此勿互相攻击；（六）制造各宜远驾外省云云。

（《国民新报》）

16.全体业主会之通告

（1912 年 5 月 31 日）

日昨，汉镇全体业主会出一通告云：本会开办之初，经众议决，公担经费，故入会为会员者，须缴入会金一串文，以资公用。兹因公举代表赴京，请求政府抚恤会内之人，均已填报损失表册，限期业已截止，诚恐无力入会之业主，本会另附立表册，统限于五日内速到事务所（福建巷内）填报，以示大公而谋完备，勿望迁延自误为盼。 （石人）

（《国民新报》）

17.汉口三十五团联合会发起筹办国民捐电

（1912 年 5 月）

各都督、各议会、各报界、各团体均鉴：外债危险，庶政待兴，同人在武汉发起国民捐，各界赞成，请合力提倡。汉口三十五团联合会同人叩，啸。

（《浙江公报》第 99 期）

6 月

1.官钱局清理要款

（1912 年 6 月 1 日）

官钱局总理自委吕君伯超以来,诸凡认真办理,清理之手续,分三大纲领:(一)清理本局所出之官票、银圆票、银票以及往来各款并抵押地皮等项;(二)川粤汉铁路入股之款;(三)公储钱局收存之项。皆尽心竭力清理,现已将官钱局与铁路二款清楚,惟储蓄一项尚在核算。俟清算之后,即行禀明都督开办矣。 (宗人)

(《国民新报》)

2.商会募兵之荒谬

（1912 年 6 月 1 日）

汉口湖南商会非立法机关,亦非行政机关,不过联络感情之小团体尔。该会长夏嵩灵虚张声势,遂募兵八十名,借以吞蚀公款。现被朱光斗控告,已经第二镇士兵转该会长拿获,移送军务司讯办,未知如何发落。 (竹人)

(《国民新报》)

3.钱帮举董理账

（1912 年 6 月 7 日）

汉口商务以钱业为大宗,去年阳夏交兵,各钱店均已回籍。兹奉都督示谕,现已陆续来汉,各家往来账项纠葛甚多,钱帮刻已公举孙复和在钱业公会清理一切账项,以免纠葛。 (占人)

(《国民新报》)

4.借款建筑之解决

（1912 年 6 月 10 日）

本镇建筑,商界反对借款由地方担任,是以迁延至今。顷悉,黎公于昨晚准大总统密电,谓参议院解决借款,仍由地方担任,向洋商借款一百五十万镑。规定自民国六年起至二十五年还清本利,月息五厘等语。当表同情并立即复电查照矣。

(《国民新报》)

5.汉口商界维持会广告

（1912 年 6 月 11 日）

敬启者，汉口自经兵燹后，地方糜烂，令人伤心惨目。今幸民国成立，此间市政问题早已解决，建筑工程瞬即开办，将来商务发达，必能为美之纽约、法之巴黎而上之。唯是武汉首先倡议，汉口适当战线，既为共和最初之纪念，商民损失不能不求其实在数目，以资考证。洋商时有询问，皆瞠目无以对答，盖盈虚消长，商家应行研究。况大劫之后，生财货物同归于尽，岂可付之不论。欲求商业之振兴，非损失鲜有把握，用备表格，希即实填，尤望诸君慎勿欺人自欺。同人等念此间为华洋之荟萃，将来实际之研究，同人等尤负有应尽之天职。兹经本会送由汉口各团联合会公决议定办法如下，计开：

一、本会调查汉口损失，专求实在数目，使商民住户、外人财产无一遗漏浮开，以备异日考证之实录。

一、此项调查以一个月为完竣期。

一、此项调查损失表格由各团分照地段担任发给，挨户填注，其无团体之地段或有团体而未规复者，则由本会担任。

一、此项表格由各团体担任者，均按期送本会汇齐。

一、各商民住户接到此项表格，须查照表内所开各节，分别详细数目，核实填注。

一、此项表格发给有遗漏时，可就近向各本团体或本会补取。

一、商民住户，无分正街后巷，一律照办，其未烧地段或租界华户确因兵燹而有实在损失者，亦得援照办理。

一、外国人在华界损失者，由华人调查明白填注。

一、各商民住户填注表格，或故意疏漏或填报不实，一经查出，以失信用论。将来如有轇轕事项，本会不负维持之责。

一、商民住户至今未返，能有从旁探悉实在数目者，可代为调查照填。倘无从探听者，展期登报，俾得通函告知本会。

一、所有损失，本会只有调查备考之义务，其因而生他项轇轕者，本会负责任。表格另印有单张，可随时来会领取。本会设在汉口一码头至祥里内。

汉口商会维持会谨启

（《国民新报》）

6.参议院副议长汤化龙抄复汉口建筑借款原案

（1912 年 6 月 11 日）

临时大总统　为咨行事　准国务总理呈称，接武昌黎副总统电称，汉口市面，亟应建筑，以维商务，已向洋商议借建筑费二百五十万元磅，约九三五或九四交长年五厘息，二十五年还清，六年后起还本息。如中央认可，款即现交，希裁夺速复。等因，前来。查汉口为全国第一商务埠，亟应从速建筑，以苏商业。向洋商借款建筑，请大总统咨询参议院查照见复。此咨参议

院。(未完)

(《国民新报》)

7.参议院副议长汤化龙抄复汉口建筑借款原案(续)

(1912 年 6 月 12 日)

五月十六日审查汉口借款兴筑市场案报告

查闻黎副总统原电并政府委员到会陈述,又交到借款草合同十五条,经本会详细讨论,决定三议:一、按照草合同第七条,此款借还之责全归地方担负,中央无涉;二、此款既供汉口兴筑市场之用,不得移作他用;三、以汉口地方税为抵押品,则偿还之法甚为确定。又,询据政府委员,所定草合同已得鄂省议会及汉口商会之承认,本院自可同意,惟草合同虽非交议之件,而参考之余,亦应陈述所见。“武昌政府”名目不甚确当,似宜证明为“武昌都督府”。第七条“及汉口岁入”五字可删,第九条“需其担保”四字亦可删。以上各节,俟通过后,即可答复,政府是否,候公决。

财政审查会

附抄录武昌政府实业借款草合同,中华民国临时副总统兼湖北都督黎元洪与上海振兴中国实业公司代表赫氏卞克商议武昌政府实业借款草合同。此项借款已经上海振兴中国实业公司大股东认可,惟其数不得□英金三百五十万镑。所议共十五条如下:

第一条　此项借款限于二十五年内还清。

第二条　自正式订合同之日起算,当以第六年终为第一次还款期。

第三条　每次所抽之还款,债券当合全数二十分之一。

第四条　每次所还之款,其数与债券之价相等。

第五条　此款以九七折发卖。

第六条　每百磅由上海振兴实业公司以九三四折(此问题尚在解决之间)交与武昌政府,所折之数作为发卖债券及他种费用。

第七条　借款及息金当以汉口地方税及汉口岁入作为抵押品,无论何时,如以上税项尚不敷每次应还之款息,则由武昌政府另行拨款补足。

第八条　此项借款每年以五厘行息。

第九条　此项借款须得中华民国中央政府许可,需其担保。

第十条　凡关系收回债券之费用,均由湖北武昌政府担负。

第十一条　此项借款须照每次议定应付之数,交与湖北武昌政府,其数由正式合同核定后,以两方面签押为凭。

第十二条　借款利息由交付武昌政府之日起算。

第十三条　偿还利息与债券之价值,当由两方面于偿还期前十四日议定之银行汇兑。

第十四条　于订正式合同时,此草合同内条件如两方面视有为不合者,均可更改,此草合同不过为两方面商议之基础,俾达圆满之目的。

第十五条　此草合同由湖北武昌政府及上海振兴中国实业公司代表在武昌于议定之日签押。

（已完）

（《国民新报》）

8.商会调停公益争讼

（1912 年 6 月 14 日）

汉口各团联合会与既济水电公司大起冲突一案已志各报。兹该会主持消极主义，一面逼发传单，不办消防，一面禀明行政长官，以谢责成。商会得知，电询夏口知事徐君蓝如，始将两造卷宗移请商会调停。该会公推王君琴甫代表于本月十号与联合会磋商一切。经该会表决，水电公司急宜登报，遍发传单，辨明诬控情形，并将全镇水门齐行开放，所有各团对于警场及私自取水按照向章办理。现商会正向水电公司交涉，从速承认，以免讼累而保公益。

（《国民新报》）

9.商会筹集国民捐

（1912 年 6 月 16 日）

国民捐一项，为救亡之妙策，武汉各界均已极力提倡。兹汉口商务总会总理萧寿卿与各团联合会代表刘仁山等于本日（十六号）在文明新舞台筹集国民捐款，热心爱国者，自必跃踏轮助也。

（《国民新报》）

10.汉口商会筹集国民捐

（1912 年 6 月 20 日）

汉口商务总会于十八日在商会开会，各帮到者数十人，会场整肃。至二点钟摇铃开会。首由总理李紫云君报告陆军次长蒋作宾君日前过汉，备述京中困难情形及众社发起救国会之原因。外人既因借债要挟，本会为商务枢纽，尤当输助捐款，以尽国民义务。募捐之法据汉各帮董各自开会，将捐款汇缴商会，掣取收条，以昭划一。众皆赞成。次由戴仲华君演说，谓现值兵多饷绌，若不助捐遣散，哗溃堪虞，外人干涉，亡在目前，覆巢之下，岂有完卵？诸君何不以吃花酒、吸纸烟、进戏院、跑马车之款移作国民捐乎。众鼓掌。次由协理盛竹书君演说，汉口受此损失，认捐本难，惟既举代表，议即晋京，要求赔偿损失，即不得不认捐款，以救危亡。是救国捐与求抚恤最有关系，商家每人出洋一元即可，集成数十万，将来以此少数之捐即可要求多数之抚恤，全赖各帮董劝募尔。演说既毕，即将捐启分送各帮董带回。□捐后，仍须将捐启缴会，以杜流弊。至五点钟摇铃散会。

（《国民新报》）

11.汉口收兑交通钞票

（1912 年 6 月 21 日）

汉口交通银行自去岁民军起义后，即行歇业，武汉商民之持有该行钞票者，均以将成废票不惜贱价售与外人。现闻中央交通部以此票若任转售洋商，恐损中国利权，昨特电咨副总统，谓交通旧钞票，其未来京兑现者，统计约三十万元，除汉行因被劫未及清查外，余行之票皆已随时兑现，鄂省如存有汉行钞票，可即寄京照兑现洋，祈宣示商民切勿转售外人，致失权利。黎公以富商大贾存票多者，不难派人赴京照兑，其零星小户存票既少，寄兑维艰，特令汉口商会为收兑机关，如商民存有交通之票，限于三月内一律交存汉商会，登记人名票数，汇齐转交鄂财政司，派员赴京代兑。一俟兑到，仍令商会按照名数发给，以期便利。昨已饬财政司、汉商会遵照办理矣。

（《申报》）

12.军政府交议汉口建筑借款合同案

（1912 年 6 月 22 日）

咨请事　建筑汉口街道一事举办业经数日，只缘军兴以后，财政异常支绌，遂致延迁至今，尚未开工。然汉口为全国通商巨镇，非迅速建筑，不足以恢复商务，而商民之企望克日建设市场，以便从事商业者，更有岌岌不可久待之势。本府外迫于人民之期望，内苦于经费之无出，万不得已，遂出于商借外债之一途。兹有美国旧金山达拉公司出而承借，本府与该公司再四磋商，遂议借美金一千七百五十万元，订立草合同二十一款。此合同内所载各条款，似与主权无甚妨碍，惟兹事体重大，稍一不慎，即有损丧利权、贻害将来之虞。贵议会为立法机关，凡关于立法及与地方有利害关系之事，自易解决。该借款草合同所载各案款有无弊害之处，请即提前开正式会议，以便订立正式合同，克日交款，建筑街道，以重商务。为此合咨相应备文，将此项借款合同咨送贵议会，请烦查照，议决见复，以便施行。须至咨者。

附咨合同一叩

为立合同事　阳历一千九百十二年　月　日，中华民国副总统兼湖北都督黎元洪（以后均省称为甲面）为建设汉口借款，经中华民国中央政府担保，参议院与湖北临时议会通过，得有代表湖北政府全权与美国旧金山达拉（华音）公司（以后均省称为乙面）订立合同如下：

第一款　甲面准许乙面发售借券美金一千七百五十万元，自发售之日起，长年行息五厘，此项借款名曰一千九百十三年湖北政府建筑汉口五厘息借款。

第二款　此项借款之作用：第一条，为购买汉口之地产，以便湖北政府得实行其改良该埠之策，建筑新式市场，扩张街道；第二条，为建筑疏水沟；第三条，为铺砌街道；第四条，为修筑扬子江及襄河之堤岸，自英租界起，沿扬子江、襄河之岸至□口止；第五条，为购买襄河及扬子江沿岸之地产，其宽度须可作修筑双轨电车之基础；第六条，为关于汉口建筑厅应办之事；第七条，如此项建筑汉口借款有余，甲面得随意拨用他项。

第三款　此合同签字之后，所工程须于六十日内开工，又于合同签字后七日之内，乙面须将第一期借款照第十四款第一条交付。

第四款　此项借款长年行息五厘，债券未发售以前，息金从每次交款之日起算，至债券发售之日，即认全数借款息金，每半年付息金一次，于每次偿息期前十四日，照息单所载每次应付之数目，由九款第一条所指定之汉口地面附加税及其地方捐之进款提出交付。

第五款　此项借款限二十五年内还清，自发售债券之日起第六年终，为第一次还本期，以后每半年按照另单所载每期应付之数，由第九款第一条所指定之汉口地面附加税及其地方捐之进款提出交付。

第六款　第一条，设于此借款之十七年前之间，甲面欲将所有未购回之债券全行购回，甲面须照券数偿息金二厘五毫。譬如一百元之债券，须付一百零二元五角，如在十七年后，则无应偿息，但甲面急欲于议定每次所应购回之债券外加多购回，须于还款期前六月通知乙面，照简章所指定之日，用抽签办法如数抽出购回。第二条，此项借款一经还清，合同即无效力。第三条，所抽出之债券□□□之息票，均由乙面届期收入，转交甲面之美国经理人。如各次□期之债券及息票于二十年内尚会人取款，则乙面须将购回此等债券息票之款交还甲面。

第七款　第一条，以上第四、五款所定每半年所应付之本息，于付款期前十四日，照另单所指之数，以九八规元，或汉口，或中华国民币，在上海兑换美国金洋交付。如甲面在美国方可作用之金币，欲以□□□还本息，无不可□□于交款期前十四日交付。第二条，甲面须另给与乙面每年所还之本息全数四百分之一，但为购回债券及债□息金之费用。第三条，如日后中华民国在美国分设国家银行，有代甲面购回此借款债券有权。

（未完）

（《国民新报》）

13.军政府交议汉口建筑借款合同案（续）

（1912年6月23日）

第八款　第一条，此项借款本息，甲面须全数偿还乙面，如此，合同内所指定汉口地面附加税及其地方捐之进款尚不足以偿付，则甲面须由他处拨款，以补不足。于议定付款之日照应付之数交付。

第九款　第一条，此项借款将以下所指定汉口地面附加税及汉口地方捐作为抵押品。（一）地面附加税；（二）门面租；（三）水电租；（四）烟酒执照捐；（五）竹木税；（六）人力车及马车税；（七）马头税。以上各项进项每年约计银四百万两。第二条，以上各种税捐未曾作为他项借款之抵押品，亦未典与他处，并此声明。第三条，此项借款本息，如甲面不能偿还，则盖归中华民国中央政府担任。第四条，甲面所指定抵押品付与乙面，每年至多不得过银洋五百五十万元。第五条，此项借款未还清以前，以后他项借款抵偿典押，不能占此合同内所载之汉口地面附加税及汉口之地方捐之优先或相等之权利及□□□□□。若甲面欲用此合同内所载之汉口地面附加税及其地方捐为他项借款抵押品，则须于合同内详细立明乙面优先之权利。

第十款　第一条，乙面有发售此借款债券之权，债券之样式及其所载之文字由甲乙两方面商议定夺，然必须我中华民国副总统兼湖北省都督黎元洪等字样及其关防。甲面之正式经理人，如乙面之驻纽约或旧金山之代表，亦须签字，即照登载于债券上，以昭信实。第二条，此项借款之债券如有遗失、毁坏等情，乙面须迅速通知甲面或甲面经理人，并在各有名望之新闻报上登载广告，停止购收。此项债券若于若干日（由乙面议定）内仍未觅出获还，则由甲面驻美国经理人重出所遗失或毁坏之债券，交与乙面转给失债券之人。凡关乎此等事之费概归乙面担负。

第十一款　凡关系此项借款之债券息票及一切进出款项，中华民国中央政府、湖北政府及汉口政府均不得征收税捐。

第十二款　凡关系传布此项借款之简章、说略及偿付本息之细微条件，未经明载此合同内者,均归乙面筹办。此合同签字后,乙面须迅速颁布此项借款之简章、说略。

第十三款　此项一千七百五十万元美金之借款,由乙面斟酌刊印趸数或零散债券,作九七扣发售。在中华民国之华人与在美国之美人或侨居美国之华人有优先之权利。必须于颁布借款简章、说略之前四日定买。颁布之期由乙面于七日前通知甲面,此项借款,乙面作九四交付,甲面发售债券之日,至迟须在合同签字后之十二日内。

第十四款　第一条,此项借款,乙面须照下表所指定之期日、数目在上海交与甲面之正式经理人,由何银行汇付须待甲乙两面会商议决。

签字后第一月　　七十万
签字后第二月　　七十万
签字后第三月　　七十万
签字后第四月　　七十万
签字后第五月　　七十万
签字后第六月　　二百万
签字后第七月　　二百万
签字后第八月　　二百万
签字后第九月　　二百万
签字后第十月　　二百万
签字后第十一月　二百万
签字后第十二月　二百万
(合计)金币　　　一千七百五十万

第十五款　如此项建筑借款尚不足敷建筑汉口之用,甲面仍欲借贷外债,以补其不足。乙面有优先之权利,但借款条款如他处有较优于乙面者,则可不向乙面续借。

第十六款　第一条,此借款简章及说略未布告以前,如政界或经济界有危险恐慌之现象,致使中华民国国债票之市价坠落,不能通达发售,甲面允许酌量延长期限,使乙面得从缓进行。若于所延长之时日内仍不能发售债券,则此合同即作为废纸,甲面只须偿还乙面所提前交付之款及该款交付后所应得之息金,无他报偿。第二条,若自后有不测之变故,受外界之干涉,致使甲面不能守行此借款合同,乙面不得要求赔偿。

第十七款　第一条,凡购买材料、任用人员及一切建筑汉口费用既概归甲面担任。若非此后另有契约载明所有一切购买,乙面不得有丝毫之干预。第二条,一切材料,凡品价相等者,在中华民国所出及所制造之物料,较乙面占优先之权利,而乙面之物料又较他国占优先之权利,但必须于甲面自由购买。

第十八款　凡关系发售债券,不如行用经纪费、电报、广告、邮费、印税及刊刻印刷债券与借款之简章等项,均由乙面担任。

第十九款　此合同内乙面所有之权利义务,乙面可转受他人,或他公司,或他总经理,但必先得甲面之许可。

第二十款　此合同成立业经中华民国中央政府于　月　日认可,参议院于　月　日及湖北临时议会于　月　日议决通过。甲面须将此等议决通过之公文正式通知驻北京美国公使及驻汉口之美国总领事。

第二十一款　此合同用华文、英文各抄八份，分甲乙两方面各存其半，如日后有疑难之处，当以英文为正。

（完）

（《国民新报》）

14.业主会反对借款

（1912 年 6 月 27 日）

汉口业主集合会前议，借款须由中央政府担任，不能以地方税捐为质。嗣经建筑处参议与商会参议会同评议。以此项借款已经参议院通过，鄂军政府业已画押，毋庸再议。业主会大不谓然，复于二十五日一点钟在福建巷事务所开会集议，再三讨论。汉口各团佥谓，汉口乃天下之汉口，非湖北之汉口，此项借款，汉口人民实难担任，仍须坚持力争，不能承认。俟此议解决后，再行开会研究，分段估价办法云。

（《国民新报》）

15.汉口商民代表赴京要求赔偿损失

（1912 年 6 月 27 日）

汉口自遭兵燹，全埠付之一炬，商民损失为数甚巨，前经总商会、自治会、各团体联合会、商界维持会派员调查商号、居民、房主各种损失，逐项分别详查核实，计共损失五千七八百万。而现在无人在汉，呈报者尚不在内，兹举定代表宋炜臣、万拗伯、盛竹书、张春亭诸君赴京，要求大总统赔恤。已将各团体所造册表汇齐，于二十二号起程北上矣。说者谓，际兹公家财力奇绌，即以赔偿十分之一而论，亦须数百万金，窃恐此事万难办到，诸代表未免枉劳跋涉耳。

（《申报》）

16.商会挽留厅长

（1912 年 6 月 29 日）

汉口警视厅长一缺，都督已委周际云接任，汉口商务总会以警察为保卫治安之要政，厅长顾庆云视事，悉心殚力，成效昭著。既属人地相宜，又可事权利划一，不必另易生手。惟可否允准，已呈请都督核示祗遵矣。

（《国民新报》）

17.议董之爱国热

（1912 年 6 月 30 日）

自外债危迫，黄留守发起国民捐，各省均闻风响应。汉口商会于前十八日开会筹国民捐，缴捐者异常踊跃。议董宋渭润独捐洋一千元，已送商会掣取收条，以昭核实。

（《国民新报》）

7 月

1.汉口各帮董追赔联合会为汉招商局损失客货复商务总会函

(1912 年 7 月 1 日)

敬启者,本月四号奉到贵会来函内开,该局许有确期,即通融再与展缓,只求实事有济。等因。并将该局原因寄示,具见贵会一秉至公、实事求是之意,无任景佩。唯查该商局函述各节,均系一味推卸,一味延缓,与该局应担负之责任、敝会应追赔之公理大相背谬,万难再予展缓,谨为贵会详细陈之。中国长江航业以该局为最优胜,其提单载明货物短少或不合理之损失按数照赔。该局之所以取信于各帮与各帮取信于该局者,皆恃此定章之可守也。乃者武汉首义,保卫商界,纪律森严,北军南下,武汉实为战场。由同盛隆、永福庆、福康、储丰、长源、福寿、康复、康仁、利源各商号等相率向该局持单提货,该局不知是何用意,竟一概不准提取,弃重资而不惜,其不合理者一。既不准客提货,自应派重要职司驻局保守,以尽天职,何战端未开,该局总理、职司等竟相率潜卷重资,对门插锁,亡命先逃?惟留无足轻重之局役而已。只□自己之生命,遂不惜他人之财产,其不合理者二。该总理既要远遁,其堆栈锁钥亦应留交妥人管守,听客提货,以卸责任。乃计不出此,不顾而去,其不合理者三。即谓变起仓促,各顾生命,然与比邻之太古所有客货始终保全,独非命乎?况该局堆栈自八月下旬九月初间,此半月内该栈尚然无恙,如能顾惜客货,应可从容措置。而该局既不许客提货于前,又不效太古设法保全于后,而悍然置之度外,其不合理者四。(未完)

(《国民新报》)

2.汉口各帮董追赔联合会为汉招商局损失客货复商务总会函(续)

(1912 年 7 月 2 日)

招商局原为官商合办,与清政府有直接之特权,华人商权之大,无有过于该局者。值武汉事起,该总理乃第会电邮部,请兵平乱,各报揭载,人所共知。何北军南下,该总理不但不与北军接洽,以保客货,而竟潜逃上海,一任北军占据该局,蹂躏客货,开门揖盗,难辞其咎,其不合理者五。且北军占据该局时,知为清廷保护之营业,尚未如汉口焚掠。故该局役等犹能自由出入,惟因主管无人,便串北军先取贵重之物货,乘乱分肥,遗下粗笨之物,继以焚掠,以掩耳目。物必先腐而后蠹生,任用非人,致监守自盗,其不合理者六。北军初驻该局,未加焚掠,该总理已遁上海,谓不知信独可借词。然当时各帮在汉者,见该局虽被兵据而各堆栈依然无恙,乃有和记之尹子嘉、同盛隆之唐文彬等于九月十六日到申,即与十七八九日邀同永福庆、董仲青各客号面求招商渝局喻炳贤转请该局陈经亭携单来汉提货。该职司迟迴推延,坐令局役串劫事成。至九月二十七日,该局第三栈始见焚毁,若肯早来交涉,何致遭此惨剧,其不合理者七。该总理坐享厚薪,临变又不设法维持,事后又复因循推诿,坐视百万之资弃为敝履。该是总理一人溺职,致累数百家废业,束手待毙,生气断绝,谁为厉阶?惟该局用人不慎所致,其不合理者八。种种不合理之处,既不能以兵险为辞,自非旁责可贷,乃该局来函一味含糊,明知当赔偿而故为推卸,明知当速解决而故希图展缓,不知商以资本为性命。首义之初,各商存号货物尚思设法保全,岂有舍资本而居然他适者。原函乃谓,各商星散,试问该总办八月二十日即逃,何由知其星散?其不可解一。首义之后,各商以命本所在,决难抛弃,乃提货者方源源而来,守货者先匆匆以去,竟于局首贴出"概不提货"字样。原函乃谓,一意保守,试问主管先遁,何人保守?其不可解二。北兵南下,以次闯入内地,原函谓该局地当其冲,势难再守,唯有督为迁避。夫既知地当冲,何以不设法迁避?一为挽救,且所称督为迁避,迁避人乎?则未开战时即无人矣。迁避货乎?又不得指为焚毁殆尽矣,其不可解三。既不令客提货,则客货即归商局担任,北兵焚毁之货非客货,实该局之货,是各客货所有之损失为该局私人之损失,原函乃称为公共损失,其不可解四。既为该局私人之损失,则所有客货,该局自应设法认赔,丝毫不得他诿,乃转求恤偿于交通部,其不可解五。赔偿问题一日不解决,各商性命悬于该局手,在稍有人心者,应据理向总局直争申明。若不从速认赔,不特商命攸关,即本局生理势必停办。该总理不力请而倩人为之转达,不知该总理有何碍手之处,其不可解六。敝会方以货不提而被损,追赔于施总理,而施乃归咎于肆虐之北兵。是故遗金于道而责行路之不当拾也。敝会方以客货被损应责赔于商局,而该局乃脱卸于交通部,是己为盗,获,累他人出为比赃也。于理为不公,于情为不恕。查各商命本,非取于钱庄即取于票号,非取于票号即取于银行,银东朝夕追呼,急如星火,有至审判者,有请商评者,有开中外交涉者。故各帮仰求商局之赔补,若大旱之思雨,久渴之望梅。敝会唯一无二之宗旨,因商局不令提货,以致损失,只知按照定章责赔于商局,该局之仰恤于交通部,在所不计,在所不问。该局如开办,敝会正当要求之权利不得并入恤偿一途。该局如停办,其股东具有财产且负无限责任,不得谓为无着。所有该局应担负赔偿之责与敝会唯一追索之理,万难再事展缓各缘由,合亟具陈,贵会公鉴,应请定期速开正式谈判,俾得早日解决,重命本而维商业。不胜恳切拜祷之至。除缴招商局原函外,专肃呈复,并颂公安。(已完)

汉口各帮追赔联合会谨启

(《国民新报》)

3.汉口各帮董追赔联合会议决实行章程

(1912 年 7 月 3 日)

第一章　总　纲

第一条　本会为招商、日清损失客货,索完全赔偿,不可迁延为宗旨。

第二条　本会由存货于招商被其损之各帮商号组织之,定名为各帮追赔联合会。

第三条　本会专为追索招商、日清之失为范围,以外皆不与闻。

第四条　凡各商号执有招商、日清两司之提单、存单、栈单而被损失者,无论何帮、何货,均可到本会报名注明成若干,以便核实,但不得虚冒浮报,如照第十九条办理。

第五条　凡损失各家,均系痛瘝相关,表同情应负同等义务,同担责任,同权利,同心协力,达其目的而后已。

(未完)

(《国民新报》)

4.汉口各帮董追赔联合会议决实行章程(续)

(1912年7月4日)

第二章　地　址

第六条　本会办事处及会议场暂设洪益巷八角亭侧新洋房内,为本会办事之总机关。

第三章　经　费

第七条　按照损失成本,每值千两提钱二百文作办事处经费,不及千两及过千两以上者照算,均一期交齐,给予收条为据。

第八条　值此种款项支出过半数时,再行议决续办,总以足用为止,事毕结清支款。如有余存,按数派还,唯所提之款项,须交妥实钱庄存储。

第四章　机　关

第九条　公举正会长一人,代表本会全体议决之责任,副会长一人,辅助正会长之不逮。正会长有事,副会长代理之,副会长有事时,正长兼理之。

第十条　干事部。本会应办之事属之。(甲)庶务二人,部署办事处应办之事件(如上报拨传单、催收经费、管理银钱及购买各种用品等)。凡经本会会长、会员认可之事件,均得奉行之。(乙)会计一人,专司出入账目、注明挂号等事,每星期必将出入款列单报告,以免含混。(丙)书记一人兼文牍,专办文牍、信件及记录本会经过之事实(如逐日事项、开会、交涉各事件)并保存一切文件。(丁)招待员二人,专任开会时招待会员,接洽来宾。(戊)纠察员,开会时有会员不守秩序、违反定规者,得随时纠正之。

第十一条　评议部。由各帮会员选充之。寻常事件,则由评议员讨论之。有时职员因事辞职,得由评议部举人补充之,以防中断。

第十二条　联合部。专任联络各帮,互通消息,调查损失,介绍入会,并宣布本会宗旨,解释意见,员额无定,由各损失家热心自认之。

(未完)

(《国民新报》)

5.军政府咨复借款案

(1912年7月4日)

为咨复事　准贵议会咨开,案照汉口建筑借款与美国旧金山达拉公司订立草案合同一案,前准贵军政府咨交草合同一扣,并派行政委员熊瑞芬于本月二十四日到会说明合同内容在案。

本议会当于是日开正式会议，与贵委员公司讨论。佥以借款建筑，本议会极表同情。唯借款用途，既定美金一千七百五十万元之巨，建筑究需若干，有余之款移作何用，即未能确定预算，逐项指出，究不能不概算大略，贸然将事，应请将用途大概报告。且查各国借款通例，不外直接、间接两种，例如甲向乙径行借款者为直接，托乙发行债券者为间接，凡同一借款，二者可偏采，不能兼用。该草合同既系湖北政府与达拉公司直接订立，是为直接借款，达拉公司对于此款负完全责任，其款项应如何筹措，湖北政府应不与闻。何以约中有发售债券之说，则显系间接，自应照间接借款办理，自行售券，似毋庸与达拉公司直接立约，将调借达拉之信用，图发售之便利。假定购券者之信用在达拉公司，不在湖北政府，何若听该公司之自售自券，湖北政府概不与闻，尤为简便。将谓于发售手续不甚明晰，不得不请达拉公司代售，则该公司不过一经理人，湖北政府不过认偿酬金，即不必与该公司订立借款之合同，给优先之权利。总之，汉口建筑借款，固为迫不容缓之事，而合同关系利害，尤宜为桑土绸缪之计。与其□□于他日，毋□□虑于当先。本议会与贵军政府分别官民，谊则桑梓，同舟遇风，安危与共，为人民慎负担，亦不得不为政府计艰难，断不敢迂论空持，致扰大计。惟兹事体大，不厌求详。此约性质复杂，内容危险，应请与该公司妥为磋商，再交本议会议决。相应备文，咨请贵军政府，请烦查照，希即办理，见复施行。等因，准此。按，本府此次与达拉公司订立借款合同，原是间接借款，一种公债性质。惟此事关重大，不厌求详。本府与贵议会总以和衷共济，详细研究，一方面不遗后来之隐患，一方面能达建筑之目的为宗旨。乞将此项草合同迅即开议，并将开议日期通知本府，再派外交秘书郭泰祺、建筑总理左德明至贵会说明此项合同之内容并建筑进行之方法。为此，备文咨复贵议会，请烦查照，至咨者。

（《国民新报》）

6.汉口各帮董追赔联合会议决实行章程（续）

（1912 年 7 月 5 日）

第十三条　交涉部由会员公举之，专任临时外交事宜，并赞助正副会长对外之交涉，巩固本会势力。

第十四条　以上各员除会计、书记支给薪水外，均负有责任义务性质，不得支给劳金。

第五章　会　议

第十五条　会议时，全体会员均有发言、赞成、反对权，但会议时发言不得僭越范围，涉及他事。会议分数种，如下：

（甲）常会，每星期日午后四点钟起六点钟止，全体会员齐集办事处开会，讨论经过之事实、进行之方针；

（乙）职员会，每星期四午后五点钟起六点钟止，各评议员及各职员齐到办事处，研究现行之手续及应增应改事件；

（丙）临时、正式会，如遇实行交涉临时发生事件，由会长得随时召集全体会员开临时大会，议决施行。

第十六条　常会，临时、正式会，会员非有过半数到会，不得作为议决。

第十七条　会议均须取决多数，如可否同数，由会长决定。

第十八条　会场秩序均应遵守，细则另定。

第六章　时　期

第十九条　自本会成立之日起，本章程即生效力，至目的已达时，限一星期将本办事处撤销，本章程亦同时失其效力。

第七章　罚　则

第二十条　会员开会三次不到者，将应得赔款之数提百分之一充地方善举。职员开会不到，应先期请假，惟不得逾两次。违者与会员不到，同又报告损失之数不实或违章程，由评议员评议，分别照罚。

附　则

本简章未尽事宜，或应增应删条件，得由会议时议决修改。

（已完）

（《国民新报》）

7.关于建筑之问答

（1912 年 7 月 9 日）

汉镇业主会对于市场建筑慎为全镇利害，决定办法八条，呈请副总统核示。副总统饬建筑处于日前邀集商会及建筑参议开会研究，秉公评议，将原有八条逐一解决。兹核录于下，以供众览。

第一条　（原有）款项须由中央政府担任，不得以地方及捐税为质。（解决）此项借款已经参议院及鄂军政府画押，毋庸再议。

第二条　（原有）路线须酌量减少，丈尺须酌量减窄。（解决）路线多少，计划已定，颇难更改，至宽窄尺度，可随时酌量核减。

第三条　（原有）地皮由地方共同估价，方少损失，仍以前清丈局章程为标准。（解决）地价一节，建筑处已拟定数日，应请都督饬业主速派代表，与商会及建筑共同酌议，以期公允而昭划一。

第四条　（原有）路线必由之地，公家收买，须给现银。（解决）路线所经之地，由建筑处收买，拨付现银。如有不愿收入现银者，建筑处即以相当地址与该地主调换。

第五条　（原有）上下未烧房屋一概不拆，凡大工程，须设法偏绕，其小工程不能偏绕者，照价赔偿。（解决）上下未烧房屋地段亦能暂时不拆，将来马路线至该处，仍须一律拆卸。至庙宇、会馆工程浩大者，查其性质，如能设法偏绕，当予通融，否则，由建筑处拆卸并估相当之价值酌给赔偿。

第六条　（原有）业主于建筑、税则须有参议权。（解决）建筑之事，应请都督饬业主会举代表二人前来参议。至税则一项，例由中央政府之书诺及两院之通过，不但业主无参议权，即建筑处亦未便过问。

第七条 （原有）修筑江岸、河岸须筹划船户停泊办法，以免危险。（解决）江河两岸船户停泊办法，建筑处自当代为筹划，以利商民原意，不为无见。

第八条 （原有）人民服从公家沟渠巷道定式外，须有自由建筑权。（解决）自由建筑，闻各国所无，不能服从原议。

（《国民新报》）

8.商会注意出进口货

（1912年7月12日）

汉上华洋交易，所有进口出口货物，江汉税关每星期均有西字结报散给各洋商查看，唯华商缺如。是已鲜知中外货物每月进出之比较。刻由商会总理李子（紫）云君将税关西字进出口货物结报，翻译华文，装订成册，分送武汉各商，易于遍览，以资比较而振商业。

（《国民新报》）

9.（武昌）业主会之恐慌

（1912年7月21日）

武昌业主会系由富有产业者所组织，草章刻已拟定，不日即开成立大会，讨论种种进行办法。近闻有无产派申言，汉口之有业主会者，因恐改建市街与己权利有碍，组织斯会以为后盾，至若武昌则不然。去秋倡议，罹浩劫者，谨望山门、王府口等处而已，又无改建市街之说，何为据而组织业主会？试问，彼等抱何宗旨，于无产业者，其有碍与否，草章甚为含混，殊难索解。拟不日联名质问武昌业主会外，并遍布传单，将组织一无产会，邀集阖城之租居者，讨论种种抵制方法云。

（《国民新报》）

10.新汉口建筑近闻

（1912年7月21日）

汉口建筑新市场建议已及半年，惟因借款未成，以致开工无期，黎副总统以建筑多延一日，即商民多累一日，其资本雄厚者，必转徙于租界之中，则市面金融将尽为外人操纵，国计民生关系实非浅鲜。爰与民政长刘君商议，暂由财政司在德商捷成借款内拨银十万两，先将沿河正街之马路动工修造，以便商民于其地内得以遵式建屋，早日营业。现市街建筑处已将此款□到，购办修造马路机器，招人包办，至路工所需材料及□段包工修筑，均以投标所揭最廉之价为定。连日承揽包工包料之赴建筑处承包者，颇有其门如市之概。建筑借款原议由华侨代表陈楚楠、庄啸国等经手，赴南洋出售债券，担负完全责任。嗣因陈等以债款至三千万之巨，按期不能交清，须受重罚，深恐一有贻误，何堪负此重累，故不敢担其责成，乃由黎公派员，另与美商达拉公司磋商，业经议定借款二百五十万磅，以汉口市场税捐为担保品，草就合同八条，咨交议会决议。讵议会以达拉不过经售债券人，只应得回扣利益，不应有种种债主权利，大为反对，要求删去其债权各条,现正在争持中,以致正式合同一时尚不能签。而汉口商界各团体与业主会又不以汉口地方税捐作抵押为然,必欲要求中央担保偿还。前日已电北京参议院,略谓,鄂省借款修筑汉口市场,未经省议会暨汉口商会议决,不知据何法律施行,如以地方税捐为抵,汉镇人民兵火余生,委实无力担负,决不承认。迫恳鼎力维持,不胜悚惶待命之至云云。开达拉四议会与人民俱各反对,亦有要求须由中央政府担保之说,若然,则前议草合同已推翻无效矣。

(《申报》)

11.业主会呈准备案

(1912 年 7 月 22 日)

汉口业主会集合会为辅助建筑而设,前已呈请都督府暨内务司立案并颁发钤记在案。兹业主代表冯墨生等在夏口县将所拟简章及所举职员呈请备案。徐知事以该代表等组织业主会,辅佐建筑、保全产业为宗旨。既称业奉内务司批准,自应如来折备案,以资保护。　(古人)

(《国民新报》)

12.商团查街认真

(1912 年 7 月 24 日)

汉口为通商大埠,五方杂处,良莠不齐。近因汉上谣言四布,所有各帮商民每多无意营业,纷纷迁避汉口义成社。各商团刻于每夜在汉口警视厅领取口号,会同军警,严密巡查,以缉匪类而保治安。

(《国民新报》)

13.军民分治之冲突(潜江)

(1912 年 7 月 25 日)

军民分治问题自黎公提倡后,各省赞成如是。鄂省首先举行,凡属军人,一律不准干预民事。兹有潜江县,前曾由第八镇派兵一排驻扎,该排长竟敢在地方大肆骚扰,纵兵抢掠。现复侵越权限,干预民刑诉讼事件。该知事于日前请该排长集会于议事会,质问理由,据情力争。该排长因当场受辱大忿,当将知事殴辱一顿而去。现两下俱各率兵士日夜械备,有跃跃欲闯之势。居民惊慌,多有搬徙者。

(《国民新报》)

14.商捐由县承办

(1912 年 7 月 25 日)

汉口牛皮、九九二捐向由公所经收,由官委员承办。鄂军起义,汉口被北军一炬,精华市街变为瓦砾荒墟,商情竭蹶。此项商捐未能骤复,而呈请委办者,日报不绝。理财司以前清征收一切税捐,积弊甚重,此值商情困难之秋,断不能再有扰累。饬由夏口知事徐君将此案移准议事会议定，归于县署财政课主办，总经理一席仍由公所公举一人，由知事查明委任，以免争持而重捐务。

（《国民新报》）

15.筹办保安商团
（1912年7月26日）

汉口商会总理李紫云君与蔡辅卿君会议，现在谣风难息，人心未定，加之大小飞铁、各种摆队竟敢勾结匪徒，肆行妄为，以致商民难安，遂于二十四号渡江，同见都督，陈明拟募勇丁五百，组织商团等司巡查、缉拿匪类，送交地方官厅讯办，以维秩序而保治安。黎副总统以事属公益，当如所请，并饬认真办理矣。

（《国民新报》）

16.汉口各团体联合会移文商务总会
（1912年7月28日）

为组织商团事　案查近日风鹤频惊场，甫图恢复，岂容再加蹂躏，应宜早事安辑。昨经警视厅函商敝会，传知各保安会按晚出巡，会同军警两届协力防范，业已照办数日，幸无他虞。然各保安会有续办仍用会员者，有招用夫役者，尚未续办者多差不齐，恐难持久。且汉口地大人稠，非势力雄厚，不足以资震慑。敝会当开临时会议，佥称人心惶惶，迁徙纷纷，秩序紊乱，□已切虞，近者尚且如此，远道必将裹足。汉口商务大有妨碍，务须及时筹办商团，一可以壮声威，二可以谋永久。维持安宁，所关甚巨，复公举代表于今午同莅贵会。经总理、协理接洽，磋商办法，颇表同意。至会提及筹办地方警察一席，尊见甚善，无如手续太繁，为日持久，缓不济急。敝会同人拟先组织商团，以为临时保卫市面之要需，将来以补地方警察之不足，但全镇所设，关系重大，势必通力合作，集思广益，以求一致而计安全。相应移请贵会，务于即日开会，会商夏口全属自治会、城董事会、城议事会，汉口各善堂、各会馆、各团体妥为研究，藉现一般之意见，翼助市政之进行。贵会搜集卓见，亦乞即日表示，以便□循，实纫公谊，伏希查照，须至移者。

（《国民新报》）

17.商界维持会致各团体联合会书
（1912年7月29日）

敬启者，实属阽危，险象环生，而根本上之危险莫如中央二次改组国务院。大总统提交六人，参议院均不同意，无非党派争执，门户各分，使吾人民陷于无政府地位，行政机关因而停滞。此时，对内对外均关紧要。参议院本为吾人民之代表，此次竟违吾人民之公意，各立门户，各争党见，至亡国之祸于不顾，殊属有负吾人民代表之责。敝会拟发电忠告，以期补救。为此，函请贵会开临时会议，讨论可否，如各团原表同情，请其列名。否则，敝会以薄弱之力量，亦当发此电也。再，电稿如不妥，希即赐改，取决多数，手此，即请各团联合会诸公大安。

（《国民新报》）

18.汉口各团体联合会致商务总会函
(1912 年 7 月 31 日)

敬启者,前上一移,已读尊览,静候玉音,浃旬未获。贵会负汉口商场完全责任,于维持公益、保护安宁,均隶范围,敝会不过因尊务殷繁,稍事补助,勉其能力,择一二能办到者为之,以尽一分子之天职。故各段保安会为分组,而敝会为结合。原以分贵会之焦劳,周贵会之思虑也。屡蒙垂注,教益良多,有磋商无不赐惠。近来时局日亟,楚谣散布,在贵会谨念民瘼,自有主宰,无须他人饶舌,乃警视厅以敝会担任保安,出于重视,来相讨论。敝会因事出仓促,一方面催赶恢复,已历旬日,一方面拟办商团,而事体重大,究不能侵越权限。翌年即派代表亲赴贵会,适经总协理诸君接洽,语中有地方警察与商团二层办法,并须敝会具明理由云云。迩聆之下,曷胜感佩,当即由敝会特具移请,谅邀青睐。惟是风潮渐息,后患方殷,商民粗集,奠安为急,在贵会慎终于始,迟之又迟,原自有道。而敝会翘企鸿模,望若云霓,诚以保卫之方早能成立一日,汉口人民早能安枕一日。势迫时危,千钧一发,诚急危亡之秋也,贵会想已知之,毋庸敝会再事烦读。所有移请一切情形,务乞早为解决,以慰人心而维国是,实为至便。此请。

(《国民新报》)

8 月

1.官钱局预备兑款之办法
(1912 年 8 月 3 日)

官钱局自起义后,至今将及一年,尚未开局,吕超伯总理欲恢复旧观,特稽核出入款目,应兑出款约一千二三百万,收入之款约一千八百万,两抵实有盈余。惟汉口各商家大伤元气,恐难一律归还局款,而公储局款一开,即当照兑,以昭信用。已禀商都督,请饬财政司筹划现银五百万两。俾资周折筹定,即示期开兑。惟财政司长对此大宗现款颇有罗掘俱穷之状态云。 (木人)

(《国民新报》)

2.(武昌)商会维持纸币会议详志
(1912 年 8 月 3 日)

武昌商务总会总理吕超伯君昨为关于纸币作钱一串二百文问题,特传集各帮商董,齐赴东陵街商会开全体大会。兹将议决情形用录于下。

会议之情形

各帮董接商会传单后,即于昨一号二时齐赴商会,计到者,钱帮白顺利、米帮谢义盛、南帮伍伟丰等廿余人,当由吕总理宣布开会宗旨暨应决事件,继复演讲。此项纸币,乃系前清所出,原补银洋之不足。乃武昌军义以来,奸商攘利,任意低落,商店贫民受害良多,是以设立兑换所,以资周转。讵纸多(六十万张)铜少,艰于流通,故奸商得以肆陷。想诸君素具热忱,必能遵都督所规而行,众皆举手赞成。

议决之情形

嗣各帮董以此项纸币失信已久,非鼓铸大批银币掉换,恐不免旋起旋落,是以决定现时纸币,每张暂作铜圆一串二百文,一俟中央协济款来鄂,即赶铸银币掉换,将所有纸币收回,添盖图记。每纸币一张作制钱一串文,其纸币所折十余万串,应由公家担任。是时已钟鸣四下,于是摇铃散会云。

(《国民新报》)

3.汉口商务总会复各团体联合会函

(1912 年 8 月 3 日)

(为商团事)敬复者,接诵台函,聆悉一是。查组织商团保卫市面实为近日切要之图。前准大移并承贵会代表诸君子赐教一切,具征热心公益,感佩实深,惟兹事体大,自当审慎周详,筹商办理。敝会总理周于日前晋谒都督时已面陈各节,并请示办法。在都督之意,以此举固属甚喜,但现在商情困苦,力恐难支,加以机关增多,时虞冲突,反形窒碍。旧有军警两界尚敷分布,自应力任保护,闻命之下,甚是踌躇。以敝会权力所及,对于商界一方面固负有维护安宁之义务,而此举实于全镇有关,非敝会所能担负责任。拟转达台端公同商榷。适奉函示各情,诸君子患预防,期在必行。即请径与各团体及地方行政官厅妥商办理。敝会如能为力之外,自无不辅助进行也。

(《国民新报》)

4.知事认筹商团经费

(1912 年 8 月 5 日)

夏口县徐知事前因三次革命风潮,竟有不法之徒造出种种谣言,以致人心惶惶。现虽讹传已绝,究之盗贼、地痞横行,市廛不安。闻汉口各团联合会倡办商团,以补军警稽查之不及,实属保卫治安最善之法,业已面陈都督认可。故昨特请该会正会长王开庭君至公署磋商一切,组织进行事宜,如需经费,愿为担任筹措云。

(《国民新报》)

5.权衡纸币弊害(武昌商会)

(1912 年 8 月 7 日)

纸洋与现币平价问题,业由商会集商会议,碍难赞成,盖其各有苦衷也。兹闻财政司对于此事颇费踌躇,若任纸币低落,不特小民吃亏,而其害之大者,诚恐外人收买,将来必至掣肘。连日集议,尚未有良策云。

(《国民新报》)

6.敦促代表北上(汉口商会)

(1912 年 8 月 19 日)

汉口自遭兵燹,同付一炬,各帮损失不下数千百万,商会已举代表张春泉等四人议即晋京,请求抚恤,迄今尚未成行。大布帮帮董吴玉山等在商会略请催促北上,总协理以前奉副总统缮发咨文到会,已请代表诸君刻期起行。适值议办国民捐,不能不先其所急,致迟其行,候转请代表,刻期启程,以慰众望。

(《国民新报》)

7.官钱局库储暗窃之骇闻

(1912 年 8 月 21 日)

昨官钱局总理吕达先清查库储,所有银圆、铜圆、纸币均皆短少,甚为骇异。计分别查核,银币类短少三十九元九角,银圆纸币类短少一千七百七十二元,铜圆纸币类短少一万零三百一十八串,公储存折类短少九十七串,库簿应交存款类短少二百八十九串,约共核算一万二千余串。比时该总理亲诣民政府开折报告,刘公大为震怒,以官钱局为金融机关,吾鄂命脉,该总理应如何悉心考核,用当其人,方期滴滴在公,塞尽漏卮,何致款存库中,无形之损失若是之巨。当饬令会同财政司眼同检查,并质追司库人员严加讯问,以重公帑而杜暗窃云。

(《国民新报》)

8.特约路透电

(1912 年 8 月 24 日)

北京电　陆军总长段祺瑞今日赴参议院,宣读袁总统所接武昌陆军将士及学生电文,均赞成中央政府执行事之明决,且谓自张、方正法后,大局已大有进步,而较前更形安谧。又谓,闻黎都督现有辞职之意,如果准其去位,则鄂省恐不免即起骚乱云云。段又宣读汉口商会来电,其词意亦大致相同。又,武昌国民公电恳请中央政府,勿准黎都督辞职。段读毕各电后,乃向全院演说,其立论不越于张、方之拘捕及付军事会议审讯,均由黎副总统主请中央政府执行,张、方二人均属军官,故按军法惩办。其演词屡次停顿,故不十分明了。其结语且谓,彼意今日大局尚未奠安,一切举动当以保全民国为前提,则始正当云。

今政府所执之争点,似为张、方二人系民国军之军官,其职务不应图于汉口一隅,故汉口军务处虽已解散,而二人于民国各处均可任职,不得谓为已失军官之身分,况二人并未解职,观其来京,仍衣戎装袭军衔,固确然为军官也。军法问题并未参杂,盖中国军官,凡犯特别数款之罪,如秘谋仇抗上级军官等,均可以军法从事,此在欧美莫不皆然。黎都督所居之职,为代理陆军参谋总长,张、方秘谋抗罪,固常诛也。今日院中激昂之气焰,已稍更减动,有议员数员,前本冷淡,今亦耸动,大约因南方各报任意评论之故,今众口一词,谓弹劾之举,必须实行,惟各党意见不能一致,故未有确切之举动,弹劾问题,已成极困难之事,惟恐难得满意调停之法。此事将于明日重行会议。

(《申报》)

9.汉口商务总会电

（1912 年 8 月 24 日）

各省都督、各议会、各报馆、各政党公鉴：武汉近来风潮屡起，虽皆先事破获，而人言啧啧，咸以张振武为主动之机关，振武一日不除，则民不能安其居，商不能安其业，痛定思痛，庸可再乎。此次副总统发明罪状，大总统执法施行，实由□念地方，□□出此，冀自兹以往安枕帖，然商业复兴，人心渐定，乃闻参议院议员有提出质问之说致我副总统，通电拟请退避贤路，以待严谴，众情惶骇，莫知所从。窃见副总统起义以来，开诚布公，军民共戴，此次实为张振武有意扰害治安，为国公敌，咎由自作，天复何尤？会众等非敢自谓调人，但恐夺我生佛，商民无怙，谁与图存？一路哭何如一家哭，诸君忍不为国是民生计乎？情迫电闻，伏维垂察。汉口商务总会全体公叩，养。

（《申报》）

10.代表北上有期(汉口商会)

（1912 年 8 月 26 日）

汉口自遭兵燹，同付一炬，损失不下数千百万。前由汉口商会举定盛竹书、张春泉、万□伯、宋炜臣四君为代表，进京要求袁大总统赔偿损失。盛君竹书前已启程赴沪，由海道进京。惟张春泉、万□伯、宋炜臣三人尚未成行。刻由总协理一再催促，议即于九月初间乘车北上。

（《国民新报》）

11.茶业公所之呼吁

（1912 年 8 月 28 日）

汉口茶业公所刻因各国商人购茶，于茶箱过磅之时，每令我华人亏折斤两情事，其中究竟不言可喻，若不剔除此弊，何以昭信用而恤商艰？昨特呈请财政司行文江汉，照会各国驻汉领事，查照饬遵，庶免华商受暗中无形之损耗。

（《国民新报》）

12.民政部整顿官钱局之硕划

（1912 年 8 月 29 日）

官钱局为吾鄂金融财政总汇，去秋起义，中途停止，以故公家、商民两有损失，若不从速整顿，恢复旧观，将来之损失岂仅鄂中受之？民政长甚为注意，于昨日特招该局总理吕达先来府磋商，经数小时之久始得要领，并厘定条件数种，为进行之办法。兹将其条件详列于下。

一、清查债项。官钱局在前清时，由该局总办高松如经理债项，而汉口各商家借款尤多。高办事不力，竟有无字券、无押品之债项及协成倒款交代未清之债项，诸如此类，不下六百余万，稍有实着者，仅二百余万。清理之术，必速将高松如招来面质，乃有实济。并速派员专职清理，以期滴滴在公，庶塞尽漏卮云。

二、清理票本。官钱局纸洋官票票本全系地皮、房屋，而以汉口为最多。去秋一炬，房屋既已焚毁，而承佃之地皮亦形模糊，且兵劫之余，有被各机关充作办公处者，有被奸商乘间混淆者，此种情弊，比比皆是，若不从速清理，利息因之无着，票本又将奚付？拟将所有产屋绘成图形，著为册表，着实派员清理并通饬占地之各机关速急迁移，不然则照常认租，以重票本而维利源云。

三、筹议交易。军兴以来，官钱局所储金钱耗用一空，现值开办之始，司农仰屋，前议借捷成银行三百万既成画饼，现拟电请中央将垫款速拨五百万，以一百万为开办公储钱局之用，余四百万悉资官钱局兑换及辅助票本之用云。

四、招租产地。官钱局本银均全置不动产，起义以来，承招者寥寥无几，房屋荒芜，利银停滞，拟厘定招租地皮章程数种：（一）每方租金八百文；（二）租期至多不过五十年；（三）租域至少一百方；（四）须有妥保，按月交付租金。以上四条，不久即行发表云。

（《国民新报》）

13.创办山货帮益友会

（1912 年 8 月 29 日）

山货一业为汉口商务大宗，山货行原设有山货公会，惟行伙等向来无一定帮规，以致品类不齐，不免流弊，殊与名誉有碍。兹该行伙等为维持公益起见，邀集同业创设山货帮益友会，以联合实主为宗旨。暂定简章十四条，公同认可。会所即附设于行主，公会不日呈请夏口县警视厅立案给示，以资保护。

（《国民新报》）

14.市街建筑之好消息

（1912 年 8 月 29 日）

市街建筑处自开办以来，因款项奇绌，未兴大工。刻有侨美之华商三人来汉，欲购地开埠，振兴实业，以与列强商战。兹有刘家庙上首官地一大段，系前清准租比国之官地，经张文襄用巨款赎回，留为后来兴商之用，名曰比国码头，华侨因欲购买，昨已同建筑处协理蒋君向该地遍看，并同调查科员堪丈明晰，约四万余方，每方六七两不等，计价二百余万两之谱。俟方数核算清白即行缴价。闻此项巨款，已奉都督命令，不准移作别用，全数拨归建筑处开工筑路，以期马路早日告成。俾汉口通镇诸商便于营业，以免丧失利权，而维商政。

（《国民新报》）

15.皮洋鞋帮呈请立案

（1912 年 8 月 30 日）

武汉皮洋鞋帮制造皮洋鞋，原为挽回利权起见。近因整顿同业帮规，高吉祥等在实业公司呈请立案给示。司长屈君以该商等集合同业整顿帮规，原为维持商务起见，自是正当办法。惟查武汉三镇商民营业各帮均应隶属于商务总会,该商等既经集合同业议定规条,其中有无滞疑情形,无从悬揣,所请立案给示各节,应俟分别呈请武汉商会转咨来司后再行核办。　(吉人)

(《国民新报》)

9 月

1.实业之四大特色

(1912 年 9 月 2 日)

水泥厂之转机

大冶水泥厂纯粹商办,质佳销畅,为北洋洋灰场所妒忌,迭欲吞并而未果。起义时,工散货缺,颇受金钱恐慌,致将股东息股展期发放,始得维持。迄八月初旬推广工作,日夜两班,开炉化炼,按日可出五千桶,仅足供浙、宁、浔、苏各运销所之批售。刻因川粤汉两路开工期迩,需用大批水泥,拟再添开一炉,以供营造之要用品。按:水泥发明不过四五十年,为制造洋房、铁路、航船要物。上海之制灰公司、北洋之洋灰厂开办均及十年,而销行最甚。该厂开办仅及两载,据商业人云,前去二年,英美进口水泥实减去十分之三,亦挽回利权之大宗也。

毡呢厂之忙碌

毡呢厂开办数年,毫无起色,盖由总办严开第(前清道台)弄弊营私,亏折巨款所致。起义后,由张君正基维持期间,一面清理股款、存料,一面集工开机制造。夏季所出青蓝灰色呢匹已属不少,刻因各军队添置冬服军装需呢正多,都督命令归该厂购置,以挽利权。昨特派员分往秦、晋、川省采办羊毛材料,该厂内公正艺师配置机件,日无暇晷,不久即开夜工一班,并续开女工云。

樟脑厂之复活

樟脑一物为和制炸药及治病药品所必需,故出产极少,而价值极昂,前有两湖实业兴恒脑务公司开办两载,甚为发达,乃将各属推广分厂二十三处,就地采买古树,熬制封桶,以供官用。经前清劝业道查验给照,准予专利十五年。起义后,汉口该公司存积脑汁均付一炬,各分厂亦受波累,同时罢业。刻由该主东百计经营,重张旗鼓,拟即将兴武、通冶等邑出产最旺之各分厂先行规复,以集材料。

白硝厂之发现

黄梅小池口镇猎户最多,所用统药均系取自镇面脑山内硝质自行熬制,致各鞭爆店纷纷效尤采熬,以射巨利。但硝质甚烈,时发危险,炸伤制户多次。刻有武穴商民董成才等请由矿师化炼,谓系硝质中之一种特品,火力最猛而易燃,为制造无烟药之佳料。昨特公禀都督,愿将此山开办白硝厂,所采之硝由钢药厂定价,悉数售于公家制军火云。

(《国民新报》)

2.新汉口建筑近闻

(1912 年 9 月 4 日)

副总统与民政长以建筑汉口市街业已迁延半载,迄未实行,业主之损失愈多,商务之旧观莫复,准情度势,万难胶执一见,致阻进行,特于日昨柬请汉口商务总会执事诸君在都督府开会,讨论市政改良,议决办法如下:

(一)后城垣及河岸东西两长路均自桥口起,一至歆生路止,一至招商局止,自蔡家巷、四官殿、五彩巷、邱家档等处起,通过后城马路筑横马路四条,长横各马路均宽八丈,由官拨款修筑。

(二)预算估购地价,计河岸城垣两长马路,约共需银二百七十万两,四横马路共需银百万,两河边驳岸约需银五十万两,各路石块约需银百万两,再合测量沟渠及一切杂用,通盘计算约在千万元之谱。

(三)又自集稼嘴河岸起,通过城垣马路筑横马路一条,议由地方人集款修筑。

(四)此外,各街道其宽均以汉三丈为准,两边各以滴水为界,房屋任人民自行修筑,但不得过为逼窄卑陋,致妨市政规模。

(《申报》)

3.茶业公所之呼吁

(1912 年 9 月 6 日)

汉口茶业公所,因茶业衰败,经济困难,在民政府呈请取消补厘一项,以示体恤。民政长刘公以茶业补厘一项早经化私为公,收归国有。目下财政困难,该商深明大义,务须勉力输将以重饷,所请取消此项补厘一节,碍难照准。惟此后所收补厘,均应刊给正式票据,借杜弊端。至过磅吃亏,似属实情,候饬财政司会同江汉关监督,查照议复核夺可也。

(《国民新报》)

4.改良纸币之四面观

(1912 年 9 月 8 日)

军民两府宣布维持圜法,以便利民,将纸币加盖钤印,通作制钱一串二百文。民间闻之,莫不欢欣鼓舞。兹就通信员连日调查市面实情,用志如下:

一、省垣钱商对于此项纸币盖印大起恐慌,诚恐军民人等持票向兑,无以应付,滋生事端。遂集议由蔡院坡元和钱店赴商会质问理由,并历陈资本有限,金融不通,断难应对。总董吕君答,此项纸币盖印,乃为商民买卖,不准折扣,以免妨害圜法起见,并不令钱帮司兑。所有军民人等兑换钢角仍照旧章,各就各所兑换,于钱帮并无窒碍。

二、市面钱摊交兑仍一串一百外,更有一种无业小民,日以纸币一元赴所兑一串二百文,复以一串一百四十在钱摊购纸币。摊户得二三十文,换者得五六十文,逐日循环遁转。业此者盈千累百,兑换之拥挤,小民之吃亏,其原因实由不顾大局、谋利之钱摊垄断尔。

三、盖印之纸洋市面尚不多见，探诸各商，售物仅作一串一百四五十文，惟土膏店可作一串二百。盖其土膏每分价值百文，极次者亦售四五十文不等。所谓权衡在握，何妨自听民便。综观以上种种，欲利小民必须取缔钱摊，否则难有良法美意，于小民终无所补，奈何。　（才人）

（《国民新报》）

5.官钱局开办之手续

（1912 年 9 月 9 日）

官钱局现已筹有的款不日实行交易，兹将其开办之手续揭之于下。

收回借款

本局在前清时，理事董达夫经手放出之账项不下六百余万。举义以来，即高蹈汉上，置若罔闻。现值筹办之始，若不滴滴收回，漏卮堪虞。特通知董迅即筹齐归公，不得短少毫厘，致亏公帑。现董极力筹措，已大有头绪，不日即陆续归还，以便开办云。

甄别纸币

本局所出纸币、官票已达千万，在前清时，假造混淆，屡见不鲜。去秋起义，复在商务印书馆印刷百万，仍陆续不绝。兹值开办伊始，若不设法取缔，弊端奚如，拟即通知该馆精细印明，另出花样，并将本票式样通饬各经理、兑换职员详细验明，以免佥人假造混淆，致生金融阻碍云。

扩充分局

本局在前清时，于汉口、九江、湖南均设分局。去秋起义，一律停办，故纸币流通诸多阻滞。现既开办总局，而支部亦宜照旧成立，方期金融复活云。

（《国民新报》）

6.划一度量衡

（1912 年 9 月 9 日）

实业司昨照会武汉商会，谓武汉各商所用升斗、平秤大小不一，轻重各异，致使买卖往来有因此而受暗亏者，当此共和时代，交易最宜公平，自今以后，烦贵会将各商所用之升斗、平秤划一，以昭公允云。

（《国民新报》）

7.限制外商添设银行

（1912 年 9 月 16 日）

民政长刘公以汉口自遭兵燹，迄今金融毫无起色，诚恐外商乘间投资，在汉口添设银行，则必更难活动，若不早为维持，后患可堪□想。是以电商财政、外交两部，昨饬外交司照会驻汉领事，自本月起，外人不得在汉添设银行云。

（《国民新报》）

8.官钱局反对估计临时费之理由

(1912年9月29日)

出纳审查厅因各属临时费用开支太滥,已呈请军政府通饬各机关,嗣后此项经费,另案随时估计,以杜浮冒在案。兹官钱局经理吕超伯君出为极力反对,昨已将种种理由呈请民政长酌办。兹录于下。

一、东西各国预算之编制,原有经常、临时两门,复设第一、第二之预备金,以资补助。该厅(指审查厅)颁发预算表,临时门无预备金额,似欠完善。

二、东西各国遇有随时发生事项,预备金不敷用,仍准追加,若随时须估计送厅,核发手续,未免烦难。

三、如本局编缮新印官票,须随到随编,票尽则止,其实支之多寡,视缮工为准衡。目下金融困塞,全赖新票,以资转圜。若票到之日,须交厅复核缮工经费后始行编印,似有稽迟延误之虞。

四、局内所用木箱原为专贮钢角,按月搭配军饷、支应工程以及行政各费而设,若需运上项铜角,适无木箱装贮,必交厅核准后再行购置,似不便于运给。

五、本局设有收租处一所,汉口又新设产业处一所,别立门户,时有所需,若一草一木先禀后支,势有所难。

六、局内交际及旅费一项,有招待所中西商界中人,有□人分途勘地及出门索欠者,款细事烦,随时发生,更难于发生□际,先俟审查。

七、本□经营武汉□屋,计一百余栋,其租给人之屋,铺葺修造,难缓须臾,若逐件而呈,事嫌烦琐,汇案而请,时又不同,是绝对不能先时估计。

(《国民新报》)

9.官钱局之伤心话

(1912年9月29日)

库藏如洗

官钱局自军兴以来元气大伤,近日所入之款均入不敷出,仅以纸币一项而论,新印之一百万,现耗去之数已达八十余万,至于现银,则一无所有。而各机关领款者仍源源不绝,将来之穷迫究不知伊于胡底也。

交易无期

官钱局交易之说已屡志各报,有谓十月底者,有谓冬月初者,传说不一。其实开办之迟速,视中央大借款之成否为转移。由此言之,大借款即使有成,亦非旦夕间事,况俾半吞半吐之银行团耶。故开办之期终属遥遥也。

纸币充塞

纸洋划一,系官钱局总理吕达先议定,然诸钱商仍置若罔闻,甚至兑钱者多被谢绝,故市面异常恐慌。推其原因,不过每元经盖印之后未能如数实行,妙手空空,徒言何补,此滞塞之所由来者也。

(《国民新报》)

10 月

1.审查厅指驳官钱局

（1912 年 10 月 2 日）

官钱局因临时经费碍难另案估计，曾经呈由民政长饬令审查厅议复，所持理由已志各报端。兹朱君树烈以该局所呈各节，自表面观之，似觉言之成理，就实际论之，未免故设难词。特将种种不合之处逐一指摘，爰志于后。

（甲）该呈称，东西各国预算之编制，原有经常、临时两门，复设第一、第二预备金，以资补助，遇有发生事项，仍准随时追加等语。本系实情，不知各国预算系依年度之编制，非如我现在各机关之按月估计者可比。故除经常、临时两门外，复设第一之预备金以补经常门之不足，又设第二之预备金以防临时门所未备，且彼应支之款项实为全国所共知，预算之条目亦均得各监督机关之同意。若我各署之预算表册多任意开列，漫无限制，何得妄援拟议。乃该局不察法理之精义，从袭类似之名称，将临时经费别为一门，以期与经常费用同时并发，是经常、临时之名义难分，而经费之性质无别。此类预算不独违背法理，实各国所未闻见。

（乙）据称，前颁表式分经常、临时两部，并无预备金额，已欠完全等语。夫各国变政，最早一切制度规划，无不渐臻美备，即如财政一项，长年岁入岁出概有成例可循，绝少浮滥之弊。若我民国肇造，百端草创，均未就绪，财政紊乱，不可言状。其仍前乘隙侵蚀巨款者实更仆难数，既欲廓清积弊，慎重财权，于各机关用款势不得不略加限制。职厅前赍呈表式，实系月计之预算，仿年度之编制，自应略为变通呈明。临时经费必俟临时事件发生，再行禀请上级机关核准具领，自是正常办法，形式上虽欠完全，法理上颇相符合。今该局不师其意，徒师其形，以为无论用途之正当与否，数目之核实与否，既已列名预算，当即如数开支，既发临时费，复给预备金，总期储多数之金钱，以便供不时之挥霍，必如此编制，方为完全，不独国力不能支，亦恐为列邦所讪笑。

（丙）据称，编缮新印官票须随到随编，票尽则止。故每月列表按照九十万张预算，其实支之多寡，视缮工为准衡。目下金融困塞，全赖新票，以资圜转。若俟票到之日再行交厅核复，设有稽迟延误，关系非轻等语。夫编缮新票，既每月按照九十万张定额预算，此项经费似可列入经常门内薪工一目。即不然，官票既系取自上海，该印刷处发行官票时，谅必预先通知，断非突如其来，何必定俟票到之日再行交厅核复？即令突如其来，何必岂该局所存之官票恰于是日尽付缺如，万难支持片刻乎？准如是说，该局对于新票交付之期悉听命于印刷处，毫不预先确定，以期活动金融。倘该局所存之官票已空，新印之票未到，又将何以应付哉？

（丁）据称，材料、器具一项，局表预算说明原分木箱、用器两种，木箱专贮铜圆，按月搭配军饷、支应工程以及行政各费，动辄数十万串，似未便于发生时，停止转输，呈候核准，再行购置等语。夫木箱为贮铜圆必需之品物，此项经费或多或少，当折中定数，作为额支。至局中器具，虽损失甚多，但该局开办以来，为时颇久，所有所用普通器件未必样样俱无，况自吕总理接充后，每月预算决算，莫不用去材料、器具、修理费数百串文，一切器具谅已购置完全，且际此经济恐慌之时，对于此项费用力求撙节，不必过事装潢。继每月稍有购置、修理等费，可列入经常杂支项下，又可不便之有哉？

（《国民新报》）

2.审查厅指驳官钱局（续）

（1912 年 10 月 4 日）

据称，赵家湖设有收租处一所，委派员役五人，汉口新设经理产业处一所，委派员役七人，别立门户，时有所需，以预算绳其总数则可。若令一草一木先禀后支，势有难行等语。夫收租及经理产业等处均为该局附属机关，员役既有定数，经费应由常额。顷查该局呈报所属各机关八月份决算清册，杂费项下共支一百余串之多。至一草一木，亦何独不可在此项开支，尤可异者。该局既设有收租处，复派有索欠人，而每月入款，未见一次申明，不知是何用意。

查该局呈称，经营武汉房产，约计二百余栋，军兴以来，完全无几。现财政支绌，万难一律估修，其被回禄者暂不具论而已。经租人之房，补葺修造，难缓须臾，逐件而呈，固嫌烦琐，汇案而请，时又不同等语。夫该局既知财政奇绌，所有房屋万难一律估修，但该局责有专归，亦可预先筹划某处房屋宜建筑，某屋宜整理，某处宜缓，某处宜急，某处有地面若干，估费若干，某处须何日动工，何时告竣，一一列表呈明，无难次第修造，既能省用，复不碍事，善莫善于此矣，何该局见不及此乎？至已经租人之房屋，修葺能费几何，况每月租款，该局概未申明，若以入支出，纵无盈余，或可相抵。如此办理，所谓修葺房屋一项，固无庸逐件而呈，亦不必汇案而请矣。

查该局呈称，交际及旅费一项，有招待中西商界者，有派人分途勘地及出门索欠者，款细事烦，随时立见，更难于发生之际，先后审查等语。夫交际、旅费最难额定，奢则日需数十串不为多，俭则月支数串、数十串亦可足用。现在各司所借此项浮报，以自饱私囊者，实繁有徒。该局于全省财务上有直接之关系，自应力戒浮华，以资整顿。嗣后将此等些小之数列入经常杂费一目，说明用途，谁曰不宜。极易处置之事件必视为至难解决之问题，是胡为者。

查得该局呈称，凡此种种，均非常额定支款，亦非临时发生事项。又云，若待供支发生事呈候核复，再行填表支用。非特手续繁难，而文牍往还更恐羁时废事。如果改编经常门内，性质又有不同等语。此等疑问均系有意为难，愈觉自相矛盾。如谓凡此种种既非经常额支，亦非临时事件，对于此等用途，自当变通办理。该局既知性质不同，不便改编经常门内，岂性质不同者，独可强编临时门内乎？至云文牍往还更羁时废事，此不过普通例语，究之羁时与否，视乎办事之能力，不在领款之迟速。如该局九月以前，经常、临时各费系同时并领，应无羁时废事之弊矣。该局所收之成效如何也，纸币听其紊乱，不加整理，金融极形滞塞，不为疏通，果事无可为乎，抑操纵无术乎？该局不在此间研究，惟期多领款项，以便自取自用，是何用心之左哉？

（《国民新报》）

3.汉口建筑公债票简章

（1912 年 10 月 6 日）

汉口建筑新市巨费，前黎副总统主持向旧金山美商大来公司借贷二百五十万金磅。因要挟甚赊，未经省议会、汉商会之议可，以致迁延至数月之久。顷经黎公□□民政长及省会董议长商议，徇汉口商民业主之请求，兼采募集公债方策，除向大来公司磋商小借款一百五十万磅外，并在武栈发行公债票一千万两，专为补助建筑之用。□民政长等因大来借款每百磅实交八十六磅余，为彼在欧美市场经售债票之费用酬劳，回扣之重为历来借款所未有，且又索建筑材料之优先权，诚能自募内国公债，诚为上策，惟恐民力不逮，故以借款先行建筑，而以募债为后盾，商民睹其成效，□乐投资，是以极为赞成。顷已草就发行公债票简章七条，俟议会全□通过，即可实行矣。兹纪简章如下：

（一）此票专为补助建筑经费而设，不作他项使用，名曰汉口建筑公债票。

（二）债票银额暂以一千万两为度，票上银数分为五两、十两、二十两、五十两、一百两五种。

（三）此种债票专备建筑处购买地皮之用，惟使用此票，仅与现银四成配搭，如购地需费一千两者，可由建筑处搭付此票四百两，余类推。

（四）此票自发出之日起，年息六厘，按月或按年在建筑处附设银行，领取息银。

（五）受票人或将此票转卖或转押，均可自由，惟不准卖与外国人，或押与外国人。

（六）关税、厘金不得以此票抵纳。

（七）此票自民国十年起，二十年止，陆续收回，在收回期限内，汉口地价捐、房车捐等项得以此票完纳。

（《申报》）

4.清查官钱局

（1912 年 10 月 9 日）

黎公以鄂省金融机关全恃官钱局为转移，迭经饬令，将局内款目造报查核，使政府有所把握，以便赶速开幕。乃该总理具藉头绪烦难，清查不易各情，延抵不报。兹因纸洋迟滞，市面受困，若不开局使其流通，终无信用之一日，是以决计开办该局。昨特谕饬吕总理于五日内按照后开各节详确报告，不必开具细账，致头绪繁难。兹将指报各节录下：

一、现存银两、银圆、纸洋、官票、铜角各若干。

二、在武汉产业、地皮公值价若干。

三、外欠共有若干。

（附录）闻昨并饬财政司筹备铜角八十万，作为开局兑换纸洋之用。以后取消纸洋之名称，作为一串二百文一张之钞票云。

（《国民新报》）

5.组织商轮公会

（1912 年 10 月 16 日）

武汉商办小轮共有四十八艘，在前清时代，原设有小轮工会，自民军起义停办已久，近自大局已定，航业日见发达，各小轮公司刻复重新组织商轮公会，举潘海帆为会长，在六渡桥租定房屋,设立会所,呈请汉口商会转呈实业公司立案。

(《国民新报》)

6.商会电争国会选举

(1912 年 10 月 19 日)

国会选举,商人向隅,迭见各报。兹各省商会拟援蒙藏例,合力电争,已得同意。特将沪商会来电暨武汉商会去电照录于下。

(来电)汉口商会转汉口各团联合会鉴:鱼电悉,本会已于艳日会同苏、沪各会,据蒙藏照例,电达中央,并函各商会合力电争。贵会如协助,尤感。沪总商会,阳。

(去电)北京大总统、国务院、参议院钧鉴:国会选举议员,不以货税、货捐为直接税,商人未免向隅,正拟电恳间,适准上海总商会来函,拟援蒙藏劝业计算之例,商人有营业资本五百元以上,作为合格等语。凡在商众咸表同情,如荷俯准施行,既免全体绝望,藉广一视同仁之赐,商界幸甚,伏祈垂察。武昌、汉口商务总会同叩。

(《国民新报》)

7.汉商要求抚恤之希望

(1912 年 10 月 20 日)

汉口商民因去岁兵燹,损失至三千余万之巨,公举总商会议帮董宋炜臣、盛炳纪、姚祖培等晋京谒见大总统、国务院、工商部要求抚恤。闻国务院已允,咨请内务部调查损失确数核办,工商部刘总长亦极悯恻,已商财政部酌办。兹将国务院咨及工商部批汇录于后,以告悬望抚恤之劫后汉商焉。

国务院咨内务部文　为咨行事　迭据黎副总统、湖北民政长及汉口总商会咨呈称,请恤偿汉口商民为共和所受损失等情。查去岁民军起义,商民所受损失不仅汉口一处,自应兼顾统筹,酌定划一办法。所有各省商民损失实数,前经贵部调查详确,即希迅速抄录送院,以凭酌办可也。

工商部批文　呈及清折均悉。据称,汉口惨遭兵变,各商民及业主报告损失,共计三千余万,公推代表并条陈恤偿事宜,请拨款恤偿,核议批示等情。查所呈汉口商家自遭兵祸,元气大伤,损失甚巨,并据该代表宋炜臣、盛炳纪、姚祖培等来部面呈商人困敝情形,殊深悯恻,维持抚恤,自不容缓。所请拨款恤偿及面陈恤偿事宜,已□情咨财政部核办,除候大总统批示外,合行知照。

(《申报》)

8.组织商事审判厅

(1912 年 10 月 22 日)

民国初基,司法独立,商事裁判,亟宜规划。现在各级法官未尽通晓商情,往往有误会而误判者,值此振兴商务之时,亟应妥筹救济方法。昨省议会特提议仿照泰西成法,设立商事审判厅，专理商事纠葛，并拟施行细则多条，日即咨民政长核办云。

（《国民新报》）

9.业主会表决清丈局税契章程

（1912 年 10 月 23 日）

第一条　（原文）限一月检齐契据。众议，期限太促。（表决）俟路线解决后，以六个月为限。（原文）老契粮单一并缴出。众议，从前清丈局，宣统以前换契者，老契尚多发还，宣统以后换契者，老契不发还。（表决）现在清丈局换给新契，如有老契，请概作废戳记，一律发还，其有粮单者，呈验后仍盖戳发还。遗失契上无钱粮者，此类皆飞洒所致，请照前清丈局升科办法。（原文）汉阳府县印契应补收税银一分。众议，府县印契并非白契，此时更换，应与投契一律办理。（表决）补税之法应邀宽免。

第二条　（原文）限一月内将白契呈报。众议，白契与换契有别，值流离损失后，若不宽限时日，则无力投税者向隅必多。（表决）应以一年为限。（原文）缴出老契，系白契者，投税时应补税一分。众议，白契系该业主前手之咎，非漏民国之税可比，似不宜课严。（表决）加税之说，应毋庸议。

第三条　（原文）因兵燹损失，毫无凭据者，取具保结，除收契纸等银三钱二分外，亦应按章纳税五分。众议，京津毁失契约，经大总统批示，概行免税，如恐有取巧等弊，则取具保结，责有攸归，具代出保结者，断不致以个人之私利全天体之信用。（表决）此毁失契约应照京津例一律豁免，以示体恤。

第四条　通过。

第五条　（原文）照第一条，执有印收章程办理。众议，与第一条第一节同。（表决）与第一条第一节同。

（未完）

（《国民新报》）

10.改良商会之伟划

（1912 年 10 月 24 日）

商会之设，原有以交换商人之知识，联络商人之感情，促起商务之进步也。乃中国商人之程度未见高尚，而政府规定之法规已先腐败，商会之法，寓一种阶级制度于其间，分所之上有分会，分会之上有一总会，阶级既多，流弊兹甚。现在实业司关于商会之诉讼，因一选举而争充总理各有之，一地方而争设两会者有之，尤奇者，一派官场积习，如调查员周君报告，各商会总协理之威福凌人者，比比皆是，于此可见一斑。是以昨实业司长屈君晋谒民政长，商议改良商会办法，意在改良旧有机关，以实行振兴商业为主旨，当经刘老赞成，命屈君详具改良商会意见书，咨工商部核定，交参议院议决施行。改良办法如下。

一、废除阶级制度

无论省会、县城、镇埠，无总会、分会、分所之分，凡设商会者，即统以商会名之。诸不统辖，惟求联络,并废去部分关防图记等例,自行酌办。庶乎阶级破除,较为便利。

二、删改官场积习

凡商会设置正副会长,不必定总协理之名称,由会选举,请部核准,即可就职,无须加给委任状。积习既除,精神自振。

三、取缔不当行为

凡商务未臻繁盛之地,即无设立商会之必要。其已设者,勒令取消;未设者,阻其陈请。如是,商务不得因商会而有阻碍之虞。

(《国民新报》)

11.业主会表决清丈局税契章程(续)

(1912 年 10 月 24 日)

第六条 (原文)随时□丈,掣出印收,静候牌示领契。众议,查丈须在一期之内给契,至迟不得过一月。(表决)应照众议期限,免兹延累。

第七条 (原文)凭单、印收不得买卖、典押。众议,换契、补契有一定期限则可,无一定期限则不可。(表决)照前条定期给契,自可依议。

第八条 (原文)由局登报,报费应归业户承认,如无纠葛,报费应归局开支。至悬牌门首,此系清丈局定章,毋庸过问。(表决)报费分注,余通过。

第九条 (原文)如业主契据系由银主遗失者,仍由银主照章代为呈请查办。众议,遗失契据应按第三条办理。(表决)与第三条同。

第十条 (原文)业主迁徙他乡,不得出一月期限以外,逾期无效。众议,兵燹以来,业户远徙者实繁,有徙前议一年为期者,职是故也,恐有冒领纠葛,该业主嗣后归来,果有正当理由、确实证据,虽一二年后,仍不能不听其起诉,此条似无庸议。(表决)此条应取消。

第十一条 通过。

第十二条 (原文)现时买卖限一个月内投税,逾期即作匿契论。众议,向例买卖成议即行立约,惟内有典赎、过租、搬迁等项手续,非百日内不能清割,买主不能投税,定限一月未免太促,恐逾限者必多。(表决)买卖税契当以百日为限,此外,如有典赎、过租、搬迁等事迁延日期,应准业主会代为申理。

第十三条 (原文)不另录。众议,此条应归清理公产局分别办理。(表决)此条不必列议。

第十四条 不付议。

(完) (时人)

(《国民新报》)

11 月

1.北京电(为汉口商家呈请赔偿损失事)

(1912 年 11 月 2 日)

汉口商家呈请偿恤损失,经财政部议定办法。

一、由政府拨借公债票一千万,作为借给受损商家,不作为赔偿。

二、债票存储汉口商会。

三、损失各商家得出具保证请借债票,以资流转,惟应否借给,则由商会核定。

四、公债限十年内归还,政府所垫利息由所借各商家负担。

五、商家如有破产,由商会负担。

(《申报》)

2.业主会反对税契章程

(1912 年 11 月 13 日)

阳夏公产清理局拟定之税契简章十四条,已经民政长咨交省议会核议。而业主会以所定章程诸多窒碍,乃逐条议驳,反对甚力,并求民政长将兵燹毁失房地契纸援照京津成案豁免。夏公莫知所从,于十一日并咨交议会讨论,妥筹办法云。

(《国民新报》)

3.规定商会之职能

(1912 年 11 月 19 日)

商会为工商之机关,促进工商业之发达,补助工商业之进行,调处工商业之争议,皆于商会是赖,故不可不规定其职务,以符设立之初衷。实业司屈氏鉴及于此,又以现在之商会腐败已极,除一排官场积习外,毫无建白,整理刻不容缓。因于昨与商科科长钱氏规定职务,通饬各总会、分会遵照,以兴工商而挽利权。其规定如下:

一、研究促进工商业之方法。

二、关于工商业利害事项,应发表意见于行政长官署。

三、关于行政长官署咨询工商事项,应详明答复。

四、调处工商业之状况及统计随时发表。

五、受工商业者之委托,调查工商事项或证明其商品之产地及价格。

六、因关系人之请求,得调处工商业者之争议。

(《国民新报》)

4.商会设法弭盗

(1912年11月20日)

本镇连日以来盗贼肆行无忌，总因兵燹后，空旷地段太多，岗士梭巡不及，商人等目击心伤，纷纷向商会具诉。总理李紫云、协理蔡文会特知会各商团保安会，用十家牌办法，每夜轮派一人值夜，以补岗士梭巡不及云。

(《国民新报》)

5.电请表彰有功商人

(1912年11月21日)

民国成立，武汉商人亦与有功。孙武君在京屡与袁大总统面陈，非赏商会出力人员，不足以彰公道，特请黎副总统即行褒奖，以报厥勋。兹将原电录后。

武昌黎副总统钧鉴：共和成功，军人固首先出力，其间，武汉商务人员协力实多，甚至因以家产荡然。现民国勋章，各界可以一体论赏。查李紫云、蔡辅卿、刘歆生、姜心田、高朗廷、徐荣廷、刘子敬、吕超伯、宋炜臣、孙涤甫诸君在昨年起义时，尤为出力，愿请速行表彰，以洽舆情，为热忱国事者劝。尚有遗漏，务请调查，是否，乞卓裁。

孙武叩

(《国民新报》)

6.抚恤汉口损失

(1912年11月22日)

汉口因起义损失，前由中央拨款百万抚恤，以不敷分配，业行中辍，财政部另定办法，日昨咨行民政长及汉口商务总会照办。兹录办法如下：

(甲)借公款票一千万，由汉口商会向部承领。

(乙)损失商家具呈商会，出具保结，由商会核定，发给公票。

(丙)限期十年归还政府。

(丁)该商如中途破产，不能偿还，由商会担任。

(《国民新报》)

7.工业总会之悲观

(1912年11月23日)

工业总会会长张继荣以一人而膺实业司科长、第一模范大工厂工监等重要职务，对于该会会长一职，颇难兼顾。故该会未能切实进行，内容极其腐败，所推用会计员吴仲芸，并非工界及学界中人，惟以侵权鲸吞为事。会计员司出纳，而每侵越庶务权限采办物件，希图中饱。该会书记四人，该会会计每人每月发给薪津十二元，谓系会长所规定。而于实业司报销册上，则列书记每名每月薪津十六元，从中鲸食每人每月四元，其胆大有如此者。现其种种弊窦已为同人所攻破，拟开会员全体大会。一、质问会长何以不慎重用人，于后复少检察；一、清算会计吴仲芸经手账项；一、陈请实业司惩治该会计之罪云。

（《国民新报》）

8.商务会对于征蒙之热心

（1912 年 11 月 23 日）

连日征蒙取议，全国军民奋发，都抱热血。昨日午后二时，汉口商务总会总理李君紫云、协理蔡君文会集合商会全体会员及各帮董于会所，由蔡君出席演说，组织征蒙协饷会，以尽国民一部分爱国之热心，当提出条议如下：

一、议由全体会员、帮董担任特别助饷捐。

二、议由全体会员、帮董担任普通助饷捐。

三、议每星期由各茶园、各乐部担任筹资助饷捐。

四、议本镇各钱店须在商会注册，各缴牌费银五百两充作征蒙协饷，方许开贸。

五、议所筹各捐，由商务会设立征蒙协饷会收捐处随时收缴。

六、议俟鄂省大军北行日起，即行陆续解助。

七、议俄蒙若有悔心，大军不至北行，所筹收之饷捐即留为公储善后之需。

八、众皆拍掌，逾三时钟始散。是日认捐者约有八千余万元。

（《国民新报》）

9.工业会开会之先声

（1912 年 11 月 23 日）

建筑问题即日解决，故泥木石各工皆有应负之责任。兹有胡君仁奎、郑君采园不分畛域，组织武汉泥木石工业会。除禀请实业司立案外，准于阳历十一月二十四号（阴历十月十六日）假土垱老君殿开成立大会，筹商选举事宜，讨论进行办法，预备将来建筑之用，以表同情而期振兴云。

（《国民新报》）

10.汉商组织征蒙协饷会

（1912 年 11 月 28 日）

黎副总统决计以武力解决库俄条约，连日作战计划甚为忙碌，惟用兵以粮饷为先，势不得不赖商民之输将，故汉口总商会总协理李紫云、蔡文会二君，于日昨邀请全体会员开会集议。首由蔡君演说，蒙事危急，为瓜分吾国之渐，吾商人如不踊跃输将，接济军饷，则覆巢之下，焉有完卵。鄙意拟组织征蒙协饷会，以尽国民义务，诸君赞成者举手，全场一致，当提出条议如下：

（一）议由全体会员、帮董担任特别助饷捐。

(一)议由全体会员、帮董担任普通助饷捐。

(一)议每星期由各戏园、各乐部担任筹资助饷捐。

(一)议汉埠新开各钱店均未照旧章在商会缴注册费银五百两,现令一律补缴,充作征蒙饷捐,否则不准开贸。

(一)议由商会设立征蒙协饷会收捐处,所筹各捐均归该处收储。

(一)议所收各捐,俟鄂省征蒙军出发日起,陆续解汇。

(一)议如俄蒙有悔祸之心,鄂军不至北行,所收捐款即留为地方公益善后之需。

众会员皆赞成,无甚讨论,比即各认特别捐,闻共认捐八十余万之巨,将来劝募得法,虽数百万,亦不难集。齐寄语爱国健儿,放胆出征,断无后顾之忧也。

又闻黎公以战端果开,军人固首先出力,尤须商界助饷。查去岁起义,武汉商界颇多急公好义之人,现在征库议起,回溯前功,应特别表彰,以为爱国者劝,爰将去岁筹饷最为出力汉商会总理李紫云、协理蔡文会、武昌商会总理吕达先、汉商董刘歆生等四人电请大总统赏以三等勋章,其余商董宋炜臣、高朗庭、刘子敬、孙涤甫、姜心田等均赏四等勋章,以示鼓励。

(《申报》)

11.商会会董之上诉电

(1912年11月29日)

武昌副总统、民政长、司法司、实业司钧鉴:顷因本会议董张君碧泉为修街公益事,与工头潘汉城(一作潘汉臣)即天因在地方审判厅审讯。该厅故意倾袒,经张碧泉层层驳复,无以相难,乃加以咆哮公堂之名,立即拘押,虽有旁听诸人代为分辩,而该厅出言狂悖,意在不押不休。以商界向有资格之人为地方承办公益之事,不知该厅是何居心,欲加之罪,全体震骇,人人自危,奔赴呼号,咸有同病相怜之势。本会既恐愤激之生事,又苦维持之无方,亟思渡江,面受进取,因恐夜阑,有骇听闻,拟于明晨上谒屡陈,先此电闻,伏乞垂察。

汉口商务总会全体同叩

(《国民新报》)

12月

1.汉口商务总会呈副总统、民政长暨咨司法、内务、财政、实业各司文

(1912年12月1日)

为(呈)(移)请事　窃大会前因地方审判厅偏抑议董张碧泉,有意摧残,商界众情激愤,曾经电请钧鉴,并同会众上谒屡陈,当蒙面谕,备具正式公文,呈候核办。等因。窃谓本会此举事出公义,并非为个人而来,张碧泉之受押含冤,自有该家属之控诉,同业之辨明,地方之舆评,各位长官之公道,但使人心不死,久后自有昭雪之期。至本会之所以不辞哓渎者,则以张碧泉乃

商会之议董也，以公益之事，受无妄之灾，人人自危，莫知所措。佥谓，议董犹如此，更无问非议董，议董已如此，更无问众议董及由议董中选出之总协理。我商人兵燹余生，救死不暇，何至挟意气而敢与长官争辩，自取苦恼。不过以理直气壮之举遇指瑕摘疵之时，遂致可以求鉴于鬼神者，转不能见容于官府。彼"咆哮公堂"四字，在专制时代，稍有良心之州县共听讼也，无不尽之言，无不激之意，有理说理，尚不欲以莫须有之罪加人，唯有不正当之污吏贪官图财枉法。□然民上无以制人□，偶一为之。共和成立，动言□余□前清恶习，而殆有甚焉，此可为民国痛哭者也。且本会议帮各董，在会办公，均系纯粹义务，一无所取，可谓尽心公益矣，然遇筹款之事，又复竭膏剔髓，无役不从，亦不过曰众商求保护于本会，本会求保护于长官而已。一旦保护众商者先不能自为保护，信用一失，必争求托庇于外人，以免挟制。本会既无实行保护之力，即无确当救正之权，形同赘旒，亦复何贵。兼之该厅成立以后，所有各商来会诉其枉断徇私之案，指不胜屈，本会皆以事关司法独立，婉辞谢绝，此不□□人口，并后设再有诉于本会之事，本会固当仍守旧说，以重法权。所虑商不咨人，人旦□商，且其控也，亦非有正当之理由，不过以商人为弱肉耳。其实，商人延至今日，早已骨化肉消，无可着力之处，彼事后则依草附木，临时则首鼠两端，一切名为保商而来，实则使其损愈加损，失愈加失者，曾亦思我商人固泪尽声嘶，至此极呼。且夫我商人之重造，损失亦有由矣，曰接济民军也，曰推戴民国也，可怜一炬，而无限资财已倾为共和之代价。今闻勉延残喘，大皆东拉西扯而来，乃尚欲刀匕之，砧俎之，商民何辜。其心心口口，以望共和之幸福者，其效果乃如此耶。况现在提议加税，已订值百抽二五，顾全大局，不敢不从，惟商民亦有请求于其□，则以隐肆毒□之贪腐与公然盗贼之强暴，均足以妨害商民而力要保护。前次所移财政司公文，已概呼言之矣，现在加税立待施行，而保护先成画饼，官既失信于商，商或失信于官，甚且激成别种事端。万人万心，万心万想，绝非推之欲倒之商会所能强制大众，每念及，恐慌万分，唯有仰恳副总统、民政长、司法司、内务司、财政司、实业司鉴情做主，如谓该厅并不违法，本会实属妄干，即乞恩准饬令取消汉口商务总会机关，刻日解散。此后，该厅我行我法，商人各自为谋，无论如何，本会皆可置身事外，不敢以维持大局者与人争功，亦不敢以酿成风潮者代人受过，悚惶待命，不尽欲言。除呈副总统、民政长、司法司、内务司、财政司、实业司外，为此，(呈祈)(移请)鉴核，立赐施行，须至(呈)(移)者。

(《国民新报》)

2.(汉口商会)会议抵制俄商

(1912年12月3日)

汉口商会日昨(一号)会议传知各商号，现在库俄私约，全国共愤，所有俄人在汉经商者均应抵制。道胜银行乃系俄商开设，所出银条、钞票一概不用，并将华人存贮该行之款悉数提取，而进口货物亦不得与俄人交易，如有不遵，私相买卖者，查出，公同议惩外，永不认为华之商人云。

(《国民新报》)

3.土木业公会成立

(1912 年 12 月 3 日)

汉口自去岁兵燹后,土木大兴,各架造木作号以事关营业,理合整顿帮规,挽回利权。近由该工商胡正兴发起,拟就章程,暂假洪益巷老君殿设立土木公会事务所,呈请实业司立案注册,已蒙嘉尚照准,颁给土木公会图记一颗,牌照、铜牌各件,为工商界独立机关。凡有牌号者,各领牌照一张,当司友者,各领铜牌一块,以昭信守,其所收入之牌照、铜牌等费,统以一元为规定,充作建筑公会事务所之资。论定胡仁奎为总理,陈某为协理,胡正兴为名誉董理员,于昨一号开成立大会,倍极闹热云。

(《国民新报》)

4.汉商会与审判厅冲突

(1912 年 12 月 4 日)

汉口总商会总协理等因十垱一带街道经兵焚损坏,现在招劝商民,各返故处贸易,应先将街道整理,方便招徕。爰委托议董张碧泉经理工程事宜,刻已告竣。张君因工头潘汉城偷减工料,所修未能合法,一遇天雨,仍如泽国。所欠工价尾数千余串,未允即给,饬令设法修好。潘以合同所定清渠深浅符合为辞,再修需加工资。张不允潘,因与地方审判厅长贺某有戚谊,民庭向判事亦属至好,遂控张于该厅。传讯之际,向判事一意偏袒,立限交清工价。张据理声辩时,略带议讽,致触向怒,谓其咆哮公堂,饬役收押。张君以法律质之,不肯即退下庭,向命数庭丁掩曳,以行旁听人不服,均言愿证明张无咆哮公堂之事。向怒斥将旁听人逐出,大声詈骂,野蛮已极。当时,商会李总理等闻悉,即以电话询问,贺厅长以张被押为由,竟不答。李总理等愤极,即拟渡江,面诉于军、民二府,实业、司法二司,因夜间不能开城,故拟电稿通电二府二司,请即查办。一面于次日(二十七日)开全体会议,众商董无不愤激,谓自改建共和以来,汉上司法行政各官皆系年少无知之徒,滥竽较□□官吏尤为贪横,明索贿赂,毫无廉耻,借讼费罚钱之名,行贪赃枉法之实,我商会皆隐忍而未宣,冀渐改良而保共和名誉。今审判厅竟摧残本会,冤押议董,实属忍无可忍。若不将任性妄为之贺厅长、向判事推倒,我商会亟宜解散,另谋所托。于是,当场议决对付办法如下:一、贺、向不去职,本会即解散;一、贺、向不去职,不完纳一切税捐;一、贺、向不去,凡官厅交办各事,概置不理;一、将实情通电各省省会及大总统国务院。闻当会议时,汉口知事徐金声、地方检察厅袁厅长曾到会,商于李总理,请用公函具保,即将张释放。李以不知张犯何罪,不便具保却之。及议毕后,李总理即率议帮董等八十人渡江,往谒黎、夏二公,并历陈汉口各官之劣迹。黎公极为震怒,谕令候会商民政长,一律撤换。夏民政则谓,接电后已行饬司法司查办,必能使诸公满意,李君等人遂称谢而返。

(《新闻报》)

5.汉口商务总会全体布告

(1912 年 12 月 7 日)

本会前因法官违法,全体愤激,曾将吁请维持情由上达,各当静候批示。继又呈催在案,至今多日，仍未奉到。会众同深祗惧，现已公同议决，自本月六号起，停止办公，待罪汉上，静候各当道查办。诚恐未及周知，特此声明。

（《国民新报》）

6.抵制俄商之会议

（1912 年 12 月 8 日）

汉上钱帮日昨大开会议，谓库俄私约迄今毫无退步，所有汉商均应齐心抵制。道胜银行乃俄国所经营，今比期在即，与该行往来之账概行算清，交付以后不能通融。如有不遵，私相交易者，一经查出，同帮永不认为完全之商人云。

（《国民新报》）

7.滥押议董之结果

（1912 年 12 月 9 日）

汉口商会议董张碧泉被地方审判厅拘押，致商界全体大动公愤，一再会议，向主务官厅提起行政诉讼，所有先后详情迭经逐一揭载。兹悉，民政长夏氏已将此事颠末调查明晰，知判押之非是，并以商会为公共团体，不应干涉私人诉讼，乃于七日宣布解决之办法，爰节录其文如下：

（前略）查该议董张碧泉被厅拘押，有无冤抑，当以有无咆哮公堂情事为断，有无咆哮公堂，当以供单言语为凭。如其果真咆哮，即是违法，虽为议董，亦应照法庭规则惩处。该法官处分正当，本府当为之保障，不许他项团体借众要挟，从旁干涉，以期巩固法权。如其未咆哮，则虽非议董，而法官滥用职权，本府有监察司法、用人行政之责，自当加以处分，不使人民怨愤，致为司法前途障碍。当即委员调查并调凭卷回府。查阅该卷十一月二十六日点名单内开，承审官向推事庭谕张碧泉高声咆哮，紊乱法庭秩序，应照《法庭规则》第九条，着将张碧泉收押五日，以儆效尤。此谕。等语。查紊乱法庭秩序，必有事实可指，依前清《法院编制法》第六十五条之规定，凡处分妨害法庭秩序之人，应详记其事由于谳牍。兹该推事未能将紊乱法庭秩序之事实明白记录，仅以紊乱秩序之统词遽处拘留，已不合法，即就高声咆哮论，《法院编制法》中实无此项处分。该推事所据司法司颁行之《法庭规则》第九条，无论可否作为法律援用，而该条所定，于拘留、罚金外，尚有命退出法庭及命看管至闭庭时两款。该推事对于张碧泉不适用此两款，独从重处罚以拘留，是必其咆哮之程度甚行激烈，不可制止，亦不可理喻。然细阅张碧泉供词，除所供此案之事实暨不服承审官之决定各节，均属事关本案之判决，本府毋庸过问。至所供厅长断案总要公平，厅长只知他一方面，不知我一方面，他的话就有道理，我的话就没有道理。我虽不善说话，也在商会做了几年董事，厅长总要明鉴，不得一味偏断，一味袒护等语。是皆辩论理由，尚非无理取闹，且屡屡尊称厅长，要求明鉴，并无藐视长官、出言不逊情形，不得谓为咆哮。该承审官向推事遽照司法司颁行之《法庭规则》，将张碧泉判押五日，殊属滥用法权。饬司法司即将该推事撤换，以肃官方。又，查此案张碧泉被潘文周控诉指骗工价，以及张碧泉辩诉，皆系个人名义，与商会无干，与商务亦无干。张碧泉纵被冤抑，自可照章申诉，而商会以全体名义极端争持,核与案卷不符。且商会呈文内有,如谓该厅并不违法,即乞饬命取消汉口商务总会,刻日解散之说,是以地方公共团体主持个人私事,权限未明,殊为本府所不取。(后略)

(《国民新报》)

8.鱼行公会成立

(1912年12月9日)

鱼业为汉口商务大宗,鱼行为振兴营业、固结团体起见,组织鱼行公会,业经呈请实业司批准。兹特在张美之巷租定房屋,设立鱼行公会,并承办敬节育婴捐,按月汇缴夏口县署核收,以宏善举。

(《国民新报》)

9.汉口各团联合会为汉口市选举区电请增加议员致商会函

(1912年12月9日)

敬启者,本省选举日期,业经展限二十日。查汉口为全国第一商埠,去秋损失,尤为革命纪念。此时各商星散,调查补报,实属势所不及。同人公议,以为汉口宜要求政府特别增设省议会、众议院议员额一名,为开国纪念。事关全镇权利,各团多数约同,无论贵会同意与否,拟趋前商办一切。想贵会为商界之领袖,权利所在,必不致抛弃,期限迫促,务祈从速示复,指定日期,以便诣会决定进行,专此敬颂。

(《国民新报》)

10.财政司对于加税之办法

(1912年12月12日)

汉口商务总会议定,照原税章值百抽二五,咨复财政司查照办理一案,已志本报(十号)。财政司以商民颇能体恤时艰,欢赏不置,昨特规定行加税后办法数端如后:

(一)自实行值百抽二五税率之日起,前次汉口已行之牛皮帮、待行之内河粮食帮、请行之各帮,九二商捐一律取消。

(二)上项九二商捐取消后,所有夏口地方行政经费,向借此以资应用者,每年由财政司拨给若干,他县不得援以为例。

(三)此次税率加至值百抽二五,本已较重,商力几何,何能朘削?以后无论何人,不准借地方公益为名,再议加抽,以恤商艰而昭信用。

(《国民新报》)

11.(汉口)商会照常办公

(1912年12月13日)

汉口商务总会前因张碧泉与审判厅涉讼,司法司延搁不理,已于初六日停止办公。近因商界事务繁多，恐日久致滋贻误，昨总协理与该会员公同会议，定于今日（十三日）仍然照常办公。至于向天钟交涉一案，仍联名呈请司法司照章办理。

（《国民新报》）

12.汉口商务总会呈副总统、民政长暨咨司法、内务、财政、实业各司文

（1912 年 12 月 17 日）

为（呈）（咨）请事　窃本会前因法官有意摧残，商界人人自危，吁恳鉴核做主一案，本月六号奉民政长照开，查该议董张碧泉被厅拘押，有无冤抑，当以有无咆哮情事为断，有无咆哮，当以供单言语为凭。如其果真咆哮，即是违法，虽为议董，应照《法庭规则》惩处。该法官处分正当，本府当为之保障，决不许他项团体藉众要挟，从旁干涉，以期巩固法权。如其未咆哮，则虽非议董，而法官滥用职权，本府有监察司法、用人行政之责，自当加以处分，不使人民怨愤，致为司法前途障碍。当即委员调查并调凭卷回府。查阅该卷十一月二十六日点名单内开，承审官向推事庭谕张碧泉高声咆哮，紊乱法庭秩序，应照《法庭规则》第九条，着将张碧泉收押五日，以儆效尤。此谕。等语。查紊乱法庭秩序，必有事实可指，依前清《法院编制法》第六十五条之规定，凡处分妨害法庭秩序之人，应详记其事由于谳牍。兹该推事未能将紊乱法庭秩序之事实明白记录，仅以紊乱秩序之统词遽处拘留，已不合法，即就高声咆哮论，《法院编制法》中实无此项处分。该推事所据司法司颁行之《法庭规则》第九条，无论可否作为法律援用，而该条所定，于拘留、罚金外，尚有命退出法庭及命看管至闭庭时两款。该推事对于张碧泉不适用此两款，独从重处罚以拘留，是必其咆哮之程度甚行激烈，不可制止，亦不可理喻。然细阅张碧泉供词，除所供此案之事实暨不服承审官之决定各节，均属事关本案之判决，本府毋庸过问。至所供厅长断案总要公平，厅长只知他一方面，不知我一方面，他的话就有道理，我的话就没有道理。我虽不善说话，也在商会做了几年董事，厅长总要明鉴，不得一味偏断，一味袒护等语。是皆辩论理由，尚非无理取闹，且屡屡尊称厅长，要求明鉴，并无藐视长官、出言不逊情形，不得谓为咆哮。该承审官向推事遽照司法司颁行之《法庭规则》，将张碧泉判押五日，殊属滥用法权。饬司法司即将该推事撤换，以肃官方。又，查此案张碧泉被潘文周控诉指骗工价，以及张碧泉辩诉，皆系个人名义，与商会无干，与商务亦无干。张碧泉纵被冤抑，自可照章申诉，而商会以全体名义极端争持，核与案卷不符。且贵会呈文内有，如谓该厅并不违法，即乞饬命取消汉口商务总会，刻日解散之说，是以地方公共团体主持个人私事，权限未明，殊为本府所不取。值此时事多艰，人心浮动，地方秩序尚未完全恢复，政府固应维持，而各方团体亦当顾全大局，不可轻躁酿事。若遽以个人事情，全体争持，一团体如此，他团体相率效尤，恐不逞之徒乘机窃发祸患，何堪设想。贵会素明大体，义主稳健。兹呈情形，固亦一时激愤所致，嗣后务悉关心时局，遇事处以和平，以谋地方幸福，此则本民政长所厚望者也。等因，奉此。读悉之下，倍切悚惶。忆自该议董此事发生，商界诸人咸有朝不谋夕之势，佥谓该厅从此心粗手滑，为所欲为，愈复无所忌惮，号呼奔走，万人一心。此时安则俱安，危则俱危，何得谓与商会无干，与商务亦无干？曲突徙薪之无功，而转嫌多事，且以主持目之，是必该议董被诉之日，本会曾为之要求庭讯之时，本会曾为之辩护而后可也，乃不惟绝无其事，即所呈情形亦系大众有惩羹吹齑之心。本会惧焦头烂额之累，力持大局，何至争此个人代表商情？何至不明权限？息壤在彼，在本会原不

必过争,不过来日大难,前车未远,此后有无事故,殊难逆料。兼之,该厅到汉数月,如何行为,如何名誉,一江之隔,各当道未必不知。以汉口之杂处五方,而该厅又神人共愤,长此不改,一旦猝发难端,不可收拾,皆归咎于本会之作俑,彼时虽欲再求解散,而其悔已迟,此立言之理由也。(未完)

(《国民新报》)

13.汉口商务总会呈副总统、民政长暨咨司法、内务、财政、实业各司文(续)

(1912 年 12 月 18 日)

若不问前后之云何,而惟是断章取义,以开其口而夺之气,在该厅故入人罪,或者有之。我民政长宅心正大,处事和平,讵不知犯法之先究主谋,行凶之先问主使,罪名较重,万不可周内无辜,或者迫于公事之穴繁而未遑深索,惑于该厅之狡辩而不暇致详,然使无足重轻,本会亦何妨代人受过。而乃重之,以大局危之,以各团一似国人,但存皆曰不可之心,本会即有难辞其责之咎。而官长不能保护本会者,本会须保护该厅,使该厅能革面洗心,则已矣。若逞投鼠忌器之思,益为豺虎不食之事,本会不足惜,而无穷之险象悉缘于有意之深文。我罪伊何,而必深恶痛绝如此,此本会所以于"主持"二字绝不承认,而亟亟驳正于大府之前者也。又况张碧泉亦商会中人,修沟为地方之事,既曰公益,即非个人之私,既曰议董,即为全体之一,当该议董之无辜被押也,本会即出而质问,亦不为过,而尚诿之于其家属,诿之于该同帮,诿之于地方,诿之于各当道。至于本会之一再陈请者,则以唇亡齿寒之痛,作惩前毖后之谋,以声应气求之人,写重足侧目之状。于此而谓之不明权限,是岂办商会者一任各商之含冤负屈而木偶自居,理民事者一任其民之抢地呼天而土芥不若,然后谓之权限分明乎?窃恐人心一失,大局全非,幸福难谋,秩序愈乱。我民政长所谓后患何堪设想者,固在此不在彼也。顾或且谓权限之说,系就司法独立而言之,然我商会巩固法权之心,其热诚亦甚堪共白,浸假收一词而即行干预,接一略而即为转呈,使各当道因众怨之交乘,酿人言之可畏,而于该厅一惩创之初,何至从恶长骄,一至于天下事,有在此方严侵权逾限之戒,而在彼已失小惩大戒之机,若辈之幸,何常非若辈之不幸也哉。窃夫司法之所以独立,至于神圣不可以侵犯者,为其能保护人民之生命财产也,非为其能保护法官之暴戾恣睢也。若阳假行法之名,阴肆不法之实,致使含冤者有冤难诉,受屈者有屈难伸,在他人纵或不平,亦不过徒唤奈何而已。若我民政长则固自谓有监察司法、用人行政之责者也,荷蒙明察秋毫,谓向推事实系滥用法权,立予撤换,风行雷厉,众望咸孚。惟念法权之至大至公、无反无侧者,固在司法之人能于守法,尤在监察司法之人能于用法。本会知庸识阍,诚难识法律之精微。但据人言,我民政长来文之所谓滥用法权者,暂行《新刑律》一百四十四条,审判官有强暴凌虐之代词也。如果道听之言可据,则向推事是否撤换之后尚有余罪之可科,而监督向推事之滥用法权者是否失察,抑系纵容,应否查办,有无罪名,亦应牵连,而及至司法司颁行之《法庭规则》,曾否呈由法部及民政长鉴定施行,作为有效,以及该推事不问《法院编制法》中有无此项处分,而故入人罪竟无一人举发,又系何心。应请副总统、民政长、贵司俯念人权法律皆难假借,明白批示,以启愚蒙,务使掌法律者,人人有法律严重之心,受法律者,人人有法律保护之乐。而后我副总统、民政长、贵司既公且明之声施一日千里,正不止汉口一隅,商家一界之威恩颂德已也。所有本会辩证理由以及质问法官违法,应否照律惩处之处,理合具文(呈乞)(咨请)鉴核,迅赐指遵,实为公便。除呈副总统、民政长暨咨财政、司法、内务、实业司外,须至(呈)(咨)者。

(《国民新报》)

14.会议抵制俄货办法(汉口商会)

(1912 年 12 月 18 日)

汉口商会昨接上海商会来函,谓《俄库协约》大动公愤,决议抵制俄货,祈汉镇一律实行。李君紫云等特集全体会议,以俄破我共和,侵我领土,则非我友邦,所言抵制,沪上既行之于前,吾等宜操之于后,全体一致。特将研究进行办法详志于下:

(一)调查汉口俄货有几种,一律抵制。

(二)凡各商号从前所购之货物,暂停出售。

(三)将俄国行销汉口之货列表报告国民。

(四)不用俄国钞票,使俄国纸币不能在汉上流通。

(五)不与俄国兑换金融,使俄国币制本位不能通行。

(六)中国工人宜设法安置,不准为俄服力。

(七)非商埠界内,不准俄人开设商务。

(八)华俄合办之商号,照封俄商之例处置之。

(九)私售俄货,私与俄商交易之中国人,按照所售价值,百倍受罚。

(十)通告全国商人一体抵制俄货。

(十一)抵制条例以中俄交涉解决之日取消。

(《国民新报》)

15.汉口商会议决解散

(1912 年 12 月 20 日)

汉口地方审判厅冤抑商会议董张碧泉一案,大动商界公愤,已诉经大府,派司法司长张知本查办。张司长因与该厅贺厅长有同学之谊,意欲和平了结,乃使夏口县知事徐金声从中调和,由徐自赴押所,手挽张君出外,张君本不肯出,被众推拥入轿,舁回商会。徐知事亦踵至,饬放鞭炮,以代为陪罪,并言不日必由司法司与贺厅长问判事以相当处分。现已数日,未见当道明文,致商人益动公愤,于五号复齐集商会会议,各团联合会亦派代表前往协议,佥谓,共和时代官商应以诚信相待,既许以处分,何以事经数日一味支展。今日再递一呈,援《新刑律》第一百四十四条,审判官有违法凌虐诉讼人之行为者,处三等至五等有期徒刑。请即将该厅长、推事取消,交高等审判厅按律惩办,以肃法纪。若再延三日不理,是以律法为具文,商人为赘物,任意摧残,有何不可。要此,商会奚益?即行将关防送交实业司,全体解散,自由营业,别谋保护,所有税捐,概不缴纳,全场一致赞成,大有气愤难遏之势。闻除呈催两府外,并陈请省议会弹劾矣。

(《大公报》)

16.议设商务裁判所

(1912 年 12 月 21 日)

汉口商务日见繁盛,唯有纠葛案件多由行政官厅裁判,往往不得其平,甚至缠讼不休,损失愈多。汉口商务总会近接农工商部来电,饬设商务裁判所,以保商权。刻正筹办一切,不日即行开办。 (吉人)

(《国民新报》)

17.恭贺乔迁

(1912 年 12 月 23 日)

都督府乔迁以后,汉口商务总会总协理李紫云等公制楹联,恭送至府悬挂,并与各董事等礼服渡江恭贺,兹将联语纪下:此地是高级机关,合全省军民,齐祝我国万岁我公万岁;大名与中山伯仲,数元功勋位,只能海外一人海内一人。

(《申报》)

18.整顿商务之要策

(1912 年 12 月 24 日)

日昨商务总会接民政长来文,谓汉口商务之不发达,实由去秋之纠葛未清,今逾年余,若不急行整顿,则后此愈难维持。并详拟条件,示谕办法。总理李君紫云等昨特开会集议,约齐各议董及各帮董讨论一切进行手续,兹就其提前办理之最要者特为详志于下:

(一)切实调查。汉上自民军起义以来,损失以数千万计,一般商民,债权债务枝节横生,其实损失之商户,偿还债务,自不得不量为酌减,乃有并无损失,亦多以损失借口,小有损失,必以大损失自居。故以调查为第一之办法。

(二)责成帮董。汉上商户栉比,惟各帮均有帮董,以各帮之帮董查各帮之损失,则振衣挈领,条理清晰。如系实在损失,即具商户五家切结,以防虚冒,并将损失商户分为上中下三等,即以损失之多少为偿还多少之标准。故以帮董为第二之命题。

(三)强迫清理。商家账项无日不言清理,究未尝实行理清,辗转迟延,希图掩骗,则必借官厅之势力,择其一二狡诈之尤者严惩不贷,则商家万不致多方抵抗,生出种种困难。故以强迫为第三之要务。

(《国民新报》)

19.(汉口商会)发还客籍选民册

(1912 年 12 月 27 日)

汉口商务总会前联合各省商会会电争选举权,业经内务部总长电准,商会当照夏口初选监督来文,照会各帮商董,调查客籍选民造册,统限于二十日内以前呈报。当经各帮商董挨帮调查选民，共得二万一千一百三十八名，依限咨报。讵总监督夏寿康君以选民册已于十六日截止，作为无效，当将客籍选民原册谕饬夏口初选监督事务所，发还商会矣。

（《国民新报》）

20.汉商与招商局之大激战

（1912年12月27日）

汉口招商局于去岁军民起义时，员司人等概行逃走，委弃客货于不顾，致被军队抢掠一空，计共值银一百万余两，前经受损各帮商人组成追赔联合会，责令赔偿，相持许久，未能解决，汉商遂有抵制该局之议。汉商会以中国航业惟一招商局，双方均应维持，乃居中调停。由该局于阴历七月底暂交规银十万两，作为认赔之表示。此银由汉商会收存，议定各商于阴历八月十五以前不得有激烈对待举动，以候该局会议，妥筹赔补之法。兹已阅三月之久，该局于继续赔款绝不提及，经商会及商人等迭以函电催询，并不回复。揣其意在希望政府抚恤汉商，即为了事。刻汉商等以我辈与商局原系个人与团体交涉，微论政府抚恤，未必能见诸事实，即见诸事实，亦只能作政府之抚恤，不能论为商局之赔款。况商人之血本，多息借于银号，而银号中公款为最巨，督催为最急。该局借政府之抚恤，以延宕商人，商人不能希望政府之抚恤，以延宕银东。阳夏之役，商民财产悉付一炬，别难设法以偿积欠，逼不得已，除禀恳副总统及交通、工商二部电饬该局速筹赔偿外，一面邀集众商人各执提单一纸为证，齐赴该局坐索赔款，否则，即借其地作避债台。该局总理施君当以好言向众商安慰，云即电催上海总局，不日即有办法，请诸君暂散，俟得回电，即行宣布。众商初不肯去，再三调停，乃限三日内筹定办法，否则必阻挠该局营业，扣留上下水各轮，不准行驶。此议众俱赞成，遂一哄而去。汉局恐至期果来滋扰，当急电沪总局，电祈政府保护。昨国务院特电鄂省黎副总统、夏民政长，以奉大总统交交通部呈，据招商总局电呈汉局电称，本日各商集众，来局大闹，誓不承认公债票抵偿，限三日内另筹办法，再延宕，必号召各帮占局坐索，阻挠营业。又，汉商会电称，公债票系部与局之关系，万难以此搪塞，各帮异常激愤，群至商局坐索。如五日后仍无解决，一滋事端，不担责任等语。查前项债票尚未奉颁示章程办法，而各帮遂不承认，辄断为局部关系，未知是何理由，商会□以卸责为□，恳由部转呈大总统电黎副总统速饬汉口商会、官厅实力保护，万一各帮暴动，致汉局再受损失，应由何处取偿，亦求明示等语。经由部转呈发交本院，除交由交通、工商两部核办外，应请副总统分行该官厅、商会，实力保护维持云云。刻黎公除行饬驻汉第二师杜军统锡钧及汉口商会查照保护外，速遂咨由民政长照会汉商会，会同招商汉局经理迅筹了结之法，以免激成事端。

（《时报》）

21.五千万抚恤之简章

（1912年12月28日）

抚恤汉商公债案，已经参议院议决，昨驻京代表特电知商务总会矣。兹探其简章照录于下：

（一）此项公债票，名为中华民国补助汉口商务公债票。

（二）此项公债票总额五千万元，此项数目，俟中央政府调查损失确数，按款定额。

（三）此项公债票分为五种，五十元、一百元、五百元、一千元、五千元。

（四）此项公债给息周年五厘。

（五）此项公债为有期定限偿还公债，第一年至第五年只付息不还本，第六年起每年偿还本银总额二十五分之一，至第三十年还清。

（六）此项公债，由中央政府在营业税内指拨，以为偿还票本之用。

（七）此项公债利息，在汉口房租及过境落地税内附捐等项议定加筹，数目以足敷还息为限。

（八）此项公债票平时以抽签法行之。

（九）此项公债票每年四月付息。

（十）此项公债还本付息，由中国银行经理。

（十一）此项公债票，准自由买卖、抵押。

（《国民新报》）

22.统一财政之伟划

（1912 年 12 月）

（甲）取消官钱局独立，改隶财政司

财政司既为湖北最高财政机关，自不容于此最高财政机关外，更容一财政最高之存在。今官钱局不归节制，是此最高机关外明明又有一财政最高机关。征诸法理，多所抵牾。此就名义上当然改隶之理由一。

官钱局独立之说倡于吕总理，原谓一经独立，则市面可以维持，金融可以活动，今既独立数月矣，而市面萧条如故，金融恐慌如故。吕之言既丝毫无验，局中又百弊丛生，阳借独立之名，阴为自利之计，人言啧啧，岂尽无因。此就事实上当然改隶之理由二。

财政司现无金库，出入各款集存官钱局，则官钱局不啻财政司之临时金库，以自己之金库管钥之权操之他人，财政司不得过问，情理已属不合。该局又借口独立，遇财政司之支款，辄敢任意把持。当有支出款项，在司则急于火之燎原，在局则视同风之过耳，因缘牵掣，动误事机。此就款权上当然改隶之理由三。

（乙）取消造币厂独立，改隶财政司

货币制造权应属国家，前清先以造币厂隶藩司，后领于度支部，理由原甚正当。起义以来，该厂既未经中央收回，应归湖北最高机关之财政司指挥节制，若听其独立，则与以国家货币制造权委托于个人之手何异？此不可不改隶之理由一。

该厂购铜旧例，订立合同后，必留五日犹豫期间，以为藩司派员调查地步，五日不否认，合同方生效力。今该厂购铜纯系自由行动，一经否拒，则假洋商为护符，借合同相胁迫，贪得扣头，罔恤大局。因缘奸利，公瘠私肥。此不可不改隶之理由二。

从前造币厂日有盈余，今则日有亏折，推原其故，一则由经理不善，一则由弊混多端。即就购铜一节而言，往往有财政司拟购之铜廉于该厂自己订购之铜，而该厂卒弃贱而取贵，财政司以无权管辖，遂亦莫可如何。至拨兑铜圆之时，故意牵制财政司之肘，则又与官钱局同。此不可不改隶之理由三。

（《国民新报》）

23.汉口华洋贸易情形论略（前清宣统二年）（英）

（1912年12月）

窃查本口贸易情形，岁初景象，虽曰不利，而贸易进步，则尚有可观。惟天气奇坏，于茶叶受损特甚。而本省年岁荒歉，为害亦巨。灾民齐集汉口，待赈孔急，粒食维艰。迨新米上市，始稍活动。灾民多数赴下游各口暨上海取道至东三省。惟现已大半遣回，余亦接踵而来，食物价均极昂。时长沙禁米出口，官场由外洋运米，为数过多。后因本省年登大有，洋米均为积置不用。春间另有一事足志。若土药抛盘贸易，预料价可涨至本利倍蓰。各色人等，均争相囤买。本地银号，放买土之银，只扣一成，故多数银两，原为他项生意之用者，亦移作土本。迨夏初而现银缺少，贸易遂受损。如整顿地亩及建造房屋，本埠仍需银款甚巨。夏初时，天气清明，预料田禾可望丰稔。及至米谷登场，果觉丰稔可庆。商业景象，焕然改观。暑天之际，异常平和，雨水调匀，无一时冲溢之患。疾病不至流行，起居颇爽。五谷秋收之丰，早可预卜。及至起获，确见饶胜。附近各乡农民，经历年荒歉之余，骤睹丰收，不胜喜跃。汉市贸易旺盛，上半年荒象，已不复见矣。橡皮亏倒之累，汉口幸鲜波及，不过有数小钱店及上海银号之支店，被其牵动倒闭。盖小钱店所倒之数，共不逾百万两，余则因他处银根较紧，本埠只略受影响而已。铜圆价低，贸易受敌，银价高，出口货受损。洋土各货，进口净数，估值关平银五千二百二十一万七千四百十八两，较上年减九十三万一千四百四十七两。以上半年之荒歉而论，殊不足奇。洋货进口净数，估值约三千七百八十万两，比上年略为加增约一万九千两。土货进口净数，估值约一千四百四十一万两，较减约九十五万两。土货出口共估值约八千三百八万两，内径赴外洋者，约一千四百七十五万两，赴通商口岸者，约六千八百三十三万两。上年出口土货，估值共约七千二百十五万两。若光绪二十六年，共约三千二百十一万两。与本年相较，可知本口出口贸易增涨之速矣。是年以前，出口货数，全赖每况愈下之茶市。本年贸易之增，则大赖京汉铁路开通。盖此路于出产各处，开展甚有利益。运货至本埠费较廉，且因无风雨之虞，运输亦较速，自是货物完好，尤为要着耳。查出口贸易，可得无限之增长。倘进口生意，改良办法，亦因去口之发达而相与增加。然出口贸易之大缺点，在抛盘买货，为时太早之失计。不但交货无把握，且价因而高，货因而劣。若货质佳，则虽价高亦不惜。倘仅以货多为贵，而不计其质，则生意受亏矣。在外洋市面，货色能符与否，与本埠出口生意洋行之关系最剧。货劣之交涉，迭见不清。至是，或卖户照补价银，或两造公请裁断，均听其便。而裁断一事，向来不过公费徒属虚掷。盖终归买户占优胜者居多。至于豆一项，经商务总会设法整顿，每月送货样至欧洲商会，使彼此均知所装之货，质地若何，以为准则，此办法以最为大公无私。无如外洋买主，往往售该货于未到之前。迨各用物与各厂见货质不佳，则该处所产之货，失信用于市面，而购户自向可靠之他市定货，价虽较高，而质佳美，其货究属较廉。如本年柏油因销场颇畅，抛盘之数，较出产数远有过之。内地贩买人，知此情形，遂强抬其价，致本埠之经纪，只谓不能践约。盖此等经纪多数无大资本者，赔款之巨，生意一概受亏。故新油上市，多不能办。若在中国预计收成，毫无把握，抛盘为难。惟在他国间可略知，出产之丰歉者，抛盘较易也。如芝麻抛买时，仅值开花，设遇大雨,收成有损,或车轨被其冲坏,道路破损,则未免阻滞交货之期。如此交易,徒损本口贸易之利益而已。若芝麻秋收时抛买,可有把握。凡善投机谋利,莫妙如此。然犹有内地路运之费及江海轮船水脚等,均不得预计确数,足以阻滞其进行。盖内地陆运之货,仅恃一轨道可通,水运则江轮之水脚,赖江水之深浅不一。海轮水脚,则以船只稀少,故均难预定也。天津贸易亏损,因进口生意悬欠日久之故。汉口进口生意,则以现银交易,然天津出口生意亦多以现银交易也。外洋厂家,因多半需预囤生料,足敷数月之用,则外洋买者急欲订立抛盘合同,致本埠出口营业洋行多难推辞。众商咸谓,据大旨而论,莫妙于厘订一切,改良办理。而本年该洋行等勉力规定,从事实行。然有营某业数商家,以为莫如目下之法而已。倘若更变规章,则必由华卖户而发生,然该商须首先知之。虽暂获利于前,如不符约,则失信于后,即为生业取败之道。茶商已备尝艰阻。四年前定章,各字茶非到齐不能看样,故此后无争执,货质有把握,生意亦有进步。向来茶之抛盘合同,不过数日为限,并须存样。有数项货物,如柏油,质地系天然一律,余则不然。芝麻按例多半有土百分之二交货,惟屡次实有百分之四,故拣净后,终多争执。虽货系上等,然大率按土百分之一交货,即亏折百分之一。其出口商家,虽间有云,能全行拣净土沙,而人皆不信其言。今按百分之四计算,如出口之芝麻计二百七万担,其内土沙至少约有八万担,多半系故意搀杂者,则包装运送等费,均须照数给价。此两年,该生意大佳。闻产户积有多数宝银,埋存屋内,故现在生意非依其要素不办。出口生意之买办,屡有亏倒,万难觅得妥人。此可显见,该生意措置失宜之据。本年汉阳钢铁厂营业颇见忙碌,添有化铁炉一座,于四月开工,然尚不敷销路。该厂共出生铁十二万吨,内二万九千吨装赴日本,一万五千吨赴美太平洋各口。日本销路加长,美国亦竭力购买,但美之生意将来于该厂盈亏极难预料。据云,此生铁在美国炼成之钢,考验为最优之品。其余生铁,则售于中国,为钢轨及搭钉等件。本年制造计有三万三千二百二十吨,较去年加增五千吨。该货为中国各铁路之用,铁质之美,该厂自愿精详试验,比外洋定章更加精细。大冶铁矿本年出货三十万三千吨,其内十万六千六十吨装赴日本。该厂总办李维格、工务长章达、商务长王阁臣,均干事最有能力。该厂于中国前途兴旺大有关系,惟须先行厚加资本耳。总办诸君于该厂工人卫生幸福甚为注意,颇有效验,故乐志之。惜湖北工人较粤浙人少逊。萍乡煤矿本年出产六十四万吨,内有十七万吨制成焦炭。盖本年铁厂买焦炭十七万九千吨,他厂买一万九千吨,另有九千吨出口往外洋。铁厂用煤七万八千吨,汉口销二十一万五千吨,轮船煤舱用四万八千吨,另有五千吨出口往外洋。因未筛净,故货色不甚佳。兴国之炭山湾煤矿年终复开,每日出货六十吨,不久可望增至二百吨。据云,其货甚佳,倘能将矿内之水设法吸尽,则该矿必旺。福公司煤,大合家常之用。因细心分等,货色一律佳美。该公司汉行预料,外洋生意将来必有人增。扬子机器制造有限公司生意大有进步,前曾预料该公司将成一最紧要之实业,今其言已验。中国人之能实力调度理事,即此可见一斑。其承造订售之钢拖轮、驳船桥梁以及建造修配之工程甚多。现为汉阳钢铁厂造钢拖轮一艘,长有二十英尺,称有六百马力,并为萍乡矿务局造钢拖轮两艘及马驳船等数艘,该拖轮每艘长一百十五英尺,称有五百马力。该公司因定货单应接不暇,故新设船坞,可修造船只长一百二十五英尺,并工厂现已扩充,各场俱亦闳畅。现在官场建设造纸厂需银二百万两之谱,每日可出纸三十吨。该厂坐落附近刘家庙铁路之间,机器来自英美,纸以破布、草竹造成,并需多数树脂及高岭土,实以图维,北京官印局全需此纸,且该厂拟制多数特别之货,为印票等之用。夏间湖北水泥厂之货入市,该厂坐落大冶,厂式最新,生料极美。其货先交该厂西化学家详为化验,然后发售。该水泥比进口之洋水泥,价较至贱之货为廉,而其货质之名望,实较上品之洋货加美,故此本地销场颇畅,供给需用,最为佳胜。铁钉厂因亏本未能满意。水电公司欲另添动用机,增设一处,因本口人多,乐用电灯也。该公司自来水美而足,惟水电两项较准用数及收其应输之费,均属繁难。武昌自来水公司,现议有条陈,意欲开办。和记洋行运冻货至英美甚多,如冻猪肉等,则令人颇有间言,盖英人恐该货价廉,欲为抵制,极行反对,诡谓华产猪每食腐物,然细考其实,中国豢猪之法,与英国模范场养猪之办法略同。栏洁而沟净,每栏上搭半棚,下升睡板。英国以环圈猪鼻,免使其拱塌其栏。惟在中国不然,英人见之,赶猪入市,传为笑谈。而此间常说及赶猪一群有四五头,至和记洋行可以两人为之。间有一人赶一头者,此不过琐谈及之,非谓华人须学养猪之法也。又由英国户政衙门派来考查和记洋行冻货之医官复而拉君,声称该行所办各物,均甚洁净。其猪大半来自湖南,并请前往考查豢养之法。伊云,共到四十余处,养法之善,过于英国,英国似宜仿行。不但曩年税司所论节略是实,即本年论略情形亦合。冻货生意,甚难保其果否获利。因鸡鸭不合外洋之需,野禽又干而失味,沙□一物,英已群相忘之,不甚购用。惟杂品如猪油肠、羽毛等,尚可保本。至蛋一项,常能获利,多半装赴美国。盖蛋白之内,时含化学物料,因违美国定章,故屡见不准其进口。而蛋则仍多,惟中外各人咸怨该行制造之品颇多,以致生计百物昂贵,各种野禽亦为之减少。该行各处有经理,似乎乡民借此生业,必因而极盛。本年豆饼厂生意不佳,豆价高,货质亦不见信于欧市,以致不出口往外洋,故本处豆数颇巨,足以销作榨油之用。然豆饼则无销场,推原其故,多因日本水灾所致也。存余甚巨,每多败坏。其价每担上半年九钱二分,下半年跌至四钱五分,新年涨至一两。豆油一项,销场可望畅达。英美烟公司机器虽多,已不敷用。且该公司现在建造晒厂及栈房,附近襄河,本年大半年每日出纸烟八百万枚,并竭力添置机器,纸烟多半出口,因本地吸者以搀入外洋烟丝为佳。该公司散送纸烟,使吸者知其佳美,以广招徕,而本地烟市全为所夺。再者,该公司堆存有多数烟叶在此,约两年之久,方用药水制备,运赴分厂。该公司有人游行各产地,发布西法种植烟叶论说,并赠以烟种,官民俱为欢迎,诚乐为志之。本年面粉厂生意,大概而论,均不见佳。因碾机易于磨平,只能制二号粉,若头号则须上等碾机也。

一、本关税课。本年共征关平银三百二十一万六千九百三十八两,较上年增三十六万七千九百三十八两,较前年最大之数,增五万六千二百五十四两。惟查前年因各厂机器进口非常之多,故进口税数加增约有二十五万两之谱。本年进口税增七万四千六十两,复进口半税,增二万二千三百五十两。出口税增二十六万六千八百两。药土税厘短少八千二百五十两,全系洋药项下。内地半税约短五千两。

一、洋货贸易。洋货由外洋径运出口及由通商口岸运来者。由外洋径运本口之货,估值关平银一千八百八十三万六千四百七十一两,较上年约增一百七十九万两。由沪转运之货,估值二千四百十五万六千四十九两,较上年约短一百八十五万两。因外洋径运货数加增,故其税亦增。除去复出口货估值五百十八万九千九百四十六两,则洋货就地销售者,估值约三千七百八十万两,与上年略同。布帛类估值较上年约短八十二万两,所销者为最劣之货,因仲夏以前荒歉之故。棉纱估值约短四十万两,始则因仲夏以前荒歉,继因棉花丰收之故。铜因上年复出口者多,致今岁市面为之空虚,故本年估值约增十五万两。麻袋估值约短二十三万两,因无豆出口故也。铁水泥被土货抵制,估值约短五万二千两。电气器具,因全镇装齐,估值约短十五万两。机关车因无须添置,估值约短三十万两。虽华煤由轮车运来者日增,而日本煤估值约只短一万五千两，因仍为需用之品而已。颜料估值约增二十七万两，因上等布匹进口减少所致。铁路材料估值约增五十八万两，以供现造各路之用。枕木个数减而估值增。糖估值约增十一万二千两，因下半年丰收所致。茶末因七月间有一大砖茶厂被焚，估值约共短十六万两。其锡兰货斤两加增，估值减少。爪哇及印度货均见大减。铁轨估值约增二十四万两，多半为辽东、川汉铁路所用，而以辽东占多数。桶估值约增三十六万两，为装运各油之用。米估值约增一百十三万两，以济夏初之歉。煤油之数，变更颇大，进口美散舱油约增一百十六万一千加仑，但估值约减十九万两；波罗岛散舱油约增三十二万加仑，苏门答腊散舱油约短八十九万加仑，美国装箱油约增一百二十九万加仑，估值约减十四万两。复出口各项煤油较上年约增一百七十三万加仑，土销者较减约九十万加仑。然按年初存货计有八百万加仑之谱，年终约只存四百万加仑，则核计土销者约增三百万加仑。通盘贸易，较上年已增六百万加仑之谱矣。煤油既为贫民第一可免之奢费，因上半年歉收，销场几绝。嗣后销路日增，至冬月该生意之旺，乃为向所未有。华人间有以供炊爨及取暖之用。惟推原其加增之确情，实因煤油价减，土油价高所致。复出口煤油加增，因上游各口囤存，以致销场日增也。

一、土货贸易。土货出口，运往外洋及通商口岸，连复出口在内，本年此项贸易，共估值关平银九千四百七十九万二千五百二十八两，较上年约增一千五百四十一万两。其内径运往外洋之货，约增六万两。运往通商口岸之货，约增一千五百三十五万两。土货约增二千担，估值增三百十三万两之谱。本年每担估值统扯约计九百两，上年则约计六百两。查土货出口贸易，统计而论，则货数多，估值亦增。银价虽高，而丰收足以抵制而有余。芝麻约多十四万九千担，约计估值四十八万两，每担估值本年计五两三钱，而上年计五两四钱六分。本年该货生意营出口业者，均不能遂意，缘含油不充故也。一因种地较广，不甚留意；二因搀杂土沙；又因大海班船不敷装运，以致多数逼装劣等之船，沿路受损，价值开盘五两。至书此论时，渐次涨至五两五钱。但观目下之情，将来必跌。径运外洋之豆，估值约短二百三十二万两。装赴通商口岸者，估值约短十九万两。豆质低而土沙多，其沙亦大如豆，难以检出，致杂入饼油内，有此弊窦，则该货失信于外洋，销场不旺，贩者谓将卖作济荒之用。故销售外洋者，索价甚昂。买卖两造所订价值，相去仅数分银之时，适值联约之轮船公司加增水脚，每吨五先令，生意即因之而绝。汉口豆在英比别种豆，无一次见其价不高，每吨至少七先令六边士者。而本埠有新行一家，一次装豆赴欧，只一万担之谱，即亏银约一万二千两。棉花因收成奇丰，估值约增四百五十八万两。其所增之数内，直运德约二千四百担，法约二千二百担，日约一万担。盖美国歉收，外洋因之畅销。而本地近年缺货，故销场亦畅。有此数因，价则稳涨，自二十四两至二十八两。然仍以湿水之弊，生意为之损阻，故不获利而反亏本者颇多。牛皮估值约增八十九万两，因销售甚易，货质统扯而论，尚称人意。有此两层，交易则应可获利。山羊皮减少，因外洋市上存货甚足。洋装生意大都在沪成交，多因沪价较美故也。细毛皮约增三十三万三千张。猪鬃估值约增三十七万两，但因货色劣而销场逊，其索偿之款亦甚多，贩运及出口者均不获利。年终货缺，长沙白鬃向销广庄，试改汉庄不果，因南方分等清理法较善也。干蛋白增三百七担，湿蛋白增二千二百三十五担，鲜蛋约减一千八百五十万枚。蛋白生意颇佳，但销场利益，常多变更。冻蛋出口二万七千六百担。据云，蛋白与该货竞争大为受敌。春初寒冷，蛋价较高，后复反跌。然据云，来货极少，因前年秋去年春，鸡被水冲，又因去、今两年出口冻鸡约六十万头。惟查此种鸡多数来自芜湖。冻货出口共估值关平银七十七万六千两，比去年约增十万六千两。此货亦于本论首条内详述。汉阳钢铁估值约增四十万两，售作铁路材料器具之用。矿铁估值约增九万七千两，生铁径赴外洋，估值约增三十三万一千两以上。两种均间有赴美太平洋各口者，此货亦于本论首条内详述。豆油估值约增五十六万两，桐油估值约增二百八十万两，牛油估值约增六万五千两，柏油估值约减十二万六千两。此项油货销场，浮于出产，间因美国胡麻子失收故也。柏油市面因抛盘交易，全为紊乱。冬腊月间，定售之数溢于收数。欧洲市价每重一百十二英磅，涨八先令。因以上之故，营此业者失约，不能交货，以致中西各商，均大受损。且因货缺之故，虽最劣等者，汉市亦收受之。据此，柏油竟有由南方运来，以勉足订售之数者。此项抛盘，形同赌博。本季生意，为之破坏。因华商不敢立抛盘合同，而新货索价甚高。桐油产数丰，质地亦佳，价自八两一钱涨至九两七钱。作此论时，竟十一两二，其销场甚畅。且该油未为掺假所损者，缘他类油销路颇旺之故。麦因荒歉，估值约减三十三万两。杉木杆估值约增九十二万两，因多数由民船装运，以代木簰。头发估值约自上年一万六千两，本年增至三十二万两。盖香港销场甚畅，因转运美国为织造之用。在本埠似以此成为新出之生意，孩童由各理发铺及住户收买脱落之发。初价每担三百三十五两，后跌至一百三十五两。茶市开盘略迟，始为阴雨阻误，继为乍热所催，未及时而生，故货质在平时之下，茶季较往年大为延长。据云，华人之种者、贩者，均不获利。至于西商，按茶市谈论者传言不一。谅上等货获利，中等货亏损，下等货大利。祁门茶质地劣，产数多，每担平均估值三十两八钱五分，最上等货多被雨大损，其数亦缺少。宁州茶质略为适中，华商云，生意大受其损，每担平均估值二十八两八钱。安化茶尚属见佳，每担平均估值二十七两五钱。湖北茶亦尚称美，每担平均估值二十二两。伦敦市上无货，故销场旺。印度茶为俄人所嘉用，故华茶受其影响，然嗜茶日广。又，锡兰向种茶地，间有改为出产橡皮生业，则日后华茶之旺增，亦意中事。若善自改良，更可畅达莫妙，仍竭力研究，讲求质地，但目下华商协力谋为，意欲联约生意，获利均分，恐来季办茶者，不易为耳。红砖茶增五万八百六十二担，绿砖茶增一万二百四十一担，西茶末掺和之红砖茶减六千六百三十七担。七月间有一大砖茶厂被焚，本埠生意大为阻碍，而茶末出口装赴九江砖茶厂者增多。烟叶径往外洋者计四百三担，较上年增三百九十担，但运赴通商口岸者，减四千七百七十二担。至本年出产及生意之佳否，难以将出口册内所载之数为准。因英美烟公司自开办时，将多烟叶积成两年后，或本厂自用，或装运出口。此货亦于本论首条内详述。

土货进口估值较上年约减九十四万六千两，盖土药估值约减一百八十五万两，机器棉纱估值约减九十六万两，棉花估值约减九万两，绸缎估值约减二十六万两，砖茶估值约减十六万两。因有一新行制造多数劣货，上年退回之故。茶末因一厂被焚，故估值约减二十七万两。萍乡煤估值约增九十一万二千两，焦炭估值约增六十万八千两。萍乡煤甚合轮船之用，而各路所用之他种煤亦为所挤。萍焦为铁厂之用，因该厂需焦日增。高粱估值约增十一万两，米估值约增二十五万两，以济荒歉之需。各类糖估值约增三十五万两，书籍估值自上年约十四万两，增至本年约二十四万两，足征向学者众。除土药及煤外各项之增减，当此春夏荒歉而秋冬丰稔者，亦意料所及之事也。

一、内地税则。洋货领有运照，运入内地，所发运照，共六万二千四百十五张，该货估值约共四百五十万两。赣湘居百分之四十五，陕居百分之十三。土货领有三联单运出内地，销场比上年较减，因只有烟叶、土酒两项，请领三联单出内地。且英美烟公司如今所用之多数烟叶，并非领有三联单而来也。

一、船只。本年进出口只数及吨位皆增，以应出口贸易所需。初夏水脚涨，年终争相减跌。大海轮来者，较上年多，内有数艘大不如意。江面情形，比平时尚妥。中流各险道，仍置灯标，诸事颇费经营，加意昭察一切。帆船之增，乃因萍乡矿务局之驳船来往加多故也。

一、旅客，附轮船来往。本口华洋各旅客，比上年均见加多。西客本年有七千二十六人，而去年则六千二百八十三人。华客本年有三十八万九千八百七十二人，而去年则三十四万二千八百六人。下水客仍居大半。下水西客之盛，因来自铁路者众。下水华客之盛，多因荒民赴他口者繁也。

一、金银。本埠与通商口岸进出之总数，较上年约计增关平银六百九十九万三千两。其内运出只约增七十六万三千两。上半年本口银根紧急，财才薄弱，购置为难。又，现银全数赶办土药，盖金银运赴宜昌，约将及三百万两，内有四川军饷若干。去年运赴宜昌，约仅只六十八万二千两也。重庆需银甚巨，至每百两之汇费，涨至十二两，故将银圆宝运去该埠，以致二三月间，本口商家，群呼艰苦，市银缺少，生意受亏。惟确实本处非无现银，然押款不足取信。上海金融恐慌，遂至西帮汇票，此间多不乐用，而茶市皆用进口元宝。似此景象，恐来年亦同也。本年前数日间，始因购买土药之踊跃，致平素运沪行使之银，留作汉用，几因沪市恐慌，畏缩不前。迨至沪市平静，出口货充足，流通甚广，始见金银运去至沪，故本年运去该埠之银，只有关平银一百五十九万两，而去年有三百六万八千两。

一、药土。当烟禁时代，进口土药之数，颇耀眼帘。上年各项土皆增，因囤货者多，冀缺货时获重利。且本年前数月，仍见所囤甚夥。陕西土无进口者，其本年复出口之七十二担，乃上年进口二百七十四担内之货。川土进口减二千四百十担，复出口增九百四十担，除去复出口外，进口净数有三千三百五十担，较去年为减。云土进口，增四百二十五担，复出口增一千一百七十八担，除去复出口外，进口净数有七百五十三担，较去年亦减。上年六七月间，土药每百两价三十七两，腊月底价六十两，本年年终价八十两。烟膏牌照每两捐自四十文至八十文，年终加至百六十文。

一、杂论。扬子江水面情形，全年似为极佳。腊、正月间，只跌至英四尺十一寸。七月间，水涨亦未过英三十九尺七寸。故由湘河来往之货较多。铁路虽无毁坏等事，而汉段所收运费，比上年较减约一百万两，因货车到数缺少故也。银根紧急，则地亩押款届期，中国银号未许再为缓展，故地亩之价，在附近租界边旁者，约跌百分之二五，远者更甚。历年以来，因地亩生意可望骤富，遂致数百万金银搁置，不得生息，非大地主筹一大宗借款，以偿零星押款，必酿成本地财政恐慌之结果。夏初襄河船只失慎，河岸房屋延烧无数，损失甚巨。民船及小轮被焚者，火光烛天，沿流而下，洋轮及趸船数只几被殃及，而一太古洋行之趸船，被其毁尽。除此奇祸外，本年出口尚未见大灾患者。大清邮政局，本年仍见进步，入款颇多，而向来入不敷出之数，今已减少，添设分局三十五所，则目下本界内计二百二十一处，有邮政之利便。本年收发各邮件，逾二千万件，较上年增一百二十五万件。况邮政改照华历，上年系有闰之年，故以十三个月计，包裹发出减少，盖因绸包数之短所致，与轮装绸缎之减一也。因轮船往来汉口、宜昌不一，故本埠至宜新添特别邮递之路程，专送信件，每日一次，由此至宜昌计八百十里，邮差投递信件，须七十七小时可到。沙市、宜昌、长沙、常德各邮界，已于四月间归汉口总局辖矣。

一、附件。洋土进出口各大宗货物，估值总数近四年之比较表。查表内数目自十万两起，大约举其大者而计也。

	西一千九百七年	一千九百八年	一千九百九年	一千九百十年
洋货进口净数				
布匹类	一千四十万两	一千万两	八百八十万两	八百万两
棉纱	八百三十万两	五百七十万两	七百十万两	六百七十万两
绒货及杂匹类	一百十万两	一百万两	六十万两	七十万两
五金	一百七十万两	二百十万两	二百万两	一百七十万两
紫铜造币厂用	三百六十万两	二百四十万两	二十万两,此数因复出口者多于进口者	十万两
机器	一百万两	一百八十万两	八十万两	九十万两
煤油	三百三十万两	三百八十万两	三百三十万两	二百六十万两
铁路材料	八十万两	一百五十万两	四十万两	一百二十万两
糖	二百六十万两	一百九十万两	二百十万两	二百二十万两
茶末	二百六十万两	二百六十万两	三百万两	二百八十万两
杂货	九百八十万两	八百六十万两	九百八十万两	一千九十万两
土货进口净数				
机器厂制造各货	无	一百四十万两	二百十万两	一百二十万两
绸缎	一百三十万两	一百六十万两	一百万两	八十万两
糖	一百六十万两	一百四十万两	九十万两	一百二十万两
杂货	六百六十万两	六百八十万两	一千一百五十万两	一千一百二十万两
共计洋土各货进口净数				
	五千四百七十万两	五千二百六十万两	五千三百二十(五千三百六十)万两	五千二百二十万两
本地土货出口总数				
武昌机器厂纺织各货	五十万两	四十万两	三十万两	三十万两
豆	三百七十万两	三百七十万两	四百八十万两	二百三十万两
豆饼	二百十万两	二百五十万两	二百九十万两	二百七十万两
棉花	三百五十万两	一百五十万两	九十万两	五百五十万两
各种生皮	三百八十万两	四百十万两	五百八十万两	六百七十万两
矿铁及生铁	一百三十万两	一百三十万两	一百二十万两	一百六十万两
铁制各货	无	一百万两	一百八十万两	二百二十万两
药材	一百十万两	一百七十万两	一百五十万两	一百五十万两
豆油及花子油	无	八十万两	十万两	一百万两
苎麻	一百八十万两	一百五十万两	一百五十万两	一百八十万两

续表

	西一千九百七年	一千九百八年	一千九百九年	一千九百十年
本地土货出口总数				
桐油	三百三十万两	四百九十万两	三百六十万两	六百四十万两
米	无	十万两	无	无
芝麻	三百八十万两	八百三十万两	一千五十万两	一千九十万两
白丝	二百四十万两	二百三十万两	二百五十万两	一百八十万两
各种细毛皮	二百四十万两	二百万两	二百六十万两	二百五十万两
柏油	二百七十万两	一百八十万两	二百万两	二百万两
茶	一千三百十万两	一千四百九十万两	一千三百三十万两	一千五百万两
烟叶、烟丝	二百十万两	二百四十万两	二百七十万两	二百七十万两
漆	无	九十万两	一百十万两	九十万两
麦	七十万两	一百十万两	三十万两	无
杂货	一千二百十万两	一千二十万两	一千二百七十万两	一千五百三十万两
共计本地土货出口总数				
	六千四十万两	六千七百四十万两	七千二百十万两	八千三百十万两
洋土各货进口净数及本地土货出口总数统计				
	一万一千五百十万两	一万二千万两	一万二千五百三十(一万二千五百七十)万两	一万三千五百二十万两

(《实业杂志》第 2 期)

1913 年

1 月

1.补助汉口商务公债票之风潮

（1913 年 1 月 8 日）

汉口商务总会前因汉口一隅兵燹后，损失过巨，是以举定议董宋炜臣等赴京，至工商、财政两部，请得补助汉口商务公债票五千万元，一切情形，已见本报。兹悉该会迭次讨论支配方法，迄无相当手续。有谓以注册为限者，有谓如公债票一千元，须先付现银五十元，方可照领者。议论虽多，莫衷一是。兹汉口商界维持会前曾办理此项损失调查，无分商民，无分帮口，一视同仁。因工商、财政两部既云补助汉口商务公债，自应不分畛域，凡系被兵燹损失者，均在补助之列，何能偏枯？故商界维持会连日接各团联合会来函，诘问究竟未入商会之商民能否享同等之权利。初三日，商界维持会职员讨论此项问题。一面将所□查之损失表派员分门别类，稽核实在；一面函询商务总会，未注册之商民，能否认为汉口商民。此项公债票，系补助汉口商务，究系对于汉口商务总会之商务而言，抑系对于汉口全体商务而言，请其明白答复，否则决不承认。然后即电呈北京工商、财政两部，并派代表入都力争。闻商务总会李总理紫云深恐酿出意外风潮，特授意各团联合会，谓此项公债票尚未颁出，俟工商、财政两部派员前来调查后，再行磋商云。

（《时报》）

2.汉商会议定公债保息办法

（1913 年 1 月 10 日）

汉口自遭兵燹，商民损失共四千余万，商务总会及各团联合会去年曾公举代表盛竹书等晋京要求抚恤。业经参议院议决，发给汉口商务补助公债票五千万元，每年五厘行息，以地方税、房捐作抵。汉商会昨特复开大会集议，以现在税捐尚属不敷，恐碍债票销场，议定暂由损失商民每千元缴出洋五十元,即付给公债票千元作为保息金,以便公债票流行市面,闻不日即须实行矣。

(《申报》)

3.政府对于汉口兵燹损失之赔偿

(1913 年 1 月 14 日)

前年武汉起义时,汉口商民所受损失颇巨,迭经鄂省政商各界呈请政府要求赔偿,已经国务会议拟用补助汉口商务名义,准予发行公债票,前已呈请大总统咨行参议院,略谓,前据汉口商会具呈财政、工商两部,以汉口各商去年因兵祸损失共计三千余万两,请赐偿恤,并公推代表宋炜臣等来部条陈偿恤事宜及报告损失数目。当以兵燹为意外之变,向来政府无担任偿恤之例,况上年因战事被损失者,不止武汉一隅,若皆援例以求,尤难应付。惟念武汉为全国商务中心点,当战事最烈之场,财货损失巨万,居民则流离颠沛,疮痍在望,元气大伤。中央为扶持市面起见,自应有以善其后,无如军兴以后,部库如洗,京协各饷,不以时至,一切军需政费方且忧无所出,更何从筹集大宗款项。该商会亦洞悉情形,是以拟请配给公债票,以济其穷,然发行债票,必以信用巩固为先务,欲固信用,尤必以本息有着为要义,而际此财政现状未尽恢复之际,筹本筹息,中央实亦茫无把握。兹事重大,当经国务会议公同表决,拟用补助汉口商务发达名义,准予发行公债票,惟还本付息,止能在当地筹拨,方免其他各处纷纷援例,而政府亦不致以届时无款应付,失信于人。所有详细办法,迭经财政部、工商部与该会代表等一再妥议,双方拟定大旨,以此项公债名为补助汉口商务公债票,乃系有期定限偿还公债,前五年止付息不还本,第六年起,每年偿还本银总额二十五分之一,至第三十年还清偿本。由中央政府在该省营业税内指拨应给年息五厘,在汉口房捐及过境落地税内附捐等项,议定加筹,以足敷还息为限。偿额为五千万元,然系约计之数,应将该埠损失实在数目调查明确,再行确定债额,将来付息还本,均由中国银行经理,相应提交贵院,即希查照议决云云。业经参议院通过,咨复政府,现已由政府饬知汉口商会知照矣。

(《申报》)

4.招商局赔偿汉商损失

(1913 年 1 月 20 日)

招商局新旧公司代表为汉口各商要求赔偿损失问题,叠次讨论对付之策,已纪本报。兹悉,前晚该局又集旧董事会各董及新公司代表讨论此事,到会者甚众。先由董事会报告,谓现存资本计有银八百万两,内提拨银三十万两,作为赔偿汉商损失,刻中央政府又已允给债票,助充招商局赔偿之费,此事与新公司断不至为难,尽可从速解决。现新公司方面对于汉口赔款一事,亦已赞同矣。

(《时报》)

5.决议设立商务裁判所

（1913 年 1 月 23 日）

汉口商务总会自帮董张碧泉因为公益被审判厅推事拘押，全体公愤。近复因山货帮董镇建亭因公被诬，反受法官凌辱，商权日受蹂躏。刻已决议，遵照部章设立商务裁判所，遇有商务案件发生，即由该所裁判，以护商权。

（《国民新报》）

6.周良璧议员呈请提议取消汉口商务公债票别筹补助办法

（1913 年 1 月 23 日）

（周良璧议员范龙光介绍）

为敬陈管见，仰祈提议取消汉口公债票，别筹补助方法事　窃维去岁阳夏鏖战，汉口首当其冲，而商务之损失、房屋之焚毁为数实多，岂不待言。今汉商会提倡呈请中央政府发给债票，借资补助，诚属维持商业，为国家谋商埠之发达，其立意未始不善，其方法实未允协，既不明公债性质，率尔请求，腹心有所偏，仅为少数商人谋利益，而贻全国以无穷之害，实未见其可也。顷各报纷传中央工商、财政两部已议准发行汉口商务公债票，并定有详细章程，其票额则定为五千万元，其种类则由五十元递加至五千元，其票本则由中央政府指拨营业税，其利息则在汉口房捐及过境税、落地税内附捐加筹，其票则准其自由买卖抵押。阅悉之余，忧惧不遑，票章既定，颁行必速。狭义言之，在债务者以之抵换债款，在债权者得以收受债票，两方面皆可稍舒。目前之困难，广义言之，直与国计民生两有妨碍，值此凋敝之余，何堪以商务一端，使人民担此重负，病民之事莫此为甚。良璧一介书生，未尝学问，既未经商，亦无债款，平昔于财政经济，粗窥途径，不足以论得失，惟念贵会代表人民主持公论，既有所知，未便缄默，亦借以上慰贵会立法之殷，下尽国民分子之义。盖以债票政策，其害国家者有五，其害商民者亦有五，敬为贵会缕言之。民国初建，百废待理，库帑空虚，竭蹶堪舆，是吾国财政困难至今日已达极点，诚有亟亟不可终日之势，非借债不可。考各国借债方法，无论外债内债，均必发行债票，而债票之担保，亦必确有所指，方足以坚信用而利推行，然非国家急需，万不轻易行使，盖债票为国家信用所关，视之何等郑重。今以汉口一隅之损失，遽以债票为补助，未免轻于一掷。且值此金融恐慌之际，而准其自由买卖抵押，开奸商自私自利之端，势必减折扣现，成为市价，时涨时落，怪象万状，价值愈滥，债票名誉因之益损。前清昭信股是其殷鉴，此妨碍国家者一也。湖北官钱局发行纸币已达三千数百万，军兴以来，纸洋价格与银币相去悬殊，虽经鄂政府数次整顿，而渐趋愈下，非特不能规复原状，即以一千二百文为定价，使商民遵用，已多格而不行。（未完）

（《国民新报》）

2月

1.工商总长呈大总统缕陈汉冶萍公司多关国家实业拟毋庸饬盛宣怀赴鄂文

(1913年2月1日)

为呈复事 十二月二十日准钧府秘书厅函开,大总统发下武昌黎副总统、夏民政长霰电,并谕应由工商部转饬盛宣怀迅即赴鄂,料理接洽。等因,奉此。即希贵总长查照办理可也。等因,奉此。窃查汉冶萍公司组织屡更,内容复杂,局外揣测,率以为盛宣怀一人之私产,黎副总统、夏民政长来电似亦不能免此误解,谨就原电所言,比较事实,为大总统缕晰陈之。

该公司之经历可分三期。自前清光绪十七年起,至二十二年止,为完全官办时代。其经费虽由张之洞筹措,究非尽出于鄂省,其时惟汉厂冶矿,萍煤尚未发见,规划既未完全,办理复多流弊。故耗费虽多,毫无成效,实用官款几何,不可得知。但知其移交盛宣怀时作价五百六十万两而已,此该公司第一期办理之情形也。自前清光绪廿二年起,至三十四年止,为招商接办时代。其时未有商律,不名公司,权利责任悉操于盛宣怀一人之手,名为商办,实同官局。除前项官本不计外,共用银二千二百余万两,三分此数,股本居一,负债居二,其失败尤甚于官办时。然萍矿之勘获,汉厂之改良,其功未可尽没,此该公司第二期办理之情形也。自前清光绪三十四年确定"汉冶萍煤铁厂矿有限公司"名称,赴前农工商部注册后,始为完全商办时代。规模渐大,费亦愈多,除第一期官本不计外,已用方用之费业愈三千五百万两,而股本始终不过千万,余皆贷款,且多外债。军兴以来,营业停滞,债权逼迫,此该公司第三期办理之情形也。

据现状以测前途,内则有破产之危,外则有攘夺之险,国家起而拯之,诚为当务之急,然必统筹全局,确定办法,方能取信于内,见谅于外。若杂以丝毫权利之见,意气之争,譬诸人之将死,视疾者不议方药,徒谋遗产,恐人亡而产亦空矣。本部对于局中主详查严办,对于局外则排难解纷,正欲为中国复垂败之业,为地方保无穷之利,初非有所私于公司及盛氏也。原电云,汉冶萍厂矿创自前清鄂督张之洞,嗣改官督商办,其督办亦由鄂省奏派,可见非商办性质。不知该公司于前清光绪二十二年实已商办,所以犹奏派督办者,一因前清商智未开,自乱其例,一因专制时代之习惯,以奏派札委为荣,巨商硕贾,虽自营其业,亦必争奏派札委之名。各省商办铁路矿务公司,如此例者,不可胜举,不能因有奏派督办,即谓为非商办也。至前清光绪三十四年赴部注册,组织股东会以后,则盛宣怀改称总理,明由股东公举矣。原电云,湖北铁厂已糜官款五百数十万两,商力薄弱,急难筹还,既已宽其偿限,必须督其工程,故有奏派督办之举。然当时之官,果有督其工程之力,亦何至举其手创之业,招商承办。盖张之洞创办汉阳铁厂,其功在为人所不敢为,造兹伟业,而其过在为己所不能为,遗此弊薮,如度地则取便耳目,不问其适用与否。汉阳沙松土湿,填土埋桩之费,至二百余万两之多,造炉则任取一式,不问矿质之适宜与否,购机则谓大须可以造舟车,小可以制针钉,喜功好大,以意为师,致所置机器半归无用。故不数年,而智穷力竭,拱手让人。始基已坏,善后亦难,张惶补苴,遂有今日官厂作价五百六十万两。而遗留之物，惟不适用之片土，已陈旧之炉机。公司经理李维格于统计本息时，不愿为前人受过，只认半数，殆非过当。去年民军起义，厂停炉坏，有形无形之损失，不知凡几。官家之于公司，实无成绩之可言。且公司自商办以来，已用款三千五百万两，其中股分虽少，亦近千万。即使旧时官款尽可作数，在用款中不过八分之一，在股分中亦仅三分之一，只能与公司商议，将此改为股本，被选一二董事，无派督办之权也。至原电保护地权一节，实为扼要之论，公司负债累累，本部亦未尝不虑其终累主权，故有收归国有之议。然必查明股本之真伪，债项之缓急，以及继续之资本，一一为之准备，方能昭信中外，断非派一督办可以了事，稍涉操切，便多障碍。此次鄂省方有派督办之议，日使已来诘责之文，可为明证。且人各有能，有不能，故耕当问奴，织当问婢，孔子虽圣，不知农圃。汉冶萍矿分煤铁，工兼治铸，乃艰苦之业，非荣誉之职，何足以屈元勋伟人任此劳瘁。即使收回国有，亦当按营业通例，选确有经验、毫无习气之工商专家，分门经理，而寄监督之责于本部及审计、参议诸院，不必特设督办。以黎副总统、夏民政长之明达，必能体察及此。要之，汉冶萍之公司与盛宣怀之关系少，与国家实业之关系多，无辜受愚之股东，应予保护，而舞弊营私之董理，不可优容，此该公司善后之要义。一俟调查确实，再当呈请大总统，分别核办。现在既无由官督办之必要，毋庸饬盛宣怀赴鄂，致生枝节，是否有当，伏乞批示遵行。谨呈。

（《申报》）

2.民政长致武昌商务总会源生永、乾利生二典是否将损失情形呈明有案请即见复函

（1913年2月14日）

径启者，财政司案呈，查武昌各典商所存官款公款一案，当即委任查明提取去后。兹据委员查复，代呈典商源生永折称，民军于辛亥八月起义，当即闭典，不料二十一日，突有军人持械敲门闯入，首饰房、钱房抄掠一空，及事后查实，架木大略近二十万之谱，官票、铜圆七千有余，嗣后军队来典住宿，账簿全失。又，乾利生折称，民军于八月十九日起义，二十日晚前后放火，斯时典伙即将金银首饰尽行下窖，不一时典屋被焚，后即禀请都督，情愿将下窖首饰捐为军饷。当四面火起时，典伙逃命不遑，何暇顾及账簿各等情前来。除指令驳斥外，究竟该二典是否将损失数目暨账簿遗失情形呈明有案，相应函请贵会查照，希即查案，详细见复，以凭核办。此致

（《湖北公报》第405号）

3.电查鄂省赈款之用途

（1913年2月25日）

前岁南北交战，汉口被焚，清政府因舆论哗然，拨内帑银二十万两，交第一军统今陆军总长段祺瑞酌放赈济。当时军务倥偬，虽发放钱米，而居民未归，领者寥寥，故只用银四万余两。又由江汉关监督黄开文手交付汉口商会银八万余两，以为赈恤商民之需。又，湖北京官及张伯烈手共领去银三万余两，下余已挪作军费。此款鄂人多不识其用途，讹传为黄开文等吞没。前曾

有多人持武器，向黄逼索。近日省议会亦查询及此，爰径电段总长，请详示用途。昨经段总长电复黎公，大致谓，鄂议会电询前次湖北赈款数目，查第一军前岁领到内帑银二十万，开除领解川资费七百九十三两零，黄开文经办赈抚二万七千一百零九两，李祉、陆寿图、胡先春采办赈米一万三千五百两，湖北京官领二万二千两，黄开文手付汉口商会八万零三百三十二两，汉口赈抚五千串文，合银三千零八十二两，王炳坤经费六百八十六两，张伯烈等经费一千四百六十一两，计开除库平银十五万五千九百六十五两零，余款当经电部挪归军用，应即由部归还。特此缕陈，谨请调查明晰，酌转省议会为荷。

（《申报》）

4.鄂省财政之困难

（1913 年 2 月）

湖北财政，于前清末年已入不敷出。自首义后，更形艰窘。而军政费一项，待筹每月支出之款，恒超过每月所入之款数倍，虽经黎氏随时裁并，而元年九、十、十一、十二四个月军政费支款，按月仍需一百三四十万元。长兹以往，实难为继。屡拟将其现在为情形转恳中央，协济巨款，以资周转。乃一月六日大总统令各省盐务收入各款，应由民国二年一月起将转款存储，无论何事，概不得挪移动用。财政司礼澍以该司支应军费，全恃盐税为大宗，今骤失此项进款，因此大为恐慌。当即据情呈请都督，谓盐税为国家岁入，固应中央统筹，军费为国家岁出，亦应中央担任。矧长江一带，伏莽堪虞。鄂省为东南重镇，首当其冲，岂能因时艰款绌，将原有军队尽数议裁，所有按月军政各费，拟请转咨中央政府担任指定的款，以维现状云云。黎都督已如所陈施行，但不知能得中央政府允许否耳。

黎都督又拟将房地税契，加收买契税二成，以助鄂省军政费，加收当地契一成，以补勉征库军饷。二十二号，将种种应行加收理由，咨交议会核议。其理由如下：（一）财政支绌，罗掘无方，出月军饷，即无力筹措，若不筹增收入，则军费无出，恐有莫大之危险，此不能不加征税款之理由也。（二）买地当地者，必系殷实人民，东西各国税率，具采社会财政主义，对于富人之纳税担负，必较贫人为重，此可以增税之理由也云云。

（《民国汇报》第 1 卷第 2 期）

5.鄂省收入之概略

（1913 年 2 月）

鄂省反正后，田赋一项，略有更改，收入与前清有差，计去岁共收银洋二百二十五万五千五百一十三元。列表于下：

（甲）地丁	一百四十二万一千二百六十元
正赋	九十九万八千八百七十元
屯饷	四万六千二百八十五元
耗羡	十三万五千四百四十四元
驿站	二十四万六百六十元

（乙）漕粮	八十万九千九百三十七元
漕折	二十四万九千四百七十元
南折	二十三万二千六百六十九元
漕项	二十万九千五百六十五元
南漕	七万六千六百四十四元
南漕杂项	七千三百五十一元
屯卫粮租	三万四千二百零五元
（丙）租课	二万四千二百八十七元
芦课	一万四千八百七十五元
后湖新租	二千八百五十七元
商场租课	二千九百八十二元
月湖租课	三千五百七十一元

（《民国汇报》第1卷第2期）

6.湖北筹备赴赛出品会之进行谈

（1913年2月）

湖北筹备巴拿马赛会出品，业由前任饶省长委派张君远、齐君永杰，指定平湖门外之栈内筹备。张、齐两君业已拟定施行办法各节，日昨呈请省长查核，通行办理。用将所拟定进行各节，细志于后。

本年内，各县分会成立。

四月内，各县物产一律齐集。

五月一日至十日，各县物产会开会。

五月二十五日以前，各县出品汇送省城展览会。

六月一日至三十日，开展览会。

七月一日至二十日，审查员审查。

七月二十日至八月，清理说明书及包装各事。

九月一日，出品运送出洋。

事竣后，事务所酌留数员，归并于省公署业司办理。

（《云南实业杂志》第2卷第1期）

3 月

1.汉口补助商务公债票之大波澜

(1913年3月11日)

汉口承兵燹之后,百业败坏。商务总会向中央请得公债票五千万元,以地方营业税作本,其息金则加抽房捐、招牌捐以及过境销场税。汉口人民全体反对,以国家债票性质,不能由地方担任息金,且房捐等项,在亡清时代,每年不过十万串,照商会所拟加抽办法,每年须得八十万元,不啻增至十倍之多。且昔日汉口商务繁盛,人烟稠密,当道征收,延欠尤多。况此时汉口一片瓦砾,市镇问题亦未解决,何能有此力量担负其招牌捐?过境销场税,值百抽二五,犹嫌其过重,今又议加,百物腾高,人民隐受其害。万一因税捐过重,行旅裹足,是汉口商务反因之减色,税捐因之无着。债票之信用一失,势不能不减折出售。外人若被吸收,汉口之亡,可立而待也。况为数至五千万之巨,能不妥为计划?而汉口奸商,不顾大局,任意浮报,以图肥私。某公司报至五百万,某面粉公司报至一百五十万,其他数十、数万甚多。其中弊端百出,甚至欲之商会补报者,非购该会请□书填写不可,并予司事者之规费,方予收受。此事经汉口各团联合会一再与商会磋商,冀得良好结果。乃该会不顾舆情,贸然欲行,多方运动。闻省议会,该会亦派人说项,务求达其目的。此不过一二奸商主持,希图弥个人之私债,遗全镇之大患。是以有人民周万盛等遍布白话传单,措词激烈。各团联合会深恐别酿风潮,立即电致中央政府,以求解决。

其文云,北京大总统、国务院、参议院钧鉴:补助汉口商务公债票,前由汉口商会将政府允准办法宣示,疮痍余生,得此,能无感激?惟其办法不无可疑之点。一、公债既以营业税担保,则显是国家公债票。既系国家公债,何以责成当地同遭浩劫之人民负担息金?二、此项债票,将来价格能保其不致低落?是否足以扰乱市面?于将来公债信用,有无阻窒?凡此种种,当局诸公是否筹划周详,乞为明白宣示。查汉口商会系一部分商人所组织,市自治会系城议会改称,其议员并不足法定额数。该两机关本未足代表汉口全体,而又狃于迎利,不思远害,只图私计,不顾大局,此本会所以不能已于言也。伏乞上念国家财政之前途,俯察一般人民之痛苦,将此项公债办法,斟酌尽善,务期不致遗国家地方之害,实所至祷。若仍照商会所拟保息办法,则绝不敢承认也云云。乃此项电报拍去后,各团联合会连日又据邹万盛等武昌保安总社、本镇清和保安会、商界维持会、小董家自治会、永平公益会、□乐保邻会、公益救患会、卫生公益会、清真自治会、水土果帮自治会、演说自治戒烟会、夏口四区公益会、同益保安会来函,有反对公债票者,有赞成公债票而反对保息办法者,尤占多数。于是开会讨论,以市自治会乃法定机关,忝为人民代表,究竟此项办法是否承认,是否开会□过,备文质问,请其答,否则□分别呈请军、民两政府及省议会核办云云。又,闻汉口商会拟借外债一千万元为保息之用,不知确否。

(《时报》)

2.汉商讨论公债票之意见

（1913 年 3 月 18 日）

孰是孰非，必有能辨之者。汉口自遭兵燹，损失甚巨。去年商会派代表晋京要求抚恤，政府允发补助汉口公债票五千元。近因各团联合会反对公债票保息办法，电达政府后，政府昨已有电到鄂。由民国政府用正式公文行知商会商帮王琴圃、樊步青、刘仁山、周秉彝、王心田诸君，当于初十日晚九点钟在各团联合会讨论公债票利弊，并质问发电政府时，是否全体通过。首由樊步青谓，诸君系四段团内之人，并非商会代表，此次各团联合电京，不认公债票办法，步青逼问本段会长刘仁山知否，刘推不知，不胜诧异。因刘系联合会副会长，何以不知发报？刘仁山谓，此电并未通过，周秉彝、王琴圃、王心田和之，并谓，今商会约定十二日到军、民两府面陈一切，若问有无此电，秉彝自当认不知情，因系本会会员，故不得不据实直告。于是，联合会会长周允斋君宣言，发此电时，虽商团人数不多，有商界维持会在场，并非允斋个人之意。今樊君来会讨论，亦知公债票之害乎？政府补助汉口，应由现金，何以剜肉医疮，何仍取诸疮痍人民？如樊君，咸宁人也，经商汉上有年，是即咸宁之汉口人矣，汉口之人民将来担任太重，人民即难生存，比不得宋炜臣、盛竹书是别省人，将来报开损失数十万，俟公债票到手即回家安享。汉口人民替伊还债，愈负愈重，劝君等不必为伊所用，请商会即与本会磋商，再发一电，由政府担任利息或减轻亦可。樊君步青登台驳之，谓汉口此次兵燹，损失甚巨，自公债票发生，敝帮希望此票者甚多。如谓过境销场加三厘过重，销路必滞，窃以民国规定税则，附加三厘，较诸□清尚为稍轻，如果有碍销路，敝帮绝不承认。因汉口为通商大埠，货通中外，所加之税系取之各处商民，并非汉口一隅担负，此固无庸虑者。查民军起义，汉口适当战线，焚烧殆尽，此次损失理应国家赔偿，何得就地筹款？其如周君所谓，剜肉医疮，何也？前商会代表盛竹书等回汉，目击国库如洗，大总统亦无点石成金之术，补助汉口公债票，本是剜肉医疮，依愚看来，较诸□清中东之役赔三百兆，庚子之变赔四百兆，将已之肉剜补于人，似胜一筹。值此商战时代，汉口金融机关滞塞已极，若非设法补助，外人均可自由赴各处采办，华商变为苦工。商务不兴，何以立国？至于周君所言，损失不能保其必无，然必须商会列表，俾众周知。俟中央调查员到汉，协同调查，以免弊混。如公债票理由充足，即发电不能取消，如公债票理由不足，即不发电亦自消灭，步青亦不过问。惟愿贵会诸公以振兴商务为前提，与商会联络一气，另筹完善办法而已，说毕遂散会。

（《申报》）

3.汉口商界维持会周年纪念会纪事

（1913 年 3 月 23 日）

汉口商界维持会开办已及一年，十七日，在茶业公所开周年纪念会。是日，到者，政、学、商界及来宾等约五百余人。临时主席关少尧报告，该会成立一年，系补助商会之不及，俟市政厅成立后，即行取消。次由邓□云宣布纪念会词。次由正会长朱屺（芑）臣演说一年之成绩，希望各界诸君同力赞助。次由都督代表李君演说，商界维持会成立一年，所办公益事件甚多，不独维持商界,并且维持政界。由主席关少尧答词,并勖勉会员,诸君勿为众志所挠,负都督希望。次由来宾田斌汉演说维持会性质,一方面在维持,一方面在帮助,一方面在取缔,责任甚大。近日发现之公债票办法不善,望诸君设法维持。由关少尧答云,公债票事,本在维持之列,但不能绝端反对,必视公债票之利害,以为维持之标准。次由来宾葛执中演说,望维持会提倡工业,并希望市政厅成立,收回治外法权。次由武昌保安社代表黄笃友演说,言公债票事,本社曾议有办法三则,不知诸君赞成否。于是,胡嵋青、王晓亭诸君继之,并引申其说。次由樊佐安演说,望维持会早日取消,盖汉口商会如果办事认真,何必要此维持会。至公债票事,商会与各团联合会之冲突,亦甚望诸君维持。次由各团联合会代表周允斋演说,公债票性质应归国家,汉口人民何以有此重大担负?此事是商会代表图一己之私利,而不惜重我人民担负也,甚望各界诸君勿为商会傀儡,求予维持:(一)理清债务;(一)公债票减轻负担;(一)维持市面秩序。次由卢鸿沧演说,商民并非反对五千万之公债票,实是反对居民之担负太重,总望市政厅成立,此事或可平和解决云云。其余如商余公会代表何玉良演说,愿维持会诸君组织商团(体育会)。次丁笏堂演说,望市政厅须早成立,但先宜办市政研究所。孙尧卿演说,鄙人为革命一分子,深以汉口破坏,无人建设为愧,今汉口建设从何处着手,须独立组织市政厅,甚望维持会诸君从速组织。次由陈血岑登台演说,愿人人有维持之心,则维持会始能维持。末由关少尧答谢,田祥林读答词而散。

(《申报》)

4月

1.汉口商界莽汉闯会之奇谈

(1913年4月7日)

汉口商界维持会三十日因市政问题讨论大会,先期柬请各团诣会,共同研究。来宾甚众,当田君民宪演说之际,突来莽汉,自称汪墨香者,并偕同一人,入门时即大声言曰:“我是商会代表。”招待员遂引至签名处,请其签名,彼不能书,由招待员代签后,请其入座。不料该莽汉入座,不问情由,始而出言讥讽,继而大肆咆哮,呶呶不休,会场秩序大乱,主席一再维持,该莽汉旁若无人,置之不理。后经该会以既系商会代表,自应遵照法律,况代表商会,即负总协理之责任,决不至有此等不法行为。又询该莽汉究竟是否商会代表,该莽汉语无伦次,时而言是代表,时而言不是代表。该会复再三诘问,谓商会代表应以有无凭证为断,一面用电话告知该商会,亦无正式答复,众议纷纷,争论不决。于是,田君演说亦未毕事,会场同人以该莽汉如此行为,应交警厅施以惩罚,后有来宾多人,挥之使去。甫出门时即大声曰:“你们胡闹!公债票,我们已出二十万元,运动省议会通过,不日即当实行,任凭你们如何,总是枉然。”惟商界维持会开会是讨论市政问题,并未涉及公债票一字,该莽汉忽出此言,无不引以为异云。

(《申报》)

2.汉商请派员设立清理局

(1913 年 4 月 9 日)

汉镇自招兵燹以来,时将二载,群怀观望,一无建设,市面无恢复之日,商业危险已达极点。该镇商界维持会有鉴于此,拟仿上海市政厅办法,首立市政筹备研究所,养成人才,为市政之先导。上月三十日下午在会所集议,请有熟谙法律者数位,演讲市政关系。值来宾田君民宪演讲之际,突来自称商务总会代表之汪墨香,偕一人闯入会场,即大言胡闹等情,已纪前报。兹探得汪系商会调查员,所偕者系张姓书记云。今将汉口商界维持会请大总统派员督理呈文录下:

窃维人民财产以法律为保障,商场贸易以账据为依归,汉口为全国物产荟萃之区,且为各省转输之埠,商业交往至为繁重。自兵燹以来,将及二年,而存欠之账迄未清理,即以口岸收付,计有被灾而放于未被灾者,有未被灾而放于已被灾者,以本埠收付计,有货与货之交往,有银与银之交往,有银货之互相交往,又有本票、支票以及总号对于联号、批发对于零售,种种关系,不胜枚举。往来数十兆,人民数十万,棼如乱丝,毫无归宿,以致相率推诿,群怀观望,外受讥刺,内存希冀,明亏暗耗尤多,债务既无清理之日,市面安有恢复之时?敝会目击情形,危险万状,维持无策,缄默难安,查前清洪杨之季,东南菁华垂尽,彼时困难百倍,今日尚有办法,绍兴以三折了事,宁波以三折三过账,苏杭靡有孑遗,则相与更始。此次汉口被灾固重,然主客俱存,契券未失,既难以苏杭为比例,亦不同宁绍之情形。吾国商人素无特识,又少自治能力,事关大局,不得不慎重办理,以期妥洽而免稽延。惟有恳请钧府,据情呈请大总统,迅派熟谙商情之员来汉,设立清理局,督率各帮,分别清理。各户账据俱在,自可面面彻查,务得真相。以调查货物损失多寡为入手之始,以区分等级,偿还欠款为结束之归,准酌商情,规定办法,庶可以安人心而维市面。是否有当,伏乞钧裁施行,不胜待命之至。除呈民政长外,谨呈。

(《申报》)

3.武汉公民呈请取消公债票文

(1913 年 4 月 10 日)

武汉公民等为公陈与论,恳祈鉴核,取消补助汉口商务公债票,另筹善法,以保民生事　窃维国体改革,甫经一载,民生凋敝,困苦万分,况武昌为首义之区,汉口为鏖战之地,财产损失,室家流离,岁星虽周,元气未复,正宜亟加休养,何堪再加朘削?乃有汉口商会业主会,为振兴商务、救济产业起见,同时请命于副总统,分举代表赴京,要求恤偿。旋以蒙藏风云,渐次紧迫,仅有商会代表独自北行,虽属一方面之请求,但使于多数人民无所妨害,则疮痍可补,燃眉暂救,又何烦乎赘言?无如商会报告,发行补助汉口商务公债票及保息办法,诸多窒碍,是以周良璧等条呈意见于前,张坤山等广布传单于后,舆论沸腾,已可概见。某等谊属公民,既有负担之义务,即有讨论之责任,爰是会集于省城保安总社,广征意义,总计所得,略分六说,请为我大总统详晰陈之。

(《申报》)

4.武汉公民呈请取消公债票文(续)

(1913 年 4 月 10 日)

第一说则谓,票既以公债命名,是注意之点在此债字。各个人之负债,名为私债;公法人之负债,名为公债。私债则立债券以为凭,公债则发债票以为证。私债之利息由债务人担负,公债之利息当然与之相同。今试问,汉口之纳房捐与附捐之商民,为债务人乎,抑为债权人乎?明明为政府补助费,因缺现金,乃募虚债。则债务人属之政府,毫无疑义。乃公债利息,反筹诸汉口房捐、附捐,是又以债权人负担利息矣。此种法律,实为万古万国所未有。自今以后,诚恐私人借口,凡债务人,皆可以不付利息,流弊尚堪言哉?彼报告书乃以第七条之议为详细筹量而始定,毋亦未明债字之性质欤?

第二说则谓,房捐、附捐二种,果为政府所得,亦与债务人负担之法律不相违背。今查财政部厘定国家税、地方税章程内载,房屋税、入市税(销场税)及一切加税,皆列入地方税统系表。其第四条有,地方税之分配,由各级地方团体自定之等语。是房捐、附捐,皆非缴纳政府之款,昭然若揭。且查营业税一项,部章亦有国家税、地方税之别。今《公债章程》第六条,筹还票本,仅以"营业税"三字笼统言之,亦欠分明。由是言之,恐不特利息为债务人担负,即票本亦将归债权人担负矣。是又何必美其名曰"中华民国补助商务公债票",反不如质言之曰"汉口商民自募公债票",自偿损失,自筹本息,较为直接痛快也。民虽至愚,亦不受此虚惠矣。

第三说则谓,自募公债,自筹本息,果谋地方公益,亦为法律所许。今则为自偿损失而设,是因少数人之赔偿,增多数人之担负,殊失情理之平。况募公债以偿私人损失,而利息则筹自地方。是债权人与债务人均立于旁观地位,而以第三人负其义务。此种法律,实属创闻。世有穷巷之子,思造华屋而无资,乃称贷以成之。及其大厦安居,反置身事外,但执路人之过其门者,强之代偿其本息。吾知凡有血气之伦,莫不指以为怪者。乃不意宣布于报告,确定为章程者,竟有类此行为,诚百思不得其解也。

第四说则谓,不谙法律,不顾公理,但求达到自偿损失之目的,此亦商人营利之常,无足怪者。独不解此项债票,既已要求如数赔偿,即应全数付给。何以忽又预留二成,汇存商会附设之保息处?在彼所持理由,一则曰,息款有着,即债票有信用;再则曰,津贴逐年息金不足之数。殊不知,名曰如数,而实发八折,始基之信用已失,安问后日?如以为有息即有信用,乃查该预计表列十四年之内,仍须搭发债票,则所谓现息之信用安在?如以为债票可以抵息,则又何必不发三十年之债票,而反斤斤焉筹三十年之房捐、附捐?如以债票为虚抵,必得捐款以实其信用,则即应量捐款之多寡以发行债票,而何必定以总额五千万?况总额既可八折,又何必不少筹捐款,而行七折至二折之债票?此即就债票内容,研究其自相矛盾之处,不一而足者也。(未完)

(《申报》)

5.武汉公民呈请取消公债票文(续)

(1913 年 4 月 16 日)

第五说则谓,筹捐款,留二成以保债票之息,虽不近情,犹为求实起见。若预缴现款七厘半之法,则更不可思议矣。夫债务发生,必有贷人。按之普通法律,何尝不是。在政府一方面,以全数之债票,仅收七厘半之现款,亦是体恤。在商民一方面,以七厘半之现款,获得全数之债票,又甚便宜。岂知切实核算,不过发出四千万之纸张,即吸收三百万之现金。况商会曾经宣言,如果现金缴足,政府即可发行一千万钞票,以资周转。又称,所缴现金,永不发还。是三百万之现金将归无着,仅博得一千万之纸张流行市面。此种办法将成五千万之纸张市面,而周转一无所据,以此而求信用,虽三尺童子,亦未敢信也。

第六说则谓,军兴以来,人民损失,除他省不计外,即鄂省州县,亦不一而足。倘汉口以公债票为之倡,则继起效尤者,必多纷纷要求,政府将何以应付?若仍仿此办法,则现金之恐慌,翘足可待。虽章程载明,此项债票可以自由买卖抵押,而以实易虚,人情类不肯为。即令全由政府担任本息,尚恐将来不免折扣,而况由地方自行筹息。所议方法,又多不完善,流弊所极,势必有欲求折扣而不可得之一日。此又事实所必然,不能不痛切直陈者也。

总观以上六说,皆就章程办法以立言,至有害于国家、有害于商民各种议论,均与周良璧之意见书、张坤山之广告单大致相同,毋庸□缕。惟是公理所在,人心同然,公债票之有害无利,物议如此纷纷。而商会独殷殷然,惟恐弗获;政府亦谆谆然,为之商允。岂好为其难,故拂人情至于此极。盖一则因经理店事之伙友及经手,事件一日不结,即揹留一日,故设此空中楼阁之法,藉为脱卸地步;一则向无资本之商人,负欠累积,一日不还,即拮据一日,但求得敷衍塞责之法,便可再肆张罗。商会为商界机关,既受此两种人要挟,势不能不袒护到底。所以迭次开会,有当场反对者,则商会群起而攻,有致函否认者,则商会搁置不理,以致多数人民,下情不能上达。而政府又居高驭远,莫由周知其情伪。加以内忧外患,迭起环生,又不暇熟权其轻重利弊。代表既以此苦求,政府即以此漫应。初不料众怒难犯,专欲难成,后患方长,有如许之曲折也。职是之故,因发生一种风说,谓政府与商会勾串为奸,将吸收三百万之缴现,作为国家银行之基本金。此说果实,则政府之资格全失。此说虽虚,则政府之影响亦大。为政府计,又何苦代人受过,而必行此不良之债票,以贻累人民乎?虽然债票固不可实行,损失究宜有赔偿。某等公同筹议,以为大借款成立,政府如能照全数拨,此最上策也。如果不敷分配,即酌拨若干成现金,以为补助,亦上策也。不然,即有政府酌定清结账项办法,宣布划一,以免商民观望,阻碍进行。即如前清天津成案,华洋均无异议,似可仿办。至补助之法,与其加三十年之捐款,毋宁减若干年之租税,犹为实惠及民,此中策也。至于就公债票办法逐条删改,此下策也。若坚执前议,不予取消,则非所敢知矣。某等或居武昌,或居汉镇,此项损失,亦颇不少。如果债票有利无弊,岂肯违要求之初心,舍补助之近利,而自贻戚?无如公理所在,担负所关。就目前言,虽因损失而得虚名之补助,为后日计,反因补助而受无穷之损失。两相比较,不得不抑私情而昭公论。用特缕乞,俯赐察核,迅赐取消汉口公债票,别筹善法,或就尾开各策,采择施行,不胜迫切恳祷之至。再,某等在保安总社会集,因借用保安总社图记,以昭公信,合并声明。谨呈。大总统、副总统、参议院、国务院、民政长、工商部、财政司、财政部钧鉴。武汉公民黎大钧、陶埙、陈元珖、胡汝霖、黄庆曾、田民宪、王治熹、王治炜、陶炯照、王冕、魏之纲、王葆寿、王振椿、陈振藩、雷德称、王岳烇、王振琨、刘作璧、陈寿熙、刘鸿慈、胡康民、姚景瀛、程国藩、朱煜、王道铎、田强民、凤以孙、关大镛、徐礼新、胡□青、王维跟、项少斋、程受之、龚子安、张和安、罗玉珊、陈炜钰、郝进民、武鸿钧、余争恃、李民导、高鉴清、樊佐安、韩瑞庭、马达五、邓倬云、王凤檠。

（《申报》）

6.汉口商会请派员清理商业款目

（1913 年 4 月 22 日）

汉口商会刻以兵燹已过二年，从前贸易行商存欠账目迄未清理，仍系互相推诿，群怀观望。债务既无清理之日，市面安有恢复之望？特呈请民政长据情转请大总统，迅派熟谙商情之员来汉，设立清理局，督率各帮，分别清理账据。以调查货物损失多寡为入手办法，以区分等级，偿还欠款为结束之归，准酌商情，规定办法，以安人心而维市面云。

（《时报》）

7.鄂议会对于汉口公债票之主张

（1913 年 4 月 27 日）

汉口补助商务公债票之议，发生于汉口商会，经中央国务会议赞同。嗣因商民纷纷反对，始由财政部咨请夏民政长体察情形，妥速议复。夏公遂开行政会议，各司长官一律主张撤销原案，而汉口各团联合会同时又有反对公债票之陈请书，呈于省议会。该会已开初读会，交股审查。顷于二十一日开第四次会议，议员一致主张将补助商务公债票取消，并议筹维持办法两种：（一）调查各商户损失确数，俾债务者偿还之力能担负；（二）酌量各商户偿还期间，俾债权者收回之事有所着落。是日，议员各守秩序，会场颇为静穆云。

（《申报》）

8.官钱局改组银行之定议

（1913 年 4 月 30 日）

湖北官钱局自起义至今，虽属存在，然不开市兑换钞票。查该局发行之各种纸币，约近四千万之多，全借社会上素相信用之心理，故能维持于不坠，且不独不兑换旧钞票，续又加增新钞票一千万。鄂中军队林立，饷粮未至，缺乏者，皆得其力。现中央统一财政，鄂省无单独立发行纸币之特权。以后该局即开办，仅司储蓄公款，为财政司金库而已。昨夏民政长特商于黎公，将该局改组为湖北工商银行，由华侨唐乃谦等投入现金四百万两，就其基础，经营汇兑、储蓄及其他之金融事业。至前该局纸币，亦徐图收回，惟铜圆票于开办时，继续兑换通用。其进行简章已指派财政司长黎注、实业司长屈德泽、汉商会前总理蔡文惠（会）及官钱局总理吕达先等为起草员，俟脱稿后，即交省议会讨论，得其赞同，再咨部立案开办。

（《申报》）

9.汉商会仍不忘情于公债票

（1913年4月30日）

汉口商务总会要求政府发行公债票五千万元，补助前年兵燹损失。汉上商民以其所拟保本保息办法，毒国害民，纷起反对。国务院俯察舆情，议咨参议院将原案撤回取消，特先行咨询鄂民政长，征其意见。业经民政长转饬四司议决，赞同取消。另请政府仿庚子天津商人损失，政府贷款抚恤方法，于大借款项下拨款若干万，交地方官会同商会，酌借于商人，取最轻之年息，限二十五年还清。乃汉商会诸董对于取消大不满意，极力运动省议会反抗。讵省会以舆论可畏，且内而院部，外而府司，一致以取消为是，实难挽回。前日在议场公决，亦以取消另筹办法为归宿。商会至此无可奈何，爰联络各会馆首□及自治会、业主会少数自私自利之徒，捏称汉口人民全体电致北京政府大总统抗争，特录电文如下。

大总统、各部院钧鉴：前蒙国务会议准发给补助汉口商务公债票，奉大总统核准，提交院议，商民同深感激。其保息办法业由商会、自治会、业主会暨各会馆、各团体集议妥善，正在呈核间，突有少数不想关切之人，捏造假名，空言反对，或肆行诬蔑，违反公意，呈请取消。鄂省各司受其□惑，于大总统恤商爱民之心，未及统筹兼顾，幸鄂军、民两政府洞烛浮嚣，力予维持，然迄无切实办法，商民待拯孔殷，咸深忧惧，除向本省官厅磋议外，请即电鄂民政长妥速核议定案。若须将该案提回修正，或实已另筹妥善，确定取消之时，仍请俟由商会、自治会、业主会会同呈请核办，以免纷歧而重舆论。

（《时报》）

10.农商部训令北京、天津、广东、汉口、上海商务总会文

（1913年4月）

案查前农林部卷内，准国务院函开，奉大总统谕，交南洋侨商、前邮传部郎中、代理新嘉坡总领事杨鉴莹呈报大利树胶公司成绩，并发明胶业情形，请鉴核。等因，准此。查该侨商招集国内股本，在新嘉坡柔佛地方创办树胶公司，欲使将来实利尽归祖国，办理有年，成绩昭著。曾经本部援照定章，呈请奖给四等嘉禾章在案。惟国外实业之竞争，专赖国内援助为后盾，乃克日臻发达。各该总商会同舟共济，自必乐予襄赞，合即令行，一体遵照，广为劝导，俾该公司事业益形发展，用副本部提倡振兴之意。此令。

（《云南实业杂志》第2卷第2期）

5月

1.临时大总统令

（1913年5月14日）

迭据北京、汉口、上海、苏州等总分商会，蜀商公益会，旅沪全浙工业团，洋货九业公会，旅沪客帮商务联合会，香港各银行团暨各业公会公所来电略称，上海少数之人，托名全国公民，开会鼓吹，有意破坏大局，牵动商业，各埠成交货物纷纷止退。乞严饬各省，禁止托言，保卫商民，维持秩序，无使我商民喘息余生，再罹惨祸，致贻革命丰功之玷等语。慨自前清以来，实业萧条，商情凋敝，人民急求改革，不惜捐弃生命、财产，助成共和。兵燹所经，流亡载道，呼号奔走，触目伤心。而海外侨氓，尚复踊跃捐输，倾心祖国。即内地商民动遭逼勒，或迫于金融之低落，或耗于家室之播迁，富者罄其盖藏，贫者转于沟壑，综计损失，奚啻万万。迄今疮痍渐复，元气未苏，五夜焦思，泪随声下。本大总统受国民付托之重，何以对我生灵？虽竭力抚绥，犹恐不及，何忍再加倾陷，自蹙生机。共和国家以人民为主体，我国地大物博，人民智识不让他邦，始于公债、银行、货币、租税各种，财政徐图统一，合力改良，不独为人民福利之源，并可让世界和平之福。乃或有意破坏，煽动讹言，逞少数人权利之私图，绝四百兆人民之生路。本大总统尊重人道，不愿我父老子弟稍有震惊，是以忍痛包荒，冀免兵凶战危之惨，但严饬军警保卫地方，服从命令，幸我军警深知大义，咸思顺民意而伸国权。所愿商旅不惊，廛市不变，安居乐业，为十年生聚之谋，本大总统方为尽职。着各省都督、民政长查禁造谣生事之人，从严惩办，一面剀切晓谕商民，勿堕奸谋，照常营业，即由各处商会分印传单，广为劝导，不得听从痞棍托名勒捐，不得轻信浮言，受人恐吓。并着各该长官督饬军警，竭力保护，如有匪徒借端扰乱，损害商人，惟该都督、民政长是问。本大总统誓将牺牲一切，以捍卫我无罪之良民也。此令。

大总统印

中华民国二年五月十三日

国务总理、陆军总长段祺瑞

（《协和报》第3卷第32期）

2.赣省米贵之大恐慌

（1913年5月25日）

商会之哀电　商务总会以本城米价日涨一日，贫民生计几有绝食之虞，异常恐慌，即急电武昌商会转各行政长官文云，赣省米慌，历年罕见，况以产数之地迭济邻灾，久为各省所公认。今因上年水旱，偶遇凶荒，仓庾告空，鸿嗷满地，求食无所，惨目凄心，始由敝会会商内、财两司，派员分赴芜、汉购办赈米。据委报告，在汉办米一万三千石，装船被阻，此电传到，米价更昂，几于绝食。睹此慌象，危险堪虞，诸公大局关怀，当亦闻而心恻，救灾同愿，况属恤邻，请将已办米数速赐放行，敢代无数饥民请命。

（《申报》）

3.汉商会不认拒债传单

（1913年5月28日）

中华商会联合会上海总事务所接汉口商会来电，祈转各省埠商会、各报馆钧鉴：敝会忝居巨埠，维持商界安宁，平日行为，共闻共见。近有假托敝会总协理名义，印刷拒债传单，流行外省。内载讨论时局问题：一、正式总统；二、大借款；三、购枪□。敝会并无干预之理由，亦实无开会情事，诚恐远方不察，致多误会，务请查照转达，倘此后再有此项发现，一律作为无效，除登武汉各报外，特电闻。汉商会，宥。

（《新闻报》）

4.杂评

（1913年5月28日）

拒债传单之更正者　一大借款也，而此方坚拒，彼且欢迎，俨若各树一帜者，然其间是非胜负之数，已令人迷离，惝恍而莫辨矣。

乃近日沪上联合会事务所且得汉商会通电，声明假托名义，印刷拒债传单之无效，吾不知汉皋商民究以何者为宗旨，忽焉拒债，忽焉更正，而顾纷纷扰扰之一至于此耶？

（《申报》）

6 月

1.副总统不允放米出赣之苦衷

（1913年6月10日）

赣督李烈钧前以赣米缺乏为词，派员赴鄂购办大批米粮，尚未运出，经黎副总统查悉，即饬关吏截留。赣督因电请江西国会议员汤漪、刘濂等，转电鄂省，请予放行。兹闻副总统已复电不允，略云，救灾恤邻，古之善政，曲防遏籴，例禁綦严，元洪虽愚，颇明斯义。是以闽、浙、湘、鲁等省灾荒，无不勉筹万金赈款，区区此心，当可共谅。鄂省夹居江汉，连岁水灾，本年春雨连绵，麦萎秧损，已成荒象。武汉商旅盛繁，需米浩巨，向系仰给湘赣出口米粮，视为生活。今则湘不下驶，赣不上行，三千万人势成坐困。业经地方商民陈请军、民两府，一面招商购办洋米平粜，一面禁米出口，以维现况。前准陆军部购米两万石，亦经电请另往他处采办，可查可证。贵省向称产米之区，且下游江苏等处采购较易。前现准李督咨，据内、财两司请办鄂米一案，当经咨送民政府，转行商会核议，尚未咨复。适据报告，下新河地方有出口米船十余只，查系贵省委员所买，虽欲顾全邻谊，稍予通融，而武汉商会、自治会等再四要求，殊有不能舍己从人之苦。业经本府及商会迭电贵省都督、商会，并托黄君祖徽转达一切。赣、鄂唇齿相依，休戚与共，既经贵省官商士绅再三商榷，苟稍可为力，断无不乐于从事。惟此次实因来源断绝，自顾不暇，致负厚望。诸公代表国民，存心平恕，必能体念邻封，不忍制吾鄂民之死命也。敢布腹心，敬祈公谅。

（《申报》）

2.湖北金融救济新策

（1913 年 6 月 14 日）

军、民两府以鄂省财政困难，纸币低落，金融阻滞，令由财政司与英国伦敦银行团商借款一百万磅，维持现状，及作为恢复官钱局之活动基本金，拟定草约。前月二十三日提交省议会核议，并派造币厂长沈致坚携约赴京与财政部磋商。

财政司长以汉市官票信用较为昭著，拟再添印官票一千万串，为收回纸币之准备。日前曾呈由夏民政长提交省会核议，闻省议会以官票发行虽多，尚有造币厂铸造铜币为之补助，与银圆票单独行使情形不同，业已通过知会夏民政长派员赴申，与图书公司接洽开印，月内可得五百万张运鄂。

省议会以银圆票泛滥，市上无现币兑换，以致价格日低，酿成恐慌现象。此次添印官票，合计前后发出，其数不为不多，若不赶筹铸造铜币基本，则官票亦难流通，拟将中央拨充军饷之五十万元提购紫铜，以便该厂源源鼓铸。闻已议决，咨由夏民政长令行财政司核议。

汉口钱商不下数百家，因受阳夏之役，业产付之一炬。比年间虽继续开张，皆系资本不裕，以致闭歇者，时有所闻。汉口商务总会为维持商务、整顿钱业起见，特拟定办法，呈请实业司核准，以期整顿钱业，以免亏空倒歇之弊。已经屈司长批准，兹探其整顿钱业办法如下：（一）查商立银行、票号、钱店共有基本金若干及其交易之大小，如其出入相悬，即令其改业或促其增本；（二）已有亏累之商号、银行、票号、钱店，即令歇业，偿清宿债后改业，或增本续开；（三）新立票号、钱庄，须函至本会存册。

（《申报》）

3.俄捕殴毙车夫风潮再志

（1913 年 6 月 24 日）

俄租界安捕殴毙东洋车夫龚某，致东洋车夫全体罢工一事，已记前报。兹悉，该案发现后，即由该处第四区公益会，据尸弟龚金宝之报告，指引告诉检察厅，并通告夏口县警视厅及各团体，研究对待方法。各界以龚某在厕屋旁小便，有何违法，纵然违法，亦无置之死地之理。因此发愤，几致暴动，嗣经商界维持会，一面发布传单，劝弗妄动，静候解决，一面敦促政界为正当之交涉。是日下午，检察厅赴俄医院，如法检验，委系因伤致死，并经洋务公所委员侯某会商邀请英医苏某复验，剖视左肋，确系因伤致死。其验单两份，一交俄领事，一交交涉员，俾两方面作为凭证，以便交涉。现在各车夫已于十八号下午上市拉车，各团联合会、商界维持会连日会议种种对付方法，其概略如下：

（甲）各团协同汉口商会对于该案一致进行；（乙）代订律师张君为尸亲出庭辩护；（丙）提议要求值年领袖英领事主持公道；（丁）提议用洋文文函详述龚某殴毙事实及证书，分布京、津、沪、汉各外报；（戊）此后，交涉该案情形，要求交涉员及行政、司法各方面随时宣布；（己）邀集各车行劝谕各车夫，静候解决，弗得借端生事。

（《申报》）

4.俄领不认安南捕殴毙车夫

（1913年6月26日）

汉口俄租界安南捕殴毙车夫龚银宝一案，各团连日筹议对待方法。汉口商会鉴于前清英租界吴一狗之案，一时办理不善，双方误会，惨伤多命，此次众情愤激，恐不免又有他变。因照请俄领事，先将该处安南巡捕一律暂时撤退，一面速示解决办法。讵该领大谓不然，日昨复函，竟谓，据贵会之照会，十七日所颁发之告示及人道会昨日之传单，均谓该车夫系本租界安南巡捕打死，本总领事对于此种言论甚为反对。盖对于安南巡捕方面，并未查获何种证据，则无论何人，不能谓此安南人为凶手，尤不能公然谓其为凶手。夫凶手难定，惟经法庭审判，而后能确定凶手，想贵会必能深悉此中理由。至贵会此种申告，发现于检察案情之前，颇足以迷惑人民，致人民误信车夫实系安南巡捕打死。舍此以外，且此种申告有背道德，必至激使人民仇视外人，酿成激烈之风潮。如贵会实意关怀治安，应出示申明，安南巡捕打死车夫实系虚言，现正在严行查访，一俟凶手查明，自当惩办，惟举行检察发现证据之前，不得任指何人为凶手。希贵会如本总领事所请，以免谣言流传。至撤退本租界安南巡捕一层，此系租界所管辖之事，请贵会毋庸干涉此种与己无干之事云云。该领事如此强词夺理，视人命如儿戏，恐此案又将失败矣。

（《申报》）

5.鄂省会最近议决案纪要（否决免捐加税）

（1913年6月28日）

汉口为通商巨埠，财力雄厚，前清时代，鄂省因行政乏款，于汉埠征收杂捐，名目繁多，极为苛细。起义以后，军政府示惠商民，除海关、钱粮正税仍旧外，特废厘金，改设过境销场税，货物值百仅抽二，并免除一切杂捐恶税，以彰宽大。近因财政支绌，当道商于汉口总商会，拟将杂捐中之九九商捐、江岸捐、筹防捐一概规复。经该会总协理集各议帮董开会讨论，以杂捐为非法之担负，除公益捐外，碍难承认，但湖北政费竭蹶，已达极点，吾商民应担责任，兹拟请免捐加税，将过境销场税加收半成，即值百抽二五是也。财政司以规复杂捐，乃系汉口一隅之事，加征销场税，属全省人之担负，是否可行，特将商会陈请，呈由民政府交省议会核议。闻该会大多数议员，以兵燹以后，百物增昂，继以凶年，饥民遍野，各属人民实困苦不堪，休养生息之不暇，何能再加负担？惟汉口为各省交通枢纽，中外精华荟萃，虽全市被焚，受损者皆不动产，与富商大贾无甚妨碍。且年来贸易增盛，获利较前尤易。此项杂捐，责令输将，原不为苛。该商会竟欲避重就轻，以加捐于全省人民为搪塞。即官厅照允其议，各属商民亦决不承认。故已决议咨复民政府，谓不能据汉商一隅之意见，推行及于全省，所请加税半成，碍难议允。至杂捐之规复，应由公家与商会磋商办理,以济财用。

(《申报》)

6.鄂省实业前途大危机

(1913 年 6 月)

湖北实业之败坏,自起义以后,已达极点。实业司一再更人,均系尸位素餐,罔知振作,而尤以现任之屈德泽为最。即如此次水泥厂之交涉,已得贿二十万元,准令宣告破产,其彰明较著者。该司附属机关二十余处,月支经费十余万,执因求果,应与湖北生何如之财源?乃大谬不然者,如贫民大工厂,则资本耗尽倒闭矣;白沙洲造纸厂,则既亏损折停办矣;红砖各厂,则强夺商业为官业,而位置私人矣。此属于该司所经营之工业一方面者而言。如龙角山矿产,则已耗折四千二百余串矣;马鞍山煤矿,则已亏折四千余串矣;炭山湾煤矿,则已亏折六万余串矣;韩家山铜矿,则已亏折五六万余元矣。此属该司经营之矿业一方面而言。是以省议员胡国玺提出弹劾,大致以工与矿原属直接生利范围,东西洋大率以此富国,一经该司办理,微独不能致富,而反益贫。他如各种农林试验厂、讲习所,属诸间接生产者,其有名无实,有害无利,则更可知矣。总之,共支二百万左右,从无分毫收入,奈何取之尽锱铢,一听该司用之如泥沙也。查该司颇受审计厅驳诘,而民政长力为袒护,致驳者自驳,用者自用,阳借振兴实业为民,阴怀夺利权之计,实业计,诚大发财源矣。闻已列出议案并该司长种种违法,自应将开办以来各事件逐项清查,彻底核算,以证其事业失败及滥用官费,须予以相当惩处云云。不知能通过否。

(《中华实业丛报》第 3 期)

7.汉口盐政之统一难

(1913 年 6 月)

汉口督销淮盐局总办,前清时系由江督委任。武昌起义以后,即由鄂省财政司遴员办理。嗣共和成立,政府欲维持盐政现状,是以有两淮盐务总局之设。汉口督销,自应归其管辖。比经张季直君委派卓筱梅君来汉接办,讵鄂委该局总理高尚志,抵抗不交,卓君守候数月,不能接事。卒由张季直君让步,加派高为总理,以卓为协理。乃高持仗功勋,藐玩协理,局中事卓几无从闻问,且任意变乱旧章,败坏鹾务,致两淮盐运汉者,时常不济,借鲁,借芦,借川,以便其私。财政部深知其弊,以鄂岸系淮盐大销,如不维持,殊与课税有碍,特借统一盐纲,委任南皮文孙张道孙君,为汉口督销局长,业已抵汉月余。高因南皮与鄂人感情甚厚(财政部委张亦因此故),知难与抗,惟以延宕为把持之计,始与约四月一号交代,至期请改至十五号,并要求局中人员概不更动,且请弥缝亏空,至期,又将再延十日。前二十五号张往接事,高竟避匿不面,嘱其文牍员告张曰:此局乃鄂人之食盐经理局,无与财政部事,高总理未奉鄂省上级官厅之撤差命,不能移交。张遂悻悻而归。闻曾面谒黎、夏二公,商请令高交代,被财政司居间阻扰。现张所带员司百余,逆料难于接手,已多自去矣。又闻高曾运动盐商,公电中央恳留。噫!区区一盐局总理,竟公然反抗部令,吾国有统一之望乎?

(《谈盐丛报》第 3 期)

8.展览商品

（1913 年 6 月）

湖北实业司长，以汉口自前年兵灾催拆后，洋货乘隙，充斥满途，华商几将一蹶不振，其余资本罄乏者，骛趋商市，而残喘苟延者，蛰居茅棚。现马路工程将次第举行，拟将华界中枢之江汉关署址，仿武昌办法，建筑劝业场，列□为市，减取租金，专售国货，使华商有同顾之乐，而外货无浸润之虞。且于懋迁有无之中，兼寓比赛观摩之意，并以振兴市政，莫不以赛会为先道。拟俟此场筑成，即采集内地物品，开汉口劝业展览会，以为恢复商场之纪念，而树全国博览之先声。会竣，即将存留物品移充扩张商品陈列馆之用。日前呈请民政长将江汉关旧址预为估值，一俟路工告竣，即庀材鸠工，俾早观厥成。

（《交通丛报》第 4 期）

7 月

1.武汉商民安靖

（1913 年 7 月 1 日）

商会联合会湖北事务所致上海总事务所电云，武汉连日破获匪党机关，按律惩办，人心静定，市面照常，恐远道讹传，特电闻祈通告。湖北省事务所，沁。

（《申报》）

2.浔江起事后之鄂渚谈

（1913 年 7 月 21 日）

（前略）赣省与鄂比邻，现兵事发生，无论胜负如何，湖北不能不急戒严，况讨贼团又新换有一班人，至鄂煽动。故自十三日夜起，军警巡哨又加严紧，上下轮船、旅馆客寓，盘查极为认真，一班由浔逃乱来鄂之商民，非有确实保人，旅馆不敢容留。武汉沿江已拟布置防御，各城门码头，均派兵队站守，巡警一律荷枪，汉口商团已戎服站街守卫，以助军警。幸武汉已无激烈派之报章，故商民之心尚安。惟商务已大停滞，金融吃紧耳。十三号，武昌并杀女暗杀党杜英杰一名，系直接受人委托来鄂，暗杀黎公与各师长者，被侦探刘友才在轮船内拿获，并获同伴女子程超兰、程超芬、柏联春三名，由军法局讯明，系属被杜惑同行，并不知情。旋即录供，呈明黎公，将杜一人斩决，余准交保开释。闻杜系南京体育女校毕业生、女子参政同盟会干事兼评议，其人文学甚佳，殊可惜也。又，浔阳警电到鄂之初，官中尚秘未发表，竟有四人（不悉其名）至汉口铁路营旧址所驻宁军处，煽惑赣地起事情形，言之凿凿，并皖、粤、桂、苏、湘等省，同时均必响应云云。当被兵士拿获，解送镇守使署讯，供认系九江派来联络员不讳。黎公饬就地正法，遂于十三号斩于居仁门铁路营前。四人中，有一名系九江某大商号之子，正法前曾写绝命词，别其二老,此人时常在汉口荡游,社会中认识之颇多。

(《申报》)

3.民政长复汉口商务总会歇业土商庆生福等请给成本等情碍难照准转知照函

(1913 年 7 月 21 日)

径启者,内务司案呈,据贵会呈称,前奉公函,当经转饬知照去后,兹据该歇业土商庆生福等略称,请转呈多给商本等情,并据汉口禁烟查缉处呈同前情。据此,查此案前经本公署详细函复,区区苦衷,方冀共谅。乃该商等不察事情,复行哓渎,措辞尖刻,绝无确当理由,假托公名,纯系私人意见,甚至以呈请不准,遂云压力,要求未遂,即谓强权,信口雌黄,殊属谬妄。本应搁置不理,然本署办事一秉大公,故不惮瘏口哓音,解释大惑。据称,公家设局禁烟,不自筹款,专为牟利云云。查各局县禁烟经费,除收入照捐罚金外,现已用至十万以上,国家耗此巨资,原为吾民除毒,有何渔利之心?即云邱总理违法苛罚,该商等如果查有确据,何以不据实呈诉,而徒为此事后空言?况邱总理家室犯烟,业经本公署饬送法庭,从严惩治,该商等讵未之闻,而故欲以个人关系诬及全体,居心狡诈,情见乎词。至若设处专卖,原为限制烟民起见,销膏数少,其理固宜。该商等遽谓私卖多于官卖,究何所见而云然。且以前禁烟局查缉私售,均属积极进行,毫无假借,即或耳目未周,该商果亲见及,何不随时举觉,故曲为徇隐。凡事在求实际,决不得以莫须有之事,为无根据之谈。此质之该商等而不得诿为不解者一也。

中国对外权力薄弱由来已久,禁烟交涉现在正着进行,总期外无碍于邦交,内有济于实事,操之过激,深恐阻力横生,转滋障碍。此等重大问题,言之自易,行之维艰。该商等不明国际关系,竟以此为要挟把柄。在外商,前以中国烟毒未净,故借洋药入境以弱国。今该商等以租界烟毒未净,亦欲存土畅销以祸民。易地以观,是该商等对待中国,与外商对待中国,彼此同一心理。但该商等心虽外商之心,人仍中国之人,竟以少数成本,斤斤以租界私土充斥为词,设外商果亦师该商等故智,能保其不以内地存土现尚积聚见责?至谓焚毁土药,尤益国民,向令尽数售出,即谓有益无害乎?自谓至愚极庸,实则至奸极毒。此质之该商等而不得诿为不解者二也。

武昌起义以后,烟禁中断,各土商乘机贩运,利己害人。《书》曰:矢人惟恐不伤人。操术不慎,原无足责。惟查该商等呈称,上年冬季,在申订定洋土数百箱云云。该商等现存之土,明系后来贩买,何以又遁其词曰,皆由前清购运?自相矛盾,如见肺肝。如谓公家禁烟不应收税,不知当禁烟接续之际,百货例有常征,岂独于毒害物品反邀豁免?及至禁烟严紧以后,法令期在必行,又何得以纳捐土药即松禁制?至谓河口、郧阳撤税稍迟,原因该处地连山陕,邻土输入,尤属最易,若竟预为免税,奸商购运必多,贻害更大,故借税以禁,即寓禁于征。此质之该商等而不得诿为不解之三也。

营业之正当与否,论其于社会有无利害,并不关乎资本之大小与税额之多寡。况鸦片营业,资本大则销路愈广,销路广则民间之种毒愈多。至国家收税,凡对于消耗品及妨害卫生品,每不惜加纳重税,以遏来源,国税率大属相同,中国土税最多,亦即此意。该商等欲以是二者为营业正当之标准,不知是二者适以露营业不正当之真相。又云,湖南仍给商本二十余万。该省距离甚远,是否得自传闻,即或酌摊商本。而各省情势不同,办法亦异,更不得以湖南摊给商本,该商等遂认为正当营业也。查禁烟限满,专卖撤销以后,寿昌、南漳各县土商,业将余存土膏悉数焚毁,不取成本,以助成全县禁烟。在各县土商,财力自不及该商等之坐拥厚资,而尚愿牺牲命本,不忍留害民生。该商等果属何心,清夜自思,能无愧怍?此质之该商等而不得诿为不解者四也。

总之,该商等利欲熏心,罔知大义,故为此虚诞之词,欲遂要求之壑,不知本公署只知为多数人谋幸福,决不得为少数人便利图。所有该商等土膏成本,仍应俟烟膏加价钱报齐,再行按成摊给外,决无他款之可筹,亦无请益之必要。贵会体恤商情,本公署亦所深悉,但公帑绌而事既难行,禁令严而势难照准。除令饬汉口禁烟查缉处定期焚毁外,相应函复贵会,请烦查照,并希转知该土商等知照。此致

(《湖北公报》第 402 号)

4.湖北方面之赣事近讯

(1913 年 7 月 26 日)

(前略)汉口英总领事,为保护该国长江商务起见,对于武汉迭次乱事,极尽力维持,以希冀和平。凡党人之匿该租界者,缉捕到案,即引渡归案,决不刁难。此次赣事发生,南京继起,扬子江流域,自浔以下,恐难保全和平,而鄂境党人遍地,上下受敌,殊为可危。该领事昨日特晋谒黎公,谓该国商人前岁所遭损失,至今尚无着落,现断不容再有乱事发生。拟请该国政府多派军舰来鄂,上驻新堤,下驻武穴,如遇有乱事,即协助痛击,以维商务。黎公以此事关系外交,且引外援而讨内乱,既蹈黄李覆辙,且防流弊孔多,当已婉言拒却。但英领已决多调兵轮,维持汉口商务。

(《申报》)

5.汉口茶市最近之报告

(1913 年 7 月)

《字林报》载,据汉口商务总会所刊茶市报告云,自阳历六月十一号至十八号,汉口茶市交易之数计六万三千四百四十七(六万三千四百二十七)二五箱,其各项新茶价盘如下:

	交易之数	每箱价值	每担价值
宁州	九八八二二五箱	十九两七钱半	五十三两
祁门	五〇六二五箱	二十六两	五十五两
湖北	一六〇一二五箱	十三两半	十七两
湖南	一七三〇四二五箱	十一两半	二十一两五钱
安化	三〇三八七二五箱	十四两	十九两五钱
湘潭	二四四八二五箱	十一两	十一两六钱
宜昌	一二九九二五箱	未详	五十七两

本期茶市与去年六月十九号之比较：

汉口茶	1913 年	1912 年
交易之数	三三六七九二二五箱	四二四一一七二五箱
存货	二〇二一〇二五箱	六二九六三二五箱
到货	三九七〇〇二二五箱	四八七〇八〇六五箱

九江茶	1913 年	1912 年
交易之数	一二九九六一二五箱	一八三九六一二五箱
存货	二七二七一二五箱	一〇九八六二五箱
到货	一五七二三二二五箱	一九四九四七二五箱

又，各项新茶价盘之比较：

地区	1913 年		1912 年	
	每箱价值	每担价值	每箱价值	每担价值
宁州	十六两半	一百两	十六两	一百零四两
祁门	二十二两五	七十二两	二十两	八十五两
郭滩	二十四两	二十八两	十八两	二十九两
温州	未详	十七两	十九两	二十两
湖北	十三两	二十四两二钱	十二两一钱五	二十三两
湖南	十一两	二十五两五	十二两五	二十七两五
安化	十四两	三十七两五	十三两七钱五	三十五两
湘潭	十一两	十一两六钱	十一两七钱五	十八两
宜昌	未详	五十七两	三十七两	四十二两

据海关报告，今年至六月十九号，经上海运赴各国磅数如下：

运销国	1913 年至 1914 年	1912 年至 1913 年
英国	一三八五六二九磅	四三七二二七六磅
美国及加拿大	九六二七八五磅	一七四八三七六磅
欧洲各国	一四八一九七六磅	二〇七九七七二磅
俄国（欧）	三二九一七一磅	三七二三三一磅
又 （亚）	六〇〇五九九磅	六〇四五五三磅
上海	二九五五九六磅	五六四六〇〇磅
计输出汉口茶	三一一七二六九磅	五八七九〇五九磅
又 九江茶	二三三三七六三磅	四〇〇七五三三磅

（《中华实业丛报》第 3 期）

6.武汉跨江大桥之设计

（1913 年 7 月）

日前黎副总统饬铁桥路毕业学生会同陆军测绘各员，测量黄鹤楼、晴川阁对峙之江面并蛇山、龟山之全体，拟在两山之脊修一双轨铁路，中间修筑渡江铁桥，一面咨省议会暨民政署议决，一面已直咨交通部矣。所执理由，节录于下。

武汉居长江上游，为国内之中心点，非特起义首善之区，实亦东亚雄峙之地，义旗飘扬，群雄举手，共和成立，百辟倾心，是宜有绝大之观瞻，借为永远之纪念。南北路线至此为总汇之所，而长江天堑，于交通实多障碍。铁桥成立，呼吸灵通，岂独利便于商民，且更有裨于军国。龟、蛇隔江相对，濯濯然等于牛山，畜牧则不便于水草，森林则无取于肥沃，而此天然形胜，听其荒芜，殊足惋惜。兹因势乘便，以山脊为总汇之路线，借两岸山头，作铁桥之基础，利用两方形势，实足以化无用而为有用。粤汉、川汉两路，均在汉口起点，将来跨江桥工，无论如何，均有建修之必要。绳墨倘无标准，则措施必费踌躇。兹先将总汇路线及建桥地点预为指定，则轨道方针已隐受无形之益。

（《铁路协会会报》第 10 期）

8 月

1.汉商会认筹饷项

（1913 年 8 月 1 日）

鄂省诸军，除工程一团已临九江战地外，余皆派在本省境内防守，即黎天□所部，亦为后军之援队而已。其饷粮均须湖北自筹，中央近虽接济六十万金，现已支销殆尽。缘本省各县人民，前因宋案发生，接有公民会抵制政府传单，以不纳各项国税相要约，完纳钱漕，已极观望，而连月又风鹤频惊，商务受损，一切税捐，皆为短少，省库亏累，已属不赀。际兹军兴，税捐愈无所收，支出反加倍□，其困难可想。现届月底，武汉军警饷项，均无着落，檄催报解，罔应。民政长无策，乃商于汉口总商会，请商会劝捐助饷。闻该会已开会议，以现在谣言□起，须军警各长官切实申明，服从政府，力任保护，商民则担任代筹饷项。闻日内军警诸官将至商会表明意见，以安人心。缘外间谣言，鄂军与北军宿怨未消，奸人从中播弄，恐生变故也。

（《时报》）

2.武汉近闻一束

（1913 年 8 月 3 日）

（前略）赣宁战事吃紧，各埠新闻，揭载不能详尽。昨鄂都督府参谋长金永炎禀准黎公，派员拨款组织一种战事日刊，派委专员与官军随行，将逐日战事情形纪载，分送各省阅看，以昭真相而安人心，并留为异日修纂战史之材料。黎公深然其说，当派定张殿林、陈养卿、黄泽香诸人为经理、编辑、调查诸职，拨洋五千元，八开机器一部，前往组织矣。汉口总商会昨开市镇维持大会，各商团、保安、自治诸会，各议帮董到者百余人。首由总理李凌报告开会宗旨，并详言商会维持市镇办法四项：一、报告商会接各处电文及都督面谕，皆谓武汉安堵，请告商民镇定，勿行迁徙；二、报告近日维持金融情形；三、报告维持民食办法；四、报告由商会领枪，转发商团保卫办法四条。当经各团代表、议帮董公同会议。第一项请由各帮传知商界，勿事迁徙；第二项已由商会告财政司，领到铜圆开兑，并电中央拨款一百万，维持市面；第三项由商会请都督准会给护照，赴各乡采办米粮，以济民食；第四项由商会会同各团联合会及各团组织商团公会，呈请都督拨枪四百支，以资自卫。此四事均经通过，即日分别实行。

（《申报》）

3.更正

（1913年8月30日）

阴历七月十四日报载，鄂省捕戮叛党纪一则，内有七号。高等访悉，汉口英界三码头某洋行堆栈之姜心田，藏有乱□首要四名，一并捕获，抄出证物不少，传言季雨霖、王华国均在其内，未知确否，等语。兹复经调查，前报所纪实系传闻之误，且接鄂都督府来函，亦谓姜君宗旨纯正、品行端方，起义时卓著勤劳，昭昭可纪。此次对于国家，热心异常，不惟无形迹可疑之情事，即破获乱□□关，亦颇与有微劳。报纸所载，尚多失查，不得不代为辩白等语。汉口商务总会，亦以姜君素持稳健主义，前□武昌起义，颇著勤劳，嘉禾受锡，何致勾结□徒，遽反平日行径？且经密切调查，实无被捕情事，来函声明，事关姜君名誉，用特更正，以昭核实。

（《申报》）

4.湖北分区设立实业校之筹划

（1913年8月）

民国成立，百端待举，而尤以培养教育、振兴实业为急务。鄂省师范及中小各普通学校，设立者已数十。惟农工商三项实业学校，每地只设中学，未免过少。教育司有见于此，拟将农工商三项，各添设中学一，以期储人才，其分配地点如下。

武、汉、黄、安，交通便利，宜于商。而汉口为商业中枢，商校地址即设汉口。

德、襄、荆田原广，衍适于农。襄阳为吾鄂重镇，农校地址即设襄阳。

荆、宜、施、鹤，物产丰富，便于工。而宜昌为繁荣之区，工校地址即设宜昌。

（《教育周报（杭州）》第15期）

9 月

1.鄂江潮之余响(汉商感谢副总统)

(1913 年 9 月 18 日)

汉口各帮商董,现以赣湘之乱毗连鄂省,虽由北军剿捕,而东南半壁,幸赖副总统威镇,未成巨患。特于昨日齐集商会商议,谓我八大帮应感谢黎公,集资制金匾一具,书"威镇东南"四字,并准备一切护送彩物,拟定十五日送入都督府云云。

(《申报》)

2.湖北实业之前途

(1913 年 9 月 20 日)

湖北二年度国家岁出实业行政经费,就民政府编列之预算,将近三百一十二万元。惟原案系将已办各项实业及应行扩充创办诸费一并编列,故需三百余万之多。刻省议会以此次预算宜量入为出,方不致生财政上之恐慌。故主张将已办之实业仍旧接续办理,所有扩充及创办诸事,则推其轻重缓急,分别速办,或酌量改并,藉纾财力。现已逐项审定如下:(一)提前赶办者,农作物虫病驱害药品械器发行所、教育品制造厂、女子家庭工艺模范传习所、营防口商场夏布工厂、五金化炼厂;(二)缓办者,模范牧场、林产陈列所、农艺化验所、工业技师养成所、地质研究所、龙角山及安襄郧荆宜施各属矿务局;(三)改并者,农业种子交换所并入农事试验场,林业种子交换所并入林事试验场,蚕种制造所并入蚕业讲习所,制丝工场并入模范大工厂,山林登记并入实业司第一科,制革厂改隶军政府,马鞍山煤矿移交汉阳铁厂,韩家山铜矿招商承办。

(《申报》)

3.湖北商务前途喜音

(1913 年 9 月 23 日)

日前有英美华侨巨商先后函致汉口商务总会,请将近来华洋通商情形及每月进出口货物大宗数目抄寄一份,以便考查。查商会近二三年来,凡每月进出口货物均刊有月报,以为全鄂各行商人之比较。昨特检齐近来月报数分,寄往英美之华侨观览。闻该华侨等因汉口前岁兵战,损失太巨,商务凋零,欲助资,以为振兴商业之本。果尔,则为汉上商民之幸福也。

(《顺天时报》)

4.实业之大发展

(1913 年 9 月 24 日)

(甲)奖励国货。洋货充斥,漏卮日巨,皆由于实业中人无竞争之心,亦由于实业上无人提倡故也。屈司长有识于此,特设法提创国货,填塞漏卮。今拟奖励国货案数则,悉录于后,望我实业诸君鉴。

(乙)翻新花样。染织、手工等项,能新翻花样,胜于我国原有诸货者,给予优等奖券,使其专卖三年。若品色特巧,足以抵制外货者,给予优等奖牌,并给护照,使其遍卖各省,减税一成,并得专卖六年。

(丙)提倡制造。机械等项,能仿照外人,制造于我国所未有者,给予优等奖券,得专卖三年。如能巧思幻出,能独立制造胜于世界者,除给优等奖牌,行销全国九年外,并报部特别奖励云。

(丁)改良蚕业。我国育蚕,年年惟春天一季,且有发病中死之弊,若不极力改良,亦实业中之一大缺点。除饬各属设立蚕业学堂外,并编定《教育蚕桑白话书》,用白话说明育蚕方法、种桑方法及保护检查,培养春夏秋三季育蚕等法则,印刷五千份,发给各属发卖,五枚铜圆一册,不准多取,以增进实业,改良蚕桑,是一提倡之良好法门也。

(《顺天时报》)

5.(鄂)筹设造船工厂

(1913 年 9 月)

吾鄂实业,日渐发达,所有各种工厂,纷纷树立。惟造船一厂,尚付缺如。吾省系长江中段商务繁盛之区,火轮民船,需用日多。兹有工业日本毕业生胡君镕,自筹现款二万,并拟招股八万,择定新河建厂制造,现已拟定简章,呈请实业司批示备案。一俟批准,即行进行云。

(《实业丛报》第 11 期)

6.(鄂)免税奖劝工业

(1913 年 9 月)

吾鄂土业,现犹处幼稚时代。至土货销场,因洋货充斥,尤难臻发达之点。行政公署实业司,深以为忧。因图工业发达,首在振兴土货。乃与民政长磋商,得鼓励之策。以后如有以本国原料制造之品,准其免纳厘税,以示优异而昭激励。一俟拟定办法,即行公布施行。

(《实业丛报》第 11 期)

10 月

1.开辟矿产之计划

(1913 年 10 月 5 日)

行政公署为振兴矿业、畅裕民生起见,特拨款五百两,购买探矿机件四架,分赴各属。凡属矿山,均由该署委员探验,以免混合,致累商民。第探验一山,酌取该山主以资费,惟恐各员借端需索,致以福国利民之政策,拟为扰民敛财之举动,是以略加规定,期资遵守。今将规定各节,照列如下。

一、凡属五金矿产,距省百里内者,取费不得过八元。

一、凡属百里外至二百里者,取费不得过十二元,以取费至二十元为止,不得格外需索。

一、凡属硝矿、煤炭等非五金矿者,得酌减上定费三分之一。

一、凡各探矿职员,如有逾是取费及格外需索等情者,一经查觉,或被告发,得照所索费十倍加罚,并得取消其职员。

(《大公报》)

2.鄂省近闻种种

(1913 年 10 月 6 日)

鄂军筹练飞艇队　飞行艇为近来军事上利器,各国军队均争相营造。德英诸邦所编飞艇队,竟至六七百只之多。我国现惟北军中,尚有精于驾驶者。黎副总统日前见北第三师在武汉试演飞艇□,欲于鄂军中编练一队,以达整军经武之素志。□商于第三师长,将该师精于驾飞艇之萧教练官留鄂教习,于工兵中挑选曾习御气球□二十人,学习此艺。但鄂军前岁所购二艇,业已损坏,现欲编练一队,尚须添置多艇,若购之他国,殊不合算。爰延日本精于制作,且能驾驶飞艇之山田敬三郎,从事制作数艘,其材料直取之本国,预算须费七万五千元,又建造制飞艇厂需二万五千元,合共计洋十万元,在鄂军特别费内开支,现已在南湖着手兴工矣。

湘米弛禁运鄂　武汉人口繁庶,本省产米,不敷自食,向恃湘米大宗运济。去岁湘属火灾綦重,故今春即禁米出境,然仍准鄂省官商持照,为有限制的贩运。嗣以党人阴谋独立,主张留作军粮。又欲□武缺米,以扼湖北诸军。所以乱事发生以前,即闭关遏籴。兹湘中秋收虽不甚丰,然亦有余粮可贾,农商人等,环请开禁,以活金融。湘督已允所请,饬长沙关定于十月初四日开关,准运出口。昨长沙商会已电武汉商会,告米商人等,携现银入湘采办矣。

(《申报》)

3.汉口商会愧受政府之嘉奖

(1913 年 10 月 9 日)

赣乱发生,影响宁、皖、粤、湘各督,商会尚能力顾大局,拥护中央,不为叛□所动。事平后,嘉奖商会之议,倡自黎副总统,而袁大总统俯如所请,特颁命令,以劝有功。惟汉口一隅,于风鹤频惊之时,维持地方秩序,昼夜巡□,幸赖各社会之商团,热心从事,庶可以保安宁。其实,汉口商会不过北兵过境之际,犒送毛面巾一万条,洋肥皂一万块,对于地方,毫无作为。此次嘉奖商会,汉口人民舆论大哗。该商会亦知众情不能违背,遂变其爱名誉之心,而不□名誉,因之发电力辞,以杜口实。其文云,大总统、副总统、国务院、工商部钧鉴:读九月十七日大总统命令,请奖给各省商会。等因。至深感激。惟是此次商会,抗乱保安,系商界全体之力,非少数人奔走之劳,共尽国民义务,岂敢上邀矜奖。数月以来,仰赖国威,大局□定,已属幸事。第商人受前清专制之毒,困敝□觉不堪。民国创兴,又兵事频遭,商务颓败,窘迫艰难,较前益甚。今后维持之方,振新之法,正赖中央政府悉心擘划,迅定保护商业政策,令饬地方长官实力奉行,为大多数商民谋永久之幸福,庶几商务渐振,商力以纾,是所切祷。至于荣誉宠□,尚非实利群沾,商会同人实不敢受云云。并闻武昌商会亦□此意,一面另发电北京商务总会联合会、保商会,承电悉,嘉奖商会同人,蒙向总长呈奉大总统令,至深感激,遵即协商,佥以此次商会抗拒保安,多借商界全体之力,择奖既虞挂漏,被奖亦必坚辞。现既承政府盛意,应合词吁请迅定保护商业政策,令饬地方长官实力奉行,俾商界全体同沾利益,以宏奖勉而昭公允云云。

(《时报》)

4.武昌兑换处之惨剧

(1913 年 10 月 10 日)

安徽会馆兑换纸洋,挤毙男妇,曾纪报端。初三日午,该处将启栅门,人声鼎沸,兑者蜂拥狂驰,万首攒簇,汇聚门前,瞬息间门栅又关,哭声暴作。讵料已踏毙青年贫民一人,血流遍地,并挤晕中年壮汉五人、老叟一人。不一时,喧传入内,止兑牌出,始渐散。直至午后三时,该青年仍无认尸收埋者。

兑换所之设,原为便利商民,流通金融。不意一般奸商邀集多人,太肆拥挤,危险之事时有所闻。日昨三号下午三时,开兑纸洋,兑换之人约五千之多,拥挤不堪。适逢卫兵开栅放兑,言定只准十人入栅,而后面之人恐不得兑放,排飞前挤。卫兵支持不住,一齐拥入,前人倒地,后人蹈踏,登时踏毙孙姓一人,肚腹洞穿,其余手折、骨断、头破者五人,均已送入仁济医院诊治,随即停兑,诚惨剧矣。

兑换处定章收兑纸洋,每人每日只准兑换一元,须先盖印染指,始准收兑,原为防范奸商市侩多兑起见,讵有一般钱摊,怀挟纸洋多张,更番往兑。用药油首先溅指,使该处染指之洋绿水不能沾肤,一擦即去。连日舞斯弊者,多至九十余人。昨为查验处窥破,来者熟脸甚多,于是格外留意,叠获数十人,没收其票,并罚长跪示众,照像存根,永远不准兑换,如敢再来混兑,即送警厅从重罚办。

（《申报》）

5.武昌兑换纸币之拥挤

（1913年10月10日）

（武昌电）昨日有妇女在政府纸币兑换处压死数人，时因每元兑换一千二百文，故有争先之事云。

（《顺天时报》）

6.黎副总统答谢承认纪

（1913年10月13日）

（前略）正式大副总统选定后，此间咸为满意，故武汉商民对于此次国庆，非常欢欣，不待警厅、商会通传，早已各备庆贺之装饰，于初九日起，悬灯结彩三日。其特别铺张，使人属目，借以发展其商业者尤夥。大街闹市，行人塞途，游者极为拥挤。武汉两总商会、商团联合会、自治会、各保安会、农工茶业各会、教育会等团体，除上书恭贺黎副总统外，并电北京总统府祝贺，欢悦之状，为从来所未睹云。

汉口商民以国庆纪念日，省城所设公共集会，庆贺行礼之场甚多，汉口独付缺如，殊为不便，爰商由商团联合会假定华商赛马公会地点，作为纪念会场。各商民团体、会员人等及各校学生，是日均集该处行礼，一切铺陈，极为壮观，较之武昌烈士祠，有过之无不及，所费皆各团摊派。

（《申报》）

7.副总统授任日之武汉（庆贺中之各界状况）

（1913年10月17日）

十号为国庆纪念节，又为正式政府成立之期，武汉政、军、商、学、绅、民人等，皆有鼓舞欢忭之色。黎公因鄂省地当冲要，未便轻离，而副总统又只拥虚名，无所事事，以故电两院辞却赴京就职，即在武昌受任。是晨八时，鄂省各界长官，海陆军自营长、舰长以上，公署局所自科长、局长以上，皆按照阶级，在都督府大堂分列站班，以候副总统就位。惟各员服装参差，有着大礼服与常礼服者，有着制服或便服者，但胸际所佩红菊花徽章则系一致。少顷，黎公着副总统制服出，就位信未经印铸局制就，两院尚未派员赍送到鄂，故暂以临时副总统印信，行三鞠躬礼。时音乐迭奏，炮声隆隆，各兵舰皆升炮二十一响，各官长、各法团、政党代表咸依序向副总统三鞠躬致贺。由饶民政长代表行政官，金参长代表都督府属官，汉口杜镇守使代表鄂□全体，王总司令代表留鄂北军，屈副议长代表省会议员，武汉商会、自治会总理、总董代表商民，先后致祝词。副总统命陈庭英代读答词毕，各官立正，副总统退席，而礼成矣。至是，饶民政长、金参谋长始率同文武各官、各男女校学生，齐往烈士祠致祭。黎公因须招待外宾，即命金参谋长代表主祭。当排班行礼毕，各界人员遂返府宴会。各海陆军官长、各学校校长于宴会既完后，本拟率军士、学生来府道贺，因奉黎公谕免，各回营舰校，向南列队行礼，以祝大副总统就任。至午后一时，黎公因市间商民欢呼祝贺，非常热闹，沿途妇女，观者如蜂屯蚁集，特饬将本府、烈士祠二处一并开放，所有本府花园各地，准许妇女入内纵览，男子则非有徽章者不准入。惟烈士祠内，不分男女，均可游玩。是日，驻汉各国领事咸来正式答拜，并道贺大副总统之就职，及参列国庆盛典。各领事皆偕其国巨商、银行家、传教士暨海陆军官，计共一百余员，由英租界乘美国兵舰来省，至文昌门江干停轮上岸，坐马车入城至都督府。经胡外交员等招待，至东厅与黎公相见，俱脱帽鞠躬行礼，由领袖领事敬诵颂词，黎公亦命夏继嵩以英语答谢。旋开餐畅饮，并合拍一照，以留纪念。各西宾宴毕，有乘原舰返汉者，有乘车参观烈士祠、黄鹤楼者，所至之处，均派员招待如礼。至夜，军府及阅马厂、省会前俱放焰火数十出，发现国旗、军旗、大副总统肖像、武器、军舰、飞行艇以及人物、花草、民国万岁各样，观者人山人海，只见万头攒动，欢声如雷。各公署、局所、巨商、行店之以电灯绸彩争胜者，尤不可胜计，观者目迷五色。惜痞流氓混杂市上，时闹戏弄妇女风潮，军警于九号、十号、十一号三夜，逮捕此项过犯以数十计云。

（《申报》）

8.汉茶改归路运之函商

（1913 年 10 月 23 日）

汉口茶叶、茶砖，运销俄、蒙等处，向由轮运至丰台，完纳关税及丰台厘金两税。现据商人钱炳荣函呈交通部，请嗣后汉茶改由铁道运载，仍完关税。至鄂豫、直豫厘捐，可否核免，以纾商艰，而增铁路收入等语。交通部因据情函请财政部，量予核免。其原函略谓：

径启者，汉口茶叶、茶砖运销俄、蒙区域者，每年约二万吨有奇。向由海道运津，转至丰台，然后运赴口外。前邮传部以京汉路南端直接汉口，特设运输所，以期罗致汉茶，悉归京汉输运。商人本甚赞同，无如筹办经年，事将就绪，卒为厘税所梗，不获成议，而输运所旋亦裁撤。民国成立，本部以此项汉茶如能悉数归路装运，每年运费可增巨资，于铁路进款极有关系，于商家亦称便利，特饬京汉路局极力筹办。至本年七月间，方有成议，现经订立试运合同在案。兹据京汉路局转据承办商人钱炳荣函称，汉茶由海道运津，转至丰台，须完海关税并丰台厘金，现丰台厘金业已裁撤，兹由铁路转运，除关税仍旧输纳外，又须完纳直豫、鄂豫两处厘捐，较之减少丰台捐款，相差甚巨，请设法维持，以恤商艰等情。查汉茶改由车运，所增收运费，系属国家收入，与由轮船载运，其运费半为洋商轮船公司攫去者不同。铁路运费与及税厘各款同属国家收入，本无界限可分，若因税厘叠增，商本加重，势将复由海运。其时，铁路运费及鄂豫、直豫等捐，均无所取，而商业亦因之受困，良非至计。且汉茶陆运，本非鄂豫、直豫等局所固有，即与该省财源毫无影响。为国帑较短量长，亦当毅然豁免，俾增铁路巨款之收入。用特据情函商，所有汉茶改由车运，应完鄂豫、直豫等局厘捐，可否悉行核免，以恤商困，而增巨款之处，应请贵部查照，从速核复施行，至纫公谊。再，海关税本为轮船载运各货抽收，目下该茶既改由铁道运输，如已纳铁路专设之厘税，则此项关税当然不收。似此办法，火车货捐既可加收，而商货亦同沾利益。至厘捐，随运道为移转，理由亦甚充足，可否由贵部主持，咨饬税务处遵照，并希一并筹度见复为盼云云。

（《时报》）

9.武昌之实业联合所

（1913 年 10 月）

武汉商会以吾国实业尚在幼稚时代，非急谋研究，不足以期进行。鄂省实业，各项办法不同，间有研究改良者，亦有依旧法不复深究者，情形歧异，终无发展之希望。因特组设实业联合研究所，已拟定简章，呈请实业司核准施行，其概略如下：

（一）改良研究制造油法；（一）改良研究制革法；（一）改良研究制酒法；（一）改良研究制造织染法；（一）改良研究制造船法；（一）改良研究制械法；（一）改良研究缝工法；（一）改良研究取矿法。

（《中华实业丛报》第 6 期）

10.鄂省纸币救济法

（1913 年 10 月）

湖北官钱局所出之官票及洋钱票，在前清之季，颇昭信用。因其与铜圆、银圆无异，相辅而行，亦甚便利。乃自起义以来，价格低落，充斥市面，每官票一张换铜圆九十七，洋钱票一张换铜圆百枚，虽经当道设法维持，毫无效果。现在财政司李钦亟思补救，详拟办法，上呈军、民两政府。略谓，收回纸洋办法，先行消极主义，已奉副总民政长准予会衔布告在案。此时官票印刷，较前稍速，所出渐多，积极进行，亟宜预备，以期勿负人民之望，但兑换机关，宜取统一。从前兑换官票，武、汉分谏两所，原属权宜之计。且官票铜圆，价格相差，其弊尚可无虞。若兑换纸洋，则不能不从严立法，以便稽核。拟将武、汉两所一律取消，挺定安徽会馆为兑换处，即以官钱局总理兼充处长，并由民政长及审计分处，派员监视。仍为限制兑换，人兑纸洋一元，官票一串。处内日兑官票，限一万串，纸洋一万元，由造币厂日拨铜圆万二千串，以一万串兑换官票，即以所换官票，转兑纸洋。不足，则以所余二千铜圆找补。其当五、当十纸洋官票，亦限五日或七日兑换一次，一人只准兑一张。盖此次开设兑换，原为平民筹救济，非为奸商开利源，故所拟办法，以平民实受利益为主旨。惟是兑换纸洋，专赖官票兑换，官票又资铜圆，上列办法，日需铜圆，虽不甚多，然造币厂铸本有限，来日方长，偶或兑乏，即碍进行。顷者北京协款汇到三十万元，拟即划拨十万元，加入铸本，俾得源源不绝，其余之二十万，则暂存官钱局，以备随时救济之用。勿论救济铸本，救济币价，事后仍须偿还，使得常为准备。至所兑回纸洋，应即按日由该局经理会同监视人截角，以杜弊端。抑更进者，纸洋行用全省，此种兑换限定武昌，良以省会为全省视线所集，不能不设特别横关。此外，各县及各商埠，拟即责成各县知事及各税局局长，遇凡钱漕课税，纸洋均照法价一串二百文收纳，不准丝毫抑勒，所收之数，汇齐解省。其署局经费，一律支用官票。有不足者，准其呈请给领，务使恶币克日收回，良币益加流通。公家不设兑换之机关，平民得受设换之实惠。若有署局官吏，因缘为奸，瘠民肥己者，准由地方自治团体及商务分会举发，并由该司随时派员密查，一经查觉，轻则记过褫职，重则按律惩办，以维币政而肃官方。前已具呈军、民两府，当经黎公以收回纸币，本刻不容缓之举。所拟办法，系维持信用、厘别弊端起见，规则极为周妥，应准如呈办理。至各县知事、各局局长来省请领官票一节,恐多周折。既据并禀,仰候民政长核夺。兹复夏民政长亦即批云,呈悉。所拟尚妥,应照准办。惟处长须另委员,勿廉以官钱中局办兼充。刻已会衔出示谕晓矣。

(《说报》第7期)

11月

1.汉口洋商请防白狼之交涉

(1913年11月8日)

顷者,汴、鄂省界一带,白狼出没无定,势甚猖獗,致于旅汉洋商派员入内地购买谷品,甚有阻碍。于是,由汉口洋商商务总会呈请领事团,要求中国政府妥为保护,旋由领衔领事转请副总统。闻已于五日由督署拨发军队二营前往,分驻驻马店及武胜关,充为防范。沿路一带,又闻白狼匪出没,以临颍及武阳为尤甚云。

(《顺天时报》)

2.白狼猖獗之一斑

(1913年11月10日)

白匪前在卢氏汝州与汴军三战三北,败至邓州,仅余匪□数百人,方谓可以一鼓剿平,不意,白瞎子又带匪二千前来接应,匪势复振,更向舞阳县而去,与该处大刀会匪首方力盛联合,方亦有众二千余人,因此势愈猖獗。舞阳附近,于京汉铁路,漯河、驻马店、西平、许州、临颍各车站,其县城尤与驻马店接近,有大道可通,只二十余里之远。匪至舞阳,各站地方商民生命财产,大为可危。驻马店有北兵一营,已赶赴舞阳驻防,传言业经开战,北兵大败,舞阳县城已为匪所据,北军败退,暂守驻马店大道。故驻马店商民非常恐慌,已急电黎副总统、汴督、汉口总商会,请速调大军保护铁路各站,将匪剿散。漯河商会闻亦有电告急,汉商会已电北京请兵矣。

(《申报》)

3.汉口商场借款之内容

(1913年11月21日)

汉口前经兵燹,全市付之一炬,迄今以财力未充,尚未修复。兹闻黎副总统前日有电到京,拟借奥款为修复市场之用。现已议定合同,呈请政府核议,如得允许,即可签字。探得合同之内容如下。

(一)此项借款共三百万磅,为修复汉口市场及筑造马路之用。将来交付、偿还,均照磅金计算,周年五厘。

(二)借款之折扣,将来湖北省政府按每百磅实收八十八磅。

(三)此项借款限三十年还清,自第十一年起,每半年偿还七万五千磅。

(四)以路捐、水捐、洋车捐、电车捐、房捐、店捐、码头捐为抵押,以上所收之捐,均存银行之内,不得再抵他债,至偿还清楚时为止。

(五)在签字时,先付借款总额之一半,在六个月内全数付清。

(六)借款之经手人提出,五千元为其报酬。

(七)该合同俟中央政府允许之日起始生效力。

以上七条之外,合同上又载明,本合同签字之时,共书四份,一份由中央政府收执,一份由湖北政府收执,一份由奥国使署收执,一份由奥国财政团收执。照合同上例,应签字之人,湖北都督及民政长、湖北财政司长。又,签字时,由奥国使署派一特派员为其见证。

(《顺天时报》)

4.武汉近闻之种种

(1913 年 11 月 28 日)

黎副总统得湘督谭称,李烈钧、谭人凤乘湘潭(船名)船出湘出走,定于日内到汉。副总统即派□与英领事签字,允为搜捕。而该船不知何故,竟未到汉,殆又逞其狡猾之伎俩矣。

黎副总统请中央以直军第三队编为路防军,今已实□驻防□汉沿线,以备不虞。

□匪窃据南阳,汴督电请黎副总统严禁长江匪徒□济该匪军火,并请派兵赴援。副总统已调机关枪队,乘车入汴助剿矣。

国民党省议员周兆南前经京山知事报告,与刘铁同谋,扰乱沙洋,因无证据,未果拿办。今既取消议员资格,因即失其所庇,遂被捕送军法处讯究。又,该党议员方震前尝赴赣,与李烈钧会商乱事,今正通电缉拿,该党交际干事项杰亦在缉拿中。

有西人自汴至汉者,告人曰:□匪今约五千余人,分为三支,一赴长台关迎敌河南官军,一赴柳林迎敌湖北官军,一则直侵信阳,其势甚盛云。

驻扎汉口之北方军队一团,现奉黎副总统令,开赴信阳。天门、黄冈,近日匪徒滋害颇甚,俱请民政长指令水警,调拨炮船,严为巡防。

大总统派王南阶□书件到鄂,与副总统面商宪法修正各问题。

民政长□彭钟善、周景墀入京,为行政会议委员。

北方军队有兵士某,将快枪子弹军装□去潜逃。又有兵丁三人,武胜门外上新河地方,劫夺居民罗玉兴铜圆五十余封,官票六十余纸,时方□□经□鸣锣集众,追之不得。迨警士执械群至始捉入署中,扣下徽章,仍交该营究办。

(《大公报》)

5.中华全国商会联合会拟开大会往来函件

(1913 年 11 月 28 日)

联合会京师事务所致总事务所函　敬启者,刻有数省商会联合会代表在京与敝处妥商,本会去年订定今年九十月间成立全国总会,议定在贵处成立。兹因北几省代表有事在京,免得往返,即在京师成立。务请尊处电达各省,限本年阳历十二月十五号,在京开成立大会,务祈早日会集京师为祷。一切情形,已托虞洽卿兄面达尊处,兹拟就电稿,亦请洽卿兄代呈台瑞,顺此奉闻。此致全国商会联合会总事务所,十一月四日。

(附电稿)各省商会及联合会鉴:联合会组织议已逾年,支会多成,总会未立。同人屡次集议,及各处函电会商,均谓总会早应成立,地点宜移首都,以便与政治家接洽,监察一切。兹定于阳历十二月十五日开大会,于北京选举职员,决定办法,务望先期每会推举代表一人与会,其交通不便者,即希就近委托代理。此间招待会所及海外联络等事,均已预备。电达后,并请将代表姓名示复,无任祷盼。

联合会总事务所复京事务所函　案准贵事务所函开,北省代表有事在京,免劳往返,即拟在京开全国大会,拟有电稿,嘱通电各省,各举代表赴会。等由。查全国大会原定本年十一月十五号在上海举行,自赣乱发生,兵祸所及,收拾为难,深恐届期开会,未能召集全国,殊非联合之本旨。用特开会公议,展至明年举行。曾于九月三号通告各省各侨埠事务所,转知各商会在案。此次移至北京开会,事诚正当。惟改变方针,必有应办之手续。本总事务所特于星期五,即阳历十一月十四日开会,邀集各干事,公议办法,除议定后,即行函达外,此致全国商会联合会北京事务所。十一月十号。

联合会总事务所致京师事务所函　敬复者,前由虞洽卿君携到大函,以北省代表事在京,免劳往返,即在京开全国大会,拟有电稿,嘱通电各省等情。当以事关大局,即欲变更议案,必有应办之手续。俟开干事会后,如何表次,再行奉告等语,函复贵事务所在案。昨日开干事会,适汉商会协理盛竹书君及安庆、芜湖、大通等会均有会员在沪与议,佥以上年各省代表在京会议,公决总事务所设在上海,第一次大会地点亦在上海,载在议案,通国皆知。本年大会,始而定期,继而展缓,本总事务所均有理由通告各省,前后数阅月,迄无异辞。今因少数几省意见,骤更议案,不特仓猝赴会,一无预备,无裨事实,徒费奔波,且恐此后各种议案不生效力,决议已定,地点未便迁移。惟联合会成立,□已经年,虽因乱事,展缓会期,而未受兵祸之省,深望开会,以期发达商务。本总事务所本拟年内开会,以餍众望,只以远地商会,跋涉长途,动需时日,转瞬岁阑,各省商界习惯仍以旧历年终为一大结束,未免有愿此失彼之虑。一再筹商,既不能缓至上海总商会建筑完竣,再行齐集,尤难于本届年内□促举行,惟有筹定两全之法,爰定民国三年阳历三月十五号,即旧历二月十九日,按照原议,在本总事务所开第一次大会。凡事务所未成之省,赶紧组织,犹可及时赴会。而盼望开会之处,既有定期,足资筹备,庶几如此盛会,无远弗届,不使一省有向隅之患。除通告各省各侨埠外,此致全国商会联合会京师事务所,十一月十六号。

联合会总事务所致各省侨埠事务所商会函　案准京师事务所函开,刻有数省商会联合会代表在京,与敝处妥商,本会去年订定今年九十月间成立全国总会,议定在贵处成立。兹因北几省代表有事在京,免得往返,即在京师成立。务请尊处电达各省,限本年阳历十二月十五号,在京开成立大会,务祈早日会集京师为禧等情。当以事关大局,非开干事会表决,不足以昭慎重,兹于阳历十一月十四号特开干事会,适汉商会协理盛竹书君及安庆、芜湖、大通等会均有会员在沪与议,佥以上年各省代表在京会议,公决总事务所设在上海,第一次大会地点亦在上海(以下与前函同),除函复京师事务所外,此致各省各侨埠事务所商会,十一月二十一号。

(《申报》)

6.国务总理兼财政总长熊希龄呈明补助汉口商务公债票经国务院议决取消，另由国家借款迅速振兴汉口市场文并批

（1913 年 11 月 28 日）

为呈明事　窃查汉口商会以前年光复时，该镇惨遭兵祸，商民损失甚巨，请发补助商务公债票一案，前以国务会议公决办法，所有债票还本付息，应由鄂省就地自筹，经由本部会同工商部于上年十二月间呈请大总统提交前参议院核议，乃案未议决，而鄂省公民周万盛等反对该会所请债票办法，文电络绎。又经本部会同工商部，据情咨请湖北民政长，体察情形，妥筹办法。嗣准湖北民政长咨，请将此项公债票先行取消。又据汉口各团联合会王开庭等呈请取消补助汉口商务公债票，并推代表周振成来京面陈一切，察核所陈各节，均属持之有故。惟此案提交前参议院之时，既经国务会议公决，此时撤回公债议案，亦应由国务会议公决。又于五月间，经本部抄录鄂民政长咨汉口各团联合会原函，请国务院公决去后。兹准国务院函开，此案业于十一月十三日经国务会议议决，应将公债取消，另由国家借款，迅速振兴汉口市场，将来市场发达，商业畅旺，损失有所取偿，即所以示间接补助之意。函请查照，分别呈咨。等因，前来。本部自应遵照办理，除分行湖北民政长、工商部查照外，为此呈请大总统察核备案。谨呈。

批：据呈已悉。应由国务院查照备案。此批。

（《政府公报》第 566 期第 18 页）

7.汉口之四大借款

（1913 年 11 月 29 日）

汉口马路借款筹议未决，据驻汉银行团消息，有可靠者四端。

一、北京政府向印度斯内立银行筹议修筑汉口马路借款银洋一千万元。

二、北京政府又向奥斯大利亚银行筹议借款三百万磅。

三、北京政府又与代达森洋行筹议借款三百万磅。

四、武昌政府亦向英国议长借英款一百万磅至一百五十万磅。

以上均作汉口修造马路之用，其合同已有成议，只候北京政府签字为定。但此四处之款，不知中央政府主借何国，日内自有明文。

（《顺天时报》）

8.重建汉口亦借款

（1913 年 11 月）

袁总统已决定以一千万元仿新式，重建汉口，此事已得国务院之同意，建筑费即在中法实业银行借款中拨用。

（《协和报》第 4 卷第 8 期）

12月

1.汉口商务总会之呼吁

（1913年12月6日）

汉口商务总会近以辛亥兵燹后，元气伤残，于今两载有余矣，哀我商人，员荆忍痛，待至斯时，公家尚无抚恤补助之恩，吾辈又无清理偿还之法，长此坐废，市□大危。近者险象环生，愈趋愈下，货物不能流通，税□日见减色，借款迄无成议，致马路未见扩充。驯至银根紧迫，拆息陡昂，资本家莫敢投资，营业家莫能复业。官商款项，应者少而求者多。中外金融，聚者散而通者塞。推原其故，皆由于两年以来，赁权赁务之不能解决，展转迁移，至于此极也。倘再不振刷精神，筹措方法，则环□注意之区，子孙谋生之路，将从此而隳矣。总理李君紫云屡思提议，牵制殊多。去年苦于风潮迭生，今岁又遇赣宁事起，迟迟之咎，焦灼万分。现经正式总统举定，列邦承认，巩固国基，大局既安，人心斯定，此正我商家共和幸福、整饬内容之日也。前者债禀要求，少数反对，现虽继续呈请，能否有效，是在政府之体恤商民，该会亦毫无把握。是以通知各帮，各清各款，应请各抒所见，投交该会，以凭采择云云。

（《时报》）

2.汉口各帮追赔联合会

（1913年12月8日）

为既许复推，理追无效，叩恳指示方针，以清积债而延生命事　窃商等上年向招商局追索继续赔款一案，详情俱载前卷，已禀陈前任大府，蒙我副总统体念商艰，主持公道，一面电沪商局设法了结，一面谕汉商会担任调停。商等用是祗遵，未敢稍涉激烈，乃期届一年，商会苦口劝导，几于舌敝唇焦，该局始以前项应赔各帮货款，现正赶紧设法解决为言，阳假安慰之词，阴行推延之计。逮其继也，非借口于董事会之组织，即托词于宁赣之争持。商等谨守商会和平解决之言，虽外受债主之逼迫，内筹生计之艰难，勉强支持，忍痛相待，亦以我副总统大府为国法施行之主体，而商会又为公平发表之要区，该局必有所顾忌，而未敢悍然不顾也。讵延至今日，该局竟复以交通部之抚恤，搪抵商等之赔偿，不知交通部对于该局之抚恤，系谋实业之发达。该局对于商等之赔偿，系遵□律之信用，一无应尽之义务，一有要求之权利者，待抚恤而后赔偿，微论受累既深，终虞破产，且相待过久，有不□亡者乎？查商等被损之数逾百万，追赔之时，及两年交易既停，事蓄何出？生计既绝，称贷无门，佥谓公论不足以维持，直道国法不足以保护私权。所谓有强权无公理，不得不起而自卫。于是有主张抵制者，谓宜宣布该局不守定章、委弃客货之罪状，俾有货者不装其船，人使我歇业，我亦使人歇业。宁为渊而驱鱼，不徒坐以待毙，此一说也。又有主张坐索者，谓假该局作避债台，为□饭所，以谋同生之路，局存与存，局亡与亡，赔款一日不还，即吾辈一日不出局，出局之日，房租火食，均由扣除，此一说也。二说若行，该局必呈请交通部知照,各官厅以为阻挠营业,对该局力加保护,对商等必严行禁止。然任何保护,不能保护违法损害者骗债;任何禁止,不能禁止执单揭货之客商。此商等理追无效,迫于不得已而出之者,是否可行,伏乞指示方针,以清积债,以延生命,实为德便。谨呈。

(《申报》)

3.汉商界抵抗货物加税

(1913 年 12 月 28 日)

鄂境厘金统捐,起义后改名为过境销场税,凡货物,均值百抽二,名较前清为轻,实则加重倍蓰。缘前清捐章各物,估值均不及其价之半(因从前百物价廉于今),抽捐实不足百分之一,又有零星杂物,均在免捐之列。兹则无物不税,乡人执白布一匹,亦须税二三十文,下至竹木器皿、草鞋、鱼菜、泥制玩物,均不能免。所估价值,较市上零售者尤昂,故名为值百抽二,甚有值百抽四五者。各商人因国家新造,财政支绌,皆忍痛,莫或反抗。然年来,捐税之收入,反较前清减少者,一因兵后元气未复,警耗频传,商停负贩,市减销场;一因委办税务各员皆侵吞自肥,毫无顾忌也。前鄂省财政司因财政困难,提出加征五厘议案(值百抽收二五),经省议会体查民力,不堪加重担负,议决否认在案。兹国税厅因省会搁浅,乘机施□加税手段,且将物值任意加高。顷已定于一月一日起,先从汉口加征,前日特以公文知照汉口商会,该会不胜骇异,立即召集全体会议,到者有议帮董一百余人,力驳国税厅估值之荒谬,谓其见有超过现在市价一倍者,常时全体力主反抗,联合商团联合会,电部驳议,以期取消。若不能达到目的,则一律闭市歇业。总理李紫云君旋请各帮签字,即日以文书咨复国税厅,并述商帮之愤激情形。尚不知新任之厅长王荃本能否俯顺舆情,自行取消否。

(《申报》)

4.又致汉口电

(1913 年 12 月 30 日)

汉口商会会长诸公转各团体鉴:太古纠合各公司,断绝宜汉交通。除电请农商、交通两部,电饬招商克日照常装货外,乞贵会招集旅汉川帮,迅组拖驳,以便流通而图自立,详情函达旅沪客帮商务联合会,冬(旧历十二月初二日)。

(《申报》)

1914 年

1 月

1.鄂商会之两大计划

（1914 年 1 月 10 日）

鄂省商会总理吕达先从前颇负时誉，为政客经商之最著信用者。近年因总理鄂官钱局，颇多物议。前经省议会弹劾，撤差查办，身家几致莫保。幸黎副总统念起其起义之功，于省会搁浅后，力排群议，将案撤销，吕方脱然无事。现吕欲恢复其声誉，有以商会名义呼吁中央者二事，颇称差强人意，爰记如下。

一、请愿改组国会。吕达先以政府业将资遣国会议员回籍，是国会已经死亡，无活动之余地。政治会议，人才虽称盛一时，然非由人民直接选举，不符立宪国家代议制度，若不从速改组国会，则乱党借为口实，愈□其号召倡乱。爰于日昨会商汉口、汉阳二商会总理李紫云、力□伯诸君，拟稿通电各省埠商会，征求同意。一俟全国商会赞同，再行一面发电，一面举代表赴京上请愿书。

二、请款维持金融。财政部日前通电各省商会，以该地方市面需用大小银圆及银两数目各若干，仰即速约计于三日内电复云云，此乃财政部改订币制之计。乃吕达先借以得商民欢心，特复电云，财政部钧鉴：卅电敬悉，查武昌市厘交易，向乏现金，历年恃以周转者，惟官钱局银钱、钞票两项，如荷钧部按照该局发行钞票数目，筹拨准备巨款，则纸币信用即可维持，市面金融自资活动，即祈钧部酌夺施行。武昌商务总会谨复，冬。

（《新闻报》）

2.汉商会清理债务计划

（1914 年 1 月 11 日）

汉口总商会因兵变后，各商损失不赀，愁城坐困，前请政府发行补助公债票，业因商民反对打销，现在账项纠葛纷若乱丝，若不先行设法清理，不惟此后之资本家裹足，即以前之钱票亦束手,殊与商务前途有碍。日前特通知各帮商人各具解决债务意见书,限日送会,以凭付诸公决。兹已限期届满,查核各帮对于债务意见,虽持论不一,大致不外乎减成、分期两种,爰就诸说拟一折中办法。凡债务分为五等:以措还债务,其财力尚能支持并已经复业,而营业尚称发达者为甲等;现在营业资本及不动产,偿债适足敷衍者为乙等;损失较重,勉强复业,而偿债尚须设法措贷者为丙等;损失既巨,所余财产不敷抵偿债务,且一时不能复业者为丁等;损失甚巨,确系无力营业,经清理债务处调查属实者为戊等。此五等,甲等免利偿本,期限至民国四年为止,如元、二两年已经还过,其不足之数应于三年底付清,其有自愿认息,陆续偿还,得双方同意者,不在此例;乙等以八折偿还,其期限五年底为止;丙等以六折偿还,丁等以四折偿还,其期限均以五年底为止;戊等既系无力营业,应查其余产酌偿。至理账手续,由商会公推八董事组织清理处,并呈请政府派员会同办理。如有债务纠葛,由处秉公调查,妥议办法。所有各钱票庄应还之官款公项,须俟各商铺该欠之项归还,陆续转付,但最迟期不得过民国五年。至钱票庄所欠外国银行之款,因所收商铺还款亏折,无力全数转还者,应请政府设法维持。其商铺所欠官款,均照减折分期办法办理。如所该洋商之款确系无力全偿,亦得请政府维持。他如外埠债务之催追,货物、房屋押款之清理及各庄虚票之分等减折,均经议有办法并拟定。如有居甲等债务并能按本认息者,由商会登报表扬。若有应列甲等而取巧居为乙、丙等,或应列乙、丙等而取巧居为丁、戊等者,查实仍请官厅讯追。凡兹所拟,悉心研究,于钱票帮似独优异,故五号商会为此事开全体大会,颇有冲突。闻是日到会者有一百三十余人,首由总理李紫云报告前项所拟草章,请众研究。次由徐荣廷演说此事之亟宜解决。次由王禹庭(一作王禹亭)君演说草章对于钱店花票、银票置之不提,未免不公,且钱店所出花票多用在贫民,如不照兑,某当赴行政公署为民请命。又次由许锡五等演说痛驳草章之谬。另有谓理账手续系专为钱票庄作用者,有谓货物押款,因被焚,复须担负债务实太苛克者。此言彼语者,状颇扰。李总理因维持秩序,继续申言此章程,无论如何,总在必行,诸君试平心思之,钱票庄为百业之母,如不收还欠项,市面焉能活动?此并非商会之袒护钱帮云云,惟大众均谓商会就是钱帮,公所只为其一方设想,以后毋庸添入,各帮遂一哄而散,并未通过。现闻商会已请各团联合会调停,意欲增改数条。即见实行,但人心不一,意见参差,恐未易通过也。

(《新闻报》)

3.两湖财政上之新希望

(1914 年 1 月 15 日)

湖北官钱局因滥出纸币,营业停滞,政府久拟筹拨巨款整理,俾将改组地方银行,现已简任前清湖北劝业道高松如为两湖官钱局督办,携带中华银行钞票六百万元,现款四百万元,由京来鄂着手整顿,即将此款为收换官钱局纸票之用。高氏前清时总办该局多年,刻下仍兼湖北官钱局总办,常川驻局湖南官钱局,则另派总办,渠不过督率而已。此盖因熊总理急欲整理两湖财政,以高最善办理钱局,故以湘钱局之整顿权相界也。闻熊并授予节制鄂造币权,俾资活动。昨高已到鄂钱局任事,以本局外间商民所欠之款甚多,特传知武汉商会转告各商民之与该局有账务关系者,无论其为债户、欠户,均于本月十五日以前,各携簿记、折据来局核对,加盖戳记,一面向前总理魏之纲盘算交代存款,以重事权云。

(《申报》)

4.汉商债务大会纷扰纪

(1914 年 1 月 15 日)

汉口商务总会因兵灾后,债务问题迄今尚未解决,特参酌各帮条具意见书,拟定清理债项草案,于前日在商会开全体大会,提出公决,略情已见前报,闻是日各帮董、议董到者百余人,首由总理李紫云报告草章所拟各节,大致以债务分为五等:一等债免利还本,限民国四年底还清;二等债分八成偿还,限民国五年底还清;三等债偿还六成;四等债偿还四成,亦均限五年底还清;五等债之负债人则系现已无力营业者,应由债权者调查其所余产业,酌量摊还,现暂不定成数。至一等债户,有现在仍旧往来,自愿按本认息,提前归还者,均听其便,事后应由商会将事实登报表扬,予以特别名誉。惟应列一等或二等、三等债户,而取巧居为二等或三、四等者,查实,准由债权者起诉究追,以杜狡骗。又,各帮债项均与钱票庄有密切关系,钱票庄又多欠有官款公项,故草章所拟钱票庄应还之公款官项,须待总计各商帮归还钱帮之数,陆续转付,但期限亦以民国五年底为止。如钱票庄所欠外国银行之款,因所收各商帮还款亏折过巨,无力全缴者,应请政府设法维持。其余商铺有欠公款官项者,均如商家欠项分期、减成办法办理。若该有洋商款确系无力全偿者,亦得请政府维持。他如外埠欠项之催追,货物、房产押款,因被焚发生之纠葛及各钱庄所出虚票之清理,均经拟有办法。表面似尚公允,实则此项草章不啻专为钱票庄收账,且钱票庄之负欠公款官项,须俟收集商帮欠项偿还,商帮之欠钱票庄款项,则令破产以偿,且以货物、房产押款者,如已被焚,仍须负担偿还(如房屋押款,被焚后只余基地,现地价不敷偿押款,仍责令该负债者按等分成补还),尤为不满人意,故李君报告毕,除钱帮外,各帮无不哗然。当由王禹亭诸君先后发言,指驳其谬,率皆谓其只为钱票帮追账,太不公允,并谓其对于钱庄所出花票、银票,概置不提,尤为奇异。凡持票者,皆属债权人,岂可不如数照兑乎?时有某君出语非常愤激,谓彼当代表赴行政公署呈请勒令钱庄先行兑票,众说纷纭,莫可究诘,而李总理与数有力董事则发专制之言论,谓无论如何,此草案总在必行,众俱愤愤,遂不待决议,一哄而散,出门时多言今后商务总会已变为钱帮公所,我们以后可不必到此云云。李等观此情形,无可如何,或谓昨已刷印草案,请各帮董签驳,俟驳复汇齐,再行开会讨论,果尔,则亦转舵之妙法也。

(《申报》)

5.汉商清理债务问题续志

(1914 年 1 月 17 日)

汉口商务总会因兵焚后,债务问题不能解决,日前拟就理债草章,召各商开会公议。各帮以其对待钱帮独宽,大为反对,兹各帮商人复自行在药王庙开会,拟请商会开会,再行妥议办法。商会不允,谓只能将草章不妥洽处删改,不能重新起草。各商帮因复于十一日大药王庙开会,公举代表陈宜三、王禹亭、樊步青诸君赴商会磋商修改草章条件,以期和平解决。

(《申报》)

6.汉商债务问题三志

（1914 年 1 月 21 日）

钱帮激起公愤　汉口钱票帮因各行商对于总商会所议清理债务草章以为独宽待钱帮，群起反对，因之亦大为不平，遂邀集同业固结团体，以钱业公所名义，每日催传各帮欠户，勒令限期还款，如有不理者，即控法庭追偿，以致各帮益形忿愤。以欠款系前年民军起义损失所致，非倒场可比，何得如此逼追？爰亦在药王庙开各帮联合会议，以钱业公所既能代各钱庄催账，自应能代各钱庄兑票，所有起义前各钱庄所出银条、期票、花票，应责成代兑。昨已四散传单，知照持票之人不日齐赴钱业公所索兑，恐不免酿起风潮云。

布帮互相争执起义　前各布庄售出布匹，至今多未将本银收回，昨由布帮董议定清理债务，向各店催索，以便收债、还债。各欠户闻之，即在嘉宾楼公议办法，决定以八成归还，现兑三成，余五成则分三年摊还。各布帮以各欠户皆殷实之匹头店，既经减成，则不能延期，兹事难以两全，决不认可，因之两相争执，殊难解决。

草章仍须修改　汉口总商会所拟理债草章，因各帮反对，后经人调停，由各帮公举董事樊有余等赴会商同总协理修改，刻已将修改之法磋商完毕，由商会查照，删改各节刊印，并附劝告文，请各帮遵照办理。讵各帮昨复开会研究，谓所改仍含混不清，较前反欠明晰，殊难照行，于是复函请商会开会，逐条修正表决，然后再缮呈官署立案，以免有所后论。

（《申报》）

7.督办汉口建筑商场事宜杨度呈大总统报明开用关防日期文并批

（1914 年 1 月 22 日）

为呈报事　民国二年十二月二十四日奉大总统令，任命杨度督办汉口建筑商场事宜。此令。旋于三年一月十一日奉到国务院颁发铜质关防一颗，文曰：督办汉口建筑商场事宜。关防已于一月十六日敬谨开用，除呈报国务院外，理合呈报，伏乞大总统鉴核。谨呈。

批：据呈已悉。此批。

大总统印

中华民国三年一月二十二日

国务总理　熊希龄

农商总长　张謇

（《政府公报》第 621 期）

8.汉商会清理债务泡影

（1914 年 1 月 30 日）

汉口总商会所拟理债草章，重在减成、分期归偿，官商一律。前因各帮以独宽于钱帮，群起反对。该会已俯顺众议，由各帮推举代表到会，将不妥处磋商修改，兹已删改完善。商界中之欲骗债者仍不免有闲言。闻该会总理前日将该章程面呈民政长核示。讵吕燮甫省长谓，商界所欠官钱局款项及其他公款,皆虽难分等减成,必须全数偿还。该总理遂将章程取归,未作为正式呈请,且查商界对于该章之议论,有债权者以为太宽,有债务者以为太严,似此情形,即商界一面无实行希望,总理李紫云君现颇愤懑,已宣言将该章程取消,自辞职务,俟新举贤能,另行集议妥协办法。阴历年关正商界大结束之期,诚恐以商会理债办法未解决,以致互相推诿,故该会复通告商界,所有债权、债务应于年底归结者,慎勿借此推诿,其有兵燹前,债务不能再待者,亦可各自清理云云。又,汉上钱帮所欠官钱局款约共数百万,因该局催款甚急,由钱帮公所呈请民政长宽限,谓须待收集各帮所欠项转还,并请维持追偿。当奉批云,据称,现今各帮所欠该业之款,总共有二千余万之巨,果能按数全收,不难重理旧业,清还官项等情。查现在大局底定,商业逐渐恢复旧观,各帮所欠,自应迅筹偿还,以清债务而资周转,除饬令汉口商务总会会同该公所召集各帮妥议清还之法,呈请办法外,仰该公所即便遵照办理云云。现在商会理债草章取消,钱帮挟各帮反对之嫌,借词官项紧逼催索各帮欠款,急于星火,动辄被控诉法庭押追,法庭因事涉官项,亦不能不理,以致各商多为债务所窘,不得已开会,以谋抵判,多深悔不应反对商会之章程。闻曾有人联合钱帮之债权者,持执银票、期票之未兑者赴钱公所索兑,以资报复。

(《新闻报》)

2 月

1.武汉实业界新纪事(汉商会理债问题之转圜)

(1914 年 2 月 18 日)

汉口商界近因总商会所拟理债草章,对于钱帮太宽,对于他帮过克,咸谓商会竟成为钱业公所,故齐力反对,不承认该草章为有效。讵钱帮后借负欠鄂省官款,非收集商欠,无以偿还之说,以要挟当道,饬官厅法院代为严追,故客腊杪,夏口县审检厅均为钱帮严行追欠。各帮以债务被拘押交保者,颇不乏人,商会置之不问,视若无睹,各帮莫可如何,只得缕陈艰苦情形于都督省长,恳求设法持维,段督、吕省长以此事非商会不能解决,官厅实无术维持,业传见商会总理李紫云君二次,切嘱其速筹解决,勿令兴讼,致失和气。李君初闻各帮有于本年概不交纳注册费之议,以示与商会断绝关系,本不欲再问此事,兹为当道再三谆嘱,不能不理。然新年后,各帮议董多未到会接洽,爰于日昨发出征求意见通告,以资转圜。其文略谓,前以本埠理债问题,意见纷歧,难即解决,适值阴历年关,商家习惯不能不停止会议。现在春节已过,正各商力图进行之候,倘旧债长此不了,资本家孰敢投资,银行团亦不能放款,金融枯滞,商业从何恢复?本会职任维持,并无成见,耿耿苦衷,天日共鉴。各帮诸君不乏明达,倘有高见,尽可直陈,务期协力同心,推诚相与,再由本会订期开会集议,公同折中,以臻妥协云云。惟闻鄂人之意,以为各帮对于理债一事,意见极难一致,万难由总商会规定统一办法,使众遵守,似不如令各帮董首各自与钱帮妥议偿还之法,以商会为仲裁人,则必可期速了也。

(《申报》)

2.汉口商会推举代表卢君鸿沧赴湘联络(咨会湖南商会接洽文)

(1914 年 2 月)

为咨会事　案照前准贵会咨以贵省取消独立一事,推举代表王君尹衡、陈君炳耀、曾君峙华、龚君传藩、刘君昌隽赴汉诣会,面商一是,请为接洽。等因。并先由曾君玉岑等莅汉,交到大函,事同前由。各准此。聆悉之下,具见诸君子以顾全大局之心,谋共济同舟之喧,既深钦佩,尤表欢迎。贵代表到后,随即偕同晋谒。黎副总统已将两方意见,代为疏通。至于善后办法,贵代表业经拟呈,奉有批示,于会时必已详达聪听。从此,讲信修睦,共保地方之治安;通商惠工,借谋实业之发达。是则敝会之所希望,窃愿与诸君子共勉之者也。兹特推举卢君鸿沧前诣贵会,代表微忱,借资联络,到时务希俯赐接洽,无任企祷。此咨湖南城董事、农务、工业、商务总会。

(《中国商会联合会会报》第 1 卷第 5 期)

3.全国商会联合会湖北省事务所开会辞

(1914 年 2 月)

在昔闭关时代,商业不甚讲求。为商人者,识见囿于一隅,规划局于小就,数千年来,无合立图维之方法,而亦无竞进发达之可言。海通以还,国际商战,日渐剧烈,我国商业故步自封,遂屡处于失败之地位。明达之士,渐知其病之所在,而谋所以救之者,于是乎倡重商之议。又知伸展商权,提倡商业,不能不有团体以厚其势力也,于是乎有商会之设。前清末造,盖以略见规划矣。民国成立之后,民生主义,定为政策。商务一端,尤拟锐意振兴,以植富强之本。而沪、汉两商会,以我国幅员广大,商会虽以林立,而商情涣若散沙,苟欲振兴商务,非先联合商会,厚集商力,必无实效之可期,乃协议组织斯会,拟设总分各机关,以资联络。去年十一月工商大会,各省商会代表在京议定章程,呈奉工商部批奖,始行分咨办理。现在总事务所固已设立,而各省各侨埠之分事务所,亦已次第成立。本所由武、汉两商会筹办,得于今日开幕,实为本省商会第一次大会之盛举,其关系之巨,利益之多,可约言之。

第一,发展商权。商人遭受冤抑之事,本地商会类能代为伸白。然或事关重大,商会之势力,不能伸白者,则可报告本所,转告总会,设法办理。又如地方捐务,设有实在苛扰商民之处,以及种种不便于商等事,本地商会或屈于势力,或碍于情面,争之不得,无可如何。今则可报告本所,转告总会办理。至于商人或商会,对于全国或本省一切兴利革弊之事,有所见到,思欲发议,而因势力孤单,致生人微言轻之感,而卒无从建白者,往往而有。今则可向本所或在总会议办,则商权自能渐伸。

第二,联洽商情。本省各商务分会之公事,向由武、汉两总会为承转之机关。现在工商部拟定商会法,有将总分会名义取消,一律独立之说,如果议决实行,则各商会不相统属,一切商务公事,惟以本所为联络承转之机关,而商情始无隔阂涣散之虞。至本省各商会对于各省商会或国外华侨之商会,从前视如秦越,肥瘠不相关切。今有总会之组织,则本省商会会员同属总会之会员,情感相联,气谊相合。他日如有彼此往来调查考察等事,均可接洽优待,则商情必渐能团结。

第三,维持商业。设如某处金融恐慌,市面急须救济,或某处货物停滞,商家大受困害,以及重要实业亟待维持,巨大公司不易招股等事,均可由本地商会报告本所,转告总会议办。登高一呼,万山响应,众擎之力,易于举重,理固然耳。

至于总会召集大会之后,必将刊刷商报,以广见识,兴办商学,以养人才,以及此后国家商税之施行,商政之议办,商法商约之议订,我商界皆可研求利害,发表意见,忠告总会,忠告政府,务求妥善,以利推行,凡此尤为振兴商务之绝大关系也。

总之,全国商会联合会为联洽全国商务之总机关,各商会实为全国商会联合会之基础。本所则为本省各商会之枢纽,诚能协力同心,实事求是,则如身使臂,如臂使指,一气贯注,共策进行。我国商务之发达,跂足可待,振商即以救国,我商界当共勉之。至于本所一切进行之手续,甚望代表诸公议定施行。诸公皆商界巨子,学识经验所仰慕,谅各有以惠教也!

(《中国商会联合会会报》第 1 卷第 5 期)

3 月

1.各帮理债问题(汉口)

(1914 年 3 月 12 日)

汉口各商因兵燹后,元气未复,近虽勉强支撑,终属外强中干,故对于损失债务未能解决,特集各帮组设理债处自行清理。近已就前总商会将所拟理债草章再三修改,分致各帮,请再研究,如尚有应行修改之处,请于三日内函复,以凭决定后公举代表赴商会磋商,早日解决,盖以鄂当道以理债一事责成商会也。

谣言牵动商务,自□匪窜扰武胜、柳林以后,武汉谣言愈炽,现虽屡得捷报,人心未定,故商家皆不敢以现银放出,又值洋商现正须办入口货,纷纷汇款回国,以致市面银根骤形枯窘,拆息每日涨至四钱,各钱庄周转维艰,颇有岌岌可危之势。现闻段香岩鄂督以谣言牵动商务,深为注意,除饬武汉主客各军认真防范外,并令武汉商会妥为维持,解释疑惑,且令警厅侦查造谣惑众之人严行惩办云。

(《申报》)

2.反对税章之转圜(汉口)

(1914 年 3 月 12 日)

汉口商界反对厘税征收局新定取缔分拨票一事,风潮甚烈,现由总商会极力调停,可望变通。昨商会发出通告云,案照汉口征收总局奉令饬足分拨票期限一事,前经各帮会同总局代表在本会会议请予变通,在公家为杜弊起见,在商人以流通为主。近日各商帮小馆对于此票争先恐后,以致拥挤,殊与局务办公大有妨碍,而商家输转亦不免阻滞时间。本日又经各帮董与总局代表继续会议，拟由局呈请改良办法，并定于初十日在本会大开会议，另□□约，除由会派员前往税局襄理秩序外，用特通告各帮诸君，嘱令各店小馆照常将事，勿再在局外喧哗，静候开会解决办法，是为至要。

（《申报》）

3.批卢鹤琴与刘人祥一案业经鄂高审厅呈复该商应回鄂静候审理由

（1914 年 3 月 13 日）

前据该商民先后呈称，与刘人祥因地皮涉讼一案，湖北高等审判厅讯结无期，迭经本部令饬该厅迅速核办并批示在案。现据该厅呈称，此案由大理院发还再审，院判内称，被上告人所执卖契，非俟宝顺和案解决不能无疑。又，大理院判决宝顺和一案，判词略称，本案经湖北高等审判厅发还原地方厅为第一审，审判自属正当等语。此两案有相互之关系，非俟汉口地方厅先将宝顺和案判决后，无从着手。卢鹤琴呈请审理时，业将此意批示，嗣后并无呈催。顷据汉口地方厅呈称宝顺和一案，业已实力进行。等因。本部查此案既据湖北高等厅呈称，非俟宝顺和案经第一审判决后，不能再审，尚非任意延搁者，比迭经令饬迅予核办。宝顺和案亦正在进行，该商民自应回鄂，听候各该厅依法审理，仰即遵照。此批！

（《司法公报》第 2 卷第 7 期）

4.汉口商帮理债近闻

（1914 年 3 月 18 日）

汉口总商会去年所拟理债草章，因各帮以其对于钱帮独宽，齐声反对，因此未发生效力。近各帮因被钱帮逼债甚紧，大为困难，于是颇悔前之反对商会为不当，不能不急求转圜者，特由各帮自组之理债处，复就商会所拟草章之第一章分等办法，稍加修改，通知各帮研究，如有别见，尽可条陈磋商修正。现各帮处此困境，别无异说，多数承认，昨理债处爰将修正之草章函送商会，请速定期开会，表决定案，惟闻钱帮现借收集外欠以偿官钱局公项之大题，不虑官厅不为严追债务，殊弗愿依从商会前拟之草章，恐开会时必又生波折也。刻闻商会诸董已知钱帮之主意，故以商会名义电农商部，大致以汉市艰难，达于极点，恳速设法维持，亟请饬鄂当道，缓追商人所欠公款，以免钱帮借口。兹将各帮修改之债务等级、减成分期办法录于下：

（一）凡财力殷实、损失轻微者为第一等债务，免利，如数还本，期限以民国五年为止，除已还若干，其不足之数须于三年起照数拨还。

（二）现在营业资本及不动产，抵偿债务、适足敷衍者为第二等债务，免利，以八折偿还，期限以民国八年为止。

（三）损失较巨，勉强复业而抵偿债务尚有不敷者为第三等债务，免利，以六折还本，期限以民国七年为止。

（四）损失既巨，现虽复业，但谋生计兼理债务者为第四等债务，免利，以四折还本，期限以民国六年为止。

（五）损失既巨，确系勉力经营、资本甚薄者为第五等债务，免利，以二折偿还，期限以民国四年为止。

以上四等均如第一等办法。除已还过若干外,不足之数均于三年起,照数摊还,其未还分文者,亦于三年起摊还,至理债手续,悉照商会原议,无大更改。

(《申报》)

5.全国商会联合会纪事(十一)

(1914 年 3 月 26 日)

报告毕,贝代正会长即提出一宗兵灾善后案,内第一件安徽省事务所提议,要求赔偿辛亥年损失,并由续到汉口商会提议,请表决兵灾后债权、债务办法,此件并入第一件内讨论,当由严书记长报告。第一件案情云,查皖省各商铺,于辛亥年民国光复后,被浔军焚劫,当时调查损失共计洋六十七万三千余元,前据各业董援照苏宁办法,造具损失清册,分别呈求抚恤,旋奉前都督批,呈请中央酌夺。又奉前工商部批奉大总统发下原呈清册,咨行安徽都督酌核办理各等因。迄未解决办法,究竟此案能否援照苏宁成例吁求抚恤,抑或援照汉口办法,呈求中央颁发公债票,借资补助,应请讨论。报告毕,贝代正会长请湖北商会代表吕超伯发表案情,吕君登理由台报告,略谓,汉口自遭兵燹,两载有余,商业不能振兴,债权、债务不能解决,务请诸君公议办法,当由陈文化、陆慎斋、陈质卿、吕超伯等各会员互有意见,发表讨论后,贝代正会长云:“对于要求赔偿损失案,如赞成联合会请愿政府者请起立。”表决多数赞成,贝君又云:“债权、债务办法案,拟由本会拍电,汉口商会商定办法,赞成者请起立。”表决多数赞成。

(《申报》)

6.全国商会联合会纪事(十四)

(1914 年 3 月 30 日)

汉口商帮电请缓议兵灾损失案,汉口商会提议呈请赔偿兵灾损失一案,业经前日开会讨论,公决付审查在案。兹闻前日(二十八日)汉口众商帮来电,请为缓议,电文如下。

中华全国商会联合会公鉴:汉口惨遭兵燹,各帮财产、货物同付一炬,以致债权、债务至今犹未解决,当经汉商会电请贵会提作议案,惟实在情形,恐未洞悉,应先电请暂缓提议,俟商等函详,再行提议。汉镇损失众商帮同叩,感。

(《申报》)

7.武汉各国工厂一览

(1914 年 3 月)

名称	国籍	厂址
东西面粉厂	日	汉阳琴断口
日信榨油厂	日	日租界
日信压花厂	日	汉阳大码头

续表

名称	国籍	厂址
和记冷藏屠厂	英	德租界
英美纸烟工厂	英、美	德租界
碑格尔蛋厂	德	横口
礼和蛋厂	德	大智门
嘉利慊锑厂	德	横口
美最时蛋厂	德	法租界
美盛榨油厂	德	法租界
嘉利蛋厂	德	大智门
美最时轧花厂	德	德租界
瑞记压花厂	德	德租界
礼和压花厂	德	英租界
阜昌茶砖厂	俄	英租界
顺丰茶砖厂	俄	俄租界
新秦茶砖厂	俄	俄租界
永新茶砖厂	法	法租界
立新压花厂	法	法租界
瑞兴蛋厂	比	日租界
和顺蛋厂	奥	汉阳
和昌肠子厂	荷	大智门
康成制酒厂	中、法	桥口

（《蜀风报》第 7 期）

4 月

1.汉商债务问题之难解决

（1914 年 4 月 1 日）

汉口各商帮因债务问题不能解决，而商会又偏于钱票帮，一面特组商帮理债处，以为清理债务之所，迭经在处会议，其初对于商会所拟理债草章极表反对，近因为钱帮挟官项所窘，不能不亟求转圜，爰就商会草章稍加修改，于日前函请商会开大会表决。讵商会因钱帮现挟官力压押各帮，不欲减成分年，如前拟草章办法今日已办不到，何况理债处又将修改之章程置之不理，经各帮公举代表质问，谓商会前次通告，曾有由各帮研究，不妨修改之语，今何遽忘前言？该会总理李紫云答云，现在以解决钱帮偿还官款为第一要着，须候官钱局督办高松如到汉，始可集议，今即开会亦属无益。各帮以官款乃钱帮所负债务，非各帮所负债务，此别为一问题，今应先将各帮与钱帮债务议决。争之再三，商会始于阴历二十八日开会，各帮皆到，独钱帮不来，磋议再三，众说纷纭，争论四起，最后由帮董崔蔼如提议云，钱帮今既不到，贵会亦不能依前拟草章解决，可否将贵会前拟草章与今各帮修改条件转呈军、民二府核办示遵？李总理意似可照转，乃衣帮董暗与钱业有关之英干庭独阻李勿承认，且谓，若如此，尚须通知钱帮，请其亦议条件附呈，方昭公允。于是俞清臣、樊步青、陈宣三诸人与李总理大起辩论，谓去年底商会所拟草章系出自钱帮意见，且当开会时总理曾言决定次日实行，呈商部省长核定施行，钱帮时已认可，惟各帮因未细研究，未允通过。今日各帮修改者与原议无甚出入，何须钱帮另订条件，多费手续。李默然。次由张煦初诸君陈明钱帮追债急迫及银票不兑情形，谓此事关系市面大局，总宜和平解决，议先函请钱帮派代表与各帮代表定期会议，以臻妥协。万一不能解决，再转呈军、民二府核示，众皆赞成。散会。闻越日钱帮及各帮代表曾经会议一次，钱帮云，现在省长已委鄂东观察使催提官款甚急，故敝帮不能不紧催各帮，如各帮能求当道缓追官项，钱帮自松，故会议又无结果。现悉商会以此事呈之鄂军、民二府，因官款故，亦必难解决。现在全国商会联合会在沪开大会，拟将汉口商欠商债、商欠官债各问题提作议案，陈请解决，免请官示。闻各帮皆赞成，但恐联合会亦未必能解此难题。又闻钱帮所主张者，系拟先请各帮赈项，后偿钱局公款，而鄂当道则以两年以来钱帮零星收集各帮债务，已有数成，官钱局欠款则分文未偿，今故紧逼钱帮，不知钱帮虽收有巨款，不以转贷于各帮，即自有所营业，一旦受逼，惟有转逼各帮，其牵动市面也必矣。近商会拟钱帮呈转恳财政、农商二部请颁部令，饬鄂省长缓追钱帮欠项，先行清理各帮债务及拨款维持市面等情。业奉财政部批驳，大致以中央地方财政同一支绌，鄂省催偿地方官项，本部不能干预，未便命令缓追，现在中央库空如洗，尤无力救济市面云云。农商部现尚未批。总之，兵燹后，汉商元气未复，开贸者多属空架，勉强支撑，今为债务影响，其恐慌不可胜言也。

（《申报》）

2.钱业谢绝赴会复函

（1914年4月4日）

汉口商会前日徇各帮之请，开会讨论理债办法，因钱帮无人到会，致未解决，现在商会及各帮主张请全国商会联合会秉公议决，惟钱帮之意见则不甚赞同，兹觅得钱业公所，因商会函招到会研究债务，谢绝不到。原函如下。

总协理先生鉴：奉贵会函谕，饬敝业举派代表四人到会研究债权、债务事宜，奉命之下，自应谨遵，但敝业对于理债办法，势处双方惟求两全，无论如何解决，总期两无窒碍，若徒招集敝业与各帮直接会议，终属于事无济，应请商会即日咨请各省官银行号，湖北、湖南官钱局以及西帮票号等，公同讨论，庶几克收实效，即令敝业代表到会陈述，亦不过如是，到与不到似无区别，惟一再方命负约，幸赐曲谅，是为至祷。

（《申报》）

3.全国商会联合会纪事（廿四）

（1914 年 4 月 9 日）

昨为全国商会联合会开会之第十九日，会员到者，五十余人，苏省长代表季铭又到会列席，上午十时三刻开会，周正会长仍请假未到，由贝副会长代表兹将详情录下。

通过兵灾善后案，贝会长报告云，今日代表已到十四省，可正式会议，先由兵灾善后案审查员龙鸣九登台报告云，四月二日发交兵灾善后审查案三件：一、□匪窜入六安，商民糜烂，条陈善后办法案；一、续到汉商会电请表决兵灾后，债权、债务办法案；一、永设商团，准用新式枪弹案。兹将审查结果报告如下，统乞公决。第一件第一条，观察政府财力似难办到，然六安县治半成丘墟，有土地而无人民，政权何由行使？拟由本会据情代达，谅政府必有以处此也。第二条，既有金陵成例，亦应查明，代请照办。第二件，准汉商会寄来办法及各商帮酌拟清偿草章，对于分等、折减二主义，似已双方允洽，惟清理年度略有不齐，庄票兑现尚多窒碍，以致相持不决。查金融机关为商业命脉，此案债权、债务葛藤蔓延，而根本则在钱庄对于官款洋款与执票人之债务，应由本会呈明政府，要求官款折减延期。次即清理庄票办法，根本既决，条理自清，年度一节，瞬息风云万变，如其过事迁延滋蔓，将不可图。应照汉商会所定民国六年底为止，至如何分等，如何折减，庄票如何兑付，应由本会照汉商会从速斟酌办理。第三件，各省商团章程尚未汇齐，无从核定，惟就原案审查内称，兵士以一连为率，不免与军权混淆，且商团团员，声明限于商界，颁发图记，究属何部职权，均难解决，应请提议人征集各处章程，拟具详细办法，再行提议。盛竹书言，该报告第一条本属甚妥，毋庸置议，惟第二件照本席意见，须请汉口方面法庭对于此项损失之讼事，于办法未定之前，暂缓判决，会长挨次付表决，第二件参照盛竹书意见，均全体举手作为通过。

（《申报》）

4.筹备巴拿马赛会之进行

（1914 年 4 月 16 日）

湖北筹备巴拿马赛会事务局前咨实业司转行政公署通令各县知事暨各埠商会传知各商，将天然、制造各物品一律征集，以便运赴美国赛会，而促实业进步。现在应赛各项物品多已到汉，该局总理胡俊采特借定后湖华商跑马厂为陈列展览所，俾使武汉人士纵览一月，再行装载出口，其展览期决定于五月十五日开幕，现正布置陈列。惟汉口商会征集各帮商人物品，尚未送到，昨已通告该会，转催如期送到，以便布置。又闻行政公署以此次巴拿马举行万国赛会，鄂省实业、教育各主管机关，虽已依照部令规定办法，通令各属赶办出品，敦促进行，能否得美满出品，尚难预测。现在开会期迫，此举为万国□□所系，且于国家文化、实业两途极有关系，□恐各界人民未能深知其中利益，观望不前，特将关于赛会利益编辑成书，发交各属宣讲员演讲，以期共勉而免观望。

（《申报》）

5.汉商呼吁法庭无效

（1914年4月19日）

汉口债务问题迁延莫决，而钱票帮因鄂政府催偿官钱局等欠项甚急，遂严逼各商帮所欠该帮债务，动辄请法庭押追，以有官款关系，故法庭严为追偿。各商帮大受其窘，兹特联合公举。代表王□庭呈请地方审判厅，恳将欠债各案均暂缓判决。俟各帮议筹偿还划一办法，借以维持市面险象。该厅长邹麟书批云，据称困苦各节，自系实情。惟本厅职在司法，凡诉讼当事者之一方面有不顾和解者，勒令和解，实与现行法章相悖。本厅历结各债案，大都酌量债务者财力状况，判还现金一成至四成，并分□□年至五年，利息全部免除。正如状称，各帮财力稍裕者，业经悉数偿还，其次者，亦还一二成至七八成不等各情，无大出入。其有全部判现，甚有判加利息者，专就有担保物之债权，又以担保物未经损失，曾生果实者为限。是维持市面，至为周到。该代表等果能请商会召集钱商各帮公认暂缓诉追，本厅采不干涉主义，缓于判决。否则，仍旧进行，以全天职而重法权云云。

（《申报》）

6.汉口钱帮理账处反对议决案

（1914年4月19日）

全国商会联合会业已闭会多日，所有开会时对于汉口代表盛竹书提议之汉口方面兵灾善后损失问题，曾经表决，电请该处法庭，将关于钱债之诉讼从缓判决。兹汉口钱帮理账处未表同情，于昨日（十八日）电致商会联合会总事务所云：汉镇债权、债务久未解决，汉商会虽分甲乙，孰甲孰乙不知，故多争持，阅十七报载，贵会提议汉案盛君宣言，请法庭缓判，司法独立，莫能阻止，无论如何，万难承认。

汉口钱帮理账事务所叩

（《申报》）

7.汉商与招商局之交涉解决

（1914年4月27日）

汉口各商帮追赔会向招商局要求间接赔偿辛亥革命损失问题，彼此磋议两载之久，现经汉口总商会代表盛竹书君与上海总商会协理贝润生君亲赴斜桥该局董事盛宣怀家会商，刻已解决。兹将结果办法五条列下：

一、由招商局垫付现款规元二十万两。

一、由招商局垫发本局水脚票规元十六万五千两。

一、现款规元二十万两，除已付过规元十万两，尚余十万两，限民国三年（阳历）六月底兑付，招商局先□本局票交汉商会存执。

一、招商局水脚票规元十六万五千两，自民国三年份起，分作五年，按数摊搭，其水脚票如何分给各商帮，由汉商会议妥后向招商局出给。

一、各商帮客货损失共计洋例纹一百二十余万两，现在先由招商局垫付现款规元二十万两，水脚票系规元十六万五千两，一面由沪、汉两商会会同招商局向政府要求赔偿，如蒙政府允准，全数赔偿，除归还招商局垫款外，余款如数转给各客帮。

（《时报》）

8.汉口钱商呼吁之无效

（1914 年 4 月）

汉口钱帮商人因各帮所欠该帮之款，现在犹未议定偿还，而该帮所欠官钱局公款，省长已委派鄂东观察使督催追债甚急，特请总商会转呈中央财政、农商二部，俯念商困，颁布命令，饬鄂省长缓追公款，俟该帮收集各帮欠项，陆续缴还，且以刻下市面金融枯竭，拟恳部拨款维持等情。兹奉财政部批，以商家款项出入，无论商欠商款、商欠官款，均系债权、债务之关系，理宜按照营业规则自行清理，政府断不能干预其间，强分缓急，况现在库款奇绌，所有地方公款亦必需用甚殷，岂有本部勒令缓收之理？至拨款救济市面一节，此时财源枯竭，出款浩繁，万无余力再行兼顾。所请颁布命令，商款优先清偿，官款从缓归还，拨款救济市面之处，均难照准，仰该商会转饬知照云。

（《大同报（上海）》第 20 卷第 14 期）

5 月

1.汉商要求赔偿辛亥损失追讯

（1914 年 5 月 1 日）

汉口各商帮追赔会与招商局要求间接赔偿辛亥革命之损失，业由沪总商会协理贝君与汉总商会代表盛竹书君向该局董盛君磋商，得解决条件，已详本报。兹悉，该商会代表以是项损失之摊派有数百户之多，已将前日解决办法先行电告，一面取得招商局承认，于阳历六月杪发给银十万两之信件先行回鄂，支配一切。闻鄂商方面刻已赴诉之小户亦有数十起之多，现当一律贯通，故招商局愿将此款提前垫付。沪、汉两总商会亦协助该局，向政府要求速予赔偿矣。

（《时报》）

2.汉商债务近讯

（1914 年 5 月 12 日）

汉口官商债务纠葛，前经省长委任鄂东观察使清理在案，昨汉口总商会接范筱斋观察函开，查汉口债务、债权一案，敝使前赴贵会磋商，并将各帮所拟章程详细核阅，斟酌损益，另定办法，应俟呈请省长审定后，再行开会公布。兹据银行、钱票各帮商人以巨债久悬，商国交病，呈请明定办法，除批示外，用特将原呈及批示抄送□会，请查照。等因。该会总协理以此事既经鄂东观察使允，俟妥拟办法呈候民政长审定后，再行开会公布，或者解决之期当自不远，似应静候核办。除再函请从速办理外，特将通告各帮一体知照。

（《申报》）

3.汉商债务行将解决

（1914年5月20日）

汉商债权、债务纠葛前经商会酌拟理债草章，未臻妥协，迄未履行，嗣由各商帮理债处呈请行政公署，批令商会秉公维持□□会订期开会集议，而钱帮独不赴会，债务终难解决。钱帮之有债权者，对于各帮债务遂不候公议办法，日在汉口地方审判厅诉追不已。各帮理债处复呈请两府设法维持，并公呈司法部、大理院饬令汉口审判厅暂缓判决债务案件，俾自清结。兹均奉到批示，鄂省长并令饬鄂东观察使范守佑督同清理债务委员张鸣珂参酌各帮所议办法，另定章程，呈请审定，再行开会公布，解决当亦不远。惟理债处以各帮均有债权、债务，将来如何清理，自应早为筹办。爰于十六号在药王庙集各帮开全体大会，讨论进行办法，到者极为踊跃，所议事项探明再纪。兹将司法部批示附录如下。

呈件均悉，汉口各商债务案件，其实因兵燹损失未能履行者，尚非有心□欠者可比，所请令饬鄂省各审判厅暂缓判决，俟公议办决之处自应照准。惟暂缓判决之案，必以债务关系发生在兵燹以前。又，其损失实在汉口者为限，事关全埠商务，案悬日久，纠葛愈多。据称，该省行政公署已委员督同清理，自应迅予清厘，议定办法，公同解决，并将所议办法分报本部暨该省各机关查核备案。至商事公断处章程，业于上年公布，迭据各埠呈报遵章设立。汉镇尚属缺如，尤应照章克期组成，以为商事之仲裁，而辅法院所不逮，除据呈令行该管审判厅外，仰即遵照。此批。

（《申报》）

4.汉口商帮理债近讯

（1914年5月27日）

汉口兵燹后，债权、债务久难解决，前由总商会所拟理债办法，以复业为标准，不以损失为标准，故各帮反对。近已由鄂东观察使参照各帮章程，另拟办法，发交汉商会研究，昨由各帮理债处赴会查阅，以内中尚有窒碍难行之点，爰请会中迅将章程抄给，以便交各帮公同研究。惟商会以各帮只可到会研究为辞，理债处极为不悦。又闻观察使已禀省长，以此次清理官款、商款一体办理，刻拟在汉商会设立审查处，由公家派审查十员，商界派审查十员，会同清理，以免隔阂。汉口各帮负欠钱帮之债务，迭经钱帮在地方厅控追，遵章缴纳讼费，为数不赀，故法庭乐为讯理。近因各帮要求司法部令饬该厅将所有债案暂缓判决，诉案均归无效，钱帮遂请求将已缴讼费发还。又，各钱店于起义前所出花票久未兑换，各持票者因其牌名已改，亦不便向索，兹钱帮因债务将结束，特公假小关帝庙一律照兑。

（《申报》）

5.函财政部、杨督办请核复湖北民政长吕调元电陈修筑汉口商埠救济办法一案汇送说帖以便会同呈复文

(1914 年 5 月)

径启者,前准国务院函开,奉大总统发下湖北民政长吕调元电陈,借款修筑汉口商场,种种障碍及救济办法等情原电一件,应由内务、财政两部会同汉口建筑商场督办核议。等因,到部。查汉口建筑商场事宜,计划若何并未报部有案,亦未有何种规定,兹准前因,除原电已由院分致外,相应函达贵部、督办查照,迅将此案核议,拟具说帖,汇送过部,以便会同呈复。此致财政总长、督办汉口建筑商场事宜杨。

(《内务公报》第 9 期)

6.汉口修筑电车之波折

(1914 年 5 月)

迩来汉口市面日渐规复,汉地绅商屡议组织电车公司,惟因集股不易,迄未成就。乃近日又有鄂人名李聘三者,以修筑汉口电车名义入京,私向日本某洋行订借款三百万元。事为旅京鄂人所闻,群起反对,并作启事,宣发各报,声讨李氏罪状。现正在交涉中云。

(《电气》第 6 期)

6 月

1.托卖烟土之纠葛

(1914 年 6 月 10 日)

湖北人郭云叔延达商律师帮办某律师至法公堂控称,前在汉口将大土一箱,计九百十一两,托王季和售卖。讵王收土之后,人即不见,直至今春,在汉口遇见,向追,支吾,曾经汉商会出理,王允与商人清理。嗣王以家眷住在上海,亦即逃避法界,是以来案控追。王延蒲石律师代表译称,查原、被均汉口商人,犯事地点系在租界之外,且原、被在法租界内,并无字号。今郭凭空起诉,贵公堂能受理此事否?且原告在汉口开有店号,有证人可以传请。旋据赵小衡供,湖北人郭云叔汉口店号,设在风代楼信昌里同成隆字号,今被告不愿在上海涉讼,应赴原籍汉口地方厅起诉。谳员聂君以原告情愿在本公堂讯理,而被告不愿,各执一词。遂商之法副领事德君,判一并释出,毋庸交保。姑候函致汉商会询问此事,是否由商会理过,复到,再行磋商饬遵。

(《申报》)

2.商会请愿代表之意兴索然

（1914 年 6 月 12 日）

全国商会联合会，曾请农商部暂缓改组各地商务分会，一面选举代表赴京请愿。兹分会改组一事，已经部中批驳，故所举请愿代表汉口商会协理盛竹书君遂请取消代表名义。兹将盛□致联合会电文录下。

上海全国商会联合会事务所鉴：阅政府公报，农商部批分会暂缓改组一节，未邀允准，原批谅已达览。惟此事关系至巨，诚恐影响修正商会法全案。炳纪忝承全国商会委托之重，深惧有辜众意，务祈将纪委托请愿名义取消，一面分电各省商会，预筹对付之法，以维大局。盛炳纪上，支。

（《申报》）

3.汉商债务与司法之关系

（1914 年 6 月 16 日）

《理债章程》将宣布　汉口各帮理债处通告商界略云，兵燹后，债权、债务迁延不能解决，以致讼案迭出，市面震动。本处特呈请司法部令饬湖北审判厅关于兵燹损失债务案件暂缓判决，俟公议办法办理。现已由行政公署令饬鄂东观察使会同汉口总商会妥议章程。嗣观察使因公赴沔，故所议章程尚未宣布。本处迭请商会先将草案抄示，公同研究。奈商会恐有争执，不肯抄阅。本处仍拟呈请观察使秉公核议，务期两得其平。但此项章程宣布之期当亦不远，凡我各帮自应早为筹备，以便将来一致履行，幸勿观望，再酿争讼。

催设商事公断处　汉口自革命后，商事诉讼日益加多，每有经年不能判决者，现商界以司法、工商两部已会订《商事公断处章程》，各埠多已设立，汉口尚未提议组织。近来理债办法已将解决，将来分年分等，争议必多，讼事尤繁，特由理债处商请总商会，迅速遵章组设，以补法院之不逮。现商会总协理已筹议经费及选举职员办法，不日当可成立矣。

（《申报》）

4.兼代农商总长章宗祥呈准湖北巡按使请奖给武穴等处商务分会匾额并汉口商会援案请赏银两建造会所，可否照准，请训示文并批令（附单）

（1914 年 6 月）

为奖给湖北武穴等处商会匾额并汉口商会援案请赏银两，建造会所，呈请鉴核事　查各省商会应奖匾额，业经本部两次汇核，呈奉大总统核准、盖印、发还、颁行各在案。兹复准湖北巡按使吕调元请奖武昌、汉口及枣阳、老河口等二十二处商会，并汉口商会请援上海总商会办法，由政府赏银万两，发交商会，建造会所，节录履历事迹，统祈鉴核示遵。正核办间，复准湖北巡按使请奖监利商会，请并案核办各等因，前来。本部核阅各商会履历事迹册内，除武昌、汉口两商会业于第一次请奖商会匾额案内，已各给予匾额在案。暨嘉鱼、南漳、蕲春、宜城、应城、黄陂、随县、枣阳、蒲圻、龙坪、孔垄、襄阳、通山等商会，尚未经本部核准成立有案，应俟各该商会核准后，再行核办外，所有武穴、老河口、阳新、钟祥、沙市、安陆、黄梅、监利等八商会，核其事迹，均应查照前办成案，各给匾额一方，以示旌异。至汉口商会请援上海商会成例，由政府赏银万两，建造会所一节，查去年十月间，上海商会建筑议事厅，呈请辅助经费并颁给匾额，奉大总统谕，给匾助费一万元。等因，由前国务院函知前工商部并分行财政部有案。此次汉口商会援例，请赏银两，建造会所，能否照准，本部未便擅断，应如何办理之处，理合连同武穴等处商会应给匾额字样八方，并开列清单具呈。谨乞大总统钧鉴，核定盖印，训示遵行。谨呈。

批令：湖北武穴等处商务分会应准如拟给予匾额，盖印，发交该部，分别转给。至汉口商会请援案赏给银两之处，查上年乱党滋事，上海商会维持大局，特著忠勤，各省未便援为定例，碍难照准，并由该部转行知照。单存。此批。

大总统印

中华民国三年六月十八日

国务卿　徐世昌

谨将湖北各商会应给匾额字样呈请钧核，计开：

应给"拱卫国家"字样商会匾额五方：湖北老河口商务分会、湖北阳新商务分会、湖北江陵县沙市商务分会、湖北安陆商务分会、湖北钟祥商务分会。

应给"弭患保安"字样商务匾额三方：湖北武穴商务分会、湖北黄梅商务分会、湖北监利商务分会。

（《政府公报》第 764 期）

5.汉口商余公会简章

（1914 年 6 月）

一、命名

本会为吾人经营公余联合同志组织而成，期以游憩有所，讨论有方，故命名曰"商余公会"。

二、宗旨

以崇尚道德、固结团体、交换知识、联络感情为本会唯一之宗旨。

三、职员

定公举正会长一员，副会长一员，中西文书记四员，会计二员，庶务六员，均由会员中互相投票选举，以多数为准定，倘得票之数相同，则以掣签法定之。

四、任期

凡当选各职员，任期以半年为满，届期再行公举，连选者连任，不得借端推辞。

五、权限

正会长为全体之领袖，有主持全部机关之权衡；副会长有帮同担任全会往来文牍以及开会记录、编辑报告等件；会计员专司银钱出纳报销之事；庶务员管理会内一切杂物，督率丁役之责；其余会员有参议各种问题之天职，然均须受正会长之监督指挥。

六、入会

凡同志欲入会者，必须品行端方，旨趣纯正，有本会会员一人介绍，并缴入会费洋二元，方得入会。

七、月捐

会员除当缴入会费两元外，每月须缴月捐洋一元五角，两月并缴，借充会内经费。倘将来有推广范围，添设科部，应需要经费之处，临时开会公决，并听各会员自有认助。

八、业务

凡当会员者，有恪守本会公定章程之天职，有相聚乐群敬爱之性质，有扶助本会之发达、保卫全体名誉、担任经济之责任，方尽应尽之义务。

九、权利

会员有选举及被选举各部职员之权利，且会中所设备之各种书报及中西音乐棋弹等品，可得随时玩阅，享受陶情怡性、游目骋怀之趣益。

十、禁约

会员在会，如有不规则之举动，或无意识之行为，视为破坏规章；若劝之无效，则是有意故违，惟有公议除名，令其出会，以肃品诣。

十一、名誉董

凡学问渊博、资格高尚、于社会上素孚众望者，或慨助巨款、扩张本会范围者，当公推为名誉董事，以资表率。

十二、赞成员

各界热心志士，有捐助本会经费者，当公认为赞成员。

十三、名誉员

凡有学贯中西，志在公益，当于经验匡助进行，以符本会集思广益之宗旨者，当认为名誉员。

十四、会期

每半年开大会一次，以六月、十二月为期，每月开常会一次，如有紧要事故，随时开特别会议。

十五、演讲

随时敦请各界名人莅会，演讲古今技能学术，以广见闻。

十六、参观

处此商战时代，是以实业为重。凡武汉各工厂、各机关，均可随时设法商允，前往参观，借察营业发达之理由，以资研究而增学识。

十七、出会

凡会员营业他埠，或有事故告退出会者，入会之费，固不发还，即所有未缴之月捐等费，仍须照缴，否则向介绍人追缴。

十八、规余

以上所有规章十七条，其中未尽善美，将来如需改良之处，当在半年大会时提出修正。

十九、零锦

本会现今设置各部，其规则另订吉章，兹不详载。

二十、实行

本章程于本年七月一号公决后，作为有效。

（《商余杂志》第 1 期）

6.汉口商余公会会员表

（1914 年 6 月）

钱琴西，孙干宾，孙景西，李佐庭，李少堂，周德庵，周锡卿，周佩芳，周正卿，吴大积，吴耀庭，吴镜清，郑硕夫，郑声齐，王符权，王蓉卿，王瑞祥，王秀章，王杏生，王英夫，陈文生，陈松庭，陈伯恩，蒋惠仙，蒋学辉，沈德明，沈茀均，朱芑臣，朱占兰，朱德生，秦殿卿，何玉良，吕禹书，张竹如，张默林，张兰洲，曹芳怀，曹健庭，姜春树，姜德田，戚炳章，谢组同，谢芝庭，谢振远，谢伯劝，葛荣甫，范铁臣，范永泉，范锦堂，彭厚庵，韦伯衡，马季明，鲍瑞伯，唐绍常，唐杏卿，费惠庄，薛寅生，倪云林，罗蓉塘，黄静升，黄福元，黄文龙，穆海溪，萧彦和，萧竹君，江伯埙，汪浩山，宋百传，庞子青，舒提生，董芸生，童少丞，盛乔生，徐在山，徐瑞松，徐励身，高受程，蔡田茂，蔡瑜卿，胡子笏，胡松如，卢采章，程志勤，陆仁甫，卢子星，段愚生，乌橘芬，刘松山，叶咏沧，叶伯良，边继康，柴维湘，游思，欧阳云波，方显华。

（《商余杂志》第 1 期）

7.汉口商余公会职员表

（1914 年 6 月）

正会长：朱芑臣

副会长：蔡瑜卿

评论员：何玉良，陈文生

书记员：马季明，吕禹书

（《商余杂志》第 1 期）

8.壬癸以来汉口钱市之概略

（1914 年 6 月）

（一）民国成立，汉口复贸，经乱各钱庄，债务、债权，双方互相清理。迄今三载，理账办法仍未解决。临时钱庄之开设者，不下七八十家，皆持现进现出主义。其中，能放账者，其金额亦不愈三十万，资本既短，信用亦薄，一遇风潮，外国银行之存款额日增，市面现金枯竭，本国金融机关既难维持，存款者又亟亟于提取现金。是以二月至四月紧急之时，折息常至七八钱，即平日，亦在四五钱间。迨至五月份，茶款增出，始得稍稍活动，亦不过暂时之苏息而已。

（二）各项市面，均视金融为转移。比年各路地方不静，警耗频闻，金融机关未敢放手，以致处处牵制，各商无不受损者。即如汇兑一项，每年至阴历四五月间，茶市发动，外国银行需款之时，汇价本应低落，若外国银行价略高，则商家可由他处腾挪，暂不汇兑，其价自然低落，不致受其挟制。乃今年则应落不落，而市面又无腾挪，其汇价虽高，亦不得不汇，华商因而直接受亏，本国金融操纵于外人之手矣。伤哉。

（三）官钱局发行官票二十余年矣，不特鄂省信用，即临省亦通用而无折扣。今年湘省增出纸币，价格陡然低落，钱商将纸币运汉易银，加之鄂省以回收纸币增出一千万串，其发行额统计已达四千余万,市面官票充斥,时价骤跌,杂货、布匹等商,凡以钱码交易者,其影响尤巨也。

癸丑年底,汉口各市盈亏记

癸丑年底,汉口市面银根尚属松动。各业之获利者,以银楼为第一,其次则钱业、五金、洋锭、纱厂、米粉洋货。其他如□豆、丝茶、棉麻,虽未得到利,尚不致受亏。牛羊皮盈亏参半。洋纱以定货而洋价日涨,芝麻以抛盘而办价日昂,均受巨亏。粮食、豆饼、油行亦属平平。至参、药、烟等业,盈亏颇属细微也。

癸丑年底,汉口银行、钱庄盈余表

浙江兴业银行五万	怡祥七千	同发八千
黄陂实业银行一万五	保昌二千	增益一万
汇通二万二千	恒和两千	同德五千
恒丰六千	萃丰五千	德丰一万七
和昌一万八千	泰昌一万	敦羲五千
瑞源一万	怡康八千	和祥六千
恭羲六千	久和七千	德兴一万
裕和八千	丰记六千	

又,未上市者,十家不及,计:实裕、瑞丰、聚生、亿康、泰茂昌、和利、履泰、肇康、听和、玉成。

又,甲寅新开钱庄十家:德安庆、惠丰裕、协丰、永裕、信昌、源裕、秦馀、钜康、启泰、谦豫。

(《商余杂志》第1期)

9.汉口租界之面积

(1914年6月)

汉口各租界地段、面积方数,载在租约。日前驻汉各领事有推广租界之请求,经特派交涉员检出租约所载原数,分别咨报各机关。如下所列:

(一)英,四万七千七百二十三方,合七万九千五百二十八坪;

(二)俄,二万四千八百七十九方,合四万一千四百六十五坪;

(三)法,二万二千四百七十方,合三万五千七百六十五坪;

(四)德,三万八千二百一十方,合六万三千六百八十三坪;

(五)日本,三万方,合五万坪;

(六)美,二万四千二百四十方,合三万二千八百八十五坪。

记者案:上条,转录汉口各报。据(一)至(五)推算,每方合坪一点六六六六,则美租界二万四千二百四十方,应合四万零三百九十八坪,上表列三万二千八百八十五坪,推堪不符,方数与坪数中疑有一误也。

(《商余杂志》第1期)

10.汉口三年度茶市纪略

(1914年6月)

本年新茶,五月八日由江裕轮船初次装运到汉。计祁门茶三十八字,共三千五百八十四箱;宁州茶二字,共六十六箱。祁门茶产于安徽省之祁门县,宁州茶产于江西省之义宁县,均由内河船运至九江,由九江装轮船来汉,洋商所称为九江茶者是也。次日(五月九日),祁门茶首先开盘,每百斤售价自五十一两至五十五两,因所到之货品质平常,故价格比之上年未能见胜。五月九日,续到祁门茶十八字,计一千六百六十五箱;十日又到八十二字,计六千四百十一箱。内中名牌好货,色香味三者兼优,英商提价争购,出价六十六两至八十两。更有一字,因洋行数家竞买,提高至九十两,照上年售价,提高七十两。然通市售价九十两者,只此一字,仅六十四箱而已。厥后继到之茶,随到随售,货有高下,价亦随之。至六月五日为止,共到祁门茶一千五十八字,计共九万八千五百七十六箱,市上所存不及百分之一。本日市价,每百斤自二十两至二十八两为限。宁州茶今年出产较早,与祁门茶同时到汉,虽出产尖嫩,而水味较祁门茶为淡,洋商初不十分注意。待至五月二十五日,始由俄商百昌洋行买进一千余箱,价格自三十二两至四十二两,协和、天祥、化威、新泰、顺丰等洋行继之,各购进数字,价亦相仿。后有名牌及提庄茶到市,价略见起色。名牌奇馨茶,上年售价六十二两者,今年亦只售五十八两。提庄茶最低者,售价五十五两,最高者售价九十两,与上年无甚差异,但此种茶产量有限,每年不过三四百箱,而销路亦只有此数也。宁州茶,佳者,多销俄国,英美所销者为二十两至三十两之货居多。至六月五日止,共到宁州茶三百五十二字,计六万三千七百七十八箱。除俄商购去者约占总数五分之一外,余皆为英美商以低价搜买,计市上所存尚有八千箱,最高价不过三十二三两,最低价仅二十两矣。以上乃本年汉市九江茶市情形。

至湘鄂两省所产,向由内河民船直运汉口者,洋商称为汉口茶。湘省之茶,以安化所产为最优;鄂省之茶,以宜昌所产为最优。安化茶今年到汉,亦与九江同时,至五月十四日开盘,佳者售价自三十两至三十八两,次者十九两至二十九两。宜昌茶到汉最迟,至六月二号以后,始得开盘,佳者售价六十两,次者五十两,现在尚陆续有到者。其余各路与安化茶同时开盘者,如桃源茶售价二十五两五钱,长寿街茶二十三两五钱,崇阳大沙坪茶二十一两五钱,通山茶十八两七钱五分,羊楼峒茶二十二两五钱,羊楼司茶二十一两五钱,聂家市茶十八两六钱,湘潭茶十六两五钱。开盘以后,湘潭、通山等处之茶,颇见畅销,价目增高一二两不等,而安化、羊楼峒、五沙坪等处之茶,价格逐步减落。此由外国市面粗茶缺乏,求过于供,所以汉市粗茶逐步见昂,而安化、羊楼峒、大沙坪等处之茶,较之粗茶,品质虽胜,惟以外国市场并不缺少此种之货,而汉市遂不得不降货以就价矣。汉口茶至六月五日止,共到八百六十二字,计三十七万九千二百九十五箱,计市上所存不过七千箱,最高价除宜昌茶外,每百斤二十五两,最低价十七两。

本年各路出产,因去腊天时亢旱,今春雨雪过多,以致茶之品质,大概视上年稍逊,惟以土地优美、制造精良之故,色香味三项均不失为普通美品。至于今年出产总额,因各路之茶尚未到齐,预计当较去年不相上下云。

(《商余杂志》第1期)

11.汉口猪鬃输出失败记
(1914年6月)

数十年前,吾国商业虽远不如人,而信实著于环球。故旧日外人与吾国商家交易,无论货物价值几何,从无合同之说,纵使货值巨万,亦以一言为信,盖吾华商对于洋商向不爽约也。嗣后,虽渐渐有合同之举,然亦只在出进口订货,以防故意延期,兼保双方之信实。故彼时所谓之合同者,可谓确非专为我华商而设。洎夫晚近,则大不然矣。市侩奸商串通作弊,以致我商界之中,虽有一二深知大体、诚实夙著者,亦难取信于外人矣。而我国计民生所赖者,如丝、棉、茶叶等项大宗,出产尤受其害,然其余之输出品,尚未闻有作假舞弊之说。讵知奸商之伎俩日演日巧,竟有匪夷所思之举。呜呼!有该管之责者,倘不早为之计,非特吾国商业将万劫不复,且遗羞于世人。如汉口猪鬃之输出,杂以人发是也。

汉口猪鬃之输出业,向为出口大宗,而近来所以一年不如一年者,以承办此种物品之华商,实难信赖也。职是之故,汉口洋商,凡经营猪鬃输出业者,亦多无利可图矣。兹据中国税务处所统计,谓西历一千九百十一年猪鬃之输出,共有一万四千四百七十五担,其价计关平银一百一十二万零四百三十三两,而西历一千九百十二年(民国元年)已减为一万零四百六十七担,其价计关平银七十三万六千八百四十两。

以上所列之数言,是一九一二年之输出,远不如一九一一年。然一九一一年之输出,亦远不如一九一〇年焉。查一九一〇年汉口猪鬃之输出,所以日形缩减者,其故不在市上之货物缺少,而在中国商人之掺假作弊也。如自辛亥革命以来,中国人士剪发者日多,凡所剪下之短发,再无他项用处者,中国商家用之掺杂于猪鬃中,以欺出口洋商,即其明证是也。

(《商余杂志》第1期)

12.汉口茶业报告书
(1914年6月)

品名	红茶
式样	上者条线紧结,中有白毫嫩尖,中、次者稍粗
形色	红茶形尖,瘦如峨眉,佳者黝黑,其次微带褐色或杂别色
制造法	生叶采摘后,先晾青,次卷条,次焙,次筛,次拣筛拣后,再焙,俟去尽潮气,始打堆装箱
用途	一、单独用途,饮料;一、配合用途,英美诸国和糖乳同饮,俄国和柠檬汁同饮
制造地	鄂省之宜昌、崇阳、咸宁、通山、大沙坪、羊楼峒、杨芳林、柏墩;湘省之安化、桃源、湘潭、湘阴、平江、醴陵、浏阳、宁乡、石门、聂家市、羊楼司、娄底、长寿街、云溪、北港、高桥;皖省之祁门、建德;赣省之义宁、武宁、浮梁、九江、醴溪、满江、山口。其中,尤以安化为最大出产地
制造额	辛亥,鄂湘共产茶六十八万零五百十箱,皖赣共产茶十九万三千七百九十七箱。壬子,鄂湘共产茶六十六万七千八百六十一箱,皖赣共产茶十九万三千八百八十箱
销售地	以汉口为总汇

续表

品名	红茶
市价	甲寅，两湖最高价每担三十五两、五十七两，义宁六十二两，祁门八十两；两湖最低价十一两，义宁十六两，祁门二十二两
税金	入口每担税银一两二钱五分，出口税银同上
运费	由汉口至上海，每吨运费五两钱（三十箱为一吨）
重量	每件普通重六十斤（每件皮重十二斤，净重四十八斤）
保险费	由汉口至上海，每货本一千两，保险费六钱
包装	箱长汉尺一尺四寸，宽汉尺一尺一寸，高汉尺一尺二寸五分

备考：各国关税，以俄国为最重，华茶到俄国奥的沙埠，每茶重一磅，抽收税银一个路布（按：每路布约合华银七钱四分）。

俄国关税，由海参崴经西比利亚至摩士高埠，每茶重一砵，抽收税银二十五个路布五十哥必（按：每砵合英磅三十六磅）。

汉口由轮船运茶至俄国摩士高埠，每砵税银三十二个路布；汉口由轮船运茶至该埠，每砵运费五个路布零三个哥必。

（《商余杂志》第 1 期）

13.《商余杂志》赘言

（1914 年 6 月）

呜呼！世界者，具有进化之魔力者也。风转云移，潮激浪鼓，兵战不已，继以商战，商战不已，继以学战。盖今日之世界，一商战剧烈之世界也，一学识剧烈之世界也，一商战为战术、学战为战略之世界也，一商战为接战之机械、学战为督战之指挥之世界也。欧风美雨，亚波非涛，愈激愈烈，愈荡愈剧，于是我中国商业学术薄弱之人民苦矣，于是我中国商业学术薄弱之人民醒矣。吾中国之贫弱已达极点，对症下药，实业为挽救贫弱惟一之道，商业为发达实业不二之法，人人能知之，人人能言之。但视十年以来，成效未著，元气日凋，政府仍为敷衍之提倡，人民仍守依赖之性质，欲求其富强，是犹南辕而北其辙也。惟其如此，故我《商余杂志》不能不应时势之要求，而发现于我感情最亲爱、责任最重大之汉口，而与汉口最有价值之商人，为茶后酒前之良友。

夫汉口华洋荟萃，扼扬子江中流之要地，其关系实超上海而过之。盖今日之汉口与昔日之汉口异。昔日之汉口为九省通衢，今日之汉口为五洲之互市；昔日之汉口为中国南北商业竞争之一大枢纽，今日之汉口为世界东西商市衔接之一大关键。以言乎价值，可与英之敦伦，法之巴梨而媲美；以言乎责任，可位置全球商界之主人翁。是汉口之价值、汉口之责任已随世界进化之魔力而进步无极矣。记者于《商余杂志》发行之始，爰就此志与汉口之商人之关系种种，以为我汉口最有价值之商人告焉。

（一）恢复信用

“信用”二字，本为商业道德中之一，以其关系綦重，故特表而出之。慨自华洋互市以来，我国商人作伪舞弊之事，时有所闻。如丝茶也，或加水分以重斤两，或参劣物以资蒙混；如牛皮也，或发潮以少作多，或粘毛以伪作真。其它各种营业，或样优而货劣，或表良而里楛，无一不施其奸猾之手段，以致洋商恒成裹足之心，营业上遂受种种之影响，是不将害人者适以自害乎？《商余杂志》对于此等事，以有则改之，无则加勉敦促。此其关系于汉口商人者一也。

（二）增减道德

商业道德，细绎之，固不止一端。然我国商人最缺乏之商业道德，厥为无团结力也。夫成一大厦，非一木所能支；置一轻裘，非一腋所可成。我国商人知识薄弱，恒不能取一致之进行，为剧烈之活动，故各行之中，不相交往，即一行之中，亦彼此倾轧。卒之，鹬蚌相争，渔人得利，而外人乃从而操纵之，谓非无团结力之故欤。《商余杂志》对于固结团体极力提倡。此其关系于汉口商人者二也。

（三）开通知识

商业经营之不发达，大部由于知识之不足，断未有知识足而经营不善者。《商余杂志》于各种商业之改良，以及优胜劣败之表象一一罗而列之，俾为实地营业之研究。此其关系于汉口商人者三也。

（四）改良嗜好

人有生即有性，有性即有嗜好。嗜好而善，可助生事之发达。嗜好而不善，斯倾家荡产随之矣。我国商人，或有流连于淫博，以为消遣及应酬之具，是皆嗜好中之最恶者也。《商余杂志》以游艺为改良社会之助。此其关系于汉口商人者四也。

以上四端，虽未能尽《商余杂志》关系汉口商人万分之一。然即此四端，亦足见《商余杂志》责任之重大也。记者无文，拉杂书此，他日有暇或当再与读者诸君子讨笔墨生活，想读者诸君子必有以教我矣。

（《商余杂志》第 1 期）

14.《商余杂志》第一期书后

（1914 年 6 月）

余以疏拙之性，托迹商场，雇瞻时世，眷七而戚。适《商余杂志》第一期告成，因举平日之所欲言者杂缀斯志，以质阅者。

居今之时，内觇国度，外烛世变，至危极迫，岌岌不可终日者，其惟华商之现象哉？吾国商战之屈于人，由于实业之不兴，自治能力之薄弱，盖尽人知之。譬之树然，根荄所在，必吸取地液乃能发荣，否则萎矣槁矣。今华商之力，尚有可以吸取地液者乎？轮轨交通以来，无内地通商之名，有内地通商之实；囤栈遍设之后，无内地杂居之名，有内地杂居之实。况销场过镜、产地诸税渐次开办，则将来国用日巨，经济日困，势必至重征华商。黠者避重就轻，竞易洋牌，华商日以稀少，若不亟筹善法以保商业，恐数年之后虽欲求为华商，尤不可得，言念及此，能无寒心？我国地大物博，生产饶衍，地居温带，气候和平，林产充牣，煤铁之孕尤甲于五洲，无如生财有限，而人之剥削无穷，顷十年来，几于全国利权操之外人，事事归其垄断，贫者益无聊赖，富者亦难久持。现象如此，言之良可愤慨。自非兴起实业，终不能挽回已失之利权，而筹来者之生计，但能多办一事，即可少一溢出之漏卮。既利吾民，即利吾国。使国中勃然兴起，专心实业之一途，生利者日见其增多，则国无游民，而莠者亦化为良，夫民非生而好乱也，饥寒之驱迫之也。若能大兴工厂，招集无业者，各习一艺，以糊其口，衣食足而廉耻生。是振兴实业，而弥乱之道在是矣。

我国自政府以讫各社会，日日言崇尚农工商，而农工商至今犹无一进步，无他，务名不务实而已。若使人人有可轨之业，由小而大，由近而远，涨力所及，数年之后，气象发皇，当非思让所及。夫人既知注重实业，以天然之生产供人类之取求，合群策群力以猛进，即以商业辅助教养之道。凡有共和思想及富于自治能力者，无不普享其利。粗言之，似仅为营业生利起见；精言之，实足造成能守法之国民。一举两得，计无有再善于此者。

《海关贸易册》所载进出口各货，出入相较，我日不足，而彼日有余，何？莫非实业不振所致也。加之每年应解各国赔款，为数至巨，又益以新旧款，负累既重，国人生命悬于外国银行之手，以致银根吃紧，百市凋敝。金融一枯，其何以国？尤其甚者，一般不顾利害之富商巨绅所有现金，或赎买外洋股票，或存储外国银行，自以为保守上策，不知太阿之柄既已授人，则日后强迫受亏等事，固事势所必不免。试观寄居租之华民，无不反主为客，受外人之取缔。假令他日条例日苛，又将何术以脱其羁绊耶？

光复以来，商业大率外亏内虚，辄借外力，以资挹注。设一旦本息不能应付，破产之祸立见，而惨淡经营之良好基业，一转瞬而折入外人之手。其不肖者，欺诈相尚，信用日坏，号为改良，而实则有楛而无良，号为竞进，而实则有退而无进。呜呼！此等实业，适举时势反耳。由今之道，无变今之俗，谓处二十世纪商战之潮流中，尚有幸乎纵览中外历史，埃及、印度等，皆由贫而弱，由弱而亡，其实皆由于不知生利之所致。前车之覆，为鉴不远，若不早筹善策，以挽垂尽之生机，则中国之实业，恐将被摒于世界外，而国已不国矣。

（《商余杂志》第 1 期）

15.《商余杂志》缘起

（1914 年 6 月）

汉口商余公会既成立之逾年，同人遂有《商余杂志》之组织，记者亦本会之一分子也，同人命以编辑之职务，记者乃草具简章，征求同意。同人佥曰可。记者不敢以不文辞，因述其缘起如下：

环球棣通以来，欧美先进诸国日浸以盛强，我国日浸以衰弱。虽造因不一，而商战之失败，其大端也。自顷三十年来，濡染欧化，军务、学务而外，尤注重于商务，既于中央特设商部，复于外省遍设商会，其所以提撕而警觉之者，至为深切。而人民之善知识者，或出洋游历，或立会研究，亦往往致力于商业学。顾自记者视察之所具者，特其形式耳，固未尝稍胜于三十年以前也，非惟不胜，且更有不逮三十年以前者。无他，西俗东渐，生活程度日高一日，凡百所需，大率求过于供，而又欲饰不足，以为有余，遂适然成一外强中干之怪现象，斯固稍具常识者所公认也。本会同人有鉴于此，爰发起为《商余杂志》。记者请申其说曰，二十世纪之世界，一实业竞争之世界也。文明先进诸国，杂出其长技，以求胜于人，莫不以商战为之后劲，设我于是而犹泯泯汶汶习焉罔觉，不急求所以趋重实业之道，为社会谋生计，地方开富源，竭智殚虑，冀于五洲万国中估一优胜之位置，而一听其窳苦坠落而不之救。商战一失败，百市凋敝，金融阻滞，国将不国,其何以堪？救之之法奈何,曰:不在法理之争持,而在考求人民根本上之生活;不在政治之蒸进,而在审查世界实业上之状况。然又非凭虚臆造,徒托空谈,有理想而无事实也。吾人执笔论列天下事,风云淬厉,志气激昂,哓音瘏口,不惮谆谆者,盖止此一点爱国热忱所迫而形,欲与我四万万同胞相更始,为国利民福计,而共进于世界大同之盛轨。潮流所赴,莫若实业,且此非记者一人之私言也,美国新闻家端纳氏,今年三月二十七日在北京报界同志会之言曰,中国此种现象亟须改革矣。改革之任,须由诸新闻家肩之,而其途径,则惟一轨,即振兴实业而扩充之,以普及全国也。中国之富源,其开发再不容缓,不开发将日即于危亡。又曰,诸君宜务为有益之言论,提倡实业,诱起人们企业之心,日以亲切有味之语,关切人民生计之事。威廉氏之言曰,中国报纸、新闻论说,恒偏重于政治一方面,而于实业一方面则淡焉若忘,以后宜减政论,而趋重实业计划,以除此弊。否则,实业一端,将来无人过问,各种利权必致悉如外人掌握矣。二氏之言如此,此《商余杂志》之所以作也。

抑记者更有进者焉,我国人通病,喜争体面,好为大言,于实际上则从未推寻其脉络,考核其归宿,甚者,知识开而道德隳。盖自政府以讫各社会,殆无不中此历史上遗传之通病。第从前闭关自守,此病尚未有何等之影响,海通以来,则无论国际外交、国民外交,一切失败之点,坐此原因者,恒十而八九,言之良可愤慨。即如通商口岸,华洋杂处,调查其人口,华商往往占十分之八七,宜乎商业之势力,非常伟大矣。然一切权利,非但不能操纵由我,或并发言之权,亦且无之。以外人鄙我知识之蒙昧,道德之堕落,不与诸任齿也,此非大可痛心者耶？其稍具世界眼光者,则必曰,此非从根本解决不可。根本解决奈何,亦惟于实际上玩索而有得焉。一洗其喜争体面,好为大言之通病,脚踏实地做去,而又不至于发达其知识而放弃其道德,此则商界前途一线之生趣,而亦记者尽瘁此志之大愿也。

(《商余杂志》第 1 期)

16.督办汉口建筑商场事宜政治会议委员杨度呈奉给匾额恭达谢忱请钧鉴文并批令

(1914 年 6 月)

为恭达谢忱事　五月三十一日,奉大总统策令杨度给予匾额一方。此令。等因,奉此。旋由政治会议颁到匾额,赐题“旷代逸才”四字,当即敬谨领受。伏念度猥以微材,妄参众议,方惭溺职,忽荷品题,维祓饰之逾恒,实悚惶之无地。幸值大总统独膺艰巨,奋扫危疑,度得以忧患之余生,际开明之嘉会,声华谬窃,返躬之疚弥多,皮骨仅存,报国之心未已。所有度感谢下忱,理合恭呈大总统钧鉴。谨呈。批令:据呈已悉。此批。

大总统印

中华民国三年六月二十一日

国务卿　徐世昌

(《政府公报》第 767 期)

7 月

1.汉商向招商局索赔辛亥损失近闻

（1914 年 7 月 12 日）

汉口各帮商向招商局索赔辛亥革命损失问题，经总商会前协理贝闰（润）生君与该帮代表盛竹书向招商总局领袖董事盛杏荪君谈判解决各条例，已详前报。兹悉，此款业由沪局如数送至汉口转给。其所订发款办法：

（一）各损失家须赴追赔会挂号，由追赔会调查实在，然后核发。

（一）发款机关以招商□局为经理处，凭挂号单及图记而发。

（一）所有提单恐有在申提遇，或已经批销，须向局核对，以杜流弊。

（一）各损失户须在核对期内赴局声明，否则过期难有提单，亦作无效。

以上各端，均经盛君等双方议妥，原订在阳历七月杪截止，现因赴局报领者大都手续不完，故再展期半月，自七月一日起至十五日止，而各洋货号亦一并照此办理云。

（《时报》）

2.鄂省军商两界之热闹

（1914 年 7 月 17 日）

将军府成立欢贺纪　湖北都督段芝贵现已经总统任为彰武上将军，督理湖北军务，遵即将都督府门匾于四号换去，改制将军府门匾悬挂，并于是日行就职礼，武汉军政各机关长官均于是晨礼服往贺，汉口各领事亦于翌日联袂来省致贺。现在军府各项人员均未更动，惟军界中恐蹈巡按署裁员故事，不免多所忧疑。段公以都督之名虽废，而军权统一，责任愈重，府中属官已奉令暂仍其旧，并无何等更动，即将来中央将军府成立，亦不过于名称上稍有改革。爰饬参谋长宋玉峰传谕各员照常安心供职，惟将军府组织令未颁布以前，遇有缺出，暂不请补。至公文上印信现仍盖用都督印，仅于印旁钤用彰武上将军小章，以资查考。而徽章一项，亦于四号更换，职员系佩椭圆形铜质镀银章，兵役则仍用布徽章，均标明“湖北将军府”字样。

武商会奖匾欢迎纪　袁、黎二总统以武汉商务总会拥护中央，颇著功绩，特奖“拱卫国家”“商群保障”匾额各二方，颁送来鄂，吕巡按即于初三日派政务厅长陈希贤将二匾送往武昌商会，初四日再将二匾送往汉口商会。闻武商会于初二夜得信，赶即扎彩悬旗，通知商界恭迎，故是晨各帮商董均礼服齐集，至午前十一时，陈厅长率卫队鼓吹送匾赴会，各董皆至头门伫立恭迎。先是，商会曾备全红鞭炮四万，以资点缀欢迎盛意，乃会前为照料警长瞥见，谓有违禁令，即报告警厅长差片前来道喜，附请放鞭，可以通融，切勿加配纸炮。该会总理吕超伯当复以已经配妥，不便拆下。议董刘君谓，本会得此殊荣，正由辛亥阳夏与去年沪宁隆隆之炮声而来，岂有既以炮价购得此荣，而反不能以炮相迎而资点缀映照耶？该警长乃无语而退。未几，陈厅长率卫队、军乐队送匾到会,各商皆脱帽欢迎,命将匾亭抬入会之正厅中,由总协理率同全体向陈厅长各官鞠躬敬谢。谢毕,即嘱将匾悬挂厅中,开筵欢宴,所有随来兵夫,俱赏食点,上下兴高采烈,至午后一时许始散。

(《申报》)

3.汉商理债会议仍无结果

(1914 年 7 月 17 日)

汉口商界,债权、债务久未能解决,近由吕巡按饬江汉道尹范守佑、委员张鸣珂就汉商会去年所拟理债草章酌加修改,拟以官力压令清理,以了纠葛。业已酌定章程二十余条,呈奉吕使批准,由范道尹饬汉商会于十号召集各帮开会宣布。是日,各帮董代表到者五十余人。首由总理吴干廷报告开会宗旨。次由范道尹宣布理债章程,并劝导各帮照章履行,勿再执意见。次由损失商帮代表崔谒如君起立答称,此次所议理债大纲,与去年商会所拟无大出入,惟细目稍有窒碍难行之处,总求道尹暂缓二三日。俟各帮董通告各帮债权、债务人认可,再行定夺。次由钱帮代表张春亭起立,申言章程内所载钱庄所出虚票,由三方面负责,万难遵从。计此项虚票,于前年在商会议决,概不垫兑,已经呈准军、民二府备案,不能推翻。且此项虚票三百余万,现已由打票人照兑二百余万,只余数十万,仍应责成打票人直接了结,钱帮不负责任。道尹答云,□□项虚票,数十万不能结,所以责成三方面担负耳。次由覃怀帮代表陈宣三起言,汉商习惯视钱庄银票为现银代表,故见票即卖货,或以银换票,易于交易。若指为虚票,须退下家,不知一票用出,展转流行,华洋间接,退不胜退,今数帮货物被焚,原为共和代价,固不足惜,惟所存者庄票,若庄票又不作用,则是受第二次损失。务求道尹力予维持,范道尹允候再作商量。

(《申报》)

4.总站建筑地之争点

(1914 年 7 月 21 日)

鄂境粤汉铁路,前清时代即由张南皮勘定,以城外滨江之鲇鱼套为首站,当时官、绅两界富有金钱者,均纷买该处地皮,以为居奇发财之计。自该路由中央派员督办,以不能于鲇鱼套占得土地利权,遂欲推翻定案,将总车站改设于下新河徐家棚地方,经鄂绅界力争始止。兹有绅士童德鸿等,因闻总车站虽设鲇鱼套,而徐家棚须设货车站,所有鲇鱼套之总站,直等空设,已诉由武昌商会召集各商提议,一致赞同质问。惟因詹督办北上未归,乃拟定用正式公文并遍搜关于争车站之前参众两院及省议会各议案,暨公民公呈,与夫军、民二府与前督办往还文件,以为质问文书之资料。顷已由汪桂生君起草拟就洋洋万余言,一俟各绅商会议阅过,即行缮发,惟昨又闻詹督办已由京回汉,绅家颇多主张当面质问者。

(《申报》)

5.汉商刘歆生等汉口后湖开辟商场请愿书

(1914 年 7 月 29 日)

为呈请筹措款项,修建商埠,开辟后湖,以兴工商而挽利权,仰祈钧鉴事　窃自通商以来,东西各邦,租借内地,开辟商埠,保护侨民,经营商战,攘夺利权,争先恐后。所有各埠租界,愈推愈广,而势力愈强。前清时代,姑息为安,无振兴实业之政策,乃至商民仰人鼻息,不克自振。民国战争,汉口首当其冲,市廛烧毁十之七八,商民财产损失殆尽。迄今三年,尚未恢复。外人借地方□□为词,力谋推广租界。蒙我大总统明鉴,上年冬间,特派督办开辟汉口商场事宜,屈指半年,未见兴办,商民等注眼将穿,而外人要求推广租界之野心,仍有加而未已。查汉口老街,副总统督鄂时,规定改良,开辟马路若干条,曾经建议,惜未实行。商民等虽有地皮,不□建造,旷日持久,损失弥多。至后湖地方,自前清张文襄建筑长□,积方数百万,面江右河,最占天然形胜,可成绝大商埠,早为世界所公认,现仍一片荒郊,无人过问。非文襄始谋之不善,我后人因循坐误,未竟其功也。汉口居全国中心,后湖拊汉口腹背,欲振兴汉口,而不开辟后湖,则商埠之规模,固难宏大,而外人之蚕食,必且日乘,其隐患实有不忍言者。审时度势,宜就后湖疏河筑路、自辟商场为目前至要之务,而尤当与汉口老街建筑工程同时并举也。惟后湖河道淤塞已久,今议疏通,宜从汉口上游长□院开浚,分接襄河,迤□而下,折向戴家山东面泄会□河,穿京汉铁路二□桥,经谌家矶入江,曲折纡回,既可分□襄湍,亦不至冲决铁路。其起挖泥土,足供建筑马路之需。一举两得,莫便于是。该马路起点□接后城马路下段,绕出□界之外,直达游湖,倚长堤兜转戴家山新河。出口沿东岸上趋长枫院新河,入口折接后城马路上段。路内面积,或纵或横,筑马路数千条。若方□然□作列市通衢,建设工厂,川粤、京汉扼干路三条,襄沦、长江汇川流四面。水运、陆运在在,交通扩张,自有主权,不受外人干涉,实业由斯发达,税额日见增加,国利民福,可操左券。现查后湖地方,日人建筑兵房,驻扎陆军,居民不胜其扰。德复竭力经营,大兴土木,托名开办学堂,而究不知何用。英亦投资购地经营。日界下游,风闻要请美国租借。沿江至谌家矶一带,各洋商均置地皮,间有数处业已设立厂栈。彼狡焉,思启方兴未艾,倘各国援利益均沾之说,群起而要,我恐有尽后湖一线江岸,断难应无厌之求。人正垂涎,我甘让步。今日开门揖盗,他日反客为主。窃据我土地,奴隶我人民,□削我生机,钳制我□命。商务永无战胜之日,国税将有消极之虞。及今不图,噬脐何及,商民等□闻美之纽约、英之伦敦,商埠之大,甲于全球,莫非由人力促进而成。(未完)

(《时报》)

6.汉商刘歆生等汉口后湖开辟商场请愿书(续)

(1914年7月30日)

即如日本大阪,为工厂会集之所,神户则为通商大埠,两处相距约六千里,规制恢宏,实业兴盛。我汉口老街犹日本之神户,而后湖犹之大阪。两处并兴,商务自必大振。□或者曰,开辟建筑,经费为难,殊不知东西洋各国,往往辟一商埠,动借数万万金,不□顾惜,盖确知开浚利源,必先投以重资,方得收万世之利。国因以富,兵因以强,不仅商务发已也。今欲开辟商场,讳言借债,只托空言,或区区款项,敷衍了事,而期望商务之发达,势必不能。为今之计,急宜通盘筹算,需款若干,预为筹备,计时论功。设力不能支,势难并举,则开河筑路,实为经营后湖开章第一义。总宜远瞩高瞻,规模式廓,权其利害,审其缓急,辨其轻重。与其弃地于人,曷若辟为自有。与其筹措小款,事难期其必成,曷若筹借巨资,工可决其易竣。况建设愈大,利益愈宏。工程愈早竣,利益早收。此乃国家无穷之利,不独商民之乐蒙其庥也。商民等集合汉口商民、后湖业主，悉心讨论，征求意见，万口一声，力主进行。虽管窥所及，无补高深，而刍献有心，难安缄默。为此，恭折吁恳钧鉴俯准，早日施行，俾实业从此兴盛，利权从此挽回。汉口幸甚，全国幸甚，不胜惶恐待命之至。发起人，刘歆生、任鸿森、王德福、吕伯衡、胡元泰、卢鸿沧、张厚生、朱年玉、何干臣、胡元学、邓□□、包庚映、何步云、何仁勉、胡明藻、曾广大、周襄、刘子章、何步瀛、元胡秀、杨开甲、庄保衡、刘国安、何传清、谭万泰、孙泰圻、蔡瑞卿、刘广兴、何传中、刘清海、王海帆、周汝冀、王明章、何鹏、刘仲夫、宋炜臣、蒋抑之、李汉臣、何昌银、黄祖述、谢寅□、孙绪堂、李鹤皋、章同兴、黄松亭、李□惠、王稻坪、唐章□、黎诚、黎澍、冯辛、欧阳惠昌、余春亭、万震东、赵德安、龚光明、孙涤甫、陈兆熊、赵鸿钧、赵寿山、王海峰、钟礼、何震楚、赵德宏、王良臣、沈祝三、李克果、朱鼎三、王采臣、孙国安、黄祖恩、王芝舫、王楚轩、黄曾延、黄应华、邓瑞堂、王和亭、张鸣谦、邓良坦、王传珍、姚金镛、周玉山、邓南波、黄远亭、王琴甫、□寿铭、查品山、吕承宽谨呈。

（《时报》）

7.华洋营业之交涉

（1914 年 7 月）

德商嘉利洋行已收货物应付价银数目：慎昌油行银二千五百两，祥源油行银三十三两五分，太和麻行银三百四十两，裕隆麻行银二百四十两四钱，蛋业公司银一百三十三两，刘同仁银一百十二两三钱，王义兴银九十两，大顺隆粮行银四千四百九十两，义茂隆银一千二百六十五两。

德商永兴洋行已收货物应付价银数目：慎昌油行银二千一百两，裕隆麻行银一百二十四两，正大麻行银二百三十一两，余丰盛麻行银一百四十八两，恒顺太汉号银一千一百二十两，同义银一万零九百八十两，张祥记银三千两，乾元亨银三十五两，裕昌银四百二十三两，义茂隆银五千三百二十两。

德商禅臣洋行已收货物应付价银数目：新昌油行银六百五十两，祥源油行银五百五十两，裕源油行银五百十两，万昌油行银八百两，福记号银三千五百零一两，义茂隆银四千一百六十两。

德商嘉利洋行定买货物，华商未交数目：慎昌油行桐油一百六十担，蛋业公司一千八百三十三担，刘同仁蛋六百二十五担五十二斤，王义兴蛋六百零七担八十五斤，大顺隆粮行莞豆六百二十担，义茂隆大七号豆剪鬃三十五箱，又札子八箱。

德商禅臣洋行定买货物，华商未交数目：万昌油行桐油一千六百八十担，义兴隆十七号豆剪鬃五十五箱，又五号豆剪鬃一百箱。

（《商余杂志》第 2 期）

8.奥塞战况中之汉口商会

（1914 年 7 月）

欧洲战局一开，土货停滞，市面大受恐慌，汉口商务总会拟发行维持票，以资救济，特于昨十六日下午三句钟，在商会开会，到者数十帮。首由总理吴干廷君报告开会宗旨，并说各帮交出土货尚未收之款应有若干，请速造册送会，以便与西商交涉。此次欧洲战祸，实自古所未有，汉口影响所及，土货滞销，金融枯竭。若不设法维持市面，奚堪设想。本会近拟发行维持票五十万两，专押出口土货，以资周转，不知各帮诸君以为如何。次由咸宁折货帮帮董樊步青君演说，谓吴总理所议发行维持票，意甚周匝，而法稍不便。昔英法之战，普法之战，历时至七八年不等，始能平息，即如日俄之战，亦有一年。近日欧洲开战，均系强国，如群虎相斗，和解之期，万难逆料。今本会提议发行维持票，专押出口土货，设开战延长，土货不能出口，日久糜烂，虽有担保，损失谁认？鄙见不如由商会出票二百万，仿借贷法，分借各帮，以资周转，较押出口土货，尤为通利。盖借贷一法，康熙年间苏格兰行之致富。乾隆二十一年，英与普合，法与奥合，争坎拿大地方七年之久，英国民间杂器铸为泉币，斯时英国财政困难，改良币值，设版克（与借贷法同），商民称便。盖金银之为物，不能御寒，不可充饥，无非为百货交易耳。若纸币大家信用，较用金银便利多矣。本会提倡发行此项不兑换券，风气一开，将来银行纸币通行，又何须借外债耶。惟借外债之法，应由商会分别帮口大小，大帮领票三万或二万，小帮领票一万或八千，取具该帮的保，并由帮董负责，如此办理，庶金融流通汉口市面，其有豸乎？诸君有赞成者，鄙人再将办法呈核。演说毕，无有应者。次由王琴甫君演说，樊君所议借贷法，极为佩服，惜中国商会程度不及，实难实行，不如押货的为妙。于是，宣布押货简章，大众认可。遂摇铃闭会。

押货简章

汉口商务总会维持票押货简章

（一）此票须尽专销洋商之出口土货先行抵押，如有余款，方可兼收。其它各货，惟不动产及多年存店底货，概不受抵。

（一）抵押货物时，除由出抵人出立押据外，并须各该帮帮董担保，以昭慎重。

（一）抵押货物，无论堆存中外各栈，但须有栈单保险单，当能受押。

（一）抵押货物，其利率每月八厘计算，栈租保险费，均由出抵人自行承认。

（一）凡受抵之货物，如有意外损坏，或不值押价者，以及发生他项纠葛等情，应由担保人负完全责任。如押款到期，应由担保人知照押货人备金银赎货，不得推诿延缓，致失信用。查汉口市面，近因欧洲战事影响，致令货物不能流通，金融日渐枯竭，恐慌现状，岌岌可危。迭据各帮环请设法维持，本会责任代表难安坐视，已经据情转请巡按使力予维持，以安市面在卷。

维持票简章

一、此票因本镇受欧战影响，出口土货交易停滞，以致市面恐慌，经本会邀集全体帮董议决，呈请巡按使转咨驻汉各国领事备案发行，借以收抵货物，维持现状。

一、此票计分一百两、五百两、一千两三种。

一、此票定额，以汉口洋例银五十万两为率。

一、此票无论中外各商一律通行。

一、此票作现银通用，不准丝毫折扣。

商会要电

北京财政部总长、次长钧鉴：窃查汉口为轮轨交通之地，向恃出口土货为大宗商务。近欧西战事，各洋商已暂停交易，致令货物不能流通，金融恐慌，达于极点，若不转请设法维持，则土货愈见其多，而银根益形其紧，周转不灵，全市皆滞，不惟商务胥受影响，即关税收入亦形短绌，驯至实业工厂恐难支持，而劳动辈亦顿绝生计，关系大局，实非浅鲜。商会极知中央财政困难，未便请拨公款，而商众因阴历六月底比期转瞬即至，危机情形，迫不及待，要求商会暂行出立维持票五十万两，专备抵押货物之用，当已据情详陈巡按使核示。窃恐格于部章，难邀允准，旋又详请巡按使电达中央，转令中国、交通两银行备款五十万两，准由各商凭货，照章抵押，借救眉急。拟请大部饬令该两行迅速照办，以资周转。至欧西战事，久暂殊难逆料，可否仿照沪商会办法，由大部婉商汇丰、花旗、正金各银行转电汉行，准做押款，以一百万两为度，俾资接济之处，出自逾格成全，理合据情电陈大部，俯赐鉴核，复示祇遵，无任迫切待命之至。汉口商会总理吴祖栋，协理盛炳纪、苏昌宝同叩，铣。

（《商余杂志》第 2 期）

9.汉口商余公会第五次选举会开会词

（1914 年 7 月）

今日何日乎，非本会改选之日耶？今日之会何会乎，非本会第五次之选举会耶？是日也，正诸君怡怡融融、欢欣鼓舞之日也，亦诸君勤勤恳恳，推贤任能之日也。然本会得至今日，今日得开斯会，皆诸公竭志尽诚，和衷共济之成绩也。本斯成绩宜乎，诸君今日求进步而不能或止也。虽然去日已矣，来日方长，诸君对于本会既具无穷之希望，本会又何敢不力图振作，以副诸君之雅意乎？爰就今日之会，聊贡肺腑之言，愿与诸君共商榷焉。

一、内容宜整饬也。本会自创办以来，不知费诸君几许心血，经诸君几时去经营，外观固无懈可击矣。虽然美，犹有憾。苟不融洽众见，力事改良，则诸君脑力固属空掷，而诸君之精神亦系虚废，长此因循，何能进步？苟无进步，诸君必望望然去之矣。虽有斯会，何里赘疣。此内容之宜整饬者也。

一、会务宜扩充也。诸君经营会务，可谓不遗余力矣。欲增添学识、扩充眼界也，则有书报室之陈列；欲交换知识、联络感情也，则有杂志之进行；欲改良风俗、纠正人心也，则有新剧之研究；欲活泼精神、舒展筋骨也，则有弹子台之添设。其它如慎重卫生，而设特别餐室；解舒积□，而陈中西音乐。凡此种种，皆诸君处心积虑，力求进步之成绩，昭昭显著者也。有此成绩，又何扩充之足云。无如世界潮流，日趋日烈，商业界之战斗术亦日进日精。以我国商业论，根本上既乏学术之研究，应接上又少团结之维持，着着失败，率坐此病，苟不即时振作，每况愈下，伊于胡底？欲事振作，诸君之责也。责任属之诸君，事务又在本会。此会务之宜扩张者二也。

三、感情宜联络也。社会之发达迟速，恒以人才多寡为定。人才众多，则膨胀力伟大，膨胀之力，系乎人才，则国谋发达，舍吸取人才，其道无由。欲吸收人才，非感情不为功，本已有之感情，交通已往之感情，借已往之感情，联络未来之感情，以感情而增进人才，得人才而发达会务。此感情之宜联络者三也。

以上三者，本会深愿与诸公讨论者也。以诸君宏才大略，所见当不止此。际兹选举胜会终结，必庆得人。言虽不当，诸君其以为然乎，不然乎？留此数行，他日请念。

（《商余杂志》第 2 期）

10.商余公会书报室规则

（1914年7月）

一、凡本会会员均可入室，任意阅看各项书籍、报纸等项。

二、来宾如有本会会员介绍者，亦得一体同享。

三、本室所备书籍、报纸，不得携入别室。

四、在此书报室内，各人不得高声朗诵，扰人清兴。

五、各项书阅毕，必须安置原处。

六、本室现因书籍无多，故暂不出借，待日后收藏丰富再行提议。

七、本规则七条，于民国三年五日二十五号由同人公订实行。

（《商余杂志》第2期）

11.对于汉口商业过去及未来

（1914年7月）

汉口为九省通衢，毂击肩摩，熙熙攘攘，商务之盛，称雄全球。他业姑不论，即丝织品一物，每年销售当不下数百万金，其来源半出苏杭。故业此者，亦以兹两省之人为最多。民国改革之初，服制未定，一般醉心西学者，莫不呢其帽，革其履，毛毡其衣裳，窄襟短袖，招摇过市。彼商界终岁勤动，获利几何？处此潮流，亦且效楚人之猴冠，弃越人之剑佩，而我国天然出产，遂有一落千丈之势，国货视若土苴，黄金掷之虚牝，此则鄙人所大惑不解者也。

且夫喜新厌旧，故人情之常，而较多量少，又为社会之公理，无容讳饰者也。故使毛织品之价，较廉于丝织品焉，或等于丝织品焉，即不然，稍稍昂贵焉，而轻暖适体，光彩照人，则以今日之时势，一二服御物，作寿陵之学步，效东施之颦眉，亦奚不可者。顾我尝见服西服者矣，冬则皲瘃难堪，夏则褦襶滋甚。问其价值，若者数十金，若者且数百金，较之重裘御寒，轻罗叠雪，其便不便为何如？其费不费又何如也？

爱国志士鉴于漏卮之为患巨，土货滞销，人民国家将胥受其影响也。由是登高疾呼，四山响应。此曰国货，彼曰国货，绸业中人闻之，莫不色然喜，乃亏耗如故，折阅如故，是何也？以荐绅先生未能提倡于上，故犹有盲徙者，涓涓不塞，仍为江湖可不惧哉。虽然如此，毋徒责他人也。我绸业中人，殆亦有未尽改良，而授以间隙欤，质未必坚致也，色未必鲜明也，花样未必特别也，尺幅未必中度也，陈陈相因，多多益办，长此苟安，欲不失败得乎？为竞争计，宜就上列数者，一一讨论研究之，庶几日新月盛，获利三倍。鄙人厕身绸业，已历多年，对于往日有无限之感触，对于将来抱无穷之希望，凡我同业，幸勿河汉斯言，是区区之微意也夫。

（《商余杂志》第2期）

12.进口洋货之调查

（1914年7月）

汉口为通商巨埠，自欧洲战事发生后，洋货进口日渐稀少。兹将欧战期内，各种进口货调查所得胪列如下:洋布一十一万一千七百零六匹,颜料一万七千四百六十两,香烟四千二百三十米粒,白糖一万零三百五十五石,洋纸三千三百五十三石,洋灯一万零五百八十四盏,洋袜一万二千零四十四打。

(《商余杂志》第 2 期)

13.欧乱与汉口(汉口商务总会详请维持市面)

(1914 年 7 月)

汉口商务总会详湖北巡按使文云　为详请事　窃查商会近因汉口自受欧西战事影响,出口土货,交易停滞,以致银根奇紧,周转不灵,曾经详请大署设法维持,并恳电达中央政府,饬令中国、交通两总银行转饬汉口分行,准由各商将货物押借银两,以便流通而维持市面各等情,谅邀鉴核。惟查前请照会各领事转饬各洋行,对于各商货款通融商办一节,虽已承准丁兼特派员,与各领事正式开谈,尚无若何办法之表示。至续请电商中央,由中国、交通两银行暂做押款一节,已否照请施行,亦未接奉明示,焦思綦切,渴盼弥殷。兹据各帮商众,以现在势处危急,亟盼官款早日贷出,俾得周转市面,设中国、交通两银行一时未能放款押货,则阴历六月底比期转瞬即届,在钱庄既乏接济来路,不能再出庄票,而各商无以应兑比期,诚恐通市将成坐困,环请赶速设法维持前来。商会目击情形,商筹办法,明知非多备现银,无以解现状之危,为支持之计。第以各洋行应付之货款,既已尚待磋商,而两银行通挪之押款,又恐遽难应手,则以迫不及待之众,值缓不济急之时,若不先筹特别维持办法,双方并进,则金融机关不能流通,恐实业工厂亦难照常工作,而劳动辈更无安插之地。关系大局,实非浅鲜,是以邀集各帮,特开全体大会,公同商议,拟暂由商会出立维持票,以为救急方法。其票额拟定洋例银五十万两,专备各帮货物押借之用,在各帮押借此票,既可以照付钱帮,而钱帮收得此票,亦可周转市面。询诸众意,佥谓,急则治标,舍此,实别无善法。且以各洋商,对于各商往来货款,既不能照常履行,而强之则有碍交情,任之又未免自困,不得不代筹一策,以互相维持。况此票额数无多,均以货物抵押为本位,实与现银无异,并经商会力任担保,是其信用巩固,亦决无危险之可言。在各帮已极欢迎,尤必须中外一律通行,方克发生效力。想各国洋商,为维持商务大局计,允应乐予赞成,拟请巡按使俯鉴前情,照会驻汉各领事转饬各国银行及各洋商等,对于前项票张,一律收用,以广流通,并祈迅赐核定,俾便刊印发行,藉慰众商之望。至汉口交通水陆,存货甚多,杯水车薪,终嫌无济,仍恳电催中央政府速饬中国、交通两总银行转饬汉口分行,筹备巨款,准令客货抵押,以资周转,抑或请由中央政府另拨款项,救济市面,俾安商情之处,出自逾格成全,所有拟议发行维持票办法简章,是否有当,理合开折,详请鉴核示遵,无任急迫待命之至。除已函请外交部特派湖北交涉员查照外,谨详。

(《商余杂志》第 2 期)

8 月

1.欧洲战事之武汉观(吕巡按维持商情)

(1914 年 8 月 10 日)

吕巡按以欧洲战事日亟,汉口西商有停贸者,有回国者,以故汉口商务受绝大之影响,急须设法维持,乃饬令汉口商会调查近日中外通商情形以及外人行动,逐日报告,以便查核。

(《申报》)

2.维持汉市金融

(1914 年 8 月 14 日)

段、吕二公因汉市为欧事金融恐慌,应速设法维持,以免发生险象。爰拟将鄂省所存应解中央之款项,暂行挪借,交汉口中国银行发借汉商短期债务,以活金融。昨已会衔电呈政府,俟得复,即交款,饬汉商会筹议借贷方法。又,吕巡按准外交部电,以现在欧洲各国交战,与中国并无干涉,各国与中国通商,一切照常,其在各省所开银行,设立有年,资本雄厚,与中国官商往来交易,所发各种证券流行市面,信用素著。希速出示,晓谕绅商各界,与各国银行照常往来贸易,勿得轻听谣言,纷纷借端挤兑,致摇市面。倘有奸徒造谣煽惑,希图生事者,立即访拿严惩,并加意保护各银行,以维商业。等因。当即遵出示谕。略云,各国在汉开设银行,类皆资本雄富,储有充分准备金,故数十年来,每遇国际战争,而在汉各银行并不因之稍有牵制停滞。现在欧洲虽有战端,其在汉各银行处于我国境内,贸易如故,兑换如故,绝不致略有变更。恐有无知奸徒射影造谣,借端挤兑,市面大受影响,合亟布告武汉各界人等,凡与各银行有商业关系者,务须照常往来,勿得轻信谣言,借端挤兑,倘有奸徒造谣、希图生事者,随时由地方官访拿严办。

(《申报》)

3.华洋商货交涉

(1914 年 8 月 14 日)

欧西战事,现在波腾浪涌,所有在汉各洋行因货无处运销,故多停止贸易,并由万国公共商会知照汉口总商会传知各华商,所订之货暂行停止,以防损失。俟战事解决,再行议订。闻汉商会不允承认,特向要求三事。(一)各帮已经办运来汉之货,究系代各洋行所购,现虽暂时不收,将来应请各洋行仍照原定价收受,并须明定期限。其未经办运来汉之货,亦应由各洋行与各华商接洽,如有两方同意情愿和交,即将定货合同取消,以免纠葛。(二)其业已交存洋行之货,经各行给有支票者,已负完全责任,该款当然照兑,以重信用。(三)凡货已送交洋行,均属洋行之货,应即过磅做净,其货款均请照数付给。至以前各行所收之货,整款虽付,而尾数未找者，仍请即行结账，如数付清，以维市面。此三事尚不知西商会如何答复。

(《申报》)

4.请款维持市面要电

(1914 年 8 月 24 日)

鄂巡按使近电呈大总统谓，据汉口商务总会详称，汉口商务受欧洲战事影响，出口土货停止交易，银根奇紧，各商帮均不能支。救急之法，惟有疏通金融，环恳转呈大总统，令饬财政、交通两部转饬汉口交通、中国分银行，勉筹的款，遇有客货抵押，酌量收受，借资周转等语。窃查汉口商帮林立，积货不售，委系实情，不速维持，则庄行倒闭，场厂停工，劳动失业，关系甚巨。顷准内务、财政部通电冯上将军，电请维持金融，奉令合力通筹，仰见惠商恤民，无微不至，用敢据情电乞，俯念汉口重要，准予饬部转饬该分银行，设法通融，以维市面。如蒙核准，即由调元饬该商会径与银行商订押借手续，是否有当，敬□示遵云云。旋奉政事堂复电如下。

武昌巡按使鉴：院密奉大总统令，寒电悉，汉口商埠关系重要，所请饬部转饬该处中国、交通两银行，设法通融，以维市面□处，已分饬财政、交通二部遵照办理矣。等因。合□。大总统政事堂，铣印。

(《申报》)

5.欧战声中之武汉新纪事(汉商会介绍押款)

(1914 年 8 月 26 日)

汉口总商会昨为押款事致各帮董函云，敬启者，案奉巡按使吕饬知，现奉大总统令，已分饬中国、交通两银行，准各商以货押款，并饬由本会议订押款手续。等因，奉此。因特通告各商帮，欲以出口土货抵押款项者，务各开明货数、价值，带同栈单、保险单，送由帮董介绍来会登记，以便由会介绍向两银行接洽，幸勿自误。

(《申报》)

6.汉口商会上副总统公函

(1914 年 8 月 30 日)

副总统钧座：敬肃者，窃查前准湖南商务总会咨，以湘省取消独立一事，推举代表王尹衡等来鄂，筹商善后办法，请为接洽。等因。当经本会偕同该代表等晋谒钧座，陈明种切，并由该代表等拟具办法，呈奉批示在案。兹十日昨一律言旋，本会以湘鄂商务原关密切，现在事已和平能决，联络感情，自不容缓。因推举名誉议董卢鸿沧前往该会，代表一切，以敦交谊。所有推举代表赴湘缘由，理合肃函陈明，伏祈鉴察为叩。敬请钧安。

(《中国商会联合会会报》第 1 卷第 5 期)

7.汉口商务总会与西商商会往来函

（1914 年 8 月）

西商商会致汉口商会函

商务总会总理先生大鉴：敬启者，昨日即本月六号下午，汉口西商商会召集特别会议，讨论本埠为欧洲战祸影响所及之地位，并经大众同意决议，所有各洋行与中国客家定而未交之货，暂时不收，货款亦暂时不付，至另有通告之日为止，并经议决，以贵商会为货商代表，合将议决之件奉告，为特专函敬达台端，即希查照为荷，此颂日祉。

西商商会主席亨斯佩谨上

1914 年 8 月 7 号

汉口商会复西商商会函

敬复者，昨接台函，以贵商会集议本埠为欧洲战祸影响之故，所有各洋行与中国客家定而未交之货，暂时不收，货款亦暂时不付，至另有通告之日为止，请为查照。等因。聆悉之下，实有碍难承认之处，窃愿与贵商会一商榷焉。查此次欧洲战事发生，影响所及，以至本埠各洋行有暂停收交之议。此等办法，固为大势使然，但是各洋行与敝国商家平时交往已非一年，今既变生意外，则以双方关系之故，似应共筹互相维持办法，不合仅取单独行为主义。所有定货一事，兹经敝会与各帮会议，其已经运来之货，究系各洋行所购，现虽暂时不收，将来应请各洋行仍照原定之价收受，并须定明期限，以昭公允。其未经办运来汉之货，亦应请各洋行与各华商径行接洽，如有双方同意，情愿停止，即将定货合同取消，以免纠葛，此应商榷者一。其业已交存洋行之货，并经各洋行给有支票者，已负完全责任，该款当然照兑，以重信用，此应商榷者二。凡货已送交洋行，均属洋行之货，应即过磅做净，其货款均请照章付给，至以前各洋行所收之货，整款兑付，而尾数未找者，仍请即行结账，如数付清，以维市面，此应商榷者三。

以上三项，实因汉地自受前事影响，金融机关已不活动，若再以各商应得之货款到期不能作用，则周转愈觉其不灵，而市面更何堪设想？敝会为维特本埠现状起见，用特据实奉布，务祈贵商会查照前情，如请办理，借以救目前之危局，联将来之感情，则受赐为不浅矣。想贵商会素以商务为重，定荷俯允，并希从速见复为盼。顺颂台祉。

汉口商务总会启

（《商余杂志》第 2 期）

9 月

1.武汉官商之国债谈

(1914 年 9 月 3 日)

湖北近奉财政部咨,摊派内国公债票一百万元,业由段将军、吕巡按首先提倡,军、巡二署各认购十万元,并饬各道县、署局、厂所、军队、学校、商民团体一律劝购,实力进行。顷悉武昌□商会已特开大会,由总理吕达先宣言,本会无论如何,须凑足一万元,如各帮认不足数,鄙人担任凑足可也。兹将认购债票各商姓名列后:刘谷臣认购二千元,李紫云认购二千元,徐荣廷认五百元,胡□□、张则先、曹荣阶均各认二百元,鄢雨阶认一百元,总共五千二百元。又闻武昌县知事吴宝棣亦邀集城乡绅商,会议认购,各绅多托故不到,仅商界诸董到会,各商以既在商会认购,无须在县署再认,遂以□会□认之数,重复签名认购,拟于邀款领票时,只缴县署,不缴商会云。

汉口总商会于八月二十八号召集各帮董会议,认购债票,到者十余帮,钱票帮及殷实商号多未到。首由协理盛竹书宣布开会宗旨,次由徐荣廷、樊步青、王琴甫诸君相继演说时局危殆、财政困难及人民与国家之关系暨筹募公债之理由。其中以王琴甫演说尤为痛快,大致谓,汉口自遭兵燹,债权、债务犹未解决,今复使认公债,实非易易,然今日诸君惠然肯来,均系热心爱国,其未来者,不过因事羁身耳。即如鄙人担任四万元,原议劝募万一不足,即卖居屋妻子,亦必凑齐,诸君能多认乎?又次由总理吴干廷、协理盛竹书、议董蔡辅卿一再演说,今日所到帮商虽不多,务请各自量力担任,其未到各帮,将来自易劝募。于是,大众争先认购,有认□万者,有认数千者,总共有二十五万元,□□将来各帮各自开会筹集,不难得三四十万之数也。

(《申报》)

2.武汉官商之国债谈(二)

(1914 年 9 月 5 日)

鄂省官商认购公债,现计已达六十余万元,段、吕二公深望各县踊跃认购,凑足百万之数。乃迭据宜昌、江陵、襄阳各县知事电呈,谓会同商会劝导绅商购买,仅宜、沙二埠约认万元,襄阳、樊城商场只认六千,其余各县为数更少。昨段、吕二公因是复召集军、政各官至署,筹商劝募办法,讨论良久而散。兹再将连日各界认购债票情形志下。

(第二师)北军第二师王师长昨集该师军官讨论认票办法,议定自师长至营长,每月在薪金项下抽扣二成存储,自连长至司务长,每月抽扣一成存储,以三月为限,兵士购否,听其自由。(警察厅)武汉二警厅昨议定认购债票,厅长认五百元,科长、署长认二百元或一百元不等,科员、警官认五十元或二三十元不等。(水警厅)汉阳水警总厅长何□□亦认定五百元,所属三专署长各认二百元,总厅科长及各分署长各认一百元,科员及区长各认五十元。(财政厅)厅长胡文藻认一千元，一等征收局局长派认五百元，二等征收局局长派认三百元，三等征收局局长及厅内科长派认二百元，科员及各局司员等均按其薪水之所得，抽扣一月购票。（工业总会）工业总会昨亦集工界开会议购债票，承认者甚形踊跃，造币、纺纱、织布、缫丝各厂，其认有三万元之多。（汉商总会）汉商会认购二十五万元，系按公债局所定包卖法例，可得百分之四分五经手费，兹该会以各帮认购之数实只二十一万元，现在空额尚有四万元，亟盼各帮认购。因将包卖经手费分文不取，均归购票人，按数扣除，合每百元实缴八十三元五角，藉广招徕。（汉口提倡内国公债会）汉口提倡内国公债会，由各界热心人士担任组织，本定八月二十七日开成立会，因力求完备，乃改期于三十一日成立。兹将该会致北京电稿录下。

财政部内国公债局提倡公债会报界同志会鉴：汉口提倡公债会，今日二时假茶叶公所开成立大会，各界到会数百人，公推郑君洪年为临时主席，并提议公举会长及职员。经众公举，欧阳惠昌为正会长，关鹤舫为副会长，王芗孙为评议长，王琴甫为干事长，其余各职员均经举定。各界演说甚多，除将演说及劝募债票办法刊报另寄外，本会宗旨系协助中央提倡公债会进行，以法界□英里二号为事务所，如惠函电，乞照寄。汉口提倡内国公债会叩，□一。

（《申报》）

3.规复省垣房铺捐

（1914年9月5日）

鄂垣房铺捐，去岁即经警厅提议规复，□因商会、业主会以商民担负维艰，一再呈请□办，又未经议会通过，故未实行。□□玉甫厅长议将房铺捐改为警察捐，已会同武昌商会，决定照前清按百分之五办法减半抽收，业主摊认四成，住客摊认六成（前清系房主、住户各半），已经详由巡按使批准，自九月起征。

（《申报》）

4.鄂省认购内国公债之踊跃

（1914年9月7日）

汉口商会认购之实数　四川帮蒋沛霖、矿厂公司帮徐荣廷认购一万元；本帮刘歆生认购一万元；浙江洋行帮王柏年认购一万元；广东洋行欧阳惠昌认购一万元；浙江银行帮盛竹书认购一万元；匹头帮陈庆堂、高汉卿，太平帮王琴甫，本帮刘子敬，太平帮崔霭如、黄镜秋、汪紫封共认募四万元；浙江帮宋怡章、张理耘、陈心仑、丁菊生、王芝舫，江西钱帮周命之、黄子臣，本帮钱帮张春亭、万泽生，徽州钱帮孙襄其共认募三万元；浙宁帮史晋生、汪炳生、卢鸿沧、郑似松共认募一万元；本帮蔡辅卿认募三千元；浙绍帮孙涤甫认募三千元；本帮王达夫认购一千元；茶栈帮程□南，茶叶行帮汪春荣、汪毓京共认募购二千元；徽州钱帮孙理和认购一千元；本帮李紫云认购募二万元；安徽帮吴干廷认募五千元；本帮苏善夫认购一千元；浙宁营造帮沈祝三认募一千元；咸宁广福拆货店帮樊步青认募一千五百元；油行帮代表吴干廷、俞清臣认购三千元；洋广货帮张云阶、吴佑人、张馥山共认募二千元；牛皮帮张碧泉等认募五千元；丝头帮吴尊五、萧郎山共认募二千元；江浙绸缎帮代表孙涤甫认购五千元；洋油帮叶载夫、杨柱臣认募一千元；药材帮刘仁山、邵思曾认募一千元;茶栈帮韦咏三、程丽南共认募一千元;汾酒帮刘瀛洲认购一千元;内河粮食帮王禹庭认购一千元;覃怀帮孙晓峰、陈宣三认购一千六百元;浙江老银楼帮宝成银楼认购一千元;浙江老银楼帮十二家认购六千元;浙江新银楼帮八家认购三千元;程丽南代表吴达廷认购一千元;黄州帮罗伯良认购二千四百元;本会办事处同人汪伯庄代表认购一千元。

(《申报》)

5.维持武汉近状

(1914 年 9 月 9 日)

七月半比期之平稳　阴历六月半及月底比期,因欧洲战事发生,银根奇紧,汉口钱店停歇者已有数家。近由汉口商会详请巡按使转呈政府电令中国、交通两银行放出押款,市面已稍活动,故阴历七月半比期,金融流通,均能应兑,并不十分危险。

(《申报》)

6.盛炳纪对于轮船统舱涨价之申辩

(1914 年 9 月 23 日)

汉口商会协理盛炳纪君致书普益公票总局云:昨读复函,具悉。贵局对于统舱涨价一事,迄未能稍示变通,此固营业自由之主权,无复他人置喙之余地。惟是炳纪前之所以略尽忠告者,固为贫苦同胞请命,然亦为贵局持久计也。今来函持论各节,多与敝意相左,且已将函底登报,有不能不一申辩者,谨再为诸君子陈之。

一、来函谓,贵局为各买办所组织,名誉之扩张,已非一日,且行驶长江类皆数十年,社会联络,不言可喻。并谓各公司原定统舱客价六元,无折无扣。辛亥之秋,革命事起,由汉至沪轮船价且有越出定章之外,上年此时各轮亦售今价等语。

窃查贵局甫于今年七月一号设立,是否为各买办所组织,抑系各股东集资而成,固已昭在人耳目,毋庸深辩。至谓各公司原定客价统舱六元,贵局所订之价系按照各公司原章酌量核减,则是自欺欺人之语。他不具论,今试问近十年来江轮统舱之价,有增至六元者乎?无有也。即云辛亥之秋,革命事起,上年此时,赣乱发生,由汉至沪各轮船自越出定章以外之事,姑无论当时烽烟四起,贫苦同胞奔避不遑,因轮价过昂,不知费几许困难。而似此乘危自利之心,匪惟法律所不容,当亦仁者所不忍,幸各公司犹知其非义,严加取缔,旋即规复旧章,足见公道尚在人心也。然据此云云,知贵局非各买办所组织,已觉信而有征,如谓为各买办所组织也,窃恐回首前事,将必引为大戚,决不肯津津乐道,资为口实者矣。此不能不辩者一。

一、来函谓,对于贫苦同胞,另备济贫票一种,专为贫苦无资者特设。此等办法,直为向所未有,而反致和议沸腾,风潮激烈,是诚莫测其所由云云。

窃查贵局创办之初,遽议加价,因舆论攻击,故对于贫苦同胞另备济贫票一种,既以表体恤之心,兼可塞反对之口,自为计诚善矣。其如众同胞之受益者少,受害者多,何哉?况未设贵局以前,虽无济贫票,而贫苦同胞尚相安无事,既设贵局之后,虽有济贫票,而贫苦同胞反啧有烦言。是此次轮船之涨价,众口悠悠,断非有名无实之济贫票所能堵塞也。特是贫苦同胞能力薄弱,虽有怨□之心,究无反抗之力。若社会上无主持公道之人代为呼吁,彼亦徒唤奈何,然亦不敢谓伏处势力范围之下,甘供朘削而绝无怨声也。况物议是否沸腾,风潮是否激烈,有舆论可征,现象可察,非仅凭臆度之词所能强辩,想贵局非毫无闻见,但不得不自文耳。此不能不辩者二。

一、来函谓,公司所订包额已与各买办订有合同,不易改订,嘱将一切情形径函公司,得可稍轻担负,于减价问题,亦不难从长计议云云。

窃查炳纪前之函请贵局与各买办改订合同,减轻包价者,夫岂不知?各公司所订包额原有定价,不过欲求贵局与各买办方面,其中少取余利焉已耳。乃以人微言轻之故,致贻越俎代谋之嫌,昧于先知,夫复何说。今贵局犹为径函公司云者,无非表示谢绝商榷之心而已矣,此不能不辩者三。

总之,此事贵局能谅将统舱之价酌量减轻,固足为社会造福,如其不谅,则营业自由之一语,实为中外贸易普通之名词,又何足怪哉?用布区区,敬希亮察,是幸。

(《申报》)

7.部饬撤销包售船票之机关

(1914年9月23日)

本埠普益公票总局专收招商、太古、怡和三公司各商轮船票,归其包售,系于七月一号成立。近该局将长江各轮统舱票价涨至实收六元,以致中下社会搭客颇示反对,经汉口商会等电请交通部设法维持在案。兹悉,本埠招商局总理已接交通部来电,饬将该局立即取消,船票仍照旧办理。太古洋行昨亦通知各该长江船买办,照旧妥办,惟怡和尚无所闻云。

(《申报》)

10月

1.咨鄂巡按使汉口清理债务处如不能限期办结,应认该处为仲裁机关,请核定见复文

(1914年10月13日)

为咨行事　据汉口商民鼎丰豫禀称,汉口清理债务处,查无开办之期,督办范道守佑云,理债处不干涉诉讼,不愿由该处了者,仍由法庭办理。商民原不反对理债处之清理,惟该处本无判断与强制之权力,债权、债务人一有不服,终难解决,徒耗时间。请俯念商人痛苦,仍饬审判厅依法审判等情到部。查本年五月八日,本部据商会来禀,饬知夏口审判厅,凡因兵燹损失债务案件,暂缓判决,原为一时权宜办法,嗣后恐清理债务处迁延不决,于法权、商务两有所妨。曾于七月二十七日咨请贵巡按使就近体察情形,酌定限期,饬令该处迅将所有债务争议依限办

结,并于八月二十四日咨请饬催各在案。现在阅时已久,未准咨复。而审判厅对于兵燹损失之债案停止审判已经数月,长此延搁,未免转滋债权人之争议。该商民禀称清理处无强制之权力,一有不服,终难解决,及范道尹谓,理债处不干涉诉讼各节,似均不为无见。本部以为汉口清理债务处,若未能明言限期,将债务争议迅予解决,此时只能认该处为仲裁机关。所有该埠因兵燹损失之债务纠葛,无论已否起诉,固可先由该处照章处理,经该处仲裁后,如尚不服,自可仍赴审判厅提起诉讼,由该管厅依法审判。似此办理,清理处与审判厅,匪特并行不悖,且相与有成,于商情、法务两为便利。相应咨商贵巡按使查照,如表同意,即希转饬汉口清理处遵照,并盼见复,以便转饬该管厅遵照。此咨

(《司法公报》第3卷第2期)

2.湖北省事务所为请政府改修《商会法》致上海全国商会联合会总事务所函

(1914年10月17日)

径启者,前以《商会法》未将本联合会总事务所规定,经敝所拟就办法两条,要求加入施行细则,于十一月二十四日会同各省事务所,列衔分禀政事堂、农商部去后。兹奉部批,据全国商会联合会湖北事务所等禀请,将全国商会联合会总事务所存在办法加入施行细则,祈鉴核示遵等情,并准政事堂抄交该事务所原禀到部。查《商会法》内规定之各省商会联合会已成各省单独机关,并无各省公组之总事务所。所拟办法第一条与法令相抵触,应毋庸议。至第二条办法,为各省联络起见,尚属可行。惟施行细则业奉大总统令公布,未便再请加入,应于每年开会前禀报开会省份该管地方长官,详咨本部立案,合行批示遵照。此批。等因。查原禀所拟两条办法,因《商会法》业已公布,只得要求加入施行细则内。为补救之计,现奉批示,每年联合各省开会一次。虽蒙邀准,但无执行之总机关,则各省仍然不能联络。将来开会尤所依据,亦恐难以实行。且广东、浙江等省来函,以《商会法》条文窒碍甚多,亦拟联合各省,禀请政府酌量修改。是要求政府修改《商会法》条文,并加入总事务所存在办法,固为各省事务所共同之目的。惟事关法令公布,若遽将条文禀请修改,总事务所存在办法再行提议,窃恐仍无效果,故拟先行请愿,冀得政府俯顺商情,特开创例。有准许修改之明文,庶本会等再各就各省情形,逐条讨论,分别禀陈,以备采择而利推行,或可于事有济。为此,不揣冒昧,仍由敝所主稿,会衔分禀政事堂、农商部暨陈请参政院核示办理。本应先行函商各省,因改组期限已迫,往返需时,恐误事机,除将会禀两件、陈请书一件已于本月十四日寄交京师事务所转呈,一面通函各省事务所追求同意外,理合将会禀及陈请书各稿附请察核。一俟奉到批示,即当奉闻。此致

(《中华全国商会联合会会报》第2卷第7期)

3.批鄂高审厅详武昌、汉口兵燹有关系之债案酌拟办法由(附原详)

(1914 年 10 月 24 日)

详及抄件,均悉。此案本月二日,业经湖北巡按使据详咨部备案。该厅所拟办法甚属妥洽,应准如拟办理。此批。

附原件

详为陈明武昌债务案件酌拟办法请察核饬遵事　案查本年九月十二日,奉湖北巡按使饬开,为饬知事　案查前据武昌商务总会请将武昌债务附入汉口一并清理一案,当饬江汉道尹查核具复。旋据详称,武昌债权、债务与汉口多有关联,请准归并办理,业经批饬转谕知照各在卷。兹复据该商会详称,债务一案,一经起诉,与审判厅极有关涉,现汉口各商债务均暂缓判决,武昌自应一律。但附入清理之案,夏口审判厅未奉饬知,无可依据,恳请饬遵等情前来。除批示外,合行饬仰该厅即便转饬夏口地方审检各厅知照办理可也。此饬。等因,奉此。职厅遵照钧部本年三二八号训令,有汉口各商债务案件暂缓判决,惟必以债务关系发生在兵燹以前,又,其损失实在汉口者为限。等因。此次若遽因武昌商会之请,推广清理办法与钧部前令实不相符,且办理亦多困难,业将武昌债务不能援照汉口清理办法及酌拟变通之处,据实详明湖北巡按使察核,并请转咨钧部核定,以便实行在案。兹奉批开,据详已悉。候咨陈司法部查核立案,并分饬知照办理可也。此批。等因,到厅。查职厅前次详复巡按使办法,缘武昌债务当兵燹时,实有与汉口连带关系,若照该商会所陈,则漫无限制,债务者皆得有所借口,若不略与通融,则同受损失,枯菀不同,亦不足以昭平允。再四思维,拟明定界限,指明凡武昌债务起诉之案,查核本案发生在兵燹以前,如债务人虽在武昌,而营业所在汉口者,或营业所在汉口,而分贸于武昌者,两项之案暂缓判决。其办理手续,则以完全隶属夏口厅管辖者,均先由清理处清理,如清理不谐,再行审判。若本属武昌厅管辖,仅牵涉汉口兵燹者,一律先行审理,于清理中发见确须由清理处清理者,方援照汉口之案办理,以示区别。似此,武昌厅债务案件于诉讼手续、程序均不相妨,而款项牵及汉口之债务人,亦得同沾利益。债权、债务双方保护即执行之日,亦差免困难,而职厅及武昌地方厅审理案件,借可收清理处之益,而不致两相抵触矣。所有职厅酌拟武昌债务牵及汉口兵燹之案办法缘由,是否有当,理合抄详湖北巡按使,原文备文详明钧部查核,训示祗遵,实为公便。谨详。

(《司法公报》第 3 卷第 2 期)

4.湖北商会联合会通函

(1914 年 10 月 25 日)

为山东交涉事　湖北商会联合会致各省商会联合会通函云,敬启者,查连日报载日军在山东种种举动,既已破坏我国中立,又复摧残我国商业,人心愤激,舆论哗然。窃谓日政府为维持远东和平起见,致有围困青岛德人之举,我国严守局部中立,早为各国所共认。今若日军于划定战时区域以外,为自由之行动,不特违背国际公法,且使两国商务同受影响,以中日邦交素称亲睦,而日本尤以商务为重,现在我国政府既已与之严重交涉,当可和平解决。我辈在商言商,自应静候，但念交涉多延一日，即两国商务多受一日之害，因拟先用全国商会联合会名义，电达日本商业会议所，请其转恳日政府，力主和平，速为解决。万一不能转圜，则我商民亦国民分子之一，微论身命财产，俱有关系，而责任所在，自不能不预为计划，以盾其后。惟兹事体大，端赖群策群力，以期一致进行。诸君子爱国热忱久深佩仰，用特专函奉达，如荷赞同，务祈迅赐径电上海总事务所，以便取决办理，一面惠复，无任翘祷。

（《申报》）

5.维持武汉商业之良结果

（1914 年 10 月）

武汉商会，前有救济市面起见，会议发行维持票，抵押货物，呈请吕巡按使，转恳大总统饬中国、交通两银行筹款通融。兹悉，已经大总统允准，商会乃特通函各帮到会接洽。从此，武汉商业得此周转，市面当可日形活动也。特将函电录之，以见大总统恤民之厚惠，商会筹划之苦衷耳。

巡按使电呈并批，据汉口商务总会详，汉口商务受欧洲战事影响，出口土货停止交易，银根奇紧，各帮商均不能支。救急之法，惟有疏通金融，环恳转呈大总统，令饬财政、交通两部转饬汉口交通、中国分银行，勉筹的款，遇有客货抵押，酌量收受，借资周转等语。调元窃查汉口帮商林立，积货不售，委系实情，不速维持，则庄行倒闭，场厂停工，劳动失业，关系甚巨。顷准内务、财政部通电冯上将军，电请维持金融，奉令合力通筹，仰见惠商恤民，无微不至，用敢据情电乞，俯念汉口商埠重要，准予饬部转饬该分银行，设法通融，以维市面。如蒙核准，即由调元饬该商会径与银行商订押借手续，是否有当，敬候示遵。政事堂复电云，奉大总统令，寒电悉，汉口商埠关系重要，所请饬部转饬该处交通、中国两银行，设法通融，以维市面之处，已分饬财政、交通两部遵照办理矣。等因。合达云云。

商会致各帮董函　敬启者，奉巡按使函知，现奉大总统令，已分饬中国、交通两银行，准各商以货押款，并饬由本会议订押款手续。等因，奉此。因特通告各商帮，欲以出口土货抵押者，务各开明货数、价值，带同栈单、保险单，送由帮董介绍来会登记，以便由会介绍向两银行接洽。幸勿自误。此布。

（《中国实业杂志》第 5 卷第 10 期）

11 月

1.商人必读商业应用法规出版

（1914 年 11 月 3 日）

我国商界通例，向从习惯。比年以来，商智日进，商业亦日益发达。而政府因势利导，极力提倡。民国成立以来，尤为注重，故凡整顿商务之法规，日有颁布，诚为商人研究之必要。顾此项条例，虽常见诸各报，然类皆分日刊登，或阅者散佚不留，未免引为憾事。兹特关于经商之规程,及间接有系于商务之条例,而为民国政府所编制者,如农矿、银行、国币以及印花契税等,无不搜罗靡遗。是书之成,由于盛君竹书。盛君任汉口商会协理三载,无日不求增进商人之利益,是书即本斯志,则其价值为何如也。书一巨帙,售大洋六角。上海发行所、新学会社、科学仪器馆、实学通艺馆。

(《汉口中西报》)

2.汉口中西商务之近观

(1914 年 11 月 23 日)

汉口兵燹后,债权、债务迁延三载,未能解决,致各帮与钱帮因赈项纠葛,互相涉讼,金融愈为停滞。近江汉道尹奉巡按饬,已于三元殿开办清理债务处,委张鸣珂为坐办,会同商会清理,令各帮分成摊还债务,其办法早刊本报。惟闻各帮损失,理债处谓现值欧战,商务愈形受困,何有余力偿还旧债?议请展长偿还年限为六年,至民国九年还清,恐各帮与钱帮犹多争执也。此为华商一面现在最要问题。至西商方面,则以英商退出万国商会为最有关系之事。现悉,旅汉英商总会已组成,法、比、俄各商附入者甚多,已举定英商朴勒持、法商弗勒士为总协理,于英界设立会所,将来万国商会大有解散之虞。

(《新闻报》)

3.湖北省事务所为请政府改修《商会法》致上海全国商会联合会总事务所函

(1914 年 11 月 26 日)

敬启者,前奉台函,以总事务所存废一案,嘱用敝所名义电达各省,要求同意,随即挈衔禀部,请将所拟两条加入施行细则。等因。当即分电各省请速见复,以便随即挈衔禀部核办。一面照抄电稿,先函奉复,谅邀台察,一面将陈部禀稿预为拟就,并先抄一稿,函请吕君超伯赴部磋商去后。兹因各省复电已经到齐,正缮禀封发间,适接吕君复函内开,此事到部,磋商数次,章总长亦经面谈,惟以《商会法》系参政院议决之件,条文内既未列全国联合会,不便于细则内加入,且细则业经呈送政事堂核定,部中此刻无从修改之权。旋又商之政事堂同人,仍以细则应根据原文,无另行加列条件之例,碍难设法等语前来。窃以此事据吕君来函所云,似无转圜之余地。惟各省函电纷至,既已赞成力争,万无中止之理。业将会禀缮就,于十一月二十四日由敝所挈衔印发矣。除俟奉到批示,再行奉达外,合将禀稿先行抄送台阅,即希查照为盼。此致

(《中华全国商会联合会会报》第 2 卷第 7 期)

4.中英汉口商场借款成立

(1914 年 11 月)

政府向英国怡大萨墨尔公司借款千万磅,为振兴汉口商场之用,在财政部与该公司代表订定草合同。规定年息六厘,以汉口商场之建设及其收入为初次抵押,不足时,由政府负责。票面价额,以将来市场情形定之。但实交之数六扣,四十五年还清,前十年还息不还本,次五年每

年还本十分之二,再次三十年每年还本十分之三。总工程师一人,须得公司之同意聘用。购料仅中国所有者购买,次则英国。如不由公司定约时,中政府应与公司酬金百分之四。组织购地委员会,华洋委员各半数。公司先垫百万磅,于初次发行债票时扣还。发行债票第一期以四百万磅为限,销售不尽时,由公司包办。一年不实行,此约作废。

其工程如下:(一)马路;(一)武、汉间铁桥或隧道;(一)汉水与大江间之运河;(一)电车轨道;(一)其他一切新法设备。

(《学生》)

5.汉口银市恐慌

(1914年11月)

汉口银根奇紧,银圆与铜圆价值涨跌不一,然每银一元,此两月间兑换钱一千四百文左右。近日不知何故,钱价陡跌四分之谱,日来银圆换钱已达一千五百文,银每两换钱二千三百文。闻其原因不一,有谓系大僚以铜圆钞票购买现银十余万回籍,而交通银行又提取公债交款四十五万现银运京,以致市上现银缺乏,而各物又纷纷涨价,商民食力所入,均以钱计,生计之窘,真不堪矣。

(《中国实业杂志》第5卷第11期)

6.汉口糖商与日商之交涉

(1914年11月)

湖北交涉署为汉口糖商与日商汤浅洋行交涉一案,已会日总领事交涉矣。

(《中国实业杂志》第5卷第11期)

12月

1.鄂省财政困难之种种情形

(1914年12月2日)

部员来鄂调查税务　鄂省近来财政困难,由于税捐征收不畅,已经财政厅长胡文藻据情缕陈财政部鉴核在案。兹闻财政部以现在新税频兴,何以收入犹不及旧额?特派该部司员吴慎修来鄂调查征收之状况,以便设法整理。昨吴抵鄂谒见段巡按、胡厅长,闻并带有随员数人,将分途出查。按:夏间王荃本在财政厅长任内,财政部以其征收不畅,整理无方,派员来鄂调查,旋即免官。兹又派员来宜,胡厅长之大□忙也。

发行小钱票之动议　武汉居全国中心,交通便利,更本会所铸铜圆,由商人运往外省□埠贩运货物,日有巨款□武昌造币分厂,从前日铸铜圆三万余串,不患无商人以□交换。近中央财政部因铜圆充斥泛滥,□限定鄂厂日铸一万串,不准多出,致近来市上铜圆缺乏不敷,□□向著信用之官钱票，在市只兑铜圆九十八枚。但铜圆如此之贵，钱价何又如斯之贱？□纸币拥滞，现银稀少之故。乃闻当道以中央不准其增印纸币，接济政费，竟欲援辛亥改革时办法，发造一百文、二百文小钱票流通市面，以代铜圆，而使商会担负其责，官中收活动之利，并以避中央增发纸币之禁。闻已嗾商董李岭上此条陈，以示出于商民自愿。惟段上将军以此策非救济财政、维持金融之根本办法，且以小票只能行使于武汉一隅，至多可发行十万串，官家未受其利，商民已蒙其害，极不赞成此举，恐巡署不能单独主持发行矣。

官场之啼□□寒　鄂省各官厅人员薪俸，近屡不能按期支发，而又减折派认公债，际兹时世，百物昂贵，各员之有室家累者，都有俯仰不足之叹。乃近日各官厅因天已寒冷，纷依上年之规定，请领冬令办公木炭费。段巡按以本省财政竭蹶，各项政费杂支，理应极力节减，此项炭火之资虽微，汇计，数亦不赀。查各在公人员，均各给有薪资，若办事畏寒，自应备办炭火，碍难动支公款。除饬财政厅将此项支销剔除外，并通饬各机关一体遵照。

（《大公报》）

2.武汉金融恐慌近状

（1914 年 12 月 3 日）

武汉市面，阴历九月杪比期，金融异常恐慌，为欧战以后所未有之险象。虽倒塌者仅有杂货、牛皮行二家。而被债逼，以货物抵押，借以周转者，所在多有。如非汇丰等行之肯受押，其恐慌不知成何景象。据钱业中人云，市面之困，固系出口货滞销，而银价贵钱价滞尤影响于百业，兼之铜圆现时不多，官钱局破毛钞票愈无信用，新式钞票在市兑换，每百扣去铜圆二枚，毛破票则九二、九五折用。官厅虽迭次查禁，而破坏者仍得官厅奥援。闻有某某两钱店与官钱局司事关系密切，私共往来，在外大批折收，从中渔利，虽禁□□□虚文。

（《大公报》）

3.段将军赴京记

（1914 年 12 月 5 日）

彰武上将军段芝贵，因奉总统电召，赴京师会议重要军政，已于三十日午后三时渡江赴汉，便道至英租界，拜访前财政总长周学熙君。旋与周君同莅玻罗餐馆，应武汉军政各官公宴，至夜八点钟，偕周君及湖北财政厅长胡君瀓暨随员三人（段公随员一秘书、一副官，其一乃胡厅长文案），共乘京汉南段局所备专车北上，军政各官多诣车站送行。闻扈从将军之军队，仅队署卫队一连。至周学熙之来汉口，系因视查大冶水泥厂营业，其赴京师，亦系总统电召。胡财政厅长之同行，则由奉中央财政部电饬，有要公商议。现将军行署，日行事务，以军务帮办、留鄂北军第二师长王占元代理。财政厅长篆务，以第一科长蔡焕文代拆代行。闻段将军于起程之前一日（二十九日），召集武汉各机关长官、商会总协理至署会议，宣言准定明日启节入京，商议大政。所有湖北地方治安，端赖诸公力为维持，鄙人此行，约二星期回鄂云云。旋又独与军界各长官计议军事上各问题，文官各员均未预闻。所议之事，系关国际上之秘密，未便宣布。

（《申报》）

4.湖北省事务所盛竹书君为请政府改修《商会法》致上海全国商会联合会总事务所函

（1914 年 12 月 5 日）

金箴世叔、润生仁兄大人钧鉴：敬启者，前因总事务所存在问题，经敝所挈衔禀部，未邀批准。嗣以《商会法》条文窒碍多端，又复同各省事务所分禀政事堂、农商部暨参政院在案。所有先后禀稿以及办理情形业经专函奉达，亮荷察照。兹准总事务所公函，已将各省埠来文摄印禀部，并将禀部文稿及摄印品附寄前来，披阅一过，具征手续完全，理由充足，佩慰良深。惟此次公布之《商会法》，其不便商情之处，非仅关于总事务所一端，究应如何修改，各省纷纷讨论，莫衷一是。诚以函电商榷，终多隔膜。鄙意拟请尊处发起于阴历本月内，邀集就近省份，如江、浙、赣、皖、两湖、闽、粤等省商会代表至尊沪，即在处开临时会议，悉心研究，以策进行。事关全局，如蒙赞许，并请示复为荷。

（《中华全国商会联合会会报》第 2 卷第 7 期）

5.农商部批全国商会联合会湖北事务所文

（1914 年 12 月 7 日）

据全国商会联合会湖北事务所等禀请全国商会联合会事务所存在办法加入施行细则，祈鉴核示遵等情，并准政事堂抄交该事务所原禀到部。查《商会法》内规定之各省商会联合会已成各省单独机关，并无各省公组之总事务所。各省联络起见，所拟办法第一条与法令相抵触，应毋庸议。至第二条办法，为属可行。惟施行细则业奉大总统令公布，未便再请加入，应于每年开会前禀报开会省份该管地方长官，详咨本部立案，合行批示遵照。此批。

（《政府公报分类汇编》第 33 期）

6.汉商之党人嫌疑案

（1914 年 12 月 10 日）

汉口打铜街同兴和五金号，设置有机炉，收买荒废铜铅镕化出售。近忽被人报告，谓与乱党制造枪弹。经军署派员会同警厅搜抄，当获镕铜铅机件及制钱数百串与铜饼、锡块及类属军器之破洋号、空弹铜壳等物，此外别无证据，固不能日为制造军械。乃警厅仍认为嫌疑犯，将该号中人十一名，一并捕送军署，发军法处研讯。一面将该号房屋发封，货物、器具均不准搬出，其女眷、学徒概空手出店。闻军法处长程汉卿接收此案文报，关系颇巨，兼以证物甚多，先行逐件检查，探悉信函、账本均无通乱情弊。惟制钱盛之以桶，零未成串，显系违禁化镕。至机炉器具是否为化铜铅之用，抑可制造枪弹，均应详查。至洋号、弹壳属于军械，应否以私藏军器论罪，当再详细研究，为定案之张本。特于一号晚，督同各执法官开军法会审，将十一犯按名提讯，内机炉工匠八名，系宁波人，性极粗愚，供称化钱本有其事，从未制造子弹，枪更不知如何造法。次提店东之族兄李春旺、族侄李花保研讯该店内容及往来贸易等事，极为周密，供称店主李春朗年龄、籍贯，系赴信阳办货未归，声言机炉为镕铜锡之用，各炉坊皆用此物，私化制钱是实。春间与某某两炉坊曾犯案，被罚二百串了结，决不认有为乱党造械机关情事。诘以子弹来历，坚称收买荒铜时夹杂其中云云。程处长以正犯李春朗未到案，无从定夺，因仍一并收押。昨李春旺之母赴处，诉请保释其子，并声辩绝无不法行为。程处长批云，据禀尔侄春朗开贸百有余年，素无不法，查私镕制钱，前清厉禁，尔侄岂未之闻？此次仍敢私化，况复抄获枪弹，殊为违法，仰着李春朗速即投案，听候核办，毋得擅请保释云云。现汉口商界对于此案颇为注意，传说纷纷，或谓李朴质，不致为非，或疑为同贸之诬陷，或疑为某客之挟嫌。然对于军法处之拘押多人不释，则不免窃窃訾议。五金帮董易孝珊，刻已集全帮，请商会为之辩白。商会以李春朗尚未回汉，官厅无从解决，先保亦属无益，饬其家属速电信阳，嘱李急回投案，切勿延迟，致起官中之疑云。

（《申报》）

7.湖北之实业与商情（同兴和案了结）

（1914 年 12 月 16 日）

汉口同兴和五金号因开炉镕化铜铅，被人诬陷以制造军械大题，及军警察查抄，只有破洋号、空弹壳，不能作为禁物。然军法处已将该号中人十一名一并捕押，且将其机炉、器具、铜铅等一概取去，并饬警署将该号前后门发封，俨如破获一大党人机关。汉口商界对于此案皆大疑异，炉坊、五金业尤形惶恐，乃公请商会向军法处诘问，究竟同兴和所犯何罪。旋军法处谓，检查抄获各物，虽非制造军械，然不应私毁一文制钱，故仅将所雇工伙七人开释，其号东亲族李春旺等，仍押候究办。现始判罚钱一千五百串了案省释，所有炉机、器具、铜铅及制钱数百串，均被充公。闻同兴和号东已决计收歇，以免受祸，而汉口商界则以为罪轻罚重，且军法处越权判罚，不究诬报之人，尤不可解，故多愤愤不平。

（《申报》）

8.汉商会通告债权人

（1914 年 12 月 24 日）

汉口商场自延辛亥兵灾后，所有各项债务纠葛久不解决。今春，全国商会联合会在沪开会时，经汉商会代表盛竹书君提议汉口兵灾债务问题，当经该会议决，须组织债权、债务清理处，专理光复时延兵灾损失之各帮商债务。自盛君返汉后，与各帮商领袖筹商妥洽。前日，上海总商会接汉口商会来函，略谓，辛亥兵灾商帮债权、债务清理处业已组织完备。敝会查得各帮商中自遭兵灾后，迁居沪上者亦不少，请贵会通告各商，如有债权者务于阴历冬月底以前赴清理处登记，如逾限不报，则无册可稽，即有纠葛，亦不受理云。

（《新闻报》）

9.汉口商情近况

(1914年12月25日)

糖业与日商之交涉　汉口糖商因日商□栈洋行不交定货一案,迭经略请商会,转请交涉署与日总领事交涉。因该洋行谓,系逾期,故不交货。日领故借此驳复糖商,以立有合同,只有逾期加认利金、栈租、保险等费,并无逾期打消明文。且此次该洋行实因糖商不肯加价,故自由打消。惟合同订明定价之后,涨跌两无异言,似不得背约加价。爰复于日昨请商会转请交涉员,再行提起严重交涉。

棉纱不能畅销原因　棉纱一物,为制造布匹、毛巾、棉线、织袜各厂所必须用之品,销路甚□,获利无穷。现湖北虽有纺纱局之设,而洋纱进口日多,虽值欧战期内,其数仍不减少,盖因东洋纱可以输入也。即十一月份洋纱入口,亦有六万四千四百六十八担。查其原因,乃我国各处纺纱局所出之纱,粗细多有不均,且工作时每易碎断,其价亦较礼和、禅臣洋行及日本纱为高,此我国棉纱不能畅销之一大原因。故各商现拟设法改良,以图挽回利权也。

汉商公控咸宁知事　湖北咸宁县人,向以经商著称,故在汉商界颇占优势。近咸宁帮商董樊步青等,因咸宁知事张德炳验契舞弊,苛索衙规,所入之数,不下万余金。现送部考验,交卸在即,诚恐满载而归,后来官吏相率效尤,特于十八日假汉口钟台书院开会,筹议办法,公决禀请巡按使、江汉道尹,遴派廉正干员,赴咸查明追缴,以肃官常。

(《申报》)

1915 年

1 月

1.汉口商务总会致上海总商会函

(1915 年 1 月 16 日)

敬启者,自《商会法》宣布后,群情多以为窒碍,是诚然已。窃念农商部主持商情,为阛界之司命,其所规划,必有深意存乎其中。而或有时言之不必可行,行之不必尽利,则以下情尚未上达,故尔若举所谓窒碍者,下自竭其刍荛之识,上自虚其河海之心,则两两相形,不得谓狂言之无关圣择也。伏见《商法》,取消全国商会联合会,准设省城商会联合会。因设省城商会联合会,取消总商会。窃以为全国商会联合会,不可以不兴,各省总商会尤不可以不存,何也?全国商会联合会者,广思之地也;农商部者,行政之官也。无全国商会联合会,则各省商人只知故步自封,而必无相亲而善之日,不禀承于农商部,则全国商会联合会只能征求众见,而仍无实行试验之时。是农商部之所以为国家富强者,实应于全国商会联合会树其基而厚其望。今之《商会法》,已无全国商会联合会,只有各省商会联合会,则虽欲知识之互换,营业之改良,而意见未触,必有师心自用之事。方域所限,虽言利源广辟之时,此全国商会联合会不可以不兴也。至于各省总商会,其关系所在,又有非省城商会联合会之可以代者。各省商务分会,非在水陆较便之区,即有物产特别之利。至总会设立之地点,则固合各处之商货为其商货,合各处之商人为其商人,以故事务之发生,非徒本埠也,有时及于他埠也,有时关于各省矣,有时涉于外人矣,然此犹商界之事也。至于公益之提倡,时局之维持,官款之流通,各界之委托,皆必不愿舍情形素悉之机关,恃聚散不常之代表,则欲郑重其事,即不能不郑重其名,故商会名义之应存,亦并非一人之私言矣。今《商会法》利用省城商会联合会名目,以取消各省商务总会。然为总会者,其名之范围可小,其事之繁冗如故,且又须供给省城商会联合会之经费,往年无此一款,而赔垫已觉不赀,将来多此一款,而筹备愈形无法,是欲省费而用费转增也。《商会法》会董数目有定,而大埠之行帮什佰其倍,以后虽有意见,而赖人达之,既苦其不详,欲自达之,又嫌于不属,是欲兴商而商情转遏也。不止此也。会董一有额限,则不在会者必居多数,平时既不相融洽，临时自不易请求，一旦遇有辅助行政事宜，非呼应之不灵，即观望以自便。至欲求商会联合会以相维持，而五方杂处之人，已别无感情之可说，一期常会之后，更难为特别之招邀，是欲纾商会之责成，而转令进退维谷也。不止此也。关于地方恐慌等事，有设法或禀请该管地方长官维持之责任，此就外县之言，固宜如此矣。至通商大埠，其所需或赖国家之维持，其注意或非一邑所担任，一日事机卒发，难缓须臾，而仰求地方官，则权限既有范围，必至辗转之误事，即诉之商会联合会，而本埠或无营业，将成痛痒之无关，是欲明商会之统系，而转令其呼吁皆穷也。然此犹就各总会而言之也。即以分会论，向来函请总会转陈事宜，但使情有可原，无不代为请命，并不问及帮费之有无也。今虽咸举代表，平均利权，不啻其自陈之而自转之矣。然不曰商会联合会之经费，由选出会董之各商会担负乎？是商会联合会之代表商情，已较之总会多一担负经费之手续也。此一难也。各省商务较盛之大埠，寥寥可数，然已因兵燹之故，而不如从前矣。至其次，虽明知定章如此，而欲勉力以相从，而力不从心者，尝十有八九也。此二难也。即成乐观厥成之心，勉相担负，而代表又不能荒其营业，脱然而来，其来者并非通达商情之人，且或不在居商之列，是各会既欲筹联合会之经费，复欲筹来联合会之人之经费也。此三难也。且其来人必不愿仅受该商会之酬值，而沾沾已足也，必且出其意见以求施行，而其所求之为公为私，又不可测也。于是，本无事者，因而多事矣；本相安者，因而不安矣。此四难也。至于商会联合会，即向日联合会事务所之化身也，其始设也，不过一总商会之附属品耳，饮之，食之，居之，用之，多仰给焉。今则联合会机关既大，而各商会又降在一般商会之列，势已处于平均，费难责其特别。兼之商会旧例，凡用款至百金，即须开会公决。其足以应联合会之求与，亦不能指大于股也；其不足以应联合会之求与，更恐其伥无所之也。是商会联合会只能借总会以并存，不能舍总会而自立。又为势有必至、理由固然之事，而不能不直陈于农商部之前，冀邀亮察者也。窃谓现在商会联合会既有此种之困难，能否及时成立，尚未可定，而徒欲各省总分商会一律改组，致令限于定法，即遇重要，不能向农商部及本省高级长官直接敷陈。揆之大部殷殷维持之心，当必不忍出此。又况各商家以含意未伸之故，存决然舍去之心。关系商情，尤非浅鲜。故以知识交换言，则全国商会联合会不可以不兴；以事体维系言，则各省总商会不可以不存。拟请将此项《商会法》及条件，遵照十一月十五日大总统发交征集意见之批令，先集议于各商会，再决议于参政院，俾得以天下公是公非之心，见大部惟和惟一之量，庶官商不啻一气，而富强自有其基矣。至此法尚未认定实施行以前，所有总会名目办法，仍许一律继续有效。似此办理，或于农商部曲加体恤之意，商人无穷仰望之心，两有所慰。缘奉贵总会联禀之函，无任钦佩，并嘱依期至沪，公决从违，一得之愚，如有可采，敬求核定后，或先期挈禀，或届期议决汇陈，统希贵总会鉴核施行，勿任翘祷之至。再，此法以六个月为改组之限，瞬将届期，并请贵总会转请大部，准其展限，以服众望而得折中，实为公便。此致

再，条件之内，如预算一层，查商会向无一定入款，惟恃商家登记费以为资助。近来商情困难，诸形减色，更无比较之可以预言。兼之具禀地方官及缩小会章两条，寡识之人，至谓政府有意摧抑商情，难望会中保护效力，而登记之家，亦必无向来踊跃。虽在会各董，重在实心办事，必不以形迹之见，变其初衷，而令阛界先有轻视之心，必于公事难收向来之效。大约条件宜议者多，而此尤当修政者也。又，据监利商会函称，谨案中央政府所颁《商会法》及《施行细则》，自九月十三公布日起，限期六个月一律实行。惟其中碍难照行者，厥有数端。一则取消总会、分会、分所诸名色，混同之曰商会也。同隶商界，本无等级之可分，然振裘者必挈领，举纲者必

提纲，纲领即失，条目尽紊，势必至人自为政，血脉不相贯注矣。此疑难者一也。一则听吾人之自为选举，而不加给委状也。夫私立团体，原不假官府之权，然权非自立，必有予之以权者，而其权乃可据。前清时代，凡选任商会总协理者，农工商部必加扎委任之。即民国肇造，各省商会主任，悉由民政长或实业司状委，诚重之也。今一听其自生自灭，若无与吾事者，然权之不属，事何由举。此碍难者又一也。其更难堪者，向来总会用关防，分会用图记，皆颁自商部，秩序井然，今一并取消，第自刊横直一寸五分者，颜曰某地某会之章，贬削太甚，体面全失，不啻挞诸市朝也。有会若此，不如无会。昨阅《山西商报》，载有广东总会函致武昌总会，亦孜孜以此为言，足见人有同心。务恳陈请上海联合会，据理力争，要求更正。若不得请，则吾界诸会可以不设矣。管见如是，高明酌之等语前来，附及于此，并候贵总商会核酌。

（《中华全国商会联合会会报》第2卷第8期）

2.汉上提倡储蓄票大会纪

（1915年1月23日）

汉口绅、商各界发起提倡储蓄票大会，于十七日下午三时假地河街茶业公所开会，特志详情如下。查是日各界到者二千余人，公推楚兴公司徐荣廷君为主席报告，次由郑洪年君宣布开会宗旨。次则新华银行代表鲍星槎君宣告储蓄票过去之事实及将来开□之手续，略谓，本国向无储蓄机关，故本行发行储蓄票。此项储蓄票可称为有道德之发财票，所以引起国人之储蓄心，并陈述政府担保该票之实在。其开奖仍用摇球旧法，在北京天坛地方，由各界盛督公开宣告毕，奏乐。次由彰武将军代表宋参谋长宣读将军所致开会词，政务厅胡厅长代表段巡按使致开会词，并宣告巡按使购票一万元，以示倡导，当场预付五百元作为保证。次则江汉道范道尹演说，劝勉人民节省吸纸烟之耗费，购买储蓄票。次财政部代表胡财政厅长宣读财政总长所致开会训词，警察厅胡厅长及夏口县王知事亦相继演说。主席徐荣廷宣告当场自购票五千元，代表四厂工人购票五千元。此时，演说暂停，由崇实学堂学生唱劝人购买储蓄票歌，和以风琴，飒飒可听。歌毕，刘笑予君起而演说，诙谐杂出。次则川粤汉铁路督办詹天佑君代表报告购票一万元，汉口商会代表李子(紫)云君报告购票一万元。次则郑洪年、朱茴臣、胡厚斋、孙景西、陈芰涛、沈戟仪、李华堂诸君皆有演说。演说毕时，已将晚会中特备电影娱宾，故自三钟开会至晚，人仍未散。黎堃甫君后到，于演电影时补行演说，大意谓，前此国家无储蓄机关，不得专以不知储蓄责我国民，今国家既有新华银行，我国民尚不知买储蓄票，这就是我国民不是了云云。电影演至九钟，始各尽欢而散。是日当场购买票纸者十分踊跃，零买各户拥挤不开，会场售出储蓄票总共约近九万元。

（《申报》）

3.武汉商学界之庆祝会

（1915年1月28日）

约法会议修正之《大总统选举法》公布后，前已由北京总商会发起庆祝会，以表示人民之欢忭。兹武昌、汉口两总商会董事亦拟踵行庆祝，已经武商会总理殷友于代表晋谒政厅长及教育科佥事,商定偕同省中各校学生于三十号假省垣阅马厂前省议会会场为各界庆祝场所。祝贺礼毕,学界举行游戏运动。至夜,燃烟火,学生与商团开提灯会游行全城,以伸庆祝。汉口商界则假后城贫民大工厂为庆贺地点。至晚,亦约同学界开提灯会并演新剧及影戏。现武汉一埠,商学界筹备非常忙碌,尤以灯笼店赶造灯笼为最。闻是日,商铺居民均须悬挂国旗,以表一致庆祝之忱。

(《申报》)

4.汉口输出棉花之调查

(1915 年 1 月 30 日)

鄂省巡按署近准农商部咨,调查各种大宗出口土货,列表呈报。当经转饬汉口商会遵饬各帮董按表调查,填具报告在案。兹悉,棉花帮董已首先报告本年输出之数如下:

荆宜产(江口、董市花)十五万包,襄阳产(河口、樊城花)十二万包,黄州产(西河、义乡、米埠、新洲花)十万包,汉阳产(孝感、云梦、黄陂花)四万包,山陕产(山西、陕西)八万包,河南产三万包。

(《申报》)

2 月

1.鄂省庆祝会之各面观

(1915 年 2 月 1 日)

鄂省商学界定于三十日举行《大总统选举法》庆祝会,汉口商会闻信,亦赓续筹备,届时武、汉二埠之热闹,为向来所未见。兹将所闻,分志于下。

官界　此次庆祝本出于当道之意,惟不便首先伸庆,故令商学界发起。兹段将军段巡按于二十四日通饬各文武机关局厂等,一体仿照国庆大典,挂灯结彩,以表欢忱。现如军巡二署、造币厂、警察厅、模范工厂、劝业场、北军第二师司令部等处,均各遍扎帛彩电灯,争奇斗胜,极为壮观。

商界　省垣电灯公司现有两家,一辉华,一武昌。公署局厂自置电灯机者,又有四五处,而商办之纺织四局,亦有大电机焉。现二电灯公司为争胜起见,除自行装饰于门首,并代各无电灯机关设备外,又于黄鹤楼、凤凰山、省议会上三处地方,各扎电灯牌楼一座,届时万盏齐燃,鄂城男女老少,当必争往观光也。至武、汉二埠商店,如匹头、丝货、广货各业,亦皆纷纷装饰庆典,不仅挂旗张灯而已。又,汉口商会亦于歆生路华洋交界处扎电灯牌楼,并由该处扎彩至刘园,路线甚长。盖□□为汉口商民之公共庆祝场,闻汉口商会拨款二千两筹办此会,犹不敷用。又,武昌商会制有烟火若干架,在省议会前及该会前燃放,事为纺织四局经理徐荣庭所闻,亦制烟火十架,在省议会及纺织局前燃放,以表庆意。汉口商会通启略云,本会商同各界，定于三十日举行庆祝大会，公议以歆生路刘家花园为开会地点。除会场一切布置由本会筹办外，所有各街市铺户门首，均请一律悬挂国旗二面，红灯一对，上书"中华民国万岁，大总统万岁"字样，其有自愿特别点缀以壮观瞻者，听其自便，并约是日晚间各界同人齐集会场，以便提灯行列环游街衢。所需提灯请自向本镇各灯店购买（灯式已由县署预知，各灯店一律制备）。至是日，开会秩序，另行通告，以归一致。但开会之日设遇风雨，即须改期，候临时酌定，合先奉布。

学界　省垣学界开提灯会，一切布置已经巡署通传各校照办，大要如下：一、公私立男女各校，三十日均一律放假，于校门悬灯结彩；二、公立男女各校于是日午前由管教员率同学生各在本校摄影，于影片上书明"湖北某学校庆祝《大总统选举法》纪念"字样，以一份存留本校，以二份送巡按署分别存转，私立各校听其自便；三、是日下午四句钟，由管教员率同本校学生至阅马厂省议会前排列，各就本校名旗标识，以示区别；四、各生均带便帽，着常服；五、各生每人提灯一只，制灯费在各校节存经费项下开支；六、灯用圆式红色，圆径约尺许，上书"庆祝会"三字，另制排灯一对，前书"庆祝《大总统选举法》"，后书"湖北某学校"；七、各高初小学生赓续唱和乐歌；八、各校长各撰祝词一通，大旨叙述《大总统选举法》告成，十年久任与限制选举两法，实系斟酌中国现时情势，揣合国民普通心理，此法成立，国利民福，洵足为中华民国前途贺云云，各用红色磅纸油印多份备用；九、由阅马厂整队赴将军署庆祝，复转至巡按署庆祝，事毕，仍至阅马厂散队；十、各校与会学生数目于三日前函告巡署教育科，以便预备支配；十一、与会各校除省立、公立外，凡私立各校愿附会者，俱于五日前函告巡署教育科；十二、凡女学校，无论公立、私立，一概不必与会，公立女校仍需撰拟祝词。

（《申报》）

2.武汉庆祝会续纪

（1915 年 2 月 3 日）

武汉官、商、学各界，此次举办庆祝《总统选举法》会，其狂热为历来庆祝纪念等会所不及，尤以官场为最。缘此番庆祝，本由官厅主动，现将军、巡二署，灯彩结构，均已齐备，将军署之电灯牌楼所扎庆贺"大总统选举法""民国万岁"各字样之五色电灯，均能转动，极形辉煌夺目。闻文武各机关于庆祝日均放假休息一日。是晨，全体在各该署厅局厂，向国旗行庆祝礼，军队亦列队，各在其驻扎地点举行庆祝，且均有酒食犒赏。此项费用全由各长官捐廉，并未动支公币。闻造币厂、模范工厂、纺织四局各厂工人亦着长夜提灯，随同学界之后，赴军、巡二署祝贺。段将军、段巡按且派副官长汪树璧、教育科长李采卿为代表，与学生一同提灯致祝。商务总会及庆祝会事务所（省议会内），于提灯散后，各演电光活动影戏，俾助余兴。公共娱乐场，如黄鹤楼、抱永堂，均经铺陈华丽，各学生列入提灯会者，无论平日在校膳宿与否，是日均留校午餐，热闹为向来所未有。警厅因是日夜人民观光者夥，已派警察队二百名，驻省议会外，以维秩序。所有提灯会经过地点，亦广派巡警警队弹压照料。汉口商会与各界联合会议定庆祝会场设在刘家花园，会场陈设及招待点心费用由商会担任，计需钱二千串。灯笼灯烛费，由各团体、各学校自备。是日午后四点钟，各团体、各学生整队齐集该花园庆祝，五点钟开会，秩序列下：一、奏乐开会；二、宣读《大总统选举法》；三、升旗奏乐鸣炮；四、宣读祝词；五、全体向国旗行三鞠躬礼;六、三呼万岁;七、演说;八、奏乐散会,整队提灯出发游行。全镇计上自桥口下至歆生路,沿途已预派军警照料,并请镇守使派马队为前导,步队在后跟随弹压。又,是日各团体学校之摄影及祝词均呈巡署,转送总统府约法会议,以作纪念。

(《申报》)

3.湖北实业种种

(1915 年 2 月)

煤油矿　筹办全国煤油矿事宜,熊秉三总理月前特派技术科长刘经芳出查鄂、湘、皖、赣、苏五省煤油矿产。刻已由湘调查事竣,来鄂晋谒将军巡按,禀知遵照筹办处饬委在汉组设分处,为五省创办煤油矿总机关,以便接洽提倡。该分处长即以刘经芳充任,业由京汇拨开办费五千元前来,在汉口法租界矿物监督署间壁租定办公处,不日开幕。

造纸厂　鄂省白沙洲造纸厂,原由官款倡办,因内容未臻完善,办理又不得其人,开办后亏折不堪。光复后,遂招商人马稚庵承办,公家只取租息。乃上年马亦因折阅停歇,并与公家发生纠葛,至今未清。刻闻巡按署已另招商人刘子敬承办。刘系著名殷商,现为汉口道胜银行买办,业专聘英国技师贺鲁氏到厂考察利弊。以全厂按日出货,及一切开支预算比较,每日需出纸七十块,其余利方足敷衍。现在仅机器二部,督工日夜制造,按日仅出六十块。无论如何撙节,不足抵其亏耗。欲求进行,非推广制造不可。刻已规定添购机器一部,加雇技士工人,分日夜两班,大开工作,可出纸一百三十余块以上,盈余大有可观。现正筹备进行。

(《中华实业界》第 2 卷第 3 期)

3 月

1.汉商反对增税近闻

(1915 年 3 月 1 日)

鄂省此次改订《百货税章》,于征收过境税二分外,加征落地销场、转运销场税各五厘,是连过境税共征值百抽三之税率,较前骤增一分。各帮商民群起反对,乃商会总协理并不力争,且谓落地、过境销场税非创自湖北,乃中央饬鄂财政厅首于汉口试办,行将推及全国,殊无磋商余地云云。其口吻无异官厅,故汉口征收货税局已于十五号起实行加征此两项销场税,各帮商人以汉口之货,大宗销于津、沪二埠,今加此税,于商务必大受影响。盖汉口百货之来源,向赖上游各省,诚恐商家一闻加税,则山陕出口之货,必改由潼洛铁路直达汴梁,而输入江淮,或由京汉铁路转运而至天津,四川、云贵出口之货,必改由水道而趋入湖南,装轮转运上海矣,遑问赣、皖等省出口之货乎?商家既分途就贸,而不集中于汉口,则恐极兴盛之商场必变成一有名无实之商场,而征收亦将短少。是以昨又据情略陈商会,请将新定增收销场税捐不能先从汉口试办情形据理力争,以维商务。如必欲开办此项新税,应请当道转恳政府,明颁命令,全国同时举行，方免偏枯云云。

（《申报》）

2.汉商界对日两事

（1915 年 3 月 3 日）

电请宣布条件　自日本向我政府要索“二十一条”后，全国舆论均为不平，各省商会已纷纷发电主张誓不承认，汉口商会尚寂然无声，因之，各帮商人投书诘问者屡矣。昨该会总理吴干廷特联同武昌商会总理殷友于致电中央政府，请求速将要求条件宣布，以便合筹对待，并谓宁为玉碎，不作瓦全云云。惟近□中央交涉，稍向和平，故各商民之心亦觉稍定。

日视察团离汉　日本农商务省所派之实业视察团至武汉视察已经告竣，于二十五号□程赴大冶视察矿山，仅勾留一日即下驶赴浔，再由芜、宁各省埠视察完毕，始往上海，候北部团员一同返国。闻该团此次在武汉虽以日政府派遣名义与官商各界相周旋，乃反不如从前日本企业家自组之视察团欢迎为热闹。此次汉商会并未开欢迎宴会，仅在番菜馆一饯宴而已。其起程时亦无多数人欢送，商会只派代表一人送别云。

（《申报》）

3.汉商反对销场税近情

（1915 年 3 月 3 日）

汉口征收局开办落地及转运销场税，商界群起反对，业已数日，未曾起货，虽经商会总协理开导，一面请求财政厅饬该征收局再展期，于三月一日实行，财政厅长胡君□已允所请。唯恐届期商民仍前反抗，乃请求段将军、段巡按会同出示，剀切晓谕。大致谓，过境销场税，民国初年原定有案，现在不过重加厘正，核实施行。当此欧战未平，金融停滞，中央财政竭蹶异常，尔商民等休戚相关，悬共仰体时艰，踊跃输将，以扶大局。自示之后，各自遵章纳税，安分营业，如敢阻挠抗拒，定行从严惩办，决不姑宽云云。汉商睹此严厉之示文，仍旧执定成见，谓必须中央明令全国，货税同样征收，吾汉商乃愿完纳，否则，决不承认。业已拟具电稿，拍发北京总统府、政事堂、农商部、财政部，请求维持。第鄂财政厅以此乃恢复前清固有之复出口捐，现在财政竭蹶，搜罗无方，有此借口，恐断不能允取消也。闻武昌之征收局则于十五号实行征收销场税，并未展期，其征税率实不只五厘。有人见持天津水梨四篓至省垣武胜门登岸者，该处征收局卡向索纳税钱一千文，其人以此梨乃由汉口购以送礼，价值不过四元，何须纳销场税？该卡不允，卒扣留其梨，谓须完税，方允持去。如此征收，是值百抽税十五而有余矣。又，《过境销场税新章》完纳落地销场税地点指明，起坡时在该管局卡完纳。不料，近有宝塔洲局员司误认为落地销场亦由经过第一局卡一次征收，致将运往樊城之货，连同落地税一并征足。日前，该货船经过汉口，验票时，由汉局员司看出，将来运抵樊城，必起完第二次落地税之争执云。

（《申报》）

4.汉商会调停加税记闻

（1915年3月12日）

汉口商界反对《销场税新章》，系以落地、转运销场，分二道征收，连过境共为三道，捐章至为繁重，现与官厅相持，久未解决。六号，汉口总商会特召集各帮商会议，从中调停。当由总理吴干廷报告云，此次改订过境销场税办法，系将过境、销场两税分道征收，担负稍增，原无不可。惟征税手续过嫌繁重，咸苦不便。今本会拟函商财政厅，将此项货税照新加数目，于入口第一征收局一次征足，以后通行全省，一律放行。兹将函稿先行印单，分送公阅，如表赞同，即祈签允，以便缮具正式公函，送厅核办。闻各商已大多数承诺，惟有数帮以前年国税厅曾有要求加税五厘（值百抽一分五厘），未达目的而止，今落地、转运各征五厘，并合过境为值百征三，拟请商会函厅，只承认加征五厘，故该公函延搁，未即送厅。

（《新闻报》）

5.鄂、赣两省之九九商捐（湖北）

（1915年3月14日）

汉口于前清时代，各行商认有九九商捐一项。其定章为凡售货银百两，纳捐银一两，实则未抽及千分之一，仅年由八大行商认缴十余万金而已。前清赵尔巽总督湖北时，拟令按章认缴，年可增益百数十万之收入，未曾实行，酿成行商罢市风潮而止。民国成立，以此捐乃格外重复苛征罢免，近因财政奇绌，久拟规复，奈商业凋敝，磋商经年，仅牛皮行商已允照旧缴纳（牛皮商捐），以为众倡，其余皆未承认。现当道与商会磋商，谓此项捐款，拟抽收充地方公益之用，不作行政费，俟国家财政充裕，仍即停征。商界中遂拟要求改名为“善后公益捐”，以免移充他用，受一时之欺骗。闻段巡按以此捐系前清固有，由行户经收，出于卖客，仍宜以九九商捐定名，方合旧章，碍难别定名称，致生纠葛。昨已函饬汉口商会妥为劝办矣。

（《申报》）

6.理债又开会议

（1915年3月14日）

汉口自遭兵燹，债权、债务迁延三载，久未解决，众商帮见债权人对于兵燹损失债务案件，辄赴夏口地方审判厅诉追，乃组织损失商帮理债处，设于药王庙内，并禀请司法部，饬湖北各级审判厅，对于此等损失债务案件暂缓判决。由此产生清理，以为双方最后之解决。唯理债定章尚多窒碍，亟宜呈请修改。拟于月之十八日在药王庙开全体大会，报告从前经过实事及以后一切进行办法云。

（《汉口新闻报》）

7.商会协理赴沪

(1915 年 3 月 15 日)

各省埠商会因中央颁布之《商会组织法》中多窒碍,不便施行,早经电请总统,俟立法院开会时交议。兹各商会以其条文尚须研究,均派代表赴沪,联合会议,汉口商会亦表同情,昨已公举协理盛竹书前往矣。

(《申报》)

8.汉商会续议加税事(湖北)

(1915 年 3 月 25 日)

湖北货物过境销场税原系值百抽二,近因财政困难,财政厅改定章程,将销场税划出,另征落地销场、转运销场各五厘。惟汉口各帮商民对于此项加税问题极力反对,前已由汉口总商会开会调停,拟将两销场税并入过境税,一次抽收,共为值百抽三,商界未承认,大多数只允共抽二分五厘。兹商会又于二十日开全体大会,集合各帮,再行研究,以便取决后详请财政厅变通办理。

(《申报》)

9.全国商会联合会纪事(三)

(1915 年 3 月 27 日)

继续讨论　昨日(二十六)为全国商会临时大会之第二日,仍于午后二时开议。由贝润生主席、总商会坐办严渔三出席代表,副会长贝君将续到意见书继续付讨论。如汕头商务总会赞成广州商会;湖南商务总会赞成广州商会,并请于《联合力争》文内将浙省条举各意见加入;广西北流商会赞成广州商会;湖南商务总会修改《商会法》,事关重要,请挈衔入告;广西贺县八步埠商会赞成广州商会;河南商务总会同前湖北省事务所修改《商会法》,拟先行请愿,俟得准许明文,再行逐条讨论;宁波事务所赞成总事务所存在;芜湖商务总会报载粤、浙、赣各总会所论《商会法》窒碍,极表赞同;山西省事务所赞成鄂事务所;云南省事务所赞成广州商会,并另抒意见五条;京师事务所赞成杭州总商会;九江商务总会临时会议开会时遵派代表与议;南京总商会请通函各省事务所转致各会,静候中央核示,勿先改组;奉天辑安岔沟商会,《商会法》关系至巨,拟选派代表要求修改;汉口商务总会详陈全国商会联合会不可以不与,各省总商会不可以不存,并据监利商会所陈各节亟应力争;吉林省事务所赞成广州商会;九江商务总会,《新商会法》远不及前清旧法;南京总商会应否依限改组,请示知;太原商务总会同前;杭州商务总会请说明总商会之作用及成效,禀请免予取消总会;厦门商务总会赞成粤、浙、赣商会意见;宁波商务总会赞成杭州商会;保定商务总会赞成粤、浙、赣商会意见;福州商务总会,商会是否依法改组,请详示;吉林商务总会赞成杭州商会;通州商务总会电同前;成都商务总会电,是否赞同广州商会,征集各省意见,请电复;山东商务总会电,赞成杭州、广州等会办法;湘省商务总会电,赞成由总事务所挈衔径禀中央;梧州商务总会电,赞成粤、浙、赣商会;厦门商务总会电,杭会函请总所挈衔,禀请免消总会,修改《商法》,极意赞同;营口商务总会电同前;景德镇总商会电请汇集粤、浙、赣商会意见并案办理;黔省商务总会电,赞成杭、粤、滇、赣各省伟论;成都商会电赞成广州商会;景德镇总商会,行文程式、商会印章两项,亦在修改之点。

(《申报》)

4 月

1.湖北民食恐慌之近状

(1915 年 4 月 1 日)

武汉商会连日调查,粮行、米店、船户存米尚有二万七八千石之谱,均系阴历年底闯恩关而来,成本税课尚轻,平盘出售,每石亦可获利一二千文,乃闻商人贪心不足,囤积居奇,价值日涨不已,殊属不顾大局。昨已禀由巡按使饬武汉知事传谕米帮董,禁止囤积及私运出境,并饬武、汉二关监督及各征收局稽查华洋轮帆船装米出口。所有米船,在汉不准过红关,在省不准出下新河,以防偷运。至各属灾区,米价较武汉更昂也。

(《申报》)

2.鄂省整理财政谭

(1915 年 4 月 14 日)

推行印花税之商榷　鄂省财政厅为推行印花税事,以武汉商会夙抱热忱,曾一再函请协力提倡。兹汉口商会迭据各帮陈诉困难情形,乃开会提出三种要求办法如下:(一)各种契约簿据,其在十元以下者,暂从缓贴印花税;(二)各商完纳税厘,将发货票送局查核,税票免贴印花;(三)警厅检查印花税务,另加取缔办法,以免因误会而加干涉。此三种办法,业经商会函请财政厅通融办理,财政厅以此项新税部中甚为注意,但商情困难,亦属实情,故于万难通融之中,仍酌为通融,答复商会如下:(甲)财政部前来饬,谓当商对于当票,有特别情形,得指定一元以上贴用印花外,其余无论何种契约簿据,皆无最低起算数目之标准,应不问其一元以下与否,但经立有契约簿据,均须贴粘,暂缓之处,尤属不便照准;(乙)税票加贴印花,系因各商多无货票可验,故饬补立发票,移贴印花于税票上,兹准函称,各商呈验货税,请免加贴税票印花,自应照办,惟该发货票须以贴有印花者为断,若未贴印花,于呈验完纳时仍须加贴;(丙)警厅检查印花,系属中央命令,各商果能仰体时艰,一致奉行,何虞干涉?

规复竹木税之旧法　湖北竹木来自黔湘,向为厘税大宗收入,民国缔造,尺码、税则同时改轻,税收、税减为数甚巨。去年鄂省财政厅因财用困难,加订各税局比较,曾经详准财政部,将竹木税则仍照前清统捐办法,现办理已逾半载,商民均无异议,收数因而稍增。惟是尺码未改,亏损尚多。盖竹木捐征收方法,系先丈量深浅、宽长之数,以次求得竹木株数,估计货本,按则征收,前清木尺为八八,现用滩尺为十足,假有木牌一座,前清用八八尺丈量,计深一丈一尺三寸七分，现用十足滩尺丈量，只有一丈，由此类推，是税率虽已规复统捐，而尺码暗亏，仍居百分之十三分有奇。刻财政胡厅长以改用木尺系复旧制，并非额外加征，故已详奉巡按使批准，咨明财部核允，饬行宝塔洲、鹦鹉洲二竹木税局遵照办理矣。

（《申报》）

3.关于救国储金之电稿

（1915年4月23日）

汉口商会来电　救国储金团总事务所诸君鉴：电悉。储金救国，事关大局，凡属国民，靡不赞成。惟四年内国公债指定用途，有关国信，迫难久待。敝会业已开议筹办，若二者同时并举，诚恐两有妨碍，拟将债票赶速筹募，候有成数，即当接续办理储金，总期积极进行，于事有济。除已照抄来电分达外，特先奉复。汉商会。

复汉口商会电　汉口总商会诸公：储金办法，知荷赞成，尊拟候公债筹足后，再行开办，足征办事有序。惟储金系人民自愿，但须贵会提倡劝导，与公债性质似有不同。沪上公债亦在派募，与储金双方并进，尚无关碍。开收仅一星期，劳□家零星储数已达二十万有余。商人愿储一月之薪金，房主愿储一月之租金，均经发起实行，下月开干事大会，担任分募，必有巨数可望，务请贵会依照沪上情形极力进行，无任感祷。储金团，个。

（《申报》）

4.纪武汉官商之募债会

（1915年4月24日）

鄂省劝募四年内国公债，购者殊不似上年之踊跃。十八日，段将军、段巡按特假汉口华商跑马厂开劝募大会。是日，大雨如注，武汉军政各官、商界各领袖，均不以风雨裹足，计到者一千余人。首由段将军登台演说，大致谓，今日大雨，想系诸公热忱所感，天亦乘泣也。记当赣宁之乱，诸公热诚奋发，输财犒师，彼时七省暴动，弥月而平，湖北独安然无恙，未始非诸公之赐也。因一江相隔，卒未与诸公道谢，今日此会，本将军实欣幸之□。今日国家如此贫瘠，如我官商不同为撑持，则国家之亡可待，诸君有撑持国家之思想，而赞成本将军之说者乎？即起立（众起立鼓掌），将军言曰，赞成者，非他，即劝募公债是也。《公债条例》以及各印刷品，想诸君已细阅，本将军另有《劝谕》一篇，即普及是也。共和国家，是人人之国家，即人人有购公债之义务。三年公债偏重少数人，今四年公债，本将军以为须普及。汉口店铺不下二三万，如能每家购五元、十元，或百元、千元，则数十万顷刻可集。继复详言此次公债之利益，谓武汉为起义之邦，人心最为坚固，最有爱国热忱，即如今日大雨，道路淋漓，诸公能徒步而来，非真爱国能如是乎？谨为致谢。继又叹曰，本将军去年出京时，大总统即以财政之事相属，本将军与巡按会商，总抱定筹款而不扰民办法，是以财政厅今年所筹加厘各办法，均是循序以进，而亦荷诸公赞成。此次债票，仍望设法普劝。昨有自京来者，谓总统忧国，近来较前消瘦，又述总统言曰，外国之强，以商立国，我中国何独不然？故于商务盛衰最为注意。汉口商人之前劳，总统尤恋念不忘，所谓上下相印者，此眷眷之诚而已。至今日本将军之演说，与段使具有同意，请诸公有以赐教焉。次由汉口商会总理吴干廷演说公债利益并提倡国货，语极痛切。次由前武昌商会总理吕超伯演说喻国为家，发挥尽致。次由汉商会协理盛竹书演说种种利害。后由纺织局经理徐荣廷登台，即痛哭流涕，声泪俱下，唾骂前清卖国官吏。又谓，一国如一家，然商人好比长子，官吏好比次子，农工好比三子。官吏读书时既不能赚钱，做官若不贪赃，亦不能赚钱，农工除供赋税外，所得仅可自饱，亦不能赚钱，惟商人权子母，获利最厚。故一旦家中有事，次子、三子只能供其驱使，若出纳银钱，则不能不惟长子是赖，其言盖半勉商人，半警官吏也。并谓，我国人，尤当捐妇人女子之消耗玩饰及吃花酒、义麻雀、讨小老婆之种种浪费，以纾国难。徐君演说毕，段巡按亦约略演说，切盼公债之实力进行，时已午后三钟，于是散会，至茶厅，饮酒而散。兹将各县认购债票之数目调查列下：汉阳、黄陂各一万五千元，宜昌一万四千三□元，黄冈、京山各一万二千元，黄梅、襄阳、大冶、沔阳、孝感各一万元，鄂城、圻水各九千五百元，恩施、咸宁各九千元，嘉鱼、崇阳、钟祥各八千元，汉川七千五百元，天门、枣阳各七千元，保康六千元，光化、罗田各五千元，来凤四千五百元，利川、秭归、长阳各四千元，公安三千元，房县二千五百元，竹溪二千元，竹山、巴东各一千五百元，兴山八百元。

（《申报》）

5.赣汉商团发起救国储金

（1915 年 4 月 25 日）

江西商团之通启　商团发起救国储金之通启云，嗟夫，皇皇大□□，芸芸四百兆，非数千百年来特立于地球之上而称为古国者哉，何今日之疲敝贫弱至于此极也？中国自□清末季，列强环伺日肆，要求得寸思尺，岁无宁谧，我国政府自清迄今，□□伣伣，俯首听命，贻国家羞，岂外人之土地人民果优于我耶？考中国国土，东达锦奉，西至后藏，北亘外蒙，南抵钦廉，纵横各万余里，人民之众，物产之饶，地方财赋之繁，较外人奚止倍蓰，而我反含羞忍辱，日逼处各国势力范围之下，不敢稍攖其锋，此曷故哉？皆我中国人民自贻伊戚而不自知也。夫中国人心，只知有家，不知有国，上而大吏，下而宰官，无非攘夺刻剥，自饱私囊。至若市井庸夫，则更日权子母，自厚身家。间有热心爱国，而以救国相呼吁者，官则托为经济之困穷，民则委为官府之职事。究之，官民之糜费，一宴会之设，动逾数十，一婚姻之礼，辄计千百，而淫荡、戏博者无论也。国家之困难如彼，人民之心理如此，我国安得而不危欤？不知国之与家互相维系，国苟灭亡，家于何有？自去年欧战而后，影响及于我国，强邻之交涉日迫，匪党之蠢动时闻，中国之势已成膏肓之疾，危亡惨祸恐在眉睫。推厥原因，非力之不足为，实国帑空虚，枪械子弹，无一足恃。凡我蚩氓，尚能溺人于宴乐，吝于私财，坐视阽危而不救耶？此沪上有志之士，故不禁痛哭流涕，大声疾呼，而发起储蓄金，为救国之计也。江西僻处内地，事事均落人后，上海储蓄金之举，报纸宣传已逾旬日，绝不闻有为之应者，果我赣人财力之困，而地方之苦乎？然我赣人岂可自安于困苦而不勉为哉？本团部于今公余之暇，同人谈论及此，一时激昂慷慨，义愤填膺，步沪海后尘，为赣省嚆矢，发起储蓄金。就团部同人中，筹资储积，存放银行，愿我团中同志扫从前积习，奋今日精神，共襄大义，量力输将，俾集腋成裘，为土壤细流之助，虽区区杯水，莫济车薪，然我赣省豪侠义士素不乏人，谅各界之当仁不让，必更有雄资巨款，足以备国家不时之需者，庶外人不敢欺秦无人，或能救危亡于万一。是则，国家之庆，抑亦吾赣之光也。谨启。

汉口商团之公函　汉口各商团联合会日昨开大会，议决拟仿上海办法，提倡救国储金，顷已致函商务总会，要求协同办理，兹特照录如下。径启者，自上海发起救国储金，一般爱国之士踊跃输将，不数日间集资巨万，风声所播，遐迩兴起，于此见人心之不死，即可卜国运之必昌。汉口，全国中心，为通商巨埠，□者，水旱偏灾，得有力者出而鼓吹，尝有于杯酒殷勤之间，立致数千万金之助者，矧此金为救国而储，既可壮政府樽俎折冲之气，并可表人民不甘为亡国奴隶之心。敝会同人公同议决，拟步上海后尘，聊尽国民天职。惟兹事体重大，非同心合力，难收实效。贵会为商人组织之法定机关，而职员诸君又皆商场巨擘，登高一呼，众山响应，我商界同胞不乏子文、卜式其人，而毁家纾财，输难助边，当不让古人专美于前矣。诸君子爱国热忱，久深钦佩，伏希鼎力提倡，共济时艰，至应如何办理之处，敝会同人自当从诸君子后，勉尽绵薄，临颖神驰，诸希亮察。

汉口各团联合会谨启

（《申报》）

6.鄂省之救国储金

（1915 年 4 月 27 日）

武汉军、政、学、商、绅、民各界，对于救国储金一事，极着热忱，连日各军营、学校、社会团体、公司、局厂、洋行等纷纷自行集议储金方法，由一元至百元、千元、万元，认储者极为踊跃，每日报纸上必刊有百数十人认款名单，较之购公债及储蓄票之热度大有不同，人心不死，国尚可为，于兹已见一斑。惟汉口商务总会则以现当赶速募集四年公债之时，若二者同时并举，诚恐两有妨碍，故不甚赞成。日前接上海救国储金团总事务所来电，嘱为发起，又准汉口商团联合会函请提倡，该会复函回电，均以妨碍债票为虑，拟将债票赶速筹募，俟有成数，即接续办理储金云。

（《申报》）

7.救国储金纪要

（1915 年 4 月 30 日）

汉口商会之回应　救国储金团接汉口商会复电云，沁电悉。敝会已订五月一号邀集各界开会，筹商进行办法。至中国银行对于储金已经接洽，早已开收，知念先闻，余容续布。汉商会，艳。

（《申报》）

8.湖北救国储金之最近谈

（1915 年 4 月 30 日）

武汉人士对于救国储金极表赞成，已纷纷认储。所有各界团体提倡此事，官厅自应按照治安警章，随时保护。惟鄂中前因取缔人民排日举动，曾由警厅严禁开会，散发传单。兹散布提倡储金救国之印刷品，与排斥日货之传单不同，应准自由行为，故省垣警厅长崔振奎已允绅商代表之请，通饬各警署，对于此项传单，若内中无关系国交之语者，应准其散放，勿加干涉矣。

汉口商会复本埠各团联合会函云，救国储金邀事，敝会昨准上海总事务所来电，嘱为通告各业组织分所，即拟邀请贵会诸君筹商办法。适奉来示，谓已担任发起，具征爱国热心，不谋而合，莫名钦佩，极表赞成。惟四年内国公债，一奉上将军、巡按使函谕，谆谆赶速募集，盖以此项债款专备中央特别要需，限期五月截止，为时较迫，待用孔殷，是以两省长昨因此事，亲身莅汉，详细演说，意在周知。并谓，此次劝募分途必须普及，众擎易举，速效可期。凡此情形，早迭台洽，敝会窃以公债与储金两事，同为救国之要，本无轻重之分，不过同时并举，势恐兼顾为难，如果分别进行，或能于事有济。且查上海来电，储金收款之期，系以年底为限，尚可从容筹办。至若公债用途，既为国信所关，又复迫难久待，则权其缓急，自不能不略判后先。今拟将四年公债赶速筹募，俟有成数，一面继续商办储金，似此循序进行，不惟款项易筹，而办理较有把握。诸君明达，必以为然。但公债普及一层，仍非借重贵会诸君合力提倡，终难达其目的。现正筹商办法，一俟议定，再行奉闻。总之，际此时艰，孰能宽其责备？当仁不让，是所望于群公。

（《申报》）

5月

1.汉商会发起储金之迟迟

（1915年5月3日）

武汉各界人士，对于储金救国一举，咸认为救亡之一种良策，各社会、各团体一致赞成，认储极为踊跃。武昌商会总理殷友于已按照上海储金团章程继起组织救国储金分会，汉口中国分银行亦允代收储金，不论数目多少，惜各界尚多不知该行已允经收储款，不免观望，是皆由汉口无专一之团体提倡鼓吹，有以致之。盖汉口商务总会总协理吴干庭（廷）、苏善夫以该会正在劝办四年公债，限期甚迫。日前开会劝集，尚未办有成效，深恐同时并举储金，有妨公债，故谢绝各团联合会之请，暂不发起。各界人士以商会不表赞成，深为疑异，连日纷纷投函，诘责该总协理，一面由各团各业各帮自行开会筹储，仅洋广杂货一帮已集六千余元，群集各界，必可得六七万元。刻商会吴总理闻知，再迟延发起，益将受人唾骂，爰通告各界，于阴历三月十七日（三十号）假座茶业公所，开临时茶话会，熟商一切办法。凡各界素抱救国热忱者，均可到会，以便公同讨论，实力进行。

（《新闻报》）

2.汉商会讨论储金进行

（1915年5月3日）

汉口商务总会前以劝募四年公债，限期甚逼，恐发起储金，有碍进行，故置为缓图。汉口商民疑该会总协理诸董不赞成此举，大起责言，一面由各业、各帮自筹储金进行办法，颇著成效。

现汉上中国银行已允代收储金，商会总理吴干庭（廷）知此事若再搁置，人将谓其不知爱国。爰于日昨通告各界，拟于三十号（阴历三月十七）假茶业公所开会，筹商储金办法。凡汉上各界素抱爱国热忱者，均可签名到会，以便讨论一切，实力进行。

（《申报》）

3.鄂商会开募债会纪详

（1915年5月5日）

鄂省将军、巡按于上月十八号在汉口跑马场集合绅商，开劝募公债大会一次，二十号复假武昌纺纱局，与省垣绅商合筹公债之进行，颇收效果。兹武昌商务总会殷友于总理于二十九号又在该会集合各帮商人开会劝募，到者甚形踊跃，财政、政务、警察三厅长及江汉道尹均莅会，各有演说。惟江汉道尹范守佑演词最为动人，历言各亡国之惨史，并云前在黑省供差多年，见韩人业务之有发达者，日人即逐而夺之，由此类推，不一而足，尤有最不近情者，即日人骑韩人背上，以代牛马，如是惨乎不惨？吾人欲免此惨，惟有力助国家，以国富强，如至亡国，身且难保，何有金钱云云。又，前该会总理吕达先参政演说，盼望商界同人尽三种义务：

（一）开导。盖此会到者虽不少，然各业中犹有未到者，惟望辗转开导。

（二）提倡。此次劝募，固以普及为主，自非各帮董先为认购，则同帮自无怀疑，相率踊跃矣。

（三）调查能购之户，以免遗漏。

殷总理即宣言，赞成吕参政主张者请起立，全场一致。于是，请各帮各开会讨论进行办法，认购若干，早日通知到会，以便转复官厅，乃散会。

（《申报》）

4.湖北储金之冷热观

（1915年5月11日）

湖北各□商民，对于救国储金，莫不踊跃从事，各团体、社会亦皆极力提倡。惟汉口总商会，为全省人所仰望者，独以有碍公债票，不甚赞成。继经各界唾骂及上海储金团来电诘责，该会始于日前假茶业公所，开会讨论，到者寥寥。昨因广东、浙宁两帮商人所组华商总会又致函该会云，已组织储金团办事处，愿担任经费三千元云云。该会总理吴干庭（廷）以本会发起附设之事务所，既无多人赞成，殊乏经费，拟即取消，合并于粤、浙帮所组办事处，以为汉口储金之统一机关。爰于阴历三月二十三日召集各议董、帮董开会报告，略谓，本会原定阴历二十六日再假茶业公所开讨论大会，商定地点，公推干事。兹接粤、浙二帮总会函，以该二会刻正筹议提倡，并担任经费三千元，组织办事处于五福里，拟请本会合力进行，不必另起炉灶。此举同是公益，似可不分畛域。且经费已由该两会担任，本会可不必另筹。照此办法，诸君当乐予赞成云云。各帮董中本以江、浙、粤、皖等省人占多数，皆表赞同。惟山、陕、川、汴、湘及本帮各董，则以此举让之浙、粤帮，实为诸帮之羞，皆不愿取消商会附设之事务所。双方相争，未知如何结局。但二十六日茶业公所会议一举，必就此打消，可预决也。

汉阳商会诸董对于救国储金，亦如汉口商会之漠视。现经各界投函交责，知不可再缓，已订期九号下午三时开大会，邀集各业领袖及全体帮董等到会讨论，并担任劝募四年公债。至宜昌、沙市、河口、樊城、武穴、新堤各埠镇商会团体等，刻均接得上海储金团通告，发起劝导，均已收有储款。有中国分行或交通分行所在，则交银行；无银行，则由商会指定钱庄，或商会代收。而各地、各业、各帮工商以及绅、民、学生之开会签认储金者，无日不有数起。虽所储多寡，不一其数，然集腋成裘，亦可见人心之踊跃也。又，武昌省洪山宝通寺为湖北佛教之巨擘，每年三月二十八日武汉士女游该山寺者，恒河沙数。现该寺住持已请求佛教会编撰劝人储金救国之白话讲本，预令寺僧等诵熟，见游人即行讲演，以尽提倡义务。

汉口中国银行对于缴储金者，不论数目多少，概给收据。即银洋一二角，铜圆数枚，亦照收。前日有人投函该行行长谓，收款处对于缴储金者，屡有失礼貌之处。该行长即出布告云，本行一切交易，无论何事，对于贵客光顾，无不谦和接待，倘柜上有言语不周，偶致争执之处，尽可请来人亲至敝经理室面谈，以资接洽而免误会云云。想此后该行执事必愈形谦和矣。至该行连日收款报告，以五号一日收数为巨，计有五千七百余元。今后，武汉人士知该行业已开收，则缴款者必愈踊跃矣。

（《申报》）

5.救国储金纪要

（1915 年 5 月 13 日）

对于汉口商会之责望　总事务所致汉口总商会电暨各报馆电云，救国储金，以救国为宗旨，以集款为范围，与外事毫无关系。各省事务所，成立者十居八九，贵处为七省通衢，民气素为开通，前曾一再电请举办，迄未实行。嗣闻华商总会组织就绪，而贵会忽欲并入办理。事既商妥，已阅一星期，成立大会仍未宣布，何以慰众商属望之殷。交涉虽和平解决，正赖储金为他日自强之计，岂堪因循坐望，贻外人讪笑，务乞赶速筹办，成立何日，切盼电复。救国储金团总事务所和德等文。

（《申报》）

6.交涉结束后之鄂官商

（1915 年 5 月 13 日）

鄂省军、巡二署于七日各开会议，确为筹备对待日人武力事。嗣于八日得统率处电知，日本最后通牒，我已承认，邦交自可敦睦，惟国内乱党难免不借此鼓吹，破坏、攻击政府。故除录电通行知照外，并于八日下午在军署召集军政各官会议防范之法。省垣戒严令亦即取消，巡按署前之列队守卫，亦已解除，以定人心。

武汉商界因见日人迁移举动，甚为惊惧，银根亦因之突紧，经官钱局、中国、交通等银行放款操纵，极力维持，市面仍形恐慌。武、汉两商会数开会议，劝导镇定，亦不过能维持外表。闻八日段将军将政事堂通告各省之歌电抄示汉商会，中有现双方虽各持极端，彼此希望和平，决不致于决裂等语。经该会总理召集各帮董宣布，并谓，顷闻军署人言，日已让步，交涉必可和平结局。凡我商人,尤应力持镇静,以维市面云云。各董均疑信参半。及八日晚,商会得承认通牒要求之电信,即晚,复印单通告商界。九日,军、巡二署又传示京电云,交涉已结。至是人心始安,银价亦为稍平,利息亦突跌钱许(前拆息涨至五钱,现跌至三钱七分)。惟救国储金一项,不以交涉已结而停止,仍旧继续进行,以期集成巨款,兴办大兵工厂,制造军械,巩固国家。闻汉口妓女等亦发起花界救国储金事务所,已在四成里开会一次,首由王大、金玉、赵□□等认储约一千元之谱,为众倡导,王金玉、张玉莲、刘桂红、何凤仙四妓,各以金钏一支暂储,以昭大信。日内,再邀集花界姊妹重开大会,俾得□集巨款。

(《申报》)

7.救国储金纪要

(1915年5月15日)

政事堂复储金团电稿　储金团虞绅洽卿蒸电,呈奉大总统令,上海商民呼号救国,慷慨储金,爱国之诚,达于极点,深为嘉悦。北京社会亦举行储金大会,一日间认定一百五万元,其各机关团体自行捐积者尚不在内,毁家纾难,人有同心。该商民等以血汗之资,作众擎之举,国民进步,希望无穷。所请各节,交内务、财政两部查照。等因,特达政事堂。元□□。

汉口事务所成立,汉口商会电复储金团总事务所云,文两电悉。汉事务所五月九日正式成立,设在敝会,并经公举前总理李君紫云为正干事,他职员同时举定。开办经费,并由干事诸君完全担任。今为讨论筹款进行,订期十七日假刘园为会场,开阖镇全体大会,一面已函电各分会一致进行矣,谨电复。商务总会,元。

(《申报》)

8.呈大总统湖北汉口商人黄训典热心公益,按年报效巨金,拟援案给奖,呈请钧鉴训示文

(1915年5月15日)

为湖北汉口商人黄训典热心公益,按年报效巨金,拟请援案给奖,以资鼓励,恭呈仰祈钧鉴事　四月二日,承准政事堂交汉口商人黄训典禀缴常年捐款一万两,请示遵等情。拟交内务部照收,量予请奖,奉批阅。等因,发交到部。查该商人黄训典前于三年八月九日在部禀称,汉口商埠警察厅长周际云违法发封商房,恳请惩办,赔偿损失,并愿仍照旧案,每年报效万金等情。经本部咨行该省查明,该商于汉口镇打扣巷建筑房屋一所,适在马路建筑线内,以致该埠警察厅发封,并无违法情事。现在马路停工,姑念商艰,准予启封。该商违章建筑,咎由自取,自无赔偿损失之理。至该商年捐巨款,系因前清庚子年间,鄂督张之洞筹办绅富捐,该商自行具禀,按年报效万金,并经历次核奖,由道员以四品京堂候补。依据成案,自愿继续遵行。所有三年以前应缴之款,既据缴银三千七百六十两,该埠兵燹之余,商情艰困,准予照收,结清前案,并咨该省将捐款拨作地方公益之用,仍由地方官厅随时保护各等因,分别办理在案。此次,该商续捐银一万两,自应仍饬地方官厅照收,以为汉口镇办理公益用款。当即批饬该商仍赴本省缴款,并咨行湖北巡按使查照,酌予请奖。兹准咨复,该捐款已经照数核收,并批示候咨请奖。查

《褒扬条例》第一条第六款,创兴公益事业或捐助财产千元以上为公益事业者,得受褒扬等语。该商情殷报国,好义乐输,每年捐款一万两,核与条例相符,相应咨复,查核转呈,酌予褒奖,以示鼓励。等因,前来。本部复查,该商认捐巨款,指为公益之用,出于爱国之诚,核与《褒扬条例》第一条第六款所载,捐助财产千元以上者为公益事业者,得受褒扬之例相符。惟该商所认数目,按诸该款规定,为数殊巨,且系按年缴捐,自非寻常热心公益可比。查督办江皖筹赈事宜许鼎霖等呈请奖捐赈事宜,拟定办法,案经财政部会同本部呈请,如有特捐二千元至万元者,准呈请大总统特别给奖勋章,以资鼓励。奉令批准在案。拟请比照办理,准将该商前清候补四品京堂黄训典酌给勋章,出自特施,以重公益,而资鼓励。所有湖北商人,黄训典按年报效巨金,拟请援案给奖缘由,是否有当,理合呈请大总统钧鉴,训示施行。谨呈。

(《内务公报》第 21 期)

9.交涉和平后之武汉观

(1915 年 5 月 16 日)

汉口日人之近状　汉口日本领事前日接北京日使馆训电,知中日协议条件行将签字,两国交谊,仍前敦睦。比即知照驻汉日军司令官白川氏,将汉口日本兵房新筑之卫垒及一切防范悉行拆毁,所有居住华街之各日本行店前将货物要件移入租界者,现已纷纷搬回原地,其已离汉赴沪,预备事急回国之日人,亦多于中途返汉各理旧业矣。

救国储金之进行　汉口总商会对于救国储金一事,前已议决与浙、粤帮华商总会合并,设事务所于五福里,其经费由浙、粤帮担任,此事下江帮各商极赞成,上江帮与本帮则力为反对,以故商会内部大起风潮。七号晚,事务所正开会议时,商会派代表苏善夫、王琴甫来会,声言各帮不愿合并,决意仍在商会设事务所,以为统一机关。且嘱将华商总会事务所取消,一致进行。浙、粤帮以救国为重,不争虚誉,遂即取消,以待商会举办。今事已数日,商会又以经费难筹,且以交涉已结,储金非目下急□,故迁延,不即设立。各商帮纷纷诘责,概置不理。然各商民颇知大局,以交涉虽决,而后患堪虞,是以投储巨金者,较前尤多,不以无机关提倡而灰心。现各商团联合会见此情形,已奋起组织事务所矣。

武昌商会之自励　武昌商务总会以交涉已结,本拟散发传单,以安民心,惟一时刊刷不及,故于十号夜由殷友于总理召集各议、帮董开会,公布北京各部处来电,请转告同业家,谓交涉全案,不日必有明文宣布。但我辈国民经此恶浪,当痛定思痛,仍须卧薪尝胆,以期他日一洗此耻。虽海枯石烂,□所含忍之诟辱,必不能忘,切勿酣嬉,自沦于亡云云。

(《申报》)

10.汉商会之所谓急务

(1915 年 5 月 16 日)

汉口救国储金,总商会迟迟未即着手。叩其故曰,交涉已结,储金非目下急务。夫此次交涉,为何而交涉,其了结,为何而了结,且交涉、了结之程限,其言外又含有若何思致,稍洽国闻者当无不□焉伤之,而奈之何。遽谓,其可以释然无虑也。即彼商会其复京师商会之佳电,亦何尝不曰,城下之盟,志士所耻,每一念及,实为恸心。然则彼之所以迟回不前,忍令热心投储之各商,皇皇然久无归着,顾又何为也耶?或曰,中国之不国,不自此次交涉始,救国之道多端,不必限于储金之一途,难关已过,稍事从容,且俟吾意中所以为至急者先了之,再及其他。彼之意得毋在是。然而,即如彼说,是及今救国已虑其晚,何得目为非急?彼所主张未见宣布,又安见储金之犹或有所未当?顾吾思之,彼汉商会佳电,其劈首一语,不即曰为内债开会云云耶?彼电文数百字,汉埠储金之如何进行,非又始终未曾一语表示耶?呜呼,吾今而知汉商会之所谓急务矣。

(《申报》)

11.交涉解决后之武汉

(1915 年 5 月 18 日)

商会决开储金大会　汉口商会对于救国储金,如举棋局,始则以公债为重,不问此事,继则虚悬一事务所标帜,毫无办事之人。旋又自愿合并于华商总会之事务所,卒因本帮及上江各帮之反对,又重在会内附设事务所,但仅有其名,毫无成绩。兹又由热心提倡储金之人,致函诘问。该会总理及三数力争事务所应设于商会之帮董,不得已乃谓,事务所已于九日正式成立,公举前任总理李紫云为正干事,其他职员同时举定。谨订期于五月十七日假刘园开阖镇大会,以策进行。现已遍布传单、公启,通知各界矣。按,九日商会开会,系为中日交涉已结事,请各帮通传,同业安心。是日虽提及储金,惟闻有某董云,交涉既了,需金何为?且缓缓看罢。后遂无发言者。今该会因各界诘问,乃云是日正式成立,且云举定干事以下各员,不知系何人公举。据闻,李紫云之正干事系本帮会董等推举,至十三号始得李承认。至事务所经费问题,十四号方议定,由各帮之争移设商会者担任,故迟迟至今,始订期开会。第汉口各团、各帮所设储金会所,现计已有数处。而商会既已极力进行,则汉口商民,均能以大局为重,必不稍存意见,显分畛域,将来结算,当必成一巨额云。

(《申报》)

12.湖北新堤商会总理关崇善为救国储金事致汉口商务总会函

(1915 年 5 月 21 日)

敬复者,顷接大札,并开会传单暨京沪各电,当即召集全体会员,当场宣示,佥以兹事体大,非群策群力,众志成城,不为功。况救国储金,沪上提倡于前,京汉扩张于后,其筹办之敏捷,认储之竞争,固我国数千年未有之惨剧,亦我国数千年未有之盛举也。新堤亦国家分子,天下安危,匹夫有责,风雨同舟,安能坐视。虽市场偏僻,筹集难成巨观,尤当以壤流涓埃之助,为扶危救急之援。千钧一发,时不可失,遂得万众一心,全体赞同。并拟即日邀同各界,开会选举职员,组设机关,并一面传知沔属各市镇,同时并举,借收指臂相联之效,同拯痛苦相关之厄。相应函复贵会,烦为查照,并祈随寄简章为盼。专肃奉复,余容续布。此复。

(《中华全国商会联合会会报》第 2 卷第 9 期)

13.汉口商务总会来函

（1915 年 5 月 26 日）

敬启者，昨阅五月十五日贵报译电栏内载有汉口一电，谓俄租界捣毁日本商店一家，暴动缘由，显因误会电文所致。盖此间商会接上海来电，谓日人如果举行提灯会，则当闭门罢市。大众以为日人已决计举行，人心大愤云云。阅悉之下，诧异殊深。查本镇十三晚之事，传言何来，实莫知其所自。若据该电所云，竟谓敝会接有上海来电，以致大众误会生事，不知敝会固未接有此项来电也。应请贵报馆查照更正，以照核实，至盼，专此奉达，敬颂箸祺。

汉口商务总会公启

五月二十一日

（《申报》）

6 月

1.湖北政商界近事

（1915 年 6 月 4 日）

储金寥落状况　汉口商会组织储金团事务所已在交涉解决之后，而又提倡不力。既不开会演说，亦不发布传单。商民亦多以交涉已了，储金奚为？故缴款者，日见其寥落。近旬日来，中国、交通两行每日共收不及千元，且交通一行，日收常只数十元。昨商会吴总理已会同储金团正干事李紫云，通函各商团保安会正副会长谓，国家兴亡，匹夫有责。况各正副会长均为商界领袖，岂可不一施鼎力并推举各该正副会长为储金团干事？俾共筹进行。

（《申报》）

2.汉口储金近况再纪

（1915 年 6 月 5 日）

汉口储金团成立以来，收款反日见减少，巨商除刘子敬、刘歆生、李紫云、朱芑臣数人各捐三五千元外，余皆寂无所闻。房租认储恐属空谈，抽提薪金亦难实行，而收储之中国、交通两银行连日门前冷落，办理此事者皆意兴索然，惟中国银行比邻之三分四成二里，则蝶醉蜂狂，通宵达旦，千金何惜一笑。须求此种酷嗜冶游之徒，乌足以语救国，乃昨有人于该二里前电杆上，悬一大方白洋布，大书曰："你还醉生梦死，何不储金救国？"其侧又书"如有人扯去，万代为娼"九小字，诚可为若辈当头棒也。

粮食帮董王禹庭、油帮董俞清臣、咸宁帮董樊步青等，昨提议以救国储金非筹定办法，难集成数，刻议陈请汉总商会开会集议，凡投行卖客及自运货物，即由各行于货卖交价时每钱一千抽收储金十文，并妥订章程，以杜弊端。一经汉商会议决，即通知各省商会联合会，转告各省商会一体仿行。此项每年即可收五千万元,汉口各商能否一致赞同,尚属难必,且杜弊之法,亦甚难规定也。

汉口储金虽属不旺,然各界尚多讨论进行,武昌则除学界外,余俱寂寂无闻。学界诸君大愤,乃怂恿为乞丐头者(鄂名甲头),提倡乞丐储金,以羞士绅。闻乞丐头袁复泰等,已传知各丐于四号在粮道街广仁堂头门开会,并欢迎热心家代为演说。昨已向警署呈报,领集会证。彼守财虏,闻之当愧死矣。又,汉口培心、启蒙两小学校发起,邀集汉上各小学管教,排演爱国新剧,于阴历四月二十四日,假座凤舞台开演,以戏资概充储金。

(《申报》)

3.商会请愿代表之意兴索然

(1915 年 6 月 12 日)

全国商会联合会曾请农商部暂缓改组各地商务分会,一面选举代表赴京请愿。兹分会改组一事,已经部中批驳,故所举请愿代表——汉口商会协理盛竹书君,遂请取消代表名义,兹将盛君致联合会电文录下。

上海全国商会联合会事务所鉴:阅政府公报,农商部批,分会暂缓改组一节,未邀允准。原批谅已达览。惟此事关系至巨,诚恐影响《修正商会法》全案。炳纪忝承全国商会委托之重,深惧有辜众意,务祈将纪委托请愿名义取消,一面分电各省商会预筹对付之法,以维大局,盛炳纪上,支。

(《申报》)

4.汉商会反对开放烟禁

(1915 年 6 月 29 日)

汉口旧业土商诸资本家近闻印花官土行销苏、粤、赣三省无阻,举以为此乃复业发财之大好机会。日前已公推某某等赴沪,谒商蔡伯浩特使,情愿报效二百万元,领印土至汉发售。蔡因舆论攻击甚烈,未敢轻许,谓三省售土,乃与英使新定条约所特许,汉口未便援例。诸君以沪浔交通便利,各土易于输入,不如开放为宜,应自向中央呈请云云。故该土商等现复赴京,向财政、内务两部请求,并向某有力方面运动。汉口总商会以此说果行,将来势必流毒全国,贻害无穷。特呈请军、巡二署设法维持。其原禀略谓,鄂省烟祸早经禁绝,成效昭然。惟近阅申、汉各报所载,蔡特派员以上海储土最多,禁令难生效力,拟仿寓禁于征办法,就苏、赣、鄂三省试行鸦片新税,业经政府核准施行各等语。言之凿凿,诧异殊深。窃谓,该三省试行鸦片新税,固为寓禁于征起见,但已新税即加,则此项烟土当然许其售卖自由,虽未明言弛禁,无异极其所至,不惟三省将成蔓延之势,恐邻省亦遭波及之殃。而赣、鄂既属毗连,沪、汉又便输运,传染较易,流毒潜滋,尽弃前功,殊为可惜。利轻害重,窃为忧,正拟呈请电询核办间,据各商民来会报告,现闻汉口有少数商人贪获小利,罔顾大局,已赴京请求在汉设立专卖处,领售前项烟土之说。人言啧啧,非尽无因,果否实行,窃深以疑惧。应恳转请上将军、巡按使,电咨内务部重申禁令,断绝根株,以惠鄂人,免贻后患等情前来。伏查鄂省禁烟告终已经三载,大著成效。现在若因三省破禁之故,致贻功亏一篑之讥。揆诸钧府禁烟之初衷,必不愿有上述之事实,虽云传言未足为据,究之流弊不可不防。既据纷请转陈,未便壅聪听。理合禀祈鉴核批示,而市间传言则有于七月一日开售印花土之说,未识确否。

(《新闻报》)

5.汉口商务总会为日本要求条件事复北京商务总会电

(1915 年 6 月)

北京商务总会钧鉴:齐电恸悉。青日为内债开会,各界咸集,当将此电在场宣布。佥谓,日本此次条件无理已极,不知自悔,而以兵肆其要求。师出无名,天人共怒,曲则为老,不以强弱言也。又况以五千万人与四万万人之比,犹之一人与八人之比,以八人而斗一人,未必八人俱尽而一人独在。即令彼此同尽,而与其苟活,不如偕亡,蓄此心以待国家之利用,非一日矣。今读来电,政府将让步媾和,此其苦衷,实所共谅,但念日本得步进步,其欲无厌。此次既无肇衅之由,又多曲徇之件,尚复不知自足,迫以难堪。城下之盟,志士所耻,每一念及,实为恸心。推政府之心,大约以邦家新造,民困流离,不能不忍此须臾,以待元气之复。不知国以民为本,民以国为归,国濒于危,民亦何能独活?毁家纾难,杀身成仁,人同此心,实堪共信。如国家必欲体恤民力,维持和平,则来日方长。前车可鉴,必须在上者,皆有尝胆卧薪之志,在下者,皆有主辱臣死之心,惜有用之财以备饷,节无益之费以养兵,则勾践谋吴,齐襄图纪,未必无其日也。垂涕上复,书不尽言。汉口商务总会同叩,佳。

(《中华全国商会联合会会报》第 2 卷第 7 期)

7 月

1.湖北省事务所为要求修改商事条件请转致余民进君先行前往事致全国商会联合会总事务所函

(1915 年 7 月 16 日)

敬启者,前上周、贝两会长一缄,谅邀察阅,兹承函示各节,均敬聆悉。分会改组既能缓至年底,则一切进行,自可无虞障碍。敝事务所已准另函转致各分会查照矣。此时胡钧翁在京,拟邀同参政暨向副会长,将要求修改各节先期研究,折中全当,以便提议时,易于通过。此举极表同情,炳纪忝为代表之一,理应及时赴京,忝于末议。无如敝会事务既繁,而经募之公债,现在尚未足额,迭奉两府谕催,限期扫解,刻正竭力筹划,欲去不能。鄙意如朱葆翁此时亦因沪会事务羁绊,拟请贵总事务所,转致余民进先行前往,以便共同讨论为盼。

(《中华全国商会联合会会报》第 2 卷第 10 期)

2.督办汉口建筑商场事宜杨度呈报汉口商场工程计划及两次测量情形请钧鉴文并批令

（1915年7月17日）

为呈报汉口商场工程计划及两次测量情形，仰祈钧鉴事　窃度于民国二年十二月奉命督办汉口建筑商场事宜以来，当即在京设立督办驻京公所，并在汉设立办公处，迭次派员实地调查，详悉筹划，所有初次工事计划及借款交涉情形，曾于三年九月缮具说贴，缕呈钧鉴在案。查汉口在昔即为全国商务之中心，迩来交通发达，于水则江汉交冲，下通于海，汽船林立，百货云屯，于陆则京汉、川汉、粤汉三大干路均以此为终点，阛阓栉比，年盛一年，其地位之优胜实为我国第一商场。比较美国芝加高、英国之利物浦，有过之无不及。我大总统毅然于此开扩商场，实为通商惠工之要政。度按之地势，考之商情，谨就计划所及，为我大总统一陈之。汉市精华，原以江岸地面为最。今则，沿江一带尽成租界，更无经营之余地。次则，江汉之间为旧市场之地，既欲整齐华界，即不能不据此以为经营。惟旧市场与各租界相连，无地可以扩展。其后则为后湖低洼之地，非大事工作，不能遽作市场。故旧市地盘至为狭隘。前清张文襄督鄂多年，立意开辟后湖，推广旧市，徒以费繁工巨，久议未成。今大总统既鉴于世界商战之情，欲行国家富民之政，则宜一面改良旧市，使规制合于文明；一面开拓新场，使肆廛得以推展。庶规模较远，商务日闳，则开拓后湖，附于旧市，一并规划，实为不可缓之图。此前提之不可不定者一也。

租界之后，直抵京汉路线，其中尚有余地，可资展拓。历年因铁路垫地取土，强半变为污地，蓄积秽水，无从宣泄，夏季易生疫病。领事团借为口实，要求推广租界，迭经外交部据理驳复，并咨交度处，并案经营。度意将来工程次第，此段工作不可视为缓图，以免外人多所借口。此前提之不可不定者二也。

租界后余地及后湖低洼地，离江稍远，运输微形不便，纵令建筑完备，商贾渐臻，而濒江贸易之利益，仍落租界之后，欲求华商发达，仍须别有经营。以汉口将来价值论，不仅为全国商务之中心，且将为全国工业之中心，欲求工厂之林立，先求水运之便利。度以调查讨论之结果，拟于汉水上游开一支河，绕出租界之下，以入大江，将旧市后湖及租界皆在新河包绕之内，使汉口全市等于三角之洲，三面濒水，处处可以泊船，交通极为便利，则地面之繁盛，工商之发达，必可一日千里。加以后湖低地，非垫土使高，不能与旧市场齐等，取土过远，耗费必多，新河一开，即以开河所出之土，垫后湖低洼之地，尤为事半功倍。故开辟新河，既可垫高新市，复可使水运之利，不专为租界所擅。此前提之不可不定者三也。

武汉三镇，鼎足而峙，行客往来，虽恃船泊，而江汉纵横，终嫌隔阂，一有风涛，交通几绝。且川粤、京汉各路终点为天堑所隔，不能飞渡，窒碍尤多，故拟建武汉铁桥、汉阳铁桥，跨越江汉，使武汉三镇融为一片，不独三大干路可以联络运输，而行旅往还亦改水为陆，化险为夷，实为利便交通，促进工商之利器。此前提之不可不定者四也。

此外，如□岸、马路、阴沟、电车、自来水、电灯、公园以及医院、学校等各种公共建筑物，皆拟采用最新之组织，以应全国第一商场之要需。此前提之不可不定者五也。

度于计划粗定之后，于三年三月间派遣工程顾问英人葛雷武氏带同测绘各员等赴汉，为初次之测量，并预计工程经费。时经数月，图经数改，始得工事大致，以为借款交涉之据。嗣与英商三妙尔公司磋议，借款合同即以此为根据。迨借款签约之后，值欧战正炽之时，外资输入甚为困难，工事亦遂艰于进行。惟未开工以前，应行预备之事甚多，应与借款未交之时，择要先办，遂于四年正月派办事员赴汉设立办公处，随同洋工程顾问葛雷武氏及测绘各员长川驻扎，开始为二次之精细测量。迄今五月之久，据工程顾问报告，已完野测。清单为旧市场及京汉路间平面测量面积有二十八万四千零七十二方，二十四处横割面水准测量旧市场后，京汉路及新河间平面面积有二十六万零二百七十八方，租界后平面测量十一万五千方，租界后十五横割面水准测量新河中线水准测量长四万九千尺，已绘大小各图共三十余份，尚有拟办各事，为新河及扬子江桥基钻洞、扬子江及汉水桥位于旧市场各处测量。目前，汉口天气炎热，工程顾问请假避暑。一俟假满之后，仍当饬令继续进行，以求完备。所有工程计划及两次测量情形，理合详细呈报，伏乞大总统钧鉴。谨呈。批：令交外交、内务、财政、农商各部查核备案。此批。

大总统印

中华民国四年七月十七日

国务卿　徐世昌

（《政府公报》第 1149 期）

3.汉口商务总会各帮追赔联合会紧要广告

（1915 年 7 月 23 日）

启者，查招商汉局前于辛亥年所有各帮存栈货物因武昌事起仓猝，全被焚毁，后经本追赔会组织成立，联合各帮会受损失家，追请赔偿，交涉三载，卒由本总商会与上海总商会居间调停，一方面体念商情，一方面维持航业，兼筹并顾，委曲求全。乃于民国三年四月内议定，先由招商局垫付现款二十万两，水脚票十六万五千两，以为暂时解决办法。一面由沪、汉两商会会同招商局照各帮损失之数向政府要求赔偿，如蒙政府允准全数赔偿，除扣还垫款外，余数仍分给各帮，照此议决。旋以办理手续系依据曾受损失之实数，为支配暂行垫款之平均，诚恐前此乱后，流离损失者未能尽来挂号，爰于民国三年五月二十五日，由本追赔会登报广告，以民国三年阳历六月底为限，如逾限尚不来报名挂号者，本追赔会认为损失已无遗漏，设有放弃权利，存有招商局之提单，概行作废，或押于外人者，亦同一律办理。登报限内，其来会补报者尚属不少，除业经一律加入外，仍恐间有路远赶期不及者，又复展期阳历民国三年七月十五日止，准其补报，并声明此后不再展期，早邀公鉴。现在招商局垫付现款及水脚票，业经照议送由本总商会转交本追赔会，按照已报损失总额支配匀均，分别照发，并将已经挂号提单送存本总商会备案，办法公允，手续完全。但自此以后，或有未经挂号提单，即系自甘放弃，当然作废，声明在先，固不能向本追赔会追分垫款，亦不得对招商局再生异议。除由本总商会据情禀陈上将军、巡按使备案，并函请交涉员暨夏口县知事一并备案外，用特登报通告，即希均鉴为盼。

汉口各帮追赔联合会、汉口商务总会同启

（《申报》）

4.汉口茶叶之近况

（1915 年 7 月）

汉口各市，上年以欧战之影响，金融困难，商业堕落各情形，均见各报。就中惟茶叶一项，未至大受损失，盖以战事发生，已值改业收市矣，其存储之茶，最后更有洋商续收，转得善价，亦不幸中之一幸也。近日各业阻滞，惟纱业因有抵制外货之影响，销路既畅，价格亦高。本纱售价，逐渐涨高，恐仍不免为洋纱暗中恢复其销路，国货之不能发达，华商之不善经营，此亦可见一端也。但此等颇类于投机之营业，能否有良好之效果，亦难逆料。茶叶正在开市之时，各行并皆放价收买，以出品与售品之价格，两相比较，尚觉有盈而无绌。一时皆称，十年以来，未有此等好市面。据该业中人云，上年存货既缺，各国牵涉战事，出货亦减，而现在有一求过于供之问题出现，盖各国在战军人，有不饮酒而以茶代之者，所谓军茶是也。该业为出口大宗，将此转机，各市亦必有活动之态度。已特调查最近之茶市如下：

协和洋行，购祁山茶二千零二十二箱，价五十两至七十两；杨树岗茶四千九百一十二箱半，价二十二两至三十两五钱五分；阳逻茶二千七百八十一箱，价二十六两二钱五分至三十两；衡山茶七百二十四箱，价三十二两。

大祥洋行，购宣门茶一千七百八十二箱，价二十九两至二十九两二钱五分；涡逻茶六百九十六箱，价三十二两；羊楼肖（洞）茶一千四百二十七箱，价三十一两至三十二两；安化茶五百四十二箱，价四十四两；祁门茶二百九十四箱，价五十三两至六十五两。

（《中华全国商会联合会会报》第 2 卷第 8 期）

5.汉口日领事干涉我排斥日货

（1915 年 7 月）

提倡国货，我国人之爱国心也。人之爱国心，发诸人人之良知。爱之亟者，虽赴汤蹈火而不辞，故专制之君主，不能干涉其臣民，家庭之父兄，不能干涉其子弟，何况外人？彼日领事者，亦不智之甚者也。虽然爱国心之强弱，纯以外力之强弱为比较，果其爱国心强，则愈干涉而愈坚忍，如其不强，则终归泡影耳。我国人将何取乎？

（《中华全国商会联合会会报》第 2 卷第 8 期）

6.驻汉日领强迫华人购买日货之要求

（1915 年 7 月）

六月六日日刊《新□□报》云，驻汉口日本总领事赖川浅之进氏，日前往晤武昌段上将军，以汉口华官，对于排日运动者，取缔不严，颇有烦言。当经段上将军约以一星期内，实行取缔。该总领事昨又往晤段上将军，再行提议，即要求实行取缔排日之事。其所要求者三项：（一）迫令各团体，将其排斥日货之密约一律迅行取消；（二）将中国各报鼓吹排日风潮者，从严取缔，不准其再有鼓吹排日之记事；（三）将排斥日货之运动者，实行检举，从严惩办云云。

（《中华全国商会联合会会报》第 2 卷第 8 期）

7.汉口商会盛竹书君为修改条件事函

(1915 年 7 月)

敬启者,叠接旅京代表胡钧堂君来函,以各会改组问题,业已禀请政事堂一律缓至年底,当可邀准。惟是《商会法》修改条件,临时会议未臻完善,宜先期斟酌妥洽,嘱即入京一行等语。本应即日就道,无如公私冗杂,万难离身,拟乞尊处就近请余民进君北上,与胡君筹议进行,不胜感祷。余君处,恕不另函。何日起程,并希见复为盼。

(《中华全国商会联合会会报》第 2 卷第 10 期)

8.汉口红茶出口之调查

(1915 年 7 月)

汉镇红茶,乃出口至各国之大宗货物,为商界中最要特别之品。兹特将开战期内前四月红茶出口总数调查于下:

八月,出口一万四千三百一十一担;九月,出口四万一千二百二十九担;十月,出口一万九千一百零一担;十一月,出口六千六百四十八担。

(《中华实业界》第 2 卷第 7 期)

9.武汉论

(1915 年 7 月)

三城鼎峙,形势之雄,交通之便,冠全国者,武汉是也,而以汉口为尤要,盖汉口处长江之中心,据京汉之终点,扼汉水入江之口。论其商业,则北自燕、晋、秦、蒙,西自蜀、滇、藏、缅,南则湘、鄂、桂、黔,东则皖、赣、吴、越之物产,莫不集散于此。京汉终于此,川汉起于此,沪汉、汉宜航线又以是为转换之枢,土货浮长江东下以达外洋,洋货溯大江西上运输内地,故汉口者,国内贸易之中心,国外贸易之间接地也。武昌、汉阳不逮焉。言夫军事,则三城实辅车相依,武昌陷而两汉危,汉阳失而武汉震。洪杨之乱,辛亥之役,可为明证。若自武汉北出武胜,可控燕云;自武汉西南入荆州,则南可由常德以制滇黔,西可由峡江以入巴蜀;自武汉入襄阳,则东北可向河南,西北可制秦陇;自武汉入洞庭,则可制湘粤;自武汉浮长江,则可抵吴越,皆足以振动全国。故武汉者,扼南北之咽喉,绾东西之锁钥,商贾所走集,兵家所必争,是以为吾国商业军事之中枢,而可以振动全国者,武汉是也。

(《学生杂志(南京)》第 1 卷第 1 期)

8 月

1.汉口商会盛协理来函

（1915 年 8 月 6 日）

敬启者，窃鄙人旬月以来，迭接沪寄匿名函件甚多，虽所询各事，类皆出于误会，而要其爱国之心，实足令人钦佩。每欲据实答复，奈未注明姓名、住址，投寄无从。昨又接上海协兴公司郁君树声一函，虽已经具名，然其人既素不相识，且不知其住址所在，用特拟上答复书一纸，敢请贵报馆登入来函栏内，以便周知，借释群疑，事关公益，谅为大君子之所许也。

盛竹书谨启

附拟稿一纸

盛竹书答上海协兴公司郁君树声书　径复者，来书聆悉，甚佩教言，惜于此事真相及鄙人所抱宗旨未能了了，致多误会之词，有不得不略为辩明者，请亮察焉。窃鄙人自改革以来，忝任汉口商务总会协理，于今四载，向来办事，俱以顾全大局为心，毁誉之来，诚非所计。即如救国储金一事，凡稍具爱国思想者，莫不视为当务之急。鄙人忝为汉埠事务所干事之一，对于进行方法，屡经发表意见，并提倡商界月薪储金，首先由驻汉浙江兴业银行提储鄙人暨全体职员薪金一月，计银圆八百元（鄙人现任驻汉浙江兴业银行总经理），载在报章，当邀鉴及。至若宴请某某银行大班一节，此乃商界交际之常，本无足怪，且亦因汉口钱业前受辛亥兵燹损失，与该行尚有债账关系，迄未清理。近以钱业收入各帮偿还债款，多系减成、分期，将来如何转还该行债务，自不能不商筹妥善办法，免碍进行。此中情形，固不足为局外人道，亦非局外人所能洞悉也。今来函不问事实，徒逞谩骂，本无答复价值，诚恐讹言传播，误会纷来，其关系个人名誉者事犹小，而影响世道人心者患更巨。窃为此惧，未便默然，敢布区区，惟希公鉴。

（《申报》）

2.全国商会联合会总事务所为龙坪商会函称孙秉国挟嫌越诉祈查明见复事致湖北事务所函

（1915 年 8 月 16 日）

敬启者，顷据贵省龙坪商户函称，恶棍孙秉国，素未经商，强欲入会，敝会不敢违法滥收，孙即挟嫌具禀巡按使署，以敝会为分所，援照《商会法施行细则》第五条，各分所自《商会法》公布后，一律裁撤之条文，禀请裁撤，以泄私恨。旋奉批准，饬令缴销图记。敝会以实系分会，有案可稽，当在展缓改组之列，未敢首先裁撤，为全国倡，并为商会中之罪人，请设法力争。等因。查此案关系全国商会，不得不慎重将事。本会前开临时大会，曾将《商会法》窒碍之处，禀由政事堂呈奉大总统批令，准将《商会法》提交参政院，代行立法院修改。是此项《商会法》，早已失其效力，无遵守之必要，即使龙坪商会果为分所，亦应在展缓改组之列，况其为分会也。惟该会与孙秉国有无别项情形，本总事务所距离较远，无从调查，相应抄录原函，送请贵事务所查明见复，以凭核办。专此敬颂公安。

（《中华全国商会联合会会报》第 2 卷第 11 期）

3.黄训典案之纠葛

（1915 年 8 月 17 日）

汉口著名杂货商黄训典，因恃每年报效公家万金一项，行动每越常轨。前因拖骗商人徐秀安货价八千余两，在清理兵燹债务处、汉口地方厅、武昌高等厅涉讼三年，抗不遵判归偿，致被高等厅饬地方厅强制执行，将所开黄志成大折货号发封，原拟七日限满拍卖。至是，黄始恐慌，不得已具禀分投京内外各机关，历辩其冤并自炫其功，谓前清报效若干万得京卿，民国报效若干万奖勋章。今以此细故，遭法庭如此蹂躏，以后视国如家、急公好义者，孰不胆寒心冷云云。即大副总统、国务卿、财政部各处亦纷纷乱投，为之捉刀者，又似通非通一流。阅其词者，多不解其意，惟京师大理院曾予批示，其余各府部皆置不理，而鄂省之军、巡二署因其迭来哓渎，乃批饬其依法上诉，讵黄竟不知法律为何物。昨又具禀巡按，请饬将全案移送汉口商会重新评议云云。其意盖欲借商会为之转圜，偿款启封也。比奉段使批云，此案业经理债处移交法庭审理，依法判决，如其不服，原可上诉，今乃忽请提交商会，欲将法庭及理债处经过案情一概抹煞，自为之计则得矣。其如法律中无此办法何兹据迭次请求，均已明白批示。该商早不自悟，噬脐何及，所请殊难照准云云。按：黄之折货号被封，今已两月，损失不下数万，能得不拍卖，已大费手腕，其结果恐仍须还款了事也。

（《申报》）

4.汉口严催警捐

（1915 年 8 月）

汉口警察捐局局长王君声自视事以□，对于警捐事宜甚为注意。讵开局业已多日，其遵章缴捐者固多，其迟延未缴者亦复不少，殊属不成事体。王君特派员沿汉镇一带催令各捐户，迅速将捐款如数呈缴，以便汇解。如有故意拖欠者，即行严追云。

（《崇德公报》第 13 期）

5.湖北龙坪商会为孙秉国挟嫌越诉事致全国商会联合会总事务所函

（1915 年 8 月）

径启者，窃照龙坪恶棍孙秉国，素未经商，未具商人资格，强迫入会，敝会不敢违法滥收，国因造出种种违背法规、干犯刑事各案件，其证据随时由敝会禀呈县知事在案。讵国畏法逃避，冒赴巡按使署捏词越诉，其词大约以敝会为分所，冀图援照《商会法施行细则》“分所一律裁撤”之条，将敝会裁撤，以泄未入会之恨。旋奉批准，依法裁撤，勒限缴销图记。等因。敝会当经禀恳巡按使，照展限令，暂缓裁撤。奉批，农商部呈准，系指各县商会而言，至各分所，《商会法施行细则》注明“分所一律裁撤”，不得援以为请，仍照前饬，缴销图记。等因，奉此。查敝会于民国元年成立，呈请湖北前实业司，详部立案，颁发图记，实系分会，并非分所，有案可查，有图记可据。而商务分会依照《商会法施行细则》第二条注明“各省总分商会，自《商会法》施行后，限六个月一律改组”，并非如第五条注明“分所一律裁撤”字样，且第四条所注“一县设立一商会”，究之此时一县商会，应设立何所，尚在未定之天，敝会当亦在展缓之中，犹有保存之望。如批缴销图记，认作分所裁撤，敝会不敢遵行，为全国商会之倡首，且为商会中之罪人。除一面依法赴巡按使诉愿外，相应函请贵事务所烦为查照，希即设法转争，存会保商。至纫公谊，并希见复为荷。

（《中华全国商会联合会会报》第2卷第11期）

9月

1.筹安声中之武汉观

（1915年9月8日）

商会派定代表　武、汉二商务总会向系联合一气，遇有国家大事，武会、汉会即协商办理。此次筹安会请派代表与会之电至鄂，汉口商会曾迭开会议，反对派、赞成派双方相持，未能解决，反对之人数较众，爰拟电商沪、粤各商会，一致进行。北京筹安会之发起人杨度对于沪汉商会极为注意，曾派某君代表来汉，疏通意见，连日大宴商界领袖诸人，并闻鄂巡按亦极注意于两商会，然又不便明为干涉。因将军、巡两署已派代表何佩镕、查尔崇之电文照录，函知商会查照，意拟在促其速派代表，成兹美举也。而筹安会见武汉商界迁延不决，于一号又来第三次电催促，汉会总理吴干廷当于次日传知赞成派一流开会，推定孙襄其、周铭之二君为代表，即于四号晋京。武昌商会本早居赞成之列，因汉会迁延，故所举代表遂未发表，兹见汉会已定，始宣布推举前任总理吕参政达先就近充该会代表，不另选派。

组织分会运动　武汉首先赞成筹安会者，为梅宝玑、谢石钦等十六人。闻梅实为十六人之首，适杨晳子所派游说汉上绅商之代表来此，曾与接洽，许以联络同志、组织分会之权利。迨梅邀得同志十六人，即电京索组织分会之款项。杨复电以有无组织分会之必要，须俟各省代表到齐决议。现梅已赴京直接与杨磋商，乃谢石钦亦以鄂教育会长之名义致筹安会一电，云梅系伊推之代表，说者谓谢、梅互争分会长之权利已见端矣。

（《申报》）

2.汉口商务总会意见书

（1915年9月15日）

《商会法》第一条、第三条、第四条、第六条、第十条、第二十八条、第三十条、第三十一条、第三十二条、第三十八条均拟修改，《细则》第四条、第六条、第七条、第十一条皆有窒碍。今将敝会对于《修正商会法》提出意见条列于下：

第一章　总　则

第一条　本法所谓商会者,指商会及商会联合会而言。(原文)

谨按原文指商会云云,本大部除去从前阶级之意言之。惟向来商务总会与商务分会,一律平行,并无阶级之可言。不过,总会事务较繁,须与各高级机关直接秉承,以期便捷,即大部亦谓向极繁盛区域之商会,有领袖号召资格。是即不得举其实而没之矣,亦何妨仍其名而存之也。拟请修正。

第二章　商　会

第三条　各省城、各商埠及其他商务繁盛之区域,得设立商会。(原文)

谨按商埠为万国通商之区,省城为阖属具瞻之地,向有商务总会以昭郑重,自应仿照办理。拟请修正。

第四条　设立商会时,须由该商会区域内,有为会员之资格者,三十人以上发起,依下列各款,详拟章程,禀请该管地方长官,详由地方最高行政长官咨陈农商部核准后,方得设立。(原文)

谨按商会之设,非徒通达商情,并以辅助政务。若令屈仰于一切政界之下,而非禀不行,则商情既壅于上闻,政界亦多所不便,似应根据旧日行文体制,以资联络,而免迟回。拟请修正。

第六条　商会之职务。

(二)关于工商业法规之制定、修改、废止及与工商业有利害关系事项,得陈述其意见于行政官署。(原文)

(七)得设立商品陈列所、工商学校及其他关于工商之公共事业,但须禀请该管地方长官,详由地方最高行政长官咨陈农商部核准。(原文)

(八)关于市面恐慌等事,有设法或禀请该管地方长官维持之责任。(原文)

谨按商会地点,不惟工商云集,甚或中外交通,凡有陈述及建置等情,并维持市面各事,地方行政官署范围,有及有不及,强以所难,既无益于事,盼其代达,又不免需时。拟请修正。

第十条　会长一人,副会长一人,会董十人至三十人。(原文)

谨按商埠行业最多,凡有会员资格者,既不限定人数,而得以赞助讨论者,仅止十人至三十人,限制既严,流为壅蔽,殊非体恤商情之意。拟请修正。

第二十八条

(三)清算人之选任及关于清算事项之决议。(原文)

谨按商会经费,向未动支公款,亦无指存的款,惟恃会商登记费,以资办公。然入款既由众输,出款亦须公决。是平日丝毫出入,皆已厘然于大众之心之目。即各处情形不一,间有可疑,然亦可斟酌于临时,并不必规定为常例。此条及三十三、三十四、三十五、三十六、三十七等条,似皆未免过虑。拟均请修正。

第三十条

(一)事务所用费。(原文)

(二)事业费。(原文)

前项之事务所费,不得超过于事业费。(原文)

谨按事业费，当指第六条第七项言之。为发达商业计，诚宜注重。但事务所除经常用费外，其余酬应各费，无一不关正用，往往入款不敷，尚须筹垫。若复加以限制，截履适趾，既足开作伪之门，求剑刻舟，适且为丛怨之府，此条附列之声明。拟请修正。

第三十一条　商会经费之预算、决算及其事业之成绩，每年须禀报该管地方长官，详由地方最高行政长官咨报农商部。（原文）

谨按商会并无的款，而登记费又以兵燹之后，商力不充，开闭迭更，年有出入，实无可预算、决算之依据。至禀报地方官转详一层，前已陈明不便理由，亦一并拟请修正。

第三十二条　商会之解散，非经会员四分三以上到会及到会者三分二以上之议决，不得为之。（原文）

谨按政府允设商会，亦以其关系甚多，自应有保存而无解散，即使会中办事，间有不合，然亦不能因遇人之过，指为设会之过，小则令其退职，大则加以罚金，前已备列无遗矣。拟请修正。

第三十八条　商会解散后，若有未了债务，应由会员分担之。（原文）

谨按此条拟请修正理由，已具于第三十二条下。

第三章　商会联合会

谨按各省商会联合会，系全国商会联合会递属机关，所以交换知识，而使实业得有进步者也。今欲取消全国名义，单行各省，以代总会，则嫌于赘旒，别为机关，又无所统系。拟请仍设全国商会联合会，俾得与原议宗旨不致误会，而商业前途益可进行，至章程尚须修正之处，已见于第一、第二两章，可复按也。

商会法施行细则

第四条　《商会法》第二条所规定之商会，除省城、商埠外，每县以一会为限。（原文）

谨按现世风气大开，商界中人，亦懔然于优胜劣败之理，有固然而争设商会，至有数会属在一县者，论繁盛既云相同，论距离又复甚远，循名以求实，无所谓低昂之殊，舍彼而存兹，又难获均平之效，故与其强作解事，以臆断为重轻，不如听其两存，由竞争而进步。此拟请垂鉴者一。

第六条　各商会图章式样，应遵照内务部所定图章式样，长营造尺一寸五分，阔如之，周围边宽一分，文曰某某商会之章，不得沿用印及关防等字样。于禀报立案时，先将图章式样，附同章程，禀报备核。（原文）

谨按内务部所定图章形式，本为一班团体而设，商会虽云团体之一，而政界时加委托之事，外人不少交涉之时。前清于总会颁用关防，分会颁用图记，规模尚在，具见深心。今若一概取消，与救火、劝善等团，同其狭隘，不惟政界难收依赖之效，并恐外人不免轻贱之心。此拟请垂鉴者二。

第七条　各商会成立后，会长、副会长及会董等举定，应将年岁、籍贯及商业行号，详细造具清册，汇报该管地方长官后，即行就职，毋庸发给委任状，至就职后，应将就职日期报明，转报农商部备案。（原文）

商会联合会会长、副会长、会董选定，禀报地方最高行政长官后，即行就职，毋庸发给委任状，仍依前项之规定，报明就职日期。（原文）

谨按前清于商务总会总协理、分会总理，均由部加札委用，所以重责任也。若不足介意，听其自为任谢，于会既显示上官不足爱惜之心，即隐灰同人希冀保护之望，曷贵此有名无实之商会乎？此拟请垂鉴者三。

第十一条　每届选举，应先期禀请该管地方官，派员到场监视。

谨按如系省城及大商埠，各有地方最高长官，派员监视。此当就各分会言之。然禀请一层，亦当斟酌分别办理，未便一律，以免扞格而便遵循。此拟请鉴核者四。

以上所陈，系就管见上言，有无可采，仍乞公酌。

径启者，人生世上，道德为上，名誉次之，法律又次之。非法律，则民斯为下矣。我中国数千年来，崇尚道德，为天生特性。商界中一诺万金，未尝以盟誓、要约、条文束缚，循循而至于道，向为欧美各国所称重，自号为文明。新知识未启，旧道德已漓。于是，法律据于道德之前。当轴者，日以条教号令，拘牵绳纠。法律愈繁，道德愈漓，进步乎？退化矣！农商部所订《商会法》及《商会法施行细则》公布后，国内及侨埠之商务总会、分会、分所，皆以窒碍殊多，难于遵守。本年三月，特开全国商会临时会议，讨论研究，另拟《商会法》意见书，禀请修正。虽蒙大总统批令，俟参政院代行立法院开会有期，再将原定条文，提交修正，效果如何，犹难揣臆。惟查《商会法》意见书第五条第二项“全国商会联合会得设事务所，其章程另定之”，既有此项规定，须有合式之章程，方可一律遵守。兹特采访美洲合众国总商会详简章程各一份，巴黎万国商务议会会章二份，译成华文，分寄全国商会，先行研究，为将来规定章程之依据。法律时代，不求事实。此项美国总商会章程，颇合我中国商会联合会之事实。可见不依据事实，仍不足以为法律也。专此奉布，惟祈察照。

中华全国商会联合会总事务所、上海总商会谨启

（《中华全国商会联合会会报》第 2 卷第 11 期）

3.湖北商办川粤汉铁路第二期还股办法

（1915 年 9 月 21 日）

前湖北商办川粤汉铁路股款清理处第二期还股办法业已宣布，照录如下：

一、自阳历十月十六日起至五年一月十五日止（九月初八日至十二月十一日），所有各股东掣换存单及继续登记正式收条，一律于期内悉数还清，期满，本处撤销，决不展期。

一、息金一项，除业将股银全数收回者不计外，兹经公同规定，一律补发两年（每股银一元，息一角二分），宣统二年应得息金仍按月补发，其交股在宣统三年者，仍按月照扣。

一、协会开办之始，尚有特别捐一项，兹经公订，即于还款之第一月期内，由股东将捐票交验登记，掣换回单收执。此项捐票，须俟汇齐后，经审查员审查通过，方生效力，统希查照。

（《申报》）

4.鄂省财政杂闻

（1915 年 9 月 25 日）

官钱局维持市面　武汉金融奇紧，商民恐慌为近数年所未有，而逼近中秋节之日，又阴雨

连绵，数日不息，各行商业愈为阻滞，市面益形岌岌。汉口商会总理吴干廷特恳巡按使、财政厅长设法维持。段使、张厅长以金融恐慌，系因银行票庄误会时局，收款太急，不久必仍活动。惟此际不能不予以救济，已转商官钱局放出大宗现款，竭力维持，凡运掉不灵之行号，皆可请凭商会，以产业货物向局押款，故日来市面虽称困难，倒塌尚不多见。

（《申报》）

5.汉口春茶四年与三年之比较

（1915 年 9 月）

本年汉口茶业，获利颇丰，虽价值昂贵，而销售之数，尚能增加。兹据茶叶公会调查，四年与三年之比较，似有起色。爰录于下：

（民国四年）汉口头春茶，出口四十二万九千七百七十八箱；九江头春茶，十六万三千八百零一箱；汉口二春茶，出口九万九千九百五十九箱；九江二春茶，出口二万九千五百七十四箱。总共出口七十二万一（三）千一百一十二箱。

（民国三年）汉口头春茶，出口四十万五千二百零四箱；九江头春茶，十六万六千九百七十五箱；汉口二春茶，出口三万七千零三十二箱；九江二春茶，出口四千八百零六箱。总共出口六十一万四千零十七箱。

两相比较，四年已增加十余万箱，而价值则比较三年，又约增加一倍也。

（《中华全国商会联合会会报》第 2 卷第 9 期）

6.湖北财政厅提倡矿业之通饬

（1915 年 9 月）

为特饬事　照得藏富于民，为国通义，弃货于地，古人所戒。鄂省自改革以来，元气未复。发展人民生计问题，实行政官厅当务之急。查两湖矿产丰富，方驾滇黔，而轮轨四通，运输便利，矿业发展至较易，尤为鄂省天然之富源。本厅长视事以来，竭力提倡全省矿业，业于理财注意四端案内，通饬各知事确切调查。现陆续复到者，均于矿务不甚措意，即有所陈述，亦多托诸空言。地方亲民之官，于国计民生，关系至为密切。兴办矿政，一方为人民展拓生计，一方即可为国家涵养税源。各该知事共济时艰，责无旁贷。对于矿产，宜如何着手调查；对于矿商，宜如何悉心诱掖。条例细则之不易了解者，宜浅说以明之；地方风气之未尽开通者，宜多方以喻之。举凡延接绅商之暇，派员演讲之期，无一非该知事实行提倡之机会。苟念兹在兹而弗释，即随时随地而可为。其矿商之富有经验者，并随时敦促来厅，但有商会一纸介绍书，本厅长当即延见考询，借以周知各属矿业之状况。方今实业程度，正在幼稚之时，不能不倾向保育主义，冀引起人民之兴味，而养成其企业之能力，所望各该知事共体此意，无或视为具文，并将此意知照各商会，一面将劝导情形详晰具报。心诚求之，虽不中，不远矣。服膺古训，幸各勉旃，毋忽。此饬。

（《崇德公报》第 18 期）

10月

1.商会公债之尾声

(1915年10月10日)

武昌商会以所担公债之由各户认购者,尚多未缴现款,兹因财厅一再函催,且扣息办法愈后愈有困难,故特于昨三日专函分催已认未缴各户,务于五日内扫数送会,以便送厅,完其责任。

(《申报》)

2.模范工厂借助商股

(1915年10月11日)

汉口商会近奉农商总长函,略以现谋本国实业之发展,拟在沪、津、汉等埠创设模范大工厂,制造各项日用必需之舶来品物,借以挽回利权,安插贫民。惟财政支绌,仅恃官本不足以资规划,拟附商股,共同经营,期取成效云云。闻该会已经列入会议,决定复电赞成,并拟条陈意见。

(《申报》)

3.武、汉两商会之两大会

(1915年10月12日)

武商会议印税　财政部派委高琦度督察印花税,于日前抵鄂,因与商界接洽之处甚多,武昌商务总会特于六日开欢迎会,并请与印花税有关之财政厅第一科长张传保、省会警厅长崔振奎、武昌县知事吴宾棣到会共同讨论,所有各帮董皆到齐,约一百余人,盖以此会有密切之关系也。高委员首先发言,谓印花税最为良税,北京当开办时,颇形困难,卒赖商会提倡,即行发达。今日,希望贵会诸君者,亦即在此云云。旋分发印花税部刊、通告各一纸,请众研究,如有意见,尽可说明。当由典帮董盛朝代表各帮提出要求四项:(一)货折既贴印花,附折之发票应免贴;(二)凡十元以上之货票一律贴一分,不递加;(三)年节索账单,并非取银钱一定有效之凭单,请免贴;(四)零星货物凑成一元者,应免发票与印花,以省开发票之烦琐。继由烟帮董孙文生要求,货物价在一元以下者,概免发票与印花,请饬各警署估价勿太苛克,故意高昂,使商民受罚,又要求警厅长将执行罚则之标准宣布,以免各署滥罚。盖以近日商民每为一二分印花辄被罚至数十元也。警厅长答云,执行罚则系公令,非警察故克,罚款充公提赏,皆有定数,如有未当,请即明示。孙方欲再有所言,殷友于总理已发言,云各署执行罚则原无不当,惟细章未经广布周知,人民不无误会,应请将《印税法》详细宣示,家喻户晓,人民皆知贴用,警署自少罚锾矣。高委员、张科长亦先后发言,谓顷间诸君所提各节,多系地方习惯实情,不无可以通融之处，惟十元以上之发票须贴印花二分，已奉部电，即将实行。然总须代详总长，酌量情形，曲予变通，以恤商艰，并嘱殷总理将提议各项，备就正式公文，分禀各管官署，以凭核办，乃散会。

汉商会议警费　汉口警察经费年约需二十二万元，上年停止动支国税后，全系地方筹款，如房铺捐、娼妓捐、肉捐、车捐、茶馆曲场捐各项，预算固相差不多，然总征不足额，年需亏短数万。近警厅已详准巡按使、财厅，拟加收货税附捐，以资补助，但须先征求商会同意，故由警厅将每月收支预算各数开列，函送商会请议。该会因事关全体之担负，日前特开大会讨论，佥以警察为保卫要政，经费如确不敷，自应照数筹足，现在既无别法可设，只有遵照巡按所饬，就货物税加抽附捐。查汉口货税每年约收钱一百万串，今拟每正税一串加收警费附捐五十文，照额核计，年约有附捐五万余串之谱，以十二个月平均计之，每月可得四千余串，以之补助警费，有盈无绌。但此项警费既已筹足，此后警政其有办理不良之处，应如何设法整顿及以后警厅捐局收支各数，商会不能不问，当经议决，本此要求警厅长查照办理。闻警厅长已允每月将收支各数造册，送会备查。至改良警政一节，则未以文书答复，由该厅长亲到商会，向众声明，应如何改良，准由各帮随时条陈意见，径送警厅采择施行。现各商已无异词，由会将议决加收警费附捐办法，禀陈巡按核示，大约本月十五日即须起征。

（《申报》）

4.汉商庆贺双十节之感想

（1915年10月12日）

辛亥革命，肇造共和，全国人民所掷代价，惟汉口为最巨。四年以来，虽未获享共和幸福，然无日不冀政府依序进行，渐入共和轨道。兹者变更国体之议，愈逼愈紧，此共和之虚名，行将消灭，旧帝制之实现，即在指顾，汉皋商民皆不胜其感慨。现值十月十号起义纪念，早经中央定为国庆日，各商民以市面固极困难，而此起义纪念，窃恐只剩今年一次，后顾茫茫，不可不及时行业。特于二号午后，由各团体推举代表齐赴各团联合会商议，竭其财力，届时大张庆贺。所有一切办法，由联合会规定，以归一致，现各团已遵照筹备，至期必有一番热闹盛况。

（《益世报》）

5.典商之呼吁声

（1915年10月13日）

全国典帮因部电，凡一元以上之当票，须贴用印花票，每典每年至少亦在千元以上，当此金融吃紧之际，何能再行负担，要求地方官豁免，则咸以中央为辞。现上海、北京等处典帮拟联合全国典业，各举代表赴京，联合请愿。初七日，武昌商会召集商帮公议电京，请参政吕超伯为典帮请愿代表，以吕参政系武昌典商，深悉此中情形也。

（《申报》）

6.湖北近事

（1915年10月17日）

大会投票场预备　段巡按以国民代表大会解决国体，投票在即，而国民会议议员复选举期亦转瞬即届,此二者均关乎国家根本大计,投票之处,须择一宏阔场所。查前省议会建筑最称壮丽,特指定为投票会场。惟该会址现为官立法政学校所住,已饬该校即日迁往前学署,腾出会址,预为修理备用。

汉商讨论印花税　财政部特派高琦度□鄂,督查印花税务是否遵照部章办理,日前已由武昌商会请其到会与各商帮讨论。兹汉口商会亦开全体大会,请高部员及财政厅科长张传保、夏口县知事汪文钧、汉警厅长周亚芬到会讨论。首由商会总理吴干庭(廷)报告开会宗旨,次由部员演讲抽收印花税办法,次由拆货帮董樊步青、麻夏帮董杨松圃、大布帮董范阶平等先后宣言,《印花税则》内有发货票及期票粘贴印花之种种窒碍难行之理由,而以一元以上之发货票贴花为最烦琐,谓如此办理,大行店须专雇二人开发票,即小店亦须一人司之。高部员当答以窒碍之处,务请各具意见书,由商会汇详,以凭呈部核示。次由汪知事演说印花税,各帮均已赞成,不过手续繁难,总要求特派员代禀财政总长,格外通融,以期便利。嗣讨论结果以各帮须磋商之处甚多,由吴总理请各帮公举代表十人与部员磋商,以免隔阂,并请警察厅长于未解决以前,不得干涉执行处罚,崔厅长允之。于是,举定代表俞清臣、樊步青、范阶平等十人为代表,遂散会。

(《申报》)

7.津、汉粤商之赞成帝制

(1915年10月26日)

粤省集思广益社昨接旅寓津、汉两处粤人来电各一道,照录如下:

汉口来电　卫边街集思广益社鉴:阅报,知诸公组织政社研究团体,热诚毅力,钦佩莫名。现自光复以来,苦于人民程度,未能运用共和政治,以致空博民国之名,实受共和之害。试验四载,艰苦备尝。苟不决然改图,速定大计,长此不已,祸乱滋彰,南美前车,可为殷鉴。忧时君子于是发变更国体之议,为徙薪曲突之谋,宇内人心,共衷一致。吾粤远处南疆,连年之受害较深,宜其厌恶共和比他省独甚。徒以怵于暴论,或致徘徊,得诸公联袂而兴,自必众流归附。据今世界大势,非帝国不足以图强。欧战既兴,斯义尤著,尚望诸公力持正议,矢志不挠。帝国蜚声中华,有赖闻风向往,无任馨香。旅汉同乡郑洪年、关鹤□、梁振邦等七十五人同叩。

天津来电　卫边街广东集思广益社鉴:吾粤受共和之毒深矣。人人心知其非,而莫敢倡言其害。今诸君子为钧天广乐,唤起群情,实获大多数之人心,作人民之喉舌。伏望不畏强御,毅力主持,帝政若成,国家乃有一分希望。谨此预祝,借表同情。旅津粤人陈□泉、梁炎卿、郑翼之等二百四十八人同叩。

(《时报》)

8.否认警察附捐之无效

(1915年10月)

汉口警察经费不敷,议就货税每串加抽附捐钱五十文。前经汉口商会详复巡署,饬由财厅出示,订期十一月一日实行。兹据汉口十八帮商董电禀否认,巡署以无名电禀,直与匿名函禀无异。业饬汉口征收局展限半月实行,并饬江汉道尹彻查为首发电帮董姓名,详候核办。

(《崇德公报》第 23 期)

9.劝业场商不知爱国

(1915 年 10 月)

鄂省劝业场洋货充斥,曾经前总理王璠限期剔除,各商一再请求展期,终不实行。适该场有王益顺等首饰珠玉古玩店被窃。各商遂以此言要挟,须至明年元旦,始能售尽。嗣王璠因窃案撤差,新总理周震锽接事,颇思积极整顿,各商仍以存货难于急销相诿。强迫执行,即以同盟罢市抵抗。故迁延两三月,不能达禁售外货之目的。兹王义顺等店窃案,已于新堤地方缉获正犯,赃物可望珠还。周总理特重申场规,与各商人约于本月以内,将外货能销尽者尽销,不能售尽者抽出,如再违抗,发封驱逐,或罚钱充公。一面函请武汉商务总会,调查本省、邻省天然工艺各品,陈列售卖,并拟实行购物赠彩办法。现已详订章程,呈请巡按核示,定期开办,以资整饬而挽利权。

(《国货月报(上海)》第 3 期)

10.(湖北)棉业工厂之乐观

(1915 年 10 月)

纺织四局之获利　鄂省官有产之纺纱织布局,由楚兴公司承租办理,今适二周年。闻第一年,营业平平。第二年,则初因欧战,经济大受影响,运用几不灵活,识者皆为该公司前途危。乃自今春以来,提出国货之声,风起云涌,纱、布二项,销路顿为大畅,不仅继承前大维公司兵燹之损失十余万,全行弥补,且有盈余。查楚兴因取得大维租办权,曾允代偿大维债务。现已由楚兴经理徐荣廷,付给大维代表刘柏森,如数结矣。

第一纺织厂进行　汉口销售棉纱,年约十六万包,而武昌官纱厂出品,仅占百之十五,余皆由东洋、上海输入。上海纱厂又不尽属于华商,故前数月间,武汉绅商李子(紫)云等即筹划组织一大纺织厂,集股二百万元。现已由纱业合筹得一百五十万元,只须招五十万即已足数。故于汉口太和里设立筹办处,推定李子(紫)云为总理,刘季五为经理,孙志堂为营工科长,彭玉田为营业科长兼会计,陈蔚南为总监察,于孙家矶地方购地建厂。其起名第一纺纱厂者,盖拟继续经营二、三、四各厂耳。

(《国货月报(上海)》第 3 期)

11 月

1.汉商电请缓征警察附捐

（1915 年 11 月 2 日）

汉口警察经费年约不敷六万元，当道因拟于货物税附加警捐，饬下汉口商务总会核议。该会总理吴干廷为见好官场起见，并未集众公议，只与少数议董商酌，承认每正税钱一串加抽警捐五十文，而以开大会通过，朦禀巡按，批准实行。现汉口商界哗然，均不承认，特电禀巡按使，请饬暂缓实行。电文云，巡按使钧鉴：汉口警察附捐，近奉宪饬财政厅于十一月一日实行，商等不胜诧异。查警察为保卫地方要政，自应普及抽捐，不能偏取纳税商帮。若就货税抽收，窃恐货捐加重，货价愈高，将来商贩裹足，商务、税收均受影响。今商会并未订期会议，徒以少数人私见，朦禀钧署，谓为公同议决，商等实不知情。嗣接商会通告，当函请商会撤销议案，置不答复，并于本月十五日禀请汉口征收局转详，未邀允准。现在商情愤激，万难承认，如谓警费不敷，不妨就原有房铺各捐再议酌加，以免偏枯。兹当尚未开办，特电禀请迅饬财政厅转饬汉口征收局暂缓实行，以顺舆情而安市面，不胜迫切待命之至。

浙宁、广东、黄州、咸宁等十八帮商人同叩

（《申报》）

2.汉口商务总会来函

（1915 年 11 月 12 日）

敬启者，昨阅十一月二日贵报载，汉商电请缓征警察附捐一则，内云，敝会吴总理见好官场，并未集众公议，只与少数议董商酌量承认，即以大会通过，朦禀巡按使等语，殊非事实。卷查，此案最后集议表决时在九月二十九号，敝会吴总理于八月二十五号即已患病在家，告假月余，初未与闻其事。即就事实论，警察为地方要政，既奉巡按使一再饬议抽收附捐，以济警费，敝会为地方公益起见，曾经两次开会议决有案。贵访员访闻失实，应请即予更正，以彰公论。除将敝会对于此案经过手续即日油印寄送察阅外，特先奉达，即希查照，登入来函栏内，以供众览。

汉口商务总会公启

（《申报》）

3.鄂商民一致劝进

（1915 年 11 月 15 日）

湖北国民代表李绍芬等六十九人，暨武昌、汉口两总商会总理、协理殷尔彝等，于国体决定后，即分别代表全省士民、全省商人赶备劝进呈文二通，劝请大总统俯从民意，迅速登极，以安民心而固邦基。此两呈措辞，与巡按使劝进表之辞，意大略相同，似出一人之手笔。刻已禀由将军、巡按,封发赍京矣。闻全省学校管教员、学生,亦有一呈,日内呈递。

(《益世报》)

4.总商会之忙碌

(1915 年 11 月 22 日)

昨日汉口商务总会为债务诉讼及请改国体事开董事大会,兹得启事一通,照录如下。

敬启者,昨以奉饬研究债务诉讼结案办法一事,订于阴历十月十一日开全体大会,奉请诸君子届时惠临,公同讨论,已邀台登。兹又接准京师总商会来电,以改革国体事,关系至要,嘱即电达政府,电求早定国体,以安人心。等因。本会已将此项电稿先为拟就,俟明日开会时间,公同检阅,即行拍发,合再奉布,务祈贵董查照前单所定钟点,拨冗莅会,至盼至祷。

汉口商务总会启

(《申报》)

5.汉商会劝进之电

(1915 年 11 月 24 日)

武、汉两商会近接北京商会来电,以改革国体原属民意所趋,万众一心,毫无假借,事关内政,自不应由外人干涉,嘱即上请速定国体等情。昨日,两商会已开会议决后,立即发电,汉口商会之电文起首谓,北京农商部转奏大皇帝睿鉴云云。大约此等电文,各省一律也。

(《申报》)

6.组织商事公断处

(1915 年 11 月)

《商事公断处章程》早经部颁通行,各省多已成立。汉口乃通商大埠,此事尚付阙如。昨闻众商帮集议,本埠讼狱繁多,官厅办理诸多窒碍,公请商务总会从速依法组织。商事公断处成立之期不远也。

(《崇德公报》第 24 期)

7.预筹冬赈

(1915 年 11 月)

汉口商会、慈善会以汉口后湖及河沿一带棚户相聚不下数万人,瞬届冬令,雨雪交加,谋生匪易,不免冻馁之虞。刻拟筹募的款,预备米票、棉衣,先行挨户调查,以便临时发给,此诚莫大之善举也。

(《崇德公报》第 24 期)

8.鄂茶改良进步之先兆

(1915 年 11 月)

茶为我国特产,诚吸收外资之健将,亦湖北之一利源也。惟频年泥守成法,日渐退落。若非今年欧战,千载一时之机会,行将一蹶而不能复振,坐任印度、锡兰、日本驾乎其上,此有心人所以叹惜不置也。本年各商获利,尚知见兔顾犬,亡羊补牢,未为晚也。于是咸趋重于改良之一途,幸非徒托空言。据最近之调查,如咸宁之马桥铺、通山之杨芳林、蒲圻之羊楼洞、崇阳之大小沙坪以及阳新、宜都、通城、长阳、鹤峰等县,俱能推陈出新,力谋进步,于种植之法,专事研究,诚茶叶前途之好现相,现多函告该公所备查。至其制茶之法,大都用女工卷叶。每一女工,每日约制茶三十余斤,既费辛资,尤耗时间。兹有茶商雷某,特由沪购来制茶机器二副,共值洋七百元,试用每一小时,可制茶百余斤,较之工人,最称便利。至制茶女工,人数众伙,一旦失业,殊属可怜,则用之于采茶时采茶。采茶之工,当然加多,采法亦可求精,于女工生活无妨,于制造可以改良,似此颇为周妥。闻以上各处,多以仿照办理。吾国茶业,或可日有进步也。

(《国货月报(上海)》第 4 期)

12 月

1.鄂省之庆贺与戒严

(1915 年 12 月 18 日)

王将军、段巡按于十二日午刻接国体总开票由,代行立法院推戴新皇帝,电音以登极之期虽然未定,而君宪确定,则已奉有明文,应亟率同阖省各界庆贺,当会同商妥,即于十三日举行解决君宪之庆典。当夜召集彩匠,赶将军、巡两署悬挂灯彩,并通饬所属各机关一体申贺。又于即日起,所有呈文一律改用奏折,上下行各公牍,凡关称谓大总统者,皆改称为大皇帝或皇帝陛下,且敬谨避讳不书名,以昭隆重。又由武、汉二警厅通谕商民,是日一体挂灯悬旗,而商会亦得北京商会通电嘱表示贺忱。除飞告各商知照外,武昌商会是日午刻并集各董宴会,闻将军、巡按是日又电奏恳速举行登极礼,勿再迟回,致党人生心,使全国无主云云。

(《申报》)

2.庆祝会重举之冷落

(1915 年 12 月 26 日)

鄂省当道前饬全省军、政、工、商、学各界于十三、十四、十五三日开庆祝君宪成立大会。其时,除各官厅、学校、军营、商会遵照庆贺外,各商民因时促,多不及赶办新灯彩,咸以庆贺双十节总统寿各灯代之。兹军、巡二署又接京电,以京商会联合各团发起开国庆祝大会,于十八、十九、二十日举行云云。王、段二长官以国体解决,普天同庆,京师各界既复申贺,吾鄂自应仿行。

惟前已庆贺三日,兹酌定以二十日一天为限,仍官民一体庆祝。除饬知商会外,并谕警通传各商民,务制新灯,不可惜费。讵各商民多懒于庆贺,以前日业已举行,何以又要再贺?故皆漠然置之。惟武汉商会是日张灯结彩,举行庆贺,不敢怠忽。而官署亦以此举为重复者多,所以灯彩俱不十分热闹,均聊以应景而已。

(《申报》)

3.冬赈款项之筹办

(1915 年 12 月 28 日)

鄂省无告穷黎,在前清时代,每届年关,公家发出巨款,购米赈济。起义后因库帑支绌,此举遂废。上年冬,曾经武汉商会劝募多金办米,交警厅散放。兹闻省城各绅董以现在寒冬,失业之民断炊者不少,情殊可悯,仍拟照上年办法,请商会劝募办米放赈,并举正绅会警调查贫民分给。闻愿襄此举者,颇不乏人,段巡按亦极表赞助。刻正筹措大批公款,拟办贫米寒衣,一同发放,以惠穷黎。

(《申报》)